THE
ASTRONOMICAL ALMANAC

FOR THE YEAR

2021

and its companion

The Astronomical Almanac Online

Data for Astronomy, Space Sciences, Geodesy,
Surveying, Navigation and other applications

WASHINGTON

Issued by the
Nautical Almanac Office
United States
Naval Observatory
by direction of the
Secretary of the Navy
and under the
authority of Congress

TAUNTON

Issued
by
Her Majesty's
Nautical Almanac Office
on behalf
of
The United Kingdom
Hydrographic Office

WASHINGTON: U.S. GOVERNMENT PUBLISHING OFFICE
TAUNTON: THE U.K. HYDROGRAPHIC OFFICE

ISBN 978–0–7077–46159

ISSN 0737-6421

UNITED STATES

For sale by the Superintendent of Documents, U.S. Government Publishing Office
Internet: bookstore.gpo.gov Phone: toll free (866) 512-1800; DC area (202) 512-1800
Fax: (202) 512-2104 Mail: Stop IDCC, Washington, DC 20402-0001

UNITED KINGDOM

© *Crown Copyright 2020*

Published by the United Kingdom Hydrographic Office

http://www.gov.uk/UKHO

Telephone:+44 (0)1823 484 444

E-mail: customerservices@ukho.gov.uk

NOTE

Every care is taken to prevent errors in the production of this publication. As a final precaution it is recommended that the sequence of pages in this copy be examined on receipt. If faulty it should be returned for replacement.

Printed in the United States of America
by the U.S. Government Publishing Office

Beginning with the edition for 1981, the title *The Astronomical Almanac* replaced both the title *The American Ephemeris and Nautical Almanac* and the title *The Astronomical Ephemeris*. The changes in title symbolise the unification of the two series, which until 1980 were published separately in the United States of America since 1855 and in the United Kingdom since 1767. *The Astronomical Almanac* is prepared jointly by the Nautical Almanac Office, United States Naval Observatory, and H.M. Nautical Almanac Office, United Kingdom Hydrographic Office, and is published jointly by the United States Government Publishing Office and the United Kingdom Hydrographic Office; it is printed only in the United States of America using reproducible material from both offices.

By international agreement the tasks of computation and publication of astronomical ephemerides are shared among the ephemeris offices of several countries. The contributors of the basic data for this Almanac are listed on page vii. This volume was designed in consultation with other astronomers of many countries, and is intended to provide current, accurate astronomical data for use in the making and reduction of observations and for general purposes. (The other publications listed on pages viii-ix give astronomical data for particular applications, such as navigation and surveying.)

Beginning with the 1984 edition, most of the data tabulated in *The Astronomical Almanac* have been based on the fundamental ephemerides of the planets and the Moon prepared at the Jet Propulsion Laboratory (JPL). In particular, the 2003 through 2014 editions utilized the JPL Planetary and Lunar Ephemerides DE405/LE405. Beginning with the 2015 edition, JPL's DE430/LE430 are the basis of the tabulations.

The 2009 edition implemented the relevant International Astronomical Union (IAU) resolutions passed at the 2003 and 2006 IAU General Assemblies. This includes the adoption of the report by the IAU Working Group on Precession and the Ecliptic which affects a significant fraction of the tabulated data (see Section L for more details). *U.S. Naval Observatory Circular No. 179* (see page ix) gives a detailed explanation of the relevant IAU resolutions. Beginning with the 2014 edition, all sections reflect the IAU 2006 resolution that formally defined planets, dwarf planets, and small solar system bodies. Beginning with the 2015 edition, the 2012 IAU resolution re-defining the astronomical unit has been implemented.

The Astronomical Almanac Online is a companion to this volume. It is designed to broaden the scope of this publication. In addition to ancillary information, the data provided will appeal to specialist groups as well as those needing more precise information. Much of the material may also be downloaded.

Suggestions for further improvement of this Almanac would be welcomed; they should be sent to the Chief, Nautical Almanac Office, United States Naval Observatory or to the Head, H.M. Nautical Almanac Office, United Kingdom Hydrographic Office.

DAVID R. KUEHN
Captain, U.S. Navy,
Superintendent, U.S. Naval Observatory
3450 Massachusetts Avenue, NW
Washington, D.C. 20392–5420
U.S.A.

TIMOTHY E. LOWE CBE
Chief Executive
UK Hydrographic Office
Admiralty Way, Taunton
Somerset, TA1 2DN
United Kingdom

March 2020

Corrections to The Astronomical Almanac, 2020

Page E5, North Pole Right Ascension of Neptune, for 299°.46, read 299°.47.

Page L29, for the blank entries following [25], they should read [26] through to [32].

Corrections to The Astronomical Almanac, 2013-2020

Section G, The sidereal rotation period in days for Makemake, replace $7^d.7710$ with $0^d.9511$.

Changes introduced for 2021

Section E: The parameters for calculating planetary magnitudes have been updated to 2018, Mallama, A. & Hilton, J.L., *Astronomy and Computing*, 25, 10-14.

Section F: Mutual events of the Galilean satellites (pages F38-F39) are added.

Section F: Updated orbits for satellites of planets; data added for Jupiter's satellites Pandia and Ersa (pages F2-F4).

Section H: Updates to the data have been made to the lists of double stars, quasars, gamma ray sources and radio flux calibrators; the table of exoplanets has been removed.

Section M: Various entries have been updated and added.

Up-to-date listings of all errata may also be found on *The Astronomical Almanac Online* at **https://aa.usno.navy.mil/publications/asa.html** and **http://asa.hmnao.com**

Section A   PHENOMENA

Seasons; Moon's phases; principal occultations; planetary phenomena; elongations and magnitudes of planets; visibility of planets; diary of phenomena; times of sunrise, sunset, twilight, moonrise and moonset; eclipses, transits, use of Besselian elements.

Section B   TIME-SCALES AND COORDINATE SYSTEMS

Calendar; chronological cycles and eras; religious calendars; relationships between time scales; universal and sidereal times, Earth rotation angle; reduction of celestial coordinates; proper motion, annual parallax, aberration, light-deflection, precession and nutation; coordinates of the CIP & CIO, matrix elements for both frame bias, precession-nutation, and GCRS to the Celestial Intermediate Reference System, formulae for apparent and intermediate place reduction; position and velocity of the Earth; polar motion; diurnal parallax and aberration; altitude, azimuth; refraction; pole star formulae and table.

Section C   SUN

Mean orbital elements, elements of rotation; low-precision formulae for coordinates of the Sun and the equation of time; ecliptic and equatorial coordinates; heliographic coordinates, horizontal parallax, semi-diameter and time of transit; geocentric rectangular coordinates.

Section D   MOON

Phases; perigee and apogee; mean elements of orbit and rotation; lengths of mean months; geocentric, topocentric and selenographic coordinates; formulae for libration; ecliptic and equatorial coordinates, distance, horizontal parallax and time of transit; physical ephemeris, semi-diameter and fraction illuminated; low-precision formulae for geocentric and topocentric coordinates.

Section E   PLANETS

Rotation elements for Mercury, Venus, Mars, Jupiter, Saturn, Uranus, and Neptune; physical ephemerides; osculating orbital elements (including the Earth-Moon barycentre); heliocentric ecliptic coordinates; geocentric equatorial coordinates; times of transit.

Section F   NATURAL SATELLITES

Ephemerides and phenomena of the satellites of Mars, Jupiter, Saturn (including the rings), Uranus, Neptune and Pluto.

Section G   DWARF PLANETS AND SMALL SOLAR SYSTEM BODIES

Osculating elements; opposition dates and finding charts; physical ephemerides; geocentric equatorial coordinates, visual magnitudes, and time of transit for those bodies at opposition. Osculating elements for periodic comets.

Section H   STARS AND STELLAR SYSTEMS

Lists of bright stars, double stars, *UBVRI* standards, spectrophotometric standards, radial velocity standards, variable stars, bright galaxies, open clusters, globular clusters, ICRF radio source positions, radio telescope flux & polarization calibrators, X-ray sources, quasars, pulsars, and gamma ray sources.

Section J   OBSERVATORIES

Index of observatory name and place; lists of optical and radio observatories.

Section K   TABLES AND DATA

Julian dates of Gregorian calendar dates; selected astronomical constants; reduction of time scales; reduction of terrestrial coordinates; interpolation methods; vectors and matrices.

Section L   NOTES AND REFERENCES   Section M GLOSSARY   Section N INDEX

THE ASTRONOMICAL ALMANAC ONLINE

WWW — **https://aa.usno.navy.mil/publications/asa.html** & **http://asa.hmnao.com**

Eclipse Portal; occultation maps; lunar polynomial coefficients; planetary heliocentric osculating elements; satellite offsets, apparent distances, position angles, orbital, physical, and photometric data; minor planet diameters; various star data sets; observatory search; astronomical constants; glossary, errata.

The pagination within each section is given in full on the first page of each section.

U.S. NAVAL OBSERVATORY

CAPT David R. Kuehn, *U.S.N., Superintendent*
CDR, Dwight M. Smith *U.S.N., Deputy Superintendent*
Brian Luzum, *Scientific Director*

ASTRONOMICAL APPLICATIONS DEPARTMENT

Nancy A. Oliversen, *Head*
Susan G. Stewart, *Acting Chief, Nautical Almanac Office*
Jennifer L. Bartlett, *Chief, Software Products Division*
Nancy A. Oliversen, *Acting Chief, Science Support Division*

George H. Kaplan
Wendy K. Puatua
Michael Efroimsky
Malynda R. Chizek Frouard
Yvette Washington

James L. Hilton
Mark T. Stollberg
Eric G. Barron
John A. Bangert

THE UNITED KINGDOM HYDROGRAPHIC OFFICE

Timothy E. Lowe CBE, *Chief Executive*
Thomas Warren-Locke, *Head of the Scientific Analysis Group*

HER MAJESTY'S NAUTICAL ALMANAC OFFICE

Steven A. Bell, *Head*

Donald B. Taylor
James A. Whittaker

Susan G. Nelmes
Antonia J. Wilmot

The data in this volume have been prepared as follows:

By H.M. Nautical Almanac Office, United Kingdom Hydrographic Office:

Section A—phenomena, rising, setting of Sun and Moon, lunar eclipses; B—ephemerides and tables relating to time-scales and coordinate reference frames; D—physical ephemerides and geocentric coordinates of the Moon; F—ephemerides for sixteen of the major planetary satellites; G—opposition dates, finding charts, geocentric coordinates, transit times, and osculating orbital elements, of selected dwarf planets and small solar system bodies; K—tables and data.

By the Nautical Almanac Office, United States Naval Observatory:

Section A—eclipses of the Sun; C—physical ephemerides, geocentric and rectangular coordinates of the Sun; E—physical ephemerides, orbital elements, heliocentric and geocentric coordinates, and transit times of the planets; F—phenomena and ephemerides of satellites, except Jupiter I–IV; H—data for lists of bright stars, photometric standard stars, radial velocity standard stars, bright galaxies, open clusters, globular clusters, radio source positions, radio flux calibrators, X-ray sources, quasars, pulsars, variable stars, double stars and gamma ray sources; J—information on observatories; L—notes and references; M—glossary; N—index.

By the Jet Propulsion Laboratory, California Institute of Technology:

The planetary and lunar ephemerides DE430/LE430. The ephemerides of the dwarf planets and the largest and/or brightest 92 minor planets.

By the IAU Standards Of Fundamental Astronomy (SOFA) initiative:

Software implementation of fundamental quantities used in sections A, B, D and G.

By the Institut de Mécanique Céleste et de Calcul des Éphémérides, Paris Observatory:

Section F—ephemerides and phenomena of satellites I–IV of Jupiter.

By the Minor Planet Center, Cambridge, Massachusetts:

Section G—orbital elements of periodic comets.

Section H—Stars and stellar systems: many individuals have provided expertise in compiling the tables; they are listed in Section L and on *The Astronomical Almanac Online*.

In general the Office responsible for the preparation of the data has drafted the related explanatory notes and auxiliary material, but both have contributed to the final form of the material. The preliminaries, Section A, except the solar eclipses, and Sections B, D, G and K have been composed in the United Kingdom, while the rest of the material has been composed in the United States. The work of proofreading has been shared, but no attempt has been made to eliminate the differences in spelling and style between the contributions of the two Offices.

Joint publications of HM Nautical Almanac Office (UKHO) and the United States Naval Observatory

These publications are available from UKHO distributors and the Superintendent of Documents, U.S. Government Publishing Office (USGPO) except where noted.

Astronomical Phenomena contains extracts from *The Astronomical Almanac* and is published annually in advance of the main volume. Included are dates and times of planetary and lunar phenomena and other astronomical data of general interest. (UKHO GP200)

The Nautical Almanac contains ephemerides at an interval of one hour and auxiliary astronomical data for marine navigation. (UKHO NP314)

The Air Almanac contains ephemerides at an interval of ten minutes and auxiliary astronomical data for air navigation. This publication is now distributed solely on CD-ROM and is only available from USGPO.

Rapid Sight Reduction Tables for Navigation (AP 3270 / NP 303), 3 volumes, formerly entitled *Sight Reduction Tables for Air Navigation*. Volume 1, selected stars for epoch 2020·0, containing the altitude to $1'$ and true azimuth to $1°$ for the seven stars most suitable for navigation, for all latitudes and hour angles of Aries.

Other publications of HM Nautical Almanac Office (UKHO)

The Star Almanac for Land Surveyors (NP 321) contains the Greenwich hour angle of Aries and the position of the Sun, tabulated for every six hours, and represented by monthly polynomial coefficients. Positions of all stars brighter than magnitude 4·0 are tabulated monthly to a precision of $0\overset{s}{\cdot}1$ in right ascension and $1''$ in declination. A CD-ROM is included which contains the electronic edition plus coefficients, in ASCII format, representing the data.

NavPac and Compact Data for 2021–2025 (DP 330) is an e-book and software, containing algorithms and data, which are mainly in the form of polynomial coefficients, for calculating the positions of the Sun, Moon, navigational planets and bright stars. It enables navigators to compute their position at sea from sextant observations using Windows OS 8 and 10 for the period 1986–2025. The tabular data are also supplied as ASCII files on the CD-ROM. Upgrades and updates are available from http://astro.ukho.gov.uk/nao/navpacfour/.

Rapid Sight Reduction Tables for Navigation (AP 3270 / NP 303), 3 volumes, formerly entitled *Sight Reduction Tables for Air Navigation*. Volumes 2 and 3 contain altitudes to $1'$ and azimuths to $1°$ for integral degrees of declination from N 29° to S 29°, for relevant latitudes and all hour angles at which the zenith distance is less than 95° providing for sights of the Sun, Moon and planets.

The UK Air Almanac (AP1602) contains data useful in the planning of activities where the level of illumination is important, particularly aircraft movements, and is produced to the general requirements of the Royal Air Force. It may be downloaded from the website http://astro.ukho.gov.uk/nao/publicat/ukaa.html.

NAO Technical Notes are issued irregularly to disseminate astronomical data concerning ephemerides or astronomical phenomena.

Other publications of the United States Naval Observatory

Astronomical Papers of the American Ephemeris[†] are issued irregularly and contain reports of research in celestial mechanics with particular relevance to ephemerides.

U.S. Naval Observatory Circulars[†] are issued irregularly to disseminate astronomical data concerning ephemerides or astronomical phenomena.

U.S. Naval Observatory Circular No. 179, The IAU Resolutions on Astronomical Reference Systems, Time Scales, and Earth Rotation Models explains resolutions and their effects on the data (see Web Links).

Explanatory Supplement to The Astronomical Almanac edited by Sean E. Urban, U.S. Naval Observatory and P. Kenneth Seidelmann, University of Virginia. This third edition is completely updated and offers an authoritative source on the basis and derivation of information contained in *The Astronomical Almanac*, and contains material that is relevant to positional and dynamical astronomy and to chronology. The publication is a collaborative work with authors from the U.S. Naval Observatory, H.M. Nautical Almanac Office, the Jet Propulsion Laboratory and others. It is published by, and available from University Science Books, Mill Valley, California, whose UK distributor is Macmillan Distribution.

MICA is an interactive astronomical almanac for professional applications. Software for both PC systems with Intel processors and Apple Macintosh computers is provided on a single CD-ROM. *MICA* allows a user to compute, to full precision, much of the tabular data contained in *The Astronomical Almanac*, as well as data for specific times and locations. All calculations are made in real time and data are not interpolated from tables. MICA is a product of the U.S. Naval Observatory; it is published by and available from Willmann-Bell Inc. The latest version covers the interval 1800-2050.

† Many of these publications are available from the Nautical Almanac Office, U.S. Naval Observatory, Washington, DC 20392-5420, see Web Links on the next page for availability.

Publications of other countries

Apparent Places of Fundamental Stars is prepared by the Astronomisches Rechen-Institut, Zentrum für Astronomie der Universität Heidelberg (https://zah.uni-heidelberg.de/institutes/ari). The printed version of APFS gives the data for a few fundamental stars only, together with the explanation and examples. The apparent places of stars using the FK6 or Hipparcos catalogues are provided by the on-line database ARIAPFS (https://wwwadd.zah.uni-heidelberg.de/databanken/ariapfs/index.pnp.en). The printed booklet also contains the so-called '10-Day-Stars' and the 'Circumpolar Stars' and is available from dpunkt.verlag GmbH, Wieblinger Weg 17, 69123 Heidelberg, Germany.

Ephemerides of Minor Planets is prepared annually by the Institute of Applied Astronomy (http://iaaras.ru/en/). Included in this volume are elements, opposition dates and opposition ephemerides of all numbered minor planets. This volume is available from the Institute of Applied Astronomy, Naberezhnaya Kutuzova 10, St. Petersburg, 191187 Russia and can be downloaded from http://iaaras.ru/html/emp2020/emp2020.html.

Electronic publications

The Astronomical Almanac Online: The companion publication of *The Astronomical Almanac*, providing data best presented in machine-readable form. It typically does not duplicate data from the book. It does, in some cases, provide additional information or greater precision than the printed data. Examples of data found on *The Astronomical Almanac Online* are searchable databases, eclipse and occultation maps, errata found in the printed publication, and a searchable glossary. See next page for web links to *The Astronomical Almanac Online*.

Please refer to the relevant World Wide Web address for further details about the publications and services provided by the following organisations.

H.M. Nautical Almanac Office and U.S. Naval Observatory

● *The Astronomical Almanac Online* at

https://aa.usno.navy.mil/publications/asa.html   — WWW —   http://asa.hmnao.com

U.S. Naval Observatory

● U.S. Naval Observatory at https://www.usno.navy.mil/USNO
● USNO Astronomical Applications Department at https://aa.usno.navy.mil/
● USNO Data Services at https://aa.usno.navy.mil/data/
● NOVAS astrometry software at https://aa.usno.navy.mil/software/novas/
● *USNO Circular 179* at https://aa.usno.navy.mil/publications/docs/Circular_179.php

H.M. Nautical Almanac Office

● General information at http://astro.ukho.gov.uk or http://www.gov.uk/HMNAO
● Eclipses Online at http://astro.ukho.gov.uk/eclipse/
● Online data services at http://astro.ukho.gov.uk/websurf2/
● Crescent MoonWatch at http://astro.ukho.gov.uk/moonwatch/

International Astronomical Organizations

● IAU: International Astronomical Union at https://www.iau.org
● IERS: International Earth Rotation and Reference Systems Service at https://www.iers.org
● SOFA: IAU Standards of Fundamental Astronomy at http://www.iausofa.org
● NSFA: IAU Working Group on Numerical Standards at https://iau-a3.gitlab.io/NSFA/
● MPC: Minor Planet Centre at https://minorplanetcenter.net/
● CDS: Centre de Données astronomiques de Strasbourg at https://cdsweb.u-strasbg.fr

Products provided by International Astronomical Organizations

● IERS Products https://www.iers.org/ : then
    Orientation data, time, follow, Data / Products → Earth Orientation Data
    Bulletins A, B, C, D and descriptions follow, Publications → IERS Bulletins
    Technical Notes follow, Publications → IERS Technical Notes
● IERS Conventions Centre, updates at http://iers-conventions.obspm.fr

Publishers and Suppliers

● The UK Hydrographic Office (UKHO) at https://www.gov.uk/UKHO
● U.S. Government Publishing Office (USGPO) at https://bookstore.gpo.gov
● University Science Books at https://www.uscibooks.com
● Willmann-Bell at https://www.willbell.com
● Macmillan Distribution at https://www.palgrave.com

CONTENTS OF SECTION A

 This symbol indicates that these data or auxiliary material may also be found on *The Astronomical Almanac Online* at **https://aa.usno.navy.mil/publications/asa.html** and **http://asa.hmnao.com**

NOTE: All the times in this section are expressed in Universal Time (UT).

THE SUN

		d	h				d	h	m				d	h	m
Perigee	...	Jan.	2 14		Equinoxes	... Mar.	20	09	37 ...	...	Sept.	22	19	21
Apogee	...	July	5 22		Solstices	... June	21	03	32 ...	...	Dec.	21	15	59

PHASES OF THE MOON

Lunation	New Moon			First Quarter			Full Moon			Last Quarter		
	d	h	m	d	h	m	d	h	m	d	h	m
1212										Jan.	6	09 37
1213	Jan.	13	05 00	Jan.	20	21 02	Jan.	28	19 16	Feb.	4	17 37
1214	Feb.	11	19 06	Feb.	19	18 47	Feb.	27	08 17	Mar.	6	01 30
1215	Mar.	13	10 21	Mar.	21	14 40	Mar.	28	18 48	Apr.	4	10 02
1216	Apr.	12	02 31	Apr.	20	06 59	Apr.	27	03 32	May	3	19 50
1217	May	11	19 00	May	19	19 13	May	26	11 14	June	2	07 24
1218	June	10	10 53	June	18	03 54	June	24	18 40	July	1	21 11
1219	July	10	01 17	July	17	10 11	July	24	02 37	July	31	13 16
1220	Aug.	8	13 50	Aug.	15	15 20	Aug.	22	12 02	Aug.	30	07 13
1221	Sept.	7	00 52	Sept.	13	20 39	Sept.	20	23 55	Sept.	29	01 57
1222	Oct.	6	11 05	Oct.	13	03 25	Oct.	20	14 57	Oct.	28	20 05
1223	Nov.	4	21 15	Nov.	11	12 46	Nov.	19	08 57	Nov.	27	12 28
1224	Dec.	4	07 43	Dec.	11	01 36	Dec.	19	04 35	Dec.	27	02 24

ECLIPSES

A total eclipse of the Moon	May. 26	Western South America, western North America, Pacific Ocean, Australasia, eastern Asia
An annular eclipse of the Sun	June 10	North and north eastern North America, Greenland, most of Europe, most of Russia, northern and western China
A partial eclipse of the Moon	Nov. 19	North west Europe, the Americas, Oceania, Australasia, most of Asia
A total eclipse of the Sun	Dec. 4	Falkland Islands, southern tip of Africa, Antarctica, south easternmost Australia

MOON AT PERIGEE

	d	h		d	h		d	h
Jan.	9	16	May	26	02	Oct.	8	17
Feb.	3	19	June	23	10	Nov.	5	22
Mar.	2	05	July	21	10	Dec.	4	10
Mar.	30	06	Aug.	17	09			
Apr.	27	15	Sept.	11	10			

MOON AT APOGEE

	d	h		d	h		d	h
Jan.	21	13	June	8	02	Oct.	24	15
Feb.	18	10	July	5	15	Nov.	21	02
Mar.	18	05	Aug.	2	08	Dec.	18	02
Apr.	14	18	Aug.	30	02			
May	11	22	Sept.	26	22			

OCCULTATIONS OF PLANETS AND BRIGHT STARS BY THE MOON

Date			Body	Areas of Visibility
	d	h		
Apr.	17	12	Mars	Most of central and eastern Africa, southern parts of the Middle East, India, South East Asia, Indonesia, most of the Philippines
May	12	22	Venus	Most of New Zealand, eastern Polynesia, Easter Island
Nov.	3	19	Mercury	Canada (except westernmost), north eastern USA, Bermuda
Nov.	8	05	Venus	North eastern Mongolia, north eastern China, south eastern Russia, Japan (except southernmost parts), western Aleutian Islands
Dec.	3	00	Mars	Most of Mongolia, north eastern China, parts of eastern Russia, Japan, most of Micronesia, northernmost Polynesia, Hawaii
Dec.	10	13	Pallas	Central and eastern Africa, southern Arabian Peninsula, south and easternmost Middle East, India, Asia (except south eastern parts), parts of south east Russia
Dec.	31	20	Mars	Parts of southern Australia, Tasmania, Antarctica, South Georgia Island, southernmost tip of South America, Falkland Islands

Maps showing the areas of visibility may be found on AsA-Online.

AVAILABILITY OF PREDICTIONS OF LUNAR OCCULTATIONS

IOTA, the International Occultation Timing Association, is responsible for the predictions and reductions of timings of occultations of stars by the Moon. Their web address is http://lunar-occultations.com/iota.

GEOCENTRIC PHENOMENA

MERCURY

	d h		d h		d h
Greatest elongation East	Jan. 24 02 (19°)		May 17 06 (22°)		Sept. 14 04 (27°)
Stationary	Jan. 30 02		May 30 02		Sept. 27 04
Inferior conjunction ...	Feb. 8 14		June 11 01		Oct. 9 16
Stationary	Feb. 20 13		June 22 23		Oct. 18 01
Greatest elongation West	Mar. 6 11 (27°)		July 4 20 (22°)		Oct. 25 06 (18°)
Superior conjunction ...	Apr. 19 02		Aug. 1 14		Nov. 29 05

VENUS

	d h			d h
Superior conjunction ...	Mar. 26 07	Greatest illuminated extent	Dec. 4 07
Greatest elongation East	Oct. 29 21 (47°)	Stationary	Dec. 18 11

SUPERIOR PLANETS

	Conjunction	Stationary	Opposition	Stationary
	d h	d h	d h	d h
Mars	Oct. 8 04	—	—	—
Jupiter	Jan. 29 02	June 21 05	Aug. 20 00	Oct. 18 11
Saturn	Jan. 24 03	May 23 20	Aug. 2 06	Oct. 11 02
Uranus	Apr. 30 20	Aug. 20 04	Nov. 5 00	Jan. 14 14
Neptune	Mar. 11 00	June 26 10	Sept. 14 09	Dec. 1 22

The vertical bars indicate where the dates for the planet are not in chronological order.

OCCULTATIONS BY PLANETS AND SATELLITES

Details of predictions of occultations of stars by planets, minor planets and satellites are given in *The Handbook of the British Astronomical Association.*

HELIOCENTRIC PHENOMENA

	Perihelion	Aphelion	Ascending Node	Greatest Lat. North	Descending Node	Greatest Lat. South
Mercury	Jan. 29	Mar. 14	Jan. 24	Feb. 8	Mar. 3	Jan. 5
	Apr. 27	June 10	Apr. 22	May 7	May 30	Apr. 3
	July 24	Sept. 6	July 19	Aug. 3	Aug. 26	June 30
	Oct. 19	Dec. 2	Oct. 15	Oct. 30	Nov. 22	Sept. 26
	—	—	—	—	—	Dec. 23
Venus	—	Feb. 20	May 9	July 4	Jan. 16	Mar. 14
	June 12	Oct. 3	Dec. 20	—	Aug. 29	Oct. 25
Mars	—	July 13	—	June 4	Dec. 19	—

Jupiter, Saturn, Uranus, Neptune: None in 2021

PHENOMENA, 2021

ELONGATIONS AND MAGNITUDES OF PLANETS AT 0^h UT

Date	Mercury Elong.	Mag.	Venus Elong.	Mag.	Date	Mercury Elong.	Mag.	Venus Elong.	Mag.
Jan. −4	E. 4	−1·1	W. 22	−3·9	**June** 30	W. 21	+1·0	E. 25	−3·9
1	E. 7	−1·0	W. 20	−3·9	**July** 5	W. 22	+0·4	E. 26	−3·9
6	E. 10	−0·9	W. 19	−3·9	10	W. 21	−0·1	E. 28	−3·9
11	E. 13	−0·9	W. 18	−3·9	15	W. 18	−0·6	E. 29	−3·9
16	E. 16	−0·9	W. 17	−3·9	20	W. 14	−1·1	E. 30	−3·9
21	E. 18	−0·7	W. 16	−3·9	25	W. 9	−1·6	E. 31	−3·9
26	E. 18	−0·3	W. 15	−3·9	30	W. 3	−2·0	E. 33	−3·9
31	E. 15	+0·6	W. 13	−3·9	**Aug.** 4	E. 3	−1·8	E. 34	−3·9
Feb. 5	E. 8	+3·2	W. 12	−3·9	9	E. 8	−1·2	E. 35	−3·9
10	W. 5	+4·8	W. 11	−3·9	14	E. 12	−0·8	E. 36	−4·0
15	W. 14	+2·1	W. 10	−3·9	19	E. 16	−0·5	E. 37	−4·0
20	W. 21	+0·8	W. 9	−3·9	24	E. 20	−0·3	E. 38	−4·0
25	W. 25	+0·4	W. 7	−3·9	29	E. 22	−0·1	E. 39	−4·0
Mar. 2	W. 27	+0·3	W. 6	−3·9	**Sept.** 3	E. 25	0·0	E. 40	−4·0
7	W. 27	+0·2	W. 5	−3·9	8	E. 26	+0·1	E. 41	−4·1
12	W. 27	+0·1	W. 4	−3·9	13	E. 27	+0·2	E. 42	−4·1
17	W. 25	0·0	W. 3	−3·9	18	E. 26	+0·3	E. 43	−4·1
22	W. 23	−0·1	W. 2	−3·9	23	E. 25	+0·4	E. 44	−4·2
27	W. 20	−0·3	E. 1	·	28	E. 21	+0·8	E. 44	−4·2
Apr. 1	W. 17	−0·5	E. 2	−3·9	**Oct.** 3	E. 14	+2·0	E. 45	−4·2
6	W. 13	−0·8	E. 3	−3·9	8	E. 4	+5·0	E. 46	−4·3
11	W. 9	−1·2	E. 4	−3·9	13	W. 7	+3·6	E. 46	−4·3
16	W. 4	−1·8	E. 5	−3·9	18	W. 15	+0·7	E. 47	−4·4
21	E. 2	−2·1	E. 7	−3·9	23	W. 18	−0·3	E. 47	−4·4
26	E. 8	−1·6	E. 8	−3·9	28	W. 18	−0·7	E. 47	−4·5
May 1	E. 13	−1·2	E. 9	−3·9	**Nov.** 2	W. 16	−0·9	E. 47	−4·5
6	E. 18	−0·7	E. 11	−3·9	7	W. 13	−0·9	E. 47	−4·6
11	E. 21	−0·2	E. 12	−3·9	12	W. 10	−0·9	E. 46	−4·7
16	E. 22	+0·3	E. 13	−3·9	17	W. 7	−1·0	E. 46	−4·7
21	E. 22	+0·8	E. 14	−3·9	22	W. 4	−1·1	E. 45	−4·8
26	E. 19	+1·5	E. 16	−3·9	27	W. 1	−1·3	E. 43	−4·8
31	E. 15	+2·6	E. 17	−3·9	**Dec.** 2	E. 2	−1·2	E. 41	−4·9
June 5	E. 9	+4·3	E. 18	−3·9	7	E. 5	−1·0	E. 39	−4·9
10	E. 3	·	E. 20	−3·9	12	E. 7	−0·9	E. 35	−4·9
15	W. 7	+4·9	E. 21	−3·9	17	E. 10	−0·8	E. 31	−4·9
20	W. 13	+3·0	E. 22	−3·9	22	E. 13	−0·8	E. 26	−4·8
25	W. 18	+1·8	E. 24	−3·9	27	E. 15	−0·8	E. 20	−4·5
30	W. 21	+1·0	E. 25	−3·9	32	E. 18	−0·7	E. 13	−4·2

SELECTED DWARF AND MINOR PLANETS

	Conjunction	Stationary	Opposition	Stationary
Ceres	Apr. 7	Oct. 8	Nov. 27	—
Pallas	Feb. 9	July 18	Sept. 11	Nov. 1
Juno	—	Apr. 13	June 6	Aug. 5
Vesta	Nov. 28	Jan. 23	Mar. 4	Apr. 22
Pluto	Jan. 14	Apr. 28	July 17	Oct. 6

ELONGATIONS AND MAGNITUDES OF PLANETS AT 0ʰ UT

Date	Mars Elong.	Mag.	Jupiter Elong.	Mag.	Saturn Elong.	Mag.	Uranus Elong.	Mag.	Neptune Elong.	Mag.
Jan. −4	E. 110	−0·4	E. 26	−2·0	E. 25	+0·6	E. 121	+5·7	E. 73	+7·8
6	E. 104	−0·1	E. 18	−2·0	E. 16	+0·6	E. 111	+5·8	E. 63	+7·8
16	E. 98	+0·1	E. 10	−1·9	E. 7	+0·5	E. 101	+5·8	E. 53	+7·8
26	E. 93	+0·3	E. 2	−1·9	W. 2	+0·4	E. 91	+5·8	E. 43	+7·8
Feb. 5	E. 88	+0·5	W. 5	−1·9	W. 11	+0·6	E. 81	+5·8	E. 33	+7·8
15	E. 84	+0·7	W. 13	−2·0	W. 20	+0·6	E. 71	+5·8	E. 23	+7·8
25	E. 79	+0·8	W. 21	−2·0	W. 29	+0·6	E. 61	+5·9	E. 14	+7·8
Mar. 7	E. 75	+1·0	W. 29	−2·0	W. 38	+0·6	E. 51	+5·9	E. 4	+7·8
17	E. 71	+1·1	W. 36	−2·0	W. 47	+0·6	E. 42	+5·9	W. 6	+7·8
27	E. 67	+1·2	W. 44	−2·0	W. 56	+0·6	E. 32	+5·9	W. 15	+7·8
Apr. 6	E. 63	+1·3	W. 52	−2·1	W. 65	+0·6	E. 23	+5·9	W. 25	+7·8
16	E. 59	+1·4	W. 60	−2·1	W. 74	+0·6	E. 14	+5·9	W. 34	+7·8
26	E. 56	+1·5	W. 68	−2·2	W. 83	+0·6	E. 4	+5·9	W. 44	+7·8
May 6	E. 52	+1·6	W. 77	−2·2	W. 92	+0·5	W. 5	+5·9	W. 53	+7·8
16	E. 48	+1·7	W. 85	−2·3	W. 102	+0·5	W. 14	+5·9	W. 63	+7·8
26	E. 45	+1·7	W. 94	−2·4	W. 111	+0·5	W. 23	+5·9	W. 72	+7·8
June 5	E. 41	+1·8	W. 103	−2·4	W. 121	+0·4	W. 32	+5·9	W. 81	+7·8
15	E. 38	+1·8	W. 112	−2·5	W. 131	+0·4	W. 41	+5·9	W. 91	+7·8
25	E. 35	+1·8	W. 122	−2·6	W. 141	+0·3	W. 50	+5·9	W. 100	+7·7
July 5	E. 31	+1·8	W. 131	−2·7	W. 151	+0·3	W. 59	+5·9	W. 110	+7·7
15	E. 28	+1·8	W. 141	−2·7	W. 161	+0·2	W. 68	+5·8	W. 120	+7·7
25	E. 25	+1·8	W. 152	−2·8	W. 171	+0·2	W. 78	+5·8	W. 129	+7·7
Aug. 4	E. 21	+1·8	W. 163	−2·8	E. 178	+0·1	W. 87	+5·8	W. 139	+7·7
14	E. 18	+1·8	W. 173	−2·9	E. 168	+0·2	W. 97	+5·8	W. 149	+7·7
24	E. 15	+1·8	E. 175	−2·9	E. 158	+0·2	W. 106	+5·8	W. 159	+7·7
Sept. 3	E. 12	+1·7	E. 165	−2·9	E. 147	+0·3	W. 116	+5·7	W. 169	+7·7
13	E. 8	+1·7	E. 154	−2·8	E. 137	+0·3	W. 126	+5·7	W. 178	+7·7
23	E. 5	+1·6	E. 143	−2·8	E. 127	+0·3	W. 136	+5·7	E. 171	+7·7
Oct. 3	E. 2	+1·6	E. 133	−2·7	E. 117	+0·4	W. 146	+5·7	E. 161	+7·7
13	W. 2	+1·6	E. 122	−2·6	E. 107	+0·4	W. 156	+5·7	E. 151	+7·7
23	W. 5	+1·6	E. 113	−2·5	E. 97	+0·5	W. 166	+5·7	E. 141	+7·7
Nov. 2	W. 8	+1·6	E. 103	−2·5	E. 88	+0·5	W. 177	+5·7	E. 131	+7·7
12	W. 11	+1·6	E. 94	−2·4	E. 78	+0·6	E. 173	+5·7	E. 121	+7·7
22	W. 15	+1·6	E. 84	−2·3	E. 68	+0·6	E. 162	+5·7	E. 111	+7·7
Dec. 2	W. 18	+1·6	E. 76	−2·3	E. 59	+0·6	E. 152	+5·7	E. 100	+7·7
12	W. 21	+1·6	E. 67	−2·2	E. 50	+0·6	E. 141	+5·7	E. 90	+7·8
22	W. 24	+1·6	E. 58	−2·2	E. 41	+0·7	E. 131	+5·7	E. 80	+7·8
32	W. 27	+1·5	E. 50	−2·1	E. 31	+0·7	E. 120	+5·7	E. 70	+7·8

VISUAL MAGNITUDES OF SELECTED DWARF & MINOR PLANETS

	Jan. 6	Feb. 15	Mar. 27	May 6	June 15	July 25	Sept. 3	Oct. 13	Nov. 22	Dec. 32
Ceres	9·3	9·3	9·0	9·1	9·2	9·1	8·7	8·1	7·1	7·8
Pallas	10·6	10·4	10·5	10·5	10·2	9·6	8·7	9·1	9·7	10·0
Juno	11·5	11·5	11·1	10·5	10·1	10·6	11·1	11·3	11·2	10·9
Vesta	7·3	6·3	6·3	7·1	7·6	7·9	7·9	7·8	7·4	7·6
Pluto	15·1	15·1	15·2	15·1	15·0	14·9	15·1	15·2	15·2	15·1

VISIBILITY OF PLANETS

The planet diagram on page A7 shows, in graphical form for any date during the year, the local mean times of meridian passage of the Sun, of the five planets, Mercury, Venus, Mars, Jupiter and Saturn, and of every 2^h of right ascension. Intermediate lines, corresponding to particular stars, may be drawn in by the user if desired. The diagram is intended to provide a general picture of the availability of planets and stars for observation during the year.

On each side of the line marking the time of meridian passage of the Sun, a band 45^m wide is shaded to indicate that planets and most stars crossing the meridian within 45^m of the Sun are generally too close to the Sun for observation.

For any date the diagram provides immediately the local mean time of meridian passage of the Sun, planets and stars, and thus the following information:
  a) whether a planet or star is too close to the Sun for observation;
  b) visibility of a planet or star in the morning or evening;
  c) location of a planet or star during twilight;
  d) proximity of planets to stars or other planets.

When the meridian passage of a body occurs at midnight, it is close to opposition to the Sun and is visible all night, and may be observed in both morning and evening twilights. As the time of meridian passage decreases, the body ceases to be observable in the morning, but its altitude above the eastern horizon during evening twilight gradually increases until it is on the meridian at evening twilight. From then onwards the body is observable above the western horizon, its altitude at evening twilight gradually decreasing, until it becomes too close to the Sun for observation. When it again becomes visible, it is seen in the morning twilight, low in the east. Its altitude at morning twilight gradually increases until meridian passage occurs at the time of morning twilight, then as the time of meridian passage decreases to 0^h, the body is observable in the west in the morning twilight with a gradually decreasing altitude, until it once again reaches opposition.

Notes on the visibility of the planets are given on page A8. Further information on the visibility of planets may be obtained from the diagram below which shows, in graphical form for any date during the year, the declinations of the bodies plotted on the planet diagram on page A7.

DECLINATION OF SUN AND PLANETS, 2021

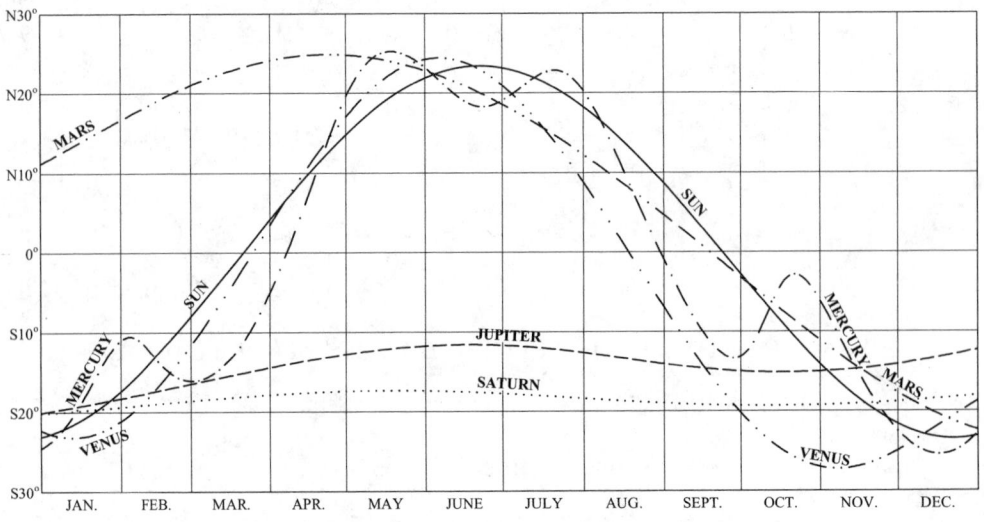

LOCAL MEAN TIME OF MERIDIAN PASSAGE

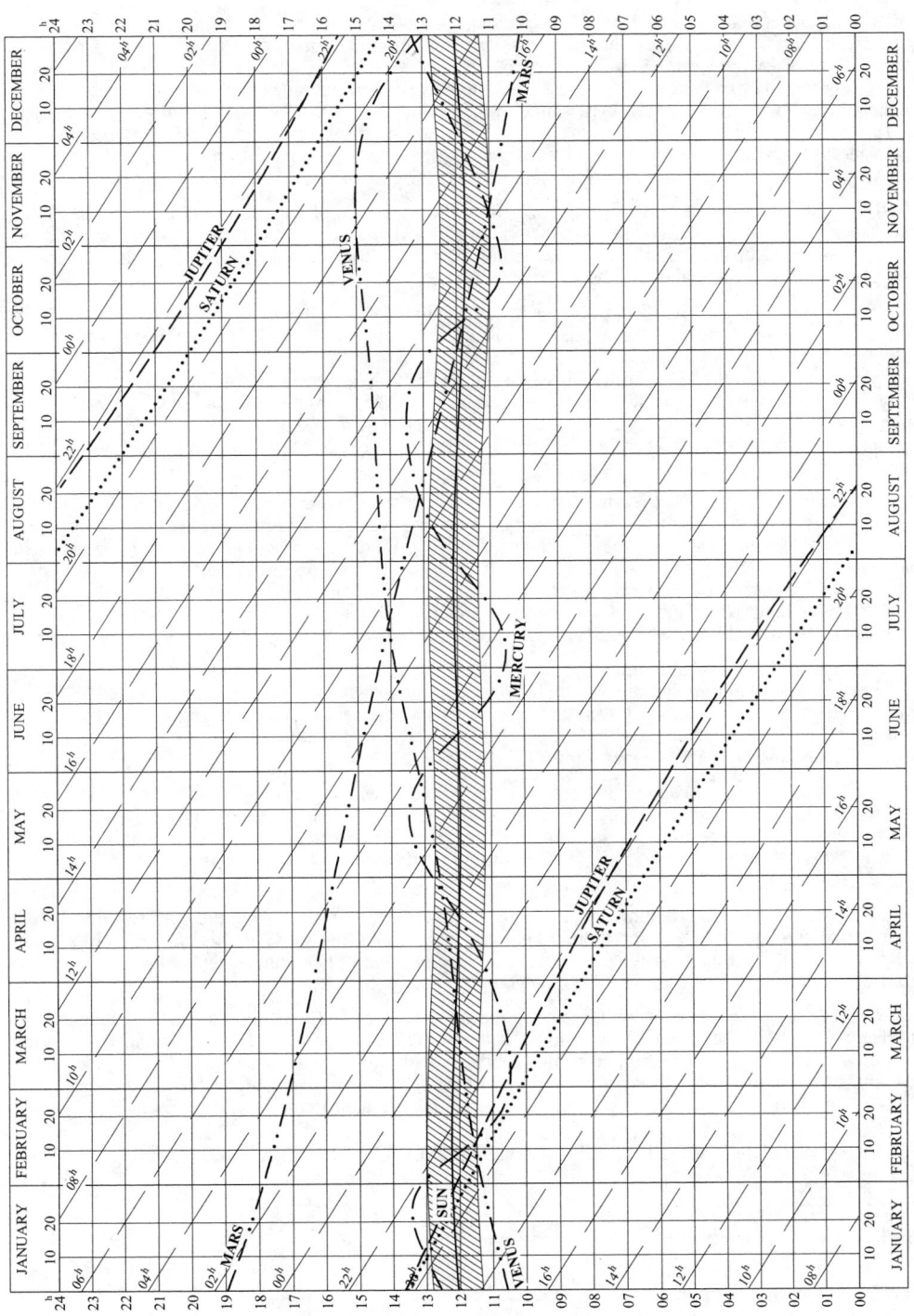

LOCAL MEAN TIME OF MERIDIAN PASSAGE

VISIBILITY OF PLANETS

MERCURY can only be seen low in the east before sunrise, or low in the west after sunset (about the time of beginning or end of civil twilight). It is visible in the mornings between the following approximate dates: February 15 to April 10, June 20 to July 25 and October 16 to November 13. The planet is brighter at the end of each period, (the best conditions in northern latitudes occur in late October and in southern latitudes in early March). It is visible in the evenings between the following approximate dates: January 5 to February 2, April 27 to June 1, August 10 to October 3 and December 16 to December 31. The planet is brighter at the beginning of each period, (the best conditions in northern latitudes occur in mid-May and in southern latitudes in mid-September).

VENUS is a brilliant object in the morning sky from the beginning of the year until mid-February when it becomes too close to the Sun for observation. In early May it reappears in the evening sky where it stays until the end of the year. Venus is in conjunction with Jupiter on February 11, with Mercury on May 29 and December 29 and with Mars on July 13.

MARS is visible as a reddish object in Pisces in the evening sky at the beginning of the year. Its eastward elongation decreases as it moves through Aries from early January, Taurus from late February (passing 7° N of *Aldebaran* on March 23), into Gemini from late April, Cancer in early June (passing 5° S of *Pollux* on June 2) and then Leo in mid-July (passing 0°7 N of *Regulus* on July 29). It becomes too close to the Sun for observation in late August. It reappears in the morning sky during late November in Libra, moving into Scorpius in mid-December and then into Ophiuchus in late December (passing 5° N of *Antares* on December 26), where it remains for the rest of the year. Mars is in conjunction with Venus on July 13 and with Mercury on August 19.

JUPITER can be seen in Capricornus until mid-January, when it becomes too close to the Sun for observation. It reappears in the morning sky in the second week of February. Its westward elongation gradually increases, moving into Aquarius in late April. From late May it can be seen for more than half the night. It moves into Capricornus in mid-August and is at opposition on August 20 when it is visible throughout the night. Its eastward elongation then decreases and from mid-November it can only be seen in the evening sky passing into Aquarius in mid-December. Jupiter is in conjunction with Mercury on January 11, February 13 and March 5 and with Venus on February 11.

SATURN can be seen in Capricornus for the first week of January. It then becomes too close to the Sun for observation. It reappears in the morning sky in the second week of February. Its westward elongation gradually increases and from early May it can be seen for more than half the night. It is at opposition on August 2 when it is visible throughout the night. Its eastward elongation then decreases and from late October it can only be seen in the evening sky.

URANUS is visible at the beginning of the year in Aries, in which constellation it remains throughout the year. From late January until the second week of April it can only be seen in the evening sky. It then becomes too close to the Sun for observation reappearing in late May in the morning sky. It is at opposition on November 5 when it is visible throughout the night, after which its eastward elongation gradually decreases.

NEPTUNE is visible at the beginning of the year in the evening sky in Aquarius and remains in this constellation throughout the year. In mid-February it becomes too close to the Sun for observation and reappears in late March in the morning sky. Neptune is at opposition on September 14 and from mid-December can only be seen in the evening sky.

DO NOT CONFUSE (1) Jupiter with Saturn in the early January and with Mercury in mid-January and mid-February to mid-March; on all occasions Jupiter is the brighter object.(2) Venus with Saturn in the second week of February, with Jupiter in mid-February, with Mercury in late May and in late December and with Mars in July; on all occasions Venus is the brighter object. (3) Mercury with Saturn in late February and with Mars in mid-August; on both occasions Mercury is the brighter object.

VISIBILITY OF PLANETS IN MORNING AND EVENING TWILIGHT

	Morning		Evening	
Venus	January 1	– February 14	May 5	– December 31
Mars			January 1	– August 23
	November 23	– December 31		
Jupiter			January 1	– January 16
	February 11	– August 20	August 20	– December 31
Saturn			January 1	– January 7
	February 10	– August 2	August 2	– December 31

CONFIGURATIONS OF SUN, MOON AND PLANETS

	d h	
Jan.	2 14	Earth at perihelion
	6 10	LAST QUARTER
	9 16	Moon at perigee
	11 11	Mercury 1°5 S. of Jupiter
	11 20	Venus 1°5 N. of Moon
	13 05	NEW MOON
	14 01	Jupiter 3° N. of Moon
	14 08	Mercury 2° N. of Moon
	14 14	Pluto in conjunction with Sun
	14 14	Uranus stationary
	17 06	Neptune 4° N. of Moon
	20 21	FIRST QUARTER
	21 06	Mars 5° N. of Moon
	21 06	Uranus 3° N. of Moon
	21 13	Moon at apogee
	22 00	Mars 1°7 N. of Uranus
	23 22	Vesta stationary
	24 02	Mercury greatest elong. E. (19°)
	24 03	Saturn in conjunction with Sun
	28 19	FULL MOON
	29 02	Jupiter in conjunction with Sun
	30 02	Mercury stationary
Feb.	3 19	Moon at perigee
	4 18	LAST QUARTER
	8 14	Mercury in inferior conjunction
	9 20	Pallas in conjunction with Sun
	10 11	Saturn 3° N. of Moon
	10 20	Venus 3° N. of Moon
	11 12	Venus 0°4 S. of Jupiter
	11 19	NEW MOON
	13 17	Neptune 4° N. of Moon
	13 19	Mercury 4° N. of Jupiter
	17 16	Uranus 3° N. of Moon
	18 10	Moon at apogee
	18 23	Mars 4° N. of Moon
	19 19	FIRST QUARTER
	20 13	Mercury stationary
	27 08	FULL MOON
Mar.	2 05	Moon at perigee
	4 18	Vesta at opposition
	5 07	Mercury 0°3 N. of Jupiter
	6 02	LAST QUARTER
	6 11	Mercury greatest elong. W. (27°)
	9 23	Saturn 4° N. of Moon
	10 16	Jupiter 4° N. of Moon
	11 00	Neptune in conjunction with Sun
	11 01	Mercury 4° N. of Moon
	13 10	NEW MOON

	d h		
Mar.	17 02	Uranus 3° N. of Moon	
	18 05	Moon at apogee	
	19 18	Mars 1°9 N. of Moon	
	20 10	Equinox	
	21 15	FIRST QUARTER	
	23 00	Mars 7° N. of *Aldebaran*	
	26 07	Venus in superior conjunction	
	28 19	FULL MOON	
	30 06	Moon at perigee	
Apr.	4 10	LAST QUARTER	
	6 08	Saturn 4° N. of Moon	
	7 07	Ceres in conjunction with Sun	
	7 07	Jupiter 4° N. of Moon	
	9 11	Neptune 4° N. of Moon	
	12 03	NEW MOON	
	13 02	Juno stationary	
	13 12	Uranus 2° N. of Moon	
	14 18	Moon at apogee	
	17 12	Mars 0°1 N. of Moon	Occn.
	19 02	Mercury in superior conjunction	
	20 07	FIRST QUARTER	
	22 18	Vesta stationary	
	27 04	FULL MOON	
	27 15	Moon at perigee	
	28 19	Pluto stationary	
	30 20	Uranus in conjunction with Sun	
May	3 17	Saturn 4° N. of Moon	
	3 20	LAST QUARTER	
	4 21	Jupiter 5° N. of Moon	
	6 18	Neptune 4° N. of Moon	
	11 03	Mercury 8° N. of *Aldebaran*	
	11 19	NEW MOON	
	11 22	Moon at apogee	
	12 22	Venus 0°7 N. of Moon	Occn.
	13 18	Mercury 2° N. of Moon	
	16 05	Mars 1°5 S. of Moon	
	17 06	Mercury greatest elong. E. (22°)	
	17 23	Venus 6° N. of *Aldebaran*	
	19 19	FIRST QUARTER	
	23 20	Saturn stationary	
	26 02	Moon at perigee	
	26 11	FULL MOON	Eclipse
	29 06	Mercury 0°4 S. of Venus	
	30 02	Mercury stationary	
	31 01	Saturn 4° N. of Moon	
	1 09	Jupiter 5° N. of Moon	

CONFIGURATIONS OF SUN, MOON AND PLANETS

d	h	
June 2	07	LAST QUARTER
2	14	Mars 5° S. of *Pollux*
3	01	Neptune 4° N. of Moon
6	22	Juno at opposition
7	06	Uranus 2° N. of Moon
8	02	Moon at apogee
10	11	NEW MOON Eclipse
11	01	Mercury in inferior conjunction
12	07	Venus 1°5 S. of Moon
13	20	Mars 3° S. of Moon
18	04	FIRST QUARTER
21	04	Solstice
21	05	Jupiter stationary
22	15	Venus 5° S. of *Pollux*
22	23	Mercury stationary
23	10	Moon at perigee
24	19	FULL MOON
26	10	Neptune stationary
27	09	Saturn 4° N. of Moon
28	19	Jupiter 4° N. of Moon
30	09	Neptune 4° N. of Moon
July 1	21	LAST QUARTER
4	15	Uranus 2° N. of Moon
4	20	Mercury greatest elong. W. (22°)
5	15	Moon at apogee
5	22	Earth at aphelion
8	05	Mercury 4° S. of Moon
10	01	NEW MOON
12	09	Venus 3° S. of Moon
12	10	Mars 4° S. of Moon
13	07	Venus 0°5 N. of Mars
17	10	FIRST QUARTER
17	23	Pluto at opposition
18	20	Pallas stationary
21	10	Moon at perigee
21	19	Venus 1°2 N. of *Regulus*
24	03	FULL MOON
24	17	Saturn 4° N. of Moon
26	01	Jupiter 4° N. of Moon
27	18	Neptune 4° N. of Moon
29	16	Mars 0°7 N. of *Regulus*
31	13	LAST QUARTER
Aug. 1	00	Uranus 1°8 N. of Moon
1	14	Mercury in superior conjunction
2	06	Saturn at opposition
2	08	Moon at apogee
5	04	Juno stationary
8	14	NEW MOON

d	h	
Aug. 10	01	Mars 4° S. of Moon
11	07	Venus 4° S. of Moon
11	18	Mercury 1°2 N. of *Regulus*
15	15	FIRST QUARTER
17	09	Moon at perigee
19	04	Mercury 0°08 S. of Mars
20	00	Jupiter at opposition
20	04	Uranus stationary
20	22	Saturn 4° N. of Moon
22	05	Jupiter 4° N. of Moon
22	12	FULL MOON
24	02	Neptune 4° N. of Moon
28	09	Uranus 1°5 N. of Moon
30	02	Moon at apogee
30	07	LAST QUARTER
Sept. 5	06	Venus 1°7 N. of *Spica*
7	01	NEW MOON
8	20	Mercury 7° S. of Moon
10	02	Venus 4° S. of Moon
11	02	Pallas at opposition
11	10	Moon at perigee
13	21	FIRST QUARTER
14	04	Mercury greatest elong. E. (27°)
14	09	Neptune at opposition
17	03	Saturn 4° N. of Moon
18	07	Jupiter 4° N. of Moon
20	09	Neptune 4° N. of Moon
21	00	FULL MOON
22	19	Equinox
23	12	Mercury 1°7 S. of *Spica*
24	16	Uranus 1°3 N. of Moon
26	22	Moon at apogee
27	04	Mercury stationary
29	02	LAST QUARTER
30	15	Mercury 1°7 S. of *Spica*
Oct. 6	11	NEW MOON
6	13	Pluto stationary
8	04	Mars in conjunction with Sun
8	17	Moon at perigee
8	19	Ceres stationary
9	16	Mercury in inferior conjunction
9	19	Venus 3° S. of Moon
11	02	Saturn stationary
13	03	FIRST QUARTER
14	07	Saturn 4° N. of Moon
15	10	Jupiter 4° N. of Moon
16	14	Venus 1°5 N. of *Antares*
17	14	Neptune 4° N. of Moon
18	01	Mercury stationary
18	11	Jupiter stationary

CONFIGURATIONS OF SUN, MOON AND PLANETS

d h		
Oct. 20 15	FULL MOON	
21 22	Uranus 1°.3 N. of Moon	
24 15	Moon at apogee	
25 06	Mercury greatest elong. W. (18°)	
28 20	LAST QUARTER	
29 21	Venus greatest elong. E. (47°)	
Nov. 1 02	Mercury 4° N. of *Spica*	
1 02	Pallas stationary	
3 19	Mercury 1°.2 S. of Moon	Occn.
4 21	NEW MOON	
5 00	Uranus at opposition	
5 22	Moon at perigee	
8 05	Venus 1°.1 S. of Moon	Occn.
10 14	Saturn 4° N. of Moon	
11 13	FIRST QUARTER	
11 17	Jupiter 4° N. of Moon	
13 19	Neptune 4° N. of Moon	
18 02	Uranus 1°.5 N. of Moon	
19 09	FULL MOON	Eclipse
21 02	Moon at apogee	
27 04	Ceres at opposition	

d h		
Nov. 27 12	LAST QUARTER	
28 10	Vesta in conjunction with Sun	
29 05	Mercury in superior conjunction	
Dec. 1 22	Neptune stationary	
3 00	Mars 0°.7 S. of Moon	Occn.
4 07	Venus greatest illuminated extent	
4 08	NEW MOON	Eclipse
4 10	Moon at perigee	
7 01	Venus 1°.9 N. of Moon	
8 02	Saturn 4° N. of Moon	
9 06	Jupiter 4° N. of Moon	
10 13	Pallas 0°.5 S. of Moon	Occn.
11 01	Neptune 4° N. of Moon	
11 02	FIRST QUARTER	
15 06	Uranus 1°.5 N. of Moon	
18 02	Moon at apogee	
18 11	Venus stationary	
19 05	FULL MOON	
21 16	Solstice	
26 18	Mars 5° N. of *Antares*	
27 02	LAST QUARTER	
29 01	Mercury 4° S. of Venus	
31 20	Mars 0°.9 N. of Moon	Occn.

Arrangement and basis of the tabulations

The tabulations of risings, settings and twilights on pages A14–A77 refer to the instants when the true geocentric zenith distance of the central point of the disk of the Sun or Moon takes the value indicated in the following table. The tabular times are in universal time (UT) for selected latitudes on the meridian of Greenwich; the times for other latitudes and longitudes may be obtained by interpolation as described below and as exemplified on page A13.

	Phenomena	Zenith distance	Pages
SUN (interval 4 days):	sunrise and sunset	90° 50′	A14–A21
	civil twilight	96°	A22–A29
	nautical twilight	102°	A30–A37
	astronomical twilight	108°	A38–A45
MOON (interval 1 day):	moonrise and moonset	90° 34′ + s − π	A46–A77

(s = semidiameter, π =horizontal parallax)

The zenith distance at the times for rising and setting is such that under normal conditions the upper limb of the Sun and Moon appears to be on the horizon of an observer at sea-level. The parallax of the Sun is ignored. The observed time may differ from the tabular time because of a variation of the atmospheric refraction from the adopted value (34′) and because of a difference in height of the observer and the actual horizon.

Use of tabulations

The following procedure may be used to obtain times of the phenomena for a non-tabular place and date.

Step 1: Interpolate linearly for latitude. The differences between adjacent values are usually small and so the required interpolates can often be obtained by inspection.

Step 2: Interpolate linearly for date and longitude in order to obtain the local mean times of the phenomena at the longitude concerned. For the Sun the variations with longitude of the local mean times of the phenomena are small, but to obtain better precision the interpolation factor for date should be increased by

west longitude in degrees /1440

since the interval of tabulation is 4 days. For the Moon, the interpolating factor to be used is simply

west longitude in degrees /360

since the interval of tabulation is 1 day; backward interpolation should be carried out for east longitudes.

Step 3: Convert the times so obtained (which are on the scale of local mean time for the local meridian) to universal time (UT) or to the appropriate clock time, which may differ from the time of the nearest standard meridian according to the customs of the country concerned. The UT of the phenomenon is obtained from the local mean time by applying the longitude expressed in time measure (1 hour for each 15° of longitude), adding for west longitudes and subtracting for east longitudes. The times so obtained may require adjustment by 24^h; if so, the corresponding date must be changed accordingly.

Approximate formulae for direct calculation

The approximate UT of rising or setting of a body with right ascension α and declination δ at latitude ϕ and *east* longitude λ may be calculated from

$$UT = 0\cdot997\,27\,\{\alpha - \lambda \pm \cos^{-1}(-\tan\phi\tan\delta) - (\text{GMST at } 0^h \text{ UT})\}$$

where each term is expressed in time measure and the GMST at 0^h UT is given in the tabulations on pages B13–B20. The negative sign corresponds to rising and the positive sign to setting. The formula ignores refraction, semi-diameter and any changes in α and δ during the day. If $\tan\phi\tan\delta$ is numerically greater than 1, there is no phenomenon.

Examples

The following examples of the calculations of the times of rising and setting phenomena use the procedure described on page A12.

1. Find the times of sunrise and sunset for Paris on 2021 July 18. Paris is at latitude N 48° 52' (= +48°.87), longitude E 2° 20' (= E 2°.33 = E 0^h 09^m), and in the summer the clocks are kept two hours in advance of UT. The relevant portions of the tabulation on page A19 and the results of the interpolation for latitude are as follows, where the interpolation factor is $(48 \cdot 87 - 48)/2 = 0 \cdot 43$:

	Sunrise			Sunset		
	+48°	+50°	+48°.87	+48°	+50°	+48°.87
	h m	h m	h m	h m	h m	h m
July 17	04 18	04 10	04 15	19 53	20 02	19 57
July 21	04 23	04 15	04 20	19 49	19 57	19 52

The interpolation factor for date and longitude is $(18 - 17)/4 - 2 \cdot 33/1440 = 0 \cdot 25$

	Sunrise	Sunset
	d h m	d h m
Interpolate to obtain local mean time:	18 04 16	18 19 56
Subtract 0^h 09^m to obtain universal time:	18 04 07	18 19 47
Add 2^h to obtain clock time:	18 06 07	18 21 47

2. Find the times of beginning and end of astronomical twilight for Canberra, Australia on 2021 November 4. Canberra is at latitude S 35° 18' (= −35°.30), longitude E 149° 08'(= E 149°.13 = E 9^h 57^m), and in the summer the clocks are kept eleven hours in advance of UT. The relevant portions of the tabulation on page A44 and the results of the interpolation for latitude are as follows, where the interpolation factor is $(-35 \cdot 30 - (-40))/5 = 0 \cdot 94$:

Astronomical Twilight

	beginning			end		
	−40°	−35°	−35°.30	−40°	−35°	−35°.30
	h m	h m	h m	h m	h m	h m
Nov. 2	03 05	03 23	03 22	20 24	20 05	20 06
Nov. 6	02 58	03 18	03 17	20 30	20 10	20 11

The interpolation factor for date and longitude is $(4 - 2)/4 - 149 \cdot 13/1440 = 0 \cdot 40$

	Astronomical Twilight	
	beginning	end
	d h m	d h m
Interpolation to obtain local mean time:	4 03 20	4 20 08
Subtract 9^h 57^m to obtain universal time:	3 17 23	4 10 11
Add 11^h to obtain clock time:	4 04 23	4 21 11

3. Find the times of moonrise and moonset for Washington, D.C. on 2021 January 24. Washington is at latitude N 38° 55' (= +38°.92), longitude W 77° 00' (= W 77°.00 = W 5^h 08^m), and in the winter the clocks are kept five hours behind UT. The relevant portions of the tabulation on page A48 and the results of the interpolation for latitude are as follows, where the interpolation factor is $(38 \cdot 92 - 35)/5 = 0 \cdot 78$:

	Moonrise			Moonset		
	+35°	+40°	+38°.92	+35°	+40°	+38°.92
	h m	h m	h m	h m	h m	h m
Jan. 24	13 33	13 19	13 22	03 21	03 34	03 31
Jan. 25	14 16	14 01	14 04	04 19	04 34	04 31

The interpolation factor for longitude is $77 \cdot 0/360 = 0 \cdot 21$

	Moonrise	Moonset
	d h m	d h m
Interpolate to obtain local mean time:	24 13 31	24 03 44
Add 5^h 08^m to obtain universal time:	24 18 39	24 08 52
Subtract 5^h to obtain clock time:	24 13 39	24 03 52

SUNRISE AND SUNSET, 2021

UNIVERSAL TIME FOR MERIDIAN OF GREENWICH

SUNRISE

Lat.	−55°	−50°	−45°	−40°	−35°	−30°	−20°	−10°	0°	+10°	+20°	+30°	+35°	+40°
	h m	h m	h m	h m	h m	h m	h m	h m	h m	h m	h m	h m	h m	h m
Jan. −2	3 23	3 53	4 15	4 33	4 48	5 00	5 22	5 41	5 58	6 16	6 34	6 55	7 07	7 21
2	3 28	3 57	4 18	4 36	4 51	5 03	5 25	5 43	6 00	6 17	6 35	6 56	7 08	7 22
6	3 33	4 01	4 22	4 40	4 54	5 06	5 27	5 45	6 02	6 19	6 37	6 57	7 09	7 22
10	3 39	4 06	4 27	4 44	4 57	5 09	5 30	5 48	6 04	6 20	6 37	6 57	7 08	7 21
14	3 46	4 12	4 32	4 48	5 01	5 13	5 33	5 50	6 05	6 21	6 38	6 57	7 08	7 20
18	3 54	4 18	4 37	4 52	5 05	5 16	5 35	5 52	6 07	6 22	6 38	6 56	7 07	7 19
22	4 02	4 25	4 43	4 57	5 09	5 20	5 38	5 54	6 08	6 22	6 38	6 55	7 05	7 16
26	4 10	4 32	4 48	5 02	5 13	5 23	5 41	5 55	6 09	6 23	6 37	6 53	7 03	7 14
30	4 19	4 38	4 54	5 07	5 18	5 27	5 43	5 57	6 10	6 23	6 36	6 51	7 00	7 10
Feb. 3	4 27	4 46	5 00	5 12	5 22	5 30	5 45	5 58	6 10	6 22	6 35	6 49	6 57	7 06
7	4 36	4 53	5 06	5 17	5 26	5 34	5 48	6 00	6 11	6 22	6 33	6 46	6 54	7 02
11	4 45	5 00	5 12	5 22	5 30	5 37	5 50	6 01	6 11	6 21	6 31	6 43	6 50	6 58
15	4 53	5 07	5 17	5 26	5 34	5 40	5 52	6 02	6 11	6 20	6 29	6 40	6 46	6 53
19	5 02	5 14	5 23	5 31	5 38	5 44	5 54	6 02	6 10	6 18	6 27	6 36	6 41	6 47
23	5 10	5 21	5 29	5 36	5 42	5 47	5 55	6 03	6 10	6 17	6 24	6 32	6 37	6 42
27	5 19	5 28	5 35	5 40	5 45	5 50	5 57	6 03	6 09	6 15	6 21	6 28	6 32	6 36
Mar. 3	5 27	5 34	5 40	5 45	5 49	5 52	5 58	6 04	6 09	6 13	6 18	6 24	6 27	6 30
7	5 35	5 41	5 45	5 49	5 52	5 55	6 00	6 04	6 08	6 11	6 15	6 19	6 21	6 24
11	5 43	5 48	5 51	5 53	5 56	5 58	6 01	6 04	6 07	6 09	6 12	6 14	6 16	6 18
15	5 51	5 54	5 56	5 58	5 59	6 00	6 02	6 04	6 06	6 07	6 08	6 10	6 11	6 11
19	5 59	6 00	6 01	6 02	6 02	6 03	6 04	6 04	6 04	6 05	6 05	6 05	6 05	6 05
23	6 07	6 07	6 06	6 06	6 06	6 05	6 05	6 04	6 03	6 02	6 01	6 00	5 59	5 58
27	6 15	6 13	6 11	6 10	6 09	6 08	6 06	6 04	6 02	6 00	5 58	5 55	5 54	5 52
31	6 23	6 19	6 17	6 14	6 12	6 10	6 07	6 04	6 01	5 58	5 54	5 50	5 48	5 46
Apr. 4	6 30	6 26	6 22	6 18	6 15	6 13	6 08	6 04	6 00	5 55	5 51	5 46	5 43	5 39

SUNSET

Lat.	−55°	−50°	−45°	−40°	−35°	−30°	−20°	−10°	0°	+10°	+20°	+30°	+35°	+40°
	h m	h m	h m	h m	h m	h m	h m	h m	h m	h m	h m	h m	h m	h m
Jan. −2	20 41	20 12	19 49	19 32	19 17	19 04	18 42	18 23	18 06	17 49	17 30	17 09	16 57	16 43
2	20 40	20 11	19 50	19 32	19 18	19 05	18 43	18 25	18 08	17 51	17 33	17 12	17 00	16 46
6	20 38	20 10	19 49	19 32	19 18	19 05	18 44	18 26	18 10	17 53	17 35	17 15	17 03	16 50
10	20 35	20 08	19 48	19 31	19 17	19 05	18 45	18 28	18 11	17 55	17 38	17 18	17 07	16 54
14	20 31	20 05	19 46	19 30	19 17	19 05	18 45	18 29	18 13	17 57	17 41	17 22	17 11	16 58
18	20 26	20 02	19 43	19 28	19 15	19 04	18 45	18 29	18 14	17 59	17 43	17 25	17 15	17 03
22	20 20	19 58	19 40	19 26	19 14	19 03	18 45	18 30	18 15	18 01	17 46	17 29	17 19	17 07
26	20 14	19 53	19 36	19 23	19 11	19 01	18 44	18 30	18 16	18 03	17 48	17 32	17 23	17 12
30	20 07	19 47	19 32	19 19	19 09	18 59	18 43	18 30	18 17	18 04	17 51	17 36	17 27	17 17
Feb. 3	19 59	19 41	19 27	19 15	19 05	18 57	18 42	18 29	18 17	18 06	17 53	17 39	17 31	17 22
7	19 51	19 35	19 22	19 11	19 02	18 54	18 40	18 29	18 18	18 07	17 55	17 42	17 35	17 26
11	19 42	19 28	19 16	19 06	18 58	18 51	18 38	18 28	18 18	18 08	17 57	17 46	17 39	17 31
15	19 34	19 20	19 10	19 01	18 54	18 47	18 36	18 26	18 17	18 09	17 59	17 49	17 43	17 36
19	19 24	19 13	19 03	18 56	18 49	18 43	18 34	18 25	18 17	18 09	18 01	17 52	17 47	17 41
23	19 15	19 05	18 57	18 50	18 44	18 39	18 31	18 23	18 17	18 10	18 03	17 55	17 50	17 45
27	19 05	18 57	18 50	18 44	18 39	18 35	18 28	18 22	18 16	18 10	18 04	17 58	17 54	17 50
Mar. 3	18 55	18 48	18 43	18 38	18 34	18 31	18 25	18 20	18 15	18 11	18 06	18 01	17 58	17 54
7	18 45	18 40	18 36	18 32	18 29	18 26	18 22	18 18	18 14	18 11	18 07	18 03	18 01	17 58
11	18 35	18 31	18 28	18 26	18 24	18 22	18 18	18 16	18 13	18 11	18 08	18 06	18 04	18 03
15	18 25	18 23	18 21	18 19	18 18	18 17	18 15	18 13	18 12	18 11	18 10	18 08	18 08	18 07
19	18 15	18 14	18 13	18 13	18 12	18 12	18 12	18 11	18 11	18 11	18 11	18 11	18 11	18 11
23	18 05	18 05	18 06	18 06	18 07	18 07	18 08	18 09	18 10	18 11	18 12	18 13	18 14	18 15
27	17 55	17 57	17 58	18 00	18 01	18 02	18 05	18 07	18 09	18 11	18 13	18 16	18 17	18 19
31	17 44	17 48	17 51	17 53	17 56	17 58	18 01	18 04	18 07	18 11	18 14	18 18	18 21	18 23
Apr. 4	17 34	17 39	17 44	17 47	17 50	17 53	17 58	18 02	18 06	18 10	18 15	18 21	18 24	18 27

UNIVERSAL TIME FOR MERIDIAN OF GREENWICH

SUNRISE

Lat.	+40°	+42°	+44°	+46°	+48°	+50°	+52°	+54°	+56°	+58°	+60°	+62°	+64°	+66°
	h m	h m	h m	h m	h m	h m	h m	h m	h m	h m	h m	h m	h m	h m
Jan. −2	7 21	7 28	7 34	7 42	7 50	7 58	8 08	8 19	8 32	8 46	9 03	9 24	9 52	10 32
2	7 22	7 28	7 35	7 42	7 50	7 58	8 08	8 19	8 31	8 45	9 02	9 22	9 48	10 25
6	7 22	7 28	7 35	7 41	7 49	7 57	8 07	8 17	8 29	8 43	8 59	9 18	9 43	10 17
10	7 21	7 27	7 34	7 40	7 48	7 56	8 05	8 15	8 26	8 39	8 54	9 13	9 36	10 07
14	7 20	7 26	7 32	7 38	7 45	7 53	8 02	8 11	8 22	8 34	8 49	9 06	9 27	9 55
18	7 19	7 24	7 30	7 36	7 43	7 50	7 58	8 07	8 17	8 29	8 42	8 58	9 18	9 43
22	7 16	7 21	7 27	7 33	7 39	7 46	7 54	8 02	8 12	8 22	8 35	8 50	9 07	9 30
26	7 14	7 18	7 23	7 29	7 35	7 41	7 48	7 56	8 05	8 15	8 27	8 40	8 56	9 16
30	7 10	7 15	7 19	7 25	7 30	7 36	7 43	7 50	7 58	8 07	8 18	8 30	8 45	9 02
Feb. 3	7 06	7 11	7 15	7 20	7 25	7 30	7 36	7 43	7 51	7 59	8 09	8 20	8 33	8 48
7	7 02	7 06	7 10	7 14	7 19	7 24	7 30	7 36	7 42	7 50	7 59	8 09	8 20	8 34
11	6 58	7 01	7 05	7 09	7 13	7 17	7 22	7 28	7 34	7 41	7 48	7 57	8 07	8 19
15	6 53	6 56	6 59	7 02	7 06	7 10	7 15	7 20	7 25	7 31	7 38	7 45	7 54	8 05
19	6 47	6 50	6 53	6 56	6 59	7 03	7 07	7 11	7 16	7 21	7 27	7 33	7 41	7 50
23	6 42	6 44	6 47	6 49	6 52	6 55	6 58	7 02	7 06	7 10	7 15	7 21	7 27	7 35
27	6 36	6 38	6 40	6 42	6 45	6 47	6 50	6 53	6 56	7 00	7 04	7 08	7 14	7 20
Mar. 3	6 30	6 32	6 33	6 35	6 37	6 39	6 41	6 43	6 46	6 49	6 52	6 56	7 00	7 05
7	6 24	6 25	6 26	6 28	6 29	6 31	6 32	6 34	6 36	6 38	6 40	6 43	6 46	6 49
11	6 18	6 19	6 19	6 20	6 21	6 22	6 23	6 24	6 25	6 27	6 28	6 30	6 32	6 34
15	6 11	6 12	6 12	6 13	6 13	6 13	6 14	6 14	6 15	6 16	6 16	6 17	6 18	6 19
19	6 05	6 05	6 05	6 05	6 05	6 05	6 05	6 05	6 05	6 04	6 04	6 04	6 04	6 04
23	5 58	5 58	5 58	5 57	5 57	5 56	5 55	5 55	5 54	5 53	5 52	5 51	5 50	5 48
27	5 52	5 51	5 50	5 49	5 48	5 47	5 46	5 45	5 43	5 42	5 40	5 38	5 36	5 33
31	5 46	5 44	5 43	5 42	5 40	5 39	5 37	5 35	5 33	5 31	5 28	5 25	5 21	5 17
Apr. 4	5 39	5 38	5 36	5 34	5 32	5 30	5 28	5 25	5 22	5 19	5 16	5 12	5 07	5 02

SUNSET

Lat.	+40°	+42°	+44°	+46°	+48°	+50°	+52°	+54°	+56°	+58°	+60°	+62°	+64°	+66°
	h m	h m	h m	h m	h m	h m	h m	h m	h m	h m	h m	h m	h m	h m
Jan. −2	16 43	16 37	16 30	16 23	16 15	16 06	15 56	15 45	15 33	15 19	15 01	14 40	14 13	13 33
2	16 46	16 40	16 34	16 26	16 19	16 10	16 01	15 50	15 38	15 24	15 07	14 47	14 20	13 43
6	16 50	16 44	16 38	16 31	16 23	16 15	16 05	15 55	15 43	15 30	15 14	14 54	14 30	13 55
10	16 54	16 48	16 42	16 35	16 28	16 20	16 11	16 01	15 50	15 37	15 21	15 03	14 40	14 09
14	16 58	16 53	16 47	16 40	16 33	16 25	16 17	16 07	15 57	15 44	15 30	15 13	14 52	14 24
18	17 03	16 57	16 52	16 45	16 39	16 31	16 23	16 14	16 04	15 53	15 39	15 23	15 04	14 39
22	17 07	17 02	16 57	16 51	16 45	16 38	16 30	16 22	16 12	16 01	15 49	15 34	15 17	14 54
26	17 12	17 07	17 02	16 57	16 51	16 44	16 37	16 29	16 21	16 11	15 59	15 46	15 30	15 10
30	17 17	17 12	17 08	17 03	16 57	16 51	16 45	16 37	16 29	16 20	16 09	15 57	15 43	15 25
Feb. 3	17 22	17 18	17 13	17 09	17 03	16 58	16 52	16 45	16 38	16 29	16 20	16 09	15 56	15 40
7	17 26	17 23	17 19	17 14	17 10	17 05	16 59	16 53	16 47	16 39	16 31	16 21	16 09	15 55
11	17 31	17 28	17 24	17 20	17 16	17 12	17 07	17 01	16 55	16 49	16 41	16 32	16 22	16 10
15	17 36	17 33	17 30	17 26	17 23	17 19	17 14	17 10	17 04	16 58	16 52	16 44	16 35	16 25
19	17 41	17 38	17 35	17 32	17 29	17 26	17 22	17 18	17 13	17 08	17 02	16 56	16 48	16 39
23	17 45	17 43	17 41	17 38	17 35	17 32	17 29	17 26	17 22	17 17	17 12	17 07	17 01	16 53
27	17 50	17 48	17 46	17 44	17 41	17 39	17 36	17 33	17 30	17 27	17 23	17 18	17 13	17 07
Mar. 3	17 54	17 53	17 51	17 49	17 48	17 46	17 44	17 41	17 39	17 36	17 33	17 29	17 25	17 21
7	17 58	17 57	17 56	17 55	17 54	17 52	17 51	17 49	17 47	17 45	17 43	17 40	17 37	17 34
11	18 03	18 02	18 01	18 01	18 00	17 59	17 58	17 57	17 56	17 54	17 53	17 51	17 49	17 47
15	18 07	18 07	18 06	18 06	18 06	18 05	18 05	18 04	18 04	18 03	18 03	18 02	18 01	18 00
19	18 11	18 11	18 11	18 11	18 11	18 12	18 12	18 12	18 12	18 12	18 13	18 13	18 13	18 14
23	18 15	18 16	18 16	18 17	18 17	18 18	18 19	18 19	18 20	18 21	18 22	18 24	18 25	18 27
27	18 19	18 20	18 21	18 22	18 23	18 24	18 26	18 27	18 28	18 30	18 32	18 34	18 37	18 40
31	18 23	18 25	18 26	18 27	18 29	18 31	18 32	18 34	18 37	18 39	18 42	18 45	18 49	18 53
Apr. 4	18 27	18 29	18 31	18 33	18 35	18 37	18 39	18 42	18 45	18 48	18 52	18 56	19 00	19 06

SUNRISE AND SUNSET, 2021

UNIVERSAL TIME FOR MERIDIAN OF GREENWICH

SUNRISE

Lat.	−55°	−50°	−45°	−40°	−35°	−30°	−20°	−10°	0°	+10°	+20°	+30°	+35°	+40°
	h m	h m	h m	h m	h m	h m	h m	h m	h m	h m	h m	h m	h m	h m
Mar. 31	6 23	6 19	6 17	6 14	6 12	6 10	6 07	6 04	6 01	5 58	5 54	5 50	5 48	5 46
Apr. 4	6 30	6 26	6 22	6 18	6 15	6 13	6 08	6 04	6 00	5 55	5 51	5 46	5 43	5 39
8	6 38	6 32	6 27	6 22	6 18	6 15	6 09	6 04	5 58	5 53	5 48	5 41	5 37	5 33
12	6 46	6 38	6 32	6 26	6 21	6 17	6 10	6 04	5 57	5 51	5 44	5 36	5 32	5 27
16	6 53	6 44	6 37	6 30	6 25	6 20	6 11	6 04	5 56	5 49	5 41	5 32	5 27	5 21
20	7 01	6 50	6 41	6 34	6 28	6 22	6 12	6 04	5 56	5 47	5 38	5 28	5 22	5 15
24	7 09	6 56	6 46	6 38	6 31	6 25	6 14	6 04	5 55	5 45	5 35	5 24	5 17	5 09
28	7 16	7 02	6 51	6 42	6 34	6 27	6 15	6 04	5 54	5 44	5 33	5 20	5 12	5 04
May 2	7 24	7 08	6 56	6 46	6 37	6 30	6 16	6 05	5 54	5 42	5 30	5 16	5 08	4 59
6	7 31	7 14	7 01	6 50	6 41	6 32	6 18	6 05	5 53	5 41	5 28	5 13	5 04	4 54
10	7 38	7 20	7 06	6 54	6 44	6 35	6 19	6 06	5 53	5 40	5 26	5 10	5 00	4 50
14	7 45	7 26	7 10	6 58	6 47	6 37	6 21	6 06	5 53	5 39	5 24	5 07	4 57	4 46
18	7 52	7 31	7 15	7 01	6 50	6 40	6 22	6 07	5 53	5 38	5 23	5 05	4 54	4 42
22	7 58	7 36	7 19	7 05	6 53	6 42	6 24	6 08	5 53	5 38	5 22	5 03	4 52	4 39
26	8 04	7 41	7 23	7 08	6 55	6 45	6 26	6 09	5 53	5 38	5 21	5 01	4 50	4 36
30	8 10	7 45	7 26	7 11	6 58	6 47	6 27	6 10	5 54	5 38	5 20	5 00	4 48	4 34
June 3	8 14	7 49	7 30	7 14	7 00	6 49	6 29	6 11	5 55	5 38	5 20	4 59	4 47	4 32
7	8 19	7 53	7 33	7 16	7 03	6 51	6 30	6 12	5 55	5 38	5 20	4 58	4 46	4 31
11	8 22	7 55	7 35	7 19	7 05	6 52	6 31	6 13	5 56	5 39	5 20	4 58	4 45	4 31
15	8 25	7 58	7 37	7 20	7 06	6 54	6 33	6 14	5 57	5 39	5 20	4 59	4 46	4 31
19	8 26	7 59	7 38	7 22	7 07	6 55	6 34	6 15	5 58	5 40	5 21	4 59	4 46	4 31
23	8 27	8 00	7 39	7 22	7 08	6 56	6 35	6 16	5 59	5 41	5 22	5 00	4 47	4 32
27	8 27	8 00	7 40	7 23	7 09	6 56	6 35	6 17	5 59	5 42	5 23	5 01	4 48	4 33
July 1	8 26	7 59	7 39	7 23	7 09	6 57	6 36	6 17	6 00	5 43	5 24	5 03	4 50	4 35
5	8 24	7 58	7 38	7 22	7 08	6 56	6 36	6 18	6 01	5 44	5 26	5 04	4 52	4 37

SUNSET

Lat.	−55°	−50°	−45°	−40°	−35°	−30°	−20°	−10°	0°	+10°	+20°	+30°	+35°	+40°
	h m	h m	h m	h m	h m	h m	h m	h m	h m	h m	h m	h m	h m	h m
Mar. 31	17 44	17 48	17 51	17 53	17 56	17 58	18 01	18 04	18 07	18 11	18 14	18 18	18 21	18 23
Apr. 4	17 34	17 39	17 44	17 47	17 50	17 53	17 58	18 02	18 06	18 10	18 15	18 21	18 24	18 27
8	17 24	17 31	17 36	17 41	17 45	17 48	17 54	18 00	18 05	18 10	18 16	18 23	18 27	18 31
12	17 15	17 23	17 29	17 35	17 39	17 44	17 51	17 58	18 04	18 10	18 17	18 25	18 30	18 36
16	17 05	17 15	17 22	17 29	17 34	17 39	17 48	17 56	18 03	18 11	18 19	18 28	18 33	18 40
20	16 56	17 07	17 16	17 23	17 29	17 35	17 45	17 54	18 02	18 11	18 20	18 30	18 37	18 44
24	16 47	16 59	17 09	17 18	17 25	17 31	17 42	17 52	18 01	18 11	18 21	18 33	18 40	18 48
28	16 38	16 52	17 03	17 12	17 20	17 27	17 40	17 51	18 01	18 11	18 23	18 36	18 43	18 52
May 2	16 30	16 45	16 57	17 07	17 16	17 24	17 37	17 49	18 00	18 12	18 24	18 38	18 46	18 56
6	16 22	16 38	16 52	17 03	17 12	17 21	17 35	17 48	18 00	18 12	18 25	18 41	18 50	19 00
10	16 14	16 32	16 47	16 59	17 09	17 18	17 33	17 47	18 00	18 13	18 27	18 43	18 53	19 04
14	16 07	16 27	16 42	16 55	17 06	17 15	17 32	17 46	18 00	18 14	18 29	18 46	18 56	19 08
18	16 01	16 21	16 38	16 51	17 03	17 13	17 30	17 46	18 00	18 15	18 30	18 48	18 59	19 11
22	15 55	16 17	16 34	16 48	17 00	17 11	17 29	17 45	18 00	18 15	18 32	18 51	19 02	19 15
26	15 50	16 13	16 31	16 46	16 58	17 09	17 28	17 45	18 01	18 16	18 34	18 53	19 05	19 18
30	15 45	16 10	16 28	16 44	16 57	17 08	17 28	17 45	18 01	18 18	18 35	18 56	19 08	19 21
June 3	15 42	16 07	16 26	16 42	16 56	17 07	17 28	17 45	18 02	18 19	18 37	18 58	19 10	19 24
7	15 39	16 05	16 25	16 41	16 55	17 07	17 28	17 46	18 03	18 20	18 38	19 00	19 12	19 27
11	15 37	16 04	16 24	16 41	16 55	17 07	17 28	17 46	18 03	18 21	18 39	19 01	19 14	19 29
15	15 36	16 03	16 24	16 41	16 55	17 07	17 28	17 47	18 04	18 22	18 41	19 03	19 16	19 31
19	15 36	16 04	16 24	16 41	16 55	17 08	17 29	17 48	18 05	18 23	18 42	19 04	19 17	19 32
23	15 37	16 05	16 25	16 42	16 56	17 09	17 30	17 49	18 06	18 24	18 43	19 05	19 18	19 33
27	15 39	16 06	16 27	16 44	16 58	17 10	17 31	17 49	18 07	18 24	18 43	19 05	19 18	19 33
July 1	15 42	16 09	16 29	16 45	16 59	17 11	17 32	17 50	18 08	18 25	18 44	19 05	19 18	19 33
5	15 46	16 11	16 31	16 47	17 01	17 13	17 34	17 51	18 08	18 25	18 44	19 05	19 17	19 32

UNIVERSAL TIME FOR MERIDIAN OF GREENWICH

SUNRISE

Lat.	+40°	+42°	+44°	+46°	+48°	+50°	+52°	+54°	+56°	+58°	+60°	+62°	+64°	+66°
	h m	h m	h m	h m	h m	h m	h m	h m	h m	h m	h m	h m	h m	h m
Mar. 31	5 46	5 44	5 43	5 42	5 40	5 39	5 37	5 35	5 33	5 31	5 28	5 25	5 21	5 17
Apr. 4	5 39	5 38	5 36	5 34	5 32	5 30	5 28	5 25	5 22	5 19	5 16	5 12	5 07	5 02
8	5 33	5 31	5 29	5 27	5 24	5 21	5 19	5 15	5 12	5 08	5 04	4 59	4 53	4 47
12	5 27	5 24	5 22	5 19	5 16	5 13	5 10	5 06	5 02	4 57	4 52	4 46	4 39	4 31
16	5 21	5 18	5 15	5 12	5 09	5 05	5 01	4 57	4 52	4 46	4 40	4 33	4 25	4 15
20	5 15	5 12	5 08	5 05	5 01	4 57	4 52	4 47	4 42	4 35	4 28	4 20	4 11	4 00
24	5 09	5 06	5 02	4 58	4 54	4 49	4 44	4 38	4 32	4 25	4 17	4 08	3 57	3 44
28	5 04	5 00	4 56	4 52	4 47	4 42	4 36	4 30	4 23	4 15	4 06	3 55	3 43	3 29
May 2	4 59	4 55	4 50	4 45	4 40	4 34	4 28	4 21	4 14	4 05	3 55	3 43	3 30	3 13
6	4 54	4 49	4 45	4 39	4 34	4 28	4 21	4 13	4 05	3 55	3 44	3 31	3 16	2 57
10	4 50	4 45	4 40	4 34	4 28	4 21	4 14	4 06	3 57	3 46	3 34	3 20	3 03	2 41
14	4 46	4 40	4 35	4 29	4 22	4 15	4 07	3 59	3 49	3 37	3 24	3 09	2 50	2 25
18	4 42	4 37	4 31	4 24	4 18	4 10	4 02	3 52	3 42	3 29	3 15	2 58	2 37	2 09
22	4 39	4 33	4 27	4 20	4 13	4 05	3 56	3 46	3 35	3 22	3 07	2 48	2 25	1 53
26	4 36	4 30	4 24	4 17	4 09	4 01	3 52	3 41	3 29	3 15	2 59	2 39	2 13	1 37
30	4 34	4 28	4 21	4 14	4 06	3 57	3 48	3 37	3 24	3 09	2 52	2 31	2 02	1 20
June 3	4 32	4 26	4 19	4 12	4 03	3 54	3 44	3 33	3 20	3 05	2 46	2 23	1 53	1 03
7	4 31	4 25	4 18	4 10	4 02	3 52	3 42	3 30	3 17	3 01	2 42	2 17	1 44	0 44
11	4 31	4 24	4 17	4 09	4 00	3 51	3 40	3 28	3 14	2 58	2 38	2 13	1 38	0 20
15	4 31	4 24	4 17	4 09	4 00	3 50	3 39	3 27	3 13	2 56	2 36	2 10	1 33	▭
19	4 31	4 24	4 17	4 09	4 00	3 50	3 39	3 27	3 13	2 56	2 36	2 09	1 31	▭
23	4 32	4 25	4 18	4 10	4 01	3 51	3 40	3 28	3 14	2 57	2 36	2 10	1 32	▭
27	4 33	4 26	4 19	4 11	4 02	3 53	3 42	3 30	3 16	2 59	2 39	2 13	1 35	▭
July 1	4 35	4 28	4 21	4 13	4 05	3 55	3 44	3 32	3 18	3 02	2 42	2 17	1 41	0 21
5	4 37	4 31	4 23	4 16	4 07	3 58	3 48	3 36	3 22	3 06	2 47	2 23	1 50	0 48

SUNSET

Lat.	+40°	+42°	+44°	+46°	+48°	+50°	+52°	+54°	+56°	+58°	+60°	+62°	+64°	+66°
	h m	h m	h m	h m	h m	h m	h m	h m	h m	h m	h m	h m	h m	h m
Mar. 31	18 23	18 25	18 26	18 27	18 29	18 31	18 32	18 34	18 37	18 39	18 42	18 45	18 49	18 53
Apr. 4	18 27	18 29	18 31	18 33	18 35	18 37	18 39	18 42	18 45	18 48	18 52	18 56	19 00	19 06
8	18 31	18 33	18 36	18 38	18 40	18 43	18 46	18 49	18 53	18 57	19 01	19 06	19 12	19 19
12	18 36	18 38	18 40	18 43	18 46	18 49	18 53	18 57	19 01	19 06	19 11	19 17	19 24	19 33
16	18 40	18 42	18 45	18 49	18 52	18 56	19 00	19 04	19 09	19 15	19 21	19 28	19 37	19 46
20	18 44	18 47	18 50	18 54	18 58	19 02	19 07	19 12	19 17	19 24	19 31	19 39	19 49	20 00
24	18 48	18 51	18 55	18 59	19 03	19 08	19 13	19 19	19 26	19 33	19 41	19 50	20 01	20 15
28	18 52	18 56	19 00	19 04	19 09	19 14	19 20	19 27	19 34	19 42	19 51	20 02	20 14	20 29
May 2	18 56	19 00	19 05	19 09	19 15	19 20	19 27	19 34	19 42	19 51	20 01	20 13	20 27	20 44
6	19 00	19 04	19 09	19 15	19 20	19 27	19 33	19 41	19 50	19 59	20 11	20 24	20 40	20 59
10	19 04	19 09	19 14	19 20	19 26	19 33	19 40	19 48	19 58	20 08	20 20	20 35	20 53	21 15
14	19 08	19 13	19 18	19 24	19 31	19 38	19 46	19 55	20 05	20 17	20 30	20 46	21 05	21 31
18	19 11	19 17	19 23	19 29	19 36	19 44	19 52	20 02	20 13	20 25	20 39	20 57	21 18	21 47
22	19 15	19 21	19 27	19 34	19 41	19 49	19 58	20 08	20 20	20 33	20 48	21 07	21 31	22 04
26	19 18	19 24	19 31	19 38	19 46	19 54	20 03	20 14	20 26	20 40	20 57	21 17	21 43	22 21
30	19 21	19 28	19 34	19 42	19 50	19 58	20 08	20 19	20 32	20 47	21 04	21 26	21 55	22 39
June 3	19 24	19 31	19 38	19 45	19 53	20 03	20 13	20 24	20 37	20 53	21 11	21 34	22 06	22 58
7	19 27	19 33	19 40	19 48	19 57	20 06	20 16	20 28	20 42	20 58	21 17	21 42	22 15	23 19
11	19 29	19 36	19 43	19 51	19 59	20 09	20 20	20 32	20 46	21 02	21 22	21 47	22 23	23 51
15	19 31	19 37	19 45	19 53	20 01	20 11	20 22	20 34	20 48	21 05	21 25	21 51	22 29	▭
19	19 32	19 39	19 46	19 54	20 03	20 13	20 23	20 36	20 50	21 07	21 27	21 54	22 32	▭
23	19 33	19 39	19 47	19 55	20 04	20 13	20 24	20 36	20 51	21 08	21 28	21 54	22 32	▭
27	19 33	19 40	19 47	19 55	20 04	20 13	20 24	20 36	20 50	21 07	21 27	21 53	22 30	▭
July 1	19 33	19 39	19 47	19 54	20 03	20 12	20 23	20 35	20 49	21 05	21 25	21 50	22 25	23 39
5	19 32	19 38	19 46	19 53	20 02	20 11	20 21	20 33	20 46	21 02	21 21	21 45	22 18	23 16

▭ indicates Sun continuously above horizon.

SUNRISE AND SUNSET, 2021

UNIVERSAL TIME FOR MERIDIAN OF GREENWICH

SUNRISE

Lat.	−55°	−50°	−45°	−40°	−35°	−30°	−20°	−10°	0°	+10°	+20°	+30°	+35°	+40°
	h m	h m	h m	h m	h m	h m	h m	h m	h m	h m	h m	h m	h m	h m
July 1	8 26	7 59	7 39	7 23	7 09	6 57	6 36	6 17	6 00	5 43	5 24	5 03	4 50	4 35
5	8 24	7 58	7 38	7 22	7 08	6 56	6 36	6 18	6 01	5 44	5 26	5 04	4 52	4 37
9	8 21	7 56	7 37	7 21	7 07	6 56	6 36	6 18	6 02	5 45	5 27	5 06	4 54	4 40
13	8 17	7 53	7 34	7 19	7 06	6 55	6 35	6 18	6 02	5 46	5 28	5 08	4 56	4 42
17	8 13	7 50	7 32	7 17	7 05	6 54	6 35	6 18	6 03	5 47	5 30	5 10	4 59	4 45
21	8 08	7 46	7 28	7 14	7 02	6 52	6 34	6 18	6 03	5 48	5 31	5 13	5 01	4 49
25	8 02	7 41	7 25	7 11	7 00	6 50	6 33	6 17	6 03	5 49	5 33	5 15	5 04	4 52
29	7 55	7 36	7 20	7 08	6 57	6 47	6 31	6 17	6 03	5 49	5 34	5 17	5 07	4 56
Aug. 2	7 48	7 30	7 15	7 04	6 53	6 45	6 29	6 16	6 03	5 50	5 36	5 20	5 10	4 59
6	7 40	7 23	7 10	6 59	6 50	6 42	6 27	6 14	6 02	5 50	5 37	5 22	5 13	5 03
10	7 32	7 17	7 05	6 54	6 46	6 38	6 25	6 13	6 02	5 51	5 39	5 24	5 16	5 07
14	7 23	7 10	6 59	6 49	6 41	6 34	6 22	6 11	6 01	5 51	5 40	5 27	5 19	5 11
18	7 15	7 02	6 52	6 44	6 37	6 31	6 19	6 10	6 00	5 51	5 41	5 29	5 22	5 15
22	7 05	6 54	6 46	6 38	6 32	6 26	6 17	6 08	5 59	5 51	5 42	5 31	5 25	5 18
26	6 56	6 46	6 39	6 32	6 27	6 22	6 13	6 06	5 58	5 51	5 43	5 34	5 28	5 22
30	6 46	6 38	6 32	6 26	6 22	6 17	6 10	6 04	5 57	5 51	5 44	5 36	5 31	5 26
Sept. 3	6 36	6 30	6 25	6 20	6 16	6 13	6 07	6 01	5 56	5 51	5 45	5 38	5 34	5 30
7	6 26	6 21	6 17	6 14	6 11	6 08	6 03	5 59	5 55	5 50	5 46	5 40	5 37	5 33
11	6 16	6 13	6 10	6 07	6 05	6 03	6 00	5 56	5 53	5 50	5 47	5 42	5 40	5 37
15	6 06	6 04	6 02	6 01	5 59	5 58	5 56	5 54	5 52	5 50	5 47	5 45	5 43	5 41
19	5 56	5 55	5 55	5 54	5 54	5 53	5 52	5 51	5 50	5 49	5 48	5 47	5 46	5 45
23	5 46	5 46	5 47	5 47	5 48	5 48	5 49	5 49	5 49	5 49	5 49	5 49	5 49	5 49
27	5 35	5 38	5 39	5 41	5 42	5 43	5 45	5 46	5 48	5 49	5 50	5 51	5 52	5 52
Oct. 1	5 25	5 29	5 32	5 34	5 36	5 38	5 41	5 44	5 46	5 49	5 51	5 53	5 55	5 56
5	5 15	5 20	5 24	5 28	5 31	5 33	5 38	5 42	5 45	5 48	5 52	5 56	5 58	6 00

SUNSET

Lat.	−55°	−50°	−45°	−40°	−35°	−30°	−20°	−10°	0°	+10°	+20°	+30°	+35°	+40°
	h m	h m	h m	h m	h m	h m	h m	h m	h m	h m	h m	h m	h m	h m
July 1	15 42	16 09	16 29	16 45	16 59	17 11	17 32	17 50	18 08	18 25	18 44	19 05	19 18	19 33
5	15 46	16 11	16 31	16 47	17 01	17 13	17 34	17 51	18 08	18 25	18 44	19 05	19 17	19 32
9	15 50	16 15	16 34	16 50	17 03	17 15	17 35	17 52	18 09	18 26	18 43	19 04	19 17	19 31
13	15 55	16 19	16 37	16 53	17 06	17 17	17 36	17 53	18 09	18 26	18 43	19 03	19 15	19 29
17	16 00	16 23	16 41	16 56	17 08	17 19	17 38	17 54	18 10	18 25	18 42	19 02	19 13	19 27
21	16 06	16 28	16 45	16 59	17 11	17 21	17 39	17 55	18 10	18 25	18 41	19 00	19 11	19 24
25	16 12	16 33	16 49	17 02	17 14	17 24	17 41	17 56	18 10	18 24	18 40	18 58	19 08	19 20
29	16 19	16 38	16 53	17 06	17 16	17 26	17 42	17 56	18 10	18 24	18 38	18 55	19 05	19 17
Aug. 2	16 25	16 43	16 58	17 09	17 19	17 28	17 44	17 57	18 10	18 23	18 36	18 52	19 02	19 13
6	16 32	16 49	17 02	17 13	17 22	17 31	17 45	17 57	18 09	18 21	18 34	18 49	18 58	19 08
10	16 39	16 55	17 07	17 17	17 25	17 33	17 46	17 58	18 09	18 20	18 32	18 46	18 54	19 03
14	16 47	17 00	17 11	17 20	17 28	17 35	17 47	17 58	18 08	18 18	18 29	18 42	18 49	18 58
18	16 54	17 06	17 16	17 24	17 31	17 37	17 48	17 58	18 07	18 16	18 26	18 38	18 45	18 52
22	17 01	17 12	17 21	17 28	17 34	17 40	17 49	17 58	18 06	18 14	18 23	18 34	18 40	18 47
26	17 08	17 18	17 25	17 32	17 37	17 42	17 50	17 58	18 05	18 12	18 20	18 29	18 35	18 41
30	17 16	17 24	17 30	17 35	17 40	17 44	17 51	17 58	18 04	18 10	18 17	18 25	18 29	18 34
Sept. 3	17 23	17 29	17 35	17 39	17 43	17 46	17 52	17 57	18 03	18 08	18 13	18 20	18 24	18 28
7	17 30	17 35	17 39	17 43	17 46	17 48	17 53	17 57	18 01	18 05	18 10	18 15	18 18	18 22
11	17 38	17 41	17 44	17 46	17 49	17 50	17 54	17 57	18 00	18 03	18 06	18 10	18 13	18 15
15	17 45	17 47	17 49	17 50	17 51	17 53	17 55	17 56	17 58	18 00	18 03	18 05	18 07	18 09
19	17 53	17 53	17 54	17 54	17 54	17 55	17 55	17 56	17 57	17 58	17 59	18 00	18 01	18 02
23	18 00	17 59	17 58	17 58	17 57	17 57	17 56	17 56	17 56	17 55	17 55	17 55	17 55	17 55
27	18 08	18 05	18 03	18 02	18 00	17 59	17 57	17 56	17 54	17 53	17 52	17 50	17 49	17 49
Oct. 1	18 15	18 11	18 08	18 06	18 03	18 01	17 58	17 55	17 53	17 50	17 48	17 45	17 44	17 42
5	18 23	18 18	18 13	18 10	18 06	18 04	17 59	17 55	17 52	17 48	17 45	17 41	17 38	17 36

UNIVERSAL TIME FOR MERIDIAN OF GREENWICH

SUNRISE

Lat.	+40°	+42°	+44°	+46°	+48°	+50°	+52°	+54°	+56°	+58°	+60°	+62°	+64°	+66°
	h m	h m	h m	h m	h m	h m	h m	h m	h m	h m	h m	h m	h m	h m
July 1	4 35	4 28	4 21	4 13	4 05	3 55	3 44	3 32	3 18	3 02	2 42	2 17	1 41	0 21
5	4 37	4 31	4 23	4 16	4 07	3 58	3 48	3 36	3 22	3 06	2 47	2 23	1 50	0 48
9	4 40	4 33	4 26	4 19	4 11	4 01	3 51	3 40	3 27	3 12	2 53	2 30	1 59	1 09
13	4 42	4 36	4 29	4 22	4 14	4 06	3 56	3 45	3 32	3 18	3 00	2 39	2 10	1 27
17	4 45	4 39	4 33	4 26	4 18	4 10	4 01	3 50	3 38	3 24	3 08	2 48	2 22	1 45
21	4 49	4 43	4 37	4 30	4 23	4 15	4 06	3 56	3 45	3 32	3 16	2 58	2 34	2 02
25	4 52	4 47	4 41	4 34	4 28	4 20	4 12	4 02	3 51	3 39	3 25	3 08	2 46	2 18
29	4 56	4 51	4 45	4 39	4 32	4 25	4 17	4 09	3 59	3 47	3 34	3 18	2 59	2 34
Aug. 2	4 59	4 55	4 49	4 44	4 38	4 31	4 24	4 15	4 06	3 56	3 43	3 29	3 12	2 50
6	5 03	4 59	4 54	4 49	4 43	4 37	4 30	4 22	4 14	4 04	3 53	3 40	3 24	3 05
10	5 07	5 03	4 58	4 53	4 48	4 42	4 36	4 29	4 21	4 13	4 03	3 51	3 37	3 20
14	5 11	5 07	5 03	4 58	4 54	4 48	4 43	4 36	4 29	4 21	4 12	4 02	3 49	3 34
18	5 15	5 11	5 07	5 03	4 59	4 54	4 49	4 43	4 37	4 30	4 22	4 12	4 02	3 49
22	5 18	5 15	5 12	5 08	5 04	5 00	4 56	4 51	4 45	4 39	4 31	4 23	4 14	4 02
26	5 22	5 19	5 16	5 13	5 10	5 06	5 02	4 58	4 53	4 47	4 41	4 34	4 26	4 16
30	5 26	5 24	5 21	5 18	5 15	5 12	5 09	5 05	5 01	4 56	4 50	4 44	4 37	4 29
Sept. 3	5 30	5 28	5 26	5 23	5 21	5 18	5 15	5 12	5 08	5 04	5 00	4 55	4 49	4 42
7	5 33	5 32	5 30	5 28	5 26	5 24	5 22	5 19	5 16	5 13	5 09	5 05	5 01	4 55
11	5 37	5 36	5 35	5 33	5 32	5 30	5 28	5 26	5 24	5 22	5 19	5 16	5 12	5 08
15	5 41	5 40	5 39	5 38	5 37	5 36	5 35	5 33	5 32	5 30	5 28	5 26	5 23	5 20
19	5 45	5 44	5 44	5 43	5 43	5 42	5 41	5 40	5 40	5 39	5 37	5 36	5 35	5 33
23	5 49	5 48	5 48	5 48	5 48	5 48	5 48	5 48	5 47	5 47	5 47	5 47	5 46	5 46
27	5 52	5 53	5 53	5 53	5 54	5 54	5 54	5 55	5 55	5 56	5 56	5 57	5 58	5 58
Oct. 1	5 56	5 57	5 58	5 58	5 59	6 00	6 01	6 02	6 03	6 04	6 06	6 07	6 09	6 11
5	6 00	6 01	6 02	6 04	6 05	6 06	6 08	6 09	6 11	6 13	6 15	6 18	6 21	6 24

SUNSET

Lat.	+40°	+42°	+44°	+46°	+48°	+50°	+52°	+54°	+56°	+58°	+60°	+62°	+64°	+66°
	h m	h m	h m	h m	h m	h m	h m	h m	h m	h m	h m	h m	h m	h m
July 1	19 33	19 39	19 47	19 54	20 03	20 12	20 23	20 35	20 49	21 05	21 25	21 50	22 25	23 39
5	19 32	19 38	19 46	19 53	20 02	20 11	20 21	20 33	20 46	21 02	21 21	21 45	22 18	23 16
9	19 31	19 37	19 44	19 51	20 00	20 09	20 19	20 30	20 43	20 58	21 16	21 39	22 09	22 58
13	19 29	19 35	19 42	19 49	19 57	20 05	20 15	20 26	20 38	20 53	21 10	21 31	21 59	22 41
17	19 27	19 32	19 39	19 46	19 53	20 02	20 11	20 21	20 33	20 47	21 03	21 23	21 48	22 24
21	19 24	19 29	19 36	19 42	19 49	19 57	20 06	20 16	20 27	20 40	20 55	21 13	21 36	22 08
25	19 20	19 26	19 32	19 38	19 45	19 52	20 01	20 10	20 20	20 32	20 47	21 03	21 24	21 51
29	19 17	19 22	19 27	19 33	19 40	19 47	19 55	20 03	20 13	20 24	20 37	20 53	21 11	21 35
Aug. 2	19 13	19 17	19 22	19 28	19 34	19 41	19 48	19 56	20 05	20 15	20 27	20 41	20 58	21 19
6	19 08	19 12	19 17	19 22	19 28	19 34	19 41	19 48	19 57	20 06	20 17	20 30	20 45	21 04
10	19 03	19 07	19 12	19 16	19 22	19 27	19 33	19 40	19 48	19 57	20 06	20 18	20 31	20 48
14	18 58	19 02	19 06	19 10	19 15	19 20	19 26	19 32	19 39	19 47	19 55	20 06	20 18	20 32
18	18 52	18 56	18 59	19 03	19 08	19 12	19 17	19 23	19 29	19 36	19 44	19 53	20 04	20 17
22	18 47	18 50	18 53	18 56	19 00	19 04	19 09	19 14	19 19	19 26	19 33	19 41	19 50	20 01
26	18 41	18 43	18 46	18 49	18 53	18 56	19 00	19 05	19 09	19 15	19 21	19 28	19 36	19 45
30	18 34	18 37	18 39	18 42	18 45	18 48	18 51	18 55	18 59	19 04	19 09	19 15	19 22	19 30
Sept. 3	18 28	18 30	18 32	18 34	18 37	18 39	18 42	18 45	18 49	18 53	18 57	19 02	19 08	19 14
7	18 22	18 23	18 25	18 27	18 29	18 31	18 33	18 36	18 38	18 41	18 45	18 49	18 53	18 59
11	18 15	18 16	18 18	18 19	18 20	18 22	18 24	18 26	18 28	18 30	18 33	18 36	18 39	18 43
15	18 09	18 09	18 10	18 11	18 12	18 13	18 14	18 16	18 17	18 19	18 21	18 23	18 25	18 28
19	18 02	18 02	18 03	18 03	18 04	18 04	18 05	18 06	18 07	18 07	18 08	18 10	18 11	18 12
23	17 55	17 55	17 55	17 55	17 56	17 56	17 56	17 56	17 56	17 56	17 56	17 57	17 57	17 57
27	17 49	17 48	17 48	17 48	17 47	17 47	17 46	17 46	17 45	17 45	17 44	17 43	17 43	17 42
Oct. 1	17 42	17 41	17 41	17 40	17 39	17 38	17 37	17 36	17 35	17 34	17 32	17 30	17 29	17 26
5	17 36	17 35	17 33	17 32	17 31	17 29	17 28	17 26	17 24	17 22	17 20	17 18	17 15	17 11

SUNRISE AND SUNSET, 2021

UNIVERSAL TIME FOR MERIDIAN OF GREENWICH

SUNRISE

Lat.	−55°	−50°	−45°	−40°	−35°	−30°	−20°	−10°	0°	+10°	+20°	+30°	+35°	+40°
	h m	h m	h m	h m	h m	h m	h m	h m	h m	h m	h m	h m	h m	h m
Oct. 1	5 25	5 29	5 32	5 34	5 36	5 38	5 41	5 44	5 46	5 49	5 51	5 53	5 55	5 56
5	5 15	5 20	5 24	5 28	5 31	5 33	5 38	5 42	5 45	5 48	5 52	5 56	5 58	6 00
9	5 05	5 12	5 17	5 21	5 25	5 29	5 34	5 39	5 44	5 48	5 53	5 58	6 01	6 04
13	4 55	5 03	5 10	5 15	5 20	5 24	5 31	5 37	5 43	5 48	5 54	6 01	6 04	6 08
17	4 45	4 55	5 03	5 09	5 15	5 20	5 28	5 35	5 42	5 49	5 55	6 03	6 08	6 13
21	4 35	4 47	4 56	5 03	5 10	5 15	5 25	5 33	5 41	5 49	5 57	6 06	6 11	6 17
25	4 26	4 39	4 49	4 58	5 05	5 11	5 22	5 32	5 41	5 49	5 58	6 09	6 15	6 21
29	4 17	4 32	4 43	4 53	5 01	5 08	5 20	5 30	5 40	5 50	6 00	6 12	6 18	6 26
Nov. 2	4 08	4 24	4 37	4 48	4 57	5 04	5 18	5 29	5 40	5 51	6 02	6 15	6 22	6 30
6	4 00	4 18	4 32	4 43	4 53	5 01	5 16	5 28	5 40	5 52	6 04	6 18	6 26	6 35
10	3 52	4 12	4 27	4 39	4 49	4 59	5 14	5 28	5 40	5 53	6 06	6 21	6 30	6 39
14	3 45	4 06	4 22	4 35	4 47	4 56	5 13	5 27	5 41	5 54	6 08	6 24	6 34	6 44
18	3 38	4 01	4 18	4 32	4 44	4 54	5 12	5 27	5 42	5 56	6 11	6 28	6 37	6 49
22	3 32	3 56	4 14	4 29	4 42	4 53	5 12	5 28	5 43	5 57	6 13	6 31	6 41	6 53
26	3 27	3 52	4 12	4 27	4 40	4 52	5 11	5 28	5 44	5 59	6 16	6 34	6 45	6 57
30	3 23	3 49	4 09	4 26	4 39	4 51	5 11	5 29	5 45	6 01	6 18	6 37	6 49	7 02
Dec. 4	3 19	3 47	4 08	4 25	4 39	4 51	5 12	5 30	5 47	6 03	6 21	6 41	6 52	7 06
8	3 17	3 45	4 07	4 24	4 39	4 52	5 13	5 31	5 48	6 05	6 23	6 44	6 56	7 09
12	3 16	3 45	4 07	4 25	4 40	4 52	5 14	5 33	5 50	6 07	6 25	6 46	6 59	7 13
16	3 15	3 45	4 08	4 26	4 41	4 54	5 16	5 34	5 52	6 09	6 28	6 49	7 01	7 15
20	3 16	3 46	4 09	4 27	4 42	4 55	5 17	5 36	5 54	6 11	6 30	6 51	7 04	7 18
24	3 18	3 49	4 11	4 29	4 44	4 57	5 19	5 38	5 56	6 13	6 32	6 53	7 05	7 20
28	3 22	3 51	4 14	4 32	4 47	5 00	5 22	5 40	5 58	6 15	6 34	6 55	7 07	7 21
32	3 26	3 55	4 17	4 35	4 50	5 02	5 24	5 43	6 00	6 17	6 35	6 56	7 08	7 22
36	3 31	4 00	4 21	4 38	4 53	5 05	5 26	5 45	6 02	6 18	6 36	6 57	7 08	7 22

SUNSET

Lat.	−55°	−50°	−45°	−40°	−35°	−30°	−20°	−10°	0°	+10°	+20°	+30°	+35°	+40°
	h m	h m	h m	h m	h m	h m	h m	h m	h m	h m	h m	h m	h m	h m
Oct. 1	18 15	18 11	18 08	18 06	18 03	18 01	17 58	17 55	17 53	17 50	17 48	17 45	17 44	17 42
5	18 23	18 18	18 13	18 10	18 06	18 04	17 59	17 55	17 52	17 48	17 45	17 41	17 38	17 36
9	18 31	18 24	18 18	18 14	18 10	18 06	18 00	17 55	17 50	17 46	17 41	17 36	17 33	17 29
13	18 39	18 30	18 23	18 18	18 13	18 09	18 02	17 55	17 49	17 44	17 38	17 31	17 28	17 23
17	18 47	18 37	18 29	18 22	18 16	18 11	18 03	17 55	17 49	17 42	17 35	17 27	17 22	17 17
21	18 55	18 43	18 34	18 26	18 20	18 14	18 04	17 56	17 48	17 40	17 32	17 23	17 18	17 12
25	19 03	18 50	18 40	18 31	18 24	18 17	18 06	17 56	17 47	17 39	17 29	17 19	17 13	17 06
29	19 12	18 57	18 45	18 35	18 27	18 20	18 08	17 57	17 47	17 37	17 27	17 15	17 09	17 01
Nov. 2	19 20	19 04	18 51	18 40	18 31	18 23	18 10	17 58	17 47	17 36	17 25	17 12	17 05	16 56
6	19 29	19 11	18 56	18 45	18 35	18 26	18 12	17 59	17 47	17 35	17 23	17 09	17 01	16 52
10	19 37	19 17	19 02	18 50	18 39	18 30	18 14	18 00	17 47	17 35	17 22	17 07	16 58	16 48
14	19 45	19 24	19 08	18 54	18 43	18 33	18 16	18 02	17 48	17 35	17 20	17 04	16 55	16 44
18	19 53	19 31	19 13	18 59	18 47	18 36	18 19	18 03	17 49	17 35	17 20	17 03	16 53	16 41
22	20 01	19 37	19 19	19 03	18 51	18 40	18 21	18 05	17 50	17 35	17 19	17 01	16 51	16 39
26	20 09	19 43	19 24	19 08	18 55	18 43	18 24	18 07	17 51	17 35	17 19	17 00	16 49	16 37
30	20 16	19 49	19 29	19 12	18 58	18 46	18 26	18 09	17 52	17 36	17 19	17 00	16 48	16 36
Dec. 4	20 22	19 54	19 33	19 16	19 02	18 50	18 29	18 11	17 54	17 37	17 20	17 00	16 48	16 35
8	20 28	19 59	19 37	19 20	19 05	18 53	18 31	18 13	17 56	17 39	17 21	17 00	16 48	16 35
12	20 32	20 03	19 41	19 23	19 08	18 55	18 34	18 15	17 58	17 40	17 22	17 01	16 49	16 35
16	20 36	20 06	19 44	19 26	19 11	18 58	18 36	18 17	17 59	17 42	17 24	17 02	16 50	16 36
20	20 39	20 09	19 46	19 28	19 13	19 00	18 38	18 19	18 01	17 44	17 25	17 04	16 52	16 38
24	20 41	20 11	19 48	19 30	19 15	19 02	18 40	18 21	18 03	17 46	17 27	17 06	16 54	16 40
28	20 41	20 12	19 49	19 31	19 16	19 04	18 42	18 23	18 05	17 48	17 30	17 09	16 56	16 42
32	20 41	20 12	19 50	19 32	19 17	19 05	18 43	18 24	18 07	17 50	17 32	17 11	16 59	16 45
36	20 39	20 11	19 49	19 32	19 18	19 05	18 44	18 26	18 09	17 52	17 35	17 14	17 02	16 49

UNIVERSAL TIME FOR MERIDIAN OF GREENWICH

SUNRISE

Lat.	+40°	+42°	+44°	+46°	+48°	+50°	+52°	+54°	+56°	+58°	+60°	+62°	+64°	+66°
	h m	h m	h m	h m	h m	h m	h m	h m	h m	h m	h m	h m	h m	h m
Oct. 1	5 56	5 57	5 58	5 58	5 59	6 00	6 01	6 02	6 03	6 04	6 06	6 07	6 09	6 11
5	6 00	6 01	6 02	6 04	6 05	6 06	6 08	6 09	6 11	6 13	6 15	6 18	6 21	6 24
9	6 04	6 06	6 07	6 09	6 11	6 13	6 15	6 17	6 19	6 22	6 25	6 28	6 32	6 37
13	6 08	6 10	6 12	6 14	6 16	6 19	6 21	6 24	6 27	6 31	6 35	6 39	6 44	6 50
17	6 13	6 15	6 17	6 20	6 22	6 25	6 28	6 32	6 36	6 40	6 45	6 50	6 56	7 03
21	6 17	6 20	6 22	6 25	6 28	6 32	6 35	6 39	6 44	6 49	6 55	7 01	7 08	7 17
25	6 21	6 24	6 27	6 31	6 34	6 38	6 43	6 47	6 52	6 58	7 05	7 12	7 21	7 31
29	6 26	6 29	6 33	6 36	6 40	6 45	6 50	6 55	7 01	7 07	7 15	7 23	7 33	7 45
Nov. 2	6 30	6 34	6 38	6 42	6 47	6 52	6 57	7 03	7 09	7 17	7 25	7 35	7 46	7 59
6	6 35	6 39	6 43	6 48	6 53	6 58	7 04	7 11	7 18	7 26	7 35	7 46	7 59	8 14
10	6 39	6 44	6 48	6 54	6 59	7 05	7 11	7 18	7 26	7 35	7 46	7 58	8 12	8 29
14	6 44	6 49	6 54	6 59	7 05	7 11	7 18	7 26	7 35	7 45	7 56	8 09	8 25	8 44
18	6 49	6 54	6 59	7 05	7 11	7 18	7 25	7 34	7 43	7 54	8 06	8 20	8 37	8 59
22	6 53	6 58	7 04	7 10	7 17	7 24	7 32	7 41	7 51	8 02	8 15	8 31	8 50	9 14
26	6 57	7 03	7 09	7 15	7 22	7 30	7 38	7 48	7 58	8 10	8 25	8 41	9 02	9 29
30	7 02	7 07	7 14	7 20	7 28	7 36	7 44	7 54	8 05	8 18	8 33	8 51	9 14	9 44
Dec. 4	7 06	7 12	7 18	7 25	7 32	7 41	7 50	8 00	8 12	8 25	8 41	9 00	9 24	9 58
8	7 09	7 15	7 22	7 29	7 37	7 45	7 55	8 05	8 18	8 31	8 48	9 08	9 34	10 10
12	7 13	7 19	7 25	7 33	7 41	7 49	7 59	8 10	8 22	8 37	8 54	9 15	9 42	10 21
16	7 15	7 22	7 29	7 36	7 44	7 53	8 03	8 14	8 26	8 41	8 58	9 20	9 48	10 29
20	7 18	7 24	7 31	7 38	7 47	7 55	8 05	8 16	8 29	8 44	9 01	9 23	9 52	10 34
24	7 20	7 26	7 33	7 40	7 48	7 57	8 07	8 18	8 31	8 46	9 03	9 25	9 53	10 35
28	7 21	7 27	7 34	7 41	7 49	7 58	8 08	8 19	8 32	8 46	9 03	9 25	9 52	10 33
32	7 22	7 28	7 35	7 42	7 50	7 58	8 08	8 19	8 31	8 45	9 02	9 23	9 49	10 28
36	7 22	7 28	7 35	7 42	7 49	7 58	8 07	8 18	8 30	8 43	9 00	9 19	9 45	10 20

SUNSET

Lat.	+40°	+42°	+44°	+46°	+48°	+50°	+52°	+54°	+56°	+58°	+60°	+62°	+64°	+66°
	h m	h m	h m	h m	h m	h m	h m	h m	h m	h m	h m	h m	h m	h m
Oct. 1	17 42	17 41	17 41	17 40	17 39	17 38	17 37	17 36	17 35	17 34	17 32	17 30	17 29	17 26
5	17 36	17 35	17 33	17 32	17 31	17 29	17 28	17 26	17 24	17 22	17 20	17 18	17 15	17 11
9	17 29	17 28	17 26	17 25	17 23	17 21	17 19	17 17	17 14	17 11	17 08	17 05	17 01	16 56
13	17 23	17 21	17 19	17 17	17 15	17 13	17 10	17 07	17 04	17 00	16 56	16 52	16 47	16 41
17	17 17	17 15	17 13	17 10	17 07	17 05	17 01	16 58	16 54	16 50	16 45	16 39	16 33	16 26
21	17 12	17 09	17 06	17 03	17 00	16 57	16 53	16 49	16 44	16 39	16 33	16 27	16 20	16 11
25	17 06	17 03	17 00	16 57	16 53	16 49	16 45	16 40	16 35	16 29	16 22	16 15	16 06	15 56
29	17 01	16 58	16 54	16 50	16 46	16 42	16 37	16 32	16 26	16 19	16 12	16 03	15 53	15 41
Nov. 2	16 56	16 53	16 49	16 44	16 40	16 35	16 29	16 24	16 17	16 09	16 01	15 51	15 40	15 27
6	16 52	16 48	16 44	16 39	16 34	16 28	16 22	16 16	16 09	16 00	15 51	15 40	15 27	15 12
10	16 48	16 44	16 39	16 34	16 28	16 22	16 16	16 09	16 01	15 52	15 41	15 29	15 15	14 58
14	16 44	16 40	16 35	16 29	16 23	16 17	16 10	16 02	15 53	15 44	15 32	15 19	15 03	14 44
18	16 41	16 36	16 31	16 25	16 19	16 12	16 05	15 56	15 47	15 36	15 24	15 10	14 52	14 30
22	16 39	16 34	16 28	16 22	16 15	16 08	16 00	15 51	15 41	15 30	15 16	15 01	14 42	14 17
26	16 37	16 31	16 25	16 19	16 12	16 04	15 56	15 46	15 36	15 24	15 10	14 53	14 32	14 05
30	16 36	16 30	16 24	16 17	16 10	16 02	15 53	15 43	15 32	15 19	15 04	14 46	14 23	13 53
Dec. 4	16 35	16 29	16 22	16 15	16 08	16 00	15 50	15 40	15 28	15 15	14 59	14 40	14 16	13 42
8	16 35	16 28	16 22	16 15	16 07	15 58	15 49	15 38	15 26	15 12	14 56	14 36	14 10	13 33
12	16 35	16 29	16 22	16 15	16 07	15 58	15 48	15 37	15 25	15 11	14 54	14 33	14 06	13 26
16	16 36	16 30	16 23	16 15	16 07	15 59	15 49	15 38	15 25	15 10	14 53	14 32	14 04	13 22
20	16 38	16 31	16 24	16 17	16 09	16 00	15 50	15 39	15 26	15 11	14 54	14 32	14 04	13 21
24	16 40	16 33	16 26	16 19	16 11	16 02	15 52	15 41	15 28	15 14	14 56	14 35	14 06	13 24
28	16 42	16 36	16 29	16 22	16 14	16 05	15 55	15 44	15 32	15 17	15 00	14 39	14 11	13 30
32	16 45	16 39	16 33	16 25	16 17	16 09	15 59	15 48	15 36	15 22	15 05	14 45	14 18	13 40
36	16 49	16 43	16 36	16 29	16 22	16 13	16 04	15 53	15 41	15 28	15 11	14 52	14 27	13 51

CIVIL TWILIGHT, 2021

UNIVERSAL TIME FOR MERIDIAN OF GREENWICH
BEGINNING OF MORNING CIVIL TWILIGHT

Lat.	−55°	−50°	−45°	−40°	−35°	−30°	−20°	−10°	0°	+10°	+20°	+30°	+35°	+40°
	h m	h m	h m	h m	h m	h m	h m	h m	h m	h m	h m	h m	h m	h m
Jan. −2	2 25	3 08	3 38	4 00	4 18	4 33	4 58	5 18	5 36	5 53	6 10	6 29	6 39	6 51
2	2 31	3 13	3 41	4 03	4 21	4 36	5 00	5 20	5 38	5 55	6 12	6 30	6 40	6 52
6	2 38	3 18	3 46	4 07	4 25	4 39	5 03	5 23	5 40	5 56	6 13	6 31	6 41	6 52
10	2 45	3 24	3 51	4 11	4 28	4 42	5 06	5 25	5 42	5 58	6 14	6 31	6 41	6 51
14	2 54	3 30	3 56	4 16	4 32	4 46	5 09	5 27	5 43	5 59	6 14	6 31	6 40	6 51
18	3 03	3 37	4 02	4 21	4 37	4 50	5 11	5 29	5 45	6 00	6 14	6 30	6 39	6 49
22	3 13	3 45	4 08	4 26	4 41	4 54	5 14	5 31	5 46	6 00	6 14	6 29	6 38	6 47
26	3 23	3 52	4 14	4 31	4 45	4 57	5 17	5 33	5 47	6 00	6 14	6 28	6 36	6 44
30	3 33	4 00	4 20	4 37	4 50	5 01	5 20	5 35	5 48	6 01	6 13	6 26	6 33	6 41
Feb. 3	3 43	4 08	4 27	4 42	4 54	5 05	5 22	5 36	5 49	6 00	6 12	6 24	6 31	6 38
7	3 53	4 16	4 33	4 47	4 59	5 08	5 25	5 38	5 49	6 00	6 10	6 21	6 27	6 34
11	4 03	4 24	4 40	4 52	5 03	5 12	5 27	5 39	5 49	5 59	6 09	6 19	6 24	6 30
15	4 12	4 31	4 46	4 58	5 07	5 16	5 29	5 40	5 50	5 58	6 07	6 15	6 20	6 25
19	4 22	4 39	4 52	5 03	5 11	5 19	5 31	5 41	5 49	5 57	6 04	6 12	6 16	6 20
23	4 31	4 47	4 58	5 08	5 15	5 22	5 33	5 42	5 49	5 56	6 02	6 08	6 11	6 15
27	4 40	4 54	5 04	5 13	5 19	5 25	5 35	5 42	5 48	5 54	5 59	6 04	6 06	6 09
Mar. 3	4 49	5 01	5 10	5 17	5 23	5 28	5 36	5 43	5 48	5 52	5 56	6 00	6 01	6 03
7	4 58	5 08	5 16	5 22	5 27	5 31	5 38	5 43	5 47	5 50	5 53	5 55	5 56	5 57
11	5 07	5 15	5 21	5 26	5 30	5 34	5 39	5 43	5 46	5 48	5 50	5 51	5 51	5 51
15	5 15	5 22	5 27	5 31	5 34	5 36	5 40	5 43	5 45	5 46	5 46	5 46	5 45	5 44
19	5 23	5 28	5 32	5 35	5 37	5 39	5 42	5 43	5 44	5 44	5 43	5 41	5 40	5 38
23	5 31	5 35	5 37	5 39	5 40	5 41	5 43	5 43	5 43	5 41	5 39	5 36	5 34	5 31
27	5 39	5 41	5 42	5 43	5 44	5 44	5 44	5 43	5 41	5 39	5 36	5 31	5 28	5 25
31	5 47	5 47	5 47	5 47	5 47	5 46	5 45	5 43	5 40	5 37	5 32	5 26	5 23	5 18
Apr. 4	5 54	5 53	5 52	5 51	5 50	5 49	5 46	5 43	5 39	5 34	5 29	5 22	5 17	5 12

END OF EVENING CIVIL TWILIGHT

	h m	h m	h m	h m	h m	h m	h m	h m	h m	h m	h m	h m	h m	h m
Jan. −2	21 38	20 56	20 27	20 04	19 46	19 31	19 07	18 46	18 28	18 12	17 54	17 36	17 25	17 14
2	21 36	20 55	20 27	20 05	19 47	19 32	19 08	18 48	18 30	18 14	17 57	17 38	17 28	17 17
6	21 33	20 53	20 26	20 04	19 47	19 33	19 09	18 49	18 32	18 16	17 59	17 41	17 31	17 20
10	21 28	20 51	20 24	20 03	19 47	19 32	19 09	18 50	18 34	18 18	18 02	17 44	17 35	17 24
14	21 23	20 47	20 21	20 02	19 46	19 32	19 10	18 51	18 35	18 20	18 04	17 48	17 38	17 28
18	21 16	20 43	20 18	19 59	19 44	19 31	19 09	18 52	18 36	18 22	18 07	17 51	17 42	17 32
22	21 09	20 37	20 15	19 57	19 42	19 29	19 09	18 52	18 37	18 23	18 09	17 54	17 46	17 37
26	21 01	20 32	20 10	19 53	19 39	19 27	19 08	18 52	18 38	18 25	18 12	17 57	17 50	17 41
30	20 52	20 25	20 05	19 49	19 36	19 25	19 07	18 52	18 39	18 26	18 14	18 01	17 54	17 46
Feb. 3	20 43	20 18	20 00	19 45	19 33	19 22	19 05	18 51	18 39	18 27	18 16	18 04	17 57	17 50
7	20 34	20 11	19 54	19 40	19 29	19 19	19 03	18 50	18 39	18 28	18 18	18 07	18 01	17 55
11	20 24	20 03	19 48	19 35	19 25	19 16	19 01	18 49	18 39	18 29	18 20	18 10	18 05	17 59
15	20 14	19 56	19 41	19 30	19 20	19 12	18 59	18 48	18 39	18 30	18 22	18 13	18 09	18 04
19	20 04	19 47	19 34	19 24	19 15	19 08	18 56	18 47	18 38	18 31	18 24	18 16	18 12	18 08
23	19 54	19 39	19 27	19 18	19 10	19 04	18 53	18 45	18 38	18 31	18 25	18 19	18 16	18 13
27	19 43	19 30	19 20	19 12	19 05	19 00	18 50	18 43	18 37	18 31	18 27	18 22	18 19	18 17
Mar. 3	19 33	19 22	19 13	19 06	19 00	18 55	18 47	18 41	18 36	18 32	18 28	18 25	18 23	18 21
7	19 22	19 13	19 05	18 59	18 54	18 50	18 44	18 39	18 35	18 32	18 29	18 27	18 26	18 26
11	19 12	19 04	18 58	18 53	18 49	18 46	18 40	18 37	18 34	18 32	18 30	18 30	18 30	18 30
15	19 01	18 55	18 50	18 46	18 43	18 41	18 37	18 34	18 33	18 32	18 32	18 32	18 33	18 34
19	18 51	18 46	18 43	18 40	18 38	18 36	18 34	18 32	18 32	18 32	18 33	18 35	18 36	18 38
23	18 41	18 37	18 35	18 33	18 32	18 31	18 30	18 30	18 30	18 32	18 34	18 37	18 40	18 42
27	18 31	18 29	18 28	18 27	18 26	18 26	18 27	18 28	18 29	18 32	18 35	18 40	18 43	18 47
31	18 20	18 20	18 20	18 20	18 21	18 21	18 23	18 25	18 28	18 32	18 36	18 42	18 46	18 51
Apr. 4	18 11	18 12	18 13	18 14	18 15	18 17	18 20	18 23	18 27	18 32	18 37	18 45	18 49	18 55

UNIVERSAL TIME FOR MERIDIAN OF GREENWICH
BEGINNING OF MORNING CIVIL TWILIGHT

Lat.	+40°	+42°	+44°	+46°	+48°	+50°	+52°	+54°	+56°	+58°	+60°	+62°	+64°	+66°
	h m	h m	h m	h m	h m	h m	h m	h m	h m	h m	h m	h m	h m	h m
Jan. −2	6 51	6 56	7 01	7 07	7 13	7 20	7 27	7 36	7 44	7 55	8 06	8 19	8 35	8 54
2	6 52	6 57	7 02	7 08	7 14	7 20	7 27	7 35	7 44	7 54	8 05	8 18	8 33	8 52
6	6 52	6 57	7 02	7 07	7 13	7 20	7 27	7 34	7 43	7 52	8 03	8 16	8 30	8 48
10	6 51	6 56	7 01	7 06	7 12	7 18	7 25	7 32	7 41	7 50	8 00	8 12	8 26	8 43
14	6 51	6 55	7 00	7 05	7 10	7 16	7 23	7 30	7 37	7 46	7 56	8 07	8 20	8 36
18	6 49	6 53	6 58	7 03	7 08	7 13	7 19	7 26	7 33	7 41	7 51	8 01	8 13	8 28
22	6 47	6 51	6 55	7 00	7 05	7 10	7 16	7 22	7 29	7 36	7 45	7 54	8 06	8 19
26	6 44	6 48	6 52	6 56	7 01	7 06	7 11	7 17	7 23	7 30	7 38	7 47	7 57	8 09
30	6 41	6 45	6 49	6 52	6 57	7 01	7 06	7 11	7 17	7 23	7 30	7 38	7 47	7 58
Feb. 3	6 38	6 41	6 44	6 48	6 52	6 56	7 00	7 05	7 10	7 16	7 22	7 29	7 37	7 47
7	6 34	6 37	6 40	6 43	6 46	6 50	6 54	6 58	7 02	7 07	7 13	7 19	7 26	7 35
11	6 30	6 32	6 35	6 38	6 41	6 44	6 47	6 51	6 55	6 59	7 04	7 09	7 15	7 22
15	6 25	6 27	6 29	6 32	6 34	6 37	6 40	6 43	6 46	6 50	6 54	6 58	7 03	7 09
19	6 20	6 22	6 24	6 26	6 28	6 30	6 32	6 35	6 37	6 40	6 43	6 47	6 51	6 56
23	6 15	6 16	6 18	6 19	6 21	6 22	6 24	6 26	6 28	6 30	6 33	6 35	6 38	6 42
27	6 09	6 10	6 11	6 12	6 13	6 15	6 16	6 17	6 19	6 20	6 22	6 24	6 26	6 28
Mar. 3	6 03	6 04	6 04	6 05	6 06	6 07	6 07	6 08	6 09	6 10	6 10	6 11	6 12	6 13
7	5 57	5 57	5 58	5 58	5 58	5 58	5 59	5 59	5 59	5 59	5 59	5 59	5 59	5 59
11	5 51	5 51	5 51	5 50	5 50	5 50	5 50	5 49	5 49	5 48	5 47	5 46	5 45	5 43
15	5 44	5 44	5 43	5 43	5 42	5 41	5 40	5 39	5 38	5 37	5 35	5 33	5 31	5 28
19	5 38	5 37	5 36	5 35	5 34	5 33	5 31	5 29	5 27	5 25	5 23	5 20	5 17	5 13
23	5 31	5 30	5 29	5 27	5 26	5 24	5 22	5 19	5 17	5 14	5 10	5 07	5 02	4 57
27	5 25	5 23	5 21	5 19	5 17	5 15	5 12	5 09	5 06	5 02	4 58	4 53	4 47	4 40
31	5 18	5 16	5 14	5 12	5 09	5 06	5 03	4 59	4 55	4 50	4 45	4 39	4 32	4 24
Apr. 4	5 12	5 09	5 07	5 04	5 01	4 57	4 53	4 49	4 44	4 39	4 32	4 25	4 17	4 07

END OF EVENING CIVIL TWILIGHT

Lat.	+40°	+42°	+44°	+46°	+48°	+50°	+52°	+54°	+56°	+58°	+60°	+62°	+64°	+66°
	h m	h m	h m	h m	h m	h m	h m	h m	h m	h m	h m	h m	h m	h m
Jan. −2	17 14	17 09	17 03	16 57	16 51	16 45	16 37	16 29	16 20	16 10	15 59	15 45	15 30	15 10
2	17 17	17 12	17 07	17 01	16 55	16 48	16 41	16 33	16 24	16 15	16 03	15 50	15 35	15 17
6	17 20	17 15	17 10	17 05	16 59	16 52	16 46	16 38	16 29	16 20	16 09	15 57	15 42	15 24
10	17 24	17 19	17 14	17 09	17 03	16 57	16 51	16 43	16 35	16 26	16 16	16 04	15 50	15 33
14	17 28	17 24	17 19	17 14	17 08	17 02	16 56	16 49	16 41	16 33	16 23	16 12	15 59	15 43
18	17 32	17 28	17 23	17 19	17 14	17 08	17 02	16 55	16 48	16 40	16 31	16 21	16 08	15 54
22	17 37	17 33	17 28	17 24	17 19	17 14	17 08	17 02	16 55	16 48	16 39	16 30	16 19	16 05
26	17 41	17 37	17 33	17 29	17 25	17 20	17 15	17 09	17 03	16 56	16 48	16 39	16 29	16 17
30	17 46	17 42	17 39	17 35	17 31	17 26	17 21	17 16	17 11	17 04	16 57	16 49	16 40	16 30
Feb. 3	17 50	17 47	17 44	17 40	17 37	17 33	17 28	17 24	17 19	17 13	17 07	17 00	16 52	16 42
7	17 55	17 52	17 49	17 46	17 43	17 39	17 35	17 31	17 27	17 22	17 16	17 10	17 03	16 55
11	17 59	17 57	17 54	17 51	17 49	17 46	17 42	17 39	17 35	17 31	17 26	17 21	17 15	17 08
15	18 04	18 02	17 59	17 57	17 55	17 52	17 49	17 46	17 43	17 39	17 36	17 31	17 26	17 20
19	18 08	18 06	18 05	18 03	18 01	17 59	17 56	17 54	17 51	17 48	17 45	17 42	17 38	17 33
23	18 13	18 11	18 10	18 08	18 07	18 05	18 03	18 02	18 00	17 57	17 55	17 52	17 50	17 46
27	18 17	18 16	18 15	18 14	18 13	18 12	18 10	18 09	18 08	18 06	18 05	18 03	18 01	17 59
Mar. 3	18 21	18 21	18 20	18 19	18 19	18 18	18 17	18 17	18 16	18 15	18 15	18 14	18 13	18 12
7	18 26	18 25	18 25	18 25	18 25	18 25	18 24	18 24	18 24	18 24	18 24	18 25	18 25	18 25
11	18 30	18 30	18 30	18 30	18 31	18 31	18 31	18 32	18 33	18 33	18 34	18 35	18 37	18 38
15	18 34	18 34	18 35	18 36	18 37	18 37	18 38	18 40	18 41	18 42	18 44	18 46	18 49	18 52
19	18 38	18 39	18 40	18 41	18 42	18 44	18 45	18 47	18 49	18 52	18 54	18 57	19 01	19 05
23	18 42	18 44	18 45	18 47	18 48	18 50	18 53	18 55	18 58	19 01	19 04	19 08	19 13	19 19
27	18 47	18 48	18 50	18 52	18 54	18 57	19 00	19 03	19 06	19 10	19 14	19 20	19 25	19 33
31	18 51	18 53	18 55	18 58	19 00	19 03	19 07	19 10	19 15	19 19	19 25	19 31	19 38	19 47
Apr. 4	18 55	18 57	19 00	19 03	19 06	19 10	19 14	19 18	19 23	19 29	19 35	19 43	19 51	20 01

CIVIL TWILIGHT, 2021

UNIVERSAL TIME FOR MERIDIAN OF GREENWICH
BEGINNING OF MORNING CIVIL TWILIGHT

Lat.	−55°	−50°	−45°	−40°	−35°	−30°	−20°	−10°	0°	+10°	+20°	+30°	+35°	+40°
	h m	h m	h m	h m	h m	h m	h m	h m	h m	h m	h m	h m	h m	h m
Mar. 31	5 47	5 47	5 47	5 47	5 47	5 46	5 45	5 43	5 40	5 37	5 32	5 26	5 23	5 18
Apr. 4	5 54	5 53	5 52	5 51	5 50	5 49	5 46	5 43	5 39	5 34	5 29	5 22	5 17	5 12
8	6 02	5 59	5 57	5 55	5 53	5 51	5 47	5 42	5 38	5 32	5 25	5 17	5 11	5 05
12	6 09	6 05	6 02	5 59	5 56	5 53	5 48	5 42	5 37	5 30	5 22	5 12	5 06	4 59
16	6 16	6 11	6 07	6 03	5 59	5 56	5 49	5 42	5 35	5 28	5 19	5 07	5 01	4 52
20	6 24	6 17	6 11	6 07	6 02	5 58	5 50	5 42	5 34	5 26	5 16	5 03	4 55	4 46
24	6 31	6 23	6 16	6 10	6 05	6 00	5 51	5 42	5 34	5 24	5 13	4 59	4 50	4 40
28	6 38	6 28	6 21	6 14	6 08	6 03	5 52	5 43	5 33	5 22	5 10	4 55	4 46	4 35
May 2	6 45	6 34	6 25	6 18	6 11	6 05	5 54	5 43	5 32	5 20	5 07	4 51	4 41	4 29
6	6 51	6 39	6 30	6 21	6 14	6 07	5 55	5 43	5 32	5 19	5 05	4 47	4 37	4 24
10	6 58	6 45	6 34	6 25	6 17	6 10	5 56	5 44	5 31	5 18	5 03	4 44	4 33	4 19
14	7 04	6 50	6 38	6 29	6 20	6 12	5 58	5 44	5 31	5 17	5 01	4 41	4 29	4 15
18	7 10	6 55	6 42	6 32	6 23	6 14	5 59	5 45	5 31	5 16	4 59	4 38	4 26	4 11
22	7 16	6 59	6 46	6 35	6 25	6 16	6 01	5 46	5 31	5 15	4 58	4 36	4 23	4 08
26	7 21	7 04	6 50	6 38	6 28	6 19	6 02	5 47	5 31	5 15	4 57	4 34	4 21	4 05
30	7 26	7 08	6 53	6 41	6 30	6 21	6 03	5 48	5 32	5 15	4 56	4 33	4 19	4 02
June 3	7 30	7 11	6 56	6 44	6 33	6 23	6 05	5 48	5 32	5 15	4 56	4 32	4 17	4 00
7	7 34	7 15	6 59	6 46	6 35	6 24	6 06	5 49	5 33	5 15	4 55	4 31	4 16	3 59
11	7 37	7 17	7 01	6 48	6 36	6 26	6 08	5 50	5 34	5 16	4 56	4 31	4 16	3 58
15	7 39	7 19	7 03	6 50	6 38	6 27	6 09	5 51	5 34	5 16	4 56	4 31	4 16	3 58
19	7 41	7 21	7 05	6 51	6 39	6 29	6 10	5 52	5 35	5 17	4 57	4 32	4 16	3 58
23	7 42	7 22	7 05	6 52	6 40	6 29	6 11	5 53	5 36	5 18	4 57	4 32	4 17	3 59
27	7 42	7 22	7 06	6 52	6 41	6 30	6 11	5 54	5 37	5 19	4 59	4 34	4 18	4 00
July 1	7 41	7 21	7 05	6 52	6 41	6 30	6 12	5 55	5 38	5 20	5 00	4 35	4 20	4 02
5	7 39	7 20	7 05	6 52	6 40	6 30	6 12	5 55	5 39	5 21	5 01	4 37	4 22	4 05

END OF EVENING CIVIL TWILIGHT

Lat.	−55°	−50°	−45°	−40°	−35°	−30°	−20°	−10°	0°	+10°	+20°	+30°	+35°	+40°
	h m	h m	h m	h m	h m	h m	h m	h m	h m	h m	h m	h m	h m	h m
Mar. 31	18 20	18 20	18 20	18 20	18 21	18 21	18 23	18 25	18 28	18 32	18 36	18 42	18 46	18 51
Apr. 4	18 11	18 12	18 13	18 14	18 15	18 17	18 20	18 23	18 27	18 32	18 37	18 45	18 49	18 55
8	18 01	18 03	18 06	18 08	18 10	18 12	18 16	18 21	18 26	18 32	18 39	18 47	18 53	18 59
12	17 51	17 55	17 59	18 02	18 05	18 08	18 13	18 19	18 25	18 32	18 40	18 50	18 56	19 03
16	17 42	17 48	17 52	17 56	18 00	18 04	18 10	18 17	18 24	18 32	18 41	18 53	19 00	19 08
20	17 33	17 40	17 46	17 51	17 55	17 59	18 07	18 15	18 23	18 32	18 43	18 55	19 03	19 12
24	17 25	17 33	17 39	17 45	17 51	17 56	18 05	18 14	18 23	18 33	18 44	18 58	19 07	19 17
28	17 16	17 26	17 34	17 40	17 46	17 52	18 02	18 12	18 22	18 33	18 46	19 01	19 10	19 21
May 2	17 09	17 19	17 28	17 36	17 42	17 49	18 00	18 11	18 22	18 34	18 47	19 04	19 14	19 25
6	17 01	17 13	17 23	17 31	17 39	17 46	17 58	18 10	18 22	18 34	18 49	19 06	19 17	19 30
10	16 54	17 07	17 18	17 27	17 36	17 43	17 56	18 09	18 22	18 35	18 50	19 09	19 21	19 34
14	16 48	17 02	17 14	17 24	17 33	17 41	17 55	18 08	18 22	18 36	18 52	19 12	19 24	19 38
18	16 42	16 58	17 10	17 21	17 30	17 38	17 54	18 08	18 22	18 37	18 54	19 15	19 27	19 42
22	16 37	16 53	17 07	17 18	17 28	17 37	17 53	18 08	18 22	18 38	18 56	19 18	19 31	19 46
26	16 33	16 50	17 04	17 16	17 26	17 35	17 52	18 07	18 23	18 39	18 58	19 20	19 34	19 50
30	16 29	16 47	17 02	17 14	17 25	17 34	17 52	18 08	18 23	18 40	18 59	19 23	19 37	19 53
June 3	16 26	16 45	17 00	17 12	17 24	17 34	17 51	18 08	18 24	18 41	19 01	19 25	19 39	19 57
7	16 24	16 43	16 59	17 12	17 23	17 33	17 52	18 08	18 25	18 43	19 03	19 27	19 42	19 59
11	16 22	16 42	16 58	17 11	17 23	17 33	17 52	18 09	18 26	18 44	19 04	19 29	19 44	20 02
15	16 22	16 42	16 58	17 11	17 23	17 34	17 52	18 10	18 27	18 45	19 05	19 30	19 45	20 03
19	16 22	16 42	16 58	17 12	17 24	17 34	17 53	18 10	18 28	18 46	19 06	19 31	19 47	20 05
23	16 23	16 43	16 59	17 13	17 25	17 35	17 54	18 11	18 29	18 47	19 07	19 32	19 47	20 05
27	16 25	16 45	17 01	17 14	17 26	17 36	17 55	18 12	18 29	18 47	19 08	19 32	19 48	20 06
July 1	16 27	16 47	17 03	17 16	17 27	17 38	17 56	18 13	18 30	18 48	19 08	19 33	19 48	20 05
5	16 30	16 49	17 05	17 18	17 29	17 39	17 57	18 14	18 31	18 48	19 08	19 32	19 47	20 04

UNIVERSAL TIME FOR MERIDIAN OF GREENWICH
BEGINNING OF MORNING CIVIL TWILIGHT

Lat.	+40°	+42°	+44°	+46°	+48°	+50°	+52°	+54°	+56°	+58°	+60°	+62°	+64°	+66°
	h m	h m	h m	h m	h m	h m	h m	h m	h m	h m	h m	h m	h m	h m
Mar. 31	5 18	5 16	5 14	5 12	5 09	5 06	5 03	4 59	4 55	4 50	4 45	4 39	4 32	4 24
Apr. 4	5 12	5 09	5 07	5 04	5 01	4 57	4 53	4 49	4 44	4 39	4 32	4 25	4 17	4 07
8	5 05	5 02	4 59	4 56	4 52	4 48	4 44	4 39	4 33	4 27	4 20	4 11	4 01	3 50
12	4 59	4 56	4 52	4 48	4 44	4 39	4 34	4 29	4 22	4 15	4 07	3 57	3 46	3 32
16	4 52	4 49	4 45	4 41	4 36	4 31	4 25	4 18	4 11	4 03	3 54	3 43	3 29	3 13
20	4 46	4 42	4 38	4 33	4 28	4 22	4 16	4 08	4 00	3 51	3 40	3 28	3 13	2 54
24	4 40	4 36	4 31	4 26	4 20	4 14	4 07	3 59	3 50	3 39	3 27	3 13	2 56	2 34
28	4 35	4 30	4 25	4 19	4 12	4 06	3 58	3 49	3 39	3 28	3 14	2 58	2 38	2 12
May 2	4 29	4 24	4 18	4 12	4 05	3 58	3 49	3 40	3 29	3 16	3 01	2 43	2 20	1 48
6	4 24	4 19	4 12	4 06	3 58	3 50	3 41	3 30	3 19	3 05	2 48	2 27	2 00	1 19
10	4 19	4 13	4 07	4 00	3 52	3 43	3 33	3 22	3 09	2 53	2 35	2 11	1 39	0 38
14	4 15	4 09	4 02	3 54	3 46	3 36	3 26	3 13	2 59	2 42	2 22	1 55	1 14	// //
18	4 11	4 04	3 57	3 49	3 40	3 30	3 19	3 06	2 50	2 32	2 09	1 37	0 41	// //
22	4 08	4 01	3 53	3 44	3 35	3 24	3 12	2 58	2 42	2 22	1 56	1 19	// //	// //
26	4 05	3 57	3 49	3 40	3 30	3 19	3 07	2 52	2 34	2 12	1 44	0 57	// //	// //
30	4 02	3 54	3 46	3 37	3 27	3 15	3 02	2 46	2 27	2 04	1 31	0 28	// //	// //
June 3	4 00	3 52	3 44	3 34	3 23	3 11	2 57	2 41	2 21	1 56	1 20	// //	// //	// //
7	3 59	3 51	3 42	3 32	3 21	3 09	2 54	2 37	2 17	1 50	1 09	// //	// //	// //
11	3 58	3 50	3 41	3 31	3 19	3 07	2 52	2 35	2 13	1 45	1 00	// //	// //	// //
15	3 58	3 49	3 40	3 30	3 19	3 06	2 51	2 33	2 11	1 42	0 53	// //	// //	□
19	3 58	3 50	3 40	3 30	3 19	3 06	2 51	2 33	2 10	1 40	0 49	// //	// //	□
23	3 59	3 51	3 41	3 31	3 20	3 07	2 51	2 33	2 11	1 41	0 50	// //	// //	□
27	4 00	3 52	3 43	3 33	3 21	3 08	2 53	2 35	2 13	1 44	0 55	// //	// //	□
July 1	4 02	3 54	3 45	3 35	3 24	3 11	2 56	2 39	2 17	1 49	1 04	// //	// //	// //
5	4 05	3 56	3 48	3 38	3 27	3 14	3 00	2 43	2 22	1 55	1 14	// //	// //	// //

END OF EVENING CIVIL TWILIGHT

Lat.	+40°	+42°	+44°	+46°	+48°	+50°	+52°	+54°	+56°	+58°	+60°	+62°	+64°	+66°
	h m	h m	h m	h m	h m	h m	h m	h m	h m	h m	h m	h m	h m	h m
Mar. 31	18 51	18 53	18 55	18 58	19 00	19 03	19 07	19 10	19 15	19 19	19 25	19 31	19 38	19 47
Apr. 4	18 55	18 57	19 00	19 03	19 06	19 10	19 14	19 18	19 23	19 29	19 35	19 43	19 51	20 01
8	18 59	19 02	19 05	19 09	19 12	19 17	19 21	19 26	19 32	19 39	19 46	19 55	20 05	20 17
12	19 03	19 07	19 10	19 14	19 19	19 23	19 29	19 34	19 41	19 48	19 57	20 07	20 18	20 33
16	19 08	19 12	19 16	19 20	19 25	19 30	19 36	19 43	19 50	19 58	20 08	20 19	20 33	20 49
20	19 12	19 16	19 21	19 26	19 31	19 37	19 43	19 51	19 59	20 08	20 19	20 32	20 48	21 07
24	19 17	19 21	19 26	19 31	19 37	19 44	19 51	19 59	20 08	20 19	20 31	20 46	21 04	21 26
28	19 21	19 26	19 31	19 37	19 44	19 51	19 59	20 07	20 18	20 29	20 43	21 00	21 20	21 47
May 2	19 25	19 31	19 36	19 43	19 50	19 57	20 06	20 16	20 27	20 40	20 55	21 14	21 38	22 12
6	19 30	19 35	19 42	19 48	19 56	20 04	20 14	20 24	20 36	20 51	21 08	21 29	21 57	22 41
10	19 34	19 40	19 47	19 54	20 02	20 11	20 21	20 33	20 46	21 01	21 21	21 45	22 19	23 32
14	19 38	19 45	19 52	20 00	20 08	20 18	20 28	20 41	20 55	21 12	21 34	22 02	22 45	// //
18	19 42	19 49	19 57	20 05	20 14	20 24	20 36	20 49	21 04	21 23	21 47	22 20	23 24	// //
22	19 46	19 53	20 01	20 10	20 19	20 30	20 42	20 56	21 13	21 33	22 00	22 39	// //	// //
26	19 50	19 57	20 06	20 15	20 25	20 36	20 49	21 04	21 21	21 44	22 13	23 03	// //	// //
30	19 53	20 01	20 10	20 19	20 29	20 41	20 55	21 10	21 29	21 53	22 26	23 38	// //	// //
June 3	19 57	20 05	20 13	20 23	20 34	20 46	21 00	21 16	21 36	22 02	22 39	// //	// //	// //
7	19 59	20 07	20 16	20 26	20 37	20 50	21 04	21 21	21 42	22 09	22 51	// //	// //	// //
11	20 02	20 10	20 19	20 29	20 40	20 53	21 08	21 25	21 47	22 16	23 02	// //	// //	// //
15	20 03	20 12	20 21	20 31	20 43	20 56	21 11	21 29	21 51	22 20	23 10	// //	// //	□
19	20 05	20 13	20 22	20 33	20 44	20 57	21 12	21 30	21 53	22 23	23 14	// //	// //	□
23	20 06	20 14	20 23	20 33	20 45	20 58	21 13	21 31	21 53	22 23	23 14	// //	// //	□
27	20 06	20 14	20 23	20 33	20 45	20 58	21 13	21 30	21 52	22 22	23 10	// //	// //	□
July 1	20 05	20 14	20 23	20 33	20 44	20 57	21 11	21 29	21 50	22 18	23 02	// //	// //	// //
5	20 04	20 12	20 21	20 31	20 42	20 54	21 09	21 26	21 46	22 13	22 52	// //	// //	// //

□ indicates Sun continuously above horizon.
// // indicates continuous twilight.

CIVIL TWILIGHT, 2021

UNIVERSAL TIME FOR MERIDIAN OF GREENWICH
BEGINNING OF MORNING CIVIL TWILIGHT

Lat.	−55°	−50°	−45°	−40°	−35°	−30°	−20°	−10°	0°	+10°	+20°	+30°	+35°	+40°
	h m	h m	h m	h m	h m	h m	h m	h m	h m	h m	h m	h m	h m	h m
July 1	7 41	7 21	7 05	6 52	6 41	6 30	6 12	5 55	5 38	5 20	5 00	4 35	4 20	4 02
5	7 39	7 20	7 05	6 52	6 40	6 30	6 12	5 55	5 39	5 21	5 01	4 37	4 22	4 05
9	7 37	7 18	7 03	6 51	6 40	6 30	6 12	5 56	5 39	5 22	5 03	4 39	4 24	4 07
13	7 34	7 16	7 01	6 49	6 39	6 29	6 12	5 56	5 40	5 23	5 04	4 41	4 27	4 10
17	7 30	7 13	6 59	6 47	6 37	6 28	6 11	5 56	5 40	5 24	5 06	4 44	4 30	4 14
21	7 25	7 09	6 56	6 45	6 35	6 26	6 10	5 56	5 41	5 25	5 08	4 46	4 33	4 17
25	7 20	7 05	6 52	6 42	6 33	6 24	6 09	5 55	5 41	5 26	5 09	4 49	4 36	4 21
29	7 14	7 00	6 48	6 39	6 30	6 22	6 08	5 54	5 41	5 27	5 11	4 51	4 39	4 25
Aug. 2	7 07	6 55	6 44	6 35	6 27	6 19	6 06	5 54	5 41	5 28	5 12	4 54	4 42	4 29
6	7 00	6 49	6 39	6 31	6 23	6 17	6 04	5 53	5 41	5 28	5 14	4 56	4 46	4 33
10	6 53	6 42	6 34	6 26	6 19	6 13	6 02	5 51	5 40	5 29	5 15	4 59	4 49	4 37
14	6 45	6 36	6 28	6 21	6 15	6 10	6 00	5 50	5 40	5 29	5 17	5 02	4 52	4 42
18	6 37	6 29	6 22	6 16	6 11	6 06	5 57	5 48	5 39	5 29	5 18	5 04	4 56	4 46
22	6 28	6 21	6 16	6 11	6 06	6 02	5 54	5 46	5 38	5 30	5 19	5 07	4 59	4 50
26	6 19	6 14	6 09	6 05	6 01	5 58	5 51	5 44	5 37	5 30	5 20	5 09	5 02	4 54
30	6 10	6 06	6 02	5 59	5 56	5 53	5 48	5 42	5 36	5 30	5 22	5 11	5 05	4 58
Sept. 3	6 00	5 58	5 55	5 53	5 51	5 49	5 45	5 40	5 35	5 29	5 23	5 14	5 08	5 02
7	5 50	5 49	5 48	5 47	5 45	5 44	5 41	5 38	5 34	5 29	5 24	5 16	5 11	5 06
11	5 40	5 41	5 41	5 40	5 40	5 39	5 38	5 35	5 33	5 29	5 24	5 18	5 15	5 10
15	5 30	5 32	5 33	5 34	5 34	5 34	5 34	5 33	5 31	5 29	5 25	5 21	5 18	5 14
19	5 20	5 23	5 25	5 27	5 28	5 29	5 30	5 30	5 30	5 28	5 26	5 23	5 21	5 18
23	5 09	5 14	5 18	5 20	5 23	5 24	5 27	5 28	5 28	5 28	5 27	5 25	5 24	5 22
27	4 59	5 05	5 10	5 14	5 17	5 19	5 23	5 25	5 27	5 28	5 28	5 27	5 27	5 25
Oct. 1	4 48	4 56	5 02	5 07	5 11	5 14	5 19	5 23	5 26	5 28	5 29	5 29	5 30	5 29
5	4 38	4 47	4 55	5 00	5 05	5 09	5 16	5 21	5 24	5 27	5 30	5 32	5 33	5 33

END OF EVENING CIVIL TWILIGHT

Lat.	−55°	−50°	−45°	−40°	−35°	−30°	−20°	−10°	0°	+10°	+20°	+30°	+35°	+40°
	h m	h m	h m	h m	h m	h m	h m	h m	h m	h m	h m	h m	h m	h m
July 1	16 27	16 47	17 03	17 16	17 27	17 38	17 56	18 13	18 30	18 48	19 08	19 33	19 48	20 05
5	16 30	16 49	17 05	17 18	17 29	17 39	17 57	18 14	18 31	18 48	19 08	19 32	19 47	20 04
9	16 34	16 53	17 07	17 20	17 31	17 41	17 59	18 15	18 31	18 48	19 08	19 31	19 46	20 03
13	16 38	16 56	17 10	17 23	17 33	17 43	18 00	18 16	18 32	18 48	19 07	19 30	19 44	20 01
17	16 43	17 00	17 14	17 25	17 36	17 45	18 01	18 17	18 32	18 48	19 06	19 29	19 42	19 58
21	16 48	17 04	17 17	17 28	17 38	17 47	18 03	18 17	18 32	18 48	19 05	19 27	19 40	19 55
25	16 54	17 09	17 21	17 32	17 41	17 49	18 04	18 18	18 32	18 47	19 04	19 24	19 37	19 51
29	17 00	17 14	17 25	17 35	17 43	17 51	18 05	18 19	18 32	18 46	19 02	19 21	19 33	19 47
Aug. 2	17 06	17 18	17 29	17 38	17 46	17 53	18 07	18 19	18 31	18 45	19 00	19 18	19 29	19 43
6	17 12	17 24	17 33	17 41	17 49	17 56	18 08	18 19	18 31	18 43	18 58	19 15	19 25	19 38
10	17 18	17 29	17 37	17 45	17 52	17 58	18 09	18 19	18 30	18 42	18 55	19 11	19 21	19 32
14	17 25	17 34	17 42	17 48	17 54	18 00	18 10	18 20	18 29	18 40	18 52	19 07	19 16	19 27
18	17 32	17 40	17 46	17 52	17 57	18 02	18 11	18 19	18 28	18 38	18 49	19 03	19 11	19 21
22	17 39	17 45	17 51	17 55	18 00	18 04	18 12	18 19	18 27	18 36	18 46	18 58	19 06	19 15
26	17 45	17 51	17 55	17 59	18 03	18 06	18 13	18 19	18 26	18 34	18 43	18 54	19 01	19 09
30	17 52	17 56	18 00	18 03	18 05	18 08	18 13	18 19	18 25	18 31	18 39	18 49	18 55	19 02
Sept. 3	18 00	18 02	18 04	18 06	18 08	18 10	18 14	18 19	18 23	18 29	18 36	18 44	18 50	18 56
7	18 07	18 08	18 09	18 10	18 11	18 12	18 15	18 18	18 22	18 26	18 32	18 39	18 44	18 49
11	18 14	18 13	18 13	18 13	18 14	18 14	18 16	18 18	18 21	18 24	18 28	18 34	18 38	18 42
15	18 21	18 19	18 18	18 17	18 17	18 16	18 17	18 17	18 19	18 21	18 25	18 29	18 32	18 36
19	18 29	18 25	18 23	18 21	18 20	18 19	18 17	18 17	18 18	18 19	18 21	18 24	18 26	18 29
23	18 36	18 31	18 28	18 25	18 23	18 21	18 18	18 17	18 16	18 16	18 17	18 19	18 20	18 22
27	18 44	18 38	18 33	18 29	18 26	18 23	18 19	18 17	18 15	18 14	18 14	18 14	18 15	18 16
Oct. 1	18 52	18 44	18 38	18 33	18 29	18 25	18 20	18 16	18 14	18 11	18 10	18 09	18 09	18 09
5	19 00	18 50	18 43	18 37	18 32	18 28	18 21	18 16	18 12	18 09	18 07	18 04	18 04	18 03

CIVIL TWILIGHT, 2021

UNIVERSAL TIME FOR MERIDIAN OF GREENWICH
BEGINNING OF MORNING CIVIL TWILIGHT

Lat.	+40°	+42°	+44°	+46°	+48°	+50°	+52°	+54°	+56°	+58°	+60°	+62°	+64°	+66°
	h m	h m	h m	h m	h m	h m	h m	h m	h m	h m	h m	h m	h m	h m
July 1	4 02	3 54	3 45	3 35	3 24	3 11	2 56	2 39	2 17	1 49	1 04	// //	// //	// //
5	4 05	3 56	3 48	3 38	3 27	3 14	3 00	2 43	2 22	1 55	1 14	// //	// //	// //
9	4 07	3 59	3 51	3 41	3 30	3 18	3 04	2 48	2 28	2 03	1 26	// //	// //	// //
13	4 10	4 03	3 54	3 45	3 35	3 23	3 10	2 54	2 35	2 12	1 39	0 33	// //	// //
17	4 14	4 06	3 58	3 49	3 39	3 28	3 16	3 01	2 43	2 21	1 52	1 05	// //	// //
21	4 17	4 10	4 02	3 54	3 44	3 34	3 22	3 08	2 51	2 31	2 05	1 27	// //	// //
25	4 21	4 14	4 07	3 59	3 50	3 40	3 28	3 15	3 00	2 41	2 18	1 46	0 46	// //
29	4 25	4 19	4 12	4 04	3 55	3 46	3 35	3 23	3 09	2 52	2 31	2 03	1 21	// //
Aug. 2	4 29	4 23	4 16	4 09	4 01	3 52	3 42	3 31	3 18	3 03	2 44	2 20	1 46	0 41
6	4 33	4 28	4 21	4 15	4 07	3 59	3 50	3 39	3 27	3 13	2 56	2 35	2 07	1 25
10	4 37	4 32	4 26	4 20	4 13	4 06	3 57	3 47	3 36	3 24	3 08	2 50	2 26	1 53
14	4 42	4 37	4 31	4 26	4 19	4 12	4 04	3 55	3 45	3 34	3 20	3 04	2 43	2 17
18	4 46	4 41	4 36	4 31	4 25	4 19	4 12	4 04	3 54	3 44	3 32	3 17	3 00	2 37
22	4 50	4 46	4 41	4 36	4 31	4 25	4 19	4 12	4 03	3 54	3 43	3 30	3 15	2 56
26	4 54	4 50	4 46	4 42	4 37	4 32	4 26	4 19	4 12	4 04	3 54	3 43	3 29	3 13
30	4 58	4 55	4 51	4 47	4 43	4 38	4 33	4 27	4 21	4 13	4 05	3 55	3 43	3 29
Sept. 3	5 02	4 59	4 56	4 53	4 49	4 45	4 40	4 35	4 29	4 23	4 15	4 07	3 57	3 45
7	5 06	5 03	5 01	4 58	4 55	4 51	4 47	4 43	4 38	4 32	4 26	4 18	4 10	3 59
11	5 10	5 08	5 06	5 03	5 00	4 57	4 54	4 50	4 46	4 41	4 36	4 30	4 22	4 14
15	5 14	5 12	5 10	5 08	5 06	5 03	5 01	4 58	4 54	4 50	4 46	4 41	4 35	4 28
19	5 18	5 16	5 15	5 13	5 12	5 10	5 07	5 05	5 02	4 59	4 56	4 51	4 47	4 41
23	5 22	5 21	5 20	5 18	5 17	5 16	5 14	5 12	5 10	5 08	5 05	5 02	4 59	4 54
27	5 25	5 25	5 24	5 24	5 23	5 22	5 21	5 20	5 18	5 17	5 15	5 13	5 10	5 07
Oct. 1	5 29	5 29	5 29	5 29	5 28	5 28	5 27	5 27	5 26	5 25	5 24	5 23	5 22	5 20
5	5 33	5 33	5 34	5 34	5 34	5 34	5 34	5 34	5 34	5 34	5 34	5 34	5 33	5 33

END OF EVENING CIVIL TWILIGHT

Lat.	+40°	+42°	+44°	+46°	+48°	+50°	+52°	+54°	+56°	+58°	+60°	+62°	+64°	+66°
	h m	h m	h m	h m	h m	h m	h m	h m	h m	h m	h m	h m	h m	h m
July 1	20 05	20 14	20 23	20 33	20 44	20 57	21 11	21 29	21 50	22 18	23 02	// //	// //	// //
5	20 04	20 12	20 21	20 31	20 42	20 54	21 09	21 26	21 46	22 13	22 52	// //	// //	// //
9	20 03	20 11	20 19	20 29	20 40	20 52	21 05	21 21	21 41	22 06	22 42	// //	// //	// //
13	20 01	20 08	20 17	20 26	20 36	20 48	21 01	21 16	21 35	21 58	22 30	23 29	// //	// //
17	19 58	20 05	20 14	20 22	20 32	20 43	20 56	21 10	21 28	21 49	22 18	23 02	// //	// //
21	19 55	20 02	20 10	20 18	20 28	20 38	20 50	21 04	21 20	21 40	22 05	22 42	// //	// //
25	19 51	19 58	20 05	20 13	20 22	20 32	20 43	20 56	21 11	21 30	21 52	22 23	23 17	// //
29	19 47	19 54	20 00	20 08	20 16	20 26	20 36	20 48	21 02	21 19	21 39	22 06	22 45	// //
Aug. 2	19 43	19 49	19 55	20 02	20 10	20 19	20 29	20 40	20 53	21 08	21 26	21 49	22 21	23 18
6	19 38	19 43	19 49	19 56	20 03	20 12	20 21	20 31	20 43	20 57	21 13	21 34	22 00	22 40
10	19 32	19 38	19 43	19 50	19 56	20 04	20 12	20 22	20 33	20 45	21 00	21 18	21 41	22 12
14	19 27	19 32	19 37	19 43	19 49	19 56	20 04	20 12	20 22	20 33	20 47	21 03	21 22	21 48
18	19 21	19 26	19 30	19 36	19 41	19 48	19 55	20 03	20 11	20 22	20 34	20 48	21 05	21 27
22	19 15	19 19	19 23	19 28	19 33	19 39	19 46	19 53	20 01	20 10	20 20	20 33	20 48	21 06
26	19 09	19 12	19 16	19 21	19 25	19 30	19 36	19 43	19 50	19 58	20 07	20 18	20 31	20 47
30	19 02	19 06	19 09	19 13	19 17	19 22	19 27	19 32	19 39	19 46	19 54	20 04	20 15	20 29
Sept. 3	18 56	18 59	19 02	19 05	19 09	19 13	19 17	19 22	19 28	19 34	19 41	19 50	19 59	20 11
7	18 49	18 52	18 54	18 57	19 00	19 04	19 08	19 12	19 17	19 22	19 28	19 36	19 44	19 54
11	18 42	18 44	18 47	18 49	18 52	18 55	18 58	19 02	19 06	19 10	19 16	19 22	19 29	19 37
15	18 36	18 37	18 39	18 41	18 43	18 46	18 48	18 51	18 55	18 59	19 03	19 08	19 14	19 20
19	18 29	18 30	18 32	18 33	18 35	18 37	18 39	18 41	18 44	18 47	18 50	18 54	18 59	19 04
23	18 22	18 23	18 24	18 25	18 26	18 28	18 29	18 31	18 33	18 35	18 38	18 41	18 44	18 48
27	18 16	18 16	18 17	18 17	18 18	18 19	18 20	18 21	18 22	18 24	18 25	18 27	18 30	18 33
Oct. 1	18 09	18 09	18 09	18 10	18 10	18 10	18 11	18 11	18 12	18 13	18 13	18 14	18 16	18 17
5	18 03	18 02	18 02	18 02	18 02	18 02	18 02	18 01	18 01	18 01	18 01	18 02	18 02	18 02

// // indicates continuous twilight.

CIVIL TWILIGHT, 2021

UNIVERSAL TIME FOR MERIDIAN OF GREENWICH
BEGINNING OF MORNING CIVIL TWILIGHT

Lat.	−55°	−50°	−45°	−40°	−35°	−30°	−20°	−10°	0°	+10°	+20°	+30°	+35°	+40°
	h m	h m	h m	h m	h m	h m	h m	h m	h m	h m	h m	h m	h m	h m
Oct. 1	4 48	4 56	5 02	5 07	5 11	5 14	5 19	5 23	5 26	5 28	5 29	5 29	5 30	5 29
5	4 38	4 47	4 55	5 00	5 05	5 09	5 16	5 21	5 24	5 27	5 30	5 32	5 33	5 33
9	4 27	4 38	4 47	4 54	5 00	5 04	5 12	5 18	5 23	5 27	5 31	5 34	5 36	5 37
13	4 17	4 30	4 40	4 48	4 54	5 00	5 09	5 16	5 22	5 27	5 32	5 37	5 39	5 41
17	4 06	4 21	4 32	4 41	4 49	4 55	5 06	5 14	5 21	5 27	5 33	5 39	5 42	5 45
21	3 56	4 12	4 25	4 35	4 44	4 51	5 03	5 12	5 20	5 28	5 35	5 42	5 45	5 49
25	3 46	4 04	4 18	4 29	4 39	4 47	5 00	5 10	5 20	5 28	5 36	5 44	5 49	5 54
29	3 36	3 56	4 11	4 24	4 34	4 43	4 57	5 09	5 19	5 28	5 38	5 47	5 52	5 58
Nov. 2	3 26	3 48	4 05	4 18	4 30	4 39	4 55	5 08	5 19	5 29	5 39	5 50	5 56	6 02
6	3 16	3 41	3 59	4 14	4 26	4 36	4 53	5 07	5 19	5 30	5 41	5 53	5 59	6 06
10	3 07	3 34	3 53	4 09	4 22	4 33	4 51	5 06	5 19	5 31	5 43	5 56	6 03	6 11
14	2 58	3 27	3 48	4 05	4 19	4 30	4 49	5 05	5 19	5 32	5 45	5 59	6 07	6 15
18	2 50	3 21	3 44	4 01	4 16	4 28	4 48	5 05	5 20	5 33	5 47	6 02	6 10	6 19
22	2 42	3 16	3 40	3 58	4 13	4 26	4 48	5 05	5 21	5 35	5 50	6 05	6 14	6 24
26	2 36	3 11	3 36	3 56	4 12	4 25	4 47	5 05	5 22	5 37	5 52	6 08	6 18	6 28
30	2 30	3 07	3 33	3 54	4 10	4 24	4 47	5 06	5 23	5 38	5 54	6 11	6 21	6 32
Dec. 4	2 25	3 04	3 31	3 53	4 10	4 24	4 48	5 07	5 24	5 40	5 57	6 14	6 24	6 35
8	2 21	3 02	3 30	3 52	4 10	4 24	4 48	5 08	5 26	5 42	5 59	6 17	6 28	6 39
12	2 19	3 01	3 30	3 52	4 10	4 25	4 50	5 10	5 28	5 44	6 02	6 20	6 30	6 42
16	2 18	3 01	3 30	3 53	4 11	4 26	4 51	5 11	5 29	5 47	6 04	6 23	6 33	6 45
20	2 18	3 02	3 32	3 54	4 12	4 28	4 53	5 13	5 31	5 49	6 06	6 25	6 35	6 47
24	2 20	3 04	3 34	3 56	4 14	4 30	4 55	5 15	5 33	5 51	6 08	6 27	6 37	6 49
28	2 24	3 07	3 37	3 59	4 17	4 32	4 57	5 17	5 35	5 52	6 10	6 28	6 39	6 51
32	2 29	3 11	3 40	4 02	4 20	4 35	4 59	5 20	5 37	5 54	6 11	6 30	6 40	6 51
36	2 35	3 16	3 44	4 06	4 23	4 38	5 02	5 22	5 39	5 56	6 12	6 30	6 41	6 52

END OF EVENING CIVIL TWILIGHT

Lat.	−55°	−50°	−45°	−40°	−35°	−30°	−20°	−10°	0°	+10°	+20°	+30°	+35°	+40°
	h m	h m	h m	h m	h m	h m	h m	h m	h m	h m	h m	h m	h m	h m
Oct. 1	18 52	18 44	18 38	18 33	18 29	18 25	18 20	18 16	18 14	18 11	18 10	18 09	18 09	18 09
5	19 00	18 50	18 43	18 37	18 32	18 28	18 21	18 16	18 12	18 09	18 07	18 04	18 04	18 03
9	19 09	18 57	18 48	18 41	18 35	18 30	18 23	18 16	18 11	18 07	18 03	18 00	17 58	17 57
13	19 17	19 04	18 54	18 46	18 39	18 33	18 24	18 16	18 10	18 05	18 00	17 55	17 53	17 51
17	19 26	19 11	18 59	18 50	18 42	18 36	18 25	18 17	18 10	18 03	17 57	17 51	17 48	17 45
21	19 35	19 18	19 05	18 55	18 46	18 39	18 27	18 17	18 09	18 02	17 54	17 47	17 43	17 39
25	19 44	19 25	19 11	19 00	18 50	18 42	18 29	18 18	18 09	18 00	17 52	17 43	17 39	17 34
29	19 53	19 33	19 17	19 04	18 54	18 45	18 31	18 19	18 08	17 59	17 50	17 40	17 35	17 29
Nov. 2	20 03	19 40	19 23	19 09	18 58	18 48	18 33	18 20	18 08	17 58	17 48	17 37	17 31	17 24
6	20 13	19 48	19 29	19 14	19 02	18 52	18 35	18 21	18 09	17 57	17 46	17 34	17 27	17 20
10	20 22	19 56	19 35	19 20	19 07	18 55	18 37	18 22	18 09	17 57	17 45	17 32	17 24	17 17
14	20 32	20 03	19 42	19 25	19 11	18 59	18 40	18 24	18 10	17 57	17 44	17 30	17 22	17 13
18	20 42	20 11	19 48	19 30	19 15	19 03	18 42	18 25	18 11	17 57	17 43	17 28	17 20	17 11
22	20 51	20 18	19 54	19 35	19 19	19 06	18 45	18 27	18 12	17 57	17 43	17 27	17 18	17 08
26	21 01	20 25	19 59	19 40	19 23	19 10	18 48	18 29	18 13	17 58	17 43	17 26	17 17	17 07
30	21 09	20 31	20 05	19 44	19 27	19 13	18 50	18 31	18 15	17 59	17 43	17 26	17 16	17 05
Dec. 4	21 17	20 37	20 10	19 48	19 31	19 17	18 53	18 34	18 16	18 00	17 44	17 26	17 16	17 05
8	21 24	20 43	20 14	19 52	19 35	19 20	18 56	18 36	18 18	18 01	17 45	17 26	17 16	17 05
12	21 30	20 47	20 18	19 56	19 38	19 23	18 58	18 38	18 20	18 03	17 46	17 27	17 17	17 05
16	21 34	20 51	20 21	19 59	19 41	19 25	19 00	18 40	18 22	18 05	17 48	17 29	17 18	17 06
20	21 37	20 54	20 24	20 01	19 43	19 28	19 03	18 42	18 24	18 07	17 49	17 31	17 20	17 08
24	21 39	20 55	20 26	20 03	19 45	19 29	19 05	18 44	18 26	18 09	17 51	17 33	17 22	17 10
28	21 39	20 56	20 26	20 04	19 46	19 31	19 06	18 46	18 28	18 11	17 54	17 36	17 24	17 13
32	21 37	20 55	20 27	20 05	19 47	19 32	19 08	18 47	18 30	18 13	17 56	17 38	17 27	17 16
36	21 34	20 54	20 26	20 04	19 47	19 32	19 09	18 49	18 31	18 15	17 58	17 40	17 30	17 19

UNIVERSAL TIME FOR MERIDIAN OF GREENWICH
BEGINNING OF MORNING CIVIL TWILIGHT

Lat.	+40°	+42°	+44°	+46°	+48°	+50°	+52°	+54°	+56°	+58°	+60°	+62°	+64°	+66°
	h m	h m	h m	h m	h m	h m	h m	h m	h m	h m	h m	h m	h m	h m
Oct. 1	5 29	5 29	5 29	5 29	5 28	5 28	5 27	5 27	5 26	5 25	5 24	5 23	5 22	5 20
5	5 33	5 33	5 34	5 34	5 34	5 34	5 34	5 34	5 34	5 34	5 34	5 34	5 33	5 33
9	5 37	5 38	5 38	5 39	5 40	5 40	5 41	5 41	5 42	5 43	5 43	5 44	5 45	5 45
13	5 41	5 42	5 43	5 44	5 45	5 46	5 47	5 49	5 50	5 51	5 53	5 54	5 56	5 58
17	5 45	5 47	5 48	5 49	5 51	5 53	5 54	5 56	5 58	6 00	6 02	6 05	6 07	6 10
21	5 49	5 51	5 53	5 55	5 57	5 59	6 01	6 03	6 06	6 09	6 12	6 15	6 19	6 23
25	5 54	5 56	5 58	6 00	6 02	6 05	6 08	6 11	6 14	6 17	6 21	6 25	6 30	6 35
29	5 58	6 00	6 03	6 05	6 08	6 11	6 14	6 18	6 22	6 26	6 30	6 35	6 41	6 48
Nov. 2	6 02	6 05	6 08	6 11	6 14	6 17	6 21	6 25	6 29	6 34	6 40	6 46	6 53	7 00
6	6 06	6 10	6 13	6 16	6 20	6 24	6 28	6 32	6 37	6 43	6 49	6 56	7 04	7 13
10	6 11	6 14	6 18	6 21	6 26	6 30	6 34	6 40	6 45	6 51	6 58	7 06	7 15	7 25
14	6 15	6 19	6 23	6 27	6 31	6 36	6 41	6 47	6 53	6 59	7 07	7 16	7 26	7 37
18	6 19	6 23	6 28	6 32	6 37	6 42	6 47	6 53	7 00	7 07	7 16	7 25	7 36	7 49
22	6 24	6 28	6 32	6 37	6 42	6 48	6 53	7 00	7 07	7 15	7 24	7 34	7 46	8 00
26	6 28	6 32	6 37	6 42	6 47	6 53	6 59	7 06	7 14	7 22	7 32	7 43	7 56	8 11
30	6 32	6 36	6 41	6 46	6 52	6 58	7 05	7 12	7 20	7 29	7 39	7 51	8 05	8 21
Dec. 4	6 35	6 40	6 45	6 51	6 57	7 03	7 10	7 17	7 26	7 35	7 46	7 58	8 13	8 30
8	6 39	6 44	6 49	6 55	7 01	7 07	7 14	7 22	7 31	7 41	7 52	8 05	8 20	8 38
12	6 42	6 47	6 53	6 58	7 04	7 11	7 18	7 26	7 35	7 45	7 57	8 10	8 26	8 45
16	6 45	6 50	6 55	7 01	7 08	7 14	7 22	7 30	7 39	7 49	8 01	8 14	8 30	8 50
20	6 47	6 52	6 58	7 04	7 10	7 17	7 24	7 33	7 42	7 52	8 04	8 17	8 33	8 53
24	6 49	6 54	7 00	7 06	7 12	7 19	7 26	7 34	7 44	7 54	8 05	8 19	8 35	8 55
28	6 51	6 56	7 01	7 07	7 13	7 20	7 27	7 35	7 44	7 55	8 06	8 19	8 35	8 55
32	6 51	6 56	7 02	7 08	7 14	7 20	7 28	7 35	7 44	7 54	8 06	8 19	8 34	8 53
36	6 52	6 57	7 02	7 08	7 13	7 20	7 27	7 35	7 43	7 53	8 04	8 16	8 31	8 49

END OF EVENING CIVIL TWILIGHT

Lat.	+40°	+42°	+44°	+46°	+48°	+50°	+52°	+54°	+56°	+58°	+60°	+62°	+64°	+66°
	h m	h m	h m	h m	h m	h m	h m	h m	h m	h m	h m	h m	h m	h m
Oct. 1	18 09	18 09	18 09	18 10	18 10	18 10	18 11	18 11	18 12	18 13	18 13	18 14	18 16	18 17
5	18 03	18 02	18 02	18 02	18 02	18 02	18 02	18 01	18 01	18 01	18 01	18 02	18 02	18 02
9	17 57	17 56	17 55	17 55	17 54	17 53	17 53	17 52	17 51	17 51	17 50	17 49	17 48	17 47
13	17 51	17 50	17 48	17 47	17 46	17 45	17 44	17 43	17 41	17 40	17 38	17 37	17 35	17 33
17	17 45	17 43	17 42	17 40	17 39	17 37	17 36	17 34	17 32	17 30	17 27	17 25	17 22	17 19
21	17 39	17 37	17 36	17 34	17 32	17 30	17 27	17 25	17 22	17 20	17 16	17 13	17 09	17 05
25	17 34	17 32	17 30	17 27	17 25	17 22	17 20	17 17	17 13	17 10	17 06	17 02	16 57	16 51
29	17 29	17 27	17 24	17 21	17 18	17 15	17 12	17 09	17 05	17 01	16 56	16 51	16 45	16 38
Nov. 2	17 24	17 22	17 19	17 16	17 12	17 09	17 05	17 01	16 57	16 52	16 46	16 40	16 33	16 25
6	17 20	17 17	17 14	17 11	17 07	17 03	16 59	16 54	16 49	16 44	16 37	16 30	16 23	16 13
10	17 17	17 13	17 10	17 06	17 02	16 57	16 53	16 48	16 42	16 36	16 29	16 21	16 12	16 02
14	17 13	17 10	17 06	17 02	16 57	16 52	16 47	16 42	16 36	16 29	16 21	16 12	16 02	15 51
18	17 11	17 07	17 02	16 58	16 53	16 48	16 42	16 36	16 30	16 22	16 14	16 05	15 54	15 41
22	17 08	17 04	17 00	16 55	16 50	16 44	16 38	16 32	16 25	16 17	16 08	15 57	15 45	15 31
26	17 07	17 02	16 57	16 52	16 47	16 41	16 35	16 28	16 20	16 12	16 02	15 51	15 38	15 23
30	17 05	17 01	16 56	16 51	16 45	16 39	16 32	16 25	16 17	16 08	15 58	15 46	15 32	15 16
Dec. 4	17 05	17 00	16 55	16 49	16 44	16 37	16 30	16 23	16 14	16 05	15 54	15 42	15 27	15 10
8	17 05	17 00	16 55	16 49	16 43	16 36	16 29	16 21	16 13	16 03	15 52	15 39	15 24	15 05
12	17 05	17 00	16 55	16 49	16 43	16 36	16 29	16 21	16 12	16 02	15 51	15 37	15 22	15 03
16	17 06	17 01	16 56	16 50	16 44	16 37	16 30	16 21	16 12	16 02	15 51	15 37	15 21	15 01
20	17 08	17 03	16 57	16 52	16 45	16 38	16 31	16 23	16 14	16 03	15 52	15 38	15 22	15 02
24	17 10	17 05	17 00	16 54	16 47	16 41	16 33	16 25	16 16	16 06	15 54	15 40	15 24	15 05
28	17 13	17 08	17 02	16 56	16 50	16 43	16 36	16 28	16 19	16 09	15 57	15 44	15 28	15 09
32	17 16	17 11	17 05	17 00	16 54	16 47	16 40	16 32	16 23	16 13	16 02	15 49	15 33	15 14
36	17 19	17 14	17 09	17 03	16 58	16 51	16 44	16 36	16 28	16 18	16 07	15 55	15 40	15 22

NAUTICAL TWILIGHT, 2021

UNIVERSAL TIME FOR MERIDIAN OF GREENWICH
BEGINNING OF MORNING NAUTICAL TWILIGHT

Lat.	−55°	−50°	−45°	−40°	−35°	−30°	−20°	−10°	0°	+10°	+20°	+30°	+35°	+40°
	h m	h m	h m	h m	h m	h m	h m	h m	h m	h m	h m	h m	h m	h m
Jan. −2	// //	2 03	2 48	3 18	3 41	4 00	4 29	4 51	5 10	5 27	5 43	5 59	6 08	6 17
2	0 21	2 09	2 52	3 22	3 45	4 03	4 31	4 53	5 12	5 28	5 44	6 00	6 09	6 18
6	0 47	2 16	2 58	3 26	3 48	4 06	4 34	4 56	5 14	5 30	5 45	6 01	6 09	6 18
10	1 07	2 24	3 03	3 31	3 52	4 10	4 37	4 58	5 16	5 31	5 46	6 01	6 09	6 18
14	1 25	2 32	3 10	3 36	3 57	4 14	4 40	5 00	5 17	5 33	5 47	6 01	6 09	6 17
18	1 42	2 41	3 16	3 42	4 02	4 18	4 43	5 03	5 19	5 34	5 47	6 01	6 08	6 16
22	1 58	2 51	3 24	3 48	4 06	4 22	4 46	5 05	5 21	5 34	5 47	6 00	6 07	6 14
26	2 13	3 00	3 31	3 54	4 11	4 26	4 49	5 07	5 22	5 35	5 47	5 59	6 05	6 12
30	2 27	3 10	3 38	3 59	4 16	4 30	4 52	5 09	5 23	5 35	5 46	5 57	6 03	6 09
Feb. 3	2 41	3 19	3 46	4 05	4 21	4 34	4 55	5 11	5 24	5 35	5 45	5 55	6 01	6 06
7	2 54	3 29	3 53	4 11	4 26	4 38	4 57	5 12	5 24	5 35	5 44	5 53	5 57	6 02
11	3 07	3 38	4 00	4 17	4 31	4 42	5 00	5 14	5 25	5 34	5 43	5 50	5 54	5 58
15	3 19	3 47	4 07	4 23	4 36	4 46	5 02	5 15	5 25	5 33	5 41	5 47	5 50	5 53
19	3 31	3 56	4 14	4 29	4 40	4 50	5 05	5 16	5 25	5 32	5 38	5 44	5 46	5 48
23	3 42	4 04	4 21	4 34	4 45	4 53	5 07	5 17	5 25	5 31	5 36	5 40	5 42	5 43
27	3 53	4 13	4 28	4 39	4 49	4 56	5 09	5 17	5 24	5 29	5 33	5 36	5 37	5 38
Mar. 3	4 03	4 21	4 34	4 44	4 53	5 00	5 10	5 18	5 24	5 28	5 30	5 32	5 32	5 32
7	4 13	4 28	4 40	4 49	4 57	5 03	5 12	5 18	5 23	5 26	5 27	5 28	5 27	5 26
11	4 22	4 36	4 46	4 54	5 00	5 06	5 13	5 19	5 22	5 24	5 24	5 23	5 22	5 19
15	4 31	4 43	4 52	4 59	5 04	5 08	5 15	5 19	5 21	5 22	5 21	5 18	5 16	5 13
19	4 40	4 50	4 57	5 03	5 08	5 11	5 16	5 19	5 20	5 19	5 17	5 13	5 10	5 06
23	4 48	4 57	5 03	5 07	5 11	5 14	5 17	5 19	5 19	5 17	5 14	5 08	5 05	5 00
27	4 57	5 03	5 08	5 12	5 14	5 16	5 18	5 19	5 17	5 15	5 10	5 03	4 59	4 53
31	5 04	5 10	5 13	5 16	5 17	5 19	5 19	5 18	5 16	5 12	5 07	4 58	4 53	4 46
Apr. 4	5 12	5 16	5 18	5 20	5 21	5 21	5 20	5 18	5 15	5 10	5 03	4 53	4 47	4 39

END OF EVENING NAUTICAL TWILIGHT

Lat.	−55°	−50°	−45°	−40°	−35°	−30°	−20°	−10°	0°	+10°	+20°	+30°	+35°	+40°
	h m	h m	h m	h m	h m	h m	h m	h m	h m	h m	h m	h m	h m	h m
Jan. −2	// //	22 00	21 16	20 46	20 23	20 05	19 36	19 13	18 55	18 38	18 22	18 06	17 57	17 48
2	23 40	21 58	21 15	20 46	20 23	20 05	19 37	19 15	18 56	18 40	18 24	18 08	18 00	17 51
6	23 20	21 55	21 14	20 45	20 23	20 05	19 38	19 16	18 58	18 42	18 27	18 11	18 03	17 54
10	23 04	21 50	21 11	20 43	20 22	20 05	19 38	19 17	18 59	18 44	18 29	18 14	18 06	17 58
14	22 50	21 45	21 08	20 41	20 21	20 04	19 38	19 18	19 01	18 46	18 31	18 17	18 09	18 01
18	22 36	21 38	21 03	20 38	20 19	20 03	19 38	19 18	19 02	18 47	18 34	18 20	18 13	18 05
22	22 23	21 31	20 59	20 35	20 16	20 01	19 37	19 18	19 03	18 49	18 36	18 23	18 17	18 10
26	22 10	21 23	20 53	20 31	20 13	19 59	19 36	19 18	19 03	18 50	18 38	18 26	18 20	18 14
30	21 57	21 15	20 47	20 26	20 10	19 56	19 34	19 18	19 04	18 52	18 40	18 29	18 24	18 18
Feb. 3	21 44	21 07	20 41	20 21	20 06	19 53	19 33	19 17	19 04	18 53	18 42	18 33	18 28	18 22
7	21 31	20 58	20 34	20 16	20 01	19 49	19 30	19 16	19 04	18 54	18 44	18 36	18 31	18 27
11	21 19	20 49	20 27	20 10	19 57	19 46	19 28	19 15	19 04	18 54	18 46	18 38	18 35	18 31
15	21 07	20 39	20 20	20 04	19 52	19 42	19 25	19 13	19 03	18 55	18 48	18 41	18 38	18 35
19	20 55	20 30	20 12	19 58	19 47	19 37	19 23	19 12	19 03	18 55	18 49	18 44	18 42	18 40
23	20 43	20 21	20 04	19 52	19 41	19 33	19 20	19 10	19 02	18 56	18 51	18 47	18 45	18 44
27	20 31	20 11	19 56	19 45	19 36	19 28	19 16	19 08	19 01	18 56	18 52	18 50	18 49	18 48
Mar. 3	20 19	20 02	19 49	19 38	19 30	19 23	19 13	19 06	19 00	18 56	18 54	18 52	18 52	18 53
7	20 08	19 52	19 41	19 32	19 24	19 19	19 10	19 03	18 59	18 56	18 55	18 55	18 56	18 57
11	19 56	19 43	19 33	19 25	19 19	19 14	19 06	19 01	18 58	18 56	18 56	18 57	18 59	19 01
15	19 45	19 33	19 25	19 18	19 13	19 09	19 03	18 59	18 57	18 56	18 57	19 00	19 02	19 05
19	19 34	19 24	19 17	19 11	19 07	19 04	18 59	18 57	18 56	18 56	18 58	19 03	19 06	19 10
23	19 23	19 15	19 09	19 05	19 01	18 59	18 56	18 54	18 54	18 56	19 00	19 05	19 09	19 14
27	19 13	19 06	19 02	18 58	18 56	18 54	18 52	18 52	18 53	18 56	19 01	19 08	19 13	19 19
31	19 02	18 58	18 54	18 52	18 50	18 49	18 49	18 50	18 52	18 56	19 02	19 10	19 16	19 23
Apr. 4	18 52	18 49	18 47	18 45	18 45	18 45	18 45	18 48	18 51	18 56	19 03	19 13	19 20	19 28

// // indicates continuous twilight.

UNIVERSAL TIME FOR MERIDIAN OF GREENWICH
BEGINNING OF MORNING NAUTICAL TWILIGHT

Lat.	+40°	+42°	+44°	+46°	+48°	+50°	+52°	+54°	+56°	+58°	+60°	+62°	+64°	+66°
	h m	h m	h m	h m	h m	h m	h m	h m	h m	h m	h m	h m	h m	h m
Jan. −2	6 17	6 21	6 25	6 29	6 34	6 39	6 44	6 49	6 56	7 02	7 10	7 18	7 27	7 38
2	6 18	6 22	6 26	6 30	6 34	6 39	6 44	6 50	6 55	7 02	7 09	7 17	7 26	7 37
6	6 18	6 22	6 26	6 30	6 34	6 39	6 44	6 49	6 54	7 01	7 08	7 15	7 24	7 34
10	6 18	6 21	6 25	6 29	6 33	6 38	6 42	6 47	6 53	6 59	7 05	7 12	7 21	7 30
14	6 17	6 21	6 24	6 28	6 32	6 36	6 40	6 45	6 50	6 56	7 02	7 08	7 16	7 25
18	6 16	6 19	6 22	6 26	6 30	6 33	6 37	6 42	6 47	6 52	6 57	7 04	7 11	7 19
22	6 14	6 17	6 20	6 23	6 27	6 30	6 34	6 38	6 42	6 47	6 52	6 58	7 04	7 11
26	6 12	6 14	6 17	6 20	6 23	6 26	6 30	6 33	6 37	6 41	6 46	6 51	6 57	7 03
30	6 09	6 11	6 14	6 17	6 19	6 22	6 25	6 28	6 32	6 35	6 39	6 43	6 48	6 54
Feb. 3	6 06	6 08	6 10	6 12	6 15	6 17	6 20	6 22	6 25	6 28	6 32	6 35	6 39	6 44
7	6 02	6 04	6 06	6 08	6 10	6 12	6 14	6 16	6 18	6 21	6 23	6 26	6 29	6 33
11	5 58	5 59	6 01	6 02	6 04	6 06	6 07	6 09	6 11	6 13	6 15	6 17	6 19	6 21
15	5 53	5 54	5 56	5 57	5 58	5 59	6 00	6 01	6 03	6 04	6 05	6 06	6 08	6 09
19	5 48	5 49	5 50	5 51	5 52	5 52	5 53	5 54	5 54	5 55	5 55	5 56	5 56	5 56
23	5 43	5 44	5 44	5 44	5 45	5 45	5 45	5 45	5 45	5 45	5 45	5 44	5 44	5 43
27	5 38	5 38	5 38	5 38	5 38	5 37	5 37	5 36	5 36	5 35	5 34	5 32	5 31	5 29
Mar. 3	5 32	5 32	5 31	5 31	5 30	5 29	5 28	5 27	5 26	5 24	5 22	5 20	5 17	5 14
7	5 26	5 25	5 24	5 23	5 22	5 21	5 20	5 18	5 16	5 13	5 11	5 07	5 04	4 59
11	5 19	5 18	5 17	5 16	5 14	5 12	5 10	5 08	5 05	5 02	4 59	4 54	4 49	4 43
15	5 13	5 12	5 10	5 08	5 06	5 04	5 01	4 58	4 55	4 51	4 46	4 41	4 34	4 27
19	5 06	5 05	5 02	5 00	4 58	4 55	4 51	4 48	4 44	4 39	4 33	4 27	4 19	4 10
23	5 00	4 57	4 55	4 52	4 49	4 46	4 42	4 37	4 32	4 26	4 20	4 12	4 03	3 52
27	4 53	4 50	4 47	4 44	4 40	4 36	4 32	4 26	4 21	4 14	4 06	3 57	3 46	3 33
31	4 46	4 43	4 39	4 36	4 31	4 27	4 22	4 16	4 09	4 01	3 52	3 42	3 29	3 14
Apr. 4	4 39	4 36	4 32	4 27	4 23	4 17	4 11	4 05	3 57	3 48	3 38	3 26	3 11	2 52

END OF EVENING NAUTICAL TWILIGHT

Lat.	+40°	+42°	+44°	+46°	+48°	+50°	+52°	+54°	+56°	+58°	+60°	+62°	+64°	+66°
	h m	h m	h m	h m	h m	h m	h m	h m	h m	h m	h m	h m	h m	h m
Jan. −2	17 48	17 44	17 40	17 35	17 31	17 26	17 21	17 15	17 09	17 03	16 55	16 47	16 38	16 27
2	17 51	17 47	17 43	17 39	17 34	17 29	17 24	17 19	17 13	17 07	17 00	16 52	16 42	16 32
6	17 54	17 50	17 46	17 42	17 38	17 34	17 29	17 23	17 18	17 12	17 05	16 57	16 48	16 38
10	17 58	17 54	17 50	17 46	17 42	17 38	17 33	17 28	17 23	17 17	17 11	17 03	16 55	16 46
14	18 01	17 58	17 55	17 51	17 47	17 43	17 39	17 34	17 29	17 23	17 17	17 10	17 03	16 54
18	18 05	18 02	17 59	17 56	17 52	17 48	17 44	17 40	17 35	17 30	17 24	17 18	17 11	17 03
22	18 10	18 07	18 04	18 00	17 57	17 54	17 50	17 46	17 42	17 37	17 32	17 26	17 20	17 13
26	18 14	18 11	18 08	18 05	18 02	17 59	17 56	17 52	17 49	17 45	17 40	17 35	17 30	17 23
30	18 18	18 16	18 13	18 11	18 08	18 05	18 02	17 59	17 56	17 52	17 48	17 44	17 39	17 34
Feb. 3	18 22	18 20	18 18	18 16	18 14	18 11	18 09	18 06	18 03	18 00	17 57	17 54	17 50	17 45
7	18 27	18 25	18 23	18 21	18 19	18 17	18 15	18 13	18 11	18 09	18 06	18 03	18 00	17 57
11	18 31	18 30	18 28	18 27	18 25	18 24	18 22	18 20	18 19	18 17	18 15	18 13	18 11	18 09
15	18 35	18 34	18 33	18 32	18 31	18 30	18 29	18 28	18 27	18 25	18 24	18 23	18 22	18 21
19	18 40	18 39	18 38	18 38	18 37	18 36	18 36	18 35	18 35	18 34	18 34	18 33	18 33	18 33
23	18 44	18 44	18 43	18 43	18 43	18 43	18 43	18 43	18 43	18 43	18 43	18 44	18 45	18 46
27	18 48	18 48	18 48	18 48	18 49	18 49	18 49	18 50	18 51	18 52	18 53	18 54	18 56	18 58
Mar. 3	18 53	18 53	18 53	18 54	18 55	18 55	18 56	18 58	18 59	19 01	19 03	19 05	19 08	19 12
7	18 57	18 58	18 58	18 59	19 01	19 02	19 04	19 05	19 07	19 10	19 13	19 16	19 20	19 25
11	19 01	19 02	19 04	19 05	19 07	19 09	19 11	19 13	19 16	19 19	19 23	19 27	19 33	19 39
15	19 05	19 07	19 09	19 11	19 13	19 15	19 18	19 21	19 25	19 29	19 33	19 39	19 46	19 53
19	19 10	19 12	19 14	19 16	19 19	19 22	19 25	19 29	19 33	19 38	19 44	19 51	19 59	20 08
23	19 14	19 16	19 19	19 22	19 25	19 29	19 33	19 37	19 42	19 48	19 55	20 03	20 13	20 24
27	19 19	19 21	19 24	19 28	19 32	19 36	19 40	19 46	19 52	19 59	20 06	20 16	20 27	20 41
31	19 23	19 26	19 30	19 34	19 38	19 43	19 48	19 54	20 01	20 09	20 18	20 29	20 42	20 58
Apr. 4	19 28	19 31	19 35	19 40	19 45	19 50	19 56	20 03	20 11	20 20	20 31	20 43	20 58	21 18

NAUTICAL TWILIGHT, 2021

UNIVERSAL TIME FOR MERIDIAN OF GREENWICH
BEGINNING OF MORNING NAUTICAL TWILIGHT

Lat.	−55°	−50°	−45°	−40°	−35°	−30°	−20°	−10°	0°	+10°	+20°	+30°	+35°	+40°
	h m	h m	h m	h m	h m	h m	h m	h m	h m	h m	h m	h m	h m	h m
Mar. 31	5 04	5 10	5 13	5 16	5 17	5 19	5 19	5 18	5 16	5 12	5 07	4 58	4 53	4 46
Apr. 4	5 12	5 16	5 18	5 20	5 21	5 21	5 20	5 18	5 15	5 10	5 03	4 53	4 47	4 39
8	5 20	5 22	5 23	5 24	5 24	5 23	5 21	5 18	5 13	5 07	4 59	4 48	4 41	4 32
12	5 27	5 28	5 28	5 27	5 27	5 25	5 22	5 18	5 12	5 05	4 56	4 43	4 35	4 26
16	5 34	5 34	5 33	5 31	5 30	5 28	5 23	5 18	5 11	5 03	4 52	4 38	4 30	4 19
20	5 41	5 39	5 37	5 35	5 32	5 30	5 24	5 18	5 10	5 01	4 49	4 34	4 24	4 12
24	5 48	5 45	5 42	5 39	5 35	5 32	5 25	5 18	5 09	4 59	4 46	4 29	4 19	4 06
28	5 55	5 50	5 46	5 42	5 38	5 34	5 26	5 18	5 08	4 57	4 43	4 25	4 13	4 00
May 2	6 01	5 56	5 50	5 46	5 41	5 36	5 27	5 18	5 07	4 55	4 40	4 21	4 08	3 54
6	6 08	6 01	5 55	5 49	5 44	5 39	5 29	5 18	5 07	4 53	4 37	4 17	4 04	3 48
10	6 14	6 06	5 59	5 52	5 47	5 41	5 30	5 18	5 06	4 52	4 35	4 13	3 59	3 42
14	6 19	6 11	6 03	5 56	5 49	5 43	5 31	5 19	5 06	4 51	4 33	4 10	3 55	3 37
18	6 25	6 15	6 07	5 59	5 52	5 45	5 32	5 19	5 05	4 50	4 31	4 07	3 51	3 33
22	6 30	6 19	6 10	6 02	5 54	5 47	5 34	5 20	5 05	4 49	4 29	4 04	3 48	3 29
26	6 35	6 23	6 14	6 05	5 57	5 49	5 35	5 21	5 06	4 48	4 28	4 02	3 45	3 25
30	6 39	6 27	6 17	6 07	5 59	5 51	5 36	5 21	5 06	4 48	4 27	4 00	3 43	3 22
June 3	6 43	6 30	6 20	6 10	6 01	5 53	5 38	5 22	5 06	4 48	4 27	3 59	3 41	3 20
7	6 47	6 33	6 22	6 12	6 03	5 55	5 39	5 23	5 07	4 48	4 26	3 58	3 40	3 18
11	6 49	6 36	6 24	6 14	6 05	5 56	5 40	5 24	5 07	4 49	4 26	3 58	3 39	3 17
15	6 52	6 38	6 26	6 16	6 06	5 58	5 41	5 25	5 08	4 49	4 27	3 58	3 39	3 16
19	6 53	6 39	6 27	6 17	6 08	5 59	5 42	5 26	5 09	4 50	4 27	3 58	3 40	3 16
23	6 54	6 40	6 28	6 18	6 08	6 00	5 43	5 27	5 10	4 51	4 28	3 59	3 40	3 17
27	6 54	6 40	6 28	6 18	6 09	6 00	5 44	5 28	5 11	4 52	4 29	4 00	3 42	3 19
July 1	6 53	6 40	6 28	6 18	6 09	6 00	5 44	5 28	5 12	4 53	4 31	4 02	3 44	3 21
5	6 52	6 39	6 28	6 18	6 09	6 00	5 45	5 29	5 12	4 54	4 32	4 04	3 46	3 23

END OF EVENING NAUTICAL TWILIGHT

Lat.	−55°	−50°	−45°	−40°	−35°	−30°	−20°	−10°	0°	+10°	+20°	+30°	+35°	+40°
	h m	h m	h m	h m	h m	h m	h m	h m	h m	h m	h m	h m	h m	h m
Mar. 31	19 02	18 58	18 54	18 52	18 50	18 49	18 49	18 50	18 52	18 56	19 02	19 10	19 16	19 23
Apr. 4	18 52	18 49	18 47	18 45	18 45	18 45	18 45	18 48	18 51	18 56	19 03	19 13	19 20	19 28
8	18 43	18 41	18 40	18 39	18 39	18 40	18 42	18 45	18 50	18 56	19 05	19 16	19 23	19 32
12	18 33	18 33	18 33	18 33	18 34	18 36	18 39	18 44	18 49	18 57	19 06	19 19	19 27	19 37
16	18 24	18 25	18 26	18 28	18 29	18 31	18 36	18 42	18 49	18 57	19 08	19 22	19 31	19 42
20	18 15	18 18	18 20	18 22	18 25	18 27	18 33	18 40	18 48	18 57	19 09	19 25	19 35	19 46
24	18 07	18 11	18 14	18 17	18 20	18 24	18 31	18 39	18 47	18 58	19 11	19 28	19 38	19 51
28	17 59	18 04	18 08	18 12	18 16	18 20	18 28	18 37	18 47	18 58	19 13	19 31	19 42	19 56
May 2	17 52	17 58	18 03	18 08	18 13	18 17	18 26	18 36	18 47	18 59	19 14	19 34	19 46	20 01
6	17 45	17 52	17 58	18 04	18 09	18 14	18 24	18 35	18 47	19 00	19 16	19 37	19 50	20 06
10	17 38	17 46	17 54	18 00	18 06	18 12	18 23	18 34	18 47	19 01	19 18	19 40	19 54	20 11
14	17 33	17 42	17 49	17 57	18 03	18 09	18 22	18 34	18 47	19 02	19 20	19 43	19 58	20 16
18	17 27	17 37	17 46	17 54	18 01	18 07	18 20	18 34	18 48	19 03	19 22	19 47	20 02	20 21
22	17 23	17 34	17 43	17 51	17 59	18 06	18 20	18 33	18 48	19 05	19 24	19 50	20 06	20 25
26	17 19	17 30	17 40	17 49	17 57	18 05	18 19	18 33	18 49	19 06	19 26	19 52	20 09	20 30
30	17 15	17 28	17 38	17 47	17 56	18 04	18 19	18 34	18 49	19 07	19 28	19 55	20 12	20 34
June 3	17 13	17 26	17 37	17 46	17 55	18 03	18 19	18 34	18 50	19 08	19 30	19 58	20 15	20 37
7	17 11	17 24	17 36	17 46	17 55	18 03	18 19	18 35	18 51	19 10	19 32	20 00	20 18	20 40
11	17 10	17 24	17 35	17 45	17 54	18 03	18 19	18 35	18 52	19 11	19 33	20 02	20 20	20 43
15	17 09	17 23	17 35	17 45	17 55	18 03	18 20	18 36	18 53	19 12	19 34	20 03	20 22	20 45
19	17 10	17 24	17 36	17 46	17 55	18 04	18 21	18 37	18 54	19 13	19 36	20 05	20 23	20 47
23	17 11	17 25	17 36	17 47	17 56	18 05	18 22	18 38	18 55	19 14	19 36	20 05	20 24	20 47
27	17 12	17 26	17 38	17 48	17 57	18 06	18 23	18 39	18 56	19 14	19 37	20 06	20 24	20 47
July 1	17 15	17 28	17 40	17 50	17 59	18 07	18 24	18 39	18 56	19 15	19 37	20 06	20 24	20 47
5	17 17	17 31	17 42	17 52	18 01	18 09	18 25	18 40	18 57	19 15	19 37	20 05	20 23	20 45

UNIVERSAL TIME FOR MERIDIAN OF GREENWICH
BEGINNING OF MORNING NAUTICAL TWILIGHT

Lat.	+40°	+42°	+44°	+46°	+48°	+50°	+52°	+54°	+56°	+58°	+60°	+62°	+64°	+66°
	h m	h m	h m	h m	h m	h m	h m	h m	h m	h m	h m	h m	h m	h m
Mar. 31	4 46	4 43	4 39	4 36	4 31	4 27	4 22	4 16	4 09	4 01	3 52	3 42	3 29	3 14
Apr. 4	4 39	4 36	4 32	4 27	4 23	4 17	4 11	4 05	3 57	3 48	3 38	3 26	3 11	2 52
8	4 32	4 28	4 24	4 19	4 14	4 08	4 01	3 53	3 45	3 35	3 23	3 09	2 51	2 29
12	4 26	4 21	4 16	4 11	4 05	3 58	3 50	3 42	3 32	3 21	3 07	2 51	2 30	2 03
16	4 19	4 14	4 08	4 02	3 56	3 48	3 40	3 31	3 20	3 07	2 51	2 32	2 07	1 31
20	4 12	4 07	4 01	3 54	3 47	3 39	3 30	3 19	3 07	2 52	2 34	2 12	1 41	0 45
24	4 06	4 00	3 53	3 46	3 38	3 29	3 19	3 07	2 54	2 37	2 17	1 49	1 07	// //
28	4 00	3 53	3 46	3 38	3 30	3 20	3 09	2 56	2 40	2 21	1 57	1 23	// //	// //
May 2	3 54	3 47	3 39	3 31	3 21	3 11	2 58	2 44	2 27	2 05	1 36	0 46	// //	// //
6	3 48	3 40	3 32	3 23	3 13	3 01	2 48	2 32	2 13	1 48	1 10	// //	// //	// //
10	3 42	3 35	3 26	3 16	3 05	2 53	2 38	2 20	1 58	1 28	0 34	// //	// //	// //
14	3 37	3 29	3 20	3 09	2 58	2 44	2 28	2 09	1 43	1 06	// //	// //	// //	// //
18	3 33	3 24	3 14	3 03	2 51	2 36	2 19	1 57	1 28	0 36	// //	// //	// //	// //
22	3 29	3 19	3 09	2 57	2 44	2 28	2 10	1 46	1 11	// //	// //	// //	// //	// //
26	3 25	3 15	3 05	2 52	2 38	2 22	2 01	1 34	0 52	// //	// //	// //	// //	// //
30	3 22	3 12	3 01	2 48	2 33	2 15	1 53	1 23	0 26	// //	// //	// //	// //	// //
June 3	3 20	3 09	2 58	2 44	2 29	2 10	1 46	1 13	// //	// //	// //	// //	// //	// //
7	3 18	3 07	2 55	2 41	2 25	2 06	1 41	1 03	// //	// //	// //	// //	// //	// //
11	3 17	3 06	2 53	2 39	2 23	2 03	1 36	0 55	// //	// //	// //	// //	// //	// //
15	3 16	3 05	2 53	2 38	2 21	2 01	1 33	0 48	// //	// //	// //	// //	// //	□
19	3 16	3 05	2 53	2 38	2 21	2 00	1 32	0 45	// //	// //	// //	// //	// //	□
23	3 17	3 06	2 54	2 39	2 22	2 01	1 33	0 46	// //	// //	// //	// //	// //	□
27	3 19	3 08	2 55	2 41	2 24	2 03	1 36	0 51	// //	// //	// //	// //	// //	□
July 1	3 21	3 10	2 58	2 43	2 27	2 07	1 40	0 58	// //	// //	// //	// //	// //	// //
5	3 23	3 13	3 01	2 47	2 31	2 11	1 46	1 08	// //	// //	// //	// //	// //	// //

END OF EVENING NAUTICAL TWILIGHT

Lat.	+40°	+42°	+44°	+46°	+48°	+50°	+52°	+54°	+56°	+58°	+60°	+62°	+64°	+66°
	h m	h m	h m	h m	h m	h m	h m	h m	h m	h m	h m	h m	h m	h m
Mar. 31	19 23	19 26	19 30	19 34	19 38	19 43	19 48	19 54	20 01	20 09	20 18	20 29	20 42	20 58
Apr. 4	19 28	19 31	19 35	19 40	19 45	19 50	19 56	20 03	20 11	20 20	20 31	20 43	20 58	21 18
8	19 32	19 36	19 41	19 46	19 51	19 57	20 04	20 12	20 21	20 31	20 43	20 58	21 16	21 39
12	19 37	19 41	19 46	19 52	19 58	20 05	20 13	20 21	20 31	20 43	20 57	21 14	21 35	22 04
16	19 42	19 47	19 52	19 58	20 05	20 13	20 21	20 31	20 42	20 55	21 11	21 31	21 57	22 36
20	19 46	19 52	19 58	20 05	20 12	20 21	20 30	20 41	20 53	21 08	21 27	21 50	22 23	23 33
24	19 51	19 57	20 04	20 11	20 19	20 29	20 39	20 51	21 05	21 22	21 43	22 12	22 59	// //
28	19 56	20 03	20 10	20 18	20 27	20 37	20 48	21 01	21 17	21 37	22 02	22 39	// //	// //
May 2	20 01	20 08	20 16	20 25	20 34	20 45	20 58	21 12	21 30	21 52	22 23	23 21	// //	// //
6	20 06	20 14	20 22	20 31	20 42	20 53	21 07	21 23	21 43	22 09	22 49	// //	// //	// //
10	20 11	20 19	20 28	20 38	20 49	21 02	21 17	21 35	21 57	22 29	23 35	// //	// //	// //
14	20 16	20 25	20 34	20 44	20 56	21 10	21 26	21 46	22 12	22 52	// //	// //	// //	// //
18	20 21	20 30	20 40	20 51	21 04	21 18	21 36	21 58	22 29	23 27	// //	// //	// //	// //
22	20 25	20 35	20 45	20 57	21 11	21 26	21 46	22 10	22 47	// //	// //	// //	// //	// //
26	20 30	20 40	20 50	21 03	21 17	21 34	21 55	22 22	23 08	// //	// //	// //	// //	// //
30	20 34	20 44	20 55	21 08	21 23	21 41	22 04	22 34	23 40	// //	// //	// //	// //	// //
June 3	20 37	20 48	21 00	21 13	21 29	21 48	22 12	22 46	// //	// //	// //	// //	// //	// //
7	20 40	20 51	21 03	21 17	21 33	21 53	22 19	22 57	// //	// //	// //	// //	// //	// //
11	20 43	20 54	21 06	21 21	21 37	21 58	22 24	23 07	// //	// //	// //	// //	// //	// //
15	20 45	20 56	21 09	21 23	21 40	22 01	22 28	23 14	// //	// //	// //	// //	// //	□
19	20 47	20 58	21 10	21 25	21 42	22 03	22 31	23 18	// //	// //	// //	// //	// //	□
23	20 47	20 58	21 11	21 25	21 42	22 03	22 31	23 18	// //	// //	// //	// //	// //	□
27	20 47	20 58	21 11	21 25	21 42	22 03	22 30	23 14	// //	// //	// //	// //	// //	□
July 1	20 47	20 58	21 10	21 24	21 40	22 01	22 27	23 07	// //	// //	// //	// //	// //	// //
5	20 45	20 56	21 08	21 22	21 38	21 57	22 22	22 59	// //	// //	// //	// //	// //	// //

□ indicates Sun continuously above horizon.
// // indicates continuous twilight.

NAUTICAL TWILIGHT, 2021

UNIVERSAL TIME FOR MERIDIAN OF GREENWICH
BEGINNING OF MORNING NAUTICAL TWILIGHT

Lat.	−55°	−50°	−45°	−40°	−35°	−30°	−20°	−10°	0°	+10°	+20°	+30°	+35°	+40°
	h m	h m	h m	h m	h m	h m	h m	h m	h m	h m	h m	h m	h m	h m
July 1	6 53	6 40	6 28	6 18	6 09	6 00	5 44	5 28	5 12	4 53	4 31	4 02	3 44	3 21
5	6 52	6 39	6 28	6 18	6 09	6 00	5 45	5 29	5 12	4 54	4 32	4 04	3 46	3 23
9	6 50	6 37	6 27	6 17	6 08	6 00	5 45	5 29	5 13	4 55	4 34	4 06	3 48	3 27
13	6 47	6 35	6 25	6 16	6 07	5 59	5 44	5 30	5 14	4 56	4 35	4 09	3 51	3 30
17	6 44	6 32	6 23	6 14	6 06	5 58	5 44	5 30	5 15	4 58	4 37	4 11	3 55	3 34
21	6 40	6 29	6 20	6 12	6 04	5 57	5 43	5 30	5 15	4 59	4 39	4 14	3 58	3 38
25	6 35	6 25	6 17	6 09	6 02	5 55	5 42	5 29	5 16	5 00	4 41	4 17	4 01	3 43
29	6 29	6 21	6 13	6 06	5 59	5 53	5 41	5 29	5 16	5 01	4 43	4 20	4 05	3 47
Aug. 2	6 23	6 16	6 09	6 02	5 56	5 51	5 40	5 28	5 16	5 02	4 45	4 23	4 09	3 52
6	6 17	6 10	6 04	5 58	5 53	5 48	5 38	5 27	5 16	5 03	4 46	4 26	4 13	3 57
10	6 10	6 04	5 59	5 54	5 49	5 45	5 36	5 26	5 16	5 03	4 48	4 29	4 16	4 02
14	6 02	5 58	5 53	5 49	5 45	5 42	5 34	5 25	5 15	5 04	4 50	4 32	4 20	4 06
18	5 54	5 51	5 48	5 44	5 41	5 38	5 31	5 23	5 15	5 04	4 51	4 35	4 24	4 11
22	5 46	5 44	5 41	5 39	5 37	5 34	5 28	5 22	5 14	5 04	4 53	4 37	4 28	4 16
26	5 37	5 36	5 35	5 34	5 32	5 30	5 25	5 20	5 13	5 05	4 54	4 40	4 31	4 20
30	5 28	5 28	5 28	5 28	5 27	5 26	5 22	5 18	5 12	5 05	4 55	4 43	4 35	4 25
Sept. 3	5 18	5 20	5 21	5 22	5 22	5 21	5 19	5 16	5 11	5 05	4 57	4 45	4 38	4 29
7	5 08	5 12	5 14	5 15	5 16	5 16	5 16	5 13	5 10	5 05	4 58	4 48	4 41	4 33
11	4 58	5 03	5 07	5 09	5 11	5 12	5 12	5 11	5 08	5 05	4 59	4 50	4 45	4 38
15	4 48	4 54	4 59	5 02	5 05	5 07	5 08	5 09	5 07	5 04	5 00	4 53	4 48	4 42
19	4 37	4 45	4 51	4 56	4 59	5 02	5 05	5 06	5 06	5 04	5 01	4 55	4 51	4 46
23	4 26	4 36	4 43	4 49	4 53	4 56	5 01	5 04	5 04	5 04	5 01	4 57	4 54	4 50
27	4 15	4 27	4 35	4 42	4 47	4 51	4 57	5 01	5 03	5 03	5 02	4 59	4 57	4 54
Oct. 1	4 04	4 17	4 27	4 35	4 41	4 46	4 54	4 58	5 02	5 03	5 03	5 02	5 00	4 58
5	3 53	4 08	4 19	4 28	4 35	4 41	4 50	4 56	5 00	5 03	5 04	5 04	5 03	5 02

END OF EVENING NAUTICAL TWILIGHT

Lat.	−55°	−50°	−45°	−40°	−35°	−30°	−20°	−10°	0°	+10°	+20°	+30°	+35°	+40°
	h m	h m	h m	h m	h m	h m	h m	h m	h m	h m	h m	h m	h m	h m
July 1	17 15	17 28	17 40	17 50	17 59	18 07	18 24	18 39	18 56	19 15	19 37	20 06	20 24	20 47
5	17 17	17 31	17 42	17 52	18 01	18 09	18 25	18 40	18 57	19 15	19 37	20 05	20 23	20 45
9	17 21	17 33	17 44	17 54	18 02	18 11	18 26	18 41	18 57	19 15	19 37	20 04	20 22	20 43
13	17 25	17 37	17 47	17 56	18 05	18 12	18 27	18 42	18 58	19 15	19 36	20 03	20 20	20 41
17	17 29	17 40	17 50	17 59	18 07	18 14	18 28	18 43	18 58	19 15	19 35	20 01	20 17	20 38
21	17 34	17 44	17 53	18 02	18 09	18 16	18 30	18 43	18 58	19 14	19 33	19 58	20 14	20 34
25	17 39	17 49	17 57	18 04	18 11	18 18	18 31	18 44	18 58	19 13	19 32	19 56	20 11	20 30
29	17 44	17 53	18 01	18 07	18 14	18 20	18 32	18 44	18 57	19 12	19 30	19 53	20 07	20 25
Aug. 2	17 50	17 58	18 04	18 11	18 16	18 22	18 33	18 44	18 57	19 11	19 27	19 49	20 03	20 20
6	17 56	18 02	18 08	18 14	18 19	18 24	18 34	18 45	18 56	19 09	19 25	19 45	19 58	20 14
10	18 02	18 07	18 12	18 17	18 22	18 26	18 35	18 45	18 55	19 07	19 22	19 41	19 54	20 08
14	18 08	18 12	18 16	18 20	18 24	18 28	18 36	18 45	18 54	19 05	19 19	19 37	19 48	20 02
18	18 14	18 18	18 21	18 24	18 27	18 30	18 37	18 44	18 53	19 03	19 16	19 32	19 43	19 56
22	18 21	18 23	18 25	18 27	18 29	18 32	18 38	18 44	18 52	19 01	19 13	19 28	19 37	19 49
26	18 28	18 28	18 29	18 31	18 32	18 34	18 38	18 44	18 50	18 59	19 09	19 23	19 32	19 42
30	18 34	18 34	18 34	18 34	18 35	18 36	18 39	18 43	18 49	18 56	19 05	19 18	19 26	19 36
Sept. 3	18 41	18 39	18 38	18 38	18 38	18 38	18 40	18 43	18 48	18 54	19 02	19 13	19 20	19 29
7	18 49	18 45	18 43	18 41	18 40	18 40	18 41	18 43	18 46	18 51	18 58	19 08	19 14	19 22
11	18 56	18 51	18 47	18 45	18 43	18 42	18 41	18 42	18 45	18 48	18 54	19 02	19 08	19 15
15	19 04	18 57	18 52	18 49	18 46	18 44	18 42	18 42	18 43	18 46	18 50	18 57	19 02	19 08
19	19 11	19 03	18 57	18 53	18 49	18 46	18 43	18 42	18 42	18 43	18 46	18 52	18 56	19 01
23	19 20	19 10	19 02	18 57	18 52	18 49	18 44	18 41	18 40	18 41	18 43	18 47	18 50	18 54
27	19 28	19 16	19 07	19 01	18 55	18 51	18 45	18 41	18 39	18 38	18 39	18 42	18 44	18 47
Oct. 1	19 37	19 23	19 13	19 05	18 59	18 54	18 46	18 41	18 38	18 36	18 36	18 37	18 38	18 40
5	19 46	19 30	19 18	19 09	19 02	18 56	18 47	18 41	18 36	18 34	18 32	18 32	18 33	18 34

UNIVERSAL TIME FOR MERIDIAN OF GREENWICH

BEGINNING OF MORNING NAUTICAL TWILIGHT

Lat.	+40°	+42°	+44°	+46°	+48°	+50°	+52°	+54°	+56°	+58°	+60°	+62°	+64°	+66°
	h m	h m	h m	h m	h m	h m	h m	h m	h m	h m	h m	h m	h m	h m
July 1	3 21	3 10	2 58	2 43	2 27	2 07	1 40	0 58	// //	// //	// //	// //	// //	// //
5	3 23	3 13	3 01	2 47	2 31	2 11	1 46	1 08	// //	// //	// //	// //	// //	// //
9	3 27	3 16	3 05	2 51	2 36	2 17	1 53	1 19	// //	// //	// //	// //	// //	// //
13	3 30	3 20	3 09	2 56	2 41	2 23	2 01	1 31	0 31	// //	// //	// //	// //	// //
17	3 34	3 24	3 14	3 01	2 47	2 30	2 10	1 43	0 59	// //	// //	// //	// //	// //
21	3 38	3 29	3 19	3 07	2 54	2 38	2 19	1 55	1 19	// //	// //	// //	// //	//.//
25	3 43	3 34	3 24	3 13	3 00	2 46	2 28	2 06	1 37	0 42	// //	// //	// //	// //
29	3 47	3 39	3 30	3 19	3 07	2 54	2 38	2 18	1 52	1 14	// //	// //	// //	// //
Aug. 2	3 52	3 44	3 35	3 26	3 15	3 02	2 47	2 29	2 07	1 36	0 37	// //	// //	// //
6	3 57	3 49	3 41	3 32	3 22	3 10	2 57	2 40	2 21	1 55	1 16	// //	// //	// //
10	4 02	3 55	3 47	3 38	3 29	3 18	3 06	2 51	2 34	2 12	1 42	0 48	// //	// //
14	4 06	4 00	3 53	3 45	3 36	3 26	3 15	3 02	2 46	2 27	2 02	1 26	// //	// //
18	4 11	4 05	3 58	3 51	3 43	3 34	3 24	3 12	2 58	2 41	2 20	1 52	1 06	// //
22	4 16	4 10	4 04	3 57	3 50	3 42	3 32	3 22	3 09	2 54	2 36	2 13	1 40	0 35
26	4 20	4 15	4 10	4 04	3 57	3 49	3 41	3 31	3 20	3 07	2 51	2 31	2 06	1 27
30	4 25	4 20	4 15	4 10	4 04	3 57	3 49	3 40	3 30	3 19	3 05	2 48	2 27	1 58
Sept. 3	4 29	4 25	4 20	4 16	4 10	4 04	3 57	3 49	3 40	3 30	3 18	3 04	2 46	2 22
7	4 33	4 30	4 26	4 21	4 16	4 11	4 05	3 58	3 50	3 41	3 30	3 18	3 03	2 43
11	4 38	4 34	4 31	4 27	4 23	4 18	4 12	4 06	3 59	3 52	3 42	3 31	3 18	3 02
15	4 42	4 39	4 36	4 33	4 29	4 25	4 20	4 15	4 09	4 02	3 54	3 44	3 33	3 20
19	4 46	4 44	4 41	4 38	4 35	4 31	4 27	4 23	4 17	4 11	4 05	3 57	3 47	3 36
23	4 50	4 48	4 46	4 43	4 41	4 38	4 34	4 30	4 26	4 21	4 15	4 08	4 00	3 51
27	4 54	4 52	4 51	4 49	4 47	4 44	4 41	4 38	4 34	4 30	4 25	4 20	4 13	4 05
Oct. 1	4 58	4 57	4 55	4 54	4 52	4 50	4 48	4 46	4 43	4 39	4 36	4 31	4 26	4 19
5	5 02	5 01	5 00	4 59	4 58	4 57	4 55	4 53	4 51	4 48	4 45	4 42	4 38	4 33

END OF EVENING NAUTICAL TWILIGHT

Lat.	+40°	+42°	+44°	+46°	+48°	+50°	+52°	+54°	+56°	+58°	+60°	+62°	+64°	+66°
	h m	h m	h m	h m	h m	h m	h m	h m	h m	h m	h m	h m	h m	h m
July 1	20 47	20 58	21 10	21 24	21 40	22 01	22 27	23 07	// //	// //	// //	// //	// //	// //
5	20 45	20 56	21 08	21 22	21 38	21 57	22 22	22 59	// //	// //	// //	// //	// //	// //
9	20 43	20 54	21 05	21 19	21 34	21 53	22 16	22 49	// //	// //	// //	// //	// //	// //
13	20 41	20 51	21 02	21 15	21 29	21 47	22 09	22 38	23 32	// //	// //	// //	// //	// //
17	20 38	20 47	20 58	21 10	21 24	21 41	22 01	22 27	23 08	// //	// //	// //	// //	// //
21	20 34	20 43	20 53	21 05	21 18	21 34	21 52	22 16	22 50	// //	// //	// //	// //	// //
25	20 30	20 38	20 48	20 59	21 11	21 26	21 43	22 04	22 33	23 21	// //	// //	// //	// //
29	20 25	20 33	20 42	20 53	21 04	21 18	21 33	21 53	22 17	22 53	// //	// //	// //	// //
Aug. 2	20 20	20 27	20 36	20 46	20 57	21 09	21 23	21 41	22 03	22 32	23 23	// //	// //	// //
6	20 14	20 21	20 30	20 38	20 49	21 00	21 13	21 29	21 48	22 13	22 49	// //	// //	// //
10	20 08	20 15	20 23	20 31	20 40	20 51	21 03	21 17	21 34	21 56	22 24	23 12	// //	// //
14	20 02	20 08	20 15	20 23	20 32	20 42	20 53	21 05	21 21	21 39	22 03	22 37	// //	// //
18	19 56	20 02	20 08	20 15	20 23	20 32	20 42	20 54	21 07	21 24	21 44	22 11	22 52	// //
22	19 49	19 55	20 00	20 07	20 14	20 22	20 32	20 42	20 54	21 09	21 26	21 49	22 19	23 13
26	19 42	19 47	19 53	19 59	20 05	20 13	20 21	20 30	20 41	20 54	21 09	21 28	21 53	22 28
30	19 36	19 40	19 45	19 50	19 56	20 03	20 10	20 19	20 29	20 40	20 53	21 10	21 30	21 57
Sept. 3	19 29	19 33	19 37	19 42	19 47	19 53	20 00	20 08	20 16	20 26	20 38	20 52	21 09	21 32
7	19 22	19 25	19 29	19 33	19 38	19 44	19 50	19 56	20 04	20 13	20 23	20 35	20 50	21 08
11	19 15	19 18	19 21	19 25	19 29	19 34	19 39	19 45	19 52	20 00	20 09	20 19	20 32	20 47
15	19 08	19 10	19 13	19 17	19 20	19 24	19 29	19 34	19 40	19 47	19 55	20 04	20 14	20 28
19	19 01	19 03	19 06	19 08	19 11	19 15	19 19	19 23	19 28	19 34	19 41	19 49	19 58	20 09
23	18 54	18 56	18 58	19 00	19 03	19 06	19 09	19 13	19 17	19 22	19 27	19 34	19 42	19 51
27	18 47	18 49	18 50	18 52	18 54	18 57	18 59	19 02	19 06	19 10	19 15	19 20	19 26	19 34
Oct. 1	18 40	18 42	18 43	18 44	18 46	18 48	18 50	18 52	18 55	18 58	19 02	19 06	19 11	19 18
5	18 34	18 35	18 36	18 37	18 38	18 39	18 41	18 42	18 44	18 47	18 50	18 53	18 57	19 02

// // indicates continuous twilight.

NAUTICAL TWILIGHT, 2021

UNIVERSAL TIME FOR MERIDIAN OF GREENWICH
BEGINNING OF MORNING NAUTICAL TWILIGHT

Lat.	−55°	−50°	−45°	−40°	−35°	−30°	−20°	−10°	0°	+10°	+20°	+30°	+35°	+40°
	h m	h m	h m	h m	h m	h m	h m	h m	h m	h m	h m	h m	h m	h m
Oct. 1	4 04	4 17	4 27	4 35	4 41	4 46	4 54	4 58	5 02	5 03	5 03	5 02	5 00	4 58
5	3 53	4 08	4 19	4 28	4 35	4 41	4 50	4 56	5 00	5 03	5 04	5 04	5 03	5 02
9	3 41	3 58	4 11	4 21	4 29	4 36	4 46	4 54	4 59	5 03	5 05	5 06	5 06	5 06
13	3 29	3 49	4 03	4 15	4 24	4 31	4 43	4 51	4 58	5 03	5 06	5 09	5 10	5 10
17	3 18	3 39	3 55	4 08	4 18	4 26	4 39	4 49	4 57	5 03	5 08	5 11	5 13	5 14
21	3 06	3 30	3 47	4 01	4 12	4 22	4 36	4 47	4 56	5 03	5 09	5 14	5 16	5 18
25	2 53	3 20	3 40	3 55	4 07	4 17	4 33	4 45	4 55	5 03	5 10	5 16	5 19	5 22
29	2 41	3 11	3 32	3 49	4 02	4 13	4 30	4 44	4 54	5 03	5 12	5 19	5 22	5 26
Nov. 2	2 29	3 02	3 25	3 43	3 57	4 09	4 28	4 42	4 54	5 04	5 13	5 22	5 26	5 30
6	2 16	2 53	3 18	3 37	3 53	4 05	4 25	4 41	4 54	5 05	5 15	5 24	5 29	5 34
10	2 03	2 44	3 12	3 32	3 49	4 02	4 23	4 40	4 54	5 06	5 17	5 27	5 33	5 38
14	1 51	2 36	3 05	3 27	3 45	3 59	4 22	4 39	4 54	5 07	5 19	5 30	5 36	5 42
18	1 37	2 28	3 00	3 23	3 42	3 57	4 20	4 39	4 54	5 08	5 21	5 33	5 40	5 47
22	1 24	2 20	2 55	3 19	3 39	3 55	4 19	4 39	4 55	5 09	5 23	5 36	5 43	5 50
26	1 10	2 14	2 50	3 16	3 36	3 53	4 19	4 39	4 56	5 11	5 25	5 39	5 46	5 54
30	0 56	2 08	2 47	3 14	3 35	3 52	4 19	4 39	4 57	5 12	5 27	5 42	5 50	5 58
Dec. 4	0 41	2 03	2 44	3 12	3 34	3 51	4 19	4 40	4 58	5 14	5 29	5 45	5 53	6 02
8	0 23	1 59	2 42	3 11	3 33	3 51	4 19	4 41	5 00	5 16	5 32	5 48	5 56	6 05
12	// //	1 57	2 41	3 11	3 33	3 52	4 20	4 43	5 01	5 18	5 34	5 50	5 59	6 08
16	// //	1 56	2 41	3 11	3 34	3 53	4 22	4 44	5 03	5 20	5 36	5 53	6 01	6 11
20	// //	1 56	2 42	3 12	3 36	3 54	4 23	4 46	5 05	5 22	5 38	5 55	6 04	6 13
24	// //	1 58	2 44	3 15	3 38	3 56	4 25	4 48	5 07	5 24	5 40	5 57	6 06	6 15
28	// //	2 02	2 47	3 17	3 40	3 59	4 28	4 50	5 09	5 26	5 42	5 58	6 07	6 16
32	// //	2 07	2 51	3 21	3 44	4 02	4 30	4 53	5 11	5 28	5 44	6 00	6 08	6 17
36	0 40	2 14	2 56	3 25	3 47	4 05	4 33	4 55	5 13	5 30	5 45	6 01	6 09	6 18

END OF EVENING NAUTICAL TWILIGHT

Lat.	−55°	−50°	−45°	−40°	−35°	−30°	−20°	−10°	0°	+10°	+20°	+30°	+35°	+40°
	h m	h m	h m	h m	h m	h m	h m	h m	h m	h m	h m	h m	h m	h m
Oct. 1	19 37	19 23	19 13	19 05	18 59	18 54	18 46	18 41	18 38	18 36	18 36	18 37	18 38	18 40
5	19 46	19 30	19 18	19 09	19 02	18 56	18 47	18 41	18 36	18 34	18 32	18 32	18 33	18 34
9	19 55	19 37	19 24	19 14	19 06	18 59	18 48	18 41	18 35	18 31	18 29	18 28	18 27	18 28
13	20 05	19 45	19 30	19 19	19 09	19 02	18 50	18 41	18 35	18 30	18 26	18 23	18 22	18 22
17	20 15	19 53	19 36	19 24	19 13	19 05	18 52	18 42	18 34	18 28	18 23	18 19	18 17	18 16
21	20 26	20 01	19 43	19 29	19 17	19 08	18 53	18 42	18 33	18 26	18 20	18 15	18 13	18 11
25	20 37	20 09	19 49	19 34	19 22	19 11	18 55	18 43	18 33	18 25	18 18	18 11	18 08	18 06
29	20 49	20 18	19 56	19 40	19 26	19 15	18 57	18 44	18 33	18 24	18 16	18 08	18 04	18 01
Nov. 2	21 01	20 27	20 03	19 45	19 31	19 19	19 00	18 45	18 33	18 23	18 14	18 05	18 01	17 56
6	21 14	20 36	20 10	19 51	19 35	19 22	19 02	18 47	18 34	18 22	18 12	18 03	17 58	17 53
10	21 27	20 46	20 18	19 57	19 40	19 26	19 05	18 48	18 34	18 22	18 11	18 00	17 55	17 49
14	21 41	20 55	20 25	20 02	19 45	19 30	19 08	18 50	18 35	18 22	18 10	17 58	17 52	17 46
18	21 56	21 04	20 32	20 08	19 49	19 34	19 10	18 52	18 36	18 22	18 10	17 57	17 50	17 43
22	22 11	21 14	20 39	20 14	19 54	19 38	19 13	18 54	18 37	18 23	18 09	17 56	17 49	17 41
26	22 28	21 23	20 45	20 19	19 59	19 42	19 16	18 56	18 39	18 24	18 10	17 55	17 48	17 40
30	22 45	21 31	20 52	20 24	20 03	19 46	19 19	18 58	18 41	18 25	18 10	17 55	17 47	17 39
Dec. 4	23 04	21 39	20 58	20 29	20 07	19 50	19 22	19 00	18 42	18 26	18 11	17 55	17 47	17 39
8	23 27	21 46	21 03	20 33	20 11	19 53	19 25	19 03	18 44	18 28	18 12	17 56	17 48	17 39
12	// //	21 52	21 07	20 37	20 14	19 56	19 27	19 05	18 46	18 29	18 13	17 57	17 49	17 39
16	// //	21 56	21 11	20 40	20 17	19 59	19 30	19 07	18 48	18 31	18 15	17 59	17 50	17 41
20	// //	21 59	21 14	20 43	20 20	20 01	19 32	19 09	18 50	18 33	18 17	18 00	17 52	17 42
24	// //	22 01	21 15	20 45	20 21	20 03	19 34	19 11	18 52	18 35	18 19	18 02	17 54	17 44
28	// //	22 01	21 16	20 46	20 23	20 04	19 35	19 13	18 54	18 37	18 21	18 05	17 56	17 47
32	23 49	21 59	21 16	20 46	20 23	20 05	19 37	19 14	18 56	18 39	18 23	18 07	17 59	17 50
36	23 25	21 56	21 14	20 45	20 23	20 05	19 38	19 16	18 58	18 41	18 26	18 10	18 02	17 53

// // indicates continuous twilight.

UNIVERSAL TIME FOR MERIDIAN OF GREENWICH
BEGINNING OF MORNING NAUTICAL TWILIGHT

Lat.	+40°	+42°	+44°	+46°	+48°	+50°	+52°	+54°	+56°	+58°	+60°	+62°	+64°	+66°
	h m	h m	h m	h m	h m	h m	h m	h m	h m	h m	h m	h m	h m	h m
Oct. 1	4 58	4 57	4 55	4 54	4 52	4 50	4 48	4 46	4 43	4 39	4 36	4 31	4 26	4 19
5	5 02	5 01	5 00	4 59	4 58	4 57	4 55	4 53	4 51	4 48	4 45	4 42	4 38	4 33
9	5 06	5 05	5 05	5 04	5 04	5 03	5 02	5 00	4 59	4 57	4 55	4 53	4 50	4 46
13	5 10	5 10	5 10	5 10	5 09	5 09	5 08	5 08	5 07	5 06	5 05	5 03	5 01	4 59
17	5 14	5 14	5 15	5 15	5 15	5 15	5 15	5 15	5 15	5 14	5 14	5 13	5 12	5 11
21	5 18	5 19	5 19	5 20	5 21	5 21	5 22	5 22	5 23	5 23	5 23	5 23	5 23	5 23
25	5 22	5 23	5 24	5 25	5 26	5 27	5 28	5 29	5 30	5 31	5 32	5 33	5 34	5 35
29	5 26	5 27	5 29	5 30	5 32	5 33	5 35	5 36	5 38	5 39	5 41	5 43	5 45	5 47
Nov. 2	5 30	5 32	5 34	5 35	5 37	5 39	5 41	5 43	5 45	5 48	5 50	5 53	5 55	5 59
6	5 34	5 36	5 38	5 41	5 43	5 45	5 47	5 50	5 53	5 56	5 59	6 02	6 06	6 10
10	5 38	5 41	5 43	5 46	5 48	5 51	5 54	5 57	6 00	6 03	6 07	6 11	6 16	6 21
14	5 42	5 45	5 48	5 51	5 54	5 57	6 00	6 03	6 07	6 11	6 15	6 20	6 25	6 32
18	5 47	5 49	5 52	5 55	5 59	6 02	6 06	6 10	6 14	6 18	6 23	6 29	6 35	6 42
22	5 50	5 54	5 57	6 00	6 04	6 08	6 12	6 16	6 20	6 25	6 31	6 37	6 44	6 51
26	5 54	5 58	6 01	6 05	6 09	6 13	6 17	6 22	6 27	6 32	6 38	6 44	6 52	7 01
30	5 58	6 02	6 05	6 09	6 13	6 18	6 22	6 27	6 32	6 38	6 44	6 52	7 00	7 09
Dec. 4	6 02	6 05	6 09	6 13	6 18	6 22	6 27	6 32	6 38	6 44	6 50	6 58	7 07	7 16
8	6 05	6 09	6 13	6 17	6 21	6 26	6 31	6 36	6 42	6 49	6 56	7 04	7 13	7 23
12	6 08	6 12	6 16	6 20	6 25	6 30	6 35	6 40	6 46	6 53	7 00	7 08	7 18	7 29
16	6 11	6 15	6 19	6 23	6 28	6 33	6 38	6 44	6 50	6 57	7 04	7 12	7 22	7 33
20	6 13	6 17	6 21	6 26	6 30	6 35	6 41	6 46	6 52	6 59	7 07	7 15	7 25	7 36
24	6 15	6 19	6 23	6 28	6 32	6 37	6 42	6 48	6 54	7 01	7 09	7 17	7 27	7 38
28	6 16	6 20	6 25	6 29	6 34	6 38	6 44	6 49	6 55	7 02	7 09	7 18	7 27	7 38
32	6 17	6 21	6 25	6 30	6 34	6 39	6 44	6 50	6 56	7 02	7 09	7 17	7 27	7 37
36	6 18	6 22	6 26	6 30	6 34	6 39	6 44	6 49	6 55	7 01	7 08	7 16	7 25	7 35

END OF EVENING NAUTICAL TWILIGHT

Lat.	+40°	+42°	+44°	+46°	+48°	+50°	+52°	+54°	+56°	+58°	+60°	+62°	+64°	+66°
	h m	h m	h m	h m	h m	h m	h m	h m	h m	h m	h m	h m	h m	h m
Oct. 1	18 40	18 42	18 43	18 44	18 46	18 48	18 50	18 52	18 55	18 58	19 02	19 06	19 11	19 18
5	18 34	18 35	18 36	18 37	18 38	18 39	18 41	18 42	18 44	18 47	18 50	18 53	18 57	19 02
9	18 28	18 28	18 29	18 29	18 30	18 31	18 32	18 33	18 34	18 36	18 38	18 40	18 43	18 47
13	18 22	18 22	18 22	18 22	18 22	18 22	18 23	18 24	18 24	18 25	18 26	18 28	18 30	18 32
17	18 16	18 16	18 15	18 15	18 15	18 15	18 15	18 15	18 15	18 15	18 15	18 16	18 17	18 18
21	18 11	18 10	18 09	18 08	18 08	18 07	18 07	18 06	18 06	18 05	18 05	18 04	18 04	18 04
25	18 06	18 04	18 03	18 02	18 01	18 00	17 59	17 58	17 57	17 56	17 55	17 54	17 52	17 51
29	18 01	17 59	17 58	17 56	17 55	17 53	17 52	17 50	17 49	17 47	17 45	17 43	17 41	17 39
Nov. 2	17 56	17 55	17 53	17 51	17 49	17 47	17 45	17 43	17 41	17 39	17 36	17 33	17 30	17 27
6	17 53	17 50	17 48	17 46	17 44	17 42	17 39	17 36	17 34	17 31	17 28	17 24	17 20	17 16
10	17 49	17 47	17 44	17 42	17 39	17 36	17 33	17 30	17 27	17 24	17 20	17 16	17 11	17 06
14	17 46	17 43	17 41	17 38	17 35	17 32	17 28	17 25	17 21	17 17	17 13	17 08	17 02	16 56
18	17 43	17 41	17 38	17 34	17 31	17 28	17 24	17 20	17 16	17 11	17 06	17 01	16 55	16 48
22	17 41	17 38	17 35	17 32	17 28	17 24	17 20	17 16	17 11	17 06	17 01	16 55	16 48	16 40
26	17 40	17 37	17 33	17 29	17 26	17 22	17 17	17 13	17 08	17 02	16 56	16 50	16 42	16 33
30	17 39	17 35	17 32	17 28	17 24	17 20	17 15	17 10	17 05	16 59	16 52	16 45	16 37	16 28
Dec. 4	17 39	17 35	17 31	17 27	17 23	17 18	17 13	17 08	17 03	16 56	16 50	16 42	16 33	16 24
8	17 39	17 35	17 31	17 27	17 22	17 18	17 13	17 07	17 01	16 55	16 48	16 40	16 31	16 20
12	17 39	17 35	17 31	17 27	17 23	17 18	17 13	17 07	17 01	16 54	16 47	16 39	16 30	16 19
16	17 41	17 37	17 32	17 28	17 23	17 19	17 13	17 08	17 01	16 55	16 47	16 39	16 29	16 18
20	17 42	17 38	17 34	17 30	17 25	17 20	17 15	17 09	17 03	16 56	16 49	16 40	16 30	16 19
24	17 44	17 40	17 36	17 32	17 27	17 22	17 17	17 11	17 05	16 58	16 51	16 42	16 33	16 22
28	17 47	17 43	17 39	17 34	17 30	17 25	17 20	17 14	17 08	17 01	16 54	16 46	16 36	16 25
32	17 50	17 46	17 42	17 38	17 33	17 28	17 23	17 18	17 12	17 05	16 58	16 50	16 41	16 30
36	17 53	17 49	17 45	17 41	17 37	17 32	17 27	17 22	17 16	17 10	17 03	16 55	16 46	16 36

ASTRONOMICAL TWILIGHT, 2021

UNIVERSAL TIME FOR MERIDIAN OF GREENWICH
BEGINNING OF MORNING ASTRONOMICAL TWILIGHT

Lat.	−55°	−50°	−45°	−40°	−35°	−30°	−20°	−10°	0°	+10°	+20°	+30°	+35°	+40°
	h m	h m	h m	h m	h m	h m	h m	h m	h m	h m	h m	h m	h m	h m
Jan. −2	// //	// //	1 43	2 30	3 01	3 24	3 58	4 24	4 44	5 00	5 16	5 30	5 37	5 44
2	// //	// //	1 49	2 34	3 05	3 27	4 01	4 26	4 46	5 02	5 17	5 31	5 38	5 45
6	// //	// //	1 56	2 39	3 09	3 31	4 04	4 28	4 48	5 04	5 18	5 32	5 39	5 45
10	// //	0 19	2 04	2 45	3 13	3 35	4 07	4 31	4 50	5 05	5 19	5 32	5 39	5 45
14	// //	0 54	2 12	2 51	3 18	3 39	4 10	4 33	4 52	5 07	5 20	5 33	5 39	5 45
18	// //	1 16	2 21	2 58	3 24	3 44	4 14	4 36	4 53	5 08	5 21	5 32	5 38	5 44
22	// //	1 34	2 31	3 05	3 29	3 48	4 17	4 38	4 55	5 09	5 21	5 32	5 37	5 42
26	// //	1 50	2 40	3 12	3 35	3 53	4 20	4 41	4 56	5 09	5 21	5 31	5 35	5 40
30	// //	2 05	2 50	3 19	3 41	3 58	4 24	4 43	4 58	5 10	5 20	5 29	5 33	5 37
Feb. 3	0 53	2 19	2 59	3 26	3 46	4 02	4 27	4 45	4 59	5 10	5 19	5 27	5 31	5 34
7	1 28	2 32	3 08	3 33	3 52	4 07	4 30	4 46	4 59	5 10	5 18	5 25	5 28	5 30
11	1 52	2 45	3 17	3 40	3 57	4 11	4 33	4 48	5 00	5 09	5 17	5 22	5 25	5 26
15	2 11	2 56	3 25	3 46	4 02	4 15	4 35	4 49	5 00	5 09	5 15	5 19	5 21	5 22
19	2 28	3 07	3 33	3 53	4 08	4 20	4 38	4 51	5 00	5 08	5 13	5 16	5 17	5 17
23	2 43	3 18	3 41	3 59	4 12	4 23	4 40	4 52	5 00	5 06	5 10	5 12	5 12	5 12
27	2 57	3 28	3 49	4 05	4 17	4 27	4 42	4 53	5 00	5 05	5 08	5 08	5 08	5 06
Mar. 3	3 10	3 37	3 56	4 10	4 22	4 31	4 44	4 53	4 59	5 03	5 05	5 04	5 03	5 00
7	3 22	3 46	4 03	4 16	4 26	4 34	4 46	4 54	4 59	5 01	5 02	5 00	4 58	4 54
11	3 34	3 54	4 10	4 21	4 30	4 37	4 47	4 54	4 58	4 59	4 59	4 55	4 52	4 48
15	3 44	4 03	4 16	4 26	4 34	4 40	4 49	4 54	4 57	4 57	4 55	4 50	4 46	4 41
19	3 54	4 10	4 22	4 31	4 38	4 43	4 50	4 54	4 56	4 55	4 52	4 45	4 41	4 34
23	4 04	4 18	4 28	4 35	4 41	4 46	4 51	4 54	4 55	4 53	4 48	4 40	4 35	4 27
27	4 13	4 25	4 33	4 40	4 45	4 48	4 53	4 54	4 53	4 50	4 44	4 35	4 28	4 20
31	4 21	4 31	4 39	4 44	4 48	4 51	4 54	4 54	4 52	4 48	4 41	4 30	4 22	4 13
Apr. 4	4 29	4 38	4 44	4 48	4 51	4 53	4 55	4 54	4 51	4 45	4 37	4 24	4 16	4 06

END OF EVENING ASTRONOMICAL TWILIGHT

Lat.	−55°	−50°	−45°	−40°	−35°	−30°	−20°	−10°	0°	+10°	+20°	+30°	+35°	+40°
	h m	h m	h m	h m	h m	h m	h m	h m	h m	h m	h m	h m	h m	h m
Jan. −2	// //	// //	22 21	21 34	21 03	20 40	20 06	19 41	19 21	19 04	18 49	18 35	18 28	18 21
2	// //	// //	22 18	21 33	21 03	20 41	20 07	19 42	19 23	19 06	18 51	18 37	18 31	18 24
6	// //	// //	22 15	21 32	21 03	20 40	20 08	19 43	19 24	19 08	18 54	18 40	18 33	18 27
10	// //	23 44	22 10	21 29	21 01	20 40	20 08	19 44	19 26	19 10	18 56	18 43	18 37	18 30
14	// //	23 19	22 04	21 26	20 59	20 38	20 08	19 45	19 27	19 11	18 58	18 46	18 40	18 34
18	// //	23 01	21 58	21 22	20 56	20 37	20 07	19 45	19 28	19 13	19 00	18 49	18 43	18 38
22	// //	22 46	21 51	21 17	20 53	20 34	20 06	19 45	19 28	19 14	19 03	18 52	18 47	18 42
26	// //	22 32	21 43	21 12	20 49	20 31	20 04	19 44	19 29	19 16	19 05	18 55	18 50	18 46
30	// //	22 19	21 35	21 07	20 45	20 28	20 03	19 44	19 29	19 17	19 07	18 58	18 54	18 50
Feb. 3	23 24	22 06	21 27	21 01	20 41	20 25	20 01	19 43	19 29	19 18	19 09	19 01	18 57	18 54
7	22 55	21 53	21 19	20 54	20 36	20 21	19 58	19 42	19 29	19 19	19 10	19 04	19 01	18 58
11	22 32	21 41	21 10	20 48	20 30	20 16	19 55	19 40	19 28	19 19	19 12	19 06	19 04	19 03
15	22 13	21 30	21 01	20 41	20 25	20 12	19 53	19 38	19 28	19 20	19 14	19 09	19 08	19 07
19	21 56	21 18	20 53	20 34	20 19	20 07	19 49	19 37	19 27	19 20	19 15	19 12	19 11	19 11
23	21 40	21 07	20 44	20 27	20 13	20 02	19 46	19 35	19 26	19 20	19 16	19 15	19 15	19 15
27	21 25	20 56	20 35	20 19	20 07	19 57	19 43	19 33	19 25	19 21	19 18	19 17	19 18	19 20
Mar. 3	21 11	20 45	20 26	20 12	20 01	19 52	19 39	19 30	19 24	19 21	19 19	19 20	19 22	19 24
7	20 57	20 34	20 18	20 05	19 55	19 47	19 36	19 28	19 23	19 21	19 20	19 23	19 25	19 28
11	20 44	20 24	20 09	19 58	19 49	19 42	19 32	19 26	19 22	19 21	19 22	19 25	19 28	19 33
15	20 32	20 14	20 01	19 51	19 43	19 37	19 28	19 23	19 21	19 21	19 23	19 28	19 32	19 37
19	20 19	20 04	19 52	19 44	19 37	19 32	19 25	19 21	19 20	19 21	19 24	19 31	19 36	19 42
23	20 08	19 54	19 44	19 37	19 31	19 27	19 21	19 19	19 19	19 21	19 25	19 33	19 39	19 47
27	19 56	19 45	19 36	19 30	19 25	19 22	19 18	19 16	19 17	19 21	19 27	19 36	19 43	19 51
31	19 46	19 36	19 28	19 23	19 20	19 17	19 14	19 14	19 16	19 21	19 28	19 39	19 47	19 56
Apr. 4	19 35	19 27	19 21	19 17	19 14	19 12	19 11	19 12	19 15	19 21	19 29	19 42	19 51	20 01

// // indicates continuous twilight.

UNIVERSAL TIME FOR MERIDIAN OF GREENWICH
BEGINNING OF MORNING ASTRONOMICAL TWILIGHT

Lat.	+40°	+42°	+44°	+46°	+48°	+50°	+52°	+54°	+56°	+58°	+60°	+62°	+64°	+66°
	h m	h m	h m	h m	h m	h m	h m	h m	h m	h m	h m	h m	h m	h m
Jan. −2	5 44	5 47	5 50	5 53	5 56	5 59	6 03	6 06	6 10	6 14	6 18	6 23	6 28	6 33
2	5 45	5 48	5 51	5 54	5 57	6 00	6 03	6 06	6 10	6 14	6 18	6 22	6 27	6 32
6	5 45	5 48	5 51	5 54	5 57	6 00	6 03	6 06	6 09	6 13	6 17	6 21	6 25	6 30
10	5 45	5 48	5 50	5 53	5 56	5 59	6 02	6 05	6 08	6 11	6 15	6 18	6 22	6 27
14	5 45	5 47	5 49	5 52	5 54	5 57	6 00	6 02	6 05	6 08	6 11	6 15	6 18	6 22
18	5 44	5 46	5 48	5 50	5 53	5 55	5 57	6 00	6 02	6 05	6 08	6 10	6 14	6 17
22	5 42	5 44	5 46	5 48	5 50	5 52	5 54	5 56	5 58	6 00	6 03	6 05	6 08	6 10
26	5 40	5 41	5 43	5 45	5 47	5 48	5 50	5 52	5 54	5 55	5 57	5 59	6 01	6 02
30	5 37	5 39	5 40	5 41	5 43	5 44	5 46	5 47	5 48	5 49	5 50	5 52	5 53	5 54
Feb. 3	5 34	5 35	5 36	5 37	5 38	5 39	5 40	5 41	5 42	5 43	5 43	5 44	5 44	5 44
7	5 30	5 31	5 32	5 33	5 34	5 34	5 35	5 35	5 35	5 35	5 35	5 35	5 34	5 34
11	5 26	5 27	5 27	5 28	5 28	5 28	5 28	5 28	5 28	5 27	5 26	5 25	5 24	5 22
15	5 22	5 22	5 22	5 22	5 22	5 22	5 21	5 21	5 20	5 19	5 17	5 15	5 13	5 10
19	5 17	5 17	5 17	5 16	5 16	5 15	5 14	5 13	5 11	5 09	5 07	5 04	5 01	4 57
23	5 12	5 11	5 11	5 10	5 09	5 08	5 06	5 04	5 02	4 59	4 56	4 53	4 48	4 43
27	5 06	5 05	5 04	5 03	5 02	5 00	4 58	4 55	4 52	4 49	4 45	4 40	4 35	4 28
Mar. 3	5 00	4 59	4 58	4 56	4 54	4 52	4 49	4 46	4 42	4 38	4 33	4 27	4 21	4 12
7	4 54	4 53	4 51	4 48	4 46	4 43	4 40	4 36	4 32	4 27	4 21	4 14	4 05	3 55
11	4 48	4 46	4 43	4 41	4 38	4 34	4 30	4 26	4 21	4 15	4 08	3 59	3 49	3 37
15	4 41	4 39	4 36	4 33	4 29	4 25	4 20	4 15	4 09	4 02	3 54	3 44	3 32	3 18
19	4 34	4 31	4 28	4 24	4 20	4 15	4 10	4 04	3 57	3 49	3 39	3 28	3 14	2 57
23	4 27	4 24	4 20	4 16	4 11	4 06	4 00	3 53	3 45	3 35	3 24	3 11	2 55	2 33
27	4 20	4 16	4 12	4 07	4 02	3 56	3 49	3 41	3 32	3 21	3 08	2 53	2 33	2 06
31	4 13	4 09	4 04	3 58	3 52	3 45	3 37	3 28	3 18	3 06	2 51	2 32	2 08	1 33
Apr. 4	4 06	4 01	3 55	3 49	3 42	3 35	3 26	3 16	3 04	2 50	2 32	2 10	1 39	0 39

END OF EVENING ASTRONOMICAL TWILIGHT

Lat.	+40°	+42°	+44°	+46°	+48°	+50°	+52°	+54°	+56°	+58°	+60°	+62°	+64°	+66°
	h m	h m	h m	h m	h m	h m	h m	h m	h m	h m	h m	h m	h m	h m
Jan. −2	18 21	18 18	18 15	18 12	18 09	18 05	18 02	17 58	17 55	17 51	17 47	17 42	17 37	17 31
2	18 24	18 21	18 18	18 15	18 12	18 09	18 06	18 02	17 59	17 55	17 51	17 46	17 42	17 36
6	18 27	18 24	18 21	18 19	18 16	18 13	18 10	18 06	18 03	17 59	17 56	17 52	17 47	17 42
10	18 30	18 28	18 25	18 22	18 20	18 17	18 14	18 11	18 08	18 05	18 01	17 57	17 53	17 49
14	18 34	18 32	18 29	18 27	18 24	18 22	18 19	18 16	18 13	18 11	18 07	18 04	18 01	17 57
18	18 38	18 36	18 33	18 31	18 29	18 27	18 24	18 22	18 19	18 17	18 14	18 11	18 08	18 05
22	18 42	18 40	18 38	18 36	18 34	18 32	18 30	18 28	18 26	18 24	18 21	18 19	18 17	18 14
26	18 46	18 44	18 42	18 41	18 39	18 37	18 36	18 34	18 32	18 31	18 29	18 27	18 26	18 24
30	18 50	18 49	18 47	18 46	18 44	18 43	18 42	18 41	18 39	18 38	18 37	18 36	18 35	18 34
Feb. 3	18 54	18 53	18 52	18 51	18 50	18 49	18 48	18 47	18 47	18 46	18 46	18 45	18 45	18 45
7	18 58	18 58	18 57	18 56	18 55	18 55	18 55	18 54	18 54	18 54	18 54	18 55	18 55	18 56
11	19 03	19 02	19 02	19 01	19 01	19 01	19 01	19 01	19 02	19 02	19 03	19 04	19 06	19 08
15	19 07	19 07	19 07	19 07	19 07	19 07	19 08	19 09	19 10	19 11	19 12	19 14	19 17	19 20
19	19 11	19 11	19 12	19 12	19 13	19 14	19 15	19 16	19 18	19 20	19 22	19 25	19 28	19 33
23	19 15	19 16	19 17	19 18	19 19	19 20	19 22	19 24	19 26	19 29	19 32	19 36	19 40	19 46
27	19 20	19 21	19 22	19 23	19 25	19 27	19 29	19 31	19 34	19 38	19 42	19 47	19 53	20 00
Mar. 3	19 24	19 25	19 27	19 29	19 31	19 33	19 36	19 39	19 43	19 47	19 52	19 58	20 05	20 14
7	19 28	19 30	19 32	19 34	19 37	19 40	19 43	19 47	19 52	19 57	20 03	20 10	20 19	20 29
11	19 33	19 35	19 37	19 40	19 43	19 47	19 51	19 56	20 01	20 07	20 14	20 23	20 33	20 46
15	19 37	19 40	19 43	19 46	19 50	19 54	19 59	20 04	20 10	20 18	20 26	20 36	20 48	21 03
19	19 42	19 45	19 48	19 52	19 56	20 01	20 07	20 13	20 20	20 29	20 38	20 50	21 05	21 23
23	19 47	19 50	19 54	19 58	20 03	20 09	20 15	20 22	20 30	20 40	20 51	21 05	21 22	21 44
27	19 51	19 55	20 00	20 05	20 10	20 17	20 24	20 32	20 41	20 52	21 05	21 22	21 42	22 10
31	19 56	20 01	20 06	20 11	20 18	20 25	20 33	20 42	20 52	21 05	21 21	21 40	22 05	22 44
Apr. 4	20 01	20 06	20 12	20 18	20 25	20 33	20 42	20 52	21 04	21 19	21 37	22 00	22 34	// //

// // indicates continuous twilight.

ASTRONOMICAL TWILIGHT, 2021
UNIVERSAL TIME FOR MERIDIAN OF GREENWICH
BEGINNING OF MORNING ASTRONOMICAL TWILIGHT

Lat.	−55°	−50°	−45°	−40°	−35°	−30°	−20°	−10°	0°	+10°	+20°	+30°	+35°	+40°
	h m	h m	h m	h m	h m	h m	h m	h m	h m	h m	h m	h m	h m	h m
Mar. 31	4 21	4 31	4 39	4 44	4 48	4 51	4 54	4 54	4 52	4 48	4 41	4 30	4 22	4 13
Apr. 4	4 29	4 38	4 44	4 48	4 51	4 53	4 55	4 54	4 51	4 45	4 37	4 24	4 16	4 06
8	4 37	4 44	4 49	4 52	4 54	4 55	4 56	4 54	4 49	4 43	4 33	4 19	4 10	3 58
12	4 45	4 50	4 54	4 56	4 57	4 58	4 57	4 53	4 48	4 40	4 29	4 14	4 04	3 51
16	4 52	4 56	4 59	5 00	5 00	5 00	4 57	4 53	4 47	4 38	4 26	4 09	3 57	3 43
20	4 59	5 02	5 03	5 03	5 03	5 02	4 58	4 53	4 45	4 35	4 22	4 04	3 51	3 36
24	5 06	5 07	5 08	5 07	5 06	5 04	4 59	4 53	4 44	4 33	4 19	3 59	3 45	3 29
28	5 13	5 13	5 12	5 11	5 09	5 06	5 00	4 53	4 43	4 31	4 15	3 54	3 40	3 22
May 2	5 19	5 18	5 16	5 14	5 11	5 08	5 01	4 53	4 42	4 29	4 12	3 49	3 34	3 15
6	5 25	5 23	5 20	5 17	5 14	5 10	5 02	4 53	4 41	4 27	4 09	3 45	3 29	3 08
10	5 31	5 28	5 24	5 21	5 17	5 12	5 03	4 53	4 41	4 26	4 07	3 41	3 23	3 02
14	5 37	5 32	5 28	5 24	5 19	5 15	5 05	4 53	4 40	4 24	4 04	3 37	3 19	2 56
18	5 42	5 37	5 32	5 27	5 22	5 17	5 06	4 54	4 40	4 23	4 02	3 33	3 14	2 50
22	5 47	5 41	5 35	5 30	5 24	5 19	5 07	4 54	4 40	4 22	4 00	3 30	3 11	2 45
26	5 51	5 45	5 38	5 32	5 26	5 20	5 08	4 55	4 40	4 22	3 59	3 28	3 07	2 40
30	5 56	5 48	5 41	5 35	5 29	5 22	5 09	4 55	4 40	4 21	3 58	3 26	3 04	2 36
June 3	5 59	5 51	5 44	5 37	5 31	5 24	5 11	4 56	4 40	4 21	3 57	3 24	3 02	2 33
7	6 02	5 54	5 46	5 39	5 32	5 26	5 12	4 57	4 41	4 21	3 56	3 23	3 00	2 30
11	6 05	5 56	5 49	5 41	5 34	5 27	5 13	4 58	4 41	4 21	3 56	3 22	2 59	2 29
15	6 07	5 58	5 50	5 43	5 35	5 28	5 14	4 59	4 42	4 22	3 57	3 22	2 59	2 28
19	6 09	6 00	5 52	5 44	5 37	5 29	5 15	5 00	4 43	4 22	3 57	3 22	2 59	2 28
23	6 09	6 00	5 52	5 45	5 37	5 30	5 16	5 01	4 43	4 23	3 58	3 23	3 00	2 28
27	6 10	6 01	5 53	5 45	5 38	5 31	5 17	5 01	4 44	4 24	3 59	3 25	3 01	2 30
July 1	6 09	6 01	5 53	5 45	5 38	5 31	5 17	5 02	4 45	4 25	4 00	3 26	3 03	2 33
5	6 08	6 00	5 52	5 45	5 38	5 31	5 18	5 03	4 46	4 27	4 02	3 29	3 06	2 36

END OF EVENING ASTRONOMICAL TWILIGHT

Lat.	−55°	−50°	−45°	−40°	−35°	−30°	−20°	−10°	0°	+10°	+20°	+30°	+35°	+40°
	h m	h m	h m	h m	h m	h m	h m	h m	h m	h m	h m	h m	h m	h m
Mar. 31	19 46	19 36	19 28	19 23	19 20	19 17	19 14	19 14	19 16	19 21	19 28	19 39	19 47	19 56
Apr. 4	19 35	19 27	19 21	19 17	19 14	19 12	19 11	19 12	19 15	19 21	19 29	19 42	19 51	20 01
8	19 25	19 18	19 14	19 11	19 09	19 08	19 08	19 10	19 14	19 21	19 31	19 45	19 55	20 06
12	19 15	19 10	19 07	19 05	19 04	19 03	19 05	19 08	19 14	19 22	19 33	19 48	19 59	20 12
16	19 06	19 02	19 00	18 59	18 59	18 59	19 02	19 06	19 13	19 22	19 34	19 52	20 03	20 17
20	18 57	18 55	18 54	18 54	18 54	18 55	18 59	19 05	19 12	19 23	19 36	19 55	20 07	20 23
24	18 49	18 48	18 48	18 49	18 50	18 52	18 57	19 03	19 12	19 23	19 38	19 58	20 12	20 28
28	18 41	18 41	18 42	18 44	18 46	18 48	18 54	19 02	19 12	19 24	19 40	20 02	20 16	20 34
May 2	18 34	18 35	18 37	18 39	18 42	18 45	18 52	19 01	19 12	19 25	19 42	20 05	20 21	20 40
6	18 27	18 30	18 32	18 35	18 39	18 42	18 51	19 00	19 12	19 26	19 44	20 09	20 26	20 46
10	18 21	18 24	18 28	18 32	18 36	18 40	18 49	19 00	19 12	19 27	19 47	20 13	20 30	20 52
14	18 15	18 20	18 24	18 29	18 33	18 38	18 48	18 59	19 13	19 29	19 49	20 16	20 35	20 58
18	18 10	18 16	18 21	18 26	18 31	18 36	18 47	18 59	19 13	19 30	19 51	20 20	20 39	21 04
22	18 06	18 12	18 18	18 23	18 29	18 35	18 46	18 59	19 14	19 31	19 53	20 23	20 44	21 10
26	18 02	18 09	18 15	18 22	18 28	18 34	18 46	18 59	19 15	19 33	19 56	20 27	20 48	21 15
30	17 59	18 07	18 14	18 20	18 26	18 33	18 46	19 00	19 15	19 34	19 58	20 30	20 52	21 20
June 3	17 57	18 05	18 12	18 19	18 26	18 32	18 46	19 00	19 16	19 36	20 00	20 33	20 55	21 24
7	17 55	18 04	18 11	18 18	18 25	18 32	18 46	19 01	19 17	19 37	20 02	20 35	20 58	21 28
11	17 54	18 03	18 11	18 18	18 25	18 32	18 46	19 01	19 18	19 38	20 03	20 37	21 01	21 31
15	17 54	18 03	18 11	18 18	18 26	18 33	18 47	19 02	19 19	19 39	20 05	20 39	21 03	21 34
19	17 54	18 03	18 11	18 19	18 26	18 33	18 48	19 03	19 20	19 40	20 06	20 40	21 04	21 35
23	17 55	18 04	18 12	18 20	18 27	18 34	18 49	19 04	19 21	19 41	20 07	20 41	21 05	21 36
27	17 57	18 06	18 14	18 21	18 28	18 35	18 50	19 05	19 22	19 42	20 07	20 41	21 05	21 36
July 1	17 59	18 07	18 15	18 23	18 30	18 37	18 51	19 06	19 22	19 42	20 07	20 41	21 04	21 35
5	18 02	18 10	18 17	18 24	18 31	18 38	18 52	19 06	19 23	19 43	20 07	20 40	21 03	21 33

UNIVERSAL TIME FOR MERIDIAN OF GREENWICH
BEGINNING OF MORNING ASTRONOMICAL TWILIGHT

Lat.	+40°	+42°	+44°	+46°	+48°	+50°	+52°	+54°	+56°	+58°	+60°	+62°	+64°	+66°
	h m	h m	h m	h m	h m	h m	h m	h m	h m	h m	h m	h m	h m	h m
Mar. 31	4 13	4 09	4 04	3 58	3 52	3 45	3 37	3 28	3 18	3 06	2 51	2 32	2 08	1 33
Apr. 4	4 06	4 01	3 55	3 49	3 42	3 35	3 26	3 16	3 04	2 50	2 32	2 10	1 39	0 39
8	3 58	3 53	3 47	3 40	3 32	3 24	3 14	3 03	2 49	2 33	2 12	1 44	0 58	// //
12	3 51	3 45	3 38	3 31	3 22	3 13	3 02	2 49	2 33	2 14	1 49	1 11	// //	// //
16	3 43	3 37	3 30	3 21	3 12	3 01	2 49	2 34	2 17	1 54	1 21	// //	// //	// //
20	3 36	3 29	3 21	3 12	3 02	2 50	2 36	2 19	1 59	1 30	0 40	// //	// //	// //
24	3 29	3 21	3 12	3 02	2 51	2 38	2 23	2 03	1 38	1 00	// //	// //	// //	// //
28	3 22	3 13	3 04	2 53	2 41	2 26	2 08	1 46	1 14	// //	// //	// //	// //	// //
May 2	3 15	3 06	2 55	2 44	2 30	2 14	1 54	1 27	0 42	// //	// //	// //	// //	// //
6	3 08	2 58	2 47	2 34	2 19	2 01	1 38	1 04	// //	// //	// //	// //	// //	// //
10	3 02	2 51	2 39	2 25	2 09	1 48	1 20	0 30	// //	// //	// //	// //	// //	// //
14	2 56	2 44	2 32	2 16	1 58	1 35	1 00	// //	// //	// //	// //	// //	// //	// //
18	2 50	2 38	2 24	2 08	1 47	1 20	0 33	// //	// //	// //	// //	// //	// //	// //
22	2 45	2 32	2 17	1 59	1 37	1 05	// //	// //	// //	// //	// //	// //	// //	// //
26	2 40	2 27	2 11	1 52	1 27	0 47	// //	// //	// //	// //	// //	// //	// //	// //
30	2 36	2 22	2 05	1 45	1 17	0 23	// //	// //	// //	// //	// //	// //	// //	// //
June 3	2 33	2 18	2 00	1 38	1 07	// //	// //	// //	// //	// //	// //	// //	// //	// //
7	2 30	2 15	1 57	1 33	0 58	// //	// //	// //	// //	// //	// //	// //	// //	// //
11	2 29	2 13	1 54	1 29	0 51	// //	// //	// //	// //	// //	// //	// //	// //	// //
15	2 28	2 12	1 52	1 26	0 45	// //	// //	// //	// //	// //	// //	// //	// //	▭
19	2 28	2 11	1 52	1 25	0 42	// //	// //	// //	// //	// //	// //	// //	// //	▭
23	2 28	2 12	1 52	1 26	0 43	// //	// //	// //	// //	// //	// //	// //	// //	▭
27	2 30	2 14	1 55	1 29	0 47	// //	// //	// //	// //	// //	// //	// //	// //	▭
July 1	2 33	2 17	1 58	1 33	0 54	// //	// //	// //	// //	// //	// //	// //	// //	// //
5	2 36	2 21	2 02	1 38	1 03	// //	// //	// //	// //	// //	// //	// //	// //	// //

END OF EVENING ASTRONOMICAL TWILIGHT

Lat.	+40°	+42°	+44°	+46°	+48°	+50°	+52°	+54°	+56°	+58°	+60°	+62°	+64°	+66°
	h m	h m	h m	h m	h m	h m	h m	h m	h m	h m	h m	h m	h m	h m
Mar. 31	19 56	20 01	20 06	20 11	20 18	20 25	20 33	20 42	20 52	21 05	21 21	21 40	22 05	22 44
Apr. 4	20 01	20 06	20 12	20 18	20 25	20 33	20 42	20 52	21 04	21 19	21 37	22 00	22 34	// //
8	20 06	20 12	20 18	20 25	20 33	20 42	20 52	21 03	21 17	21 34	21 56	22 26	23 20	// //
12	20 12	20 18	20 25	20 32	20 41	20 51	21 02	21 15	21 31	21 51	22 18	23 00	// //	// //
16	20 17	20 24	20 31	20 40	20 49	21 00	21 13	21 28	21 46	22 10	22 46	// //	// //	// //
20	20 23	20 30	20 38	20 47	20 58	21 10	21 24	21 41	22 03	22 33	23 36	// //	// //	// //
24	20 28	20 36	20 45	20 55	21 07	21 20	21 36	21 56	22 23	23 05	// //	// //	// //	// //
28	20 34	20 43	20 53	21 04	21 16	21 31	21 49	22 13	22 47	// //	// //	// //	// //	// //
May 2	20 40	20 49	21 00	21 12	21 26	21 43	22 03	22 32	23 24	// //	// //	// //	// //	// //
6	20 46	20 56	21 07	21 21	21 36	21 55	22 19	22 56	// //	// //	// //	// //	// //	// //
10	20 52	21 03	21 15	21 29	21 46	22 07	22 37	23 37	// //	// //	// //	// //	// //	// //
14	20 58	21 10	21 23	21 38	21 57	22 21	22 58	// //	// //	// //	// //	// //	// //	// //
18	21 04	21 16	21 30	21 47	22 08	22 36	23 30	// //	// //	// //	// //	// //	// //	// //
22	21 10	21 22	21 37	21 56	22 19	22 52	// //	// //	// //	// //	// //	// //	// //	// //
26	21 15	21 28	21 44	22 04	22 30	23 12	// //	// //	// //	// //	// //	// //	// //	// //
30	21 20	21 34	21 51	22 12	22 41	23 42	// //	// //	// //	// //	// //	// //	// //	// //
June 3	21 24	21 39	21 57	22 19	22 52	// //	// //	// //	// //	// //	// //	// //	// //	// //
7	21 28	21 44	22 02	22 26	23 02	// //	// //	// //	// //	// //	// //	// //	// //	// //
11	21 31	21 47	22 06	22 31	23 11	// //	// //	// //	// //	// //	// //	// //	// //	// //
15	21 34	21 50	22 09	22 35	23 18	// //	// //	// //	// //	// //	// //	// //	// //	▭
19	21 35	21 52	22 11	22 38	23 21	// //	// //	// //	// //	// //	// //	// //	// //	▭
23	21 36	21 52	22 12	22 38	23 21	// //	// //	// //	// //	// //	// //	// //	// //	▭
27	21 36	21 52	22 11	22 37	23 18	// //	// //	// //	// //	// //	// //	// //	// //	▭
July 1	21 35	21 50	22 09	22 34	23 12	// //	// //	// //	// //	// //	// //	// //	// //	// //
5	21 33	21 48	22 06	22 30	23 04	// //	// //	// //	// //	// //	// //	// //	// //	// //

▭ indicates Sun continuously above horizon.
// // indicates continuous twilight.

ASTRONOMICAL TWILIGHT, 2021

UNIVERSAL TIME FOR MERIDIAN OF GREENWICH
BEGINNING OF MORNING ASTRONOMICAL TWILIGHT

Lat.	−55°	−50°	−45°	−40°	−35°	−30°	−20°	−10°	0°	+10°	+20°	+30°	+35°	+40°
	h m	h m	h m	h m	h m	h m	h m	h m	h m	h m	h m	h m	h m	h m
July 1	6 09	6 01	5 53	5 45	5 38	5 31	5 17	5 02	4 45	4 25	4 00	3 26	3 03	2 33
5	6 08	6 00	5 52	5 45	5 38	5 31	5 18	5 03	4 46	4 27	4 02	3 29	3 06	2 36
9	6 06	5 58	5 51	5 44	5 38	5 31	5 18	5 03	4 47	4 28	4 04	3 31	3 09	2 40
13	6 04	5 56	5 50	5 43	5 37	5 30	5 18	5 04	4 48	4 29	4 06	3 34	3 12	2 44
17	6 00	5 54	5 47	5 41	5 35	5 30	5 17	5 04	4 49	4 31	4 08	3 37	3 16	2 49
21	5 57	5 51	5 45	5 39	5 34	5 28	5 17	5 04	4 49	4 32	4 10	3 40	3 20	2 54
25	5 52	5 47	5 42	5 37	5 32	5 27	5 16	5 04	4 50	4 33	4 12	3 43	3 24	3 00
29	5 47	5 43	5 38	5 34	5 29	5 25	5 15	5 03	4 50	4 34	4 14	3 47	3 29	3 06
Aug. 2	5 41	5 38	5 34	5 30	5 27	5 22	5 13	5 03	4 51	4 36	4 16	3 50	3 33	3 11
6	5 35	5 32	5 30	5 27	5 23	5 20	5 12	5 02	4 51	4 37	4 18	3 54	3 38	3 17
10	5 28	5 27	5 25	5 22	5 20	5 17	5 10	5 01	4 51	4 37	4 20	3 57	3 42	3 23
14	5 20	5 20	5 19	5 18	5 16	5 14	5 08	5 00	4 50	4 38	4 22	4 01	3 46	3 28
18	5 12	5 14	5 14	5 13	5 12	5 10	5 05	4 59	4 50	4 39	4 24	4 04	3 51	3 34
22	5 04	5 06	5 08	5 08	5 07	5 06	5 03	4 57	4 49	4 39	4 26	4 07	3 55	3 39
26	4 55	4 59	5 01	5 02	5 03	5 02	5 00	4 55	4 49	4 40	4 27	4 10	3 59	3 45
30	4 46	4 51	4 54	4 56	4 58	4 58	4 57	4 53	4 48	4 40	4 29	4 13	4 03	3 50
Sept. 3	4 36	4 43	4 47	4 50	4 52	4 53	4 53	4 51	4 47	4 40	4 30	4 16	4 07	3 55
7	4 26	4 34	4 40	4 44	4 47	4 49	4 50	4 49	4 46	4 40	4 31	4 19	4 10	4 00
11	4 15	4 25	4 32	4 37	4 41	4 44	4 46	4 47	4 44	4 40	4 33	4 22	4 14	4 04
15	4 04	4 16	4 24	4 31	4 35	4 39	4 43	4 44	4 43	4 40	4 34	4 24	4 17	4 09
19	3 53	4 06	4 16	4 24	4 29	4 34	4 39	4 42	4 42	4 40	4 35	4 27	4 21	4 13
23	3 41	3 57	4 08	4 17	4 23	4 28	4 35	4 39	4 40	4 39	4 36	4 29	4 24	4 18
27	3 29	3 47	4 00	4 10	4 17	4 23	4 32	4 37	4 39	4 39	4 37	4 32	4 27	4 22
Oct. 1	3 16	3 36	3 51	4 02	4 11	4 18	4 28	4 34	4 38	4 39	4 38	4 34	4 31	4 26
5	3 03	3 26	3 42	3 55	4 05	4 12	4 24	4 31	4 36	4 39	4 39	4 36	4 34	4 30

END OF EVENING ASTRONOMICAL TWILIGHT

Lat.	−55°	−50°	−45°	−40°	−35°	−30°	−20°	−10°	0°	+10°	+20°	+30°	+35°	+40°
	h m	h m	h m	h m	h m	h m	h m	h m	h m	h m	h m	h m	h m	h m
July 1	17 59	18 07	18 15	18 23	18 30	18 37	18 51	19 06	19 22	19 42	20 07	20 41	21 04	21 35
5	18 02	18 10	18 17	18 24	18 31	18 38	18 52	19 06	19 23	19 43	20 07	20 40	21 03	21 33
9	18 05	18 13	18 20	18 27	18 33	18 40	18 53	19 07	19 23	19 42	20 06	20 39	21 01	21 30
13	18 08	18 16	18 22	18 29	18 35	18 41	18 54	19 08	19 24	19 42	20 06	20 37	20 59	21 27
17	18 12	18 19	18 25	18 31	18 37	18 43	18 55	19 08	19 24	19 42	20 04	20 35	20 56	21 22
21	18 17	18 23	18 28	18 34	18 39	18 45	18 56	19 09	19 23	19 41	20 03	20 32	20 52	21 18
25	18 22	18 27	18 32	18 37	18 42	18 47	18 57	19 09	19 23	19 40	20 01	20 29	20 48	21 12
29	18 27	18 31	18 35	18 40	18 44	18 49	18 58	19 10	19 23	19 38	19 58	20 25	20 43	21 06
Aug. 2	18 32	18 35	18 39	18 43	18 46	18 50	18 59	19 10	19 22	19 37	19 56	20 22	20 39	21 00
6	18 38	18 40	18 43	18 46	18 49	18 52	19 00	19 10	19 21	19 35	19 53	20 17	20 33	20 54
10	18 44	18 45	18 47	18 49	18 51	18 54	19 01	19 10	19 20	19 33	19 50	20 13	20 28	20 47
14	18 50	18 50	18 51	18 52	18 54	18 56	19 02	19 09	19 19	19 31	19 47	20 08	20 22	20 40
18	18 56	18 55	18 55	18 55	18 56	18 58	19 03	19 09	19 18	19 29	19 43	20 03	20 16	20 33
22	19 03	19 00	18 59	18 58	18 59	19 00	19 03	19 09	19 16	19 26	19 39	19 58	20 10	20 25
26	19 10	19 06	19 03	19 02	19 01	19 02	19 04	19 08	19 15	19 24	19 36	19 53	20 04	20 18
30	19 17	19 11	19 08	19 05	19 04	19 04	19 05	19 08	19 13	19 21	19 32	19 47	19 57	20 10
Sept. 3	19 24	19 17	19 12	19 09	19 07	19 06	19 05	19 08	19 12	19 18	19 28	19 42	19 51	20 03
7	19 32	19 23	19 17	19 13	19 10	19 08	19 06	19 07	19 10	19 16	19 24	19 36	19 45	19 55
11	19 39	19 29	19 22	19 16	19 13	19 10	19 07	19 07	19 09	19 13	19 20	19 31	19 38	19 48
15	19 48	19 36	19 27	19 20	19 16	19 12	19 08	19 06	19 07	19 10	19 16	19 25	19 32	19 40
19	19 56	19 42	19 32	19 25	19 19	19 14	19 09	19 06	19 06	19 08	19 12	19 20	19 26	19 33
23	20 05	19 49	19 38	19 29	19 22	19 17	19 10	19 06	19 04	19 05	19 08	19 15	19 20	19 26
27	20 15	19 57	19 43	19 33	19 25	19 19	19 11	19 05	19 03	19 03	19 05	19 10	19 14	19 19
Oct. 1	20 25	20 04	19 49	19 38	19 29	19 22	19 12	19 05	19 02	19 00	19 01	19 05	19 08	19 12
5	20 36	20 12	19 55	19 43	19 33	19 25	19 13	19 05	19 01	18 58	18 58	19 00	19 02	19 06

UNIVERSAL TIME FOR MERIDIAN OF GREENWICH
BEGINNING OF MORNING ASTRONOMICAL TWILIGHT

Lat.	+40°	+42°	+44°	+46°	+48°	+50°	+52°	+54°	+56°	+58°	+60°	+62°	+64°	+66°
	h m	h m	h m	h m	h m	h m	h m	h m	h m	h m	h m	h m	h m	h m
July 1	2 33	2 17	1 58	1 33	0 54	// //	// //	// //	// //	// //	// //	// //	// //	// //
5	2 36	2 21	2 02	1 38	1 03	// //	// //	// //	// //	// //	// //	// //	// //	// //
9	2 40	2 25	2 07	1 45	1 14	// //	// //	// //	// //	// //	// //	// //	// //	// //
13	2 44	2 30	2 13	1 52	1 24	0 29	// //	// //	// //	// //	// //	// //	// //	// //
17	2 49	2 36	2 20	2 00	1 35	0 55	// //	// //	// //	// //	// //	// //	// //	// //
21	2 54	2 42	2 27	2 09	1 46	1 13	// //	// //	// //	// //	// //	// //	// //	// //
25	3 00	2 48	2 34	2 17	1 57	1 29	0 39	// //	// //	// //	// //	// //	// //	// //
29	3 06	2 54	2 41	2 26	2 07	1 44	1 08	// //	// //	// //	// //	// //	// //	// //
Aug. 2	3 11	3 01	2 49	2 34	2 18	1 57	1 28	0 34	// //	// //	// //	// //	// //	// //
6	3 17	3 07	2 56	2 43	2 28	2 09	1 45	1 10	// //	// //	// //	// //	// //	// //
10	3 23	3 14	3 03	2 51	2 37	2 21	2 00	1 33	0 44	// //	// //	// //	// //	// //
14	3 28	3 20	3 10	2 59	2 47	2 32	2 14	1 51	1 18	// //	// //	// //	// //	// //
18	3 34	3 26	3 17	3 07	2 56	2 43	2 27	2 07	1 41	1 00	// //	// //	// //	// //
22	3 39	3 32	3 24	3 15	3 04	2 52	2 38	2 21	2 00	1 30	0 32	// //	// //	// //
26	3 45	3 38	3 31	3 22	3 13	3 02	2 49	2 34	2 16	1 52	1 18	// //	// //	// //
30	3 50	3 44	3 37	3 29	3 21	3 11	3 00	2 47	2 31	2 11	1 45	1 03	// //	// //
Sept. 3	3 55	3 49	3 43	3 36	3 28	3 20	3 10	2 58	2 44	2 27	2 06	1 36	0 43	// //
7	4 00	3 55	3 49	3 43	3 36	3 28	3 19	3 09	2 56	2 42	2 24	2 01	1 27	// //
11	4 04	4 00	3 55	3 49	3 43	3 36	3 28	3 19	3 08	2 55	2 40	2 21	1 55	1 16
15	4 09	4 05	4 00	3 56	3 50	3 44	3 37	3 28	3 19	3 08	2 55	2 38	2 18	1 50
19	4 13	4 10	4 06	4 02	3 57	3 51	3 45	3 38	3 29	3 20	3 08	2 54	2 37	2 15
23	4 18	4 15	4 11	4 07	4 03	3 58	3 53	3 46	3 39	3 31	3 21	3 09	2 55	2 36
27	4 22	4 19	4 16	4 13	4 09	4 05	4 00	3 55	3 49	3 41	3 33	3 23	3 10	2 55
Oct. 1	4 26	4 24	4 21	4 19	4 16	4 12	4 08	4 03	3 58	3 51	3 44	3 35	3 25	3 12
5	4 30	4 29	4 26	4 24	4 22	4 19	4 15	4 11	4 07	4 01	3 55	3 48	3 39	3 28

END OF EVENING ASTRONOMICAL TWILIGHT

Lat.	+40°	+42°	+44°	+46°	+48°	+50°	+52°	+54°	+56°	+58°	+60°	+62°	+64°	+66°
	h m	h m	h m	h m	h m	h m	h m	h m	h m	h m	h m	h m	h m	h m
July 1	21 35	21 50	22 09	22 34	23 12	// //	// //	// //	// //	// //	// //	// //	// //	// //
5	21 33	21 48	22 06	22 30	23 04	// //	// //	// //	// //	// //	// //	// //	// //	// //
9	21 30	21 45	22 02	22 24	22 55	// //	// //	// //	// //	// //	// //	// //	// //	// //
13	21 27	21 41	21 57	22 18	22 45	23 35	// //	// //	// //	// //	// //	// //	// //	// //
17	21 22	21 36	21 51	22 10	22 35	23 13	// //	// //	// //	// //	// //	// //	// //	// //
21	21 18	21 30	21 45	22 02	22 25	22 56	// //	// //	// //	// //	// //	// //	// //	// //
25	21 12	21 24	21 38	21 54	22 14	22 41	23 25	// //	// //	// //	// //	// //	// //	// //
29	21 06	21 18	21 30	21 45	22 03	22 26	23 00	// //	// //	// //	// //	// //	// //	// //
Aug. 2	21 00	21 11	21 22	21 36	21 53	22 13	22 40	23 27	// //	// //	// //	// //	// //	// //
6	20 54	21 03	21 14	21 27	21 42	22 00	22 23	22 56	// //	// //	// //	// //	// //	// //
10	20 47	20 56	21 06	21 18	21 31	21 47	22 07	22 34	23 17	// //	// //	// //	// //	// //
14	20 40	20 48	20 58	21 08	21 21	21 35	21 52	22 14	22 45	// //	// //	// //	// //	// //
18	20 33	20 40	20 49	20 59	21 10	21 23	21 38	21 57	22 22	22 59	// //	// //	// //	// //
22	20 25	20 32	20 40	20 49	20 59	21 11	21 25	21 41	22 02	22 30	23 18	// //	// //	// //
26	20 18	20 24	20 32	20 40	20 49	21 00	21 12	21 26	21 44	22 07	22 39	// //	// //	// //
30	20 10	20 16	20 23	20 30	20 39	20 48	20 59	21 12	21 27	21 46	22 11	22 49	// //	// //
Sept. 3	20 03	20 08	20 14	20 21	20 28	20 37	20 47	20 58	21 12	21 28	21 49	22 16	23 02	// //
7	19 55	20 00	20 06	20 12	20 18	20 26	20 35	20 45	20 57	21 11	21 28	21 51	22 22	23 22
11	19 48	19 52	19 57	20 02	20 09	20 15	20 23	20 32	20 43	20 55	21 10	21 28	21 53	22 28
15	19 40	19 44	19 49	19 53	19 59	20 05	20 12	20 20	20 29	20 40	20 53	21 08	21 28	21 55
19	19 33	19 37	19 40	19 45	19 49	19 55	20 01	20 08	20 16	20 25	20 37	20 50	21 06	21 28
23	19 26	19 29	19 32	19 36	19 40	19 45	19 50	19 56	20 04	20 12	20 21	20 33	20 47	21 04
27	19 19	19 21	19 24	19 28	19 31	19 35	19 40	19 45	19 51	19 58	20 07	20 17	20 28	20 43
Oct. 1	19 12	19 14	19 17	19 19	19 22	19 26	19 30	19 35	19 40	19 46	19 53	20 01	20 11	20 24
5	19 06	19 07	19 09	19 11	19 14	19 17	19 20	19 24	19 29	19 34	19 40	19 47	19 55	20 06

// // indicates continuous twilight.

ASTRONOMICAL TWILIGHT, 2021

UNIVERSAL TIME FOR MERIDIAN OF GREENWICH
BEGINNING OF MORNING ASTRONOMICAL TWILIGHT

Lat.	−55°	−50°	−45°	−40°	−35°	−30°	−20°	−10°	0°	+10°	+20°	+30°	+35°	+40°
	h m	h m	h m	h m	h m	h m	h m	h m	h m	h m	h m	h m	h m	h m
Oct. 1	3 16	3 36	3 51	4 02	4 11	4 18	4 28	4 34	4 38	4 39	4 38	4 34	4 31	4 26
5	3 03	3 26	3 42	3 55	4 05	4 12	4 24	4 31	4 36	4 39	4 39	4 36	4 34	4 30
9	2 50	3 15	3 34	3 48	3 58	4 07	4 20	4 29	4 35	4 38	4 40	4 39	4 37	4 34
13	2 35	3 04	3 25	3 40	3 52	4 02	4 16	4 26	4 34	4 38	4 41	4 41	4 40	4 38
17	2 21	2 53	3 16	3 33	3 46	3 57	4 13	4 24	4 32	4 38	4 42	4 43	4 43	4 42
21	2 05	2 42	3 07	3 26	3 40	3 52	4 09	4 22	4 31	4 38	4 43	4 46	4 47	4 46
25	1 48	2 30	2 58	3 19	3 34	3 47	4 06	4 20	4 30	4 38	4 44	4 48	4 50	4 50
29	1 29	2 19	2 49	3 12	3 29	3 42	4 03	4 18	4 30	4 39	4 46	4 51	4 53	4 54
Nov. 2	1 08	2 07	2 41	3 05	3 23	3 38	4 00	4 16	4 29	4 39	4 47	4 54	4 56	4 58
6	0 40	1 54	2 32	2 58	3 18	3 34	3 57	4 15	4 29	4 40	4 49	4 56	5 00	5 02
10	// //	1 42	2 24	2 52	3 13	3 30	3 55	4 14	4 28	4 40	4 50	4 59	5 03	5 06
14	// //	1 28	2 16	2 46	3 09	3 26	3 53	4 13	4 28	4 41	4 52	5 02	5 06	5 10
18	// //	1 14	2 08	2 41	3 05	3 23	3 52	4 12	4 29	4 42	4 54	5 05	5 10	5 14
22	// //	1 00	2 01	2 36	3 01	3 21	3 50	4 12	4 29	4 44	4 56	5 07	5 13	5 18
26	// //	0 43	1 54	2 32	2 58	3 19	3 49	4 12	4 30	4 45	4 58	5 10	5 16	5 22
30	// //	0 21	1 48	2 28	2 56	3 17	3 49	4 12	4 31	4 47	5 00	5 13	5 19	5 26
Dec. 4	// //	// //	1 43	2 25	2 54	3 16	3 49	4 13	4 32	4 48	5 03	5 16	5 22	5 29
8	// //	// //	1 39	2 24	2 53	3 16	3 49	4 14	4 34	4 50	5 05	5 19	5 25	5 32
12	// //	// //	1 36	2 23	2 53	3 16	3 50	4 15	4 35	4 52	5 07	5 21	5 28	5 35
16	// //	// //	1 35	2 23	2 54	3 17	3 52	4 17	4 37	4 54	5 09	5 23	5 31	5 38
20	// //	// //	1 36	2 24	2 55	3 19	3 53	4 19	4 39	4 56	5 11	5 26	5 33	5 40
24	// //	// //	1 38	2 26	2 57	3 21	3 55	4 21	4 41	4 58	5 13	5 28	5 35	5 42
28	// //	// //	1 42	2 29	3 00	3 23	3 58	4 23	4 43	5 00	5 15	5 29	5 36	5 44
32	// //	// //	1 47	2 33	3 03	3 26	4 00	4 25	4 45	5 02	5 17	5 31	5 38	5 45
36	// //	// //	1 54	2 38	3 07	3 30	4 03	4 28	4 47	5 03	5 18	5 32	5 38	5 45

END OF EVENING ASTRONOMICAL TWILIGHT

Lat.	−55°	−50°	−45°	−40°	−35°	−30°	−20°	−10°	0°	+10°	+20°	+30°	+35°	+40°
	h m	h m	h m	h m	h m	h m	h m	h m	h m	h m	h m	h m	h m	h m
Oct. 1	20 25	20 04	19 49	19 38	19 29	19 22	19 12	19 05	19 02	19 00	19 01	19 05	19 08	19 12
5	20 36	20 12	19 55	19 43	19 33	19 25	19 13	19 05	19 01	18 58	18 58	19 00	19 02	19 06
9	20 47	20 21	20 02	19 48	19 37	19 28	19 15	19 06	19 00	18 56	18 54	18 55	18 57	18 59
13	21 00	20 30	20 09	19 53	19 41	19 31	19 16	19 06	18 59	18 54	18 51	18 51	18 52	18 53
17	21 13	20 39	20 16	19 59	19 45	19 35	19 18	19 07	18 58	18 52	18 48	18 47	18 47	18 47
21	21 28	20 49	20 24	20 05	19 50	19 38	19 20	19 07	18 58	18 51	18 46	18 43	18 42	18 42
25	21 44	21 00	20 31	20 11	19 55	19 42	19 22	19 08	18 58	18 50	18 44	18 39	18 38	18 37
29	22 02	21 11	20 40	20 17	20 00	19 46	19 25	19 10	18 58	18 49	18 42	18 36	18 34	18 32
Nov. 2	22 25	21 23	20 48	20 24	20 05	19 50	19 27	19 11	18 58	18 48	18 40	18 33	18 30	18 28
6	22 55	21 36	20 57	20 30	20 10	19 54	19 30	19 12	18 59	18 48	18 38	18 31	18 27	18 24
10	// //	21 49	21 06	20 37	20 16	19 59	19 33	19 14	19 00	18 47	18 37	18 29	18 25	18 21
14	// //	22 04	21 15	20 44	20 21	20 03	19 36	19 16	19 01	18 48	18 37	18 27	18 22	18 18
18	// //	22 19	21 24	20 51	20 26	20 08	19 39	19 18	19 02	18 48	18 36	18 26	18 21	18 16
22	// //	22 37	21 33	20 57	20 32	20 12	19 42	19 20	19 03	18 49	18 36	18 25	18 19	18 14
26	// //	22 57	21 42	21 04	20 37	20 16	19 46	19 23	19 05	18 50	18 36	18 24	18 18	18 12
30	// //	23 24	21 51	21 10	20 42	20 21	19 49	19 25	19 07	18 51	18 37	18 24	18 18	18 12
Dec. 4	// //	// //	21 59	21 16	20 47	20 25	19 52	19 28	19 08	18 52	18 38	18 25	18 18	18 11
8	// //	// //	22 06	21 21	20 51	20 28	19 55	19 30	19 10	18 54	18 39	18 25	18 18	18 12
12	// //	// //	22 12	21 25	20 55	20 32	19 57	19 32	19 12	18 56	18 41	18 26	18 19	18 12
16	// //	// //	22 17	21 29	20 58	20 34	20 00	19 35	19 15	18 57	18 42	18 28	18 21	18 14
20	// //	// //	22 20	21 32	21 00	20 37	20 02	19 37	19 17	18 59	18 44	18 30	18 23	18 15
24	// //	// //	22 21	21 33	21 02	20 39	20 04	19 39	19 18	19 01	18 46	18 32	18 25	18 17
28	// //	// //	22 21	21 34	21 03	20 40	20 06	19 40	19 20	19 03	18 48	18 34	18 27	18 20
32	// //	// //	22 19	21 34	21 03	20 40	20 07	19 42	19 22	19 05	18 51	18 37	18 30	18 23
36	// //	// //	22 16	21 32	21 03	20 41	20 07	19 43	19 24	19 07	18 53	18 39	18 33	18 26

// // indicates continuous twilight.

UNIVERSAL TIME FOR MERIDIAN OF GREENWICH
BEGINNING OF MORNING ASTRONOMICAL TWILIGHT

Lat.	+40°	+42°	+44°	+46°	+48°	+50°	+52°	+54°	+56°	+58°	+60°	+62°	+64°	+66°
	h m	h m	h m	h m	h m	h m	h m	h m	h m	h m	h m	h m	h m	h m
Oct. 1	4 26	4 24	4 21	4 19	4 16	4 12	4 08	4 03	3 58	3 51	3 44	3 35	3 25	3 12
5	4 30	4 29	4 26	4 24	4 22	4 19	4 15	4 11	4 07	4 01	3 55	3 48	3 39	3 28
9	4 34	4 33	4 31	4 30	4 27	4 25	4 22	4 19	4 15	4 11	4 05	3 59	3 52	3 43
13	4 38	4 37	4 36	4 35	4 33	4 31	4 29	4 26	4 23	4 20	4 16	4 11	4 05	3 57
17	4 42	4 42	4 41	4 40	4 39	4 38	4 36	4 34	4 32	4 29	4 25	4 21	4 17	4 11
21	4 46	4 46	4 46	4 45	4 45	4 44	4 43	4 41	4 39	4 37	4 35	4 32	4 28	4 24
25	4 50	4 51	4 51	4 50	4 50	4 50	4 49	4 48	4 47	4 46	4 44	4 42	4 39	4 36
29	4 54	4 55	4 55	4 56	4 56	4 56	4 56	4 55	4 55	4 54	4 53	4 52	4 50	4 48
Nov. 2	4 58	4 59	5 00	5 01	5 01	5 02	5 02	5 02	5 02	5 02	5 02	5 01	5 00	4 59
6	5 02	5 04	5 05	5 06	5 07	5 07	5 08	5 09	5 09	5 10	5 10	5 10	5 11	5 10
10	5 06	5 08	5 09	5 11	5 12	5 13	5 14	5 15	5 16	5 17	5 18	5 19	5 20	5 21
14	5 10	5 12	5 14	5 15	5 17	5 19	5 20	5 22	5 23	5 25	5 26	5 28	5 29	5 31
18	5 14	5 16	5 18	5 20	5 22	5 24	5 26	5 28	5 30	5 32	5 34	5 36	5 38	5 41
22	5 18	5 20	5 22	5 25	5 27	5 29	5 31	5 34	5 36	5 38	5 41	5 44	5 47	5 50
26	5 22	5 24	5 27	5 29	5 31	5 34	5 37	5 39	5 42	5 45	5 48	5 51	5 54	5 58
30	5 26	5 28	5 31	5 33	5 36	5 39	5 41	5 44	5 47	5 51	5 54	5 58	6 02	6 06
Dec. 4	5 29	5 32	5 34	5 37	5 40	5 43	5 46	5 49	5 52	5 56	6 00	6 04	6 08	6 13
8	5 32	5 35	5 38	5 41	5 44	5 47	5 50	5 53	5 57	6 01	6 05	6 09	6 14	6 19
12	5 35	5 38	5 41	5 44	5 47	5 50	5 54	5 57	6 01	6 05	6 09	6 13	6 18	6 24
16	5 38	5 41	5 44	5 47	5 50	5 53	5 57	6 00	6 04	6 08	6 12	6 17	6 22	6 28
20	5 40	5 43	5 46	5 49	5 52	5 56	5 59	6 03	6 07	6 11	6 15	6 20	6 25	6 31
24	5 42	5 45	5 48	5 51	5 54	5 58	6 01	6 05	6 09	6 13	6 17	6 22	6 27	6 33
28	5 44	5 46	5 49	5 53	5 56	5 59	6 02	6 06	6 10	6 14	6 18	6 23	6 28	6 33
32	5 45	5 47	5 50	5 53	5 56	6 00	6 03	6 06	6 10	6 14	6 18	6 23	6 27	6 33
36	5 45	5 48	5 51	5 54	5 57	6 00	6 03	6 06	6 10	6 13	6 17	6 21	6 26	6 31

END OF EVENING ASTRONOMICAL TWILIGHT

Lat.	+40°	+42°	+44°	+46°	+48°	+50°	+52°	+54°	+56°	+58°	+60°	+62°	+64°	+66°
	h m	h m	h m	h m	h m	h m	h m	h m	h m	h m	h m	h m	h m	h m
Oct. 1	19 12	19 14	19 17	19 19	19 22	19 26	19 30	19 35	19 40	19 46	19 53	20 01	20 11	20 24
5	19 06	19 07	19 09	19 11	19 14	19 17	19 20	19 24	19 29	19 34	19 40	19 47	19 55	20 06
9	18 59	19 01	19 02	19 04	19 06	19 08	19 11	19 14	19 18	19 22	19 27	19 33	19 40	19 49
13	18 53	18 54	18 55	18 57	18 58	19 00	19 02	19 05	19 08	19 11	19 15	19 20	19 26	19 33
17	18 47	18 48	18 49	18 50	18 51	18 52	18 54	18 56	18 58	19 00	19 04	19 08	19 12	19 18
21	18 42	18 42	18 43	18 43	18 44	18 44	18 46	18 47	18 48	18 50	18 53	18 56	18 59	19 04
25	18 37	18 37	18 37	18 37	18 37	18 37	18 38	18 39	18 40	18 41	18 43	18 45	18 47	18 50
29	18 32	18 32	18 31	18 31	18 31	18 31	18 31	18 31	18 32	18 32	18 33	18 34	18 36	18 38
Nov. 2	18 28	18 27	18 26	18 26	18 25	18 25	18 24	18 24	18 24	18 24	18 24	18 25	18 25	18 26
6	18 24	18 23	18 22	18 21	18 20	18 19	18 18	18 18	18 17	18 16	18 16	18 16	18 15	18 15
10	18 21	18 19	18 18	18 17	18 15	18 14	18 13	18 12	18 11	18 09	18 08	18 07	18 06	18 06
14	18 18	18 16	18 15	18 13	18 11	18 10	18 08	18 06	18 05	18 03	18 02	18 00	17 58	17 57
18	18 16	18 14	18 12	18 10	18 08	18 06	18 04	18 02	18 00	17 58	17 56	17 53	17 51	17 49
22	18 14	18 12	18 09	18 07	18 05	18 03	18 00	17 58	17 56	17 53	17 51	17 48	17 45	17 42
26	18 12	18 10	18 08	18 05	18 03	18 00	17 58	17 55	17 52	17 49	17 46	17 43	17 39	17 36
30	18 12	18 09	18 06	18 04	18 01	17 58	17 56	17 53	17 50	17 46	17 43	17 39	17 35	17 31
Dec. 4	18 11	18 09	18 06	18 03	18 00	17 57	17 54	17 51	17 48	17 44	17 40	17 36	17 32	17 27
8	18 12	18 09	18 06	18 03	18 00	17 57	17 54	17 50	17 47	17 43	17 39	17 35	17 30	17 25
12	18 12	18 09	18 06	18 03	18 00	17 57	17 54	17 50	17 47	17 43	17 38	17 34	17 29	17 23
16	18 14	18 11	18 08	18 04	18 01	17 58	17 55	17 51	17 47	17 43	17 39	17 34	17 29	17 23
20	18 15	18 12	18 09	18 06	18 03	17 59	17 56	17 52	17 49	17 44	17 40	17 35	17 30	17 24
24	18 17	18 14	18 11	18 08	18 05	18 02	17 58	17 55	17 51	17 47	17 42	17 38	17 32	17 27
28	18 20	18 17	18 14	18 11	18 08	18 04	18 01	17 57	17 54	17 50	17 45	17 41	17 36	17 30
32	18 23	18 20	18 17	18 14	18 11	18 08	18 04	18 01	17 57	17 53	17 49	17 45	17 40	17 35
36	18 26	18 23	18 20	18 17	18 14	18 11	18 08	18 05	18 02	17 58	17 54	17 50	17 45	17 40

MOONRISE AND MOONSET, 2021

UNIVERSAL TIME FOR MERIDIAN OF GREENWICH

MOONRISE

Lat.	−55°	−50°	−45°	−40°	−35°	−30°	−20°	−10°	0°	+10°	+20°	+30°	+35°	+40°
	h m	h m	h m	h m	h m	h m	h m	h m	h m	h m	h m	h m	h m	h m
Jan. 0	22 08	21 39	21 17	20 59	20 44	20 31	20 09	19 49	19 31	19 13	18 53	18 31	18 17	18 02
1	22 38	22 14	21 56	21 41	21 28	21 17	20 57	20 40	20 25	20 09	19 52	19 32	19 21	19 07
2	23 01	22 43	22 29	22 17	22 07	21 58	21 43	21 29	21 17	21 04	20 50	20 35	20 26	20 15
3	23 18	23 06	22 57	22 48	22 42	22 35	22 25	22 15	22 07	21 58	21 48	21 38	21 31	21 24
4	23 33	23 27	23 22	23 17	23 14	23 11	23 05	23 00	22 55	22 51	22 46	22 40	22 37	22 33
5	23 46	23 46	23 45	23 45	23 45	23 45	23 44	23 44	23 44	23 43	23 43	23 43	23 43	23 43
6	.. ..	.. ..	.. ..	.. ..	.. ..	.. ..	.. ..	.. ..	.. ..	.. ..	.. ..	.. ..	.. ..	.. ..
7	0 00	0 05	0 09	0 13	0 16	0 19	0 24	0 28	0 33	0 37	0 41	0 47	0 50	0 53
8	0 15	0 26	0 35	0 43	0 50	0 55	1 06	1 15	1 23	1 32	1 41	1 52	1 58	2 05
9	0 34	0 51	1 05	1 17	1 27	1 35	1 51	2 04	2 17	2 29	2 43	2 59	3 08	3 18
10	0 59	1 22	1 41	1 56	2 09	2 21	2 40	2 57	3 13	3 30	3 47	4 07	4 19	4 32
11	1 34	2 03	2 25	2 43	2 59	3 12	3 35	3 54	4 13	4 32	4 52	5 15	5 28	5 44
12	2 23	2 55	3 20	3 39	3 55	4 10	4 34	4 55	5 14	5 34	5 55	6 19	6 33	6 50
13	3 27	3 59	4 23	4 42	4 58	5 12	5 35	5 55	6 14	6 33	6 54	7 17	7 31	7 46
14	4 44	5 11	5 32	5 49	6 03	6 16	6 37	6 55	7 12	7 29	7 47	8 08	8 20	8 33
15	6 05	6 27	6 44	6 57	7 09	7 19	7 36	7 51	8 05	8 19	8 34	8 51	9 01	9 12
16	7 26	7 41	7 54	8 04	8 12	8 20	8 32	8 44	8 54	9 05	9 16	9 28	9 36	9 44
17	8 44	8 53	9 01	9 07	9 13	9 18	9 26	9 33	9 40	9 46	9 53	10 02	10 06	10 11
18	9 59	10 03	10 06	10 09	10 11	10 13	10 16	10 19	10 22	10 25	10 28	10 32	10 34	10 36
19	11 11	11 10	11 09	11 08	11 07	11 07	11 05	11 04	11 04	11 03	11 02	11 01	11 00	10 59
20	12 23	12 16	12 11	12 07	12 03	12 00	11 54	11 49	11 44	11 40	11 35	11 29	11 26	11 22
21	13 35	13 23	13 13	13 05	12 59	12 53	12 42	12 34	12 25	12 17	12 09	11 59	11 53	11 47
22	14 47	14 30	14 16	14 05	13 55	13 47	13 32	13 20	13 08	12 57	12 44	12 30	12 22	12 13
23	16 00	15 37	15 19	15 05	14 53	14 42	14 24	14 08	13 53	13 39	13 23	13 05	12 55	12 43
24	17 12	16 44	16 23	16 05	15 51	15 38	15 17	14 58	14 41	14 24	14 06	13 45	13 33	13 19

MOONSET

Lat.	−55°	−50°	−45°	−40°	−35°	−30°	−20°	−10°	0°	+10°	+20°	+30°	+35°	+40°
	h m	h m	h m	h m	h m	h m	h m	h m	h m	h m	h m	h m	h m	h m
Jan. 0	4 14	4 47	5 11	5 30	5 46	6 00	6 23	6 44	7 03	7 22	7 42	8 05	8 19	8 34
1	5 26	5 54	6 15	6 33	6 47	7 00	7 21	7 40	7 57	8 14	8 32	8 53	9 05	9 19
2	6 45	7 08	7 25	7 40	7 52	8 02	8 20	8 35	8 50	9 04	9 19	9 36	9 46	9 58
3	8 09	8 25	8 38	8 48	8 57	9 05	9 18	9 30	9 41	9 51	10 03	10 16	10 23	10 32
4	9 33	9 43	9 51	9 57	10 03	10 08	10 16	10 23	10 30	10 37	10 44	10 52	10 56	11 02
5	10 57	11 01	11 04	11 06	11 08	11 10	11 13	11 16	11 18	11 21	11 23	11 26	11 28	11 30
6	12 23	12 20	12 18	12 16	12 15	12 13	12 11	12 09	12 07	12 05	12 03	12 00	11 59	11 57
7	13 49	13 40	13 33	13 27	13 22	13 17	13 10	13 03	12 56	12 50	12 43	12 35	12 31	12 26
8	15 18	15 02	14 50	14 40	14 31	14 23	14 10	13 59	13 48	13 38	13 26	13 13	13 06	12 58
9	16 48	16 25	16 08	15 54	15 42	15 31	15 13	14 58	14 43	14 29	14 13	13 56	13 46	13 34
10	18 15	17 46	17 24	17 07	16 52	16 39	16 18	15 59	15 41	15 24	15 05	14 44	14 31	14 17
11	19 32	18 59	18 35	18 16	18 00	17 46	17 22	17 01	16 42	16 23	16 02	15 38	15 24	15 08
12	20 33	20 01	19 37	19 17	19 01	18 47	18 23	18 02	17 43	17 24	17 03	16 39	16 24	16 08
13	21 17	20 49	20 27	20 09	19 55	19 42	19 20	19 00	18 42	18 24	18 05	17 42	17 29	17 13
14	21 47	21 25	21 07	20 52	20 40	20 29	20 10	19 53	19 38	19 22	19 05	18 46	18 35	18 22
15	22 09	21 52	21 39	21 27	21 18	21 09	20 54	20 41	20 29	20 17	20 04	19 48	19 39	19 29
16	22 25	22 14	22 05	21 57	21 50	21 44	21 34	21 25	21 16	21 08	20 58	20 48	20 42	20 35
17	22 38	22 32	22 27	22 23	22 19	22 16	22 10	22 05	22 00	21 56	21 50	21 44	21 41	21 37
18	22 50	22 49	22 48	22 47	22 46	22 45	22 44	22 43	22 42	22 41	22 40	22 39	22 38	22 37
19	23 01	23 04	23 07	23 10	23 12	23 14	23 17	23 20	23 23	23 26	23 29	23 32	23 34	23 36
20	23 12	23 21	23 28	23 33	23 38	23 43	23 51	23 57	.. ..	.. ..	.. ..	.. ..	.. ..	.. ..
21	23 25	23 38	23 49	23 58	.. ..	.. ..	.. ..	.. ..	0 04	0 10	0 17	0 25	0 30	0 35
22	23 40	23 59	.. ..	.. ..	0 06	0 13	0 25	0 36	0 46	0 56	1 06	1 19	1 26	1 34
23	.. ..	.. ..	0 14	0 27	0 37	0 46	1 02	1 16	1 30	1 43	1 57	2 13	2 23	2 34
24	0 01	0 25	0 44	0 59	1 12	1 23	1 43	2 00	2 16	2 32	2 49	3 09	3 21	3 34

.. .. indicates phenomenon will occur the next day.

MOONRISE AND MOONSET, 2021

UNIVERSAL TIME FOR MERIDIAN OF GREENWICH

MOONRISE

Lat.	+40°	+42°	+44°	+46°	+48°	+50°	+52°	+54°	+56°	+58°	+60°	+62°	+64°	+66°
	h m	h m	h m	h m	h m	h m	h m	h m	h m	h m	h m	h m	h m	h m
Jan. 0	18 02	17 55	17 48	17 40	17 31	17 21	17 10	16 58	16 44	16 27	16 07	15 41	15 06	13 56
1	19 07	19 01	18 55	18 48	18 41	18 32	18 23	18 13	18 01	17 48	17 32	17 12	16 48	16 14
2	20 15	20 11	20 06	20 00	19 54	19 48	19 41	19 33	19 24	19 15	19 03	18 50	18 33	18 14
3	21 24	21 21	21 18	21 14	21 10	21 06	21 01	20 56	20 50	20 43	20 36	20 28	20 18	20 06
4	22 33	22 32	22 30	22 28	22 26	22 24	22 21	22 19	22 16	22 13	22 09	22 05	22 00	21 54
5	23 43	23 43	23 43	23 42	23 42	23 42	23 42	23 42	23 42	23 42	23 42	23 42	23 41	23 41
6	.. ..	.. ..	.. ..	.. ..	.. ..	.. ..	.. ..	.. ..	.. ..	.. ..	.. ..	.. ..	.. ..	.. ..
7	0 53	0 55	0 56	0 58	1 00	1 02	1 04	1 07	1 09	1 12	1 16	1 20	1 24	1 30
8	2 05	2 08	2 11	2 15	2 19	2 23	2 28	2 33	2 39	2 45	2 53	3 01	3 11	3 23
9	3 18	3 23	3 28	3 34	3 40	3 46	3 53	4 01	4 10	4 20	4 32	4 46	5 03	5 24
10	4 32	4 39	4 45	4 52	5 00	5 09	5 18	5 29	5 41	5 55	6 12	6 33	6 59	7 37
11	5 44	5 51	5 59	6 07	6 16	6 27	6 38	6 51	7 06	7 24	7 45	8 13	8 54	■
12	6 50	6 57	7 05	7 14	7 24	7 34	7 46	8 00	8 16	8 35	8 58	9 29	10 18	■
13	7 46	7 54	8 01	8 10	8 19	8 29	8 40	8 53	9 07	9 25	9 46	10 12	10 49	12 11
14	8 33	8 40	8 46	8 54	9 01	9 10	9 20	9 30	9 42	9 56	10 13	10 32	10 57	11 31
15	9 12	9 17	9 22	9 28	9 34	9 41	9 49	9 57	10 06	10 16	10 28	10 42	10 59	11 20
16	9 44	9 48	9 52	9 56	10 00	10 05	10 10	10 16	10 23	10 30	10 38	10 48	10 59	11 12
17	10 11	10 14	10 16	10 19	10 22	10 25	10 28	10 32	10 36	10 40	10 45	10 51	10 57	11 05
18	10 36	10 37	10 38	10 39	10 41	10 42	10 43	10 45	10 47	10 48	10 51	10 53	10 56	10 59
19	10 59	10 59	10 59	10 58	10 58	10 58	10 57	10 57	10 56	10 56	10 55	10 55	10 54	10 53
20	11 22	11 21	11 19	11 17	11 16	11 14	11 11	11 09	11 06	11 03	11 00	10 56	10 52	10 47
21	11 47	11 44	11 41	11 38	11 34	11 30	11 26	11 22	11 17	11 12	11 05	10 58	10 50	10 41
22	12 13	12 09	12 05	12 00	11 55	11 50	11 44	11 37	11 30	11 22	11 12	11 02	10 49	10 35
23	12 43	12 38	12 32	12 26	12 20	12 13	12 05	11 56	11 46	11 35	11 23	11 08	10 50	10 27
24	13 19	13 12	13 06	12 58	12 50	12 42	12 32	12 21	12 09	11 55	11 38	11 18	10 52	10 17

MOONSET

Lat.	+40°	+42°	+44°	+46°	+48°	+50°	+52°	+54°	+56°	+58°	+60°	+62°	+64°	+66°
	h m	h m	h m	h m	h m	h m	h m	h m	h m	h m	h m	h m	h m	h m
Jan. 0	8 34	8 41	8 49	8 57	9 06	9 16	9 27	9 40	9 54	10 11	10 32	10 58	11 34	12 44
1	9 19	9 25	9 32	9 39	9 47	9 56	10 05	10 16	10 28	10 42	10 59	11 19	11 44	12 18
2	9 58	10 03	10 08	10 14	10 21	10 27	10 35	10 43	10 53	11 03	11 16	11 30	11 47	12 08
3	10 32	10 35	10 39	10 43	10 48	10 53	10 58	11 04	11 11	11 18	11 27	11 36	11 47	12 00
4	11 02	11 04	11 06	11 09	11 12	11 15	11 18	11 22	11 26	11 30	11 35	11 40	11 47	11 54
5	11 30	11 31	11 31	11 32	11 33	11 34	11 36	11 37	11 38	11 40	11 41	11 43	11 45	11 48
6	11 57	11 57	11 56	11 55	11 54	11 53	11 52	11 51	11 50	11 49	11 47	11 46	11 44	11 42
7	12 26	12 24	12 22	12 19	12 16	12 13	12 10	12 07	12 03	11 59	11 54	11 49	11 43	11 35
8	12 58	12 54	12 50	12 46	12 41	12 36	12 31	12 25	12 18	12 11	12 02	11 53	11 42	11 28
9	13 34	13 29	13 23	13 17	13 11	13 04	12 56	12 47	12 38	12 27	12 14	11 59	11 42	11 20
10	14 17	14 10	14 04	13 56	13 48	13 39	13 29	13 18	13 05	12 50	12 33	12 12	11 45	11 06
11	15 08	15 01	14 53	14 45	14 35	14 25	14 13	14 00	13 45	13 27	13 05	12 37	11 56	■
12	16 08	16 00	15 52	15 44	15 34	15 23	15 11	14 58	14 42	14 23	14 00	13 29	12 40	■
13	17 13	17 07	16 59	16 51	16 42	16 32	16 21	16 09	15 54	15 37	15 17	14 51	14 14	12 52
14	18 22	18 16	18 09	18 03	17 55	17 47	17 38	17 28	17 16	17 03	16 47	16 28	16 03	15 30
15	19 29	19 25	19 20	19 15	19 09	19 03	18 56	18 48	18 39	18 30	18 18	18 05	17 50	17 30
16	20 35	20 31	20 28	20 24	20 20	20 16	20 12	20 06	20 01	19 54	19 47	19 39	19 29	19 17
17	21 37	21 35	21 33	21 31	21 29	21 27	21 24	21 22	21 19	21 15	21 11	21 07	21 02	20 56
18	22 37	22 37	22 37	22 36	22 36	22 35	22 35	22 34	22 33	22 33	22 32	22 31	22 30	22 29
19	23 36	23 37	23 38	23 39	23 41	23 42	23 43	23 45	23 47	23 49	23 51	23 53	23 56	23 59
20	.. ..	.. ..	.. ..	.. ..	.. ..	.. ..	.. ..	.. ..	.. ..	.. ..	.. ..	.. ..	.. ..	.. ..
21	0 35	0 37	0 40	0 42	0 45	0 48	0 52	0 55	0 59	1 04	1 09	1 15	1 22	1 30
22	1 34	1 37	1 41	1 45	1 50	1 55	2 00	2 06	2 13	2 20	2 29	2 38	2 50	3 03
23	2 34	2 38	2 44	2 49	2 55	3 02	3 09	3 18	3 27	3 37	3 49	4 04	4 21	4 43
24	3 34	3 40	3 46	3 53	4 01	4 09	4 19	4 29	4 41	4 55	5 11	5 31	5 56	6 30

■ indicates Moon continuously below horizon.
.. .. indicates phenomenon will occur the next day.

MOONRISE AND MOONSET, 2021

UNIVERSAL TIME FOR MERIDIAN OF GREENWICH

MOONRISE

Lat.	−55°	−50°	−45°	−40°	−35°	−30°	−20°	−10°	0°	+10°	+20°	+30°	+35°	+40°
	h m	h m	h m	h m	h m	h m	h m	h m	h m	h m	h m	h m	h m	h m
Jan. 23	16 00	15 37	15 19	15 05	14 53	14 42	14 24	14 08	13 53	13 39	13 23	13 05	12 55	12 43
24	17 12	16 44	16 23	16 05	15 51	15 38	15 17	14 58	14 41	14 24	14 06	13 45	13 33	13 19
25	18 20	17 48	17 24	17 05	16 49	16 35	16 11	15 51	15 32	15 13	14 53	14 30	14 16	14 01
26	19 19	18 46	18 21	18 01	17 45	17 30	17 06	16 45	16 26	16 06	15 45	15 21	15 07	14 51
27	20 05	19 34	19 11	18 52	18 37	18 23	18 00	17 40	17 21	17 02	16 42	16 19	16 05	15 49
28	20 39	20 14	19 53	19 37	19 23	19 11	18 51	18 33	18 16	17 59	17 41	17 20	17 08	16 54
29	21 05	20 45	20 29	20 16	20 05	19 55	19 38	19 24	19 10	18 56	18 41	18 24	18 14	18 02
30	21 24	21 10	20 59	20 50	20 42	20 35	20 23	20 12	20 02	19 52	19 41	19 28	19 21	19 13
31	21 40	21 32	21 26	21 20	21 16	21 11	21 04	20 58	20 52	20 46	20 40	20 33	20 28	20 24
Feb. 1	21 54	21 52	21 50	21 49	21 47	21 46	21 44	21 43	21 41	21 40	21 38	21 36	21 35	21 34
2	22 07	22 11	22 14	22 16	22 19	22 21	22 24	22 27	22 30	22 33	22 37	22 40	22 42	22 45
3	22 22	22 31	22 39	22 46	22 51	22 56	23 05	23 13	23 20	23 28	23 36	23 45	23 50	23 56
4	22 39	22 54	23 07	23 17	23 27	23 34	23 48	.. ..	.. ..	.. ..	.. ..	.. ..	.. ..	.. ..
5	23 01	23 23	23 40	23 54	.. ..	.. ..	.. ..	0 01	0 12	0 24	0 36	0 50	0 59	1 08
6	23 31	23 59	.. ..	.. ..	0 06	0 17	0 35	0 51	1 06	1 22	1 38	1 57	2 08	2 21
7	.. ..	.. ..	0 20	0 37	0 52	1 05	1 27	1 46	2 04	2 22	2 41	3 03	3 16	3 32
8	0 13	0 45	1 09	1 28	1 45	1 59	2 22	2 43	3 03	3 22	3 43	4 07	4 21	4 38
9	1 10	1 43	2 08	2 27	2 43	2 58	3 22	3 42	4 02	4 21	4 42	5 06	5 20	5 36
10	2 22	2 51	3 14	3 32	3 47	4 00	4 22	4 41	4 59	5 17	5 36	5 58	6 11	6 26
11	3 41	4 05	4 24	4 39	4 52	5 03	5 22	5 38	5 54	6 09	6 25	6 44	6 55	7 07
12	5 02	5 20	5 34	5 46	5 56	6 04	6 19	6 32	6 44	6 56	7 09	7 24	7 32	7 42
13	6 22	6 34	6 43	6 51	6 58	7 04	7 14	7 23	7 31	7 40	7 49	7 59	8 04	8 11
14	7 39	7 45	7 50	7 54	7 58	8 01	8 06	8 11	8 16	8 20	8 25	8 30	8 33	8 37
15	8 53	8 54	8 54	8 55	8 55	8 56	8 56	8 57	8 58	8 58	8 59	9 00	9 00	9 01
16	10 06	10 01	9 57	9 54	9 52	9 49	9 45	9 42	9 39	9 36	9 32	9 28	9 26	9 24

MOONSET

Lat.	−55°	−50°	−45°	−40°	−35°	−30°	−20°	−10°	0°	+10°	+20°	+30°	+35°	+40°
	h m	h m	h m	h m	h m	h m	h m	h m	h m	h m	h m	h m	h m	h m
Jan. 23	.. ..	.. ..	0 14	0 27	0 37	0 46	1 02	1 16	1 30	1 43	1 57	2 13	2 23	2 34
24	0 01	0 25	0 44	0 59	1 12	1 23	1 43	2 00	2 16	2 32	2 49	3 09	3 21	3 34
25	0 28	0 57	1 20	1 37	1 53	2 06	2 28	2 47	3 05	3 24	3 43	4 06	4 19	4 34
26	1 07	1 40	2 04	2 23	2 40	2 54	3 18	3 38	3 58	4 17	4 38	5 02	5 16	5 32
27	2 00	2 33	2 58	3 17	3 34	3 48	4 12	4 33	4 52	5 11	5 32	5 56	6 10	6 26
28	3 08	3 38	4 01	4 19	4 34	4 47	5 10	5 29	5 47	6 05	6 24	6 46	6 59	7 14
29	4 27	4 51	5 11	5 26	5 39	5 50	6 10	6 26	6 42	6 57	7 14	7 32	7 43	7 56
30	5 51	6 10	6 24	6 36	6 46	6 55	7 10	7 23	7 35	7 47	8 00	8 14	8 22	8 32
31	7 18	7 29	7 39	7 47	7 53	7 59	8 09	8 18	8 26	8 34	8 42	8 52	8 58	9 04
Feb. 1	8 44	8 49	8 54	8 57	9 00	9 03	9 08	9 12	9 16	9 19	9 23	9 28	9 30	9 33
2	10 10	10 09	10 09	10 08	10 07	10 07	10 06	10 05	10 04	10 04	10 03	10 02	10 01	10 01
3	11 37	11 30	11 24	11 19	11 15	11 11	11 05	10 59	10 54	10 49	10 43	10 37	10 33	10 29
4	13 04	12 51	12 40	12 31	12 23	12 16	12 04	11 54	11 45	11 35	11 25	11 13	11 07	10 59
5	14 33	14 12	13 56	13 43	13 32	13 22	13 05	12 51	12 38	12 24	12 10	11 54	11 44	11 33
6	15 59	15 32	15 11	14 55	14 41	14 29	14 08	13 50	13 33	13 17	12 59	12 39	12 27	12 13
7	17 18	16 46	16 23	16 04	15 48	15 34	15 11	14 50	14 32	14 13	13 53	13 29	13 16	13 00
8	18 23	17 51	17 26	17 06	16 50	16 36	16 11	15 51	15 31	15 11	14 50	14 26	14 12	13 55
9	19 13	18 42	18 19	18 01	17 45	17 32	17 09	16 48	16 30	16 11	15 50	15 27	15 13	14 57
10	19 47	19 22	19 02	18 46	18 33	18 21	18 00	17 43	17 26	17 09	16 51	16 30	16 18	16 03
11	20 12	19 52	19 37	19 24	19 13	19 03	18 47	18 32	18 18	18 05	17 50	17 33	17 23	17 11
12	20 30	20 16	20 05	19 56	19 48	19 41	19 28	19 17	19 07	18 57	18 46	18 33	18 26	18 18
13	20 44	20 35	20 29	20 23	20 18	20 14	20 06	19 59	19 53	19 46	19 39	19 32	19 27	19 22
14	20 56	20 53	20 50	20 48	20 46	20 44	20 41	20 38	20 36	20 33	20 31	20 27	20 26	20 24
15	21 07	21 09	21 10	21 11	21 12	21 13	21 15	21 16	21 17	21 19	21 20	21 22	21 23	21 24
16	21 18	21 24	21 30	21 35	21 38	21 42	21 48	21 53	21 59	22 04	22 09	22 15	22 19	22 23

.. .. indicates phenomenon will occur the next day.

MOONRISE AND MOONSET, 2021

UNIVERSAL TIME FOR MERIDIAN OF GREENWICH

MOONRISE

Lat.	+40°	+42°	+44°	+46°	+48°	+50°	+52°	+54°	+56°	+58°	+60°	+62°	+64°	+66°
	h m	h m	h m	h m	h m	h m	h m	h m	h m	h m	h m	h m	h m	h m
Jan. 23	12 43	12 38	12 32	12 26	12 20	12 13	12 05	11 56	11 46	11 35	11 23	11 08	10 50	10 27
24	13 19	13 12	13 06	12 58	12 50	12 42	12 32	12 21	12 09	11 55	11 38	11 18	10 52	10 17
25	14 01	13 54	13 46	13 38	13 29	13 19	13 08	12 55	12 41	12 24	12 03	11 38	11 02	9 51
26	14 51	14 44	14 36	14 27	14 17	14 07	13 55	13 42	13 26	13 08	12 45	12 15	11 30	▭
27	15 49	15 42	15 34	15 26	15 17	15 06	14 55	14 42	14 27	14 10	13 48	13 20	12 40	▭
28	16 54	16 47	16 40	16 33	16 25	16 16	16 06	15 55	15 42	15 27	15 10	14 48	14 19	13 37
29	18 02	17 57	17 52	17 46	17 39	17 32	17 24	17 16	17 06	16 55	16 42	16 26	16 07	15 43
30	19 13	19 09	19 05	19 01	18 56	18 51	18 46	18 40	18 33	18 26	18 17	18 07	17 55	17 41
31	20 24	20 21	20 19	20 17	20 14	20 11	20 08	20 05	20 01	19 57	19 52	19 47	19 40	19 33
Feb. 1	21 34	21 34	21 33	21 33	21 32	21 31	21 31	21 30	21 29	21 28	21 27	21 25	21 24	21 22
2	22 45	22 46	22 47	22 48	22 50	22 51	22 53	22 55	22 57	22 59	23 01	23 04	23 07	23 11
3	23 56	23 59	.. ..	.. ..	.. ..	.. ..	.. ..	.. ..	.. ..	.. ..	.. ..	.. ..	.. ..	.. ..
4	.. ..	.. ..	0 02	0 05	0 08	0 12	0 16	0 20	0 25	0 31	0 37	0 44	0 53	1 02
5	1 08	1 13	1 17	1 22	1 28	1 34	1 40	1 47	1 55	2 04	2 15	2 27	2 41	2 59
6	2 21	2 27	2 33	2 39	2 47	2 55	3 04	3 14	3 25	3 38	3 53	4 11	4 35	5 06
7	3 32	3 38	3 46	3 54	4 03	4 13	4 23	4 36	4 50	5 07	5 27	5 53	6 28	7 40
8	4 38	4 45	4 53	5 02	5 12	5 22	5 34	5 48	6 04	6 23	6 46	7 17	8 07	■
9	5 36	5 44	5 52	6 00	6 10	6 20	6 32	6 45	7 01	7 19	7 42	8 11	8 54	■
10	6 26	6 33	6 40	6 48	6 56	7 06	7 16	7 28	7 41	7 56	8 15	8 37	9 07	9 52
11	7 07	7 13	7 19	7 25	7 32	7 40	7 48	7 58	8 08	8 20	8 34	8 50	9 10	9 35
12	7 42	7 46	7 50	7 55	8 01	8 06	8 13	8 19	8 27	8 36	8 46	8 57	9 10	9 26
13	8 11	8 14	8 17	8 20	8 24	8 28	8 32	8 36	8 41	8 47	8 53	9 01	9 09	9 18
14	8 37	8 38	8 40	8 42	8 44	8 46	8 48	8 50	8 53	8 56	8 59	9 03	9 07	9 12
15	9 01	9 01	9 01	9 01	9 02	9 02	9 02	9 03	9 03	9 03	9 04	9 04	9 05	9 06
16	9 24	9 23	9 22	9 20	9 19	9 18	9 16	9 14	9 13	9 11	9 08	9 06	9 03	9 00

MOONSET

Lat.	+40°	+42°	+44°	+46°	+48°	+50°	+52°	+54°	+56°	+58°	+60°	+62°	+64°	+66°
	h m	h m	h m	h m	h m	h m	h m	h m	h m	h m	h m	h m	h m	h m
Jan. 23	2 34	2 38	2 44	2 49	2 55	3 02	3 09	3 18	3 27	3 37	3 49	4 04	4 21	4 43
24	3 34	3 40	3 46	3 53	4 01	4 09	4 19	4 29	4 41	4 55	5 11	5 31	5 56	6 30
25	4 34	4 41	4 48	4 56	5 05	5 15	5 26	5 38	5 52	6 09	6 29	6 55	7 31	8 41
26	5 32	5 39	5 47	5 56	6 05	6 16	6 28	6 41	6 57	7 15	7 37	8 07	8 52	▭
27	6 26	6 33	6 41	6 50	6 59	7 09	7 21	7 34	7 49	8 07	8 28	8 56	9 37	▭
28	7 14	7 21	7 28	7 35	7 44	7 53	8 03	8 15	8 28	8 43	9 01	9 24	9 52	10 35
29	7 56	8 01	8 07	8 14	8 20	8 28	8 36	8 46	8 56	9 08	9 22	9 38	9 57	10 22
30	8 32	8 36	8 41	8 45	8 50	8 56	9 02	9 09	9 17	9 25	9 35	9 46	9 59	10 14
31	9 04	9 06	9 09	9 12	9 16	9 19	9 23	9 28	9 32	9 38	9 44	9 50	9 58	10 07
Feb. 1	9 33	9 34	9 35	9 37	9 38	9 40	9 42	9 44	9 46	9 48	9 51	9 54	9 57	10 01
2	10 01	10 01	10 00	10 00	10 00	9 59	9 59	9 58	9 58	9 57	9 57	9 56	9 55	9 55
3	10 29	10 27	10 25	10 23	10 21	10 19	10 16	10 13	10 10	10 07	10 03	9 59	9 54	9 48
4	10 59	10 56	10 53	10 49	10 45	10 40	10 35	10 30	10 24	10 18	10 10	10 02	9 52	9 41
5	11 33	11 29	11 23	11 18	11 12	11 06	10 58	10 51	10 42	10 32	10 21	10 07	9 52	9 33
6	12 13	12 07	12 00	11 53	11 46	11 37	11 28	11 17	11 06	10 52	10 36	10 17	9 53	9 21
7	13 00	12 53	12 45	12 37	12 28	12 18	12 07	11 54	11 40	11 23	11 02	10 36	10 00	8 48
8	13 55	13 48	13 39	13 31	13 21	13 10	12 58	12 44	12 28	12 10	11 46	11 15	10 26	■
9	14 57	14 50	14 42	14 34	14 24	14 14	14 02	13 49	13 34	13 16	12 54	12 25	11 41	■
10	16 03	15 57	15 50	15 43	15 35	15 26	15 16	15 04	14 51	14 36	14 18	13 56	13 27	12 43
11	17 11	17 06	17 00	16 54	16 48	16 41	16 33	16 24	16 14	16 03	15 50	15 34	15 15	14 51
12	18 18	18 14	18 10	18 05	18 01	17 56	17 50	17 44	17 37	17 29	17 20	17 10	16 58	16 43
13	19 22	19 19	19 17	19 14	19 11	19 08	19 05	19 01	18 57	18 52	18 47	18 41	18 34	18 25
14	20 24	20 23	20 22	20 21	20 19	20 18	20 17	20 15	20 14	20 12	20 10	20 07	20 05	20 02
15	21 24	21 24	21 25	21 25	21 26	21 26	21 27	21 28	21 28	21 29	21 30	21 31	21 33	21 34
16	22 23	22 25	22 27	22 29	22 31	22 33	22 36	22 39	22 42	22 46	22 50	22 54	22 59	23 06

▭ indicates Moon continuously above horizon.
■ indicates Moon continuously below horizon.
.. .. indicates phenomenon will occur the next day.

MOONRISE AND MOONSET, 2021

UNIVERSAL TIME FOR MERIDIAN OF GREENWICH

MOONRISE

Lat.	−55°	−50°	−45°	−40°	−35°	−30°	−20°	−10°	0°	+10°	+20°	+30°	+35°	+40°
	h m	h m	h m	h m	h m	h m	h m	h m	h m	h m	h m	h m	h m	h m
Feb. 15	8 53	8 54	8 54	8 55	8 55	8 56	8 56	8 57	8 58	8 58	8 59	9 00	9 00	9 01
16	10 06	10 01	9 57	9 54	9 52	9 49	9 45	9 42	9 39	9 36	9 32	9 28	9 26	9 24
17	11 18	11 08	11 00	10 53	10 48	10 43	10 34	10 27	10 20	10 13	10 06	9 58	9 53	9 47
18	12 30	12 15	12 03	11 53	11 44	11 37	11 24	11 12	11 02	10 52	10 41	10 28	10 21	10 13
19	13 43	13 22	13 06	12 52	12 41	12 31	12 14	12 00	11 46	11 32	11 18	11 01	10 52	10 41
20	14 55	14 29	14 09	13 52	13 39	13 27	13 06	12 49	12 32	12 16	11 58	11 39	11 27	11 14
21	16 05	15 34	15 10	14 52	14 36	14 23	14 00	13 40	13 21	13 03	12 43	12 21	12 08	11 52
22	17 07	16 34	16 09	15 49	15 32	15 18	14 54	14 33	14 13	13 54	13 33	13 09	12 55	12 38
23	17 58	17 26	17 01	16 42	16 26	16 11	15 47	15 27	15 07	14 48	14 27	14 03	13 49	13 32
24	18 37	18 09	17 47	17 29	17 14	17 01	16 39	16 20	16 02	15 44	15 25	15 02	14 49	14 34
25	19 06	18 43	18 25	18 11	17 58	17 47	17 29	17 12	16 57	16 41	16 25	16 06	15 55	15 42
26	19 28	19 11	18 58	18 47	18 38	18 29	18 15	18 02	17 50	17 39	17 26	17 11	17 03	16 53
27	19 45	19 35	19 26	19 19	19 13	19 08	18 59	18 50	18 43	18 35	18 27	18 17	18 12	18 05
28	20 00	19 55	19 52	19 49	19 46	19 44	19 40	19 37	19 34	19 30	19 27	19 23	19 21	19 18
Mar. 1	20 13	20 15	20 16	20 18	20 19	20 20	20 21	20 23	20 24	20 26	20 27	20 29	20 30	20 31
2	20 27	20 35	20 42	20 47	20 52	20 56	21 03	21 09	21 15	21 21	21 28	21 35	21 40	21 45
3	20 44	20 58	21 09	21 18	21 27	21 34	21 46	21 57	22 08	22 18	22 30	22 43	22 50	22 59
4	21 04	21 24	21 41	21 54	22 05	22 15	22 33	22 48	23 02	23 17	23 32	23 50	.. ..	.. ..
5	21 31	21 58	22 18	22 35	22 49	23 02	23 23	23 42	23 59	.. ..	.. ..	.. ..	0 01	0 13
6	22 09	22 41	23 05	23 24	23 40	23 54	.. ..	.. ..	.. ..	0 16	0 35	0 57	1 10	1 25
7	23 01	23 35	.. ..	.. ..	.. ..	.. ..	0 17	0 38	0 57	1 17	1 37	2 02	2 16	2 32
8	.. ..	.. ..	0 00	0 20	0 36	0 51	1 15	1 36	1 56	2 16	2 37	3 01	3 16	3 32
9	0 08	0 39	1 03	1 22	1 37	1 51	2 14	2 34	2 53	3 12	3 32	3 55	4 08	4 24
10	1 24	1 50	2 11	2 27	2 41	2 53	3 13	3 31	3 47	4 04	4 21	4 41	4 53	5 07
11	2 44	3 04	3 20	3 33	3 44	3 54	4 10	4 25	4 38	4 52	5 06	5 22	5 31	5 42

MOONSET

Lat.	−55°	−50°	−45°	−40°	−35°	−30°	−20°	−10°	0°	+10°	+20°	+30°	+35°	+40°
	h m	h m	h m	h m	h m	h m	h m	h m	h m	h m	h m	h m	h m	h m
Feb. 15	21 07	21 09	21 10	21 11	21 12	21 13	21 15	21 16	21 17	21 19	21 20	21 22	21 23	21 24
16	21 18	21 24	21 30	21 35	21 38	21 42	21 48	21 53	21 59	22 04	22 09	22 15	22 19	22 23
17	21 30	21 41	21 51	21 59	22 06	22 12	22 22	22 31	22 40	22 49	22 58	23 09	23 15	23 22
18	21 44	22 01	22 14	22 25	22 35	22 43	22 58	23 11	23 23	23 35	23 48	.. ..	.. ..	.. ..
19	22 02	22 24	22 41	22 56	23 08	23 18	23 37	23 53	.. ..	.. ..	.. ..	0 03	0 11	0 21
20	22 25	22 53	23 14	23 31	23 45	23 58	.. ..	.. ..	0 08	0 23	0 39	0 58	1 09	1 21
21	22 58	23 30	23 54	.. ..	.. ..	.. ..	0 19	0 38	0 56	1 13	1 32	1 54	2 06	2 21
22	23 44	.. ..	.. ..	0 13	0 29	0 43	1 06	1 27	1 46	2 05	2 26	2 49	3 03	3 19
23	.. ..	0 18	0 43	1 03	1 20	1 34	1 58	2 19	2 39	2 59	3 20	3 44	3 58	4 15
24	0 46	1 18	1 42	2 01	2 17	2 31	2 54	3 15	3 34	3 52	4 12	4 36	4 49	5 05
25	2 00	2 28	2 49	3 06	3 20	3 32	3 53	4 12	4 28	4 45	5 03	5 24	5 36	5 49
26	3 24	3 45	4 02	4 15	4 27	4 37	4 54	5 09	5 23	5 36	5 51	6 07	6 17	6 28
27	4 51	5 06	5 18	5 27	5 36	5 43	5 55	6 06	6 15	6 25	6 36	6 47	6 54	7 02
28	6 20	6 28	6 35	6 40	6 45	6 49	6 55	7 01	7 07	7 12	7 18	7 25	7 28	7 33
Mar. 1	7 50	7 51	7 52	7 53	7 54	7 55	7 56	7 57	7 58	7 58	7 59	8 00	8 01	8 02
2	9 19	9 14	9 10	9 06	9 03	9 01	8 56	8 52	8 48	8 44	8 40	8 36	8 33	8 30
3	10 49	10 37	10 28	10 20	10 13	10 07	9 57	9 48	9 40	9 32	9 23	9 13	9 07	9 00
4	12 20	12 01	11 46	11 34	11 24	11 15	10 59	10 46	10 33	10 21	10 08	9 52	9 44	9 34
5	13 48	13 23	13 03	12 47	12 34	12 22	12 02	11 45	11 29	11 13	10 56	10 36	10 25	10 12
6	15 10	14 39	14 16	13 57	13 42	13 28	13 05	12 45	12 27	12 08	11 48	11 25	11 12	10 57
7	16 20	15 46	15 21	15 01	14 45	14 31	14 06	13 45	13 25	13 06	12 44	12 20	12 06	11 49
8	17 13	16 41	16 17	15 58	15 41	15 27	15 04	14 43	14 23	14 04	13 43	13 19	13 05	12 48
9	17 50	17 23	17 02	16 45	16 30	16 18	15 56	15 37	15 19	15 02	14 43	14 20	14 07	13 52
10	18 17	17 55	17 38	17 24	17 12	17 01	16 43	16 27	16 12	15 57	15 41	15 22	15 11	14 59
11	18 36	18 20	18 07	17 57	17 47	17 39	17 25	17 13	17 01	16 50	16 37	16 23	16 14	16 05

.. .. indicates phenomenon will occur the next day.

UNIVERSAL TIME FOR MERIDIAN OF GREENWICH

MOONRISE

Lat.	+40°	+42°	+44°	+46°	+48°	+50°	+52°	+54°	+56°	+58°	+60°	+62°	+64°	+66°
	h m	h m	h m	h m	h m	h m	h m	h m	h m	h m	h m	h m	h m	h m
Feb. 15	9 01	9 01	9 01	9 01	9 02	9 02	9 02	9 03	9 03	9 03	9 04	9 04	9 05	9 06
16	9 24	9 23	9 22	9 20	9 19	9 18	9 16	9 14	9 13	9 11	9 08	9 06	9 03	9 00
17	9 47	9 45	9 43	9 40	9 37	9 34	9 31	9 27	9 23	9 18	9 13	9 07	9 01	8 53
18	10 13	10 09	10 05	10 01	9 57	9 52	9 47	9 41	9 35	9 27	9 19	9 10	8 59	8 47
19	10 41	10 36	10 31	10 26	10 20	10 13	10 06	9 58	9 49	9 39	9 28	9 14	8 58	8 39
20	11 14	11 08	11 01	10 55	10 47	10 39	10 30	10 20	10 08	9 55	9 40	9 22	8 59	8 29
21	11 52	11 46	11 38	11 30	11 21	11 12	11 01	10 49	10 35	10 19	10 00	9 36	9 04	8 11
22	12 38	12 31	12 23	12 14	12 05	11 54	11 43	11 29	11 14	10 56	10 33	10 04	9 20	▢
23	13 32	13 25	13 17	13 08	12 59	12 48	12 37	12 23	12 08	11 49	11 26	10 56	10 10	▢
24	14 34	14 27	14 20	14 12	14 03	13 54	13 43	13 31	13 17	13 00	12 40	12 15	11 41	10 37
25	15 42	15 36	15 30	15 23	15 16	15 08	14 59	14 49	14 38	14 25	14 10	13 51	13 28	12 57
26	16 53	16 49	16 44	16 39	16 33	16 27	16 21	16 14	16 05	15 56	15 46	15 33	15 19	15 01
27	18 05	18 03	18 00	17 56	17 53	17 49	17 45	17 41	17 36	17 30	17 24	17 16	17 08	16 58
28	19 18	19 17	19 16	19 15	19 13	19 12	19 10	19 08	19 06	19 04	19 02	18 59	18 56	18 52
Mar. 1	20 31	20 32	20 33	20 33	20 34	20 35	20 35	20 36	20 37	20 38	20 40	20 41	20 43	20 45
2	21 45	21 47	21 50	21 52	21 55	21 58	22 01	22 05	22 09	22 13	22 18	22 24	22 31	22 39
3	22 59	23 03	23 07	23 11	23 16	23 21	23 27	23 34	23 41	23 49	23 58	.. ..	.. ..	.. ..
4	.. ..	.. ..	.. ..	.. ..	.. ..	.. ..	.. ..	.. ..	.. ..	.. ..	.. ..	0 09	0 22	0 37
5	0 13	0 18	0 24	0 30	0 37	0 45	0 53	1 02	1 13	1 25	1 39	1 56	2 16	2 44
6	1 25	1 31	1 38	1 46	1 55	2 04	2 15	2 27	2 40	2 57	3 16	3 40	4 13	5 09
7	2 32	2 40	2 48	2 56	3 06	3 17	3 29	3 42	3 58	4 17	4 40	5 11	6 01	▬
8	3 32	3 40	3 48	3 57	4 07	4 17	4 30	4 43	4 59	5 19	5 42	6 14	7 04	▬
9	4 24	4 31	4 38	4 47	4 55	5 05	5 16	5 29	5 43	6 00	6 20	6 46	7 20	8 24
10	5 07	5 13	5 19	5 26	5 34	5 42	5 51	6 01	6 13	6 26	6 42	7 00	7 24	7 54
11	5 42	5 47	5 52	5 57	6 03	6 10	6 17	6 25	6 33	6 43	6 55	7 08	7 23	7 42

MOONSET

Lat.	+40°	+42°	+44°	+46°	+48°	+50°	+52°	+54°	+56°	+58°	+60°	+62°	+64°	+66°
	h m	h m	h m	h m	h m	h m	h m	h m	h m	h m	h m	h m	h m	h m
Feb. 15	21 24	21 24	21 25	21 25	21 26	21 26	21 27	21 28	21 28	21 29	21 30	21 31	21 33	21 34
16	22 23	22 25	22 27	22 29	22 31	22 33	22 36	22 39	22 42	22 46	22 50	22 54	22 59	23 06
17	23 22	23 25	23 28	23 32	23 36	23 40	23 45	23 50	23 55	.. ..	.. ..	.. ..	.. ..	.. ..
18	.. ..	.. ..	.. ..	.. ..	.. ..	.. ..	.. ..	.. ..	.. ..	0 02	0 09	0 17	0 27	0 38
19	0 21	0 26	0 30	0 36	0 41	0 47	0 54	1 01	1 09	1 19	1 29	1 42	1 57	2 15
20	1 21	1 27	1 33	1 39	1 46	1 54	2 03	2 12	2 23	2 36	2 51	3 08	3 30	3 59
21	2 21	2 28	2 35	2 42	2 51	3 00	3 11	3 22	3 36	3 52	4 10	4 34	5 06	5 58
22	3 19	3 27	3 34	3 43	3 52	4 03	4 14	4 28	4 43	5 01	5 23	5 52	6 36	▢
23	4 15	4 22	4 30	4 39	4 48	4 59	5 11	5 24	5 40	5 59	6 22	6 52	7 38	▢
24	5 05	5 12	5 19	5 28	5 37	5 46	5 57	6 10	6 24	6 41	7 01	7 27	8 02	9 06
25	5 49	5 55	6 02	6 09	6 17	6 25	6 34	6 45	6 57	7 10	7 26	7 45	8 09	8 40
26	6 28	6 33	6 38	6 43	6 49	6 56	7 03	7 11	7 20	7 30	7 41	7 55	8 10	8 29
27	7 02	7 05	7 09	7 13	7 17	7 21	7 26	7 32	7 38	7 44	7 52	8 00	8 10	8 21
28	7 33	7 34	7 36	7 38	7 41	7 43	7 46	7 49	7 52	7 55	7 59	8 04	8 09	8 14
Mar. 1	8 02	8 02	8 02	8 02	8 03	8 03	8 03	8 04	8 04	8 05	8 05	8 06	8 07	8 08
2	8 30	8 29	8 28	8 26	8 25	8 23	8 21	8 19	8 17	8 14	8 11	8 08	8 05	8 01
3	9 00	8 58	8 55	8 51	8 48	8 44	8 40	8 35	8 30	8 25	8 18	8 11	8 03	7 53
4	9 34	9 29	9 25	9 20	9 14	9 08	9 02	8 54	8 46	8 37	8 27	8 15	8 02	7 45
5	10 12	10 06	10 00	9 53	9 46	9 38	9 29	9 19	9 08	8 55	8 40	8 23	8 01	7 33
6	10 57	10 50	10 42	10 34	10 25	10 16	10 05	9 52	9 38	9 22	9 02	8 38	8 04	7 07
7	11 49	11 41	11 33	11 24	11 15	11 04	10 52	10 38	10 22	10 03	9 40	9 08	8 19	▬
8	12 48	12 41	12 33	12 24	12 14	12 04	11 52	11 38	11 22	11 03	10 39	10 08	9 17	▬
9	13 52	13 46	13 38	13 30	13 22	13 12	13 01	12 49	12 35	12 19	11 59	11 34	11 00	9 56
10	14 59	14 53	14 47	14 40	14 33	14 25	14 17	14 07	13 56	13 43	13 28	13 10	12 48	12 18
11	16 05	16 00	15 56	15 51	15 45	15 40	15 33	15 26	15 18	15 09	14 58	14 46	14 31	14 14

▢ indicates Moon continuously above horizon.
▬ indicates Moon continuously below horizon.
.. .. indicates phenomenon will occur the next day.

MOONRISE AND MOONSET, 2021

UNIVERSAL TIME FOR MERIDIAN OF GREENWICH

MOONRISE

Lat.	−55°	−50°	−45°	−40°	−35°	−30°	−20°	−10°	0°	+10°	+20°	+30°	+35°	+40°
	h m	h m	h m	h m	h m	h m	h m	h m	h m	h m	h m	h m	h m	h m
Mar. 9	0 08	0 39	1 03	1 22	1 37	1 51	2 14	2 34	2 53	3 12	3 32	3 55	4 08	4 24
10	1 24	1 50	2 11	2 27	2 41	2 53	3 13	3 31	3 47	4 04	4 21	4 41	4 53	5 07
11	2 44	3 04	3 20	3 33	3 44	3 54	4 10	4 25	4 38	4 52	5 06	5 22	5 31	5 42
12	4 03	4 18	4 29	4 38	4 46	4 53	5 05	5 16	5 26	5 36	5 46	5 58	6 05	6 12
13	5 21	5 29	5 36	5 42	5 46	5 51	5 58	6 04	6 10	6 16	6 23	6 30	6 34	6 39
14	6 36	6 39	6 41	6 43	6 45	6 46	6 49	6 51	6 53	6 55	6 57	7 00	7 01	7 03
15	7 50	7 47	7 45	7 43	7 42	7 40	7 38	7 36	7 34	7 33	7 31	7 29	7 27	7 26
16	9 02	8 54	8 48	8 43	8 38	8 34	8 27	8 21	8 15	8 10	8 04	7 57	7 54	7 49
17	10 15	10 02	9 51	9 42	9 34	9 28	9 16	9 06	8 57	8 48	8 38	8 27	8 21	8 14
18	11 28	11 09	10 54	10 42	10 31	10 22	10 06	9 53	9 40	9 28	9 14	8 59	8 50	8 40
19	12 41	12 16	11 57	11 41	11 28	11 17	10 58	10 41	10 25	10 10	9 53	9 34	9 24	9 11
20	13 51	13 22	12 59	12 41	12 26	12 12	11 50	11 31	11 13	10 55	10 36	10 14	10 01	9 47
21	14 56	14 23	13 58	13 38	13 22	13 07	12 43	12 22	12 03	11 44	11 23	10 59	10 45	10 29
22	15 51	15 18	14 52	14 32	14 15	14 01	13 36	13 15	12 55	12 35	12 14	11 50	11 35	11 18
23	16 35	16 03	15 40	15 21	15 05	14 51	14 28	14 08	13 49	13 30	13 09	12 46	12 32	12 16
24	17 07	16 41	16 21	16 04	15 50	15 38	15 17	14 59	14 43	14 26	14 07	13 46	13 34	13 20
25	17 31	17 11	16 55	16 42	16 31	16 21	16 04	15 50	15 36	15 22	15 07	14 50	14 40	14 29
26	17 49	17 36	17 25	17 16	17 08	17 01	16 49	16 38	16 28	16 18	16 08	15 56	15 48	15 40
27	18 04	17 57	17 51	17 46	17 42	17 38	17 31	17 26	17 20	17 15	17 09	17 02	16 58	16 54
28	18 18	18 17	18 16	18 15	18 15	18 14	18 13	18 12	18 12	18 11	18 10	18 09	18 09	18 08
29	18 32	18 37	18 41	18 45	18 48	18 51	18 55	19 00	19 04	19 08	19 12	19 17	19 20	19 23
30	18 47	18 59	19 08	19 16	19 23	19 29	19 39	19 48	19 57	20 06	20 15	20 26	20 33	20 40
31	19 06	19 24	19 39	19 51	20 01	20 10	20 26	20 40	20 53	21 06	21 20	21 36	21 46	21 57
Apr. 1	19 31	19 56	20 15	20 31	20 44	20 56	21 16	21 34	21 51	22 08	22 26	22 46	22 59	23 13
2	20 05	20 36	20 59	21 18	21 34	21 48	22 11	22 32	22 51	23 10	23 30	23 54	.. ..	.. ..

MOONSET

	−55°	−50°	−45°	−40°	−35°	−30°	−20°	−10°	0°	+10°	+20°	+30°	+35°	+40°
	h m	h m	h m	h m	h m	h m	h m	h m	h m	h m	h m	h m	h m	h m
Mar. 9	17 50	17 23	17 02	16 45	16 30	16 18	15 56	15 37	15 19	15 02	14 43	14 20	14 07	13 52
10	18 17	17 55	17 38	17 24	17 12	17 01	16 43	16 27	16 12	15 57	15 41	15 22	15 11	14 59
11	18 36	18 20	18 07	17 57	17 47	17 39	17 25	17 13	17 01	16 50	16 37	16 23	16 14	16 05
12	18 51	18 40	18 32	18 25	18 19	18 13	18 04	17 55	17 47	17 40	17 31	17 21	17 16	17 09
13	19 03	18 58	18 53	18 50	18 47	18 44	18 39	18 35	18 31	18 27	18 23	18 18	18 15	18 11
14	19 14	19 14	19 14	19 13	19 13	19 13	19 13	19 13	19 13	19 13	19 13	19 12	19 12	19 12
15	19 24	19 29	19 33	19 37	19 39	19 42	19 46	19 50	19 54	19 58	20 02	20 06	20 09	20 12
16	19 36	19 45	19 54	20 00	20 06	20 11	20 20	20 28	20 35	20 43	20 51	21 00	21 05	21 11
17	19 48	20 04	20 16	20 26	20 34	20 42	20 55	21 07	21 18	21 29	21 40	21 54	22 02	22 11
18	20 04	20 25	20 41	20 54	21 05	21 15	21 33	21 48	22 02	22 16	22 31	22 49	22 59	23 10
19	20 25	20 51	21 11	21 27	21 41	21 53	22 13	22 31	22 48	23 05	23 23	23 44	23 56	.. ..
20	20 53	21 24	21 47	22 06	22 21	22 35	22 58	23 18	23 37	23 56	.. ..	.. ..	.. ..	0 10
21	21 32	22 06	22 31	22 51	23 08	23 22	23 47	.. ..	.. ..	.. ..	0 16	0 39	0 53	1 09
22	22 26	23 00	23 25	23 45	.. ..	.. ..	.. ..	0 08	0 28	0 48	1 09	1 33	1 48	2 04
23	23 34	.. ..	.. ..	.. ..	0 01	0 16	0 40	1 01	1 21	1 40	2 01	2 25	2 39	2 56
24	.. ..	0 04	0 27	0 46	1 01	1 14	1 37	1 56	2 14	2 33	2 52	3 14	3 27	3 42
25	0 53	1 17	1 37	1 52	2 05	2 17	2 36	2 53	3 08	3 24	3 40	3 59	4 10	4 22
26	2 18	2 36	2 51	3 03	3 12	3 21	3 36	3 49	4 01	4 13	4 26	4 40	4 48	4 58
27	3 47	3 58	4 08	4 15	4 21	4 27	4 37	4 45	4 53	5 01	5 09	5 18	5 23	5 29
28	5 17	5 22	5 26	5 29	5 31	5 34	5 38	5 41	5 44	5 48	5 51	5 55	5 57	5 59
29	6 49	6 47	6 45	6 44	6 42	6 41	6 39	6 38	6 36	6 34	6 33	6 31	6 29	6 28
30	8 22	8 13	8 06	8 00	7 54	7 50	7 42	7 35	7 29	7 22	7 15	7 08	7 03	6 58
31	9 56	9 40	9 27	9 17	9 08	9 00	8 46	8 34	8 23	8 12	8 01	7 47	7 40	7 31
Apr. 1	11 30	11 06	10 48	10 33	10 21	10 10	9 51	9 35	9 20	9 05	8 49	8 31	8 20	8 08
2	12 58	12 28	12 06	11 47	11 32	11 19	10 57	10 37	10 19	10 01	9 42	9 20	9 07	8 52

.. .. indicates phenomenon will occur the next day.

UNIVERSAL TIME FOR MERIDIAN OF GREENWICH

MOONRISE

Lat.	+40°	+42°	+44°	+46°	+48°	+50°	+52°	+54°	+56°	+58°	+60°	+62°	+64°	+66°
	h m	h m	h m	h m	h m	h m	h m	h m	h m	h m	h m	h m	h m	h m
Mar. 9	4 24	4 31	4 38	4 47	4 55	5 05	5 16	5 29	5 43	6 00	6 20	6 46	7 20	8 24
10	5 07	5 13	5 19	5 26	5 34	5 42	5 51	6 01	6 13	6 26	6 42	7 00	7 24	7 54
11	5 42	5 47	5 52	5 57	6 03	6 10	6 17	6 25	6 33	6 43	6 55	7 08	7 23	7 42
12	6 12	6 16	6 19	6 23	6 27	6 32	6 37	6 42	6 49	6 55	7 03	7 12	7 22	7 33
13	6 39	6 41	6 43	6 45	6 48	6 51	6 54	6 57	7 00	7 04	7 09	7 14	7 19	7 26
14	7 03	7 04	7 04	7 05	7 06	7 07	7 08	7 09	7 10	7 12	7 13	7 15	7 17	7 19
15	7 26	7 25	7 25	7 24	7 23	7 23	7 22	7 21	7 20	7 19	7 17	7 16	7 15	7 13
16	7 49	7 47	7 45	7 43	7 41	7 38	7 36	7 33	7 29	7 26	7 22	7 17	7 12	7 06
17	8 14	8 11	8 07	8 04	8 00	7 55	7 51	7 46	7 40	7 34	7 27	7 19	7 10	6 59
18	8 40	8 36	8 31	8 26	8 21	8 15	8 08	8 01	7 53	7 44	7 34	7 22	7 08	6 51
19	9 11	9 05	8 59	8 53	8 46	8 38	8 30	8 20	8 10	7 58	7 44	7 27	7 07	6 41
20	9 47	9 40	9 33	9 25	9 17	9 08	8 57	8 46	8 33	8 18	8 00	7 37	7 08	6 25
21	10 29	10 21	10 14	10 05	9 56	9 45	9 34	9 21	9 05	8 47	8 25	7 57	7 15	□
22	11 18	11 11	11 03	10 54	10 44	10 33	10 21	10 07	9 51	9 32	9 08	8 36	7 45	□
23	12 16	12 09	12 01	11 52	11 43	11 33	11 21	11 08	10 53	10 35	10 13	9 44	9 01	□
24	13 20	13 13	13 07	12 59	12 51	12 42	12 32	12 21	12 08	11 53	11 35	11 13	10 44	10 00
25	14 29	14 23	14 18	14 12	14 06	13 59	13 51	13 42	13 32	13 21	13 08	12 53	12 34	12 10
26	15 40	15 37	15 33	15 29	15 24	15 19	15 14	15 08	15 01	14 54	14 45	14 36	14 24	14 10
27	16 54	16 52	16 50	16 47	16 45	16 42	16 39	16 36	16 33	16 29	16 24	16 19	16 14	16 07
28	18 08	18 08	18 07	18 07	18 07	18 07	18 06	18 06	18 05	18 05	18 04	18 04	18 03	18 02
29	19 23	19 25	19 26	19 28	19 30	19 32	19 34	19 37	19 39	19 42	19 46	19 49	19 54	19 59
30	20 40	20 43	20 47	20 50	20 54	20 59	21 04	21 09	21 15	21 22	21 29	21 38	21 48	22 00
31	21 57	22 02	22 07	22 13	22 19	22 26	22 33	22 42	22 51	23 02	23 14	23 29	23 47	.. ..
Apr. 1	23 13	23 19	23 26	23 34	23 42	23 51	.. ..	.. ..	.. ..	.. ..	.. ..	.. ..	.. ..	0 09
2	.. ..	.. ..	.. ..	.. ..	.. ..	.. ..	0 01	0 12	0 25	0 40	0 58	1 20	1 49	2 34

MOONSET

Lat.	+40°	+42°	+44°	+46°	+48°	+50°	+52°	+54°	+56°	+58°	+60°	+62°	+64°	+66°
	h m	h m	h m	h m	h m	h m	h m	h m	h m	h m	h m	h m	h m	h m
Mar. 9	13 52	13 46	13 38	13 30	13 22	13 12	13 01	12 49	12 35	12 19	11 59	11 34	11 00	9 56
10	14 59	14 53	14 47	14 40	14 33	14 25	14 17	14 07	13 56	13 43	13 28	13 10	12 48	12 18
11	16 05	16 00	15 56	15 51	15 45	15 40	15 33	15 26	15 18	15 09	14 58	14 46	14 31	14 14
12	17 09	17 06	17 03	17 00	16 56	16 52	16 48	16 43	16 38	16 32	16 26	16 18	16 09	15 59
13	18 11	18 10	18 08	18 07	18 05	18 03	18 01	17 58	17 56	17 53	17 50	17 46	17 42	17 37
14	19 12	19 12	19 12	19 12	19 12	19 12	19 12	19 12	19 11	19 11	19 11	19 11	19 11	19 11
15	20 12	20 13	20 15	20 16	20 18	20 19	20 21	20 23	20 26	20 28	20 31	20 35	20 38	20 43
16	21 11	21 14	21 17	21 20	21 23	21 27	21 31	21 35	21 40	21 45	21 51	21 58	22 06	22 16
17	22 11	22 15	22 19	22 24	22 29	22 34	22 40	22 46	22 54	23 02	23 12	23 23	23 36	23 52
18	23 10	23 16	23 21	23 27	23 34	23 41	23 49	23 58	.. ..	.. ..	.. ..	.. ..	.. ..	.. ..
19	.. ..	.. ..	.. ..	.. ..	.. ..	.. ..	.. ..	.. ..	0 08	0 20	0 33	0 49	1 08	1 33
20	0 10	0 16	0 23	0 31	0 39	0 48	0 58	1 09	1 21	1 36	1 54	2 16	2 44	3 27
21	1 09	1 16	1 23	1 32	1 41	1 51	2 03	2 16	2 31	2 48	3 10	3 38	4 20	□
22	2 04	2 12	2 20	2 29	2 39	2 49	3 02	3 15	3 31	3 51	4 14	4 46	5 38	□
23	2 56	3 03	3 11	3 20	3 29	3 40	3 51	4 05	4 20	4 38	5 01	5 30	6 13	□
24	3 42	3 48	3 56	4 03	4 12	4 21	4 31	4 43	4 56	5 12	5 30	5 53	6 22	7 07
25	4 22	4 28	4 34	4 40	4 47	4 54	5 03	5 12	5 23	5 34	5 48	6 04	6 24	6 49
26	4 58	5 02	5 06	5 11	5 16	5 22	5 28	5 34	5 42	5 50	6 00	6 11	6 23	6 38
27	5 29	5 32	5 35	5 38	5 41	5 45	5 48	5 52	5 57	6 02	6 08	6 14	6 21	6 30
28	5 59	6 00	6 01	6 02	6 04	6 05	6 07	6 08	6 10	6 12	6 14	6 16	6 19	6 22
29	6 28	6 28	6 27	6 26	6 26	6 25	6 24	6 23	6 22	6 21	6 20	6 18	6 17	6 15
30	6 58	6 56	6 54	6 51	6 48	6 45	6 42	6 39	6 35	6 31	6 26	6 20	6 14	6 07
31	7 31	7 27	7 23	7 18	7 14	7 09	7 03	6 57	6 50	6 42	6 34	6 24	6 12	5 58
Apr. 1	8 08	8 03	7 57	7 51	7 44	7 37	7 28	7 19	7 09	6 58	6 45	6 29	6 10	5 47
2	8 52	8 45	8 38	8 30	8 22	8 12	8 02	7 50	7 37	7 21	7 03	6 40	6 10	5 25

□ indicates Moon continuously above horizon.
.. .. indicates phenomenon will occur the next day.

MOONRISE AND MOONSET, 2021

UNIVERSAL TIME FOR MERIDIAN OF GREENWICH

MOONRISE

Lat.	−55°	−50°	−45°	−40°	−35°	−30°	−20°	−10°	0°	+10°	+20°	+30°	+35°	+40°
	h m	h m	h m	h m	h m	h m	h m	h m	h m	h m	h m	h m	h m	h m
Apr. 1	19 31	19 56	20 15	20 31	20 44	20 56	21 16	21 34	21 51	22 08	22 26	22 46	22 59	23 13
2	20 05	20 36	20 59	21 18	21 34	21 48	22 11	22 32	22 51	23 10	23 30	23 54	.. ..	.. ..
3	20 54	21 28	21 53	22 13	22 30	22 44	23 09	23 31	23 51	.. ..	.. ..	.. ..	0 08	0 25
4	21 57	22 30	22 55	23 14	23 31	23 45	.. ..	.. ..	.. ..	0 11	0 32	0 57	1 12	1 29
5	23 12	23 40	.. ..	.. ..	.. ..	.. ..	0 09	0 30	0 49	1 08	1 29	1 53	2 07	2 23
6	.. ..	.. ..	0 02	0 19	0 34	0 47	1 08	1 27	1 44	2 02	2 20	2 42	2 54	3 08
7	0 31	0 53	1 11	1 25	1 37	1 48	2 06	2 21	2 36	2 50	3 06	3 23	3 34	3 45
8	1 50	2 07	2 20	2 30	2 39	2 47	3 01	3 13	3 24	3 35	3 47	4 00	4 08	4 16
9	3 08	3 18	3 26	3 33	3 39	3 44	3 53	4 01	4 09	4 16	4 24	4 32	4 37	4 43
10	4 23	4 28	4 31	4 35	4 37	4 40	4 44	4 48	4 51	4 55	4 58	5 02	5 05	5 07
11	5 36	5 36	5 35	5 35	5 34	5 34	5 33	5 33	5 32	5 32	5 31	5 31	5 31	5 30
12	6 49	6 43	6 38	6 34	6 30	6 27	6 22	6 17	6 13	6 09	6 04	5 59	5 56	5 53
13	8 02	7 50	7 41	7 33	7 27	7 21	7 11	7 02	6 54	6 46	6 38	6 28	6 23	6 17
14	9 15	8 58	8 44	8 33	8 23	8 15	8 01	7 48	7 37	7 25	7 13	6 59	6 51	6 42
15	10 29	10 05	9 48	9 33	9 21	9 10	8 52	8 36	8 21	8 07	7 51	7 33	7 23	7 11
16	11 41	11 12	10 50	10 33	10 18	10 05	9 44	9 25	9 08	8 51	8 32	8 11	7 59	7 45
17	12 48	12 15	11 50	11 31	11 14	11 00	10 36	10 16	9 57	9 38	9 17	8 54	8 40	8 24
18	13 46	13 12	12 46	12 26	12 09	11 54	11 29	11 07	10 47	10 28	10 06	9 41	9 27	9 10
19	14 33	14 00	13 35	13 15	12 59	12 45	12 20	11 59	11 40	11 20	10 59	10 34	10 20	10 03
20	15 08	14 40	14 18	14 00	13 45	13 32	13 09	12 50	12 32	12 14	11 54	11 32	11 19	11 03
21	15 34	15 11	14 53	14 38	14 26	14 15	13 56	13 40	13 24	13 09	12 52	12 33	12 22	12 09
22	15 54	15 37	15 24	15 13	15 03	14 55	14 40	14 27	14 15	14 03	13 51	13 36	13 27	13 17
23	16 10	15 59	15 51	15 43	15 37	15 32	15 22	15 14	15 06	14 58	14 50	14 40	14 34	14 28
24	16 23	16 19	16 15	16 12	16 10	16 07	16 03	16 00	15 57	15 53	15 50	15 46	15 43	15 41
25	16 37	16 38	16 40	16 41	16 42	16 43	16 45	16 46	16 48	16 49	16 51	16 53	16 54	16 55

MOONSET

Lat.	−55°	−50°	−45°	−40°	−35°	−30°	−20°	−10°	0°	+10°	+20°	+30°	+35°	+40°
	h m	h m	h m	h m	h m	h m	h m	h m	h m	h m	h m	h m	h m	h m
Apr. 1	11 30	11 06	10 48	10 33	10 21	10 10	9 51	9 35	9 20	9 05	8 49	8 31	8 20	8 08
2	12 58	12 28	12 06	11 47	11 32	11 19	10 57	10 37	10 19	10 01	9 42	9 20	9 07	8 52
3	14 15	13 41	13 16	12 56	12 39	12 25	12 00	11 39	11 19	11 00	10 38	10 14	9 59	9 43
4	15 13	14 40	14 15	13 55	13 39	13 24	13 00	12 39	12 19	11 59	11 38	11 13	10 58	10 41
5	15 55	15 26	15 03	14 45	14 30	14 17	13 54	13 34	13 16	12 57	12 37	12 14	12 01	11 45
6	16 24	16 00	15 42	15 26	15 13	15 02	14 43	14 26	14 09	13 53	13 36	13 16	13 04	12 51
7	16 44	16 26	16 12	16 00	15 50	15 41	15 26	15 12	14 59	14 46	14 33	14 17	14 07	13 57
8	17 00	16 47	16 37	16 29	16 22	16 16	16 05	15 55	15 46	15 36	15 26	15 15	15 08	15 01
9	17 12	17 05	16 59	16 54	16 50	16 47	16 40	16 35	16 29	16 24	16 18	16 11	16 07	16 03
10	17 23	17 21	17 19	17 18	17 17	17 16	17 14	17 13	17 11	17 10	17 08	17 06	17 05	17 04
11	17 33	17 36	17 39	17 41	17 43	17 44	17 47	17 50	17 52	17 54	17 57	18 00	18 01	18 03
12	17 43	17 51	17 58	18 04	18 09	18 13	18 20	18 27	18 33	18 39	18 46	18 53	18 58	19 03
13	17 55	18 08	18 19	18 28	18 36	18 43	18 55	19 05	19 15	19 25	19 35	19 47	19 54	20 02
14	18 09	18 28	18 43	18 55	19 06	19 15	19 31	19 45	19 58	20 11	20 25	20 42	20 51	21 02
15	18 28	18 52	19 11	19 26	19 39	19 51	20 10	20 27	20 43	21 00	21 17	21 37	21 48	22 02
16	18 52	19 22	19 44	20 02	20 17	20 31	20 53	21 13	21 31	21 50	22 09	22 32	22 45	23 01
17	19 27	20 00	20 25	20 45	21 01	21 16	21 40	22 01	22 21	22 41	23 02	23 26	23 41	23 57
18	20 14	20 48	21 14	21 34	21 51	22 06	22 31	22 52	23 12	23 32	23 54	.. ..	.. ..	.. ..
19	21 15	21 47	22 12	22 31	22 47	23 01	23 25	23 46	.. ..	.. ..	.. ..	0 19	0 33	0 50
20	22 28	22 56	23 17	23 34	23 48	.. ..	.. ..	.. ..	0 05	0 24	0 44	1 07	1 21	1 37
21	23 49	.. ..	.. ..	.. ..	.. ..	0 01	0 22	0 40	0 57	1 14	1 32	1 53	2 05	2 18
22	.. ..	0 10	0 27	0 41	0 53	1 03	1 20	1 35	1 49	2 03	2 17	2 34	2 43	2 54
23	1 14	1 29	1 41	1 51	1 59	2 06	2 19	2 30	2 40	2 50	3 00	3 12	3 19	3 27
24	2 42	2 50	2 57	3 02	3 07	3 11	3 18	3 24	3 30	3 36	3 42	3 48	3 52	3 56
25	4 12	4 14	4 15	4 16	4 17	4 17	4 19	4 20	4 21	4 22	4 23	4 24	4 24	4 25

.. .. indicates phenomenon will occur the next day.

UNIVERSAL TIME FOR MERIDIAN OF GREENWICH

MOONRISE

Lat.	+40°	+42°	+44°	+46°	+48°	+50°	+52°	+54°	+56°	+58°	+60°	+62°	+64°	+66°
	h m	h m	h m	h m	h m	h m	h m	h m	h m	h m	h m	h m	h m	h m
Apr. 1	23 13	23 19	23 26	23 34	23 42	23 51	.. ..	.. ..	.. ..	.. ..	.. ..	.. ..	.. ..	0 09
2	.. ..	.. ..	.. ..	.. ..	.. ..	.. ..	0 01	0 12	0 25	0 40	0 58	1 20	1 49	2 34
3	0 25	0 32	0 40	0 49	0 58	1 09	1 20	1 34	1 50	2 08	2 31	3 02	3 50	■
4	1 29	1 36	1 45	1 54	2 04	2 15	2 27	2 41	2 58	3 18	3 43	4 17	5 17	■
5	2 23	2 31	2 38	2 47	2 56	3 07	3 19	3 32	3 47	4 05	4 27	4 55	5 37	■
6	3 08	3 15	3 22	3 29	3 37	3 46	3 56	4 07	4 20	4 34	4 52	5 13	5 39	6 17
7	3 45	3 51	3 56	4 02	4 09	4 16	4 24	4 32	4 42	4 53	5 06	5 21	5 38	6 01
8	4 16	4 20	4 24	4 29	4 34	4 39	4 45	4 51	4 58	5 06	5 14	5 24	5 36	5 50
9	4 43	4 46	4 48	4 51	4 54	4 58	5 01	5 05	5 10	5 15	5 20	5 26	5 34	5 42
10	5 07	5 09	5 10	5 11	5 13	5 14	5 16	5 18	5 20	5 22	5 25	5 27	5 31	5 34
11	5 30	5 30	5 30	5 30	5 30	5 30	5 29	5 29	5 29	5 29	5 28	5 28	5 28	5 27
12	5 53	5 52	5 50	5 48	5 47	5 45	5 43	5 40	5 38	5 35	5 32	5 29	5 25	5 20
13	6 17	6 14	6 11	6 08	6 05	6 01	5 57	5 53	5 48	5 43	5 37	5 30	5 22	5 13
14	6 42	6 38	6 34	6 29	6 24	6 19	6 13	6 07	5 59	5 51	5 42	5 32	5 19	5 05
15	7 11	7 06	7 00	6 54	6 48	6 41	6 33	6 24	6 14	6 03	5 50	5 35	5 17	4 55
16	7 45	7 38	7 31	7 24	7 16	7 07	6 58	6 47	6 34	6 20	6 03	5 43	5 16	4 40
17	8 24	8 17	8 09	8 01	7 51	7 41	7 30	7 17	7 02	6 45	6 24	5 57	5 19	□
18	9 10	9 02	8 54	8 45	8 35	8 25	8 12	7 58	7 42	7 23	6 59	6 26	5 32	□
19	10 03	9 56	9 48	9 39	9 29	9 18	9 06	8 53	8 36	8 17	7 53	7 22	6 29	□
20	11 03	10 57	10 49	10 41	10 32	10 23	10 12	9 59	9 45	9 28	9 08	8 42	8 06	6 53
21	12 09	12 03	11 57	11 50	11 42	11 34	11 25	11 15	11 04	10 51	10 35	10 17	9 53	9 22
22	13 17	13 13	13 08	13 03	12 57	12 51	12 45	12 37	12 29	12 20	12 09	11 57	11 42	11 23
23	14 28	14 25	14 22	14 19	14 15	14 12	14 07	14 03	13 58	13 52	13 45	13 38	13 29	13 19
24	15 41	15 40	15 38	15 37	15 35	15 34	15 32	15 30	15 28	15 26	15 23	15 20	15 17	15 13
25	16 55	16 56	16 56	16 57	16 58	16 58	16 59	17 00	17 01	17 02	17 03	17 05	17 07	17 08

MOONSET

Lat.	+40°	+42°	+44°	+46°	+48°	+50°	+52°	+54°	+56°	+58°	+60°	+62°	+64°	+66°
	h m	h m	h m	h m	h m	h m	h m	h m	h m	h m	h m	h m	h m	h m
Apr. 1	8 08	8 03	7 57	7 51	7 44	7 37	7 28	7 19	7 09	6 58	6 45	6 29	6 10	5 47
2	8 52	8 45	8 38	8 30	8 22	8 12	8 02	7 50	7 37	7 21	7 03	6 40	6 10	5 25
3	9 43	9 35	9 27	9 18	9 09	8 58	8 46	8 32	8 16	7 57	7 34	7 03	6 15	■
4	10 41	10 34	10 25	10 16	10 06	9 55	9 43	9 29	9 12	8 52	8 27	7 54	6 54	■
5	11 45	11 38	11 30	11 22	11 12	11 02	10 51	10 38	10 23	10 05	9 44	9 15	8 34	■
6	12 51	12 45	12 38	12 31	12 23	12 15	12 05	11 55	11 42	11 28	11 12	10 51	10 25	9 48
7	13 57	13 52	13 47	13 41	13 35	13 28	13 21	13 13	13 04	12 54	12 42	12 28	12 11	11 50
8	15 01	14 57	14 54	14 50	14 46	14 41	14 36	14 31	14 24	14 17	14 10	14 00	13 50	13 37
9	16 03	16 01	15 59	15 57	15 54	15 52	15 49	15 46	15 42	15 38	15 34	15 29	15 23	15 16
10	17 04	17 03	17 03	17 02	17 01	17 00	17 00	16 59	16 58	16 57	16 55	16 54	16 52	16 51
11	18 03	18 04	18 05	18 06	18 07	18 08	18 09	18 11	18 12	18 14	18 16	18 18	18 20	18 23
12	19 03	19 05	19 07	19 10	19 12	19 15	19 19	19 22	19 26	19 30	19 35	19 41	19 48	19 55
13	20 02	20 06	20 09	20 14	20 18	20 23	20 28	20 34	20 40	20 48	20 56	21 06	21 17	21 30
14	21 02	21 07	21 12	21 18	21 24	21 30	21 38	21 46	21 55	22 06	22 18	22 32	22 49	23 11
15	22 02	22 08	22 14	22 21	22 29	22 38	22 47	22 57	23 09	23 23	23 40	.. ..	.. ..	.. ..
16	23 01	23 08	23 15	23 24	23 32	23 42	23 54	.. ..	.. ..	.. ..	.. ..	0 00	0 25	1 01
17	23 57	.. ..	.. ..	.. ..	.. ..	.. ..	.. ..	0 06	0 21	0 38	0 59	1 25	2 03	□
18	.. ..	0 05	0 13	0 22	0 32	0 43	0 55	1 09	1 25	1 44	2 08	2 40	3 34	□
19	0 50	0 57	1 06	1 15	1 24	1 35	1 47	2 01	2 17	2 37	3 01	3 33	4 25	□
20	1 37	1 44	1 52	2 00	2 09	2 19	2 30	2 43	2 57	3 14	3 35	4 01	4 38	5 51
21	2 18	2 24	2 31	2 38	2 46	2 54	3 04	3 14	3 26	3 40	3 56	4 15	4 39	5 12
22	2 54	2 59	3 05	3 10	3 16	3 23	3 30	3 38	3 47	3 57	4 09	4 22	4 38	4 58
23	3 27	3 30	3 34	3 38	3 42	3 46	3 51	3 57	4 03	4 10	4 17	4 26	4 36	4 48
24	3 56	3 58	4 00	4 02	4 05	4 07	4 10	4 13	4 16	4 20	4 24	4 28	4 33	4 39
25	4 25	4 25	4 25	4 26	4 26	4 27	4 27	4 27	4 28	4 28	4 29	4 30	4 30	4 31

□ indicates Moon continuously above horizon.
■ indicates Moon continuously below horizon.
.. .. indicates phenomenon will occur the next day.

MOONRISE AND MOONSET, 2021
UNIVERSAL TIME FOR MERIDIAN OF GREENWICH
MOONRISE

Lat.	−55°	−50°	−45°	−40°	−35°	−30°	−20°	−10°	0°	+10°	+20°	+30°	+35°	+40°
	h m	h m	h m	h m	h m	h m	h m	h m	h m	h m	h m	h m	h m	h m
Apr. 24	16 23	16 19	16 15	16 12	16 10	16 07	16 03	16 00	15 57	15 53	15 50	15 46	15 43	15 41
25	16 37	16 38	16 40	16 41	16 42	16 43	16 45	16 46	16 48	16 49	16 51	16 53	16 54	16 55
26	16 51	16 59	17 05	17 11	17 16	17 20	17 28	17 34	17 41	17 47	17 54	18 02	18 06	18 12
27	17 07	17 22	17 34	17 44	17 53	18 00	18 14	18 25	18 36	18 47	18 59	19 13	19 21	19 30
28	17 29	17 51	18 08	18 22	18 35	18 45	19 04	19 20	19 35	19 50	20 07	20 26	20 37	20 50
29	17 59	18 28	18 50	19 08	19 23	19 36	19 58	20 18	20 36	20 55	21 15	21 38	21 51	22 07
30	18 43	19 16	19 42	20 02	20 18	20 33	20 57	21 19	21 39	21 59	22 20	22 45	23 00	23 17
May 1	19 43	20 17	20 42	21 03	21 20	21 34	21 59	22 20	22 40	23 00	23 22	23 46	.. ..	.. ..
2	20 56	21 27	21 50	22 09	22 24	22 38	23 01	23 20	23 39	23 57	.. ..	.. ..	0 01	0 18
3	22 17	22 42	23 01	23 16	23 29	23 41	.. ..	.. ..	.. ..	.. ..	0 17	0 39	0 52	1 08
4	23 38	23 56	.. ..	.. ..	.. ..	.. ..	0 00	0 17	0 33	0 48	1 05	1 24	1 35	1 48
5	.. ..	.. ..	0 11	0 23	0 33	0 41	0 57	1 10	1 22	1 34	1 48	2 02	2 11	2 21
6	0 56	1 09	1 18	1 27	1 33	1 40	1 50	1 59	2 08	2 17	2 26	2 36	2 42	2 49
7	2 12	2 19	2 24	2 28	2 32	2 35	2 41	2 46	2 51	2 56	3 01	3 06	3 10	3 13
8	3 26	3 27	3 27	3 28	3 29	3 29	3 30	3 31	3 32	3 33	3 34	3 35	3 35	3 36
9	4 38	4 34	4 30	4 27	4 25	4 23	4 19	4 16	4 13	4 10	4 06	4 03	4 01	3 58
10	5 50	5 41	5 33	5 26	5 21	5 16	5 08	5 00	4 53	4 47	4 39	4 31	4 27	4 21
11	7 04	6 48	6 36	6 26	6 17	6 10	5 57	5 46	5 35	5 25	5 14	5 01	4 54	4 46
12	8 17	7 56	7 39	7 26	7 14	7 04	6 47	6 33	6 19	6 05	5 51	5 34	5 24	5 14
13	9 30	9 03	8 43	8 26	8 12	8 00	7 39	7 21	7 05	6 48	6 31	6 10	5 59	5 45
14	10 40	10 08	9 44	9 25	9 09	8 55	8 32	8 12	7 53	7 34	7 14	6 51	6 38	6 22
15	11 42	11 07	10 41	10 21	10 04	9 49	9 25	9 03	8 43	8 23	8 02	7 37	7 23	7 06
16	12 32	11 58	11 33	11 12	10 56	10 41	10 16	9 55	9 35	9 15	8 53	8 28	8 14	7 57
17	13 11	12 40	12 17	11 58	11 42	11 29	11 05	10 45	10 26	10 08	9 47	9 24	9 10	8 54
18	13 39	13 14	12 54	12 38	12 24	12 12	11 52	11 34	11 18	11 01	10 43	10 22	10 10	9 56

MOONSET

Lat.	−55°	−50°	−45°	−40°	−35°	−30°	−20°	−10°	0°	+10°	+20°	+30°	+35°	+40°
	h m	h m	h m	h m	h m	h m	h m	h m	h m	h m	h m	h m	h m	h m
Apr. 24	2 42	2 50	2 57	3 02	3 07	3 11	3 18	3 24	3 30	3 36	3 42	3 48	3 52	3 56
25	4 12	4 14	4 15	4 16	4 17	4 17	4 19	4 20	4 21	4 22	4 23	4 24	4 24	4 25
26	5 45	5 39	5 35	5 31	5 28	5 25	5 21	5 16	5 12	5 09	5 04	5 00	4 57	4 54
27	7 20	7 07	6 57	6 49	6 42	6 35	6 25	6 15	6 07	5 58	5 49	5 38	5 32	5 25
28	8 57	8 37	8 21	8 08	7 57	7 47	7 31	7 17	7 04	6 50	6 36	6 20	6 11	6 00
29	10 32	10 05	9 44	9 27	9 12	9 00	8 39	8 21	8 04	7 47	7 29	7 08	6 56	6 42
30	11 58	11 25	11 01	10 41	10 25	10 10	9 46	9 25	9 06	8 47	8 26	8 02	7 48	7 32
May 1	13 07	12 33	12 07	11 47	11 30	11 15	10 50	10 29	10 08	9 48	9 27	9 01	8 47	8 29
2	13 57	13 25	13 01	12 42	12 26	12 12	11 49	11 28	11 09	10 49	10 28	10 04	9 50	9 34
3	14 30	14 04	13 44	13 27	13 13	13 01	12 40	12 22	12 05	11 48	11 29	11 08	10 55	10 41
4	14 53	14 33	14 17	14 04	13 53	13 43	13 26	13 11	12 57	12 43	12 28	12 10	12 00	11 48
5	15 09	14 55	14 44	14 34	14 26	14 19	14 06	13 55	13 45	13 34	13 23	13 10	13 02	12 54
6	15 22	15 13	15 06	15 00	14 55	14 50	14 43	14 35	14 29	14 22	14 15	14 07	14 02	13 56
7	15 33	15 29	15 26	15 24	15 22	15 20	15 17	15 14	15 11	15 08	15 05	15 02	15 00	14 57
8	15 43	15 44	15 45	15 46	15 47	15 48	15 49	15 51	15 52	15 53	15 54	15 55	15 56	15 57
9	15 53	15 59	16 04	16 09	16 13	16 16	16 22	16 27	16 32	16 37	16 42	16 48	16 52	16 56
10	16 04	16 15	16 25	16 32	16 39	16 45	16 56	17 05	17 13	17 22	17 31	17 42	17 48	17 55
11	16 17	16 34	16 47	16 58	17 08	17 16	17 31	17 44	17 56	18 08	18 21	18 36	18 45	18 55
12	16 33	16 56	17 13	17 28	17 40	17 51	18 09	18 26	18 41	18 56	19 12	19 31	19 42	19 55
13	16 55	17 23	17 45	18 02	18 17	18 29	18 51	19 10	19 28	19 46	20 05	20 27	20 40	20 55
14	17 26	17 58	18 23	18 42	18 59	19 13	19 37	19 58	20 17	20 36	20 57	21 22	21 36	21 52
15	18 08	18 43	19 09	19 29	19 46	20 01	20 26	20 48	21 08	21 28	21 50	22 14	22 29	22 46
16	19 04	19 38	20 03	20 23	20 40	20 54	21 19	21 40	22 00	22 19	22 40	23 04	23 18	23 35
17	20 13	20 43	21 05	21 23	21 38	21 52	22 14	22 33	22 51	23 09	23 28	23 50	.. ..	.. ..
18	21 29	21 54	22 12	22 27	22 40	22 51	23 10	23 27	23 42	23 57	.. ..	.. ..	0 03	0 17

.. .. indicates phenomenon will occur the next day.

MOONRISE AND MOONSET, 2021

UNIVERSAL TIME FOR MERIDIAN OF GREENWICH

MOONRISE

Lat.	+40°	+42°	+44°	+46°	+48°	+50°	+52°	+54°	+56°	+58°	+60°	+62°	+64°	+66°
	h m	h m	h m	h m	h m	h m	h m	h m	h m	h m	h m	h m	h m	h m
Apr. 24	15 41	15 40	15 38	15 37	15 35	15 34	15 32	15 30	15 28	15 26	15 23	15 20	15 17	15 13
25	16 55	16 56	16 56	16 57	16 58	16 58	16 59	17 00	17 01	17 02	17 03	17 05	17 07	17 08
26	18 12	18 14	18 17	18 19	18 22	18 25	18 29	18 33	18 37	18 41	18 47	18 53	19 00	19 08
27	19 30	19 34	19 39	19 44	19 49	19 54	20 01	20 07	20 15	20 24	20 34	20 46	20 59	21 16
28	20 50	20 55	21 02	21 08	21 16	21 24	21 33	21 43	21 54	22 07	22 23	22 42	23 05	23 37
29	22 07	22 14	22 21	22 30	22 39	22 49	23 00	23 13	23 28	23 46	.. ..	.. ..	.. ..	■
30	23 17	23 25	23 33	23 43	23 53	.. ..	.. ..	.. ..	.. ..	.. ..	0 07	0 35	1 15	■
May 1	.. ..	.. ..	.. ..	.. ..	.. ..	0 04	0 16	0 31	0 48	1 08	1 33	2 08	3 14	■
2	0 18	0 26	0 34	0 43	0 53	1 03	1 16	1 30	1 46	2 05	2 29	3 01	3 54	4 47
3	1 08	1 14	1 22	1 30	1 39	1 48	1 59	2 11	2 25	2 41	3 00	3 24	3 56	4 47
4	1 48	1 54	2 00	2 06	2 13	2 21	2 30	2 39	2 50	3 02	3 17	3 33	3 54	4 21
5	2 21	2 25	2 30	2 35	2 40	2 46	2 52	2 59	3 07	3 16	3 26	3 38	3 51	4 08
6	2 49	2 52	2 55	2 58	3 02	3 06	3 10	3 15	3 20	3 26	3 32	3 40	3 48	3 58
7	3 13	3 15	3 17	3 18	3 20	3 23	3 25	3 27	3 30	3 33	3 37	3 41	3 45	3 50
8	3 36	3 36	3 37	3 37	3 37	3 38	3 38	3 39	3 39	3 40	3 40	3 41	3 42	3 43
9	3 58	3 57	3 56	3 55	3 54	3 53	3 51	3 50	3 48	3 46	3 44	3 41	3 39	3 36
10	4 21	4 19	4 17	4 14	4 11	4 08	4 05	4 01	3 57	3 53	3 48	3 42	3 36	3 28
11	4 46	4 42	4 39	4 34	4 30	4 25	4 20	4 14	4 08	4 01	3 53	3 43	3 33	3 20
12	5 14	5 09	5 03	4 58	4 52	4 45	4 38	4 30	4 21	4 11	3 59	3 46	3 30	3 11
13	5 45	5 39	5 33	5 26	5 18	5 10	5 01	4 50	4 39	4 26	4 10	3 51	3 28	2 57
14	6 22	6 15	6 08	6 00	5 51	5 41	5 30	5 18	5 04	4 47	4 27	4 02	3 28	2 27
15	7 06	6 59	6 50	6 42	6 32	6 21	6 09	5 55	5 39	5 20	4 56	4 25	3 34	▢
16	7 57	7 49	7 41	7 32	7 22	7 11	6 59	6 45	6 28	6 08	5 44	5 10	4 11	▢
17	8 54	8 47	8 39	8 31	8 21	8 11	8 00	7 47	7 31	7 13	6 51	6 23	5 40	▢
18	9 56	9 50	9 43	9 36	9 28	9 19	9 09	8 58	8 46	8 31	8 14	7 52	7 25	6 44

MOONSET

Lat.	+40°	+42°	+44°	+46°	+48°	+50°	+52°	+54°	+56°	+58°	+60°	+62°	+64°	+66°
	h m	h m	h m	h m	h m	h m	h m	h m	h m	h m	h m	h m	h m	h m
Apr. 24	3 56	3 58	4 00	4 02	4 05	4 07	4 10	4 13	4 16	4 20	4 24	4 28	4 33	4 39
25	4 25	4 25	4 25	4 26	4 26	4 27	4 27	4 27	4 28	4 28	4 29	4 30	4 30	4 31
26	4 54	4 53	4 51	4 50	4 48	4 46	4 44	4 42	4 40	4 37	4 34	4 31	4 27	4 23
27	5 25	5 22	5 19	5 15	5 12	5 08	5 03	4 58	4 53	4 47	4 41	4 33	4 24	4 14
28	6 00	5 56	5 51	5 45	5 40	5 33	5 26	5 19	5 10	5 00	4 49	4 37	4 22	4 03
29	6 42	6 36	6 29	6 22	6 14	6 06	5 56	5 46	5 33	5 20	5 03	4 44	4 19	3 47
30	7 32	7 24	7 16	7 08	6 58	6 48	6 36	6 23	6 08	5 50	5 28	5 00	4 19	■
May 1	8 29	8 22	8 13	8 04	7 54	7 43	7 30	7 16	6 59	6 39	6 13	5 38	4 32	■
2	9 34	9 26	9 18	9 09	9 00	8 49	8 37	8 23	8 07	7 48	7 24	6 52	6 00	■
3	10 41	10 34	10 27	10 20	10 11	10 02	9 52	9 40	9 27	9 11	8 52	8 29	7 58	7 07
4	11 48	11 43	11 37	11 31	11 24	11 17	11 09	11 00	10 50	10 38	10 25	10 09	9 49	9 23
5	12 54	12 50	12 46	12 41	12 36	12 31	12 25	12 19	12 12	12 04	11 55	11 44	11 31	11 16
6	13 56	13 54	13 51	13 49	13 46	13 42	13 39	13 35	13 31	13 26	13 20	13 14	13 07	12 58
7	14 57	14 56	14 55	14 54	14 53	14 51	14 50	14 48	14 47	14 45	14 42	14 40	14 37	14 33
8	15 57	15 57	15 58	15 58	15 59	15 59	16 00	16 00	16 01	16 02	16 02	16 03	16 04	16 06
9	16 56	16 58	16 59	17 01	17 04	17 06	17 09	17 11	17 14	17 18	17 22	17 26	17 31	17 37
10	17 55	17 58	18 01	18 05	18 09	18 13	18 18	18 23	18 28	18 35	18 42	18 50	19 00	19 11
11	18 55	18 59	19 04	19 09	19 15	19 21	19 27	19 35	19 43	19 53	20 03	20 16	20 31	20 50
12	19 55	20 01	20 07	20 13	20 20	20 28	20 37	20 47	20 58	21 11	21 26	21 44	22 06	22 37
13	20 55	21 01	21 08	21 16	21 25	21 35	21 45	21 57	22 11	22 27	22 47	23 11	23 45	.. ..
14	21 52	22 00	22 08	22 16	22 26	22 37	22 49	23 02	23 18	23 37	.. ..	.. ..	.. ..	0 45
15	22 46	22 54	23 02	23 11	23 21	23 32	23 44	23 59	.. ..	.. ..	0 01	0 32	1 22	▢
16	23 35	23 42	23 50	23 59	.. ..	.. ..	.. ..	.. ..	0 15	0 35	1 00	1 33	2 33	▢
17	.. ..	.. ..	.. ..	.. ..	0 08	0 19	0 30	0 44	0 59	1 17	1 39	2 08	2 51	▢
18	0 17	0 24	0 31	0 39	0 47	0 56	1 06	1 18	1 31	1 46	2 04	2 25	2 54	3 35

▢ indicates Moon continuously above horizon.
■ indicates Moon continuously below horizon.
.. .. indicates phenomenon will occur the next day.

MOONRISE AND MOONSET, 2021

UNIVERSAL TIME FOR MERIDIAN OF GREENWICH

MOONRISE

Lat.	−55°	−50°	−45°	−40°	−35°	−30°	−20°	−10°	0°	+10°	+20°	+30°	+35°	+40°
	h m	h m	h m	h m	h m	h m	h m	h m	h m	h m	h m	h m	h m	h m
May 17	13 11	12 40	12 17	11 58	11 42	11 29	11 05	10 45	10 26	10 08	9 47	9 24	9 10	8 54
18	13 39	13 14	12 54	12 38	12 24	12 12	11 52	11 34	11 18	11 01	10 43	10 22	10 10	9 56
19	14 00	13 40	13 25	13 12	13 02	12 52	12 36	12 21	12 08	11 54	11 40	11 23	11 13	11 02
20	14 16	14 03	13 52	13 43	13 36	13 29	13 17	13 07	12 57	12 47	12 37	12 25	12 18	12 10
21	14 30	14 23	14 17	14 12	14 07	14 04	13 57	13 51	13 46	13 40	13 34	13 28	13 24	13 19
22	14 42	14 41	14 40	14 39	14 38	14 38	14 37	14 36	14 35	14 34	14 33	14 32	14 31	14 30
23	14 55	15 00	15 04	15 07	15 10	15 13	15 17	15 21	15 25	15 29	15 33	15 38	15 41	15 44
24	15 10	15 21	15 30	15 38	15 45	15 50	16 01	16 10	16 18	16 27	16 36	16 47	16 53	17 00
25	15 28	15 47	16 01	16 13	16 23	16 32	16 48	17 02	17 15	17 28	17 42	17 59	18 08	18 19
26	15 54	16 19	16 39	16 55	17 08	17 20	17 41	17 59	18 16	18 33	18 51	19 12	19 24	19 39
27	16 31	17 02	17 26	17 45	18 01	18 15	18 39	19 00	19 19	19 39	20 00	20 24	20 38	20 55
28	17 24	17 58	18 24	18 45	19 02	19 16	19 41	20 03	20 23	20 44	21 06	21 31	21 46	22 03
29	18 34	19 07	19 31	19 51	20 07	20 22	20 46	21 06	21 26	21 45	22 06	22 30	22 44	23 00
30	19 55	20 23	20 44	21 01	21 15	21 27	21 48	22 07	22 24	22 41	22 59	23 19	23 31	23 45
31	21 19	21 40	21 57	22 10	22 21	22 31	22 48	23 03	23 17	23 30	23 45	.. ..	.. ..	.. ..
June 1	22 41	22 56	23 07	23 17	23 25	23 32	23 44	23 55	.. ..	.. ..	.. ..	0 01	0 11	0 22
2	23 59	.. ..	.. ..	.. ..	.. ..	.. ..	.. ..	.. ..	0 05	0 15	0 25	0 37	0 44	0 52
3	.. ..	0 08	0 14	0 20	0 25	0 29	0 37	0 43	0 49	0 55	1 02	1 09	1 13	1 18
4	1 14	1 17	1 19	1 21	1 23	1 24	1 27	1 29	1 31	1 34	1 36	1 38	1 40	1 42
5	2 27	2 24	2 22	2 21	2 19	2 18	2 16	2 14	2 12	2 10	2 09	2 07	2 05	2 04
6	3 39	3 31	3 25	3 20	3 15	3 11	3 04	2 58	2 53	2 47	2 41	2 35	2 31	2 27
7	4 52	4 38	4 28	4 19	4 11	4 05	3 53	3 43	3 34	3 25	3 15	3 04	2 58	2 50
8	6 05	5 46	5 31	5 19	5 08	4 59	4 43	4 30	4 17	4 04	3 51	3 36	3 27	3 17
9	7 19	6 54	6 35	6 19	6 06	5 54	5 35	5 18	5 02	4 46	4 30	4 11	4 00	3 47
10	8 30	8 00	7 37	7 19	7 03	6 50	6 27	6 08	5 50	5 32	5 12	4 50	4 37	4 22

MOONSET

Lat.	−55°	−50°	−45°	−40°	−35°	−30°	−20°	−10°	0°	+10°	+20°	+30°	+35°	+40°
	h m	h m	h m	h m	h m	h m	h m	h m	h m	h m	h m	h m	h m	h m
May 17	20 13	20 43	21 05	21 23	21 38	21 52	22 14	22 33	22 51	23 09	23 28	23 50	.. ..	.. ..
18	21 29	21 54	22 12	22 27	22 40	22 51	23 10	23 27	23 42	23 57	.. ..	.. ..	0 03	0 17
19	22 51	23 09	23 23	23 34	23 44	23 53	.. ..	.. ..	.. ..	.. ..	0 13	0 31	0 42	0 54
20	.. ..	.. ..	.. ..	.. ..	.. ..	.. ..	0 07	0 20	0 31	0 43	0 55	1 10	1 18	1 27
21	0 15	0 27	0 35	0 43	0 49	0 55	1 04	1 13	1 20	1 28	1 36	1 45	1 50	1 56
22	1 41	1 46	1 50	1 53	1 56	1 58	2 02	2 06	2 09	2 12	2 15	2 19	2 21	2 24
23	3 10	3 08	3 06	3 05	3 04	3 03	3 01	3 00	2 58	2 57	2 55	2 54	2 53	2 51
24	4 41	4 33	4 26	4 20	4 15	4 10	4 03	3 56	3 50	3 44	3 37	3 30	3 25	3 20
25	6 17	6 01	5 48	5 37	5 29	5 21	5 07	4 56	4 45	4 34	4 22	4 09	4 01	3 53
26	7 54	7 30	7 12	6 57	6 44	6 33	6 15	5 58	5 43	5 28	5 12	4 54	4 43	4 31
27	9 28	8 57	8 34	8 15	8 00	7 47	7 24	7 04	6 46	6 27	6 08	5 45	5 32	5 17
28	10 49	10 14	9 48	9 28	9 11	8 56	8 32	8 10	7 50	7 30	7 08	6 43	6 29	6 12
29	11 49	11 16	10 51	10 31	10 14	10 00	9 35	9 14	8 54	8 33	8 12	7 47	7 32	7 15
30	12 30	12 02	11 40	11 22	11 07	10 54	10 32	10 12	9 54	9 36	9 16	8 53	8 40	8 24
31	12 58	12 35	12 17	12 03	11 51	11 40	11 21	11 05	10 50	10 34	10 17	9 58	9 47	9 34
June 1	13 17	13 00	12 47	12 36	12 27	12 19	12 05	11 52	11 40	11 28	11 15	11 01	10 52	10 42
2	13 31	13 20	13 11	13 04	12 58	12 53	12 43	12 35	12 27	12 18	12 10	12 00	11 54	11 47
3	13 42	13 37	13 33	13 29	13 26	13 23	13 18	13 14	13 10	13 06	13 01	12 56	12 53	12 50
4	13 52	13 52	13 52	13 52	13 52	13 52	13 51	13 51	13 51	13 51	13 51	13 50	13 50	13 50
5	14 02	14 07	14 11	14 14	14 17	14 20	14 24	14 28	14 32	14 35	14 39	14 44	14 46	14 49
6	14 13	14 23	14 31	14 37	14 43	14 48	14 57	15 05	15 12	15 20	15 28	15 37	15 42	15 48
7	14 25	14 40	14 52	15 02	15 11	15 19	15 32	15 43	15 54	16 05	16 17	16 31	16 39	16 48
8	14 40	15 01	15 17	15 30	15 42	15 52	16 09	16 24	16 38	16 53	17 08	17 26	17 36	17 48
9	15 00	15 26	15 46	16 03	16 17	16 29	16 50	17 08	17 25	17 42	18 00	18 21	18 33	18 48
10	15 27	15 59	16 22	16 41	16 57	17 11	17 34	17 54	18 13	18 33	18 53	19 17	19 30	19 47

.. .. indicates phenomenon will occur the next day.

UNIVERSAL TIME FOR MERIDIAN OF GREENWICH

MOONRISE

Lat.	+40°	+42°	+44°	+46°	+48°	+50°	+52°	+54°	+56°	+58°	+60°	+62°	+64°	+66°
	h m	h m	h m	h m	h m	h m	h m	h m	h m	h m	h m	h m	h m	h m
May 17	8 54	8 47	8 39	8 31	8 21	8 11	8 00	7 47	7 31	7 13	6 51	6 23	5 40	▭
18	9 56	9 50	9 43	9 36	9 28	9 19	9 09	8 58	8 46	8 31	8 14	7 52	7 25	6 44
19	11 02	10 57	10 52	10 46	10 40	10 33	10 25	10 17	10 07	9 56	9 44	9 29	9 11	8 48
20	12 10	12 06	12 03	11 59	11 54	11 49	11 44	11 38	11 32	11 25	11 16	11 07	10 55	10 42
21	13 19	13 17	13 15	13 13	13 11	13 08	13 05	13 02	12 58	12 55	12 50	12 45	12 39	12 33
22	14 30	14 30	14 30	14 29	14 29	14 29	14 28	14 28	14 27	14 27	14 26	14 25	14 24	14 23
23	15 44	15 45	15 47	15 48	15 50	15 52	15 54	15 56	15 59	16 02	16 05	16 08	16 13	16 17
24	17 00	17 03	17 07	17 10	17 14	17 19	17 23	17 29	17 34	17 41	17 48	17 57	18 07	18 19
25	18 19	18 24	18 29	18 35	18 41	18 48	18 56	19 04	19 13	19 24	19 37	19 51	20 09	20 32
26	19 39	19 45	19 52	20 00	20 08	20 17	20 28	20 39	20 52	21 08	21 26	21 49	22 20	23 08
27	20 55	21 03	21 11	21 20	21 29	21 40	21 52	22 06	22 23	22 42	23 06	23 39	.. ..	▬
28	22 03	22 11	22 19	22 28	22 39	22 50	23 02	23 17	23 34	23 54	.. ..	.. ..	0 33	▬
29	23 00	23 07	23 15	23 23	23 33	23 43	23 55	.. ..	.. ..	.. ..	0 20	0 55	2 02	▬
30	23 45	23 51	23 58	.. ..	.. ..	.. ..	.. ..	0 08	0 23	0 40	1 02	1 30	2 10	▬
31	.. ..	.. ..	.. ..	0 05	0 13	0 22	0 31	0 42	0 54	1 08	1 24	1 44	2 09	2 42
June 1	0 22	0 27	0 32	0 38	0 44	0 50	0 58	1 06	1 15	1 25	1 36	1 50	2 06	2 25
2	0 52	0 56	0 59	1 03	1 08	1 12	1 17	1 23	1 29	1 36	1 44	1 52	2 03	2 15
3	1 18	1 20	1 22	1 25	1 27	1 30	1 33	1 36	1 40	1 44	1 49	1 54	1 59	2 06
4	1 42	1 42	1 43	1 44	1 45	1 46	1 47	1 48	1 49	1 51	1 52	1 54	1 56	1 58
5	2 04	2 03	2 03	2 02	2 01	2 01	2 00	1 59	1 58	1 57	1 56	1 54	1 53	1 51
6	2 27	2 25	2 23	2 21	2 18	2 16	2 13	2 10	2 07	2 03	1 59	1 55	1 50	1 44
7	2 50	2 47	2 44	2 40	2 36	2 32	2 27	2 22	2 17	2 11	2 04	1 56	1 46	1 36
8	3 17	3 12	3 08	3 02	2 57	2 51	2 44	2 37	2 29	2 20	2 10	1 58	1 44	1 27
9	3 47	3 41	3 35	3 29	3 22	3 14	3 05	2 56	2 45	2 33	2 19	2 02	1 41	1 15
10	4 22	4 16	4 08	4 01	3 52	3 43	3 32	3 21	3 07	2 52	2 33	2 10	1 40	0 55

MOONSET

Lat.	+40°	+42°	+44°	+46°	+48°	+50°	+52°	+54°	+56°	+58°	+60°	+62°	+64°	+66°
	h m	h m	h m	h m	h m	h m	h m	h m	h m	h m	h m	h m	h m	h m
May 17	.. ..	.. ..	.. ..	.. ..	0 08	0 19	0 30	0 44	0 59	1 17	1 39	2 08	2 51	▭
18	0 17	0 24	0 31	0 39	0 47	0 56	1 06	1 18	1 31	1 46	2 04	2 25	2 54	3 35
19	0 54	1 00	1 06	1 12	1 19	1 26	1 34	1 43	1 53	2 05	2 18	2 34	2 53	3 17
20	1 27	1 31	1 35	1 40	1 45	1 50	1 56	2 03	2 10	2 18	2 27	2 38	2 50	3 05
21	1 56	1 59	2 02	2 04	2 08	2 11	2 15	2 19	2 23	2 28	2 34	2 40	2 48	2 56
22	2 24	2 25	2 26	2 27	2 29	2 30	2 32	2 33	2 35	2 37	2 39	2 42	2 45	2 48
23	2 51	2 51	2 50	2 50	2 49	2 48	2 48	2 47	2 46	2 45	2 44	2 43	2 41	2 40
24	3 20	3 18	3 16	3 14	3 11	3 08	3 05	3 02	2 58	2 54	2 49	2 44	2 38	2 31
25	3 53	3 49	3 45	3 41	3 36	3 31	3 25	3 19	3 12	3 05	2 56	2 46	2 35	2 22
26	4 31	4 25	4 20	4 13	4 06	3 59	3 51	3 42	3 32	3 20	3 07	2 51	2 32	2 08
27	5 17	5 10	5 02	4 54	4 46	4 36	4 26	4 14	4 00	3 44	3 25	3 01	2 30	1 41
28	6 12	6 04	5 56	5 47	5 37	5 26	5 13	4 59	4 43	4 23	3 59	3 26	2 31	▬
29	7 15	7 07	6 59	6 50	6 40	6 29	6 16	6 02	5 45	5 25	4 59	4 24	3 17	▬
30	8 24	8 17	8 09	8 01	7 52	7 42	7 31	7 18	7 03	6 46	6 25	5 57	5 18	▬
31	9 34	9 28	9 22	9 15	9 08	9 00	8 51	8 40	8 29	8 16	8 00	7 41	7 17	6 44
June 1	10 42	10 38	10 33	10 28	10 23	10 17	10 10	10 02	9 54	9 45	9 34	9 21	9 06	8 48
2	11 47	11 45	11 41	11 38	11 34	11 30	11 26	11 21	11 16	11 10	11 03	10 56	10 46	10 36
3	12 50	12 48	12 47	12 45	12 43	12 41	12 39	12 37	12 34	12 31	12 28	12 24	12 20	12 14
4	13 50	13 50	13 50	13 50	13 50	13 50	13 49	13 49	13 49	13 49	13 49	13 49	13 48	13 48
5	14 49	14 51	14 52	14 53	14 55	14 57	14 59	15 01	15 03	15 06	15 08	15 12	15 15	15 20
6	15 48	15 51	15 54	15 57	16 00	16 04	16 08	16 12	16 17	16 22	16 28	16 35	16 43	16 53
7	16 48	16 52	16 56	17 01	17 06	17 11	17 17	17 24	17 31	17 39	17 49	18 00	18 13	18 29
8	17 48	17 53	17 59	18 05	18 11	18 19	18 27	18 36	18 46	18 58	19 11	19 27	19 47	20 13
9	18 48	18 54	19 01	19 09	19 17	19 26	19 36	19 47	20 00	20 15	20 33	20 56	21 25	22 10
10	19 47	19 54	20 02	20 10	20 20	20 30	20 42	20 55	21 10	21 28	21 51	22 20	23 05	▭

▭ indicates Moon continuously above horizon.
▬ indicates Moon continuously below horizon.
.. .. indicates phenomenon will occur the next day.

UNIVERSAL TIME FOR MERIDIAN OF GREENWICH
MOONRISE

Lat.	−55°	−50°	−45°	−40°	−35°	−30°	−20°	−10°	0°	+10°	+20°	+30°	+35°	+40°
	h m	h m	h m	h m	h m	h m	h m	h m	h m	h m	h m	h m	h m	h m
June 8	6 05	5 46	5 31	5 19	5 08	4 59	4 43	4 30	4 17	4 04	3 51	3 36	3 27	3 17
9	7 19	6 54	6 35	6 19	6 06	5 54	5 35	5 18	5 02	4 46	4 30	4 11	4 00	3 47
10	8 30	8 00	7 37	7 19	7 03	6 50	6 27	6 08	5 50	5 32	5 12	4 50	4 37	4 22
11	9 36	9 02	8 36	8 16	7 59	7 45	7 20	6 59	6 40	6 20	5 59	5 35	5 20	5 04
12	10 31	9 56	9 30	9 09	8 52	8 38	8 13	7 51	7 31	7 11	6 49	6 24	6 10	5 53
13	11 13	10 41	10 16	9 57	9 41	9 27	9 03	8 42	8 23	8 04	7 43	7 19	7 05	6 48
14	11 44	11 16	10 56	10 39	10 24	10 12	9 50	9 32	9 14	8 57	8 38	8 17	8 04	7 49
15	12 06	11 45	11 28	11 14	11 03	10 52	10 35	10 19	10 05	9 50	9 34	9 16	9 06	8 54
16	12 23	12 08	11 56	11 46	11 37	11 29	11 16	11 04	10 53	10 42	10 30	10 17	10 09	10 00
17	12 37	12 28	12 20	12 14	12 09	12 04	11 55	11 48	11 41	11 34	11 26	11 18	11 13	11 07
18	12 50	12 46	12 43	12 41	12 39	12 37	12 34	12 31	12 28	12 25	12 22	12 19	12 17	12 15
19	13 02	13 04	13 06	13 08	13 09	13 10	13 12	13 14	13 16	13 18	13 20	13 22	13 24	13 25
20	13 15	13 23	13 30	13 36	13 41	13 45	13 53	13 59	14 06	14 12	14 19	14 27	14 32	14 37
21	13 31	13 46	13 57	14 07	14 16	14 23	14 37	14 48	14 59	15 10	15 22	15 36	15 44	15 53
22	13 52	14 13	14 30	14 44	14 57	15 07	15 25	15 41	15 56	16 11	16 28	16 47	16 58	17 10
23	14 21	14 50	15 12	15 30	15 45	15 58	16 20	16 39	16 58	17 16	17 36	17 59	18 12	18 28
24	15 06	15 39	16 04	16 24	16 41	16 56	17 20	17 42	18 02	18 22	18 44	19 09	19 23	19 41
25	16 08	16 43	17 08	17 28	17 45	18 00	18 25	18 46	19 06	19 26	19 48	20 13	20 27	20 44
26	17 27	17 57	18 20	18 39	18 54	19 07	19 30	19 50	20 08	20 26	20 45	21 08	21 21	21 36
27	18 53	19 17	19 35	19 50	20 03	20 14	20 33	20 49	21 05	21 20	21 36	21 55	22 06	22 18
28	20 18	20 36	20 49	21 00	21 10	21 18	21 32	21 45	21 56	22 08	22 20	22 34	22 42	22 52
29	21 40	21 51	22 00	22 07	22 13	22 19	22 28	22 36	22 44	22 51	22 59	23 09	23 14	23 20
30	22 58	23 03	23 07	23 11	23 13	23 16	23 20	23 24	23 28	23 31	23 35	23 40	23 42	23 45
July 1	.. ..	.. ..	.. ..	.. ..	.. ..	.. ..	.. ..	.. ..	.. ..	.. ..	.. ..	.. ..	.. ..	.. ..
2	0 13	0 12	0 12	0 12	0 11	0 11	0 10	0 10	0 10	0 09	0 09	0 08	0 08	0 08

MOONSET

Lat.	−55°	−50°	−45°	−40°	−35°	−30°	−20°	−10°	0°	+10°	+20°	+30°	+35°	+40°
	h m	h m	h m	h m	h m	h m	h m	h m	h m	h m	h m	h m	h m	h m
June 8	14 40	15 01	15 17	15 30	15 42	15 52	16 09	16 24	16 38	16 53	17 08	17 26	17 36	17 48
9	15 00	15 26	15 46	16 03	16 17	16 29	16 50	17 08	17 25	17 42	18 00	18 21	18 33	18 48
10	15 27	15 59	16 22	16 41	16 57	17 11	17 34	17 54	18 13	18 33	18 53	19 17	19 30	19 47
11	16 06	16 40	17 06	17 26	17 43	17 58	18 23	18 44	19 04	19 24	19 46	20 11	20 25	20 42
12	16 58	17 33	17 58	18 18	18 35	18 50	19 15	19 36	19 56	20 16	20 37	21 02	21 16	21 33
13	18 03	18 34	18 58	19 17	19 33	19 46	20 09	20 29	20 48	21 06	21 26	21 49	22 02	22 17
14	19 17	19 44	20 04	20 20	20 33	20 45	21 05	21 23	21 39	21 55	22 12	22 31	22 43	22 56
15	20 37	20 57	21 12	21 25	21 36	21 45	22 01	22 15	22 28	22 41	22 55	23 10	23 19	23 29
16	21 59	22 12	22 23	22 32	22 39	22 46	22 57	23 07	23 16	23 25	23 35	23 46	23 52	23 59
17	23 22	23 29	23 35	23 39	23 43	23 47	23 53	23 58	.. ..	.. ..	.. ..	.. ..	.. ..	.. ..
18	.. ..	.. ..	.. ..	.. ..	.. ..	.. ..	.. ..	.. ..	0 03	0 08	0 13	0 19	0 22	0 26
19	0 46	0 47	0 48	0 48	0 49	0 49	0 50	0 50	0 51	0 51	0 52	0 52	0 52	0 53
20	2 13	2 08	2 03	1 59	1 56	1 53	1 48	1 43	1 39	1 35	1 31	1 26	1 23	1 20
21	3 44	3 31	3 21	3 13	3 06	3 00	2 49	2 39	2 31	2 22	2 13	2 02	1 56	1 49
22	5 18	4 58	4 42	4 29	4 19	4 09	3 53	3 39	3 26	3 13	2 59	2 43	2 34	2 23
23	6 53	6 25	6 04	5 47	5 33	5 21	5 00	4 42	4 25	4 08	3 50	3 30	3 18	3 04
24	8 20	7 47	7 23	7 03	6 47	6 32	6 08	5 47	5 28	5 09	4 48	4 24	4 10	3 54
25	9 32	8 58	8 32	8 12	7 55	7 40	7 15	6 53	6 33	6 12	5 51	5 25	5 10	4 53
26	10 23	9 52	9 28	9 09	8 53	8 40	8 16	7 55	7 36	7 17	6 56	6 32	6 17	6 01
27	10 57	10 32	10 12	9 56	9 43	9 31	9 10	8 52	8 36	8 19	8 00	7 39	7 27	7 13
28	11 20	11 01	10 46	10 34	10 23	10 14	9 58	9 43	9 30	9 16	9 02	8 45	8 35	8 24
29	11 37	11 24	11 14	11 05	10 57	10 51	10 39	10 29	10 20	10 10	10 00	9 48	9 41	9 33
30	11 50	11 42	11 36	11 31	11 27	11 23	11 17	11 11	11 05	11 00	10 53	10 47	10 42	10 38
July 1	12 00	11 58	11 57	11 55	11 54	11 53	11 51	11 50	11 48	11 46	11 45	11 43	11 41	11 40
2	12 10	12 14	12 16	12 18	12 20	12 22	12 24	12 27	12 29	12 32	12 34	12 37	12 39	12 40

.. .. indicates phenomenon will occur the next day.

UNIVERSAL TIME FOR MERIDIAN OF GREENWICH

MOONRISE

Lat.	+40°	+42°	+44°	+46°	+48°	+50°	+52°	+54°	+56°	+58°	+60°	+62°	+64°	+66°
	h m	h m	h m	h m	h m	h m	h m	h m	h m	h m	h m	h m	h m	h m
June 8	3 17	3 12	3 08	3 02	2 57	2 51	2 44	2 37	2 29	2 20	2 10	1 58	1 44	1 27
9	3 47	3 41	3 35	3 29	3 22	3 14	3 05	2 56	2 45	2 33	2 19	2 02	1 41	1 15
10	4 22	4 16	4 08	4 01	3 52	3 43	3 32	3 21	3 07	2 52	2 33	2 10	1 40	0 55
11	5 04	4 57	4 49	4 40	4 30	4 20	4 08	3 55	3 39	3 21	2 58	2 28	1 43	□
12	5 53	5 45	5 37	5 28	5 18	5 07	4 54	4 40	4 24	4 04	3 39	3 05	2 06	□
13	6 48	6 41	6 33	6 24	6 15	6 04	5 52	5 39	5 23	5 04	4 41	4 10	3 22	□
14	7 49	7 43	7 36	7 28	7 19	7 10	7 00	6 48	6 34	6 19	6 00	5 36	5 04	4 12
15	8 54	8 48	8 42	8 36	8 29	8 22	8 13	8 04	7 54	7 41	7 27	7 11	6 50	6 23
16	10 00	9 56	9 51	9 47	9 42	9 36	9 30	9 24	9 16	9 08	8 58	8 47	8 34	8 17
17	11 07	11 04	11 02	10 59	10 56	10 52	10 49	10 45	10 40	10 35	10 29	10 23	10 15	10 06
18	12 15	12 14	12 13	12 12	12 11	12 10	12 08	12 07	12 05	12 03	12 01	11 59	11 56	11 53
19	13 25	13 26	13 27	13 27	13 28	13 29	13 30	13 31	13 32	13 34	13 35	13 37	13 39	13 41
20	14 37	14 40	14 42	14 45	14 48	14 51	14 55	14 59	15 03	15 08	15 13	15 19	15 26	15 35
21	15 53	15 57	16 01	16 06	16 11	16 17	16 23	16 30	16 37	16 46	16 56	17 07	17 21	17 37
22	17 10	17 16	17 22	17 29	17 36	17 44	17 53	18 03	18 14	18 27	18 43	19 01	19 24	19 56
23	18 28	18 35	18 43	18 51	19 00	19 10	19 21	19 34	19 49	20 07	20 28	20 56	21 36	▬
24	19 41	19 48	19 57	20 06	20 16	20 27	20 40	20 54	21 11	21 32	21 57	22 32	23 41	▬
25	20 44	20 52	21 00	21 09	21 19	21 30	21 42	21 56	22 12	22 32	22 56	23 28	.. ..	▬
26	21 36	21 43	21 50	21 58	22 07	22 16	22 27	22 39	22 52	23 08	23 27	23 50	0 20	▬
27	22 18	22 23	22 29	22 36	22 42	22 50	22 58	23 07	23 18	23 30	23 43	23 59	0 21	1 08
28	22 52	22 56	23 00	23 05	23 10	23 15	23 21	23 28	23 35	23 43	23 53	.. ..	0 19	0 43
29	23 20	23 23	23 25	23 28	23 32	23 35	23 39	23 43	23 48	23 53	23 58	0 03	0 16	0 30
30	23 45	23 46	23 47	23 49	23 50	23 52	23 54	23 56	23 58	.. ..	.. ..	0 05	0 12	0 21
July 1	.. ..	.. ..	.. ..	.. ..	.. ..	.. ..	.. ..	.. ..	.. ..	0 00	0 03	0 06	0 09	0 13
2	0 08	0 08	0 08	0 08	0 07	0 07	0 07	0 07	0 07	0 07	0 06	0 06	0 06	{00 05 / 23 58}

MOONSET

Lat.	+40°	+42°	+44°	+46°	+48°	+50°	+52°	+54°	+56°	+58°	+60°	+62°	+64°	+66°
	h m	h m	h m	h m	h m	h m	h m	h m	h m	h m	h m	h m	h m	h m
June 8	17 48	17 53	17 59	18 05	18 11	18 19	18 27	18 36	18 46	18 58	19 11	19 27	19 47	20 13
9	18 48	18 54	19 01	19 09	19 17	19 26	19 36	19 47	20 00	20 15	20 33	20 56	21 25	22 10
10	19 47	19 54	20 02	20 10	20 20	20 30	20 42	20 55	21 10	21 28	21 51	22 20	23 05	□
11	20 42	20 50	20 58	21 07	21 17	21 28	21 40	21 55	22 11	22 31	22 56	23 29	.. ..	□
12	21 33	21 40	21 48	21 57	22 07	22 18	22 30	22 43	22 59	23 18	23 42	.. ..	0 29	□
13	22 17	22 24	22 32	22 40	22 48	22 58	23 09	23 21	23 34	23 51	.. ..	0 12	1 01	□
14	22 56	23 02	23 08	23 15	23 22	23 30	23 39	23 48	23 59	.. ..	0 10	0 34	1 06	1 59
15	23 29	23 34	23 39	23 44	23 49	23 55	.. ..	.. ..	.. ..	0 12	0 27	0 44	1 06	1 34
16	23 59	.. ..	.. ..	.. ..	.. ..	.. ..	0 02	0 09	0 18	0 27	0 37	0 50	1 04	1 21
17	.. ..	0 02	0 05	0 09	0 13	0 17	0 21	0 26	0 32	0 38	0 44	0 52	1 01	1 11
18	0 26	0 28	0 29	0 31	0 33	0 35	0 38	0 40	0 43	0 46	0 50	0 54	0 58	1 03
19	0 53	0 53	0 53	0 53	0 53	0 53	0 53	0 54	0 54	0 54	0 54	0 55	0 55	0 55
20	1 20	1 18	1 17	1 15	1 13	1 11	1 09	1 07	1 05	1 02	0 59	0 56	0 52	0 47
21	1 49	1 46	1 43	1 39	1 36	1 32	1 27	1 22	1 17	1 11	1 05	0 57	0 48	0 38
22	2 23	2 18	2 13	2 08	2 02	1 56	1 49	1 42	1 33	1 24	1 13	1 00	0 45	0 27
23	3 04	2 58	2 51	2 44	2 36	2 28	2 18	2 08	1 56	1 42	1 26	1 07	0 43	0 11
24	3 54	3 46	3 38	3 30	3 20	3 10	2 58	2 45	2 30	2 12	1 50	1 22	0 42	▬
25	4 53	4 45	4 37	4 28	4 18	4 06	3 54	3 39	3 22	3 02	2 36	2 01	0 52	▬
26	6 01	5 54	5 45	5 37	5 27	5 16	5 04	4 50	4 34	4 15	3 51	3 20	2 28	▬
27	7 13	7 06	6 59	6 52	6 44	6 34	6 24	6 13	6 00	5 44	5 26	5 03	4 33	3 47
28	8 24	8 19	8 14	8 08	8 01	7 54	7 47	7 38	7 28	7 17	7 05	6 49	6 31	6 07
29	9 33	9 29	9 25	9 21	9 17	9 12	9 07	9 01	8 54	8 47	8 39	8 29	8 18	8 04
30	10 38	10 36	10 34	10 31	10 29	10 26	10 23	10 20	10 16	10 12	10 07	10 02	9 56	9 49
July 1	11 40	11 40	11 39	11 38	11 38	11 37	11 36	11 35	11 34	11 33	11 31	11 30	11 28	11 26
2	12 40	12 41	12 42	12 43	12 44	12 45	12 46	12 48	12 49	12 51	12 53	12 55	12 57	13 00

□ indicates Moon continuously above horizon.
▬ indicates Moon continuously below horizon.
.. .. indicates phenomenon will occur the next day.

MOONRISE AND MOONSET, 2021
UNIVERSAL TIME FOR MERIDIAN OF GREENWICH
MOONRISE

Lat.	−55°	−50°	−45°	−40°	−35°	−30°	−20°	−10°	0°	+10°	+20°	+30°	+35°	+40°
	h m	h m	h m	h m	h m	h m	h m	h m	h m	h m	h m	h m	h m	h m
July 1	.. ..	.. ..	.. ..	.. ..	.. ..	.. ..	.. ..	.. ..	.. ..	.. ..	.. ..	.. ..	.. ..	.. ..
2	0 13	0 12	0 12	0 12	0 11	0 11	0 10	0 10	0 10	0 09	0 09	0 08	0 08	0 08
3	1 26	1 20	1 15	1 11	1 08	1 05	0 59	0 55	0 51	0 46	0 42	0 37	0 34	0 31
4	2 39	2 28	2 18	2 11	2 04	1 58	1 48	1 40	1 32	1 24	1 15	1 06	1 00	0 54
5	3 52	3 35	3 21	3 10	3 01	2 52	2 38	2 26	2 14	2 03	1 50	1 36	1 28	1 19
6	5 06	4 43	4 25	4 10	3 58	3 47	3 29	3 13	2 58	2 44	2 28	2 10	2 00	1 48
7	6 19	5 50	5 28	5 10	4 56	4 43	4 21	4 03	3 45	3 28	3 09	2 48	2 36	2 22
8	7 27	6 53	6 29	6 09	5 53	5 39	5 15	4 54	4 35	4 15	3 55	3 31	3 17	3 01
9	8 26	7 51	7 25	7 04	6 47	6 33	6 08	5 46	5 26	5 06	4 44	4 19	4 05	3 48
10	9 12	8 39	8 14	7 54	7 38	7 24	6 59	6 38	6 18	5 59	5 37	5 13	4 59	4 42
11	9 47	9 18	8 56	8 38	8 23	8 10	7 48	7 29	7 11	6 52	6 33	6 11	5 57	5 42
12	10 12	9 49	9 31	9 16	9 04	8 53	8 34	8 17	8 02	7 46	7 30	7 10	6 59	6 46
13	10 31	10 14	10 00	9 49	9 39	9 31	9 16	9 03	8 51	8 39	8 26	8 11	8 02	7 52
14	10 45	10 34	10 25	10 18	10 11	10 06	9 56	9 47	9 39	9 31	9 22	9 12	9 06	9 00
15	10 58	10 53	10 48	10 45	10 42	10 39	10 34	10 30	10 26	10 22	10 18	10 13	10 10	10 07
16	11 10	11 10	11 10	11 11	11 11	11 11	11 12	11 12	11 13	11 13	11 14	11 14	11 15	11 15
17	11 22	11 28	11 33	11 38	11 41	11 45	11 50	11 56	12 01	12 06	12 11	12 17	12 21	12 25
18	11 36	11 48	11 58	12 07	12 14	12 20	12 32	12 41	12 51	13 00	13 10	13 22	13 29	13 37
19	11 54	12 13	12 28	12 40	12 51	13 00	13 17	13 31	13 45	13 58	14 13	14 30	14 40	14 51
20	12 18	12 44	13 04	13 20	13 34	13 46	14 07	14 25	14 42	14 59	15 18	15 39	15 52	16 06
21	12 55	13 26	13 50	14 09	14 26	14 40	15 04	15 24	15 44	16 03	16 24	16 49	17 03	17 20
22	13 47	14 22	14 48	15 08	15 25	15 40	16 05	16 27	16 47	17 07	17 29	17 54	18 09	18 27
23	14 59	15 31	15 56	16 15	16 32	16 46	17 10	17 30	17 50	18 09	18 30	18 53	19 07	19 23
24	16 22	16 50	17 10	17 27	17 41	17 53	18 14	18 32	18 49	19 06	19 24	19 44	19 56	20 10
25	17 50	18 10	18 26	18 39	18 50	19 00	19 16	19 31	19 44	19 57	20 11	20 28	20 37	20 48

MOONSET

Lat.	−55°	−50°	−45°	−40°	−35°	−30°	−20°	−10°	0°	+10°	+20°	+30°	+35°	+40°
	h m	h m	h m	h m	h m	h m	h m	h m	h m	h m	h m	h m	h m	h m
July 1	12 00	11 58	11 57	11 55	11 54	11 53	11 51	11 50	11 48	11 46	11 45	11 43	11 41	11 40
2	12 10	12 14	12 16	12 18	12 20	12 22	12 24	12 27	12 29	12 32	12 34	12 37	12 39	12 40
3	12 21	12 29	12 36	12 41	12 46	12 50	12 58	13 04	13 10	13 16	13 23	13 31	13 35	13 40
4	12 32	12 46	12 56	13 05	13 13	13 20	13 32	13 42	13 52	14 02	14 12	14 24	14 31	14 39
5	12 46	13 05	13 20	13 32	13 43	13 52	14 08	14 22	14 35	14 48	15 03	15 19	15 28	15 39
6	13 04	13 29	13 48	14 03	14 16	14 28	14 47	15 05	15 21	15 37	15 54	16 14	16 26	16 39
7	13 29	13 59	14 21	14 39	14 55	15 08	15 31	15 50	16 09	16 27	16 47	17 10	17 23	17 39
8	14 04	14 37	15 02	15 22	15 39	15 54	16 18	16 39	16 59	17 19	17 40	18 05	18 19	18 36
9	14 52	15 26	15 52	16 13	16 30	16 45	17 09	17 31	17 51	18 11	18 33	18 57	19 12	19 29
10	15 53	16 26	16 50	17 10	17 26	17 40	18 04	18 24	18 44	19 03	19 23	19 46	20 00	20 16
11	17 06	17 34	17 55	18 12	18 27	18 39	19 00	19 18	19 35	19 52	20 10	20 31	20 43	20 57
12	18 26	18 47	19 04	19 18	19 29	19 39	19 57	20 12	20 26	20 39	20 54	21 11	21 21	21 32
13	19 47	20 03	20 15	20 25	20 33	20 40	20 53	21 04	21 14	21 24	21 35	21 47	21 54	22 02
14	21 10	21 19	21 26	21 32	21 37	21 41	21 49	21 55	22 01	22 08	22 14	22 21	22 25	22 30
15	22 33	22 36	22 38	22 39	22 41	22 42	22 44	22 46	22 48	22 50	22 52	22 54	22 55	22 56
16	23 57	23 54	23 51	23 48	23 46	23 44	23 41	23 38	23 35	23 33	23 30	23 26	23 25	23 22
17	.. ..	.. ..	.. ..	.. ..	.. ..	.. ..	.. ..	.. ..	.. ..	.. ..	.. ..	.. ..	23 56	23 50
18	1 24	1 14	1 05	0 59	0 53	0 48	0 39	0 31	0 24	0 17	0 09	0 01	.. ..	.. ..
19	2 54	2 36	2 23	2 12	2 02	1 54	1 40	1 27	1 16	1 04	0 52	0 38	0 30	0 21
20	4 25	4 01	3 42	3 27	3 14	3 03	2 44	2 27	2 12	1 56	1 40	1 21	1 10	0 57
21	5 54	5 24	5 00	4 42	4 26	4 13	3 50	3 30	3 11	2 53	2 33	2 10	1 57	1 42
22	7 13	6 38	6 13	5 52	5 35	5 20	4 56	4 34	4 14	3 54	3 32	3 07	2 53	2 36
23	8 12	7 39	7 14	6 54	6 38	6 23	5 59	5 37	5 17	4 57	4 36	4 11	3 56	3 39
24	8 54	8 25	8 04	7 46	7 31	7 18	6 56	6 37	6 19	6 00	5 41	5 18	5 05	4 49
25	9 21	8 59	8 42	8 28	8 16	8 05	7 47	7 31	7 16	7 01	6 44	6 25	6 14	6 02

.. .. indicates phenomenon will occur the next day.

UNIVERSAL TIME FOR MERIDIAN OF GREENWICH
MOONRISE

Lat.	+40°	+42°	+44°	+46°	+48°	+50°	+52°	+54°	+56°	+58°	+60°	+62°	+64°	+66°
	h m	h m	h m	h m	h m	h m	h m	h m	h m	h m	h m	h m	h m	h m
July 1	.. ..	.. ..	.. ..	.. ..	.. ..	.. ..	.. ..	.. ..	.. ..	0 00	0 03	0 06	0 09	0 13
2	0 08	0 08	0 08	0 08	0 07	0 07	0 07	0 07	0 07	0 07	0 06	0 06	0 06	{00 05 / 23 58}
3	0 31	0 29	0 28	0 26	0 24	0 22	0 20	0 18	0 16	0 13	0 10	0 06	{00 03 / 23 59}	23 50
4	0 54	0 51	0 48	0 45	0 42	0 38	0 34	0 30	0 25	0 20	0 14	0 07	23 56	23 42
5	1 19	1 15	1 11	1 06	1 02	0 56	0 50	0 44	0 37	0 28	0 19	0 09	23 54	23 31
6	1 48	1 43	1 37	1 31	1 25	1 17	1 10	1 01	0 51	0 40	0 27	0 12	23 53	23 16
7	2 22	2 15	2 08	2 01	1 53	1 44	1 34	1 23	1 11	0 56	0 40	0 19	23 54	▭
8	3 01	2 54	2 46	2 38	2 29	2 18	2 07	1 54	1 39	1 22	1 00	0 33	.. ..	▭
9	3 48	3 40	3 32	3 23	3 13	3 02	2 50	2 36	2 19	2 00	1 36	1 03	0 07	▭
10	4 42	4 34	4 26	4 17	4 08	3 57	3 45	3 31	3 15	2 55	2 31	1 59	1 05	▭
11	5 42	5 35	5 28	5 20	5 11	5 01	4 50	4 38	4 24	4 07	3 46	3 21	2 44	1 30
12	6 46	6 40	6 34	6 27	6 20	6 12	6 03	5 53	5 42	5 28	5 13	4 54	4 31	3 59
13	7 52	7 48	7 43	7 38	7 33	7 27	7 20	7 12	7 04	6 55	6 44	6 31	6 16	5 57
14	9 00	8 57	8 53	8 50	8 46	8 42	8 38	8 33	8 28	8 22	8 15	8 07	7 58	7 48
15	10 07	10 06	10 04	10 02	10 01	9 59	9 57	9 55	9 52	9 49	9 46	9 43	9 39	9 34
16	11 15	11 15	11 15	11 16	11 16	11 16	11 16	11 17	11 17	11 17	11 18	11 18	11 19	11 20
17	12 25	12 27	12 28	12 31	12 33	12 35	12 38	12 41	12 44	12 48	12 52	12 56	13 02	13 08
18	13 37	13 40	13 44	13 48	13 52	13 57	14 02	14 08	14 14	14 21	14 29	14 39	14 50	15 03
19	14 51	14 56	15 02	15 08	15 14	15 21	15 29	15 38	15 47	15 59	16 12	16 27	16 46	17 10
20	16 06	16 13	16 20	16 28	16 36	16 45	16 56	17 07	17 21	17 36	17 55	18 19	18 50	19 41
21	17 20	17 27	17 35	17 44	17 54	18 05	18 17	18 31	18 47	19 07	19 31	20 04	20 59	▬
22	18 27	18 34	18 43	18 52	19 02	19 13	19 26	19 40	19 57	20 18	20 43	21 18	22 25	▬
23	19 23	19 31	19 39	19 47	19 56	20 07	20 18	20 31	20 46	21 04	21 25	21 53	22 32	▬
24	20 10	20 16	20 23	20 30	20 38	20 46	20 55	21 06	21 18	21 31	21 47	22 07	22 31	23 03
25	20 48	20 52	20 57	21 03	21 09	21 15	21 22	21 30	21 39	21 48	22 00	22 12	22 28	22 46

MOONSET

Lat.	+40°	+42°	+44°	+46°	+48°	+50°	+52°	+54°	+56°	+58°	+60°	+62°	+64°	+66°
	h m	h m	h m	h m	h m	h m	h m	h m	h m	h m	h m	h m	h m	h m
July 1	11 40	11 40	11 39	11 38	11 38	11 37	11 36	11 35	11 34	11 33	11 31	11 30	11 28	11 26
2	12 40	12 41	12 42	12 43	12 44	12 45	12 46	12 48	12 49	12 51	12 53	12 55	12 57	13 00
3	13 40	13 42	13 44	13 47	13 50	13 53	13 56	13 59	14 03	14 08	14 13	14 18	14 25	14 32
4	14 39	14 43	14 47	14 51	14 55	15 00	15 05	15 11	15 18	15 25	15 33	15 43	15 54	16 08
5	15 39	15 44	15 49	15 55	16 01	16 08	16 15	16 23	16 33	16 43	16 55	17 09	17 27	17 48
6	16 39	16 45	16 52	16 59	17 07	17 15	17 25	17 35	17 47	18 01	18 18	18 38	19 03	19 40
7	17 39	17 46	17 53	18 02	18 11	18 21	18 32	18 45	18 59	19 16	19 37	20 04	20 43	▭
8	18 36	18 44	18 52	19 01	19 10	19 21	19 34	19 48	20 04	20 23	20 48	21 20	22 16	▭
9	19 29	19 36	19 45	19 54	20 03	20 14	20 27	20 41	20 57	21 16	21 40	22 13	23 07	▭
10	20 16	20 23	20 31	20 39	20 48	20 58	21 09	21 22	21 36	21 53	22 14	22 40	23 17	▭
11	20 57	21 03	21 09	21 16	21 24	21 33	21 42	21 53	22 04	22 18	22 34	22 53	23 18	{00 32 / 23 50}
12	21 32	21 37	21 42	21 47	21 54	22 00	22 07	22 15	22 24	22 35	22 46	23 00	23 16	23 36
13	22 02	22 06	22 10	22 14	22 18	22 23	22 28	22 33	22 40	22 46	22 54	23 03	23 13	23 26
14	22 30	22 32	22 34	22 37	22 39	22 42	22 45	22 48	22 52	22 56	23 00	23 05	23 10	23 17
15	22 56	22 57	22 57	22 58	22 59	23 00	23 00	23 01	23 02	23 03	23 04	23 06	23 07	23 09
16	23 22	23 21	23 20	23 19	23 18	23 17	23 16	23 14	23 13	23 11	23 09	23 07	23 04	23 01
17	23 50	23 48	23 45	23 42	23 39	23 36	23 32	23 28	23 24	23 19	23 14	23 08	23 01	22 53
18	.. ..	.. ..	.. ..	.. ..	.. ..	23 58	23 52	23 45	23 38	23 30	23 21	23 10	22 58	22 43
19	0 21	0 17	0 13	0 08	0 03	.. ..	.. ..	.. ..	23 57	23 45	23 31	23 15	22 55	22 30
20	0 57	0 52	0 46	0 39	0 33	0 25	0 16	0 07	.. ..	.. ..	23 49	23 25	22 53	22 01
21	1 42	1 35	1 27	1 19	1 11	1 01	0 50	0 38	0 24	0 08	.. ..	23 50	22 54	▬
22	2 36	2 28	2 20	2 11	2 01	1 50	1 37	1 23	1 07	0 47	0 22	.. ..	23 42	▬
23	3 39	3 31	3 23	3 14	3 04	2 53	2 40	2 26	2 09	1 49	1 23	0 48	.. ..	▬
24	4 49	4 42	4 35	4 26	4 17	4 07	3 56	3 43	3 29	3 12	2 50	2 23	1 45	▬
25	6 02	5 56	5 50	5 43	5 36	5 28	5 19	5 09	4 58	4 45	4 29	4 11	3 48	3 16

▭ indicates Moon continuously above horizon.
▬ indicates Moon continuously below horizon.
.. .. indicates phenomenon will occur the next day.

MOONRISE AND MOONSET, 2021

UNIVERSAL TIME FOR MERIDIAN OF GREENWICH

MOONRISE

Lat.	−55°	−50°	−45°	−40°	−35°	−30°	−20°	−10°	0°	+10°	+20°	+30°	+35°	+40°
	h m	h m	h m	h m	h m	h m	h m	h m	h m	h m	h m	h m	h m	h m
July 24	16 22	16 50	17 10	17 27	17 41	17 53	18 14	18 32	18 49	19 06	19 24	19 44	19 56	20 10
25	17 50	18 10	18 26	18 39	18 50	19 00	19 16	19 31	19 44	19 57	20 11	20 28	20 37	20 48
26	19 15	19 29	19 40	19 49	19 56	20 03	20 15	20 25	20 34	20 44	20 53	21 05	21 11	21 19
27	20 37	20 44	20 50	20 55	20 59	21 03	21 09	21 15	21 20	21 26	21 31	21 38	21 41	21 45
28	21 55	21 56	21 57	21 58	21 59	22 00	22 02	22 03	22 04	22 05	22 06	22 08	22 09	22 10
29	23 10	23 06	23 02	23 00	22 57	22 55	22 52	22 49	22 46	22 43	22 40	22 37	22 35	22 33
30	.. ..	.. ..	.. ..	.. ..	23 55	23 50	23 41	23 34	23 28	23 21	23 14	23 06	23 01	22 56
31	0 24	0 14	0 06	0 00	.. ..	.. ..	.. ..	.. ..	.. ..	23 59	23 48	23 36	23 29	23 21
Aug. 1	1 37	1 22	1 10	1 00	0 51	0 44	0 31	0 20	0 10	.. ..	.. ..	.. ..	23 59	23 48
2	2 51	2 30	2 14	2 00	1 49	1 39	1 22	1 07	0 53	0 40	0 25	0 09	.. ..	.. ..
3	4 05	3 38	3 17	3 00	2 46	2 34	2 14	1 56	1 39	1 23	1 05	0 45	0 33	0 20
4	5 15	4 43	4 19	4 00	3 44	3 30	3 07	2 46	2 28	2 09	1 49	1 26	1 12	0 57
5	6 17	5 43	5 17	4 56	4 39	4 25	4 00	3 38	3 18	2 58	2 37	2 12	1 58	1 41
6	7 09	6 34	6 09	5 49	5 32	5 17	4 52	4 31	4 11	3 51	3 29	3 04	2 50	2 33
7	7 48	7 17	6 54	6 35	6 19	6 06	5 42	5 22	5 03	4 45	4 24	4 01	3 47	3 31
8	8 16	7 51	7 31	7 15	7 02	6 50	6 30	6 12	5 56	5 39	5 21	5 01	4 49	4 35
9	8 36	8 17	8 02	7 50	7 39	7 30	7 14	7 00	6 47	6 33	6 19	6 03	5 53	5 42
10	8 52	8 40	8 29	8 21	8 13	8 07	7 55	7 45	7 36	7 26	7 16	7 05	6 58	6 50
11	9 05	8 59	8 53	8 48	8 44	8 41	8 34	8 29	8 24	8 18	8 13	8 06	8 03	7 59
12	9 17	9 16	9 15	9 15	9 14	9 13	9 12	9 12	9 11	9 10	9 09	9 08	9 08	9 07
13	9 29	9 34	9 38	9 41	9 44	9 46	9 51	9 55	9 58	10 02	10 06	10 11	10 14	10 17
14	9 42	9 53	10 02	10 09	10 15	10 21	10 31	10 40	10 48	10 56	11 05	11 15	11 21	11 28
15	9 58	10 15	10 29	10 41	10 50	10 59	11 14	11 27	11 40	11 52	12 06	12 21	12 30	12 41
16	10 20	10 44	11 02	11 18	11 31	11 42	12 02	12 19	12 35	12 51	13 08	13 29	13 41	13 54
17	10 51	11 21	11 44	12 02	12 18	12 31	12 54	13 15	13 33	13 52	14 13	14 37	14 51	15 07

MOONSET

Lat.	−55°	−50°	−45°	−40°	−35°	−30°	−20°	−10°	0°	+10°	+20°	+30°	+35°	+40°
	h m	h m	h m	h m	h m	h m	h m	h m	h m	h m	h m	h m	h m	h m
July 24	8 54	8 25	8 04	7 46	7 31	7 18	6 56	6 37	6 19	6 00	5 41	5 18	5 05	4 49
25	9 21	8 59	8 42	8 28	8 16	8 05	7 47	7 31	7 16	7 01	6 44	6 25	6 14	6 02
26	9 41	9 25	9 13	9 02	8 53	8 45	8 32	8 20	8 08	7 57	7 45	7 30	7 22	7 13
27	9 55	9 45	9 38	9 31	9 25	9 20	9 12	9 04	8 57	8 49	8 41	8 32	8 27	8 21
28	10 07	10 03	9 59	9 57	9 54	9 52	9 48	9 45	9 42	9 38	9 35	9 31	9 28	9 26
29	10 17	10 18	10 19	10 20	10 21	10 21	10 22	10 23	10 24	10 25	10 26	10 27	10 27	10 28
30	10 27	10 34	10 39	10 43	10 47	10 50	10 56	11 01	11 06	11 11	11 16	11 22	11 25	11 29
31	10 38	10 50	10 59	11 07	11 14	11 20	11 30	11 39	11 48	11 56	12 05	12 16	12 22	12 29
Aug. 1	10 51	11 08	11 22	11 33	11 43	11 51	12 06	12 18	12 30	12 43	12 56	13 10	13 19	13 29
2	11 08	11 30	11 48	12 02	12 15	12 25	12 44	13 00	13 15	13 30	13 47	14 06	14 17	14 29
3	11 30	11 58	12 19	12 36	12 51	13 04	13 26	13 45	14 02	14 20	14 39	15 01	15 14	15 29
4	12 00	12 33	12 57	13 17	13 33	13 47	14 11	14 32	14 52	15 11	15 32	15 56	16 11	16 27
5	12 43	13 18	13 44	14 05	14 22	14 36	15 02	15 23	15 43	16 04	16 25	16 50	17 05	17 22
6	13 40	14 14	14 40	15 00	15 16	15 31	15 55	16 16	16 36	16 56	17 17	17 41	17 55	18 11
7	14 51	15 21	15 43	16 01	16 16	16 29	16 52	17 11	17 29	17 46	18 05	18 27	18 40	18 54
8	16 09	16 33	16 52	17 07	17 19	17 30	17 49	18 05	18 20	18 35	18 51	19 09	19 20	19 32
9	17 32	17 50	18 03	18 14	18 24	18 32	18 46	18 59	19 10	19 22	19 34	19 47	19 55	20 04
10	18 56	19 07	19 16	19 23	19 29	19 34	19 43	19 51	19 59	20 06	20 14	20 23	20 28	20 33
11	20 21	20 25	20 28	20 31	20 34	20 36	20 40	20 43	20 46	20 49	20 52	20 56	20 58	21 00
12	21 45	21 43	21 42	21 40	21 39	21 38	21 36	21 35	21 33	21 32	21 30	21 28	21 27	21 26
13	23 11	23 03	22 56	22 50	22 46	22 41	22 34	22 28	22 22	22 16	22 09	22 02	21 58	21 53
14	.. ..	.. ..	.. ..	.. ..	23 54	23 46	23 34	23 22	23 12	23 02	22 51	22 38	22 31	22 23
15	0 40	0 24	0 12	0 02	.. ..	.. ..	.. ..	.. ..	.. ..	23 51	23 36	23 18	23 08	22 56
16	2 09	1 47	1 30	1 16	1 04	0 53	0 35	0 20	0 05	.. ..	.. ..	.. ..	23 51	23 37
17	3 38	3 09	2 47	2 29	2 14	2 01	1 39	1 20	1 02	0 45	0 26	0 04	.. ..	.. ..

.. .. indicates phenomenon will occur the next day.

UNIVERSAL TIME FOR MERIDIAN OF GREENWICH
MOONRISE

Lat.	+40°	+42°	+44°	+46°	+48°	+50°	+52°	+54°	+56°	+58°	+60°	+62°	+64°	+66°
	h m	h m	h m	h m	h m	h m	h m	h m	h m	h m	h m	h m	h m	h m
July 24	20 10	20 16	20 23	20 30	20 38	20 46	20 55	21 06	21 18	21 31	21 47	22 07	22 31	23 03
25	20 48	20 52	20 57	21 03	21 09	21 15	21 22	21 30	21 39	21 48	22 00	22 12	22 28	22 46
26	21 19	21 22	21 25	21 29	21 33	21 38	21 42	21 47	21 53	22 00	22 07	22 15	22 25	22 36
27	21 45	21 47	21 49	21 51	21 54	21 56	21 59	22 01	22 05	22 08	22 12	22 16	22 21	22 27
28	22 10	22 10	22 11	22 11	22 12	22 12	22 13	22 13	22 14	22 15	22 16	22 17	22 18	22 19
29	22 33	22 32	22 31	22 30	22 29	22 27	22 26	22 25	22 23	22 21	22 19	22 17	22 14	22 12
30	22 56	22 54	22 51	22 49	22 46	22 43	22 40	22 36	22 32	22 28	22 23	22 17	22 11	22 04
31	23 21	23 17	23 13	23 09	23 05	23 00	22 55	22 49	22 43	22 36	22 28	22 19	22 08	21 56
Aug. 1	23 48	23 43	23 38	23 33	23 27	23 20	23 13	23 05	22 56	22 46	22 34	22 21	22 05	21 46
2	.. ..	.. ..	.. ..	.. ..	23 53	23 45	23 35	23 25	23 14	23 00	22 45	22 26	22 03	21 32
3	0 20	0 14	0 07	0 00	.. ..	.. ..	.. ..	23 52	23 38	23 22	23 02	22 37	22 02	21 02
4	0 57	0 50	0 42	0 34	0 25	0 16	0 05	.. ..	.. ..	23 55	23 31	22 59	22 08	▢
5	1 41	1 33	1 25	1 16	1 07	0 56	0 44	0 30	0 14	.. ..	.. ..	23 45	22 45	▢
6	2 33	2 25	2 17	2 08	1 58	1 47	1 34	1 20	1 04	0 44	0 19	.. ..	.. ..	▢
7	3 31	3 24	3 16	3 08	2 59	2 48	2 37	2 24	2 09	1 51	1 29	1 00	0 17	▢
8	4 35	4 29	4 22	4 15	4 07	3 58	3 48	3 38	3 25	3 11	2 53	2 32	2 05	1 25
9	5 42	5 37	5 32	5 26	5 20	5 13	5 06	4 57	4 48	4 37	4 25	4 10	3 53	3 31
10	6 50	6 47	6 43	6 39	6 35	6 30	6 25	6 19	6 13	6 06	5 58	5 49	5 38	5 25
11	7 59	7 57	7 55	7 53	7 50	7 48	7 45	7 42	7 39	7 35	7 31	7 26	7 21	7 14
12	9 07	9 07	9 07	9 07	9 06	9 06	9 06	9 05	9 05	9 04	9 04	9 03	9 02	9 02
13	10 17	10 18	10 20	10 21	10 23	10 25	10 27	10 29	10 32	10 34	10 37	10 41	10 45	10 50
14	11 28	11 31	11 34	11 38	11 41	11 45	11 50	11 55	12 00	12 07	12 14	12 22	12 31	12 42
15	12 41	12 45	12 50	12 56	13 01	13 08	13 15	13 23	13 32	13 42	13 53	14 07	14 23	14 43
16	13 54	14 00	14 07	14 14	14 22	14 31	14 40	14 51	15 04	15 18	15 35	15 56	16 23	17 02
17	15 07	15 14	15 22	15 30	15 40	15 50	16 02	16 16	16 31	16 50	17 13	17 43	18 29	▬

MOONSET

Lat.	+40°	+42°	+44°	+46°	+48°	+50°	+52°	+54°	+56°	+58°	+60°	+62°	+64°	+66°
	h m	h m	h m	h m	h m	h m	h m	h m	h m	h m	h m	h m	h m	h m
July 24	4 49	4 42	4 35	4 26	4 17	4 07	3 56	3 43	3 29	3 12	2 50	2 23	1 45	▬
25	6 02	5 56	5 50	5 43	5 36	5 28	5 19	5 09	4 58	4 45	4 29	4 11	3 48	3 16
26	7 13	7 09	7 04	6 59	6 54	6 48	6 42	6 35	6 27	6 18	6 07	5 55	5 41	5 24
27	8 21	8 18	8 15	8 12	8 09	8 05	8 01	7 57	7 52	7 47	7 41	7 33	7 25	7 16
28	9 26	9 25	9 23	9 22	9 21	9 19	9 17	9 15	9 13	9 11	9 08	9 05	9 02	8 58
29	10 28	10 28	10 29	10 29	10 29	10 30	10 30	10 31	10 31	10 32	10 32	10 33	10 34	10 35
30	11 29	11 31	11 32	11 34	11 36	11 39	11 41	11 44	11 47	11 50	11 54	11 58	12 03	12 09
31	12 29	12 32	12 35	12 39	12 43	12 47	12 51	12 56	13 02	13 08	13 15	13 23	13 33	13 44
Aug. 1	13 29	13 33	13 38	13 43	13 49	13 55	14 01	14 09	14 17	14 27	14 37	14 50	15 05	15 23
2	14 29	14 35	14 41	14 48	14 55	15 03	15 11	15 21	15 32	15 45	16 00	16 18	16 41	17 11
3	15 29	15 36	15 43	15 51	16 00	16 09	16 20	16 32	16 46	17 02	17 21	17 46	18 20	19 20
4	16 27	16 35	16 43	16 51	17 01	17 12	17 24	17 38	17 53	18 13	18 36	19 08	19 59	▢
5	17 22	17 30	17 38	17 47	17 57	18 08	18 20	18 35	18 51	19 11	19 36	20 10	21 10	▢
6	18 11	18 19	18 27	18 35	18 45	18 55	19 07	19 20	19 36	19 54	20 16	20 45	21 28	▢
7	18 54	19 01	19 08	19 16	19 24	19 33	19 43	19 54	20 07	20 22	20 40	21 02	21 30	22 10
8	19 32	19 37	19 43	19 49	19 56	20 03	20 11	20 20	20 30	20 41	20 54	21 10	21 28	21 51
9	20 04	20 08	20 13	20 17	20 22	20 27	20 33	20 39	20 46	20 54	21 03	21 14	21 26	21 40
10	20 33	20 36	20 38	20 41	20 44	20 48	20 51	20 55	20 59	21 04	21 10	21 16	21 23	21 31
11	21 00	21 01	21 02	21 03	21 04	21 06	21 07	21 09	21 10	21 12	21 14	21 17	21 19	21 22
12	21 26	21 26	21 25	21 25	21 24	21 23	21 22	21 22	21 21	21 20	21 19	21 17	21 16	21 14
13	21 53	21 51	21 49	21 47	21 44	21 41	21 38	21 35	21 32	21 28	21 23	21 18	21 12	21 06
14	22 23	22 19	22 15	22 11	22 07	22 02	21 56	21 51	21 44	21 37	21 29	21 20	21 09	20 56
15	22 56	22 51	22 46	22 40	22 33	22 26	22 19	22 10	22 01	21 50	21 37	21 23	21 06	20 44
16	23 37	23 30	23 23	23 16	23 07	22 58	22 48	22 37	22 24	22 09	21 52	21 30	21 02	20 23
17	.. ..	.. ..	.. ..	.. ..	23 52	23 41	23 29	23 15	22 59	22 41	22 17	21 47	21 00	▬

▢ indicates Moon continuously above horizon.
▬ indicates Moon continuously below horizon.
.. .. indicates phenomenon will occur the next day.

MOONRISE AND MOONSET, 2021

UNIVERSAL TIME FOR MERIDIAN OF GREENWICH

MOONRISE

Lat.	−55°	−50°	−45°	−40°	−35°	−30°	−20°	−10°	0°	+10°	+20°	+30°	+35°	+40°
	h m	h m	h m	h m	h m	h m	h m	h m	h m	h m	h m	h m	h m	h m
Aug. 16	10 20	10 44	11 02	11 18	11 31	11 42	12 02	12 19	12 35	12 51	13 08	13 29	13 41	13 54
17	10 51	11 21	11 44	12 02	12 18	12 31	12 54	13 15	13 33	13 52	14 13	14 37	14 51	15 07
18	11 36	12 10	12 35	12 56	13 13	13 28	13 53	14 14	14 35	14 55	15 17	15 42	15 57	16 14
19	12 38	13 13	13 38	13 58	14 15	14 30	14 55	15 16	15 36	15 56	16 17	16 42	16 57	17 14
20	13 57	14 27	14 49	15 07	15 23	15 36	15 58	16 18	16 36	16 54	17 13	17 35	17 48	18 03
21	15 22	15 46	16 04	16 19	16 31	16 42	17 01	17 17	17 32	17 47	18 03	18 21	18 31	18 43
22	16 49	17 05	17 19	17 29	17 38	17 47	18 00	18 12	18 24	18 35	18 47	19 00	19 08	19 17
23	18 13	18 23	18 31	18 37	18 43	18 48	18 57	19 04	19 12	19 19	19 26	19 35	19 40	19 45
24	19 33	19 37	19 40	19 43	19 45	19 47	19 50	19 54	19 56	19 59	20 02	20 06	20 08	20 10
25	20 50	20 48	20 47	20 46	20 45	20 44	20 42	20 41	20 40	20 38	20 37	20 36	20 35	20 34
26	22 06	21 58	21 52	21 47	21 43	21 39	21 33	21 27	21 22	21 16	21 11	21 05	21 01	20 57
27	23 20	23 07	22 57	22 48	22 40	22 34	22 23	22 13	22 04	21 55	21 45	21 35	21 28	21 21
28	.. ..	.. ..	.. ..	23 49	23 38	23 29	23 13	23 00	22 47	22 35	22 21	22 06	21 58	21 48
29	0 35	0 16	0 01	.. ..	.. ..	.. ..	.. ..	23 48	23 32	23 17	23 00	22 41	22 30	22 17
30	1 49	1 24	1 05	0 49	0 36	0 25	0 05	.. ..	.. ..	.. ..	23 42	23 20	23 07	22 52
31	3 01	2 30	2 07	1 49	1 33	1 20	0 57	0 38	0 20	0 02	.. ..	.. ..	23 50	23 33
Sept. 1	4 07	3 32	3 07	2 47	2 30	2 15	1 50	1 29	1 09	0 50	0 28	0 04	.. ..	.. ..
2	5 03	4 27	4 01	3 40	3 23	3 08	2 43	2 21	2 01	1 40	1 19	0 53	0 39	0 21
3	5 46	5 13	4 49	4 29	4 12	3 58	3 34	3 13	2 53	2 34	2 13	1 48	1 34	1 17
4	6 18	5 50	5 29	5 12	4 57	4 44	4 22	4 04	3 46	3 28	3 09	2 47	2 34	2 19
5	6 41	6 19	6 02	5 48	5 36	5 26	5 08	4 52	4 38	4 23	4 07	3 48	3 38	3 25
6	6 58	6 43	6 31	6 21	6 12	6 04	5 51	5 39	5 28	5 17	5 05	4 51	4 43	4 34
7	7 12	7 03	6 56	6 50	6 44	6 39	6 31	6 24	6 17	6 10	6 03	5 54	5 50	5 44
8	7 25	7 21	7 19	7 17	7 15	7 13	7 10	7 08	7 05	7 03	7 01	6 58	6 56	6 54
9	7 36	7 39	7 41	7 43	7 45	7 47	7 49	7 52	7 54	7 56	7 59	8 02	8 03	8 05

MOONSET

Lat.	−55°	−50°	−45°	−40°	−35°	−30°	−20°	−10°	0°	+10°	+20°	+30°	+35°	+40°
	h m	h m	h m	h m	h m	h m	h m	h m	h m	h m	h m	h m	h m	h m
Aug. 16	2 09	1 47	1 30	1 16	1 04	0 53	0 35	0 20	0 05	.. ..	.. ..	.. ..	23 51	23 37
17	3 38	3 09	2 47	2 29	2 14	2 01	1 39	1 20	1 02	0 45	0 26	0 04	.. ..	.. ..
18	4 59	4 25	3 59	3 39	3 23	3 08	2 43	2 22	2 02	1 43	1 21	0 57	0 42	0 26
19	6 04	5 29	5 04	4 43	4 26	4 11	3 46	3 24	3 04	2 44	2 22	1 56	1 42	1 24
20	6 51	6 20	5 56	5 38	5 22	5 08	4 44	4 24	4 05	3 46	3 25	3 01	2 47	2 30
21	7 22	6 58	6 38	6 22	6 09	5 57	5 37	5 19	5 03	4 46	4 28	4 08	3 55	3 41
22	7 44	7 26	7 11	6 59	6 49	6 40	6 24	6 10	5 57	5 44	5 30	5 13	5 04	4 53
23	8 00	7 48	7 38	7 30	7 23	7 17	7 06	6 56	6 47	6 38	6 28	6 16	6 10	6 02
24	8 13	8 06	8 01	7 57	7 53	7 49	7 44	7 38	7 33	7 28	7 23	7 17	7 13	7 09
25	8 23	8 23	8 22	8 21	8 20	8 20	8 19	8 18	8 17	8 16	8 15	8 14	8 14	8 13
26	8 34	8 38	8 41	8 44	8 47	8 49	8 53	8 57	9 00	9 03	9 06	9 10	9 13	9 15
27	8 44	8 54	9 02	9 08	9 14	9 19	9 27	9 35	9 42	9 49	9 57	10 06	10 11	10 16
28	8 56	9 11	9 23	9 33	9 42	9 49	10 02	10 14	10 25	10 36	10 47	11 01	11 08	11 17
29	9 11	9 31	9 48	10 01	10 12	10 22	10 40	10 55	11 09	11 23	11 38	11 56	12 06	12 18
30	9 30	9 56	10 16	10 33	10 47	10 59	11 20	11 38	11 55	12 12	12 30	12 51	13 04	13 18
31	9 57	10 28	10 52	11 11	11 26	11 40	12 04	12 24	12 43	13 02	13 23	13 47	14 01	14 17
Sept. 1	10 34	11 09	11 35	11 55	12 12	12 27	12 52	13 14	13 34	13 54	14 16	14 41	14 56	15 13
2	11 25	12 00	12 26	12 47	13 04	13 19	13 44	14 06	14 26	14 46	15 08	15 33	15 47	16 04
3	12 30	13 03	13 27	13 46	14 02	14 16	14 39	15 00	15 19	15 37	15 57	16 21	16 34	16 50
4	13 47	14 14	14 34	14 50	15 04	15 16	15 37	15 54	16 11	16 27	16 44	17 04	17 16	17 29
5	15 09	15 30	15 45	15 58	16 09	16 18	16 35	16 49	17 02	17 15	17 29	17 44	17 53	18 04
6	16 35	16 48	16 59	17 07	17 15	17 21	17 33	17 42	17 51	18 00	18 10	18 21	18 27	18 34
7	18 01	18 08	18 13	18 17	18 21	18 25	18 30	18 35	18 40	18 45	18 50	18 55	18 58	19 02
8	19 28	19 28	19 28	19 28	19 28	19 28	19 28	19 28	19 28	19 29	19 29	19 29	19 29	19 28
9	20 56	20 49	20 44	20 40	20 36	20 33	20 27	20 22	20 17	20 13	20 08	20 02	19 59	19 56

.. .. indicates phenomenon will occur the next day.

UNIVERSAL TIME FOR MERIDIAN OF GREENWICH

MOONRISE

Lat.	+40°	+42°	+44°	+46°	+48°	+50°	+52°	+54°	+56°	+58°	+60°	+62°	+64°	+66°
	h m	h m	h m	h m	h m	h m	h m	h m	h m	h m	h m	h m	h m	h m
Aug. 16	13 54	14 00	14 07	14 14	14 22	14 31	14 40	14 51	15 04	15 18	15 35	15 56	16 23	17 02
17	15 07	15 14	15 22	15 30	15 40	15 50	16 02	16 16	16 31	16 50	17 13	17 43	18 29	■
18	16 14	16 22	16 31	16 40	16 50	17 01	17 14	17 29	17 46	18 07	18 33	19 09	20 28	■
19	17 14	17 21	17 29	17 38	17 48	17 59	18 11	18 25	18 41	19 00	19 24	19 56	20 46	■
20	18 03	18 10	18 17	18 25	18 33	18 42	18 53	19 05	19 18	19 33	19 52	20 14	20 44	21 28
21	18 43	18 49	18 55	19 01	19 07	19 15	19 23	19 32	19 42	19 53	20 07	20 22	20 41	21 04
22	19 17	19 21	19 25	19 29	19 34	19 39	19 45	19 51	19 58	20 06	20 15	20 25	20 37	20 51
23	19 45	19 48	19 50	19 53	19 56	19 59	20 03	20 07	20 11	20 15	20 21	20 27	20 34	20 42
24	20 10	20 11	20 12	20 14	20 15	20 16	20 18	20 19	20 21	20 23	20 25	20 27	20 30	20 33
25	20 34	20 34	20 33	20 33	20 32	20 32	20 31	20 30	20 30	20 29	20 28	20 27	20 26	20 25
26	20 57	20 55	20 54	20 52	20 49	20 47	20 45	20 42	20 39	20 35	20 32	20 27	20 23	20 17
27	21 21	21 18	21 15	21 11	21 08	21 03	20 59	20 54	20 49	20 43	20 36	20 28	20 19	20 09
28	21 48	21 43	21 39	21 34	21 28	21 22	21 16	21 08	21 00	20 51	20 41	20 29	20 16	19 59
29	22 17	22 12	22 06	21 59	21 52	21 44	21 36	21 26	21 16	21 04	20 50	20 33	20 12	19 46
30	22 52	22 45	22 38	22 30	22 22	22 13	22 02	21 50	21 37	21 21	21 03	20 40	20 10	19 24
31	23 33	23 26	23 18	23 09	22 59	22 49	22 37	22 23	22 07	21 49	21 26	20 56	20 09	□
Sept. 1	.. ..	.. ..	.. ..	23 56	23 46	23 35	23 22	23 08	22 51	22 31	22 05	21 30	20 22	□
2	0 21	0 14	0 05	.. ..	.. ..	.. ..	.. ..	.. ..	23 50	23 31	23 07	22 34	21 40	□
3	1 17	1 10	1 02	0 53	0 43	0 32	0 20	0 06	.. ..	.. ..	.. ..	.. ..	23 29	22 29
4	2 19	2 12	2 05	1 57	1 49	1 39	1 28	1 16	1 03	0 46	0 27	0 02	.. ..	.. ..
5	3 25	3 20	3 14	3 08	3 01	2 53	2 45	2 35	2 24	2 12	1 58	1 40	1 19	0 51
6	4 34	4 30	4 26	4 21	4 16	4 11	4 04	3 58	3 50	3 42	3 32	3 21	3 07	2 51
7	5 44	5 42	5 39	5 36	5 33	5 30	5 26	5 22	5 18	5 13	5 07	5 01	4 53	4 45
8	6 54	6 53	6 53	6 52	6 51	6 50	6 48	6 47	6 46	6 44	6 42	6 40	6 38	6 35
9	8 05	8 06	8 07	8 08	8 09	8 10	8 12	8 13	8 14	8 16	8 18	8 20	8 23	8 26

MOONSET

Lat.	+40°	+42°	+44°	+46°	+48°	+50°	+52°	+54°	+56°	+58°	+60°	+62°	+64°	+66°
	h m	h m	h m	h m	h m	h m	h m	h m	h m	h m	h m	h m	h m	h m
Aug. 16	23 37	23 30	23 23	23 16	23 07	22 58	22 48	22 37	22 24	22 09	21 52	21 30	21 02	20 23
17	.. ..	.. ..	.. ..	.. ..	23 52	23 41	23 29	23 15	22 59	22 41	22 17	21 47	21 00	■
18	0 26	0 18	0 10	0 01	.. ..	.. ..	.. ..	.. ..	23 52	23 32	23 06	22 29	21 10	■
19	1 24	1 16	1 08	0 59	0 48	0 37	0 24	0 10	.. ..	.. ..	.. ..	23 51	23 01	■
20	2 30	2 23	2 15	2 06	1 57	1 46	1 34	1 20	1 05	0 46	0 22	.. ..	.. ..	■
21	3 41	3 35	3 28	3 21	3 13	3 04	2 54	2 42	2 30	2 15	1 57	1 35	1 06	0 22
22	4 53	4 48	4 42	4 37	4 31	4 24	4 16	4 08	3 59	3 48	3 35	3 21	3 03	2 41
23	6 02	5 59	5 55	5 51	5 47	5 43	5 38	5 32	5 26	5 19	5 11	5 02	4 51	4 39
24	7 09	7 07	7 05	7 03	7 01	6 58	6 56	6 53	6 50	6 46	6 42	6 37	6 32	6 25
25	8 13	8 13	8 12	8 12	8 12	8 11	8 11	8 10	8 10	8 09	8 08	8 08	8 07	8 06
26	9 15	9 16	9 18	9 19	9 20	9 22	9 24	9 25	9 27	9 30	9 32	9 35	9 38	9 42
27	10 16	10 19	10 22	10 25	10 28	10 31	10 35	10 39	10 44	10 49	10 55	11 02	11 09	11 18
28	11 17	11 21	11 25	11 30	11 35	11 40	11 46	11 53	12 00	12 08	12 18	12 29	12 41	12 57
29	12 18	12 23	12 29	12 35	12 41	12 49	12 57	13 06	13 16	13 27	13 41	13 57	14 17	14 42
30	13 18	13 24	13 31	13 39	13 47	13 56	14 06	14 18	14 31	14 46	15 04	15 26	15 56	16 41
31	14 17	14 24	14 32	14 41	14 50	15 00	15 12	15 26	15 41	15 59	16 22	16 52	17 38	□
Sept. 1	15 13	15 21	15 29	15 38	15 48	15 59	16 12	16 26	16 43	17 03	17 29	18 04	19 11	□
2	16 04	16 12	16 20	16 29	16 39	16 50	17 02	17 16	17 32	17 52	18 16	18 48	19 43	□
3	16 50	16 57	17 04	17 12	17 21	17 31	17 42	17 54	18 08	18 25	18 45	19 10	19 44	20 44
4	17 29	17 35	17 41	17 48	17 56	18 04	18 13	18 23	18 34	18 47	19 02	19 20	19 42	20 11
5	18 04	18 08	18 13	18 18	18 24	18 30	18 37	18 44	18 52	19 02	19 12	19 25	19 39	19 57
6	18 34	18 37	18 40	18 44	18 48	18 52	18 56	19 01	19 06	19 12	19 19	19 27	19 36	19 46
7	19 02	19 03	19 05	19 07	19 09	19 11	19 13	19 15	19 18	19 21	19 24	19 28	19 32	19 37
8	19 28	19 28	19 28	19 28	19 28	19 28	19 28	19 28	19 28	19 28	19 28	19 28	19 28	19 28
9	19 56	19 54	19 52	19 50	19 48	19 46	19 44	19 42	19 39	19 36	19 32	19 29	19 24	19 19

□ indicates Moon continuously above horizon.
■ indicates Moon continuously below horizon.
.. .. indicates phenomenon will occur the next day.

MOONRISE AND MOONSET, 2021

UNIVERSAL TIME FOR MERIDIAN OF GREENWICH

MOONRISE

Lat.	−55°	−50°	−45°	−40°	−35°	−30°	−20°	−10°	0°	+10°	+20°	+30°	+35°	+40°
	h m	h m	h m	h m	h m	h m	h m	h m	h m	h m	h m	h m	h m	h m
Sept. 8	7 25	7 21	7 19	7 17	7 15	7 13	7 10	7 08	7 05	7 03	7 01	6 58	6 56	6 54
9	7 36	7 39	7 41	7 43	7 45	7 47	7 49	7 52	7 54	7 56	7 59	8 02	8 03	8 05
10	7 49	7 58	8 05	8 11	8 17	8 21	8 30	8 37	8 44	8 51	8 58	9 07	9 12	9 18
11	8 04	8 19	8 32	8 42	8 51	8 59	9 12	9 24	9 36	9 47	9 59	10 14	10 22	10 31
12	8 23	8 45	9 03	9 17	9 30	9 40	9 59	10 15	10 30	10 46	11 02	11 22	11 33	11 46
13	8 50	9 19	9 41	9 59	10 14	10 28	10 50	11 10	11 28	11 47	12 07	12 30	12 43	12 59
14	9 30	10 04	10 30	10 50	11 07	11 21	11 46	12 08	12 28	12 48	13 10	13 36	13 50	14 08
15	10 27	11 02	11 28	11 49	12 06	12 21	12 46	13 08	13 29	13 49	14 11	14 36	14 51	15 09
16	11 39	12 12	12 36	12 55	13 11	13 25	13 48	14 09	14 28	14 47	15 07	15 31	15 44	16 00
17	13 02	13 28	13 48	14 04	14 18	14 30	14 50	15 08	15 24	15 40	15 58	16 17	16 29	16 42
18	14 27	14 47	15 02	15 14	15 25	15 34	15 50	16 03	16 16	16 29	16 42	16 58	17 07	17 17
19	15 51	16 04	16 14	16 22	16 29	16 36	16 46	16 56	17 05	17 13	17 23	17 33	17 39	17 46
20	17 12	17 18	17 24	17 28	17 32	17 35	17 41	17 46	17 50	17 55	18 00	18 05	18 08	18 12
21	18 30	18 31	18 31	18 32	18 32	18 32	18 33	18 33	18 34	18 34	18 35	18 35	18 35	18 36
22	19 47	19 42	19 37	19 34	19 31	19 28	19 24	19 20	19 16	19 12	19 09	19 04	19 02	18 59
23	21 03	20 51	20 43	20 35	20 29	20 24	20 14	20 06	19 58	19 51	19 43	19 34	19 28	19 23
24	22 18	22 01	21 48	21 37	21 27	21 19	21 05	20 53	20 41	20 30	20 18	20 05	19 57	19 48
25	23 33	23 10	22 52	22 38	22 25	22 15	21 56	21 41	21 26	21 11	20 56	20 38	20 28	20 16
26	.. ..	.. ..	23 56	23 38	23 23	23 10	22 49	22 30	22 12	21 55	21 36	21 15	21 03	20 48
27	0 47	0 18	.. ..	.. ..	.. ..	.. ..	23 41	23 20	23 01	22 41	22 21	21 57	21 43	21 27
28	1 56	1 22	0 57	0 37	0 20	0 06	.. ..	.. ..	23 51	23 31	23 09	22 44	22 29	22 11
29	2 56	2 19	1 53	1 32	1 14	0 59	0 34	0 12	.. ..	.. ..	.. ..	23 36	23 21	23 03
30	3 43	3 08	2 43	2 22	2 05	1 50	1 25	1 03	0 43	0 23	0 01	.. ..	.. ..	.. ..
Oct. 1	4 19	3 48	3 25	3 06	2 51	2 37	2 14	1 54	1 35	1 16	0 55	0 32	0 18	0 02
2	4 45	4 20	4 01	3 45	3 32	3 20	3 00	2 42	2 26	2 10	1 52	1 32	1 20	1 06

MOONSET

Lat.	−55°	−50°	−45°	−40°	−35°	−30°	−20°	−10°	0°	+10°	+20°	+30°	+35°	+40°
	h m	h m	h m	h m	h m	h m	h m	h m	h m	h m	h m	h m	h m	h m
Sept. 8	19 28	19 28	19 28	19 28	19 28	19 28	19 28	19 28	19 28	19 29	19 29	19 29	19 29	19 28
9	20 56	20 49	20 44	20 40	20 36	20 33	20 27	20 22	20 17	20 13	20 08	20 02	19 59	19 56
10	22 25	22 12	22 01	21 53	21 45	21 38	21 27	21 17	21 08	20 59	20 49	20 38	20 32	20 24
11	23 56	23 36	23 20	23 07	22 56	22 46	22 29	22 15	22 01	21 48	21 34	21 17	21 08	20 57
12	.. ..	.. ..	.. ..	.. ..	.. ..	23 54	23 33	23 15	22 58	22 41	22 22	22 02	21 49	21 35
13	1 27	0 59	0 38	0 21	0 06	.. ..	.. ..	.. ..	23 57	23 37	23 16	22 52	22 38	22 22
14	2 51	2 17	1 52	1 32	1 16	1 01	0 37	0 16	.. ..	.. ..	.. ..	23 49	23 34	23 16
15	4 00	3 25	2 58	2 37	2 20	2 05	1 40	1 18	0 57	0 37	0 15	.. ..	.. ..	.. ..
16	4 51	4 18	3 54	3 34	3 17	3 03	2 38	2 17	1 57	1 37	1 16	0 51	0 36	0 19
17	5 26	4 59	4 38	4 21	4 06	3 53	3 32	3 13	2 55	2 37	2 18	1 56	1 43	1 28
18	5 50	5 29	5 12	4 59	4 47	4 37	4 19	4 04	3 49	3 35	3 19	3 01	2 50	2 38
19	6 07	5 52	5 40	5 31	5 22	5 15	5 02	4 50	4 40	4 29	4 17	4 04	3 56	3 47
20	6 20	6 11	6 04	5 58	5 53	5 48	5 40	5 33	5 27	5 20	5 13	5 04	5 00	4 54
21	6 31	6 28	6 25	6 23	6 21	6 19	6 16	6 14	6 11	6 09	6 06	6 03	6 01	5 59
22	6 41	6 43	6 45	6 46	6 47	6 49	6 51	6 52	6 54	6 56	6 57	6 59	7 00	7 02
23	6 51	6 58	7 04	7 09	7 14	7 18	7 25	7 31	7 36	7 42	7 48	7 55	7 59	8 04
24	7 02	7 15	7 25	7 34	7 41	7 48	7 59	8 09	8 19	8 28	8 39	8 50	8 57	9 05
25	7 15	7 33	7 48	8 00	8 11	8 20	8 36	8 50	9 03	9 16	9 30	9 46	9 55	10 06
26	7 32	7 56	8 15	8 30	8 44	8 55	9 15	9 32	9 48	10 04	10 22	10 42	10 53	11 07
27	7 55	8 25	8 47	9 06	9 21	9 34	9 57	10 17	10 36	10 54	11 14	11 37	11 51	12 06
28	8 27	9 01	9 27	9 47	10 04	10 18	10 43	11 05	11 25	11 45	12 07	12 32	12 46	13 04
29	9 11	9 48	10 14	10 35	10 53	11 08	11 33	11 55	12 16	12 37	12 59	13 24	13 39	13 56
30	10 10	10 45	11 10	11 31	11 48	12 02	12 27	12 48	13 08	13 27	13 49	14 13	14 27	14 44
Oct. 1	11 22	11 52	12 14	12 32	12 47	13 00	13 22	13 42	13 59	14 17	14 36	14 58	15 10	15 25
2	12 42	13 05	13 23	13 38	13 50	14 01	14 20	14 36	14 50	15 05	15 21	15 39	15 49	16 01

.. .. indicates phenomenon will occur the next day.

MOONRISE AND MOONSET, 2021

UNIVERSAL TIME FOR MERIDIAN OF GREENWICH

MOONRISE

Lat.	+40°	+42°	+44°	+46°	+48°	+50°	+52°	+54°	+56°	+58°	+60°	+62°	+64°	+66°
	h m	h m	h m	h m	h m	h m	h m	h m	h m	h m	h m	h m	h m	h m
Sept. 8	6 54	6 53	6 53	6 52	6 51	6 50	6 48	6 47	6 46	6 44	6 42	6 40	6 38	6 35
9	8 05	8 06	8 07	8 08	8 09	8 10	8 12	8 13	8 14	8 16	8 18	8 20	8 23	8 26
10	9 18	9 20	9 23	9 26	9 29	9 32	9 36	9 40	9 45	9 50	9 56	10 03	10 10	10 20
11	10 31	10 36	10 40	10 45	10 50	10 56	11 02	11 10	11 17	11 26	11 37	11 49	12 03	12 21
12	11 46	11 52	11 58	12 05	12 12	12 20	12 29	12 39	12 51	13 04	13 20	13 39	14 03	14 36
13	12 59	13 06	13 14	13 22	13 31	13 42	13 53	14 06	14 21	14 39	15 00	15 29	16 10	■
14	14 08	14 16	14 24	14 33	14 44	14 55	15 08	15 23	15 40	16 01	16 27	17 04	■	■
15	15 09	15 17	15 25	15 34	15 44	15 56	16 08	16 23	16 40	17 00	17 26	18 01	19 10	■
16	16 00	16 07	16 15	16 23	16 32	16 42	16 54	17 06	17 21	17 38	17 59	18 25	19 01	20 14
17	16 42	16 48	16 55	17 01	17 09	17 17	17 26	17 36	17 47	18 00	18 16	18 34	18 56	19 25
18	17 17	17 21	17 26	17 31	17 37	17 43	17 50	17 57	18 05	18 15	18 25	18 37	18 52	19 09
19	17 46	17 49	17 53	17 56	18 00	18 04	18 08	18 13	18 18	18 24	18 31	18 39	18 47	18 58
20	18 12	18 14	18 15	18 17	18 19	18 21	18 23	18 26	18 29	18 32	18 35	18 39	18 43	18 48
21	18 36	18 36	18 36	18 36	18 37	18 37	18 37	18 37	18 38	18 38	18 38	18 39	18 39	18 40
22	18 59	18 58	18 56	18 55	18 53	18 52	18 50	18 48	18 46	18 44	18 41	18 38	18 35	18 31
23	19 23	19 20	19 17	19 14	19 11	19 08	19 04	19 00	18 55	18 50	18 45	18 38	18 31	18 22
24	19 48	19 44	19 40	19 35	19 30	19 25	19 19	19 13	19 06	18 58	18 49	18 39	18 27	18 13
25	20 16	20 11	20 05	19 59	19 53	19 46	19 38	19 29	19 19	19 08	18 56	18 41	18 23	18 01
26	20 48	20 42	20 35	20 28	20 20	20 11	20 01	19 50	19 37	19 23	19 06	18 45	18 19	17 41
27	21 27	21 19	21 11	21 03	20 54	20 43	20 32	20 18	20 03	19 45	19 24	18 55	18 14	☐
28	22 11	22 04	21 55	21 46	21 36	21 25	21 12	20 57	20 41	20 20	19 55	19 19	18 10	☐
29	23 03	22 56	22 47	22 38	22 28	22 17	22 04	21 49	21 32	21 12	20 46	20 10	18 52	☐
30	.. ..	23 55	23 47	23 39	23 29	23 19	23 07	22 54	22 39	22 21	21 59	21 30	20 46	☐
Oct. 1	0 02	.. ..	.. ..	.. ..	.. ..	.. ..	.. ..	.. ..	23 57	23 42	23 25	23 05	22 38	21 59
2	1 06	1 00	0 53	0 46	0 38	0 30	0 20	0 09	.. ..	.. ..	.. ..	.. ..	.. ..	.. ..

MOONSET

Lat.	+40°	+42°	+44°	+46°	+48°	+50°	+52°	+54°	+56°	+58°	+60°	+62°	+64°	+66°
	h m	h m	h m	h m	h m	h m	h m	h m	h m	h m	h m	h m	h m	h m
Sept. 8	19 28	19 28	19 28	19 28	19 28	19 28	19 28	19 28	19 28	19 28	19 28	19 28	19 28	19 28
9	19 56	19 54	19 52	19 50	19 48	19 46	19 44	19 42	19 39	19 36	19 32	19 29	19 24	19 19
10	20 24	20 21	20 18	20 14	20 10	20 06	20 01	19 56	19 51	19 45	19 37	19 29	19 20	19 10
11	20 57	20 52	20 47	20 42	20 36	20 29	20 22	20 14	20 06	19 56	19 45	19 32	19 16	18 57
12	21 35	21 29	21 23	21 15	21 07	20 59	20 49	20 39	20 26	20 13	19 56	19 36	19 12	18 38
13	22 22	22 14	22 06	21 58	21 48	21 38	21 26	21 13	20 57	20 39	20 17	19 48	19 06	■
14	23 16	23 08	23 00	22 51	22 40	22 29	22 16	22 01	21 44	21 23	20 56	20 19	■	■
15	.. ..	.. ..	.. ..	23 54	23 44	23 33	23 20	23 06	22 49	22 29	22 04	21 28	20 20	■
16	0 19	0 12	0 03	.. ..	.. ..	.. ..	.. ..	.. ..	.. ..	23 53	23 33	23 07	22 31	21 19
17	1 28	1 21	1 13	1 05	0 57	0 47	0 36	0 24	0 10	.. ..	.. ..	.. ..	.. ..	.. ..
18	2 38	2 32	2 26	2 20	2 13	2 05	1 57	1 47	1 37	1 24	1 10	0 52	0 31	0 03
19	3 47	3 43	3 39	3 34	3 29	3 24	3 18	3 11	3 04	2 55	2 46	2 34	2 21	2 05
20	4 54	4 52	4 49	4 46	4 43	4 40	4 36	4 32	4 28	4 23	4 17	4 11	4 04	3 55
21	5 59	5 58	5 57	5 56	5 55	5 53	5 52	5 51	5 49	5 47	5 45	5 43	5 40	5 37
22	7 02	7 02	7 03	7 04	7 04	7 05	7 06	7 07	7 08	7 09	7 10	7 11	7 13	7 15
23	8 04	8 06	8 08	8 10	8 13	8 15	8 18	8 21	8 25	8 29	8 34	8 39	8 45	8 52
24	9 05	9 08	9 12	9 16	9 20	9 25	9 30	9 36	9 42	9 49	9 57	10 06	10 17	10 30
25	10 06	10 11	10 16	10 22	10 28	10 34	10 42	10 50	10 59	11 09	11 21	11 35	11 52	12 14
26	11 07	11 13	11 19	11 26	11 34	11 43	11 52	12 03	12 15	12 29	12 45	13 06	13 31	14 08
27	12 06	12 14	12 21	12 30	12 39	12 49	13 00	13 13	13 28	13 45	14 07	14 35	15 15	☐
28	13 04	13 11	13 20	13 29	13 39	13 50	14 02	14 17	14 34	14 54	15 19	15 54	17 04	☐
29	13 56	14 04	14 13	14 22	14 32	14 43	14 56	15 11	15 28	15 48	16 14	16 51	18 08	☐
30	14 44	14 51	14 59	15 08	15 17	15 28	15 40	15 53	16 08	16 27	16 49	17 19	18 03	☐
Oct. 1	15 25	15 31	15 38	15 46	15 54	16 03	16 13	16 25	16 37	16 52	17 10	17 31	17 59	18 38
2	16 01	16 06	16 12	16 18	16 24	16 31	16 39	16 48	16 58	17 09	17 22	17 37	17 55	18 17

☐ indicates Moon continuously above horizon.
■ indicates Moon continuously below horizon.
.. .. indicates phenomenon will occur the next day.

MOONRISE AND MOONSET, 2021

UNIVERSAL TIME FOR MERIDIAN OF GREENWICH

MOONRISE

Lat.	−55°	−50°	−45°	−40°	−35°	−30°	−20°	−10°	0°	+10°	+20°	+30°	+35°	+40°
	h m	h m	h m	h m	h m	h m	h m	h m	h m	h m	h m	h m	h m	h m
Oct. 1	4 19	3 48	3 25	3 06	2 51	2 37	2 14	1 54	1 35	1 16	0 55	0 32	0 18	0 02
2	4 45	4 20	4 01	3 45	3 32	3 20	3 00	2 42	2 26	2 10	1 52	1 32	1 20	1 06
3	5 04	4 45	4 31	4 19	4 08	3 59	3 43	3 30	3 17	3 04	2 50	2 33	2 24	2 13
4	5 19	5 06	4 57	4 49	4 42	4 35	4 24	4 15	4 06	3 57	3 47	3 36	3 30	3 23
5	5 31	5 25	5 20	5 16	5 13	5 10	5 04	4 59	4 55	4 50	4 46	4 40	4 37	4 33
6	5 43	5 43	5 43	5 43	5 43	5 43	5 44	5 44	5 44	5 44	5 44	5 45	5 45	5 45
7	5 55	6 01	6 06	6 11	6 15	6 18	6 24	6 29	6 34	6 39	6 45	6 51	6 55	6 59
8	6 09	6 22	6 32	6 41	6 48	6 55	7 07	7 17	7 27	7 37	7 47	7 59	8 06	8 14
9	6 26	6 46	7 02	7 15	7 26	7 36	7 53	8 08	8 22	8 36	8 52	9 09	9 20	9 31
10	6 51	7 18	7 39	7 56	8 10	8 23	8 44	9 03	9 21	9 38	9 58	10 20	10 33	10 48
11	7 26	8 00	8 25	8 44	9 01	9 16	9 40	10 02	10 22	10 42	11 03	11 28	11 43	12 01
12	8 18	8 54	9 21	9 42	9 59	10 15	10 40	11 03	11 23	11 44	12 06	12 32	12 47	13 05
13	9 27	10 01	10 26	10 47	11 03	11 18	11 42	12 04	12 23	12 43	13 04	13 29	13 43	14 00
14	10 47	11 16	11 38	11 55	12 10	12 22	12 44	13 03	13 20	13 37	13 56	14 17	14 30	14 44
15	12 12	12 34	12 51	13 04	13 16	13 26	13 44	13 59	14 13	14 27	14 42	14 59	15 09	15 20
16	13 36	13 50	14 02	14 12	14 20	14 28	14 40	14 51	15 02	15 12	15 23	15 35	15 42	15 50
17	14 56	15 05	15 12	15 18	15 23	15 27	15 34	15 41	15 47	15 53	16 00	16 07	16 11	16 16
18	16 14	16 17	16 19	16 21	16 23	16 24	16 26	16 28	16 30	16 32	16 35	16 37	16 38	16 40
19	17 31	17 28	17 25	17 23	17 21	17 20	17 17	17 15	17 13	17 10	17 08	17 06	17 04	17 03
20	18 46	18 37	18 30	18 24	18 19	18 15	18 07	18 01	17 54	17 48	17 42	17 34	17 30	17 26
21	20 02	19 47	19 35	19 26	19 17	19 10	18 58	18 47	18 37	18 27	18 16	18 04	17 58	17 50
22	21 18	20 57	20 40	20 27	20 16	20 06	19 49	19 35	19 21	19 07	18 53	18 37	18 27	18 17
23	22 33	22 05	21 45	21 28	21 14	21 02	20 41	20 23	20 07	19 50	19 33	19 12	19 01	18 47
24	23 44	23 11	22 47	22 28	22 11	21 58	21 34	21 13	20 54	20 36	20 15	19 52	19 39	19 23
25	.. ..	.. ..	23 45	23 24	23 07	22 52	22 26	22 04	21 44	21 24	21 02	20 37	20 22	20 05

MOONSET

Lat.	−55°	−50°	−45°	−40°	−35°	−30°	−20°	−10°	0°	+10°	+20°	+30°	+35°	+40°
	h m	h m	h m	h m	h m	h m	h m	h m	h m	h m	h m	h m	h m	h m
Oct. 1	11 22	11 52	12 14	12 32	12 47	13 00	13 22	13 42	13 59	14 17	14 36	14 58	15 10	15 25
2	12 42	13 05	13 23	13 38	13 50	14 01	14 20	14 36	14 50	15 05	15 21	15 39	15 49	16 01
3	14 06	14 22	14 35	14 46	14 55	15 03	15 17	15 29	15 40	15 51	16 03	16 16	16 24	16 32
4	15 32	15 42	15 50	15 56	16 02	16 07	16 15	16 22	16 29	16 36	16 43	16 51	16 56	17 01
5	17 00	17 03	17 05	17 07	17 09	17 11	17 14	17 16	17 18	17 20	17 23	17 25	17 27	17 28
6	18 29	18 25	18 22	18 20	18 18	18 16	18 13	18 10	18 08	18 05	18 02	17 59	17 57	17 55
7	20 01	19 50	19 42	19 35	19 29	19 23	19 14	19 06	18 59	18 51	18 44	18 35	18 29	18 24
8	21 35	21 17	21 03	20 51	20 41	20 32	20 18	20 05	19 53	19 41	19 28	19 13	19 05	18 55
9	23 09	22 44	22 24	22 08	21 55	21 43	21 23	21 06	20 50	20 34	20 16	19 57	19 46	19 33
10	.. ..	.. ..	23 42	23 23	23 07	22 53	22 29	22 09	21 50	21 30	21 10	20 47	20 33	20 17
11	0 39	0 07	.. ..	.. ..	.. ..	23 59	23 34	23 12	22 51	22 30	22 08	21 43	21 28	21 10
12	1 56	1 20	0 53	0 32	0 15	.. ..	.. ..	.. ..	23 52	23 32	23 10	22 44	22 29	22 12
13	2 53	2 18	1 52	1 32	1 15	1 00	0 35	0 13	.. ..	.. ..	.. ..	23 49	23 35	23 19
14	3 32	3 02	2 39	2 21	2 06	1 52	1 30	1 10	0 51	0 32	0 12	.. ..	.. ..	.. ..
15	3 58	3 34	3 16	3 01	2 49	2 37	2 18	2 02	1 46	1 30	1 13	0 53	0 42	0 28
16	4 16	3 59	3 45	3 34	3 25	3 16	3 02	2 49	2 37	2 24	2 11	1 56	1 47	1 37
17	4 29	4 18	4 09	4 02	3 56	3 50	3 40	3 32	3 24	3 15	3 07	2 56	2 51	2 44
18	4 40	4 35	4 31	4 27	4 24	4 21	4 16	4 12	4 08	4 04	4 00	3 55	3 52	3 48
19	4 50	4 50	4 50	4 50	4 50	4 50	4 50	4 51	4 51	4 51	4 51	4 51	4 51	4 51
20	4 59	5 05	5 09	5 13	5 16	5 19	5 24	5 28	5 33	5 37	5 41	5 46	5 49	5 53
21	5 09	5 20	5 29	5 36	5 43	5 48	5 58	6 07	6 15	6 23	6 32	6 42	6 47	6 54
22	5 21	5 38	5 51	6 02	6 11	6 19	6 34	6 46	6 58	7 10	7 22	7 37	7 46	7 55
23	5 36	5 58	6 16	6 30	6 42	6 53	7 12	7 28	7 43	7 58	8 14	8 33	8 44	8 57
24	5 56	6 24	6 46	7 03	7 18	7 31	7 53	8 12	8 30	8 47	9 07	9 29	9 42	9 57
25	6 24	6 57	7 22	7 42	7 58	8 13	8 37	8 58	9 18	9 38	9 59	10 24	10 38	10 55

.. .. indicates phenomenon will occur the next day.

UNIVERSAL TIME FOR MERIDIAN OF GREENWICH

MOONRISE

Lat.	+40°	+42°	+44°	+46°	+48°	+50°	+52°	+54°	+56°	+58°	+60°	+62°	+64°	+66°
	h m	h m	h m	h m	h m	h m	h m	h m	h m	h m	h m	h m	h m	h m
Oct. 1	0 02	.. ..	.. ..	.. ..	.. ..	.. ..	.. ..	.. ..	23 57	23 42	23 25	23 05	22 38	21 59
2	1 06	1 00	0 53	0 46	0 38	0 30	0 20	0 09	.. ..	.. ..	.. ..	.. ..	.. ..	.. ..
3	2 13	2 09	2 03	1 58	1 52	1 45	1 38	1 30	1 21	1 10	0 58	0 44	0 27	0 06
4	3 23	3 19	3 16	3 12	3 08	3 04	2 59	2 54	2 48	2 41	2 34	2 25	2 15	2 03
5	4 33	4 32	4 30	4 28	4 26	4 24	4 22	4 19	4 16	4 13	4 10	4 06	4 01	3 55
6	5 45	5 45	5 45	5 46	5 46	5 46	5 46	5 46	5 46	5 47	5 47	5 47	5 47	5 48
7	6 59	7 01	7 03	7 05	7 07	7 10	7 12	7 15	7 19	7 22	7 26	7 31	7 37	7 43
8	8 14	8 18	8 22	8 26	8 31	8 36	8 41	8 47	8 54	9 01	9 10	9 20	9 31	9 45
9	9 31	9 37	9 43	9 49	9 55	10 03	10 11	10 20	10 31	10 43	10 56	11 13	11 33	12 00
10	10 48	10 55	11 02	11 10	11 19	11 29	11 40	11 52	12 06	12 23	12 43	13 08	13 44	14 56
11	12 01	12 08	12 17	12 26	12 36	12 47	13 00	13 15	13 32	13 53	14 19	14 55	16 18	■
12	13 05	13 13	13 22	13 31	13 42	13 53	14 07	14 22	14 39	15 01	15 28	16 07	■	■
13	14 00	14 07	14 15	14 24	14 33	14 44	14 56	15 10	15 25	15 44	16 07	16 37	17 22	■
14	14 44	14 50	14 57	15 05	15 13	15 21	15 31	15 42	15 55	16 09	16 26	16 47	17 13	17 50
15	15 20	15 25	15 30	15 36	15 42	15 49	15 57	16 05	16 14	16 25	16 37	16 51	17 07	17 28
16	15 50	15 54	15 57	16 01	16 06	16 11	16 16	16 22	16 28	16 35	16 43	16 52	17 02	17 15
17	16 16	16 18	16 20	16 23	16 25	16 28	16 31	16 35	16 38	16 42	16 47	16 52	16 58	17 05
18	16 40	16 41	16 41	16 42	16 43	16 44	16 45	16 46	16 47	16 48	16 50	16 51	16 53	16 55
19	17 03	17 02	17 01	17 00	16 59	16 59	16 58	16 56	16 55	16 54	16 52	16 51	16 49	16 47
20	17 26	17 23	17 21	17 19	17 16	17 14	17 11	17 07	17 04	17 00	16 55	16 50	16 44	16 38
21	17 50	17 46	17 43	17 39	17 34	17 30	17 25	17 19	17 13	17 06	16 59	16 50	16 40	16 28
22	18 17	18 12	18 07	18 01	17 55	17 49	17 42	17 34	17 25	17 15	17 04	16 51	16 35	16 16
23	18 47	18 41	18 35	18 28	18 20	18 12	18 03	17 52	17 41	17 28	17 12	16 53	16 30	16 00
24	19 23	19 16	19 08	19 00	18 51	18 41	18 30	18 17	18 03	17 46	17 26	17 00	16 25	15 17
25	20 05	19 57	19 49	19 40	19 30	19 18	19 06	18 52	18 35	18 15	17 50	17 16	16 15	▢

MOONSET

Lat.	+40°	+42°	+44°	+46°	+48°	+50°	+52°	+54°	+56°	+58°	+60°	+62°	+64°	+66°
	h m	h m	h m	h m	h m	h m	h m	h m	h m	h m	h m	h m	h m	h m
Oct. 1	15 25	15 31	15 38	15 46	15 54	16 03	16 13	16 25	16 37	16 52	17 10	17 31	17 59	18 38
2	16 01	16 06	16 12	16 18	16 24	16 31	16 39	16 48	16 58	17 09	17 22	17 37	17 55	18 17
3	16 32	16 36	16 40	16 45	16 49	16 54	17 00	17 06	17 13	17 21	17 29	17 39	17 50	18 04
4	17 01	17 03	17 06	17 08	17 11	17 14	17 17	17 21	17 25	17 29	17 34	17 40	17 46	17 53
5	17 28	17 29	17 30	17 30	17 31	17 32	17 33	17 34	17 36	17 37	17 38	17 40	17 42	17 44
6	17 55	17 54	17 53	17 52	17 51	17 50	17 49	17 47	17 46	17 44	17 42	17 40	17 37	17 35
7	18 24	18 21	18 18	18 16	18 12	18 09	18 05	18 01	17 57	17 52	17 46	17 40	17 33	17 25
8	18 55	18 51	18 47	18 42	18 37	18 31	18 25	18 18	18 10	18 02	17 52	17 41	17 28	17 13
9	19 33	19 27	19 21	19 14	19 07	18 59	18 50	18 40	18 29	18 16	18 02	17 44	17 23	16 55
10	20 17	20 10	20 02	19 54	19 45	19 35	19 23	19 11	18 56	18 39	18 18	17 52	17 16	16 03
11	21 10	21 02	20 54	20 44	20 34	20 22	20 10	19 55	19 38	19 17	18 50	18 14	16 51	■
12	22 12	22 04	21 55	21 46	21 35	21 24	21 11	20 56	20 38	20 17	19 49	19 10	■	■
13	23 19	23 12	23 04	22 55	22 46	22 36	22 24	22 11	21 55	21 37	21 15	20 45	20 00	■
14	.. ..	.. ..	.. ..	.. ..	.. ..	23 53	23 43	23 33	23 21	23 07	22 51	22 31	22 05	21 29
15	0 28	0 22	0 16	0 09	0 01	.. ..	.. ..	.. ..	.. ..	.. ..	.. ..	.. ..	23 58	23 38
16	1 37	1 33	1 28	1 22	1 17	1 11	1 04	0 56	0 48	0 38	0 27	0 14	.. ..	.. ..
17	2 44	2 41	2 38	2 34	2 30	2 26	2 22	2 17	2 12	2 06	1 59	1 51	1 41	1 30
18	3 48	3 47	3 45	3 44	3 42	3 40	3 38	3 35	3 33	3 30	3 26	3 23	3 18	3 13
19	4 51	4 51	4 51	4 51	4 51	4 51	4 51	4 51	4 51	4 51	4 51	4 51	4 51	4 51
20	5 53	5 54	5 56	5 57	5 59	6 01	6 03	6 06	6 08	6 11	6 15	6 18	6 23	6 28
21	6 54	6 57	7 00	7 03	7 07	7 11	7 15	7 20	7 25	7 31	7 38	7 46	7 55	8 05
22	7 55	8 00	8 04	8 09	8 15	8 21	8 27	8 34	8 42	8 52	9 02	9 14	9 29	9 47
23	8 57	9 02	9 08	9 15	9 22	9 30	9 39	9 48	9 59	10 12	10 27	10 45	11 08	11 37
24	9 57	10 04	10 11	10 19	10 28	10 37	10 48	11 00	11 14	11 31	11 51	12 16	12 51	13 58
25	10 55	11 03	11 11	11 20	11 30	11 41	11 53	12 07	12 24	12 43	13 08	13 42	14 43	▢

▢ indicates Moon continuously above horizon.
■ indicates Moon continuously below horizon.
.. .. indicates phenomenon will occur the next day.

MOONRISE AND MOONSET, 2021

UNIVERSAL TIME FOR MERIDIAN OF GREENWICH

MOONRISE

Lat.	−55°	−50°	−45°	−40°	−35°	−30°	−20°	−10°	0°	+10°	+20°	+30°	+35°	+40°
	h m	h m	h m	h m	h m	h m	h m	h m	h m	h m	h m	h m	h m	h m
Oct. 24	23 44	23 11	22 47	22 28	22 11	21 58	21 34	21 13	20 54	20 36	20 15	19 52	19 39	19 23
25	.. ..	.. ..	23 45	23 24	23 07	22 52	22 26	22 04	21 44	21 24	21 02	20 37	20 22	20 05
26	0 48	0 12	.. ..	.. ..	23 58	23 43	23 18	22 55	22 35	22 14	21 52	21 26	21 11	20 54
27	1 40	1 04	0 37	0 16	.. ..	.. ..	.. ..	23 46	23 26	23 06	22 45	22 20	22 06	21 49
28	2 20	1 47	1 22	1 02	0 45	0 31	0 07	.. ..	.. ..	23 59	23 40	23 18	23 05	22 50
29	2 48	2 20	1 59	1 42	1 27	1 15	0 53	0 34	0 16	.. ..	.. ..	.. ..	.. ..	23 54
30	3 09	2 47	2 30	2 17	2 05	1 54	1 36	1 21	1 06	0 51	0 35	0 17	0 06	.. ..
31	3 25	3 09	2 57	2 47	2 38	2 31	2 17	2 06	1 55	1 43	1 32	1 18	1 10	1 01
Nov. 1	3 38	3 29	3 21	3 15	3 10	3 05	2 57	2 49	2 43	2 36	2 28	2 20	2 15	2 10
2	3 49	3 46	3 44	3 42	3 40	3 38	3 35	3 33	3 31	3 28	3 26	3 23	3 22	3 20
3	4 01	4 04	4 06	4 08	4 10	4 12	4 15	4 17	4 20	4 22	4 25	4 28	4 30	4 32
4	4 13	4 23	4 30	4 37	4 43	4 48	4 56	5 04	5 11	5 19	5 27	5 36	5 41	5 48
5	4 29	4 45	4 58	5 09	5 19	5 27	5 42	5 54	6 06	6 19	6 32	6 47	6 56	7 06
6	4 50	5 14	5 32	5 48	6 01	6 12	6 32	6 49	7 05	7 22	7 39	8 00	8 12	8 25
7	5 21	5 52	6 15	6 34	6 50	7 04	7 28	7 48	8 08	8 27	8 48	9 12	9 27	9 43
8	6 07	6 43	7 09	7 30	7 48	8 03	8 29	8 51	9 12	9 33	9 55	10 21	10 37	10 54
9	7 12	7 48	8 14	8 35	8 52	9 07	9 33	9 55	10 15	10 35	10 57	11 23	11 38	11 55
10	8 32	9 03	9 26	9 45	10 00	10 14	10 36	10 56	11 15	11 33	11 53	12 15	12 29	12 44
11	9 57	10 22	10 40	10 55	11 08	11 19	11 38	11 54	12 10	12 25	12 41	13 00	13 11	13 23
12	11 22	11 40	11 53	12 04	12 14	12 22	12 36	12 48	13 00	13 11	13 24	13 38	13 46	13 55
13	12 44	12 55	13 03	13 10	13 16	13 22	13 31	13 39	13 46	13 54	14 02	14 11	14 16	14 22
14	14 02	14 07	14 11	14 14	14 16	14 19	14 23	14 26	14 30	14 33	14 37	14 41	14 43	14 46
15	15 18	15 17	15 16	15 16	15 15	15 14	15 13	15 12	15 12	15 11	15 10	15 09	15 09	15 08
16	16 33	16 27	16 21	16 16	16 12	16 09	16 03	15 58	15 53	15 48	15 43	15 37	15 34	15 30
17	17 48	17 36	17 26	17 17	17 10	17 04	16 53	16 44	16 35	16 26	16 17	16 07	16 01	15 54

MOONSET

Lat.	−55°	−50°	−45°	−40°	−35°	−30°	−20°	−10°	0°	+10°	+20°	+30°	+35°	+40°
	h m	h m	h m	h m	h m	h m	h m	h m	h m	h m	h m	h m	h m	h m
Oct. 24	5 56	6 24	6 46	7 03	7 18	7 31	7 53	8 12	8 30	8 47	9 07	9 29	9 42	9 57
25	6 24	6 57	7 22	7 42	7 58	8 13	8 37	8 58	9 18	9 38	9 59	10 24	10 38	10 55
26	7 03	7 39	8 06	8 27	8 45	9 00	9 26	9 48	10 08	10 29	10 51	11 17	11 32	11 50
27	7 56	8 32	8 58	9 19	9 37	9 52	10 17	10 39	10 59	11 20	11 41	12 07	12 21	12 38
28	9 01	9 34	9 58	10 17	10 34	10 47	11 11	11 31	11 50	12 09	12 29	12 52	13 06	13 21
29	10 17	10 43	11 04	11 20	11 34	11 46	12 06	12 24	12 40	12 57	13 14	13 34	13 45	13 58
30	11 37	11 57	12 13	12 26	12 37	12 46	13 02	13 16	13 29	13 42	13 56	14 12	14 21	14 31
31	13 01	13 14	13 25	13 34	13 41	13 47	13 59	14 08	14 17	14 26	14 36	14 47	14 53	15 00
Nov. 1	14 26	14 33	14 38	14 43	14 47	14 50	14 56	15 01	15 05	15 10	15 15	15 20	15 23	15 27
2	15 54	15 54	15 54	15 54	15 54	15 54	15 54	15 54	15 54	15 54	15 54	15 53	15 53	15 53
3	17 25	17 18	17 12	17 08	17 04	17 00	16 54	16 49	16 44	16 39	16 34	16 28	16 24	16 21
4	18 59	18 45	18 34	18 24	18 16	18 09	17 57	17 47	17 37	17 27	17 17	17 05	16 58	16 51
5	20 37	20 15	19 57	19 43	19 32	19 21	19 03	18 48	18 34	18 20	18 04	17 47	17 37	17 26
6	22 13	21 43	21 21	21 03	20 47	20 34	20 12	19 53	19 35	19 17	18 57	18 35	18 22	18 08
7	23 40	23 05	22 39	22 18	22 00	21 46	21 20	20 58	20 38	20 18	19 56	19 31	19 16	18 59
8	.. ..	.. ..	23 45	23 24	23 06	22 51	22 25	22 03	21 42	21 21	20 59	20 33	20 17	19 59
9	0 48	0 12	.. ..	.. ..	.. ..	23 48	23 24	23 04	22 44	22 24	22 03	21 39	21 24	21 07
10	1 34	1 02	0 38	0 19	0 03	.. ..	.. ..	23 58	23 42	23 25	23 06	22 45	22 33	22 18
11	2 04	1 39	1 19	1 03	0 49	0 37	0 16	.. ..	.. ..	.. ..	.. ..	23 50	23 40	23 28
12	2 24	2 05	1 50	1 38	1 27	1 18	1 02	0 48	0 34	0 21	0 06	.. ..	.. ..	.. ..
13	2 39	2 26	2 16	2 07	2 00	1 53	1 42	1 32	1 22	1 13	1 03	0 51	0 44	0 36
14	2 50	2 43	2 37	2 33	2 28	2 25	2 18	2 13	2 07	2 02	1 56	1 49	1 46	1 41
15	3 00	2 58	2 57	2 56	2 55	2 54	2 53	2 51	2 50	2 49	2 47	2 46	2 45	2 44
16	3 09	3 13	3 16	3 18	3 20	3 22	3 26	3 29	3 31	3 34	3 37	3 41	3 43	3 45
17	3 18	3 27	3 35	3 41	3 46	3 51	3 59	4 06	4 13	4 20	4 27	4 35	4 40	4 46

.. .. indicates phenomenon will occur the next day.

UNIVERSAL TIME FOR MERIDIAN OF GREENWICH

MOONRISE

Lat.	+40°	+42°	+44°	+46°	+48°	+50°	+52°	+54°	+56°	+58°	+60°	+62°	+64°	+66°
	h m	h m	h m	h m	h m	h m	h m	h m	h m	h m	h m	h m	h m	h m
Oct. 24	19 23	19 16	19 08	19 00	18 51	18 41	18 30	18 17	18 03	17 46	17 26	17 00	16 25	15 17
25	20 05	19 57	19 49	19 40	19 30	19 18	19 06	18 52	18 35	18 15	17 50	17 16	16 15	□
26	20 54	20 46	20 37	20 28	20 17	20 06	19 53	19 38	19 21	18 59	18 32	17 54	□	□
27	21 49	21 41	21 33	21 24	21 14	21 03	20 51	20 37	20 21	20 01	19 36	19 03	18 04	□
28	22 50	22 43	22 36	22 28	22 19	22 10	21 59	21 47	21 33	21 17	20 57	20 32	19 59	18 58
29	23 54	23 49	23 43	23 36	23 29	23 22	23 13	23 04	22 53	22 41	22 26	22 09	21 48	21 20
30	.. ..	.. ..	.. ..	.. ..	.. ..	.. ..	.. ..	.. ..	.. ..	.. ..	23 59	23 48	23 34	23 18
31	1 01	0 57	0 53	0 48	0 43	0 37	0 31	0 25	0 17	0 09	.. ..	.. ..	.. ..	.. ..
Nov. 1	2 10	2 07	2 04	2 02	1 59	1 55	1 52	1 48	1 43	1 38	1 33	1 26	1 19	1 10
2	3 20	3 19	3 18	3 17	3 16	3 15	3 14	3 13	3 11	3 10	3 08	3 06	3 04	3 01
3	4 32	4 33	4 34	4 35	4 36	4 38	4 39	4 40	4 42	4 44	4 46	4 48	4 51	4 54
4	5 48	5 50	5 53	5 56	6 00	6 03	6 07	6 12	6 17	6 22	6 29	6 36	6 44	6 54
5	7 06	7 10	7 15	7 20	7 26	7 32	7 39	7 47	7 55	8 05	8 16	8 29	8 45	9 05
6	8 25	8 32	8 38	8 46	8 54	9 02	9 12	9 23	9 36	9 50	10 08	10 29	10 57	11 38
7	9 43	9 51	9 59	10 08	10 18	10 28	10 41	10 55	11 11	11 30	11 55	12 28	13 24	■
8	10 54	11 02	11 11	11 21	11 31	11 43	11 57	12 12	12 30	12 52	13 20	14 02	■	■
9	11 55	12 03	12 11	12 20	12 30	12 42	12 54	13 09	13 25	13 46	14 11	14 45	15 48	■
10	12 44	12 51	12 58	13 06	13 15	13 24	13 35	13 47	14 01	14 17	14 36	14 59	15 31	16 21
11	13 23	13 28	13 34	13 41	13 47	13 55	14 03	14 12	14 23	14 35	14 48	15 04	15 24	15 48
12	13 55	13 59	14 03	14 08	14 13	14 18	14 24	14 30	14 38	14 46	14 55	15 06	15 18	15 33
13	14 22	14 24	14 27	14 30	14 33	14 36	14 40	14 44	14 49	14 54	14 59	15 06	15 13	15 21
14	14 46	14 47	14 48	14 49	14 51	14 52	14 54	14 56	14 58	15 00	15 02	15 05	15 08	15 12
15	15 08	15 08	15 08	15 07	15 07	15 07	15 06	15 06	15 06	15 05	15 05	15 04	15 03	15 03
16	15 30	15 29	15 27	15 25	15 23	15 21	15 19	15 16	15 14	15 10	15 07	15 03	14 59	14 54
17	15 54	15 51	15 48	15 44	15 41	15 37	15 32	15 28	15 22	15 17	15 10	15 03	14 54	14 44

MOONSET

Lat.	+40°	+42°	+44°	+46°	+48°	+50°	+52°	+54°	+56°	+58°	+60°	+62°	+64°	+66°
	h m	h m	h m	h m	h m	h m	h m	h m	h m	h m	h m	h m	h m	h m
Oct. 24	9 57	10 04	10 11	10 19	10 28	10 37	10 48	11 00	11 14	11 31	11 51	12 16	12 51	13 58
25	10 55	11 03	11 11	11 20	11 30	11 41	11 53	12 07	12 24	12 43	13 08	13 42	14 43	□
26	11 50	11 58	12 06	12 15	12 26	12 37	12 50	13 05	13 23	13 44	14 11	14 49	□	□
27	12 38	12 46	12 55	13 04	13 14	13 25	13 37	13 51	14 08	14 28	14 53	15 26	16 26	□
28	13 21	13 28	13 36	13 44	13 53	14 03	14 14	14 26	14 40	14 57	15 17	15 42	16 17	17 18
29	13 58	14 04	14 11	14 17	14 25	14 33	14 42	14 52	15 03	15 16	15 31	15 49	16 11	16 40
30	14 31	14 35	14 40	14 45	14 51	14 57	15 04	15 11	15 20	15 29	15 39	15 52	16 06	16 23
31	15 00	15 03	15 06	15 10	15 13	15 18	15 22	15 27	15 32	15 38	15 45	15 53	16 01	16 12
Nov. 1	15 27	15 28	15 30	15 32	15 34	15 36	15 38	15 40	15 43	15 46	15 49	15 53	15 57	16 01
2	15 53	15 53	15 53	15 53	15 53	15 53	15 53	15 53	15 53	15 53	15 52	15 52	15 52	15 52
3	16 21	16 19	16 17	16 15	16 13	16 11	16 08	16 06	16 03	16 00	15 56	15 52	15 47	15 42
4	16 51	16 47	16 44	16 40	16 36	16 31	16 26	16 21	16 15	16 08	16 01	15 52	15 42	15 31
5	17 26	17 21	17 15	17 09	17 03	16 56	16 48	16 40	16 31	16 20	16 08	15 54	15 37	15 16
6	18 08	18 01	17 54	17 46	17 38	17 29	17 18	17 07	16 54	16 38	16 20	15 58	15 29	14 48
7	18 59	18 51	18 43	18 34	18 24	18 13	18 00	17 46	17 29	17 09	16 45	16 11	15 15	■
8	19 59	19 51	19 43	19 33	19 22	19 11	18 57	18 42	18 24	18 02	17 34	16 52	■	■
9	21 07	21 00	20 51	20 42	20 33	20 22	20 09	19 55	19 38	19 19	18 54	18 20	17 18	■
10	22 18	22 12	22 05	21 57	21 49	21 40	21 29	21 18	21 05	20 49	20 31	20 08	19 37	18 48
11	23 28	23 23	23 18	23 12	23 06	22 59	22 51	22 43	22 33	22 22	22 09	21 54	21 35	21 12
12	.. ..	.. ..	.. ..	.. ..	.. ..	.. ..	.. ..	.. ..	23 58	23 51	23 43	23 34	23 22	23 09
13	0 36	0 33	0 29	0 25	0 21	0 16	0 11	0 05	.. ..	.. ..	.. ..	.. ..	.. ..	.. ..
14	1 41	1 39	1 37	1 35	1 32	1 30	1 27	1 24	1 20	1 16	1 12	1 07	1 01	0 54
15	2 44	2 43	2 43	2 42	2 42	2 41	2 40	2 40	2 39	2 38	2 37	2 36	2 34	2 33
16	3 45	3 46	3 47	3 48	3 49	3 51	3 52	3 54	3 55	3 57	4 00	4 02	4 05	4 08
17	4 46	4 48	4 51	4 53	4 57	5 00	5 03	5 07	5 12	5 17	5 22	5 28	5 36	5 44

□ indicates Moon continuously above horizon.
■ indicates Moon continuously below horizon.
.. .. indicates phenomenon will occur the next day.

UNIVERSAL TIME FOR MERIDIAN OF GREENWICH

MOONRISE

Lat.	−55°	−50°	−45°	−40°	−35°	−30°	−20°	−10°	0°	+10°	+20°	+30°	+35°	+40°
	h m	h m	h m	h m	h m	h m	h m	h m	h m	h m	h m	h m	h m	h m
Nov. 16	16 33	16 27	16 21	16 16	16 12	16 09	16 03	15 58	15 53	15 48	15 43	15 37	15 34	15 30
17	17 48	17 36	17 26	17 17	17 10	17 04	16 53	16 44	16 35	16 26	16 17	16 07	16 01	15 54
18	19 04	18 45	18 30	18 18	18 08	17 59	17 44	17 30	17 18	17 06	16 53	16 38	16 29	16 19
19	20 19	19 54	19 35	19 19	19 06	18 55	18 35	18 19	18 03	17 47	17 31	17 12	17 01	16 48
20	21 32	21 02	20 38	20 20	20 04	19 51	19 28	19 08	18 50	18 32	18 12	17 50	17 37	17 22
21	22 40	22 04	21 38	21 18	21 01	20 46	20 21	19 59	19 39	19 19	18 58	18 33	18 18	18 02
22	23 36	23 00	22 33	22 11	21 54	21 38	21 12	20 50	20 29	20 09	19 47	19 21	19 06	18 48
23	.. ..	23 45	23 20	22 59	22 42	22 27	22 02	21 40	21 20	21 00	20 38	20 13	19 58	19 41
24	0 20	.. ..	23 59	23 41	23 25	23 12	22 49	22 29	22 10	21 52	21 32	21 09	20 55	20 39
25	0 52	0 22	.. ..	.. ..	.. ..	23 52	23 33	23 15	23 00	22 43	22 26	22 06	21 55	21 41
26	1 14	0 50	0 32	0 16	0 03	.. ..	.. ..	.. ..	23 47	23 34	23 21	23 05	22 56	22 46
27	1 31	1 13	0 59	0 47	0 37	0 29	0 13	0 00	.. ..	.. ..	.. ..	.. ..	23 58	23 51
28	1 45	1 33	1 23	1 15	1 08	1 02	0 52	0 42	0 34	0 25	0 16	0 05	.. ..	.. ..
29	1 56	1 50	1 45	1 41	1 38	1 35	1 29	1 24	1 20	1 15	1 11	1 05	1 02	0 58
30	2 07	2 07	2 07	2 07	2 07	2 07	2 07	2 07	2 07	2 07	2 07	2 07	2 07	2 07
Dec. 1	2 18	2 24	2 29	2 33	2 37	2 40	2 46	2 51	2 56	3 00	3 06	3 12	3 15	3 19
2	2 31	2 44	2 54	3 03	3 10	3 17	3 28	3 38	3 48	3 57	4 08	4 20	4 26	4 34
3	2 49	3 09	3 24	3 37	3 49	3 58	4 15	4 30	4 44	4 58	5 14	5 31	5 41	5 53
4	3 14	3 41	4 03	4 20	4 34	4 47	5 09	5 28	5 45	6 03	6 23	6 45	6 58	7 14
5	3 52	4 26	4 52	5 12	5 29	5 44	6 09	6 30	6 51	7 11	7 33	7 58	8 13	8 31
6	4 50	5 26	5 53	6 15	6 32	6 48	7 14	7 36	7 57	8 18	8 40	9 06	9 21	9 39
7	6 07	6 40	7 05	7 25	7 42	7 56	8 20	8 41	9 01	9 20	9 41	10 05	10 19	10 36
8	7 35	8 02	8 22	8 39	8 53	9 05	9 26	9 44	10 00	10 17	10 35	10 55	11 07	11 20
9	9 04	9 23	9 39	9 51	10 02	10 11	10 27	10 41	10 54	11 07	11 21	11 37	11 46	11 56
10	10 29	10 42	10 52	11 00	11 08	11 14	11 25	11 34	11 43	11 52	12 01	12 12	12 18	12 25

MOONSET

Lat.	−55°	−50°	−45°	−40°	−35°	−30°	−20°	−10°	0°	+10°	+20°	+30°	+35°	+40°
	h m	h m	h m	h m	h m	h m	h m	h m	h m	h m	h m	h m	h m	h m
Nov. 16	3 09	3 13	3 16	3 18	3 20	3 22	3 26	3 29	3 31	3 34	3 37	3 41	3 43	3 45
17	3 18	3 27	3 35	3 41	3 46	3 51	3 59	4 06	4 13	4 20	4 27	4 35	4 40	4 46
18	3 29	3 44	3 55	4 05	4 14	4 21	4 34	4 45	4 55	5 06	5 17	5 30	5 38	5 47
19	3 43	4 03	4 19	4 32	4 44	4 53	5 10	5 25	5 39	5 53	6 09	6 26	6 36	6 48
20	4 01	4 27	4 47	5 03	5 17	5 29	5 50	6 08	6 25	6 42	7 01	7 22	7 34	7 49
21	4 25	4 57	5 21	5 40	5 56	6 10	6 34	6 54	7 14	7 33	7 54	8 18	8 32	8 48
22	5 00	5 36	6 02	6 23	6 40	6 55	7 21	7 43	8 03	8 24	8 46	9 11	9 27	9 44
23	5 48	6 24	6 51	7 13	7 30	7 45	8 11	8 33	8 54	9 15	9 37	10 02	10 17	10 35
24	6 49	7 23	7 48	8 08	8 25	8 39	9 04	9 25	9 45	10 04	10 25	10 49	11 03	11 19
25	8 00	8 29	8 51	9 09	9 23	9 36	9 58	10 17	10 34	10 52	11 10	11 31	11 44	11 58
26	9 17	9 40	9 58	10 12	10 24	10 35	10 53	11 08	11 23	11 37	11 52	12 10	12 20	12 31
27	10 38	10 54	11 07	11 17	11 26	11 34	11 47	11 59	12 10	12 20	12 32	12 45	12 52	13 00
28	11 59	12 09	12 17	12 23	12 29	12 34	12 42	12 49	12 56	13 02	13 09	13 17	13 22	13 27
29	13 23	13 26	13 29	13 31	13 33	13 35	13 37	13 40	13 42	13 44	13 47	13 49	13 51	13 52
30	14 49	14 46	14 43	14 41	14 39	14 37	14 35	14 32	14 30	14 27	14 25	14 22	14 20	14 18
Dec. 1	16 20	16 09	16 01	15 54	15 49	15 43	15 35	15 27	15 20	15 13	15 05	14 56	14 51	14 46
2	17 55	17 37	17 23	17 11	17 02	16 53	16 38	16 26	16 14	16 02	15 49	15 35	15 27	15 17
3	19 33	19 07	18 47	18 31	18 18	18 06	17 46	17 29	17 13	16 57	16 39	16 20	16 08	15 55
4	21 08	20 35	20 10	19 51	19 34	19 20	18 56	18 35	18 16	17 57	17 36	17 12	16 58	16 42
5	22 29	21 52	21 25	21 04	20 46	20 31	20 05	19 43	19 22	19 01	18 39	18 13	17 57	17 40
6	23 27	22 53	22 27	22 07	21 50	21 35	21 10	20 48	20 28	20 07	19 45	19 20	19 04	18 47
7	.. ..	23 37	23 15	22 57	22 43	22 30	22 07	21 48	21 30	21 12	20 52	20 29	20 15	20 00
8	0 05	.. ..	23 51	23 37	23 26	23 15	22 57	22 41	22 27	22 12	21 56	21 37	21 26	21 14
9	0 30	0 08	.. ..	.. ..	.. ..	23 54	23 41	23 29	23 18	23 07	22 55	22 42	22 34	22 25
10	0 46	0 32	0 20	0 10	0 01	.. ..	.. ..	.. ..	.. ..	23 58	23 51	23 43	23 38	23 32

.. .. indicates phenomenon will occur the next day.

UNIVERSAL TIME FOR MERIDIAN OF GREENWICH

MOONRISE

Lat.	+40°	+42°	+44°	+46°	+48°	+50°	+52°	+54°	+56°	+58°	+60°	+62°	+64°	+66°
	h m	h m	h m	h m	h m	h m	h m	h m	h m	h m	h m	h m	h m	h m
Nov. 16	15 30	15 29	15 27	15 25	15 23	15 21	15 19	15 16	15 14	15 10	15 07	15 03	14 59	14 54
17	15 54	15 51	15 48	15 44	15 41	15 37	15 32	15 28	15 22	15 17	15 10	15 03	14 54	14 44
18	16 19	16 15	16 10	16 05	16 00	15 54	15 48	15 41	15 33	15 24	15 14	15 03	14 49	14 33
19	16 48	16 43	16 37	16 30	16 23	16 16	16 07	15 58	15 47	15 35	15 21	15 04	14 44	14 19
20	17 22	17 15	17 08	17 00	16 52	16 42	16 32	16 20	16 07	15 51	15 32	15 09	14 39	13 52
21	18 02	17 54	17 46	17 37	17 27	17 17	17 04	16 51	16 35	16 16	15 52	15 21	14 30	□
22	18 48	18 40	18 32	18 22	18 12	18 00	17 47	17 32	17 15	16 54	16 27	15 49	□	□
23	19 41	19 33	19 25	19 16	19 05	18 54	18 41	18 27	18 10	17 49	17 23	16 47	15 22	□
24	20 39	20 32	20 25	20 16	20 07	19 57	19 45	19 33	19 18	19 00	18 38	18 10	17 29	□
25	21 41	21 35	21 29	21 22	21 14	21 06	20 56	20 46	20 34	20 20	20 04	19 44	19 18	18 43
26	22 46	22 41	22 36	22 31	22 25	22 18	22 11	22 03	21 55	21 45	21 33	21 20	21 03	20 43
27	23 51	23 48	23 45	23 41	23 37	23 33	23 28	23 23	23 17	23 11	23 04	22 55	22 45	22 34
28	.. ..	.. ..	.. ..	.. ..	.. ..	.. ..	.. ..	.. ..	.. ..	.. ..	.. ..	.. ..	.. ..	.. ..
29	0 58	0 57	0 55	0 53	0 51	0 49	0 47	0 44	0 41	0 38	0 35	0 31	0 26	0 21
30	2 07	2 07	2 07	2 07	2 07	2 08	2 08	2 08	2 08	2 08	2 08	2 08	2 08	2 09
Dec. 1	3 19	3 21	3 23	3 25	3 27	3 29	3 32	3 35	3 38	3 41	3 45	3 50	3 55	4 01
2	4 34	4 38	4 42	4 46	4 50	4 55	5 00	5 06	5 13	5 20	5 28	5 38	5 50	6 03
3	5 53	5 59	6 04	6 11	6 17	6 25	6 33	6 42	6 52	7 04	7 18	7 35	7 55	8 22
4	7 14	7 21	7 28	7 36	7 45	7 55	8 06	8 18	8 33	8 50	9 11	9 37	10 14	11 49
5	8 31	8 39	8 47	8 57	9 07	9 19	9 32	9 47	10 04	10 25	10 53	11 31	■	■
6	9 39	9 47	9 56	10 06	10 16	10 28	10 41	10 56	11 14	11 36	12 03	12 43	■	■
7	10 36	10 43	10 51	11 00	11 09	11 19	11 31	11 44	11 59	12 17	12 39	13 07	13 48	■
8	11 20	11 26	11 33	11 40	11 48	11 56	12 05	12 16	12 27	12 41	12 56	13 15	13 39	14 10
9	11 56	12 01	12 05	12 11	12 16	12 23	12 29	12 37	12 45	12 55	13 05	13 18	13 32	13 50
10	12 25	12 28	12 32	12 35	12 39	12 43	12 47	12 52	12 58	13 04	13 10	13 18	13 27	13 37

MOONSET

Lat.	+40°	+42°	+44°	+46°	+48°	+50°	+52°	+54°	+56°	+58°	+60°	+62°	+64°	+66°
	h m	h m	h m	h m	h m	h m	h m	h m	h m	h m	h m	h m	h m	h m
Nov. 16	3 45	3 46	3 47	3 48	3 49	3 51	3 52	3 54	3 55	3 57	4 00	4 02	4 05	4 08
17	4 46	4 48	4 51	4 53	4 57	5 00	5 03	5 07	5 12	5 17	5 22	5 28	5 36	5 44
18	5 47	5 50	5 55	5 59	6 04	6 09	6 15	6 21	6 28	6 36	6 45	6 56	7 08	7 24
19	6 48	6 53	6 59	7 05	7 11	7 18	7 26	7 35	7 45	7 57	8 10	8 26	8 45	9 10
20	7 49	7 55	8 02	8 09	8 18	8 27	8 37	8 48	9 01	9 17	9 35	9 57	10 27	11 14
21	8 48	8 55	9 03	9 12	9 22	9 32	9 44	9 58	10 13	10 32	10 56	11 27	12 16	□
22	9 44	9 52	10 00	10 10	10 20	10 32	10 44	10 59	11 17	11 38	12 05	12 43	□	□
23	10 35	10 43	10 51	11 01	11 11	11 22	11 35	11 50	12 07	12 28	12 54	13 30	14 56	□
24	11 19	11 27	11 35	11 43	11 53	12 03	12 15	12 28	12 43	13 01	13 23	13 52	14 33	□
25	11 58	12 04	12 11	12 19	12 27	12 35	12 45	12 56	13 09	13 23	13 40	14 00	14 27	15 03
26	12 31	12 36	12 42	12 48	12 54	13 01	13 09	13 17	13 26	13 37	13 50	14 04	14 21	14 42
27	13 00	13 04	13 08	13 12	13 17	13 22	13 27	13 33	13 40	13 47	13 56	14 05	14 16	14 29
28	13 27	13 29	13 32	13 34	13 37	13 40	13 43	13 47	13 51	13 55	14 00	14 05	14 11	14 19
29	13 52	13 53	13 54	13 55	13 56	13 57	13 58	13 59	14 00	14 01	14 03	14 05	14 07	14 09
30	14 18	14 17	14 16	14 15	14 14	14 13	14 12	14 11	14 09	14 08	14 06	14 04	14 02	13 59
Dec. 1	14 46	14 43	14 41	14 38	14 35	14 32	14 28	14 24	14 20	14 15	14 10	14 04	13 57	13 49
2	15 17	15 13	15 09	15 04	14 59	14 53	14 47	14 40	14 33	14 25	14 15	14 04	13 52	13 36
3	15 55	15 50	15 43	15 37	15 29	15 21	15 12	15 03	14 51	14 39	14 24	14 07	13 45	13 18
4	16 42	16 35	16 27	16 19	16 09	15 59	15 48	15 35	15 20	15 02	14 41	14 14	13 36	12 01
5	17 40	17 32	17 23	17 13	17 03	16 51	16 38	16 23	16 05	15 44	15 17	14 38	■	■
6	18 47	18 39	18 30	18 21	18 11	17 59	17 46	17 31	17 13	16 52	16 24	15 45	■	■
7	20 00	19 53	19 45	19 37	19 28	19 18	19 07	18 54	18 39	18 21	18 00	17 32	16 52	■
8	21 14	21 08	21 02	20 55	20 48	20 40	20 32	20 22	20 11	19 58	19 43	19 25	19 03	18 33
9	22 25	22 21	22 16	22 12	22 07	22 01	21 55	21 48	21 41	21 32	21 22	21 11	20 57	20 41
10	23 32	23 30	23 27	23 24	23 21	23 18	23 14	23 10	23 06	23 01	22 55	22 49	22 41	22 32

□ indicates Moon continuously above horizon.
■ indicates Moon continuously below horizon.
.. .. indicates phenomenon will occur the next day.

MOONRISE AND MOONSET, 2021
UNIVERSAL TIME FOR MERIDIAN OF GREENWICH
MOONRISE

Lat.	−55°	−50°	−45°	−40°	−35°	−30°	−20°	−10°	0°	+10°	+20°	+30°	+35°	+40°
	h m	h m	h m	h m	h m	h m	h m	h m	h m	h m	h m	h m	h m	h m
Dec. 9	9 04	9 23	9 39	9 51	10 02	10 11	10 27	10 41	10 54	11 07	11 21	11 37	11 46	11 56
10	10 29	10 42	10 52	11 00	11 08	11 14	11 25	11 34	11 43	11 52	12 01	12 12	12 18	12 25
11	11 50	11 56	12 02	12 06	12 10	12 13	12 19	12 24	12 28	12 33	12 38	12 44	12 47	12 50
12	13 07	13 08	13 08	13 09	13 09	13 09	13 10	13 10	13 11	13 11	13 12	13 13	13 13	13 14
13	14 22	14 17	14 13	14 10	14 07	14 04	14 00	13 56	13 52	13 49	13 45	13 41	13 39	13 36
14	15 37	15 26	15 17	15 10	15 04	14 59	14 49	14 41	14 34	14 26	14 19	14 10	14 04	13 59
15	16 52	16 35	16 22	16 11	16 02	15 53	15 40	15 27	15 16	15 05	14 53	14 40	14 32	14 23
16	18 07	17 44	17 26	17 12	16 59	16 49	16 31	16 15	16 00	15 46	15 30	15 13	15 02	14 51
17	19 21	18 52	18 30	18 12	17 57	17 45	17 23	17 04	16 47	16 29	16 11	15 49	15 37	15 23
18	20 31	19 57	19 31	19 11	18 55	18 40	18 16	17 55	17 35	17 16	16 55	16 31	16 17	16 00
19	21 31	20 55	20 28	20 07	19 49	19 34	19 08	18 46	18 25	18 05	17 43	17 17	17 02	16 45
20	22 19	21 44	21 18	20 57	20 39	20 24	19 59	19 37	19 16	18 56	18 34	18 08	17 53	17 36
21	22 55	22 23	21 59	21 40	21 24	21 10	20 47	20 26	20 07	19 48	19 27	19 03	18 49	18 33
22	23 20	22 54	22 34	22 18	22 04	21 52	21 31	21 13	20 56	20 39	20 21	20 00	19 48	19 34
23	23 38	23 18	23 03	22 50	22 39	22 29	22 12	21 58	21 44	21 30	21 15	20 58	20 49	20 37
24	23 52	23 38	23 27	23 18	23 10	23 03	22 51	22 40	22 30	22 20	22 09	21 57	21 50	21 41
25	.. ..	23 56	23 49	23 44	23 39	23 35	23 28	23 21	23 15	23 09	23 03	22 55	22 51	22 46
26	0 04	.. ..	.. ..	.. ..	.. ..	.. ..	.. ..	.. ..	.. ..	23 58	23 57	23 55	23 53	23 52
27	0 14	0 12	0 10	0 08	0 07	0 06	0 04	0 02	0 00	.. ..	.. ..	.. ..	.. ..	.. ..
28	0 24	0 28	0 31	0 33	0 35	0 37	0 40	0 43	0 46	0 49	0 52	0 55	0 57	1 00
29	0 36	0 46	0 53	1 00	1 06	1 11	1 19	1 27	1 34	1 42	1 50	1 59	2 04	2 10
30	0 51	1 07	1 20	1 31	1 40	1 48	2 02	2 15	2 27	2 39	2 51	3 06	3 15	3 25
31	1 11	1 34	1 53	2 08	2 20	2 32	2 51	3 08	3 24	3 40	3 57	4 17	4 29	4 43
32	1 41	2 11	2 35	2 53	3 09	3 23	3 46	4 07	4 26	4 45	5 06	5 30	5 44	6 01
33	2 27	3 03	3 29	3 50	4 08	4 23	4 49	5 11	5 32	5 53	6 15	6 41	6 56	7 14

MOONSET

Lat.	−55°	−50°	−45°	−40°	−35°	−30°	−20°	−10°	0°	+10°	+20°	+30°	+35°	+40°
	h m	h m	h m	h m	h m	h m	h m	h m	h m	h m	h m	h m	h m	h m
Dec. 9	0 30	0 08	.. ..	.. ..	.. ..	23 54	23 41	23 29	23 18	23 07	22 55	22 42	22 34	22 25
10	0 46	0 32	0 20	0 10	0 01	.. ..	.. ..	.. ..	.. ..	23 58	23 51	23 43	23 38	23 32
11	0 59	0 50	0 43	0 37	0 32	0 27	0 19	0 12	0 05	.. ..	.. ..	.. ..	.. ..	.. ..
12	1 09	1 06	1 03	1 01	0 59	0 57	0 54	0 52	0 49	0 46	0 44	0 40	0 38	0 36
13	1 18	1 20	1 22	1 24	1 25	1 26	1 28	1 29	1 31	1 32	1 34	1 36	1 37	1 38
14	1 28	1 35	1 41	1 46	1 50	1 54	2 01	2 07	2 12	2 18	2 24	2 31	2 34	2 39
15	1 38	1 51	2 01	2 10	2 17	2 23	2 35	2 45	2 54	3 03	3 14	3 25	3 32	3 39
16	1 50	2 09	2 23	2 36	2 46	2 55	3 11	3 24	3 37	3 50	4 04	4 20	4 29	4 40
17	2 07	2 31	2 50	3 05	3 18	3 30	3 49	4 06	4 22	4 39	4 56	5 16	5 28	5 41
18	2 29	2 59	3 21	3 40	3 55	4 09	4 31	4 51	5 10	5 28	5 48	6 12	6 25	6 41
19	3 00	3 34	4 00	4 21	4 38	4 52	5 17	5 39	5 59	6 19	6 41	7 06	7 21	7 38
20	3 43	4 20	4 47	5 08	5 26	5 41	6 07	6 29	6 50	7 11	7 33	7 59	8 14	8 31
21	4 41	5 16	5 42	6 02	6 20	6 34	6 59	7 21	7 41	8 01	8 22	8 47	9 01	9 18
22	5 49	6 20	6 43	7 02	7 17	7 31	7 53	8 13	8 31	8 49	9 08	9 31	9 44	9 58
23	7 05	7 30	7 49	8 04	8 17	8 28	8 47	9 04	9 20	9 35	9 51	10 10	10 21	10 33
24	8 24	8 42	8 56	9 08	9 18	9 27	9 41	9 54	10 06	10 18	10 31	10 45	10 54	11 03
25	9 43	9 55	10 05	10 12	10 19	10 25	10 35	10 44	10 52	11 00	11 08	11 18	11 24	11 30
26	11 04	11 09	11 14	11 18	11 21	11 24	11 28	11 33	11 37	11 40	11 44	11 49	11 52	11 55
27	12 26	12 25	12 25	12 24	12 24	12 23	12 23	12 22	12 22	12 21	12 21	12 20	12 20	12 19
28	13 51	13 43	13 38	13 33	13 29	13 25	13 19	13 14	13 09	13 04	12 58	12 52	12 49	12 45
29	15 20	15 06	14 55	14 45	14 37	14 31	14 19	14 08	13 59	13 49	13 39	13 27	13 21	13 13
30	16 54	16 32	16 15	16 01	15 50	15 40	15 22	15 07	14 53	14 39	14 24	14 07	13 57	13 46
31	18 29	18 00	17 37	17 20	17 05	16 52	16 30	16 10	15 53	15 35	15 16	14 54	14 42	14 27
32	19 58	19 23	18 57	18 36	18 19	18 04	17 39	17 17	16 57	16 37	16 15	15 50	15 35	15 18
33	21 09	20 33	20 06	19 45	19 28	19 12	18 47	18 24	18 03	17 42	17 20	16 54	16 38	16 21

.. .. indicates phenomenon will occur the next day.

MOONRISE AND MOONSET, 2021

UNIVERSAL TIME FOR MERIDIAN OF GREENWICH

MOONRISE

Lat.	+40°	+42°	+44°	+46°	+48°	+50°	+52°	+54°	+56°	+58°	+60°	+62°	+64°	+66°
	h m	h m	h m	h m	h m	h m	h m	h m	h m	h m	h m	h m	h m	h m
Dec. 9	11 56	12 01	12 05	12 11	12 16	12 23	12 29	12 37	12 45	12 55	13 05	13 18	13 32	13 50
10	12 25	12 28	12 32	12 35	12 39	12 43	12 47	12 52	12 58	13 04	13 10	13 18	13 27	13 37
11	12 50	12 52	12 54	12 56	12 58	13 00	13 02	13 04	13 07	13 10	13 14	13 18	13 22	13 27
12	13 14	13 14	13 14	13 14	13 14	13 15	13 15	13 15	13 16	13 16	13 16	13 17	13 17	13 18
13	13 36	13 35	13 33	13 32	13 31	13 29	13 27	13 25	13 23	13 21	13 19	13 16	13 13	13 09
14	13 59	13 56	13 53	13 50	13 47	13 44	13 40	13 36	13 32	13 27	13 21	13 15	13 08	13 00
15	14 23	14 19	14 15	14 11	14 06	14 01	13 55	13 49	13 42	13 34	13 25	13 15	13 03	12 49
16	14 51	14 46	14 40	14 34	14 28	14 21	14 13	14 04	13 55	13 44	13 31	13 16	12 59	12 37
17	15 23	15 16	15 10	15 02	14 54	14 45	14 35	14 24	14 12	13 57	13 40	13 20	12 53	12 16
18	16 00	15 53	15 45	15 37	15 27	15 17	15 05	14 52	14 37	14 19	13 57	13 28	12 47	□
19	16 45	16 37	16 28	16 19	16 09	15 58	15 45	15 30	15 13	14 52	14 26	13 50	12 29	□
20	17 36	17 28	17 19	17 10	17 00	16 48	16 36	16 21	16 03	15 42	15 16	14 38	□	□
21	18 33	18 25	18 18	18 09	17 59	17 49	17 37	17 23	17 08	16 49	16 26	15 55	15 07	□
22	19 34	19 28	19 21	19 13	19 05	18 56	18 46	18 35	18 22	18 07	17 49	17 27	16 58	16 13
23	20 37	20 32	20 27	20 21	20 14	20 07	19 59	19 51	19 41	19 30	19 17	19 02	18 43	18 19
24	21 41	21 38	21 34	21 30	21 25	21 20	21 15	21 09	21 02	20 54	20 46	20 36	20 24	20 10
25	22 46	22 44	22 42	22 39	22 37	22 34	22 31	22 27	22 23	22 19	22 14	22 09	22 02	21 55
26	23 52	23 51	23 51	23 50	23 49	23 49	23 48	23 47	23 46	23 45	23 43	23 42	23 40	23 38
27	.. ..	.. ..	.. ..	.. ..	.. ..	.. ..	.. ..	.. ..	.. ..	.. ..	.. ..	.. ..	.. ..	.. ..
28	1 00	1 01	1 02	1 03	1 04	1 06	1 07	1 09	1 11	1 13	1 15	1 18	1 21	1 24
29	2 10	2 13	2 16	2 19	2 23	2 26	2 30	2 35	2 39	2 45	2 51	2 58	3 07	3 16
30	3 25	3 29	3 34	3 39	3 45	3 51	3 58	4 05	4 13	4 23	4 34	4 47	5 02	5 21
31	4 43	4 49	4 55	5 02	5 10	5 19	5 28	5 39	5 51	6 06	6 22	6 43	7 10	7 48
32	6 01	6 08	6 16	6 25	6 35	6 45	6 58	7 11	7 27	7 47	8 10	8 42	9 35	■
33	7 14	7 22	7 31	7 41	7 51	8 03	8 16	8 32	8 50	9 12	9 40	10 21	■	■

MOONSET

Lat.	+40°	+42°	+44°	+46°	+48°	+50°	+52°	+54°	+56°	+58°	+60°	+62°	+64°	+66°
	h m	h m	h m	h m	h m	h m	h m	h m	h m	h m	h m	h m	h m	h m
Dec. 9	22 25	22 21	22 16	22 12	22 07	22 01	21 55	21 48	21 41	21 32	21 22	21 11	20 57	20 41
10	23 32	23 30	23 27	23 24	23 21	23 18	23 14	23 10	23 06	23 01	22 55	22 49	22 41	22 32
11	.. ..	.. ..	.. ..	.. ..	.. ..	.. ..	.. ..	.. ..	.. ..	.. ..	.. ..	.. ..	.. ..	.. ..
12	0 36	0 35	0 34	0 33	0 32	0 31	0 29	0 28	0 26	0 24	0 22	0 20	0 17	0 14
13	1 38	1 39	1 39	1 40	1 41	1 41	1 42	1 43	1 44	1 45	1 46	1 47	1 49	1 51
14	2 39	2 41	2 43	2 45	2 48	2 50	2 53	2 56	3 00	3 04	3 08	3 13	3 19	3 26
15	3 39	3 43	3 46	3 50	3 55	3 59	4 04	4 10	4 16	4 23	4 31	4 40	4 51	5 03
16	4 40	4 45	4 50	4 56	5 02	5 08	5 15	5 23	5 32	5 43	5 55	6 09	6 25	6 47
17	5 41	5 47	5 54	6 01	6 08	6 17	6 26	6 37	6 49	7 03	7 19	7 39	8 05	8 41
18	6 41	6 48	6 56	7 04	7 13	7 23	7 35	7 48	8 03	8 20	8 42	9 10	9 51	□
19	7 38	7 46	7 55	8 04	8 14	8 25	8 38	8 52	9 09	9 30	9 56	10 32	11 52	□
20	8 31	8 39	8 48	8 57	9 07	9 19	9 32	9 47	10 04	10 25	10 52	11 30	□	□
21	9 18	9 26	9 34	9 43	9 52	10 03	10 15	10 29	10 45	11 04	11 27	11 58	12 47	□
22	9 58	10 05	10 12	10 20	10 29	10 38	10 48	11 00	11 13	11 29	11 47	12 10	12 40	13 25
23	10 33	10 39	10 44	10 51	10 58	11 05	11 14	11 23	11 33	11 45	11 59	12 15	12 34	12 59
24	11 03	11 07	11 12	11 16	11 22	11 27	11 33	11 40	11 48	11 56	12 06	12 16	12 29	12 45
25	11 30	11 33	11 35	11 39	11 42	11 46	11 50	11 54	11 59	12 04	12 10	12 17	12 25	12 34
26	11 55	11 56	11 57	11 59	12 00	12 02	12 04	12 06	12 08	12 11	12 13	12 16	12 20	12 24
27	12 19	12 19	12 19	12 19	12 18	12 18	12 18	12 17	12 17	12 17	12 16	12 16	12 15	12 15
28	12 45	12 43	12 41	12 39	12 37	12 35	12 32	12 29	12 26	12 23	12 19	12 15	12 10	12 05
29	13 13	13 10	13 06	13 02	12 58	12 54	12 49	12 43	12 38	12 31	12 24	12 15	12 05	11 54
30	13 46	13 41	13 36	13 30	13 24	13 17	13 10	13 02	12 52	12 42	12 30	12 16	12 00	11 40
31	14 27	14 21	14 14	14 06	13 58	13 49	13 38	13 27	13 14	12 59	12 42	12 20	11 53	11 14
32	15 18	15 10	15 02	14 53	14 43	14 32	14 20	14 06	13 49	13 30	13 05	12 33	11 40	■
33	16 21	16 12	16 04	15 54	15 43	15 32	15 18	15 03	14 45	14 23	13 55	13 13	■	■

□ indicates Moon continuously above horizon.
■ indicates Moon continuously below horizon.
.. .. indicates phenomenon will occur the next day.

ECLIPSES, 2021

CONTENTS OF THE ECLIPSE SECTION

SUMMARY OF ECLIPSES AND TRANSITS FOR 2021

There are four eclipses, two of the Sun and two of the Moon. All times are expressed in Universal Time using $\Delta T = +71^{s}.0$. There are no transits of Mercury or Venus across the Sun.

I. *A total eclipse of the Moon*, May 26. See map on page A84. The eclipse begins at $08^{h} 46^{m}$ and ends at $13^{h} 51^{m}$. It is visible from South America, North America, Asia, Australia, Antarctica, the Pacific Ocean and the Indian Ocean.

II. *An annular eclipse of the Sun*, June 10. See map on page A86. The eclipse begins at $08^{h} 12^{m}$ and ends at $13^{h} 11^{m}$. Maximum duration of annularity is $03^{m} 48^{s}$. It is visible from northeastern North America, Europe, northern Asia and the north Atlantic Ocean.

III. *A partial eclipse of the Moon*, November 19. See map on page A89. The eclipse begins at $06^{h} 00^{m}$ and ends at $12^{h} 05^{m}$. Time of maximum eclipse is $09^{m} 03^{s}$. It is visible from western Africa, western Europe, North America, South America, Asia, Australia, the Atlantic Ocean, and the Pacific Ocean.

IV. *A total eclipse of the Sun*, December 4. See map on page A91. The eclipse begins at $05^{h} 29^{m}$ and ends at $09^{h} 38^{m}$. Maximum duration of totality is $01^{m} 57^{s}$. It is visible from Antarctica, extreme south Africa, extreme south Australia, the south Atlantic Ocean, and the south Indian Ocean.

Local circumstances and animations for upcoming eclipses can be found on *The Astronomical Almanac Online* at https://asa.hmnao.com or https://asa.usno.navy.mil/publications/asa.html.

Local circumstances and animations for upcoming eclipses can be found on *The Astro-nomical Almanac Online* at https://asa.hmnao.com or https://asa.usno.navy.mil/publications/asa.php.

General Information

The elements and circumstances are computed according to Bessel's method from apparent right ascensions and declinations of the Sun and Moon. Semidiameters of the Sun and Moon used in the calculation of eclipses do not include irradiation. The adopted semidiameter of the Sun at unit distance is $15'\ 59''.64$ from the IAU (1976) Astronomical Constants. The apparent semidiameter of the Moon is equal to arcsin $(k \sin \pi)$, where π is the Moon's horizontal parallax and k is an adopted constant. In 1982, the IAU adopted $k = 0.272\ 5076$, corresponding to the mean radius of Watts' datum as determined by observations of occultations and to the adopted radius of the Earth.

Standard corrections of $+0''.5$ and $-0''.25$ have been applied to the longitude and latitude of the Moon, respectively, to help correct for the difference between the center of figure and the center of mass.

Refraction is neglected in calculating solar and lunar eclipses. Because the circumstances of eclipses are calculated for the surface of the ellipsoid, refraction is not included in Besselian element polynomials. For local predictions, corrections for refraction are unnecessary; they are required only in precise comparisons of theory with observation in which many other refinements are also necessary.

All time arguments are given provisionally in Universal Time, using $\Delta T(A) = +70^s.0$. Once an updated value of ΔT is known, the data on these pages may be expressed in Universal Time as follows:

Define $\delta T = \Delta T - \Delta T(A)$, in units of seconds of time.

Change the times of circumstances given in preliminary Universal Time by subtracting δT.

Correct the tabulated longitudes, $\lambda(A)$, using $\lambda = \lambda(A) + 0.00417807 \times \delta T$ (longitudes are in degrees).

Leave all other quantities unchanged.

The correction of δT is included in the Besselian elements.

Longitude is positive to the east, and negative to the west.

Explanation of Solar Eclipse Diagram

The solar eclipse diagrams in *The Astronomical Almanac* show the region over which different phases of each eclipse may be seen and the times at which these phases occur. Each diagram has a series of dashed curves that show the outline of the Moon's penumbra on the Earth's surface at one-hour intervals. Short dashes show the leading edge, and long dashes show the trailing edge. Except for certain extreme cases, the shadow outline moves generally from west to east. The Moon's shadow cone first contacts the Earth's surface where "First Contact" is indicated on the diagram. "Last Contact" is where the Moon's shadow cone last contacts the Earth's surface. The path of the central eclipse, whether for a total, annular, or annular-total eclipse, is marked by two closely spaced curves that cut across all of the dashed curves. These two curves mark the extent of the Moon's umbral shadow on the Earth's surface. Viewers within these boundaries will observe a total, annular, or annular-total eclipse, and viewers outside these boundaries will see a partial eclipse.

Solid curves labeled "Northern" and "Southern Limit of Eclipse" represent the furthest extent north or south of the Moon's penumbra on the Earth's surface. Viewers outside of these boundaries will not experience any eclipse. When only one of these two curves appears, only part of the Moon's penumbra touches the Earth; the other part is projected into space north or south of the Earth. The solid curves labeled "Eclipse begins at Sunset" and "Eclipse ends at Sunrise" define the other limits.

Another set of solid curves appears on some diagrams as two teardrop shapes (or lobes) on either end of the eclipse path, and on other diagrams as a distorted figure eight. These lobes represent in time the intersection of the Moon's penumbra with the Earth's terminator as the eclipse progresses. As time elapses, the Earth's terminator moves east-to-west while the Moon's penumbra moves west-to-east. These lobes connect to form an elongated figure eight on a diagram when part of the Moon's penumbra stays in contact with the Earth's terminator throughout the eclipse. The lobes become two separate teardrop shapes when the Moon's penumbra breaks contact with the Earth's terminator during the beginning of the eclipse and reconnects with it near the end. In the east, the outer portion of the lobe is labeled "Eclipse begins at Sunset" and marks the first contact between the Moon's penumbra and Earth's terminator in the east. Observers on this curve just fail to see the eclipse. The inner part of the lobe is labeled "Eclipse ends at Sunset" and marks the last contact between the Moon's penumbra and the Earth's terminator in the east. Observers on this curve just see the whole eclipse. The curve bisecting this lobe is labeled "Maximum Eclipse at Sunset" and is part of the sunset terminator at maximum eclipse. Viewers in the eastern half of the lobe will see the Sun set before maximum eclipse; *i.e.* see less than half of the eclipse. Viewers in the western half of the lobe will see the Sun set after maximum eclipse; *i.e.* see more than half of the eclipse. A similar description holds for the western lobe except everything occurs at sunrise instead of sunset.

Computing Local Circumstances for Solar Eclipses

The solar eclipse maps show the path of the eclipse, beginning and ending times of the eclipse, and the region of visibility, including restrictions due to rising and setting of the Sun. The short-dash and long-dash lines show, respectively, the progress of the leading and trailing edge of the penumbra; thus, at a given location, the times of the first and last contact may be interpolated. If further precision is desired, Besselian elements can be utilized.

Besselian elements characterize the geometric position of the shadow of the Moon relative to the Earth. The exterior tangents to the surfaces of the Sun and Moon form the umbral cone; the interior tangents form the penumbral cone. The common axis of these two cones is the axis of the shadow. To form a system of geocentric rectangular coordinates, the geocentric plane perpendicular to the axis of the shadow is taken as the xy-plane. This is called the fundamental plane. The x-axis is the intersection of the fundamental plane with the plane of the equator; it is positive toward the east. The y-axis is positive toward the north. The z-axis is parallel to the axis of the shadow and is positive toward the Moon. The tabular values of x and y are the coordinates, in units of the Earth's equatorial radius, of the intersection of the axis of the shadow with the fundamental plane. The direction of the axis of the shadow is specified by the declination d and hour angle μ of the point on the celestial sphere toward which the axis is directed.

The radius of the umbral cone is regarded as positive for an annular eclipse and negative for a total eclipse. The angles f_1 and f_2 are the angles at which the tangents that form the penumbral and umbral cones, respectively, intersect the axis of the shadow.

To predict accurate local circumstances, calculate the geocentric coordinates $\rho \sin \phi'$ and $\rho \cos \phi'$ from the geodetic latitude ϕ and longitude λ, using the relationships given on pages K11–K12 of *The Astronomical Almanac*. Inclusion of the height h in this calculation is all that is necessary to obtain the local circumstances at high altitudes.

Obtain approximate times for the beginning, middle and end of the eclipse from the eclipse map. For each of these three times, compute — from the Besselian element polynomials — the values of x, y, $\sin d$, $\cos d$, μ and l_1 (the radius of the penumbra on the fundamental plane). If the eclipse is central (i.e., total, annular or annular-total), then, at the approximate time of the middle of the eclipse, l_2 (the radius of the umbra on the fundamental plane) is required instead of l_1. The hourly variations x', y' of x and y are needed, and may be obtained by evaluating the derivative of the polynomial expressions for x and y. Values of μ', d', $\tan f_1$ and $\tan f_2$ are nearly constant throughout the eclipse and are given immediately following the Besselian polynomials.

For each of the three approximate times, calculate the coordinates ξ, η, ζ for the observer and the hourly variations ξ' and η' from

$$
\begin{aligned}
\xi &= \rho \cos \phi' \sin \theta, \\
\eta &= \rho \sin \phi' \cos d - \rho \cos \phi' \sin d \cos \theta, \\
\zeta &= \rho \sin \phi' \sin d + \rho \cos \phi' \cos d \cos \theta, \\
\xi' &= \mu' \rho \cos \phi' \cos \theta, \\
\eta' &= \mu' \xi \sin d - \zeta d',
\end{aligned}
$$

where

$$
\theta = \mu + \lambda
$$

for longitudes measured positive towards the east.

Next, calculate

$$
\begin{array}{ll}
u = x - \xi & u' = x' - \xi' \\
v = y - \eta & v' = y' - \eta' \\
m^2 = u^2 + v^2 & n^2 = u'^2 + v'^2
\end{array} \qquad (m, n > 0)
$$

$$
L_i = l_i - \zeta \tan f_i
$$

$$
D = uu' + vv'
$$

$$
\Delta = \frac{1}{n}(uv' - u'v)
$$

$$
\sin \psi = \frac{\Delta}{L_i},
$$

where $i = 1, 2$.

At the approximate times of the beginning and end of the eclipse, L_1 is required. At the approximate time of the middle of the eclipse, L_2 is required if the eclipse is central; L_1 is required if the eclipse is partial.

Neglecting the variation of L, the correction τ to be applied to the approximate time of the middle of the eclipse to obtain the *Universal Time of greatest phase* (in hours) is

$$
\tau = -\frac{D}{n^2},
$$

which may be expressed in minutes by multiplying by 60. The correction τ to be applied to the approximate times of the beginning and end of the eclipse to obtain the *Universal Times of the penumbral contacts* (in hours) is

$$
\tau = \frac{L_1}{n} \cos \psi - \frac{D}{n^2},
$$

which may be expressed in minutes by multiplying by 60.

If the eclipse is central, use the approximate time for the middle of the eclipse as a first approximation to the times of umbral contact. The correction τ to be applied to obtain the *Universal Times of the umbral contacts* is

$$\tau = \frac{L_2}{n} \cos \psi - \frac{D}{n^2},$$

which may be expressed in minutes by multiplying by 60.

In the last two equations, the ambiguity in the quadrant of ψ is removed by noting that $\cos \psi$ must be *negative* for the beginning of the eclipse, for the beginning of the annular phase, or for the end of the total phase; $\cos \psi$ must be *positive* for the end of the eclipse, the end of the annular phase, or the beginning of the total phase.

For greater accuracy, the times resulting from the calculation outlined above should be used in place of the original approximate times, and the entire procedure repeated at least once. The calculations for each of the contact times and the time of greatest phase should be performed separately.

The *magnitude of greatest partial eclipse*, in units of the solar diameter, is

$$M_1 = \frac{L_1 - m}{(2L_1 - 0.5459)},$$

where the value of m at the time of greatest phase is used. If the magnitude is negative at the time of greatest phase, no eclipse is visible from the location.

The *magnitude of the central phase*, in the same units, is

$$M_2 = \frac{L_1 - L_2}{(L_1 + L_2)}.$$

The *position angle of a point of contact* measured eastward (counterclockwise) from the north point of the solar limb is given by

$$\tan P = \frac{u}{v},$$

where u and v are evaluated at the times of contacts computed in the final approximation. The quadrant of P is determined by noting that $\sin P$ has the algebraic sign of u, except for the contacts of the total phase, for which $\sin P$ has the opposite sign to u.

The position angle of the point of contact measured eastward from the vertex of the solar limb is given by

$$V = P - C,$$

where C, the parallactic angle, is obtained with sufficient accuracy from

$$\tan C = \frac{\xi}{\eta},$$

with $\sin C$ having the same algebraic sign as ξ, and the results of the final approximation again being used. The vertex point of the solar limb lies on a great circle arc drawn from the zenith to the center of the solar disk.

Lunar Eclipses

A calculator to produce local circumstances of recent and upcoming lunar eclipses is provided at https://aa.usno.navy.mil/data/docs/LunarEclipse.php

In calculating lunar eclipses, the radius of the geocentric shadow of the Earth is increased by one-fiftieth part to allow for the effect of the atmosphere. Refraction is neglected in calculating solar and lunar eclipses. Standard corrections of $+0''.5$ and $-0''.25$ have been applied to the longitude and latitude of the Moon, respectively, to help correct for the difference between the center of figure and the center of mass.

Explanation of Lunar Eclipse Diagram

Information on lunar eclipses is presented in the form of a diagram consisting of two parts. The upper panel shows the path of the Moon relative to the penumbral and umbral shadows of the Earth. The lower panel shows the visibility of the eclipse from the surface of the Earth. The title of the upper panel includes the type of eclipse, its place in the sequence of eclipses for the year and the Greenwich calendar date of the eclipse. The inner darker circle is the umbral shadow of the Earth and the outer lighter circle is that of the penumbra. The axis of the shadow of the Earth is denoted by $(+)$ with the ecliptic shown for reference purposes. A 30-arcminute scale bar is provided on the right hand side of the diagram and the orientation is given by the cardinal points displayed on the small graphic on the left hand side of the diagram. The position angle (PA) is measured from North point of the lunar disk along the limb of the Moon to the point of contact. It is shown on the graphic by the use of an arc extending anti-clockwise (eastwards) from North terminated with an arrow head.

Moon symbols are plotted at the principal phases of the eclipse to show its position relative to the umbral and penumbral shadows. The UT times of the different phases of the eclipse to the nearest tenth of a minute are printed above or below the Moon symbols as appropriate. P1 and P4 are the first and last external contacts of the penumbra respectively and denote the beginning and end of the penumbral eclipse respectively. U1 and U4 are the first and last external contacts of the umbra denoting the beginning and end of the partial phase of the eclipse respectively. U2 and U3 are the first and last internal contacts of the umbra and denote the beginning and end of the total phase respectively. MID is the middle of the eclipse. The position angle is given for P1 and P4 for penumbral eclipses and U1 and U4 for partial and total eclipses. The UT time of the geocentric opposition in right ascension of the Sun and Moon and the magnitude of the eclipse are given above or below the Moon symbols as appropriate.

The lower panel is a cylindrical equidistant map projection showing the Earth centered on the longitude at which the Moon is in the zenith at the middle of the eclipse. The visibility of the eclipse is displayed by plotting the Moon rise/set terminator for the principal phases of the eclipse for which timing information is provided in the upper panel. The terminator for the middle of the eclipse is not plotted for the sake of clarity.

The unshaded area indicates the region of the Earth from which all the eclipse is visible, whereas the darkest shading indicates the area from which the eclipse is invisible. The different shades of gray indicate regions where the Moon is either rising or setting during the principal phases of the eclipse. The Moon is rising on the left hand side of the diagram after the eclipse has started and is setting on the right hand side of the diagram before the eclipse ends. Labels are provided to this effect.

Symbols are plotted showing the locations for which the Moon is in the zenith at the principal phases of the eclipse. The points at which the Moon is in the zenith at P1 and P4 are denoted by $(+)$, at U1 and U4 by $(\odot)$ and at U2 and U3 by $(\oplus)$. These symbols are also plotted on the upper panel where appropriate. The value of ΔT used for the calculation of the eclipse circumstances is given below the diagram. Country boundaries are also provided to assist the user in determining the visibility of the eclipse at a particular location.

I. - Total Eclipse of the Moon

UT of geocentric opposition in RA: May 26^d 11^h 4^m 44^s.472

2021 May 26

Umbral magnitude of the eclipse: 1.015

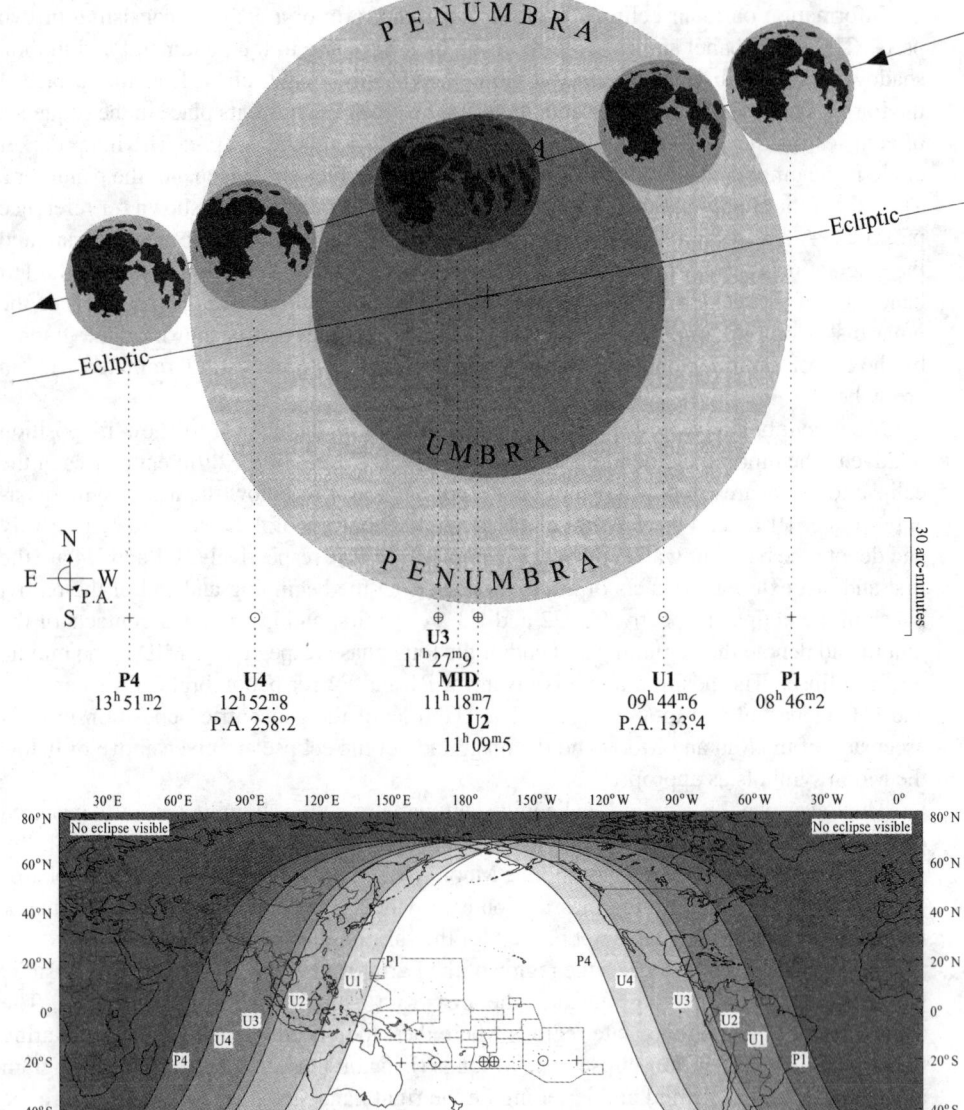

P4	**U4**	**U3** 11^h 27^m.9 **MID** 11^h 18^m.7 **U2**		**U1**	**P1**
13^h 51^m.2	12^h 52^m.8 P.A. 258°.2	11^h 09^m.5		09^h 44^m.6 P.A. 133°.4	08^h 46^m.2

Areas of visibility of the eclipse at different stages

ΔT = +71°.0

II. –Annular Eclipse of the Sun, 2021 June 10

CIRCUMSTANCES OF THE ECLIPSE

Universal Time of geocentric conjunction in right ascension, June 10^d 11^h 01^m $3^s.335$
Julian Date = 2459375.9590663747

	UT	Longitude	Latitude
	d h m	° ′	° ′
Eclipse begins	June 10 08 12.3	− 43 56.3	+23 38.6
Beginning of southern limit of umbra	10 09 50.2	− 86 04.0	+48 11.6
Beginning of center line; central eclipse begins	10 09 55.0	− 89 31.5	+50 10.2
Beginning of northern limit of umbra	10 10 00.3	− 93 36.6	+52 18.7
Central eclipse at local apparent midnight	10 11 01.1	−165 23.4	+88 08.2
End of northern limit of umbra	10 11 23.3	+163 32.5	+64 46.0
End of center line; central eclipse ends	10 11 28.7	+156 33.8	+63 34.4
End of southern limit of umbra	10 11 33.4	+150 43.3	+62 19.6
Eclipse ends	10 13 11.3	+ 94 07.0	+41 27.4

BESSELIAN ELEMENTS

Let $t = (\text{UT}-8^h) + \delta T/3600$ in units of hours.

These equations are valid over the range $0^h.125 \le t \le 5^h.358$. Do not use t outside the given range, and do not omit any terms in the series. If μ is greater than 360°, then subtract 360° from its computed value

Intersection of the axis of shadow with the fundamental plane:

$$x = -1.51205063 + 0.50087318\,t + 0.00008521\,t^2 - 0.00000570\,t^3$$
$$y = +0.65995854 + 0.08981772\,t - 0.00016960\,t^2 - 0.00000113\,t^3$$

Direction of the axis of shadow:

$$\sin d = +0.39127351 + 0.00004616\,t - 0.00000009\,t^2$$
$$\cos d = +0.92027446 - 0.00001966\,t + 0.00000005\,t^2$$
$$\mu = 300°.12848553 + 14.99920389\,t - 0.00000095\,t^2 + 0.00000006\,t^3 - 0.00417807\,\delta T$$

Radius of the shadow on the fundamental plane:

penumbra $(l_1) = +0.56447980 + 0.00000312\,t - 0.00000974\,t^2 - 0.00000001\,t^3$
umbra $(l_2) = +0.01800394 + 0.00000342\,t - 0.00000979\,t^2$

Other important quantities:

$$\tan f_1 = +0.004606$$
$$\tan f_2 = +0.004583$$
$$\mu' = +0.261785 \text{ radians per hour}$$
$$d' = +0.000050 \text{ radians per hour}$$

All time arguments are given provisionally in Universal Time, using $\Delta T(A) = 71^s.0$.

ANNULAR SOLAR ECLIPSE OF 2021 JUNE 10

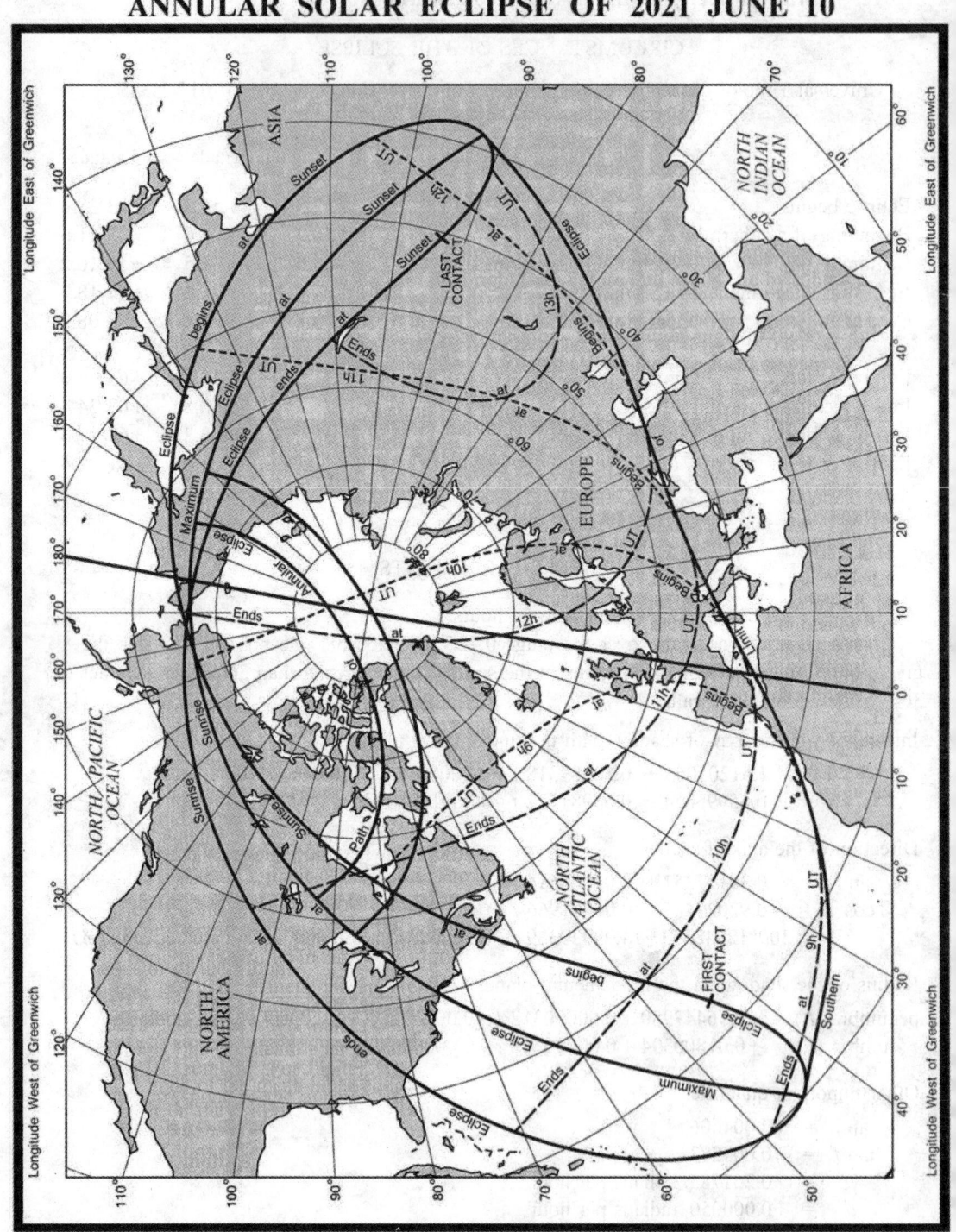

PATH OF CENTRAL PHASE: ANNULAR SOLAR ECLIPSE OF JUNE 10

For limits, see Circumstances of the Eclipse.

U.T.	Northern Limit		Central Line		Southern Limit		Central Line	
	Latitude	Longitude	Latitude	Longitude	Latitude	Longitude	Duration	Alt.
	° ′	° ′	° ′	° ′	° ′	° ′	m s	°
Limits	+52 18.7	− 93 36.6	+50 10.2	− 89 31.5	+48 11.6	− 86 04.0	3 34.2	..
h m								
10 01	+54 52.7	− 89 01.8	+58 28.3	− 77 11.1	+59 48.5	− 69 44.5	3 40.2	11
10 02	+56 26.4	− 86 43.1	+59 14.7	− 76 21.2	+60 26.7	− 69 06.4	3 40.7	12
10 03	+57 37.4	− 85 09.6	+59 58.8	− 75 36.1	+61 03.9	− 68 30.3	3 41.1	13
10 04	+58 38.2	− 83 56.7	+60 41.0	− 74 54.7	+61 40.2	− 67 56.0	3 41.6	14
10 05	+59 32.8	− 82 56.2	+61 21.7	− 74 16.5	+62 15.7	− 67 23.2	3 42.0	14
10 06	+60 23.3	− 82 04.4	+62 01.1	− 73 41.0	+62 50.4	− 66 51.7	3 42.3	15
10 07	+61 10.6	− 81 19.1	+62 39.4	− 73 07.9	+63 24.6	− 66 21.5	3 42.7	15
10 08	+61 55.4	− 80 38.9	+63 16.7	− 72 36.9	+63 58.1	− 65 52.4	3 43.0	16
10 09	+62 38.3	− 80 03.0	+63 53.2	− 72 07.8	+64 31.2	− 65 24.3	3 43.4	16
10 10	+63 19.7	− 79 30.6	+64 28.8	− 71 40.3	+65 03.7	− 64 57.1	3 43.7	17
10 11	+63 59.6	− 79 01.3	+65 03.9	− 71 14.3	+65 35.9	− 64 30.7	3 44.0	17
10 12	+64 38.4	− 78 34.8	+65 38.3	− 70 49.7	+66 07.6	− 64 05.0	3 44.2	18
10 13	+65 16.2	− 78 10.7	+66 12.2	− 70 26.4	+66 39.0	− 63 40.0	3 44.5	18
10 14	+65 53.2	− 77 48.9	+66 45.6	− 70 04.3	+67 10.1	− 63 15.6	3 44.7	19
10 15	+66 29.3	− 77 29.2	+67 18.5	− 69 43.4	+67 40.8	− 62 51.8	3 45.0	19
10 16	+67 04.8	− 77 11.3	+67 51.1	− 69 23.4	+68 11.3	− 62 28.4	3 45.2	19
10 17	+67 39.7	− 76 55.4	+68 23.3	− 69 04.5	+68 41.6	− 62 05.6	3 45.4	20
10 18	+68 14.0	− 76 41.2	+68 55.1	− 68 46.6	+69 11.6	− 61 43.1	3 45.7	20
10 19	+68 47.8	− 76 28.7	+69 26.7	− 68 29.5	+69 41.3	− 61 21.0	3 45.8	20
10 20	+69 21.2	− 76 17.9	+69 58.0	− 68 13.4	+70 10.9	− 60 59.2	3 46.0	21
10 21	+69 54.1	− 76 08.7	+70 29.0	− 67 58.2	+70 40.3	− 60 37.7	3 46.2	21
10 22	+70 26.7	− 76 01.2	+70 59.8	− 67 43.8	+71 09.6	− 60 16.5	3 46.4	21
10 23	+70 59.0	− 75 55.3	+71 30.4	− 67 30.2	+71 38.6	− 59 55.5	3 46.6	21
10 24	+71 30.9	− 75 51.2	+72 00.8	− 67 17.6	+72 07.6	− 59 34.7	3 46.7	21
10 25	+72 02.5	− 75 48.7	+72 31.0	− 67 05.7	+72 36.4	− 59 14.1	3 46.8	22
10 26	+72 33.9	− 75 48.0	+73 01.0	− 66 54.8	+73 05.1	− 58 53.6	3 47.0	22
10 27	+73 05.1	− 75 49.2	+73 31.0	− 66 44.7	+73 33.7	− 58 33.1	3 47.1	22
10 28	+73 36.0	− 75 52.3	+74 00.8	− 66 35.6	+74 02.2	− 58 12.7	3 47.2	22
10 29	+74 06.6	− 75 57.5	+74 30.4	− 66 27.4	+74 30.7	− 57 52.4	3 47.3	22
10 30	+74 37.1	− 76 04.8	+75 00.0	− 66 20.1	+74 59.0	− 57 32.0	3 47.4	23
10 31	+75 07.4	− 76 14.5	+75 29.5	− 66 13.9	+75 27.3	− 57 11.6	3 47.5	23
10 32	+75 37.5	− 76 26.6	+75 58.9	− 66 08.9	+75 55.6	− 56 51.1	3 47.6	23
10 33	+76 07.5	− 76 41.5	+76 28.2	− 66 05.0	+76 23.8	− 56 30.4	3 47.7	23
10 34	+76 37.3	− 76 59.3	+76 57.5	− 66 02.4	+76 52.0	− 56 09.6	3 47.8	23
10 35	+77 06.9	− 77 20.4	+77 26.7	− 66 01.1	+77 20.1	− 55 48.5	3 47.8	23
10 36	+77 36.3	− 77 45.0	+77 55.9	− 66 01.5	+77 48.3	− 55 27.2	3 47.9	23
10 37	+78 05.6	− 78 13.7	+78 25.0	− 66 03.4	+78 16.4	− 55 05.5	3 47.9	23
10 38	+78 34.7	− 78 46.7	+78 54.2	− 66 07.3	+78 44.5	− 54 43.3	3 48.0	23
10 39	+79 03.6	− 79 24.8	+79 23.3	− 66 13.3	+79 12.7	− 54 20.7	3 48.0	23
10 40	+79 32.3	− 80 08.5	+79 52.4	− 66 21.7	+79 40.8	− 53 57.5	3 48.0	23
10 41	+80 00.8	− 80 58.6	+80 21.4	− 66 32.9	+80 09.0	− 53 33.6	3 48.0	23
10 42	+80 29.1	− 81 55.9	+80 50.5	− 66 47.2	+80 37.2	− 53 08.8	3 48.0	23
10 43	+80 57.1	− 83 01.7	+81 19.6	− 67 05.2	+81 05.5	− 52 43.1	3 48.0	23
10 44	+81 24.8	− 84 17.1	+81 48.7	− 67 27.6	+81 33.8	− 52 16.1	3 48.0	23
10 45	+81 52.1	− 85 43.8	+82 17.7	− 67 55.2	+82 02.1	− 51 47.8	3 48.0	23
10 46	+82 19.0	− 87 23.6	+82 46.8	− 68 28.9	+82 30.5	− 51 17.8	3 47.9	23
10 47	+82 45.3	− 89 18.7	+83 15.8	− 69 10.3	+82 59.0	− 50 45.7	3 47.9	23

PATH OF CENTRAL PHASE: ANNULAR SOLAR ECLIPSE OF JUNE 10

U.T.	Northern Limit		Central Line		Southern Limit		Central Line	
	Latitude	Longitude	Latitude	Longitude	Latitude	Longitude	Duration	Alt.
h m	° ′	° ′	° ′	° ′	° ′	° ′	m s	°
10 48	+83 10.9	− 91 31.8	+83 44.8	− 70 01.1	+83 27.6	− 50 11.1	3 47.9	23
10 49	+83 35.8	− 94 06.0	+84 13.8	− 71 03.7	+83 56.2	− 49 33.4	3 47.8	23
10 50	+83 59.6	− 97 04.9	+84 42.6	− 72 21.3	+84 24.9	− 48 51.6	3 47.7	23
10 51	+84 22.1	−100 32.6	+85 11.3	− 73 58.4	+84 53.7	− 48 04.8	3 47.7	23
10 52	+84 43.1	−104 33.4	+85 39.7	− 76 01.5	+85 22.7	− 47 11.2	3 47.6	23
10 53	+85 02.0	−109 11.4	+86 07.8	− 78 40.0	+85 51.7	− 46 08.5	3 47.5	23
10 54	+85 18.5	−114 29.8	+86 35.2	− 82 07.7	+86 20.8	− 44 52.9	3 47.4	22
10 55	+85 32.0	−120 29.4	+87 01.6	− 86 45.7	+86 50.0	− 43 18.5	3 47.3	22
10 56	+85 42.0	−127 07.3	+87 26.4	− 93 05.7	+87 19.2	− 41 14.9	3 47.2	22
10 57	+85 47.8	−134 15.6	+87 48.6	−101 53.2	+87 48.3	− 38 22.6	3 47.1	22
10 58	+85 49.0	−141 41.2	+88 06.2	−114 00.3	+88 17.2	− 34 00.3	3 46.9	22
10 59	+85 45.6	−149 07.5	+88 16.9	−129 45.6	+88 45.4	− 26 25.8	3 46.8	22
11 00	+85 37.4	−156 17.6	+88 18.0	−147 36.3	+89 11.2	− 10 31.7	3 46.6	21
11 01	+85 24.7	−162 58.0	+88 09.1	−164 18.4	+89 27.3	+ 28 02.6	3 46.5	21
11 02	+85 08.0	−169 00.0	+87 52.0	−177 36.3	+89 19.3	+ 76 52.3	3 46.3	21
11 03	+84 47.6	−174 20.1	+87 29.2	+172 39.2	+88 55.2	+ 99 33.5	3 46.1	21
11 04	+84 24.1	−178 58.9	+87 02.6	+165 39.8	+88 26.4	+109 29.2	3 45.9	20
11 05	+83 57.8	+177 00.9	+86 33.6	+160 36.2	+87 55.9	+114 51.5	3 45.7	20
11 06	+83 29.1	+173 35.1	+86 02.7	+156 52.5	+87 24.6	+118 15.1	3 45.5	20
11 07	+82 58.2	+170 39.5	+85 30.4	+154 04.5	+86 52.5	+120 38.0	3 45.3	20
11 08	+82 25.3	+168 10.1	+84 57.0	+151 56.4	+86 19.9	+122 26.1	3 45.1	19
11 09	+81 50.4	+166 03.3	+84 22.5	+150 17.7	+85 46.8	+123 52.6	3 44.8	19
11 10	+81 13.8	+164 16.0	+83 47.0	+149 01.3	+85 13.2	+125 04.9	3 44.5	18
11 11	+80 35.2	+162 45.6	+83 10.6	+148 02.0	+84 39.0	+126 07.5	3 44.3	18
11 12	+79 54.8	+161 29.9	+82 33.3	+147 16.4	+84 04.3	+127 03.1	3 44.0	18
11 13	+79 12.4	+160 27.4	+81 54.9	+146 41.9	+83 29.0	+127 53.9	3 43.7	17
11 14	+78 27.9	+159 36.5	+81 15.5	+146 16.7	+82 53.1	+128 41.1	3 43.4	17
11 15	+77 40.9	+158 56.4	+80 35.0	+145 59.3	+82 16.5	+129 25.7	3 43.0	16
11 16	+76 51.2	+158 26.3	+79 53.2	+145 48.8	+81 39.1	+130 08.5	3 42.7	16
11 17	+75 58.2	+158 05.9	+79 10.0	+145 44.4	+81 00.9	+130 50.1	3 42.3	15
11 18	+75 01.2	+157 55.1	+78 25.3	+145 45.6	+80 21.9	+131 31.0	3 41.9	15
11 19	+73 59.1	+157 54.5	+77 38.8	+145 52.1	+79 41.9	+132 11.5	3 41.5	14
11 20	+72 50.0	+158 05.6	+76 50.3	+146 03.9	+79 00.8	+132 52.2	3 41.0	13
11 21	+71 30.6	+158 31.4	+75 59.4	+146 20.9	+78 18.5	+133 33.3	3 40.6	13
11 22	+69 53.1	+159 19.7	+75 05.6	+146 43.5	+77 34.8	+134 15.3	3 40.1	12
11 23	+67 26.9	+161 02.1	+74 08.2	+147 12.2	+76 49.5	+134 58.4	3 39.5	11
Limits	+64 46.0	+163 32.5	+63 34.4	+156 33.8	+62 19.6	+150 43.3	3 33.2	..

For limits, see Circumstances of the Eclipse.

III. - Partial Eclipse of the Moon   **2021 November 19**

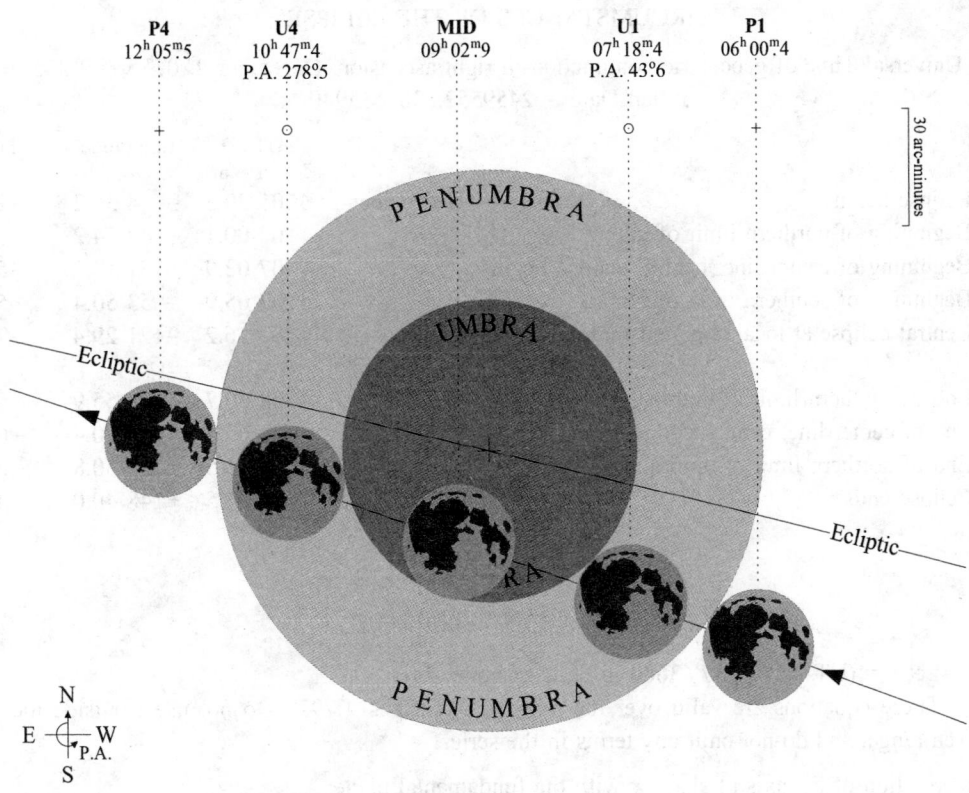

P4
12ʰ 05ᵐ.5

U4
10ʰ 47ᵐ.4
P.A. 278°.5

MID
09ʰ 02ᵐ.9

U1
07ʰ 18ᵐ.4
P.A. 43°.6

P1
06ʰ 00ᵐ.4

PENUMBRA

UMBRA

Ecliptic

Ecliptic

PENUMBRA

30 arc-minutes

N
E ⊕ W
P.A.
S

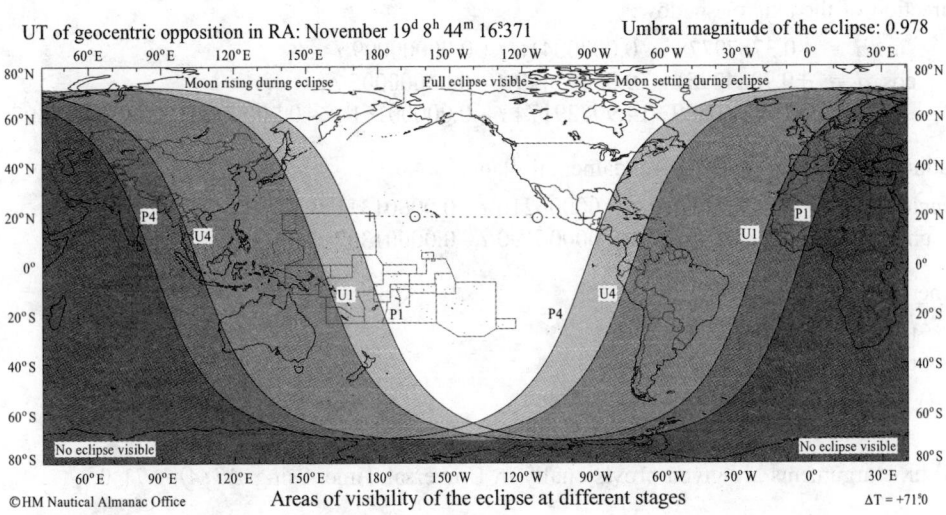

UT of geocentric opposition in RA: November 19ᵈ 8ʰ 44ᵐ 16ˢ.371   Umbral magnitude of the eclipse: 0.978

Moon rising during eclipse   Full eclipse visible   Moon setting during eclipse

No eclipse visible   No eclipse visible

©HM Nautical Almanac Office   Areas of visibility of the eclipse at different stages   ΔT = +71ˢ.0

IV. – Total Eclipse of the Sun, 2021 December 4

CIRCUMSTANCES OF THE ECLIPSE

Universal Time of geocentric conjunction in right ascension, December $4^d\ 07^h\ 56^m\ 9\overset{s}{.}335$

Julian Date = 2459552.8306635940

		UT	Longitude	Latitude
		d h m	° ′	° ′
Eclipse begins	December	4 05 29.3	− 4 56.2	−23 19.3
Beginning of northern limit of umbra		4 07 00.1	− 48 54.2	−51 50.8
Beginning of center line; central eclipse begins		4 07 02.9	− 51 12.1	−53 05.0
Beginning of southern limit of umbra		4 07 05.9	− 53 50.4	−54 24.9
Central eclipse at local apparent midnight		4 07 56.2	−121 29.4	−78 59.2
End of southern limit of umbra		4 08 00.7	−128 55.9	−67 36.2
End of center line; central eclipse ends		4 08 03.8	−134 10.4	−67 21.9
End of northern limit of umbra		4 08 06.5	−138 50.8	−67 02.5
Eclipse ends		4 09 37.5	+148 40.0	−46 23.6

BESSELIAN ELEMENTS

Let $t = (UT-5^h) + \delta T/3600$ in units of hours.

These equations are valid over the range $0\overset{h}{.}375 \le t \le 4\overset{h}{.}792$. Do not use t outside the given range, and do not omit any terms in the series.

Intersection of the axis of shadow with the fundamental plane:

$$x = -1.66789261 + 0.56781246\ t + 0.00012549\ t^2 - 0.00000966\ t^3$$
$$y = -0.58980819 - 0.13276947\ t + 0.00019983\ t^2 + 0.00000240\ t^3$$

Direction of the axis of shadow:

$$\sin d = -0.37879778 - 0.00008416\ t + 0.00000009\ t^2$$
$$\cos d = +0.92547951 - 0.00003449\ t + 0.00000005\ t^2$$
$$\mu = 257°45946529 + 14.99729174\ t - 0.00000161\ t^2 - 0.00000003\ t^3 - 0.00417807\ \delta T$$

Radius of the shadow on the fundamental plane:

penumbra $(l_1) = +0.53775870 + 0.00006216\ t - 0.00001311\ t^2$
umbra $(l_2) = -0.00858412 + 0.00006190\ t - 0.00001307\ t^2$

Other important quantities:

$$\tan f_1 = +0.004743$$
$$\tan f_2 = +0.004720$$
$$\mu' = +0.261752 \text{ radians per hour}$$
$$d' = -0.000090 \text{ radians per hour}$$

All time arguments are given provisionally in Universal Time, using $\Delta T(A) = 71\overset{s}{.}0$.

TOTAL SOLAR ECLIPSE OF 2021 DECEMBER 4

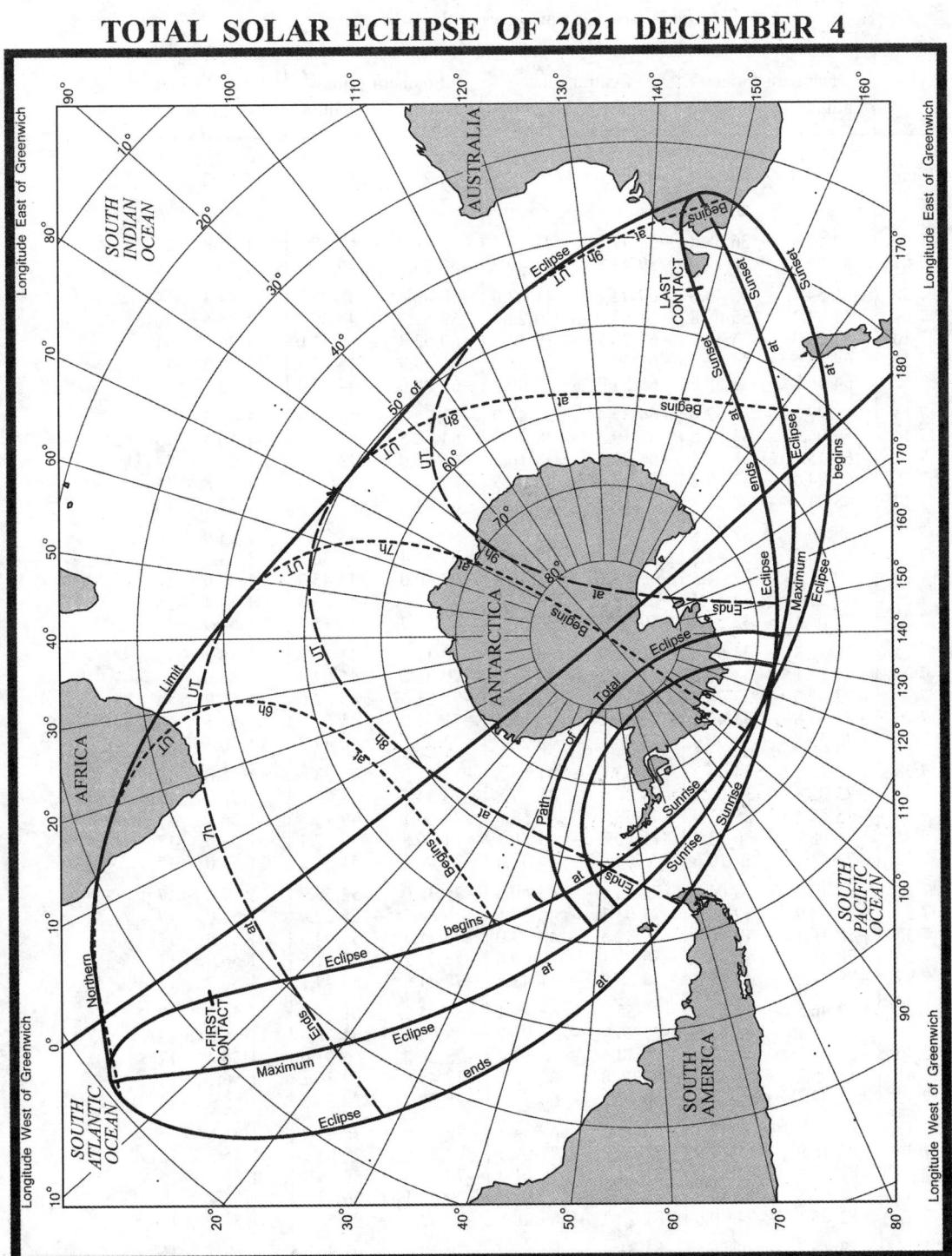

ECLIPSES, 2021

PATH OF CENTRAL PHASE: TOTAL SOLAR ECLIPSE OF DECEMBER 4

For limits, see Circumstances of the Eclipse.

U.T.	Northern Limit Latitude	Longitude	Central Line Latitude	Longitude	Southern Limit Latitude	Longitude	Central Line Duration	Alt.
	° ′	° ′	° ′	° ′	° ′	° ′	m s	°
Limits	−51 50.8	− 48 54.2	−53 05.0	− 51 12.1	−54 24.9	− 53 50.4	1 30.2	..
h m								
7 06	−60 17.8	− 36 58.8	−58 47.9	− 42 47.5	−55 09.9	− 52 28.3	1 41.3	7
7 07	−61 07.1	− 36 17.0	−59 47.8	− 41 49.2	−57 23.8	− 49 09.7	1 42.9	9
7 08	−61 54.1	− 35 40.6	−60 42.7	− 41 02.0	−58 45.4	− 47 35.2	1 44.3	9
7 09	−62 39.3	− 35 08.8	−61 34.0	− 40 22.9	−59 52.7	− 46 30.0	1 45.6	10
7 10	−63 23.0	− 34 41.0	−62 22.7	− 39 50.3	−60 52.3	− 45 41.0	1 46.7	11
7 11	−64 05.5	− 34 16.7	−63 09.2	− 39 23.0	−61 46.9	− 45 03.1	1 47.7	12
7 12	−64 46.8	− 33 55.5	−63 54.0	− 39 00.4	−62 38.0	− 44 33.4	1 48.7	12
7 13	−65 27.3	− 33 37.4	−64 37.4	− 38 42.0	−63 26.3	− 44 10.5	1 49.5	13
7 14	−66 06.9	− 33 22.0	−65 19.5	− 38 27.3	−64 12.5	− 43 53.3	1 50.3	13
7 15	−66 45.8	− 33 09.4	−66 00.5	− 38 16.2	−64 56.9	− 43 41.2	1 51.1	14
7 16	−67 24.0	− 32 59.3	−66 40.6	− 38 08.5	−65 39.8	− 43 33.6	1 51.8	14
7 17	−68 01.7	− 32 51.7	−67 19.9	− 38 04.1	−66 21.4	− 43 30.4	1 52.4	14
7 18	−68 38.8	− 32 46.8	−67 58.4	− 38 02.9	−67 01.9	− 43 31.3	1 53.0	15
7 19	−69 15.5	− 32 44.3	−68 36.3	− 38 04.9	−67 41.4	− 43 36.3	1 53.5	15
7 20	−69 51.8	− 32 44.5	−69 13.5	− 38 10.1	−68 20.0	− 43 45.3	1 54.0	15
7 21	−70 27.6	− 32 47.4	−69 50.2	− 38 18.7	−68 57.7	− 43 58.3	1 54.4	16
7 22	−71 03.1	− 32 53.0	−70 26.4	− 38 30.7	−69 34.7	− 44 15.4	1 54.9	16
7 23	−71 38.3	− 33 01.6	−71 02.0	− 38 46.3	−70 11.0	− 44 36.7	1 55.2	16
7 24	−72 13.1	− 33 13.2	−71 37.2	− 39 05.7	−70 46.6	− 45 02.4	1 55.6	16
7 25	−72 47.6	− 33 28.2	−72 12.0	− 39 29.0	−71 21.5	− 45 32.6	1 55.9	16
7 26	−73 21.8	− 33 46.6	−72 46.2	− 39 56.5	−71 55.7	− 46 07.7	1 56.1	17
7 27	−73 55.8	− 34 08.9	−73 20.1	− 40 28.5	−72 29.3	− 46 47.9	1 56.4	17
7 28	−74 29.4	− 34 35.2	−73 53.5	− 41 05.5	−73 02.3	− 47 33.6	1 56.6	17
7 29	−75 02.8	− 35 06.1	−74 26.4	− 41 47.8	−73 34.5	− 48 25.1	1 56.7	17
7 30	−75 35.9	− 35 41.9	−74 58.8	− 42 35.8	−74 06.1	− 49 22.8	1 56.9	17
7 31	−76 08.7	− 36 23.2	−75 30.8	− 43 30.1	−74 36.8	− 50 27.4	1 57.0	17
7 32	−76 41.1	− 37 10.6	−76 02.2	− 44 31.4	−75 06.8	− 51 39.2	1 57.0	17
7 33	−77 13.2	− 38 04.8	−76 33.0	− 45 40.3	−75 36.0	− 52 58.9	1 57.0	17
7 34	−77 44.9	− 39 06.5	−77 03.1	− 46 57.5	−76 04.1	− 54 27.0	1 57.0	17
7 35	−78 16.1	− 40 16.9	−77 32.5	− 48 24.0	−76 31.3	− 56 04.3	1 57.0	17
7 36	−78 46.9	− 41 36.9	−78 01.1	− 50 00.8	−76 57.2	− 57 51.5	1 56.9	17
7 37	−79 17.0	− 43 07.8	−78 28.8	− 51 48.7	−77 21.9	− 59 49.1	1 56.9	17
7 38	−79 46.5	− 44 51.1	−78 55.3	− 53 49.1	−77 45.1	− 61 57.9	1 56.7	17
7 39	−80 15.1	− 46 48.5	−79 20.7	− 56 02.9	−78 06.8	− 64 18.4	1 56.6	17
7 40	−80 42.7	− 49 01.7	−79 44.6	− 58 31.4	−78 26.5	− 66 51.0	1 56.4	17
7 41	−81 09.2	− 51 32.9	−80 06.8	− 61 15.5	−78 44.3	− 69 36.1	1 56.1	17
7 42	−81 34.2	− 54 24.1	−80 27.2	− 64 16.3	−78 59.7	− 72 33.6	1 55.9	16
7 43	−81 57.6	− 57 37.5	−80 45.3	− 67 34.3	−79 12.6	− 75 43.2	1 55.6	16
7 44	−82 18.9	− 61 14.9	−81 00.9	− 71 09.5	−79 22.6	− 79 03.9	1 55.2	16
7 45	−82 37.8	− 65 17.9	−81 13.7	− 75 01.4	−79 29.6	− 82 34.7	1 54.8	16
7 46	−82 53.8	− 69 46.8	−81 23.3	− 79 08.5	−79 33.1	− 86 13.6	1 54.4	16
7 47	−83 06.4	− 74 40.6	−81 29.3	− 83 28.5	−79 32.9	− 89 58.4	1 54.0	15
7 48	−83 15.2	− 79 56.5	−81 31.4	− 87 58.0	−79 28.8	− 93 46.5	1 53.5	15
7 49	−83 19.7	− 85 29.4	−81 29.3	− 92 32.8	−79 20.5	− 97 34.8	1 52.9	15
7 50	−83 19.5	− 91 12.2	−81 22.8	− 97 08.3	−79 07.8	−101 20.5	1 52.3	14
7 51	−83 14.3	− 96 56.5	−81 11.8	−101 39.6	−78 50.6	−105 00.6	1 51.7	14
7 52	−83 04.0	−102 33.7	−80 56.0	−106 02.1	−78 28.5	−108 32.4	1 51.0	13

PATH OF CENTRAL PHASE: TOTAL SOLAR ECLIPSE OF DECEMBER 4

U.T.	Northern Limit		Central Line		Southern Limit		Central Line	
	Latitude	Longitude	Latitude	Longitude	Latitude	Longitude	Duration	Alt.
h m	° ′	° ′	° ′	° ′	° ′	° ′	m s	°
7 53	−82 48.6	−107 55.7	−80 35.6	−110 12.0	−78 01.3	−111 53.8	1 50.2	13
7 54	−82 28.3	−112 56.5	−80 10.3	−114 06.3	−77 28.7	−115 03.0	1 49.4	13
7 55	−82 03.0	−117 32.1	−79 40.2	−117 42.8	−76 50.1	−117 58.5	1 48.5	12
7 56	−81 33.2	−121 40.3	−79 05.1	−121 00.4	−76 04.8	−120 39.3	1 47.5	11
7 57	−80 58.7	−125 20.9	−78 24.8	−123 58.6	−75 11.3	−123 04.6	1 46.4	11
7 58	−80 19.8	−128 34.7	−77 38.7	−126 37.2	−74 07.2	−125 13.5	1 45.3	10
7 59	−79 36.3	−131 23.0	−76 46.2	−128 56.4	−72 47.2	−127 04.2	1 43.9	9
8 00	−78 47.9	−133 47.5	−75 45.9	−130 56.4	−70 55.6	−128 32.0	1 42.5	8
Limits	−67 02.5	−138 50.8	−67 21.9	−134 10.4	−67 36.2	−128 55.9	1 30.2	..

For limits, see Circumstances of the Eclipse.

CONTENTS OF SECTION B

This symbol indicates that these data or auxiliary material may also be found on *The Astronomical Almanac Online* at **https://aa.usno.navy.mil/publications/asa.html** and **http://asa.hmnao.com**

Introduction

The tables and formulae in this section are produced in accordance with the recommendations of the International Astronomical Union at its General Assemblies up to and including 2012 and reviewed before the current edition was prepared. They are intended for use with relativistic coordinate time-scales, the International Celestial Reference System (ICRS), the Geocentric Celestial Reference System (GCRS) and the standard epoch of J2000·0 TT.

Because of its consistency with previous reference systems, implementation of the ICRS will be transparent to any applications with accuracy requirements of no better than 0.″1 near epoch J2000·0. At this level of accuracy the distinctions between the International Celestial Reference Frame, FK5, and dynamical equator and equinox of J2000·0 are not significant.

Procedures are given to calculate both intermediate and apparent right ascension, declination and hour angle of planetary and stellar objects which are referred to the ICRS, e.g. the JPL DE430/LE430 Planetary and Lunar Ephemerides or the Hipparcos star catalogue. These procedures include the effects of the differences between time-scales, light-time and the relativistic effects of light-deflection, parallax and aberration, and the rotations, i.e. frame bias, precession and nutation, to give the "of date" system.

The rotations from the GCRS to the Terrestrial Intermediate Reference System are illustrated using both equinox-based and CIO-based techniques. Both of these techniques require the position of the Celestial Intermediate Pole and involve the angles for frame bias, precession and nutation, whether applied individually or amalgamated, directly or indirectly. Within this section the CIO-based techniques are indicated by shading of the text.

The equinox-based and CIO-based techniques only differ in the location of the origin for right ascension, and thus whether Greenwich apparent sidereal time or Earth rotation angle, respectively, is used to calculate hour angle. Equinox-based techniques use the equinox as the origin for right ascension and the system is usually labelled the true equator and equinox of date. CIO-based techniques use the celestial intermediate origin (CIO), and the system is labelled the Celestial Intermediate Reference System. It must be emphasized that the equator of date is the celestial intermediate equator and hour angle is independent of the origin of right ascension. However, the hour angle must be calculated consistently within the system used.

Introduction (continued)

This section includes the long-standing daily tabulations of the nutation angles, $\Delta\psi$ and $\Delta\epsilon$, the true obliquity of the ecliptic, Greenwich mean and apparent sidereal time and the equation of the equinoxes, as well as the parameters that define the Celestial Intermediate Reference System, $\mathcal{X}$, $\mathcal{Y}$, s, the Earth rotation angle and equation of the origins. Also tabulated daily are the matrices, both equinox and CIO based, for reduction from the GCRS.

It should be noted that the IAU 2006 precession parameters are to be used with the IAU 2000A nutation series. However, for the highest precision, adjustments are required to the nutation in longitude and obliquity (see page B55). These adjustments are included in the IAU SOFA code which is used throughout this section.

Background information about time-scales and coordinate reference systems recommended by the IAU and adopted in this almanac are given in Section L, *Notes and References* and in Section M, *Glossary*.

Definitions involving the relationship between universal and sidereal time require knowledge of ΔT. However, accurate values of ΔT (see pages K8–K9) are only available in retrospect via analysis of observations from the IERS (see page x). Therefore the tables adopt the most likely value at the time of production. The value used and the errors are stated in the text.

CALENDAR

Julian date

A Julian date (JD) may be associated with any time scale (see page B6). A tabulation of Julian date (JD) at 0^h UT1 against calendar date is given with the ephemeris of universal and sidereal times on pages B13–B20. Similarly, pages B21–B24 tabulate the UT1 Julian date together with the Earth rotation angle. The following relationship holds during 2021:

$$\text{UT1 Julian date} = \text{JD}_{\text{UT1}} = 245\,9214.5 + \text{day of year} + \text{fraction of day from } 0^h \text{ UT1}$$

$$\text{TT Julian date} = \text{JD}_{\text{TT}} = 245\,9214.5 + d + \text{fraction of day from } 0^h \text{ TT}$$

where the day of the year (d) for the current year of the Gregorian calendar is given on pages B4–B5. The following table gives the Julian dates at day 0 of each month of 2021:

0^h	Julian Date	0^h	Julian Date	0^h	Julian Date	0^h	Julian Date
Jan. 0	245 9214.5	Apr. 0	245 9304.5	July 0	245 9395.5	Oct. 0	245 9487.5
Feb. 0	245 9245.5	May 0	245 9334.5	Aug. 0	245 9426.5	Nov. 0	245 9518.5
Mar. 0	245 9273.5	June 0	245 9365.5	Sept. 0	245 9457.5	Dec. 0	245 9548.5

Tabulations of Julian date against calendar date for other years are given on pages K2–K4.

A date may also be expressed in years as a Julian epoch, or for some purposes as a Besselian epoch, using:

$$\text{Julian epoch} = \text{J}[2000.0 + (\text{JD}_{\text{TT}} - 245\,1545.0)/365.25]$$

$$\text{Besselian epoch} = \text{B}[1900.0 + (\text{JD}_{\text{TT}} - 241\,5020.313\,52)/365.242\,198\,781]$$

the prefixes J and B may be omitted only where the context, or precision, make them superfluous.

$$\text{400-day date, JD } 245\,9600.5 = 2022 \text{ January } 21.0$$

$$\begin{aligned}
\text{Standard epoch B}1900.0 &= 1900 \text{ Jan.} & 0.813\,52 &= \text{JD } 241\,5020.313\,52 \text{ TT} \\
\text{B}1950.0 &= 1950 \text{ Jan.} & 0.923 &= \text{JD } 243\,3282.423 \text{ TT} \\
\text{B}2021.0 &= 2021 \text{ Jan.} & 0.120 \text{ TT} &= \text{JD } 245\,9214.620 \text{ TT}
\end{aligned}$$

$$\begin{aligned}
\text{Standard epoch J}2000.0 &= 2000 \text{ Jan.} & 1.5 \text{ TT} &= \text{JD } 245\,1545.0 \text{ TT} \\
\text{J}2021.5 &= 2021 \text{ July} & 2.375 \text{ TT} &= \text{JD } 245\,9397.875 \text{ TT}
\end{aligned}$$

For epochs B1900.0 and B1950.0 the TT time scale is used proleptically.

The *modified Julian date* (MJD) is the Julian date minus 240 0000.5 and in 2021 is given by: MJD $= 59214.0 + \text{day of year} + \text{fraction of day from } 0^h$ in the time scale being used.

CALENDAR, 2021

	JANUARY		FEBRUARY		MARCH		APRIL		MAY		JUNE	
Day of Month	Day of Week	Day of Year	Day of Week	Day of Year	Day of Week	Day of Year	Day of Week	Day of Year	Day of Week	Day of Year	Day of Week	Day of Year
1	Fri.	1	Mon.	32	Mon.	60	Thu.	91	Sat.	121	Tue.	152
2	Sat.	2	Tue.	33	Tue.	61	Fri.	92	Sun.	122	Wed.	153
3	Sun.	3	Wed.	34	Wed.	62	Sat.	93	Mon.	123	Thu.	154
4	Mon.	4	Thu.	35	Thu.	63	Sun.	94	Tue.	124	Fri.	155
5	Tue.	5	Fri.	36	Fri.	64	Mon.	95	Wed.	125	Sat.	156
6	Wed.	6	Sat.	37	Sat.	65	Tue.	96	Thu.	126	Sun.	157
7	Thu.	7	Sun.	38	Sun.	66	Wed.	97	Fri.	127	Mon.	158
8	Fri.	8	Mon.	39	Mon.	67	Thu.	98	Sat.	128	Tue.	159
9	Sat.	9	Tue.	40	Tue.	68	Fri.	99	Sun.	129	Wed.	160
10	Sun.	10	Wed.	41	Wed.	69	Sat.	100	Mon.	130	Thu.	161
11	Mon.	11	Thu.	42	Thu.	70	Sun.	101	Tue.	131	Fri.	162
12	Tue.	12	Fri.	43	Fri.	71	Mon.	102	Wed.	132	Sat.	163
13	Wed.	13	Sat.	44	Sat.	72	Tue.	103	Thu.	133	Sun.	164
14	Thu.	14	Sun.	45	Sun.	73	Wed.	104	Fri.	134	Mon.	165
15	Fri.	15	Mon.	46	Mon.	74	Thu.	105	Sat.	135	Tue.	166
16	Sat.	16	Tue.	47	Tue.	75	Fri.	106	Sun.	136	Wed.	167
17	Sun.	17	Wed.	48	Wed.	76	Sat.	107	Mon.	137	Thu.	168
18	Mon.	18	Thu.	49	Thu.	77	Sun.	108	Tue.	138	Fri.	169
19	Tue.	19	Fri.	50	Fri.	78	Mon.	109	Wed.	139	Sat.	170
20	Wed.	20	Sat.	51	Sat.	79	Tue.	110	Thu.	140	Sun.	171
21	Thu.	21	Sun.	52	Sun.	80	Wed.	111	Fri.	141	Mon.	172
22	Fri.	22	Mon.	53	Mon.	81	Thu.	112	Sat.	142	Tue.	173
23	Sat.	23	Tue.	54	Tue.	82	Fri.	113	Sun.	143	Wed.	174
24	Sun.	24	Wed.	55	Wed.	83	Sat.	114	Mon.	144	Thu.	175
25	Mon.	25	Thu.	56	Thu.	84	Sun.	115	Tue.	145	Fri.	176
26	Tue.	26	Fri.	57	Fri.	85	Mon.	116	Wed.	146	Sat.	177
27	Wed.	27	Sat.	58	Sat.	86	Tue.	117	Thu.	147	Sun.	178
28	Thu.	28	Sun.	59	Sun.	87	Wed.	118	Fri.	148	Mon.	179
29	Fri.	29			Mon.	88	Thu.	119	Sat.	149	Tue.	180
30	Sat.	30			Tue.	89	Fri.	120	Sun.	150	Wed.	181
31	Sun.	31			Wed.	90			Mon.	151		

CHRONOLOGICAL CYCLES AND ERAS

Dominical Letter	C	Julian Period (year of)	6734
Epact	16	Roman Indiction	14
Golden Number (Lunar Cycle) ...	VIII	Solar Cycle	14

All dates are given in terms of the Gregorian calendar in which
2021 January 14 corresponds to 2021 January 1 of the Julian calendar.

ERA	YEAR	BEGINS	ERA	YEAR	BEGINS
Byzantine	7530	Sept. 14	Japanese	2681	Jan. 1
Jewish (A.M.)*	5782	Sept. 6	Seleucidæ (Grecian) ...	2333	Sept. 14
Chinese (xīn chǒu) ...		Feb. 12			(or Oct. 14)
Roman (A.U.C.)	2774	Jan. 14	Saka (Indian)	1943	Mar. 22
Nabonassar	2770	Apr. 18	Diocletian (Coptic) ...	1738	Sept. 11
			Islamic (Hegira)* ...	1443	Aug. 9

* Year begins at sunset

	JULY		AUGUST		SEPTEMBER		OCTOBER		NOVEMBER		DECEMBER	
Day of Month	Day of Week	Day of Year	Day of Week	Day of Year	Day of Week	Day of Year	Day of Week	Day of Year	Day of Week	Day of Year	Day of Week	Day of Year
1	Thu.	182	Sun.	213	Wed.	244	Fri.	274	Mon.	305	Wed.	335
2	Fri.	183	Mon.	214	Thu.	245	Sat.	275	Tue.	306	Thu.	336
3	Sat.	184	Tue.	215	Fri.	246	Sun.	276	Wed.	307	Fri.	337
4	Sun.	185	Wed.	216	Sat.	247	Mon.	277	Thu.	308	Sat.	338
5	Mon.	186	Thu.	217	Sun.	248	Tue.	278	Fri.	309	Sun.	339
6	Tue.	187	Fri.	218	Mon.	249	Wed.	279	Sat.	310	Mon.	340
7	Wed.	188	Sat.	219	Tue.	250	Thu.	280	Sun.	311	Tue.	341
8	Thu.	189	Sun.	220	Wed.	251	Fri.	281	Mon.	312	Wed.	342
9	Fri.	190	Mon.	221	Thu.	252	Sat.	282	Tue.	313	Thu.	343
10	Sat.	191	Tue.	222	Fri.	253	Sun.	283	Wed.	314	Fri.	344
11	Sun.	192	Wed.	223	Sat.	254	Mon.	284	Thu.	315	Sat.	345
12	Mon.	193	Thu.	224	Sun.	255	Tue.	285	Fri.	316	Sun.	346
13	Tue.	194	Fri.	225	Mon.	256	Wed.	286	Sat.	317	Mon.	347
14	Wed.	195	Sat.	226	Tue.	257	Thu.	287	Sun.	318	Tue.	348
15	Thu.	196	Sun.	227	Wed.	258	Fri.	288	Mon.	319	Wed.	349
16	Fri.	197	Mon.	228	Thu.	259	Sat.	289	Tue.	320	Thu.	350
17	Sat.	198	Tue.	229	Fri.	260	Sun.	290	Wed.	321	Fri.	351
18	Sun.	199	Wed.	230	Sat.	261	Mon.	291	Thu.	322	Sat.	352
19	Mon.	200	Thu.	231	Sun.	262	Tue.	292	Fri.	323	Sun.	353
20	Tue.	201	Fri.	232	Mon.	263	Wed.	293	Sat.	324	Mon.	354
21	Wed.	202	Sat.	233	Tue.	264	Thu.	294	Sun.	325	Tue.	355
22	Thu.	203	Sun.	234	Wed.	265	Fri.	295	Mon.	326	Wed.	356
23	Fri.	204	Mon.	235	Thu.	266	Sat.	296	Tue.	327	Thu.	357
24	Sat.	205	Tue.	236	Fri.	267	Sun.	297	Wed.	328	Fri.	358
25	Sun.	206	Wed.	237	Sat.	268	Mon.	298	Thu.	329	Sat.	359
26	Mon.	207	Thu.	238	Sun.	269	Tue.	299	Fri.	330	Sun.	360
27	Tue.	208	Fri.	239	Mon.	270	Wed.	300	Sat.	331	Mon.	361
28	Wed.	209	Sat.	240	Tue.	271	Thu.	301	Sun.	332	Tue.	362
29	Thu.	210	Sun.	241	Wed.	272	Fri.	302	Mon.	333	Wed.	363
30	Fri.	211	Mon.	242	Thu.	273	Sat.	303	Tue.	334	Thu.	364
31	Sat.	212	Tue.	243			Sun.	304			Fri.	365

RELIGIOUS CALENDARS

Epiphany	Jan.	6	Ascension Day	May	13
Ash Wednesday	Feb.	17	Whit Sunday—Pentecost ...	May	23
Palm Sunday	Mar.	28	Trinity Sunday	May	30
Good Friday	Apr.	2	First Sunday in Advent	Nov.	28
Easter Day	Apr.	4	Christmas Day (Saturday) ...	Dec.	25
First day of Passover (Pesach)	Mar.	28	Day of Atonement (Yom Kippur)	Sept.	16
Feast of Weeks (Shavuot) ...	May	17	First day of Tabernacles (Succoth)	Sept.	21
Jewish New Year (Rosh Hashanah)	Sept.	7	Festival of Lights (Hanukkah)	Nov.	29
First day of Ramadân	Apr.	13	Islamic New Year	Aug.	10
First day of Shawwal (Eid ul-Fitr)	May	13			

The Jewish and Islamic dates above are tabular dates, which begin at sunset on the previous evening and end at sunset on the date tabulated. In practice, the dates of Islamic fasts and festivals are determined by an actual sighting of the appropriate new moon.

Notation for time-scales and related quantities

A summary of the notation for time-scales and related quantities used in this Almanac is given below. Additional information is given in the *Glossary* (Section M and *The Astronomical Almanac Online*) and in the *Notes and References* (Section L).

UT1	universal time (also UT); counted from 0^h (midnight); unit is second of mean solar time, affected by irregularities in the Earth's rate of rotation.
GMST	Greenwich mean sidereal time; GHA of mean equinox of date.
GAST	Greenwich apparent sidereal time; GHA of true equinox of date.
E_e	Equation of the equinoxes: GAST − GMST.
E_o	Equation of the origins: ERA − GAST = θ − GAST.
ERA	Earth rotation angle (θ); the angle between the celestial and terrestrial intermediate origins; it is proportional to UT1.
TAI	International Atomic Time; unit is the SI second on the geoid.
UTC	coordinated universal time; differs from TAI by an integral number of seconds, and is the basis of most radio time signals and national and/or legal time systems.
ΔUT	= UT1−UTC; increment to be applied to UTC to give UT1.
DUT1	predicted value of ΔUT, rounded to $0^s\!.1$, given in some radio time signals.
TDB	barycentric dynamical time; used as time-scale of ephemerides, referred to the barycentre of the solar system.
TT	terrestrial time; used as time-scale of ephemerides for observations from the Earth's surface (geoid). TT = TAI + $32^s\!.184$.
ΔT	= TT − UT1; increment to be applied to UT1 to give TT.
	= TAI + $32^s\!.184$ − UT1.
ΔAT	= TAI − UTC; increment to be applied to UTC to give TAI; an integral number of seconds.
ΔTT	= TT − UTC = $\Delta AT + 32^s\!.184$; increment to be applied to UTC to give TT.
JD_{TT}	= Julian date and fraction, where the time fraction is expressed in the terrestrial time scale, e.g. 2000 January 1, 12^h TT is JD 245 1545·0 TT.
JD_{UT1}	= Julian date and fraction, where the time fraction is expressed in the universal time scale, e.g. 2000 January 1, 12^h UT1 is JD 245 1545·0 UT1.

The following intervals are used in this section.

$$T = (JD_{TT} - 245\,1545\!\cdot\!0)/36\,525 = \text{Julian centuries of } 365\,25 \text{ days from J2000·0}$$
$$D = JD - 245\,1545\!\cdot\!0 = \text{days and fraction from J2000·0}$$
$$D_U = JD_{UT1} - 245\,1545\!\cdot\!0 = \text{days and UT1 fraction from J2000·0}$$
$$d = \text{Day of the year, January } 1 = 1, \text{ etc., see B4–B5}$$

Note that the intervals above are based on different time scales. T implies the TT time scale while D_U implies the UT1 time scale. This is an important distinction when calculating Greenwich mean sidereal time. T is the number of Julian centuries from J2000·0 to the required epoch (TT), while D, D_U and d are all in days.

The name Greenwich mean time (GMT) is not used in this Almanac since it is ambiguous. It is now used, although not in astronomy, in the sense of UTC, in addition to the earlier sense of UT; prior to 1925 it was reckoned for astronomical purposes from Greenwich mean noon (12^h UT).

Relationships between time-scales

The unit of UTC is the SI second on the geoid, but step adjustments of 1 second (leap seconds) are occasionally introduced into UTC so that universal time (UT1) may be obtained directly from it with an accuracy of 1 second or better and so that International Atomic Time (TAI) may be obtained by the addition of an integral number of seconds. The step adjustments, when required, are usually inserted after the 60th second of the last minute of December 31 or June 30. Values of the differences ΔAT for 1972 onwards are given on page K9. Accurate values of the increment ΔUT to be applied to UTC to give UT1 are derived from observations, but predicted values are transmitted in code in some time signals. Wherever UT is used in this volume it always means UT1.

The difference between the terrestrial time scale (TT) and the barycentric dynamical time scale (TDB) is often ignored, since the two time scales differ by no more than 2 milliseconds.

An approximate expression for the relationship between the barycentric and terrestrial time-scales (due to the variations in gravitational potential around the Earth's orbit) is:

and
$$TDB = TT + 0\overset{s}{.}001\ 656\ 67 \sin g + 0\overset{s}{.}000\ 022\ 42 \sin(L - L_J)$$
$$g = 357\overset{\circ}{.}53 + 0\cdot985\ 600\ 28(JD - 245\ 1545\cdot0)$$
$$L - L_J = 246\overset{\circ}{.}11 + 0\cdot902\ 517\ 92(JD - 245\ 1545\cdot0)$$

where g is the mean anomaly of the Earth in its orbit around the Sun, and $L - L_J$ is the difference in the mean ecliptic longitudes of the Sun and Jupiter. The above formula for $TDB - TT$ is accurate to about $\pm30\mu s$ over the period 1980 to 2050.

For 2021
$$g = 356\overset{\circ}{.}59 + 0\overset{\circ}{.}985\ 60\ d \qquad \text{and} \qquad L - L_J = -32\overset{\circ}{.}02 + 0\overset{\circ}{.}902\ 52\ d$$

where d is the day of the year and fraction of the day.

The TDB time scale should be used for quantities such as precession angles and the fundamental arguments. However, for these quantities, the difference between TDB and TT is negligible at the microarcsecond (μas) level.

Relationships between universal time, ERA, GMST and GAST

The following equations show the relationships between the Earth rotation angle (ERA$=\theta$), Greenwich mean (GMST) and apparent (GAST) sidereal time, in terms of the equation of the origins (E_o) and the equation of the equinoxes (E_e):

$$GMST(D_U, T) = \theta(D_U) + \text{polynomial part}(T)$$
$$GAST(D_U, T) = \theta(D_U) - \text{equation of the origins}(T)$$
$$= GMST(D_U, T) + \text{equation of the equinoxes}(T)$$

The definition of these quantities follow. Note that ERA is a function of UT1, while GMST and GAST are functions of both UT1 and TT. A diagram showing the relationships between these concepts is given on page B9.

ERA is for use with intermediate right ascensions while GAST must be used with apparent (equinox based) right ascensions.

Relationship between universal time and Earth rotation angle

The Earth rotation angle (θ) is measured in the Celestial Intermediate Reference System along its equator (the true equator of date) between the terrestrial and the celestial intermediate origins. It is proportional to UT1, and its time derivative is the Earth's adopted mean angular velocity; it is defined by the following relationship

$$\theta(D_U) = 2\pi(0.7790\,5727\,32640 + 1.0027\,3781\,1911\,35448\,D_U) \text{ radians}$$
$$= 360°(0.7790\,5727\,32640 + 0.0027\,3781\,1911\,35448\,D_U + D_U \bmod 1)$$

where D_U is the interval, in days, elapsed since the epoch 2000 January 1^d 12^h UT1 (JD 245 1545·0 UT1), and $D_U \bmod 1$ is the fraction of the UT1 day remaining after removing all the whole days. The Earth rotation angle (ERA) is tabulated daily at 0^h UT1 on pages B21–B24.

During 2021, on day d, at t^h UT1, the Earth rotation angle, expressed in arc and time, respectively, is given by:

$$\theta = 99°614\,062 + 0°985\,612\,288\,d + 15°041\,0672\,t$$
$$= 6^h640\,9375 + 0^h065\,707\,4859\,d + 1^h002\,737\,81\,t$$

Relationship between universal and sidereal time

Greenwich Mean Sidereal Time

Universal time is defined in terms of Greenwich mean sidereal time (i.e. the hour angle of the mean equinox of date) by:

$$\text{GMST}(D_U, T) = \theta(D_U) + \text{GMST}_P(T)$$
$$\text{GMST}_P(T) = 0''014\,506 + 4612''156\,534\,T + 1''391\,5817\,T^2$$
$$- 0''000\,000\,44\,T^3 - 0''000\,029\,956\,T^4 - 3''68 \times 10^{-8}\,T^5$$

where θ is the Earth rotation angle. The polynomial part, $\text{GMST}_P(T)$ is due almost entirely to the effect of precession and is given separately as it also forms part of the equation of the origins (see page B10). The time interval D_U is measured in days elapsed since the epoch 2000 January 1^d 12^h UT1 (JD 245 1545·0 UT1), whereas T is measured in the TT scale, in Julian centuries of 36 525 days, from JD 245 1545·0 TT.

The Earth rotation angle is expressed in degrees while the terms of the polynomial part (GMST_P) are in arcseconds. GMST is tabulated on pages B13–B20 and the equivalent expression in time units is

$$\text{GMST}(D_U, T) = 86400^s(0.7790\,5727\,32640 + 0.0027\,3781\,1911\,35448D_U + D_U \bmod 1)$$
$$+ 0^s000\,967\,07 + 307^s477\,102\,27\,T + 0^s092\,772\,113\,T^2$$
$$- 0^s000\,000\,0293\,T^3 - 0^s000\,001\,997\,07\,T^4 - 2^s453 \times 10^{-9}\,T^5$$

It is necessary, in this formula, to distinguish TT from UT1 only for the most precise work. The table on pages B13–B20 is calculated assuming $\Delta T = 71^s$. During 2021, an error of $\pm1^s$ in ΔT at 0^h UT1 introduces differences of $\mp1''5 \times 10^{-6}$ or equivalently $\mp0^s10 \times 10^{-6}$, in the calculation of GMST.

The following relationship holds during 2021:

on day of year d at t^h UT1, GMST $= 6^h658\,8733 + 0^h065\,709\,8246\,d + 1^h002\,737\,91\,t$,

where the day of year d is tabulated on pages B4–B5. Add or subtract multiples of 24^h as necessary.

Relationship between universal and sidereal time (continued)

In 2021:   1 mean solar day $=$ 1·002 737 909 36   mean sidereal days
                             $=$ $24^h 03^m 56\overset{s}{.}555\,37$ of mean sidereal time
     1 mean sidereal day $=$ 0·997 269 566 32   mean solar days
                             $=$ $23^h 56^m 04\overset{s}{.}090\,53$ of mean solar time

Greenwich Apparent Sidereal Time

The hour angle of the true equinox of date (GAST) is given by:

$$\text{GAST}(D_U, T) = \theta(D_U) - \text{equation of the origins} = \theta(D_U) - E_o(T)$$
$$= \text{GMST}(D_U', T) + \text{equation of the equinoxes} = \text{GMST}(D_U, T) + E_e(T)$$

where θ is the Earth rotation angle (ERA) and GMST, the Greenwich mean sidereal time are given above, while the equation of the origins (E_o) and the equation of the equinoxes (E_e) are given on page B10.

Pages B13–B20 tabulate GAST and the equation of the equinoxes daily at 0^h UT1. These quantities have been calculated using the IAU 2000A nutation model together with the tiny (μas level) amendments (see B55); they are expressed in time units and are based on a predicted $\Delta T = 71^s$. During 2021, an error of $\pm 1^s$ in ΔT at 0^h UT1 introduces a maximum error of $\pm 3\overset{''}{.}8 \times 10^{-6}$ or equivalently $\pm 0\overset{s}{.}25 \times 10^{-6}$, in the calculation of GAST.

Interpolation may be used to obtain the equation of the equinoxes for another instant, or if full precision is required.

Relationships between origins

The difference between the CIO and true equinox of date is called the equation of the origins

$$E_o(T) = \theta - \text{GAST}$$

while the difference between the true and mean equinox is called the equation of the equinoxes and is given by

$$E_e(T) = \text{GAST} - \text{GMST}$$

The following schematic diagram shows the relationship between the "zero longitude" defined by the terrestrial intermediate origin, the true equinox and the celestial intermediate origin.

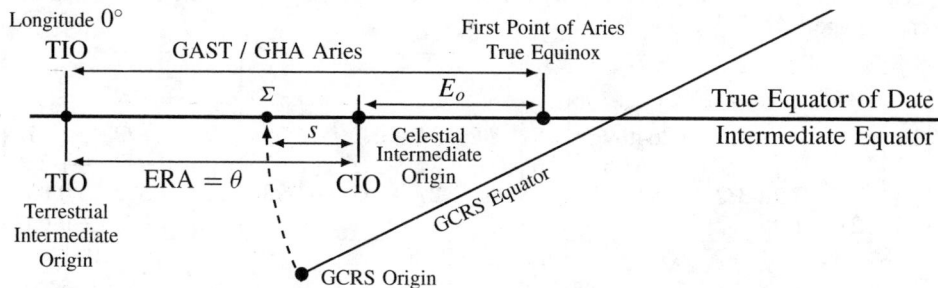

The diagram illustrates that the origin of Greenwich hour angle, the terrestrial intermediate origin (TIO), may be obtained from either Greenwich apparent sidereal time (GAST) or Earth rotation angle (ERA). The quantity s, the CIO locator, positions the GCRS origin (Σ) on the equator (see page B47). Note that the planes of intermediate equator and the true equator of date (the pole of which is the celestial intermediate pole) are identical.

Relationships between origins (continued)

Equation of the origins

The equation of the origins (E_o), the angular difference between the origin of intermediate right ascension (the CIO) and the origin of equinox right ascension (the true equinox) is defined to be

$$E_o(T) = \theta - \text{GAST} = s - \tan^{-1} \frac{\mathbf{M}_j \cdot \mathcal{R}_{\Sigma_i}}{\mathbf{M}_i \cdot \mathcal{R}_{\Sigma_i}}$$

where s is the CIO locator (see page B47). $\mathbf{M}_i$, and $\mathbf{M}_j$ are vectors formed from the top and middle rows of $\mathbf{M}$ (see page B50) which transforms positions from the GCRS to the equator and equinox of date, while the vector $\mathcal{R}_{\Sigma_i}$ which is formed from the top row of $\mathcal{R}_\Sigma$ is given on page B49. The symbol $\cdot$ denotes the scalar or dot product of the two vectors.

Alternatively,

$$E_o(T) = -(\text{GMST}_P(T) + E_e(T))$$

where GMST_P is the polynomial part of the Greenwich mean sidereal time formulae (see page B8), and E_e is the equation of the equinoxes given below. E_o is tabulated with the Earth rotation angle (θ) on pages B21–B24, and is calculated in the sense

$$E_o = \theta - \text{GAST} = \alpha_i - \alpha_e$$

and therefore

$$\alpha_i = E_o + \alpha_e$$

Thus, given an apparent right ascension (α_e) and the equation of the origins, the intermediate right ascension (α_i) may be calculated so that it can be used with the Earth rotation angle (θ) to form an hour angle.

Equation of the equinoxes

The equation of the equinoxes (E_e) is the difference between Greenwich apparent (GAST) and mean (GMST) sidereal time.

$$E_e(T) = \text{GAST} - \text{GMST}$$

which can be expressed, less precisely, in series form as

$$= \Delta\psi \cos \epsilon_A + \sum_k S_k \sin A_k - 0''87 \times 10^{-6} T \sin \Omega$$

GAST and GMST are given on pages B9 and B8, respectively. $\Delta\psi$ is the total nutation in longitude (in seconds of arc) and ϵ_A is the mean obliquity of the ecliptic (see pages B55 and B52, respectively). The coefficients (S_k) are in seconds of arc in the above equation; they are given below (in μas) for all terms exceeding 0.5μas during 1975-2025. This series expression is accurate to $\pm0''3 \times 10^{-5}$ during this period. The arguments (A_k) l, l', F, D, and Ω are given on page B47.

k	A_k	S_k	k	A_k	S_k	k	A_k	S_k
		μas			μas			μas
1	Ω	$+2640\cdot96$	5	$2F-2D+2\Omega$	$-4\cdot55$	9	$l'+\Omega$	$-1\cdot41$
2	2Ω	$+63\cdot52$	6	$2F+3\Omega$	$+2\cdot02$	10	$l'-\Omega$	$-1\cdot26$
3	$2F-2D+3\Omega$	$+11\cdot75$	7	$2F+\Omega$	$+1\cdot98$	11	$l+\Omega$	$-0\cdot63$
4	$2F-2D+\Omega$	$+11\cdot21$	8	3Ω	$-1\cdot72$	12	$l-\Omega$	$-0\cdot63$

The following approximate expression for the equation of the equinoxes (in seconds), incorporates the two largest terms, and is accurate to better than $2^s \times 10^{-6}$ assuming $\Delta\psi$ and ϵ_A are supplied with sufficient accuracy.

$$E_e{}^s = \tfrac{1}{15} (\Delta\psi \cos \epsilon_A + 0''002\,64 \sin \Omega + 0''000\,06 \sin 2\Omega)$$

During 2021, $\Omega = 78°92 - 0°052\,953\,74\,d$, and d is the day of the year and fraction of day (see page D2).

Relationships between local time and hour angle

The local hour angle of an object is the angle between two planes: the plane containing the geocentre, the CIP, and the observer; and the plane containing the geocentre, the CIP, and the object. Hour angle increases with time and is positive when the object is west of the observer as viewed from the geocentre. The plane defining the astronomical zero ("Greenwich") meridian (from which Greenwich hour angles are measured) contains the geocentre, the CIP, and the TIO; there, the observer's longitude λ (not λ_{ITRS}) = 0. This plane is called the TIO meridian and it is a fundamental plane of the Terrestrial Intermediate Reference System.

The following general relationships are used to relate the right ascensions of celestial objects to locations on the Earth and universal time (UT1):

local mean solar time = universal time + east longitude

local hour angle (h) = Greenwich hour angle (H) + east longitude (λ)

Equinox-based

local mean sidereal time = Greenwich mean sidereal time + east longitude

local apparent sidereal time = local mean sidereal time + equation of equinoxes

= Greenwich apparent sidereal time + east longitude

Greenwich hour angle = Greenwich apparent sidereal time − apparent right ascension

local hour angle = local apparent sidereal time − apparent right ascension

CIO-based

Greenwich hour angle = Earth rotation angle − intermediate right ascension

local hour angle = Earth rotation angle − intermediate right ascension

+ east longitude

= Earth rotation angle − equation of origins

− apparent right ascension + east longitude

Note: ensure that the units of all quantities used are compatible.

Alternatively, use the rotation matrix $\mathbf{R}_3$ (see page K19) to rotate the equator and equinox of date system or the Celestial Intermediate Reference System about the z-axis (CIP) to the terrestrial system, resulting in either the TIO meridian and hour angle, or the local meridian and local hour angle.

Equinox-based	*CIO-based*
$\mathbf{r}_e$ = position with respect to the equator and equinox (mean or true) of date	$\mathbf{r}_i$ = position with respect to the Celestial Intermediate Reference System
$\mathbf{r} = \mathbf{R}_3(\text{GST})\,\mathbf{r}_e$ or $\mathbf{R}_3(\text{GST} + \lambda)\,\mathbf{r}_e$	$\mathbf{r} = \mathbf{R}_3(\theta)\,\mathbf{r}_i$ or $\mathbf{R}_3(\theta + \lambda)\,\mathbf{r}_i$

depending on whether the Greenwich (H) or local (h) hour angle is required, and then

$$H \text{ or } h = \tan^{-1}(-\mathbf{r}_y/\mathbf{r}_x) \qquad \text{positive to the west,}$$

and $\mathbf{r}_x$, $\mathbf{r}_y$ are components of $\mathbf{r}$ (see page K18). GST is the Greenwich mean (GMST) or apparent (GAST) sidereal time, as appropriate, and θ is the Earth rotation angle. Greenwich apparent and mean sidereal times, and the equation of the equinoxes are tabulated on pages B13–B20, while Earth rotation angle and equation of the origins are tabulated on pages B21–B24. Both tables are tabulated daily at 0^h UT1.

The relationships above, which result in a position with respect to the Terrestrial Intermediate Reference System (see page B26 note 7), require corrections for polar motion (see page B84) when the reduction of very precise observations are made with respect to a standard geodetic system such as the International Terrestrial Reference System (ITRS). These small corrections are (i) the alignment of the terrestrial intermediate origin (TIO) onto the longitude origin (λ_{ITRS} = 0) of the ITRS, and (ii) for positioning the pole (CIP) within the ITRS.

Examples of the use of the ephemeris of universal and sidereal times

1. *Conversion of universal time to local sidereal time*

To find the local apparent sidereal time at $09^h\ 44^m\ 30^s$ UT on 2021 July 8 in longitude $80°$ $22'\ 55''\!.79$ west.

	h	m	s
Greenwich mean sidereal time on July 8 at 0^h UT (page B17)	19	04	40·9084
Add the equivalent mean sidereal time interval from 0^h to $09^h\ 44^m\ 30^s$ UT (multiply UT interval by 1·002 737 9094)	9	46	06·0185
Greenwich mean sidereal time at required UT:	4	50	46·9269
Add equation of equinoxes, interpolated using second-order differences to approximate UT $= 0^d\!.41$			−0·9343
Greenwich apparent sidereal time:	4	50	45·9926
Subtract west longitude (add east longitude)	5	21	31·7193
Local apparent sidereal time:	23	29	14·2733

The calculation for local mean sidereal time is similar, but omit the step which allows for the equation of the equinoxes.

2. *Conversion of local sidereal time to universal time*

To find the universal time at $23^h\ 29^m\ 14^s\!.2733$ local apparent sidereal time on 2021 July 8 in longitude $80°\ 22'\ 55''\!.79$ west.

	h	m	s
Local apparent sidereal time:	23	29	14·2733
Add west longitude (subtract east longitude)	5	21	31·7193
Greenwich apparent sidereal time:	4	50	45·9926
Subtract equation of equinoxes, interpolated using second-order differences to approximate UT $= 0^d\!.41$			−0·9343
Greenwich mean sidereal time:	4	50	46·9269
Subtract Greenwich mean sidereal time at 0^h UT	19	04	40·9084
Mean sidereal time interval from 0^h UT:	9	46	06·0185
Equivalent UT interval (multiply mean sidereal time interval by 0·997 269 5663)	9	44	30·0000

The conversion of mean sidereal time to universal time is carried out by a similar procedure; omit the step which allows for the equation of the equinoxes.

Date 0ʰ UT1		Julian Date	G. SIDEREAL TIME (GHA of the Equinox)		Equation of Equinoxes at 0ʰ UT1	GSD at 0ʰ GMST	UT1 at 0ʰ GMST (Greenwich Transit of the Mean Equinox)		
			Apparent	Mean					
		245	h m s	s	s	**246**		h m s	
Jan.	0	**9214·5**	6 39 30·9479	31·9438	−0·9959	**5949·0**	Jan.	0 17 17 37·6005	
	1	**9215·5**	6 43 27·5109	28·4992	−0·9883	**5950·0**		1 17 13 41·6911	
	2	**9216·5**	6 47 24·0716	25·0545	−0·9829	**5951·0**		2 17 09 45·7816	
	3	**9217·5**	6 51 20·6294	21·6099	−0·9805	**5952·0**		3 17 05 49·8721	
	4	**9218·5**	6 55 17·1841	18·1653	−0·9811	**5953·0**		4 17 01 53·9627	
	5	**9219·5**	6 59 13·7365	14·7206	−0·9841	**5954·0**		5 16 57 58·0532	
	6	**9220·5**	7 03 10·2879	11·2760	−0·9881	**5955·0**		6 16 54 02·1437	
	7	**9221·5**	7 07 06·8400	07·8314	−0·9914	**5956·0**		7 16 50 06·2343	
	8	**9222·5**	7 11 03·3944	04·3867	−0·9924	**5957·0**		8 16 46 10·3248	
	9	**9223·5**	7 14 59·9523	60·9421	−0·9898	**5958·0**		9 16 42 14·4153	
	10	**9224·5**	7 18 56·5140	57·4975	−0·9834	**5959·0**		10 16 38 18·5058	
	11	**9225·5**	7 22 53·0788	54·0528	−0·9741	**5960·0**		11 16 34 22·5964	
	12	**9226·5**	7 26 49·6449	50·6082	−0·9633	**5961·0**		12 16 30 26·6869	
	13	**9227·5**	7 30 46·2105	47·1636	−0·9531	**5962·0**		13 16 26 30·7774	
	14	**9228·5**	7 34 42·7737	43·7189	−0·9453	**5963·0**		14 16 22 34·8680	
	15	**9229·5**	7 38 39·3335	40·2743	−0·9408	**5964·0**		15 16 18 38·9585	
	16	**9230·5**	7 42 35·8898	36·8297	−0·9398	**5965·0**		16 16 14 43·0490	
	17	**9231·5**	7 46 32·4432	33·3851	−0·9418	**5966·0**		17 16 10 47·1396	
	18	**9232·5**	7 50 28·9946	29·9404	−0·9458	**5967·0**		18 16 06 51·2301	
	19	**9233·5**	7 54 25·5452	26·4958	−0·9506	**5968·0**		19 16 02 55·3206	
	20	**9234·5**	7 58 22·0961	23·0512	−0·9551	**5969·0**		20 15 58 59·4111	
	21	**9235·5**	8 02 18·6481	19·6065	−0·9584	**5970·0**		21 15 55 03·5017	
	22	**9236·5**	8 06 15·2021	16·1619	−0·9598	**5971·0**		22 15 51 07·5922	
	23	**9237·5**	8 10 11·7582	12·7173	−0·9590	**5972·0**		23 15 47 11·6827	
	24	**9238·5**	8 14 08·3168	09·2726	−0·9559	**5973·0**		24 15 43 15·7733	
	25	**9239·5**	8 18 04·8774	05·8280	−0·9506	**5974·0**		25 15 39 19·8638	
	26	**9240·5**	8 22 01·4394	02·3834	−0·9440	**5975·0**		26 15 35 23·9543	
	27	**9241·5**	8 25 58·0019	58·9387	−0·9368	**5976·0**		27 15 31 28·0449	
	28	**9242·5**	8 29 54·5637	55·4941	−0·9305	**5977·0**		28 15 27 32·1354	
	29	**9243·5**	8 33 51·1233	52·0495	−0·9261	**5978·0**		29 15 23 36·2259	
	30	**9244·5**	8 37 47·6801	48·6048	−0·9248	**5979·0**		30 15 19 40·3165	
	31	**9245·5**	8 41 44·2335	45·1602	−0·9267	**5980·0**		31 15 15 44·4070	
Feb.	1	**9246·5**	8 45 40·7841	41·7156	−0·9315	**5981·0**	Feb.	1 15 11 48·4975	
	2	**9247·5**	8 49 37·3332	38·2709	−0·9377	**5982·0**		2 15 07 52·5880	
	3	**9248·5**	8 53 33·8827	34·8263	−0·9437	**5983·0**		3 15 03 56·6786	
	4	**9249·5**	8 57 30·4340	31·3817	−0·9476	**5984·0**		4 15 00 00·7691	
	5	**9250·5**	9 01 26·9886	27·9371	−0·9484	**5985·0**		5 14 56 04·8596	
	6	**9251·5**	9 05 23·5468	24·4924	−0·9456	**5986·0**		6 14 52 08·9502	
	7	**9252·5**	9 09 20·1079	21·0478	−0·9399	**5987·0**		7 14 48 13·0407	
	8	**9253·5**	9 13 16·6708	17·6032	−0·9323	**5988·0**		8 14 44 17·1312	
	9	**9254·5**	9 17 13·2337	14·1585	−0·9249	**5989·0**		9 14 40 21·2218	
	10	**9255·5**	9 21 09·7948	10·7139	−0·9191	**5990·0**		10 14 36 25·3123	
	11	**9256·5**	9 25 06·3531	07·2693	−0·9162	**5991·0**		11 14 32 29·4028	
	12	**9257·5**	9 29 02·9079	03·8246	−0·9167	**5992·0**		12 14 28 33·4933	
	13	**9258·5**	9 32 59·4596	60·3800	−0·9204	**5993·0**		13 14 24 37·5839	
	14	**9259·5**	9 36 56·0089	56·9354	−0·9265	**5994·0**		14 14 20 41·6744	
	15	**9260·5**	9 40 52·5569	53·4907	−0·9338	**5995·0**		15 14 16 45·7649	

Date 0ʰ UT1	Julian Date	G. SIDEREAL TIME (GHA of the Equinox)		Equation of Equinoxes at 0ʰ UT1	GSD at 0ʰ GMST	UT1 at 0ʰ GMST (Greenwich Transit of the Mean Equinox)
		Apparent	Mean			
	245	h m s	s	s	**246**	h m s
Feb. 15	**9260·5**	9 40 52·5569	53·4907	− 0·9338	**5995·0**	Feb. 15 14 16 45·7649
16	**9261·5**	9 44 49·1049	50·0461	− 0·9412	**5996·0**	16 14 12 49·8555
17	**9262·5**	9 48 45·6537	46·6015	− 0·9477	**5997·0**	17 14 08 53·9460
18	**9263·5**	9 52 42·2043	43·1568	− 0·9526	**5998·0**	18 14 04 58·0365
19	**9264·5**	9 56 38·7570	39·7122	− 0·9552	**5999·0**	19 14 01 02·1271
20	**9265·5**	10 00 35·3120	36·2676	− 0·9556	**6000·0**	20 13 57 06·2176
21	**9266·5**	10 04 31·8692	32·8230	− 0·9538	**6001·0**	21 13 53 10·3081
22	**9267·5**	10 08 28·4281	29·3783	− 0·9503	**6002·0**	22 13 49 14·3986
23	**9268·5**	10 12 24·9878	25·9337	− 0·9459	**6003·0**	23 13 45 18·4892
24	**9269·5**	10 16 21·5473	22·4891	− 0·9418	**6004·0**	24 13 41 22·5797
25	**9270·5**	10 20 18·1054	19·0444	− 0·9390	**6005·0**	25 13 37 26·6702
26	**9271·5**	10 24 14·6609	15·5998	− 0·9389	**6006·0**	26 13 33 30·7608
27	**9272·5**	10 28 11·2131	12·1552	− 0·9421	**6007·0**	27 13 29 34·8513
28	**9273·5**	10 32 07·7621	08·7105	− 0·9484	**6008·0**	28 13 25 38·9418
Mar. 1	**9274·5**	10 36 04·3090	05·2659	− 0·9569	**6009·0**	Mar. 1 13 21 43·0324
2	**9275·5**	10 40 00·8557	01·8213	− 0·9655	**6010·0**	2 13 17 47·1229
3	**9276·5**	10 43 57·4041	58·3766	− 0·9725	**6011·0**	3 13 13 51·2134
4	**9277·5**	10 47 53·9557	54·9320	− 0·9763	**6012·0**	4 13 09 55·3040
5	**9278·5**	10 51 50·5110	51·4874	− 0·9764	**6013·0**	5 13 05 59·3945
6	**9279·5**	10 55 47·0695	48·0427	− 0·9732	**6014·0**	6 13 02 03·4850
7	**9280·5**	10 59 43·6300	44·5981	− 0·9681	**6015·0**	7 12 58 07·5755
8	**9281·5**	11 03 40·1908	41·1535	− 0·9627	**6016·0**	8 12 54 11·6661
9	**9282·5**	11 07 36·7502	37·7088	− 0·9586	**6017·0**	9 12 50 15·7566
10	**9283·5**	11 11 33·3071	34·2642	− 0·9571	**6018·0**	10 12 46 19·8471
11	**9284·5**	11 15 29·8608	30·8196	− 0·9588	**6019·0**	11 12 42 23·9377
12	**9285·5**	11 19 26·4114	27·3750	− 0·9635	**6020·0**	12 12 38 28·0282
13	**9286·5**	11 23 22·9595	23·9303	− 0·9708	**6021·0**	13 12 34 32·1187
14	**9287·5**	11 27 19·5061	20·4857	− 0·9796	**6022·0**	14 12 30 36·2093
15	**9288·5**	11 31 16·0522	17·0411	− 0·9888	**6023·0**	15 12 26 40·2998
16	**9289·5**	11 35 12·5991	13·5964	− 0·9973	**6024·0**	16 12 22 44·3903
17	**9290·5**	11 39 09·1476	10·1518	− 1·0042	**6025·0**	17 12 18 48·4808
18	**9291·5**	11 43 05·6982	06·7072	− 1·0090	**6026·0**	18 12 14 52·5714
19	**9292·5**	11 47 02·2511	03·2625	− 1·0114	**6027·0**	19 12 10 56·6619
20	**9293·5**	11 50 58·8063	59·8179	− 1·0116	**6028·0**	20 12 07 00·7524
21	**9294·5**	11 54 55·3634	56·3733	− 1·0099	**6029·0**	21 12 03 04·8430
22	**9295·5**	11 58 51·9216	52·9286	− 1·0071	**6030·0**	22 11 59 08·9335
23	**9296·5**	12 02 48·4800	49·4840	− 1·0040	**6031·0**	23 11 55 13·0240
24	**9297·5**	12 06 45·0377	46·0394	− 1·0017	**6032·0**	24 11 51 17·1146
25	**9298·5**	12 10 41·5933	42·5947	− 1·0014	**6033·0**	25 11 47 21·2051
26	**9299·5**	12 14 38·1461	39·1501	− 1·0040	**6034·0**	26 11 43 25·2956
27	**9300·5**	12 18 34·6958	35·7055	− 1·0097	**6035·0**	27 11 39 29·3861
28	**9301·5**	12 22 31·2428	32·2608	− 1·0180	**6036·0**	28 11 35 33·4767
29	**9302·5**	12 26 27·7888	28·8162	− 1·0274	**6037·0**	29 11 31 37·5672
30	**9303·5**	12 30 24·3359	25·3716	− 1·0357	**6038·0**	30 11 27 41·6577
31	**9304·5**	12 34 20·8861	21·9270	− 1·0409	**6039·0**	31 11 23 45·7483
Apr. 1	**9305·5**	12 38 17·4403	18·4823	− 1·0420	**6040·0**	Apr. 1 11 19 49·8388
2	**9306·5**	12 42 13·9985	15·0377	− 1·0392	**6041·0**	2 11 15 53·9293

Date 0ʰ UT1	Julian Date	G. SIDEREAL TIME (GHA of the Equinox) Apparent	Mean	Equation of Equinoxes at 0ʰ UT1	GSD at 0ʰ GMST	UT1 at 0ʰ GMST (Greenwich Transit of the Mean Equinox)
	245	h m s	s	s	246	h m s
Apr. 1	9305·5	12 38 17·4403	18·4823	− 1·0420	6040·0	Apr. 1 11 19 49·8388
2	9306·5	12 42 13·9985	15·0377	− 1·0392	6041·0	2 11 15 53·9293
3	9307·5	12 46 10·5592	11·5931	− 1·0338	6042·0	3 11 11 58·0199
4	9308·5	12 50 07·1206	08·1484	− 1·0278	6043·0	4 11 08 02·1104
5	9309·5	12 54 03·6809	04·7038	− 1·0229	6044·0	5 11 04 06·2009
6	9310·5	12 58 00·2388	01·2592	− 1·0204	6045·0	6 11 00 10·2914
7	9311·5	13 01 56·7935	57·8145	− 1·0210	6046·0	7 10 56 14·3820
8	9312·5	13 05 53·3452	54·3699	− 1·0247	6047·0	8 10 52 18·4725
9	9313·5	13 09 49·8942	50·9253	− 1·0310	6048·0	9 10 48 22·5630
10	9314·5	13 13 46·4416	47·4806	− 1·0390	6049·0	10 10 44 26·6536
11	9315·5	13 17 42·9884	44·0360	− 1·0476	6050·0	11 10 40 30·7441
12	9316·5	13 21 39·5357	40·5914	− 1·0556	6051·0	12 10 36 34·8346
13	9317·5	13 25 36·0845	37·1467	− 1·0623	6052·0	13 10 32 38·9252
14	9318·5	13 29 32·6353	33·7021	− 1·0668	6053·0	14 10 28 43·0157
15	9319·5	13 33 29·1885	30·2575	− 1·0690	6054·0	15 10 24 47·1062
16	9320·5	13 37 25·7441	26·8128	− 1·0687	6055·0	16 10 20 51·1968
17	9321·5	13 41 22·3017	23·3682	− 1·0665	6056·0	17 10 16 55·2873
18	9322·5	13 45 18·8607	19·9236	− 1·0629	6057·0	18 10 12 59·3778
19	9323·5	13 49 15·4202	16·4790	− 1·0587	6058·0	19 10 09 03·4683
20	9324·5	13 53 11·9793	13·0343	− 1·0551	6059·0	20 10 05 07·5589
21	9325·5	13 57 08·5368	09·5897	− 1·0529	6060·0	21 10 01 11·6494
22	9326·5	14 01 05·0920	06·1451	− 1·0531	6061·0	22 9 57 15·7399
23	9327·5	14 05 01·6443	02·7004	− 1·0561	6062·0	23 9 53 19·8305
24	9328·5	14 08 58·1939	59·2558	− 1·0619	6063·0	24 9 49 23·9210
25	9329·5	14 12 54·7418	55·8112	− 1·0694	6064·0	25 9 45 28·0115
26	9330·5	14 16 51·2898	52·3665	− 1·0767	6065·0	26 9 41 32·1021
27	9331·5	14 20 47·8401	48·9219	− 1·0818	6066·0	27 9 37 36·1926
28	9332·5	14 24 44·3945	45·4773	− 1·0827	6067·0	28 9 33 40·2831
29	9333·5	14 28 40·9535	42·0326	− 1·0791	6068·0	29 9 29 44·3736
30	9334·5	14 32 37·5161	38·5880	− 1·0719	6069·0	30 9 25 48·4642
May 1	9335·5	14 36 34·0803	35·1434	− 1·0631	6070·0	May 1 9 21 52·5547
2	9336·5	14 40 30·6438	31·6987	− 1·0549	6071·0	2 9 17 56·6452
3	9337·5	14 44 27·2051	28·2541	−·1·0491	6072·0	3 9 14 00·7358
4	9338·5	14 48 23·7630	24·8095	− 1·0465	6073·0	4 9 10 04·8263
5	9339·5	14 52 20·3176	21·3648	− 1·0472	6074·0	5 9 06 08·9168
6	9340·5	14 56 16·8694	17·9202	− 1·0508	6075·0	6 9 02 13·0074
7	9341·5	15 00 13·4193	14·4756	− 1·0563	6076·0	7 8 58 17·0979
8	9342·5	15 04 09·9683	11·0310	− 1·0626	6077·0	8 8 54 21·1884
9	9343·5	15 08 06·5176	07·5863	− 1·0687	6078·0	9 8 50 25·2789
10	9344·5	15 12 03·0682	04·1417	− 1·0735	6079·0	10 8 46 29·3695
11	9345·5	15 15 59·6207	60·6971	− 1·0764	6080·0	11 8 42 33·4600
12	9346·5	15 19 56·1756	57·2524	− 1·0769	6081·0	12 8 38 37·5505
13	9347·5	15 23 52·7329	53·8078	− 1·0749	6082·0	13 8 34 41·6411
14	9348·5	15 27 49·2923	50·3632	− 1·0708	6083·0	14 8 30 45·7316
15	9349·5	15 31 45·8533	46·9185	− 1·0652	6084·0	15 8 26 49·8221
16	9350·5	15 35 42·4150	43·4739	− 1·0589	6085·0	16 8 22 53·9127
17	9351·5	15 39 38·9764	40·0293	− 1·0528	6086·0	17 8 18 58·0032

Date 0ʰ UT1	Julian Date	G. SIDEREAL TIME (GHA of the Equinox)		Equation of Equinoxes at 0ʰ UT1	GSD at 0ʰ GMST	UT1 at 0ʰ GMST (Greenwich Transit of the Mean Equinox)	
		Apparent	Mean				
	245	h m s	s	s	**246**		h m s
May 17	**9351·5**	15 39 38·9764	40·0293	− 1·0528	**6086·0**	May 17	8 18 58·0032
18	**9352·5**	15 43 35·5366	36·5846	− 1·0481	**6087·0**	18	8 15 02·0937
19	**9353·5**	15 47 32·0946	33·1400	− 1·0454	**6088·0**	19	8 11 06·1843
20	**9354·5**	15 51 28·6500	29·6954	− 1·0454	**6089·0**	20	8 07 10·2748
21	**9355·5**	15 55 25·2027	26·2507	− 1·0480	**6090·0**	21	8 03 14·3653
22	**9356·5**	15 59 21·7534	22·8061	− 1·0527	**6091·0**	22	7 59 18·4558
23	**9357·5**	16 03 18·3035	19·3615	− 1·0580	**6092·0**	23	7 55 22·5464
24	**9358·5**	16 07 14·8548	15·9169	− 1·0620	**6093·0**	24	7 51 26·6369
25	**9359·5**	16 11 11·4095	12·4722	− 1·0627	**6094·0**	25	7 47 30·7274
26	**9360·5**	16 15 07·9687	09·0276	− 1·0589	**6095·0**	26	7 43 34·8180
27	**9361·5**	16 19 04·5323	05·5830	− 1·0507	**6096·0**	27	7 39 38·9085
28	**9362·5**	16 23 01·0987	02·1383	− 1·0396	**6097·0**	28	7 35 42·9990
29	**9363·5**	16 26 57·6656	58·6937	− 1·0281	**6098·0**	29	7 31 47·0896
30	**9364·5**	16 30 54·2307	55·2491	− 1·0184	**6099·0**	30	7 27 51·1801
31	**9365·5**	16 34 50·7924	51·8044	− 1·0120	**6100·0**	31	7 23 55·2706
June 1	**9366·5**	16 38 47·3504	48·3598	− 1·0094	**6101·0**	June 1	7 19 59·3611
2	**9367·5**	16 42 43·9051	44·9152	− 1·0100	**6102·0**	2	7 16 03·4517
3	**9368·5**	16 46 40·4575	41·4705	− 1·0131	**6103·0**	3	7 12 07·5422
4	**9369·5**	16 50 37·0086	38·0259	− 1·0173	**6104·0**	4	7 08 11·6327
5	**9370·5**	16 54 33·5596	34·5813	− 1·0216	**6105·0**	5	7 04 15·7233
6	**9371·5**	16 58 30·1117	31·1366	− 1·0250	**6106·0**	6	7 00 19·8138
7	**9372·5**	17 02 26·6655	27·6920	− 1·0265	**6107·0**	7	6 56 23·9043
8	**9373·5**	17 06 23·2215	24·2474	− 1·0258	**6108·0**	8	6 52 27·9949
9	**9374·5**	17 10 19·7800	20·8027	− 1·0227	**6109·0**	9	6 48 32·0854
10	**9375·5**	17 14 16·3407	17·3581	− 1·0174	**6110·0**	10	6 44 36·1759
11	**9376·5**	17 18 12·9030	13·9135	− 1·0104	**6111·0**	11	6 40 40·2664
12	**9377·5**	17 22 09·4663	10·4689	− 1·0026	**6112·0**	12	6 36 44·3570
13	**9378·5**	17 26 06·0294	07·0242	− 0·9949	**6113·0**	13	6 32 48·4475
14	**9379·5**	17 30 02·5913	03·5796	− 0·9883	**6114·0**	14	6 28 52·5380
15	**9380·5**	17 33 59·1512	60·1350	− 0·9838	**6115·0**	15	6 24 56·6286
16	**9381·5**	17 37 55·7085	56·6903	− 0·9819	**6116·0**	16	6 21 00·7191
17	**9382·5**	17 41 52·2630	53·2457	− 0·9827	**6117·0**	17	6 17 04·8096
18	**9383·5**	17 45 48·8154	49·8011	− 0·9857	**6118·0**	18	6 13 08·9002
19	**9384·5**	17 49 45·3666	46·3564	− 0·9898	**6119·0**	19	6 09 12·9907
20	**9385·5**	17 53 41·9184	42·9118	− 0·9934	**6120·0**	20	6 05 17·0812
21	**9386·5**	17 57 38·4725	39·4672	− 0·9946	**6121·0**	21	6 01 21·1717
22	**9387·5**	18 01 35·0305	36·0225	− 0·9920	**6122·0**	22	5 57 25·2623
23	**9388·5**	18 05 31·5930	32·5779	− 0·9849	**6123·0**	23	5 53 29·3528
24	**9389·5**	18 09 28·1590	29·1333	− 0·9743	**6124·0**	24	5 49 33·4433
25	**9390·5**	18 13 24·7268	25·6886	− 0·9619	**6125·0**	25	5 45 37·5339
26	**9391·5**	18 17 21·2937	22·2440	− 0·9503	**6126·0**	26	5 41 41·6244
27	**9392·5**	18 21 17·8579	18·7994	− 0·9415	**6127·0**	27	5 37 45·7149
28	**9393·5**	18 25 14·4182	15·3547	− 0·9365	**6128·0**	28	5 33 49·8055
29	**9394·5**	18 29 10·9746	11·9101	− 0·9355	**6129·0**	29	5 29 53·8960
30	**9395·5**	18 33 07·5281	08·4655	− 0·9374	**6130·0**	30	5 25 57·9865
July 1	**9396·5**	18 37 04·0797	05·0209	− 0·9411	**6131·0**	July 1	5 22 02·0771
2	**9397·5**	18 41 00·6309	01·5762	− 0·9453	**6132·0**	2	5 18 06·1676

Date 0ʰ UT1	Julian Date	G. SIDEREAL TIME (GHA of the Equinox) Apparent	Mean	Equation of Equinoxes at 0ʰ UT1	GSD at 0ʰ GMST	UT1 at 0ʰ GMST (Greenwich Transit of the Mean Equinox)
	245	h m s	s	s	246	h m s
July 2	9397·5	18 41 00·6309	01·5762	− 0·9453	6132·0	July 2 5 18 06·1676
3	9398·5	18 44 57·1827	58·1316	− 0·9489	6133·0	3 5 14 10·2581
4	9399·5	18 48 53·7361	54·6870	− 0·9509	6134·0	4 5 10 14·3486
5	9400·5	18 52 50·2915	51·2423	− 0·9508	6135·0	5 5 06 18·4392
6	9401·5	18 56 46·8493	47·7977	− 0·9484	6136·0	6 5 02 22·5297
7	9402·5	19 00 43·4093	44·3531	− 0·9437	6137·0	7 4 58 26·6202
8	9403·5	19 04 39·9711	40·9084	− 0·9373	6138·0	8 4 54 30·7108
9	9404·5	19 08 36·5340	37·4638	− 0·9298	6139·0	9 4 50 34·8013
10	9405·5	19 12 33·0970	34·0192	− 0·9222	6140·0	10 4 46 38·8918
11	9406·5	19 16 29·6590	30·5745	− 0·9156	6141·0	11 4 42 42·9824
12	9407·5	19 20 26·2190	27·1299	− 0·9110	6142·0	12 4 38 47·0729
13	9408·5	19 24 22·7763	23·6853	− 0·9090	6143·0	13 4 34 51·1634
14	9409·5	19 28 19·3307	20·2406	− 0·9099	6144·0	14 4 30 55·2539
15	9410·5	19 32 15·8828	16·7960	− 0·9133	6145·0	15 4 26 59·3445
16	9411·5	19 36 12·4333	13·3514	− 0·9181	6146·0	16 4 23 03·4350
17	9412·5	19 40 08·9839	09·9067	− 0·9228	6147·0	17 4 19 07·5255
18	9413·5	19 44 05·5363	06·4621	− 0·9258	6148·0	18 4 15 11·6161
19	9414·5	19 48 02·0918	03·0175	− 0·9256	6149·0	19 4 11 15·7066
20	9415·5	19 51 58·6514	59·5729	− 0·9215	6150·0	20 4 07 19·7971
21	9416·5	19 55 55·2146	56·1282	− 0·9136	6151·0	21 4 03 23·8877
22	9417·5	19 59 51·7803	52·6836	− 0·9033	6152·0	22 3 59 27·9782
23	9418·5	20 03 48·3462	49·2390	− 0·8928	6153·0	23 3 55 32·0687
24	9419·5	20 07 44·9102	45·7943	− 0·8841	6154·0	24 3 51 36·1592
25	9420·5	20 11 41·4708	42·3497	− 0·8789	6155·0	25 3 47 40·2498
26	9421·5	20 15 38·0274	38·9051	− 0·8777	6156·0	26 3 43 44·3403
27	9422·5	20 19 34·5804	35·4604	− 0·8801	6157·0	27 3 39 48·4308
28	9423·5	20 23 31·1310	32·0158	− 0·8848	6158·0	28 3 35 52·5214
29	9424·5	20 27 27·6805	28·5712	− 0·8907	6159·0	29 3 31 56·6119
30	9425·5	20 31 24·2303	25·1265	− 0·8962	6160·0	30 3 28 00·7024
31	9426·5	20 35 20·7814	21·6819	− 0·9005	6161·0	31 3 24 04·7930
Aug. 1	9427·5	20 39 17·3345	18·2373	− 0·9028	6162·0	Aug. 1 3 20 08·8835
2	9428·5	20 43 13·8898	14·7926	− 0·9028	6163·0	2 3 16 12·9740
3	9429·5	20 47 10·4474	11·3480	− 0·9006	6164·0	3 3 12 17·0645
4	9430·5	20 51 07·0069	07·9034	− 0·8965	6165·0	4 3 08 21·1551
5	9431·5	20 55 03·5677	04·4588	− 0·8911	6166·0	5 3 04 25·2456
6	9432·5	20 59 00·1289	01·0141	− 0·8853	6167·0	6 3 00 29·3361
7	9433·5	21 02 56·6894	57·5695	− 0·8801	6168·0	7 2 56 33·4267
8	9434·5	21 06 53·2481	54·1249	− 0·8767	6169·0	8 2 52 37·5172
9	9435·5	21 10 49·8043	50·6802	− 0·8759	6170·0	9 2 48 41·6077
10	9436·5	21 14 46·3574	47·2356	− 0·8782	6171·0	10 2 44 45·6983
11	9437·5	21 18 42·9078	43·7910	− 0·8831	6172·0	11 2 40 49·7888
12	9438·5	21 22 39·4564	40·3463	− 0·8899	6173·0	12 2 36 53·8793
13	9439·5	21 26 36·0047	36·9017	− 0·8970	6174·0	13 2 32 57·9699
14	9440·5	21 30 32·5544	33·4571	− 0·9027	6175·0	14 2 29 02·0604
15	9441·5	21 34 29·1069	30·0124	− 0·9056	6176·0	15 2 25 06·1509
16	9442·5	21 38 25·6631	26·5678	− 0·9047	6177·0	16 2 21 10·2414
17	9443·5	21 42 22·2229	23·1232	− 0·9003	6178·0	17 2 17 14·3320

Date 0^h UT1	Julian Date	G. SIDEREAL TIME (GHA of the Equinox) Apparent	Mean	Equation of Equinoxes at 0^h UT1	GSD at 0^h GMST	UT1 at 0^h GMST (Greenwich Transit of the Mean Equinox)
	245	h m s	s	s	246	h m s
Aug. 17	9443·5	21 42 22·2229	23·1232	− 0·9003	6178·0	Aug. 17 2 17 14·3320
18	9444·5	21 46 18·7853	19·6785	− 0·8933	6179·0	18 2 13 18·4225
19	9445·5	21 50 15·3485	16·2339	− 0·8854	6180·0	19 2 09 22·5130
20	9446·5	21 54 11·9107	12·7893	− 0·8786	6181·0	20 2 05 26·6036
21	9447·5	21 58 08·4700	09·3446	− 0·8747	6182·0	21 2 01 30·6941
22	9448·5	22 02 05·0256	05·9000	− 0·8744	6183·0	22 1 57 34·7846
23	9449·5	22 06 01·5775	02·4554	− 0·8779	6184·0	23 1 53 38·8752
24	9450·5	22 09 58·1265	59·0108	− 0·8842	6185·0	24 1 49 42·9657
25	9451·5	22 13 54·6740	55·5661	− 0·8921	6186·0	25 1 45 47·0562
26	9452·5	22 17 51·2213	52·1215	− 0·9002	6187·0	26 1 41 51·1467
27	9453·5	22 21 47·7696	48·6769	− 0·9072	6188·0	27 1 37 55·2373
28	9454·5	22 25 44·3198	45·2322	− 0·9124	6189·0	28 1 33 59·3278
29	9455·5	22 29 40·8722	41·7876	− 0·9154	6190·0	29 1 30 03·4183
30	9456·5	22 33 37·4269	38·3430	− 0·9160	6191·0	30 1 26 07·5089
31	9457·5	22 37 33·9837	34·8983	− 0·9146	6192·0	31 1 22 11·5994
Sept. 1	9458·5	22 41 30·5420	31·4537	− 0·9117	6193·0	Sept. 1 1 18 15·6899
2	9459·5	22 45 27·1010	28·0091	− 0·9080	6194·0	2 1 14 19·7805
3	9460·5	22 49 23·6598	24·5644	− 0·9046	6195·0	3 1 10 23·8710
4	9461·5	22 53 20·2172	21·1198	− 0·9026	6196·0	4 1 06 27·9615
5	9462·5	22 57 16·7724	17·6752	− 0·9028	6197·0	5 1 02 32·0520
6	9463·5	23 01 13·3247	14·2305	− 0·9059	6198·0	6 0 58 36·1426
7	9464·5	23 05 09·8740	10·7859	− 0·9119	6199·0	7 0 54 40·2331
8	9465·5	23 09 06·4211	07·3413	− 0·9202	6200·0	8 0 50 44·3236
9	9466·5	23 13 02·9673	03·8966	− 0·9293	6201·0	9 0 46 48·4142
10	9467·5	23 16 59·5146	60·4520	− 0·9374	6202·0	10 0 42 52·5047
11	9468·5	23 20 56·0647	57·0074	− 0·9427	6203·0	11 0 38 56·5952
12	9469·5	23 24 52·6184	53·5628	− 0·9443	6204·0	12 0 35 00·6858
13	9470·5	23 28 49·1759	50·1181	− 0·9422	6205·0	13 0 31 04·7763
14	9471·5	23 32 45·7363	46·6735	− 0·9372	6206·0	14 0 27 08·8668
15	9472·5	23 36 42·2977	43·2289	− 0·9311	6207·0	15 0 23 12·9573
16	9473·5	23 40 38·8585	39·7842	− 0·9257	6208·0	16 0 19 17·0479
17	9474·5	23 44 35·4169	36·3396	− 0·9227	6209·0	17 0 15 21·1384
18	9475·5	23 48 31·9720	32·8950	− 0·9229	6210·0	18 0 11 25·2289
19	9476·5	23 52 28·5236	29·4503	− 0·9268	6211·0	19 0 07 29·3195
20	9477·5	23 56 25·0721	26·0057	− 0·9336	6212·0	20 0 03 33·4100
					6213·0	20 23 59 37·5005
21	9478·5	0 00 21·6187	22·5611	− 0·9423	6214·0	21 23 55 41·5911
22	9479·5	0 04 18·1648	19·1164	− 0·9516	6215·0	22 23 51 45·6816
23	9480·5	0 08 14·7116	15·6718	− 0·9602	6216·0	23 23 47 49·7721
24	9481·5	0 12 11·2601	12·2272	− 0·9671	6217·0	24 23 43 53·8627
25	9482·5	0 16 07·8108	08·7825	− 0·9717	6218·0	25 23 39 57·9532
26	9483·5	0 20 04·3640	05·3379	− 0·9739	6219·0	26 23 36 02·0437
27	9484·5	0 24 00·9194	01·8933	− 0·9739	6220·0	27 23 32 06·1342
28	9485·5	0 27 57·4766	58·4487	− 0·9721	6221·0	28 23 28 10·2248
29	9486·5	0 31 54·0348	55·0040	− 0·9693	6222·0	29 23 24 14·3153
30	9487·5	0 35 50·5931	51·5594	− 0·9663	6223·0	30 23 20 18·4058
Oct. 1	9488·5	0 39 47·1505	48·1148	− 0·9643	6224·0	Oct. 1 23 16 22·4964

Date 0^h UT1	Julian Date	G. SIDEREAL TIME (GHA of the Equinox) Apparent	Mean	Equation of Equinoxes at 0^h UT1	GSD at 0^h GMST	UT1 at 0^h GMST (Greenwich Transit of the Mean Equinox)
	245	h m s	s	s	**246**	h m s
Oct. 1	**9488·5**	0 39 47·1505	48·1148	−0·9643	**6224·0**	Oct. 1 23 16 22·4964
2	**9489·5**	0 43 43·7061	44·6701	−0·9640	**6225·0**	2 23 12 26·5869
3	**9490·5**	0 47 40·2593	41·2255	−0·9662	**6226·0**	3 23 08 30·6774
4	**9491·5**	0 51 36·8095	37·7809	−0·9714	**6227·0**	4 23 04 34·7680
5	**9492·5**	0 55 33·3572	34·3362	−0·9790	**6228·0**	5 23 00 38·8585
6	**9493·5**	0 59 29·9035	30·8916	−0·9881	**6229·0**	6 22 56 42·9490
7	**9494·5**	1 03 26·4502	27·4470	−0·9968	**6230·0**	7 22 52 47·0395
8	**9495·5**	1 07 22·9993	24·0023	−1·0030	**6231·0**	8 22 48 51·1301
9	**9496·5**	1 11 19·5523	20·5577	−1·0054	**6232·0**	9 22 44 55·2206
10	**9497·5**	1 15 16·1096	17·1131	−1·0035	**6233·0**	10 22 40 59·3111
11	**9498·5**	1 19 12·6702	13·6684	−0·9982	**6234·0**	11 22 37 03·4017
12	**9499·5**	1 23 09·2325	10·2238	−0·9913	**6235·0**	12 22 33 07·4922
13	**9500·5**	1 27 05·7944	06·7792	−0·9847	**6236·0**	13 22 29 11·5827
14	**9501·5**	1 31 02·3542	03·3345	−0·9803	**6237·0**	14 22 25 15·6733
15	**9502·5**	1 34 58·9108	59·8899	−0·9791	**6238·0**	15 22 21 19·7638
16	**9503·5**	1 38 55·4639	56·4453	−0·9814	**6239·0**	16 22 17 23·8543
17	**9504·5**	1 42 52·0139	53·0007	−0·9867	**6240·0**	17 22 13 27·9448
18	**9505·5**	1 46 48·5619	49·5560	−0·9941	**6241·0**	18 22 09 32·0354
19	**9506·5**	1 50 45·1090	46·1114	−1·0024	**6242·0**	19 22 05 36·1259
20	**9507·5**	1 54 41·6566	42·6668	−1·0102	**6243·0**	20 22 01 40·2164
21	**9508·5**	1 58 38·2056	39·2221	−1·0165	**6244·0**	21 21 57 44·3070
22	**9509·5**	2 02 34·7569	35·7775	−1·0206	**6245·0**	22 21 53 48·3975
23	**9510·5**	2 06 31·3107	32·3329	−1·0222	**6246·0**	23 21 49 52·4880
24	**9511·5**	2 10 27·8669	28·8882	−1·0213	**6247·0**	24 21 45 56·5786
25	**9512·5**	2 14 24·4251	25·4436	−1·0185	**6248·0**	25 21 42 00·6691
26	**9513·5**	2 18 20·9845	21·9990	−1·0144	**6249·0**	26 21 38 04·7596
27	**9514·5**	2 22 17·5444	18·5543	−1·0100	**6250·0**	27 21 34 08·8501
28	**9515·5**	2 26 14·1037	15·1097	−1·0060	**6251·0**	28 21 30 12·9407
29	**9516·5**	2 30 10·6616	11·6651	−1·0035	**6252·0**	29 21 26 17·0312
30	**9517·5**	2 34 07·2174	08·2204	−1·0031	**6253·0**	30 21 22 21·1217
31	**9518·5**	2 38 03·7705	04·7758	−1·0053	**6254·0**	31 21 18 25·2123
Nov. 1	**9519·5**	2 42 00·3211	01·3312	−1·0100	**6255·0**	Nov. 1 21 14 29·3028
2	**9520·5**	2 45 56·8699	57·8865	−1·0166	**6256·0**	2 21 10 33·3933
3	**9521·5**	2 49 53·4183	54·4419	−1·0236	**6257·0**	3 21 06 37·4839
4	**9522·5**	2 53 49·9683	50·9973	−1·0290	**6258·0**	4 21 02 41·5744
5	**9523·5**	2 57 46·5218	47·5527	−1·0309	**6259·0**	5 20 58 45·6649
6	**9524·5**	3 01 43·0799	44·1080	−1·0281	**6260·0**	6 20 54 49·7555
7	**9525·5**	3 05 39·6424	40·6634	−1·0210	**6261·0**	7 20 50 53·8460
8	**9526·5**	3 09 36·2075	37·2188	−1·0113	**6262·0**	8 20 46 57·9365
9	**9527·5**	3 13 32·7729	33·7741	−1·0012	**6263·0**	9 20 43 02·0270
10	**9528·5**	3 17 29·3365	30·3295	−0·9930	**6264·0**	10 20 39 06·1176
11	**9529·5**	3 21 25·8968	26·8849	−0·9881	**6265·0**	11 20 35 10·2081
12	**9530·5**	3 25 22·4533	23·4402	−0·9869	**6266·0**	12 20 31 14·2986
13	**9531·5**	3 29 19·0066	19·9956	−0·9890	**6267·0**	13 20 27 18·3892
14	**9532·5**	3 33 15·5575	16·5510	−0·9935	**6268·0**	14 20 23 22·4797
15	**9533·5**	3 37 12·1072	13·1063	−0·9991	**6269·0**	15 20 19 26·5702
16	**9534·5**	3 41 08·6572	09·6617	−1·0045	**6270·0**	16 20 15 30·6608

Date 0ʰ UT1	Julian Date	G. SIDEREAL TIME (GHA of the Equinox) Apparent	Mean	Equation of Equinoxes at 0ʰ UT1	GSD at 0ʰ GMST	UT1 at 0ʰ GMST (Greenwich Transit of the Mean Equinox)
	245	h m s	s	s	**246**	h m s
Nov. 16	**9534·5**	3 41 08·6572	09·6617	− 1·0045	**6270·0**	Nov. 16 20 15 30·6608
17	**9535·5**	3 45 05·2084	06·2171	− 1·0087	**6271·0**	17 20 11 34·7513
18	**9536·5**	3 49 01·7616	02·7724	− 1·0108	**6272·0**	18 20 07 38·8418
19	**9537·5**	3 52 58·3174	59·3278	− 1·0104	**6273·0**	19 20 03 42·9323
20	**9538·5**	3 56 54·8756	55·8832	− 1·0076	**6274·0**	20 19 59 47·0229
21	**9539·5**	4 00 51·4359	52·4386	− 1·0026	**6275·0**	21 19 55 51·1134
22	**9540·5**	4 04 47·9977	48·9939	− 0·9962	**6276·0**	22 19 51 55·2039
23	**9541·5**	4 08 44·5601	45·5493	− 0·9892	**6277·0**	23 19 47 59·2945
24	**9542·5**	4 12 41·1222	42·1047	− 0·9824	**6278·0**	24 19 44 03·3850
25	**9543·5**	4 16 37·6831	38·6600	− 0·9770	**6279·0**	25 19 40 07·4755
26	**9544·5**	4 20 34·2420	35·2154	− 0·9734	**6280·0**	26 19 36 11·5661
27	**9545·5**	4 24 30·7985	31·7708	− 0·9723	**6281·0**	27 19 32 15·6566
28	**9546·5**	4 28 27·3524	28·3261	− 0·9737	**6282·0**	28 19 28 19·7471
29	**9547·5**	4 32 23·9044	24·8815	− 0·9771	**6283·0**	29 19 24 23·8376
30	**9548·5**	4 36 20·4553	21·4369	− 0·9816	**6284·0**	30 19 20 27·9282
Dec. 1	**9549·5**	4 40 17·0069	17·9922	− 0·9853	**6285·0**	Dec. 1 19 16 32·0187
2	**9550·5**	4 44 13·5611	14·5476	− 0·9865	**6286·0**	2 19 12 36·1092
3	**9551·5**	4 48 10·1194	11·1030	− 0·9836	**6287·0**	3 19 08 40·1998
4	**9552·5**	4 52 06·6826	07·6583	− 0·9758	**6288·0**	4 19 04 44·2903
5	**9553·5**	4 56 03·2496	04·2137	− 0·9641	**6289·0**	5 19 00 48·3808
6	**9554·5**	4 59 59·8182	60·7691	− 0·9508	**6290·0**	6 18 56 52·4714
7	**9555·5**	5 03 56·3859	57·3244	− 0·9386	**6291·0**	7 18 52 56·5619
8	**9556·5**	5 07 52·9504	53·8798	− 0·9294	**6292·0**	8 18 49 00·6524
9	**9557·5**	5 11 49·5108	50·4352	− 0·9244	**6293·0**	9 18 45 04·7429
10	**9558·5**	5 15 46·0673	46·9906	− 0·9233	**6294·0**	10 18 41 08·8335
11	**9559·5**	5 19 42·6209	43·5459	− 0·9251	**6295·0**	11 18 37 12·9240
12	**9560·5**	5 23 39·1729	40·1013	− 0·9284	**6296·0**	12 18 33 17·0145
13	**9561·5**	5 27 35·7246	36·6567	− 0·9320	**6297·0**	13 18 29 21·1051
14	**9562·5**	5 31 32·2774	33·2120	− 0·9346	**6298·0**	14 18 25 25·1956
15	**9563·5**	5 35 28·8320	29·7674	− 0·9354	**6299·0**	15 18 21 29·2861
16	**9564·5**	5 39 25·3888	26·3228	− 0·9339	**6300·0**	16 18 17 33·3767
17	**9565·5**	5 43 21·9481	22·8781	− 0·9300	**6301·0**	17 18 13 37·4672
18	**9566·5**	5 47 18·5096	19·4335	− 0·9239	**6302·0**	18 18 09 41·5577
19	**9567·5**	5 51 15·0727	15·9889	− 0·9162	**6303·0**	19 18 05 45·6483
20	**9568·5**	5 55 11·6365	12·5442	− 0·9078	**6304·0**	20 18 01 49·7388
21	**9569·5**	5 59 08·2001	09·0996	− 0·8995	**6305·0**	21 17 57 53·8293
22	**9570·5**	6 03 04·7626	05·6550	− 0·8923	**6306·0**	22 17 53 57·9198
23	**9571·5**	6 07 01·3232	02·2103	− 0·8871	**6307·0**	23 17 50 02·0104
24	**9572·5**	6 10 57·8813	58·7657	− 0·8844	**6308·0**	24 17 46 06·1009
25	**9573·5**	6 14 54·4369	55·3211	− 0·8842	**6309·0**	25 17 42 10·1914
26	**9574·5**	6 18 50·9902	51·8764	− 0·8862	**6310·0**	26 17 38 14·2820
27	**9575·5**	6 22 47·5422	48·4318	− 0·8896	**6311·0**	27 17 34 18·3725
28	**9576·5**	6 26 44·0942	44·9872	− 0·8929	**6312·0**	28 17 30 22·4630
29	**9577·5**	6 30 40·6479	41·5426	− 0·8947	**6313·0**	29 17 26 26·5536
30	**9578·5**	6 34 37·2048	38·0979	− 0·8932	**6314·0**	30 17 22 30·6441
31	**9579·5**	6 38 33·7660	34·6533	− 0·8873	**6315·0**	31 17 18 34·7346
32	**9580·5**	6 42 30·3315	31·2087	− 0·8772	**6316·0**	32 17 14 38·8251

Date 0^h UT1	Julian Date	Earth Rotation Angle θ	Equation of Origins E_o	Date 0^h UT1	Julian Date	Earth Rotation Angle θ	Equation of Origins E_o
		° ′ ″	′ ″			° ′ ″	′ ″
	245				245		
Jan. 0	9214·5	99 36 50·6227	− 15 53·5957	Feb. 15	9260·5	144 57 08·0176	− 16 00·3363
1	9215·5	100 35 58·8269	− 15 53·8366	16	9261·5	145 56 16·2219	− 16 00·3512
2	9216·5	101 35 07·0312	− 15 54·0432	17	9262·5	146 55 24·4261	− 16 00·3799
3	9217·5	102 34 15·2354	− 15 54·2053	18	9263·5	147 54 32·6303	− 16 00·4340
4	9218·5	103 33 23·4397	− 15 54·3221	19	9264·5	148 53 40·8346	− 16 00·5204
5	9219·5	104 32 31·6439	− 15 54·4039	20	9265·5	149 52 49·0388	− 16 00·6415
6	9220·5	105 31 39·8481	− 15 54·4705	21	9266·5	150 51 57·2430	− 16 00·7950
7	9221·5	106 30 48·0524	− 15 54·5472	22	9267·5	151 51 05·4473	− 16 00·9736
8	9222·5	107 29 56·2566	− 15 54·6591	23	9268·5	152 50 13·6515	− 16 01·1653
9	9223·5	108 29 04·4608	− 15 54·8237	24	9269·5	153 49 21·8557	− 16 01·3538
10	9224·5	109 28 12·6651	− 15 55·0453	25	9270·5	154 48 30·0600	− 16 01·5207
11	9225·5	110 27 20·8693	− 15 55·3123	26	9271·5	155 47 38·2642	− 16 01·6486
12	9226·5	111 26 29·0736	− 15 55·6002	27	9272·5	156 46 46·4685	− 16 01·7274
13	9227·5	112 25 37·2778	− 15 55·8791	28	9273·5	157 45 54·6727	− 16 01·7588
14	9228·5	113 24 45·4820	− 15 56·1230	Mar. 1	9274·5	158 45 02·8769	− 16 01·7588
15	9229·5	114 23 53·6863	− 15 56·3165	2	9275·5	159 44 11·0812	− 16 01·7546
16	9230·5	115 23 01·8905	− 15 56·4571	3	9276·5	160 43 19·2854	− 16 01·7760
17	9231·5	116 22 10·0947	− 15 56·5534	4	9277·5	161 42 27·4896	− 16 01·8453
18	9232·5	117 21 18·2990	− 15 56·6203	5	9278·5	162 41 35·6939	− 16 01·9708
19	9233·5	118 20 26·5032	− 15 56·6751	6	9279·5	163 40 43·8981	− 16 02·1448
20	9234·5	119 19 34·7074	− 15 56·7339	7	9280·5	164 39 52·1024	− 16 02·3479
21	9235·5	120 18 42·9117	− 15 56·8106	8	9281·5	165 39 00·3066	− 16 02·5552
22	9236·5	121 17 51·1159	− 15 56·9151	9	9282·5	166 38 08·5108	− 16 02·7424
23	9237·5	122 16 59·3202	− 15 57·0535	10	9283·5	167 37 16·7151	− 16 02·8914
24	9238·5	123 16 07·5244	− 15 57·2270	11	9284·5	168 36 24·9193	− 16 02·9929
25	9239·5	124 15 15·7286	− 15 57·4318	12	9285·5	169 35 33·1235	− 16 03·0477
26	9240·5	125 14 23·9329	− 15 57·6583	13	9286·5	170 34 41·3278	− 16 03·0647
27	9241·5	126 13 32·1371	− 15 57·8917	14	9287·5	171 33 49·5320	− 16 03·0589
28	9242·5	127 12 40·3413	− 15 58·1134	15	9288·5	172 32 57·7363	− 16 03·0474
29	9243·5	128 11 48·5456	− 15 58·3046	16	9289·5	173 32 05·9405	− 16 03·0464
30	9244·5	129 10 56·7498	− 15 58·4511	17	9290·5	174 31 14·1447	− 16 03·0689
31	9245·5	130 10 04·9541	− 15 58·5480	18	9291·5	175 30 22·3490	− 16 03·1234
Feb. 1	9246·5	131 09 13·1583	− 15 58·6033	19	9292·5	176 29 30·5532	− 16 03·2133
2	9247·5	132 08 21·3625	− 15 58·6362	20	9293·5	177 28 38·7574	− 16 03·3371
3	9248·5	133 07 29·5668	− 15 58·6731	21	9294·5	178 27 46·9617	− 16 03·4887
4	9249·5	134 06 37·7710	− 15 58·7397	22	9295·5	179 26 55·1659	− 16 03·6578
5	9250·5	135 05 45·9752	− 15 58·8542	23	9296·5	180 26 03·3702	− 16 03·8306
6	9251·5	136 04 54·1795	− 15 59·0221	24	9297·5	181 25 11·5744	− 16 03·9906
7	9252·5	137 04 02·3837	− 15 59·2354	25	9298·5	182 24 19·7786	− 16 04·1213
8	9253·5	138 03 10·5880	− 15 59·4743	26	9299·5	183 23 27·9829	− 16 04·2092
9	9254·5	139 02 18·7922	− 15 59·7129	27	9300·5	184 22 36·1871	− 16 04·2497
10	9255·5	140 01 26·9964	− 15 59·9261	28	9301·5	185 21 44·3913	− 16 04·2513
11	9256·5	141 00 35·2007	− 16 00·0957	29	9302·5	186 20 52·5956	− 16 04·2370
12	9257·5	141 59 43·4049	− 16 00·2141	30	9303·5	187 20 00·7998	− 16 04·2389
13	9258·5	142 58 51·6091	− 16 00·2849	31	9304·5	188 19 09·0040	− 16 04·2869
14	9259·5	143 57 59·8134	− 16 00·3200	Apr. 1	9305·5	189 18 17·2083	− 16 04·3967
15	9260·5	144 57 08·0176	− 16 00·3363	2	9306·5	190 17 25·4125	− 16 04·5650

$$\text{GHA} = \theta - \alpha_i, \qquad \alpha_i = \alpha_e + E_o$$

α_i, α_e are the right ascensions with respect to the CIO and the true equinox of date, respectively.

Date 0^h UT1	Julian Date	Earth Rotation Angle θ	Equation of Origins E_o	Date 0^h UT1	Julian Date	Earth Rotation Angle θ	Equation of Origins E_o
		° ′ ″	′ ″			° ′ ″	′ ″
	245				**245**		
Apr. 1	**9305·5**	189 18 17·2083	− 16 04·3967	May 17	**9351·5**	234 38 34·6032	− 16 10·0434
2	**9306·5**	190 17 25·4125	− 16 04·5650	18	**9352·5**	235 37 42·8074	− 16 10·2414
3	**9307·5**	191 16 33·6168	− 16 04·7715	19	**9353·5**	236 36 51·0117	− 16 10·4077
4	**9308·5**	192 15 41·8210	− 16 04·9883	20	**9354·5**	237 35 59·2159	− 16 10·5345
5	**9309·5**	193 14 50·0252	− 16 05·1883	21	**9355·5**	238 35 07·4201	− 16 10·6211
6	**9310·5**	194 13 58·2295	− 16 05·3519	22	**9356·5**	239 34 15·6244	− 16 10·6772
7	**9311·5**	195 13 06·4337	− 16 05·4690	23	**9357·5**	240 33 23·8286	− 16 10·7237
8	**9312·5**	196 12 14·6379	− 16 05·5396	24	**9358·5**	241 32 32·0329	− 16 10·7897
9	**9313·5**	197 11 22·8422	− 16 05·5714	25	**9359·5**	242 31 40·2371	− 16 10·9052
10	**9314·5**	198 10 31·0464	− 16 05·5781	26	**9360·5**	243 30 48·4413	− 16 11·0888
11	**9315·5**	199 09 39·2507	− 16 05·5759	27	**9361·5**	244 29 56·6456	− 16 11·3387
12	**9316·5**	200 08 47·4549	− 16 05·5811	28	**9362·5**	245 29 04·8498	− 16 11·6311
13	**9317·5**	201 07 55·6591	− 16 05·6077	29	**9363·5**	246 28 13·0540	− 16 11·9302
14	**9318·5**	202 07 03·8634	− 16 05·6657	30	**9364·5**	247 27 21·2583	− 16 12·2017
15	**9319·5**	203 06 12·0676	− 16 05·7599	31	**9365·5**	248 26 29·4625	− 16 12·4238
16	**9320·5**	204 05 20·2718	− 16 05·8897	June 1	**9366·5**	249 25 37·6667	− 16 12·5898
17	**9321·5**	205 04 28·4761	− 16 06·0497	2	**9367·5**	250 24 45·8710	− 16 12·7061
18	**9322·5**	206 03 36·6803	− 16 06·2303	3	**9368·5**	251 23 54·0752	− 16 12·7867
19	**9323·5**	207 02 44·8846	− 16 06·4187	4	**9369·5**	252 23 02·2795	− 16 12·8492
20	**9324·5**	208 01 53·0888	− 16 06·6000	5	**9370·5**	253 22 10·4837	− 16 12·9109
21	**9325·5**	209 01 01·2930	− 16 06·7590	6	**9371·5**	254 21 18·6879	− 16 12·9873
22	**9326·5**	210 00 09·4973	− 16 06·8826	7	**9372·5**	255 20 26·8922	− 16 13·0901
23	**9327·5**	210 59 17·7015	− 16 06·9631	8	**9373·5**	256 19 35·0964	− 16 13·2267
24	**9328·5**	211 58 25·9057	− 16 07·0028	9	**9374·5**	257 18 43·3006	− 16 13·3994
25	**9329·5**	212 57 34·1100	− 16 07·0168	10	**9375·5**	258 17 51·5049	− 16 13·6054
26	**9330·5**	213 56 42·3142	− 16 07·0327	11	**9376·5**	259 16 59·7091	− 16 13·8366
27	**9331·5**	214 55 50·5184	− 16 07·0835	12	**9377·5**	260 16 07·9134	− 16 14·0807
28	**9332·5**	215 54 58·7227	− 16 07·1956	13	**9378·5**	261 15 16·1176	− 16 14·3229
29	**9333·5**	216 54 06·9269	− 16 07·3762	14	**9379·5**	262 14 24·3218	− 16 14·5477
30	**9334·5**	217 53 15·1312	− 16 07·6108	15	**9380·5**	263 13 32·5261	− 16 14·7418
May 1	**9335·5**	218 52 23·3354	− 16 07·8691	16	**9381·5**	264 12 40·7303	− 16 14·8968
2	**9336·5**	219 51 31·5396	− 16 08·1181	17	**9382·5**	265 11 48·9345	− 16 15·0111
3	**9337·5**	220 50 39·7439	− 16 08·3319	18	**9383·5**	266 10 57·1388	− 16 15·0920
4	**9338·5**	221 49 47·9481	− 16 08·4970	19	**9384·5**	267 10 05·3430	− 16 15·1565
5	**9339·5**	222 48 56·1523	− 16 08·6120	20	**9385·5**	268 09 13·5473	− 16 15·2289
6	**9340·5**	223 48 04·3566	− 16 08·6846	21	**9386·5**	269 08 21·7515	− 16 15·3367
7	**9341·5**	224 47 12·5608	− 16 08·7284	22	**9387·5**	270 07 29·9557	− 16 15·5025
8	**9342·5**	225 46 20·7651	− 16 08·7598	23	**9388·5**	271 06 38·1600	− 16 15·7345
9	**9343·5**	226 45 28·9693	− 16 08·7952	24	**9389·5**	272 05 46·3642	− 16 16·0211
10	**9344·5**	227 44 37·1735	− 16 08·8490	25	**9390·5**	273 04 54·5684	− 16 16·3331
11	**9345·5**	228 43 45·3778	− 16 08·9323	26	**9391·5**	274 04 02·7727	− 16 16·6335
12	**9346·5**	229 42 53·5820	− 16 09·0512	27	**9392·5**	275 03 10·9769	− 16 16·8918
13	**9347·5**	230 42 01·7862	− 16 09·2068	28	**9393·5**	276 02 19·1812	− 16 17·0919
14	**9348·5**	231 41 09·9905	− 16 09·3945	29	**9394·5**	277 01 27·3854	− 16 17·2344
15	**9349·5**	232 40 18·1947	− 16 09·6052	30	**9395·5**	278 00 35·5896	− 16 17·3316
16	**9350·5**	233 39 26·3990	− 16 09·8264	July 1	**9396·5**	278 59 43·7939	− 16 17·4022
17	**9351·5**	234 38 34·6032	− 16 10·0434	2	**9397·5**	279 58 51·9981	− 16 17·4655

$$\text{GHA} = \theta - \alpha_i, \qquad \alpha_i = \alpha_e + E_o$$

α_i, α_e are the right ascensions with respect to the CIO and the true equinox of date, respectively.

Date 0ʰ UT1	Julian Date	Earth Rotation Angle θ	Equation of Origins E_o	Date 0ʰ UT1	Julian Date	Earth Rotation Angle θ	Equation of Origins E_o
	245	° ′ ″	′ ″		245	° ′ ″	′ ″
July 1	9396.5	278 59 43.7939	− 16 17.4022	Aug. 16	9442.5	324 20 01.1888	− 16 23.7572
2	9397.5	279 58 51.9981	− 16 17.4655	17	9443.5	325 19 09.3930	− 16 23.9501
3	9398.5	280 58 00.2023	− 16 17.5386	18	9444.5	326 18 17.5972	− 16 24.1819
4	9399.5	281 57 08.4066	− 16 17.6347	19	9445.5	327 17 25.8015	− 16 24.4264
5	9400.5	282 56 16.6108	− 16 17.7621	20	9446.5	328 16 34.0057	− 16 24.6541
6	9401.5	283 55 24.8150	− 16 17.9246	21	9447.5	329 15 42.2100	− 16 24.8396
7	9402.5	284 54 33.0193	− 16 18.1206	22	9448.5	330 14 50.4142	− 16 24.9695
8	9403.5	285 53 41.2235	− 16 18.3437	23	9449.5	331 13 58.6184	− 16 25.0439
9	9404.5	286 52 49.4278	− 16 18.5826	24	9450.5	332 13 06.8227	− 16 25.0753
10	9405.5	287 51 57.6320	− 16 18.8227	25	9451.5	333 12 15.0269	− 16 25.0833
11	9406.5	288 51 05.8362	− 16 19.0481	26	9452.5	334 11 23.2311	− 16 25.0886
12	9407.5	289 50 14.0405	− 16 19.2438	27	9453.5	335 10 31.4354	− 16 25.1091
13	9408.5	290 49 22.2447	− 16 19.3996	28	9454.5	336 09 39.6396	− 16 25.1571
14	9409.5	291 48 30.4489	− 16 19.5123	29	9455.5	337 08 47.8439	− 16 25.2391
15	9410.5	292 47 38.6532	− 16 19.5881	30	9456.5	338 07 56.0481	− 16 25.3560
16	9411.5	293 46 46.8574	− 16 19.6423	31	9457.5	339 07 04.2523	− 16 25.5037
17	9412.5	294 45 55.0617	− 16 19.6974	Sept. 1	9458.5	340 06 12.4566	− 16 25.6739
18	9413.5	295 45 03.2659	− 16 19.7785	2	9459.5	341 05 20.6608	− 16 25.8548
19	9414.5	296 44 11.4701	− 16 19.9076	3	9460.5	342 04 28.8650	− 16 26.0318
20	9415.5	297 43 19.6744	− 16 20.0963	4	9461.5	343 03 37.0693	− 16 26.1892
21	9416.5	298 42 27.8786	− 16 20.3409	5	9462.5	344 02 45.2735	− 16 26.3126
22	9417.5	299 41 36.0828	− 16 20.6213	6	9463.5	345 01 53.4777	− 16 26.3924
23	9418.5	300 40 44.2871	− 16 20.9060	7	9464.5	346 01 01.6820	− 16 26.4279
24	9419.5	301 39 52.4913	− 16 21.1622	8	9465.5	347 00 09.8862	− 16 26.4297
25	9420.5	302 39 00.6956	− 16 21.3664	9	9466.5	347 59 18.0905	− 16 26.4196
26	9421.5	303 38 08.8998	− 16 21.5106	10	9467.5	348 58 26.2947	− 16 26.4248
27	9422.5	304 37 17.1040	− 16 21.6015	11	9468.5	349 57 34.4989	− 16 26.4708
28	9423.5	305 36 25.3083	− 16 21.6561	12	9469.5	350 56 42.7032	− 16 26.5730
29	9424.5	306 35 33.5125	− 16 21.6953	13	9470.5	351 55 50.9074	− 16 26.7316
30	9425.5	307 34 41.7167	− 16 21.7384	14	9471.5	352 54 59.1116	− 16 26.9323
31	9426.5	308 33 49.9210	− 16 21.8007	15	9472.5	353 54 07.3159	− 16 27.1503
Aug. 1	9427.5	309 32 58.1252	− 16 21.8923	16	9473.5	354 53 15.5201	− 16 27.3576
2	9428.5	310 32 06.3294	− 16 22.0181	17	9474.5	355 52 23.7244	− 16 27.5298
3	9429.5	311 31 14.5337	− 16 22.1776	18	9475.5	356 51 31.9286	− 16 27.6519
4	9430.5	312 30 22.7379	− 16 22.3659	19	9476.5	357 50 40.1328	− 16 27.7208
5	9431.5	313 29 30.9422	− 16 22.5733	20	9477.5	358 49 48.3371	− 16 27.7445
6	9432.5	314 28 39.1464	− 16 22.7866	21	9478.5	359 48 56.5413	− 16 27.7397
7	9433.5	315 27 47.3506	− 16 22.9897	22	9479.5	0 48 04.7455	− 16 27.7265
8	9434.5	316 26 55.5549	− 16 23.1668	23	9480.5	1 47 12.9498	− 16 27.7239
9	9435.5	317 26 03.7591	− 16 23.3050	24	9481.5	2 46 21.1540	− 16 27.7468
10	9436.5	318 25 11.9633	− 16 23.3982	25	9482.5	3 45 29.3583	− 16 27.8038
11	9437.5	319 24 20.1676	− 16 23.4501	26	9483.5	4 44 37.5625	− 16 27.8975
12	9438.5	320 23 28.3718	− 16 23.4748	27	9484.5	5 43 45.7667	− 16 28.0247
13	9439.5	321 22 36.5761	− 16 23.4947	28	9485.5	6 42 53.9710	− 16 28.1779
14	9440.5	322 21 44.7803	− 16 23.5352	29	9486.5	7 42 02.1752	− 16 28.3462
15	9441.5	323 20 52.9845	− 16 23.6185	30	9487.5	8 41 10.3794	− 16 28.5163
16	9442.5	324 20 01.1888	− 16 23.7572	Oct. 1	9488.5	9 40 18.5837	− 16 28.6738

$$\text{GHA} = \theta - \alpha_i, \qquad \alpha_i = \alpha_e + E_o$$

α_i, α_e are the right ascensions with respect to the CIO and the true equinox of date, respectively.

Date 0ʰ UT1	Julian Date	Earth Rotation Angle θ	Equation of Origins E_o	Date 0ʰ UT1	Julian Date	Earth Rotation Angle θ	Equation of Origins E_o
		° ′ ″	′ ″			° ′ ″	′ ″
	245				245		
Oct. 1	9488·5	9 40 18·5837	− 16 28·6738	Nov. 16	9534·5	55 00 35·9786	− 16 33·8794
2	9489·5	10 39 26·7879	− 16 28·8043	17	9535·5	55 59 44·1828	− 16 33·9431
3	9490·5	11 38 34·9922	− 16 28·8967	18	9536·5	56 58 52·3871	− 16 34·0377
4	9491·5	12 37 43·1964	− 16 28·9461	19	9537·5	57 58 00·5913	− 16 34·1692
5	9492·5	13 36 51·4006	− 16 28·9573	20	9538·5	58 57 08·7955	− 16 34·3381
6	9493·5	14 35 59·6049	− 16 28·9475	21	9539·5	59 56 16·9998	− 16 34·5389
7	9494·5	15 35 07·8091	− 16 28·9439	22	9540·5	60 55 25·2040	− 16 34·7617
8	9495·5	16 34 16·0133	− 16 28·9764	23	9541·5	61 54 33·4082	− 16 34·9936
9	9496·5	17 33 24·2176	− 16 29·0671	24	9542·5	62 53 41·6125	− 16 35·2207
10	9497·5	18 32 32·4218	− 16 29·2217	25	9543·5	63 52 49·8167	− 16 35·4294
11	9498·5	19 31 40·6260	− 16 29·4273	26	9544·5	64 51 58·0210	− 16 35·6087
12	9499·5	20 30 48·8303	− 16 29·6575	27	9545·5	65 51 06·2252	− 16 35·7516
13	9500·5	21 29 57·0345	− 16 29·8820	28	9546·5	66 50 14·4294	− 16 35·8571
14	9501·5	22 29 05·2388	− 16 30·0744	29	9547·5	67 49 22·6337	− 16 35·9318
15	9502·5	23 28 13·4430	− 16 30·2189	30	9548·5	68 48 30·8379	− 16 35·9917
16	9503·5	24 27 21·6472	− 16 30·3110	Dec. 1	9549·5	69 47 39·0421	− 16 36·0614
17	9504·5	25 26 29·8515	− 16 30·3574	2	9550·5	70 46 47·2464	− 16 36·1695
18	9505·5	26 25 38·0557	− 16 30·3727	3	9551·5	71 45 55·4506	− 16 36·3406
19	9506·5	27 24 46·2599	− 16 30·3753	4	9552·5	72 45 03·6549	− 16 36·5835
20	9507·5	28 23 54·4642	− 16 30·3845	5	9553·5	73 44 11·8591	− 16 36·8844
21	9508·5	29 23 02·6684	− 16 30·4161	6	9554·5	74 43 20·0633	− 16 37·2101
22	9509·5	30 22 10·8727	− 16 30·4810	7	9555·5	75 42 28·2676	− 16 37·5205
23	9510·5	31 21 19·0769	− 16 30·5837	8	9556·5	76 41 36·4718	− 16 37·7839
24	9511·5	32 20 27·2811	− 16 30·7226	9	9557·5	77 40 44·6760	− 16 37·9858
25	9512·5	33 19 35·4854	− 16 30·8909	10	9558·5	78 39 52·8803	− 16 38·1290
26	9513·5	34 18 43·6896	− 16 31·0782	11	9559·5	79 39 01·0845	− 16 38·2284
27	9514·5	35 17 51·8938	− 16 31·2716	12	9560·5	80 38 09·2887	− 16 38·3042
28	9515·5	36 17 00·0981	− 16 31·4573	13	9561·5	81 37 17·4930	− 16 38·3767
29	9516·5	37 16 08·3023	− 16 31·6218	14	9562·5	82 36 25·6972	− 16 38·4637
30	9517·5	38 15 16·5066	− 16 31·7541	15	9563·5	83 35 33·9015	− 16 38·5779
31	9518·5	39 14 24·7108	− 16 31·8473	16	9564·5	84 34 42·1057	− 16 38·7267
Nov. 1	9519·5	40 13 32·9150	− 16 31·9022	17	9565·5	85 33 50·3099	− 16 38·9120
2	9520·5	41 12 41·1193	− 16 31·9294	18	9566·5	86 32 58·5142	− 16 39·1298
3	9521·5	42 11 49·3235	− 16 31·9507	19	9567·5	87 32 06·7184	− 16 39·3714
4	9522·5	43 10 57·5277	− 16 31·9960	20	9568·5	88 31 14·9226	− 16 39·6246
5	9523·5	44 10 05·7320	− 16 32·0944	21	9569·5	89 30 23·1269	− 16 39·8750
6	9524·5	45 09 13·9362	− 16 32·2622	22	9570·5	90 29 31·3311	− 16 40·1084
7	9525·5	46 08 22·1404	− 16 32·4950	23	9571·5	91 28 39·5354	− 16 40·3128
8	9526·5	47 07 30·3447	− 16 32·7677	24	9572·5	92 27 47·7396	− 16 40·4805
9	9527·5	48 06 38·5489	− 16 33·0450	25	9573·5	93 26 55·9438	− 16 40·6097
10	9528·5	49 05 46·7532	− 16 33·2941	26	9574·5	94 26 04·1481	− 16 40·7057
11	9529·5	50 04 54·9574	− 16 33·4939	27	9575·5	95 25 12·3523	− 16 40·7814
12	9530·5	51 04 03·1616	− 16 33·6380	28	9576·5	96 24 20·5565	− 16 40·8570
13	9531·5	52 03 11·3659	− 16 33·7325	29	9577·5	97 23 28·7608	− 16 40·9573
14	9532·5	53 02 19·5701	− 16 33·7917	30	9578·5	98 22 36·9650	− 16 41·1064
15	9533·5	54 01 27·7743	− 16 33·8344	31	9579·5	99 21 45·1693	− 16 41·3202
16	9534·5	55 00 35·9786	− 16 33·8794	32	9580·5	100 20 53·3735	− 16 41·5983

$$\text{GHA} = \theta - \alpha_i, \qquad \alpha_i = \alpha_e + E_o$$

α_i, α_e are the right ascensions with respect to the CIO and the true equinox of date, respectively.

Purpose, explanation and arrangement

The formulae, tables and ephemerides in the remainder of this section are mainly intended to provide for the reduction of celestial coordinates (especially of right ascension, declination and hour angle) from one reference system to another; in particular from a position in the International Celestial Reference System (ICRS) to a geocentric apparent or intermediate position, but some of the data may be used for other purposes.

Formulae and numerical values are given for the separate steps in such reductions, i.e. for proper motion, parallax, light-deflection, aberration on pages B27–B29, and for frame bias, precession and nutation on pages B50–B56. Formulae are given for full-precision reductions using vectors and rotation matrices on pages B48–B50. The examples given use **both** the long-standing equator and equinox of date system, as well as the Celestial Intermediate Reference System (equator and CIO of date) (see pages B66–B75). Finally, formulae and numerical values are given for the reduction from geocentric to topocentric place on pages B84–B86. Background information is given in Section L, *Notes and References* and in Section M, the *Glossary* while vector and matrix algebra, including the rotation matrices, is given on pages K18–K19.

Notation and units

The following is a list of some frequently used coordinate systems and their designations and include the practical consequences of adoption of the ICRS, IAU 2000 resolutions B1.6, B1.7 and B1.8, and IAU 2006 resolutions 1 and 2.

1. Barycentric Celestial Reference System (BCRS): a system of barycentric space-time coordinates for the solar system within the framework of General Relativity. For all practical applications, the BCRS is assumed to be oriented according to the ICRS axes, the directions of which are realized by the International Celestial Reference Frame. The ICRS is not identical to the system defined by the dynamical mean equator and equinox of J2000·0, although the difference in orientation is only about $0''\!.02$.

2. The Geocentric Celestial Reference System (GCRS): is a system of geocentric space-time coordinates within the framework of General Relativity. The directions of the GCRS axes are obtained from those of the BCRS (ICRS) by a relativistic transformation. Positions of stars obtained from ICRS reference data, corrected for proper motion, parallax, light-bending, and aberration (for a geocentric observer) are with respect to the GCRS. The same is true for planetary positions, although the corrections are somewhat different.

3. The J2000·0 dynamical reference system; mean equator and equinox of J2000·0; a geocentric system where the origin of right ascension is the intersection of the mean ecliptic and equator of J2000·0; the system in which the IAU 2000 precession-nutation is defined. For precise applications, a small rotation (frame bias, see page B50) should be made to GCRS positions before precession and nutation are applied. The J2000·0 system may also be barycentric, for example as the reference system for catalogues.

4. The mean system of date (m); mean equator and equinox of date.

5. The true system of date (t); true equator and equinox of date: a geocentric system of date, the pole of which is the celestial intermediate pole (CIP), with the origin of right ascension at the equinox on the true equator of date (intermediate equator). It is a system "between" the GCRS and the Terrestrial Intermediate Reference System that separates the components labelled precession-nutation and polar motion.

6. The Celestial Intermediate Reference System (i): the IAU recommended geocentric system of date, the pole of which is the celestial intermediate pole (CIP), with the origin of right ascension at the celestial intermediate origin (CIO) which is located on the intermediate equator (true equator of date). It is a system "between" (*intermediate*) the GCRS and the Terrestrial Intermediate Reference System that separates the components labelled precession-nutation and polar motion.

Notation and units (continued)

7. The Terrestrial Intermediate Reference System: a rotating geocentric system of date, the pole of which is the celestial intermediate pole (CIP), with the origin of longitude at the terrestrial intermediate origin (TIO), which is located on the intermediate equator (true equator of date). The plane containing the geocentre, the CIP, and TIO is the fundamental plane of this system and is called the TIO meridian and corresponds to the astronomical zero meridian.

8. The International Terrestrial Reference System (ITRS): a geodetic system realized by the International Terrestrial Reference Frame (ITRF2014), see page K11. The CIP and TIO of the Terrestrial Intermediate Reference System differ from the geodetic pole and zero-longitude point on the geodetic equator by the effects of polar motion (page B84).

Summary

No.	System	Equator/Pole	Origin on the Equator	Epoch
1	BCRS (ICRS)	ICRS equator and pole	ICRS (RA)	—
2	GCRS	ICRS (see 2 above)	ICRS (RA)	—
3	J2000·0	mean equator	mean equinox (RA)	J2000·0
4	Mean (m)	mean equator	mean equinox (RA)	date
5	True (t)	equator/CIP	true equinox (RA)	date
6	Intermediate (i)	equator/CIP	CIO (RA)	date
7	Terrestrial	equator/CIP	TIO (GHA)	date
8	ITRS	geodetic equator/pole	longitude (λ_{ITRS})	date

- The true equator of date, the intermediate equator, the instantaneous equator are all terms for the plane orthogonal to the direction of the CIP, which in this volume will be referred to as the "equator of date". Declinations, apparent or intermediate, derived using either equinox-based or CIO-based methods, respectively, are identical.

- The origin of the right ascension system may be one of five different locations (ICRS origin, J2000·0, mean equinox, true equinox, or the CIO). The notation will make it clear which is being referred to when necessary.

- The celestial intermediate origin (CIO) is the chosen origin of the Celestial Intermediate Reference System. It has no instantaneous motion along the equator as the equator's orientation in space changes, and is therefore referred to as a "non-rotating" origin. The CIO makes the relationship between UT1 and Earth rotation a simple linear function (see page B8). Right ascensions measured from this origin are called intermediate right ascensions or CIO right ascensions.

- The only difference between apparent and intermediate right ascensions is the position of the origin on the equator. When using the equator and equinox of date system, right ascension is measured from the equinox and is called apparent right ascension. When using the Celestial Intermediate Reference System, right ascension is measured from the CIO, and is called intermediate right ascension.

- Apparent right ascension is subtracted from Greenwich apparent sidereal time to give hour angle (GHA).

- Intermediate right ascension is subtracted from Earth rotation angle to give hour angle (GHA).

Matrices

$\mathbf{R}_1, \mathbf{R}_2, \mathbf{R}_3$　rotation matrices $\mathbf{R}_n(\phi)$, $n = 1, 2, 3$, where the original system is rotated about its x, y, or z-axis by the angle ϕ, counterclockwise as viewed from the $+x$, $+y$ or $+z$ direction, respectively (see page K19 for information on matrices).

$\mathscr{R}_\Sigma$　　Matrix transformation of the GCRS to the equator and GCRS origin of date. An intermediary matrix which locates and relates origins, see pages B9 and B49.

Notation and units (continued)

Matrices for Equinox-Based Techniques

B   Bias matrix: transformation of the GCRS to J2000·0 system, mean equator and equinox of J2000·0, see page B50.

P   Precession matrix: transformation of the J2000·0 system to the mean equator and equinox of date, see page B51.

N   Nutation matrix: transformation of the mean equator and equinox of date to equator and equinox of date, see page B55.

M = NPB   Celestial to equator and equinox of date matrix: transformation of the GCRS to the true equator and equinox of date, see page B56.

R_3(GAST)   Earth rotation matrix: transformation of the true equator and equinox of date to the Terrestrial Intermediate Reference System (origin is the TIO).

Matrices for CIO-Based Techniques

C   Celestial to Intermediate matrix: transformation of the GCRS to the Celestial Intermediate Reference System (equator and CIO of date). **C** includes frame bias and precession-nutation, see page B49.

$R_3(\theta)$ Earth rotation matrix: transformation of the Celestial Intermediate Reference System to the Terrestrial Intermediate Reference System (origin is the TIO).

Other terms

t an epoch expressed in terms of the Julian year; (see page B3); the difference between two epochs represents a time-interval expressed in Julian years; subscripts zero and one are used to indicate the epoch of a catalogue place, usually the standard epoch of J2000·0, and the epoch of the middle of a Julian year (here shortened to "epoch of year"), respectively.

T an interval of time expressed in Julian centuries of 36 525 days; usually measured from J2000·0, i.e. from JD 245 1545·0 TT.

$\mathbf{r}_m, \mathbf{r}_t, \mathbf{r}_i$ column position vectors (see page K18), with respect to mean equinox, true equinox, and celestial intermediate system, respectively.

α, δ, π right ascension, declination and annual parallax; in the formulae for computation, right ascension and related quantities are expressed in time-measure ($1^h = 15°$, etc.), while declination and related quantities, including annual parallax, are expressed in angular measure, unless the contrary is indicated.

α_e, α_i equinox and intermediate right ascensions, respectively; α_e is measured from the equinox, while α_i is measured from the CIO.

μ_α, μ_δ components of proper motion in right ascension and declination. **Check the units.** Modern catalogues usually include the $\cos \delta$ factor in μ_α, translating the rate of change of right ascension to great circle units comparable to those of μ_δ.

λ, β ecliptic longitude and latitude.

Ω, i, ω orbital elements referred to the ecliptic; longitude of ascending node, inclination, argument of perihelion.

X, Y, Z rectangular coordinates of the Earth with respect to the barycentre of the solar system, referred to the ICRS and expressed in astronomical units (au).

$\dot{X}, \dot{Y}, \dot{Z}$ first derivatives of X, Y, Z with respect to time expressed in TDB days.

Approximate reduction for proper motion

In its simplest form the reduction for the proper motion is given by:

$$\alpha = \alpha_0 + (t - t_0)\mu_\alpha \quad \text{or} \quad \alpha = \alpha_0 + (t - t_0)\mu_\alpha / \cos \delta$$
$$\delta = \delta_0 + (t - t_0)\mu_\delta$$

where the rate of the proper motions are per year. In some cases it is necessary to allow also for second-order terms, radial velocity and orbital motion, but appropriate formulae are usually given in the catalogue (see page B72).

Approximate reduction for annual parallax

The reduction for annual parallax from the catalogue place (α_0, δ_0) to the geocentric place (α, δ) is given by:

$$\alpha = \alpha_0 + (\pi/15 \cos \delta_0)(X \sin \alpha_0 - Y \cos \alpha_0)$$
$$\delta = \delta_0 + \pi(X \cos \alpha_0 \sin \delta_0 + Y \sin \alpha_0 \sin \delta_0 - Z \cos \delta_0)$$

where X, Y, Z are the coordinates of the Earth tabulated on pages B76-B83. Expressions for X, Y, Z may be obtained from page C5, since $X = -x$, $Y = -y$, $Z = -z$.

The times of reception of periodic phenomena, such as pulsar signals, may be reduced to a common origin at the barycentre by adding the light-time corresponding to the component of the Earth's position vector along the direction to the object; that is by adding to the observed times $(X \cos \alpha \cos \delta + Y \sin \alpha \cos \delta + Z \sin \delta)/c$, where the velocity of light, $c = 173 \cdot 14$ au/d, and the light time for 1 au, $1/c = 0^d 005\ 7755$.

Approximate reduction for light-deflection

The apparent direction of a star or a body in the solar system may be significantly affected by the deflection of light in the gravitational field of the Sun. The elongation (E) from the centre of the Sun is increased by an amount (ΔE) that, for a star, depends on the elongation in the following manner:

$$\Delta E = 0\rlap{.}''004\ 07/ \tan (E/2)$$

E	$0°25$	$0°5$	$1°$	$2°$	$5°$	$10°$	$20°$	$50°$	$90°$
ΔE	$1\rlap{.}''866$	$0\rlap{.}''933$	$0\rlap{.}''466$	$0\rlap{.}''233$	$0\rlap{.}''093$	$0\rlap{.}''047$	$0\rlap{.}''023$	$0\rlap{.}''009$	$0\rlap{.}''004$

The body disappears behind the Sun when E is less than the limiting grazing value of about $0°25$. The effects in right ascension and declination may be calculated approximately from:

$$\cos E = \sin \delta \sin \delta_0 + \cos \delta \cos \delta_0 \cos (\alpha - \alpha_0)$$
$$\Delta\alpha = 0^s000\ 271 \cos \delta_0 \sin (\alpha - \alpha_0)/(1 - \cos E) \cos \delta$$
$$\Delta\delta = 0\rlap{.}''004\ 07[\sin \delta \cos \delta_0 \cos (\alpha - \alpha_0) - \cos \delta \sin \delta_0]/(1 - \cos E)$$

where α, δ refer to the star, and α_0, δ_0 to the Sun. See also page B67 *Step 3*.

Approximate reduction for annual aberration

The reduction for annual aberration from a geometric geocentric place (α_0, δ_0) to an apparent geocentric place (α, δ) is given by:

$$\alpha = \alpha_0 + (-\dot{X} \sin \alpha_0 + \dot{Y} \cos \alpha_0)/(c \cos \delta_0)$$
$$\delta = \delta_0 + (-\dot{X} \cos \alpha_0 \sin \delta_0 - \dot{Y} \sin \alpha_0 \sin \delta_0 + \dot{Z} \cos \delta_0)/c$$

where $c = 173 \cdot 14$ au/d, and $\dot{X}$, $\dot{Y}$, $\dot{Z}$ are the velocity components of the Earth given on pages B76-B83. Alternatively, but to lower precision, it is possible to use the expressions

$$\dot{X} = +0 \cdot 0172 \sin \lambda \qquad \dot{Y} = -0 \cdot 0158 \cos \lambda \qquad \dot{Z} = -0 \cdot 0068 \cos \lambda$$

where the apparent longitude of the Sun, λ, is given by the expression on page C5. The reduction may also be carried out by using the vector-matrix technique (see page B67 *Step 4*) when full precision is required.

Measurements of radial velocity may be reduced to a common origin at the barycentre by adding the component of the Earth's velocity in the direction of the object; that is by adding

$$\dot{X} \cos \alpha_0 \cos \delta_0 + \dot{Y} \sin \alpha_0 \cos \delta_0 + \dot{Z} \sin \delta_0$$

Traditional reduction for planetary aberration

In the case of a body in the solar system, the apparent direction at the instant of observation (t) differs from the geometric direction at that instant because of (a) the motion of the body during the light-time and (b) the motion of the Earth relative to the reference system in which light propagation is computed. The reduction may be carried out in two stages: (i) by combining the barycentric position of the body at time $t - \Delta t$, where Δt is the light-time, with the barycentric position of the Earth at time t, and then (ii) by applying the correction for annual aberration as described above. Alternatively, it is possible to interpolate the geometric (geocentric) ephemeris of the body to the time $t - \Delta t$; it is usually sufficient to subtract the product of the light-time and the first derivative of the coordinate. The light-time Δt in days is given by the distance in au between the body and the Earth, multiplied by 0·005 7755; strictly, the light-time corresponds to the distance from the position of the Earth at time t to the position of the body at time $t - \Delta t$ (i.e. some iteration is required), but it is usually sufficient to use the geocentric distance at time t.

Differential aberration

The corrections for differential annual aberration to be added to the observed differences (in the sense moving object minus star) of right ascension and declination to give the true differences are:

$$\text{in right ascension} \quad a\,\Delta\alpha + b\,\Delta\delta \quad \text{in units of } 0\overset{s}{\cdot}001$$

$$\text{in declination} \quad c\,\Delta\alpha + d\,\Delta\delta \quad \text{in units of } 0\overset{''}{\cdot}01$$

where $\Delta\alpha$, $\Delta\delta$ are the observed differences in units of 1^{m} and $1'$ respectively, and where a, b, c, d are coefficients defined by:

$$a = -5\cdot701\cos(H+\alpha)\sec\delta \qquad b = -0\cdot380\sin(H+\alpha)\sec\delta\tan\delta$$
$$c = +8\cdot552\sin(H+\alpha)\sin\delta \qquad d = -0\cdot570\cos(H+\alpha)\cos\delta$$
$$H^{\mathrm{h}} = 23\cdot4 - (\text{day of year}/15\cdot2)$$

The day of year is tabulated on pages B4–B5.

GCRS positions

For objects with reference data (catalogue coordinates or ephemerides) expressed in the ICRS, the application of corrections for proper motion and parallax (for stars), light-time (for solar system objects), light-deflection, and annual aberration results in a position referred to the GCRS, which is sometimes called the *proper place*.

Astrometric positions

An astrometric place is the direction of a solar system body formed by applying the correction for the barycentric motion of this body during the light time to the geometric geocentric position referred to the ICRS. Such a position is then directly comparable with the astrometric position of a star formed by applying the corrections for proper motion and annual parallax to the ICRS (or J2000) catalog direction. The gravitational deflection of light is ignored since it will generally be similar (although not identical) for the solar system body and background stars. For high-accuracy applications, gravitational light-deflection effects need to be considered, and the adopted policy declared.

MATRIX ELEMENTS FOR CONVERSION FROM
GCRS TO EQUATOR AND EQUINOX OF DATE
FOR 0^h TERRESTRIAL TIME

Date 0^h TT	$M_{1,1}-1$	$M_{1,2}$	$M_{1,3}$	$M_{2,1}$	$M_{2,2}-1$	$M_{2,3}$	$M_{3,1}$	$M_{3,2}$	$M_{3,3}-1$
Jan. 0	-127042	$-4623\ 1336$	$-2008\ 7041$	$+4623\ 1218$	-106867	$-10\ 4940$	$+2008\ 7311$	$+\ 1\ 2074$	-20175
1	-127106	$-4624\ 3016$	$-2009\ 2110$	$+4624\ 2894$	-106921	$-10\ 7184$	$+2009\ 2391$	$+\ 1\ 4271$	-20185
2	-127161	$-4625\ 3034$	$-2009\ 6458$	$+4625\ 2906$	-106968	$-11\ 0113$	$+2009\ 6753$	$+\ 1\ 7160$	-20194
3	-127205	$-4626\ 0891$	$-2009\ 9871$	$+4626\ 0757$	-107004	$-11\ 3312$	$+2010\ 0180$	$+\ 2\ 0327$	-20201
4	-127236	$-4626\ 6556$	$-2010\ 2332$	$+4626\ 6416$	-107030	$-11\ 6268$	$+2010\ 2655$	$+\ 2\ 3261$	-20206
5	-127258	$-4627\ 0523$	$-2010\ 4058$	$+4627\ 0379$	-107049	$-11\ 8494$	$+2010\ 4391$	$+\ 2\ 5470$	-20209
6	-127275	$-4627\ 3751$	$-2010\ 5463$	$+4627\ 3604$	-107064	$-11\ 9642$	$+2010\ 5801$	$+\ 2\ 6605$	-20212
7	-127296	$-4627\ 7471$	$-2010\ 7081$	$+4627\ 7324$	-107081	$-11\ 9610$	$+2010\ 7420$	$+\ 2\ 6558$	-20215
8	-127326	$-4628\ 2895$	$-2010\ 9438$	$+4628\ 2750$	-107106	$-11\ 8597$	$+2010\ 9772$	$+\ 2\ 5523$	-20220
9	-127370	$-4629\ 0874$	$-2011\ 2903$	$+4629\ 0732$	-107143	$-11\ 7079$	$+2011\ 3229$	$+\ 2\ 3974$	-20227
10	-127429	$-4630\ 1613$	$-2011\ 7564$	$+4630\ 1474$	-107193	$-11\ 5703$	$+2011\ 7884$	$+\ 2\ 2554$	-20237
11	-127500	$-4631\ 4554$	$-2012\ 3180$	$+4631\ 4416$	-107252	$-11\ 5100$	$+2012\ 3497$	$+\ 2\ 1899$	-20248
12	-127577	$-4632\ 8512$	$-2012\ 9237$	$+4632\ 8373$	-107317	$-11\ 5695$	$+2012\ 9557$	$+\ 2\ 2438$	-20260
13	-127651	$-4634\ 2036$	$-2013\ 5105$	$+4634\ 1893$	-107380	$-11\ 7578$	$+2013\ 5434$	$+\ 2\ 4266$	-20272
14	-127716	$-4635\ 3861$	$-2014\ 0237$	$+4635\ 3713$	-107435	$-12\ 0496$	$+2014\ 0579$	$+\ 2\ 7137$	-20282
15	-127768	$-4636\ 3243$	$-2014\ 4310$	$+4636\ 3088$	-107478	$-12\ 3969$	$+2014\ 4668$	$+\ 3\ 0572$	-20290
16	-127806	$-4637\ 0065$	$-2014\ 7273$	$+4636\ 9902$	-107510	$-12\ 7456$	$+2014\ 7647$	$+\ 3\ 4032$	-20296
17	-127831	$-4637\ 4736$	$-2014\ 9304$	$+4637\ 4567$	-107531	$-13\ 0499$	$+2014\ 9692$	$+\ 3\ 7056$	-20301
18	-127849	$-4637\ 7980$	$-2015\ 0716$	$+4637\ 7807$	-107547	$-13\ 2797$	$+2015\ 1115$	$+\ 3\ 9341$	-20303
19	-127864	$-4638\ 0632$	$-2015\ 1871$	$+4638\ 0456$	-107559	$-13\ 4229$	$+2015\ 2277$	$+\ 4\ 0762$	-20306
20	-127880	$-4638\ 3485$	$-2015\ 3114$	$+4638\ 3307$	-107572	$-13\ 4824$	$+2015\ 3522$	$+\ 4\ 1345$	-20308
21	-127900	$-4638\ 7200$	$-2015\ 4730$	$+4638\ 7023$	-107589	$-13\ 4730$	$+2015\ 5138$	$+\ 4\ 1237$	-20312
22	-127928	$-4639\ 2267$	$-2015\ 6933$	$+4639\ 2091$	-107613	$-13\ 4180$	$+2015\ 7338$	$+\ 4\ 0666$	-20316
23	-127965	$-4639\ 8975$	$-2015\ 9846$	$+4639\ 8800$	-107644	$-13\ 3462$	$+2016\ 0249$	$+\ 3\ 9921$	-20322
24	-128011	$-4640\ 7387$	$-2016\ 3499$	$+4640\ 7213$	-107683	$-13\ 2895$	$+2016\ 3898$	$+\ 3\ 9320$	-20329
25	-128066	$-4641\ 7313$	$-2016\ 7808$	$+4641\ 7140$	-107729	$-13\ 2803$	$+2016\ 8207$	$+\ 3\ 9188$	-20338
26	-128127	$-4642\ 8294$	$-2017\ 2574$	$+4642\ 8119$	-107780	$-13\ 3469$	$+2017\ 2976$	$+\ 3\ 9810$	-20348
27	-128189	$-4643\ 9609$	$-2017\ 7484$	$+4643\ 9431$	-107833	$-13\ 5084$	$+2017\ 7894$	$+\ 4\ 1379$	-20357
28	-128249	$-4645\ 0359$	$-2018\ 2151$	$+4645\ 0176$	-107882	$-13\ 7678$	$+2018\ 2572$	$+\ 4\ 3929$	-20367
29	-128300	$-4645\ 9631$	$-2018\ 6176$	$+4645\ 9441$	-107926	$-14\ 1075$	$+2018\ 6613$	$+\ 4\ 7289$	-20375
30	-128339	$-4646\ 6733$	$-2018\ 9260$	$+4646\ 6535$	-107959	$-14\ 4885$	$+2018\ 9715$	$+\ 5\ 1071$	-20381
31	-128365	$-4647\ 1435$	$-2019\ 1304$	$+4647\ 1229$	-107980	$-14\ 8570$	$+2019\ 1776$	$+\ 5\ 4736$	-20386
Feb. 1	-128380	$-4647\ 4114$	$-2019\ 2471$	$+4647\ 3903$	-107993	$-15\ 1569$	$+2019\ 2958$	$+\ 5\ 7724$	-20388
2	-128389	$-4647\ 5712$	$-2019\ 3170$	$+4647\ 5497$	-108000	$-15\ 3464$	$+2019\ 3665$	$+\ 5\ 9613$	-20389
3	-128399	$-4647\ 7500$	$-2019\ 3951$	$+4647\ 7283$	-108009	$-15\ 4110$	$+2019\ 4449$	$+\ 6\ 0252$	-20391
4	-128416	$-4648\ 0727$	$-2019\ 5356$	$+4648\ 0511$	-108024	$-15\ 3681$	$+2019\ 5852$	$+\ 5\ 9810$	-20394
5	-128447	$-4648\ 6274$	$-2019\ 7766$	$+4648\ 6060$	-108049	$-15\ 2629$	$+2019\ 8257$	$+\ 5\ 8736$	-20399
6	-128492	$-4649\ 4415$	$-2020\ 1301$	$+4649\ 4203$	-108087	$-15\ 1561$	$+2020\ 1787$	$+\ 5\ 7635$	-20406
7	-128549	$-4650\ 4753$	$-2020\ 5788$	$+4650\ 4542$	-108135	$-15\ 1074$	$+2020\ 6272$	$+\ 5\ 7106$	-20415
8	-128613	$-4651\ 6333$	$-2021\ 0814$	$+4651\ 6121$	-108189	$-15\ 1607$	$+2021\ 1301$	$+\ 5\ 7592$	-20425
9	-128677	$-4652\ 7902$	$-2021\ 5835$	$+4652\ 7687$	-108243	$-15\ 3330$	$+2021\ 6330$	$+\ 5\ 9268$	-20435
10	-128734	$-4653\ 8242$	$-2022\ 0323$	$+4653\ 8022$	-108291	$-15\ 6115$	$+2022\ 0831$	$+\ 6\ 2012$	-20444
11	-128780	$-4654\ 6467$	$-2022\ 3895$	$+4654\ 6239$	-108329	$-15\ 9593$	$+2022\ 4418$	$+\ 6\ 5457$	-20452
12	-128812	$-4655\ 2209$	$-2022\ 6390$	$+4655\ 1974$	-108356	$-16\ 3265$	$+2022\ 6931$	$+\ 6\ 9105$	-20457
13	-128831	$-4655\ 5639$	$-2022\ 7883$	$+4655\ 5398$	-108372	$-16\ 6637$	$+2022\ 8439$	$+\ 7\ 2463$	-20460
14	-128840	$-4655\ 7345$	$-2022\ 8628$	$+4655\ 7097$	-108380	$-16\ 9332$	$+2022\ 9197$	$+\ 7\ 5151$	-20461
15	-128844	$-4655\ 8135$	$-2022\ 8976$	$+4655\ 7884$	-108384	$-17\ 1142$	$+2022\ 9554$	$+\ 7\ 6958$	-20462

$M = NPB$. Values are in units of 10^{-10}. Matrix used with GAST (B13–B20). CIP is $\mathcal{X} = M_{3,1}$, $\mathcal{Y} = M_{3,2}$.

MATRIX ELEMENTS FOR CONVERSION FROM
GCRS TO EQUATOR & CELESTIAL INTERMEDIATE ORIGIN OF DATE
FOR 0^h TERRESTRIAL TIME

Julian Date	$C_{1,1}-1$	$C_{1,2}$	$C_{1,3}$	$C_{2,1}$	$C_{2,2}-1$	$C_{2,3}$	$C_{3,1}$	$C_{3,2}$	$C_{3,3}-1$
245									
9214·5	− 20175	+ 115	− 2008 7311	− 139	0	− 1 2074	+ 2008 7311	+ 1 2074	− 20175
9215·5	− 20185	+ 115	− 2009 2391	− 144	0	− 1 4271	+ 2009 2391	+ 1 4271	− 20185
9216·5	− 20194	+ 115	− 2009 6753	− 149	0	− 1 7160	+ 2009 6753	+ 1 7160	− 20194
9217·5	− 20201	+ 115	− 2010 0180	− 156	0	− 2 0326	+ 2010 0180	+ 2 0327	− 20201
9218·5	− 20206	+ 115	− 2010 2655	− 162	0	− 2 3260	+ 2010 2655	+ 2 3261	− 20206
9219·5	− 20209	+ 115	− 2010 4391	− 166	0	− 2 5470	+ 2010 4391	+ 2 5470	− 20209
9220·5	− 20212	+ 115	− 2010 5801	− 168	0	− 2 6605	+ 2010 5801	+ 2 6605	− 20212
9221·5	− 20215	+ 115	− 2010 7420	− 168	0	− 2 6558	+ 2010 7420	+ 2 6558	− 20215
9222·5	− 20220	+ 115	− 2010 9772	− 166	0	− 2 5523	+ 2010 9772	+ 2 5523	− 20220
9223·5	− 20227	+ 115	− 2011 3229	− 163	0	− 2 3973	+ 2011 3229	+ 2 3974	− 20227
9224·5	− 20236	+ 115	− 2011 7884	− 160	0	− 2 2554	+ 2011 7884	+ 2 2554	− 20237
9225·5	− 20248	+ 115	− 2012 3497	− 159	0	− 2 1899	+ 2012 3497	+ 2 1899	− 20248
9226·5	− 20260	+ 115	− 2012 9557	− 160	0	− 2 2438	+ 2012 9557	+ 2 2438	− 20260
9227·5	− 20272	+ 115	− 2013 5434	− 164	0	− 2 4266	+ 2013 5434	+ 2 4266	− 20272
9228·5	− 20282	+ 115	− 2014 0579	− 169	0	− 2 7136	+ 2014 0579	+ 2 7137	− 20282
9229·5	− 20290	+ 115	− 2014 4668	− 176	0	− 3 0572	+ 2014 4668	+ 3 0572	− 20290
9230·5	− 20296	+ 115	− 2014 7647	− 183	0	− 3 4032	+ 2014 7647	+ 3 4032	− 20296
9231·5	− 20301	+ 115	− 2014 9692	− 189	0	− 3 7055	+ 2014 9692	+ 3 7056	− 20301
9232·5	− 20303	+ 115	− 2015 1115	− 194	0	− 3 9341	+ 2015 1115	+ 3 9341	− 20303
9233·5	− 20306	+ 115	− 2015 2277	− 197	0	− 4 0761	+ 2015 2277	+ 4 0762	− 20306
9234·5	− 20308	+ 115	− 2015 3522	− 198	0	− 4 1345	+ 2015 3522	+ 4 1345	− 20308
9235·5	− 20312	+ 115	− 2015 5138	− 198	0	− 4 1237	+ 2015 5138	+ 4 1237	− 20312
9236·5	− 20316	+ 115	− 2015 7338	− 197	0	− 4 0666	+ 2015 7338	+ 4 0666	− 20316
9237·5	− 20322	+ 115	− 2016 0249	− 195	0	− 3 9920	+ 2016 0249	+ 3 9921	− 20322
9238·5	− 20329	+ 115	− 2016 3898	− 194	0	− 3 9320	+ 2016 3898	+ 3 9320	− 20329
9239·5	− 20338	+ 115	− 2016 8207	− 194	0	− 3 9187	+ 2016 8207	+ 3 9188	− 20338
9240·5	− 20347	+ 115	− 2017 2976	− 195	0	− 3 9810	+ 2017 2976	+ 3 9810	− 20348
9241·5	− 20357	+ 115	− 2017 7894	− 198	0	− 4 1378	+ 2017 7894	+ 4 1379	− 20357
9242·5	− 20367	+ 115	− 2018 2572	− 203	0	− 4 3929	+ 2018 2572	+ 4 3929	− 20367
9243·5	− 20375	+ 115	− 2018 6613	− 210	0	− 4 7289	+ 2018 6613	+ 4 7289	− 20375
9244·5	− 20381	+ 115	− 2018 9715	− 218	0	− 5 1071	+ 2018 9715	+ 5 1071	− 20381
9245·5	− 20385	+ 115	− 2019 1776	− 225	0	− 5 4736	+ 2019 1776	+ 5 4736	− 20386
9246·5	− 20388	+ 115	− 2019 2958	− 231	0	− 5 7724	+ 2019 2958	+ 5 7724	− 20388
9247·5	− 20389	+ 115	− 2019 3665	− 235	0	− 5 9613	+ 2019 3665	+ 5 9613	− 20389
9248·5	− 20391	+ 115	− 2019 4449	− 236	0	− 6 0252	+ 2019 4449	+ 6 0252	− 20391
9249·5	− 20394	+ 115	− 2019 5852	− 235	0	− 5 9810	+ 2019 5852	+ 5 9810	− 20394
9250·5	− 20399	+ 114	− 2019 8257	− 233	0	− 5 8736	+ 2019 8257	+ 5 8736	− 20399
9251·5	− 20406	+ 114	− 2020 1787	− 231	0	− 5 7634	+ 2020 1787	+ 5 7635	− 20406
9252·5	− 20415	+ 114	− 2020 6272	− 230	0	− 5 7106	+ 2020 6272	+ 5 7106	− 20415
9253·5	− 20425	+ 114	− 2021 1301	− 231	0	− 5 7592	+ 2021 1301	+ 5 7592	− 20425
9254·5	− 20435	+ 114	− 2021 6330	− 234	0	− 5 9268	+ 2021 6330	+ 5 9268	− 20435
9255·5	− 20444	+ 114	− 2022 0831	− 240	0	− 6 2012	+ 2022 0831	+ 6 2012	− 20444
9256·5	− 20451	+ 114	− 2022 4418	− 247	0	− 6 5456	+ 2022 4418	+ 6 5457	− 20452
9257·5	− 20456	+ 114	− 2022 6931	− 254	0	− 6 9105	+ 2022 6931	+ 6 9105	− 20457
9258·5	− 20460	+ 114	− 2022 8439	− 261	0	− 7 2463	+ 2022 8439	+ 7 2463	− 20460
9259·5	− 20461	+ 114	− 2022 9197	− 266	0	− 7 5151	+ 2022 9197	+ 7 5151	− 20461
9260·5	− 20462	+ 114	− 2022 9554	− 270	0	− 7 6958	+ 2022 9554	+ 7 6958	− 20462

Values are in units of 10^{-10}. Matrix used with ERA (B21–B24). CIP is $\mathcal{X} = C_{3,1}$, $\mathcal{Y} = C_{3,2}$

MATRIX ELEMENTS FOR CONVERSION FROM
GCRS TO EQUATOR AND EQUINOX OF DATE
FOR 0^h TERRESTRIAL TIME

Date 0^h TT	$M_{1,1}-1$	$M_{1,2}$	$M_{1,3}$	$M_{2,1}$	$M_{2,2}-1$	$M_{2,3}$	$M_{3,1}$	$M_{3,2}$	$M_{3,3}-1$
Feb. 15	−128844	−4655 8135	−2022 8976	+4655 7884	−108384	−17 1142	+2022 9554	+ 7 6958	−20462
16	−128848	−4655 8856	−2022 9295	+4655 8603	−108387	−17 2038	+2022 9876	+ 7 7851	−20463
17	−128856	−4656 0248	−2022 9904	+4655 9995	−108394	−17 2135	+2023 0486	+ 7 7942	−20464
18	−128871	−4656 2867	−2023 1045	+4656 2615	−108406	−17 1655	+2023 1625	+ 7 7452	−20466
19	−128894	−4656 7054	−2023 2866	+4656 6804	−108425	−17 0882	+2023 3442	+ 7 6662	−20470
20	−128926	−4657 2925	−2023 5417	+4657 2676	−108453	−17 0130	+2023 5990	+ 7 5886	−20475
21	−128967	−4658 0364	−2023 8648	+4658 0116	−108487	−16 9714	+2023 9219	+ 7 5440	−20482
22	−129015	−4658 9023	−2024 2407	+4658 8774	−108528	−16 9922	+2024 2979	+ 7 5613	−20489
23	−129067	−4659 8317	−2024 6442	+4659 8066	−108571	−17 0974	+2024 7019	+ 7 6628	−20497
24	−129118	−4660 7459	−2025 0411	+4660 7204	−108614	−17 2974	+2025 0997	+ 7 8590	−20505
25	−129162	−4661 5548	−2025 3923	+4661 5288	−108651	−17 5851	+2025 4523	+ 8 1434	−20513
26	−129197	−4662 1754	−2025 6619	+4662 1487	−108680	−17 9315	+2025 7235	+ 8 4873	−20518
27	−129218	−4662 5576	−2025 8282	+4662 5301	−108698	−18 2868	+2025 8914	+ 8 8411	−20522
28	−129226	−4662 7097	−2025 8947	+4662 6816	−108705	−18 5898	+2025 9594	+ 9 1435	−20523
Mar. 1	−129226	−4662 7098	−2025 8953	+4662 6813	−108705	−18 7854	+2025 9609	+ 9 3391	−20523
2	−129225	−4662 6894	−2025 8871	+4662 6608	−108704	−18 8445	+2025 9529	+ 9 3983	−20523
3	−129231	−4662 7930	−2025 9326	+4662 7645	−108709	−18 7762	+2025 9981	+ 9 3295	−20524
4	−129250	−4663 1291	−2026 0788	+4663 1009	−108725	−18 6255	+2026 1436	+ 9 1774	−20527
5	−129283	−4663 7370	−2026 3429	+4663 7091	−108753	−18 4577	+2026 4070	+ 9 0071	−20532
6	−129330	−4664 5804	−2026 7091	+4664 5528	−108793	−18 3375	+2026 7726	+ 8 8836	−20539
7	−129385	−4665 5653	−2027 1367	+4665 5378	−108838	−18 3119	+2027 2000	+ 8 8540	−20548
8	−129440	−4666 5702	−2027 5729	+4666 5425	−108885	−18 4004	+2027 6367	+ 8 9384	−20557
9	−129491	−4667 4779	−2027 9670	+4667 4498	−108928	−18 5943	+2028 0317	+ 9 1286	−20565
10	−129531	−4668 2003	−2028 2807	+4668 1716	−108962	−18 8624	+2028 3466	+ 9 3938	−20571
11	−129558	−4668 6928	−2028 4948	+4668 6635	−108985	−19 1601	+2028 5621	+ 9 6895	−20576
12	−129573	−4668 9584	−2028 6105	+4668 9285	−108997	−19 4404	+2028 6791	+ 9 9687	−20578
13	−129578	−4669 0412	−2028 6470	+4669 0109	−109001	−19 6631	+2028 7167	+10 1910	−20579
14	−129576	−4669 0131	−2028 6354	+4668 9826	−109000	−19 8018	+2028 7057	+10 3299	−20579
15	−129573	−4668 9572	−2028 6117	+4668 9265	−108997	−19 8470	+2028 6823	+10 3753	−20578
16	−129573	−4668 9521	−2028 6101	+4668 9215	−108997	−19 8050	+2028 6805	+10 3334	−20578
17	−129579	−4669 0611	−2028 6580	+4669 0308	−109002	−19 6952	+2028 7278	+10 2231	−20579
18	−129593	−4669 3252	−2028 7730	+4669 2952	−109014	−19 5453	+2028 8422	+10 0721	−20582
19	−129618	−4669 7609	−2028 9625	+4669 7312	−109034	−19 3868	+2029 0309	+ 9 9119	−20585
20	−129651	−4670 3610	−2029 2232	+4670 3315	−109062	−19 2516	+2029 2910	+ 9 7742	−20591
21	−129692	−4671 0958	−2029 5423	+4671 0666	−109097	−19 1685	+2029 6097	+ 9 6881	−20597
22	−129737	−4671 9157	−2029 8983	+4671 8864	−109135	−19 1601	+2029 9657	+ 9 6764	−20604
23	−129784	−4672 7534	−2030 2620	+4672 7240	−109174	−19 2400	+2030 3298	+ 9 7529	−20612
24	−129827	−4673 5295	−2030 5991	+4673 4998	−109210	−19 4080	+2030 6676	+ 9 9178	−20619
25	−129862	−4674 1630	−2030 8743	+4674 1328	−109240	−19 6464	+2030 9439	+10 1536	−20624
26	−129886	−4674 5895	−2031 0598	+4674 5587	−109260	−19 9172	+2031 1307	+10 4226	−20628
27	−129897	−4674 7860	−2031 1455	+4674 7547	−109269	−20 1647	+2031 2176	+10 6693	−20630
28	−129897	−4674 7939	−2031 1495	+4674 7622	−109270	−20 3272	+2031 2223	+10 8318	−20630
29	−129893	−4674 7246	−2031 1201	+4674 6929	−109266	−20 3570	+2031 1930	+10 8619	−20629
30	−129894	−4674 7337	−2031 1246	+4674 7023	−109267	−20 2417	+2031 1970	+10 7465	−20629
31	−129907	−4674 9659	−2031 2258	+4674 9349	−109278	−20 0139	+2031 2972	+10 5178	−20631
Apr. 1	−129936	−4675 4983	−2031 4572	+4675 4678	−109303	−19 7416	+2031 5273	+10 2433	−20636
2	−129982	−4676 3137	−2031 8113	+4676 2837	−109341	−19 5021	+2031 8802	+10 0005	−20643

$\mathbf{M} = \mathbf{NPB}$. Values are in units of 10^{-10}. Matrix used with GAST (B13–B20). CIP is $\mathcal{X} = M_{3,1}$, $\mathcal{Y} = M_{3,2}$.

MATRIX ELEMENTS FOR CONVERSION FROM
GCRS TO EQUATOR & CELESTIAL INTERMEDIATE ORIGIN OF DATE
FOR 0^h TERRESTRIAL TIME

Julian Date	$C_{1,1}-1$	$C_{1,2}$	$C_{1,3}$	$C_{2,1}$	$C_{2,2}-1$	$C_{2,3}$	$C_{3,1}$	$C_{3,2}$	$C_{3,3}-1$
245									
9260·5	− 20462	+ 114	− 2022 9554	− 270	0	− 7 6958	+ 2022 9554	+ 7 6958	− 20462
9261·5	− 20462	+ 114	− 2022 9876	− 272	0	− 7 7850	+ 2022 9876	+ 7 7851	− 20463
9262·5	− 20464	+ 114	− 2023 0486	− 272	0	− 7 7942	+ 2023 0486	+ 7 7942	− 20464
9263·5	− 20466	+ 114	− 2023 1625	− 271	0	− 7 7452	+ 2023 1625	+ 7 7452	− 20466
9264·5	− 20470	+ 114	− 2023 3442	− 269	0	− 7 6662	+ 2023 3442	+ 7 6662	− 20470
9265·5	− 20475	+ 114	− 2023 5990	− 268	0	− 7 5886	+ 2023 5990	+ 7 5886	− 20475
9266·5	− 20481	+ 114	− 2023 9219	− 267	0	− 7 5440	+ 2023 9219	+ 7 5440	− 20482
9267·5	− 20489	+ 114	− 2024 2979	− 267	0	− 7 5613	+ 2024 2979	+ 7 5613	− 20489
9268·5	− 20497	+ 114	− 2024 7019	− 269	0	− 7 6627	+ 2024 7019	+ 7 6628	− 20497
9269·5	− 20505	+ 114	− 2025 0997	− 273	0	− 7 8590	+ 2025 0997	+ 7 8590	− 20505
9270·5	− 20512	+ 114	− 2025 4523	− 279	0	− 8 1434	+ 2025 4523	+ 8 1434	− 20513
9271·5	− 20518	+ 114	− 2025 7235	− 286	0	− 8 4872	+ 2025 7235	+ 8 4873	− 20518
9272·5	− 20521	+ 114	− 2025 8914	− 293	0	− 8 8410	+ 2025 8914	+ 8 8411	− 20522
9273·5	− 20523	+ 114	− 2025 9594	− 299	0	− 9 1435	+ 2025 9594	+ 9 1435	− 20523
9274·5	− 20523	+ 114	− 2025 9609	− 303	0	− 9 3391	+ 2025 9609	+ 9 3391	− 20523
9275·5	− 20522	+ 114	− 2025 9529	− 304	0	− 9 3982	+ 2025 9529	+ 9 3983	− 20523
9276·5	− 20523	+ 114	− 2025 9981	− 303	0	− 9 3295	+ 2025 9981	+ 9 3295	− 20524
9277·5	− 20526	+ 114	− 2026 1436	− 300	0	− 9 1774	+ 2026 1436	+ 9 1774	− 20527
9278·5	− 20532	+ 114	− 2026 4070	− 297	0	− 9 0071	+ 2026 4070	+ 9 0071	− 20532
9279·5	− 20539	+ 114	− 2026 7726	− 294	0	− 8 8835	+ 2026 7726	+ 8 8836	− 20539
9280·5	− 20548	+ 114	− 2027 2000	− 293	0	− 8 8539	+ 2027 2000	+ 8 8540	− 20548
9281·5	− 20557	+ 114	− 2027 6367	− 295	0	− 8 9383	+ 2027 6367	+ 8 9384	− 20557
9282·5	− 20565	+ 114	− 2028 0317	− 299	0	− 9 1286	+ 2028 0317	+ 9 1286	− 20565
9283·5	− 20571	+ 114	− 2028 3466	− 304	0	− 9 3937	+ 2028 3466	+ 9 3938	− 20571
9284·5	− 20575	+ 114	− 2028 5621	− 310	0	− 9 6895	+ 2028 5621	+ 9 6895	− 20576
9285·5	− 20578	+ 114	− 2028 6791	− 316	0	− 9 9687	+ 2028 6791	+ 9 9687	− 20578
9286·5	− 20578	+ 114	− 2028 7167	− 321	− 1	− 10 1910	+ 2028 7167	+ 10 1910	− 20579
9287·5	− 20578	+ 114	− 2028 7057	− 323	− 1	− 10 3299	+ 2028 7057	+ 10 3299	− 20579
9288·5	− 20578	+ 114	− 2028 6823	− 324	− 1	− 10 3752	+ 2028 6823	+ 10 3753	− 20578
9289·5	− 20578	+ 114	− 2028 6805	− 323	− 1	− 10 3333	+ 2028 6805	+ 10 3334	− 20578
9290·5	− 20579	+ 114	− 2028 7278	− 321	− 1	− 10 2231	+ 2028 7278	+ 10 2231	− 20579
9291·5	− 20581	+ 114	− 2028 8422	− 318	− 1	− 10 0721	+ 2028 8422	+ 10 0721	− 20582
9292·5	− 20585	+ 114	− 2029 0309	− 315	0	− 9 9118	+ 2029 0309	+ 9 9119	− 20585
9293·5	− 20590	+ 114	− 2029 2910	− 312	0	− 9 7742	+ 2029 2910	+ 9 7742	− 20591
9294·5	− 20597	+ 114	− 2029 6097	− 310	0	− 9 6881	+ 2029 6097	+ 9 6881	− 20597
9295·5	− 20604	+ 114	− 2029 9657	− 310	0	− 9 6764	+ 2029 9657	+ 9 6764	− 20604
9296·5	− 20611	+ 114	− 2030 3298	− 312	0	− 9 7529	+ 2030 3298	+ 9 7529	− 20612
9297·5	− 20618	+ 114	− 2030 6676	− 315	0	− 9 9177	+ 2030 6676	+ 9 9178	− 20619
9298·5	− 20624	+ 114	− 2030 9439	− 320	− 1	− 10 1535	+ 2030 9439	+ 10 1536	− 20624
9299·5	− 20627	+ 114	− 2031 1307	− 325	− 1	− 10 4225	+ 2031 1307	+ 10 4226	− 20628
9300·5	− 20629	+ 114	− 2031 2176	− 330	− 1	− 10 6692	+ 2031 2176	+ 10 6693	− 20630
9301·5	− 20629	+ 114	− 2031 2223	− 334	− 1	− 10 8318	+ 2031 2223	+ 10 8318	− 20630
9302·5	− 20629	+ 114	− 2031 1930	− 334	− 1	− 10 8618	+ 2031 1930	+ 10 8619	− 20629
9303·5	− 20629	+ 114	− 2031 1970	− 332	− 1	− 10 7464	+ 2031 1970	+ 10 7465	− 20629
9304·5	− 20631	+ 114	− 2031 2972	− 327	− 1	− 10 5177	+ 2031 2972	+ 10 5178	− 20631
9305·5	− 20636	+ 114	− 2031 5273	− 322	− 1	− 10 2432	+ 2031 5273	+ 10 2433	− 20636
9306·5	− 20643	+ 114	− 2031 8802	− 317	− 1	− 10 0005	+ 2031 8802	+ 10 0005	− 20643

Values are in units of 10^{-10}. Matrix used with ERA (B21–B24). CIP is $\mathcal{X} = C_{3,1}$, $\mathcal{Y} = C_{3,2}$

MATRIX ELEMENTS FOR CONVERSION FROM
GCRS TO EQUATOR AND EQUINOX OF DATE
FOR 0^h TERRESTRIAL TIME

Date 0^h TT	$M_{1,1}-1$	$M_{1,2}$	$M_{1,3}$	$M_{2,1}$	$M_{2,2}-1$	$M_{2,3}$	$M_{3,1}$	$M_{3,2}$	$M_{3,3}-1$
Apr. 1	-129936	$-4675\ 4983$	$-2031\ 4572$	$+4675\ 4678$	-109303	$-19\ 7416$	$+2031\ 5273$	$+10\ 2433$	-20636
2	-129982	$-4676\ 3137$	$-2031\ 8113$	$+4676\ 2837$	-109341	$-19\ 5021$	$+2031\ 8802$	$+10\ 0005$	-20643
3	-130037	$-4677\ 3148$	$-2032\ 2458$	$+4677\ 2851$	-109387	$-19\ 3557$	$+2032\ 3141$	$+\ 9\ 8500$	-20652
4	-130096	$-4678\ 3658$	$-2032\ 7020$	$+4678\ 3362$	-109437	$-19\ 3297$	$+2032\ 7702$	$+\ 9\ 8198$	-20661
5	-130150	$-4679\ 3359$	$-2033\ 1231$	$+4679\ 3060$	-109482	$-19\ 4181$	$+2033\ 1917$	$+\ 9\ 9043$	-20670
6	-130194	$-4680\ 1290$	$-2033\ 4675$	$+4680\ 0989$	-109519	$-19\ 5896$	$+2033\ 5369$	$+10\ 0725$	-20677
7	-130225	$-4680\ 6971$	$-2033\ 7144$	$+4680\ 6665$	-109546	$-19\ 7995$	$+2033\ 7848$	$+10\ 2802$	-20682
8	-130244	$-4681\ 0393$	$-2033\ 8633$	$+4681\ 0083$	-109562	$-20\ 0014$	$+2033\ 9346$	$+10\ 4806$	-20685
9	-130253	$-4681\ 1939$	$-2033\ 9309$	$+4681\ 1626$	-109569	$-20\ 1549$	$+2034\ 0030$	$+10\ 6335$	-20686
10	-130255	$-4681\ 2263$	$-2033\ 9455$	$+4681\ 1948$	-109571	$-20\ 2316$	$+2034\ 0180$	$+10\ 7101$	-20687
11	-130254	$-4681\ 2155$	$-2033\ 9415$	$+4681\ 1841$	-109570	$-20\ 2181$	$+2034\ 0138$	$+10\ 6966$	-20687
12	-130256	$-4681\ 2408$	$-2033\ 9530$	$+4681\ 2095$	-109571	$-20\ 1162$	$+2034\ 0249$	$+10\ 5946$	-20687
13	-130263	$-4681\ 3699$	$-2034\ 0095$	$+4681\ 3390$	-109577	$-19\ 9413$	$+2034\ 0806$	$+10\ 4191$	-20688
14	-130279	$-4681\ 6508$	$-2034\ 1319$	$+4681\ 6204$	-109590	$-19\ 7187$	$+2034\ 2019$	$+10\ 1955$	-20690
15	-130304	$-4682\ 1070$	$-2034\ 3303$	$+4682\ 0771$	-109612	$-19\ 4799$	$+2034\ 3992$	$+\ 9\ 9548$	-20694
16	-130339	$-4682\ 7362$	$-2034\ 6036$	$+4682\ 7067$	-109641	$-19\ 2575$	$+2034\ 6714$	$+\ 9\ 7298$	-20700
17	-130382	$-4683\ 5119$	$-2034\ 9404$	$+4683\ 4828$	-109677	$-19\ 0812$	$+2035\ 0075$	$+\ 9\ 5504$	-20707
18	-130431	$-4684\ 3876$	$-2035\ 3206$	$+4684\ 3587$	-109718	$-18\ 9749$	$+2035\ 3872$	$+\ 9\ 4405$	-20714
19	-130482	$-4685\ 3010$	$-2035\ 7171$	$+4685\ 2721$	-109761	$-18\ 9530$	$+2035\ 7836$	$+\ 9\ 4149$	-20723
20	-130531	$-4686\ 1800$	$-2036\ 0988$	$+4686\ 1510$	-109802	$-19\ 0184$	$+2036\ 1655$	$+\ 9\ 4767$	-20730
21	-130574	$-4686\ 9509$	$-2036\ 4336$	$+4686\ 9216$	-109839	$-19\ 1592$	$+2036\ 5010$	$+\ 9\ 6143$	-20737
22	-130607	$-4687\ 5501$	$-2036\ 6939$	$+4687\ 5204$	-109867	$-19\ 3472$	$+2036\ 7622$	$+\ 9\ 7999$	-20743
23	-130629	$-4687\ 9408$	$-2036\ 8638$	$+4687\ 9107$	-109885	$-19\ 5381$	$+2036\ 9330$	$+\ 9\ 9892$	-20746
24	-130640	$-4688\ 1334$	$-2036\ 9479$	$+4688\ 1030$	-109894	$-19\ 6760$	$+2037\ 0178$	$+10\ 1263$	-20748
25	-130643	$-4688\ 2012$	$-2036\ 9779$	$+4688\ 1708$	-109897	$-19\ 7065$	$+2037\ 0479$	$+10\ 1566$	-20748
26	-130648	$-4688\ 2781$	$-2037\ 0118$	$+4688\ 2479$	-109901	$-19\ 5963$	$+2037\ 0813$	$+10\ 0461$	-20749
27	-130661	$-4688\ 5245$	$-2037\ 1192$	$+4688\ 4948$	-109912	$-19\ 3519$	$+2037\ 1876$	$+\ 9\ 8007$	-20751
28	-130692	$-4689\ 0673$	$-2037\ 3551$	$+4689\ 0383$	-109938	$-19\ 0258$	$+2037\ 4219$	$+\ 9\ 4723$	-20756
29	-130741	$-4689\ 9430$	$-2037\ 7353$	$+4689\ 9146$	-109979	$-18\ 7001$	$+2037\ 8006$	$+\ 9\ 1431$	-20764
30	-130804	$-4691\ 0799$	$-2038\ 2287$	$+4691\ 0521$	-110032	$-18\ 4546$	$+2038\ 2929$	$+\ 8\ 8929$	-20774
May 1	-130874	$-4692\ 3323$	$-2038\ 7722$	$+4692\ 3047$	-110091	$-18\ 3373$	$+2038\ 8358$	$+\ 8\ 7705$	-20785
2	-130941	$-4693\ 5394$	$-2039\ 2961$	$+4693\ 5118$	-110148	$-18\ 3536$	$+2039\ 3598$	$+\ 8\ 7819$	-20795
3	-130999	$-4694\ 5762$	$-2039\ 7461$	$+4694\ 5483$	-110196	$-18\ 4737$	$+2039\ 8104$	$+\ 8\ 8977$	-20805
4	-131044	$-4695\ 3769$	$-2040\ 0938$	$+4695\ 3486$	-110234	$-18\ 6486$	$+2040\ 1589$	$+\ 9\ 0694$	-20812
5	-131075	$-4695\ 9344$	$-2040\ 3361$	$+4695\ 9058$	-110260	$-18\ 8268$	$+2040\ 4020$	$+\ 9\ 2453$	-20817
6	-131094	$-4696\ 2865$	$-2040\ 4893$	$+4696\ 2576$	-110277	$-18\ 9644$	$+2040\ 5558$	$+\ 9\ 3815$	-20820
7	-131106	$-4696\ 4992$	$-2040\ 5821$	$+4696\ 4701$	-110287	$-19\ 0310$	$+2040\ 6489$	$+\ 9\ 4472$	-20822
8	-131115	$-4696\ 6515$	$-2040\ 6487$	$+4696\ 6225$	-110294	$-19\ 0111$	$+2040\ 7154$	$+\ 9\ 4267$	-20823
9	-131124	$-4696\ 8230$	$-2040\ 7236$	$+4696\ 7942$	-110302	$-18\ 9040$	$+2040\ 7899$	$+\ 9\ 3189$	-20825
10	-131139	$-4697\ 0839$	$-2040\ 8373$	$+4697\ 0555$	-110314	$-18\ 7220$	$+2040\ 9027$	$+\ 9\ 1358$	-20827
11	-131161	$-4697\ 4875$	$-2041\ 0128$	$+4697\ 4595$	-110333	$-18\ 4881$	$+2041\ 0771$	$+\ 8\ 9002$	-20830
12	-131194	$-4698\ 0639$	$-2041\ 2633$	$+4698\ 0365$	-110360	$-18\ 2320$	$+2041\ 3264$	$+\ 8\ 6418$	-20835
13	-131236	$-4698\ 8178$	$-2041\ 5907$	$+4698\ 7909$	-110395	$-17\ 9866$	$+2041\ 6526$	$+\ 8\ 3933$	-20842
14	-131287	$-4699\ 7277$	$-2041\ 9857$	$+4699\ 7012$	-110438	$-17\ 7832$	$+2042\ 0467$	$+\ 8\ 1862$	-20850
15	-131344	$-4700\ 7494$	$-2042\ 4292$	$+4700\ 7232$	-110486	$-17\ 6475$	$+2042\ 4896$	$+\ 8\ 0463$	-20859
16	-131404	$-4701\ 8218$	$-2042\ 8946$	$+4701\ 7956$	-110537	$-17\ 5958$	$+2042\ 9548$	$+\ 7\ 9903$	-20869
17	-131462	$-4702\ 8736$	$-2043\ 3512$	$+4702\ 8474$	-110586	$-17\ 6326$	$+2043\ 4115$	$+\ 8\ 0228$	-20878

M = NPB. Values are in units of 10^{-10}. Matrix used with GAST (B13–B20). CIP is $\mathcal{X} = M_{3,1}$, $\mathcal{Y} = M_{3,2}$.

MATRIX ELEMENTS FOR CONVERSION FROM
GCRS TO EQUATOR & CELESTIAL INTERMEDIATE ORIGIN OF DATE
FOR 0^h TERRESTRIAL TIME

Julian Date	$C_{1,1}-1$	$C_{1,2}$	$C_{1,3}$	$C_{2,1}$	$C_{2,2}-1$	$C_{2,3}$	$C_{3,1}$	$C_{3,2}$	$C_{3,3}-1$
245									
9305·5	− 20636	+ 114	− 2031 5273	− 322	− 1	− 10 2432	+ 2031 5273	+ 10 2433	− 20636
9306·5	− 20643	+ 114	− 2031 8802	− 317	− 1	− 10 0005	+ 2031 8802	+ 10 0005	− 20643
9307·5	− 20652	+ 113	− 2032 3141	− 314	0	− 9 8500	+ 2032 3141	+ 9 8500	− 20652
9308·5	− 20661	+ 113	− 2032 7702	− 313	0	− 9 8198	+ 2032 7702	+ 9 8198	− 20661
9309·5	− 20669	+ 113	− 2033 1917	− 315	0	− 9 9042	+ 2033 1917	+ 9 9043	− 20670
9310·5	− 20676	+ 113	− 2033 5369	− 318	− 1	− 10 0724	+ 2033 5369	+ 10 0725	− 20677
9311·5	− 20681	+ 113	− 2033 7848	− 322	− 1	− 10 2801	+ 2033 7848	+ 10 2802	− 20682
9312·5	− 20684	+ 113	− 2033 9346	− 326	− 1	− 10 4806	+ 2033 9346	+ 10 4806	− 20685
9313·5	− 20686	+ 113	− 2034 0030	− 330	− 1	− 10 6334	+ 2034 0030	+ 10 6335	− 20686
9314·5	− 20686	+ 113	− 2034 0180	− 331	− 1	− 10 7100	+ 2034 0180	+ 10 7101	− 20687
9315·5	− 20686	+ 113	− 2034 0138	− 331	− 1	− 10 6966	+ 2034 0138	+ 10 6966	− 20687
9316·5	− 20686	+ 113	− 2034 0249	− 329	− 1	− 10 5946	+ 2034 0249	+ 10 5946	− 20687
9317·5	− 20687	+ 113	− 2034 0806	− 325	− 1	− 10 4191	+ 2034 0806	+ 10 4191	− 20688
9318·5	− 20690	+ 113	− 2034 2019	− 321	− 1	− 10 1954	+ 2034 2019	+ 10 1955	− 20690
9319·5	− 20694	+ 113	− 2034 3992	− 316	0	− 9 9548	+ 2034 3992	+ 9 9548	− 20694
9320·5	− 20699	+ 113	− 2034 6714	− 311	0	− 9 7297	+ 2034 6714	+ 9 7298	− 20700
9321·5	− 20706	+ 113	− 2035 0075	− 308	0	− 9 5503	+ 2035 0075	+ 9 5504	− 20707
9322·5	− 20714	+ 113	− 2035 3872	− 305	0	− 9 4405	+ 2035 3872	+ 9 4405	− 20714
9323·5	− 20722	+ 113	− 2035 7836	− 305	0	− 9 4149	+ 2035 7836	+ 9 4149	− 20723
9324·5	− 20730	+ 113	− 2036 1655	− 306	0	− 9 4766	+ 2036 1655	+ 9 4767	− 20730
9325·5	− 20737	+ 113	− 2036 5010	− 309	0	− 9 6143	+ 2036 5010	+ 9 6143	− 20737
9326·5	− 20742	+ 113	− 2036 7622	− 313	0	− 9 7999	+ 2036 7622	+ 9 7999	− 20743
9327·5	− 20746	+ 113	− 2036 9330	− 316	0	− 9 9891	+ 2036 9330	+ 9 9892	− 20746
9328·5	− 20747	+ 113	− 2037 0178	− 319	− 1	− 10 1262	+ 2037 0178	+ 10 1263	− 20748
9329·5	− 20748	+ 113	− 2037 0479	− 320	− 1	− 10 1565	+ 2037 0479	+ 10 1566	− 20748
9330·5	− 20749	+ 113	− 2037 0813	− 318	− 1	− 10 0460	+ 2037 0813	+ 10 0461	− 20749
9331·5	− 20751	+ 113	− 2037 1876	− 313	0	− 9 8006	+ 2037 1876	+ 9 8007	− 20751
9332·5	− 20755	+ 113	− 2037 4219	− 306	0	− 9 4723	+ 2037 4219	+ 9 4723	− 20756
9333·5	− 20763	+ 113	− 2037 8006	− 299	0	− 9 1430	+ 2037 8006	+ 9 1431	− 20764
9334·5	− 20773	+ 113	− 2038 2929	− 294	0	− 8 8928	+ 2038 2929	+ 8 8929	− 20774
9335·5	− 20784	+ 113	− 2038 8358	− 292	0	− 8 7705	+ 2038 8358	+ 8 7705	− 20785
9336·5	− 20795	+ 113	− 2039 3598	− 292	0	− 8 7819	+ 2039 3598	+ 8 7819	− 20795
9337·5	− 20804	+ 113	− 2039 8104	− 294	0	− 8 8977	+ 2039 8104	+ 8 8977	− 20805
9338·5	− 20811	+ 113	− 2040 1589	− 298	0	− 9 0693	+ 2040 1589	+ 9 0694	− 20812
9339·5	− 20816	+ 113	− 2040 4020	− 301	0	− 9 2453	+ 2040 4020	+ 9 2453	− 20817
9340·5	− 20819	+ 113	− 2040 5558	− 304	0	− 9 3815	+ 2040 5558	+ 9 3815	− 20820
9341·5	− 20821	+ 113	− 2040 6489	− 305	0	− 9 4472	+ 2040 6489	+ 9 4472	− 20822
9342·5	− 20823	+ 113	− 2040 7154	− 305	0	− 9 4267	+ 2040 7154	+ 9 4267	− 20823
9343·5	− 20824	+ 113	− 2040 7899	− 303	0	− 9 3188	+ 2040 7899	+ 9 3189	− 20825
9344·5	− 20826	+ 113	− 2040 9027	− 299	0	− 9 1358	+ 2040 9027	+ 9 1358	− 20827
9345·5	− 20830	+ 113	− 2041 0771	− 294	0	− 8 9002	+ 2041 0771	+ 8 9002	− 20830
9346·5	− 20835	+ 113	− 2041 3264	− 289	0	− 8 6418	+ 2041 3264	+ 8 6418	− 20835
9347·5	− 20842	+ 113	− 2041 6526	− 284	0	− 8 3933	+ 2041 6526	+ 8 3933	− 20842
9348·5	− 20850	+ 113	− 2042 0467	− 280	0	− 8 1862	+ 2042 0467	+ 8 1862	− 20850
9349·5	− 20859	+ 113	− 2042 4896	− 277	0	− 8 0463	+ 2042 4896	+ 8 0463	− 20859
9350·5	− 20868	+ 112	− 2042 9548	− 276	0	− 7 9903	+ 2042 9548	+ 7 9903	− 20869
9351·5	− 20878	+ 112	− 2043 4115	− 276	0	− 8 0228	+ 2043 4115	+ 8 0228	− 20878

Values are in units of 10^{-10}. Matrix used with ERA (B21–B24). CIP is $\mathcal{X} = C_{3,1}$, $\mathcal{Y} = C_{3,2}$

MATRIX ELEMENTS FOR CONVERSION FROM
GCRS TO EQUATOR AND EQUINOX OF DATE
FOR 0^h TERRESTRIAL TIME

Date 0^h TT	$M_{1,1}-1$	$M_{1,2}$	$M_{1,3}$	$M_{2,1}$	$M_{2,2}-1$	$M_{2,3}$	$M_{3,1}$	$M_{3,2}$	$M_{3,3}-1$
May 17	−131462	−4702 8736	−2043 3512	+4702 8474	−110586	−17 6326	+2043 4115	+ 8 0228	−20878
18	−131516	−4703 8336	−2043 7679	+4703 8071	−110631	−17 7486	+2043 8288	+ 8 1349	−20887
19	−131561	−4704 6402	−2044 1182	+4704 6134	−110669	−17 9199	+2044 1799	+ 8 3029	−20894
20	−131596	−4705 2548	−2044 3852	+4705 2276	−110698	−18 1092	+2044 4478	+ 8 4897	−20899
21	−131619	−4705 6749	−2044 5679	+4705 6474	−110718	−18 2690	+2044 6312	+ 8 6477	−20903
22	−131634	−4705 9472	−2044 6865	+4705 9195	−110731	−18 3491	+2044 7502	+ 8 7267	−20905
23	−131647	−4706 1724	−2044 7847	+4706 1448	−110741	−18 3099	+2044 8482	+ 8 6866	−20907
24	−131665	−4706 4924	−2044 9240	+4706 4652	−110756	−18 1383	+2044 9867	+ 8 5137	−20910
25	−131696	−4707 0519	−2045 1671	+4707 0252	−110783	−17 8610	+2045 2285	+ 8 2341	−20915
26	−131746	−4707 9419	−2045 5535	+4707 9159	−110825	−17 5441	+2045 6135	+ 7 9136	−20923
27	−131814	−4709 1530	−2046 0791	+4709 1276	−110882	−17 2728	+2046 1378	+ 7 6373	−20934
28	−131893	−4710 5706	−2046 6942	+4710 5454	−110948	−17 1185	+2046 7522	+ 7 4772	−20946
29	−131974	−4712 0206	−2047 3234	+4711 9954	−111017	−17 1119	+2047 3813	+ 7 4647	−20959
30	−132048	−4713 3372	−2047 8947	+4713 3118	−111079	−17 2369	+2047 9532	+ 7 5843	−20971
31	−132108	−4714 4140	−2048 3621	+4714 3882	−111129	−17 4447	+2048 4216	+ 7 7877	−20980
June 1	−132153	−4715 2192	−2048 7117	+4715 1929	−111167	−17 6757	+2048 7723	+ 8 0154	−20988
2	−132185	−4715 7830	−2048 9567	+4715 7562	−111194	−17 8768	+2049 0182	+ 8 2142	−20993
3	−132207	−4716 1740	−2049 1268	+4716 1470	−111212	−18 0110	+2049 1889	+ 8 3467	−20996
4	−132224	−4716 4769	−2049 2587	+4716 4498	−111227	−18 0591	+2049 3211	+ 8 3936	−20999
5	−132241	−4716 7763	−2049 3891	+4716 7493	−111241	−18 0187	+2049 4512	+ 8 3520	−21002
6	−132262	−4717 1465	−2049 5501	+4717 1197	−111258	−17 9005	+2049 6117	+ 8 2323	−21005
7	−132289	−4717 6446	−2049 7666	+4717 6182	−111282	−17 7260	+2049 8274	+ 8 0558	−21009
8	−132327	−4718 3066	−2050 0542	+4718 2806	−111313	−17 5235	+2050 1141	+ 7 8506	−21015
9	−132374	−4719 1441	−2050 4178	+4719 1185	−111353	−17 3252	+2050 4767	+ 7 6488	−21023
10	−132430	−4720 1428	−2050 8513	+4720 1175	−111400	−17 1633	+2050 9095	+ 7 4829	−21031
11	−132492	−4721 2635	−2051 3377	+4721 2385	−111453	−17 0657	+2051 3955	+ 7 3806	−21041
12	−132559	−4722 4470	−2051 8514	+4722 4220	−111508	−17 0517	+2051 9090	+ 7 3618	−21052
13	−132625	−4723 6210	−2052 3608	+4723 5958	−111564	−17 1286	+2052 4189	+ 7 4338	−21062
14	−132686	−4724 7109	−2052 8339	+4724 6854	−111615	−17 2892	+2052 8927	+ 7 5900	−21072
15	−132739	−4725 6524	−2053 2426	+4725 6264	−111660	−17 5115	+2053 3024	+ 7 8084	−21081
16	−132781	−4726 4038	−2053 5689	+4726 3773	−111695	−17 7604	+2053 6299	+ 8 0542	−21087
17	−132812	−4726 9579	−2053 8097	+4726 9309	−111722	−17 9919	+2053 8718	+ 8 2834	−21092
18	−132834	−4727 3506	−2053 9805	+4727 3232	−111740	−18 1601	+2054 0434	+ 8 4500	−21096
19	−132852	−4727 6630	−2054 1165	+4727 6355	−111755	−18 2268	+2054 1798	+ 8 5154	−21099
20	−132872	−4728 0139	−2054 2692	+4727 9865	−111772	−18 1727	+2054 3322	+ 8 4599	−21102
21	−132901	−4728 5366	−2054 4964	+4728 5095	−111796	−18 0089	+2054 5586	+ 8 2939	−21106
22	−132946	−4729 3400	−2054 8453	+4729 3134	−111834	−17 7807	+2054 9064	+ 8 0624	−21114
23	−133009	−4730 4645	−2055 3333	+4730 4384	−111887	−17 5604	+2055 3934	+ 7 8375	−21124
24	−133087	−4731 8540	−2055 9363	+4731 8282	−111953	−17 4250	+2055 9957	+ 7 6965	−21136
25	−133173	−4733 3662	−2056 5924	+4733 3403	−112025	−17 4279	+2056 6518	+ 7 6932	−21149
26	−133254	−4734 8231	−2057 2245	+4734 7969	−112094	−17 5786	+2057 2847	+ 7 8378	−21162
27	−133325	−4736 0753	−2057 7679	+4736 0486	−112153	−17 8426	+2057 8294	+ 8 0967	−21174
28	−133380	−4737 0458	−2058 1892	+4737 0185	−112199	−18 1594	+2058 2521	+ 8 4095	−21182
29	−133419	−4737 7365	−2058 4892	+4737 7085	−112232	−18 4658	+2058 5536	+ 8 7130	−21189
30	−133445	−4738 2081	−2058 6943	+4738 1797	−112254	−18 7126	+2058 7598	+ 8 9579	−21193
July 1	−133464	−4738 5504	−2058 8432	+4738 5216	−112270	−18 8722	+2058 9095	+ 9 1161	−21196
2	−133482	−4738 8574	−2058 9769	+4738 8285	−112285	−18 9376	+2059 0435	+ 9 1803	−21199

M = NPB. Values are in units of 10^{-10}. Matrix used with GAST (B13–B20). CIP is $X = M_{3,1}$, $y = M_{3,2}$.

MATRIX ELEMENTS FOR CONVERSION FROM
GCRS TO EQUATOR & CELESTIAL INTERMEDIATE ORIGIN OF DATE
FOR 0^h TERRESTRIAL TIME

Julian Date	$C_{1,1}-1$	$C_{1,2}$	$C_{1,3}$	$C_{2,1}$	$C_{2,2}-1$	$C_{2,3}$	$C_{3,1}$	$C_{3,2}$	$C_{3,3}-1$
245									
9351·5	-20878	$+112$	$-2043\ 4115$	-276	0	$-8\ 0228$	$+2043\ 4115$	$+8\ 0228$	-20878
9352·5	-20886	$+112$	$-2043\ 8288$	-279	0	$-8\ 1349$	$+2043\ 8288$	$+8\ 1349$	-20887
9353·5	-20893	$+112$	$-2044\ 1799$	-282	0	$-8\ 3029$	$+2044\ 1799$	$+8\ 3029$	-20894
9354·5	-20899	$+112$	$-2044\ 4478$	-286	0	$-8\ 4897$	$+2044\ 4478$	$+8\ 4897$	-20899
9355·5	-20903	$+112$	$-2044\ 6312$	-289	0	$-8\ 6477$	$+2044\ 6312$	$+8\ 6477$	-20903
9356·5	-20905	$+112$	$-2044\ 7502$	-291	0	$-8\ 7267$	$+2044\ 7502$	$+8\ 7267$	-20905
9357·5	-20907	$+112$	$-2044\ 8482$	-290	0	$-8\ 6866$	$+2044\ 8482$	$+8\ 6866$	-20907
9358·5	-20910	$+112$	$-2044\ 9867$	-286	0	$-8\ 5137$	$+2044\ 9867$	$+8\ 5137$	-20910
9359·5	-20915	$+112$	$-2045\ 2285$	-281	0	$-8\ 2341$	$+2045\ 2285$	$+8\ 2341$	-20915
9360·5	-20923	$+112$	$-2045\ 6135$	-274	0	$-7\ 9135$	$+2045\ 6135$	$+7\ 9136$	-20923
9361·5	-20933	$+112$	$-2046\ 1378$	-268	0	$-7\ 6373$	$+2046\ 1378$	$+7\ 6373$	-20934
9362·5	-20946	$+112$	$-2046\ 7522$	-265	0	$-7\ 4772$	$+2046\ 7522$	$+7\ 4772$	-20946
9363·5	-20959	$+112$	$-2047\ 3813$	-265	0	$-7\ 4647$	$+2047\ 3813$	$+7\ 4647$	-20959
9364·5	-20971	$+112$	$-2047\ 9532$	-267	0	$-7\ 5843$	$+2047\ 9532$	$+7\ 5843$	-20971
9365·5	-20980	$+112$	$-2048\ 4216$	-272	0	$-7\ 7877$	$+2048\ 4216$	$+7\ 7877$	-20980
9366·5	-20987	$+112$	$-2048\ 7723$	-276	0	$-8\ 0154$	$+2048\ 7723$	$+8\ 0154$	-20988
9367·5	-20992	$+112$	$-2049\ 0182$	-280	0	$-8\ 2142$	$+2049\ 0182$	$+8\ 2142$	-20993
9368·5	-20996	$+112$	$-2049\ 1889$	-283	0	$-8\ 3467$	$+2049\ 1889$	$+8\ 3467$	-20996
9369·5	-20999	$+112$	$-2049\ 3211$	-284	0	$-8\ 3936$	$+2049\ 3211$	$+8\ 3936$	-20999
9370·5	-21001	$+112$	$-2049\ 4512$	-283	0	$-8\ 3519$	$+2049\ 4512$	$+8\ 3520$	-21002
9371·5	-21005	$+112$	$-2049\ 6117$	-281	0	$-8\ 2323$	$+2049\ 6117$	$+8\ 2323$	-21005
9372·5	-21009	$+112$	$-2049\ 8274$	-277	0	$-8\ 0557$	$+2049\ 8274$	$+8\ 0558$	-21009
9373·5	-21015	$+112$	$-2050\ 1141$	-273	0	$-7\ 8505$	$+2050\ 1141$	$+7\ 8506$	-21015
9374·5	-21022	$+112$	$-2050\ 4767$	-269	0	$-7\ 6488$	$+2050\ 4767$	$+7\ 6488$	-21023
9375·5	-21031	$+112$	$-2050\ 9095$	-265	0	$-7\ 4828$	$+2050\ 9095$	$+7\ 4829$	-21031
9376·5	-21041	$+112$	$-2051\ 3955$	-263	0	$-7\ 3806$	$+2051\ 3955$	$+7\ 3806$	-21041
9377·5	-21052	$+112$	$-2051\ 9090$	-263	0	$-7\ 3617$	$+2051\ 9090$	$+7\ 3618$	-21052
9378·5	-21062	$+112$	$-2052\ 4189$	-264	0	$-7\ 4338$	$+2052\ 4189$	$+7\ 4338$	-21062
9379·5	-21072	$+112$	$-2052\ 8927$	-268	0	$-7\ 5899$	$+2052\ 8927$	$+7\ 5900$	-21072
9380·5	-21080	$+112$	$-2053\ 3024$	-272	0	$-7\ 8084$	$+2053\ 3024$	$+7\ 8084$	-21081
9381·5	-21087	$+112$	$-2053\ 6299$	-277	0	$-8\ 0542$	$+2053\ 6299$	$+8\ 0542$	-21087
9382·5	-21092	$+112$	$-2053\ 8718$	-282	0	$-8\ 2834$	$+2053\ 8718$	$+8\ 2834$	-21092
9383·5	-21095	$+112$	$-2054\ 0434$	-285	0	$-8\ 4500$	$+2054\ 0434$	$+8\ 4500$	-21096
9384·5	-21098	$+112$	$-2054\ 1798$	-287	0	$-8\ 5154$	$+2054\ 1798$	$+8\ 5154$	-21099
9385·5	-21101	$+112$	$-2054\ 3322$	-285	0	$-8\ 4599$	$+2054\ 3322$	$+8\ 4599$	-21102
9386·5	-21106	$+112$	$-2054\ 5586$	-282	0	$-8\ 2939$	$+2054\ 5586$	$+8\ 2939$	-21106
9387·5	-21113	$+112$	$-2054\ 9064$	-277	0	$-8\ 0624$	$+2054\ 9064$	$+8\ 0624$	-21114
9388·5	-21123	$+111$	$-2055\ 3934$	-273	0	$-7\ 8375$	$+2055\ 3934$	$+7\ 8375$	-21124
9389·5	-21136	$+111$	$-2055\ 9957$	-270	0	$-7\ 6964$	$+2055\ 9957$	$+7\ 6965$	-21136
9390·5	-21149	$+111$	$-2056\ 6518$	-270	0	$-7\ 6931$	$+2056\ 6518$	$+7\ 6932$	-21149
9391·5	-21162	$+111$	$-2057\ 2847$	-273	0	$-7\ 8378$	$+2057\ 2847$	$+7\ 8378$	-21162
9392·5	-21173	$+111$	$-2057\ 8294$	-278	0	$-8\ 0966$	$+2057\ 8294$	$+8\ 0967$	-21174
9393·5	-21182	$+111$	$-2058\ 2521$	-284	0	$-8\ 4095$	$+2058\ 2521$	$+8\ 4095$	-21182
9394·5	-21188	$+111$	$-2058\ 5536$	-291	0	$-8\ 7129$	$+2058\ 5536$	$+8\ 7130$	-21189
9395·5	-21192	$+111$	$-2058\ 7598$	-296	0	$-8\ 9578$	$+2058\ 7598$	$+8\ 9579$	-21193
9396·5	-21196	$+111$	$-2058\ 9095$	-299	0	$-9\ 1161$	$+2058\ 9095$	$+9\ 1161$	-21196
9397·5	-21198	$+111$	$-2059\ 0435$	-300	0	$-9\ 1802$	$+2059\ 0435$	$+9\ 1803$	-21199

Values are in units of 10^{-10}. Matrix used with ERA (B21–B24). CIP is $\mathcal{X} = C_{3,1}$, $\mathcal{Y} = C_{3,2}$

MATRIX ELEMENTS FOR CONVERSION FROM
GCRS TO EQUATOR AND EQUINOX OF DATE
FOR 0^h TERRESTRIAL TIME

Date 0^h TT	$M_{1,1}-1$	$M_{1,2}$	$M_{1,3}$	$M_{2,1}$	$M_{2,2}-1$	$M_{2,3}$	$M_{3,1}$	$M_{3,2}$	$M_{3,3}-1$
July 1	−133464	−4738 5504	−2058 8432	+4738 5216	−112270	−18 8722	+2058 9095	+ 9 1161	−21196
2	−133482	−4738 8574	−2058 9769	+4738 8285	−112285	−18 9376	+2059 0435	+ 9 1803	−21199
3	−133502	−4739 2119	−2059 1311	+4739 1829	−112302	−18 9182	+2059 1976	+ 9 1593	−21202
4	−133528	−4739 6774	−2059 3335	+4739 6486	−112324	−18 8345	+2059 3996	+ 9 0738	−21206
5	−133563	−4740 2952	−2059 6019	+4740 2667	−112353	−18 7148	+2059 6675	+ 8 9515	−21212
6	−133607	−4741 0828	−2059 9439	+4741 0545	−112390	−18 5908	+2060 0089	+ 8 8242	−21219
7	−133661	−4742 0329	−2060 3564	+4742 0049	−112435	−18 4948	+2060 4209	+ 8 7243	−21227
8	−133722	−4743 1141	−2060 8256	+4743 0861	−112487	−18 4562	+2060 8900	+ 8 6813	−21237
9	−133787	−4744 2723	−2061 3283	+4744 2442	−112542	−18 4977	+2061 3928	+ 8 7180	−21247
10	−133853	−4745 4367	−2061 8336	+4745 4084	−112597	−18 6304	+2061 8988	+ 8 8460	−21258
11	−133914	−4746 5293	−2062 3079	+4746 5005	−112649	−18 8514	+2062 3741	+ 9 0624	−21267
12	−133968	−4747 4784	−2062 7199	+4747 4490	−112694	−19 1413	+2062 7875	+ 9 3484	−21276
13	−134010	−4748 2336	−2063 0478	+4748 2035	−112730	−19 4657	+2063 1170	+ 9 6697	−21283
14	−134041	−4748 7803	−2063 2854	+4748 7495	−112756	−19 7803	+2063 3561	+ 9 9820	−21288
15	−134062	−4749 1480	−2063 4454	+4749 1168	−112773	−20 0386	+2063 5173	+10 2388	−21291
16	−134077	−4749 4110	−2063 5600	+4749 3794	−112786	−20 2020	+2063 6326	+10 4011	−21293
17	−134092	−4749 6778	−2063 6762	+4749 6462	−112798	−20 2502	+2063 7492	+10 4482	−21296
18	−134114	−4750 0709	−2063 8472	+4750 0394	−112817	−20 1887	+2063 9199	+10 3851	−21299
19	−134149	−4750 6964	−2064 1190	+4750 6651	−112847	−20 0524	+2064 1909	+10 2462	−21305
20	−134201	−4751 6111	−2064 5160	+4751 5801	−112890	−19 9006	+2064 5873	+10 0906	−21313
21	−134268	−4752 7969	−2065 0307	+4752 7661	−112947	−19 8030	+2065 1015	+ 9 9881	−21324
22	−134345	−4754 1561	−2065 6205	+4754 1254	−113011	−19 8185	+2065 6914	+ 9 9980	−21336
23	−134423	−4755 5363	−2066 2194	+4755 5052	−113077	−19 9754	+2066 2910	+10 1492	−21348
24	−134493	−4756 7787	−2066 7585	+4756 7469	−113136	−20 2608	+2066 8315	+10 4295	−21360
25	−134549	−4757 7691	−2067 1884	+4757 7366	−113183	−20 6267	+2067 2632	+10 7912	−21368
26	−134589	−4758 4680	−2067 4920	+4758 4347	−113216	−21 0087	+2067 5686	+11 1704	−21375
27	−134614	−4758 9089	−2067 6837	+4758 8750	−113237	−21 3474	+2067 7619	+11 5072	−21379
28	−134629	−4759 1741	−2067 7993	+4759 1396	−113250	−21 6022	+2067 8787	+11 7610	−21381
29	−134639	−4759 3640	−2067 8822	+4759 3292	−113259	−21 7568	+2067 9623	+11 9148	−21383
30	−134651	−4759 5728	−2067 9733	+4759 5379	−113269	−21 8157	+2068 0537	+11 9728	−21385
31	−134668	−4759 8748	−2068 1048	+4759 8399	−113283	−21 7983	+2068 1851	+11 9542	−21388
Aug. 1	−134693	−4760 3189	−2068 2979	+4760 2842	−113305	−21 7331	+2068 3779	+11 8871	−21392
2	−134728	−4760 9284	−2068 5627	+4760 8938	−113334	−21 6524	+2068 6423	+11 8039	−21397
3	−134772	−4761 7018	−2068 8985	+4761 6673	−113370	−21 5891	+2068 9779	+11 7374	−21404
4	−134823	−4762 6145	−2069 2947	+4762 5800	−113414	−21 5735	+2069 3740	+11 7180	−21412
5	−134880	−4763 6201	−2069 7312	+4763 5855	−113462	−21 6301	+2069 8108	+11 7705	−21421
6	−134939	−4764 6538	−2070 1800	+4764 6190	−113511	−21 7746	+2070 2602	+11 9107	−21431
7	−134995	−4765 6389	−2070 6076	+4765 6036	−113558	−22 0092	+2070 6889	+12 1413	−21440
8	−135043	−4766 4977	−2070 9804	+4766 4617	−113599	−22 3201	+2071 0633	+12 4485	−21447
9	−135081	−4767 1678	−2071 2715	+4767 1311	−113631	−22 6761	+2071 3561	+12 8018	−21453
10	−135107	−4767 6199	−2071 4681	+4767 5824	−113653	−23 0327	+2071 5543	+13 1565	−21458
11	−135121	−4767 8717	−2071 5778	+4767 8335	−113665	−23 3394	+2071 6655	+13 4621	−21460
12	−135128	−4767 9915	−2071 6303	+4767 9529	−113670	−23 5524	+2071 7191	+13 6746	−21461
13	−135133	−4768 0876	−2071 6725	+4768 0488	−113675	−23 6466	+2071 7617	+13 7684	−21462
14	−135144	−4768 2837	−2071 7582	+4768 2450	−113684	−23 6245	+2071 8473	+13 7455	−21464
15	−135167	−4768 6875	−2071 9338	+4768 6490	−113703	−23 5179	+2072 0224	+13 6373	−21467
16	−135205	−4769 3597	−2072 2258	+4769 3215	−113736	−23 3819	+2072 3137	+13 4985	−21473

M = **NPB**. Values are in units of 10^{-10}. Matrix used with GAST (B13–B20). CIP is $\mathcal{X} = M_{3,1}$, $\mathcal{Y} = M_{3,2}$.

MATRIX ELEMENTS FOR CONVERSION FROM
GCRS TO EQUATOR & CELESTIAL INTERMEDIATE ORIGIN OF DATE
FOR 0^h TERRESTRIAL TIME

Julian Date	$C_{1,1}-1$	$C_{1,2}$	$C_{1,3}$	$C_{2,1}$	$C_{2,2}-1$	$C_{2,3}$	$C_{3,1}$	$C_{3,2}$	$C_{3,3}-1$
245									
9396·5	− 21196	+ 111	− 2058 9095	− 299	0	− 9 1161	+ 2058 9095	+ 9 1161	− 21196
9397·5	− 21198	+ 111	− 2059 0435	− 300	0	− 9 1802	+ 2059 0435	+ 9 1803	− 21199
9398·5	− 21201	+ 111	− 2059 1976	− 300	0	− 9 1593	+ 2059 1976	+ 9 1593	− 21202
9399·5	− 21206	+ 111	− 2059 3996	− 298	0	− 9 0737	+ 2059 3996	+ 9 0738	− 21206
9400·5	− 21211	+ 111	− 2059 6675	− 296	0	− 8 9514	+ 2059 6675	+ 8 9515	− 21212
9401·5	− 21218	+ 111	− 2060 0089	− 293	0	− 8 8242	+ 2060 0089	+ 8 8242	− 21219
9402·5	− 21227	+ 111	− 2060 4209	− 291	0	− 8 7243	+ 2060 4209	+ 8 7243	− 21227
9403·5	− 21236	+ 111	− 2060 8900	− 290	0	− 8 6813	+ 2060 8900	+ 8 6813	− 21237
9404·5	− 21247	+ 111	− 2061 3928	− 291	0	− 8 7179	+ 2061 3928	+ 8 7180	− 21247
9405·5	− 21257	+ 111	− 2061 8988	− 293	0	− 8 8459	+ 2061 8988	+ 8 8460	− 21258
9406·5	− 21267	+ 111	− 2062 3741	− 298	0	− 9 0624	+ 2062 3741	+ 9 0624	− 21267
9407·5	− 21275	+ 111	− 2062 7875	− 304	0	− 9 3483	+ 2062 7875	+ 9 3484	− 21276
9408·5	− 21282	+ 111	− 2063 1170	− 310	0	− 9 6696	+ 2063 1170	+ 9 6697	− 21283
9409·5	− 21287	+ 111	− 2063 3561	− 317	0	− 9 9819	+ 2063 3561	+ 9 9820	− 21288
9410·5	− 21291	+ 111	− 2063 5173	− 322	− 1	− 10 2387	+ 2063 5173	+ 10 2388	− 21291
9411·5	− 21293	+ 111	− 2063 6326	− 325	− 1	− 10 4011	+ 2063 6326	+ 10 4011	− 21293
9412·5	− 21295	+ 111	− 2063 7492	− 326	− 1	− 10 4481	+ 2063 7492	+ 10 4482	− 21296
9413·5	− 21299	+ 111	− 2063 9199	− 325	− 1	− 10 3850	+ 2063 9199	+ 10 3851	− 21299
9414·5	− 21304	+ 111	− 2064 1909	− 322	− 1	− 10 2462	+ 2064 1909	+ 10 2462	− 21305
9415·5	− 21313	+ 111	− 2064 5873	− 319	− 1	− 10 0906	+ 2064 5873	+ 10 0906	− 21313
9416·5	− 21323	+ 111	− 2065 1015	− 317	0	− 9 9880	+ 2065 1015	+ 9 9881	− 21324
9417·5	− 21335	+ 111	− 2065 6914	− 317	0	− 9 9980	+ 2065 6914	+ 9 9980	− 21336
9418·5	− 21348	+ 111	− 2066 2910	− 320	− 1	− 10 1492	+ 2066 2910	+ 10 1492	− 21348
9419·5	− 21359	+ 110	− 2066 8315	− 326	− 1	− 10 4294	+ 2066 8315	+ 10 4295	− 21360
9420·5	− 21368	+ 110	− 2067 2632	− 333	− 1	− 10 7912	+ 2067 2632	+ 10 7912	− 21368
9421·5	− 21374	+ 110	− 2067 5686	− 341	− 1	− 11 1704	+ 2067 5686	+ 11 1704	− 21375
9422·5	− 21378	+ 110	− 2067 7619	− 348	− 1	− 11 5072	+ 2067 7619	+ 11 5072	− 21379
9423·5	− 21381	+ 110	− 2067 8787	− 354	− 1	− 11 7609	+ 2067 8787	+ 11 7610	− 21381
9424·5	− 21382	+ 110	− 2067 9623	− 357	− 1	− 11 9148	+ 2067 9623	+ 11 9148	− 21383
9425·5	− 21384	+ 110	− 2068 0537	− 358	− 1	− 11 9727	+ 2068 0537	+ 11 9728	− 21385
9426·5	− 21387	+ 110	− 2068 1851	− 358	− 1	− 11 9541	+ 2068 1851	+ 11 9542	− 21388
9427·5	− 21391	+ 110	− 2068 3779	− 356	− 1	− 11 8871	+ 2068 3779	+ 11 8871	− 21392
9428·5	− 21396	+ 110	− 2068 6423	− 354	− 1	− 11 8039	+ 2068 6423	+ 11 8039	− 21397
9429·5	− 21403	+ 110	− 2068 9779	− 353	− 1	− 11 7373	+ 2068 9779	+ 11 7374	− 21404
9430·5	− 21412	+ 110	− 2069 3740	− 353	− 1	− 11 7179	+ 2069 3740	+ 11 7180	− 21412
9431·5	− 21421	+ 110	− 2069 8108	− 354	− 1	− 11 7705	+ 2069 8108	+ 11 7705	− 21421
9432·5	− 21430	+ 110	− 2070 2602	− 357	− 1	− 11 9107	+ 2070 2602	+ 11 9107	− 21431
9433·5	− 21439	+ 110	− 2070 6889	− 361	− 1	− 12 1412	+ 2070 6889	+ 12 1413	− 21440
9434·5	− 21447	+ 110	− 2071 0633	− 368	− 1	− 12 4485	+ 2071 0633	+ 12 4485	− 21447
9435·5	− 21453	+ 110	− 2071 3561	− 375	− 1	− 12 8018	+ 2071 3561	+ 12 8018	− 21453
9436·5	− 21457	+ 110	− 2071 5543	− 382	− 1	− 13 1564	+ 2071 5543	+ 13 1565	− 21458
9437·5	− 21459	+ 110	− 2071 6655	− 389	− 1	− 13 4621	+ 2071 6655	+ 13 4621	− 21460
9438·5	− 21460	+ 110	− 2071 7191	− 393	− 1	− 13 6746	+ 2071 7191	+ 13 6746	− 21461
9439·5	− 21461	+ 110	− 2071 7617	− 395	− 1	− 13 7684	+ 2071 7617	+ 13 7684	− 21462
9440·5	− 21463	+ 110	− 2071 8473	− 395	− 1	− 13 7454	+ 2071 8473	+ 13 7455	− 21464
9441·5	− 21466	+ 110	− 2072 0224	− 392	− 1	− 13 6372	+ 2072 0224	+ 13 6373	− 21467
9442·5	− 21472	+ 110	− 2072 3137	− 390	− 1	− 13 4984	+ 2072 3137	+ 13 4985	− 21473

Values are in units of 10^{-10}. Matrix used with ERA (B21–B24). CIP is $\mathcal{X} = C_{3,1}$, $\mathcal{Y} = C_{3,2}$

MATRIX ELEMENTS FOR CONVERSION FROM
GCRS TO EQUATOR AND EQUINOX OF DATE
FOR 0^h TERRESTRIAL TIME

Date 0^h TT	$M_{1,1}-1$	$M_{1,2}$	$M_{1,3}$	$M_{2,1}$	$M_{2,2}-1$	$M_{2,3}$	$M_{3,1}$	$M_{3,2}$	$M_{3,3}-1$
Aug. 16	−135205	−4769 3597	−2072 2258	+4769 3215	−113736	−23 3819	+2072 3137	+13 4985	−21473
17	−135258	−4770 2948	−2072 6317	+4770 2568	−113780	−23 2811	+2072 7192	+13 3938	−21482
18	−135322	−4771 4184	−2073 1193	+4771 3804	−113834	−23 2729	+2073 2068	+13 3810	−21492
19	−135389	−4772 6040	−2073 6339	+4772 5658	−113890	−23 3911	+2073 7219	+13 4942	−21503
20	−135452	−4773 7077	−2074 1129	+4773 6689	−113943	−23 6360	+2074 2021	+13 7346	−21513
21	−135503	−4774 6075	−2074 5036	+4774 5681	−113986	−23 9746	+2074 5944	+14 0694	−21521
22	−135539	−4775 2372	−2074 7771	+4775 1969	−114016	−24 3515	+2074 8697	+14 4437	−21526
23	−135559	−4775 5982	−2074 9342	+4775 5572	−114033	−24 7060	+2075 0285	+14 7967	−21530
24	−135568	−4775 7508	−2075 0009	+4775 7092	−114041	−24 9885	+2075 0966	+15 0785	−21531
25	−135570	−4775 7895	−2075 0183	+4775 7476	−114043	−25 1710	+2075 1149	+15 2609	−21532
26	−135572	−4775 8153	−2075 0301	+4775 7732	−114044	−25 2490	+2075 1270	+15 3388	−21532
27	−135577	−4775 9144	−2075 0736	+4775 8723	−114049	−25 2374	+2075 1705	+15 3267	−21533
28	−135591	−4776 1471	−2075 1751	+4776 1051	−114060	−25 1636	+2075 2716	+15 2520	−21535
29	−135613	−4776 5446	−2075 3480	+4776 5029	−114079	−25 0610	+2075 4440	+15 1478	−21539
30	−135645	−4777 1112	−2075 5942	+4777 0696	−114106	−24 9639	+2075 6897	+15 0483	−21544
31	−135686	−4777 8270	−2075 9051	+4777 7856	−114140	−24 9037	+2076 0004	+14 9851	−21550
Sept. 1	−135733	−4778 6522	−2076 2633	+4778 6108	−114179	−24 9064	+2076 3587	+14 9844	−21557
2	−135783	−4779 5291	−2076 6441	+4779 4875	−114221	−24 9902	+2076 7398	+15 0646	−21565
3	−135831	−4780 3874	−2077 0167	+4780 3454	−114262	−25 1622	+2077 1133	+15 2330	−21573
4	−135875	−4781 1506	−2077 3481	+4781 1081	−114299	−25 4152	+2077 4459	+15 4828	−21580
5	−135909	−4781 7489	−2077 6081	+4781 7057	−114328	−25 7254	+2077 7073	+15 7905	−21586
6	−135931	−4782 1359	−2077 7764	+4782 0921	−114346	−26 0522	+2077 8773	+16 1157	−21589
7	−135941	−4782 3081	−2077 8517	+4782 2636	−114354	−26 3438	+2077 9539	+16 4066	−21591
8	−135941	−4782 3173	−2077 8562	+4782 2724	−114355	−26 5486	+2077 9594	+16 6114	−21591
9	−135938	−4782 2679	−2077 8354	+4782 2229	−114352	−26 6304	+2077 9390	+16 6934	−21591
10	−135940	−4782 2931	−2077 8469	+4782 2482	−114354	−26 5826	+2077 9503	+16 6454	−21591
11	−135952	−4782 5161	−2077 9442	+4782 4715	−114364	−26 4330	+2078 0468	+16 4949	−21593
12	−135981	−4783 0111	−2078 1594	+4782 9669	−114388	−26 2379	+2078 2611	+16 2978	−21597
13	−136024	−4783 7799	−2078 4932	+4783 7361	−114425	−26 0651	+2078 5941	+16 1218	−21604
14	−136080	−4784 7527	−2078 9155	+4784 7090	−114471	−25 9745	+2079 0160	+16 0271	−21613
15	−136140	−4785 8096	−2079 3742	+4785 7659	−114522	−26 0025	+2079 4749	+16 0507	−21622
16	−136197	−4786 8147	−2079 8105	+4786 7707	−114570	−26 1538	+2079 9119	+16 1979	−21632
17	−136244	−4787 6500	−2080 1732	+4787 6054	−114610	−26 4029	+2080 2758	+16 4435	−21639
18	−136278	−4788 2422	−2080 4305	+4788 1970	−114638	−26 7023	+2080 5345	+16 7404	−21645
19	−136297	−4788 5760	−2080 5758	+4788 5302	−114654	−26 9959	+2080 6812	+17 0326	−21648
20	−136304	−4788 6914	−2080 6264	+4788 6451	−114660	−27 2327	+2080 7330	+17 2689	−21649
21	−136302	−4788 6683	−2080 6169	+4788 6217	−114659	−27 3776	+2080 7242	+17 4140	−21649
22	−136299	−4788 6041	−2080 5897	+4788 5574	−114656	−27 4171	+2080 6971	+17 4537	−21648
23	−136298	−4788 5916	−2080 5849	+4788 5450	−114655	−27 3583	+2080 6920	+17 3949	−21648
24	−136304	−4788 7023	−2080 6335	+4788 6561	−114660	−27 2246	+2080 7400	+17 2608	−21649
25	−136320	−4788 9786	−2080 7538	+4788 9327	−114674	−27 0489	+2080 8595	+17 0839	−21651
26	−136346	−4789 4325	−2080 9512	+4789 3869	−114695	−26 8667	+2081 0560	+16 8999	−21655
27	−136381	−4790 0490	−2081 2190	+4790 0037	−114725	−26 7117	+2081 3231	+16 7423	−21661
28	−136423	−4790 7916	−2081 5415	+4790 7466	−114760	−26 6115	+2081 6451	+16 6390	−21668
29	−136470	−4791 6076	−2081 8958	+4791 5627	−114800	−26 5861	+2081 9993	+16 6102	−21675
30	−136517	−4792 4325	−2082 2540	+4792 3874	−114839	−26 6452	+2082 3578	+16 6659	−21682
Oct. 1	−136560	−4793 1959	−2082 5855	+4793 1505	−114876	−26 7868	+2082 6900	+16 8043	−21689

$M = NPB$. Values are in units of 10^{-10}. Matrix used with GAST (B13–B20). CIP is $\mathcal{X} = M_{3,1}$, $\mathcal{Y} = M_{3,2}$.

MATRIX ELEMENTS FOR CONVERSION FROM
GCRS TO EQUATOR & CELESTIAL INTERMEDIATE ORIGIN OF DATE
FOR 0^h TERRESTRIAL TIME

Julian Date	$C_{1,1}-1$	$C_{1,2}$	$C_{1,3}$	$C_{2,1}$	$C_{2,2}-1$	$C_{2,3}$	$C_{3,1}$	$C_{3,2}$	$C_{3,3}-1$
245									
9442·5	-21472	$+110$	$-2072\ 3137$	-390	-1	$-13\ 4984$	$+2072\ 3137$	$+13\ 4985$	-21473
9443·5	-21481	$+110$	$-2072\ 7192$	-387	-1	$-13\ 3938$	$+2072\ 7192$	$+13\ 3938$	-21482
9444·5	-21491	$+110$	$-2073\ 2068$	-387	-1	$-13\ 3809$	$+2073\ 2068$	$+13\ 3810$	-21492
9445·5	-21502	$+110$	$-2073\ 7219$	-389	-1	$-13\ 4942$	$+2073\ 7219$	$+13\ 4942$	-21503
9446·5	-21512	$+110$	$-2074\ 2021$	-394	-1	$-13\ 7345$	$+2074\ 2021$	$+13\ 7346$	-21513
9447·5	-21520	$+109$	$-2074\ 5944$	-401	-1	$-14\ 0694$	$+2074\ 5944$	$+14\ 0694$	-21521
9448·5	-21525	$+109$	$-2074\ 8697$	-409	-1	$-14\ 4437$	$+2074\ 8697$	$+14\ 4437$	-21526
9449·5	-21529	$+109$	$-2075\ 0285$	-416	-1	$-14\ 7966$	$+2075\ 0285$	$+14\ 7967$	-21530
9450·5	-21530	$+109$	$-2075\ 0966$	-422	-1	$-15\ 0785$	$+2075\ 0966$	$+15\ 0785$	-21531
9451·5	-21531	$+109$	$-2075\ 1149$	-426	-1	$-15\ 2608$	$+2075\ 1149$	$+15\ 2609$	-21532
9452·5	-21531	$+109$	$-2075\ 1270$	-428	-1	$-15\ 3387$	$+2075\ 1270$	$+15\ 3388$	-21532
9453·5	-21532	$+109$	$-2075\ 1705$	-427	-1	$-15\ 3267$	$+2075\ 1705$	$+15\ 3267$	-21533
9454·5	-21534	$+109$	$-2075\ 2716$	-426	-1	$-15\ 2519$	$+2075\ 2716$	$+15\ 2520$	-21535
9455·5	-21537	$+109$	$-2075\ 4440$	-424	-1	$-15\ 1477$	$+2075\ 4440$	$+15\ 1478$	-21539
9456·5	-21542	$+109$	$-2075\ 6897$	-422	-1	$-15\ 0482$	$+2075\ 6897$	$+15\ 0483$	-21544
9457·5	-21549	$+109$	$-2076\ 0004$	-420	-1	$-14\ 9850$	$+2076\ 0004$	$+14\ 9851$	-21550
9458·5	-21556	$+109$	$-2076\ 3587$	-420	-1	$-14\ 9844$	$+2076\ 3587$	$+14\ 9844$	-21557
9459·5	-21564	$+109$	$-2076\ 7398$	-422	-1	$-15\ 0645$	$+2076\ 7398$	$+15\ 0646$	-21565
9460·5	-21572	$+109$	$-2077\ 1133$	-426	-1	$-15\ 2329$	$+2077\ 1133$	$+15\ 2330$	-21573
9461·5	-21579	$+109$	$-2077\ 4459$	-431	-1	$-15\ 4828$	$+2077\ 4459$	$+15\ 4828$	-21580
9462·5	-21584	$+109$	$-2077\ 7073$	-437	-1	$-15\ 7904$	$+2077\ 7073$	$+15\ 7905$	-21586
9463·5	-21588	$+109$	$-2077\ 8773$	-444	-1	$-16\ 1156$	$+2077\ 8773$	$+16\ 1157$	-21589
9464·5	-21589	$+109$	$-2077\ 9539$	-450	-1	$-16\ 4065$	$+2077\ 9539$	$+16\ 4066$	-21591
9465·5	-21590	$+109$	$-2077\ 9594$	-454	-1	$-16\ 6113$	$+2077\ 9594$	$+16\ 6114$	-21591
9466·5	-21589	$+109$	$-2077\ 9390$	-456	-1	$-16\ 6933$	$+2077\ 9390$	$+16\ 6934$	-21591
9467·5	-21589	$+109$	$-2077\ 9503$	-455	-1	$-16\ 6454$	$+2077\ 9503$	$+16\ 6454$	-21591
9468·5	-21591	$+109$	$-2078\ 0468$	-452	-1	$-16\ 4949$	$+2078\ 0468$	$+16\ 4949$	-21593
9469·5	-21596	$+109$	$-2078\ 2611$	-448	-1	$-16\ 2977$	$+2078\ 2611$	$+16\ 2978$	-21597
9470·5	-21603	$+109$	$-2078\ 5941$	-444	-1	$-16\ 1217$	$+2078\ 5941$	$+16\ 1218$	-21604
9471·5	-21612	$+109$	$-2079\ 0160$	-442	-1	$-16\ 0271$	$+2079\ 0160$	$+16\ 0271$	-21613
9472·5	-21621	$+109$	$-2079\ 4749$	-443	-1	$-16\ 0507$	$+2079\ 4749$	$+16\ 0507$	-21622
9473·5	-21630	$+109$	$-2079\ 9119$	-446	-1	$-16\ 1979$	$+2079\ 9119$	$+16\ 1979$	-21632
9474·5	-21638	$+109$	$-2080\ 2758$	-451	-1	$-16\ 4435$	$+2080\ 2758$	$+16\ 4435$	-21639
9475·5	-21643	$+109$	$-2080\ 5345$	-457	-1	$-16\ 7404$	$+2080\ 5345$	$+16\ 7404$	-21645
9476·5	-21646	$+109$	$-2080\ 6812$	-463	-1	$-17\ 0326$	$+2080\ 6812$	$+17\ 0326$	-21648
9477·5	-21647	$+109$	$-2080\ 7330$	-468	-1	$-17\ 2689$	$+2080\ 7330$	$+17\ 2689$	-21649
9478·5	-21647	$+109$	$-2080\ 7242$	-471	-2	$-17\ 4139$	$+2080\ 7242$	$+17\ 4140$	-21649
9479·5	-21647	$+109$	$-2080\ 6971$	-472	-2	$-17\ 4536$	$+2080\ 6971$	$+17\ 4537$	-21648
9480·5	-21646	$+109$	$-2080\ 6920$	-470	-2	$-17\ 3949$	$+2080\ 6920$	$+17\ 3949$	-21648
9481·5	-21647	$+109$	$-2080\ 7400$	-468	-1	$-17\ 2607$	$+2080\ 7400$	$+17\ 2608$	-21649
9482·5	-21650	$+108$	$-2080\ 8595$	-464	-1	$-17\ 0838$	$+2080\ 8595$	$+17\ 0839$	-21651
9483·5	-21654	$+108$	$-2081\ 0560$	-460	-1	$-16\ 8998$	$+2081\ 0560$	$+16\ 8999$	-21655
9484·5	-21660	$+108$	$-2081\ 3231$	-457	-1	$-16\ 7422$	$+2081\ 3231$	$+16\ 7423$	-21661
9485·5	-21666	$+108$	$-2081\ 6451$	-455	-1	$-16\ 6390$	$+2081\ 6451$	$+16\ 6390$	-21668
9486·5	-21674	$+108$	$-2081\ 9993$	-454	-1	$-16\ 6101$	$+2081\ 9993$	$+16\ 6102$	-21675
9487·5	-21681	$+108$	$-2082\ 3578$	-455	-1	$-16\ 6659$	$+2082\ 3578$	$+16\ 6659$	-21682
9488·5	-21688	$+108$	$-2082\ 6900$	-458	-1	$-16\ 8042$	$+2082\ 6900$	$+16\ 8043$	-21689

Values are in units of 10^{-10}. Matrix used with ERA (B21–B24). CIP is $\mathcal{X} = C_{3,1}$, $\mathcal{Y} = C_{3,2}$

MATRIX ELEMENTS FOR CONVERSION FROM
GCRS TO EQUATOR AND EQUINOX OF DATE
FOR 0^h TERRESTRIAL TIME

Date 0^h TT	$M_{1,1}-1$	$M_{1,2}$	$M_{1,3}$	$M_{2,1}$	$M_{2,2}-1$	$M_{2,3}$	$M_{3,1}$	$M_{3,2}$	$M_{3,3}-1$
Oct. 1	−136560	−4793 1959	−2082 5855	+4793 1505	−114876	−26 7868	+2082 6900	+16 8043	−21689
2	−136596	−4793 8290	−2082 8605	+4793 7832	−114906	−26 9943	+2082 9660	+17 0092	−21695
3	−136622	−4794 2773	−2083 0554	+4794 2309	−114928	−27 2358	+2083 1621	+17 2488	−21699
4	−136636	−4794 5165	−2083 1597	+4794 4697	−114939	−27 4650	+2083 2675	+17 4769	−21702
5	−136639	−4794 5710	−2083 1839	+4794 5239	−114942	−27 6281	+2083 2925	+17 6398	−21702
6	−136636	−4794 5237	−2083 1640	+4794 4764	−114940	−27 6775	+2083 2728	+17 6894	−21702
7	−136635	−4794 5061	−2083 1570	+4794 4590	−114939	−27 5890	+2083 2653	+17 6010	−21702
8	−136644	−4794 6633	−2083 2257	+4794 6167	−114946	−27 3763	+2083 3330	+17 3876	−21703
9	−136669	−4795 1028	−2083 4168	+4795 0568	−114967	−27 0914	+2083 5228	+17 1010	−21707
10	−136712	−4795 8521	−2083 7422	+4795 8067	−115003	−26 8093	+2083 8468	+16 8157	−21714
11	−136769	−4796 8487	−2084 1748	+4796 8037	−115051	−26 6018	+2084 2784	+16 6040	−21722
12	−136832	−4797 9651	−2084 6593	+4797 9202	−115104	−26 5149	+2084 7626	+16 5125	−21733
13	−136894	−4799 0531	−2085 1316	+4799 0082	−115157	−26 5583	+2085 2350	+16 5514	−21742
14	−136948	−4799 9864	−2085 5367	+4799 9411	−115201	−26 7082	+2085 6409	+16 6974	−21751
15	−136988	−4800 6868	−2085 8409	+4800 6411	−115235	−26 9183	+2085 9461	+16 9045	−21757
16	−137013	−4801 1338	−2086 0353	+4801 0876	−115257	−27 1340	+2086 1415	+17 1184	−21761
17	−137026	−4801 3591	−2086 1335	+4801 3125	−115267	−27 3052	+2086 2406	+17 2887	−21764
18	−137030	−4801 4329	−2086 1661	+4801 3862	−115271	−27 3950	+2086 2736	+17 3781	−21764
19	−137031	−4801 4460	−2086 1724	+4801 3993	−115272	−27 3846	+2086 2798	+17 3677	−21764
20	−137033	−4801 4902	−2086 1921	+4801 4437	−115274	−27 2751	+2086 2990	+17 2580	−21765
21	−137042	−4801 6434	−2086 2591	+4801 5973	−115281	−27 0842	+2086 3651	+17 0665	−21766
22	−137060	−4801 9578	−2086 3960	+4801 9123	−115296	−26 8416	+2086 5008	+16 8226	−21769
23	−137089	−4802 4555	−2086 6123	+4802 4104	−115320	−26 5827	+2086 7159	+16 5616	−21773
24	−137127	−4803 1287	−2086 9047	+4803 0842	−115352	−26 3427	+2087 0072	+16 3187	−21779
25	−137174	−4803 9449	−2087 2591	+4803 9007	−115391	−26 1518	+2087 3607	+16 1244	−21787
26	−137225	−4804 8529	−2087 6534	+4804 8091	−115435	−26 0321	+2087 7543	+16 0010	−21795
27	−137279	−4805 7906	−2088 0604	+4805 7468	−115480	−25 9956	+2088 1612	+15 9605	−21803
28	−137330	−4806 6907	−2088 4512	+4806 6468	−115523	−26 0424	+2088 5522	+16 0035	−21812
29	−137376	−4807 4885	−2088 7976	+4807 4443	−115562	−26 1605	+2088 8992	+16 1184	−21819
30	−137413	−4808 1298	−2089 0762	+4808 0853	−115593	−26 3250	+2089 1786	+16 2802	−21825
31	−137439	−4808 5821	−2089 2729	+4808 5372	−115614	−26 4981	+2089 3761	+16 4514	−21829
Nov. 1	−137454	−4808 8481	−2089 3888	+4808 8030	−115627	−26 6323	+2089 4927	+16 5845	−21831
2	−137461	−4808 9799	−2089 4465	+4808 9347	−115633	−26 6784	+2089 5506	+16 6300	−21833
3	−137467	−4809 0834	−2089 4919	+4809 0383	−115638	−26 5984	+2089 5957	+16 5496	−21833
4	−137480	−4809 3029	−2089 5877	+4809 2583	−115649	−26 3835	+2089 6904	+16 3338	−21835
5	−137507	−4809 7795	−2089 7948	+4809 7355	−115672	−26 0661	+2089 8960	+16 0144	−21840
6	−137554	−4810 5930	−2090 1481	+4810 5497	−115711	−25 7163	+2090 2476	+15 6611	−21847
7	−137618	−4811 7211	−2090 6377	+4811 6785	−115765	−25 4191	+2090 7358	+15 3593	−21857
8	−137694	−4813 0431	−2091 2113	+4813 0008	−115829	−25 2421	+2091 3086	+15 1768	−21869
9	−137771	−4814 3875	−2091 7947	+4814 3453	−115893	−25 2117	+2091 8918	+15 1408	−21881
10	−137840	−4815 5954	−2092 3189	+4815 5529	−115952	−25 3098	+2092 4165	+15 2338	−21892
11	−137895	−4816 5645	−2092 7396	+4816 5218	−115998	−25 4875	+2092 8381	+15 4074	−21901
12	−137935	−4817 2634	−2093 0432	+4817 2202	−116032	−25 6851	+2093 1426	+15 6021	−21907
13	−137961	−4817 7214	−2093 2423	+4817 6779	−116054	−25 8480	+2093 3425	+15 7630	−21912
14	−137978	−4818 0088	−2093 3675	+4817 9651	−116068	−25 9367	+2093 4681	+15 8505	−21914
15	−137990	−4818 2156	−2093 4577	+4818 1719	−116078	−25 9306	+2093 5583	+15 8436	−21916
16	−138002	−4818 4336	−2093 5528	+4818 3901	−116088	−25 8276	+2093 6529	+15 7397	−21918

M = NPB. Values are in units of 10^{-10}. Matrix used with GAST (B13–B20). CIP is $\mathcal{X} = M_{3,1}$, $\mathcal{Y} = M_{3,2}$.

MATRIX ELEMENTS FOR CONVERSION FROM
GCRS TO EQUATOR & CELESTIAL INTERMEDIATE ORIGIN OF DATE
FOR 0^h TERRESTRIAL TIME

Julian Date	$C_{1,1}-1$	$C_{1,2}$	$C_{1,3}$	$C_{2,1}$	$C_{2,2}-1$	$C_{2,3}$	$C_{3,1}$	$C_{3,2}$	$C_{3,3}-1$
245									
9488·5	− 21688	+ 108	− 2082 6900	− 458	− 1	− 16 8042	+ 2082 6900	+ 16 8043	− 21689
9489·5	− 21694	+ 108	− 2082 9660	− 462	− 1	− 17 0091	+ 2082 9660	+ 17 0092	− 21695
9490·5	− 21698	+ 108	− 2083 1621	− 467	− 1	− 17 2487	+ 2083 1621	+ 17 2488	− 21699
9491·5	− 21700	+ 108	− 2083 2675	− 472	− 2	− 17 4769	+ 2083 2675	+ 17 4769	− 21702
9492·5	− 21701	+ 108	− 2083 2925	− 476	− 2	− 17 6398	+ 2083 2925	+ 17 6398	− 21702
9493·5	− 21700	+ 108	− 2083 2728	− 477	− 2	− 17 6894	+ 2083 2728	+ 17 6894	− 21702
9494·5	− 21700	+ 108	− 2083 2653	− 475	− 2	− 17 6010	+ 2083 2653	+ 17 6010	− 21702
9495·5	− 21701	+ 108	− 2083 3330	− 470	− 2	− 17 3876	+ 2083 3330	+ 17 3876	− 21703
9496·5	− 21705	+ 108	− 2083 5228	− 464	− 1	− 17 1009	+ 2083 5228	+ 17 1010	− 21707
9497·5	− 21712	+ 108	− 2083 8468	− 458	− 1	− 16 8157	+ 2083 8468	+ 16 8157	− 21714
9498·5	− 21721	+ 108	− 2084 2784	− 454	− 1	− 16 6040	+ 2084 2784	+ 16 6040	− 21722
9499·5	− 21731	+ 108	− 2084 7626	− 452	− 1	− 16 5125	+ 2084 7626	+ 16 5125	− 21733
9500·5	− 21741	+ 108	− 2085 2350	− 453	− 1	− 16 5514	+ 2085 2350	+ 16 5514	− 21742
9501·5	− 21750	+ 108	− 2085 6409	− 456	− 1	− 16 6973	+ 2085 6409	+ 16 6974	− 21751
9502·5	− 21756	+ 108	− 2085 9461	− 460	− 1	− 16 9044	+ 2085 9461	+ 16 9045	− 21757
9503·5	− 21760	+ 108	− 2086 1415	− 465	− 1	− 17 1184	+ 2086 1415	+ 17 1184	− 21761
9504·5	− 21762	+ 108	− 2086 2406	− 468	− 1	− 17 2886	+ 2086 2406	+ 17 2887	− 21764
9505·5	− 21763	+ 108	− 2086 2736	− 470	− 2	− 17 3780	+ 2086 2736	+ 17 3781	− 21764
9506·5	− 21763	+ 108	− 2086 2798	− 470	− 2	− 17 3676	+ 2086 2798	+ 17 3677	− 21764
9507·5	− 21763	+ 108	− 2086 2990	− 468	− 1	− 17 2580	+ 2086 2990	+ 17 2580	− 21765
9508·5	− 21765	+ 108	− 2086 3651	− 464	− 1	− 17 0664	+ 2086 3651	+ 17 0665	− 21766
9509·5	− 21767	+ 108	− 2086 5008	− 459	− 1	− 16 8225	+ 2086 5008	+ 16 8226	− 21769
9510·5	− 21772	+ 108	− 2086 7159	− 453	− 1	− 16 5615	+ 2086 7159	+ 16 5616	− 21773
9511·5	− 21778	+ 107	− 2087 0072	− 448	− 1	− 16 3187	+ 2087 0072	+ 16 3187	− 21779
9512·5	− 21785	+ 107	− 2087 3607	− 444	− 1	− 16 1244	+ 2087 3607	+ 16 1244	− 21787
9513·5	− 21794	+ 107	− 2087 7543	− 441	− 1	− 16 0010	+ 2087 7543	+ 16 0010	− 21795
9514·5	− 21802	+ 107	− 2088 1612	− 441	− 1	− 15 9604	+ 2088 1612	+ 15 9605	− 21803
9515·5	− 21810	+ 107	− 2088 5522	− 441	− 1	− 16 0035	+ 2088 5522	+ 16 0035	− 21812
9516·5	− 21818	+ 107	− 2088 8992	− 444	− 1	− 16 1183	+ 2088 8992	+ 16 1184	− 21819
9517·5	− 21823	+ 107	− 2089 1786	− 447	− 1	− 16 2801	+ 2089 1786	+ 16 2802	− 21825
9518·5	− 21827	+ 107	− 2089 3761	− 451	− 1	− 16 4513	+ 2089 3761	+ 16 4514	− 21829
9519·5	− 21830	+ 107	− 2089 4927	− 454	− 1	− 16 5844	+ 2089 4927	+ 16 5845	− 21831
9520·5	− 21831	+ 107	− 2089 5506	− 455	− 1	− 16 6299	+ 2089 5506	+ 16 6300	− 21833
9521·5	− 21832	+ 107	− 2089 5957	− 453	− 1	− 16 5495	+ 2089 5957	+ 16 5496	− 21833
9522·5	− 21834	+ 107	− 2089 6904	− 448	− 1	− 16 3337	+ 2089 6904	+ 16 3338	− 21835
9523·5	− 21838	+ 107	− 2089 8960	− 442	− 1	− 16 0143	+ 2089 8960	+ 16 0144	− 21840
9524·5	− 21846	+ 107	− 2090 2476	− 434	− 1	− 15 6611	+ 2090 2476	+ 15 6611	− 21847
9525·5	− 21856	+ 107	− 2090 7358	− 428	− 1	− 15 3592	+ 2090 7358	+ 15 3593	− 21857
9526·5	− 21868	+ 107	− 2091 3086	− 424	− 1	− 15 1767	+ 2091 3086	+ 15 1768	− 21869
9527·5	− 21880	+ 107	− 2091 8918	− 423	− 1	− 15 1407	+ 2091 8918	+ 15 1408	− 21881
9528·5	− 21891	+ 107	− 2092 4165	− 425	− 1	− 15 2337	+ 2092 4165	+ 15 2338	− 21892
9529·5	− 21900	+ 107	− 2092 8381	− 429	− 1	− 15 4074	+ 2092 8381	+ 15 4074	− 21901
9530·5	− 21906	+ 107	− 2093 1426	− 433	− 1	− 15 6020	+ 2093 1426	+ 15 6021	− 21907
9531·5	− 21910	+ 106	− 2093 3425	− 436	− 1	− 15 7630	+ 2093 3425	+ 15 7630	− 21912
9532·5	− 21913	+ 106	− 2093 4681	− 438	− 1	− 15 8505	+ 2093 4681	+ 15 8505	− 21914
9533·5	− 21915	+ 106	− 2093 5583	− 438	− 1	− 15 8435	+ 2093 5583	+ 15 8436	− 21916
9534·5	− 21917	+ 106	− 2093 6529	− 436	− 1	− 15 7396	+ 2093 6529	+ 15 7397	− 21918

Values are in units of 10^{-10}. Matrix used with ERA (B21–B24). CIP is $\mathcal{X} = C_{3,1}$, $\mathcal{Y} = C_{3,2}$

MATRIX ELEMENTS FOR CONVERSION FROM
GCRS TO EQUATOR AND EQUINOX OF DATE
FOR 0^h TERRESTRIAL TIME

Date 0^h TT	$M_{1,1}-1$	$M_{1,2}$	$M_{1,3}$	$M_{2,1}$	$M_{2,2}-1$	$M_{2,3}$	$M_{3,1}$	$M_{3,2}$	$M_{3,3}-1$
Nov. 16	−138002	−4818 4336	−2093 5528	+4818 3901	−116088	−25 8276	+2093 6529	+15 7397	−21918
17	−138020	−4818 7427	−2093 6873	+4818 6995	−116103	−25 6419	+2093 7866	+15 5527	−21921
18	−138046	−4819 2008	−2093 8865	+4819 1582	−116125	−25 3996	+2093 9846	+15 3085	−21925
19	−138083	−4819 8386	−2094 1636	+4819 7966	−116156	−25 1341	+2094 2604	+15 0403	−21931
20	−138130	−4820 6573	−2094 5191	+4820 6157	−116195	−24 8808	+2094 6147	+14 7836	−21938
21	−138185	−4821 6306	−2094 9416	+4821 5895	−116242	−24 6719	+2095 0362	+14 5706	−21947
22	−138247	−4822 7106	−2095 4103	+4822 6698	−116294	−24 5323	+2095 5043	+14 4265	−21957
23	−138312	−4823 8350	−2095 8983	+4823 7943	−116349	−24 4764	+2095 9920	+14 3659	−21967
24	−138375	−4824 9357	−2096 3760	+4824 8949	−116402	−24 5068	+2096 4699	+14 3917	−21977
25	−138433	−4825 9476	−2096 8153	+4825 9066	−116451	−24 6134	+2096 9097	+14 4940	−21986
26	−138483	−4826 8171	−2097 1928	+4826 7758	−116493	−24 7743	+2097 2880	+14 6513	−21994
27	−138523	−4827 5101	−2097 4938	+4827 4684	−116526	−24 9568	+2097 5899	+14 8309	−22001
28	−138552	−4828 0215	−2097 7161	+4827 9795	−116551	−25 1203	+2097 8129	+14 9922	−22005
29	−138573	−4828 3840	−2097 8738	+4828 3417	−116568	−25 2207	+2097 9711	+15 0911	−22009
30	−138589	−4828 6747	−2098 0004	+4828 6324	−116582	−25 2191	+2098 0977	+15 0883	−22011
Dec. 1	−138609	−4829 0122	−2098 1473	+4828 9702	−116599	−25 0936	+2098 2440	+14 9614	−22014
2	−138639	−4829 5363	−2098 3751	+4829 4948	−116624	−24 8530	+2098 4706	+14 7186	−22019
3	−138687	−4830 3654	−2098 7351	+4830 3245	−116664	−24 5448	+2098 8291	+14 4068	−22026
4	−138754	−4831 5426	−2099 2459	+4831 5023	−116721	−24 2477	+2099 3386	+14 1049	−22037
5	−138838	−4833 0013	−2099 8789	+4832 9615	−116791	−24 0462	+2099 9706	+13 8972	−22050
6	−138929	−4834 5803	−2100 5639	+4834 5406	−116867	−23 9955	+2100 6554	+13 8399	−22065
7	−139015	−4836 0853	−2101 2169	+4836 0453	−116940	−24 1010	+2101 3089	+13 9391	−22078
8	−139089	−4837 3625	−2101 7712	+4837 3221	−117002	−24 3202	+2101 8642	+14 1530	−22090
9	−139145	−4838 3416	−2102 1962	+4838 3006	−117049	−24 5861	+2102 2905	+14 4147	−22099
10	−139185	−4839 0363	−2102 4979	+4838 9947	−117083	−24 8320	+2102 5935	+14 6577	−22106
11	−139213	−4839 5182	−2102 7074	+4839 4763	−117106	−25 0089	+2102 8038	+14 8325	−22110
12	−139234	−4839 8854	−2102 8672	+4839 8434	−117124	−25 0908	+2102 9640	+14 9129	−22113
13	−139254	−4840 2373	−2103 0203	+4840 1952	−117141	−25 0737	+2103 1170	+14 8943	−22117
14	−139278	−4840 6587	−2103 2036	+4840 6169	−117162	−24 9707	+2103 2998	+14 7895	−22120
15	−139310	−4841 2123	−2103 4441	+4841 1708	−117188	−24 8067	+2103 5396	+14 6232	−22125
16	−139352	−4841 9338	−2103 7575	+4841 8928	−117223	−24 6138	+2103 8520	+14 4273	−22132
17	−139403	−4842 8317	−2104 1473	+4842 7911	−117267	−24 4265	+2104 2409	+14 2362	−22140
18	−139464	−4843 8875	−2104 6055	+4843 8471	−117318	−24 2776	+2104 6985	+14 0829	−22150
19	−139531	−4845 0589	−2105 1140	+4845 0187	−117375	−24 1943	+2105 2065	+13 9947	−22160
20	−139602	−4846 2863	−2105 6466	+4846 2461	−117434	−24 1942	+2105 7391	+13 9894	−22172
21	−139672	−4847 5002	−2106 1734	+4847 4599	−117493	−24 2830	+2106 2664	+14 0731	−22183
22	−139737	−4848 6318	−2106 6645	+4848 5911	−117548	−24 4529	+2106 7583	+14 2382	−22193
23	−139794	−4849 6230	−2107 0948	+4849 5817	−117596	−24 6834	+2107 1897	+14 4646	−22202
24	−139841	−4850 4362	−2107 4479	+4850 3944	−117635	−24 9433	+2107 5441	+14 7210	−22210
25	−139877	−4851 0627	−2107 7200	+4851 0203	−117666	−25 1939	+2107 8175	+14 9690	−22216
26	−139904	−4851 5281	−2107 9224	+4851 4854	−117688	−25 3948	+2108 0208	+15 1679	−22220
27	−139925	−4851 8955	−2108 0822	+4851 8525	−117706	−25 5097	+2108 1812	+15 2813	−22223
28	−139947	−4852 2621	−2108 2417	+4852 2191	−117724	−25 5154	+2108 3407	+15 2854	−22227
29	−139975	−4852 7479	−2108 4529	+4852 7051	−117748	−25 4103	+2108 5514	+15 1782	−22231
30	−140016	−4853 4704	−2108 7667	+4853 4280	−117783	−25 2225	+2108 8643	+14 9874	−22238
31	−140076	−4854 5069	−2109 2166	+4854 4650	−117833	−25 0106	+2109 3132	+14 7711	−22247
32	−140154	−4855 8550	−2109 8016	+4855 8133	−117898	−24 8519	+2109 8974	+14 6068	−22259

$\mathbf{M} = \mathbf{NPB}$. Values are in units of 10^{-10}. Matrix used with GAST (B13–B20). CIP is $\mathcal{X} = \mathbf{M}_{3,1}$, $\mathcal{Y} = \mathbf{M}_{3,2}$.

MATRIX ELEMENTS FOR CONVERSION FROM

GCRS TO EQUATOR & CELESTIAL INTERMEDIATE ORIGIN OF DATE

FOR 0^h TERRESTRIAL TIME

Julian Date	$C_{1,1}-1$	$C_{1,2}$	$C_{1,3}$	$C_{2,1}$	$C_{2,2}-1$	$C_{2,3}$	$C_{3,1}$	$C_{3,2}$	$C_{3,3}-1$
245									
9534·5	−21917	+106	−2093 6529	−436	−1	−15 7396	+2093 6529	+15 7397	−21918
9535·5	−21920	+106	−2093 7866	−432	−1	−15 5526	+2093 7866	+15 5527	−21921
9536·5	−21924	+106	−2093 9846	−427	−1	−15 3084	+2093 9846	+15 3085	−21925
9537·5	−21930	+106	−2094 2604	−421	−1	−15 0403	+2094 2604	+15 0403	−21931
9538·5	−21937	+106	−2094 6147	−416	−1	−14 7835	+2094 6147	+14 7836	−21938
9539·5	−21946	+106	−2095 0362	−411	−1	−14 5706	+2095 0362	+14 5706	−21947
9540·5	−21956	+106	−2095 5043	−408	−1	−14 4264	+2095 5043	+14 4265	−21957
9541·5	−21966	+106	−2095 9920	−407	−1	−14 3658	+2095 9920	+14 3659	−21967
9542·5	−21976	+106	−2096 4699	−408	−1	−14 3916	+2096 4699	+14 3917	−21977
9543·5	−21985	+106	−2096 9097	−410	−1	−14 4940	+2096 9097	+14 4940	−21986
9544·5	−21993	+106	−2097 2880	−413	−1	−14 6512	+2097 2880	+14 6513	−21994
9545·5	−21999	+106	−2097 5899	−417	−1	−14 8308	+2097 5899	+14 8309	−22001
9546·5	−22004	+106	−2097 8129	−420	−1	−14 9921	+2097 8129	+14 9922	−22005
9547·5	−22007	+106	−2097 9711	−422	−1	−15 0911	+2097 9711	+15 0911	−22009
9548·5	−22010	+106	−2098 0977	−422	−1	−15 0882	+2098 0977	+15 0883	−22011
9549·5	−22013	+106	−2098 2440	−420	−1	−14 9613	+2098 2440	+14 9614	−22014
9550·5	−22018	+106	−2098 4706	−415	−1	−14 7185	+2098 4706	+14 7186	−22019
9551·5	−22025	+106	−2098 8291	−408	−1	−14 4068	+2098 8291	+14 4068	−22026
9552·5	−22036	+106	−2099 3386	−402	−1	−14 1048	+2099 3386	+14 1049	−22037
9553·5	−22049	+106	−2099 9706	−397	−1	−13 8971	+2099 9706	+13 8972	−22050
9554·5	−22064	+105	−2100 6554	−396	−1	−13 8399	+2100 6554	+13 8399	−22065
9555·5	−22078	+105	−2101 3089	−398	−1	−13 9390	+2101 3089	+13 9391	−22078
9556·5	−22089	+105	−2101 8642	−403	−1	−14 1529	+2101 8642	+14 1530	−22090
9557·5	−22098	+105	−2102 2905	−408	−1	−14 4147	+2102 2905	+14 4147	−22099
9558·5	−22105	+105	−2102 5935	−413	−1	−14 6577	+2102 5935	+14 6577	−22106
9559·5	−22109	+105	−2102 8038	−417	−1	−14 8325	+2102 8038	+14 8325	−22110
9560·5	−22112	+105	−2102 9640	−419	−1	−14 9128	+2102 9640	+14 9129	−22113
9561·5	−22116	+105	−2103 1170	−418	−1	−14 8942	+2103 1170	+14 8943	−22117
9562·5	−22119	+105	−2103 2998	−416	−1	−14 7895	+2103 2998	+14 7895	−22120
9563·5	−22124	+105	−2103 5396	−413	−1	−14 6232	+2103 5396	+14 6232	−22125
9564·5	−22131	+105	−2103 8520	−408	−1	−14 4272	+2103 8520	+14 4273	−22132
9565·5	−22139	+105	−2104 2409	−404	−1	−14 2361	+2104 2409	+14 2362	−22140
9566·5	−22149	+105	−2104 6985	−401	−1	−14 0828	+2104 6985	+14 0829	−22150
9567·5	−22159	+105	−2105 2065	−399	−1	−13 9946	+2105 2065	+13 9947	−22160
9568·5	−22171	+105	−2105 7391	−399	−1	−13 9894	+2105 7391	+13 9894	−22172
9569·5	−22182	+105	−2106 2664	−401	−1	−14 0730	+2106 2664	+14 0731	−22183
9570·5	−22192	+105	−2106 7583	−405	−1	−14 2381	+2106 7583	+14 2382	−22193
9571·5	−22201	+104	−2107 1897	−409	−1	−14 4645	+2107 1897	+14 4646	−22202
9572·5	−22209	+104	−2107 5441	−415	−1	−14 7209	+2107 5441	+14 7210	−22210
9573·5	−22214	+104	−2107 8175	−420	−1	−14 9689	+2107 8175	+14 9690	−22216
9574·5	−22219	+104	−2108 0208	−424	−1	−15 1678	+2108 0208	+15 1679	−22220
9575·5	−22222	+104	−2108 1812	−426	−1	−15 2812	+2108 1812	+15 2813	−22223
9576·5	−22226	+104	−2108 3407	−427	−1	−15 2853	+2108 3407	+15 2854	−22227
9577·5	−22230	+104	−2108 5514	−424	−1	−15 1782	+2108 5514	+15 1782	−22231
9578·5	−22237	+104	−2108 8643	−420	−1	−14 9874	+2108 8643	+14 9874	−22238
9579·5	−22246	+104	−2109 3132	−416	−1	−14 7710	+2109 3132	+14 7711	−22247
9580·5	−22258	+104	−2109 8974	−412	−1	−14 6067	+2109 8974	+14 6068	−22259

Values are in units of 10^{-10}. Matrix used with ERA (B21–B24). CIP is $\mathcal{X} = C_{3,1}$, $\mathcal{Y} = C_{3,2}$

The Celestial Intermediate Reference System

The IAU 2000 and 2006 resolutions very precisely define the Celestial Intermediate Reference System by the direction of its pole (CIP) and the location of its origin of right ascension (CIO) at any date in the Geocentric Celestial Reference System (GCRS). This system is often denoted as the "equator and CIO of date" which has the same pole and equator as the equator and equinox of date, however, they have different origins for right ascension. This section includes the transformations using both origins and the relationships between them.

Pole of the Celestial Intermediate Reference System

The direction of the celestial intermediate pole (CIP), which is the pole of the Celestial Intermediate Reference System (the true celestial pole of date), at any instant is defined by the transformation from the GCRS that involves the rotations implementing frame bias and precession-nutation.

The unit vector components of the CIP (in radians) are given by elements one and two from the third row of the following rotation matrices, namely

$$\mathcal{X} = \mathbf{C}_{3,1} = \mathbf{M}_{3,1} \quad \text{and} \quad \mathcal{Y} = \mathbf{C}_{3,2} = \mathbf{M}_{3,2}$$

and the equations for calculating $\mathbf{C}$ are given on page B49, while those for $\mathbf{M}$ are given on page B50. Alternatively, $\mathcal{X}$ and $\mathcal{Y}$ may be calculated directly using

$$\mathcal{X} = \sin \epsilon \sin \psi \cos \bar{\gamma} - (\sin \epsilon \cos \psi \cos \bar{\phi} - \cos \epsilon \sin \bar{\phi}) \sin \bar{\gamma}$$
$$\mathcal{Y} = \sin \epsilon \sin \psi \sin \bar{\gamma} + (\sin \epsilon \cos \psi \cos \bar{\phi} - \cos \epsilon \sin \bar{\phi}) \cos \bar{\gamma}$$

where $\bar{\gamma}, \bar{\phi}, \psi$ and ϵ include the effects of frame bias, precession and nutation (see page B56). $\mathcal{X}$ and $\mathcal{Y}$ are tabulated, in radians, at 0^h TT on even pages B30–B44, on odd pages B31–B45, and in arcseconds on pages B58–B65. The equations above may also be used to calculate the coordinates of the mean pole by ignoring nutation, that is by replacing ψ by $\bar{\psi}$ and ϵ by ϵ_A.

The position $(\mathcal{X}, \mathcal{Y})$ of the CIP, expressed in arcseconds, accurate to $0''.0001$, may also be calculated from the following series expansions,

$$\mathcal{X} = - 0''.016\,617 + 2004''.191\,898\,T - 0''.429\,7829\,T^2$$
$$- 0''.198\,618\,34\,T^3 + 7''.578 \times 10^{-6}\,T^4 + 5''.9285 \times 10^{-6}\,T^5$$
$$+ \sum_{j,i}[(a_{s,j})_i\,T^j\,\sin(\text{ARGUMENT}) + (a_{c,j})_i\,T^j\,\cos(\text{ARGUMENT})] + \cdots$$

$$\mathcal{Y} = - 0''.006\,951 - 0''.025\,896\,T - 22''.407\,2747\,T^2$$
$$+ 0''.001\,900\,59\,T^3 + 0''.001\,112\,526\,T^4 + 0''.1358 \times 10^{-6}\,T^5$$
$$+ \sum_{j,i}[(b_{c,j})_i\,T^j\,\cos(\text{ARGUMENT}) + (b_{s,j})_i\,T^j\,\sin(\text{ARGUMENT})] + \cdots$$

where T is measured in TT Julian centuries from J2000·0 and the coefficients and arguments may be downloaded from the CDS (see *The Astronomical Almanac Online* for the web link).

Approximate formulae for the Celestial Intermediate Pole

The following formulae may be used to compute $\mathcal{X}$ and $\mathcal{Y}$ to a precision of $0''.2$ during 2021:

$$\mathcal{X} = 420''.79 + 0''.0549\,d \qquad\qquad \mathcal{Y} = - 1''.00$$
$$- 6''.8 \sin \Omega - 0''.5 \sin 2L \qquad\qquad + 9''.2 \cos \Omega + 0''.6 \cos 2L$$

where $\Omega = 78°.9 - 0·053\,d$, $L = 279°.9 + 0·986\,d$ and d is the day of the year and fraction of the day in the TT time scale.

Origin of the Celestial Intermediate Reference System

The CIO locator s, positions the celestial intermediate origin (CIO) on the equator of the Celestial Intermediate Reference System. It is the difference in the right ascension of the node of the equators in the GCRS and the Celestial Intermediate Reference System (see page B9). The CIO locator s is tabulated daily at 0^h TT, in arcseconds, on pages B58–B65.

The location of the CIO may be represented by $s + \mathcal{X}\mathcal{Y}/2$, the series of which is downloadable from the CDS (see *The Astronomical Almanac Online* for the web link). However, the definition below includes all terms exceeding $0 \cdot 5 \mu$as during the interval 1975–2025.

$$s = -\mathcal{X}\mathcal{Y}/2 + 94'' \times 10^{-6} + \sum_k C_k \sin A_k$$
$$+ (+0\!''\!003\,808\,65 + 1\!''\!73 \times 10^{-6} \sin \Omega + 3\!''\!57 \times 10^{-6} \cos 2\Omega)\, T$$
$$+ (-0\!''\!000\,122\,68 + 743\!''\!52 \times 10^{-6} \sin \Omega - 8\!''\!85 \times 10^{-6} \sin 2\Omega$$
$$+ 56\!''\!91 \times 10^{-6} \sin 2(F - D + \Omega) + 9\!''\!84 \times 10^{-6} \sin 2(F + \Omega))\, T^2$$
$$- 0\!''\!072\,574\,11\, T^3 + 27\!''\!98 \times 10^{-6}\, T^4 + 15\!''\!62 \times 10^{-6}\, T^5$$

	Terms for $C_k \sin A_k$				
	Argument	Coefficient		Argument	Coefficient
k	A_k	C_k	k	A_k	C_k
		$''$			$''$
1	Ω	$-0 \cdot 002\,640\,73$	7	$2F + \Omega$	$-0 \cdot 000\,001\,98$
2	2Ω	$-0 \cdot 000\,063\,53$	8	3Ω	$+0 \cdot 000\,001\,72$
3	$2F - 2D + 3\Omega$	$-0 \cdot 000\,011\,75$	9	$l' + \Omega$	$+0 \cdot 000\,001\,41$
4	$2F - 2D + \Omega$	$-0 \cdot 000\,011\,21$	10	$l' - \Omega$	$+0 \cdot 000\,001\,26$
5	$2F - 2D + 2\Omega$	$+0 \cdot 000\,004\,57$	11	$l + \Omega$	$+0 \cdot 000\,000\,63$
6	$2F + 3\Omega$	$-0 \cdot 000\,002\,02$	12	$l - \Omega$	$+0 \cdot 000\,000\,63$

$\mathcal{X}$, $\mathcal{Y}$ (expressed in radians) is the position of the CIP at the required TT instant. The coefficients and arguments (C_k, A_k) are tabulated above and the expressions for the fundamental arguments are

$$l = 134\!°\!963\,402\,51 + 1\,717\,915\,923\!''\!2178\,T + 31\!''\!8792\,T^2 + 0\!''\!051\,635\,T^3 - 0\!''\!000\,244\,70\,T^4$$
$$l' = 357\!°\!529\,109\,18 + 129\,596\,581\!''\!0481\,T - 0\!''\!5532\,T^2 + 0\!''\!000\,136\,T^3 - 0\!''\!000\,011\,49\,T^4$$
$$F = 93\!°\!272\,090\,62 + 1\,739\,527\,262\!''\!8478\,T - 12\!''\!7512\,T^2 - 0\!''\!001\,037\,T^3 + 0\!''\!000\,004\,17\,T^4$$
$$D = 297\!°\!850\,195\,47 + 1\,602\,961\,601\!''\!2090\,T - 6\!''\!3706\,T^2 + 0\!''\!006\,593\,T^3 - 0\!''\!000\,031\,69\,T^4$$
$$\Omega = 125\!°\!044\,555\,01 - 6\,962\,890\!''\!5431\,T + 7\!''\!4722\,T^2 + 0\!''\!007\,702\,T^3 - 0\!''\!000\,059\,39\,T^4$$

where T is the interval in TT Julian centuries from J2000·0 and is used in both the fundamental arguments and the expression for s itself.

These fundamental arguments are also used with the series expression for the complementary terms of the equation of the equinoxes (see page B10).

Approximate position of the Celestial Intermediate Origin

The CIO locator s may be ignored (i.e. set $s = 0$) in the interval 1963 to 2031 if accuracies no better than $0\!''\!01$ are acceptable.

During 2021, $s + \mathcal{X}\mathcal{Y}/2$ may be computed to a precision of 4×10^{-5} arcseconds from

$$s + \mathcal{X}\mathcal{Y}/2 = 0\!''\!000\,22 - 0\!''\!0026 \sin(78\!°\!9 - 0 \cdot 053\,d) - 0\!''\!0001 \sin(157\!°\!8 - 0 \cdot 106\,d)$$

where $\mathcal{X}$ and $\mathcal{Y}$ are expressed in radians (page B46 gives an approximation) and d is the day of the year and fraction of the day in the TT time scale.

Reduction from the GCRS

The transformation from the GCRS to the terrestrial reference system applies rotations implementing frame bias, the effects of precession and nutation, and Earth rotation. It is only the origin of right ascension and whether ERA or GAST is used to obtain a position with respect to the terrestrial system, that differ.

The following shows the matrix transformations to both the Celestial Intermediate Reference System (based on the CIP and CIO) and the traditional equator and equinox of date system (based on the CIP and equinox). This is followed by considering frame bias, precession, nutation, and the angles and rotations that represent these effects.

Summary of the CIP and the relationships between various origins

The CIP is the pole of both the Celestial Intermediate Reference System and the system of the the equator and equinox of date. The transformation from the GCRS to either of these systems and to the Terrestrial Intermediate Reference System may be represented by

$$\mathcal{R}_\beta = \mathbf{R}_3(-\beta)\,\mathcal{R}_\Sigma$$

where the matrix $\mathcal{R}_\Sigma$ transforms position vectors from the GCRS equator and origin (see diagram on page B9) to the "of date" system defined by the CIP and β determines the origin to be used and thus the method (see Capitaine, N., and Wallace, P.T., *Astron. Astrophys.*, **450**, 855-872, 2006). Thus listing the matrix relationships by method (i.e. value of β) gives:

CIO Method	Equinox Method
$\beta = s$	$\beta = s - E_o$
$\mathcal{R}_\beta = \mathbf{R}_3(-s)\,\mathcal{R}_\Sigma$	$\mathcal{R}_\beta = \mathbf{R}_3(-s + E_o)\,\mathcal{R}_\Sigma$
$= \mathbf{C}$	$= \mathbf{M} \equiv \mathbf{NPB}$

where s is the CIO locator (see page B47), E_o is the equation of the origins (see page B10), and the matrices $\mathbf{C}$, $\mathcal{R}_\Sigma$ and $\mathbf{M}$ are defined on pages B49 and B50, respectively.

When β includes the Earth rotation angle, or Greenwich apparent sidereal time, then coordinates with respect to the terrestrial intermediate origin are the result. Finally, longitude may be included, then the coordinates will be relative to the observers prime meridian.

CIO Method	Equinox Method
$\beta = s - \theta - \lambda$	$\beta = s - E_o - \mathrm{GAST} - \lambda$
$\mathcal{R}_\beta = \mathbf{R}_3(\lambda + \theta - s)\,\mathcal{R}_\Sigma$	$\mathcal{R}_\beta = \mathbf{R}_3(\lambda + \mathrm{GAST} - s + E_o)\,\mathcal{R}_\Sigma$
$= \mathbf{R}_3(\lambda + \theta)\,\mathbf{C}$	$= \mathbf{R}_3(\lambda + \mathrm{GAST})\,\mathbf{M}$
$= \mathbf{Q}$	$= \mathbf{Q}$

where east longitudes are positive. The above ignores the small corrections for polar motion that are required in the reduction of very precise observations; they are (i) alignment of the terrestrial intermediate origin onto the longitude origin ($\lambda_{\mathrm{ITRS}} = 0$) of the International Terrestrial Reference System, and (ii) for the positioning of the CIP within ITRS, (see page B84).

The equation of the origins, the relationship between the two systems may be calculated using

$$\mathbf{M} = \mathbf{R}_3(-s + E_o)\,\mathcal{R}_\Sigma \qquad \text{and thus} \qquad E_o = s - \tan^{-1}\frac{\mathbf{M}_j \cdot \mathcal{R}_{\Sigma_i}}{\mathbf{M}_i \cdot \mathcal{R}_{\Sigma_i}}$$

where $\mathbf{M}_i$ and $\mathbf{M}_j$ are the first two rows of $\mathbf{M}$, $\mathcal{R}_{\Sigma_i}$ is the first row of $\mathcal{R}_\Sigma$ and $\cdot$ denotes the dot or scalar product. See also page B10 for an alternative method.

CIO method of reduction from the GCRS—rigorous formulae

Given an equatorial geocentric position vector $\mathbf{r}$ of an object with respect to the GCRS, then $\mathbf{r}_i$, its position with respect to the Celestial Intermediate Reference System, is given by

$$\mathbf{r}_i = \mathbf{C}\,\mathbf{r} \quad \text{and} \quad \mathbf{r} = \mathbf{C}^{-1}\,\mathbf{r}_i = \mathbf{C}'\,\mathbf{r}_i$$

The matrix $\mathbf{C}$ is tabulated daily at $0^h\,\text{TT}$ on odd numbered pages B31–B45, and is calculated thus

$$\mathbf{C}(\mathcal{X}, \mathcal{Y}, s) = \mathbf{R}_3(-[E+s])\,\mathbf{R}_2(d)\,\mathbf{R}_3(E) = \mathbf{R}_3(-s)\,\mathcal{R}_\Sigma$$

where the quantities $\mathcal{X}$, $\mathcal{Y}$, are the coordinates of the CIP, (expressed in radians), and the relationships between $\mathcal{X}$, $\mathcal{Y}$, $\mathcal{Z}$, E and d are:

$$\mathcal{X} = \sin d \cos E = \mathbf{M}_{3,1} = \mathbf{C}_{3,1} \qquad E = \tan^{-1}(\mathcal{Y}/\mathcal{X})$$
$$\mathcal{Y} = \sin d \sin E = \mathbf{M}_{3,2} = \mathbf{C}_{3,2}$$
$$\mathcal{Z} = \cos d = \sqrt{(1 - \mathcal{X}^2 - \mathcal{Y}^2)} \qquad d = \tan^{-1}\left(\frac{\mathcal{X}^2 + \mathcal{Y}^2}{1 - \mathcal{X}^2 - \mathcal{Y}^2}\right)^{\frac{1}{2}}$$

$\mathcal{X}$, $\mathcal{Y}$ and s are given on pages B46-B47 and tabulated, in arcseconds, daily at $0^h\,\text{TT}$ on pages B58–B65.

The matrix $\mathbf{C}$ transforms positions to the Celestial Intermediate Reference System, with the CIO being located by the rotation $\mathbf{R}_3(-s)$, and $\mathcal{R}_\Sigma$, the transformation from the GCRS equator to the equator of date being given by

$$\mathcal{R}_\Sigma = \begin{pmatrix} 1 - a\mathcal{X}^2 & -a\mathcal{X}\mathcal{Y} & -\mathcal{X} \\ -a\mathcal{X}\mathcal{Y} & 1 - a\mathcal{Y}^2 & -\mathcal{Y} \\ \mathcal{X} & \mathcal{Y} & 1 - a(\mathcal{X}^2 + \mathcal{Y}^2) \end{pmatrix} = \begin{pmatrix} \mathcal{R}_{\Sigma_i} \\ \mathcal{R}_{\Sigma_k} \times \mathcal{R}_{\Sigma_i} \\ \mathcal{R}_{\Sigma_k} \end{pmatrix}$$

where $a = 1/(1 + \mathcal{Z})$. $\mathcal{R}_{\Sigma_i}$ is the unit vector pointing towards Σ (see diagram on page B9) that is obtained from the elements of the first row of $\mathcal{R}_\Sigma$ and similarly $\mathcal{R}_{\Sigma_k}$ is the unit vector pointing towards the CIP. Note that $\mathcal{R}_{\Sigma_k} = \mathbf{M}_k$ (see page B50).

Approximate reduction from GCRS to the Celestial Intermediate Reference System

The matrix $\mathbf{C}$ given below together with the approximate formulae for $\mathcal{X}$ and $\mathcal{Y}$ on page B46 (expressed in radians) may be used when the resulting position is required to no better than $0{.}''2$ during 2021:

$$\mathbf{C} = \begin{pmatrix} 1 - \mathcal{X}^2/2 & 0 & -\mathcal{X} \\ 0 & 1 & -\mathcal{Y} \\ \mathcal{X} & \mathcal{Y} & 1 - \mathcal{X}^2/2 \end{pmatrix}$$

Thus the position vector $\mathbf{r}_i = (x_i, y_i, z_i)$ with respect to the Celestial Intermediate Reference System (equator and CIO of date) may be calculated from the geocentric position vector $\mathbf{r} = (r_x, r_y, r_z)$ with respect to the GCRS using

$$\mathbf{r}_i = \mathbf{C}\,\mathbf{r}$$

therefore using the approximate matrix

$$x_i = (1 - \mathcal{X}^2/2)\,r_x \qquad\qquad\qquad - \mathcal{X}\,r_z$$
$$y_i = \qquad\qquad r_y \qquad\qquad - \mathcal{Y}\,r_z$$
$$z_i = \qquad \mathcal{X}\,r_x + \mathcal{Y}\,r_y + (1 - \mathcal{X}^2/2)\,r_z$$

and thus

$$\alpha_i = \tan^{-1}(y_i/x_i) \qquad \delta = \tan^{-1}\left(z_i/\sqrt{(x_i^2 + y_i^2)}\right)$$

where α_i, δ, are the intermediate right ascension and declination, and the quadrant of α_i is determined by the signs of x_i and y_i.

During 2021, the $\mathcal{X}^2$ term may be dropped without significant loss of accuracy.

Equinox method of reduction from the GCRS—rigorous formulae

The reduction from a geocentric position $\mathbf{r}$ with respect to the Geocentric Celestial Reference System (GCRS) to a position $\mathbf{r}_t$ with respect to the equator and equinox of date, and vice versa, is given by:

$$\mathbf{r}_t = \mathbf{M}\,\mathbf{r} \quad \text{and} \quad \mathbf{r} = \mathbf{M}^{-1}\,\mathbf{r}_t = \mathbf{M}'\,\mathbf{r}_t$$

Using the 4-rotation Fukushima-Willams (F-W) method, the rotation matrix $\mathbf{M}$ may be written as

$$\mathbf{M} = \mathbf{R}_1(-[\epsilon_A + \Delta\epsilon])\,\mathbf{R}_3(-[\bar\psi + \Delta\psi])\,\mathbf{R}_1(\bar\phi)\,\mathbf{R}_3(\bar\gamma) = \begin{pmatrix} \mathbf{M_i} \\ \mathbf{M_j} \\ \mathbf{M_k} \end{pmatrix} = \mathbf{N\,P\,B}$$

where the angles $\bar\gamma$, $\bar\phi$, $\bar\psi$ combine the frame bias with the effects of precession (see page B56). Nutation is applied by adding the nutations in longitude ($\Delta\psi$) and obliquity ($\Delta\epsilon$) (see page B55) to $\bar\psi$ and ϵ_A, respectively. Pages B50–B56 give the formulae for calculating the matrices $\mathbf{B}$, $\mathbf{P}$ and $\mathbf{N}$ individually using the traditional angles and rotations.

The elements of the rows of $\mathbf{M}$ represent unit vectors pointing in the directions of the x, y and z axes of the equator and equinox of date system. Thus the elements of the first row are the components of the unit vector in the direction of the true equinox,

$$\mathbf{M_i} = \begin{pmatrix} \mathbf{M}_{1,1} \\ \mathbf{M}_{1,2} \\ \mathbf{M}_{1,3} \end{pmatrix} = \begin{pmatrix} \cos\psi\cos\bar\gamma + \sin\psi\cos\bar\phi\sin\bar\gamma \\ \cos\psi\sin\bar\gamma - \sin\psi\cos\bar\phi\cos\bar\gamma \\ -\sin\psi\sin\bar\phi \end{pmatrix}$$

The second row of elements defines the unit vector in the direction of the y-axis, in the plane $90°$ from the x-z plane, i.e. the plane of the equator of date, and is given by

$$\mathbf{M_j} = \mathbf{M_k} \times \mathbf{M_i}$$
$$= \begin{pmatrix} \mathbf{M}_{2,1} \\ \mathbf{M}_{2,2} \\ \mathbf{M}_{2,3} \end{pmatrix} = \begin{pmatrix} \cos\epsilon\sin\psi\cos\bar\gamma - (\cos\epsilon\cos\psi\cos\bar\phi + \sin\epsilon\sin\bar\phi)\sin\bar\gamma \\ \cos\epsilon\sin\psi\sin\bar\gamma + (\cos\epsilon\cos\psi\cos\bar\phi + \sin\epsilon\sin\bar\phi)\cos\bar\gamma \\ \cos\epsilon\cos\psi\sin\bar\phi - \sin\epsilon\cos\bar\phi \end{pmatrix}$$

Lastly, the elements of the third row are the components of the unit vector pointing in the direction of the celestial intermediate pole (CIP), thus

$$\mathbf{M_k} = \begin{pmatrix} \mathbf{M}_{3,1} \\ \mathbf{M}_{3,2} \\ \mathbf{M}_{3,3} \end{pmatrix} = \begin{pmatrix} x \\ y \\ z \end{pmatrix} = \begin{pmatrix} \sin\epsilon\sin\psi\cos\bar\gamma - (\sin\epsilon\cos\psi\cos\bar\phi - \cos\epsilon\sin\bar\phi)\sin\bar\gamma \\ \sin\epsilon\sin\psi\sin\bar\gamma + (\sin\epsilon\cos\psi\cos\bar\phi - \cos\epsilon\sin\bar\phi)\cos\bar\gamma \\ \sin\epsilon\cos\psi\sin\bar\phi + \cos\epsilon\cos\bar\phi \end{pmatrix}$$

Reduction from GCRS to J2000—frame bias—rigorous formulae

Positions of objects with respect to the GCRS must be rotated to the J2000·0 dynamical system before precession and nutation are applied. Objects whose positions are given with respect to another system, e.g. FK5, may first be transformed to the GCRS before using the methods given here. An GCRS position $\mathbf{r}$ may be transformed to a J2000·0 or FK5 position $\mathbf{r}_0$ and vice versa, as follows,

$$\mathbf{r}_0 = \mathbf{B}\mathbf{r} \quad \text{and} \quad \mathbf{r} = \mathbf{B}^{-1}\mathbf{r}_0 = \mathbf{B}'\mathbf{r}_0$$

where $\mathbf{B}$ is the frame bias matrix.

Reduction from GCRS to J2000—frame bias—rigorous formulae (continued)

There are two sets of parameters that may be used to generate $\mathbf{B}$. There are η_0, ξ_0 and $d\alpha_0$ which appeared in the literature first, or those consistent with the Fukushima-Williams precession parameterization, γ_B, ϕ_B and ψ_B.

Offsets of the Pole and Origin at J2000·0

Rotation From	η_0 mas	ξ_0 mas	$d\alpha_0$ mas	F-W IAU 2006		
				γ_B mas	ϕ_B mas	ψ_B mas
GCRS to J2000·0	$-$ 6·8192	$-16·617$	$-14·6$	52·928	6·819	41·775
GCRS to FK5	$-19·9$	$+ 9·1$	$-22·9$			

where η_0, ξ_0 are the offsets from the pole together with $d\alpha_0$, the shift in right ascension origin. The IAU 2006 offsets, γ_B, ϕ_B and ψ_B are extracted from the IAU WGPE report and are consistent with F-W method of rotations:

$$\mathbf{B} = \mathbf{R}_3(-\psi_B)\, \mathbf{R}_1(\phi_B)\, \mathbf{R}_3(\gamma_B)$$

Alternatively

$$\mathbf{B} = \mathbf{R}_1(-\eta_0)\, \mathbf{R}_2(\xi_0)\, \mathbf{R}_3(d\alpha_0) \qquad \mathbf{B}^{-1} = \mathbf{R}_3(-d\alpha_0)\, \mathbf{R}_2(-\xi_0)\, \mathbf{R}_1(+\eta_0)$$

where in terms of corrections provided by the IAU 2000 precession-nutation theory, $\delta\epsilon_0 = \eta_0$ and $\xi_0 = -41·775 \sin(23° 26' 21''·448) = -16·617$ mas.

Evaluating the matrix for GCRS to J2000·0 gives

$$\mathbf{B} = \begin{pmatrix} +0·9999\ 9999\ 9999\ 9942 & -0·0000\ 0007\ 1 & +0·0000\ 0008\ 056 \\ +0·0000\ 0007\ 1 & +0·9999\ 9999\ 9999\ 9969 & +0·0000\ 0003\ 306 \\ -0·0000\ 0008\ 056 & -0·0000\ 0003\ 306 & +0·9999\ 9999\ 9999\ 9962 \end{pmatrix}$$

where the number of digits is determined by the accuracy of the offsets.

Approximate reduction from GCRS to J2000

Since the rotations to orient the GCRS to J2000·0 system are small the following approximate matrix, accurate to $2'' \times 10^{-9}$ (1×10^{-14} radians), may be used:

$$\mathbf{B} = \begin{pmatrix} 1 & d\alpha_0 & -\xi_0 \\ -d\alpha_0 & 1 & -\eta_0 \\ \xi_0 & \eta_0 & 1 \end{pmatrix}$$

where η_0, ξ_0 and $d\alpha_0$ are the offsets of the pole and the origin (expressed in radians) from J2000·0 given in the table above.

Reduction for precession—rigorous formulae

Rigorous formulae for the reduction of mean equatorial positions from J2000·0 (t_0) to epoch of date t, and vice versa, are as follows:

For equatorial rectangular coordinates (x_0, y_0, z_0), or direction cosines ($\mathbf{r}_0$),

$$\mathbf{r}_m = \mathbf{P}\,\mathbf{r}_0 \qquad\qquad \mathbf{r}_0 = \mathbf{P}^{-1}\,\mathbf{r}_m = \mathbf{P}'\mathbf{r}_m$$

where

$$\begin{aligned} \mathbf{P} &= \mathbf{R}_1(-\epsilon_A)\, \mathbf{R}_3(-\psi_J)\, \mathbf{R}_1(\phi_J)\, \mathbf{R}_3(\gamma_J) \\ &= \mathbf{R}_3(\chi_A)\, \mathbf{R}_1(-\omega_A)\, \mathbf{R}_3(-\psi_A)\, \mathbf{R}_1(\epsilon_0) \\ &= \mathbf{R}_3(-z_A)\, \mathbf{R}_2(\theta_A)\, \mathbf{R}_3(-\zeta_A) \end{aligned}$$

and $\mathbf{r}_m$ is the position vector precessed from t_0 to the mean equinox at t.

The angles given in this section precess positions from J2000·0 to date and therefore do not include the frame bias, which is only needed when positions are with respect to the GCRS.

Reduction for precession—rigorous formulae (continued)

For all the precession angles given in this section, the time argument T is given by

$$T = (t - 2000 \cdot 0)/100 = (\mathrm{JD_{TT}} - 245\ 1545 \cdot 0)/36\ 525$$

which is a function of TT. Strictly speaking precession angles should be a function of TDB, but this makes no significant difference.

The 4-rotation Fukushima-Williams (F-W) method using angles γ_J, ϕ_J, ψ_J, and ϵ_A, are

$$\gamma_J = 10''556\ 403\ T + 0''493\ 2044\ T^2 - 0''000\ 312\ 38\ T^3$$
$$- 2''788 \times 10^{-6}\ T^4 + 2''60 \times 10^{-8}\ T^5$$

$$\phi_J = \epsilon_0 - 46''811\ 015\ T + 0''051\ 1269\ T^2 + 0''000\ 532\ 89\ T^3$$
$$- 0''440 \times 10^{-6}\ T^4 - 1''76 \times 10^{-8}\ T^5$$

$$\psi_J = 5038''481\ 507\ T + 1''558\ 4176\ T^2 - 0''000\ 185\ 22\ T^3$$
$$- 26''452 \times 10^{-6}\ T^4 - 1''48 \times 10^{-8}\ T^5$$

$$\epsilon_A = \epsilon_0 - 46''836\ 769\ T - 0''000\ 1831\ T^2 + 0''002\ 003\ 40\ T^3$$
$$- 0''576 \times 10^{-6}\ T^4 - 4''34 \times 10^{-8}\ T^5$$

where $\epsilon_0 = 84\ 381''406 = 23°\ 26'\ 21''406$ is the obliquity of the ecliptic with respect to the dynamical equinox at J2000 and ϵ_A is the obliquity of the ecliptic with respect to the mean equator of date; equivalently

$$\epsilon_A = 23°439\ 279\ 4444 - 0°013\ 010\ 213\ 61\ T - 5°0861 \times 10^{-8}\ T^2$$
$$+ 5°565 \times 10^{-7}\ T^3 - 1°6 \times 10^{-10}\ T^4 - 1°2056 \times 10^{-11}\ T^5$$

The precession matrix for the F-W precession angles, which includes how to incorporate the frame bias and nutation, is described on page B56.

The Capitaine *et al.* method, the formulation of which cleanly separates precession of the equator from precession of the ecliptic, is via the precession angles χ_A, ω_A, ψ_A, which are

$$\psi_A = 5038''481\ 507\ T - 1''079\ 0069\ T^2 - 0''001\ 140\ 45\ T^3$$
$$+ 0''000\ 132\ 851\ T^4 - 9''51 \times 10^{-8}\ T^5$$

$$\omega_A = \epsilon_0 - 0''025\ 754\ T + 0''051\ 2623\ T^2 - 0''007\ 725\ 03\ T^3$$
$$- 0''000\ 000\ 467\ T^4 + 33''37 \times 10^{-8}\ T^5$$

$$\chi_A = 10''556\ 403\ T - 2''381\ 4292\ T^2 - 0''001\ 211\ 97\ T^3$$
$$+ 0''000\ 170\ 663\ T^4 - 5''60 \times 10^{-8}\ T^5$$

where the precession matrix using χ_A, ω_A, ψ_A and ϵ_0 is

$$\mathbf{P} = \begin{pmatrix} C_4C_2 - S_2S_4C_3 & C_4S_2C_1 + S_4C_3C_2C_1 - S_1S_4S_3 & C_4S_2S_1 + S_4C_3C_2S_1 + C_1S_4S_3 \\ -S_4C_2 - S_2C_4C_3 & -S_4S_2C_1 + C_4C_3C_2C_1 - S_1C_4S_3 & -S_4S_2S_1 + C_4C_3C_2S_1 + C_1C_4S_3 \\ S_2S_3 & -S_3C_2C_1 - S_1C_3 & -S_3C_2S_1 + C_3C_1 \end{pmatrix}$$

and
$$\begin{array}{llll} S_1 = \sin \epsilon_0 & S_2 = \sin(-\psi_A) & S_3 = \sin(-\omega_A) & S_4 = \sin \chi_A \\ C_1 = \cos \epsilon_0 & C_2 = \cos(-\psi_A) & C_3 = \cos(-\omega_A) & C_4 = \cos \chi_A \end{array}$$

The traditional equatorial precession angles ζ_A, z_A, θ_A are

$$\zeta_A = +2''650\ 545 + 2306''083\ 227\ T + 0''298\ 8499\ T^2 + 0''018\ 018\ 28\ T^3$$
$$- 5''971 \times 10^{-6}\ T^4 - 3''173 \times 10^{-7}\ T^5$$

$$z_A = -2''650\ 545 + 2306''077\ 181\ T + 1''092\ 7348\ T^2 + 0''018\ 268\ 37\ T^3$$
$$- 28''596 \times 10^{-6}\ T^4 - 2''904 \times 10^{-7}\ T^5$$

$$\theta_A = 2004''191\ 903\ T - 0''429\ 4934\ T^2 - 0''041\ 822\ 64\ T^3$$
$$- 7''089 \times 10^{-6}\ T^4 - 1''274 \times 10^{-7}\ T^5$$

Reduction for precession—rigorous formulae (continued)

The precession matrix using ζ_A, z_A, θ_A is

$$\mathbf{P} = \begin{pmatrix} \cos\zeta_A \cos\theta_A \cos z_A - \sin\zeta_A \sin z_A & -\sin\zeta_A \cos\theta_A \cos z_A - \cos\zeta_A \sin z_A & -\sin\theta_A \cos z_A \\ \cos\zeta_A \cos\theta_A \sin z_A + \sin\zeta_A \cos z_A & -\sin\zeta_A \cos\theta_A \sin z_A + \cos\zeta_A \cos z_A & -\sin\theta_A \sin z_A \\ \cos\zeta_A \sin\theta_A & -\sin\zeta_A \sin\theta_A & \cos\theta_A \end{pmatrix}$$

For right ascension and declination in terms of ζ_A, z_A, θ_A:

$$\sin(\alpha - z_A)\cos\delta = \sin(\alpha_0 + \zeta_A)\cos\delta_0$$
$$\cos(\alpha - z_A)\cos\delta = \cos(\alpha_0 + \zeta_A)\cos\theta_A \cos\delta_0 - \sin\theta_A \sin\delta_0$$
$$\sin\delta = \cos(\alpha_0 + \zeta_A)\sin\theta_A \cos\delta_0 + \cos\theta_A \sin\delta_0$$

$$\sin(\alpha_0 + \zeta_A)\cos\delta_0 = \sin(\alpha - z_A)\cos\delta$$
$$\cos(\alpha_0 + \zeta_A)\cos\delta_0 = \cos(\alpha - z_A)\cos\theta_A \cos\delta + \sin\theta_A \sin\delta$$
$$\sin\delta_0 = -\cos(\alpha - z_A)\sin\theta_A \cos\delta + \cos\theta_A \sin\delta$$

where ζ_A, z_A, θ_A, given above, are angles that serve to specify the position of the mean equator and equinox of date with respect to the mean equator and equinox of J2000·0.

Values of all the angles and the elements of **P** for reduction from J2000·0 to epoch and mean equinox of the middle of the year (J2021·5) are as follows:

F-W Precession Angles γ_J, ϕ_J, ψ_J, and ϵ_A

$$\gamma_J = +2''29 = +0°000\ 637 \qquad \phi_J = +843\ 71''34 = +23°436\ 484$$
$$\psi_J = +108\ 3''35 = +0°300\ 929 \qquad \epsilon_A = 23°\ 26'\ 11''34 = 23°436\ 482$$

Precession Angles ζ_A, z_A, θ_A Precession Angles ψ_A, ω_A, χ_A

$$\zeta_A = +498''47 = +0°138\ 465 \qquad \psi_A = +108\ 3''22 = +0°300\ 895$$
$$z_A = +493''21 = +0°137\ 002 \qquad \omega_A = +843\ 81''40 = +23°439\ 279$$
$$\theta_A = +430''88 = +0°119\ 689 \qquad \chi_A = +2''16 = +0°000\ 600$$

The rotation matrix for precession from J2000·0 to J2021·5 is

$$\mathbf{P} = \begin{pmatrix} +0·999\ 986\ 261 & -0·004\ 807\ 773 & -0·002\ 088\ 962 \\ +0·004\ 807\ 773 & +0·999\ 988\ 443 & -0·000\ 004\ 995 \\ +0·002\ 088\ 962 & -0·000\ 005\ 048 & +0·999\ 997\ 818 \end{pmatrix}$$

The precessional motion of the ecliptic is specified by the inclination (π_A) and longitude of the node (Π_A) of the ecliptic of date with respect to the ecliptic and equinox of J2000·0; they are given by:

$$\sin\pi_A \sin\Pi_A = +\ 4''199\ 094\ T + 0''193\ 9873\ T^2 - 0''000\ 224\ 66\ T^3$$
$$- 9''12 \times 10^{-7}\ T^4 + 1''20 \times 10^{-8}\ T^5$$

$$\sin\pi_A \cos\Pi_A = -46''811\ 015\ T + 0''051\ 0283\ T^2 + 0''000\ 524\ 13\ T^3$$
$$- 6''46 \times 10^{-7}\ T^4 - 1''72 \times 10^{-8}\ T^5$$

π_A is a small angle, and often π_A replaces $\sin\pi_A$.

For epoch J2021·5 $\pi_A = +10''103 = 0°002\ 8065$
$$\Pi_A = 174°\ 49'3 = 174°822$$

Reduction for precession—approximate formulae

Approximate formulae for the reduction of coordinates and orbital elements referred to the mean equinox and equator or ecliptic of date (t) are as follows:

For reduction to J2000·0

$$\alpha_0 = \alpha - M - N \sin\alpha_m \tan\delta_m$$
$$\delta_0 = \delta - N \cos\alpha_m$$
$$\lambda_0 = \lambda - a + b \cos(\lambda + c') \tan\beta_0$$
$$\beta_0 = \beta - b \sin(\lambda + c')$$
$$\Omega_0 = \Omega - a + b \sin(\Omega + c') \cot i_0$$
$$i_0 = i - b \cos(\Omega + c')$$
$$\omega_0 = \omega - b \sin(\Omega + c') \operatorname{cosec} i_0$$

For reduction from J2000·0

$$\alpha = \alpha_0 + M + N \sin\alpha_m \tan\delta_m$$
$$\delta = \delta_0 + N \cos\alpha_m$$
$$\lambda = \lambda_0 + a - b \cos(\lambda_0 + c) \tan\beta$$
$$\beta = \beta_0 + b \sin(\lambda_0 + c)$$
$$\Omega = \Omega_0 + a - b \sin(\Omega_0 + c) \cot i$$
$$i = i_0 + b \cos(\Omega_0 + c)$$
$$\omega = \omega_0 + b \sin(\Omega_0 + c) \operatorname{cosec} i$$

where the subscript zero refers to epoch J2000·0 and α_m, δ_m refer to the mean epoch; with sufficient accuracy:

$$\alpha_m = \alpha - \tfrac{1}{2}(M + N \sin\alpha \tan\delta)$$
$$\delta_m = \delta - \tfrac{1}{2} N \cos\alpha_m$$

or

$$\alpha_m = \alpha_0 + \tfrac{1}{2}(M + N \sin\alpha_0 \tan\delta_0)$$
$$\delta_m = \delta_0 + \tfrac{1}{2} N \cos\alpha_m$$

The precessional constants M, N, etc., are given by:

$$M = 1°2811\ 5566\ 89\ T + 0°0003\ 8655\ 131\ T^2 + 0°0000\ 1007\ 9625\ T^3$$
$$- 9°60194 \times 10^{-9}\ T^4 - 1°68806 \times 10^{-10}\ T^5$$

$$N = 0°5567\ 1997\ 31\ T - 0°0001\ 1930\ 372\ T^2 - 0°0000\ 1161\ 7400\ T^3$$
$$- 1°96917 \times 10^{-9}\ T^4 - 3°5389 \times 10^{-11}\ T^5$$

$$a = 1°3968\ 8783\ 19\ T + 0°0003\ 0706\ 522\ T^2 + 2°2122 \times 10^{-8}\ T^3$$
$$- 6°62694 \times 10^{-9}\ T^4 + 1°0639 \times 10^{-11}\ T^5$$

$$b = 0°0130\ 5527\ 03\ T - 0°0000\ 0930\ 350\ T^2 + 3°4886 \times 10^{-8}\ T^3$$
$$+ 3°13889 \times 10^{-11}\ T^4 - 6°11 \times 10^{-13}\ T^5$$

$$c = 5°1258\ 9067 + 0°8189\ 93580\ T + 0°0001\ 4256\ 094\ T^2 + 2°971\ 04 \times 10^{-8}\ T^3$$
$$- 2°480\ 66 \times 10^{-9}\ T^4 + 4°694 \times 10^{-12}\ T^5$$

$$c' = 5°1258\ 9067 - 0°5778\ 94252\ T - 0°0001\ 6450\ 428\ T^2 + 7°588\ 19 \times 10^{-9}\ T^3$$
$$+ 4°146\ 28 \times 10^{-9}\ T^4 - 5°944 \times 10^{-12}\ T^5$$

Formulae for the reduction from the mean equinox and equator or ecliptic of the middle of year (t_1) to date (t) are as follows:

$$\alpha = \alpha_1 + \tau(m + n \sin\alpha_1 \tan\delta_1)$$
$$\lambda = \lambda_1 + \tau(p - \pi \cos(\lambda_1 + 6°) \tan\beta)$$
$$\Omega = \Omega_1 + \tau(p - \pi \sin(\Omega_1 + 6°) \cot i)$$
$$\omega = \omega_1 + \tau\pi \sin(\Omega_1 + 6°) \operatorname{cosec} i$$

$$\delta = \delta_1 + \tau n \cos\alpha_1$$
$$\beta = \beta_1 + \tau\pi \sin(\lambda_1 + 6°)$$
$$i = i_1 + \tau\pi \cos(\Omega_1 + 6°)$$

where $\tau = t - t_1$ and π is the annual rate of rotation of the ecliptic.

Reduction for precession—approximate formulae (continued)

The precessional constants p, m, etc., are as follows:

Annual	Epoch J2021·5	Epoch J2021·5
general precession $p = +0°013\ 9702$	Annual rate of rotation	$\pi = +0°000\ 1305$
precession in R.A. $m = +0°012\ 8132$	Longitude of axis	$\Pi = +174°8223$
precession in Dec. $n = +0°005\ 5667$	$\gamma = 180° - \Pi = +5°1777$	

where Π is the longitude of the instantaneous rotation axis of the ecliptic, measured from the mean equinox of date.

Reduction for nutation—rigorous formulae

Nutations in longitude $(\Delta\psi)$ and obliquity $(\Delta\epsilon)$ have been calculated using the IAU 2000A series definitions (order of 1μas) with the following adjustments which are required for use at the highest precision with the IAU 2006 precession, viz:

$$\Delta\psi = \Delta\psi_{2000A} + (0.4697\times10^{-6} - 2.7774\times10^{-6}\ T)\ \Delta\psi_{2000A}$$

$$\Delta\epsilon = \Delta\epsilon_{2000A} - 2.7774\times10^{-6}\ T\ \Delta\epsilon_{2000A}$$

where T is measured in Julian centuries from 245 1545·0 TT. $\Delta\psi$ and $\Delta\epsilon$ together with the true obliquity of the ecliptic (ϵ) are tabulated, daily at 0^h TT, on pages B58–B65. Web links are given on page x or on *The Astronomical Almanac Online* for series for evaluating $\Delta\psi_{2000A}$, $\Delta\epsilon_{2000A}$, and $\Delta\psi$, $\Delta\epsilon$.

A mean place $(\mathbf{r}_m)$ may be transformed to a true place $(\mathbf{r}_t)$, and vice versa, as follows:

$$\mathbf{r}_t = \mathbf{N}\,\mathbf{r}_m \qquad \mathbf{r}_m = \mathbf{N}^{-1}\,\mathbf{r}_t = \mathbf{N}'\,\mathbf{r}_t$$

where
$$\mathbf{N} = \mathbf{R}_1(-\epsilon)\,\mathbf{R}_3(-\Delta\psi)\,\mathbf{R}_1(+\epsilon_A)$$

$$\epsilon = \epsilon_A + \Delta\epsilon$$

and ϵ_A is given on page B52. The matrix for nutation is given by

$$\mathbf{N} = \begin{pmatrix} \cos\Delta\psi & -\sin\Delta\psi\cos\epsilon_A & -\sin\Delta\psi\sin\epsilon_A \\ \sin\Delta\psi\cos\epsilon & \cos\Delta\psi\cos\epsilon_A\cos\epsilon+\sin\epsilon_A\sin\epsilon & \cos\Delta\psi\sin\epsilon_A\cos\epsilon-\cos\epsilon_A\sin\epsilon \\ \sin\Delta\psi\sin\epsilon & \cos\Delta\psi\cos\epsilon_A\sin\epsilon-\sin\epsilon_A\cos\epsilon & \cos\Delta\psi\sin\epsilon_A\sin\epsilon+\cos\epsilon_A\cos\epsilon \end{pmatrix}$$

Approximate reduction for nutation

To first order, the contributions of the nutations in longitude $(\Delta\psi)$ and in obliquity $(\Delta\epsilon)$ to the reduction from mean place to true place are given by:

$$\Delta\alpha = (\cos\epsilon + \sin\epsilon\sin\alpha\tan\delta)\,\Delta\psi - \cos\alpha\tan\delta\,\Delta\epsilon \qquad \Delta\lambda = \Delta\psi$$

$$\Delta\delta = \sin\epsilon\cos\alpha\,\Delta\psi + \sin\alpha\,\Delta\epsilon \qquad\qquad\qquad \Delta\beta = 0$$

The following formulae may be used to compute $\Delta\psi$ and $\Delta\epsilon$ to a precision of about $0°0002$ $(1'')$ during 2021.

$$\Delta\psi = - 0°0048\sin(78°9 - 0.053\,d) \qquad \Delta\epsilon = + 0°0026\cos(78°9 - 0.053\,d)$$

$$\qquad\quad - 0°0004\sin(199°8 + 1.971\,d) \qquad\qquad + 0°0002\cos(199°8 + 1.971\,d)$$

where $d = \mathrm{JD_{TT}} - 245\ 9214·5$ is the day of the year and fraction; for this precision

$$\epsilon = 23°44 \qquad \cos\epsilon = 0·918 \qquad \sin\epsilon = 0·398$$

Approximate reduction for nutation (continued)

The corrections to be added to the mean rectangular coordinates (x, y, z) to produce the true rectangular coordinates are given by:

$$\Delta x = -(y \cos \epsilon + z \sin \epsilon)\, \Delta \psi \quad \Delta y = +x \, \Delta \psi \, \cos \epsilon - z \, \Delta \epsilon \quad \Delta z = +x \, \Delta \psi \, \sin \epsilon + y \, \Delta \epsilon$$

where $\Delta \psi$ and $\Delta \epsilon$ are expressed in radians. The corresponding rotation matrix is

$$\mathbf{N} = \begin{pmatrix} 1 & -\Delta \psi \, \cos \epsilon & -\Delta \psi \, \sin \epsilon \\ +\Delta \psi \, \cos \epsilon & 1 & -\Delta \epsilon \\ +\Delta \psi \, \sin \epsilon & +\Delta \epsilon & 1 \end{pmatrix}.$$

Combined reduction for frame bias, precession and nutation—rigorous formulae

The angles $\bar{\gamma}, \bar{\phi}, \bar{\psi}$ which combine frame bias with the effects of precession are given by

$$\bar{\gamma} = -0\!''\!052\,928 + 10\!''\!556\,378\,T + 0\!''\!493\,2044\,T^2 - 0\!''\!000\,312\,38\,T^3$$
$$- 2\!''\!788 \times 10^{-6}\,T^4 + 2\!''\!60 \times 10^{-8}\,T^5$$

$$\bar{\phi} = 84381\!''\!412\,819 - 46\!''\!811\,016\,T + 0\!''\!051\,1268\,T^2 + 0\!''\!000\,532\,89\,T^3$$
$$- 0\!''\!440 \times 10^{-6}\,T^4 - 1\!''\!76 \times 10^{-8}\,T^5$$

$$\bar{\psi} = -0\!''\!041\,775 + 5038\!''\!481\,484\,T + 1\!''\!558\,4175\,T^2 - 0\!''\!000\,185\,22\,T^3$$
$$- 26\!''\!452 \times 10^{-6}\,T^4 - 1\!''\!48 \times 10^{-8}\,T^5$$

Nutation (see page B55) is applied by adding the nutations in longitude $(\Delta \psi)$ and obliquity $(\Delta \epsilon)$ thus

$$\psi = \bar{\psi} + \Delta \psi \qquad \text{and} \qquad \epsilon = \epsilon_{\mathrm{A}} + \Delta \epsilon$$

Values for $\Delta \psi$ and $\Delta \epsilon$ are tabulated daily on pages B58–B65 with ϵ, the true obliquity of the ecliptic, while ϵ_{A} is given on page B52.

Thus the reduction from a geocentric position $\mathbf{r}$ with respect to the GCRS to a position $\mathbf{r}_t$ with respect to the (true) equator and equinox of date, and vice versa, is given by:

$$\mathbf{r}_t = \mathbf{M}\,\mathbf{r} = \mathbf{N}\mathbf{P}\mathbf{B}\,\mathbf{r} \qquad \mathbf{r} = \mathbf{B}^{-1}\,\mathbf{P}^{-1}\,\mathbf{N}^{-1}\,\mathbf{r}_t = \mathbf{B}'\,\mathbf{P}'\,\mathbf{N}'\,\mathbf{r}_t$$

or where $\qquad \mathbf{M} = \mathbf{R}_1(-\epsilon)\,\mathbf{R}_3(-\psi)\,\mathbf{R}_1(\bar{\phi})\,\mathbf{R}_3(\bar{\gamma})$

and the matrices $\mathbf{B}$, $\mathbf{P}$ and $\mathbf{N}$ are defined in the preceding sections. The combined matrix $\mathbf{M}$ (see page B50) is tabulated daily at 0^{h} TT on even numbered pages B30–B44. There should be no significant difference between the various methods of calculating $\mathbf{M}$.

Values for the middle of the year, epoch J2021·5 for $\bar{\gamma}, \bar{\phi}, \bar{\psi}, \epsilon_{\mathrm{A}}$, and the combined bias and precession matrices are

F-W Bias and Precession Angles $\bar{\gamma}, \bar{\phi}, \bar{\psi}$, and ϵ_{A}

$\bar{\gamma} =$	$+2\!''\!24 = +0\!\overset{\circ}{\cdot}000\,622$	$\bar{\phi} = +843\,71\!''\!35 = +23\!\overset{\circ}{\cdot}436\,486$
$\bar{\psi} = +108\,3\!''\!30 = +0\!\overset{\circ}{\cdot}300\,918$		$\epsilon_{\mathrm{A}} = 23°\,26'\,11\!''\!34 = \quad 23\!\overset{\circ}{\cdot}436\,482$

$$\mathbf{PB} = \begin{pmatrix} +0\!\cdot\!999\,986\,261 & -0\!\cdot\!004\,807\,843 & -0\!\cdot\!002\,088\,882 \\ +0\!\cdot\!004\,807\,843 & +0\!\cdot\!999\,988\,442 & -0\!\cdot\!000\,004\,962 \\ +0\!\cdot\!002\,088\,882 & -0\!\cdot\!000\,005\,082 & +0\!\cdot\!999\,997\,818 \end{pmatrix}$$

where the combined frame bias and precession matrix has been calculated by ignoring the nutation terms $\Delta \psi$ and $\Delta \epsilon$.

Approximate reduction for precession and nutation

The following formulae and table may be used for the approximate reduction from the equator and equinox of J2000·0 (or from the GCRS if the small frame bias correction is ignored) to the true equator and equinox of date during 2021:

$$\alpha = \alpha_0 + f + g \sin(G + \alpha_0) \tan \delta_0$$
$$\delta = \delta_0 + g \cos(G + \alpha_0)$$

where the units of the correction to α_0 and δ_0 are seconds and arcminutes, respectively.

Date		f	g	g	G	Date		f	g	g	G
		s	s	′	h m			s	s	′	h m
Jan.	−4	+63·5	27·6	6·90	00 00	July	5∗	+65·2	28·3	7·08	23 59
	6	+63·6	27·6	6·91	00 00		15	+65·3	28·4	7·09	23 59
	16	+63·8	27·7	6·93	00 00		25	+65·4	28·4	7·11	23 59
	26∗	+63·8	27·7	6·94	00 00	Aug.	4	+65·5	28·5	7·11	23 59
Feb.	5	+63·9	27·8	6·94	23 59		14∗	+65·6	28·5	7·12	23 58
	15	+64·0	27·8	6·95	23 59		24	+65·7	28·5	7·13	23 58
	25	+64·1	27·9	6·96	23 59	Sept.	3	+65·7	28·6	7·14	23 58
Mar.	7∗	+64·2	27·9	6·97	23 59		13	+65·8	28·6	7·15	23 58
	17	+64·2	27·9	6·97	23 59		23∗	+65·8	28·6	7·15	23 58
	27	+64·3	27·9	6·98	23 59	Oct.	3	+65·9	28·6	7·16	23 58
Apr.	6	+64·4	28·0	6·99	23 59		13	+66·0	28·7	7·17	23 58
	16∗	+64·4	28·0	6·99	23 59		23	+66·0	28·7	7·17	23 58
	26	+64·5	28·0	7·00	23 59	Nov.	2∗	+66·1	28·7	7·18	23 58
May	6	+64·6	28·1	7·02	23 59		12	+66·2	28·8	7·20	23 58
	16	+64·7	28·1	7·02	23 59		22	+66·3	28·8	7·20	23 58
	26∗	+64·7	28·1	7·03	23 59	Dec.	2	+66·4	28·9	7·21	23 58
June	5	+64·9	28·2	7·05	23 59		12∗	+66·6	28·9	7·23	23 58
	15	+65·0	28·2	7·06	23 59		22	+66·7	29·0	7·24	23 58
	25	+65·1	28·3	7·07	23 59		32	+66·8	29·0	7·25	23 58
July	5∗	+65·2	28·3	7·08	23 59						

∗ 40-day date   † 400-day date for osculation epoch

Differential precession and nutation

The corrections for differential precession and nutation are given below. These are to be added to the observed differences of the right ascension and declination, $\Delta\alpha$ and $\Delta\delta$, of an object relative to a comparison star to obtain the differences in the mean place for a standard epoch (e.g. J2000·0 or the beginning of the year). The differences $\Delta\alpha$ and $\Delta\delta$ are measured in the sense "object − comparison star", and the corrections are in the same units as $\Delta\alpha$ and $\Delta\delta$.

In the correction to right ascension the same units must be used for $\Delta\alpha$ and $\Delta\delta$.

correction to right ascension $e \tan\delta \, \Delta\alpha - f \sec^2\delta \, \Delta\delta$

correction to declination $f \, \Delta\alpha$

where
$$e = -\cos\alpha \, (nt + \sin\epsilon \, \Delta\psi) - \sin\alpha \, \Delta\epsilon$$
$$f = +\sin\alpha \, (nt + \sin\epsilon \, \Delta\psi) - \cos\alpha \, \Delta\epsilon$$
$$\epsilon = 23°44, \sin\epsilon = 0.3977, n = 0.000\,0972 \text{ radians for epoch J2021·5,}$$

and t is the time in years *from* the standard epoch *to* the time of observation. $\Delta\psi$, $\Delta\epsilon$ are nutations in longitude and obliquity at the time of observation, *expressed in radians*. ($1'' = 0.000\,004\,8481$ rad).

The errors in arc units caused by using these formulae are of order $10^{-8} t^2 \sec^2\delta$ multiplied by the displacement in arc from the comparison star.

FOR 0ʰ TERRESTRIAL TIME

Date 0ʰ TT		NUTATION in Long. $\Delta\psi$	in Obl. $\Delta\epsilon$	True Obl. of Ecliptic ϵ 23° 26′	Julian Date 0ʰ TT 245	CELESTIAL INTERMEDIATE Pole x	y	Origin s
		″	″	″		″	″	″
Jan.	0	− 16·284 59	+ 1·219 09	12·790 34	9214·5	+ 414·330 54	+ 0·249 05	− 0·002 62
	1	− 16·159 64	+ 1·264 88	12·834 85	9215·5	+ 414·435 31	+ 0·294 36	− 0·002 66
	2	− 16·072 08	+ 1·324 89	12·893 58	9216·5	+ 414·525 28	+ 0·353 95	− 0·002 72
	3	− 16·033 08	+ 1·390 53	12·957 94	9217·5	+ 414·595 97	+ 0·419 27	− 0·002 79
	4	− 16·043 36	+ 1·451 29	13·017 41	9218·5	+ 414·647 02	+ 0·479 78	− 0·002 85
	5	− 16·091 83	+ 1·497 03	13·061 87	9219·5	+ 414·682 83	+ 0·525 36	− 0·002 90
	6	− 16·156 91	+ 1·520 57	13·084 12	9220·5	+ 414·711 92	+ 0·548 76	− 0·002 92
	7	− 16·210 92	+ 1·519 75	13·082 03	9221·5	+ 414·745 30	+ 0·547 79	− 0·002 92
	8	− 16·226 63	+ 1·498 64	13·059 63	9222·5	+ 414·793 82	+ 0·526 45	− 0·002 90
	9	− 16·184 90	+ 1·467 01	13·026 72	9223·5	+ 414·865 14	+ 0·494 49	− 0·002 87
	10	− 16·081 12	+ 1·438 17	12·996 60	9224·5	+ 414·961 15	+ 0·465 21	− 0·002 84
	11	− 15·927 82	+ 1·425 20	12·982 34	9225·5	+ 415·076 93	+ 0·451 70	− 0·002 82
	12	− 15·751 68	+ 1·436 90	12·992 76	9226·5	+ 415·201 91	+ 0·462 82	− 0·002 83
	13	− 15·585 28	+ 1·475 17	13·029 75	9227·5	+ 415·323 13	+ 0·500 53	− 0·002 87
	14	− 15·457 07	+ 1·534 87	13·088 16	9228·5	+ 415·429 27	+ 0·559 73	− 0·002 93
	15	− 15·383 80	+ 1·606 12	13·158 13	9229·5	+ 415·513 61	+ 0·630 59	− 0·003 00
	16	− 15·368 09	+ 1·677 77	13·228 50	9230·5	+ 415·575 06	+ 0·701 96	− 0·003 07
	17	− 15·400 73	+ 1·740 33	13·289 78	9231·5	+ 415·617 23	+ 0·764 33	− 0·003 14
	18	− 15·465 44	+ 1·787 60	13·335 77	9232·5	+ 415·646 58	+ 0·811 46	− 0·003 18
	19	− 15·543 46	+ 1·817 02	13·363 91	9233·5	+ 415·670 56	+ 0·840 77	− 0·003 21
	20	− 15·616 98	+ 1·829 18	13·374 78	9234·5	+ 415·696 24	+ 0·852 81	− 0·003 22
	21	− 15·671 09	+ 1·827 10	13·371 42	9235·5	+ 415·729 57	+ 0·850 57	− 0·003 22
	22	− 15·694 82	+ 1·815 54	13·358 58	9236·5	+ 415·774 95	+ 0·838 80	− 0·003 21
	23	− 15·681 66	+ 1·800 44	13·342 20	9237·5	+ 415·834 98	+ 0·823 42	− 0·003 20
	24	− 15·630 20	+ 1·788 40	13·328 87	9238·5	+ 415·910 26	+ 0·811 03	− 0·003 18
	25	− 15·544 69	+ 1·786 08	13·325 28	9239·5	+ 415·999 13	+ 0·808 30	− 0·003 18
	26	− 15·435 48	+ 1·799 38	13·337 29	9240·5	+ 416·097 49	+ 0·821 14	− 0·003 19
	27	− 15·318 74	+ 1·832 21	13·368 84	9241·5	+ 416·198 94	+ 0·853 50	− 0·003 22
	28	− 15·214 70	+ 1·885 27	13·420 61	9242·5	+ 416·295 44	+ 0·906 11	− 0·003 28
	29	− 15·143 90	+ 1·954 95	13·489 02	9243·5	+ 416·378 79	+ 0·975 41	− 0·003 35
	30	− 15·121 90	+ 2·033 26	13·566 04	9244·5	+ 416·442 77	+ 1·053 41	− 0·003 43
	31	− 15·153 84	+ 2·109 05	13·640 55	9245·5	+ 416·485 29	+ 1·129 01	− 0·003 50
Feb.	1	− 15·231 25	+ 2·170 80	13·701 02	9246·5	+ 416·509 65	+ 1·190 65	− 0·003 56
	2	− 15·332 97	+ 2·209 84	13·738 77	9247·5	+ 416·524 24	+ 1·229 62	− 0·003 60
	3	− 15·430 42	+ 2·223 08	13·750 73	9248·5	+ 416·540 41	+ 1·242 79	− 0·003 62
	4	− 15·495 52	+ 2·214 10	13·740 47	9249·5	+ 416·569 35	+ 1·233 67	− 0·003 61
	5	− 15·508 46	+ 2·192 18	13·717 27	9250·5	+ 416·618 96	+ 1·211 52	− 0·003 59
	6	− 15·463 09	+ 2·169 80	13·693 61	9251·5	+ 416·691 77	+ 1·188 80	− 0·003 56
	7	− 15·368 32	+ 2·159 34	13·681 86	9252·5	+ 416·784 28	+ 1·177 90	− 0·003 55
	8	− 15·245 63	+ 2·169 84	13·691 08	9253·5	+ 416·888 00	+ 1·187 93	− 0·003 56
	9	− 15·123 17	+ 2·204 89	13·724 85	9254·5	+ 416·991 74	+ 1·222 49	− 0·003 60
	10	− 15·028 37	+ 2·261 92	13·780 59	9255·5	+ 417·084 58	+ 1·279 09	− 0·003 65
	11	− 14·981 11	+ 2·333 31	13·850 71	9256·5	+ 417·158 57	+ 1·350 14	− 0·003 72
	12	− 14·989 66	+ 2·408 81	13·924 92	9257·5	+ 417·210 39	+ 1·425 39	− 0·003 80
	13	− 15·050 19	+ 2·478 23	13·993 05	9258·5	+ 417·241 51	+ 1·494 66	− 0·003 87
	14	− 15·149 50	+ 2·533 74	14·047 28	9259·5	+ 417·257 13	+ 1·550 10	− 0·003 93
	15	− 15·269 37	+ 2·571 04	14·083 31	9260·5	+ 417·264 50	+ 1·587 37	− 0·003 96

FOR 0ʰ TERRESTRIAL TIME

Date 0ʰ TT	NUTATION in Long. $\Delta\psi$ "	in Obl. $\Delta\epsilon$ "	True Obl. of Ecliptic ϵ 23° 26′ "	Julian Date 0ʰ TT 245	CELESTIAL INTERMEDIATE Pole x "	y "	Origin s "
Feb. 15	− 15·269 37	+ 2·571 04	14·083 31	9260·5	+ 417·264 50	+ 1·587 37	− 0·003 96
16	− 15·390 81	+ 2·589 49	14·100 47	9261·5	+ 417·271 15	+ 1·605 79	− 0·003 98
17	− 15·497 17	+ 2·591 44	14·101 14	9262·5	+ 417·283 73	+ 1·607 68	− 0·003 98
18	− 15·575 93	+ 2·581 43	14·089 85	9263·5	+ 417·307 22	+ 1·597 56	− 0·003 97
19	− 15·619 43	+ 2·565 32	14·072 45	9264·5	+ 417·344 71	+ 1·581 27	− 0·003 96
20	− 15·625 10	+ 2·549 56	14·055 41	9265·5	+ 417·397 25	+ 1·565 27	− 0·003 94
21	− 15·595 50	+ 2·540 67	14·045 24	9266·5	+ 417·463 85	+ 1·556 07	− 0·003 93
22	− 15·538 49	+ 2·544 60	14·047 88	9267·5	+ 417·541 41	+ 1·559 63	− 0·003 93
23	− 15·467 19	+ 2·565 91	14·067 92	9268·5	+ 417·624 74	+ 1·580 56	− 0·003 95
24	− 15·399 31	+ 2·606 78	14·107 50	9269·5	+ 417·706 79	+ 1·621 04	− 0·004 00
25	− 15·355 10	+ 2·665 77	14·165 21	9270·5	+ 417·779 52	+ 1·679 70	− 0·004 05
26	− 15·353 22	+ 2·736 96	14·235 12	9271·5	+ 417·835 47	+ 1·750 63	− 0·004 13
27	− 15·404 96	+ 2·810 10	14·306 98	9272·5	+ 417·870 10	+ 1·823 61	− 0·004 20
28	− 15·508 40	+ 2·872 55	14·368 14	9273·5	+ 417·884 11	+ 1·885 98	− 0·004 26
Mar. 1	− 15·646 03	+ 2·912 89	14·407 20	9274·5	+ 417·884 43	+ 1·926 33	− 0·004 30
2	− 15·788 25	+ 2·925 09	14·418 12	9275·5	+ 417·882 79	+ 1·938 53	− 0·004 32
3	− 15·902 61	+ 2·910 95	14·402 70	9276·5	+ 417·892 10	+ 1·924 35	− 0·004 30
4	− 15·964 71	+ 2·879 72	14·370 19	9277·5	+ 417·922 13	+ 1·892 98	− 0·004 27
5	− 15·965 69	+ 2·844 85	14·334 04	9278·5	+ 417·976 44	+ 1·857 86	− 0·004 23
6	− 15·913 72	+ 2·819 72	14·307 62	9279·5	+ 418·051 86	+ 1·832 37	− 0·004 21
7	− 15·829 95	+ 2·814 02	14·300 64	9280·5	+ 418·140 02	+ 1·826 26	− 0·004 20
8	− 15·741 67	+ 2·831 85	14·317 19	9281·5	+ 418·230 09	+ 1·843 67	− 0·004 22
9	− 15·675 25	+ 2·871 47	14·355 53	9282·5	+ 418·311 56	+ 1·882 91	− 0·004 26
10	− 15·650 50	+ 2·926 47	14·409 24	9283·5	+ 418·376 53	+ 1·937 60	− 0·004 31
11	− 15·677 43	+ 2·987 68	14·469 17	9284·5	+ 418·420 97	+ 1·998 60	− 0·004 38
12	− 15·755 36	+ 3·045 38	14·525 58	9285·5	+ 418·445 11	+ 2·056 19	− 0·004 43
13	− 15·874 38	+ 3·091 28	14·570 20	9286·5	+ 418·452 85	+ 2·102 05	− 0·004 48
14	− 16·018 34	+ 3·119 91	14·597 55	9287·5	+ 418·450 60	+ 2·130 69	− 0·004 51
15	− 16·168 57	+ 3·129 25	14·605 61	9288·5	+ 418·445 75	+ 2·140 06	− 0·004 52
16	− 16·307 35	+ 3·120 60	14·595 67	9289·5	+ 418·445 38	+ 2·131 41	− 0·004 51
17	− 16·420 48	+ 3·097 91	14·571 70	9290·5	+ 418·455 15	+ 2·108 67	− 0·004 49
18	− 16·498 76	+ 3·066 87	14·539 38	9291·5	+ 418·478 74	+ 2·077 52	− 0·004 45
19	− 16·538 46	+ 3·034 00	14·505 23	9292·5	+ 418·517 66	+ 2·044 47	− 0·004 42
20	− 16·541 20	+ 3·005 86	14·475 81	9293·5	+ 418·571 31	+ 2·016 08	− 0·004 39
21	− 16·513 64	+ 2·988 41	14·457 07	9294·5	+ 418·637 06	+ 1·998 32	− 0·004 37
22	− 16·466 97	+ 2·986 34	14·453 73	9295·5	+ 418·710 48	+ 1·995 91	− 0·004 37
23	− 16·416 29	+ 3·002 47	14·468 57	9296·5	+ 418·785 58	+ 2·011 68	− 0·004 39
24	− 16·379 45	+ 3·036 80	14·501 62	9297·5	+ 418·855 26	+ 2·045 69	− 0·004 42
25	− 16·374 67	+ 3·085 71	14·549 24	9298·5	+ 418·912 26	+ 2·094 33	− 0·004 47
26	− 16·416 44	+ 3·141 37	14·603 63	9299·5	+ 418·950 77	+ 2·149 81	− 0·004 53
27	− 16·509 91	+ 3·192 34	14·653 31	9300·5	+ 418·968 70	+ 2·200 70	− 0·004 58
28	− 16·645 79	+ 3·225 87	14·685 55	9301·5	+ 418·969 68	+ 2·234 22	− 0·004 61
29	− 16·799 00	+ 3·232 05	14·690 45	9302·5	+ 418·963 64	+ 2·240 43	− 0·004 62
30	− 16·934 60	+ 3·208 25	14·665 37	9303·5	+ 418·964 46	+ 2·216 62	− 0·004 59
31	− 17·020 06	+ 3·161 17	14·617 01	9304·5	+ 418·985 12	+ 2·169 45	− 0·004 55
Apr. 1	− 17·038 01	+ 3·104 78	14·559 34	9305·5	+ 419·032 59	+ 2·112 83	− 0·004 49
2	− 16·992 34	+ 3·055 04	14·508 32	9306·5	+ 419·105 39	+ 2·062 76	− 0·004 44

FOR 0^h TERRESTRIAL TIME

Date 0^h TT	NUTATION in Long. $\Delta\psi$	in Obl. $\Delta\epsilon$	True Obl. of Ecliptic ϵ 23° 26′	Julian Date 0^h TT 245	CELESTIAL INTERMEDIATE Pole $\mathcal{X}$	$\mathcal{Y}$	Origin s
	"	"	"		"	"	"
Apr. 1	− 17·038 01	+ 3·104 78	14·559 34	**9305·5**	+ 419·032 59	+ 2·112 83	− 0·004 49
2	− 16·992 34	+ 3·055 04	14·508 32	**9306·5**	+ 419·105 39	+ 2·062 76	− 0·004 44
3	− 16·904 92	+ 3·024 42	14·476 42	**9307·5**	+ 419·194 88	+ 2·031 71	− 0·004 40
4	− 16·806 29	+ 3·018 63	14·469 34	**9308·5**	+ 419·288 95	+ 2·025 48	− 0·004 40
5	− 16·725 85	+ 3·036 46	14·485 89	**9309·5**	+ 419·375 90	+ 2·042 90	− 0·004 42
6	− 16·685 18	+ 3·071 49	14·519 64	**9310·5**	+ 419·447 10	+ 2·077 60	− 0·004 45
7	− 16·695 11	+ 3·114 56	14·561 43	**9311·5**	+ 419·498 22	+ 2·120 43	− 0·004 49
8	− 16·755 83	+ 3·156 06	14·601 64	**9312·5**	+ 419·529 14	+ 2·161 79	− 0·004 54
9	− 16·858 73	+ 3·187 65	14·631 95	**9313·5**	+ 419·543 23	+ 2·193 31	− 0·004 57
10	− 16·989 09	+ 3·203 46	14·646 48	**9314·5**	+ 419·546 32	+ 2·209 11	− 0·004 58
11	− 17·129 15	+ 3·200 69	14·642 42	**9315·5**	+ 419·545 47	+ 2·206 33	− 0·004 58
12	− 17·261 12	+ 3·179 66	14·620 11	**9316·5**	+ 419·547 74	+ 2·185 29	− 0·004 56
13	− 17·369 75	+ 3·143 52	14·582 69	**9317·5**	+ 419·559 24	+ 2·149 10	− 0·004 52
14	− 17·444 23	+ 3·097 50	14·535 39	**9318·5**	+ 419·584 27	+ 2·102 96	− 0·004 48
15	− 17·479 31	+ 3·048 05	14·484 66	**9319·5**	+ 419·624 95	+ 2·053 33	− 0·004 42
16	− 17·475 52	+ 3·001 90	14·437 23	**9320·5**	+ 419·681 11	+ 2·006 91	− 0·004 38
17	− 17·438 77	+ 2·965 23	14·399 27	**9321·5**	+ 419·750 42	+ 1·969 91	− 0·004 34
18	− 17·379 54	+ 2·942 93	14·375 69	**9322·5**	+ 419·828 74	+ 1·947 24	− 0·004 32
19	− 17·311 85	+ 2·938 03	14·369 51	**9323·5**	+ 419·910 51	+ 1·941 97	− 0·004 31
20	− 17·251 88	+ 2·951 14	14·381 34	**9324·5**	+ 419·989 29	+ 1·954 70	− 0·004 32
21	− 17·216 21	+ 2·979 86	14·408 77	**9325·5**	+ 420·058 48	+ 1·983 09	− 0·004 35
22	− 17·219 15	+ 3·018 40	14·446 03	**9326·5**	+ 420·112 36	+ 2·021 38	− 0·004 39
23	− 17·268 97	+ 3·057 60	14·483 95	**9327·5**	+ 420·147 60	+ 2·060 42	− 0·004 43
24	− 17·363 31	+ 3·085 96	14·511 03	**9328·5**	+ 420·165 08	+ 2·088 70	− 0·004 46
25	− 17·485 71	+ 3·092 24	14·516 02	**9329·5**	+ 420·171 29	+ 2·094 95	− 0·004 46
26	− 17·606 07	+ 3·069 48	14·491 98	**9330·5**	+ 420·178 18	+ 2·072 15	− 0·004 44
27	− 17·688 33	+ 3·018 96	14·440 18	**9331·5**	+ 420·200 10	+ 2·021 53	− 0·004 39
28	− 17·703 93	+ 2·951 47	14·371 41	**9332·5**	+ 420·248 44	+ 1·953 81	− 0·004 32
29	− 17·644 72	+ 2·883 92	14·302 58	**9333·5**	+ 420·326 54	+ 1·885 89	− 0·004 25
30	− 17·526 76	+ 2·832 79	14·250 16	**9334·5**	+ 420·428 09	+ 1·834 29	− 0·004 20
May 1	− 17·382 85	+ 2·808 08	14·224 17	**9335·5**	+ 420·540 08	+ 1·809 05	− 0·004 17
2	− 17·249 12	+ 2·810 94	14·225 75	**9336·5**	+ 420·648 15	+ 1·811 41	− 0·004 17
3	− 17·153 69	+ 2·835 26	14·248 79	**9337·5**	+ 420·741 09	+ 1·835 29	− 0·004 20
4	− 17·111 33	+ 2·871 01	14·283 25	**9338·5**	+ 420·812 97	+ 1·870 69	− 0·004 23
5	− 17·123 64	+ 2·907 53	14·318 49	**9339·5**	+ 420·863 12	+ 1·906 98	− 0·004 27
6	− 17·182 13	+ 2·935 77	14·345 45	**9340·5**	+ 420·894 85	+ 1·935 07	− 0·004 30
7	− 17·271 96	+ 2·949 42	14·357 82	**9341·5**	+ 420·914 06	+ 1·948 63	− 0·004 31
8	− 17·375 37	+ 2·945 25	14·352 36	**9342·5**	+ 420·927 77	+ 1·944 40	− 0·004 31
9	− 17·474 46	+ 2·923 08	14·328 92	**9343·5**	+ 420·943 12	+ 1·922 16	− 0·004 29
10	− 17·553 44	+ 2·885 44	14·289 99	**9344·5**	+ 420·966 40	+ 1·884 40	− 0·004 25
11	− 17·600 36	+ 2·837 01	14·240 28	**9345·5**	+ 421·002 38	+ 1·835 81	− 0·004 20
12	− 17·608 41	+ 2·783 95	14·185 94	**9346·5**	+ 421·053 80	+ 1·782 50	− 0·004 14
13	− 17·576 58	+ 2·733 02	14·133 72	**9347·5**	+ 421·121 09	+ 1·731 25	− 0·004 09
14	− 17·509 67	+ 2·690 68	14·090 11	**9348·5**	+ 421·202 37	+ 1·688 53	− 0·004 05
15	− 17·417 60	+ 2·662 26	14·060 40	**9349·5**	+ 421·293 72	+ 1·659 68	− 0·004 02
16	− 17·314 18	+ 2·651 15	14·048 01	**9350·5**	+ 421·389 67	+ 1·648 12	− 0·004 00
17	− 17·215 35	+ 2·658 31	14·053 88	**9351·5**	+ 421·483 88	+ 1·654 83	− 0·004 01

FOR 0ʰ TERRESTRIAL TIME

Date 0ʰ TT	NUTATION in Long. $\Delta\psi$	in Obl. $\Delta\epsilon$	True Obl. of Ecliptic ϵ 23° 26′	Julian Date 0ʰ TT 245	CELESTIAL INTERMEDIATE Pole x	y	Origin s
	″	″	″		″	″	″
May 17	− 17·215 35	+ 2·658 31	14·053 88	9351·5	+ 421·483 88	+ 1·654 83	− 0·004 01
18	− 17·137 19	+ 2·681 83	14·076 12	9352·5	+ 421·569 95	+ 1·677 94	− 0·004 03
19	− 17·093 48	+ 2·716 82	14·109 83	9353·5	+ 421·642 36	+ 1·712 60	− 0·004 07
20	− 17·092 96	+ 2·755 61	14·147 34	9354·5	+ 421·697 62	+ 1·751 13	− 0·004 11
21	− 17·136 17	+ 2·788 38	14·178 82	9355·5	+ 421·735 46	+ 1·783 72	− 0·004 14
22	− 17·212 60	+ 2·804 79	14·193 96	9356·5	+ 421·760 00	+ 1·800 02	− 0·004 16
23	− 17·299 60	+ 2·796 62	14·184 50	9357·5	+ 421·780 23	+ 1·791 75	− 0·004 15
24	− 17·365 31	+ 2·761 09	14·147 69	9358·5	+ 421·808 79	+ 1·756 08	− 0·004 11
25	− 17·377 18	+ 2·703 66	14·088 98	9359·5	+ 421·858 67	+ 1·698 41	− 0·004 05
26	− 17·314 74	+ 2·637 91	14·021 95	9360·5	+ 421·938 06	+ 1·632 29	− 0·003 98
27	− 17·180 11	+ 2·581 44	13·964 19	9361·5	+ 422·046 21	+ 1·575 30	− 0·003 93
28	− 16·999 06	+ 2·549 01	13·930 48	9362·5	+ 422·172 94	+ 1·542 28	− 0·003 89
29	− 16·810 73	+ 2·547 04	13·927 23	9363·5	+ 422·302 70	+ 1·539 70	− 0·003 89
30	− 16·652 38	+ 2·572 28	13·951 18	9364·5	+ 422·420 67	+ 1·564 38	− 0·003 91
31	− 16·547 95	+ 2·614 69	13·992 31	9365·5	+ 422·517 28	+ 1·606 34	− 0·003 96
June 1	− 16·504 58	+ 2·661 99	14·038 33	9366·5	+ 422·589 61	+ 1·653 30	− 0·004 00
2	− 16·515 48	+ 2·703 23	14·078 29	9367·5	+ 422·640 34	+ 1·694 30	− 0·004 05
3	− 16·565 22	+ 2·730 74	14·104 51	9368·5	+ 422·675 56	+ 1·721 64	− 0·004 07
4	− 16·634 77	+ 2·740 54	14·113 03	9369·5	+ 422·702 81	+ 1·731 31	− 0·004 08
5	− 16·705 10	+ 2·732 07	14·103 28	9370·5	+ 422·729 66	+ 1·722 71	− 0·004 07
6	− 16·759 53	+ 2·707 55	14·077 48	9371·5	+ 422·762 77	+ 1·698 04	− 0·004 05
7	− 16·785 19	+ 2·671 35	14·039 99	9372·5	+ 422·807 26	+ 1·661 62	− 0·004 01
8	− 16·774 00	+ 2·629 30	13·996 66	9373·5	+ 422·866 38	+ 1·619 29	− 0·003 97
9	− 16·723 36	+ 2·588 05	13·954 13	9374·5	+ 422·941 19	+ 1·577 69	− 0·003 93
10	− 16·636 50	+ 2·554 23	13·919 03	9375·5	+ 423·030 45	+ 1·543 45	− 0·003 89
11	− 16·522 18	+ 2·533 62	13·897 14	9376·5	+ 423·130 69	+ 1·522 36	− 0·003 87
12	− 16·393 77	+ 2·530 23	13·892 46	9377·5	+ 423·236 61	+ 1·518 47	− 0·003 86
13	− 16·267 49	+ 2·545 59	13·906 54	9378·5	+ 423·341 78	+ 1·533 34	− 0·003 88
14	− 16·160 10	+ 2·578 26	13·937 93	9379·5	+ 423·439 51	+ 1·565 54	− 0·003 91
15	− 16·086 10	+ 2·623 71	13·982 10	9380·5	+ 423·524 03	+ 1·610 60	− 0·003 96
16	− 16·054 82	+ 2·674 73	14·031 84	9381·5	+ 423·591 58	+ 1·661 30	− 0·004 01
17	− 16·067 88	+ 2·722 25	14·078 07	9382·5	+ 423·641 48	+ 1·708 58	− 0·004 06
18	− 16·117 25	+ 2·756 79	14·111 33	9383·5	+ 423·676 87	+ 1·742 95	− 0·004 09
19	− 16·184 67	+ 2·770 40	14·123 66	9384·5	+ 423·704 99	+ 1·756 43	− 0·004 11
20	− 16·243 42	+ 2·759 11	14·111 08	9385·5	+ 423·736 43	+ 1·744 99	− 0·004 09
21	− 16·263 56	+ 2·725 09	14·075 79	9386·5	+ 423·783 13	+ 1·710 75	− 0·004 06
22	− 16·220 59	+ 2·677 68	14·027 09	9387·5	+ 423·854 87	+ 1·663 00	− 0·004 01
23	− 16·105 42	+ 2·631 76	13·979 89	9388·5	+ 423·955 32	+ 1·616 60	− 0·003 96
24	− 15·930 69	+ 2·603 26	13·950 10	9389·5	+ 424·079 55	+ 1·587 51	− 0·003 93
25	− 15·728 38	+ 2·603 22	13·948 78	9390·5	+ 424·214 89	+ 1·586 83	− 0·003 93
26	− 15·538 50	+ 2·633 68	13·977 96	9391·5	+ 424·345 42	+ 1·616 67	− 0·003 96
27	− 15·394 61	+ 2·687 60	14·030 60	9392·5	+ 424·457 78	+ 1·670 06	− 0·004 01
28	− 15·314 08	+ 2·752 54	14·094 25	9393·5	+ 424·544 98	+ 1·734 58	− 0·004 08
29	− 15·296 45	+ 2·815 43	14·155 87	9394·5	+ 424·607 16	+ 1·797 18	− 0·004 14
30	− 15·328 06	+ 2·866 15	14·205 30	9395·5	+ 424·649 69	+ 1·847 69	− 0·004 20
July 1	− 15·388 76	+ 2·898 93	14·236 80	9396·5	+ 424·680 58	+ 1·880 33	− 0·004 23
2	− 15·457 39	+ 2·912 29	14·248 88	9397·5	+ 424·708 21	+ 1·893 56	− 0·004 24

FOR 0ʰ TERRESTRIAL TIME

Date 0ʰ TT	NUTATION in Long. $\Delta\psi$	NUTATION in Obl. $\Delta\epsilon$	True Obl. of Ecliptic ϵ 23° 26′	Julian Date 0ʰ TT 245	CELESTIAL INTERMEDIATE Pole $\mathcal{X}$	Pole $\mathcal{Y}$	Origin s
	″	″	″		″	″	″
July 1	− 15·388 76	+ 2·898 93	14·236 80	9396·5	+ 424·680 58	+ 1·880 33	− 0·004 23
2	− 15·457 39	+ 2·912 29	14·248 88	9397·5	+ 424·708 21	+ 1·893 56	− 0·004 24
3	− 15·515 35	+ 2·908 12	14·243 43	9398·5	+ 424·740 00	+ 1·889 24	− 0·004 24
4	− 15·548 35	+ 2·890 68	14·224 70	9399·5	+ 424·781 66	+ 1·871 60	− 0·004 22
5	− 15·547 10	+ 2·865 72	14·198 46	9400·5	+ 424·836 91	+ 1·846 38	− 0·004 19
6	− 15·507 68	+ 2·839 80	14·171 26	9401·5	+ 424·907 33	+ 1·820 12	− 0·004 17
7	− 15·431 72	+ 2·819 60	14·149 77	9402·5	+ 424·992 32	+ 1·799 52	− 0·004 14
8	− 15·326 31	+ 2·811 19	14·140 09	9403·5	+ 425·089 07	+ 1·790 65	− 0·004 14
9	− 15·203 58	+ 2·819 24	14·146 86	9404·5	+ 425·192 79	+ 1·798 21	− 0·004 14
10	− 15·079 44	+ 2·846 14	14·172 47	9405·5	+ 425·297 16	+ 1·824 61	− 0·004 17
11	− 14·971 45	+ 2·891 26	14·216 30	9406·5	+ 425·395 20	+ 1·869 26	− 0·004 22
12	− 14·895 74	+ 2·950 64	14·274 40	9407·5	+ 425·480 46	+ 1·928 24	− 0·004 28
13	− 14·863 60	+ 3·017 23	14·339 71	9408·5	+ 425·548 43	+ 1·994 51	− 0·004 34
14	− 14·878 35	+ 3·081 89	14·403 09	9409·5	+ 425·597 74	+ 2·058 93	− 0·004 41
15	− 14·933 32	+ 3·135 01	14·454 93	9410·5	+ 425·630 99	+ 2·111 90	− 0·004 46
16	− 15·011 84	+ 3·168 62	14·487 25	9411·5	+ 425·654 79	+ 2·145 39	− 0·004 50
17	− 15·089 49	+ 3·178 43	14·495 79	9412·5	+ 425·678 82	+ 2·155 09	− 0·004 51
18	− 15·138 76	+ 3·165 58	14·481 65	9413·5	+ 425·714 03	+ 2·142 07	− 0·004 49
19	− 15·135 80	+ 3·137 21	14·452 00	9414·5	+ 425·769 94	+ 2·113 43	− 0·004 46
20	− 15·067 82	+ 3·105 51	14·419 02	9415·5	+ 425·851 70	+ 2·081 34	− 0·004 43
21	− 14·938 87	+ 3·084 86	14·397 08	9416·5	+ 425·957 75	+ 2·060 19	− 0·004 41
22	− 14·770 94	+ 3·087 49	14·398 43	9417·5	+ 426·079 43	+ 2·062 24	− 0·004 41
23	− 14·598 29	+ 3·119 27	14·428 93	9418·5	+ 426·203 12	+ 2·093 43	− 0·004 44
24	− 14·456 65	+ 3·177 60	14·485 97	9419·5	+ 426·314 60	+ 2·151 23	− 0·004 50
25	− 14·371 64	+ 3·252 65	14·559 74	9420·5	+ 426·403 64	+ 2·225 85	− 0·004 58
26	− 14·352 15	+ 3·331 15	14·636 96	9421·5	+ 426·466 63	+ 2·304 06	− 0·004 66
27	− 14·390 67	+ 3·400 82	14·705 35	9422·5	+ 426·506 51	+ 2·373 53	− 0·004 73
28	− 14·468 70	+ 3·453 28	14·756 52	9423·5	+ 426·530 59	+ 2·425 88	− 0·004 78
29	− 14·563 66	+ 3·485 08	14·787 05	9424·5	+ 426·547 84	+ 2·457 60	− 0·004 82
30	− 14·654 36	+ 3·497 13	14·797 82	9425·5	+ 426·566 69	+ 2·469 57	− 0·004 83
31	− 14·724 12	+ 3·493 42	14·792 82	9426·5	+ 426·593 80	+ 2·465 72	− 0·004 82
Aug. 1	− 14·761 91	+ 3·479 78	14·777 90	9427·5	+ 426·633 57	+ 2·451 89	− 0·004 81
2	− 14·762 54	+ 3·462 88	14·759 71	9428·5	+ 426·688 10	+ 2·434 73	− 0·004 79
3	− 14·726 31	+ 3·449 49	14·745 04	9429·5	+ 426·757 32	+ 2·421 01	− 0·004 78
4	− 14·658 78	+ 3·445 88	14·740 15	9430·5	+ 426·839 03	+ 2·417 01	− 0·004 77
5	− 14·570 35	+ 3·457 14	14·750 13	9431·5	+ 426·929 12	+ 2·427 84	− 0·004 78
6	− 14·475 59	+ 3·486 50	14·778 21	9432·5	+ 427·021 82	+ 2·456 76	− 0·004 81
7	− 14·391 78	+ 3·534 48	14·824 90	9433·5	+ 427·110 25	+ 2·504 31	− 0·004 86
8	− 14·336 36	+ 3·598 22	14·887 37	9434·5	+ 427·187 47	+ 2·567 69	− 0·004 93
9	− 14·323 35	+ 3·671 38	14·959 24	9435·5	+ 427·247 86	+ 2·640 56	− 0·005 00
10	− 14·359 36	+ 3·744 73	15·031 30	9436·5	+ 427·288 75	+ 2·713 71	− 0·005 08
11	− 14·440 41	+ 3·807 88	15·093 18	9437·5	+ 427·311 69	+ 2·776 76	− 0·005 14
12	− 14·551 12	+ 3·851 77	15·135 78	9438·5	+ 427·322 73	+ 2·820 59	− 0·005 19
13	− 14·667 17	+ 3·871 16	15·153 89	9439·5	+ 427·331 53	+ 2·839 94	− 0·005 21
14	− 14·760 71	+ 3·866 52	15·147 96	9440·5	+ 427·349 17	+ 2·835 21	− 0·005 20
15	− 14·807 59	+ 3·844 37	15·124 53	9441·5	+ 427·385 29	+ 2·812 89	− 0·005 18
16	− 14·794 11	+ 3·816 02	15·094 91	9442·5	+ 427·445 38	+ 2·784 26	− 0·005 15

FOR 0ʰ TERRESTRIAL TIME

Date 0ʰ TT	NUTATION in Long. $\Delta\psi$	in Obl. $\Delta\epsilon$	True Obl. of Ecliptic ϵ 23° 26′	Julian Date 0ʰ TT 245	CELESTIAL INTERMEDIATE Pole x	y	Origin s
	"	"	"		"	"	"
Aug. 16	− 14·794 11	+ 3·816 02	15·094 91	9442·5	+ 427·445 38	+ 2·784 26	− 0·005 15
17	− 14·721 53	+ 3·794 84	15·072 44	9443·5	+ 427·529 02	+ 2·762 67	− 0·005 13
18	− 14·606 58	+ 3·792 67	15·068 99	9444·5	+ 427·629 60	+ 2·760 02	− 0·005 12
19	− 14·477 67	+ 3·816 54	15·091 58	9445·5	+ 427·735 85	+ 2·783 39	− 0·005 15
20	− 14·367 21	+ 3·866 58	15·140 33	9446·5	+ 427·834 90	+ 2·832 95	− 0·005 20
21	− 14·302 55	+ 3·936 04	15·208 51	9447·5	+ 427·915 81	+ 2·902 03	− 0·005 27
22	− 14·298 65	+ 4·013 51	15·284 70	9448·5	+ 427·972 61	+ 2·979 23	− 0·005 35
23	− 14·355 14	+ 4·086 47	15·356 38	9449·5	+ 428·005 35	+ 3·052 03	− 0·005 42
24	− 14·458 47	+ 4·144 68	15·413 30	9450·5	+ 428·019 40	+ 3·110 17	− 0·005 48
25	− 14·587 40	+ 4·182 31	15·449 65	9451·5	+ 428·023 17	+ 3·147 78	− 0·005 52
26	− 14·719 25	+ 4·198 39	15·464 45	9452·5	+ 428·025 67	+ 3·163 85	− 0·005 54
27	− 14·834 62	+ 4·195 95	15·460 73	9453·5	+ 428·034 64	+ 3·161 37	− 0·005 54
28	− 14·919 96	+ 4·180 63	15·444 12	9454·5	+ 428·055 49	+ 3·145 95	− 0·005 52
29	− 14·968 24	+ 4·159 30	15·421 51	9455·5	+ 428·091 06	+ 3·124 45	− 0·005 50
30	− 14·978 51	+ 4·139 02	15·399 96	9456·5	+ 428·141 74	+ 3·103 93	− 0·005 48
31	− 14·955 22	+ 4·126 30	15·385 95	9457·5	+ 428·205 81	+ 3·090 90	− 0·005 46
Sept. 1	− 14·907 37	+ 4·126 51	15·384 88	9458·5	+ 428·279 72	+ 3·090 76	− 0·005 46
2	− 14·847 86	+ 4·143 43	15·400 51	9459·5	+ 428·358 33	+ 3·107 29	− 0·005 48
3	− 14·792 56	+ 4·178 53	15·434 33	9460·5	+ 428·435 36	+ 3·142 03	− 0·005 51
4	− 14·758 62	+ 4·230 39	15·484 91	9461·5	+ 428·503 98	+ 3·193 57	− 0·005 57
5	− 14·761 77	+ 4·294 11	15·547 35	9462·5	+ 428·557 90	+ 3·257 02	− 0·005 63
6	− 14·812 41	+ 4·361 35	15·613 31	9463·5	+ 428·592 95	+ 3·324 10	− 0·005 70
7	− 14·911 35	+ 4·421 43	15·672 11	9464·5	+ 428·608 75	+ 3·384 10	− 0·005 76
8	− 15·046 92	+ 4·463 67	15·713 06	9465·5	+ 428·609 90	+ 3·426 34	− 0·005 81
9	− 15·195 67	+ 4·480 57	15·728 68	9466·5	+ 428·605 69	+ 3·443 26	− 0·005 83
10	− 15·327 65	+ 4·470 69	15·717 51	9467·5	+ 428·608 01	+ 3·433 36	− 0·005 81
11	− 15·415 15	+ 4·439 75	15·685 29	9468·5	+ 428·627 93	+ 3·402 33	− 0·005 78
12	− 15·441 52	+ 4·399 29	15·643 55	9469·5	+ 428·672 12	+ 3·361 66	− 0·005 74
13	− 15·406 33	+ 4·363 32	15·606 29	9470·5	+ 428·740 81	+ 3·325 35	− 0·005 70
14	− 15·325 28	+ 4·344 22	15·585 91	9471·5	+ 428·827 82	+ 3·305 84	− 0·005 68
15	− 15·225 31	+ 4·349 54	15·589 95	9472·5	+ 428·922 48	+ 3·310 70	− 0·005 68
16	− 15·137 00	+ 4·380 33	15·619 46	9473·5	+ 429·012 62	+ 3·341 06	− 0·005 72
17	− 15·086 87	+ 4·431 35	15·669 20	9474·5	+ 429·087 68	+ 3·391 72	− 0·005 77
18	− 15·091 37	+ 4·492 85	15·729 41	9475·5	+ 429·141 05	+ 3·452 96	− 0·005 83
19	− 15·153 96	+ 4·553 26	15·788 55	9476·5	+ 429·171 31	+ 3·513 23	− 0·005 89
20	− 15·265 68	+ 4·602 06	15·836 06	9477·5	+ 429·181 98	+ 3·561 98	− 0·005 94
21	− 15·408 53	+ 4·631 96	15·864 68	9478·5	+ 429·180 17	+ 3·591 89	− 0·005 98
22	− 15·560 60	+ 4·640 13	15·871 56	9479·5	+ 429·174 59	+ 3·600 08	− 0·005 98
23	− 15·701 06	+ 4·628 00	15·858 15	9480·5	+ 429·173 54	+ 3·587 96	− 0·005 97
24	− 15·813 80	+ 4·600 38	15·829 25	9481·5	+ 429·183 43	+ 3·560 29	− 0·005 94
25	− 15·889 33	+ 4·564 02	15·791 61	9482·5	+ 429·208 08	+ 3·523 81	− 0·005 90
26	− 15·924 95	+ 4·526 26	15·752 56	9483·5	+ 429·248 61	+ 3·485 85	− 0·005 86
27	− 15·924 00	+ 4·494 01	15·719 04	9484·5	+ 429·303 70	+ 3·453 34	− 0·005 83
28	− 15·894 68	+ 4·473 04	15·696 78	9485·5	+ 429·370 13	+ 3·432 05	− 0·005 81
29	− 15·848 88	+ 4·467 44	15·689 90	9486·5	+ 429·443 19	+ 3·426 10	− 0·005 80
30	− 15·801 08	+ 4·479 29	15·700 46	9487·5	+ 429·517 13	+ 3·437 59	− 0·005 81
Oct. 1	− 15·767 11	+ 4·508 15	15·728 05	9488·5	+ 429·585 64	+ 3·466 13	− 0·005 84

FOR 0ʰ TERRESTRIAL TIME

Date 0ʰ TT	NUTATION in Long. $\Delta\psi$	NUTATION in Obl. $\Delta\epsilon$	True Obl. of Ecliptic ϵ 23° 26′	Julian Date 0ʰ TT 245	CELESTIAL INTERMEDIATE Pole x	CELESTIAL INTERMEDIATE Pole y	CELESTIAL INTERMEDIATE Origin s
	″	″	″		″	″	″
Oct. 1	− 15·767 11	+ 4·508 15	15·728 05	9488·5	+ 429·585 64	+ 3·466 13	− 0·005 84
2	− 15·762 42	+ 4·550 69	15·769 30	9489·5	+ 429·642 58	+ 3·508 39	− 0·005 88
3	− 15·799 29	+ 4·600 30	15·817 63	9490·5	+ 429·683 02	+ 3·557 81	− 0·005 94
4	− 15·883 16	+ 4·647 47	15·863 52	9491·5	+ 429·704 76	+ 3·604 88	− 0·005 98
5	− 16·008 54	+ 4·681 10	15·895 87	9492·5	+ 429·709 92	+ 3·638 48	− 0·006 02
6	− 16·156 83	+ 4·691 31	15·904 79	9493·5	+ 429·705 86	+ 3·648 71	− 0·006 03
7	− 16·298 43	+ 4·673 07	15·885 27	9494·5	+ 429·704 31	+ 3·630 47	− 0·006 01
8	− 16·400 73	+ 4·629 12	15·840 04	9495·5	+ 429·718 28	+ 3·586 46	− 0·005 97
9	− 16·439 58	+ 4·570 18	15·779 81	9496·5	+ 429·757 42	+ 3·527 33	− 0·005 90
10	− 16·408 77	+ 4·511 66	15·720 02	9497·5	+ 429·824 26	+ 3·468 49	− 0·005 84
11	− 16·322 37	+ 4·468 43	15·675 50	9498·5	+ 429·913 29	+ 3·424 83	− 0·005 80
12	− 16·209 04	+ 4·450 03	15·655 82	9499·5	+ 430·013 14	+ 3·405 95	− 0·005 77
13	− 16·102 08	+ 4·458 52	15·663 03	9500·5	+ 430·110 60	+ 3·413 97	− 0·005 78
14	− 16·029 91	+ 4·489 03	15·692 26	9501·5	+ 430·194 32	+ 3·444 08	− 0·005 81
15	− 16·010 10	+ 4·532 06	15·734 00	9502·5	+ 430·257 27	+ 3·486 81	− 0·005 86
16	− 16·047 26	+ 4·576 38	15·777 04	9503·5	+ 430·297 57	+ 3·530 93	− 0·005 90
17	− 16·134 25	+ 4·611 60	15·810 98	9504·5	+ 430·318 01	+ 3·566 05	− 0·005 94
18	− 16·255 29	+ 4·630 07	15·828 17	9505·5	+ 430·324 83	+ 3·584 49	− 0·005 96
19	− 16·390 01	+ 4·627 93	15·824 75	9506·5	+ 430·326 10	+ 3·582 35	− 0·005 96
20	− 16·517 71	+ 4·605 33	15·800 86	9507·5	+ 430·330 07	+ 3·559 72	− 0·005 93
21	− 16·620 92	+ 4·565 89	15·760 14	9508·5	+ 430·343 70	+ 3·520 22	− 0·005 89
22	− 16·687 88	+ 4·515 71	15·708 68	9509·5	+ 430·371 69	+ 3·469 90	− 0·005 84
23	− 16·713 64	+ 4·462 09	15·653 78	9510·5	+ 430·416 05	+ 3·416 07	− 0·005 78
24	− 16·699 94	+ 4·412 29	15·602 69	9511·5	+ 430·476 14	+ 3·365 98	− 0·005 73
25	− 16·654 10	+ 4·372 57	15·561 69	9512·5	+ 430·549 05	+ 3·325 91	− 0·005 69
26	− 16·587 59	+ 4·347 50	15·535 34	9513·5	+ 430·630 25	+ 3·300 45	− 0·005 66
27	− 16·514 45	+ 4·339 55	15·526 11	9514·5	+ 430·714 17	+ 3·292 09	− 0·005 65
28	− 16·449 74	+ 4·348 82	15·534 09	9515·5	+ 430·794 82	+ 3·300 97	− 0·005 66
29	− 16·408 02	+ 4·372 85	15·556 84	9516·5	+ 430·866 40	+ 3·324 65	− 0·005 68
30	− 16·401 48	+ 4·406 49	15·589 20	9517·5	+ 430·924 03	+ 3·358 02	− 0·005 72
31	− 16·437 46	+ 4·442 00	15·623 43	9518·5	+ 430·964 76	+ 3·393 33	− 0·005 75
Nov. 1	− 16·515 29	+ 4·469 58	15·649 73	9519·5	+ 430·988 80	+ 3·420 80	− 0·005 78
2	− 16·623 31	+ 4·479 02	15·657 88	9520·5	+ 431·000 75	+ 3·430 18	− 0·005 79
3	− 16·737 70	+ 4·462 48	15·640 06	9521·5	+ 431·010 04	+ 3·413 60	− 0·005 77
4	− 16·825 98	+ 4·418 07	15·594 37	9522·5	+ 431·029 58	+ 3·369 09	− 0·005 73
5	− 16·856 50	+ 4·352 39	15·527 40	9523·5	+ 431·072 00	+ 3·303 20	− 0·005 66
6	− 16·811 26	+ 4·279 88	15·453 61	9524·5	+ 431·144 51	+ 3·230 34	− 0·005 58
7	− 16·695 28	+ 4·218 10	15·390 55	9525·5	+ 431·245 21	+ 3·168 08	− 0·005 52
8	− 16·535 74	+ 4·181 03	15·352 20	9526·5	+ 431·363 36	+ 3·130 44	− 0·005 48
9	− 16·371 14	+ 4·174 18	15·344 06	9527·5	+ 431·483 67	+ 3·123 00	− 0·005 47
10	− 16·237 24	+ 4·193 88	15·362 49	9528·5	+ 431·591 89	+ 3·142 19	− 0·005 49
11	− 16·157 00	+ 4·230 12	15·397 45	9529·5	+ 431·678 85	+ 3·178 01	− 0·005 52
12	− 16·137 52	+ 4·270 57	15·436 61	9530·5	+ 431·741 66	+ 3·218 16	− 0·005 56
13	− 16·172 21	+ 4·303 97	15·468 73	9531·5	+ 431·782 89	+ 3·251 36	− 0·005 60
14	− 16·245 24	+ 4·322 15	15·485 62	9532·5	+ 431·808 80	+ 3·269 41	− 0·005 62
15	− 16·336 39	+ 4·320 80	15·482 99	9533·5	+ 431·827 40	+ 3·267 97	− 0·005 62
16	− 16·425 03	+ 4·299 47	15·460 38	9534·5	+ 431·846 92	+ 3·246 55	− 0·005 59

FOR 0ʰ TERRESTRIAL TIME

Date 0ʰ TT		NUTATION in Long. $\Delta\psi$	in Obl. $\Delta\epsilon$	True Obl. of Ecliptic ϵ 23° 26′	Julian Date 0ʰ TT 245	CELESTIAL INTERMEDIATE Pole x	y	Origin s
		"	*"*	*"*		*"*	*"*	*"*
Nov.	16	− 16·425 03	+ 4·299 47	15·460 38	9534·5	+ 431·846 92	+ 3·246 55	− 0·005 59
	17	− 16·493 20	+ 4·261 03	15·420 66	9535·5	+ 431·874 48	+ 3·207 97	− 0·005 55
	18	− 16·527 85	+ 4·210 86	15·369 20	9536·5	+ 431·915 33	+ 3·157 60	− 0·005 50
	19	− 16·522 10	+ 4·155 82	15·312 89	9537·5	+ 431·972 22	+ 3·102 29	− 0·005 44
	20	− 16·475 71	+ 4·103 22	15·259 00	9538·5	+ 432·045 29	+ 3·049 33	− 0·005 39
	21	− 16·394 53	+ 4·059 71	15·214 21	9539·5	+ 432·132 23	+ 3·005 40	− 0·005 34
	22	− 16·289 37	+ 4·030 45	15·183 66	9540·5	+ 432·228 79	+ 2·975 67	− 0·005 31
	23	− 16·174 25	+ 4·018 44	15·170 37	9541·5	+ 432·329 39	+ 2·963 18	− 0·005 29
	24	− 16·064 45	+ 4·024 23	15·174 88	9542·5	+ 432·427 96	+ 2·968 49	− 0·005 30
	25	− 15·974 59	+ 4·045 78	15·195 15	9543·5	+ 432·518 67	+ 2·989 61	− 0·005 32
	26	− 15·916 77	+ 4·078 59	15·226 68	9544·5	+ 432·596 69	+ 3·022 04	− 0·005 35
	27	− 15·898 61	+ 4·115 94	15·262 74	9545·5	+ 432·658 97	+ 3·059 09	− 0·005 39
	28	− 15·921 28	+ 4·149 44	15·294 96	9546·5	+ 432·704 98	+ 3·092 36	− 0·005 43
	29	− 15·977 44	+ 4·170 00	15·314 24	9547·5	+ 432·737 61	+ 3·112 76	− 0·005 45
	30	− 16·049 74	+ 4·169 54	15·312 50	9548·5	+ 432·763 72	+ 3·112 18	− 0·005 45
Dec.	1	− 16·111 51	+ 4·143 51	15·285 18	9549·5	+ 432·793 89	+ 3·086 00	− 0·005 42
	2	− 16·131 32	+ 4·093 65	15·234 05	9550·5	+ 432·840 64	+ 3·035 92	− 0·005 37
	3	− 16·082 58	+ 4·029 72	15·168 83	9551·5	+ 432·914 59	+ 2·971 63	− 0·005 30
	4	− 15·955 59	+ 3·967 94	15·105 77	9552·5	+ 433·019 67	+ 2·909 34	− 0·005 23
	5	− 15·765 28	+ 3·925 73	15·062 28	9553·5	+ 433·150 02	+ 2·866 50	− 0·005 19
	6	− 15·547 95	+ 3·914 61	15·049 87	9554·5	+ 433·291 28	+ 2·854 69	− 0·005 17
	7	− 15·347 25	+ 3·935 71	15·069 69	9555·5	+ 433·426 08	+ 2·875 14	− 0·005 19
	8	− 15·197 76	+ 3·980 38	15·113 08	9556·5	+ 433·540 62	+ 2·919 26	− 0·005 24
	9	− 15·115 30	+ 4·034 80	15·166 21	9557·5	+ 433·628 55	+ 2·973 25	− 0·005 29
	10	− 15·096 77	+ 4·085 22	15·215 36	9558·5	+ 433·691 03	+ 3·023 37	− 0·005 35
	11	− 15·126 07	+ 4·121 49	15·250 34	9559·5	+ 433·734 42	+ 3·059 43	− 0·005 38
	12	− 15·181 16	+ 4·138 22	15·265 79	9560·5	+ 433·767 46	+ 3·076 00	− 0·005 40
	13	− 15·239 71	+ 4·134 54	15·260 83	9561·5	+ 433·799 02	+ 3·072 17	− 0·005 40
	14	− 15·282 60	+ 4·113 11	15·238 12	9562·5	+ 433·836 73	+ 3·050 56	− 0·005 37
	15	− 15·295 81	+ 4·079 05	15·202 78	9563·5	+ 433·886 18	+ 3·016 26	− 0·005 34
	16	− 15·271 23	+ 4·038 95	15·161 39	9564·5	+ 433·950 63	+ 2·975 84	− 0·005 29
	17	− 15·207 02	+ 3·999 92	15·121 08	9565·5	+ 434·030 85	+ 2·936 42	− 0·005 25
	18	− 15·107 32	+ 3·968 76	15·088 64	9566·5	+ 434·125 22	+ 2·904 80	− 0·005 22
	19	− 14·981 60	+ 3·951 07	15·069 67	9567·5	+ 434·230 01	+ 2·886 60	− 0·005 20
	20	− 14·843 32	+ 3·950 52	15·067 83	9568·5	+ 434·339 87	+ 2·885 52	− 0·005 20
	21	− 14·708 05	+ 3·968 30	15·084 33	9569·5	+ 434·448 63	+ 2·902 77	− 0·005 21
	22	− 14·591 31	+ 4·002 86	15·117 61	9570·5	+ 434·550 10	+ 2·936 84	− 0·005 25
	23	− 14·506 13	+ 4·049 98	15·163 45	9571·5	+ 434·639 08	+ 2·983 53	− 0·005 30
	24	− 14·460 95	+ 4·103 23	15·215 41	9572·5	+ 434·712 17	+ 3·036 42	− 0·005 35
	25	− 14·457 76	+ 4·154 66	15·265 56	9573·5	+ 434·768 56	+ 3·087 58	− 0·005 41
	26	− 14·490 76	+ 4·195 88	15·305 50	9574·5	+ 434·810 50	+ 3·128 60	− 0·005 45
	27	− 14·545 83	+ 4·219 43	15·327 77	9575·5	+ 434·843 58	+ 3·151 99	− 0·005 47
	28	− 14·601 05	+ 4·220 44	15·327 49	9576·5	+ 434·876 49	+ 3·152 83	− 0·005 48
	29	− 14·629 48	+ 4·198 55	15·304 32	9577·5	+ 434·919 94	+ 3·130 73	− 0·005 45
	30	− 14·604 70	+ 4·159 51	15·263 99	9578·5	+ 434·984 48	+ 3·091 37	− 0·005 41
	31	− 14·509 31	+ 4·115 34	15·218 55	9579·5	+ 435·077 07	+ 3·046 76	− 0·005 36
	32	− 14·343 90	+ 4·082 04	15·183 96	9580·5	+ 435·197 57	+ 3·012 87	− 0·005 33

Planetary reduction overview

Data and formulae are provided for the precise computation of the geocentric apparent right ascension, intermediate right ascension, declination, and hour angle, at an instant of time, for an object within the solar system, ignoring polar motion (see page B84), from a barycentric ephemeris in rectangular coordinates and relativistic coordinate time referred to the International Celestial Reference System (ICRS).

1. Given an instant for which the position of the planet is required, obtain the dynamical time (TDB) to use with the ephemeris. If the position is required at a given Universal Time (UT1), or the hour angle is required, then obtain a value for ΔT, which may have to be predicted.

2. Calculate the geocentric rectangular coordinates of the planet from barycentric ephemerides of the planet and the Earth at coordinate time argument TDB, allowing for light time calculated from heliocentric coordinates.

3. Calculate the geocentric direction of the planet by allowing for light-deflection due to solar gravitation.

4. Calculate the proper direction of the planet by applying the correction for the Earth's orbital velocity about the barycentre (i.e. annual aberration). The resulting vector (from steps 2-4) is in the Geocentric Celestial Reference System (GCRS), and is sometimes called the proper or virtual place.

Equinox Method	*CIO Method*
5. Apply frame bias, precession and nutation to convert from the GCRS to the system defined by the true equator and equinox of date.	5. Rotate from the GCRS to the intermediate system using $\mathcal{X}, \mathcal{Y}$ and s to apply frame bias and precession-nutation.
6. Convert to spherical coordinates, giving the geocentric apparent right ascension and declination with respect to the true equator and equinox of date.	6. Convert to spherical coordinates, giving the geocentric intermediate right ascension and declination with respect to the CIO and equator of date.
7. Calculate Greenwich apparent sidereal time and form the Greenwich hour angle for the given UT1.	7. Calculate the Earth rotation angle and form the Greenwich hour angle for the given UT1.

Alternatively, if right ascension is not required, combine Steps 5 and 7

*5. Apply frame bias, precession, nutation, and Greenwich apparent sidereal time to convert from the GCRS to the Terrestrial Intermediate Reference System; with origin of longitude at the TIO, and the equator of date.	*5. Rotate, using $\mathcal{X}$, $\mathcal{Y}$, s and θ to apply frame bias, precession-nutation and Earth rotation, from the GCRS to the Terrestrial Intermediate Reference System; with origin of longitude at the TIO, and equator of date.

*6. Convert to spherical coordinates, giving the Greenwich hour angle (H) and declination (δ) with respect Terrestrial Intermediate Reference System (TIO and equator of date).

Note: In *Steps 7* and *Steps *5* the effects of polar motion (see page B84) have been ignored; they are the very small difference between the International Terrestrial Reference Frame (ITRF) zero meridian and the TIO, and the position of the CIP within the ITRS.

Formulae and method for planetary reduction

Step 1. Depending on the instant at which the planetary position is required, obtain the terrestrial or proper time (TT) and the barycentric dynamical time (TDB). Terrestrial time is related to UT1, whereas TDB is used as the time argument for the barycentric ephemeris. For calculating an apparent place the following approximate formulae are sufficient for converting from UT1 to TT and TDB:

$$TT = UT1 + \Delta T, \qquad TDB = TT + 0\overset{s}{\cdot}001\,656\,67 \sin g + 0\cdot000\,022\,42 \sin(L - L_J)$$
$$g = 357\overset{\circ}{\cdot}53 + 0\cdot985\,600\,28\,D \quad \text{and} \quad L - L_J = 246\overset{\circ}{\cdot}11 + 0\cdot902\,517\,92\,D$$

where $D = JD - 245\,1545\cdot0$ and ΔT may be obtained from page K9 and JD is the Julian date to two decimals of a day. The difference between TT and TDB may be ignored.

Step 2. Obtain the Earth's barycentric position $\mathbf{E}_B(t)$ in au and velocity $\dot{\mathbf{E}}_B(t)$ in au/d, at coordinate time $t = TDB$, referred to the ICRS.

Using an ephemeris, obtain the barycentric ICRS position of the planet $\mathbf{Q}_B$ in au at time $(t - \tau)$ where τ is the light time, so that light emitted by the planet at the event $\mathbf{Q}_B(t - \tau)$ arrives at the Earth at the event $\mathbf{E}_B(t)$.

The light time equation is solved iteratively using the heliocentric position of the Earth (E) and the planet (Q), starting with the approximation $\tau = 0$, as follows:

Form **P**, the vector from the Earth to the planet from the equation:

$$\mathbf{P} = \mathbf{Q}_B(t - \tau) - \mathbf{E}_B(t)$$

Form **E** and **Q** from the equations: $\qquad \mathbf{E} = \mathbf{E}_B(t) - \mathbf{S}_B(t)$
$$\mathbf{Q} = \mathbf{Q}_B(t - \tau) - \mathbf{S}_B(t - \tau)$$

where $\mathbf{S}_B$ is the barycentric position of the Sun.

Calculate τ from: $\quad c\tau = P + (2\mu/c^2)\ln[(E + P + Q)/(E - P + Q)]$

where the light time (τ) includes the effect of gravitational retardation due to the Sun, and

$\qquad \mu = $ solar mass parameter $= GM_S \qquad c = $ velocity of light $= 173\cdot1446$ au/d
$\qquad \mu/c^2 = 9\cdot87 \times 10^{-9}$ au $\qquad\qquad P = |\mathbf{P}|, \ Q = |\mathbf{Q}|, \ E = |\mathbf{E}|$

where $|\ |$ means calculate the square root of the sum of the squares of the components.

After convergence, form unit vectors **p**, **q**, **e** by dividing **P**, **Q**, **E** by P, Q, E respectively.

Step 3. Calculate the geocentric direction $(\mathbf{p}_1)$ of the planet, corrected for light-deflection due to solar gravitation, from:

$$\mathbf{p}_1 = \mathbf{p} + (2\mu/c^2 E)((\mathbf{p} \cdot \mathbf{q})\mathbf{e} - (\mathbf{e} \cdot \mathbf{p})\mathbf{q})/(1 + \mathbf{q} \cdot \mathbf{e})$$

where the dot indicates a scalar product.

The vector $\mathbf{p}_1$ is a unit vector to order μ/c^2.

Step 4. Calculate the proper direction of the planet $(\mathbf{p}_2)$ in the GCRS that is moving with the instantaneous velocity (**V**) of the Earth, from:

$$\mathbf{p}_2 = (\beta^{-1}\mathbf{p}_1 + (1 + (\mathbf{p}_1 \cdot \mathbf{V})/(1 + \beta^{-1}))\,\mathbf{V})/(1 + \mathbf{p}_1 \cdot \mathbf{V})$$

where $\mathbf{V} = \dot{\mathbf{E}}_B/c = 0\cdot005\,7755\,\dot{\mathbf{E}}_B$ and $\beta = (1 - V^2)^{-1/2}$; the velocity (**V**) is expressed in units of the velocity of light.

Formulae and method for planetary reduction (continued)

Equinox method	CIO method

Step 5. Apply frame bias, precession and nutation to the proper direction ($\mathbf{p}_2$) by multiplying by the rotation matrix $\mathbf{M} = \mathbf{NPB}$ given on the even pages B30–B44 to obtain the apparent direction $\mathbf{p}_3$ from:

$$\mathbf{p}_3 = \mathbf{M}\,\mathbf{p}_2$$

Step 5. Apply the rotation from the GCRS to the Celestial Intermediate System by multiplying the proper direction ($\mathbf{p}_2$) by the matrix $\mathbf{C}(\mathcal{X}, \mathcal{Y}, s)$ given on the odd pages B31–B45 to obtain the intermediate direction $\mathbf{p}_3$ from:

$$\mathbf{p}_3 = \mathbf{C}\,\mathbf{p}_2$$

Step 6. Convert to spherical coordinates α_e, δ using:

$$\alpha_e = \tan^{-1}(\eta/\xi) \quad \delta = \tan^{-1}(\zeta/\beta)$$

Step 6. Convert to spherical coordinates α_i, δ using:

$$\alpha_i = \tan^{-1}(\eta/\xi) \quad \delta = \tan^{-1}(\zeta/\beta)$$

where $\mathbf{p}_3 = (\xi, \eta, \zeta)$, $\beta = \sqrt{(\xi^2 + \eta^2)}$ and the quadrant of α_e or α_i is determined by the signs of ξ and η.

Step 7. Calculate Greenwich apparent sidereal time (GAST) for the required UT1 (B13–B20), and then form

$$H = \mathrm{GAST} - \alpha_e$$

Note: H is usually given in arc measure, while GAST and right ascension are given in units of time.

Step 7. Calculate the Earth rotation angle (θ) for the required UT1 (B21–B24), and then form

$$H = \theta - \alpha_i$$

Note: H and θ are usually given in arc measure, while right ascension is given in units of time.

Alternatively combining steps 5 and 7 before forming spherical coordinates

Step *5. Apply frame bias, precession, nutation, and sidereal time, to the proper direction ($\mathbf{p}_2$) by multiplying by the rotation matrix $\mathbf{R}_3(\mathrm{GAST})\mathbf{M}$ to obtain the position ($\mathbf{p}_4$) measured relative to the Terrestrial Intermediate Reference System:

$$\mathbf{p}_4 = \mathbf{R}_3(\mathrm{GAST})\mathbf{M}\,\mathbf{p}_2$$

Step *5. Apply the rotation from the GCRS to the terrestrial system by multiplying the proper direction ($\mathbf{p}_2$) by the matrix $\mathbf{R}_3(\theta)\mathbf{C}(\mathcal{X}, \mathcal{Y}, s)$ to obtain the position ($\mathbf{p}_4$) measured with respect to the Terrestrial Intermediate Reference System:

$$\mathbf{p}_4 = \mathbf{R}_3(\theta)\,\mathbf{C}\,\mathbf{p}_2$$

Step *6. Convert to spherical coordinates Greenwich hour angle (H) and declination δ using:

$$H = \tan^{-1}(-\eta/\xi), \quad \delta = \tan^{-1}(\zeta/\beta)$$

where $\mathbf{p}_4 = (\xi, \eta, \zeta)$, $\beta = \sqrt{(\xi^2 + \eta^2)}$, and H is measured from the TIO meridian positive to the west, and the quadrant is determined by the signs of ξ and $-\eta$.

Example of planetary reduction: Equinox method

Calculate the apparent place, the apparent right ascension (right ascension with respect to the equinox) and declination and the Greenwich hour angle, of Venus on 2021 May 12 at 12^{h} 00^{m} 00^{s} UT1. Assume that $\Delta T = 71\overset{s}{.}0$.

Example of planetary reduction: Equinox method (continued)

Step 1.　From page B15, on 2021 May 12 the tabular JD = 245 9346·5 UT1.

$$\Delta T = \text{TT} - \text{UT1} = 71^{\text{s}}0 = 8·217\,593 \times 10^{-4} \text{ days.}$$

At $12^{\text{h}}\,00^{\text{m}}\,00^{\text{s}}$ UT1 the required TT instant is therefore

$$\text{TT} = 245\,9347·000\,822 = 245\,9346·5 + 0·500\,00 + 8·217\,593 \times 10^{-4}$$

and the equivalent TDB instant is

$$\text{TDB} = 245\,9347·000\,821\,775 = 15·54 \times 10^{-9} + \text{TT}$$

where $g = 127°18$, and $L - L_J = 87°56$. Thus the difference between TDB and TT is small and may be neglected.

Step 2.　Tabular values, taken from the JPL DE430/LE430 barycentric ephemeris, referred to the ICRS at J2000·0, which are required for the calculation, are as follows:

Vector	Julian date (0^{h} TDB)	Rectangular components x	y	z
$\mathbf{Q_B}$	245 9344·5	+0·152 585 141	+0·649 042 079	+0·281 978 909
	245 9345·5	+0·132 729 729	+0·652 332 743	+0·284 715 792
	245 9346·5	+0·112 763 342	+0·655 110 754	+0·287 229 027
	245 9347·5	+0·092 701 736	+0·657 373 673	+0·289 516 519
	245 9348·5	+0·072 560 759	+0·659 119 475	+0·291 576 354
	245 9349·5	+0·052 356 336	+0·660 346 548	+0·293 406 800
$\mathbf{S_B}$	245 9345·5	−0·007 477 374	+0·004 696 474	+0·002 180 387
	245 9346·5	−0·007 483 180	+0·004 690 057	+0·002 177 814
	245 9347·5	−0·007 488 979	+0·004 683 633	+0·002 175 239
	245 9348·5	−0·007 494 770	+0·004 677 202	+0·002 172 660

Interpolating to the instant JD 245 9347·000 821 775 TDB gives:

$$\mathbf{S_B} = (-0·007\,486\,086, \quad +0·004\,686\,840, \quad +0·002\,176\,525)$$
$$\mathbf{E_B} = (-0·633\,743\,704, \quad -0·722\,717\,459, \quad -0·313\,148\,203)$$
$$\mathbf{\dot{E}_B} = (+0·013\,220\,208, \quad -0·009\,853\,081, \quad -0·004\,271\,779)$$

where Bessel's interpolation formula (see page K14) has been used up to δ^2 for $\mathbf{S_B}$ and δ^4 for $\mathbf{E_B}$ and $\mathbf{\dot{E}_B}$, the tabular values of which may be found on page B78.

$$\mathbf{E} = (-0·626\,257\,618, \quad -0·727\,404\,300, \quad -0·315\,324\,727) \qquad E = 1·010\,319\,407$$

The first iteration, with $\tau = 0$, gives:

$$\mathbf{P} = (+0·736\,470\,669, \quad +1·379\,026\,055, \quad +0·601\,551\,197) \qquad P = 1·675\,101\,713$$
$$\mathbf{Q} = (+0·110\,213\,051, \quad +0·651\,621\,755, \quad +0·286\,226\,470) \qquad Q = 0·720\,196\,793$$
$$\tau = 0^{\text{d}}009\,674\,5811$$

The second iteration, with $\tau = 0^{\text{d}}009\,674\,5811$ using Bessel's interpolation formula up to δ^4 to interpolate $\mathbf{Q_B}$, and up to δ^2 to interpolate $\mathbf{S_B}$, gives:

$$\mathbf{P} = (+0·736\,664\,760, \quad +1·379\,004\,141, \quad +0·601\,529\,057) \qquad P = 1·675\,161\,066$$
$$\mathbf{Q} = (+0·110\,407\,086, \quad +0·651\,599\,779, \quad +0·286\,204\,305) \qquad Q = 0·720\,197\,821$$
$$\tau = 0^{\text{d}}009\,674\,9239$$

Iterate until P changes by less than 10^{-9}. Hence the unit vectors are:

$$\mathbf{p} = (+0·439\,757\,574, \quad +0·823\,206\,894, \quad +0·359\,087\,295)$$
$$\mathbf{q} = (+0·153\,301\,065, \quad +0·904\,751\,111, \quad +0·397\,396\,792)$$
$$\mathbf{e} = (-0·619\,861\,020, \quad -0·719\,974\,589, \quad -0·312\,103\,999)$$

Example of planetary reduction: Equinox method (continued)

Step 3.   Calculate the scalar products:

$\mathbf{p} \cdot \mathbf{q} = +0.954\ 912\ 796$ $\mathbf{e} \cdot \mathbf{p} = -0.977\ 349\ 205$ $\mathbf{q} \cdot \mathbf{e} = -0.870\ 452\ 292$ then

$$\frac{(2\mu/c^2 E)}{1 + \mathbf{q} \cdot \mathbf{e}} ((\mathbf{p} \cdot \mathbf{q})\mathbf{e} - (\mathbf{e} \cdot \mathbf{p})\mathbf{q}) = (-0.000\ 000\ 067, +0.000\ 000\ 030, +0.000\ 000\ 014)$$

and $\mathbf{p}_1 = (+0.439\ 757\ 507, +0.823\ 206\ 924, +0.359\ 087\ 308)$

Step 4.   Take $\dot{\mathbf{E}}_B$, interpolated to JD 245 9347.000 822 TT from *Step* 2 and calculate:

$\mathbf{V} = 0.005\ 775\ 518\ \dot{\mathbf{E}}_B = (+0.000\ 076\ 354,$ $-0.000\ 056\ 907,$ $-0.000\ 024\ 672)$

Then $V = 0.000\ 098\ 371$, $\beta = 1.000\ 000\ 005$ and $\beta^{-1} = 0.999\ 999\ 995$

Calculate the scalar product $\mathbf{p}_1 \cdot \mathbf{V} = -0.000\ 022\ 128$

Then $1 + (\mathbf{p}_1 \cdot \mathbf{V})/(1 + \beta^{-1}) = 0.999\ 988\ 936$

Hence $\mathbf{p}_2 = (+0.439\ 843\ 591,$ $+0.823\ 168\ 229,$ $+0.359\ 070\ 581)$

Step 5.   From page B34, the bias, precession and nutation matrix **M**, interpolated to the required instant JD 245 9347.000 822 TT, is given by:

$$\mathbf{M} = \mathbf{NPB} = \begin{bmatrix} +0.999\ 986\ 879 & -0.004\ 698\ 420 & -0.002\ 041\ 418 \\ +0.004\ 698\ 393 & +0.999\ 988\ 962 & -0.000\ 018\ 106 \\ +0.002\ 041\ 480 & +0.000\ 008\ 514 & +0.999\ 997\ 916 \end{bmatrix}$$

Hence $\mathbf{p}_3 = \mathbf{M}\,\mathbf{p}_2 = (+0.435\ 237\ 216, +0.825\ 219\ 200, +0.359\ 974\ 773)$

Step 6.   Converting to spherical coordinates $\alpha_e = 4^h\ 08^m\ 46\!\cdot\!^s0640$, $\delta = +21°\ 05'\ 55''\!\cdot\!128$.

Step 7.   From page B15, interpolating in the daily values to the required UT1 instant gives

$\text{GAST} - \text{UT1} = 15^h\ 21^m\ 54\!\cdot\!^s4539$,   and thus

$$H = (\text{GAST} - \text{UT1}) - \alpha_e + \text{UT1}$$
$$= 15^h\ 21^m\ 54\!\cdot\!^s4539 - 4^h\ 08^m\ 46\!\cdot\!^s0640 + 12^h\ 00^m\ 00^s$$
$$= 348°\ 17'\ 05''\!\cdot\!849$$

where H, the Greenwich hour angle of Venus, is expressed in angular measure.

Example of planetary reduction: CIO method

Step 1-4.   Repeat Steps 1-4 of the planetary reduction given on page B66, calculating the proper direction of the planet ($\mathbf{p}_2$) in the GCRS, hence

$$\mathbf{p}_2 = (+0.439\ 843\ 591,   +0.823\ 168\ 229,   +0.359\ 070\ 581)$$

Step 5. From pages B35 extract **C**, interpolated to the required TT time, that rotates the GCRS to the Celestial Intermediate Reference System, viz:

$$\mathbf{C} = \begin{bmatrix} +0.999\ 997\ 916 & +0.000\ 000\ 011 & -0.002\ 041\ 480 \\ -0.000\ 000\ 029 & +1.000\ 000\ 000 & -0.000\ 008\ 514 \\ +0.002\ 041\ 480 & +0.000\ 008\ 514 & +0.999\ 997\ 916 \end{bmatrix}$$

Hence $\mathbf{p}_3 = \mathbf{C}\,\mathbf{p}_2 = (+0.439\ 109\ 648, +0.823\ 165\ 160, +0.359\ 974\ 773)$

Example of planetary reduction: CIO method **(continued)**

Step 6. Converting to spherical coordinates $\alpha_i = 4^h\ 07^m\ 41^s.4557$, $\delta = +21°\ 05'\ 55''.128$.

Step 7. From page B22, interpolating to the required UT1, gives

$$\theta - UT1 = 230°\ 12'\ 27''.684$$

and thus the Greenwich hour angle (H) of Venus is

$$
\begin{aligned}
H &= (\theta - UT1) - \alpha_i + UT1 \\
&= 230°\ 12'\ 27''.684 - 4^h\ 07^m\ 41^s.4557 \times 15 + 12^h\ 00^m\ 00^s \times 15 \\
&= 348°\ 17'\ 05''.849
\end{aligned}
$$

Summary of planetary reduction examples

Thus on 2021 May 12 at $12^h\ 00^m\ 00^s$ UT1, the position of Venus is

$H = 348°\ 17'\ 05''.849$ is the Greenwich hour angle ignoring polar motion,

$\delta = +21°\ 05'\ 55''.128$ is the apparent and intermediate declination,

$\alpha_e = 4^h\ 08^m\ 46^s.0640$ is the apparent (equinox) right ascension, and

$\alpha_i = 4^h\ 07^m\ 41^s.4557$ is the intermediate right ascension

The geometric distance between the Earth and Venus at time $t = $ JD 245 9347·000 822 TT is the value of $P = 1·675\ 101\ 713$ au in the first iteration in *Step 2*, where $\tau = 0$. The distance between the Earth at time t and Venus at time $(t - \tau)$ is the value of $P = 1·675\ 161\ 068$ au in the final iteration in *Step 2*, where $\tau = 0^d.009\ 674\ 9239$.

Solar reduction

The method for solar reduction is identical to the method for planetary reduction, except for the following differences:

In *Step 2* set $\mathbf{Q}_B = \mathbf{S}_B$ and hence $\mathbf{P} = \mathbf{S}_B(t - \tau) - \mathbf{E}_B(t)$. Calculate the light time (τ) by iteration from $\tau = P/c$ and form the unit vector $\mathbf{p}$ only.

In *Step 3* set $\mathbf{p}_1 = \mathbf{p}$ since there is no light-deflection from the centre of the Sun's disk.

Stellar reduction overview

The method for planetary reduction may be applied with some modification to the calculation of the apparent places of stars.

The barycentric direction of a star at a particular epoch is calculated from its right ascension, declination and space motion at the catalogue epoch with respect to the ICRS. If the position of the star is not on the ICRS, and the accuracy of the data warrants it, convert it to the ICRS. See page B50 for FK5 to ICRS conversion.

The main modifications to the planetary reduction in the stellar case are: in *Step 1*, the distinction between TDB and TT is not significant; in *Step 2*, the space motion of the star is included but light time is ignored; in *Step 3*, the relativity term for light-deflection is modified to the asymptotic case where the star is assumed to be at infinity.

Formulae and method for stellar reduction

The steps in the stellar reduction are as follows:

Step 1.   Set TDB = TT.

Step 2.   Obtain the Earth's barycentric position $\mathbf{E_B}$ in au and velocity $\mathbf{\dot{E}_B}$ in au/d, at coordinate time $t =$ TDB, referred to the ICRS.

The barycentric direction ($\mathbf{q}$) of a star at epoch J2000·0, referred to the ICRS, is given by:
$$\mathbf{q} = (\cos\alpha_0 \cos\delta_0, \ \sin\alpha_0 \cos\delta_0, \ \sin\delta_0)$$
where α_0 and δ_0 are the ICRS right ascension and declination at epoch J2000·0.

The space motion vector $\mathbf{m} = (m_x, m_y, m_z)$ of the star, expressed in radians per century, is given by:
$$
\begin{aligned}
m_x &= -\mu_\alpha \sin\alpha_0 \ - \mu_\delta \sin\delta_0 \cos\alpha_0 \ + v\,\pi \cos\delta_0 \cos\alpha_0 \\
m_y &= \ \ \mu_\alpha \cos\alpha_0 \ - \mu_\delta \sin\delta_0 \sin\alpha_0 \ + v\,\pi \cos\delta_0 \sin\alpha_0 \\
m_z &= \qquad\qquad\quad\ \ \ \mu_\delta \cos\delta_0 \qquad\qquad + v\,\pi \sin\delta_0
\end{aligned}
$$

where (μ_α, μ_δ), the proper motion in right ascension and declination, are in radians/century; μ_α is the measurement in units of a great circle, and so **includes** the $\cos\delta_0$ factor. Note: catalogues give proper motions in various units, e.g., arcseconds per century ("/cy), milliarcseconds per year (mas/yr). Use the factor $1/10$ to convert from mas/yr to "/cy. The radial velocity (v) is in au/century (1 km/s $= 21\cdot095$ au/century), measured positively away from the Earth.

Calculate $\mathbf{P}$, the geocentric vector of the star at the required epoch, as:
$$\mathbf{P} = \mathbf{q} + T\,\mathbf{m} - \pi\,\mathbf{E_B}$$
where $T = (\mathrm{JD_{TT}} - 245\ 1545\cdot0)/36\ 525$, which is the interval in Julian centuries from J2000·0, and $\mathrm{JD_{TT}}$ is the Julian date to one decimal of a day.

Form the heliocentric position of the Earth ($\mathbf{E}$) from:
$$\mathbf{E} = \mathbf{E_B} - \mathbf{S_B}$$
where $\mathbf{S_B}$ is the barycentric position of the Sun at time t.

Form the geocentric direction ($\mathbf{p}$) of the star and the unit vector ($\mathbf{e}$) from $\mathbf{p} = \mathbf{P}/|\mathbf{P}|$ and $\mathbf{e} = \mathbf{E}/|\mathbf{E}|$.

Step 3.   Calculate the geocentric direction ($\mathbf{p_1}$) of the star, corrected for light-deflection, as:
$$\mathbf{p_1} = \mathbf{p} + (2\mu/c^2 E)(\mathbf{e} - (\mathbf{p} \cdot \mathbf{e})\mathbf{p})/(1 + \mathbf{p} \cdot \mathbf{e})$$
where the dot indicates a scalar product, $\mu/c^2 = 9\cdot87 \times 10^{-9}$ au and $E = |\mathbf{E}|$. Note that the expression is derived from the planetary case by substituting $\mathbf{q} = \mathbf{p}$ in the equation for light-deflection (*Step* 3) given on page B67.

The vector $\mathbf{p_1}$ is a unit vector to order μ/c^2.

Step 4.   Calculate the proper direction ($\mathbf{p_2}$) in the GCRS that is moving with the instantaneous velocity ($\mathbf{V}$) of the Earth, from:
$$\mathbf{p_2} = (\beta^{-1}\mathbf{p_1} + (1 + (\mathbf{p_1} \cdot \mathbf{V})/(1 + \beta^{-1}))\mathbf{V})/(1 + \mathbf{p_1} \cdot \mathbf{V})$$
where $\mathbf{V} = \mathbf{\dot{E}_B}/c = 0\cdot005\ 7755\ \mathbf{\dot{E}_B}$ and $\beta = (1 - V^2)^{-1/2}$; the velocity ($\mathbf{V}$) is expressed in units of velocity of light.

Equinox method	*CIO method*

Step 5.   Follow the left-hand *Steps 5–7* or   *Step* 5. Follow the right-hand *Steps 5–7* or
        Steps *5–*6 on page B68.   *Steps *5–*6* on page B68.

Example of stellar reduction: Equinox method

Calculate the apparent position of a fictitious star on 2021 January 1 at $0^h\ 00^m\ 00^s$ TT. The ICRS right ascension (α_0), declination (δ_0), proper motions (μ_α, μ_δ), parallax (π) and radial velocity (v) of the star at J2000·0 are given by:

$$\alpha_0 = 14^h\ 39^m\ 36\overset{s}{\cdot}4958 \qquad \delta_0 = -60°\ 50'\ 02\overset{''}{\cdot}309 \qquad \pi = 0\overset{''}{\cdot}742 = 3\cdot5973 \times 10^{-6}\ \text{rad}$$
$$\mu_\alpha = -367\ 8\cdot06\ \text{mas/yr} \qquad \mu_\delta = +482\cdot87\ \text{mas/yr} \qquad v = -21\cdot6\ \text{km/s}$$
$$= -0\cdot001\ 783\ 174\ \text{rad/cy}, \qquad = +0\cdot000\ 234\ 102\ \text{rad/cy}, \quad v\pi = -0\cdot001\ 639\ 121\ \text{rad/cy}$$

Note: $\mu_\alpha = -367\ 8\cdot06$ mas/yr is the arc proper motion in right ascension on a great circle in milliarcseconds per year; it includes the $\cos \delta_0$ factor.

Step 1. TDB = TT = JD 245 9215·5 TT.

Step 2. Tabular values of $\mathbf{E_B}$, $\mathbf{\dot{E}_B}$ and $\mathbf{S_B}$, taken from the JPL DE430/LE430 barycentric ephemeris, referred to the ICRS, which are required for the calculation, are as follows:

Vector	Julian date (0^h TDB)	Rectangular components		
		x	y	z
$\mathbf{E_B}$	245 9215·5	−0·185 767 244	+0·892 518 580	+0·387 018 282
$\mathbf{\dot{E}_B}$	245 9215·5	−0·017 197 901	−0·002 936 627	−0·001 273 237
$\mathbf{S_B}$	245 9215·5	−0·006 651 222	+0·005 466 426	+0·002 485 171

From the positional data, calculate:

$$\mathbf{q} = (-0\cdot373\ 860\ 494,\ -0\cdot312\ 618\ 798,\ -0\cdot873\ 211\ 210)$$
$$\mathbf{m} = (-0\cdot000\ 687\ 882,\ +0\cdot001\ 749\ 237,\ +0\cdot001\ 545\ 387)$$

Form　　$\mathbf{P} = \mathbf{q} + T\,\mathbf{m} - \pi\,\mathbf{E_B} = (-0\cdot374\ 004\ 286,\ -0\cdot312\ 254\ 657,\ -0\cdot872\ 888\ 061)$

where　　$T = (245\ 9215\cdot5 - 245\ 1545\cdot0)/36\ 525 = +0\cdot210\ 006\ 845,$

and form　　$\mathbf{E} = \mathbf{E_B} - \mathbf{S_B} = (-0\cdot179\ 116\ 022,\ +0\cdot887\ 052\ 155,\ +0\cdot384\ 533\ 111),$
$$E = 0\cdot983\ 264\ 862$$

Hence the unit vectors are:

$$\mathbf{p} = (-0\cdot374\ 132\ 309,\ -0\cdot312\ 361\ 543,\ -0\cdot873\ 186\ 854)$$
$$\mathbf{e} = (-0\cdot182\ 164\ 572,\ +0\cdot902\ 149\ 756,\ +0\cdot391\ 077\ 853)$$

Step 3. Calculate the scalar product $\mathbf{p} \cdot \mathbf{e} = -0\cdot555\ 127\ 278$, then

$$\frac{(2\mu/c^2 E)}{(1 + \mathbf{p} \cdot \mathbf{e})}(\mathbf{e} - (\mathbf{p} \cdot \mathbf{e})\mathbf{p}) = (-0\cdot000\ 000\ 018,\ +0\cdot000\ 000\ 033,\ -0\cdot000\ 000\ 004)$$

and　　$\mathbf{p_1} = (-0\cdot374\ 132\ 327,\ -0\cdot312\ 361\ 510,\ -0\cdot873\ 186\ 858)$

Step 4. Using $\mathbf{\dot{E}_B}$ given in the table in *Step* 2, calculate

$\mathbf{V} = 0\cdot005\ 775\ 518\,\mathbf{\dot{E}_B} = (-0\cdot000\ 099\ 327,\ -0\cdot000\ 016\ 961,\ -0\cdot000\ 007\ 354)$

Then $V = 0\cdot000\ 101\ 032$, $\beta = 1\cdot000\ 000\ 005$ and $\beta^{-1} = 0\cdot999\ 999\ 995$

Calculate the scalar product $\mathbf{p_1} \cdot \mathbf{V} = +0\cdot000\ 048\ 880$

Then $1 + (\mathbf{p_1} \cdot \mathbf{V})/(1 + \beta^{-1}) = 1\cdot000\ 024\ 440$

Hence　$\mathbf{p_2} = (-0\cdot374\ 213\ 362,\ -0\cdot312\ 363\ 201,\ -0\cdot873\ 151\ 527)$

Example of stellar reduction: Equinox method (continued)

Step 5. From page B30, the bias, precession and nutation matrix **M** is given by:

$$\mathbf{M} = \mathbf{NPB} = \begin{bmatrix} +0.999\ 987\ 289 & -0.004\ 624\ 302 & -0.002\ 009\ 211 \\ +0.004\ 624\ 289 & +0.999\ 989\ 308 & -0.000\ 010\ 718 \\ +0.002\ 009\ 239 & +0.000\ 001\ 427 & +0.999\ 997\ 981 \end{bmatrix}$$

hence $\mathbf{p}_3 = \mathbf{M}\,\mathbf{p}_2 = (-0.371\ 009\ 799,\ -0.314\ 080\ 974,\ -0.873\ 902\ 095)$

Step 6. Converting to spherical coordinates: $\alpha_e = 14^{\rm h}\ 40^{\rm m}\ 59\!\!\!^{\rm s}\!9567,\ \delta = -60°\ 54'\ 55\!''\!095$

Example of stellar reduction: CIO method

Steps 1-4. Repeat Steps 1-4 above, calculating the proper direction of the star ($\mathbf{p}_2$) in the GCRS. Hence

$$\mathbf{p}_2 = (-0.374\ 213\ 362,\quad -0.312\ 363\ 201,\quad -0.873\ 151\ 527)$$

Step 5. From page B31 extract **C** that rotates the GCRS to the CIO and equator of date,

$$\mathbf{C} = \begin{bmatrix} +0.999\ 997\ 981 & +0.000\ 000\ 011 & -0.002\ 009\ 239 \\ -0.000\ 000\ 014 & +1.000\ 000\ 000 & -0.000\ 001\ 427 \\ +0.002\ 009\ 239 & +0.000\ 001\ 427 & +0.999\ 997\ 981 \end{bmatrix}$$

hence $\mathbf{p}_3 = \mathbf{C}\,\mathbf{p}_2 = (-0.372\ 458\ 241,\ -0.312\ 361\ 950,\ -0.873\ 902\ 095)$

Step 6. Converting to spherical coordinates $\alpha_i = 14^{\rm h}\ 39^{\rm m}\ 56\!\!\!^{\rm s}\!3676,\ \delta = -60°\ 54'\ 55\!''\!095$.

Note: the intermediate right ascension (α_i) may also be calculated thus

$$\alpha_i = \alpha_e + E_o = 14^{\rm h}\ 40^{\rm m}\ 59\!\!\!^{\rm s}\!9567 - 63\!\!\!^{\rm s}\!5891$$

where α_e is the apparent (equinox) right ascension and E_o is the equation of the origins, which is tabulated daily at $0^{\rm h}$ UT1 on pages B21–B24.

Approximate reduction to apparent geocentric altitude and azimuth

The following example illustrates an approximate procedure based on the CIO method for calculating the altitude and azimuth of a star for a specified UT1 instant. The procedure given is accurate to about ±1″. It is valid for 2021 as it uses the relevant annual equations given earlier in this section. Strictly, all the parameters, except the Earth rotation angle (θ), should be evaluated for the equivalent TT (UT1+ΔT) instant.

Example On 2021 January 1 at $0^{\rm h}\ 00^{\rm m}\ 00^{\rm s}$ UT1 calculate the local hour angle (h), declination (δ), and altitude and azimuth of the fictitious star given in the example on page B73, for an observer at W 60°.0, S 30°.0.

Step A The day of the year is 1; the time is $0^{\rm h}\!000\ 00$ UT1; the ICRS barycentric direction (**q**) and space motion (**m**) of the star at epoch J2000·0 (see page B73) are

$$\mathbf{q} = (-0.373\ 860\ 494,\ -0.312\ 618\ 798,\ -0.873\ 211\ 210)$$

$$\mathbf{m} = (-0.000\ 687\ 882,\ +0.001\ 749\ 237,\ +0.001\ 545\ 387)$$

Apply space motion and ignore parallax to give the approximate geocentric position of the star at the epoch of date with respect to the GCRS

$$\mathbf{p} = \mathbf{q} + T\mathbf{m} = (-0.374\ 004\ 954,\ -0.312\ 251\ 447,\ -0.872\ 886\ 669)$$

where $T = +0.210\ 006\ 845$ centuries from 245 1545·0 TT and $\mathbf{p} = (p_x, p_y, p_z)$ is a column vector.

Approximate reduction to apparent geocentric altitude and azimuth (continued)

Step B Apply aberration and precession-nutation to form

$$
\begin{aligned}
x_i &= v_x + (1 - \mathcal{X}^2/2)\, p_x & & - & & \mathcal{X}\, p_z = -0.372\,348 \\
y_i &= v_y + & & p_y - & & \mathcal{Y}\, p_z = -0.312\,268 \\
z_i &= v_z + & & \mathcal{X}\, p_x + \mathcal{Y}\, p_y + (1 - \mathcal{X}^2/2)\, p_z = -0.873\,644
\end{aligned}
$$

where

$$
\mathbf{v} = \frac{1}{c}(0.0172 \sin L,\ -0.0158 \cos L,\ -0.0068 \cos L)
$$

$$
= \frac{1}{173.14}(-0.016\,89,\ -0.002\,98,\ -0.001\,28)
$$

where $\mathbf{v}$ in au/day is the approximate barycentric velocity of the Earth, $L = 280°9$ is the ecliptic longitude of the Sun, and the speed of light is given by $c = 173.14$ au/d.

$\mathcal{X}, \mathcal{Y}$ are the approximate coordinates of the CIP, given in radians, and are evaluated using the approximate formulae on page B46, with arguments $\Omega = 78°8$ and $2L = 201°8$, giving

$$
\mathcal{X} = +0.002\,009 \qquad \text{and} \qquad \mathcal{Y} = +0.000\,001
$$

Therefore (x_i, y_i, z_i) is the position vector of the star with respect to the equator and CIO of date, i.e., the position of the star in the Celestial Intermediate Reference System.

Converting to spherical coordinates gives $\alpha_i = 14^\text{h}\ 39^\text{m}\ 56\overset{s}{.}3$ and $\delta = -60°\ 54'\ 55''$ (see page B68 *Step 6*).

Step C Transform from the celestial intermediate origin and equator of date to the observer's meridian at longitude $\lambda = -60°0$ (west longitudes are negative)

$$
\begin{aligned}
x_g &= +x_i \cos(\theta + \lambda) + y_i \sin(\theta + \lambda) = -0.485\,929 \\
y_g &= -x_i \sin(\theta + \lambda) + y_i \cos(\theta + \lambda) = +0.005\,216 \\
z_g &= +z_i & = -0.873\,644
\end{aligned}
$$

where the Earth rotation angle (see page B8) is

$$
\theta = 99°614\,062 + 0°985\,6123 \times \text{day of year} + 15°041\,067 \times \text{UT1}
$$

$$
= 100°599\,674
$$

Thus the local hour angle (h) and declination (δ) are calculated using

$$
h = \tan^{-1}(-y_g/x_g)
$$

$$
= 180°\ 36'\ 54''
$$

$$
\delta = -60°\ 54'\ 55''
$$

h is measured positive to the west of the local meridian and the declination is unchanged (from Step B) by the rotation.

Step D Transform to altitude and azimuth (also see page B86), for the observer at latitude $\phi = -30°0$:

$$
\begin{aligned}
x_t &= -x_g \sin\phi + z_g \cos\phi = -0.999\,562 \\
y_t &= +y_g & = +0.005\,216 \\
z_t &= +x_g \cos\phi + z_g \sin\phi = +0.015\,995
\end{aligned}
$$

Thus

$$
\text{Altitude} = \tan^{-1}\left(\frac{z_t}{\sqrt{x_t^2 + y_t^2}}\right) = +0°\ 55'\ 00''
$$

$$
\text{Azimuth} = \tan^{-1}\left(\frac{y_t}{x_t}\right) = 179°\ 42'\ 04''
$$

where azimuth is measured from north through east in the plane of the horizon.

POSITION AND VELOCITY OF THE EARTH, 2021

ICRS, ORIGIN AT SOLAR SYSTEM BARYCENTRE
FOR 0ʰ BARYCENTRIC DYNAMICAL TIME

Date 0ʰ TDB		X	Y	Z	$\dot{X}$	$\dot{Y}$	$\dot{Z}$
Jan.	0	−0·168 542 739	+0·895 317 634	+0·388 231 933	−1725 0273	− 266 1361	− 115 4007
	1	−0·185 767 244	+0·892 518 580	+0·387 018 282	−1719 7901	− 293 6627	− 127 3237
	2	−0·202 936 866	+0·889 444 624	+0·385 685 574	−1714 0503	− 321 1162	− 139 2122
	3	−0·220 046 567	+0·886 096 507	+0·384 234 154	−1707 8057	− 348 4946	− 151 0658
	4	−0·237 091 283	+0·882 474 992	+0·382 664 376	−1701 0522	− 375 7950	− 162 8839
	5	−0·254 065 897	+0·878 580 881	+0·380 976 597	−1693 7841	− 403 0131	− 174 6657
	6	−0·270 965 226	+0·874 415 024	+0·379 171 189	−1685 9943	− 430 1429	− 186 4094
	7	−0·287 784 017	+0·869 978 346	+0·377 248 545	−1677 6748	− 457 1758	− 198 1124
	8	−0·304 516 931	+0·865 271 867	+0·375 209 088	−1668 8178	− 484 1009	− 209 7712
	9	−0·321 158 555	+0·860 296 732	+0·373 053 286	−1659 4157	− 510 9047	− 221 3806
	10	−0·337 703 410	+0·855 054 233	+0·370 781 662	−1649 4631	− 537 5708	− 232 9343
	11	−0·354 145 972	+0·849 545 837	+0·368 394 810	−1638 9569	− 564 0808	− 244 4248
	12	−0·370 480 706	+0·843 773 202	+0·365 893 404	−1627 8980	− 590 4153	− 255 8437
	13	−0·386 702 106	+0·837 738 181	+0·363 278 204	−1616 2912	− 616 5547	− 267 1822
	14	−0·402 804 732	+0·831 442 817	+0·360 550 057	−1604 1449	− 642 4812	− 278 4318
	15	−0·418 783 243	+0·824 889 319	+0·357 709 890	−1591 4703	− 668 1791	− 289 5849
	16	−0·434 632 419	+0·818 080 041	+0·354 758 702	−1578 2802	− 693 6355	− 300 6350
	17	−0·450 347 171	+0·811 017 449	+0·351 697 551	−1564 5876	− 718 8401	− 311 5768
	18	−0·465 922 539	+0·803 704 105	+0·348 527 542	−1550 4053	− 743 7848	− 322 4058
	19	−0·481 353 685	+0·796 142 643	+0·345 249 822	−1535 7453	− 768 4628	− 333 1186
	20	−0·496 635 889	+0·788 335 758	+0·341 865 568	−1520 6185	− 792 8684	− 343 7119
	21	−0·511 764 535	+0·780 286 201	+0·338 375 990	−1505 0354	− 816 9963	− 354 1832
	22	−0·526 735 109	+0·771 996 774	+0·334 782 320	−1489 0058	− 840 8417	− 364 5298
	23	−0·541 543 195	+0·763 470 324	+0·331 085 817	−1472 5395	− 864 4001	− 374 7496
	24	−0·556 184 475	+0·754 709 741	+0·327 287 758	−1455 6461	− 887 6677	− 384 8405
	25	−0·570 654 724	+0·745 717 950	+0·323 389 443	−1438 3350	− 910 6413	− 394 8008
	26	−0·584 949 815	+0·736 497 902	+0·319 392 180	−1420 6157	− 933 3189	− 404 6296
	27	−0·599 065 706	+0·727 052 563	+0·315 297 292	−1402 4967	− 955 6993	− 414 3261
	28	−0·612 998 440	+0·717 384 907	+0·311 106 098	−1383 9852	− 977 7826	− 423 8906
	29	−0·626 744 122	+0·707 497 899	+0·306 819 918	−1365 0870	− 999 5698	− 433 3236
	30	−0·640 298 902	+0·697 394 495	+0·302 440 062	−1345 8052	−1021 0619	· − 442 6261
	31	−0·653 658 949	+0·687 077 643	+0·297 967 829	−1326 1404	−1042 2593	− 451 7990
Feb.	1	−0·666 820 428	+0·676 550 293	+0·293 404 511	−1306 0910	−1063 1612	− 460 8430
	2	−0·679 779 476	+0·665 815 416	+0·288 751 401	−1285 6536	−1083 7641	− 469 7575
	3	−0·692 532 193	+0·654 876 028	+0·284 009 798	−1264 8240	−1104 0620	− 478 5411
	4	−0·705 074 636	+0·643 735 222	+0·279 181 024	−1243 5983	−1124 0461	− 487 1910
	5	−0·717 402 830	+0·632 396 189	+0·274 266 436	−1221 9738	−1143 7052	− 495 7032
	6	−0·729 512 780	+0·620 862 246	+0·269 267 437	−1199 9498	−1163 0259	− 504 0724
	7	−0·741 400 499	+0·609 136 848	+0·264 185 484	−1177 5279	−1181 9936	− 512 2928
	8	−0·753 062 028	+0·597 223 603	+0·259 022 100	−1154 7130	−1200 5927	− 520 3575
	9	−0·764 493 473	+0·585 126 273	+0·253 778 876	−1131 5125	−1218 8081	− 528 2598
	10	−0·775 691 029	+0·572 848 769	+0·248 457 468	−1107 9373	−1236 6251	− 535 9929
	11	−0·786 651 013	+0·560 395 141	+0·243 059 603	−1084 0004	−1254 0309	− 543 5504
	12	−0·797 369 881	+0·547 769 559	+0·237 587 064	−1059 7170	−1271 0145	− 550 9269
	13	−0·807 844 251	+0·534 976 286	+0·232 041 685	−1035 1032	−1287 5676	− 558 1177
	14	−0·818 070 898	+0·522 019 662	+0·226 425 340	−1010 1754	−1303 6840	− 565 1195
	15	−0·828 046 765	+0·508 904 076	+0·220 739 934	− 984 9497	−1319 3593	− 571 9295

$\dot{X}, \dot{Y}, \dot{Z}$ are in units of 10^{-9} au / d.

ICRS, ORIGIN AT SOLAR SYSTEM BARYCENTRE
FOR 0ʰ BARYCENTRIC DYNAMICAL TIME

Date 0ʰ TDB	X	Y	Z	$\dot{X}$	$\dot{Y}$	$\dot{Z}$
Feb. 15	−0·828 046 765	+0·508 904 076	+0·220 739 934	− 984 9497	−1319 3593	− 571 9295
16	−0·837 768 950	+0·495 633 955	+0·214 987 395	− 959 4412	−1334 5909	− 578 5460
17	−0·847 234 696	+0·482 213 743	+0·209 169 663	− 933 6644	−1349 3770	− 584 9677
18	−0·856 441 388	+0·468 647 903	+0·203 288 693	− 907 6327	−1363 7165	− 591 1937
19	−0·865 386 543	+0·454 940 904	+0·197 346 443	− 881 3589	−1377 6088	− 597 2235
20	−0·874 067 801	+0·441 097 218	+0·191 344 879	− 854 8555	−1391 0538	− 603 0566
21	−0·882 482 929	+0·427 121 318	+0·185 285 967	− 828 1347	−1404 0517	− 608 6930
22	−0·890 629 810	+0·413 017 671	+0·179 171 674	− 801 2083	−1416 6036	− 614 1329
23	−0·898 506 447	+0·398 790 728	+0·173 003 961	− 774 0879	−1428 7113	− 619 3771
24	−0·906 110 957	+0·384 444 915	+0·166 784 779	− 746 7844	−1440 3781	− 624 4269
25	−0·913 441 558	+0·369 984 622	+0·160 516 064	− 719 3074	−1451 6081	− 629 2843
26	−0·920 496 552	+0·355 414 192	+0·154 199 727	− 691 6643	−1462 4066	− 633 9518
27	−0·927 274 306	+0·340 737 911	+0·147 837 650	− 663 8598	−1472 7791	− 638 4326
28	−0·933 773 216	+0·325 960 014	+0·141 431 687	− 635 8957	−1482 7303	− 642 7296
Mar. 1	−0·939 991 683	+0·311 084 699	+0·134 983 664	− 607 7706	−1492 2629	− 646 8450
2	−0·945 928 080	+0·296 116 153	+0·128 495 389	− 579 4813	−1501 3764	− 650 7799
3	−0·951 580 749	+0·281 058 582	+0·121 968 670	− 551 0243	−1510 0667	− 654 5336
4	−0·956 948 000	+0·265 916 255	+0·115 405 329	− 522 3974	−1518 3263	− 658 1039
5	−0·962 028 131	+0·250 693 524	+0·108 807 216	− 493 6007	−1526 1454	− 661 4871
6	−0·966 819 460	+0·235 394 854	+0·102 176 225	− 464 6378	−1533 5125	− 664 6786
7	−0·971 320 355	+0·220 024 820	+0·095 514 300	− 435 5153	−1540 4161	− 667 6732
8	−0·975 529 265	+0·204 588 114	+0·088 823 433	− 406 2428	−1546 8452	− 670 4661
9	−0·979 444 750	+0·189 089 531	+0·082 105 668	− 376 8324	−1552 7900	− 673 0522
10	−0·983 065 499	+0·173 533 957	+0·075 363 091	− 347 2981	−1558 2421	− 675 4276
11	−0·986 390 350	+0·157 926 353	+0·068 597 832	− 317 6553	−1563 1951	− 677 5884
12	−0·989 418 298	+0·142 271 734	+0·061 812 048	− 287 9204	−1567 6443	− 679 5319
13	−0·992 148 508	+0·126 575 155	+0·055 007 924	− 258 1103	−1571 5870	− 681 2562
14	−0·994 580 310	+0·110 841 687	+0·048 187 658	− 228 2417	−1575 0221	− 682 7602
15	−0·996 713 201	+0·095 076 402	+0·041 353 457	− 198 3309	−1577 9505	− 684 0433
16	−0·998 546 839	+0·079 284 359	+0·034 507 527	− 168 3934	−1580 3740	− 685 1060
17	−1·000 081 030	+0·063 470 594	+0·027 652 069	− 138 4440	−1582 2957	− 685 9490
18	−1·001 315 725	+0·047 640 107	+0·020 789 275	− 108 4965	−1583 7191	− 686 5737
19	−1·002 251 010	+0·031 797 859	+0·013 921 319	− 78 5639	−1584 6485	− 686 9815
20	−1·002 887 094	+0·015 948 768	+0·007 050 362	− 48 6586	−1585 0885	− 687 1743
21	−1·003 224 312	+0·000 097 702	+0·000 178 544	− 18 7924	−1585 0443	− 687 1541
22	−1·003 263 111	−0·015 750 522	−0·006 692 018	+ 11 0232	−1584 5213	− 686 9233
23	−1·003 004 054	−0·031 591 150	−0·013 559 230	+ 40 7772	−1583 5261	− 686 4847
24	−1·002 447 805	−0·047 419 495	−0·020 421 031	+ 70 4598	−1582 0661	− 685 8417
25	−1·001 595 126	−0·063 230 950	−0·027 275 394	+ 100 0621	−1580 1498	− 684 9980
26	−1·000 446 853	−0·079 021 000	−0·034 120 337	+ 129 5775	−1577 7864	− 683 9583
27	−0·999 003 878	−0·094 785 219	−0·040 953 922	+ 159 0023	−1574 9855	− 682 7273
28	−0·997 267 111	−0·110 519 280	−0·047 774 262	+ 188 3362	−1571 7558	− 681 3100
29	−0·995 237 449	−0·126 218 928	−0·054 579 514	+ 217 5819	−1568 1037	− 679 7103
30	−0·992 915 750	−0·141 879 956	−0·061 367 868	+ 246 7445	−1564 0319	− 677 9306
31	−0·990 302 818	−0·157 498 161	−0·068 137 528	+ 275 8292	−1559 5385	− 675 9715
Apr. 1	−0·987 399 416	−0·173 069 302	−0·074 886 694	+ 304 8390	−1554 6179	− 673 8312
2	−0·984 206 290	−0·188 589 067	−0·081 613 539	+ 333 7733	−1549 2617	− 671 5067

$\dot{X}, \dot{Y}, \dot{Z}$ are in units of 10^{-9} au / d.

ICRS, ORIGIN AT SOLAR SYSTEM BARYCENTRE
FOR 0^h BARYCENTRIC DYNAMICAL TIME

Date 0^h TDB	X	Y	Z	$\dot{X}$	$\dot{Y}$	$\dot{Z}$
Apr. 1	−0·987 399 416	−0·173 069 302	−0·074 886 694	+ 304 8390	−1554 6179	− 673 8312
2	−0·984 206 290	−0·188 589 067	−0·081 613 539	+ 333 7733	−1549 2617	− 671 5067
3	−0·980 724 216	−0·204 053 054	−0·088 316 199	+ 362 6274	−1543 4608	− 668 9938
4	−0·976 954 038	−0·219 456 773	−0·094 992 773	+ 391 3924	−1537 2069	− 666 2886
5	−0·972 896 704	−0·234 795 658	−0·101 641 319	+ 420 0566	−1530 4931	− 663 3875
6	−0·968 553 288	−0·250 065 086	−0·108 259 862	+ 448 6063	−1523 3149	− 660 2878
7	−0·963 925 008	−0·265 260 399	−0·114 846 407	+ 477 0269	−1515 6697	− 656 9876
8	−0·959 013 232	−0·280 376 921	−0·121 398 942	+ 505 3030	−1507 5569	− 653 4858
9	−0·953 819 480	−0·295 409 980	−0·127 915 449	+ 533 4195	−1498 9775	− 649 7820
10	−0·948 345 424	−0·310 354 924	−0·134 393 911	+ 561 3614	−1489 9342	− 645 8768
11	−0·942 592 883	−0·325 207 130	−0·140 832 317	+ 589 1139	−1480 4307	− 641 7711
12	−0·936 563 824	−0·339 962 021	−0·147 228 670	+ 616 6629	−1470 4722	− 637 4665
13	−0·930 260 348	−0·354 615 077	−0·153 580 991	+ 643 9951	−1460 0647	− 632 9653
14	−0·923 684 687	−0·369 161 841	−0·159 887 328	+ 671 0978	−1449 2152	− 628 2700
15	−0·916 839 197	−0·383 597 932	−0·166 145 754	+ 697 9592	−1437 9312	− 623 3837
16	−0·909 726 343	−0·397 919 044	−0·172 354 376	+ 724 5686	−1426 2210	− 618 3097
17	−0·902 348 699	−0·412 120 959	−0·178 511 334	+ 750 9157	−1414 0931	− 613 0516
18	−0·894 708 934	−0·426 199 543	−0·184 614 807	+ 776 9913	−1401 5564	− 607 6133
19	−0·886 809 808	−0·440 150 756	−0·190 663 012	+ 802 7866	−1388 6206	− 601 9988
20	−0·878 654 162	−0·453 970 657	−0·196 654 211	+ 828 2938	−1375 2954	− 596 2127
21	−0·870 244 915	−0·467 655 403	−0·202 586 711	+ 853 5060	−1361 5918	− 590 2598
22	−0·861 585 044	−0·481 201 268	−0·208 458 870	+ 878 4178	−1347 5210	− 584 1455
23	−0·852 677 572	−0·494 604 639	−0·214 269 101	+ 903 0257	−1333 0949	− 577 8754
24	−0·843 525 545	−0·507 862 023	−0·220 015 879	+ 927 3291	−1318 3256	− 571 4556
25	−0·834 131 998	−0·520 970 044	−0·225 697 734	+ 951 3303	−1303 2240	− 564 8919
26	−0·824 499 928	−0·533 925 423	−0·231 313 253	+ 975 0350	−1287 7985	− 558 1893
27	−0·814 632 261	−0·546 724 950	−0·236 861 067	+ 998 4508	−1272 0538	− 551 3510
28	−0·804 531 848	−0·559 365 436	−0·242 339 826	+1021 5856	−1255 9899	− 544 3784
29	−0·794 201 468	−0·571 843 670	−0·247 748 183	+1044 4446	−1239 6024	− 537 2701
30	−0·783 643 872	−0·584 156 382	−0·253 084 768	+1067 0286	−1222 8843	− 530 0235
May 1	−0·772 861 825	−0·596 300 228	−0·258 348 180	+1089 3335	−1205 8279	− 522 6349
2	−0·761 858 161	−0·608 271 792	−0·263 536 981	+1111 3505	−1188 4271	− 515 1009
3	−0·750 635 814	−0·620 067 610	−0·268 649 705	+1133 0680	−1170 6784	− 507 4192
4	−0·739 197 844	−0·631 684 198	−0·273 684 867	+1154 4727	−1152 5810	− 499 5884
5	−0·727 547 447	−0·643 118 074	−0·278 640 975	+1175 5511	−1134 1367	− 491 6084
6	−0·715 687 954	−0·654 365 788	−0·283 516 540	+1196 2898	−1115 3493	− 483 4800
7	−0·703 622 825	−0·665 423 933	−0·288 310 085	+1216 6763	−1096 2239	− 475 2048
8	−0·691 355 642	−0·676 289 162	−0·293 020 153	+1236 6986	−1076 7672	− 466 7849
9	−0·678 890 105	−0·686 958 196	−0·297 645 309	+1256 3454	−1056 9863	− 458 2229
10	−0·666 230 021	−0·697 427 835	−0·302 184 148	+1275 6061	−1036 8896	− 449 5220
11	−0·653 379 302	−0·707 694 964	−0·306 635 298	+1294 4710	−1016 4857	− 440 6856
12	−0·640 341 953	−0·717 756 558	−0·310 997 422	+1312 9307	− 995 7844	− 431 7175
13	−0·627 122 067	−0·727 609 694	−0·315 269 224	+1330 9769	− 974 7957	− 422 6220
14	−0·613 723 819	−0·737 251 551	−0·319 449 451	+1348 6020	− 953 5304	− 413 4034
15	−0·600 151 453	−0·746 679 416	−0·323 536 897	+1365 7995	− 931 9995	− 404 0666
16	−0·586 409 274	−0·755 890 693	−0·327 530 405	+1382 5636	− 910 2146	− 394 6166
17	−0·572 501 641	−0·764 882 900	−0·331 428 870	+1398 8896	− 888 1874	− 385 0588

$\dot{X}, \dot{Y}, \dot{Z}$ are in units of 10^{-9} au / d.

ICRS, ORIGIN AT SOLAR SYSTEM BARYCENTRE
FOR 0^h BARYCENTRIC DYNAMICAL TIME

Date 0^h TDB	X	Y	Z	$\dot{X}$	$\dot{Y}$	$\dot{Z}$
May 17	−0·572 501 641	−0·764 882 900	−0·331 428 870	+1398 8896	− 888 1874	− 385 0588
18	−0·558 432 955	−0·773 653 676	−0·335 231 239	+1414 7738	− 865 9303	− 375 3985
19	−0·544 207 646	−0·782 200 782	−0·338 936 518	+1430 2139	− 843 4557	− 365 6417
20	−0·529 830 161	−0·790 522 108	−0·342 543 772	+1445 2088	− 820 7763	− 355 7944
21	−0·515 304 950	−0·798 615 669	−0·346 052 124	+1459 7597	− 797 9050	− 345 8627
22	−0·500 636 437	−0·806 479 609	−0·349 460 765	+1473 8699	− 774 8540	− 335 8529
23	−0·485 829 002	−0·814 112 188	−0·352 768 943	+1487 5454	− 751 6345	− 325 7710
24	−0·470 886 950	−0·821 511 765	−0·355 975 961	+1500 7949	− 728 2549	− 315 6218
25	−0·455 814 491	−0·828 676 769	−0·359 081 165	+1513 6285	− 704 7202	− 305 4086
26	−0·440 615 732	−0·835 605 653	−0·362 083 924	+1526 0563	− 681 0308	− 295 1328
27	−0·425 294 692	−0·842 296 857	−0·364 983 609	+1538 0856	− 657 1831	− 284 7934
28	−0·409 855 338	−0·848 748 768	−0·367 779 571	+1549 7193	− 633 1710	− 274 3876
29	−0·394 301 633	−0·854 959 706	−0·370 471 130	+1560 9548	− 608 9877	− 263 9123
30	−0·378 637 593	−0·860 927 935	−0·373 057 575	+1571 7849	− 584 6286	− 253 3645
31	−0·362 867 321	−0·866 651 686	−0·375 538 171	+1582 1993	− 560 0919	− 242 7422
June 1	−0·346 995 032	−0·872 129 187	−0·377 912 170	+1592 1864	− 535 3792	− 232 0452
2	−0·331 025 056	−0·877 358 698	−0·380 178 829	+1601 7348	− 510 4949	− 221 2744
3	−0·314 961 834	−0·882 338 535	−0·382 337 419	+1610 8338	− 485 4455	− 210 4317
4	−0·298 809 909	−0·887 067 084	−0·384 387 233	+1619 4740	− 460 2388	− 199 5199
5	−0·282 573 911	−0·891 542 817	−0·386 327 596	+1627 6470	− 434 8837	− 188 5421
6	−0·266 258 551	−0·895 764 294	−0·388 157 867	+1635 3453	− 409 3894	− 177 5021
7	−0·249 868 609	−0·899 730 174	−0·389 877 443	+1642 5623	− 383 7659	− 166 4036
8	−0·233 408 929	−0·903 439 215	−0·391 485 759	+1649 2920	− 358 0234	− 155 2510
9	−0·216 884 412	−0·906 890 282	−0·392 982 297	+1655 5290	− 332 1729	− 144 0486
10	−0·200 300 008	−0·910 082 350	−0·394 366 581	+1661 2686	− 306 2255	− 132 8011
11	−0·183 660 711	−0·913 014 510	−0·395 638 186	+1666 5071	− 280 1933	− 121 5138
12	−0·166 971 547	−0·915 685 973	−0·396 796 741	+1671 2415	− 254 0884	− 110 1918
13	−0·150 237 566	−0·918 096 078	−0·397 841 926	+1675 4702	− 227 9237	− 98 8410
14	−0·133 463 829	−0·920 244 291	−0·398 773 483	+1679 1928	− 201 7120	− 87 4671
15	−0·116 655 395	−0·922 130 206	−0·399 591 211	+1682 4100	− 175 4665	− 76 0762
16	−0·099 817 306	−0·923 753 552	−0·400 294 971	+1685 1243	− 149 2001	− 64 6745
17	−0·082 954 573	−0·925 114 182	−0·400 884 685	+1687 3397	− 122 9256	− 53 2681
18	−0·066 072 155	−0·926 212 076	−0·401 360 337	+1689 0622	− 96 6549	− 41 8630
19	−0·049 174 945	−0·927 047 329	−0·401 721 968	+1690 2996	− 70 3991	− 30 4650
20	−0·032 267 748	−0·927 620 139	−0·401 969 677	+1691 0615	− 44 1676	− 19 0791
21	−0·015 355 262	−0·927 930 785	−0·402 103 604	+1691 3595	− 17 9671	− 7 7094
22	+0·001 557 934	−0·927 979 598	−0·402 123 927	+1691 2055	+ 8 1988	+ 3 6416
23	+0·018 467 379	−0·927 766 924	−0·402 030 836	+1690 6108	+ 34 3304	+ 14 9733
24	+0·035 368 711	−0·927 293 093	−0·401 824 522	+1689 5841	+ 60 4313	+ 26 2867
25	+0·052 257 636	−0·926 558 382	−0·401 505 155	+1688 1297	+ 86 5072	+ 37 5845
26	+0·069 129 877	−0·925 563 012	−0·401 072 874	+1686 2469	+ 112 5639	+ 48 8697
27	+0·085 981 129	−0·924 307 155	−0·400 527 792	+1683 9307	+ 138 6052	+ 60 1451
28	+0·102 807 019	−0·922 790 955	−0·399 869 999	+1681 1730	+ 164 6321	+ 71 4121
29	+0·119 603 087	−0·921 014 570	−0·399 099 578	+1677 9646	+ 190 6418	+ 82 6707
30	+0·136 364 780	−0·918 978 195	−0·398 216 617	+1674 2969	+ 216 6288	+ 93 9196
July 1	+0·153 087 467	−0·916 682 094	−0·397 221 227	+1670 1620	+ 242 5856	+ 105 1561
2	+0·169 766 442	−0·914 126 615	−0·396 113 547	+1665 5537	+ 268 5029	+ 116 3770

$\dot{X}, \dot{Y}, \dot{Z}$ are in units of 10^{-9} au / d.

POSITION AND VELOCITY OF THE EARTH, 2021

ICRS, ORIGIN AT SOLAR SYSTEM BARYCENTRE
FOR 0^h BARYCENTRIC DYNAMICAL TIME

Date 0^h TDB	X	Y	Z	$\dot{X}$	$\dot{Y}$	$\dot{Z}$
July 1	+0·153 087 467	−0·916 682 094	−0·397 221 227	+1670 1620	+ 242 5856	+ 105 1561
2	+0·169 766 442	−0·914 126 615	−0·396 113 547	+1665 5537	+ 268 5029	+ 116 3770
3	+0·186 396 947	−0·911 312 199	−0·394 893 751	+1660 4672	+ 294 3712	+ 127 5787
4	+0·202 974 180	−0·908 239 388	−0·393 562 052	+1654 8988	+ 320 1802	+ 138 7569
5	+0·219 493 308	−0·904 908 826	−0·392 118 704	+1648 8456	+ 345 9197	+ 149 9077
6	+0·235 949 470	−0·901 321 262	−0·390 564 005	+1642 3054	+ 371 5789	+ 161 0265
7	+0·252 337 788	−0·897 477 552	−0·388 898 296	+1635 2767	+ 397 1470	+ 172 1088
8	+0·268 653 371	−0·893 378 665	−0·387 121 967	+1627 7583	+ 422 6125	+ 183 1497
9	+0·284 891 322	−0·889 025 685	−0·385 235 456	+1619 7502	+ 447 9635	+ 194 1441
10	+0·301 046 746	−0·884 419 819	−0·383 239 258	+1611 2532	+ 473 1875	+ 205 0865
11	+0·317 114 763	−0·879 562 400	−0·381 133 919	+1602 2694	+ 498 2719	+ 215 9710
12	+0·333 090 523	−0·874 454 890	−0·378 920 050	+1592 8025	+ 523 2034	+ 226 7917
13	+0·348 969 221	−0·869 098 883	−0·376 598 318	+1582 8579	+ 547 9694	+ 237 5425
14	+0·364 746 113	−0·863 496 097	−0·374 169 454	+1572 4429	+ 572 5573	+ 248 2172
15	+0·380 416 540	−0·857 648 369	−0·371 634 247	+1561 5664	+ 596 9557	+ 258 8102
16	+0·395 975 938	−0·851 557 647	−0·368 993 540	+1550 2392	+ 621 1546	+ 269 3162
17	+0·411 419 861	−0·845 225 970	−0·366 248 228	+1538 4734	+ 645 1455	+ 279 7306
18	+0·426 743 988	−0·838 655 451	−0·363 399 245	+1526 2822	+ 668 9222	+ 290 0497
19	+0·441 944 133	−0·831 848 252	−0·360 447 559	+1513 6793	+ 692 4811	+ 300 2712
20	+0·457 016 246	−0·824 806 558	−0·357 394 151	+1500 6779	+ 715 8214	+ 310 3939
21	+0·471 956 401	−0·817 532 546	−0·354 240 009	+1487 2896	+ 738 9452	+ 320 4182
22	+0·486 760 779	−0·810 028 363	−0·350 986 109	+1473 5234	+ 761 8566	+ 330 3460
23	+0·501 425 627	−0·802 296 103	−0·347 633 403	+1459 3844	+ 784 5614	+ 340 1799
24	+0·515 947 227	−0·794 337 807	−0·344 182 815	+1444 8733	+ 807 0644	+ 349 9228
25	+0·530 321 845	−0·786 155 474	−0·340 635 241	+1429 9876	+ 829 3692	+ 359 5773
26	+0·544 545 711	−0·777 751 082	−0·336 991 559	+1414 7218	+ 851 4762	+ 369 1446
27	+0·558 614 994	−0·769 126 618	−0·333 252 641	+1399 0699	+ 873 3827	+ 378 6246
28	+0·572 525 802	−0·760 284 115	−0·329 419 364	+1383 0259	+ 895 0832	+ 388 0159
29	+0·586 274 191	−0·751 225 667	−0·325 492 628	+1366 5854	+ 916 5702	+ 397 3160
30	+0·599 856 178	−0·741 953 452	−0·321 473 360	+1349 7453	+ 937 8349	+ 406 5216
31	+0·613 267 760	−0·732 469 742	−0·317 362 522	+1332 5041	+ 958 8678	+ 415 6291
Aug. 1	+0·626 504 922	−0·722 776 901	−0·313 161 117	+1314 8615	+ 979 6593	+ 424 6346
2	+0·639 563 653	−0·712 877 394	−0·308 870 185	+1296 8181	+1000 1994	+ 433 5339
3	+0·652 439 953	−0·702 773 783	−0·304 490 808	+1278 3754	+1020 4784	+ 442 3229
4	+0·665 129 836	−0·692 468 730	−0·300 024 109	+1259 5352	+1040 4862	+ 450 9974
5	+0·677 629 340	−0·681 964 999	−0·295 471 257	+1240 3001	+1060 2122	+ 459 5528
6	+0·689 934 532	−0·671 265 461	−0·290 833 466	+1220 6732	+1079 6457	+ 467 9843
7	+0·702 041 513	−0·660 373 099	−0·286 112 001	+1200 6589	+1098 7751	+ 476 2868
8	+0·713 946 437	−0·649 291 013	−0·281 308 178	+1180 2628	+1117 5885	+ 484 4548
9	+0·725 645 522	−0·638 022 422	−0·276 423 372	+1159 4924	+1136 0739	+ 492 4826
10	+0·737 135 070	−0·626 570 667	−0·271 459 014	+1138 3573	+1154 2196	+ 500 3643
11	+0·748 411 491	−0·614 939 199	−0·266 416 590	+1116 8693	+1172 0148	+ 508 0947
12	+0·759 471 325	−0·603 131 570	−0·261 297 642	+1095 0422	+1189 4503	+ 515 6686
13	+0·770 311 256	−0·591 151 415	−0·256 103 752	+1072 8913	+1206 5191	+ 523 0822
14	+0·780 928 125	−0·579 002 425	−0·250 836 542	+1050 4326	+1223 2168	+ 530 3325
15	+0·791 318 936	−0·566 688 324	−0·245 497 652	+1027 6822	+1239 5413	+ 537 4179
16	+0·801 480 848	−0·554 212 841	−0·240 088 735	+1004 6553	+1255 4934	+ 544 3380

$\dot{X}, \dot{Y}, \dot{Z}$ are in units of 10^{-9} au / d.

ICRS, ORIGIN AT SOLAR SYSTEM BARYCENTRE
FOR 0^h BARYCENTRIC DYNAMICAL TIME

Date 0^h TDB	X	Y	Z	$\dot{X}$	$\dot{Y}$	$\dot{Z}$
Aug. 16	+0·801 480 848	−0·554 212 841	−0·240 088 735	+1004 6553	+1255 4934	+ 544 3380
17	+0·811 411 167	−0·541 579 688	−0·234 611 439	+ 981 3657	+1271 0760	+ 551 0938
18	+0·821 107 323	−0·528 792 537	−0·229 067 399	+ 957 8245	+1286 2939	+ 557 6873
19	+0·830 566 846	−0·515 855 007	−0·223 458 226	+ 934 0401	+1301 1528	+ 564 1210
20	+0·839 787 333	−0·502 770 658	−0·217 785 501	+ 910 0177	+1315 6585	+ 570 3982
21	+0·848 766 414	−0·489 542 997	−0·212 050 774	+ 885 7592	+1329 8161	+ 576 5218
22	+0·857 501 728	−0·476 175 486	−0·206 255 569	+ 861 2638	+1343 6288	+ 582 4942
23	+0·865 990 893	−0·462 671 569	−0·200 401 390	+ 836 5292	+1357 0972	+ 588 3166
24	+0·874 231 503	−0·449 034 695	−0·194 489 735	+ 811 5522	+1370 2195	+ 593 9894
25	+0·882 221 120	−0·435 268 346	−0·188 522 104	+ 786 3302	+1382 9915	+ 599 5114
26	+0·889 957 286	−0·421 376 053	−0·182 500 016	+ 760 8617	+1395 4070	+ 604 8807
27	+0·897 437 533	−0·407 361 419	−0·176 425 009	+ 735 1467	+1407 4587	+ 610 0946
28	+0·904 659 403	−0·393 228 119	−0·170 298 652	+ 709 1866	+1419 1387	+ 615 1500
29	+0·911 620 457	−0·378 979 911	−0·164 122 548	+ 682 9841	+1430 4390	+ 620 0436
30	+0·918 318 290	−0·364 620 633	−0·157 898 331	+ 656 5430	+1441 3514	+ 624 7720
31	+0·924 750 536	−0·350 154 202	−0·151 627 670	+ 629 8677	+1451 8680	+ 629 3318
Sept. 1	+0·930 914 879	−0·335 584 619	−0·145 312 269	+ 602 9632	+1461 9806	+ 633 7195
2	+0·936 809 054	−0·320 915 964	−0·138 953 867	+ 575 8350	+1471 6809	+ 637 9313
3	+0·942 430 855	−0·306 152 404	−0·132 554 241	+ 548 4894	+1480 9602	+ 641 9634
4	+0·947 778 142	−0·291 298 195	−0·126 115 212	+ 520 9336	+1489 8091	+ 645 8114
5	+0·952 848 855	−0·276 357 690	−0·119 638 642	+ 493 1762	+1498 2179	+ 649 4707
6	+0·957 641 028	−0·261 335 338	−0·113 126 442	+ 465 2278	+1506 1767	+ 652 9365
7	+0·962 152 817	−0·246 235 686	−0·106 580 573	+ 437 1015	+1513 6763	+ 656 2038
8	+0·966 382 517	−0·231 063 371	−0·100 003 042	+ 408 8130	+1520 7083	+ 659 2682
9	+0·970 328 595	−0·215 823 098	−0·093 395 897	+ 380 3800	+1527 2671	+ 662 1261
10	+0·973 989 699	−0·200 519 616	−0·086 761 216	+ 351 8216	+1533 3497	+ 664 7753
11	+0·977 364 674	−0·185 157 689	−0·080 101 090	+ 323 1572	+1538 9567	+ 667 2149
12	+0·980 452 551	−0·169 742 056	−0·073 417 612	+ 294 4048	+1544 0916	+ 669 4460
13	+0·983 252 531	−0·154 277 411	−0·066 712 857	+ 265 5803	+1548 7603	+ 671 4708
14	+0·985 763 960	−0·138 768 377	−0·059 988 872	+ 236 6967	+1552 9706	+ 673 2926
15	+0·987 986 300	−0·123 219 500	−0·053 247 669	+ 207 7639	+1556 7306	+ 674 9153
16	+0·989 919 097	−0·107 635 240	−0·046 491 218	+ 178 7889	+1560 0483	+ 676 3428
17	+0·991 561 952	−0·092 019 985	−0·039 721 451	+ 149 7761	+1562 9308	+ 677 5790
18	+0·992 914 501	−0·076 378 056	−0·032 940 265	+ 120 7277	+1565 3838	+ 678 6273
19	+0·993 976 390	−0·060 713 728	−0·026 149 523	+ 91 6443	+1567 4111	+ 679 4902
20	+0·994 747 269	−0·045 031 246	−0·019 351 072	+ 62 5256	+1569 0147	+ 680 1696
21	+0·995 226 783	−0·029 334 847	−0·012 546 740	+ 33 3711	+1570 1943	+ 680 6662
22	+0·995 414 573	−0·013 628 780	−0·005 738 358	+ 4 1809	+1570 9478	+ 680 9797
23	+0·995 310 285	+0·002 082 679	+0·001 072 241	− 25 0441	+1571 2719	+ 681 1093
24	+0·994 913 583	+0·017 795 211	+0·007 883 209	− 54 3015	+1571 1619	+ 681 0534
25	+0·994 224 159	+0·033 504 453	+0·014 692 683	− 83 5878	+1570 6129	+ 680 8100
26	+0·993 241 746	+0·049 205 989	+0·021 498 777	− 112 8983	+1569 6198	+ 680 3771
27	+0·991 966 131	+0·064 895 350	+0·028 299 585	− 142 2271	+1568 1773	+ 679 7524
28	+0·990 397 165	+0·080 568 020	+0·035 093 178	− 171 5677	+1566 2804	+ 678 9337
29	+0·988 534 763	+0·096 219 427	+0·041 877 606	− 200 9129	+1563 9241	+ 677 9188
30	+0·986 378 917	+0·111 844 954	+0·048 650 892	− 230 2551	+1561 1033	+ 676 7052
Oct. 1	+0·983 929 697	+0·127 439 927	+0·055 411 040	− 259 5861	+1557 8126	+ 675 2904

$\dot{X}, \dot{Y}, \dot{Z}$ are in units of 10^{-9} au / d.

ICRS, ORIGIN AT SOLAR SYSTEM BARYCENTRE
FOR 0ʰ BARYCENTRIC DYNAMICAL TIME

Date 0ʰ TDB		X	Y	Z	$\dot{X}$	$\dot{Y}$	$\dot{Z}$
Oct.	1	+0·983 929 697	+0·127 439 927	+0·055 411 040	− 259 5861	+1557 8126	+ 675 2904
	2	+0·981 187 262	+0·142 999 621	+0·062 156 021	− 288 8967	+1554 0462	+ 673 6716
	3	+0·978 151 867	+0·158 519 246	+0·068 883 781	− 318 1763	+1549 7980	+ 671 8455
	4	+0·974 823 881	+0·173 993 953	+0·075 592 229	− 347 4124	+1545 0615	+ 669 8088
	5	+0·971 203 813	+0·189 418 829	+0·082 279 243	− 376 5900	+1539 8311	+ 667 5580
	6	+0·967 292 335	+0·204 788 913	+0·088 942 666	− 405 6914	+1534 1024	+ 665 0902
	7	+0·963 090 308	+0·220 099 210	+0·095 580 317	− 434 6962	+1527 8738	+ 662 4036
	8	+0·958 598 803	+0·235 344 730	+0·102 190 007	− 463 5833	+1521 1476	+ 659 4980
	9	+0·953 819 105	+0·250 520 523	+0·108 769 552	− 492 3315	+1513 9299	+ 656 3752
	10	+0·948 752 699	+0·265 621 722	+0·115 316 800	− 520 9222	+1506 2304	+ 653 0391
	11	+0·943 401 237	+0·280 643 567	+0·121 829 640	− 549 3404	+1498 0614	+ 649 4948
	12	+0·937 766 502	+0·295 581 428	+0·128 306 022	− 577 5752	+1489 4357	+ 645 7484
	13	+0·931 850 369	+0·310 430 801	+0·134 743 953	− 605 6193	+1480 3658	+ 641 8058
	14	+0·925 654 767	+0·325 187 300	+0·141 141 502	− 633 4683	+1470 8626	+ 637 6726
	15	+0·919 181 660	+0·339 846 639	+0·147 496 787	− 661 1201	+1460 9353	+ 633 3539
	16	+0·912 433 027	+0·354 404 616	+0·153 807 974	− 688 5735	+1450 5911	+ 628 8536
	17	+0·905 410 853	+0·368 857 090	+0·160 073 264	− 715 8281	+1439 8354	+ 624 1750
	18	+0·898 117 129	+0·383 199 966	+0·166 290 887	− 742 8835	+1428 6721	+ 619 3205
	19	+0·890 553 849	+0·397 429 181	+0·172 459 093	− 769 7392	+1417 1034	+ 614 2918
	20	+0·882 723 016	+0·411 540 686	+0·178 576 147	− 796 3938	+1405 1302	+ 609 0900
	21	+0·874 626 649	+0·425 530 437	+0·184 640 318	− 822 8455	+1392 7526	+ 603 7154
	22	+0·866 266 793	+0·439 394 388	+0·190 649 880	− 849 0911	+1379 9698	+ 598 1681
	23	+0·857 645 527	+0·453 128 480	+0·196 603 103	− 875 1266	+1366 7807	+ 592 4477
	24	+0·848 764 978	+0·466 728 642	+0·202 498 254	− 900 9468	+1353 1837	+ 586 5535
	25	+0·839 627 328	+0·480 190 790	+0·208 333 592	− 926 5458	+1339 1776	+ 580 4850
	26	+0·830 234 823	+0·493 510 825	+0·214 107 371	− 951 9166	+1324 7609	+ 574 2416
	27	+0·820 589 782	+0·506 684 636	+0·219 817 838	− 977 0518	+1309 9327	+ 567 8224
	28	+0·810 694 599	+0·519 708 102	+0·225 463 231	−1001 9435	+1294 6916	+ 561 2267
	29	+0·800 551 753	+0·532 577 087	+0·231 041 781	−1026 5829	+1279 0364	+ 554 4537
	30	+0·790 163 812	+0·545 287 444	+0·236 551 709	−1050 9607	+1262 9656	+ 547 5022
	31	+0·779 533 446	+0·557 835 008	+0·241 991 226	−1075 0663	+1246 4775	+ 540 3711
Nov.	1	+0·768 663 436	+0·570 215 598	+0·247 358 527	−1098 8871	+1229 5705	+ 533 0587
	2	+0·757 556 700	+0·582 425 018	+0·252 651 792	−1122 4087	+1212 2434	+ 525 5638
	3	+0·746 216 318	+0·594 459 067	+0·257 869 190	−1145 6135	+1194 4966	+ 517 8852
	4	+0·734 645 551	+0·606 313 561	+0·263 008 886	−1168 4820	+1176 3333	+ 510 0234
	5	+0·722 847 870	+0·617 984 368	+0·268 069 053	−1190 9931	+1157 7607	+ 501 9802
	6	+0·710 826 947	+0·629 467 449	+0·273 047 900	−1213 1270	+1138 7905	+ 493 7600
	7	+0·698 586 645	+0·640 758 905	+0·277 943 686	−1234 8664	+1119 4385	+ 485 3694
	8	+0·686 130 974	+0·651 855 007	+0·282 754 745	−1256 1992	+1099 7228	+ 476 8162
	9	+0·673 464 040	+0·662 752 208	+0·287 479 496	−1277 1183	+1079 6615	+ 468 1091
	10	+0·660 589 996	+0·673 447 140	+0·292 116 442	−1297 6210	+1059 2713	+ 459 2563
	11	+0·647 513 008	+0·683 936 586	+0·296 664 162	−1317 7074	+1038 5664	+ 450 2651
	12	+0·634 237 229	+0·694 217 458	+0·301 121 303	−1337 3795	+1017 5583	+ 441 1415
	13	+0·620 766 792	+0·704 286 771	+0·305 486 567	−1356 6394	+ 996 2559	+ 431 8904
	14	+0·607 105 809	+0·714 141 620	+0·309 758 698	−1375 4889	+ 974 6666	+ 422 5156
	15	+0·593 258 377	+0·723 779 165	+0·313 936 478	−1393 9294	+ 952 7960	+ 413 0205
	16	+0·579 228 581	+0·733 196 618	+0·318 018 716	−1411 9616	+ 930 6489	+ 403 4076

$\dot{X}, \dot{Y}, \dot{Z}$ are in units of 10^{-9} au / d.

ICRS, ORIGIN AT SOLAR SYSTEM BARYCENTRE
FOR 0ʰ BARYCENTRIC DYNAMICAL TIME

Date 0ʰ TDB		X	Y	Z	$\dot{X}$	$\dot{Y}$	$\dot{Z}$
Nov.	16	+0·579 228 581	+0·733 196 618	+0·318 018 716	−1411 9616	+ 930 6489	+ 403 4076
	17	+0·565 020 506	+0·742 391 235	+0·322 004 245	−1429 5854	+ 908 2294	+ 393 6791
	18	+0·550 638 237	+0·751 360 308	+0·325 891 918	−1446 8001	+ 885 5406	+ 383 8368
	19	+0·536 085 872	+0·760 101 160	+0·329 680 605	−1463 6043	+ 862 5856	+ 373 8820
	20	+0·521 367 527	+0·768 611 140	+0·333 369 187	−1479 9956	+ 839 3666	+ 363 8159
	21	+0·506 487 347	+0·776 887 620	+0·336 956 555	−1495 9709	+ 815 8861	+ 353 6395
	22	+0·491 449 509	+0·784 927 997	+0·340 441 612	−1511 5263	+ 792 1461	+ 343 3536
	23	+0·476 258 235	+0·792 729 684	+0·343 823 266	−1526 6573	+ 768 1487	+ 332 9590
	24	+0·460 917 797	+0·800 290 121	+0·347 100 432	−1541 3583	+ 743 8964	+ 322 4564
	25	+0·445 432 522	+0·807 606 769	+0·350 272 035	−1555 6235	+ 719 3913	+ 311 8463
	26	+0·429 806 802	+0·814 677 113	+0·353 337 002	−1569 4462	+ 694 6359	+ 301 1295
	27	+0·414 045 098	+0·821 498 662	+0·356 294 271	−1582 8188	+ 669 6327	+ 290 3065
	28	+0·398 151 954	+0·828 068 950	+0·359 142 780	−1595 7328	+ 644 3842	+ 279 3777
	29	+0·382 132 004	+0·834 385 537	+0·361 881 474	−1608 1783	+ 618 8930	+ 268 3436
	30	+0·365 989 990	+0·840 446 013	+0·364 509 302	−1620 1433	+ 593 1627	+ 257 2047
Dec.	1	+0·349 730 785	+0·846 248 009	+0·367 025 222	−1631 6140	+ 567 1982	+ 245 9622
	2	+0·333 359 411	+0·851 789 220	+0·369 428 207	−1642 5744	+ 541 0070	+ 234 6182
	3	+0·316 881 054	+0·857 067 431	+0·371 717 260	−1653 0077	+ 514 6005	+ 223 1766
	4	+0·300 301 067	+0·862 080 565	+0·373 891 434	−1662 8980	+ 487 9944	+ 211 6436
	5	+0·283 624 946	+0·866 826 720	+0·375 949 855	−1672 2327	+ 461 2085	+ 200 0275
	6	+0·266 858 290	+0·871 304 209	+0·377 891 741	−1681 0044	+ 434 2647	+ 188 3383
	7	+0·250 006 741	+0·875 511 561	+0·379 716 412	−1689 2116	+ 407 1849	+ 176 5863
	8	+0·233 075 929	+0·879 447 520	+0·381 423 290	−1696 8578	+ 379 9889	+ 164 7812
	9	+0·216 071 434	+0·883 111 007	+0·383 011 888	−1703 9495	+ 352 6930	+ 152 9315
	10	+0·198 998 762	+0·886 501 089	+0·384 481 793	−1710 4944	+ 325 3098	+ 141 0437
	11	+0·181 863 343	+0·889 616 946	+0·385 832 653	−1716 5001	+ 297 8493	+ 129 1232
	12	+0·164 670 536	+0·892 457 845	+0·387 064 162	−1721 9730	+ 270 3195	+ 117 1741
	13	+0·147 425 640	+0·895 023 126	+0·388 176 053	−1726 9187	+ 242 7269	+ 105 2000
	14	+0·130 133 906	+0·897 312 193	+0·389 168 088	−1731 3413	+ 215 0774	+ 93 2036
	15	+0·112 800 546	+0·899 324 502	+0·390 040 059	−1735 2444	+ 187 3764	+ 81 1877
	16	+0·095 430 740	+0·901 059 566	+0·390 791 785	−1738 6308	+ 159 6290	+ 69 1547
	17	+0·078 029 646	+0·902 516 944	+0·391 423 104	−1741 5026	+ 131 8400	+ 57 1067
	18	+0·060 602 397	+0·903 696 242	+0·391 933 876	−1743 8616	+ 104 0139	+ 45 0457
	19	+0·043 154 119	+0·904 597 112	+0·392 323 980	−1745 7088	+ 76 1548	+ 32 9734
	20	+0·025 689 925	+0·905 219 243	+0·392 593 311	−1747 0446	+ 48 2668	+ 20 8914
	21	+0·008 214 933	+0·905 562 364	+0·392 741 779	−1747 8685	+ 20 3536	+ 8 8010
	22	−0·009 265 735	+0·905 626 244	+0·392 769 308	−1748 1794	− 7 5809	− 3 2964
	23	−0·026 746 938	+0·905 410 688	+0·392 675 832	−1747 9752	− 35 5329	− 15 3996
	24	−0·044 223 512	+0·904 915 542	+0·392 461 301	−1747 2530	− 63 4982	− 27 5074
	25	−0·061 690 259	+0·904 140 695	+0·392 125 674	−1746 0090	− 91 4725	− 39 6184
	26	−0·079 141 938	+0·903 086 079	+0·391 668 926	−1744 2385	− 119 4510	− 51 7314
	27	−0·096 573 254	+0·901 751 678	+0·391 091 046	−1741 9353	− 147 4284	− 63 8447
	28	−0·113 978 845	+0·900 137 536	+0·390 392 038	−1739 0922	− 175 3983	− 75 9564
	29	−0·131 353 269	+0·898 243 764	+0·389 571 931	−1735 7004	− 203 3527	− 88 0641
	30	−0·148 690 992	+0·896 070 568	+0·388 630 781	−1731 7501	− 231 2814	− 100 1642
	31	−0·165 986 376	+0·893 618 267	+0·387 568 689	−1727 2311	− 259 1708	− 112 2516
	32	−0·183 233 688	+0·890 887 338	+0·386 385 814	−1722 1345	− 287 0040	− 124 3194

$\dot{X}, \dot{Y}, \dot{Z}$ are in units of 10^{-9} au / d.

Reduction for polar motion

The rotation of the Earth can be represented by a diurnal rotation about a reference axis whose motion with respect to a space-fixed system is given by the theories of precession and nutation plus very small (< 1 mas) corrections from observations. The pole of the reference axis is the celestial intermediate pole (CIP) and the system within which it moves is the GCRS (see page B25). The equator of date is orthogonal to the axis of the CIP. The axis of the CIP also moves with respect to the standard geodetic coordinate system, the ITRS (see below), which is fixed (in a specifically defined sense) with respect to the crust of the Earth. The motion of the CIP within the ITRS is known as polar motion; the path of the pole is quasi-circular with a maximum radius of about 10 m (0″.3) and principal periods of 365 and 428 days. The longer period component of the spin axis relative to the mean figure axis is called the Chandler wobble. It is the free nutation of the nonrigid triaxial mantle and crust of the Earth. The Chandler wobble is excited primarily by transfer of angular momentum from the atmosphere and oceans to the Earth's crust and mantle. The annual component is driven by seasonal effects. Polar motion as a whole is affected by unpredictable geophysical forces and must be determined continuously from various kinds of observations.

The origin of the International Terrestrial Reference System (ITRS) is the geocentre and the directions of its axes are defined implicitly by the adoption of a set of coordinates of stations (instruments) used to determine UT1 and polar motion from observations. The ITRS is systematically within a few centimetres of WGS 84, the geodetic system provided by GPS. The orientation of the Terrestrial Intermediate Reference System (see page B26) with respect to the ITRS is given by successive rotations through the three small angles y, x, and $-s'$. The celestial reference system is then obtained by a rotation about the z-axis, either by Greenwich apparent sidereal time (GAST) if the celestial coordinates are with respect to the true equator and equinox of date; or by the Earth rotation angle (θ) if the celestial coordinates are with respect to the Celestial Intermediate Reference System.

The small angle s', called the TIO locator, is a measure of the secular drift of the terrestrial intermediate origin (TIO), with respect to geodetic zero longitude, that is, the very slow systematic rotation of the Terrestrial Intermediate Reference System with respect to the ITRS (due to polar motion). The value of s' (see below) is minuscule and may be set to zero unless very precise results are needed.

The quantities x, y correspond to the coordinates of the CIP with respect to the ITRS, measured along the meridians at longitudes $0°$ and $270°$ ($90°$ west). Current values of the coordinates, x, y, of the pole for use in the reduction of observations are published by the Central Bureau of the IERS (see *The Astronomical Almanac Online* for web links). Previous values, from 1970 January 1 onwards, are given on page K10 at 3-monthly intervals. For precise work the values at 5-day intervals from the IERS should be used. The coordinates x and y are usually measured in arcseconds.

The longitude and latitude of a terrestrial observer, λ and ϕ, used in astronomical formulae (e.g., for hour angle or the determination of astronomical time), should be expressed in the Terrestrial Intermediate Reference System, that is, corrected for polar motion:

$$\lambda = \lambda_{\text{ITRS}} + \left(x \sin \lambda_{\text{ITRS}} + y \cos \lambda_{\text{ITRS}} \right) \tan \phi_{\text{ITRS}}$$

$$\phi = \phi_{\text{ITRS}} + \left(x \cos \lambda_{\text{ITRS}} - y \sin \lambda_{\text{ITRS}} \right)$$

where λ_{ITRS} and ϕ_{ITRS} are the ITRS (geodetic) longitude and latitude of the observer, and x and y are the ITRS coordinates of the CIP, in the same units as λ and ϕ. These formulae are approximate and should not be used for places at polar latitudes.

Reduction for polar motion (continued)

The rigorous transformation of a vector $\mathbf{p}_3$ with respect to the celestial system to the corresponding vector $\mathbf{p}_4$ with respect to the ITRS is given by the formula:

$$\mathbf{p}_4 = \mathbf{R}_1(-y)\,\mathbf{R}_2(-x)\,\mathbf{R}_3(s')\,\mathbf{R}_3(\beta)\,\mathbf{p}_3$$

and conversely,

$$\mathbf{p}_3 = \mathbf{R}_3(-\beta)\,\mathbf{R}_3(-s')\,\mathbf{R}_2(x)\,\mathbf{R}_1(y)\,\mathbf{p}_4$$

where the TIO locator

$$s' = -0\!''\!000\,047\,T$$

and T is measured in Julian centuries of 365 25 days from 245 1545·0 TT. Some previous values of x and y are tabulated on page K10. Note, the standard rotation matrices $\mathbf{R}_1$, $\mathbf{R}_2$, $\mathbf{R}_3$ are given on page K19 and correspond to rotations about the x, y and z axes, respectively.

The method to form the vector $\mathbf{p}_3$ for celestial objects is given on page B68. However, the vectors given above could represent, for example, the coordinates of a point on the Earth's surface or of a satellite in orbit around the Earth. The quantity β depends on whether the true equinox or the celestial intermediate origin (CIO) is used, viz:

Equinox method	*CIO method*
where $\beta =$ GAST, Greenwich apparent sidereal time, tabulated daily at 0^{h} UT1 on pages B13–B20. GAST must be used if $\mathbf{p}_3$ is an equinox based position,	or $\beta = \theta$, the Earth rotation angle, tabulated daily at 0^{h} UT1 on pages B21–B24. ERA must be used when $\mathbf{p}_3$ is a CIO based position.

Reduction for diurnal parallax and diurnal aberration

The computation of diurnal parallax and aberration due to the displacement of the observer from the centre of the Earth requires a knowledge of the geocentric coordinates (ρ, geocentric distance in units of the Earth's equatorial radius, and ϕ', geocentric latitude, see the explanation beginning on page K11) of the place of observation, and the local hour angle (h).

For bodies whose equatorial horizontal parallax (π) normally amounts to only a few arcseconds the corrections for diurnal parallax in right ascension and declination (in the sense geocentric place *minus* topocentric place) are given by:

$$\Delta\alpha = \pi(\rho\cos\phi'\sin h\,\sec\delta)$$
$$\Delta\delta = \pi(\rho\sin\phi'\cos\delta - \rho\cos\phi'\cos h\,\sin\delta)$$

and

$$h = \mathrm{GAST} - \alpha_e + \lambda$$
$$= \theta - \alpha_i + \lambda$$

where λ is the longitude. $\mathrm{GAST} - \alpha_e$ is the hour angle calculated from the Greenwich apparent sidereal time and the equinox right ascension, whereas $\theta - \alpha_i$ is the hour angle formed from the Earth rotation angle and the CIO right ascension. π may be calculated from $8\!''\!794$ divided by the geocentric distance of the body (in au). For the Moon (and other very close bodies) more precise formulae are required (see page D3).

The corrections for diurnal aberration in right ascension and declination (in the sense apparent place *minus* mean place) are given by:

$$\Delta\alpha = 0\!\!\!^{\mathrm{s}}0213\,\rho\cos\phi'\cos h\,\sec\delta$$
$$\Delta\delta = 0\!''\!319\,\rho\cos\phi'\sin h\,\sin\delta$$

Reduction for diurnal parallax and diurnal aberration (continued)

For a body at transit the local hour angle (h) is zero and so $\Delta\delta$ is zero, but

$$\Delta\alpha = \pm 0\overset{s}{\cdot}0213\,\rho\,\cos\phi'\,\sec\delta$$

where the plus and minus signs are used for the upper and lower transits, respectively; this may be regarded as a correction to the time of transit.

Alternatively, the effects may be computed in rectangular coordinates using the following expressions for the geocentric coordinates and velocity components of the observer with respect to the celestial equatorial reference system:

$$\text{position:} \quad (\; a_e\rho\cos\phi'\cos(\beta + \lambda),\; a_e\rho\cos\phi'\sin(\beta + \lambda),\; a_e\rho\sin\phi')$$
$$\text{velocity:} \quad (-a_e\omega\rho\cos\phi'\sin(\beta + \lambda),\; a_e\omega\rho\cos\phi'\cos(\beta + \lambda),\; 0)$$

where β is the Greenwich sidereal time (mean or apparent) or the Earth rotation angle (as appropriate), λ is the longitude of the observer (east longitudes are positive), a_e is the equatorial radius of the Earth and ω the angular velocity of the Earth.

$$a_e\omega = 0\cdot465\,\text{km/s} = 0\cdot269 \times 10^{-3}\,\text{au/d} \qquad c = 2\cdot998 \times 10^5\,\text{km/s} = 173\cdot14\,\text{au/d}$$
$$a_e\omega/c = 1\cdot55 \times 10^{-6}\,\text{rad} = 0\overset{''}{\cdot}320 = 0\overset{s}{\cdot}0213$$

These geocentric position and velocity vectors of the observer are added to the barycentric position and velocity of the Earth's centre, respectively, to obtain the corresponding barycentric vectors of the observer. Then, the procedures on pages B66–B75 may be followed using the barycentric position and velocity of the observer rather than $\mathbf{E}_\text{B}$ and $\dot{\mathbf{E}}_\text{B}$.

Conversion to altitude and azimuth

It is convenient to use the local hour angle (h) as an intermediary in the conversion from the right ascension $(\alpha_e$ or $\alpha_i)$ and declination (δ) to the azimuth (A_z) and altitude (a).

In order to determine the local hour angle (see page B11) corresponding to the UT1 of the observation, first obtain either Greenwich apparent sidereal time (GAST), see pages B13–B20, or the Earth rotation angle (θ) tabulated on pages B21–B24. This choice depends on whether the right ascension is with respect to the equinox or the CIO, respectively. The formulae are:

Then
$$h = \text{GAST} + \lambda - \alpha_e = \theta + \lambda - \alpha_i$$

$$\cos a \sin A_z = -\cos\delta \sin h$$
$$\cos a \cos A_z = \quad \sin\delta \cos\phi - \cos\delta \cos h \sin\phi$$
$$\sin a = \quad \sin\delta \sin\phi + \cos\delta \cos h \cos\phi$$

where azimuth (A_z) is measured from the north through east in the plane of the horizon, altitude (a) is measured perpendicular to the horizon, and λ, ϕ are the astronomical values (see page K13) of the east longitude and latitude of the place of observation. The plane of the horizon is defined to be perpendicular to the apparent direction of gravity. Zenith distance is given by $z = 90° - a$.

For most purposes the values of the geodetic longitude and latitude may be used but in some cases the effects of local gravity anomalies and polar motion (see page B84) must be included. For full precision, the values of α, δ must be corrected for diurnal parallax and diurnal aberration. The inverse formulae are:

$$\cos\delta \sin h = -\cos a \sin A_z$$
$$\cos\delta \cos h = \quad \sin a \cos\phi - \cos a \cos A_z \sin\phi$$
$$\sin\delta = \quad \sin a \sin\phi + \cos a \cos A_z \cos\phi$$

Correction for refraction

For most astronomical purposes the effect of refraction in the Earth's atmosphere is to decrease the zenith distance (computed by the formulae of the previous section) by an amount R that depends on the zenith distance and on the meteorological conditions at the site. A simple expression for R for zenith distances less than $75°$ (altitudes greater than $15°$) is:

$$R = 0°004\ 52\ P \tan z / (273 + T)$$
$$= 0°004\ 52\ P / ((273 + T) \tan a)$$

where T is the temperature ($°C$) and P is the barometric pressure (millibars). This formula is usually accurate to about $0″.1$ for altitudes above $15°$, but the error increases rapidly at lower altitudes, especially in abnormal meteorological conditions. For observed apparent altitudes below $15°$ use the approximate formula:

$$R = P(0·1594 + 0·0196a + 0·000\ 02a^2) / [(273 + T)(1 + 0·505a + 0·0845a^2)]$$

where the altitude a is in degrees.

DETERMINATION OF LATITUDE AND AZIMUTH

Use of the Polaris table

The table on pages B88-B91 gives data for obtaining latitude from an observed altitude of Polaris (suitably corrected for instrumental errors and refraction) and the azimuth of this star (measured from north, positive to the east and negative to the west), for all hour angles and northern latitudes. The six tabulated quantities, each given to a precision of $0″.1$, are a_0, a_1, a_2, referring to the correction to altitude, and b_0, b_1, b_2, to the azimuth.

$$\text{latitude} = \text{corrected observed altitude} + a_0 + a_1 + a_2$$
$$\text{azimuth} = (b_0 + b_1 + b_2) / \cos (\text{latitude})$$

The table is to be entered with the local apparent sidereal time of observation (LAST), and gives the values of a_0, b_0 directly; interpolation, with maximum differences of $0″.7$, can be done mentally. To the precision of these tables local mean sidereal time may be used instead of LAST. In the same vertical column, the values of a_1, b_1 are found with the latitude, and those of a_2, b_2 with the date, as argument. Thus all six quantities can, if desired, be extracted together. The errors due to the adoption of a mean value of the local sidereal time for each of the subsidiary tables have been reduced to a minimum, and the total error is not likely to exceed $0″.2$. Interpolation between columns should not be attempted.

The observed altitude must be corrected for refraction before being used to determine the astronomical latitude of the place of observation. Both the latitude and the azimuth so obtained are affected by local gravity anomalies if the altitude is measured with respect to a plane orthogonal to the local gravity vector, e.g., a liquid surface.

POLARIS TABLE, 2021

LST	0^h a_0	b_0	1^h a_0	b_0	2^h a_0	b_0	3^h a_0	b_0	4^h a_0	b_0	5^h a_0	b_0
m												
0	−27·4	+27·5	−33·6	+19·4	−37·4	+9·9	−38·7	− 0·2	−37·3	−10·4	−33·3	−19·8
3	−27·7	+27·1	−33·8	+18·9	−37·5	+9·4	−38·7	− 0·7	−37·2	−10·9	−33·1	−20·2
6	−28·1	+26·7	−34·1	+18·5	−37·7	+8·9	−38·7	− 1·2	−37·0	−11·3	−32·8	−20·6
9	−28·4	+26·4	−34·3	+18·0	−37·8	+8·4	−38·7	− 1·8	−36·9	−11·8	−32·5	−21·1
12	−28·8	+26·0	−34·5	+17·6	−37·9	+7·9	−38·6	− 2·3	−36·7	−12·3	−32·3	−21·5
15	−29·1	+25·6	−34·8	+17·1	−38·0	+7·4	−38·6	− 2·8	−36·5	−12·8	−32·0	−21·9
18	−29·5	+25·2	−35·0	+16·7	−38·1	+6·9	−38·6	− 3·3	−36·4	−13·3	−31·7	−22·3
21	−29·8	+24·8	−35·2	+16·2	−38·2	+6·4	−38·5	− 3·8	−36·2	−13·8	−31·4	−22·8
24	−30·1	+24·4	−35·4	+15·7	−38·3	+5·9	−38·5	− 4·3	−36·0	−14·2	−31·1	−23·2
27	−30·4	+24·0	−35·6	+15·3	−38·3	+5·4	−38·4	− 4·8	−35·8	−14·7	−30·8	−23·6
30	−30·7	+23·6	−35·8	+14·8	−38·4	+4·9	−38·3	− 5·3	−35·6	−15·2	−30·5	−24·0
33	−31·0	+23·2	−36·0	+14·3	−38·5	+4·4	−38·3	− 5·8	−35·4	−15·7	−30·2	−24·4
36	−31·3	+22·8	−36·2	+13·8	−38·5	+3·9	−38·2	− 6·4	−35·2	−16·1	−29·8	−24·8
39	−31·6	+22·4	−36·4	+13·4	−38·6	+3·4	−38·1	− 6·9	−35·0	−16·6	−29·5	−25·2
42	−31·9	+22·0	−36·5	+12·9	−38·6	+2·9	−38·0	− 7·4	−34·8	−17·1	−29·2	−25·6
45	−32·2	+21·6	−36·7	+12·4	−38·6	+2·3	−37·9	− 7·9	−34·6	−17·5	−28·8	−25·9
48	−32·5	+21·1	−36·8	+11·9	−38·7	+1·8	−37·8	− 8·4	−34·3	−18·0	−28·5	−26·3
51	−32·8	+20·7	−37·0	+11·4	−38·7	+1·3	−37·7	− 8·9	−34·1	−18·4	−28·1	−26·7
54	−33·0	+20·3	−37·1	+10·9	−38·7	+0·8	−37·6	− 9·4	−33·8	−18·9	−27·8	−27·1
57	−33·3	+19·8	−37·3	+10·4	−38·7	+0·3	−37·4	− 9·9	−33·6	−19·3	−27·4	−27·4
60	−33·6	+19·4	−37·4	+ 9·9	−38·7	−0·2	−37·3	−10·4	−33·3	−19·8	−27·1	−27·8

Lat. °	a_1	b_1	a_1	b_1	a_1	b_1	a_1	b_1	a_1	b_1	a_1	b_1
0	− 0·1	− 0·2	0·0	− 0·2	0·0	−0·1	0·0	+ 0·1	0·0	+ 0·2	− 0·1	+ 0·3
10	− 0·1	− 0·2	0·0	− 0·2	0·0	−0·1	0·0	+ 0·1	0·0	+ 0·2	− 0·1	+ 0·2
20	− 0·1	− 0·2	0·0	− 0·1	0·0	0·0	0·0	0·0	0·0	+ 0·1	− 0·1	+ 0·2
30	0·0	− 0·1	0·0	− 0·1	0·0	0·0	0·0	0·0	0·0	+ 0·1	− 0·1	+ 0·1
40	0·0	− 0·1	0·0	− 0·1	0·0	0·0	0·0	0·0	0·0	+ 0·1	0·0	+ 0·1
45	0·0	0·0	0·0	0·0	0·0	0·0	0·0	0·0	0·0	0·0	0·0	0·0
50	0·0	0·0	0·0	0·0	0·0	0·0	0·0	0·0	0·0	0·0	0·0	0·0
55	0·0	0·0	0·0	0·0	0·0	0·0	0·0	0·0	0·0	0·0	0·0	0·0
60	0·0	+ 0·1	0·0	+ 0·1	0·0	0·0	0·0	0·0	0·0	− 0·1	0·0	− 0·1
62	+ 0·1	+ 0·1	0·0	+ 0·1	0·0	0·0	0·0	0·0	0·0	− 0·1	+ 0·1	− 0·1
64	+ 0·1	+ 0·2	0·0	+ 0·1	0·0	0·0	0·0	− 0·1	0·0	− 0·1	+ 0·1	− 0·2
66	+ 0·1	+ 0·2	0·0	+ 0·2	0·0	+0·1	0·0	− 0·1	0·0	− 0·2	+ 0·1	− 0·2

Month	a_2	b_2	a_2	b_2	a_2	b_2	a_2	b_2	a_2	b_2	a_2	b_2
Jan.	+ 0·1	0·0	+ 0·1	0·0	+ 0·1	0·0	+ 0·1	0·0	+ 0·1	0·0	+ 0·1	+ 0·1
Feb.	0·0	− 0·2	+ 0·1	− 0·2	+ 0·1	−0·2	+ 0·1	− 0·1	+ 0·2	− 0·1	+ 0·2	0·0
Mar.	− 0·1	− 0·3	− 0·1	− 0·3	0·0	−0·3	+ 0·1	− 0·3	+ 0·2	− 0·2	+ 0·2	− 0·2
Apr.	− 0·3	− 0·3	− 0·2	− 0·3	− 0·1	−0·4	0·0	− 0·4	+ 0·1	− 0·4	+ 0·2	− 0·3
May	− 0·4	− 0·2	− 0·3	− 0·3	− 0·3	−0·3	− 0·2	− 0·4	− 0·1	− 0·4	+ 0·1	− 0·4
June	− 0·4	0·0	− 0·4	− 0·1	− 0·4	−0·2	− 0·3	− 0·3	− 0·2	− 0·4	− 0·1	− 0·4
July	− 0·4	+ 0·1	− 0·4	0·0	− 0·4	−0·1	− 0·4	− 0·2	− 0·3	− 0·3	− 0·2	− 0·3
Aug.	− 0·3	+ 0·3	− 0·3	+ 0·2	− 0·4	+0·1	− 0·4	0·0	− 0·4	− 0·1	− 0·3	− 0·2
Sept.	− 0·1	+ 0·3	− 0·2	+ 0·3	− 0·2	+0·2	− 0·3	+ 0·2	− 0·3	+ 0·1	− 0·3	0·0
Oct.	+ 0·1	+ 0·3	0·0	+ 0·3	− 0·1	+0·3	− 0·2	+ 0·3	− 0·2	+ 0·3	− 0·3	+ 0·2
Nov.	+ 0·3	+ 0·3	+ 0·2	+ 0·3	+ 0·1	+0·4	0·0	+ 0·4	− 0·1	+ 0·4	− 0·2	+ 0·3
Dec.	+ 0·4	+ 0·1	+ 0·4	+ 0·2	+ 0·3	+0·3	+ 0·2	+ 0·4	+ 0·1	+ 0·4	0·0	+ 0·4

Latitude = Corrected observed altitude of *Polaris* + a_0 + a_1 + a_2

Azimuth of *Polaris* = $(b_0 + b_1 + b_2) / \cos(\text{latitude})$

LST	6^h a_0	b_0	7^h a_0	b_0	8^h a_0	b_0	9^h a_0	b_0	10^h a_0	b_0	11^h a_0	b_0
m	′	′	′	′	′	′	′	′	′	′	′	′
0	−27·1	−27·8	−19·0	−33·8	−9·6	−37·6	+ 0·5	−38·7	+10·5	−37·2	+19·7	−33·2
3	−26·7	−28·1	−18·5	−34·1	−9·1	−37·7	+ 1·0	−38·7	+11·0	−37·0	+20·2	−32·9
6	−26·3	−28·5	−18·1	−34·3	−8·6	−37·8	+ 1·5	−38·7	+11·4	−36·9	+20·6	−32·6
9	−26·0	−28·8	−17·6	−34·6	−8·1	−37·9	+ 2·0	−38·6	+11·9	−36·7	+21·0	−32·4
12	−25·6	−29·2	−17·2	−34·8	−7·6	−38·0	+ 2·5	−38·6	+12·4	−36·6	+21·4	−32·1
15	−25·2	−29·5	−16·7	−35·0	−7·1	−38·1	+ 3·0	−38·6	+12·9	−36·4	+21·9	−31·8
18	−24·8	−29·8	−16·2	−35·2	−6·6	−38·2	+ 3·5	−38·5	+13·4	−36·2	+22·3	−31·5
21	−24·4	−30·1	−15·8	−35·4	−6·1	−38·3	+ 4·0	−38·5	+13·8	−36·1	+22·7	−31·2
24	−24·0	−30·5	−15·3	−35·6	−5·6	−38·3	+ 4·5	−38·4	+14·3	−35·9	+23·1	−30·9
27	−23·6	−30·8	−14·9	−35·8	−5·1	−38·4	+ 5·0	−38·3	+14·8	−35·7	+23·5	−30·6
30	−23·2	−31·1	−14·4	−36·0	−4·6	−38·5	+ 5·5	−38·3	+15·2	−35·5	+23·9	−30·3
33	−22·8	−31·4	−13·9	−36·2	−4·1	−38·5	+ 6·0	−38·2	+15·7	−35·3	+24·3	−30·0
36	−22·4	−31·7	−13·4	−36·4	−3·6	−38·6	+ 6·5	−38·1	+16·2	−35·1	+24·7	−29·7
39	−22·0	−32·0	−13·0	−36·5	−3·1	−38·6	+ 7·0	−38·0	+16·6	−34·9	+25·1	−29·4
42	−21·6	−32·3	−12·5	−36·7	−2·6	−38·6	+ 7·5	−37·9	+17·1	−34·6	+25·4	−29·0
45	−21·1	−32·5	−12·0	−36·9	−2·1	−38·7	+ 8·0	−37·8	+17·5	−34·4	+25·8	−28·7
48	−20·7	−32·8	−11·5	−37·0	−1·5	−38·7	+ 8·5	−37·7	+18·0	−34·2	+26·2	−28·4
51	−20·3	−33·1	−11·0	−37·2	−1·0	−38·7	+ 9·0	−37·6	+18·4	−33·9	+26·6	−28·0
54	−19·8	−33·3	−10·5	−37·3	−0·5	−38·7	+ 9·5	−37·5	+18·9	−33·7	+26·9	−27·7
57	−19·4	−33·6	−10·1	−37·4	0·0	−38·7	+10·0	−37·3	+19·3	−33·4	+27·3	−27·3
60	−19·0	−33·8	− 9·6	−37·6	+0·5	−38·7	+10·5	−37·2	+19·7	−33·2	+27·6	−26·9

Lat.	a_1	b_1	a_1	b_1	a_1	b_1	a_1	b_1	a_1	b_1	a_1	b_1
°												
0	− 0·2	+ 0·2	− 0·2	+ 0·2	−0·3	+ 0·1	− 0·3	− 0·1	− 0·2	− 0·2	− 0·2	− 0·3
10	− 0·1	+ 0·2	− 0·2	+ 0·2	−0·2	+ 0·1	− 0·2	− 0·1	− 0·2	− 0·2	− 0·1	− 0·2
20	− 0·1	+ 0·2	− 0·2	+ 0·1	−0·2	0·0	− 0·2	0·0	− 0·2	− 0·1	− 0·1	− 0·2
30	− 0·1	+ 0·1	− 0·1	+ 0·1	−0·1	0·0	− 0·1	0·0	− 0·1	− 0·1	− 0·1	− 0·1
40	0·0	+ 0·1	− 0·1	+ 0·1	−0·1	0·0	− 0·1	0·0	− 0·1	− 0·1	0·0	− 0·1
45	0·0	0·0	0·0	0·0	0·0	0·0	0·0	0·0	0·0	0·0	0·0	0·0
50	0·0	0·0	0·0	0·0	0·0	0·0	0·0	0·0	0·0	0·0	0·0	0·0
55	0·0	0·0	0·0	0·0	+0·1	0·0	+ 0·1	0·0	0·0	0·0	0·0	0·0
60	+ 0·1	− 0·1	+ 0·1	− 0·1	+0·1	0·0	+ 0·1	0·0	+ 0·1	+ 0·1	+ 0·1	+ 0·1
62	+ 0·1	− 0·1	+ 0·1	− 0·1	+0·1	0·0	+ 0·1	0·0	+ 0·1	+ 0·1	+ 0·1	+ 0·1
64	+ 0·1	− 0·2	+ 0·2	− 0·1	+0·2	0·0	+ 0·2	+ 0·1	+ 0·2	+ 0·1	+ 0·1	+ 0·2
66	+ 0·1	− 0·2	+ 0·2	− 0·2	+0·2	− 0·1	+ 0·2	+ 0·1	+ 0·2	+ 0·2	+ 0·1	+ 0·2

Month	a_2	b_2	a_2	b_2	a_2	b_2	a_2	b_2	a_2	b_2	a_2	b_2
Jan.	0·0	+ 0·1	0·0	+ 0·1	0·0	+ 0·1	0·0	+ 0·1	0·0	+ 0·1	− 0·1	+ 0·1
Feb.	+ 0·2	0·0	+ 0·2	+ 0·1	+0·2	+ 0·1	+ 0·1	+ 0·1	+ 0·1	+ 0·2	0·0	+ 0·2
Mar.	+ 0·3	− 0·1	+ 0·3	− 0·1	+0·3	0·0	+ 0·3	+ 0·1	+ 0·2	+ 0·2	+ 0·2	+ 0·2
Apr.	+ 0·3	− 0·3	+ 0·3	− 0·2	+0·4	− 0·1	+ 0·4	0·0	+ 0·4	+ 0·1	+ 0·3	+ 0·2
May	+ 0·2	− 0·4	+ 0·3	− 0·3	+0·3	− 0·3	+ 0·4	− 0·2	+ 0·4	− 0·1	+ 0·4	+ 0·1
June	0·0	− 0·4	+ 0·1	− 0·4	+0·2	− 0·4	+ 0·3	− 0·3	+ 0·4	− 0·2	+ 0·4	− 0·1
July	− 0·1	− 0·4	0·0	− 0·4	+0·1	− 0·4	+ 0·2	− 0·4	+ 0·3	− 0·3	+ 0·3	− 0·2
Aug.	− 0·3	− 0·3	− 0·2	− 0·3	−0·1	− 0·4	0·0	− 0·4	+ 0·1	− 0·4	+ 0·2	− 0·3
Sept.	− 0·3	− 0·1	− 0·3	− 0·2	−0·2	− 0·2	− 0·2	− 0·3	− 0·1	− 0·3	0·0	− 0·3
Oct.	− 0·3	+ 0·1	− 0·3	0·0	−0·3	− 0·1	− 0·3	− 0·2	− 0·3	− 0·2	− 0·2	− 0·3
Nov.	− 0·3	+ 0·3	− 0·3	+ 0·2	−0·4	+ 0·1	− 0·4	0·0	− 0·4	− 0·1	− 0·3	− 0·2
Dec.	− 0·1	+ 0·4	− 0·2	+ 0·4	−0·3	+ 0·3	− 0·4	+ 0·2	− 0·4	+ 0·1	− 0·4	0·0

Latitude = Corrected observed altitude of *Polaris* + a_0 + a_1 + a_2

Azimuth of *Polaris* = (b_0 + b_1 + b_2) / cos (latitude)

LST	12^h		13^h		14^h		15^h		16^h		17^h	
	a_0	b_0	a_0	b_0	a_0	b_0	a_0	b_0	a_0	b_0	a_0	b_0
m	′	′	′	′	′	′	′	′	′	′	′	′
0	+27·6	−26·9	+33·7	−18·9	+37·5	−9·7	+38·7	+0·2	+37·3	+10·1	+33·5	+19·3
3	+28·0	−26·6	+33·9	−18·5	+37·6	−9·2	+38·7	+0·7	+37·2	+10·6	+33·2	+19·7
6	+28·3	−26·2	+34·2	−18·1	+37·7	−8·7	+38·7	+1·2	+37·1	+11·1	+33·0	+20·2
9	+28·7	−25·8	+34·4	−17·6	+37·8	−8·2	+38·7	+1·7	+36·9	+11·5	+32·7	+20·6
12	+29·0	−25·5	+34·6	−17·2	+37·9	−7·7	+38·6	+2·2	+36·8	+12·0	+32·4	+21·0
15	+29·4	−25·1	+34·9	−16·7	+38·0	−7·2	+38·6	+2·7	+36·6	+12·5	+32·1	+21·4
18	+29·7	−24·7	+35·1	−16·3	+38·1	−6·7	+38·6	+3·2	+36·4	+13·0	+31·9	+21·9
21	+30·0	−24·3	+35·3	−15·8	+38·2	−6·3	+38·5	+3·7	+36·3	+13·4	+31·6	+22·3
24	+30·3	−23·9	+35·5	−15·3	+38·3	−5·8	+38·5	+4·2	+36·1	+13·9	+31·3	+22·7
27	+30·6	−23·5	+35·7	−14·9	+38·3	−5·3	+38·4	+4·7	+35·9	+14·4	+31·0	+23·1
30	+30·9	−23·1	+35·9	−14·4	+38·4	−4·8	+38·3	+5·2	+35·7	+14·8	+30·7	+23·5
33	+31·2	−22·7	+36·1	−14·0	+38·5	−4·3	+38·3	+5·7	+35·5	+15·3	+30·4	+23·9
36	+31·5	−22·3	+36·2	−13·5	+38·5	−3·8	+38·2	+6·2	+35·3	+15·7	+30·0	+24·3
39	+31·8	−21·9	+36·4	−13·0	+38·6	−3·3	+38·1	+6·7	+35·1	+16·2	+29·7	+24·7
42	+32·1	−21·5	+36·6	−12·5	+38·6	−2·8	+38·0	+7·2	+34·9	+16·7	+29·4	+25·0
45	+32·4	−21·1	+36·7	−12·1	+38·6	−2·3	+37·9	+7·7	+34·7	+17·1	+29·1	+25·4
48	+32·7	−20·7	+36·9	−11·6	+38·7	−1·8	+37·8	+8·2	+34·4	+17·6	+28·7	+25·8
51	+32·9	−20·2	+37·0	−11·1	+38·7	−1·3	+37·7	+8·6	+34·2	+18·0	+28·4	+26·2
54	+33·2	−19·8	+37·2	−10·6	+38·7	−0·8	+37·6	+9·1	+34·0	+18·4	+28·0	+26·5
57	+33·4	−19·4	+37·3	−10·2	+38·7	−0·3	+37·5	+9·6	+33·7	+18·9	+27·7	+26·9
60	+33·7	−18·9	+37·5	−9·7	+38·7	+0·2	+37·3	+10·1	+33·5	+19·3	+27·3	+27·3

Lat.	a_1	b_1	a_1	b_1	a_1	b_1	a_1	b_1	a_1	b_1	a_1	b_1
°												
0	−0·1	−0·2	0·0	−0·2	0·0	−0·1	0·0	+0·1	0·0	+0·2	−0·1	+0·3
10	−0·1	−0·2	0·0	−0·2	0·0	−0·1	0·0	+0·1	0·0	+0·2	−0·1	+0·2
20	−0·1	−0·2	0·0	−0·1	0·0	0·0	0·0	0·0	0·0	+0·1	−0·1	+0·2
30	0·0	−0·1	0·0	−0·1	0·0	0·0	0·0	0·0	0·0	+0·1	−0·1	+0·1
40	0·0	−0·1	0·0	−0·1	0·0	0·0	0·0	0·0	0·0	+0·1	0·0	+0·1
45	0·0	0·0	0·0	0·0	0·0	0·0	0·0	0·0	0·0	0·0	0·0	0·0
50	0·0	0·0	0·0	0·0	0·0	0·0	0·0	0·0	0·0	0·0	0·0	0·0
55	0·0	0·0	0·0	0·0	0·0	0·0	0·0	0·0	0·0	0·0	0·0	0·0
60	0·0	+0·1	0·0	+0·1	0·0	0·0	0·0	0·0	0·0	−0·1	0·0	−0·1
62	+0·1	+0·1	0·0	+0·1	0·0	0·0	0·0	0·0	0·0	−0·1	+0·1	−0·1
64	+0·1	+0·2	0·0	+0·1	0·0	0·0	0·0	−0·1	0·0	−0·1	+0·1	−0·2
66	+0·1	+0·2	0·0	+0·2	0·0	+0·1	0·0	−0·1	0·0	−0·2	+0·1	−0·2

Month	a_2	b_2	a_2	b_2	a_2	b_2	a_2	b_2	a_2	b_2	a_2	b_2
Jan.	−0·1	0·0	−0·1	0·0	−0·1	0·0	−0·1	0·0	−0·1	0·0	−0·1	−0·1
Feb.	0·0	+0·2	−0·1	+0·2	−0·1	+0·2	−0·1	+0·1	−0·2	+0·1	−0·2	0·0
Mar.	+0·1	+0·3	+0·1	+0·3	0·0	+0·3	−0·1	+0·3	−0·2	+0·2	−0·2	+0·2
Apr.	+0·3	+0·3	+0·2	+0·3	+0·1	+0·4	0·0	+0·4	−0·1	+0·4	−0·2	+0·3
May	+0·4	+0·2	+0·3	+0·3	+0·3	+0·3	+0·2	+0·4	+0·1	+0·4	−0·1	+0·4
June	+0·4	0·0	+0·4	+0·1	+0·4	+0·2	+0·3	+0·3	+0·2	+0·4	+0·1	+0·4
July	+0·4	−0·1	+0·4	0·0	+0·4	+0·1	+0·4	+0·2	+0·3	+0·3	+0·2	+0·3
Aug.	+0·3	−0·3	+0·3	−0·2	+0·4	−0·1	+0·4	0·0	+0·4	+0·1	+0·3	+0·2
Sept.	+0·1	−0·3	+0·2	−0·3	+0·2	−0·2	+0·3	−0·2	+0·3	−0·1	+0·3	0·0
Oct.	−0·1	−0·3	0·0	−0·3	+0·1	−0·3	+0·2	−0·3	+0·2	−0·3	+0·3	−0·2
Nov.	−0·3	−0·3	−0·2	−0·3	−0·1	−0·4	0·0	−0·4	+0·1	−0·4	+0·2	−0·3
Dec.	−0·4	−0·1	−0·4	−0·2	−0·3	−0·3	−0·2	−0·4	−0·1	−0·4	0·0	−0·4

Latitude = Corrected observed altitude of *Polaris* + $a_0 + a_1 + a_2$

Azimuth of *Polaris* = $(b_0 + b_1 + b_2) / \cos(\text{latitude})$

LST	18^h		19^h		20^h		21^h		22^h		23^h	
	a_0	b_0	a_0	b_0	a_0	b_0	a_0	b_0	a_0	b_0	a_0	b_0
m	′	′	′	′	′	′	′	′	′	′	′	′
0	+27·3	+27·3	+19·4	+33·4	+10·0	+37·3	0·0	+38·7	−10·0	+37·5	−19·3	+33·6
3	+27·0	+27·6	+18·9	+33·7	+ 9·6	+37·4	− 0·5	+38·7	−10·5	+37·3	−19·8	+33·4
6	+26·6	+28·0	+18·5	+33·9	+ 9·1	+37·6	− 1·0	+38·7	−11·0	+37·2	−20·2	+33·1
9	+26·2	+28·3	+18·0	+34·1	+ 8·6	+37·7	− 1·5	+38·7	−11·5	+37·0	−20·7	+32·8
12	+25·9	+28·6	+17·6	+34·4	+ 8·1	+37·8	− 2·0	+38·7	−11·9	+36·9	−21·1	+32·6
15	+25·5	+29·0	+17·1	+34·6	+ 7·6	+37·9	− 2·5	+38·6	−12·4	+36·7	−21·5	+32·3
18	+25·1	+29·3	+16·7	+34·8	+ 7·1	+38·0	− 3·0	+38·6	−12·9	+36·6	−21·9	+32·0
21	+24·7	+29·6	+16·2	+35·0	+ 6·6	+38·1	− 3·5	+38·6	−13·4	+36·4	−22·3	+31·7
24	+24·3	+30·0	+15·8	+35·3	+ 6·1	+38·2	− 4·0	+38·5	−13·8	+36·2	−22·8	+31·4
27	+23·9	+30·3	+15·3	+35·5	+ 5·6	+38·3	− 4·5	+38·5	−14·3	+36·0	−23·2	+31·1
30	+23·5	+30·6	+14·8	+35·7	+ 5·1	+38·3	− 5·0	+38·4	−14·8	+35·9	−23·6	+30·8
33	+23·1	+30·9	+14·4	+35·8	+ 4·6	+38·4	− 5·5	+38·3	−15·3	+35·7	−24·0	+30·5
36	+22·7	+31·2	+13·9	+36·0	+ 4·1	+38·5	− 6·0	+38·3	−15·7	+35·5	−24·4	+30·2
39	+22·3	+31·5	+13·4	+36·2	+ 3·6	+38·5	− 6·5	+38·2	−16·2	+35·3	−24·8	+29·9
42	+21·9	+31·8	+12·9	+36·4	+ 3·1	+38·6	− 7·0	+38·1	−16·6	+35·0	−25·2	+29·5
45	+21·5	+32·1	+12·5	+36·6	+ 2·6	+38·6	− 7·5	+38·0	−17·1	+34·8	−25·5	+29·2
48	+21·1	+32·3	+12·0	+36·7	+ 2·1	+38·6	− 8·0	+37·9	−17·6	+34·6	−25·9	+28·9
51	+20·7	+32·6	+11·5	+36·9	+ 1·6	+38·7	− 8·5	+37·8	−18·0	+34·4	−26·3	+28·5
54	+20·2	+32·9	+11·0	+37·0	+ 1·1	+38·7	− 9·0	+37·7	−18·5	+34·1	−26·7	+28·2
57	+19·8	+33·1	+10·5	+37·2	+ 0·5	+38·7	− 9·5	+37·6	−18·9	+33·9	−27·0	+27·8
60	+19·4	+33·4	+10·0	+37·3	0·0	+38·7	−10·0	+37·5	−19·3	+33·6	−27·4	+27·5

Lat.	a_1	b_1	a_1	b_1	a_1	b_1	a_1	b_1	a_1	b_1	a_1	b_1
°												
0	− 0·2	+ 0·2	− 0·2	+ 0·2	− 0·3	+ 0·1	− 0·3	− 0·1	− 0·2	− 0·2	− 0·2	− 0·3
10	− 0·1	+ 0·2	− 0·2	+ 0·2	− 0·2	+ 0·1	− 0·2	− 0·1	− 0·2	− 0·2	− 0·1	− 0·2
20	− 0·1	+ 0·2	− 0·2	+ 0·1	− 0·2	0·0	− 0·2	0·0	− 0·2	− 0·1	− 0·1	− 0·2
30	− 0·1	+ 0·1	− 0·1	+ 0·1	− 0·1	0·0	− 0·1	0·0	− 0·1	− 0·1	− 0·1	− 0·1
40	0·0	+ 0·1	− 0·1	+ 0·1	− 0·1	0·0	− 0·1	0·0	− 0·1	− 0·1	0·0	− 0·1
45	0·0	0·0	0·0	0·0	0·0	0·0	0·0	0·0	0·0	0·0	0·0	0·0
50	0·0	0·0	0·0	0·0	0·0	0·0	0·0	0·0	0·0	0·0	0·0	0·0
55	0·0	0·0	0·0	0·0	+ 0·1	0·0	+ 0·1	0·0	0·0	0·0	0·0	0·0
60	+ 0·1	− 0·1	+ 0·1	− 0·1	+ 0·1	0·0	+ 0·1	0·0	+ 0·1	+ 0·1	+ 0·1	+ 0·1
62	+ 0·1	− 0·1	+ 0·1	− 0·1	+ 0·1	0·0	+ 0·1	0·0	+ 0·1	+ 0·1	+ 0·1	+ 0·1
64	+ 0·1	− 0·2	+ 0·2	− 0·1	+ 0·2	0·0	+ 0·2	+ 0·1	+ 0·2	+ 0·1	+ 0·1	+ 0·2
66	+ 0·1	− 0·2	+ 0·2	− 0·2	+ 0·2	− 0·1	+ 0·2	+ 0·1	+ 0·2	+ 0·2	+ 0·1	+ 0·2

Month	a_2	b_2	a_2	b_2	a_2	b_2	a_2	b_2	a_2	b_2	a_2	b_2
Jan.	0·0	− 0·1	0·0	− 0·1	0·0	− 0·1	0·0	− 0·1	0·0	− 0·1	+ 0·1	− 0·1
Feb.	− 0·2	0·0	− 0·2	− 0·1	− 0·2	− 0·1	− 0·1	− 0·1	− 0·1	− 0·2	0·0	− 0·2
Mar.	− 0·3	+ 0·1	− 0·3	+ 0·1	− 0·3	0·0	− 0·3	− 0·1	− 0·2	− 0·2	− 0·2	− 0·2
Apr.	− 0·3	+ 0·3	− 0·3	+ 0·2	− 0·4	+ 0·1	− 0·4	0·0	− 0·4	− 0·1	− 0·3	− 0·2
May	− 0·2	+ 0·4	− 0·3	+ 0·3	− 0·3	+ 0·3	− 0·4	+ 0·2	− 0·4	+ 0·1	− 0·4	− 0·1
June	0·0	+ 0·4	− 0·1	+ 0·4	− 0·2	+ 0·4	− 0·3	+ 0·3	− 0·4	+ 0·2	− 0·4	+ 0·1
July	+ 0·1	+ 0·4	0·0	+ 0·4	− 0·1	+ 0·4	− 0·2	+ 0·4	− 0·3	+ 0·3	− 0·3	+ 0·2
Aug.	+ 0·3	+ 0·3	+ 0·2	+ 0·3	+ 0·1	+ 0·4	0·0	+ 0·4	− 0·1	+ 0·4	− 0·2	+ 0·3
Sept.	+ 0·3	+ 0·1	+ 0·3	+ 0·2	+ 0·2	+ 0·2	+ 0·2	+ 0·3	+ 0·1	+ 0·3	0·0	+ 0·3
Oct.	+ 0·3	− 0·1	+ 0·3	0·0	+ 0·3	+ 0·1	+ 0·3	+ 0·2	+ 0·3	+ 0·2	+ 0·2	+ 0·3
Nov.	+ 0·3	− 0·3	+ 0·3	− 0·2	+ 0·4	− 0·1	+ 0·4	0·0	+ 0·4	+ 0·1	+ 0·3	+ 0·2
Dec.	+ 0·1	− 0·4	+ 0·2	− 0·4	+ 0·3	− 0·3	+ 0·4	− 0·2	+ 0·4	− 0·1	+ 0·4	0·0

Latitude = Corrected observed altitude of *Polaris* + $a_0 + a_1 + a_2$

Azimuth of *Polaris* = $(b_0 + b_1 + b_2) /$ cos (latitude)

Pole star formulae

The formulae below provide a method for obtaining latitude from the observed altitude of one of the pole stars, *Polaris* or σ Octantis, and an assumed *east* longitude of the observer λ. In addition, the azimuth of a pole star may be calculated from an assumed *east* longitude λ and the observed altitude a, or from λ and an assumed latitude ϕ. An error of $0°002$ in a or $0°1$ in λ will produce an error of about $0°002$ in the calculated latitude. Likewise an error of $0°03$ in λ, a or ϕ will produce an error of about $0°002$ in the calculated azimuth for latitudes below 70°.

Step 1. Calculate the hour angle HA and polar distance p, in degrees, from expressions of the form:

$$HA = a_0 + a_1 L + a_2 \sin L + a_3 \cos L + 15 t$$
$$p = a_0 + a_1 L + a_2 \sin L + a_3 \cos L$$

where

$$L = 0°985 \; 65 \, d$$
$$d = \text{day of year (from pages B4–B5)} + t/24$$

and where the coefficients a_0, a_1, a_2, a_3 are given in the table below, t is the universal time in hours, d is the interval in days from 2021 January 0 at 0^h UT1 to the time of observation, and the quantity L is in degrees. In the above formulae d is required to two decimals of a day, L to two decimals of a degree and t to three decimals of an hour.

Step 2. Calculate the local hour angle *LHA* from:

$$LHA = HA + \lambda \quad \text{(add or subtract multiples of 360°)}$$

where λ is the assumed longitude measured east from the Greenwich meridian.

Form the quantities: $S = p \sin(LHA)$ $\qquad$ $C = p \cos(LHA)$

Step 3. The latitude of the place of observation, in degrees, is given by:

$$\text{latitude} = a - C + 0·0087 \, S^2 \tan a$$

where a is the observed altitude of the pole star after correction for instrument error and atmospheric refraction.

Step 4. The azimuth of the pole star, in degrees, is given by:

$$\text{azimuth of } Polaris = -S/\cos a$$
$$\text{azimuth of } \sigma \text{ Octantis} = 180° + S/\cos a$$

where azimuth is measured eastwards around the horizon from north.

In *Step* 4, if a has not been observed, use the quantity:

$$a = \phi + C - 0·0087 \, S^2 \tan \phi$$

where ϕ is an assumed latitude, taken to be positive in either hemisphere.

POLE STAR COEFFICIENTS FOR 2021

	Polaris GHA	*Polaris* p	σ Octantis GHA	σ Octantis p
a_0	55·40	0·6487	138·43	1·1307
a_1	0·999 07	−0·0000 116	0·999 39	0·0000 102
a_2	0·38	−0·0027	0·17	0·0038
a_3	−0·29	−0·0046	0·21	−0·0038

CONTENTS OF SECTION C

NOTES AND FORMULAS

Mean orbital elements of the Sun

Mean elements of the orbit of the Sun, referred to the mean equinox and ecliptic of date, are given by the following expressions. The time argument d is the interval in days from 2021 January 0, $0^{\rm h}$ TT. These expressions are intended for use only during the year of this volume.

d = JD – 245 9214.5 = day of year (from B4–B5) + fraction of day from $0^{\rm h}$ TT.

Geometric mean longitude:	$279°.888\,875 + 0.985\,647\,36\,d$
Mean longitude of perigee:	$283°.298\,412 + 0.000\,047\,08\,d$
Mean anomaly:	$356°.590\,463 + 0.985\,600\,28\,d$
Eccentricity:	$0.016\,699\,80 - 0.000\,000\,0012\,d$
Mean obliquity of the ecliptic	
(w.r.t. mean equator of date):	$23°.436\,548 - 0.000\,000\,36\,d$

The position of the ecliptic of date with respect to the ecliptic of the standard epoch is given by formulas on page B53. Osculating elements of the Earth/Moon barycenter are on page E8.

NOTES AND FORMULAS

Lengths of principal years

The lengths of the principal years at 2021.0 as derived from the Sun's mean motion are:

		d	d h m s
tropical year	(equinox to equinox)	365.242 189	365 05 48 45.1
sidereal year	(fixed star to fixed star)	365.256 363	365 06 09 09.8
anomalistic year	(perigee to perigee)	365.259 636	365 06 13 52.6
eclipse year	(node to node)	346.620 083	346 14 52 55.1

Apparent ecliptic coordinates of the Sun

The apparent ecliptic longitude may be computed from the geometric ecliptic longitude tabulated on pages C6–C20 using:

apparent longitude = tabulated longitude + nutation in longitude $(\Delta\psi) - 20\overset{''}{.}496/R$

where $\Delta\psi$ is tabulated on pages B58–B65 and R is the true geocentric distance tabulated on pages C6–C20. The apparent ecliptic latitude is equal to the geometric ecliptic latitude found on pages C6–C20 to the precision of tabulation.

Time of transit of the Sun

The quantity tabulated as "Ephemeris Transit" on pages C7–C21 is the TT of transit of the Sun over the ephemeris meridian, which is at the longitude 1.002 738 ΔT east of the prime (Greenwich) meridian; in this expression ΔT is the difference TT – UT. The TT of transit of the Sun over a local meridian is obtained by interpolation where the first differences are about 24 hours. The interpolation factor p is given by:

$$p = -\lambda + 1.002\ 738\ \Delta T$$

where λ is the east longitude and the right-hand side of the equation is expressed in days. (Divide longitude in degrees by 360 and ΔT in seconds by 86 400). During 2021 it is expected that ΔT will be about 71 seconds, so that the second term is about +0.000 82 days.

The UT of transit is obtained by subtracting ΔT from the TT of transit obtained by interpolation.

Equation of Time

Apparent solar time is the timescale based on the diurnal motion of the true Sun. The rate of solar diurnal motion has seasonal variations caused by the obliquity of the ecliptic and by the eccentricity of the Earth's orbit. Additional small variations arise from irregularities in the rotation of the Earth on its axis. Mean solar time is the timescale based on the diurnal motion of the fictitious mean Sun, a point with uniform motion along the celestial equator. The difference between apparent solar time and mean solar time is the Equation of Time.

Equation of Time = apparent solar time – mean solar time

To obtain the Equation of Time to a precision of about 1 second it is sufficient to use:

Equation of Time at 12^h UT = 12^h – tabulated value of ephem. transit found on C7–C21.

NOTES AND FORMULAS

Equation of Time (continued)

Alternatively, Equation of Time may be calculated for any instant during 2021 in seconds of time to a precision of about 3 seconds directly from the expression:

$$\text{Equation of Time} = -110.2 \sin L + 595.9 \sin 2L + 4.5 \sin 3L - 12.7 \sin 4L$$
$$- 427.7 \cos L - 2.1 \cos 2L + 19.2 \cos 3L$$

where L is the mean longitude of the Sun, corrected for aberration, given by:

$$L = 279°.883 + 0.985\ 647\ d$$

and where d is the interval in days from 2021 January 0 at 0^h UT, given by:

$$d = \text{day of year (from B4–B5)} + \text{fraction of day from } 0^h \text{ UT.}$$

ICRS geocentric rectangular coordinates of the Sun

The geocentric equatorial rectangular coordinates of the Sun in au, referred to the ICRS axes, are given on pages C22–C25. The direction of these axes have been defined by the International Astronomical Union and are realized in practice by the coordinates of several hundred extragalactic radio sources. A rigorous method of determining the apparent place of a solar system object is described beginning on page B66.

Elements of the rotation of the Sun

The mean elements of the rotation of the Sun for 2021.0 are given below. With the exception of the position of the ascending node of the solar equator on the ecliptic whose rate is $0°.014$ per year, the values change less than $0°.01$ per year and can be used for the entire year for most applications. Linear interpolation using values found in recent editions can be made if needed.

Position of the ascending node of the solar equator:
    on the ecliptic (longitude) = $76°.05$
    on the mean equator of 2021.0 (right ascension) = $16°.17$
Inclination of the solar equator:
    with respect to the "Carrington" ecliptic (1850) = $7°.25$
    with respect to the mean equator of 2021.0 = $26°.09$
Position of the pole of the solar equator, w.r.t. the mean equinox and equator of 2021.0:
    Right ascension = $286°.17$
    Declination = $63°.91$
Sidereal rotation rate of the prime meridian = $14°.1844$ per day.
Mean synodic period of rotation of the prime meridian = 27.2753 days.

These data are derived from elements originally given by R. C. Carrington, 1863, *Observations of the Spots on the Sun*, p. 244. They have been updated using values from Urban and Seidelmann, 2012, *Explanatory Supplement to the Astronomical Almanac*, p. 426, and Archinal et al., Celestial Mech Dyn Astr, 2011, **110** 401.

NOTES AND FORMULAS

Heliographic coordinates

Except for Ephemeris Transit, the quantities on the right-hand pages of C7–C21 are tabulated for 0^h TT. Except for L_0, the values are, to the accuracy given, essentially the same for 0^h UT. The value of L_0 at 0^h TT is approximately $0°01$ greater than its value at 0^h UT.

If ρ_1, θ are the observed angular distance and position angle of a sunspot from the center of the disk of the Sun as seen from the Earth, and ρ is the heliocentric angular distance of the spot on the solar surface from the center of the Sun's disk, then

$$\sin(\rho + \rho_1) = \rho_1/S$$

where S is the semidiameter of the Sun. The position angle is measured from the north point of the disk towards the east.

The formulas for the computation of the heliographic coordinates (L, B) of a sunspot (or other feature on the surface of the Sun) from (ρ, θ) are as follows:

$$\sin B = \sin B_0 \cos \rho + \cos B_0 \sin \rho \cos(P - \theta)$$
$$\cos B \sin(L - L_0) = \sin \rho \sin(P - \theta)$$
$$\cos B \cos(L - L_0) = \cos \rho \cos B_0 - \sin B_0 \sin \rho \cos(P - \theta)$$

where B is measured positive to the north of the solar equator and L is measured from $0°$ to $360°$ in the direction of rotation of the Sun, i.e., westwards on the apparent disk as seen from the Earth. Daily values for B_0 and L_0 are tabulated on pages C7–C21.

SYNODIC ROTATION NUMBERS, 2021

Number	Date of Commencement			Number	Date of Commencement		
2239	2020	Dec.	25.93	2247	2021	Aug.	1.09
2240	2021	Jan.	22.27	2248		Aug.	28.32
2241		Feb.	18.61	2249		Sept	24.59
2242		Mar.	17.94	2250		Oct.	21.87
2243		Apr.	14.23	2251		Nov.	18.18
2244		May	11.47	2252	2021	Dec.	15.49
2245		June	7.68	2253	2022	Jan.	11.82
2246		July	4.88	2254		Feb.	8.17

At the date of commencement of each synodic rotation period, the value of L_0 is zero; that is, the prime meridian passes through the central point of the disk.

NOTES AND FORMULAS

Low precision formulas for the Sun

The following are low precision formulas for the Sun. On this page, the time argument n is the number of days of TT from J2000.0. UT can be used with negligible error.

The low precision formulas for the apparent right ascension and declination of the Sun yield a precision better than $1''\!.0$ between the years 1950 and 2050.

$n = $ JD $- 2451545.0 = 7303.5 + $ day of year (from B4–B5) $+$ fraction of day from 0^h TT
Mean longitude of Sun, corrected for aberration: $L = 280°\!.460 + 0°\!.985\ 6474\ n$
Mean anomaly: $g = 357°\!.528 + 0°\!.985\ 6003\ n$

Put L and g in the range $0°$ to $360°$ by adding multiples of $360°$.

Ecliptic longitude: $\lambda = L + 1°\!.915 \sin g + 0°\!.020 \sin 2g$
Ecliptic latitude: $\beta = 0°$
Obliquity of ecliptic: $\epsilon = 23°\!.439 - 0°\!.000\ 0004\ n$
Right ascension: $\alpha = \tan^{-1}(\cos \epsilon \tan \lambda)$; ($\alpha$ in same quadrant as λ)

Alternatively, right ascension, α, may be calculated directly from:

Right ascension: $\alpha = \lambda - ft \sin 2\lambda + (f/2)t^2 \sin 4\lambda$
    where $f = 180/\pi$ and $t = \tan^2(\epsilon/2)$
Declination: $\delta = \sin^{-1}(\sin \epsilon \sin \lambda)$

The low precision formula for the distance of the Sun from Earth, R, in au, yields a precision better than 0.0003 au between the years 1950 and 2050.

$R = 1.000\ 14 - 0.016\ 71 \cos g - 0.000\ 14 \cos 2g$

The low precision formulas for the equatorial rectangular coordinates of the Sun, in au, yield a precision better than 0.015 au between the years 1950 and 2050.

$x = R \cos \lambda$
$y = R \cos \epsilon \sin \lambda$
$z = R \sin \epsilon \sin \lambda$

The low precision formula for the Equation of Time, E, in minutes, yields a precision better than $3^\text{s}\!.5$ between 1950 and 2050.

$E = (L - \alpha)$, in degrees, multiplied by 4

Other useful quantities:

Horizontal parallax: $0°\!.0024$
Semidiameter: $0°\!.2666/R$
Light-time: $0^\text{d}\!.0058$

SUN, 2021

FOR 0ʰ TERRESTRIAL TIME

Date		Julian Date	Geometric Ecliptic Coords. Mn Equinox & Ecliptic of Date		Apparent R. A.	Apparent Declination	True Geocentric Distance
			Longitude	Latitude			
		245	° ′ ″	″	h m s	° ′ ″	au
Jan.	0	9214.5	279 46 13.20	+0.18	18 42 28.43	−23 04 40.2	0.983 2780
	1	9215.5	280 47 21.25	+0.29	18 46 53.38	−22 59 57.5	0.983 2649
	2	9216.5	281 48 29.51	+0.38	18 51 18.02	−22 54 47.3	0.983 2581
	3	9217.5	282 49 37.99	+0.44	18 55 42.33	−22 49 09.7	0.983 2576
	4	9218.5	283 50 46.71	+0.47	19 00 06.26	−22 43 05.0	0.983 2632
	5	9219.5	284 51 55.67	+0.48	19 04 29.81	−22 36 33.2	0.983 2747
	6	9220.5	285 53 04.86	+0.44	19 08 52.94	−22 29 34.6	0.983 2918
	7	9221.5	286 54 14.28	+0.38	19 13 15.63	−22 22 09.3	0.983 3141
	8	9222.5	287 55 23.88	+0.29	19 17 37.86	−22 14 17.5	0.983 3413
	9	9223.5	288 56 33.61	+0.17	19 21 59.60	−22 05 59.5	0.983 3731
	10	9224.5	289 57 43.40	+0.04	19 26 20.82	−21 57 15.5	0.983 4091
	11	9225.5	290 58 53.16	−0.10	19 30 41.49	−21 48 05.8	0.983 4491
	12	9226.5	292 00 02.79	−0.23	19 35 01.59	−21 38 30.6	0.983 4928
	13	9227.5	293 01 12.18	−0.36	19 39 21.09	−21 28 30.2	0.983 5402
	14	9228.5	294 02 21.22	−0.47	19 43 39.95	−21 18 04.9	0.983 5911
	15	9229.5	295 03 29.81	−0.55	19 47 58.15	−21 07 15.0	0.983 6456
	16	9230.5	296 04 37.84	−0.61	19 52 15.67	−20 56 00.8	0.983 7039
	17	9231.5	297 05 45.23	−0.64	19 56 32.49	−20 44 22.6	0.983 7660
	18	9232.5	298 06 51.90	−0.64	20 00 48.58	−20 32 20.8	0.983 8322
	19	9233.5	299 07 57.79	−0.61	20 05 03.94	−20 19 55.7	0.983 9027
	20	9234.5	300 09 02.83	−0.56	20 09 18.54	−20 07 07.5	0.983 9777
	21	9235.5	301 10 07.00	−0.47	20 13 32.38	−19 53 56.8	0.984 0574
	22	9236.5	302 11 10.23	−0.37	20 17 45.45	−19 40 23.8	0.984 1419
	23	9237.5	303 12 12.52	−0.25	20 21 57.73	−19 26 28.9	0.984 2316
	24	9238.5	304 13 13.82	−0.12	20 26 09.21	−19 12 12.5	0.984 3266
	25	9239.5	305 14 14.14	+0.01	20 30 19.90	−18 57 35.0	0.984 4270
	26	9240.5	306 15 13.46	+0.15	20 34 29.78	−18 42 36.7	0.984 5331
	27	9241.5	307 16 11.79	+0.27	20 38 38.85	−18 27 18.0	0.984 6450
	28	9242.5	308 17 09.14	+0.39	20 42 47.10	−18 11 39.4	0.984 7628
	29	9243.5	309 18 05.53	+0.48	20 46 54.54	−17 55 41.2	0.984 8866
	30	9244.5	310 19 01.00	+0.55	20 51 01.16	−17 39 23.8	0.985 0163
	31	9245.5	311 19 55.58	+0.59	20 55 06.97	−17 22 47.6	0.985 1521
Feb.	1	9246.5	312 20 49.29	+0.60	20 59 11.97	−17 05 52.8	0.985 2936
	2	9247.5	313 21 42.18	+0.57	21 03 16.17	−16 48 40.1	0.985 4407
	3	9248.5	314 22 34.25	+0.51	21 07 19.57	−16 31 09.6	0.985 5931
	4	9249.5	315 23 25.52	+0.43	21 11 22.18	−16 13 21.7	0.985 7504
	5	9250.5	316 24 15.97	+0.32	21 15 24.00	−15 55 17.0	0.985 9124
	6	9251.5	317 25 05.58	+0.20	21 19 25.04	−15 36 55.7	0.986 0784
	7	9252.5	318 25 54.30	+0.07	21 23 25.30	−15 18 18.3	0.986 2483
	8	9253.5	319 26 42.07	−0.06	21 27 24.79	−14 59 25.3	0.986 4216
	9	9254.5	320 27 28.81	−0.18	21 31 23.50	−14 40 16.9	0.986 5981
	10	9255.5	321 28 14.44	−0.29	21 35 21.43	−14 20 53.8	0.986 7773
	11	9256.5	322 28 58.88	−0.38	21 39 18.60	−14 01 16.3	0.986 9593
	12	9257.5	323 29 42.01	−0.44	21 43 15.00	−13 41 24.8	0.987 1438
	13	9258.5	324 30 23.77	−0.47	21 47 10.63	−13 21 19.8	0.987 3309
	14	9259.5	325 31 04.05	−0.48	21 51 05.52	−13 01 01.6	0.987 5205
	15	9260.5	326 31 42.78	−0.46	21 54 59.65	−12 40 30.8	0.987 7126

FOR 0ʰ TERRESTRIAL TIME

Date		Pos. Angle of Axis P	Heliographic		Horiz. Parallax	Semi- Diameter	Ephemeris Transit
			Latitude B_0	Longitude L_0			
		°	°	°	″	′　″	h　m　　s
Jan.	0	+ 2.44	− 2.91	293.29	8.94	16　15.97	12　03　11.78
	1	+ 1.96	− 3.03	280.11	8.94	16　15.98	12　03　40.03
	2	+ 1.47	− 3.15	266.94	8.94	16　15.98	12　04　07.95
	3	+ 0.99	− 3.26	253.77	8.94	16　15.99	12　04　35.52
	4	+ 0.50	− 3.38	240.60	8.94	16　15.98	12　05　02.72
	5	+ 0.02	− 3.49	227.43	8.94	16　15.97	12　05　29.52
	6	− 0.46	− 3.60	214.26	8.94	16　15.95	12　05　55.89
	7	− 0.95	− 3.71	201.09	8.94	16　15.93	12　06　21.80
	8	− 1.43	− 3.82	187.93	8.94	16　15.90	12　06　47.24
	9	− 1.91	− 3.93	174.76	8.94	16　15.87	12　07　12.17
	10	− 2.39	− 4.04	161.59	8.94	16　15.83	12　07　36.56
	11	− 2.86	− 4.15	148.42	8.94	16　15.80	12　08　00.39
	12	− 3.34	− 4.25	135.25	8.94	16　15.75	12　08　23.62
	13	− 3.81	− 4.35	122.09	8.94	16　15.70	12　08　46.24
	14	− 4.28	− 4.46	108.92	8.94	16　15.65	12　09　08.22
	15	− 4.75	− 4.56	95.75	8.94	16　15.60	12　09　29.52
	16	− 5.22	− 4.66	82.58	8.94	16　15.54	12　09　50.14
	17	− 5.68	− 4.76	69.42	8.94	16　15.48	12　10　10.04
	18	− 6.15	− 4.85	56.25	8.94	16　15.42	12　10　29.22
	19	− 6.60	− 4.95	43.08	8.94	16　15.35	12　10　47.65
	20	− 7.06	− 5.04	29.92	8.94	16　15.27	12　11　05.32
	21	− 7.51	− 5.13	16.75	8.94	16　15.19	12　11　22.22
	22	− 7.96	− 5.22	3.58	8.94	16　15.11	12　11　38.33
	23	− 8.41	− 5.31	350.42	8.94	16　15.02	12　11　53.66
	24	− 8.85	− 5.40	337.25	8.93	16　14.93	12　12　08.18
	25	− 9.29	− 5.48	324.08	8.93	16　14.83	12　12　21.90
	26	− 9.72	− 5.57	310.92	8.93	16　14.72	12　12　34.80
	27	− 10.15	− 5.65	297.75	8.93	16　14.61	12　12　46.90
	28	− 10.58	− 5.73	284.58	8.93	16　14.49	12　12　58.18
	29	− 11.00	− 5.81	271.42	8.93	16　14.37	12　13　08.64
	30	− 11.42	− 5.88	258.25	8.93	16　14.24	12　13　18.30
	31	− 11.83	− 5.96	245.08	8.93	16　14.11	12　13　27.14
Feb.	1	− 12.24	− 6.03	231.92	8.93	16　13.97	12　13　35.18
	2	− 12.64	− 6.10	218.75	8.92	16　13.82	12　13　42.43
	3	− 13.04	− 6.17	205.58	8.92	16　13.67	12　13　48.87
	4	− 13.44	− 6.23	192.42	8.92	16　13.52	12　13　54.53
	5	− 13.83	− 6.30	179.25	8.92	16　13.36	12　13　59.39
	6	− 14.21	− 6.36	166.08	8.92	16　13.19	12　14　03.48
	7	− 14.59	− 6.42	152.92	8.92	16　13.03	12　14　06.78
	8	− 14.97	− 6.48	139.75	8.92	16　12.85	12　14　09.31
	9	− 15.34	− 6.54	126.59	8.91	16　12.68	12　14　11.06
	10	− 15.70	− 6.59	113.42	8.91	16　12.50	12　14　12.04
	11	− 16.06	− 6.64	100.25	8.91	16　12.32	12　14　12.26
	12	− 16.42	− 6.69	87.09	8.91	16　12.14	12　14　11.72
	13	− 16.76	− 6.74	73.92	8.91	16　11.96	12　14　10.42
	14	− 17.11	− 6.79	60.75	8.91	16　11.77	12　14　08.37
	15	− 17.44	− 6.83	47.58	8.90	16　11.58	12　14　05.58

SUN, 2021

FOR 0ʰ TERRESTRIAL TIME

Date		Julian Date	Geometric Ecliptic Coords. Mn Equinox & Ecliptic of Date		Apparent R. A.	Apparent Declination	True Geocentric Distance
			Longitude	Latitude			
		245	° ′ ″	″	h m s	° ′ ″	au
Feb.	15	9260.5	326 31 42.78	−0.46	21 54 59.65	− 12 40 30.8	0.987 7126
	16	9261.5	327 32 19.89	−0.40	21 58 53.05	− 12 19 47.8	0.987 9075
	17	9262.5	328 32 55.31	−0.33	22 02 45.73	− 11 58 52.9	0.988 1052
	18	9263.5	329 33 29.00	−0.23	22 06 37.69	− 11 37 46.7	0.988 3058
	19	9264.5	330 34 00.91	−0.12	22 10 28.96	− 11 16 29.5	0.988 5095
	20	9265.5	331 34 31.00	0.00	22 14 19.53	− 10 55 01.7	0.988 7165
	21	9266.5	332 34 59.25	+0.13	22 18 09.44	− 10 33 23.9	0.988 9269
	22	9267.5	333 35 25.63	+0.27	22 21 58.69	− 10 11 36.3	0.989 1409
	23	9268.5	334 35 50.14	+0.39	22 25 47.30	− 9 49 39.5	0.989 3586
	24	9269.5	335 36 12.76	+0.50	22 29 35.28	− 9 27 33.9	0.989 5803
	25	9270.5	336 36 33.52	+0.60	22 33 22.66	− 9 05 19.7	0.989 8061
	26	9271.5	337 36 52.44	+0.67	22 37 09.45	− 8 42 57.6	0.990 0361
	27	9272.5	338 37 09.56	+0.71	22 40 55.67	− 8 20 27.7	0.990 2704
	28	9273.5	339 37 24.91	+0.72	22 44 41.34	− 7 57 50.6	0.990 5091
Mar.	1	9274.5	340 37 38.57	+0.70	22 48 26.49	− 7 35 06.5	0.990 7520
	2	9275.5	341 37 50.58	+0.65	22 52 11.14	− 7 12 15.9	0.990 9992
	3	9276.5	342 38 01.00	+0.57	22 55 55.31	− 6 49 19.0	0.991 2502
	4	9277.5	343 38 09.86	+0.46	22 59 39.03	− 6 26 16.3	0.991 5048
	5	9278.5	344 38 17.19	+0.34	23 03 22.33	− 6 03 08.1	0.991 7626
	6	9279.5	345 38 22.99	+0.21	23 07 05.21	− 5 39 54.8	0.992 0231
	7	9280.5	346 38 27.26	+0.09	23 10 47.70	− 5 16 36.7	0.992 2860
	8	9281.5	347 38 29.96	−0.04	23 14 29.82	− 4 53 14.3	0.992 5509
	9	9282.5	348 38 31.05	−0.14	23 18 11.58	− 4 29 48.0	0.992 8173
	10	9283.5	349 38 30.49	−0.23	23 21 52.99	− 4 06 18.1	0.993 0849
	11	9284.5	350 38 28.20	−0.29	23 25 34.08	− 3 42 45.1	0.993 3535
	12	9285.5	351 38 24.13	−0.33	23 29 14.86	− 3 19 09.4	0.993 6229
	13	9286.5	352 38 18.20	−0.34	23 32 55.34	− 2 55 31.3	0.993 8928
	14	9287.5	353 38 10.34	−0.32	23 36 35.55	− 2 31 51.3	0.994 1632
	15	9288.5	354 38 00.49	−0.27	23 40 15.50	− 2 08 09.6	0.994 4340
	16	9289.5	355 37 48.59	−0.20	23 43 55.22	− 1 44 26.8	0.994 7052
	17	9290.5	356 37 34.58	−0.10	23 47 34.71	− 1 20 43.2	0.994 9768
	18	9291.5	357 37 18.42	0.00	23 51 14.00	− 0 56 59.3	0.995 2489
	19	9292.5	358 37 00.05	+0.13	23 54 53.11	− 0 33 15.2	0.995 5216
	20	9293.5	359 36 39.45	+0.25	23 58 32.06	− 0 09 31.6	0.995 7949
	21	9294.5	0 36 16.59	+0.38	0 02 10.86	+ 0 14 11.3	0.996 0690
	22	9295.5	1 35 51.44	+0.50	0 05 49.53	+ 0 37 53.1	0.996 3441
	23	9296.5	2 35 23.99	+0.61	0 09 28.10	+ 1 01 33.4	0.996 6202
	24	9297.5	3 34 54.25	+0.71	0 13 06.58	+ 1 25 11.8	0.996 8976
	25	9298.5	4 34 22.21	+0.78	0 16 44.99	+ 1 48 48.0	0.997 1765
	26	9299.5	5 33 47.91	+0.83	0 20 23.36	+ 2 12 21.6	0.997 4570
	27	9300.5	6 33 11.37	+0.84	0 24 01.70	+ 2 35 52.3	0.997 7394
	28	9301.5	7 32 32.66	+0.82	0 27 40.04	+ 2 59 19.7	0.998 0237
	29	9302.5	8 31 51.84	+0.77	0 31 18.41	+ 3 22 43.5	0.998 3100
	30	9303.5	9 31 09.00	+0.69	0 34 56.83	+ 3 46 03.5	0.998 5983
	31	9304.5	10 30 24.21	+0.59	0 38 35.33	+ 4 09 19.3	0.998 8885
Apr.	1	9305.5	11 29 37.54	+0.46	0 42 13.94	+ 4 32 30.5	0.999 1803
	2	9306.5	12 28 49.06	+0.33	0 45 52.67	+ 4 55 37.0	0.999 4733

FOR 0ʰ TERRESTRIAL TIME

Date		Pos. Angle of Axis P	Heliographic		Horiz. Parallax	Semi-Diameter	Ephemeris Transit
			Latitude B_0	Longitude L_0			
		°	°	°	ʺ	′ ʺ	h m s
Feb.	15	− 17.44	− 6.83	47.58	8.90	16 11.58	12 14 05.58
	16	− 17.78	− 6.88	34.42	8.90	16 11.39	12 14 02.06
	17	− 18.10	− 6.91	21.25	8.90	16 11.20	12 13 57.82
	18	− 18.42	− 6.95	8.08	8.90	16 11.00	12 13 52.88
	19	− 18.74	− 6.99	354.91	8.90	16 10.80	12 13 47.24
	20	− 19.05	− 7.02	341.74	8.89	16 10.60	12 13 40.92
	21	− 19.35	− 7.05	328.57	8.89	16 10.39	12 13 33.93
	22	− 19.65	− 7.08	315.40	8.89	16 10.18	12 13 26.29
	23	− 19.94	− 7.11	302.23	8.89	16 09.97	12 13 18.02
	24	− 20.22	− 7.13	289.06	8.89	16 09.75	12 13 09.14
	25	− 20.50	− 7.15	275.89	8.88	16 09.53	12 12 59.65
	26	− 20.77	− 7.17	262.72	8.88	16 09.30	12 12 49.60
	27	− 21.04	− 7.19	249.55	8.88	16 09.07	12 12 38.99
	28	− 21.30	− 7.21	236.38	8.88	16 08.84	12 12 27.84
Mar.	1	− 21.55	− 7.22	223.20	8.88	16 08.60	12 12 16.19
	2	− 21.80	− 7.23	210.03	8.87	16 08.36	12 12 04.05
	3	− 22.04	− 7.24	196.86	8.87	16 08.12	12 11 51.44
	4	− 22.28	− 7.25	183.68	8.87	16 07.87	12 11 38.39
	5	− 22.51	− 7.25	170.51	8.87	16 07.62	12 11 24.92
	6	− 22.73	− 7.25	157.33	8.86	16 07.36	12 11 11.05
	7	− 22.94	− 7.25	144.16	8.86	16 07.11	12 10 56.79
	8	− 23.15	− 7.25	130.98	8.86	16 06.85	12 10 42.16
	9	− 23.36	− 7.24	117.81	8.86	16 06.59	12 10 27.19
	10	− 23.55	− 7.24	104.63	8.86	16 06.33	12 10 11.88
	11	− 23.74	− 7.23	91.45	8.85	16 06.07	12 09 56.26
	12	− 23.92	− 7.22	78.27	8.85	16 05.80	12 09 40.34
	13	− 24.10	− 7.20	65.10	8.85	16 05.54	12 09 24.14
	14	− 24.27	− 7.19	51.92	8.85	16 05.28	12 09 07.68
	15	− 24.43	− 7.17	38.74	8.84	16 05.02	12 08 50.96
	16	− 24.59	− 7.15	25.56	8.84	16 04.75	12 08 34.02
	17	− 24.74	− 7.13	12.38	8.84	16 04.49	12 08 16.86
	18	− 24.88	− 7.10	359.20	8.84	16 04.23	12 07 59.51
	19	− 25.02	− 7.08	346.01	8.83	16 03.96	12 07 41.98
	20	− 25.15	− 7.05	332.83	8.83	16 03.70	12 07 24.30
	21	− 25.27	− 7.02	319.65	8.83	16 03.43	12 07 06.48
	22	− 25.38	− 6.99	306.46	8.83	16 03.17	12 06 48.54
	23	− 25.49	− 6.95	293.28	8.82	16 02.90	12 06 30.51
	24	− 25.59	− 6.91	280.09	8.82	16 02.63	12 06 12.40
	25	− 25.69	− 6.87	266.90	8.82	16 02.36	12 05 54.23
	26	− 25.77	− 6.83	253.72	8.82	16 02.09	12 05 36.04
	27	− 25.85	− 6.79	240.53	8.81	16 01.82	12 05 17.83
	28	− 25.93	− 6.75	227.34	8.81	16 01.55	12 04 59.64
	29	− 25.99	− 6.70	214.15	8.81	16 01.27	12 04 41.49
	30	− 26.05	− 6.65	200.96	8.81	16 00.99	12 04 23.41
	31	− 26.10	− 6.60	187.77	8.80	16 00.71	12 04 05.41
Apr.	1	− 26.15	− 6.55	174.57	8.80	16 00.43	12 03 47.52
	2	− 26.18	− 6.49	161.38	8.80	16 00.15	12 03 29.77

SUN, 2021

FOR 0ʰ TERRESTRIAL TIME

Date		Julian Date	Geometric Ecliptic Coords. Mn Equinox & Ecliptic of Date		Apparent R. A.	Apparent Declination	True Geocentric Distance
			Longitude	Latitude			
		245	° ′ ″	″	h m s	° ′ ″	au
Apr.	1	9305.5	11 29 37.54	+0.46	0 42 13.94	+ 4 32 30.5	0.999 1803
	2	9306.5	12 28 49.06	+0.33	0 45 52.67	+ 4 55 37.0	0.999 4733
	3	9307.5	13 27 58.82	+0.20	0 49 31.55	+ 5 18 38.3	0.999 7672
	4	9308.5	14 27 06.84	+0.07	0 53 10.59	+ 5 41 34.1	1.000 0616
	5	9309.5	15 26 13.12	−0.04	0 56 49.82	+ 6 04 24.2	1.000 3560
	6	9310.5	16 25 17.66	−0.13	1 00 29.24	+ 6 27 08.0	1.000 6500
	7	9311.5	17 24 20.45	−0.20	1 04 08.88	+ 6 49 45.3	1.000 9432
	8	9312.5	18 23 21.44	−0.24	1 07 48.75	+ 7 12 15.7	1.001 2354
	9	9313.5	19 22 20.61	−0.25	1 11 28.86	+ 7 34 38.8	1.001 5262
	10	9314.5	20 21 17.91	−0.24	1 15 09.24	+ 7 56 54.3	1.001 8154
	11	9315.5	21 20 13.30	−0.19	1 18 49.90	+ 8 19 01.9	1.002 1028
	12	9316.5	22 19 06.74	−0.12	1 22 30.84	+ 8 41 01.1	1.002 3883
	13	9317.5	23 17 58.18	−0.03	1 26 12.10	+ 9 02 51.7	1.002 6717
	14	9318.5	24 16 47.58	+0.07	1 29 53.67	+ 9 24 33.2	1.002 9531
	15	9319.5	25 15 34.89	+0.19	1 33 35.58	+ 9 46 05.3	1.003 2324
	16	9320.5	26 14 20.09	+0.32	1 37 17.83	+10 07 27.7	1.003 5095
	17	9321.5	27 13 03.15	+0.44	1 41 00.44	+10 28 40.0	1.003 7847
	18	9322.5	28 11 44.04	+0.57	1 44 43.43	+10 49 41.8	1.004 0579
	19	9323.5	29 10 22.73	+0.68	1 48 26.79	+11 10 32.8	1.004 3293
	20	9324.5	30 08 59.23	+0.78	1 52 10.55	+11 31 12.7	1.004 5990
	21	9325.5	31 07 33.52	+0.85	1 55 54.71	+11 51 41.1	1.004 8671
	22	9326.5	32 06 05.61	+0.90	1 59 39.29	+12 11 57.6	1.005 1340
	23	9327.5	33 04 35.52	+0.92	2 03 24.29	+12 32 01.9	1.005 3997
	24	9328.5	34 03 03.28	+0.91	2 07 09.74	+12 51 53.8	1.005 6646
	25	9329.5	35 01 28.94	+0.86	2 10 55.64	+13 11 32.8	1.005 9288
	26	9330.5	35 59 52.57	+0.79	2 14 42.02	+13 30 58.7	1.006 1925
	27	9331.5	36 58 14.27	+0.68	2 18 28.89	+13 50 11.2	1.006 4559
	28	9332.5	37 56 34.12	+0.56	2 22 16.26	+14 09 10.0	1.006 7189
	29	9333.5	38 54 52.22	+0.42	2 26 04.16	+14 27 54.9	1.006 9815
	30	9334.5	39 53 08.67	+0.28	2 29 52.59	+14 46 25.5	1.007 2435
May	1	9335.5	40 51 23.55	+0.14	2 33 41.56	+15 04 41.6	1.007 5044
	2	9336.5	41 49 36.92	+0.02	2 37 31.09	+15 22 42.8	1.007 7640
	3	9337.5	42 47 48.83	−0.08	2 41 21.17	+15 40 28.9	1.008 0218
	4	9338.5	43 45 59.31	−0.16	2 45 11.82	+15 57 59.5	1.008 2775
	5	9339.5	44 44 08.36	−0.21	2 49 03.04	+16 15 14.3	1.008 5306
	6	9340.5	45 42 15.98	−0.23	2 52 54.83	+16 32 13.0	1.008 7809
	7	9341.5	46 40 22.18	−0.22	2 56 47.20	+16 48 55.3	1.009 0279
	8	9342.5	47 38 26.93	−0.18	3 00 40.14	+17 05 20.8	1.009 2715
	9	9343.5	48 36 30.21	−0.12	3 04 33.67	+17 21 29.2	1.009 5113
	10	9344.5	49 34 32.01	−0.03	3 08 27.79	+17 37 20.3	1.009 7473
	11	9345.5	50 32 32.30	+0.07	3 12 22.48	+17 52 53.6	1.009 9792
	12	9346.5	51 30 31.05	+0.19	3 16 17.75	+18 08 09.0	1.010 2069
	13	9347.5	52 28 28.23	+0.31	3 20 13.59	+18 23 06.1	1.010 4304
	14	9348.5	53 26 23.82	+0.44	3 24 10.01	+18 37 44.6	1.010 6497
	15	9349.5	54 24 17.80	+0.56	3 28 06.98	+18 52 04.2	1.010 8646
	16	9350.5	55 22 10.14	+0.68	3 32 04.52	+19 06 04.7	1.011 0753
	17	9351.5	56 20 00.82	+0.78	3 36 02.60	+19 19 45.6	1.011 2819

FOR 0ʰ TERRESTRIAL TIME

Date		Pos. Angle of Axis P	Heliographic		Horiz. Parallax	Semi-Diameter	Ephemeris Transit
			Latitude B_0	Longitude L_0			
		°	°	°	″	′ ″	h m s
Apr.	1	− 26.15	− 6.55	174.57	8.80	16 00.43	12 03 47.52
	2	− 26.18	− 6.49	161.38	8.80	16 00.15	12 03 29.77
	3	− 26.21	− 6.43	148.19	8.80	15 59.87	12 03 12.17
	4	− 26.24	− 6.38	134.99	8.79	15 59.59	12 02 54.74
	5	− 26.25	− 6.31	121.80	8.79	15 59.30	12 02 37.51
	6	− 26.26	− 6.25	108.60	8.79	15 59.02	12 02 20.49
	7	− 26.26	− 6.19	95.41	8.79	15 58.74	12 02 03.69
	8	− 26.26	− 6.12	82.21	8.78	15 58.46	12 01 47.13
	9	− 26.24	− 6.05	69.01	8.78	15 58.18	12 01 30.83
	10	− 26.22	− 5.99	55.81	8.78	15 57.91	12 01 14.80
	11	− 26.19	− 5.91	42.61	8.78	15 57.63	12 00 59.06
	12	− 26.16	− 5.84	29.41	8.77	15 57.36	12 00 43.61
	13	− 26.12	− 5.77	16.21	8.77	15 57.09	12 00 28.48
	14	− 26.07	− 5.69	3.01	8.77	15 56.82	12 00 13.67
	15	− 26.01	− 5.61	349.81	8.77	15 56.55	11 59 59.19
	16	− 25.94	− 5.53	336.60	8.76	15 56.29	11 59 45.07
	17	− 25.87	− 5.45	323.40	8.76	15 56.03	11 59 31.31
	18	− 25.79	− 5.37	310.19	8.76	15 55.77	11 59 17.92
	19	− 25.71	− 5.29	296.98	8.76	15 55.51	11 59 04.93
	20	− 25.61	− 5.20	283.78	8.75	15 55.25	11 58 52.33
	21	− 25.51	− 5.11	270.57	8.75	15 55.00	11 58 40.14
	22	− 25.40	− 5.03	257.36	8.75	15 54.74	11 58 28.38
	23	− 25.29	− 4.94	244.15	8.75	15 54.49	11 58 17.05
	24	− 25.16	− 4.85	230.94	8.74	15 54.24	11 58 06.18
	25	− 25.03	− 4.75	217.73	8.74	15 53.99	11 57 55.77
	26	− 24.89	− 4.66	204.52	8.74	15 53.74	11 57 45.84
	27	− 24.75	− 4.56	191.30	8.74	15 53.49	11 57 36.41
	28	− 24.60	− 4.47	178.09	8.74	15 53.24	11 57 27.49
	29	− 24.44	− 4.37	164.87	8.73	15 52.99	11 57 19.09
	30	− 24.27	− 4.27	151.66	8.73	15 52.74	11 57 11.22
May	1	− 24.09	− 4.17	138.44	8.73	15 52.50	11 57 03.91
	2	− 23.91	− 4.07	125.23	8.73	15 52.25	11 56 57.15
	3	− 23.72	− 3.97	112.01	8.72	15 52.01	11 56 50.95
	4	− 23.53	− 3.87	98.79	8.72	15 51.77	11 56 45.33
	5	− 23.32	− 3.76	85.57	8.72	15 51.53	11 56 40.28
	6	− 23.11	− 3.66	72.35	8.72	15 51.29	11 56 35.80
	7	− 22.90	− 3.55	59.13	8.72	15 51.06	11 56 31.91
	8	− 22.67	− 3.44	45.91	8.71	15 50.83	11 56 28.60
	9	− 22.44	− 3.33	32.69	8.71	15 50.60	11 56 25.87
	10	− 22.20	− 3.23	19.47	8.71	15 50.38	11 56 23.72
	11	− 21.96	− 3.12	6.25	8.71	15 50.16	11 56 22.15
	12	− 21.71	− 3.01	353.02	8.71	15 49.95	11 56 21.15
	13	− 21.45	− 2.89	339.80	8.70	15 49.74	11 56 20.72
	14	− 21.18	− 2.78	326.57	8.70	15 49.53	11 56 20.85
	15	− 20.91	− 2.67	313.35	8.70	15 49.33	11 56 21.55
	16	− 20.63	− 2.56	300.12	8.70	15 49.13	11 56 22.79
	17	− 20.35	− 2.44	286.90	8.70	15 48.94	11 56 24.59

SUN, 2021

FOR 0ʰ TERRESTRIAL TIME

Date	Julian Date	Geometric Ecliptic Coords. Mn Equinox & Ecliptic of Date		Apparent R. A.	Apparent Declination	True Geocentric Distance
		Longitude	Latitude			
	245	° ′ ″	″	h m s	° ′ ″	au
May 17	9351.5	56 20 00.82	+0.78	3 36 02.60	+19 19 45.6	1.011 2819
18	9352.5	57 17 49.84	+0.86	3 40 01.23	+19 33 06.8	1.011 4844
19	9353.5	58 15 37.18	+0.91	3 44 00.39	+19 46 08.0	1.011 6831
20	9354.5	59 13 22.85	+0.94	3 48 00.07	+19 58 48.8	1.011 8781
21	9355.5	60 11 06.86	+0.93	3 52 00.28	+20 11 09.1	1.012 0696
22	9356.5	61 08 49.24	+0.90	3 56 00.99	+20 23 08.6	1.012 2580
23	9357.5	62 06 30.01	+0.83	4 00 02.21	+20 34 47.0	1.012 4435
24	9358.5	63 04 09.26	+0.73	4 04 03.92	+20 46 04.1	1.012 6264
25	9359.5	64 01 47.04	+0.61	4 08 06.13	+20 56 59.7	1.012 8069
26	9360.5	64 59 23.46	+0.47	4 12 08.84	+21 07 33.6	1.012 9852
27	9361.5	65 56 58.63	+0.33	4 16 12.02	+21 17 45.7	1.013 1613
28	9362.5	66 54 32.66	+0.19	4 20 15.68	+21 27 35.8	1.013 3352
29	9363.5	67 52 05.65	+0.05	4 24 19.81	+21 37 03.6	1.013 5067
30	9364.5	68 49 37.70	−0.06	4 28 24.39	+21 46 09.0	1.013 6755
31	9365.5	69 47 08.87	−0.15	4 32 29.41	+21 54 51.8	1.013 8414
June 1	9366.5	70 44 39.24	−0.21	4 36 34.86	+22 03 11.8	1.014 0039
2	9367.5	71 42 08.83	−0.25	4 40 40.71	+22 11 08.7	1.014 1627
3	9368.5	72 39 37.69	−0.25	4 44 46.97	+22 18 42.5	1.014 3175
4	9369.5	73 37 05.83	−0.22	4 48 53.61	+22 25 53.0	1.014 4679
5	9370.5	74 34 33.25	−0.17	4 53 00.61	+22 32 39.9	1.014 6138
6	9371.5	75 31 59.96	−0.09	4 57 07.95	+22 39 03.2	1.014 7547
7	9372.5	76 29 25.96	+0.01	5 01 15.61	+22 45 02.6	1.014 8906
8	9373.5	77 26 51.24	+0.12	5 05 23.58	+22 50 38.1	1.015 0211
9	9374.5	78 24 15.78	+0.24	5 09 31.82	+22 55 49.5	1.015 1463
10	9375.5	79 21 39.58	+0.37	5 13 40.32	+23 00 36.7	1.015 2659
11	9376.5	80 19 02.62	+0.49	5 17 49.05	+23 04 59.6	1.015 3798
12	9377.5	81 16 24.87	+0.61	5 21 57.97	+23 08 58.1	1.015 4881
13	9378.5	82 13 46.31	+0.71	5 26 07.08	+23 12 32.1	1.015 5907
14	9379.5	83 11 06.93	+0.79	5 30 16.33	+23 15 41.5	1.015 6876
15	9380.5	84 08 26.71	+0.85	5 34 25.70	+23 18 26.3	1.015 7791
16	9381.5	85 05 45.64	+0.89	5 38 35.16	+23 20 46.4	1.015 8651
17	9382.5	86 03 03.72	+0.89	5 42 44.70	+23 22 41.6	1.015 9460
18	9383.5	87 00 20.93	+0.86	5 46 54.27	+23 24 12.1	1.016 0220
19	9384.5	87 57 37.31	+0.81	5 51 03.87	+23 25 17.7	1.016 0932
20	9385.5	88 54 52.87	+0.72	5 55 13.46	+23 25 58.5	1.016 1602
21	9386.5	89 52 07.66	+0.61	5 59 23.03	+23 26 14.4	1.016 2230
22	9387.5	90 49 21.75	+0.47	6 03 32.56	+23 26 05.5	1.016 2822
23	9388.5	91 46 35.21	+0.33	6 07 42.02	+23 25 31.8	1.016 3380
24	9389.5	92 43 48.14	+0.19	6 11 51.41	+23 24 33.4	1.016 3905
25	9390.5	93 41 00.67	+0.05	6 16 00.69	+23 23 10.3	1.016 4399
26	9391.5	94 38 12.89	−0.08	6 20 09.84	+23 21 22.6	1.016 4862
27	9392.5	95 35 24.91	−0.18	6 24 18.86	+23 19 10.3	1.016 5292
28	9393.5	96 32 36.84	−0.25	6 28 27.71	+23 16 33.4	1.016 5688
29	9394.5	97 29 48.75	−0.30	6 32 36.38	+23 13 32.1	1.016 6047
30	9395.5	98 27 00.72	−0.31	6 36 44.86	+23 10 06.4	1.016 6366
July 1	9396.5	99 24 12.78	−0.29	6 40 53.11	+23 06 16.4	1.016 6642
2	9397.5	100 21 24.99	−0.25	6 45 01.12	+23 02 02.1	1.016 6873

FOR 0ʰ TERRESTRIAL TIME

Date		Pos. Angle of Axis P	Heliographic		Horiz. Parallax	Semi-Diameter	Ephemeris Transit
			Latitude B_0	Longitude L_0			
		°	°	°	ʺ	′ ʺ	h m s
May	17	− 20.35	− 2.44	286.90	8.70	15 48.94	11 56 24.59
	18	− 20.06	− 2.33	273.67	8.69	15 48.75	11 56 26.92
	19	− 19.76	− 2.21	260.44	8.69	15 48.56	11 56 29.79
	20	− 19.46	− 2.09	247.22	8.69	15 48.38	11 56 33.17
	21	− 19.15	− 1.98	233.99	8.69	15 48.20	11 56 37.08
	22	− 18.83	− 1.86	220.76	8.69	15 48.02	11 56 41.49
	23	− 18.51	− 1.74	207.53	8.69	15 47.85	11 56 46.41
	24	− 18.18	− 1.62	194.30	8.68	15 47.68	11 56 51.82
	25	− 17.85	− 1.51	181.07	8.68	15 47.51	11 56 57.72
	26	− 17.51	− 1.39	167.84	8.68	15 47.34	11 57 04.11
	27	− 17.16	− 1.27	154.60	8.68	15 47.18	11 57 10.96
	28	− 16.81	− 1.15	141.37	8.68	15 47.02	11 57 18.29
	29	− 16.46	− 1.03	128.14	8.68	15 46.86	11 57 26.08
	30	− 16.10	− 0.91	114.91	8.68	15 46.70	11 57 34.32
	31	− 15.73	− 0.79	101.67	8.67	15 46.54	11 57 42.99
June	1	− 15.36	− 0.67	88.44	8.67	15 46.39	11 57 52.09
	2	− 14.99	− 0.55	75.20	8.67	15 46.24	11 58 01.60
	3	− 14.61	− 0.43	61.97	8.67	15 46.10	11 58 11.50
	4	− 14.22	− 0.31	48.74	8.67	15 45.96	11 58 21.77
	5	− 13.83	− 0.19	35.50	8.67	15 45.82	11 58 32.39
	6	− 13.44	− 0.07	22.27	8.67	15 45.69	11 58 43.34
	7	− 13.04	+ 0.06	9.03	8.67	15 45.56	11 58 54.61
	8	− 12.64	+ 0.18	355.80	8.66	15 45.44	11 59 06.16
	9	− 12.23	+ 0.30	342.56	8.66	15 45.33	11 59 17.98
	10	− 11.82	+ 0.42	329.33	8.66	15 45.22	11 59 30.03
	11	− 11.41	+ 0.54	316.09	8.66	15 45.11	11 59 42.30
	12	− 10.99	+ 0.66	302.86	8.66	15 45.01	11 59 54.76
	13	− 10.57	+ 0.78	289.62	8.66	15 44.91	12 00 07.38
	14	− 10.15	+ 0.90	276.38	8.66	15 44.82	12 00 20.13
	15	− 9.72	+ 1.02	263.15	8.66	15 44.74	12 00 33.00
	16	− 9.29	+ 1.14	249.91	8.66	15 44.66	12 00 45.94
	17	− 8.86	+ 1.26	236.67	8.66	15 44.58	12 00 58.95
	18	− 8.42	+ 1.37	223.44	8.66	15 44.51	12 01 11.99
	19	− 7.99	+ 1.49	210.20	8.65	15 44.45	12 01 25.04
	20	− 7.55	+ 1.61	196.96	8.65	15 44.38	12 01 38.07
	21	− 7.11	+ 1.73	183.73	8.65	15 44.32	12 01 51.07
	22	− 6.66	+ 1.84	170.49	8.65	15 44.27	12 02 04.01
	23	− 6.22	+ 1.96	157.25	8.65	15 44.22	12 02 16.87
	24	− 5.77	+ 2.08	144.01	8.65	15 44.17	12 02 29.64
	25	− 5.32	+ 2.19	130.78	8.65	15 44.12	12 02 42.29
	26	− 4.87	+ 2.31	117.54	8.65	15 44.08	12 02 54.82
	27	− 4.42	+ 2.42	104.30	8.65	15 44.04	12 03 07.19
	28	− 3.97	+ 2.53	91.07	8.65	15 44.00	12 03 19.40
	29	− 3.52	+ 2.65	77.83	8.65	15 43.97	12 03 31.42
	30	− 3.07	+ 2.76	64.59	8.65	15 43.94	12 03 43.24
July	1	− 2.62	+ 2.87	51.36	8.65	15 43.92	12 03 54.82
	2	− 2.16	+ 2.98	38.12	8.65	15 43.89	12 04 06.16

SUN, 2021

FOR 0ʰ TERRESTRIAL TIME

Date		Julian Date	Geometric Ecliptic Coords. Mn Equinox & Ecliptic of Date		Apparent R. A.	Apparent Declination	True Geocentric Distance
			Longitude	Latitude			
		245	° ′ ″	″	h m s	° ′ ″	au
July	1	9396.5	99 24 12.78	−0.29	6 40 53.11	+23 06 16.4	1.016 6642
	2	9397.5	100 21 24.99	−0.25	6 45 01.12	+23 02 02.1	1.016 6873
	3	9398.5	101 18 37.38	−0.18	6 49 08.88	+22 57 23.6	1.016 7056
	4	9399.5	102 15 49.95	−0.09	6 53 16.35	+22 52 21.2	1.016 7188
	5	9400.5	103 13 02.74	+0.02	6 57 23.53	+22 46 54.8	1.016 7268
	6	9401.5	104 10 15.74	+0.13	7 01 30.38	+22 41 04.7	1.016 7292
	7	9402.5	105 07 28.95	+0.25	7 05 36.89	+22 34 50.9	1.016 7260
	8	9403.5	106 04 42.38	+0.37	7 09 43.04	+22 28 13.6	1.016 7170
	9	9404.5	107 01 56.01	+0.49	7 13 48.79	+22 21 13.0	1.016 7020
	10	9405.5	107 59 09.82	+0.59	7 17 54.14	+22 13 49.3	1.016 6810
	11	9406.5	108 56 23.81	+0.68	7 21 59.05	+22 06 02.6	1.016 6539
	12	9407.5	109 53 37.93	+0.74	7 26 03.52	+21 57 53.1	1.016 6208
	13	9408.5	110 50 52.18	+0.78	7 30 07.51	+21 49 21.0	1.016 5817
	14	9409.5	111 48 06.52	+0.79	7 34 11.00	+21 40 26.4	1.016 5367
	15	9410.5	112 45 20.95	+0.76	7 38 13.99	+21 31 09.7	1.016 4860
	16	9411.5	113 42 35.45	+0.71	7 42 16.46	+21 21 31.0	1.016 4299
	17	9412.5	114 39 50.01	+0.63	7 46 18.39	+21 11 30.6	1.016 3686
	18	9413.5	115 37 04.66	+0.53	7 50 19.77	+21 01 08.6	1.016 3025
	19	9414.5	116 34 19.41	+0.40	7 54 20.59	+20 50 25.3	1.016 2319
	20	9415.5	117 31 34.32	+0.27	7 58 20.84	+20 39 21.0	1.016 1572
	21	9416.5	118 28 49.44	+0.13	8 02 20.53	+20 27 55.9	1.016 0787
	22	9417.5	119 26 04.85	−0.01	8 06 19.63	+20 16 10.2	1.015 9968
	23	9418.5	120 23 20.65	−0.14	8 10 18.15	+20 04 04.3	1.015 9117
	24	9419.5	121 20 36.94	−0.25	8 14 16.09	+19 51 38.4	1.015 8235
	25	9420.5	122 17 53.83	−0.33	8 18 13.43	+19 38 52.7	1.015 7323
	26	9421.5	123 15 11.42	−0.38	8 22 10.18	+19 25 47.6	1.015 6380
	27	9422.5	124 12 29.81	−0.40	8 26 06.33	+19 12 23.1	1.015 5406
	28	9423.5	125 09 49.07	−0.39	8 30 01.90	+18 58 39.6	1.015 4398
	29	9424.5	126 07 09.27	−0.36	8 33 56.88	+18 44 37.3	1.015 3354
	30	9425.5	127 04 30.48	−0.30	8 37 51.27	+18 30 16.5	1.015 2273
	31	9426.5	128 01 52.73	−0.22	8 41 45.07	+18 15 37.4	1.015 1151
Aug.	1	9427.5	128 59 16.06	−0.12	8 45 38.28	+18 00 40.4	1.014 9988
	2	9428.5	129 56 40.50	−0.01	8 49 30.90	+17 45 25.6	1.014 8780
	3	9429.5	130 54 06.07	+0.11	8 53 22.94	+17 29 53.5	1.014 7526
	4	9430.5	131 51 32.78	+0.23	8 57 14.39	+17 14 04.2	1.014 6224
	5	9431.5	132 49 00.64	+0.34	9 01 05.25	+16 57 58.2	1.014 4872
	6	9432.5	133 46 29.63	+0.44	9 04 55.53	+16 41 35.6	1.014 3469
	7	9433.5	134 43 59.76	+0.53	9 08 45.21	+16 24 56.8	1.014 2013
	8	9434.5	135 41 31.00	+0.59	9 12 34.31	+16 08 02.2	1.014 0504
	9	9435.5	136 39 03.32	+0.63	9 16 22.82	+15 50 51.9	1.013 8941
	10	9436.5	137 36 36.70	+0.65	9 20 10.75	+15 33 26.4	1.013 7325
	11	9437.5	138 34 11.10	+0.63	9 23 58.09	+15 15 46.0	1.013 5655
	12	9438.5	139 31 46.48	+0.58	9 27 44.85	+14 57 51.0	1.013 3934
	13	9439.5	140 29 22.81	+0.50	9 31 31.04	+14 39 41.6	1.013 2163
	14	9440.5	141 27 00.08	+0.40	9 35 16.66	+14 21 18.3	1.013 0346
	15	9441.5	142 24 38.28	+0.28	9 39 01.72	+14 02 41.4	1.012 8485
	16	9442.5	143 22 17.40	+0.15	9 42 46.24	+13 43 51.1	1.012 6585

FOR 0ʰ TERRESTRIAL TIME

Date		Pos. Angle of Axis P	Heliographic		Horiz. Parallax	Semi-Diameter	Ephemeris Transit
			Latitude B_0	Longitude L_0			
		°	°	°	″	′ ″	h m s
July	1	− 2.62	+ 2.87	51.36	8.65	15 43.92	12 03 54.82
	2	− 2.16	+ 2.98	38.12	8.65	15 43.89	12 04 06.16
	3	− 1.71	+ 3.09	24.88	8.65	15 43.88	12 04 17.23
	4	− 1.26	+ 3.20	11.65	8.65	15 43.86	12 04 28.00
	5	− 0.80	+ 3.30	358.41	8.65	15 43.86	12 04 38.46
	6	− 0.35	+ 3.41	345.18	8.65	15 43.85	12 04 48.58
	7	+ 0.10	+ 3.52	331.94	8.65	15 43.86	12 04 58.35
	8	+ 0.56	+ 3.62	318.71	8.65	15 43.87	12 05 07.74
	9	+ 1.01	+ 3.73	305.47	8.65	15 43.88	12 05 16.73
	10	+ 1.46	+ 3.83	292.24	8.65	15 43.90	12 05 25.30
	11	+ 1.91	+ 3.93	279.01	8.65	15 43.92	12 05 33.43
	12	+ 2.35	+ 4.03	265.77	8.65	15 43.96	12 05 41.10
	13	+ 2.80	+ 4.13	252.54	8.65	15 43.99	12 05 48.29
	14	+ 3.25	+ 4.23	239.31	8.65	15 44.03	12 05 54.98
	15	+ 3.69	+ 4.33	226.07	8.65	15 44.08	12 06 01.16
	16	+ 4.13	+ 4.42	212.84	8.65	15 44.13	12 06 06.80
	17	+ 4.57	+ 4.52	199.61	8.65	15 44.19	12 06 11.91
	18	+ 5.01	+ 4.61	186.38	8.65	15 44.25	12 06 16.45
	19	+ 5.45	+ 4.70	173.14	8.65	15 44.32	12 06 20.43
	20	+ 5.88	+ 4.80	159.91	8.65	15 44.39	12 06 23.84
	21	+ 6.31	+ 4.89	146.68	8.65	15 44.46	12 06 26.67
	22	+ 6.74	+ 4.97	133.45	8.66	15 44.54	12 06 28.91
	23	+ 7.17	+ 5.06	120.22	8.66	15 44.61	12 06 30.57
	24	+ 7.59	+ 5.15	106.99	8.66	15 44.70	12 06 31.64
	25	+ 8.01	+ 5.23	93.76	8.66	15 44.78	12 06 32.13
	26	+ 8.43	+ 5.31	80.53	8.66	15 44.87	12 06 32.02
	27	+ 8.84	+ 5.40	67.30	8.66	15 44.96	12 06 31.33
	28	+ 9.25	+ 5.48	54.08	8.66	15 45.05	12 06 30.05
	29	+ 9.66	+ 5.56	40.85	8.66	15 45.15	12 06 28.18
	30	+ 10.07	+ 5.63	27.62	8.66	15 45.25	12 06 25.72
	31	+ 10.47	+ 5.71	14.39	8.66	15 45.36	12 06 22.67
Aug.	1	+ 10.87	+ 5.78	1.17	8.66	15 45.46	12 06 19.03
	2	+ 11.26	+ 5.85	347.94	8.67	15 45.58	12 06 14.81
	3	+ 11.65	+ 5.92	334.72	8.67	15 45.69	12 06 09.99
	4	+ 12.04	+ 5.99	321.49	8.67	15 45.81	12 06 04.58
	5	+ 12.42	+ 6.06	308.27	8.67	15 45.94	12 05 58.59
	6	+ 12.80	+ 6.13	295.05	8.67	15 46.07	12 05 52.01
	7	+ 13.18	+ 6.19	281.82	8.67	15 46.21	12 05 44.84
	8	+ 13.55	+ 6.25	268.60	8.67	15 46.35	12 05 37.08
	9	+ 13.92	+ 6.31	255.38	8.67	15 46.49	12 05 28.74
	10	+ 14.28	+ 6.37	242.16	8.68	15 46.64	12 05 19.82
	11	+ 14.64	+ 6.43	228.94	8.68	15 46.80	12 05 10.33
	12	+ 15.00	+ 6.49	215.72	8.68	15 46.96	12 05 00.25
	13	+ 15.35	+ 6.54	202.50	8.68	15 47.13	12 04 49.61
	14	+ 15.69	+ 6.59	189.28	8.68	15 47.30	12 04 38.40
	15	+ 16.04	+ 6.64	176.06	8.68	15 47.47	12 04 26.63
	16	+ 16.37	+ 6.69	162.84	8.68	15 47.65	12 04 14.31

SUN, 2021

FOR 0ʰ TERRESTRIAL TIME

Date		Julian Date	Geometric Ecliptic Coords. Mn Equinox & Ecliptic of Date		Apparent R. A.	Apparent Declination	True Geocentric Distance
			Longitude	Latitude			
		245	° ′ ″	″	h m s	° ′ ″	au
Aug.	16	9442.5	143 22 17.40	+0.15	9 42 46.24	+13 43 51.1	1.012 6585
	17	9443.5	144 19 57.47	+0.01	9 46 30.22	+13 24 47.9	1.012 4649
	18	9444.5	145 17 38.53	−0.12	9 50 13.66	+13 05 32.0	1.012 2682
	19	9445.5	146 15 20.63	−0.25	9 53 56.60	+12 46 03.8	1.012 0687
	20	9446.5	147 13 03.85	−0.35	9 57 39.03	+12 26 23.5	1.011 8668
	21	9447.5	148 10 48.26	−0.44	10 01 20.97	+12 06 31.6	1.011 6626
	22	9448.5	149 08 33.97	−0.50	10 05 02.43	+11 46 28.3	1.011 4565
	23	9449.5	150 06 21.05	−0.52	10 08 43.44	+11 26 13.9	1.011 2484
	24	9450.5	151 04 09.61	−0.52	10 12 24.02	+11 05 48.7	1.011 0385
	25	9451.5	152 01 59.71	−0.49	10 16 04.17	+10 45 13.0	1.010 8266
	26	9452.5	152 59 51.45	−0.43	10 19 43.93	+10 24 27.0	1.010 6127
	27	9453.5	153 57 44.88	−0.35	10 23 23.31	+10 03 31.1	1.010 3966
	28	9454.5	154 55 40.05	−0.26	10 27 02.32	+ 9 42 25.5	1.010 1783
	29	9455.5	155 53 37.02	−0.15	10 30 40.98	+ 9 21 10.5	1.009 9575
	30	9456.5	156 51 35.81	−0.03	10 34 19.32	+ 8 59 46.6	1.009 7341
	31	9457.5	157 49 36.46	+0.08	10 37 57.35	+ 8 38 13.9	1.009 5078
Sept.	1	9458.5	158 47 38.98	+0.19	10 41 35.07	+ 8 16 32.9	1.009 2787
	2	9459.5	159 45 43.38	+0.30	10 45 12.52	+ 7 54 43.7	1.009 0463
	3	9460.5	160 43 49.67	+0.38	10 48 49.70	+ 7 32 46.9	1.008 8107
	4	9461.5	161 41 57.85	+0.45	10 52 26.62	+ 7 10 42.6	1.008 5716
	5	9462.5	162 40 07.89	+0.49	10 56 03.31	+ 6 48 31.2	1.008 3290
	6	9463.5	163 38 19.76	+0.51	10 59 39.77	+ 6 26 13.1	1.008 0826
	7	9464.5	164 36 33.43	+0.49	11 03 16.03	+ 6 03 48.7	1.007 8324
	8	9465.5	165 34 48.85	+0.45	11 06 52.08	+ 5 41 18.1	1.007 5785
	9	9466.5	166 33 05.97	+0.37	11 10 27.96	+ 5 18 41.9	1.007 3209
	10	9467.5	167 31 24.73	+0.27	11 14 03.68	+ 4 56 00.3	1.007 0597
	11	9468.5	168 29 45.09	+0.15	11 17 39.25	+ 4 33 13.7	1.006 7953
	12	9469.5	169 28 07.01	+0.02	11 21 14.69	+ 4 10 22.5	1.006 5278
	13	9470.5	170 26 30.47	−0.12	11 24 50.02	+ 3 47 26.9	1.006 2578
	14	9471.5	171 24 55.46	−0.26	11 28 25.26	+ 3 24 27.4	1.005 9856
	15	9472.5	172 23 21.98	−0.38	11 32 00.42	+ 3 01 24.3	1.005 7116
	16	9473.5	173 21 50.07	−0.49	11 35 35.52	+ 2 38 18.0	1.005 4363
	17	9474.5	174 20 19.78	−0.58	11 39 10.59	+ 2 15 08.7	1.005 1600
	18	9475.5	175 18 51.14	−0.64	11 42 45.64	+ 1 51 56.8	1.004 8830
	19	9476.5	176 17 24.24	−0.67	11 46 20.71	+ 1 28 42.7	1.004 6058
	20	9477.5	177 15 59.14	−0.67	11 49 55.80	+ 1 05 26.5	1.004 3283
	21	9478.5	178 14 35.91	−0.64	11 53 30.95	+ 0 42 08.7	1.004 0509
	22	9479.5	179 13 14.62	−0.58	11 57 06.19	+ 0 18 49.6	1.003 7735
	23	9480.5	180 11 55.34	−0.51	12 00 41.53	− 0 04 30.6	1.003 4963
	24	9481.5	181 10 38.13	−0.41	12 04 17.01	− 0 27 51.6	1.003 2191
	25	9482.5	182 09 23.05	−0.30	12 07 52.64	− 0 51 13.0	1.002 9420
	26	9483.5	183 08 10.13	−0.18	12 11 28.45	− 1 14 34.5	1.002 6648
	27	9484.5	184 06 59.42	−0.06	12 15 04.47	− 1 37 55.8	1.002 3874
	28	9485.5	185 05 50.95	+0.05	12 18 40.70	− 2 01 16.6	1.002 1097
	29	9486.5	186 04 44.74	+0.16	12 22 17.18	− 2 24 36.4	1.001 8316
	30	9487.5	187 03 40.80	+0.25	12 25 53.92	− 2 47 55.1	1.001 5529
Oct.	1	9488.5	188 02 39.15	+0.32	12 29 30.94	− 3 11 12.1	1.001 2734

FOR 0ʰ TERRESTRIAL TIME

Date		Pos. Angle of Axis P	Heliographic		Horiz. Parallax	Semi-Diameter	Ephemeris Transit
			Latitude B_0	Longitude L_0			
		°	°	°	″	′ ″	h m s
Aug.	16	+ 16.37	+ 6.69	162.84	8.68	15 47.65	12 04 14.31
	17	+ 16.70	+ 6.73	149.62	8.69	15 47.83	12 04 01.46
	18	+ 17.03	+ 6.78	136.41	8.69	15 48.01	12 03 48.09
	19	+ 17.35	+ 6.82	123.19	8.69	15 48.20	12 03 34.21
	20	+ 17.67	+ 6.86	109.97	8.69	15 48.39	12 03 19.83
	21	+ 17.98	+ 6.90	96.76	8.69	15 48.58	12 03 04.98
	22	+ 18.29	+ 6.94	83.54	8.69	15 48.78	12 02 49.66
	23	+ 18.59	+ 6.97	70.33	8.70	15 48.97	12 02 33.90
	24	+ 18.89	+ 7.00	57.11	8.70	15 49.17	12 02 17.72
	25	+ 19.18	+ 7.04	43.90	8.70	15 49.37	12 02 01.13
	26	+ 19.47	+ 7.06	30.69	8.70	15 49.57	12 01 44.15
	27	+ 19.75	+ 7.09	17.47	8.70	15 49.77	12 01 26.79
	28	+ 20.03	+ 7.12	4.26	8.71	15 49.98	12 01 09.08
	29	+ 20.30	+ 7.14	351.05	8.71	15 50.18	12 00 51.03
	30	+ 20.57	+ 7.16	337.84	8.71	15 50.39	12 00 32.66
	31	+ 20.83	+ 7.18	324.63	8.71	15 50.61	12 00 13.98
Sept.	1	+ 21.08	+ 7.19	311.42	8.71	15 50.82	11 59 55.01
	2	+ 21.33	+ 7.21	298.21	8.72	15 51.04	11 59 35.77
	3	+ 21.58	+ 7.22	285.00	8.72	15 51.26	11 59 16.26
	4	+ 21.82	+ 7.23	271.79	8.72	15 51.49	11 58 56.52
	5	+ 22.05	+ 7.24	258.59	8.72	15 51.72	11 58 36.54
	6	+ 22.28	+ 7.25	245.38	8.72	15 51.95	11 58 16.35
	7	+ 22.50	+ 7.25	232.17	8.73	15 52.19	11 57 55.96
	8	+ 22.71	+ 7.25	218.97	8.73	15 52.43	11 57 35.38
	9	+ 22.92	+ 7.25	205.76	8.73	15 52.67	11 57 14.64
	10	+ 23.13	+ 7.25	192.56	8.73	15 52.92	11 56 53.73
	11	+ 23.33	+ 7.25	179.35	8.73	15 53.17	11 56 32.69
	12	+ 23.52	+ 7.24	166.15	8.74	15 53.42	11 56 11.53
	13	+ 23.70	+ 7.23	152.95	8.74	15 53.68	11 55 50.25
	14	+ 23.88	+ 7.22	139.74	8.74	15 53.93	11 55 28.89
	15	+ 24.06	+ 7.21	126.54	8.74	15 54.19	11 55 07.47
	16	+ 24.22	+ 7.19	113.34	8.75	15 54.46	11 54 46.00
	17	+ 24.39	+ 7.18	100.14	8.75	15 54.72	11 54 24.51
	18	+ 24.54	+ 7.16	86.94	8.75	15 54.98	11 54 03.01
	19	+ 24.69	+ 7.14	73.73	8.75	15 55.25	11 53 41.54
	20	+ 24.83	+ 7.11	60.53	8.76	15 55.51	11 53 20.12
	21	+ 24.97	+ 7.09	47.33	8.76	15 55.77	11 52 58.77
	22	+ 25.10	+ 7.06	34.13	8.76	15 56.04	11 52 37.52
	23	+ 25.22	+ 7.03	20.93	8.76	15 56.30	11 52 16.38
	24	+ 25.34	+ 7.00	7.73	8.77	15 56.57	11 51 55.39
	25	+ 25.44	+ 6.97	354.54	8.77	15 56.83	11 51 34.56
	26	+ 25.55	+ 6.93	341.34	8.77	15 57.09	11 51 13.92
	27	+ 25.64	+ 6.89	328.14	8.77	15 57.36	11 50 53.49
	28	+ 25.73	+ 6.85	314.94	8.78	15 57.62	11 50 33.29
	29	+ 25.82	+ 6.81	301.75	8.78	15 57.89	11 50 13.34
	30	+ 25.89	+ 6.77	288.55	8.78	15 58.16	11 49 53.66
Oct.	1	+ 25.96	+ 6.72	275.35	8.78	15 58.42	11 49 34.28

SUN, 2021

FOR 0ʰ TERRESTRIAL TIME

Date		Julian Date	Geometric Ecliptic Coords. Mn Equinox & Ecliptic of Date		Apparent R. A.	Apparent Declination	True Geocentric Distance
			Longitude	Latitude			
		245	° ′ ″	″	h m s	° ′ ″	au
Oct.	1	9488.5	188 02 39.15	+0.32	12 29 30.94	− 3 11 12.1	1.001 2734
	2	9489.5	189 01 39.77	+0.37	12 33 08.27	− 3 34 27.2	1.000 9930
	3	9490.5	190 00 42.66	+0.39	12 36 45.91	− 3 57 40.0	1.000 7115
	4	9491.5	190 59 47.78	+0.38	12 40 23.89	− 4 20 50.1	1.000 4288
	5	9492.5	191 58 55.09	+0.34	12 44 02.23	− 4 43 57.2	1.000 1446
	6	9493.5	192 58 04.55	+0.27	12 47 40.93	− 5 07 00.8	0.999 8590
	7	9494.5	193 57 16.08	+0.17	12 51 20.03	− 5 30 00.6	0.999 5718
	8	9495.5	194 56 29.61	+0.04	12 54 59.54	− 5 52 56.2	0.999 2831
	9	9496.5	195 55 45.06	−0.09	12 58 39.47	− 6 15 47.2	0.998 9931
	10	9497.5	196 55 02.36	−0.24	13 02 19.84	− 6 38 33.3	0.998 7020
	11	9498.5	197 54 21.45	−0.38	13 06 00.66	− 7 01 13.9	0.998 4102
	12	9499.5	198 53 42.30	−0.51	13 09 41.95	− 7 23 48.8	0.998 1181
	13	9500.5	199 53 04.87	−0.63	13 13 23.73	− 7 46 17.4	0.997 8261
	14	9501.5	200 52 29.17	−0.72	13 17 06.01	− 8 08 39.5	0.997 5345
	15	9502.5	201 51 55.20	−0.79	13 20 48.80	− 8 30 54.6	0.997 2440
	16	9503.5	202 51 22.98	−0.82	13 24 32.14	− 8 53 02.4	0.996 9547
	17	9504.5	203 50 52.56	−0.82	13 28 16.03	− 9 15 02.5	0.996 6671
	18	9505.5	204 50 23.96	−0.80	13 32 00.50	− 9 36 54.5	0.996 3814
	19	9506.5	205 49 57.24	−0.74	13 35 45.58	− 9 58 38.0	0.996 0978
	20	9507.5	206 49 32.44	−0.66	13 39 31.27	−10 20 12.8	0.995 8166
	21	9508.5	207 49 09.61	−0.57	13 43 17.61	−10 41 38.5	0.995 5378
	22	9509.5	208 48 48.80	−0.45	13 47 04.61	−11 02 54.6	0.995 2615
	23	9510.5	209 48 30.05	−0.33	13 50 52.29	−11 24 00.9	0.994 9877
	24	9511.5	210 48 13.39	−0.21	13 54 40.67	−11 44 56.9	0.994 7165
	25	9512.5	211 47 58.87	−0.09	13 58 29.76	−12 05 42.3	0.994 4477
	26	9513.5	212 47 46.51	+0.03	14 02 19.59	−12 26 16.7	0.994 1814
	27	9514.5	213 47 36.32	+0.13	14 06 10.15	−12 46 39.7	0.993 9174
	28	9515.5	214 47 28.32	+0.21	14 10 01.48	−13 06 51.0	0.993 6555
	29	9516.5	215 47 22.52	+0.26	14 13 53.58	−13 26 50.0	0.993 3958
	30	9517.5	216 47 18.92	+0.29	14 17 46.46	−13 46 36.5	0.993 1378
	31	9518.5	217 47 17.50	+0.29	14 21 40.13	−14 06 10.0	0.992 8816
Nov.	1	9519.5	218 47 18.24	+0.26	14 25 34.60	−14 25 30.0	0.992 6269
	2	9520.5	219 47 21.10	+0.20	14 29 29.88	−14 44 36.3	0.992 3734
	3	9521.5	220 47 26.03	+0.11	14 33 25.99	−15 03 28.3	0.992 1210
	4	9522.5	221 47 32.96	−0.01	14 37 22.92	−15 22 05.6	0.991 8696
	5	9523.5	222 47 41.79	−0.15	14 41 20.68	−15 40 27.8	0.991 6190
	6	9524.5	223 47 52.43	−0.29	14 45 19.28	−15 58 34.5	0.991 3692
	7	9525.5	224 48 04.78	−0.44	14 49 18.70	−16 16 25.2	0.991 1205
	8	9526.5	225 48 18.75	−0.59	14 53 18.96	−16 33 59.6	0.990 8729
	9	9527.5	226 48 34.25	−0.71	14 57 20.05	−16 51 17.2	0.990 6269
	10	9528.5	227 48 51.23	−0.81	15 01 21.97	−17 08 17.5	0.990 3829
	11	9529.5	228 49 09.63	−0.88	15 05 24.71	−17 25 00.1	0.990 1412
	12	9530.5	229 49 29.43	−0.92	15 09 28.27	−17 41 24.6	0.989 9023
	13	9531.5	230 49 50.63	−0.93	15 13 32.67	−17 57 30.7	0.989 6665
	14	9532.5	231 50 13.21	−0.91	15 17 37.89	−18 13 17.9	0.989 4342
	15	9533.5	232 50 37.20	−0.86	15 21 43.94	−18 28 45.9	0.989 2057
	16	9534.5	233 51 02.60	−0.78	15 25 50.82	−18 43 54.3	0.988 9813

FOR 0ʰ TERRESTRIAL TIME

Date		Pos. Angle of Axis P	Heliographic		Horiz. Parallax	Semi- Diameter	Ephemeris Transit
			Latitude B_0	Longitude L_0			
		°	°	°	ʺ	′ ʺ	h m s
Oct.	1	+ 25.96	+ 6.72	275.35	8.78	15 58.42	11 49 34.28
	2	+ 26.02	+ 6.67	262.16	8.79	15 58.69	11 49 15.21
	3	+ 26.08	+ 6.62	248.96	8.79	15 58.96	11 48 56.47
	4	+ 26.13	+ 6.57	235.77	8.79	15 59.23	11 48 38.07
	5	+ 26.17	+ 6.52	222.58	8.79	15 59.51	11 48 20.05
	6	+ 26.20	+ 6.46	209.38	8.80	15 59.78	11 48 02.40
	7	+ 26.23	+ 6.41	196.19	8.80	16 00.06	11 47 45.15
	8	+ 26.25	+ 6.35	183.00	8.80	16 00.33	11 47 28.32
	9	+ 26.26	+ 6.28	169.80	8.80	16 00.61	11 47 11.91
	10	+ 26.26	+ 6.22	156.61	8.81	16 00.89	11 46 55.95
	11	+ 26.26	+ 6.16	143.42	8.81	16 01.17	11 46 40.44
	12	+ 26.25	+ 6.09	130.23	8.81	16 01.45	11 46 25.41
	13	+ 26.23	+ 6.02	117.03	8.81	16 01.74	11 46 10.87
	14	+ 26.21	+ 5.95	103.84	8.82	16 02.02	11 45 56.84
	15	+ 26.18	+ 5.88	90.65	8.82	16 02.30	11 45 43.35
	16	+ 26.14	+ 5.80	77.46	8.82	16 02.58	11 45 30.40
	17	+ 26.09	+ 5.73	64.27	8.82	16 02.85	11 45 18.03
	18	+ 26.03	+ 5.65	51.08	8.83	16 03.13	11 45 06.25
	19	+ 25.97	+ 5.57	37.89	8.83	16 03.40	11 44 55.08
	20	+ 25.90	+ 5.49	24.70	8.83	16 03.68	11 44 44.54
	21	+ 25.82	+ 5.40	11.51	8.83	16 03.95	11 44 34.65
	22	+ 25.74	+ 5.32	358.32	8.84	16 04.21	11 44 25.43
	23	+ 25.65	+ 5.23	345.13	8.84	16 04.48	11 44 16.89
	24	+ 25.54	+ 5.14	331.94	8.84	16 04.74	11 44 09.06
	25	+ 25.44	+ 5.05	318.75	8.84	16 05.00	11 44 01.95
	26	+ 25.32	+ 4.96	305.56	8.85	16 05.26	11 43 55.58
	27	+ 25.20	+ 4.87	292.38	8.85	16 05.52	11 43 49.96
	28	+ 25.06	+ 4.78	279.19	8.85	16 05.77	11 43 45.10
	29	+ 24.92	+ 4.68	266.00	8.85	16 06.02	11 43 41.02
	30	+ 24.78	+ 4.58	252.81	8.85	16 06.28	11 43 37.73
	31	+ 24.62	+ 4.48	239.63	8.86	16 06.52	11 43 35.24
Nov.	1	+ 24.46	+ 4.38	226.44	8.86	16 06.77	11 43 33.56
	2	+ 24.28	+ 4.28	213.26	8.86	16 07.02	11 43 32.69
	3	+ 24.11	+ 4.18	200.07	8.86	16 07.27	11 43 32.65
	4	+ 23.92	+ 4.08	186.88	8.87	16 07.51	11 43 33.44
	5	+ 23.72	+ 3.97	173.70	8.87	16 07.76	11 43 35.05
	6	+ 23.52	+ 3.86	160.51	8.87	16 08.00	11 43 37.49
	7	+ 23.31	+ 3.76	147.33	8.87	16 08.24	11 43 40.76
	8	+ 23.09	+ 3.65	134.15	8.88	16 08.48	11 43 44.86
	9	+ 22.87	+ 3.54	120.96	8.88	16 08.72	11 43 49.79
	10	+ 22.63	+ 3.42	107.78	8.88	16 08.96	11 43 55.55
	11	+ 22.39	+ 3.31	94.59	8.88	16 09.20	11 44 02.13
	12	+ 22.14	+ 3.20	81.41	8.88	16 09.43	11 44 09.55
	13	+ 21.88	+ 3.08	68.23	8.89	16 09.66	11 44 17.80
	14	+ 21.62	+ 2.97	55.04	8.89	16 09.89	11 44 26.87
	15	+ 21.35	+ 2.85	41.86	8.89	16 10.12	11 44 36.78
	16	+ 21.07	+ 2.73	28.68	8.89	16 10.34	11 44 47.52

SUN, 2021

FOR 0ʰ TERRESTRIAL TIME

Date		Julian Date	Geometric Ecliptic Coords. Mn Equinox & Ecliptic of Date		Apparent R. A.	Apparent Declination	True Geocentric Distance
			Longitude	Latitude			
		245	o ′ ″	″	h m s	o ′ ″	au
Nov.	16	9534.5	233 51 02.60	−0.78	15 25 50.82	−18 43 54.3	0.988 9813
	17	9535.5	234 51 29.44	−0.68	15 29 58.53	−18 58 42.8	0.988 7612
	18	9536.5	235 51 57.73	−0.57	15 34 07.07	−19 13 10.9	0.988 5455
	19	9537.5	236 52 27.51	−0.45	15 38 16.43	−19 27 18.3	0.988 3345
	20	9538.5	237 52 58.80	−0.32	15 42 26.62	−19 41 04.7	0.988 1282
	21	9539.5	238 53 31.63	−0.19	15 46 37.63	−19 54 29.8	0.987 9267
	22	9540.5	239 54 06.02	−0.07	15 50 49.45	−20 07 33.1	0.987 7299
	23	9541.5	240 54 41.98	+0.04	15 55 02.06	−20 20 14.4	0.987 5378
	24	9542.5	241 55 19.53	+0.13	15 59 15.48	−20 32 33.3	0.987 3505
	25	9543.5	242 55 58.69	+0.20	16 03 29.67	−20 44 29.5	0.987 1678
	26	9544.5	243 56 39.46	+0.24	16 07 44.63	−20 56 02.6	0.986 9895
	27	9545.5	244 57 21.83	+0.26	16 12 00.34	−21 07 12.2	0.986 8155
	28	9546.5	245 58 05.81	+0.24	16 16 16.80	−21 17 58.2	0.986 6457
	29	9547.5	246 58 51.36	+0.19	16 20 33.98	−21 28 20.1	0.986 4798
	30	9548.5	247 59 38.46	+0.11	16 24 51.86	−21 38 17.6	0.986 3175
Dec.	1	9549.5	249 00 27.06	+0.01	16 29 10.43	−21 47 50.4	0.986 1586
	2	9550.5	250 01 17.10	−0.12	16 33 29.68	−21 56 58.2	0.986 0028
	3	9551.5	251 02 08.49	−0.26	16 37 49.56	−22 05 40.8	0.985 8500
	4	9552.5	252 03 01.12	−0.41	16 42 10.06	−22 13 57.8	0.985 6999
	5	9553.5	253 03 54.89	−0.56	16 46 31.15	−22 21 49.0	0.985 5525
	6	9554.5	254 04 49.68	−0.69	16 50 52.79	−22 29 14.1	0.985 4079
	7	9555.5	255 05 45.37	−0.80	16 55 14.95	−22 36 12.9	0.985 2662
	8	9556.5	256 06 41.86	−0.88	16 59 37.59	−22 42 45.2	0.985 1278
	9	9557.5	257 07 39.08	−0.93	17 04 00.68	−22 48 50.6	0.984 9930
	10	9558.5	258 08 36.96	−0.95	17 08 24.19	−22 54 29.0	0.984 8621
	11	9559.5	259 09 35.44	−0.93	17 12 48.10	−22 59 40.3	0.984 7355
	12	9560.5	260 10 34.52	−0.88	17 17 12.37	−23 04 24.2	0.984 6135
	13	9561.5	261 11 34.15	−0.81	17 21 36.97	−23 08 40.5	0.984 4965
	14	9562.5	262 12 34.34	−0.72	17 26 01.88	−23 12 29.2	0.984 3847
	15	9563.5	263 13 35.07	−0.60	17 30 27.08	−23 15 50.2	0.984 2783
	16	9564.5	264 14 36.34	−0.48	17 34 52.52	−23 18 43.3	0.984 1776
	17	9565.5	265 15 38.17	−0.34	17 39 18.17	−23 21 08.5	0.984 0827
	18	9566.5	266 16 40.56	−0.21	17 43 44.02	−23 23 05.7	0.983 9938
	19	9567.5	267 17 43.51	−0.09	17 48 10.03	−23 24 34.8	0.983 9109
	20	9568.5	268 18 47.05	+0.03	17 52 36.16	−23 25 35.8	0.983 8342
	21	9569.5	269 19 51.19	+0.13	17 57 02.39	−23 26 08.7	0.983 7636
	22	9570.5	270 20 55.93	+0.20	18 01 28.68	−23 26 13.3	0.983 6991
	23	9571.5	271 22 01.30	+0.26	18 05 55.01	−23 25 49.8	0.983 6406
	24	9572.5	272 23 07.29	+0.28	18 10 21.34	−23 24 58.1	0.983 5881
	25	9573.5	273 24 13.91	+0.27	18 14 47.63	−23 23 38.2	0.983 5414
	26	9574.5	274 25 21.16	+0.24	18 19 13.86	−23 21 50.1	0.983 5002
	27	9575.5	275 26 29.03	+0.17	18 23 40.00	−23 19 33.8	0.983 4645
	28	9576.5	276 27 37.50	+0.08	18 28 06.02	−23 16 49.5	0.983 4338
	29	9577.5	277 28 46.53	−0.03	18 32 31.88	−23 13 37.1	0.983 4078
	30	9578.5	278 29 56.08	−0.16	18 36 57.56	−23 09 56.8	0.983 3864
	31	9579.5	279 31 06.08	−0.30	18 41 23.01	−23 05 48.6	0.983 3691
	32	9580.5	280 32 16.43	−0.44	18 45 48.21	−23 01 12.6	0.983 3556

FOR 0ʰ TERRESTRIAL TIME

Date		Pos. Angle of Axis P	Heliographic		Horiz. Parallax	Semi-Diameter	Ephemeris Transit
			Latitude B_0	Longitude L_0			
		°	°	°	ʺ	′ ʺ	h m s
Nov.	16	+ 21.07	+ 2.73	28.68	8.89	16 10.34	11 44 47.52
	17	+ 20.78	+ 2.62	15.49	8.89	16 10.55	11 44 59.08
	18	+ 20.49	+ 2.50	2.31	8.90	16 10.76	11 45 11.48
	19	+ 20.19	+ 2.38	349.13	8.90	16 10.97	11 45 24.69
	20	+ 19.88	+ 2.26	335.95	8.90	16 11.17	11 45 38.72
	21	+ 19.56	+ 2.13	322.76	8.90	16 11.37	11 45 53.57
	22	+ 19.24	+ 2.01	309.58	8.90	16 11.57	11 46 09.22
	23	+ 18.91	+ 1.89	296.40	8.91	16 11.76	11 46 25.67
	24	+ 18.57	+ 1.77	283.22	8.91	16 11.94	11 46 42.91
	25	+ 18.23	+ 1.64	270.04	8.91	16 12.12	11 47 00.92
	26	+ 17.88	+ 1.52	256.86	8.91	16 12.29	11 47 19.70
	27	+ 17.52	+ 1.39	243.68	8.91	16 12.47	11 47 39.23
	28	+ 17.16	+ 1.27	230.50	8.91	16 12.63	11 47 59.50
	29	+ 16.79	+ 1.14	217.32	8.91	16 12.80	11 48 20.48
	30	+ 16.41	+ 1.01	204.14	8.92	16 12.96	11 48 42.16
Dec.	1	+ 16.03	+ 0.89	190.96	8.92	16 13.11	11 49 04.52
	2	+ 15.64	+ 0.76	177.78	8.92	16 13.27	11 49 27.53
	3	+ 15.25	+ 0.63	164.60	8.92	16 13.42	11 49 51.17
	4	+ 14.85	+ 0.51	151.43	8.92	16 13.57	11 50 15.40
	5	+ 14.44	+ 0.38	138.25	8.92	16 13.71	11 50 40.21
	6	+ 14.03	+ 0.25	125.07	8.92	16 13.86	11 51 05.55
	7	+ 13.62	+ 0.12	111.89	8.93	16 14.00	11 51 31.39
	8	+ 13.20	− 0.01	98.72	8.93	16 14.13	11 51 57.70
	9	+ 12.77	− 0.14	85.54	8.93	16 14.27	11 52 24.45
	10	+ 12.34	− 0.26	72.36	8.93	16 14.40	11 52 51.62
	11	+ 11.91	− 0.39	59.19	8.93	16 14.52	11 53 19.16
	12	+ 11.47	− 0.52	46.01	8.93	16 14.64	11 53 47.06
	13	+ 11.03	− 0.65	32.84	8.93	16 14.76	11 54 15.28
	14	+ 10.58	− 0.78	19.66	8.93	16 14.87	11 54 43.79
	15	+ 10.13	− 0.90	6.49	8.93	16 14.97	11 55 12.56
	16	+ 9.67	− 1.03	353.31	8.94	16 15.07	11 55 41.56
	17	+ 9.22	− 1.16	340.13	8.94	16 15.17	11 56 10.77
	18	+ 8.75	− 1.28	326.96	8.94	16 15.26	11 56 40.15
	19	+ 8.29	− 1.41	313.79	8.94	16 15.34	11 57 09.67
	20	+ 7.82	− 1.54	300.61	8.94	16 15.41	11 57 39.30
	21	+ 7.35	− 1.66	287.44	8.94	16 15.48	11 58 09.01
	22	+ 6.88	− 1.79	274.26	8.94	16 15.55	11 58 38.77
	23	+ 6.41	− 1.91	261.09	8.94	16 15.61	11 59 08.55
	24	+ 5.93	− 2.03	247.92	8.94	16 15.66	11 59 38.32
	25	+ 5.46	− 2.16	234.74	8.94	16 15.70	12 00 08.05
	26	+ 4.98	− 2.28	221.57	8.94	16 15.74	12 00 37.69
	27	+ 4.50	− 2.40	208.40	8.94	16 15.78	12 01 07.23
	28	+ 4.01	− 2.52	195.23	8.94	16 15.81	12 01 36.63
	29	+ 3.53	− 2.64	182.06	8.94	16 15.84	12 02 05.86
	30	+ 3.05	− 2.76	168.89	8.94	16 15.86	12 02 34.88
	31	+ 2.56	− 2.88	155.72	8.94	16 15.87	12 03 03.65
	32	+ 2.08	− 3.00	142.54	8.94	16 15.89	12 03 32.15

SUN, 2021

ICRS GEOCENTRIC RECTANGULAR COORDINATES
FOR 0ʰ TERRESTRIAL TIME

Date		x	y	z	Date		x	y	z
		au	au	au			au	au	au
Jan.	0	+0.161 8984	−0.889 8458	−0.385 7447	Feb.	15	+0.821 0946	−0.503 6883	−0.218 3530
	1	+0.179 1160	−0.887 0522	−0.384 5331		16	+0.830 8102	−0.490 4240	−0.212 6027
	2	+0.196 2788	−0.883 9836	−0.383 2025		17	+0.840 2695	−0.477 0095	−0.206 7873
	3	+0.213 3817	−0.880 6408	−0.381 7532		18	+0.849 4696	−0.463 4495	−0.200 9086
	4	+0.230 4196	−0.877 0247	−0.380 1855		19	+0.858 4083	−0.449 7483	−0.194 9686
	5	+0.247 3874	−0.873 1360	−0.378 4998		20	+0.867 0830	−0.435 9104	−0.188 9694
	6	+0.264 2799	−0.868 9756	−0.376 6965		21	+0.875 4917	−0.421 9403	−0.182 9127
	7	+0.281 0919	−0.864 5443	−0.374 7760		22	+0.883 6321	−0.407 8425	−0.176 8007
	8	+0.297 8180	−0.859 8433	−0.372 7387		23	+0.891 5022	−0.393 6214	−0.170 6353
	9	+0.314 4528	−0.854 8736	−0.370 5850		24	+0.899 1003	−0.379 2814	−0.164 4184
	10	+0.330 9909	−0.849 6365	−0.368 3155		25	+0.906 4244	−0.364 8269	−0.158 1520
	11	+0.347 4267	−0.844 1336	−0.365 9308		26	+0.913 4730	−0.350 2624	−0.151 8380
	12	+0.363 7546	−0.838 3664	−0.363 4315		27	+0.920 2443	−0.335 5920	−0.145 4782
	13	+0.379 9693	−0.832 3369	−0.360 8185		28	+0.926 7368	−0.320 8199	−0.139 0746
	14	+0.396 0651	−0.826 0470	−0.358 0924	Mar.	1	+0.932 9488	−0.305 9505	−0.132 6289
	15	+0.412 0369	−0.819 4990	−0.355 2544		2	+0.938 8788	−0.290 9878	−0.126 1430
	16	+0.427 8793	−0.812 6952	−0.352 3054		3	+0.944 5250	−0.275 9362	−0.119 6186
	17	+0.443 5873	−0.805 6381	−0.349 2464		4	+0.949 8859	−0.260 7997	−0.113 0576
	18	+0.459 1560	−0.798 3303	−0.346 0786		5	+0.954 9596	−0.245 5829	−0.106 4618
	19	+0.474 5804	−0.790 7744	−0.342 8030		6	+0.959 7446	−0.230 2902	−0.099 8331
	20	+0.489 8559	−0.782 9730	−0.339 4209		7	+0.964 2391	−0.214 9261	−0.093 1736
	21	+0.504 9778	−0.774 9290	−0.335 9335		8	+0.968 4416	−0.199 4953	−0.086 4851
	22	+0.519 9417	−0.766 6451	−0.332 3420		9	+0.972 3507	−0.184 0027	−0.079 7696
	23	+0.534 7431	−0.758 1243	−0.328 6477		10	+0.975 9651	−0.168 4531	−0.073 0294
	24	+0.549 3777	−0.749 3692	−0.324 8518		11	+0.979 2836	−0.152 8514	−0.066 2665
	25	+0.563 8412	−0.740 3830	−0.320 9557		12	+0.982 3052	−0.137 2028	−0.059 4831
	26	+0.578 1296	−0.731 1686	−0.316 9606		13	+0.985 0291	−0.121 5122	−0.052 6814
	27	+0.592 2389	−0.721 7288	−0.312 8679		14	+0.987 4546	−0.105 7847	−0.045 8635
	28	+0.606 1649	−0.712 0668	−0.308 6789		15	+0.989 5812	−0.090 0254	−0.039 0316
	29	+0.619 9040	−0.702 1854	−0.304 3950		16	+0.991 4085	−0.074 2394	−0.032 1881
	30	+0.633 4521	−0.692 0876	−0.300 0173		17	+0.992 9364	−0.058 4316	−0.025 3350
	31	+0.646 8055	−0.681 7764	−0.295 5473		18	+0.994 1648	−0.042 6072	−0.018 4746
Feb.	1	+0.659 9604	−0.671 2547	−0.290 9862		19	+0.995 0938	−0.026 7710	−0.011 6091
	2	+0.672 9128	−0.660 5255	−0.286 3353		20	+0.995 7236	−0.010 9279	−0.004 7405
	3	+0.685 6589	−0.649 5917	−0.281 5959		21	+0.996 0546	+0.004 9171	+0.002 1289
	4	+0.698 1947	−0.638 4566	−0.276 7694		22	+0.996 0871	+0.020 7593	+0.008 9971
	5	+0.710 5163	−0.627 1232	−0.271 8570		23	+0.995 8218	+0.036 5938	+0.015 8619
	6	+0.722 6196	−0.615 5950	−0.266 8602		24	+0.995 2593	+0.052 4161	+0.022 7213
	7	+0.734 5008	−0.603 8753	−0.261 7805		25	+0.994 4004	+0.068 2215	+0.029 5732
	8	+0.746 1557	−0.591 9677	−0.256 6194		26	+0.993 2459	+0.084 0054	+0.036 4157
	9	+0.757 5806	−0.579 8761	−0.251 3784		27	+0.991 7968	+0.099 7636	+0.043 2469
	10	+0.768 7716	−0.567 6043	−0.246 0592		28	+0.990 0538	+0.115 4915	+0.050 0648
	11	+0.779 7250	−0.555 1564	−0.240 6636		29	+0.988 0179	+0.131 1851	+0.056 8676
	12	+0.790 4373	−0.542 5366	−0.235 1933		30	+0.985 6901	+0.146 8400	+0.063 6535
	13	+0.800 9051	−0.529 7490	−0.229 6502		31	+0.983 0709	+0.162 4520	+0.070 4208
	14	+0.811 1252	−0.516 7982	−0.224 0361	Apr.	1	+0.980 1614	+0.178 0170	+0.077 1675
	15	+0.821 0946	−0.503 6883	−0.218 3530		2	+0.976 9621	+0.193 5307	+0.083 8919

ICRS GEOCENTRIC RECTANGULAR COORDINATES
FOR 0ʰ TERRESTRIAL TIME

Date		x	y	z	Date		x	y	z
		au	au	au			au	au	au
Apr.	1	+0.980 1614	+0.178 0170	+0.077 1675	May	17	+0.564 9895	+0.769 5408	+0.333 5938
	2	+0.976 9621	+0.193 5307	+0.083 8919		18	+0.550 9151	+0.778 3051	+0.337 3936
	3	+0.973 4739	+0.208 9885	+0.090 5921		19	+0.536 6840	+0.786 8457	+0.341 0962
	4	+0.969 6976	+0.224 3861	+0.097 2662		20	+0.522 3008	+0.795 1606	+0.344 7009
	5	+0.965 6341	+0.239 7188	+0.103 9123		21	+0.507 7699	+0.803 2477	+0.348 2066
	6	+0.961 2845	+0.254 9820	+0.110 5284		22	+0.493 0956	+0.811 1051	+0.351 6127
	7	+0.956 6502	+0.270 1712	+0.117 1125		23	+0.478 2825	+0.818 7312	+0.354 9183
	8	+0.951 7323	+0.285 2815	+0.123 6625		24	+0.463 3347	+0.826 1243	+0.358 1227
	9	+0.946 5324	+0.300 3084	+0.130 1766		25	+0.448 2566	+0.833 2828	+0.361 2253
	10	+0.941 0523	+0.315 2471	+0.136 6526		26	+0.433 0521	+0.840 2052	+0.364 2254
	11	+0.935 2937	+0.330 0931	+0.143 0885		27	+0.417 7254	+0.846 8899	+0.367 1225
	12	+0.929 2585	+0.344 8418	+0.149 4824		28	+0.402 2803	+0.853 3352	+0.369 9158
	13	+0.922 9490	+0.359 4886	+0.155 8322		29	+0.386 7210	+0.859 5396	+0.372 6047
	14	+0.916 3673	+0.374 0291	+0.162 1361		30	+0.371 0513	+0.865 5013	+0.375 1886
	15	+0.909 5158	+0.388 4590	+0.168 3920		31	+0.355 2753	+0.871 2185	+0.377 6665
	16	+0.902 3969	+0.402 7739	+0.174 5981	June	1	+0.339 3974	+0.876 6895	+0.380 0379
	17	+0.895 0132	+0.416 9695	+0.180 7526		2	+0.323 4218	+0.881 9124	+0.382 3019
	18	+0.887 3674	+0.431 0418	+0.186 8536		3	+0.307 3529	+0.886 8857	+0.384 4579
	19	+0.879 4623	+0.444 9868	+0.192 8993		4	+0.291 1954	+0.891 6077	+0.386 5050
	20	+0.871 3007	+0.458 8004	+0.198 8879		5	+0.274 9538	+0.896 0768	+0.388 4428
	21	+0.862 8854	+0.472 4789	+0.204 8179		6	+0.258 6328	+0.900 2917	+0.390 2704
	22	+0.854 2196	+0.486 0184	+0.210 6876		7	+0.242 2373	+0.904 2510	+0.391 9873
	23	+0.845 3061	+0.499 4155	+0.216 4953		8	+0.225 7720	+0.907 9535	+0.393 5930
	24	+0.836 1482	+0.512 6666	+0.222 2396		9	+0.209 2419	+0.911 3979	+0.395 0868
	25	+0.826 7487	+0.525 7683	+0.227 9189		10	+0.192 6519	+0.914 5834	+0.396 4685
	26	+0.817 1106	+0.538 7174	+0.233 5319		11	+0.176 0071	+0.917 5089	+0.397 7374
	27	+0.807 2370	+0.551 5106	+0.239 0772		12	+0.159 3123	+0.920 1738	+0.398 8933
	28	+0.797 1307	+0.564 1447	+0.244 5534		13	+0.142 5728	+0.922 5772	+0.399 9358
	29	+0.786 7944	+0.576 6166	+0.249 9592		14	+0.125 7935	+0.924 7188	+0.400 8647
	30	+0.776 2309	+0.588 9230	+0.255 2933		15	+0.108 9796	+0.926 5981	+0.401 6797
May	1	+0.765 4430	+0.601 0605	+0.260 5541		16	+0.092 1360	+0.928 2148	+0.402 3808
	2	+0.754 4334	+0.613 0257	+0.265 7404		17	+0.075 2677	+0.929 5687	+0.402 9678
	3	+0.743 2052	+0.624 8152	+0.270 8506		18	+0.058 3798	+0.930 6599	+0.403 4408
	4	+0.731 7613	+0.636 4254	+0.275 8832		19	+0.041 4771	+0.931 4885	+0.403 7998
	5	+0.720 1051	+0.647 8529	+0.280 8367		20	+0.024 5644	+0.932 0547	+0.404 0448
	6	+0.708 2397	+0.659 0943	+0.285 7097		21	+0.007 6464	+0.932 3586	+0.404 1760
	7	+0.696 1688	+0.670 1460	+0.290 5007		22	−0.009 2723	+0.932 4007	+0.404 1936
	8	+0.683 8957	+0.681 0048	+0.295 2082		23	−0.026 1872	+0.932 1813	+0.404 0978
	9	+0.671 4244	+0.691 6675	+0.299 8308		24	−0.043 0940	+0.931 7008	+0.403 8888
	10	+0.658 7585	+0.702 1307	+0.304 3671		25	−0.059 9883	+0.930 9594	+0.403 5667
	11	+0.645 9019	+0.712 3914	+0.308 8157		26	−0.076 8660	+0.929 9573	+0.403 1317
	12	+0.632 8588	+0.722 4466	+0.313 1752		27	−0.093 7227	+0.928 6947	+0.402 5839
	13	+0.619 6331	+0.732 2933	+0.317 4445		28	−0.110 5540	+0.927 1717	+0.401 9234
	14	+0.606 2290	+0.741 9288	+0.321 6221		29	−0.127 3555	+0.925 3886	+0.401 1503
	15	+0.592 6509	+0.751 3502	+0.325 7070		30	−0.144 1226	+0.923 3455	+0.400 2646
	16	+0.578 9029	+0.760 5550	+0.329 6979	July	1	−0.160 8507	+0.921 0426	+0.399 2665
	17	+0.564 9895	+0.769 5408	+0.333 5938		2	−0.177 5351	+0.918 4804	+0.398 1561

SUN, 2021

ICRS GEOCENTRIC RECTANGULAR COORDINATES
FOR 0^h TERRESTRIAL TIME

Date		x	y	z	Date		x	y	z
		au	au	au			au	au	au
July	1	−0.160 8507	+0.921 0426	+0.399 2665	Aug.	16	−0.809 4831	+0.558 2544	+0.242 0049
	2	−0.177 5351	+0.918 4804	+0.398 1561		17	−0.819 4184	+0.545 6141	+0.236 5247
	3	−0.194 1710	+0.915 6592	+0.396 9335		18	−0.829 1195	+0.532 8199	+0.230 9778
	4	−0.210 7536	+0.912 5796	+0.395 5991		19	−0.838 5840	+0.519 8752	+0.225 3657
	5	−0.227 2781	+0.909 2422	+0.394 1530		20	−0.847 8094	+0.506 7837	+0.219 6901
	6	−0.243 7396	+0.905 6479	+0.392 5956		21	−0.856 7935	+0.493 5489	+0.213 9525
	7	−0.260 1333	+0.901 7973	+0.390 9271		22	−0.865 5337	+0.480 1743	+0.208 1544
	8	−0.276 4542	+0.897 6916	+0.389 1480		23	−0.874 0278	+0.466 6632	+0.202 2973
	9	−0.292 6975	+0.893 3318	+0.387 2588		24	−0.882 2733	+0.453 0191	+0.196 3827
	10	−0.308 8582	+0.888 7191	+0.385 2598		25	−0.890 2679	+0.439 2456	+0.190 4122
	11	−0.324 9316	+0.883 8549	+0.383 1517		26	−0.898 0089	+0.425 3462	+0.184 3872
	12	−0.340 9126	+0.878 7405	+0.380 9351		27	−0.905 4941	+0.411 3243	+0.178 3092
	13	−0.356 7966	+0.873 3777	+0.378 6106		28	−0.912 7208	+0.397 1838	+0.172 1800
	14	−0.372 5788	+0.867 7680	+0.376 1789		29	−0.919 6867	+0.382 9284	+0.166 0009
	15	−0.388 2545	+0.861 9134	+0.373 6409		30	−0.926 3894	+0.368 5619	+0.159 7738
	16	−0.403 8192	+0.855 8158	+0.370 9975		31	−0.932 8265	+0.354 0883	+0.153 5002
	17	−0.419 2684	+0.849 4773	+0.368 2494	Sept.	1	−0.938 9957	+0.339 5115	+0.147 1818
	18	−0.434 5977	+0.842 8999	+0.365 3976		2	−0.944 8947	+0.324 8356	+0.140 8205
	19	−0.449 8031	+0.836 0858	+0.362 4431		3	−0.950 5213	+0.310 0648	+0.134 4179
	20	−0.464 8805	+0.829 0372	+0.359 3869		4	−0.955 8734	+0.295 2033	+0.127 9759
	21	−0.479 8259	+0.821 7563	+0.356 2300		5	−0.960 9489	+0.280 2556	+0.121 4964
	22	−0.494 6355	+0.814 2452	+0.352 9733		6	−0.965 7458	+0.265 2260	+0.114 9813
	23	−0.509 3055	+0.806 5060	+0.349 6178		7	−0.970 2624	+0.250 1190	+0.108 4324
	24	−0.523 8323	+0.798 5408	+0.346 1644		8	−0.974 4968	+0.234 9394	+0.101 8519
	25	−0.538 2121	+0.790 3515	+0.342 6140		9	−0.978 4477	+0.219 6919	+0.095 2418
	26	−0.552 4412	+0.781 9402	+0.338 9675		10	−0.982 1135	+0.204 3811	+0.088 6042
	27	−0.566 5156	+0.773 3087	+0.335 2258		11	−0.985 4932	+0.189 0119	+0.081 9411
	28	−0.580 4316	+0.764 4593	+0.331 3897		12	−0.988 5858	+0.173 5889	+0.075 2546
	29	−0.594 1851	+0.755 3939	+0.327 4601		13	−0.991 3905	+0.158 1170	+0.068 5469
	30	−0.607 7723	+0.746 1147	+0.323 4380		14	−0.993 9066	+0.142 6006	+0.061 8199
	31	−0.621 1890	+0.736 6240	+0.319 3244		15	−0.996 1336	+0.127 0444	+0.055 0757
Aug.	1	−0.634 4313	+0.726 9242	+0.315 1201		16	−0.998 0711	+0.111 4528	+0.048 3163
	2	−0.647 4951	+0.717 0177	+0.310 8264		17	−0.999 7186	+0.095 8302	+0.041 5435
	3	−0.660 3766	+0.706 9070	+0.306 4442		18	−1.001 0758	+0.080 1809	+0.034 7593
	4	−0.673 0715	+0.696 5950	+0.301 9746		19	−1.002 1423	+0.064 5092	+0.027 9656
	5	−0.685 5761	+0.686 0842	+0.297 4189		20	−1.002 9178	+0.048 8194	+0.021 1642
	6	−0.697 8864	+0.675 3777	+0.292 7783		21	−1.003 4019	+0.033 1156	+0.014 3568
	7	−0.709 9985	+0.664 4783	+0.288 0540		22	−1.003 5943	+0.017 4022	+0.007 5454
	8	−0.721 9085	+0.653 3891	+0.283 2473		23	−1.003 4946	+0.001 6833	+0.000 7318
	9	−0.733 6126	+0.642 1135	+0.278 3596		24	−1.003 1025	−0.014 0366	−0.006 0822
	10	−0.745 1072	+0.630 6547	+0.273 3924		25	−1.002 4176	−0.029 7532	−0.012 8947
	11	−0.756 3887	+0.619 0162	+0.268 3471		26	−1.001 4398	−0.045 4622	−0.019 7038
	12	−0.767 4535	+0.607 2015	+0.263 2253		27	−1.000 1687	−0.061 1590	−0.026 5076
	13	−0.778 2985	+0.595 2142	+0.258 0285		28	−0.998 6042	−0.076 8390	−0.033 3043
	14	−0.788 9204	+0.583 0582	+0.252 7585		29	−0.996 7464	−0.092 4979	−0.040 0917
	15	−0.799 3162	+0.570 7370	+0.247 4167		30	−0.994 5950	−0.108 1308	−0.046 8680
	16	−0.809 4831	+0.558 2544	+0.242 0049	Oct.	1	−0.992 1503	−0.123 7333	−0.053 6312

ICRS GEOCENTRIC RECTANGULAR COORDINATES
FOR 0^h TERRESTRIAL TIME

Date		x	y	z	Date		x	y	z
		au	au	au			au	au	au
Oct.	1	−0.992 1503	−0.123 7333	−0.053 6312	Nov.	16	−0.587 6420	−0.729 8381	−0.316 3816
	2	−0.989 4123	−0.139 3004	−0.060 3793		17	−0.573 4378	−0.739 0404	−0.320 3703
	3	−0.986 3814	−0.154 8275	−0.067 1101		18	−0.559 0594	−0.748 0171	−0.324 2611
	4	−0.983 0579	−0.170 3096	−0.073 8216		19	−0.544 5109	−0.756 7656	−0.328 0530
	5	−0.979 4422	−0.185 7420	−0.080 5116		20	−0.529 7964	−0.765 2833	−0.331 7447
	6	−0.975 5352	−0.201 1195	−0.087 1781		21	−0.514 9201	−0.773 5675	−0.335 3353
	7	−0.971 3376	−0.216 4373	−0.093 8188		22	−0.499 8861	−0.781 6155	−0.338 8235
	8	−0.966 8505	−0.231 6903	−0.100 4316		23	−0.484 6986	−0.789 4249	−0.342 2083
	9	−0.962 0751	−0.246 8736	−0.107 0142		24	−0.469 3620	−0.796 9931	−0.345 4886
	10	−0.957 0131	−0.261 9823	−0.113 5645		25	−0.453 8805	−0.804 3174	−0.348 6634
	11	−0.951 6660	−0.277 0117	−0.120 0804		26	−0.438 2586	−0.811 3955	−0.351 7315
	12	−0.946 0356	−0.291 9570	−0.126 5599		27	−0.422 5007	−0.818 2247	−0.354 6920
	13	−0.940 1238	−0.306 8139	−0.133 0009		28	−0.406 6113	−0.824 8027	−0.357 5437
	14	−0.933 9326	−0.321 5779	−0.139 4015		29	−0.390 5951	−0.831 1270	−0.360 2855
	15	−0.927 4638	−0.336 2448	−0.145 7599		30	−0.374 4568	−0.837 1952	−0.362 9166
	16	−0.920 7194	−0.350 8103	−0.152 0741	Dec.	1	−0.358 2013	−0.843 0049	−0.365 4357
	17	−0.913 7015	−0.365 2703	−0.158 3425		2	−0.341 8337	−0.848 5539	−0.367 8418
	18	−0.906 4121	−0.379 6207	−0.164 5632		3	−0.325 3590	−0.853 8398	−0.370 1341
	19	−0.898 8531	−0.393 8575	−0.170 7345		4	−0.308 7827	−0.858 8607	−0.372 3114
	20	−0.891 0265	−0.407 9765	−0.176 8547		5	−0.292 1103	−0.863 6146	−0.374 3730
	21	−0.882 9343	−0.421 9739	−0.182 9219		6	−0.275 3473	−0.868 0998	−0.376 3181
	22	−0.874 5787	−0.435 8454	−0.188 9346		7	−0.258 4994	−0.872 3149	−0.378 1460
	23	−0.865 9617	−0.449 5870	−0.194 8909		8	−0.241 5722	−0.876 2586	−0.379 8560
	24	−0.857 0853	−0.463 1948	−0.200 7892		9	−0.224 5713	−0.879 9298	−0.381 4478
	25	−0.847 9518	−0.476 6645	−0.206 6276		10	−0.207 5023	−0.883 3276	−0.382 9209
	26	−0.838 5635	−0.489 9921	−0.212 4045		11	−0.190 3705	−0.886 4513	−0.384 2750
	27	−0.828 9226	−0.503 1735	−0.218 1181		12	−0.173 1813	−0.889 2999	−0.385 5097
	28	−0.819 0316	−0.516 2045	−0.223 7666		13	−0.155 9399	−0.891 8729	−0.386 6248
	29	−0.808 8929	−0.529 0811	−0.229 3483		14	−0.138 6518	−0.894 1698	−0.387 6200
	30	−0.798 5090	−0.541 7991	−0.234 8613		15	−0.121 3220	−0.896 1898	−0.388 4952
	31	−0.787 8828	−0.554 3542	−0.240 3039		16	−0.103 9557	−0.897 9327	−0.389 2501
Nov.	1	−0.777 0169	−0.566 7424	−0.245 6744		17	−0.086 5582	−0.899 3978	−0.389 8846
	2	−0.765 9142	−0.578 9595	−0.250 9707		18	−0.069 1344	−0.900 5849	−0.390 3986
	3	−0.754 5779	−0.591 0011	−0.256 1913		19	−0.051 6897	−0.901 4935	−0.390 7919
	4	−0.743 0112	−0.602 8632	−0.261 3341		20	−0.034 2290	−0.902 1234	−0.391 0645
	5	−0.731 2176	−0.614 5417	−0.266 3974		21	−0.016 7575	−0.902 4743	−0.391 2161
	6	−0.719 2007	−0.626 0324	−0.271 3794		22	+0.000 7197	−0.902 5460	−0.391 2469
	7	−0.706 9644	−0.637 3315	−0.276 2783		23	+0.018 1975	−0.902 3382	−0.391 1566
	8	−0.694 5127	−0.648 4352	−0.281 0925		24	+0.035 6706	−0.901 8509	−0.390 9453
	9	−0.681 8498	−0.659 3401	−0.285 8204		25	+0.053 1339	−0.901 0838	−0.390 6129
	10	−0.668 9797	−0.670 0426	−0.290 4605		26	+0.070 5821	−0.900 0370	−0.390 1594
	11	−0.655 9067	−0.680 5397	−0.295 0113		27	+0.088 0100	−0.898 7104	−0.389 5847
	12	−0.642 6349	−0.690 8283	−0.299 4716		28	+0.105 4122	−0.897 1040	−0.388 8889
	13	−0.629 1684	−0.700 9052	−0.303 8400		29	+0.122 7833	−0.895 2180	−0.388 0720
	14	−0.615 5114	−0.710 7677	−0.308 1153		30	+0.140 1176	−0.893 0527	−0.387 1341
	15	−0.601 6679	−0.720 4129	−0.312 2962		31	+0.157 4096	−0.890 6082	−0.386 0752
	16	−0.587 6420	−0.729 8381	−0.316 3816		32	+0.174 6536	−0.887 8850	−0.384 8956

CONTENTS OF SECTION D

This symbol indicates that these data or auxiliary material may also be found on *The Astronomical Almanac Online* at **https://aa.usno.navy.mil/publications/asa.html** and **http://asa.hmnao.com**

NOTE: All the times on this page are expressed in Universal Time (UT1).

PHASES OF THE MOON

Lunation	New Moon			First Quarter			Full Moon			Last Quarter		
		d	h m		d	h m		d	h m		d	h m
1212										Jan.	6	09 37
1213	Jan.	13	05 00	Jan.	20	21 02	Jan.	28	19 16	Feb.	4	17 37
1214	Feb.	11	19 06	Feb.	19	18 47	Feb.	27	08 17	Mar.	6	01 30
1215	Mar.	13	10 21	Mar.	21	14 40	Mar.	28	18 48	Apr.	4	10 02
1216	Apr.	12	02 31	Apr.	20	06 59	Apr.	27	03 32	May	3	19 50
1217	May	11	19 00	May	19	19 13	May	26	11 14	June	2	07 24
1218	June	10	10 53	June	18	03 54	June	24	18 40	July	1	21 11
1219	July	10	01 17	July	17	10 11	July	24	02 37	July	31	13 16
1220	Aug.	8	13 50	Aug.	15	15 20	Aug.	22	12 02	Aug.	30	07 13
1221	Sept.	7	00 52	Sept.	13	20 39	Sept.	20	23 55	Sept.	29	01 57
1222	Oct.	6	11 05	Oct.	13	03 25	Oct.	20	14 57	Oct.	28	20 05
1223	Nov.	4	21 15	Nov.	11	12 46	Nov.	19	08 57	Nov.	27	12 28
1224	Dec.	4	07 43	Dec.	11	01 36	Dec.	19	04 36	Dec.	27	02 24

MOON AT PERIGEE						MOON AT APOGEE					
	d h		d h		d h		d h		d h		d h
Jan.	9 16	May	26 02	Oct.	8 17	Jan.	21 13	June	8 02	Oct.	24 15
Feb.	3 19	June	23 10	Nov.	5 22	Feb.	18 10	July	5 15	Nov.	21 02
Mar.	2 05	July	21 10	Dec.	4 10	Mar.	18 05	Aug.	2 08	Dec.	18 02
Mar.	30 06	Aug.	17 09			Apr.	14 18	Aug.	30 02		
Apr.	27 15	Sept.	11 10			May	11 22	Sept.	26 22		

NOTES AND FORMULAE

Mean elements of the orbit of the Moon

The following expressions for the mean elements of the Moon are based on the fundamental arguments developed by Simon *et al.* (*Astron. & Astrophys.*, **282**, 663, 1994). The angular elements are referred to the mean equinox and ecliptic of date. The time argument (d) is the interval in days from 2021 January 0 at 0^h TT. These expressions are intended for use during 2021 only.

$$d = \text{JD} - 245\,9214 \cdot 5 = \text{day of year (from B4–B5)} + \text{fraction of day from } 0^h \text{ TT}$$

Mean longitude of the Moon, measured in the ecliptic to the mean ascending node and then along the mean orbit:
$$L' = 114°689\,335 + 13 \cdot 176\,396\,46\,d$$

Mean longitude of the lunar perigee, measured as for L':
$$\Gamma' = 217°762\,099 + 0 \cdot 111\,403\,40\,d$$

Mean longitude of the mean ascending node of the lunar orbit on the ecliptic:
$$\Omega = 78°915\,747 - 0 \cdot 052\,953\,74\,d$$

Mean elongation of the Moon from the Sun:
$$D = L' - L = 194°800\,459 + 12 \cdot 190\,749\,10\,d$$

Mean inclination of the lunar orbit to the ecliptic: $5°156\,6898$.

Mean elements of the rotation of the Moon

The following expressions give the mean elements of the mean equator of the Moon, referred to the true equator of the Earth, during 2021 to a precision of about $0°001$; the time-argument d is as defined above for the orbital elements.

Inclination of the mean equator of the Moon to the true equator of the Earth:
$$i = 23°1875 - 0 \cdot 001\,427\,d + 0 \cdot 000\,000\,197\,d^2$$

Arc of the mean equator of the Moon from its ascending node on the true equator of the Earth to its ascending node on the ecliptic of date:
$$\Delta = 262°4449 - 0 \cdot 053\,376\,d - 0 \cdot 000\,001\,539\,d^2$$

Arc of the true equator of the Earth from the true equinox of date to the ascending node of the mean equator of the Moon:
$$\Omega' = -3°8475 + 0 \cdot 000\,480\,d + 0 \cdot 000\,001\,670\,d^2$$

The inclination (I) of the mean lunar equator to the ecliptic: $1° \, 32' \, 33''6$

The ascending node of the mean lunar equator on the ecliptic is at the descending node of the mean lunar orbit on the ecliptic, that is at longitude $\Omega + 180°$.

Lengths of mean months

The lengths of the mean months at 2021·0, as derived from the mean orbital elements are:

		d	d h m s
synodic month	(new moon to new moon)	29·530 589	29 12 44 02·9
tropical month	(equinox to equinox)	27·321 582	27 07 43 04·7
sidereal month	(fixed star to fixed star)	27·321 662	27 07 43 11·6
anomalistic month	(perigee to perigee)	27·554 550	27 13 18 33·1
draconic month	(node to node)	27·212 221	27 05 05 35·9

NOTES AND FORMULAE

Geocentric coordinates

The apparent longitude (λ) and latitude (β) of the Moon given on pages D6–D20 are referred to the true ecliptic and equinox of date: the apparent right ascension (α) and declination (δ) are referred to the true equator and equinox of date. These coordinates are primarily intended for planning purposes. The true distance r in kilometres and the horizonal parallax (π) are also tabulated. The semidiameter s may be formed from

$$\sin s = \frac{R_M}{r} = \frac{R_M}{a_E} \sin \pi = 0 \cdot 272\,399 \sin \pi$$

where π is the horizontal parallax, $R_M = 1737 \cdot 4$ km is the mean radius of the Moon, and $a_E = 6\,378 \cdot 1366$ km is the equatorial radius of the Earth. The semidiameter is tabulated on pages D7–D21. The distance r_e in Earth radii may be obtained from

$$r_e = \frac{r}{a_E} = r/6\,378 \cdot 1366$$

More precise values of right ascension, declination and horizontal parallax for any time may be obtained by using the polynomial coefficients given on *The Astronomical Almanac Online*.

The tabulated values are all referred to the centre of the Earth, and may differ from the topocentric values by up to about 1 degree in angle and 2 per cent in distance.

Time of transit of the Moon

The TT of upper (or lower) transit of the Moon over a local meridian may be obtained by interpolation in the tabulation of the time of upper (or lower) transit over the ephemeris meridian given on pages D6–D20, where the first differences are about 25 hours. The interpolation factor p is given by:

$$p = -\lambda + 1 \cdot 002\,738 \, \Delta T$$

where λ is the *east* longitude and the right-hand side is expressed in days. (Divide longitude in degrees by 360 and ΔT in seconds by 86 400). During 2021 it is expected that ΔT will be about 71 seconds, so that the second term is about $+0 \cdot 000\,82$ days. In general, second-order differences are sufficient to give times to a few seconds, but higher-order differences must be taken into account if a precision of better than 1 second is required. The UT1 of transit is obtained by subtracting ΔT from the TT of transit, which is obtained by interpolation.

Topocentric coordinates

The topocentric equatorial rectangular coordinates of the Moon (x', y', z'), referred to the true equinox of date, are equal to the geocentric equatorial rectangular coordinates of the Moon *minus* the geocentric equatorial rectangular coordinates of the observer. Hence, the topocentric right ascension (α'), declination (δ') and distance (r') of the Moon may be calculated from the formulae:

$$
\begin{aligned}
x' &= r' \cos \delta' \cos \alpha' = r \cos \delta \cos \alpha - \rho \cos \phi' \cos \theta_0 \\
y' &= r' \cos \delta' \sin \alpha' = r \cos \delta \sin \alpha - \rho \cos \phi' \sin \theta_0 \\
z' &= r' \sin \delta' \quad\quad\;\; = r \sin \delta \quad\quad\; - \rho \sin \phi'
\end{aligned}
$$

where θ_0 is the local apparent sidereal time (see B11) and ρ and ϕ' are the geocentric distance and latitude of the observer.

Then $\quad\quad\quad\quad r'^2 = x'^2 + y'^2 + z'^2, \quad \alpha' = \tan^{-1}(y'/x'), \quad \delta' = \sin^{-1}(z'/r')$

The topocentric hour angle (h') may be calculated from $h' = \theta_0 - \alpha'$.

Physical ephemeris

See page D4 for notes on the physical ephemeris of the Moon on pages D7–D21.

NOTES AND FORMULAE

Appearance of the Moon

The quantities tabulated in the ephemeris for physical observations of the Moon on odd pages D7–D21 represent the geocentric aspect and illumination of the Moon's disk. The semidiameter of the Moon is also included on these pages. For most purposes it is sufficient to regard the instant of tabulation as 0^h UT1. The fraction illuminated (or phase) is the ratio of the illuminated area to the total area of the lunar disk; it is also the fraction of the diameter illuminated perpendicular to the line of cusps. This quantity indicates the general aspect of the Moon, while the precise times of the four principal phases are given on pages A1 and D1; they are the times when the apparent longitudes of the Moon and Sun differ by $0°$, $90°$, $180°$ and $270°$.

The position angle of the bright limb is measured anticlockwise around the disk from the north point (of the hour circle through the centre of the apparent disk) to the midpoint of the bright limb. Before full moon the morning terminator is visible and the position angle of the northern cusp is $90°$ greater than the position angle of the bright limb; after full moon the evening terminator is visible and the position angle of the northern cusp is $90°$ less than the position angle of the bright limb.

The brightness of the Moon is determined largely by the fraction illuminated, but it also depends on the distance of the Moon, on the nature of the part of the lunar surface that is illuminated, and on other factors. The integrated visual magnitude of the full Moon at mean distance is about -12.7. The crescent Moon is not normally visible to the naked eye when the phase is less than 0.01, but much depends on the conditions of observation.

Selenographic coordinates

The positions of points on the Moon's surface are specified by a system of selenographic coordinates, in which latitude is measured positively to the north from the equator of the pole of rotation, and longitude is measured positively to the east on the selenocentric celestial sphere from the lunar meridian through the mean centre of the apparent disk. Selenographic longitudes are measured positive to the west (towards Mare Crisium) on the apparent disk; this sign convention implies that the longitudes of the Sun and of the terminators are decreasing functions of time, and so for some purposes it is convenient to use colongitude which is $90°$ (or $450°$) minus longitude.

The tabulated values of the Earth's selenographic longitude and latitude specify the sub-terrestrial point on the Moon's surface (that is, the centre of the apparent disk). The position angle of the axis of rotation is measured anticlockwise from the north point, and specifies the orientation of the lunar meridian through the sub-terrestrial point, which is the pole of the great circle that corresponds to the limb of the Moon.

The tabulated values of the Sun's selenographic colongitude and latitude specify the sub-solar point of the Moon's surface (that is at the pole of the great circle that bounds the illuminated hemisphere). The following relations hold approximately:

longitude of morning terminator $= 360° -$ colongitude of Sun
longitude of evening terminator $= 180°$ (or $540°$) $-$ colongitude of Sun

The altitude (a) of the Sun above the lunar horizon at a point at selenographic longitude and latitude (l, b) may be calculated from:

$$\sin a = \sin b_0 \sin b + \cos b_0 \cos b \sin (c_0 + l)$$

where (c_0, b_0) are the Sun's colongitude and latitude at the time.

NOTES AND FORMULAE

Librations of the Moon

On average the same hemisphere of the Moon is always turned to the Earth but there is a periodic oscillation or libration of the apparent position of the lunar surface that allows about 59 per cent of the surface to be seen from the Earth. The libration is due partly to a physical libration, which is an oscillation of the actual rotational motion about its mean rotation, but mainly to the much larger geocentric optical libration, which results from the non-uniformity of the revolution of the Moon around the centre of the Earth. Both of these effects are taken into account in the computation of the Earth's selenographic longitude (l) and latitude (b) and of the position angle (C) of the axis of rotation. There is a further contribution to the optical libration due to the difference between the viewpoints of the observer on the surface of the Earth and of the hypothetical observer at the centre of the Earth. These topocentric optical librations may be as much as 1° and have important effects on the apparent contour of the limb.

When the libration in longitude, that is the selenographic longitude of the Earth, is positive the mean centre of the disk is displaced eastwards on the celestial sphere, exposing to view a region on the west limb. When the libration in latitude, or selenographic latitude of the Earth, is positive the mean centre of the disk is displaced towards the south, and a region on the north limb is exposed to view. In a similar way the selenographic coordinates of the Sun show which regions of the lunar surface are illuminated.

Differential corrections to be applied to the tabular geocentric librations to form the topocentric librations may be computed from the following formulae:

$$\Delta l = -\pi' \sin(Q - C) \sec b$$
$$\Delta b = +\pi' \cos(Q - C)$$
$$\Delta C = +\sin(b + \Delta b)\, \Delta l - \pi' \sin Q \tan \delta$$

where Q is the geocentric parallactic angle of the Moon and π' is the geocentric parallax (diurnal parallax). The latter is obtained from the Moon's horizontal parallax (π), which is tabulated on even pages D6–D20 by using:

$$\pi' = \pi\,(\sin z + 0{\cdot}0084 \sin 2z)$$

where z is the geocentric zenith distance of the Moon. The values of z and Q may be calculated from the geocentric right ascension (α) and declination (δ) of the Moon by using:

$$\sin z \sin Q = \cos \phi \sin h$$
$$\sin z \cos Q = \cos \delta \sin \phi - \sin \delta \cos \phi \cos h$$
$$\cos z = \sin \delta \sin \phi + \cos \delta \cos \phi \cos h$$

where ϕ is the geocentric latitude of the observer and h is the local hour angle of the Moon, given by:

$$h = \text{local apparent sidereal time} - \alpha$$

Second differences must be taken into account in the interpolation of the tabular geocentric librations to the time of observation.

MOON, 2021

FOR 0ʰ TERRESTRIAL TIME

Date 0ʰ TT	Apparent Longitude	Latitude	Apparent R.A.	Dec.	True Distance	Horiz. Parallax	Ephemeris Transit for date Upper	Lower
	° ′ ″	° ′ ″	h m s	° ′ ″	km	′ ″	h	h
Jan. 0	109 46 19	+2 37 07	7 27 14·98	+24 34 14·7	389 846·196	56 14·78	00·8257	13·2795
1	122 43 29	+3 34 19	8 23 33·98	+23 01 27·5	386 476·620	56 44·20	01·7310	14·1779
2	135 54 26	+4 21 10	9 18 58·56	+20 13 04·6	383 246·057	57 12·90	02·6184	15·0514
3	149 18 24	+4 54 33	10 12 50·63	+16 18 27·5	380 195·086	57 40·45	03·4765	15·8943
4	162 54 25	+5 12 00	11 05 05·59	+11 30 44·9	377 336·905	58 06·67	04·3055	16·7116
5	176 41 25	+5 11 52	11 56 08·75	+ 6 05 03·0	374 683·214	58 31·36	05·1145	17·5163
6	190 38 20	+4 53 30	12 46 46·61	+ 0 17 26·6	372 271·285	58 54·11	05·9194	18·3262
7	204 44 02	+4 17 24	13 37 57·56	− 5 35 05·2	370 184·829	59 14·04	06·7392	19·1607
8	218 57 08	+3 25 17	14 30 42·79	−11 14 09·1	368 561·693	59 29·69	07·5929	20·0377
9	233 15 39	+2 20 06	15 25 55·23	−16 19 31·2	367 583·583	59 39·19	08·4961	20·9686
10	247 36 55	+1 05 57	16 24 03·90	−20 29 36·2	367 447·086	59 40·52	09·4544	21·9516
11	261 57 22	−0 12 11	17 24 55·25	−23 23 43·4	368 320·704	59 32·03	10·4571	22·9668
12	276 12 41	−1 28 58	18 27 21·92	−24 46 20·1	370 298·207	59 12·95	11·4759	23·9793
13	290 18 09	−2 39 16	19 29 34·66	−24 31 37·0	373 361·561	58 43·79	12·4725	…
14	304 09 17	−3 38 48	20 29 39·78	−22 45 26·9	377 364·879	58 06·41	13·4147	00·9519
15	317 42 27	−4 24 32	21 26 18·99	−19 43 03·8	382 044·133	57 23·70	14·2866	01·8597
16	330 55 21	−4 54 48	22 19 06·20	−15 44 02·1	387 049·011	56 39·17	15·0891	02·6960
17	343 47 23	−5 09 10	23 08 19·40	−11 07 38·2	391 987·378	55 56·34	15·8342	03·4678
18	356 19 39	−5 08 12	23 54 42·96	− 6 10 20·4	396 471·583	55 18·38	16·5387	04·1904
19	8 34 45	−4 53 02	0 39 12·79	− 1 05 17·7	400 158·562	54 47·80	17·2211	04·8815
20	20 36 29	−4 25 07	1 22 47·72	+ 3 57 01·5	402 779·731	54 26·40	17·8995	05·5597
21	32 29 26	−3 46 03	2 06 25·49	+ 8 47 42·3	404 160·030	54 15·24	18·5912	06·2426
22	44 18 44	−2 57 33	2 51 00·57	+13 18 13·6	404 227·264	54 14·70	19·3118	06·9470
23	56 09 37	−2 01 21	3 37 21·69	+17 19 26·9	403 013·249	54 24·51	20·0744	07·6872
24	68 07 11	−0 59 24	4 26 07·07	+20 40 55·3	400 647·805	54 43·78	20·8868	08·4742
25	80 16 05	+0 06 04	5 17 36·92	+23 10 51·7	397 345·927	55 11·07	21·7485	09·3120
26	92 40 09	+1 12 28	6 11 44·58	+24 37 03·0	393 388·014	55 44·39	22·6486	10·1949
27	105 22 12	+2 16 42	7 07 51·50	+24 48 52·9	389 093·222	56 21·31	23·5670	11·1070
28	118 23 34	+3 15 18	8 04 53·12	+23 40 03·1	384 787·099	56 59·15	…	12·0256
29	131 44 05	+4 04 38	9 01 37·43	+21 10 46·2	380 766·648	57 35·26	00·4803	12·9291
30	145 21 56	+4 41 07	9 57 08·16	+17 28 19·2	377 268·178	58 07·30	01·3706	13·8044
31	159 13 58	+5 01 48	10 51 00·31	+12 45 48·8	374 444·700	58 33·60	02·2304	14·6496
Feb. 1	173 16 11	+5 04 42	11 43 22·31	+ 7 20 00·5	372 358·822	58 53·28	03·0632	15·4729
2	187 24 23	+4 49 09	12 34 48·83	+ 1 29 20·9	370 993·671	59 06·29	03·8807	16·2888
3	201 34 50	+4 15 53	13 26 10·56	− 4 27 14·1	370 279·201	59 13·13	04·6995	17·1150
4	215 44 36	+3 26 59	14 18 24·29	−10 10 42·2	370 126·555	59 14·60	05·5376	17·9692
5	229 51 48	+2 25 36	15 12 22·64	−15 21 52·3	370 460·814	59 11·39	06·4112	18·8647
6	243 55 16	+1 15 39	16 08 41·53	−19 41 33·6	371 243·286	59 03·90	07·3299	19·8060
7	257 54 16	+0 01 34	17 07 25·34	−22 51 38·8	372 477·780	58 52·16	08·2913	20·7833
8	271 47 58	−1 12 01	18 07 54·95	−24 37 30·4	374 199·826	58 35·90	09·2784	21·7725
9	285 35 07	−2 20 39	19 08 50·10	−24 51 18·7	376 452·318	58 14·86	10·2616	22·7418
10	299 13 58	−3 20 20	20 08 32·48	−23 34 27·3	379 254·613	57 49·03	11·2100	23·6638
11	312 42 12	−4 07 52	21 05 39·50	−20 57 16·8	382 573·775	57 18·93	12·1021	…
12	325 57 30	−4 41 05	21 59 27·61	−17 16 05·2	386 305·864	56 45·71	12·9311	00·5244
13	338 57 51	−4 58 53	22 49 54·86	−12 49 14·6	390 272·029	56 11·09	13·7024	01·3233
14	351 42 03	−5 01 18	23 37 29·66	− 7 54 11·5	394 229·857	55 37·25	14·4287	02·0702
15	4 10 06	−4 49 08	0 22 57·15	− 2 45 59·3	397 896·629	55 06·49	15·1257	02·7798

EPHEMERIS FOR PHYSICAL OBSERVATIONS
FOR 0ʰ TERRESTRIAL TIME

Julian Date	The Earth's Selenographic Long.	Lat.	The Sun's Selenographic Colong.	Lat.	Position Angle Axis	Bright Limb	Semi-diameter	Fraction Illum.
	°	°	°	°	°	°	′ ″	
245								
9214·5	−4·997	−3·392	104·92	−0·54	9·846	84·00	15 19·25	0·992
9215·5	−5·232	−4·623	117·05	−0·57	14·638	94·72	15 27·26	0·963
9216·5	−5·220	−5·631	129·18	−0·60	18·576	101·33	15 35·08	0·913
9217·5	−4·974	−6·347	141·31	−0·62	21·405	106·23	15 42·58	0·844
9218·5	−4·516	−6·718	153·45	−0·65	22·997	109·72	15 49·72	0·757
9219·5	−3·870	−6·708	165·60	−0·68	23·331	111·83	15 56·45	0·656
9220·5	−3·064	−6·304	177·75	−0·71	22·441	112·56	16 02·65	0·547
9221·5	−2·123	−5·516	189·91	−0·74	20·381	111·87	16 08·07	0·433
9222·5	−1·078	−4·383	202·07	−0·76	17·203	109·70	16 12·34	0·322
9223·5	+0·039	−2·969	214·24	−0·79	12·971	105·95	16 14·92	0·219
9224·5	+1·186	−1·365	226·42	−0·82	7·806	100·51	16 15·29	0·131
9225·5	+2·311	+0·324	238·61	−0·84	1·955	93·11	16 12·97	0·063
9226·5	+3·354	+1·981	250·79	−0·87	355·834	82·05	16 07·78	0·019
9227·5	+4·243	+3·497	262·98	−0·90	349·986	36·87	15 59·84	0·001
9228·5	+4·911	+4·780	275·17	−0·92	344·932	275·59	15 49·65	0·009
9229·5	+5·297	+5·764	287·36	−0·95	341·025	262·22	15 38·02	0·040
9230·5	+5·360	+6·412	299·55	−0·97	338·394	255·84	15 25·89	0·092
9231·5	+5·083	+6·715	311·73	−0·99	337·000	251·93	15 14·23	0·159
9232·5	+4·479	+6·686	323·91	−1·01	336·717	249·64	15 03·89	0·239
9233·5	+3·584	+6·349	336·08	−1·03	337·405	248·66	14 55·56	0·326
9234·5	+2·455	+5·737	348·25	−1·05	338·947	248·83	14 49·73	0·419
9235·5	+1·168	+4·884	0·42	−1·06	341·262	250·07	14 46·69	0·513
9236·5	−0·194	+3·828	12·57	−1·08	344·303	252·36	14 46·54	0·606
9237·5	−1·542	+2·607	24·72	−1·10	348·037	255·73	14 49·22	0·696
9238·5	−2·789	+1·263	36·87	−1·12	352·421	260·22	14 54·47	0·780
9239·5	−3·852	−0·156	49·01	−1·14	357·361	265·91	15 01·90	0·854
9240·5	−4·661	−1·594	61·14	−1·15	2·671	272·99	15 10·97	0·917
9241·5	−5·164	−2·984	73·28	−1·17	8·048	282·32	15 21·03	0·964
9242·5	−5·332	−4·251	85·41	−1·19	13·098	299·97	15 31·33	0·992
9243·5	−5·164	−5·316	97·54	−1·21	17·411	47·46	15 41·17	0·998
9244·5	−4·691	−6·102	109·67	−1·23	20·658	93·18	15 49·90	0·981
9245·5	−3·967	−6·544	121·80	−1·24	22·645	103·02	15 57·06	0·940
9246·5	−3·068	−6·598	133·93	−1·26	23·318	107·64	16 02·42	0·877
9247·5	−2·072	−6·251	146·07	−1·28	22·715	109·75	16 05·96	0·793
9248·5	−1·051	−5·520	158·22	−1·29	20·913	109·99	16 07·83	0·694
9249·5	−0·059	−4·451	170·37	−1·31	17·999	108·56	16 08·23	0·585
9250·5	+0·872	−3·111	182·53	−1·32	14·061	105·57	16 07·35	0·471
9251·5	+1·725	−1·589	194·69	−1·34	9·216	101·08	16 05·31	0·359
9252·5	+2·496	+0·022	206·87	−1·35	3·664	95·20	16 02·11	0·255
9253·5	+3·178	+1·620	219·05	−1·37	357·740	88·12	15 57·69	0·164
9254·5	+3·761	+3·109	231·24	−1·39	351·902	79·88	15 51·96	0·091
9255·5	+4·219	+4·404	243·43	−1·40	346·644	69·65	15 44·92	0·038
9256·5	+4·519	+5·434	255·62	−1·42	342·366	50·51	15 36·72	0·009
9257·5	+4·618	+6·151	267·82	−1·43	339·283	311·94	15 27·67	0·002
9258·5	+4·478	+6·534	280·02	−1·44	337·437	266·22	15 18·25	0·018
9259·5	+4·072	+6·581	292·21	−1·46	336·749	256·68	15 09·03	0·053
9260·5	+3·394	+6·310	304·40	−1·47	337·092	252·81	15 00·65	0·106

MOON, 2021

FOR 0ʰ TERRESTRIAL TIME

Date 0ʰ TT	Apparent Longitude	Apparent Latitude	Apparent R.A.	Apparent Dec.	True Distance	Horiz. Parallax	Ephemeris Transit for date Upper	Ephemeris Transit for date Lower
	° ′ ″	° ′ ″	h m s	° ′ ″	km	′ ″	h	h
Feb. 15	4 10 06	− 4 49 08	0 22 57·15	− 2 45 59·3	397 896·629	55 06·49	15·1257	02·7798
16	16 23 17	− 4 23 48	1 07 09·30	+ 2 22 53·5	400 979·106	54 41·07	15·8100	03·4684
17	28 24 13	− 3 47 04	1 50 59·43	+ 7 22 01·9	403 204·498	54 22·96	16·4982	04·1527
18	40 16 35	− 3 00 49	2 35 19·29	+12 02 12·4	404 348·667	54 13·73	17·2054	04·8485
19	52 05 02	− 2 07 01	3 20 56·86	+16 14 28·1	404 259·343	54 14·44	17·9455	05·5706
20	63 54 44	− 1 07 36	4 08 32·97	+19 49 21·9	402 873·452	54 25·64	18·7286	06·3312
21	75 51 16	− 0 04 42	4 58 35·79	+22 36 29·7	400 228·227	54 47·23	19·5592	07·1380
22	88 00 06	+ 0 59 25	5 51 13·36	+24 24 44·2	396 465·628	55 18·43	20·4335	07·9915
23	100 26 18	+ 2 02 08	6 46 07·09	+25 03 21·5	391 828·933	55 57·70	21·3384	08·8833
24	113 14 01	+ 3 00 25	7 42 31·50	+24 24 02·2	386 649·684	56 42·68	22·2544	09·7963
25	126 25 54	+ 3 50 50	8 39 24·72	+22 23 11·6	381 322·976	57 30·22	23·1623	10·7104
26	140 02 33	+ 4 29 46	9 35 47·70	+19 03 40·6	376 270·182	58 16·55	...	11·6088
27	154 02 08	+ 4 53 45	10 31 02·58	+14 35 03·5	371 891·156	58 57·73	00·0493	12·4839
28	168 20 24	+ 5 00 02	11 25 01·55	+ 9 12 35·7	368 512·621	59 30·16	00·9130	13·3378
Mar. 1	182 51 08	+ 4 47 13	12 18 04·89	+ 3 15 31·6	366 343·895	59 51·30	01·7599	14·1809
2	197 27 07	+ 4 15 39	13 10 52·54	− 2 54 40·2	365 452·503	60 00·06	02·6030	15·0280
3	212 01 29	+ 3 27 27	14 04 13·66	− 8 55 42·4	365 767·889	59 56·96	03·4581	15·8949
4	226 28 39	+ 2 26 13	14 58 55·50	−14 25 34·9	367 112·515	59 43·78	04·3399	16·7942
5	240 44 55	+ 1 16 26	15 55 30·86	−19 03 33·3	369 250·328	59 23·03	05·2580	17·7309
6	254 48 30	+ 0 02 55	16 54 04·69	−22 31 26·2	371 937·925	58 57·28	06·2117	18·6981
7	268 39 04	− 1 09 40	17 54 04·06	−24 35 29·6	374 965·168	58 28·72	07·1874	19·6761
8	282 17 11	− 2 17 07	18 54 20·37	−25 08 42·4	378 177·629	57 58·91	08·1606	20·6375
9	295 43 36	− 3 15 52	19 53 28·47	−24 12 13·3	381 479·515	57 28·80	09·1039	21·5575
10	308 58 57	− 4 03 04	20 50 14·84	−21 54 53·6	384 820·567	56 58·85	09·9969	22·4216
11	322 03 22	− 4 36 43	21 43 58·22	−18 30 54·0	388 173·089	56 29·32	10·8317	23·2277
12	334 56 35	− 4 55 39	22 34 33·62	−14 16 43·4	391 506·093	56 00·47	11·6111	23·9831
13	347 38 10	− 4 59 33	23 22 24·01	− 9 28 45·0	394 762·955	55 32·74	12·3456	...
14	0 07 42	− 4 48 54	0 08 08·76	− 4 21 57·2	397 847·311	55 06·90	13·0491	00·7003
15	12 25 15	− 4 24 50	0 52 34·52	+ 0 50 29·2	400 619·589	54 44·01	13·7367	01·3939
16	24 31 38	− 3 49 01	1 36 29·75	+ 5 57 02·1	402 904·175	54 25·39	14·4233	02·0792
17	36 28 34	− 3 03 25	2 20 41·66	+10 47 20·1	404 505·301	54 12·47	15·1230	02·7707
18	48 18 43	− 2 10 08	3 05 54·00	+15 11 39·8	405 228·690	54 06·66	15·8486	03·4819
19	60 05 46	− 1 11 21	3 52 44·38	+19 00 24·0	404 905·871	54 09·25	16·6099	04·2243
20	71 54 10	− 0 09 16	4 41 40·12	+22 03 40·0	403 418·565	54 21·23	17·4126	05·0060
21	83 49 00	+ 0 53 51	5 32 52·71	+24 11 21·8	400 721·125	54 43·18	18·2559	05·8295
22	95 55 44	+ 1 55 37	6 26 12·70	+25 13 46·3	396 859·389	55 15·13	19·1316	06·6905
23	108 19 49	+ 2 53 25	7 21 08·49	+25 02 46·1	391 984·154	55 56·37	20·0255	07·5773
24	121 06 16	+ 3 44 20	8 16 52·72	+23 33 26·0	386 356·730	56 45·26	20·9215	08·4742
25	134 18 57	+ 4 25 07	9 12 35·93	+20 45 29·9	380 343·023	57 39·11	21·8071	09·3661
26	147 59 53	+ 4 52 22	10 07 42·18	+16 44 09·2	374 391·908	58 34·10	22·6776	10·2442
27	162 08 31	+ 5 02 58	11 01 59·25	+11 40 07·4	368 994·524	59 25·50	23·5366	11·1080
28	176 41 17	+ 4 54 34	11 55 40·51	+ 5 49 14·8	364 625·048	60 08·23	...	11·9650
29	191 31 36	+ 4 26 24	12 49 19·81	− 0 28 14·0	361 670·742	60 37·71	00·3948	12·8281
30	206 30 50	+ 3 39 41	13 43 42·63	− 6 48 42·3	360 367·459	60 50·87	01·2667	13·7125
31	221 29 42	+ 2 37 45	14 39 34·73	−12 46 38·6	360 760·677	60 46·89	02·1669	14·6310
Apr. 1	236 19 46	+ 1 25 33	15 37 28·21	−17 56 38·8	362 706·481	60 27·32	03·1053	15·5893
2	250 54 44	+ 0 08 44	16 37 25·84	−21 56 04·0	365 912·564	59 55·54	04·0816	16·5800

EPHEMERIS FOR PHYSICAL OBSERVATIONS
FOR 0ʰ TERRESTRIAL TIME

Julian Date	The Earth's Selenographic Long.	Lat.	The Sun's Selenographic Colong.	Lat.	Position Angle Axis	Bright Limb	Semi-diameter	Fraction Illum.
245	°	°	°	°	°	°	′ ″	
9260·5	+3·394	+6·310	304·40	−1·47	337·092	252·81	15 00·65	0·106
9261·5	+2·459	+5·754	316·59	−1·48	338·342	251·38	14 53·73	0·173
9262·5	+1·307	+4·950	328·78	−1·48	340·399	251·54	14 48·79	0·251
9263·5	−0·001	+3·940	340·96	−1·49	343·193	252·98	14 46·28	0·336
9264·5	−1·387	+2·766	353·14	−1·50	346·678	255·57	14 46·47	0·428
9265·5	−2·762	+1·472	5·31	−1·50	350·810	259·24	14 49·52	0·522
9266·5	−4·030	+0·103	17·47	−1·51	355·514	263·94	14 55·40	0·616
9267·5	−5·092	−1·293	29·63	−1·52	0·652	269·58	15 03·90	0·708
9268·5	−5·860	−2·657	41·78	−1·52	5·984	276·03	15 14·60	0·794
9269·5	−6·259	−3·926	53·93	−1·52	11·167	283·21	15 26·85	0·870
9270·5	−6·240	−5·024	66·07	−1·53	15·800	291·39	15 39·80	0·932
9271·5	−5·790	−5·872	78·21	−1·53	19·508	302·73	15 52·42	0·975
9272·5	−4·943	−6·394	90·35	−1·53	22·017	338·54	16 03·63	0·997
9273·5	−3·777	−6·530	102·49	−1·53	23·188	83·65	16 12·47	0·992
9274·5	−2·403	−6·249	114·63	−1·53	23·005	101·91	16 18·22	0·961
9275·5	−0·953	−5·559	126·77	−1·53	21·528	106·45	16 20·61	0·905
9276·5	+0·452	−4·507	138·92	−1·53	18·854	107·00	16 19·76	0·825
9277·5	+1·718	−3·171	151·07	−1·53	15·095	105·18	16 16·17	0·729
9278·5	+2·786	−1·650	163·23	−1·53	10·391	101·55	16 10·52	0·621
9279·5	+3·634	−0·048	175·40	−1·52	4·954	96·48	16 03·51	0·508
9280·5	+4·264	+1·533	187·58	−1·52	359·107	90·34	15 55·73	0·397
9281·5	+4·695	+3·003	199·76	−1·53	353·278	83·59	15 47·61	0·293
9282·5	+4·946	+4·285	211·95	−1·53	347·931	76·62	15 39·41	0·200
9283·5	+5·028	+5·316	224·15	−1·53	343·458	69·65	15 31·25	0·122
9284·5	+4·944	+6·052	236·35	−1·53	340·095	62·29	15 23·21	0·063
9285·5	+4·684	+6·467	248·56	−1·53	337·920	52·18	15 15·35	0·023
9286·5	+4·234	+6·555	260·77	−1·54	336·893	21·91	15 07·80	0·004
9287·5	+3·581	+6·325	272·98	−1·54	336·915	282·86	15 00·76	0·005
9288·5	+2·720	+5·803	285·19	−1·53	337·875	260·62	14 54·53	0·025
9289·5	+1·661	+5·025	297·39	−1·53	339·672	255·54	14 49·46	0·064
9290·5	+0·431	+4·033	309·60	−1·53	342·230	254·65	14 45·94	0·117
9291·5	−0·925	+2·874	321·80	−1·52	345·492	255·86	14 44·35	0·184
9292·5	−2·343	+1·596	334·00	−1·52	349·404	258·54	14 45·06	0·262
9293·5	−3·745	+0·246	346·20	−1·51	353·897	262·39	14 48·32	0·349
9294·5	−5·041	−1·127	358·38	−1·51	358·848	267·20	14 54·30	0·442
9295·5	−6·134	−2·473	10·57	−1·50	4·058	272·75	15 03·00	0·539
9296·5	−6·929	−3·734	22·74	−1·49	9·238	278·75	15 14·24	0·637
9297·5	−7·337	−4·847	34·91	−1·48	14·033	284·90	15 27·55	0·732
9298·5	−7·292	−5·741	47·08	−1·47	18·082	290·95	15 42·22	0·820
9299·5	−6·760	−6·342	59·24	−1·45	21·078	296·93	15 57·19	0·895
9300·5	−5·755	−6·580	71·40	−1·44	22·817	303·72	16 11·20	0·954
9301·5	−4·345	−6·406	83·55	−1·42	23·208	317·60	16 22·83	0·989
9302·5	−2·651	−5·800	95·70	−1·40	22·244	57·09	16 30·86	0·998
9303·5	−0·826	−4·790	107·86	−1·39	19·980	99·21	16 34·45	0·977
9304·5	+0·973	−3·448	120·01	−1·37	16·504	103·42	16 33·36	0·928
9305·5	+2·606	−1·882	132·18	−1·35	11·951	101·97	16 28·03	0·855
9306·5	+3·976	−0·215	144·34	−1·33	6·539	97·97	16 19·38	0·763

MOON, 2021

FOR 0^h TERRESTRIAL TIME

Date 0^h TT	Apparent Longitude	Apparent Latitude	R.A.	Dec.	True Distance	Horiz. Parallax	Ephemeris Transit for date Upper	Lower
	° ′ ″	° ′ ″	h m s	° ′ ″	km	′ ″	h	h
Apr. 1	236 19 46	+1 25 33	15 37 28·21	−17 56 38·8	362 706·481	60 27·32	03·1053	15·5893
2	250 54 44	+0 08 44	16 37 25·84	−21 56 04·0	365 912·564	59 55·54	04·0816	16·5800
3	265 10 52	−1 07 08	17 38 49·30	−24 28 03·7	370 004·418	59 15·77	05·0813	17·5819
4	279 06 49	−2 17 16	18 40 21·81	−25 24 23·0	374 595·234	58 32·19	06·0778	18·5653
5	292 43 00	−3 17 54	19 40 30·42	−24 46 33·8	379 341·630	57 48·24	07·0411	19·5030
6	306 01 00	−4 06 23	20 37 57·79	−22 44 33·0	383 976·440	57 06·37	07·9493	20·3795
7	319 02 46	−4 40 58	21 32 03·70	−19 33 23·8	388 318·330	56 28·06	08·7939	21·1931
8	331 50 18	−5 00 46	22 22 47·14	−15 29 46·1	392 263·135	55 53·98	09·5786	21·9519
9	344 25 21	−5 05 36	23 10 35·64	−10 49 37·3	395 763·584	55 24·31	10·3149	22·6694
10	356 49 19	−4 55 54	23 56 12·18	− 5 47 16·0	398 803·901	54 58·97	11·0174	23·3608
11	9 03 23	−4 32 39	0 40 25·67	− 0 35 20·7	401 374·808	54 37·84	11·7016	...
12	21 08 37	−3 57 20	1 24 05·47	+ 4 34 45·5	403 453·209	54 20·95	12·3828	00·0417
13	33 06 15	−3 11 46	2 07 58·51	+ 9 32 25·5	404 989·456	54 08·58	13·0747	00·7266
14	44 57 54	−2 18 06	2 52 47·31	+14 07 22·5	405 903·670	54 01·26	13·7897	01·4287
15	56 45 39	−1 18 37	3 39 07·42	+18 09 21·0	406 091·150	53 59·76	14·5373	02·1590
16	68 32 17	−0 15 42	4 27 23·77	+21 28 02·3	405 435·751	54 05·00	15·3228	02·9252
17	80 21 13	+0 48 14	5 17 45·86	+23 53 17·7	403 829·313	54 17·91	16·1456	03·7298
18	92 16 34	+1 50 44	6 10 03·77	+25 15 47·3	401 194·868	54 39·31	16·9984	04·5689
19	104 22 56	+2 49 20	7 03 47·82	+25 28 00·5	397 511·275	55 09·70	17·8687	05·4323
20	116 45 12	+3 41 23	7 58 14·90	+24 25 24·1	392 836·808	55 49·08	18·7418	06·3057
21	129 28 14	+4 24 06	8 52 40·76	+22 07 13·2	387 328·843	56 36·71	19·6065	07·1757
22	142 36 15	+4 54 35	9 46 33·73	+18 36 51·2	381 255·848	57 30·82	20·4580	08·0339
23	156 12 16	+5 09 52	10 39 43·99	+14 01 45·1	374 996·602	58 28·43	21·2997	08·8796
24	170 17 11	+5 07 23	11 32 25·86	+ 8 33 20·0	369 020·631	59 25·25	22·1420	09·7199
25	184 49 09	+4 45 26	12 25 14·32	+ 2 27 08·9	363 844·828	60 15·97	23·0002	10·5681
26	199 43 11	+4 03 53	13 18 58·24	− 3 56 49·6	359 966·117	60 54·94	23·8913	11·4406
27	214 51 26	+3 04 42	14 14 30·72	−10 14 14·9	357 779·656	61 17·28	...	12·3539
28	230 04 14	+1 52 03	15 12 35·39	−15 57 31·4	357 503·131	61 20·12	00·8295	13·3185
29	245 11 40	+0 31 48	16 13 27·55	−20 38 35·5	359 132·651	61 03·42	01·8200	14·3320
30	260 05 02	−0 49 34	17 16 34·77	−23 53 25·6	362 447·535	60 29·91	02·8513	15·3735
May 1	274 38 03	−2 05 56	18 20 31·24	−25 27 13·8	367 062·232	59 44·27	03·8939	16·4073
2	288 47 13	−3 12 30	19 23 19·98	−25 17 50·3	372 505·486	58 51·89	04·9092	17·3961
3	302 31 31	−4 05 56	20 23 15·64	−23 35 00·6	378 300·698	57 57·78	05·8653	18·3157
4	315 51 58	−4 44 22	21 19 18·78	−20 35 56·3	384 028·040	57 05·91	06·7472	19·1605
5	328 50 49	−5 07 03	22 11 22·09	−16 39 55·6	389 360·486	56 18·99	07·5570	19·9385
6	341 31 02	−5 14 06	22 59 56·02	−12 04 48·8	394 075·318	55 38·56	08·3072	20·6652
7	353 55 44	−5 06 12	23 45 50·45	− 7 05 41·7	398 047·155	55 05·24	09·0147	21·3581
8	6 08 01	−4 44 28	0 30 01·65	− 1 55 07·7	401 229·323	54 39·02	09·6975	22·0349
9	18 10 39	−4 10 21	1 13 25·41	+ 3 16 02·5	403 629·441	54 19·52	10·3724	22·7118
10	30 06 10	−3 25 35	1 56 53·87	+ 8 17 47·5	405 283·802	54 06·22	11·0550	23·4036
11	41 56 49	−2 32 11	2 41 13·67	+13 00 11·4	406 234·122	53 58·62	11·7590	...
12	53 44 45	−1 32 23	3 27 03·66	+17 12 57·2	406 509·421	53 56·43	12·4948	00·1224
13	65 32 05	−0 28 35	4 14 51·05	+20 45 22·3	406 115·094	53 59·57	13·2689	00·8769
14	77 21 07	+0 36 41	5 04 46·35	+23 26 40·6	405 030·371	54 08·25	14·0811	01·6705
15	89 14 27	+1 40 49	5 56 38·82	+25 06 55·6	403 214·427	54 22·88	14·9241	02·4995
16	101 14 59	+2 41 13	6 49 55·94	+25 38 16·5	400 620·433	54 44·01	15·7845	03·3531
17	113 26 03	+3 35 14	7 43 50·15	+24 56 14·2	397 215·947	55 12·16	16·6461	04·2161

EPHEMERIS FOR PHYSICAL OBSERVATIONS
FOR 0ʰ TERRESTRIAL TIME

Julian Date	The Earth's Selenographic Long.	The Earth's Selenographic Lat.	The Sun's Selenographic Colong.	The Sun's Selenographic Lat.	Position Angle Axis	Position Angle Bright Limb	Semi-diameter	Fraction Illum.
245	°	°	°	°	°	°	′ ″	
9305·5	+2·606	−1·882	132·18	−1·35	11·951	101·97	16 28·03	0·855
9306·5	+3·976	−0·215	144·34	−1·33	6·539	97·97	16 19·38	0·763
9307·5	+5·031	+1·434	156·52	−1·31	0·610	92·47	16 08·54	0·658
9308·5	+5·758	+2·960	168·70	−1·30	354·624	86·21	15 56·67	0·548
9309·5	+6·170	+4·283	180·89	−1·29	349·077	79·84	15 44·70	0·438
9310·5	+6·296	+5·343	193·09	−1·27	344·382	73·85	15 33·30	0·334
9311·5	+6·166	+6·102	205·29	−1·26	340·784	68·53	15 22·87	0·239
9312·5	+5·811	+6·541	217·50	−1·25	338·363	63·93	15 13·58	0·158
9313·5	+5·253	+6·654	229·72	−1·24	337·083	59·80	15 05·50	0·092
9314·5	+4·508	+6·451	241·94	−1·23	336·850	55·30	14 58·60	0·043
9315·5	+3·591	+5·954	254·16	−1·22	337·559	46·86	14 52·85	0·013
9316·5	+2·515	+5·193	266·38	−1·21	339·118	354·57	14 48·25	0·001
9317·5	+1·298	+4·210	278·61	−1·20	341·452	268·12	14 44·88	0·008
9318·5	−0·032	+3·051	290·84	−1·18	344·508	259·20	14 42·88	0·033
9319·5	−1·437	+1·765	303·06	−1·17	348·234	258·87	14 42·48	0·074
9320·5	−2·869	+0·403	315·28	−1·15	352·559	261·29	14 43·90	0·131
9321·5	−4·263	−0·981	327·50	−1·14	357·368	265·22	14 47·42	0·201
9322·5	−5·548	−2·337	339·71	−1·12	2·477	270·10	14 53·25	0·283
9323·5	−6·640	−3·610	351·92	−1·10	7·621	275·54	15 01·52	0·374
9324·5	−7·454	−4·743	4·12	−1·08	12·477	281·12	15 12·25	0·472
9325·5	−7·907	−5·676	16·32	−1·06	16·713	286·48	15 25·22	0·574
9326·5	−7·927	−6·346	28·51	−1·04	20·035	291·31	15 39·96	0·676
9327·5	−7·469	−6·687	40·70	−1·01	22·231	295·40	15 55·65	0·773
9328·5	−6·523	−6·643	52·87	−0·99	23·174	298·69	16 11·13	0·860
9329·5	−5·131	−6·178	65·05	−0·96	22·809	301·48	16 24·94	0·931
9330·5	−3·385	−5·287	77·22	−0·93	21·131	305·70	16 35·55	0·979
9331·5	−1·422	−4·014	89·39	−0·90	18·168	345·01	16 41·64	0·999
9332·5	+0·595	−2·448	101·56	−0·87	13·992	96·78	16 42·41	0·989
9333·5	+2·507	−0·717	113·73	−0·84	8·763	99·20	16 37·86	0·948
9334·5	+4·180	+1·041	125·91	−0·81	2·788	95·27	16 28·74	0·882
9335·5	+5·521	+2·693	138·09	−0·78	356·552	89·50	16 16·31	0·796
9336·5	+6·479	+4·136	150·27	−0·75	350·632	83·22	16 02·04	0·696
9337·5	+7·041	+5·297	162·47	−0·72	345·536	77·25	15 47·30	0·590
9338·5	+7·222	+6·134	174·67	−0·70	341·576	72·07	15 33·18	0·483
9339·5	+7·055	+6·632	186·88	−0·68	338·850	67·90	15 20·40	0·380
9340·5	+6·583	+6·792	199·10	−0·66	337·312	64·78	15 09·38	0·284
9341·5	+5·853	+6·628	211·32	−0·64	336·850	62·64	15 00·31	0·199
9342·5	+4·908	+6·164	223·55	−0·62	337·344	61·35	14 53·17	0·127
9343·5	+3·791	+5·431	235·78	−0·60	338·693	60·69	14 47·86	0·070
9344·5	+2·541	+4·469	248·02	−0·58	340·823	60·05	14 44·23	0·030
9345·5	+1·197	+3·319	260·26	−0·56	343·683	55·99	14 42·17	0·006
9346·5	−0·205	+2·031	272·50	−0·55	347·230	290·14	14 41·57	0·001
9347·5	−1·624	+0·657	284·74	−0·53	351·406	261·91	14 42·42	0·013
9348·5	−3·018	−0·750	296·98	−0·51	356·107	263·18	14 44·79	0·043
9349·5	−4·338	−2·134	309·22	−0·48	1·157	267·25	14 48·77	0·090
9350·5	−5·529	−3·438	321·45	−0·46	6·300	272·34	14 54·53	0·153
9351·5	−6·532	−4·606	333·68	−0·44	11·218	277·73	15 02·19	0·230

MOON, 2021

FOR 0ʰ TERRESTRIAL TIME

Date 0ʰ TT	Apparent Longitude	Apparent Latitude	Apparent R.A.	Apparent Dec.	True Distance	Horiz. Parallax	Ephemeris Transit for date Upper	Ephemeris Transit for date Lower
	° ′ ″	° ′ ″	h m s	° ′ ″	km	′ ″	h	h
May 17	113 26 03	+3 35 14	7 43 50·15	+24 56 14·2	397 215·947	55 12·16	16·6461	04·2161
18	125 51 18	+4 20 16	8 37 32·44	+23 00 25·6	393 007·328	55 47·63	17·4958	05·0730
19	138 34 28	+4 53 45	9 30 27·32	+19 54 28·9	388 065·175	56 30·27	18·3274	05·9139
20	151 39 06	+5 13 11	10 22 22·71	+15 45 23·4	382 547·012	57 19·17	19·1433	06·7369
21	165 08 06	+5 16 18	11 13 32·22	+10 42 49·7	376 712·316	58 12·45	19·9535	07·5483
22	179 03 05	+5 01 18	12 04 31·73	+ 4 59 01·2	370 923·745	59 06·96	20·7737	08·3612
23	193 23 43	+4 27 24	12 56 13·45	− 1 10 43·6	365 627·824	59 58·34	21·6231	09·1935
24	208 07 12	+3 35 14	13 49 38·52	− 7 27 06·1	361 310·075	60 41·34	22·5213	10·0650
25	223 08 02	+2 27 24	14 45 46·53	−13 26 10·1	358 425·610	61 10·65	23·4823	10·9935
26	238 18 22	+1 08 30	15 45 18·57	−18 40 03·7	357 316·772	61 22·04	...	11·9875
27	253 28 55	− 0 15 18	16 48 13·00	−22 40 08·6	358 140·280	61 13·57	00·5070	13·0374
28	268 30 21	− 1 37 14	17 53 24·31	−25 02 56·9	360 829·377	60 46·19	01·5739	14·1108
29	283 14 34	− 2 51 06	18 58 47·66	−25 36 56·4	365 105·830	60 03·48	02·6417	15·1611
30	297 35 45	− 3 52 09	20 02 01·51	−24 25 53·3	370 536·763	59 10·66	03·6643	16·1482
31	311 30 45	− 4 37 30	21 01 22·72	−21 46 03·9	376 614·851	58 13·35	04·6111	17·0527
June 1	324 58 56	− 5 05 53	21 56 13·43	−17 59 26·9	382 836·813	57 16·57	05·4738	17·8762
2	338 01 48	− 5 17 25	22 46 51·69	−13 27 35·6	388 762·990	56 24·18	06·2620	18·6334
3	350 42 14	− 5 13 00	23 34 07·52	− 8 28 35·7	394 052·130	55 38·75	06·9931	19·3436
4	3 04 02	− 4 54 04	0 19 03·09	− 3 16 41·5	398 473·626	55 01·70	07·6874	20·0268
5	15 11 18	− 4 22 18	1 02 41·58	+ 1 56 47·4	401 903·005	54 33·53	08·3642	20·7018
6	27 08 09	− 3 39 31	1 46 02·50	+ 7 02 10·2	404 306·547	54 14·06	09·0416	21·3856
7	38 58 28	− 2 47 42	2 29 59·53	+11 50 14·6	405 719·821	54 02·73	09·7355	22·0928
8	50 45 45	− 1 48 57	3 15 18·59	+16 11 27·0	406 223·645	53 58·71	10·4589	22·8348
9	62 33 06	− 0 45 34	4 02 34·25	+19 55 26·8	405 920·246	54 01·13	11·2210	23·6176
10	74 23 10	+0 19 59	4 52 04·21	+22 51 16·2	404 912·030	54 09·20	12·0242	...
11	86 18 19	+1 25 05	5 43 43·28	+24 48 11·0	403 285·222	54 22·31	12·8633	00·4400
12	98 20 37	+2 27 00	6 37 00·58	+25 37 10·7	401 100·380	54 40·08	13·7247	01·2923
13	110 32 03	+3 22 59	7 31 04·66	+25 12 42·2	398 391·254	55 02·39	14·5903	02·1582
14	122 54 34	+4 10 19	8 24 57·59	+23 33 52·0	395 172·495	55 29·29	15·4429	03·0190
15	135 30 07	+4 46 27	9 17 52·82	+20 44 32·6	391 455·564	56 00·90	16·2725	03·8609
16	148 20 48	+5 09 05	10 09 28·27	+16 52 26·0	387 270·786	56 37·22	17·0780	04·6779
17	161 28 35	+5 16 17	10 59 50·28	+12 07 45·5	382 692·233	57 17·87	17·8672	05·4739
18	174 55 19	+5 06 35	11 49 30·29	+ 6 42 22·8	377 860·815	58 01·83	18·6546	06·2600
19	188 42 12	+4 39 17	12 39 18·47	+ 0 49 43·9	372 999·818	58 47·21	19·4591	07·0534
20	202 49 33	+3 54 40	13 30 17·06	− 5 14 29·9	368 416·333	59 31·10	20·3019	07·8744
21	217 16 07	+2 54 22	14 23 32·80	−11 11 16·9	364 482·411	60 09·65	21·2030	08·7441
22	231 58 53	+1 41 35	15 20 05·07	−16 37 29·6	361 592·636	60 38·50	22·1747	09·6798
23	246 52 46	+0 21 05	16 20 25·94	−21 06 36·6	360 101·377	60 53·57	23·2126	10·6866
24	261 50 52	− 1 01 08	17 24 13·76	−24 12 12·6	360 252·205	60 52·04	...	11·7482
25	276 45 12	− 2 18 45	18 29 56·34	−25 34 27·7	362 119·696	60 33·20	00·2878	12·8249
26	291 27 44	− 3 25 59	19 35 09·32	−25 06 55·3	365 583·657	59 58·77	01·3532	13·8671
27	305 51 31	− 4 18 34	20 37 31·46	−22 58 43·2	370 345·208	59 12·50	02·3627	14·8375
28	319 51 36	− 4 54 01	21 35 37·11	−19 30 08·5	375 978·263	58 19·27	03·2907	15·7227
29	333 25 33	− 5 11 41	22 29 09·81	−15 05 10·6	381 998·422	57 24·11	04·1350	16·5295
30	346 33 21	− 5 12 15	23 18 43·33	−10 05 48·9	387 929·790	56 31·45	04·9087	17·2751
July 1	359 16 59	− 4 57 14	0 05 16·19	− 4 49 45·2	393 356·717	55 44·66	05·6313	17·9801
2	11 40 00	− 4 28 37	0 49 54·14	+ 0 29 27·6	397 955·904	55 06·00	06·3239	18·6650

EPHEMERIS FOR PHYSICAL OBSERVATIONS
FOR 0ʰ TERRESTRIAL TIME

Julian Date	The Earth's Selenographic Long.	Lat.	The Sun's Selenographic Colong.	Lat.	Position Angle Axis	Bright Limb	Semi-diameter	Frac-tion Illum.
245	°	°	°	°	°	°	′ ″	
9351·5	−6·532	−4·606	333·68	−0·44	11·218	277·73	15 02·19	0·230
9352·5	−7·284	−5·582	345·91	−0·42	15·584	282·96	15 11·85	0·319
9353·5	−7·723	−6·309	358·13	−0·39	19·117	287·66	15 23·47	0·418
9354·5	−7·790	−6·732	10·34	−0·36	21·612	291·55	15 36·79	0·522
9355·5	−7·444	−6·804	22·55	−0·33	22·951	294·44	15 51·30	0·630
9356·5	−6·667	−6·484	34·75	−0·30	23·076	296·18	16 06·14	0·734
9357·5	−5·472	−5·756	46·94	−0·27	21·964	296·67	16 20·14	0·830
9358·5	−3·914	−4·634	59·13	−0·24	19·610	295·84	16 31·85	0·909
9359·5	−2·089	−3·173	71·31	−0·20	16·020	293·77	16 39·83	0·967
9360·5	−0·124	−1·475	83·50	−0·16	11·259	292·41	16 42·94	0·997
9361·5	+1·836	+0·329	95·68	−0·13	5·520	98·96	16 40·63	0·996
9362·5	+3·646	+2·093	107·86	−0·09	359·206	94·74	16 33·17	0·965
9363·5	+5·181	+3·685	120·05	−0·05	352·916	88·21	16 21·54	0·908
9364·5	+6·352	+5·001	132·24	−0·02	347·285	81·71	16 07·15	0·829
9365·5	+7·105	+5·980	144·44	+0·01	342·772	75·99	15 51·54	0·737
9366·5	+7·427	+6·593	156·64	+0·04	339·571	71·41	15 36·08	0·636
9367·5	+7·333	+6·842	168·85	+0·07	337·660	68·05	15 21·81	0·533
9368·5	+6·867	+6·746	181·07	+0·09	336·911	65·88	15 09·44	0·432
9369·5	+6·083	+6·337	193·30	+0·11	337·172	64·83	14 59·35	0·335
9370·5	+5·046	+5·651	205·53	+0·14	338·315	64·83	14 51·67	0·247
9371·5	+3·822	+4·727	217·76	+0·16	340·251	65·86	14 46·37	0·169
9372·5	+2·474	+3·609	230·00	+0·18	342·921	67·95	14 43·28	0·104
9373·5	+1·064	+2·343	242·25	+0·20	346·286	71·20	14 42·19	0·054
9374·5	−0·354	+0·977	254·50	+0·22	350·302	76·08	14 42·85	0·019
9375·5	−1·731	−0·435	266·75	+0·24	354·886	87·16	14 45·05	0·002
9376·5	−3·021	−1·837	279·00	+0·26	359·884	255·13	14 48·62	0·003
9377·5	−4·185	−3·171	291·25	+0·28	5·051	265·75	14 53·46	0·023
9378·5	−5·184	−4·376	303·49	+0·30	10·068	272·62	14 59·53	0·061
9379·5	−5·985	−5·395	315·74	+0·32	14·592	278·63	15 06·86	0·117
9380·5	−6·552	−6·173	327·98	+0·34	18·324	283·86	15 15·47	0·190
9381·5	−6·855	−6·658	340·22	+0·37	21·054	288·13	15 25·36	0·277
9382·5	−6·864	−6·810	352·45	+0·39	22·669	291·32	15 36·43	0·376
9383·5	−6·558	−6·596	4·67	+0·42	23·128	293·33	15 48·41	0·483
9384·5	−5·923	−6·001	16·89	+0·45	22·426	294·04	16 00·77	0·594
9385·5	−4·963	−5·033	29·10	+0·48	20·564	293·33	16 12·72	0·703
9386·5	−3·702	−3·728	41·30	+0·51	17·540	291·04	16 23·22	0·804
9387·5	−2·189	−2·156	53·50	+0·54	13·363	286·92	16 31·08	0·890
9388·5	−0·505	−0·419	65·69	+0·58	8·118	280·40	16 35·18	0·954
9389·5	+1·248	+1·354	77·88	+0·61	2·059	268·26	16 34·76	0·991
9390·5	+2·946	+3·025	90·07	+0·65	355·676	123·89	16 29·63	0·999
9391·5	+4·466	+4·473	102·26	+0·68	349·623	91·95	16 20·26	0·978
9392·5	+5·692	+5·603	114·45	+0·71	344·506	82·67	16 07·65	0·931
9393·5	+6·542	+6·363	126·65	+0·74	340·686	76·36	15 53·16	0·863
9394·5	+6·966	+6·737	138·85	+0·77	338·245	71·88	15 38·13	0·780
9395·5	+6·957	+6·742	151·06	+0·79	337·083	68·95	15 23·79	0·687
9396·5	+6·541	+6·410	163·27	+0·82	337·031	67·36	15 11·04	0·589
9397·5	+5·769	+5·784	175·49	+0·84	337·929	66·97	15 00·52	0·490

MOON, 2021

FOR 0ʰ TERRESTRIAL TIME

Date 0ʰ TT	Apparent Longitude	Apparent Latitude	Apparent R.A.	Apparent Dec.	True Distance	Horiz. Parallax	Ephemeris Transit for date Upper	Ephemeris Transit for date Lower
	o ′ ″	o ′ ″	h m s	o ′ ″	km	′ ″	h	h
July 1	359 16 59	− 4 57 14	0 05 16·19	− 4 49 45·2	393 356·717	55 44·66	05·6313	17·9801
2	11 40 00	− 4 28 37	0 49 54·14	+ 0 29 27·6	397 955·904	55 06·00	06·3239	18·6650
3	23 46 49	− 3 48 31	1 33 41·59	+ 5 41 11·6	401 510·413	54 36·73	07·0060	19·3489
4	35 42 16	− 2 59 04	2 17 38·04	+10 36 18·6	403 909·655	54 17·26	07·6957	20·0484
5	47 31 13	− 2 02 26	3 02 36·14	+15 05 56·5	405 139·570	54 07·37	08·4087	20·7778
6	59 18 19	− 1 00 47	3 49 18·74	+19 00 38·2	405 266·325	54 06·36	09·1569	21·5467
7	71 07 42	+ 0 03 34	4 38 13·83	+22 10 02·8	404 415·880	54 13·18	09·9473	22·3582
8	83 02 56	+ 1 08 09	5 29 27·71	+24 23 21·0	402 751·279	54 26·63	10·7785	23·2066
9	95 06 53	+ 2 10 21	6 22 39·52	+25 30 33·0	400 449·528	54 45·41	11·6404	...
10	107 21 39	+ 3 07 20	7 17 02·23	+25 24 22·8	397 680·241	55 08·29	12·5152	00·0775
11	119 48 38	+ 3 56 17	8 11 33·96	+24 02 09·6	394 588·657	55 34·21	13·3829	00·9511
12	132 28 39	+ 4 34 29	9 05 16·95	+21 26 39·4	391 285·691	56 02·36	14·2284	01·8091
13	145 22 00	+ 4 59 28	9 57 34·86	+17 45 32·6	387 847·098	56 32·17	15·0454	02·6404
14	158 28 42	+ 5 09 19	10 48 20·96	+13 09 56·4	384 322·477	57 03·29	15·8374	03·4439
15	171 48 43	+ 5 02 46	11 37 56·62	+ 7 52 54·8	380 752·896	57 35·38	16·6161	04·2275
16	185 21 58	+ 4 39 22	12 27 04·88	+ 2 08 36·9	377 193·784	58 07·99	17·3981	05·0055
17	199 08 27	+ 3 59 37	13 16 43·08	− 3 47 45·1	373 737·857	58 40·25	18·2037	05·7967
18	213 07 59	+ 3 05 05	14 07 55·96	− 9 39 18·4	370 531·678	59 10·71	19·0533	06·6218
19	227 20 00	+ 1 58 27	15 01 46·92	−15 06 38·8	367 779·379	59 37·28	19·9643	07·5004
20	241 43 03	+ 0 43 35	15 59 03·99	−19 47 31·1	365 728·590	59 57·34	20·9435	08·4456
21	256 14 30	− 0 34 43	16 59 58·31	−23 18 07·3	364 637·267	60 08·11	21·9789	09·4559
22	270 50 13	− 1 50 58	18 03 42·02	−25 17 02·7	364 725·863	60 07·24	23·0363	10·5077
23	285 24 46	− 2 59 43	19 08 24·97	−25 31 19·4	366 125·721	59 53·44	...	11·5590
24	299 51 53	− 3 56 10	20 11 47·65	−24 01 21·2	368 838·478	59 27·01	00·0703	12·5659
25	314 05 16	− 4 36 55	21 11 55·19	−21 00 49·4	372 719·569	58 49·86	01·0430	13·5003
26	327 59 38	− 5 00 11	22 07 52·73	−16 51 32·8	377 491·113	58 05·24	01·9377	14·3561
27	341 31 27	− 5 05 49	22 59 44·55	−11 57 00·6	382 779·498	57 17·09	02·7573	15·1433
28	354 39 20	− 4 54 58	23 48 12·84	− 6 38 05·1	388 166·013	56 29·39	03·5165	15·8795
29	7 24 02	− 4 29 36	0 34 16·65	− 1 11 31·6	393 237·859	55 45·67	04·2346	16·5844
30	19 48 10	− 3 52 03	1 18 58·90	+ 4 09 39·9	397 630·489	55 08·70	04·9313	17·2775
31	31 55 42	− 3 04 44	2 03 20·21	+ 9 15 05·3	401 057·294	54 40·43	05·6252	17·9765
Aug. 1	43 51 29	− 2 10 03	2 48 15·96	+13 55 38·2	403 326·584	54 21·97	06·3332	18·6970
2	55 40 46	− 1 10 16	3 34 33·78	+18 02 23·3	404 347·773	54 13·73	07·0694	19·4513
3	67 28 55	− 0 07 37	4 22 49·41	+21 25 53·1	404 129·005	54 15·49	07·8437	20·2465
4	79 20 59	+ 0 55 35	5 13 20·60	+23 56 01·5	402 767·938	54 26·50	08·6597	21·0821
5	91 21 30	+ 1 56 57	6 06 00·59	+25 22 46·1	400 436·769	54 45·51	09·5124	21·9486
6	103 34 11	+ 2 53 50	7 00 15·33	+25 37 40·6	397 362·174	55 10·94	10·3882	22·8288
7	116 01 44	+ 3 43 29	7 55 09·62	+24 35 53·9	393 801·045	55 40·88	11·2680	23·7034
8	128 45 37	+ 4 23 03	8 49 42·83	+22 17 43·9	390 013·687	56 13·33	12·1336	...
9	141 46 02	+ 4 49 53	9 43 07·75	+18 49 02·0	386 237·368	56 46·31	12·9738	00·5572
10	155 01 59	+ 5 01 44	10 35 03·51	+14 20 22·1	382 664·251	57 18·12	13·7869	01·3835
11	168 31 34	+ 4 57 06	11 25 38·25	+ 9 05 31·5	379 428·106	57 47·45	14·5802	02·1853
12	182 12 24	+ 4 35 33	12 15 24·40	+ 3 20 10·3	376 603·142	58 13·46	15·3673	02·9735
13	196 02 05	+ 3 57 43	13 05 11·11	− 2 38 55·2	374 215·683	58 35·75	16·1658	03·7639
14	209 58 34	+ 3 05 27	13 55 56·76	− 8 34 02·3	372 265·968	58 54·17	16·9949	04·5754
15	224 00 22	+ 2 01 40	14 48 40·73	−14 06 16·5	370 754·223	59 08·58	17·8718	05·4265
16	238 06 26	+ 0 50 08	15 44 12·23	−18 55 21·3	369 703·480	59 18·66	18·8069	06·3319

EPHEMERIS FOR PHYSICAL OBSERVATIONS
FOR 0ʰ TERRESTRIAL TIME

Julian Date	The Earth's Selenographic Long.	Lat.	The Sun's Selenographic Colong.	Lat.	Position Angle Axis	Bright Limb	Semi-diameter	Fraction Illum.
245	°	°	°	°	°	°	′ ″	
9396·5	+6·541	+6·410	163·27	+0·82	337·031	67·36	15 11·04	0·589
9397·5	+5·769	+5·784	175·49	+0·84	337·929	66·97	15 00·52	0·490
9398·5	+4·714	+4·911	187·71	+0·85	339·655	67·70	14 52·54	0·393
9399·5	+3·455	+3·837	199·94	+0·87	342·129	69·52	14 47·24	0·302
9400·5	+2·076	+2·610	212·18	+0·89	345·304	72·45	14 44·55	0·219
9401·5	+0·655	+1·275	224·42	+0·91	349·141	76·58	14 44·27	0·146
9402·5	−0·732	−0·116	236·67	+0·92	353·576	82·10	14 46·13	0·086
9403·5	−2·021	−1·511	248·92	+0·94	358·486	89·64	14 49·79	0·040
9404·5	−3·159	−2·854	261·17	+0·95	3·655	102·44	14 54·91	0·011
9405·5	−4·105	−4·083	273·42	+0·97	8·777	176·39	15 01·14	0·001
9406·5	−4·833	−5·138	285·67	+0·98	13·495	262·84	15 08·20	0·010
9407·5	−5·329	−5·959	297·92	+1·00	17·476	275·92	15 15·87	0·040
9408·5	−5·589	−6·493	310·17	+1·01	20·473	282·89	15 23·99	0·090
9409·5	−5·618	−6·698	322·42	+1·03	22·355	287·49	15 32·46	0·159
9410·5	−5·424	−6·547	334·66	+1·05	23·080	290·40	15 41·20	0·245
9411·5	−5·016	−6·030	346·89	+1·06	22·663	291·81	15 50·08	0·344
9412·5	−4·401	−5·160	359·12	+1·08	21·131	291·74	15 58·87	0·453
9413·5	−3·586	−3·971	11·34	+1·10	18·503	290·15	16 07·17	0·567
9414·5	−2·582	−2·522	23·55	+1·13	14·791	286·96	16 14·40	0·678
9415·5	−1·407	−0·896	35·75	+1·15	10·041	282·05	16 19·87	0·782
9416·5	−0·098	+0·800	47·95	+1·18	4·405	275·27	16 22·80	0·871
9417·5	+1·288	+2·451	60·15	+1·20	358·229	266·24	16 22·56	0·939
9418·5	+2·669	+3·937	72·34	+1·23	352·065	252·21	16 18·81	0·982
9419·5	+3·944	+5·156	84·53	+1·25	346·542	187·97	16 11·61	0·999
9420·5	+5·010	+6·033	96·71	+1·28	342·150	93·82	16 01·49	0·988
9421·5	+5·772	+6·530	108·90	+1·30	339·119	80·08	15 49·34	0·953
9422·5	+6·164	+6·643	121·10	+1·32	337·441	73·96	15 36·22	0·896
9423·5	+6·153	+6·398	133·29	+1·33	336·977	70·69	15 23·23	0·824
9424·5	+5·747	+5·839	145·50	+1·35	337·554	69·22	15 11·32	0·740
9425·5	+4·984	+5·015	157·70	+1·36	339·023	69·16	15 01·25	0·649
9426·5	+3·929	+3·982	169·92	+1·37	341·277	70·33	14 53·55	0·554
9427·5	+2·666	+2·790	182·13	+1·38	344·249	72·63	14 48·52	0·459
9428·5	+1·284	+1·489	194·36	+1·39	347·889	76·03	14 46·28	0·366
9429·5	−0·122	+0·128	206·59	+1·40	352·145	80·52	14 46·76	0·277
9430·5	−1·464	−1·245	218·82	+1·41	356·917	86·10	14 49·76	0·196
9431·5	−2·660	−2·576	231·06	+1·41	2·029	92·80	14 54·94	0·126
9432·5	−3·643	−3·810	243·31	+1·42	7·208	100·91	15 01·86	0·069
9433·5	−4·364	−4·886	255·55	+1·42	12·108	111·93	15 10·02	0·028
9434·5	−4·798	−5·743	267·80	+1·43	16·371	137·81	15 18·85	0·005
9435·5	−4·942	−6·322	280·05	+1·43	19·705	246·08	15 27·84	0·004
9436·5	−4·818	−6·574	292·29	+1·44	21·926	276·25	15 36·50	0·025
9437·5	−4·464	−6·467	304·54	+1·44	22·962	284·74	15 44·49	0·069
9438·5	−3·929	−5·991	316·78	+1·45	22·820	288·50	15 51·57	0·134
9439·5	−3·260	−5·161	329·01	+1·45	21·543	289·79	15 57·64	0·219
9440·5	−2·494	−4·018	341·24	+1·46	19·175	289·18	16 02·66	0·318
9441·5	−1·658	−2·626	353·46	+1·47	15·753	286·86	16 06·59	0·428
9442·5	−0·764	−1·067	5·68	+1·48	11·329	282·90	16 09·33	0·543

MOON, 2021

FOR 0ʰ TERRESTRIAL TIME

Date 0ʰ TT	Apparent Longitude	Apparent Latitude	R.A.	Dec.	True Distance	Horiz. Parallax	Ephemeris Transit for date Upper	Lower
	° ′ ″	° ′ ″	h m s	° ′ ″	km	′ ″	ʰ	ʰ
Aug. 16	238 06 26	+0 50 08	15 44 12·23	−18 55 21·3	369 703·480	59 18·66	18·8069	06·3319
17	252 15 53	−0 24 45	16 42 53·73	−22 40 16·1	369 172·048	59 23·79	19·7971	07·2960
18	266 27 31	−1 38 13	17 44 22·24	−25 01 34·8	369 250·939	59 23·03	20·8208	08·3068
19	280 39 26	−2 45 29	18 47 20·50	−25 45 32·0	370 045·498	59 15·37	21·8416	09·3340
20	294 48 48	−3 42 14	19 49 53·87	−24 48 21·3	371 645·084	59 00·07	22·8225	10·3390
21	308 51 50	−4 24 57	20 50 10·86	−22 17 53·7	374 088·701	58 36·94	23·7397	11·2898
22	322 44 17	−4 51 22	21 47 01·03	−18 31 10·0	377 336·340	58 06·67	...	12·1720
23	336 22 03	−5 00 34	22 40 06·83	−13 49 29·3	381 254·488	57 30·84	00·5874	12·9875
24	349 41 52	−4 53 02	23 29 52·20	− 8 34 05·8	385 619·853	56 51·77	01·3740	13·7489
25	2 41 55	−4 30 17	0 17 04·16	− 3 03 38·2	390 139·875	56 12·24	02·1146	14·4733
26	15 22 03	−3 54 34	1 02 38·62	+ 2 26 30·9	394 484·364	55 35·09	02·8272	15·1785
27	27 43 51	−3 08 29	1 47 32·23	+ 7 43 52·2	398 321·102	55 02·97	03·5293	15·8817
28	39 50 20	−2 14 38	2 32 38·27	+12 37 56·3	401 349·346	54 38·04	04·2375	16·5984
29	51 45 42	−1 15 34	3 18 43·95	+16 59 16·3	403 327·499	54 21·96	04·9660	17·3415
30	63 34 57	−0 13 41	4 06 26·98	+20 38 39·0	404 093·466	54 15·78	05·7260	18·1200
31	75 23 29	+0 48 45	4 56 10·77	+23 26 41·2	403 577·647	54 19·94	06·5237	18·9369
Sept. 1	87 16 48	+1 49 27	5 47 58·63	+25 14 00·7	401 808·991	54 34·29	07·3585	19·7875
2	99 20 10	+2 46 04	6 41 29·94	+25 52 11·0	398 914·299	54 58·05	08·2218	20·6596
3	111 38 16	+3 36 03	7 36 02·37	+25 15 11·0	395 110·369	55 29·81	09·0985	21·5364
4	124 14 42	+4 16 46	8 30 42·72	+23 20 58·8	390 688·159	56 07·50	09·9715	22·4023
5	137 11 45	+4 45 27	9 24 43·06	+20 12 30·1	385 988·212	56 48·51	10·8277	23·2475
6	150 29 53	+4 59 37	10 17 35·07	+15 57 41·4	381 367·711	57 29·81	11·6616	...
7	164 07 43	+4 57 16	11 09 16·52	+10 48 47·6	377 161·792	58 08·29	12·4763	00·0708
8	178 02 06	+4 37 26	12 00 09·76	+ 5 01 23·5	373 644·805	58 41·12	13·2822	00·8795
9	192 08 39	+4 00 30	12 50 55·63	− 1 06 29·1	370 999·582	59 06·23	14·0943	01·6864
10	206 22 29	+3 08 17	13 42 25·81	− 7 15 01·7	369 302·836	59 22·52	14·9300	02·5081
11	220 38 59	+2 04 01	14 35 34·26	−13 03 10·1	368 531·300	59 29·98	15·8051	03·3618
12	234 54 28	+0 51 56	15 31 06·16	−18 09 10·3	368 587·062	59 29·44	16·7303	04·2612
13	249 06 23	−0 23 11	16 29 22·98	−22 11 45·1	369 334·439	59 22·22	17·7043	05·2119
14	263 13 12	−1 36 29	17 30 06·32	−24 52 11·7	370 637·539	59 09·69	18·7104	06·2050
15	277 14 06	−2 43 26	18 32 10·32	−25 57 34·9	372 388·500	58 53·00	19·7177	07·2160
16	291 08 24	−3 40 06	19 33 55·10	−25 23 57·3	374 520·234	58 32·89	20·6926	08·2110
17	304 55 13	−4 23 22	20 33 40·36	−23 17 27·0	377 002·481	58 09·76	21·6115	09·1600
18	318 33 13	−4 51 06	21 30 18·76	−19 52 22·3	379 824·389	57 43·83	22·4661	10·0468
19	332 00 37	−5 02 15	22 23 29·10	−15 27 24·9	382 969·801	57 15·38	23·2615	10·8705
20	345 15 29	−4 56 53	23 13 28·86	−10 22 05·9	386 392·577	56 44·94	...	11·6408
21	358 16 03	−4 36 04	0 00 58·78	− 4 54 34·9	389 998·536	56 13·46	00·0106	12·3729
22	11 01 13	−4 01 41	0 46 49·66	+ 0 39 11·1	393 638·311	55 42·26	00·7297	13·0831
23	23 30 48	−3 16 09	1 31 54·12	+ 6 05 27·5	397 112·331	55 13·02	01·4352	13·7877
24	35 45 46	−2 22 13	2 17 02·12	+11 12 17·1	400 186·289	54 47·57	02·1426	14·5014
25	47 48 15	−1 22 36	3 02 58·03	+15 48 57·5	402 613·646	54 27·75	02·8656	15·2365
26	59 41 29	−0 19 58	3 50 17·61	+19 45 30·0	404 161·294	54 15·23	03·6151	16·0020
27	71 29 34	+0 43 13	4 39 23·91	+22 52 22·1	404 635·057	54 11·42	04·3977	16·8021
28	83 17 21	+1 44 37	5 30 22·67	+25 00 32·0	403 902·759	54 17·32	05·2145	17·6341
29	95 10 03	+2 41 57	6 22 59·13	+26 02 01·7	401 913·442	54 33·44	06·0595	18·4890
30	107 13 04	+3 32 57	7 16 39·49	+25 50 55·3	398 711·744	54 59·73	06·9208	19·3531
Oct. 1	119 31 36	+4 15 15	8 10 39·13	+24 24 22·0	394 446·246	55 35·42	07·7841	20·2124

EPHEMERIS FOR PHYSICAL OBSERVATIONS
FOR 0ʰ TERRESTRIAL TIME

Julian Date	The Earth's Selenographic Long.	The Earth's Selenographic Lat.	The Sun's Selenographic Colong.	The Sun's Selenographic Lat.	Position Angle Axis	Position Angle Bright Limb	Semi-diameter	Fraction Illum.
	°	°	°	°	°	°	′ ″	
245								
9442·5	−0·764	−1·067	5·68	+1·48	11·329	282·90	16 09·33	0·543
9443·5	+0·181	+0·563	17·89	+1·49	6·029	277·41	16 10·73	0·655
9444·5	+1·165	+2·162	30·09	+1·50	0·121	270·56	16 10·52	0·760
9445·5	+2·166	+3·625	42·28	+1·51	354·055	262·62	16 08·44	0·850
9446·5	+3·141	+4·859	54·47	+1·52	348·393	253·59	16 04·27	0·922
9447·5	+4·029	+5·787	66·65	+1·54	343·652	241·95	15 57·97	0·971
9448·5	+4·756	+6·360	78·83	+1·55	340·151	213·43	15 49·72	0·995
9449·5	+5·246	+6·558	91·01	+1·55	337·980	106·43	15 39·96	0·995
9450·5	+5·435	+6·390	103·20	+1·56	337·067	80·85	15 29·32	0·972
9451·5	+5·287	+5·891	115·38	+1·56	337·265	74·10	15 18·56	0·929
9452·5	+4·794	+5·109	127·57	+1·57	338·424	71·70	15 08·44	0·869
9453·5	+3·980	+4·103	139·76	+1·57	340·421	71·49	14 59·69	0·796
9454·5	+2·897	+2·929	151·95	+1·57	343·166	72·81	14 52·90	0·713
9455·5	+1·618	+1·642	164·15	+1·57	346·600	75·40	14 48·52	0·623
9456·5	+0·230	+0·294	176·36	+1·56	350·662	79·11	14 46·84	0·530
9457·5	−1·170	−1·065	188·57	+1·56	355·266	83·83	14 47·97	0·435
9458·5	−2·486	−2·387	200·78	+1·56	0·263	89·41	14 51·88	0·343
9459·5	−3·626	−3·620	213·00	+1·55	5·423	95·68	14 58·35	0·254
9460·5	−4·508	−4·710	225·23	+1·55	10·433	102·45	15 07·00	0·174
9461·5	−5·069	−5·598	237·46	+1·54	14·942	109·68	15 17·27	0·105
9462·5	−5·272	−6·225	249·69	+1·53	18·632	118·00	15 28·44	0·050
9463·5	−5·113	−6·536	261·93	+1·53	21·265	131·57	15 39·69	0·015
9464·5	−4·622	−6·486	274·17	+1·52	22·715	197·49	15 50·16	0·002
9465·5	−3·858	−6·055	286·40	+1·51	22·947	273·48	15 59·11	0·013
9466·5	−2·905	−5·251	298·64	+1·50	21·984	284·59	16 05·95	0·050
9467·5	−1·848	−4·115	310·87	+1·49	19·872	287·17	16 10·38	0·112
9468·5	−0·765	−2·716	323·09	+1·48	16·663	286·44	16 12·42	0·194
9469·5	+0·286	−1·148	335·31	+1·48	12·427	283·53	16 12·27	0·293
9470·5	+1·271	+0·487	347·52	+1·47	7·293	278·89	16 10·30	0·403
9471·5	+2·175	+2·083	359·73	+1·47	1·518	272·92	16 06·89	0·517
9472·5	+2·990	+3·542	11·93	+1·46	355·516	266·08	16 02·34	0·629
9473·5	+3·713	+4·779	24·12	+1·46	349·808	258·93	15 56·87	0·734
9474·5	+4·328	+5·725	36·30	+1·45	344·889	251·90	15 50·57	0·825
9475·5	+4·811	+6·334	48·48	+1·45	341·097	245·06	15 43·50	0·900
9476·5	+5·127	+6·581	60·65	+1·44	338·569	237·61	15 35·75	0·954
9477·5	+5·234	+6·469	72·82	+1·44	337·280	224·89	15 27·47	0·987
9478·5	+5·096	+6·019	84·99	+1·43	337·119	156·06	15 18·89	0·998
9479·5	+4·690	+5·274	97·16	+1·42	337·953	85·59	15 10·39	0·988
9480·5	+4·008	+4·287	109·33	+1·41	339·665	76·02	15 02·43	0·959
9481·5	+3·068	+3·117	121·50	+1·40	342·163	74·22	14 55·50	0·912
9482·5	+1·909	+1·823	133·67	+1·39	345·377	75·22	14 50·10	0·850
9483·5	+0·588	+0·464	145·85	+1·37	349·243	77·90	14 46·69	0·776
9484·5	−0·821	−0·909	158·03	+1·36	353·677	81·82	14 45·65	0·693
9485·5	−2·231	−2·243	170·22	+1·34	358·543	86·70	14 47·26	0·603
9486·5	−3·551	−3·490	182·41	+1·33	3·635	92·24	14 51·65	0·509
9487·5	−4·687	−4·602	194·61	+1·31	8·674	98·15	14 58·81	0·413
9488·5	−5·550	−5·526	206·82	+1·29	13·338	104·10	15 08·53	0·318

MOON, 2021

FOR 0ʰ TERRESTRIAL TIME

Date 0ʰ TT	Apparent Longitude	Apparent Latitude	Apparent R.A.	Apparent Dec.	True Distance	Horiz. Parallax	Ephemeris Transit for date Upper	Ephemeris Transit for date Lower
	° ′ ″	° ′ ″	h m s	° ′ ″	km	′ ″	h	h
Oct. 1	119 31 36	+4 15 15	8 10 39·13	+24 24 22·0	394 446·246	55 35·42	07·7841	20·2124
2	132 10 10	+4 46 22	9 04 15·81	+21 43 22·2	389 369·923	56 18·90	08·6370	21·0572
3	145 12 09	+5 03 49	9 57 02·49	+17 53 00·4	383 830·016	57 07·68	09·4731	21·8851
4	158 39 13	+5 05 20	10 48 54·54	+13 02 16·2	378 244·347	57 58·30	10·2939	22·7010
5	172 30 49	+4 49 17	11 40 10·36	+ 7 23 51·1	373 062·248	58 46·62	11·1080	23·5166
6	186 44 00	+4 15 10	12 31 27·13	+ 1 14 01·2	368 711·766	59 28·24	11·9290	...
7	201 13 36	+3 24 06	13 23 34·33	− 5 07 27·5	365 540·616	59 59·19	12·7737	00·3473
8	215 52 57	+2 18 58	14 17 25·40	−11 17 42·4	363 764·283	60 16·77	13·6587	01·2103
9	230 34 57	+1 04 17	15 13 46·06	−16 51 43·7	363 436·734	60 20·03	14·5951	02·1201
10	245 13 04	−0 14 30	16 12 58·01	−21 24 24·2	364 454·111	60 09·93	15·5830	03·0833
11	259 42 12	−1 31 40	17 14 40·80	−24 33 41·0	366 590·518	59 48·89	16·6053	04·0916
12	273 58 56	−2 42 04	18 17 43·07	−26 04 39·4	369 553·763	59 20·11	17·6297	05·1196
13	288 01 29	−3 41 31	19 20 17·43	−25 52 56·3	373 043·641	58 46·80	18·6202	06·1312
14	301 49 16	−4 26 59	20 20 37·67	−24 05 15·2	376 797·905	58 11·65	19·5509	07·0940
15	315 22 26	−4 56 37	21 17 34·78	−20 56 34·4	380 618·086	57 36·61	20·4127	07·9903
16	328 41 29	−5 09 38	22 10 49·63	−16 45 39·4	384 374·523	57 02·82	21·2111	08·8191
17	341 46 57	−5 06 11	23 00 43·34	−11 51 24·0	387 994·781	56 30·88	21·9598	09·5906
18	354 39 16	−4 47 13	23 48 00·16	− 6 31 00·2	391 441·835	56 01·02	22·6757	10·3208
19	7 18 49	−4 14 22	0 33 33·52	− 0 59 34·6	394 688·715	55 33·37	23·3757	11·0266
20	19 46 05	−3 29 48	1 18 17·69	+ 4 29 31·0	397 695·468	55 08·16	...	11·7248
21	32 01 46	−2 36 02	2 03 03·50	+ 9 44 08·6	400 392·862	54 45·87	00·0759	12·4304
22	44 07 01	−1 35 50	2 48 35·49	+14 32 55·7	402 675·356	54 27·25	00·7900	13·1560
23	56 03 32	−0 31 58	3 35 29·03	+18 44 58·9	404 403·930	54 13·28	01·5292	13·9106
24	67 53 42	+0 32 52	4 24 06·39	+22 09 52·8	405 417·740	54 05·15	02·3003	14·6985
25	79 40 36	+1 36 06	5 14 32·27	+24 37 59·2	405 552·447	54 04·07	03·1044	15·5174
26	91 27 57	+2 35 22	6 06 31·09	+26 01 08·1	404 662·699	54 11·20	03·9360	16·3586
27	103 20 04	+3 28 25	6 59 28·80	+26 13 31·7	402 646·319	54 27·48	04·7835	17·2089
28	115 21 39	+4 13 02	7 52 41·34	+25 12 31·6	399 468·080	54 53·48	05·6329	18·0543
29	127 37 39	+4 47 06	8 45 27·59	+22 58 58·2	395 181·062	55 29·21	06·4718	18·8850
30	140 12 47	+5 08 26	9 37 21·65	+19 36 58·6	389 943·273	56 13·94	07·2937	19·6983
31	153 11 13	+5 14 57	10 28 19·80	+15 13 28·8	384 026·334	57 05·93	08·0996	20·4988
Nov. 1	166 35 56	+5 04 50	11 18 41·17	+ 9 57 59·0	377 811·753	58 02·28	08·8975	21·2978
2	180 28 05	+4 36 53	12 09 04·28	+ 4 02 49·9	371 769·451	58 58·89	09·7017	22·1115
3	194 46 23	+3 51 06	13 00 21·74	− 2 16 02·6	366 414·191	59 50·61	10·5298	22·9590
4	209 26 51	+2 49 07	13 53 33·57	− 8 38 17·1	362 240·181	60 31·99	11·4013	23·8587
5	224 22 57	+1 34 31	14 49 36·79	−14 38 52·4	359 642·998	60 58·22	12·3325	...
6	239 26 22	+0 12 40	15 49 08·26	−19 49 22·8	358 848·091	61 06·33	13·3298	00·8232
7	254 28 14	−1 10 00	16 52 00·81	−23 41 33·5	359 869·495	60 55·92	14·3805	01·8501
8	269 20 22	−2 27 05	17 57 03·96	−25 53 14·1	362 514·820	60 29·24	15·4499	02·9157
9	283 56 22	−3 33 10	19 02 11·71	−26 14 27·7	366 434·918	59 50·41	16·4922	03·9772
10	298 12 05	−4 24 24	20 05 06·66	−24 50 03·0	371 199·596	59 04·32	17·4700	04·9907
11	312 05 40	−4 58 40	21 04 12·54	−21 56 25·9	376 374·589	58 15·58	18·3673	05·9288
12	325 37 08	−5 15 18.	21 58 57·26	−17 55 13·9	381 580·800	57 27·88	19·1880	06·7865
13	338 47 50	−5 14 47	22 49 41·89	−13 07 44·7	386 527·813	56 43·75	19·9473	07·5742
14	351 39 57	−4 58 20	23 37 17·21	− 7 52 18·3	391 022·862	56 04·62	20·6644	08·3098
15	4 16 00	−4 27 43	0 22 44·74	− 2 23 59·7	394 961·218	55 31·07	21·3589	09·0133
16	16 38 31	−3 45 02	1 07 06·27	+ 3 04 31·8	398 305·036	55 03·10	22·0490	09·7035

EPHEMERIS FOR PHYSICAL OBSERVATIONS
FOR 0^h TERRESTRIAL TIME

Julian Date	The Earth's Selenographic Long.	Lat.	The Sun's Selenographic Colong.	Lat.	Position Angle Axis	Bright Limb	Semi-diameter	Fraction Illum.
245	°	°	°	°	°	°	′ ″	
9488·5	−5·550	−5·526	206·82	+1·29	13·338	104·10	15 08·53	0·318
9489·5	−6·065	−6·208	219·02	+1·28	17·311	109·82	15 20·37	0·228
9490·5	−6·177	−6·594	231·24	+1·26	20·339	115·15	15 33·66	0·147
9491·5	−5·865	−6·634	243·46	+1·24	22·252	120·33	15 47·45	0·080
9492·5	−5·146	−6·293	255·68	+1·22	22·966	126·81	16 00·61	0·030
9493·5	−4·077	−5·559	267·90	+1·20	22·458	147·48	16 11·94	0·004
9494·5	−2·753	−4·456	280·12	+1·18	20·741	266·95	16 20·37	0·005
9495·5	−1·286	−3·048	292·34	+1·16	17·844	283·16	16 25·16	0·034
9496·5	+0·208	−1·433	304·56	+1·14	13·821	283·75	16 26·05	0·089
9497·5	+1·629	+0·273	316·77	+1·12	8·794	280·53	16 23·29	0·168
9498·5	+2·902	+1·946	328·98	+1·10	3·019	275·30	16 17·56	0·265
9499·5	+3·979	+3·474	341·17	+1·08	356·922	268·96	16 09·73	0·373
9500·5	+4·836	+4·767	353·37	+1·06	351·050	262·26	16 00·65	0·485
9501·5	+5·466	+5·759	5·55	+1·04	345·922	255·86	15 51·08	0·596
9502·5	+5·868	+6·408	17·73	+1·02	341·890	250·21	15 41·54	0·700
9503·5	+6·043	+6·697	29·90	+1·00	339·101	245·49	15 32·33	0·792
9504·5	+5·994	+6·629	42·06	+0·99	337·535	241·66	15 23·64	0·870
9505·5	+5·720	+6·224	54·22	+0·97	337·091	238·34	15 15·50	0·931
9506·5	+5·222	+5·518	66·38	+0·95	337·645	234·31	15 07·97	0·973
9507·5	+4·504	+4·557	78·54	+0·92	339·088	221·69	15 01·11	0·995
9508·5	+3·579	+3·398	90·69	+0·90	341·334	101·58	14 55·03	0·998
9509·5	+2·466	+2·099	102·84	+0·88	344·320	78·65	14 49·96	0·982
9510·5	+1·200	+0·720	115·00	+0·85	347·987	77·52	14 46·16	0·949
9511·5	−0·175	−0·680	127·16	+0·83	352·257	79·98	14 43·94	0·899
9512·5	−1·602	−2·047	139·32	+0·81	357·003	84·06	14 43·65	0·836
9513·5	−3·014	−3·329	151·48	+0·78	2·029	89·07	14 45·59	0·761
9514·5	−4·335	−4·478	163·65	+0·76	7·070	94·58	14 50·03	0·676
9515·5	−5·484	−5·447	175·82	+0·73	11·820	100·15	14 57·11	0·583
9516·5	−6·379	−6·188	188·00	+0·71	15·978	105·45	15 06·84	0·485
9517·5	−6·942	−6·654	200·19	+0·68	19·296	110·16	15 19·02	0·386
9518·5	−7·108	−6·800	212·37	+0·66	21·598	114·07	15 33·18	0·287
9519·5	−6·836	−6·587	224·57	+0·63	22·782	117·06	15 48·53	0·195
9520·5	−6·114	−5·988	236·77	+0·61	22·798	119·11	16 03·95	0·115
9521·5	−4·971	−5·003	248·97	+0·58	21·621	120·48	16 18·03	0·052
9522·5	−3·478	−3·669	261·18	+0·55	19·235	123·18	16 29·30	0·012
9523·5	−1·745	−2·062	273·39	+0·52	15·641	242·51	16 36·45	0·000
9524·5	+0·098	−0·299	285·59	+0·49	10·895	281·66	16 38·66	0·019
9525·5	+1·912	+1·483	297·80	+0·47	5·190	278·72	16 35·82	0·066
9526·5	+3·574	+3·145	310·00	+0·44	358·936	272·87	16 28·56	0·138
9527·5	+4·984	+4·572	322·19	+0·41	352·732	266·16	16 17·98	0·230
9528·5	+6·076	+5·680	334·38	+0·38	347·200	259·61	16 05·43	0·334
9529·5	+6·816	+6·422	346·56	+0·35	342·782	253·88	15 52·15	0·443
9530·5	+7·199	+6·784	358·73	+0·33	339·663	249·28	15 39·16	0·552
9531·5	+7·238	+6·774	10·90	+0·30	337·821	245·92	15 27·14	0·655
9532·5	+6·963	+6·420	23·06	+0·27	337·133	243·74	15 16·48	0·749
9533·5	+6·408	+5·760	35·21	+0·24	337·458	242·68	15 07·34	0·831
9534·5	+5·614	+4·840	47·36	+0·21	338·674	242·64	14 59·73	0·898

MOON, 2021

FOR 0ʰ TERRESTRIAL TIME

Date 0ʰ TT	Apparent Longitude	Apparent Latitude	R.A.	Dec.	True Distance	Horiz. Parallax	Ephemeris Transit for date Upper	Lower
	° ′ ″	° ′ ″	h m s	° ′ ″	km	′ ″	h	h
Nov. 16	16 38 31	− 3 45 02	1 07 06·27	+ 3 04 31·8	398 305·036	55 03·10	22·0490	09·7035
17	28 49 56	− 2 52 41	1 51 19·00	+ 8 21 59·5	401 057·021	54 40·43	22·7504	10·3974
18	40 52 26	− 1 53 12	2 36 13·04	+13 17 37·1	403 234·066	54 22·72	23·4761	11·1096
19	52 48 07	− 0 49 15	3 22 28·72	+17 40 37·3	404 844·836	54 09·74	...	11·8509
20	64 38 59	+ 0 16 25	4 10 32·55	+21 20 07·8	405 874·197	54 01·50	00·2345	12·6271
21	76 27 05	+ 1 21 10	5 00 32·20	+24 05 37·8	406 276·231	53 58·29	01·0282	13·4371
22	88 14 42	+ 2 22 23	5 52 12·53	+25 47 55·9	405 976·413	54 00·68	01·8524	14·2725
23	100 04 24	+ 3 17 42	6 44 56·62	+26 20 25·5	404 882·396	54 09·44	02·6952	15·1185
24	111 59 10	+ 4 04 50	7 37 54·43	+25 40 09·4	402 901·952	54 25·41	03·5404	15·9590
25	124 02 26	+ 4 41 45	8 30 17·46	+23 48 12·2	399 966·030	54 49·38	04·3730	16·7814
26	136 17 55	+ 5 06 34	9 21 33·13	+20 49 09·5	396 054·575	55 21·87	05·1839	17·5806
27	148 49 40	+ 5 17 31	10 11 33·14	+16 50 07·7	391 222·391	56 02·90	05·9721	18·3597
28	161 41 36	+ 5 13 07	11 00 34·22	+11 59 50·6	385 621·831	56 51·75	06·7447	19·1292
29	174 57 15	+ 4 52 13	11 49 14·35	+ 6 28 26·3	379 517·941	57 46·63	07·5152	19·9052
30	188 39 05	+ 4 14 20	12 38 27·74	+ 0 28 00·9	373 290·254	58 44·47	08·3018	20·7078
Dec. 1	202 47 55	+ 3 20 01	13 29 19·69	− 5 46 06·9	367 414·259	59 40·84	09·1260	21·5592
2	217 22 13	+ 2 11 22	14 22 59·65	−11 53 57·3	362 416·616	60 30·22	10·0098	22·4798
3	232 17 42	+ 0 52 15	15 20 28·44	−17 29 59·7	358 803·602	61 06·78	10·9702	23·4807
4	247 27 18	− 0 31 41	16 22 14·73	−22 04 24·2	356 973·172	61 25·59	12·0093	...
5	262 41 50	− 1 53 46	17 27 44·03	−25 07 46·0	357 133·629	61 23·93	13·1036	00·5521
6	277 51 20	− 3 07 18	18 35 01·89	−26 19 14·9	359 257·241	61 02·15	14·2043	01·6568
7	292 46 29	− 4 06 49	19 41 22·23	−25 34 10·8	363 087·519	60 23·51	15·2570	02·7395
8	307 20 01	− 4 48 46	20 44 15·80	−23 05 11·1	368 197·164	59 33·22	16·2262	03·7531
9	321 27 30	− 5 11 44	21 42 24·54	−19 15 45·4	374 073·976	58 37·08	17·1043	04·6762
10	335 07 25	− 5 16 05	22 35 46·38	−14 31 40·6	380 206·384	57 40·35	17·9034	05·5126
11	348 20 42	− 5 03 20	23 25 07·93	− 9 15 30·8	386 148·390	56 47·10	18·6441	06·2797
12	1 10 03	− 4 35 38	0 11 36·12	− 3 45 00·8	391 556·689	56 00·03	19·3488	06·9996
13	13 39 15	− 3 55 28	0 56 21·14	+ 1 46 10·1	396 202·403	55 20·63	20·0385	07·6943
14	25 52 27	− 3 05 20	1 40 28·76	+ 7 06 58·5	399 964·112	54 49·40	20·7317	08·3836
15	37 53 52	− 2 07 48	2 24 57·40	+12 07 31·5	402 809·127	54 26·16	21·4443	09·0848
16	49 47 23	− 1 05 21	3 10 35·82	+16 38 02·5	404 768·658	54 10·35	22·1879	09·8117
17	61 36 27	− 0 00 34	3 57 59·58	+20 28 19·7	405 911·103	54 01·20	22·9687	10·5736
18	73 23 59	+ 1 04 00	4 47 25·65	+23 27 52·7	406 316·728	53 57·96	23·7849	11·3728
19	85 12 27	+ 2 05 46	5 38 46·78	+25 26 44·0	406 056·427	54 00·04	...	12·2035
20	97 03 56	+ 3 02 16	6 31 29·73	+26 16 56·4	405 176·856	54 07·07	00·6264	13·0515
21	109 00 15	+ 3 51 05	7 24 41·53	+25 54 10·0	403 693·660	54 19·01	01·4763	13·8986
22	121 03 10	+ 4 30 02	8 17 24·50	+24 18 39·8	401 593·754	54 36·05	02·3163	14·7280
23	133 14 35	+ 4 57 12	9 08 53·67	+21 35 05·8	398 846·585	54 58·61	03·1327	15·5301
24	145 36 35	+ 5 11 00	9 58 48·85	+17 51 22·9	395 423·219	55 27·17	03·9202	16·3039
25	158 11 35	+ 5 10 13	10 47 17·53	+13 17 15·2	391 321·087	56 02·06	04·6824	17·0573
26	171 02 16	+ 4 54 04	11 34 51·20	+ 8 03 17·9	386 591·256	56 43·19	05·4304	17·8042
27	184 11 30	+ 4 22 18	12 22 19·61	+ 2 20 48·4	381 364·133	57 29·84	06·1809	18·5634
28	197 41 51	+ 3 35 21	13 10 45·66	− 3 37 32·9	375 868·314	58 20·29	06·9544	19·3569
29	211 35 15	+ 2 34 38	14 01 20·54	− 9 36 22·2	370 436·006	59 11·63	07·7739	20·2081
30	225 52 13	+ 1 22 47	14 55 16·25	−15 16 01·2	365 487·794	59 59·71	08·6619	21·1370
31	240 31 13	+ 0 03 50	15 53 30·09	−20 11 44·7	361 491·082	60 39·52	09·6339	22·1517
32	255 28 04	− 1 16 47	16 56 17·32	−23 55 02·9	358 892·406	61 05·87	10·6875	23·2364

EPHEMERIS FOR PHYSICAL OBSERVATIONS
FOR 0ʰ TERRESTRIAL TIME

Julian Date	The Earth's Selenographic Long.	Lat.	The Sun's Selenographic Colong.	Lat.	Position Angle Axis	Bright Limb	Semi-diameter	Frac-tion Illum.
245	°	°	°	°	°	°	′ ″	
9534·5	+5·614	+4·840	47·36	+0·21	338·674	242·64	14 59·73	0·898
9535·5	+4·619	+3·712	59·51	+0·18	340·694	243·50	14 53·55	0·949
9536·5	+3·463	+2·430	71·65	+0·15	343·460	244·98	14 48·73	0·983
9537·5	+2·183	+1·053	83·79	+0·12	346·925	243·97	14 45·19	0·999
9538·5	+0·819	−0·361	95·93	+0·10	351·026	77·16	14 42·95	0·997
9539·5	−0·590	−1·755	108·07	+0·07	355·654	79·88	14 42·07	0·977
9540·5	−2·000	−3·074	120·21	+0·04	0·626	84·84	14 42·73	0·940
9541·5	−3·364	−4·265	132·36	+0·01	5·683	90·42	14 45·11	0·888
9542·5	−4·630	−5·281	144·50	−0·02	10·517	96·10	14 49·46	0·821
9543·5	−5·740	−6·076	156·65	−0·04	14·820	101·50	14 55·99	0·742
9544·5	−6·633	−6·610	168·81	−0·07	18·344	106·30	15 04·84	0·652
9545·5	−7·248	−6·845	180·97	−0·09	20·918	110·26	15 16·02	0·554
9546·5	−7·522	−6·747	193·14	−0·12	22·451	113·23	15 29·32	0·452
9547·5	−7·407	−6·293	205·31	−0·15	22·899	115·08	15 44·27	0·347
9548·5	−6·866	−5·473	217·49	−0·17	22·236	115·67	16 00·02	0·247
9549·5	−5·894	−4·300	229·67	−0·20	20·435	114·82	16 15·37	0·155
9550·5	−4·516	−2·819	241·86	−0·23	17·455	112·26	16 28·82	0·080
9551·5	−2·802	−1·114	254·06	−0·26	13·274	107·34	16 38·78	0·027
9552·5	−0·860	+0·694	266·25	−0·29	7·960	92·92	16 43·90	0·002
9553·5	+1·170	+2·460	278·45	−0·32	1·789	284·22	16 43·45	0·007
9554·5	+3·130	+4·042	290·64	−0·35	355·309	273·57	16 37·52	0·043
9555·5	+4·873	+5·321	302·83	−0·38	349·239	265·48	16 27·00	0·106
9556·5	+6·275	+6·221	315·02	−0·41	344·203	258·65	16 13·30	0·189
9557·5	+7·257	+6·711	327·20	−0·44	340·530	253·25	15 58·01	0·285
9558·5	+7·785	+6·799	339·37	−0·46	338·256	249·33	15 42·56	0·389
9559·5	+7·864	+6·516	351·54	−0·49	337·247	246·82	15 28·05	0·494
9560·5	+7·535	+5·912	3·70	−0·52	337·325	245·62	15 15·23	0·596
9561·5	+6·854	+5·039	15·85	−0·55	338·330	245·63	15 04·50	0·692
9562·5	+5·892	+3·953	28·00	−0·58	340·153	246·80	14 55·99	0·778
9563·5	+4·719	+2·708	40·14	−0·61	342·721	249·17	14 49·67	0·852
9564·5	+3·405	+1·359	52·28	−0·64	345·991	252·87	14 45·36	0·913
9565·5	+2·012	−0·039	64·42	−0·67	349·915	258·33	14 42·87	0·958
9566·5	+0·593	−1·431	76·55	−0·70	354·406	267·54	14 41·99	0·987
9567·5	−0·804	−2·762	88·68	−0·72	359·310	313·12	14 42·55	0·999
9568·5	−2·141	−3·979	100·81	−0·75	4·384	74·15	14 44·47	0·994
9569·5	−3·384	−5·029	112·94	−0·77	9·316	87·64	14 47·72	0·970
9570·5	−4·502	−5·865	125·08	−0·80	13·783	95·49	14 52·36	0·929
9571·5	−5·466	−6·446	137·21	−0·82	17·508	101·54	14 58·50	0·871
9572·5	−6·245	−6·737	149·35	−0·84	20·310	106·31	15 06·28	0·799
9573·5	−6·804	−6·712	161·50	−0·86	22·096	109·87	15 15·78	0·713
9574·5	−7·104	−6·354	173·65	−0·87	22·839	112·22	15 26·99	0·616
9575·5	−7·105	−5·657	185·80	−0·89	22·537	113·30	15 39·69	0·512
9576·5	−6·770	−4·634	197·96	−0·91	21·186	113·03	15 53·43	0·404
9577·5	−6·068	−3·315	210·13	−0·93	18·756	111·25	16 07·42	0·297
9578·5	−4·989	−1·757	222·31	−0·95	15·205	107·74	16 20·51	0·197
9579·5	−3·554	−0·048	234·49	−0·97	10·516	102·12	16 31·35	0·112
9580·5	−1·822	+1·695	246·67	−0·99	4·805	93·53	16 38·53	0·047

NOTES AND FORMULAE

Low-precision formulae for geocentric coordinates of the Moon

The following formulae give approximate geocentric coordinates of the Moon. During the period 1900 to 2100 the errors will rarely exceed $0°3$ in ecliptic longitude (λ), $0°2$ in ecliptic latitude (β), $0°003$ in horizontal parallax (π), $0°001$ in semidiameter (SD), 0·2 Earth radii in distance (r), $0°3$ in right ascension (α) and $0°2$ in declination (δ).

On this page the time argument T is the number of Julian centuries from J2000·0.

$$T = (\text{JD} - 245\ 1545\cdot0)/36\ 525 = (7669\cdot5 + \text{day of year} + (\text{UT1} + \Delta T)/24)/36\ 525$$

where day of year is given on pages B4–B5. The Universal Time (UT1) and $\Delta T = \text{TT} - \text{UT1}$ (see pages K8–K9), are expressed in hours. To the precision quoted ΔT may be ignored.

$$\lambda = 218°32 + 481\ 267°881\ T$$
$$+ 6°29 \sin(135°0 + 477\ 198°87\ T) - 1°27 \sin(259°3 - 413\ 335°36\ T)$$
$$+ 0°66 \sin(235°7 + 890\ 534°22\ T) + 0°21 \sin(269°9 + 954\ 397°74\ T)$$
$$- 0°19 \sin(357°5 + 35\ 999°05\ T) - 0°11 \sin(186°5 + 966\ 404°03\ T)$$

$$\beta = + 5°13 \sin(93°3 + 483\ 202°02\ T) + 0°28 \sin(228°2 + 960\ 400°89\ T)$$
$$- 0°28 \sin(318°3 + 6\ 003°15\ T) - 0°17 \sin(217°6 - 407\ 332°21\ T)$$

$$\pi = + 0°9508 + 0°0518 \cos(135°0 + 477\ 198°87\ T) + 0°0095 \cos(259°3 - 413\ 335°36\ T)$$
$$+ 0°0078 \cos(235°7 + 890\ 534°22\ T) + 0°0028 \cos(269°9 + 954\ 397°74\ T)$$

$$SD = 0\cdot2724\,\pi \qquad \text{and} \qquad r = 1/\sin\pi$$

Form the geocentric direction cosines (l, m, n) from:

$$l = \cos\beta \cos\lambda \qquad\qquad\qquad = \cos\delta \cos\alpha$$
$$m = +0\cdot9175 \cos\beta \sin\lambda - 0\cdot3978 \sin\beta = \cos\delta \sin\alpha$$
$$n = +0\cdot3978 \cos\beta \sin\lambda + 0\cdot9175 \sin\beta = \sin\delta$$

Then

$$\alpha = \tan^{-1}(m/l) \qquad \text{and} \qquad \delta = \sin^{-1}(n)$$

where the quadrant of α is determined by the signs of l and m, and where α, δ are referred to the mean equator and equinox of date.

Low-precision formulae for topocentric coordinates of the Moon

The following formulae give approximate topocentric values of right ascension (α'), declination (δ'), distance (r'), parallax (π') and semidiameter (SD').

Form the geocentric rectangular coordinates (x, y, z) from:

$$x = rl = r \cos\delta \cos\alpha$$
$$y = rm = r \cos\delta \sin\alpha$$
$$z = rn = r \sin\delta$$

Form the topocentric rectangular coordinates (x', y', z') from:

$$x' = x - \cos\phi' \cos\theta_0$$
$$y' = y - \cos\phi' \sin\theta_0$$
$$z' = z - \sin\phi'$$

where (ϕ', λ') are the observer's geocentric latitude and longitude (east positive). The local sidereal time (see page B8) may be approximated by

$$\theta_0 = 100°46 + 36\ 000°77\ T_U + \lambda' + 15\ \text{UT1}$$

where $\qquad T_U = (\text{JD} - 245\ 1545\cdot0)/36\ 525 = (7669\cdot5 + \text{day of year} + \text{UT1}/24)/36\ 525$

Then $\qquad r' = (x'^2 + y'^2 + z'^2)^{1/2} \qquad \alpha' = \tan^{-1}(y'/x') \quad \delta' = \sin^{-1}(z'/r')$
$$\pi' = \sin^{-1}(1/r') \qquad\qquad SD' = 0\cdot2724\pi'$$

CONTENTS OF SECTION E

PLANETS
NOTES AND FORMULAS

Orbital elements

The heliocentric osculating orbital elements for the Earth given on page E8 and the heliocentric coordinates and velocity of the Earth on page E7 actually refer to the Earth-Moon barycenter. The heliocentric coordinates and velocity of the Earth itself are given by:

$$(\text{Earth's center}) = (\text{Earth-Moon barycenter}) - (0.000\,0312\cos L, 0.000\,0286\sin L,$$
$$0.000\,0124\sin L, -0.000\,00718\sin L, 0.000\,00657\cos L, 0.000\,00285\cos L)$$

where $L = 218° + 481\,268° T$, with T in Julian centuries from JD 245 1545.0. This estimate is accurate to the fifth decimal place in position and the sixth decimal place in velocity. The position and velocity are with respect to the mean equator and equinox of J2000.0, in units of au and au/day, respectively.

Linear interpolation of the heliocentric osculating orbital elements usually leads to errors of about $1''$ or $2''$ in the resulting geocentric positions of the Sun and planets; the errors may, however, reach about $7''$ for Venus at inferior conjunction and about $3''$ for Mars at opposition.

Heliocentric coordinates

The heliocentric ecliptic coordinates of the Earth may be obtained from the geocentric ecliptic coordinates of the Sun given on pages C6–C20 by adding $\pm 180°$ to the longitude, and reversing the sign of the latitude.

Invariable plane of the solar system

Approximate coordinates of the north pole of the invariable plane are:

$$\alpha_0 = 273°.85 \quad \delta_0 = 66°.99$$

This is the direction of the total angular momentum vector of the solar system (Sun and major planets) with respect to the ICRS coordinate axes.

Semidiameter and horizontal parallax

The apparent angular semidiameter, s, of a planet is given by:

$$s = \text{semidiameter at 1 au} / \text{distance in au}$$

where the distance in au is given in the daily geocentric ephemeris on pages E18–E45. Unless otherwise specified, the semidiameters at unit distance (1 au) are for equatorial radii. They are:

Planet	Semi-diameter	Planet	Semi-diameter	Planet	Semi-diameter
	$''$		$''$		$''$
Mercury	3.36	Jupiter: equatorial	98.57	Uranus: equatorial	35.24
Venus	8.34	Jupiter: polar	92.18	Uranus: polar	34.43
Mars	4.68	Saturn: equatorial	83.10	Neptune: equatorial	34.14
		Saturn: polar	74.96	Neptune: polar	33.56

The difference in transit times of the limb and center of a planet in seconds of time is given approximately by:

$$\text{difference in transit time} = (s \text{ in seconds of arc}) / 15\cos\delta$$

where the sidereal motion of the planet is ignored.

The equatorial horizontal parallax of a planet is given by $8''.794\,143$ divided by its distance in au; formulas for the corrections for diurnal parallax are given on page B85.

NOTES AND FORMULAS

Time of transit of a planet

The transit times that are tabulated on pages E46–E53 are expressed in terrestrial time (TT) and refer to the transits over the ephemeris meridian; for most purposes this may be regarded as giving the universal time (UT) of transit over the Greenwich meridian.

The UT of transit over a local meridian is given by:

$$\text{time of ephemeris transit} - (\lambda/24) \times \text{first difference}$$

with an error that is usually less than 1 second, where λ is the *east* longitude in hours and the first difference is about 24 hours.

Times of rising and setting

Approximate times of the rising and setting of a planet at a place with latitude φ may be obtained from the time of transit by applying the value of the hour angle h of the point on the horizon at the same declination δ as the planet; h is given by:

$$\cos h = -\tan \varphi \tan \delta$$

This ignores the sidereal motion of the planet during the interval between transit and rising or setting and the effects of refraction ($\sim$ 2.25 minutes). Similarly, the time at which a planet reaches a zenith distance z may be obtained by determining the corresponding hour angle h:

$$\cos h = -\tan \varphi \tan \delta + \sec \varphi \sec \delta \cos z$$

and applying h to the time of transit.

Ephemeris for physical observations

Explanatory information for data presented in the ephemeris for physical observations (E54–E79) of the planets and the planetary central meridians (E80–E87) is given here. Additional information is given in the Notes and References section, on page L12.

The tabulated surface brightness is the average visual magnitude of an area of one square arcsecond of the illuminated portion of the apparent disk. For a few days around inferior and superior conjunctions, the tabulated surface brightness and magnitude of Mercury and Venus are unknown; surface brightness values are given for phase angles $2°\!.1 < \phi < 169°\!.5$ for Mercury and $2°\!.2 < \phi < 179°\!.0$ for Venus. For Saturn the magnitude includes the contribution due to the rings, but the surface brightness applies only to the disk of the planet.

The diagram on the next page illustrates many of the quantities tabulated. The primary reference points are the sub-Earth point, e (center of the apparent disk); the sub-solar point, s; and the north pole of the planet, n. Points e and s are on the lines of sight (taking into account light-time and aberration) between the center of a planet and the centers of the Earth and Sun, respectively. An observer on the body's surface at point e or point s would see the apparent center of the Earth or the Sun at the at the planetocentric zenith, respectively.

For points e and s, planetographic longitudes, λ_e and λ_s, and planetographic latitudes, β_e and β_s, are given. Planetographic longitude is reckoned from the prime meridian and increases from $0°$ to $360°$ in the direction opposite rotation. Planetographic latitude is the angle between the planet's equator and the normal to the reference spheroid at the point. Latitudes north of the equator are positive for planets.

For points s and n, apparent distances from the center of the disk, d_s and d_n, and apparent position angles, p_s and p_n, are given. Position angles are measured east from north on the celestial sphere, with north defined by the great circle on the celestial sphere passing through the center of the planet's apparent disk and the true celestial pole of date. Apparent distances are positive in the visible hemisphere and negative on the far side of the planet, so the sign of the distance may change abruptly for points near the limb. Points close to e may appear to be discontinuous in the tables because distance and position angle can vary rapidly and the tabular interval is fixed.

PLANETS
NOTES AND FORMULAS

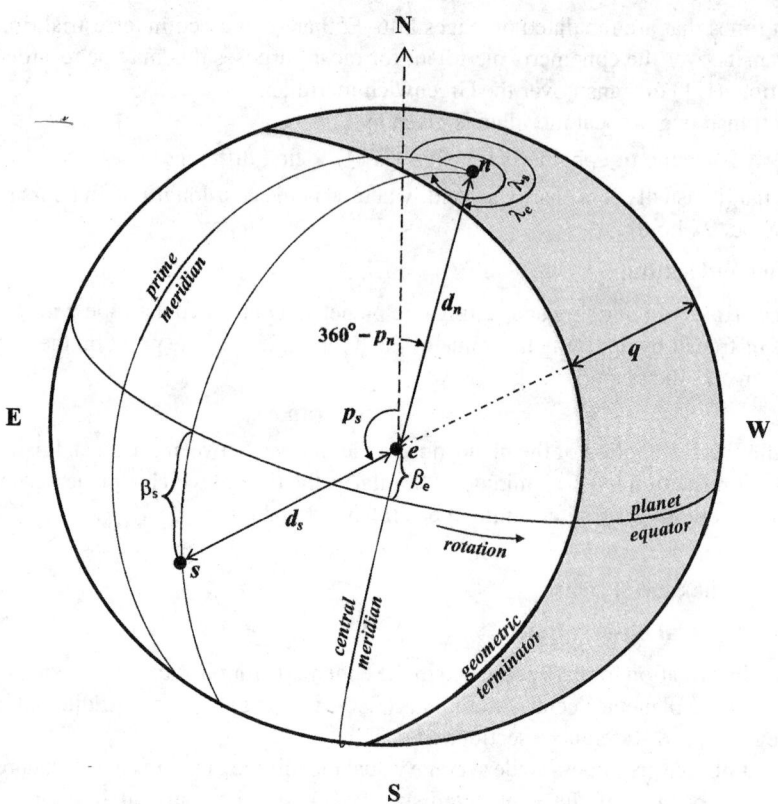

Diagram illustrating many of the physical ephemeris values

The phase is the ratio of the illuminated area of the disk to the total area of the disk, as seen from the Earth. The phase angle, ϕ, is the planetocentric elongation of the Earth from the Sun. The defect of illumination, q, is the length of the unilluminated section of the diameter passing through e and s. The position angle of q can be computed by adding $180°$ to p_s. Phase and q are based on the geometric terminator, defined by the plane crossing through the planet's center of mass, orthogonal to the direction of the Sun. Both the phase and q assume that the change in their values caused by the flattening of the planet is insignificant.

The planetocentric orbital longitude of the Sun, L_s, is measured eastward in the planet's orbital plane from the planet's vernal equinox. Instantaneous orbital and equatorial planes are used in computing L_s. Values of L_s of $0°$, $90°$, $180°$, and $270°$ correspond to the beginning of spring, summer, autumn and winter, for the northern hemisphere of a planet. For small solar system bodies, such as dwarf planets and minor planets, $L_s=0$ corresponds to the beginning of spring in the hemisphere in which the rotation about the pole is counterclockwise.

The angle W of the prime meridian is measured counterclockwise (when viewed from above the planet's north pole) along the planet's equator from the ascending node of the planet's equator on the ICRS equator. For a planet with direct rotation (counterclockwise viewed from the planet's north pole), W increases with time. Values of W and their rates of change are given on page E5.

Longitudes of the planetary central meridians are sub-Earth planetographic longitudes, λ_e, measured from the planet's prime meridian. None are given for Uranus and Neptune since their rotational periods are not well known. Cassini mission data calls into question Saturn's rotation rate.

ROTATION ELEMENTS REFERRED TO THE ICRS
at 2021 JANUARY 0, 0^h TDB

| Planet | North Pole | | Argument of Prime Meridian | | Longitude of Central Meridian | Inclination of Equator to Orbit |
	Right Ascension α_1	Declin- ation δ_1	at epoch W_0	var./day $\dot{W}$	λ_e	
	°	°	°	°	°	°
Mercury	281.00	+ 61.41	248.90	+ 6.1385108	153.01	+ 0.03
Venus	272.76	+ 67.16	318.84	− 1.4813688	117.47	+ 2.64
Mars	317.66	+ 52.87	342.69	+ 350.8919824	172.98	+ 25.19
Jupiter I	268.06	+ 64.50	41.15	+ 877.9000000	246.75	+ 3.12
II	268.06	+ 64.50	179.07	+ 870.2700000	25.93	+ 3.12
III	268.06	+ 64.50	300.80	+ 870.5360000	146.66	+ 3.12
Saturn	40.58	+ 83.54	142.73	+ 810.7939024	96.34	+ 26.73
Uranus	257.31	− 15.18	276.48	− 501.1600928	210.66	+ 82.23
Neptune	299.47	+ 42.96	81.41	+ 541.1397757	200.44	+ 28.35

Rotational elements definitions and formulas

α_1, δ_1 right ascension and declination of the north pole of the planet; variations during one year are negligible.

W_0 the angle measured from the planet's equator in the positive sense with respect to the planet's north pole from the ascending node of the planet's equator on the Earth's mean equator of date to the prime meridian of the planet.

$\dot{W}$ the mean daily rate of change of W_0. Sidereal periods of rotation are given on page E6.

Given:

α, δ: apparent right ascension and declination of planet (pages E18–E45).
s: apparent equatorial diameter (pages E54–E79).
p_n: position angle of north pole (or central meridian or axis) (pages E54–E79).
λ_e: planetographic longitude of the sub-Earth point (or central meridian) (pages E54–E77 or E80–E87).
β_e: planetographic latitude of the sub-Earth point (pages E54–E79).
$\dot{W}$: from the above table.
f: geometric flattening (from page E6).

To compute the displacements $\Delta\alpha$, $\Delta\delta$ in right ascension and declination, measured from the center of the disk, of a feature at planetographic longitude λ and planetographic latitude ϕ, first compute the planetocentric quantities ϕ', β_e', λ', and λ_e', and the quantity s'. The formulas on the right may be used for planets where the flattening f is small and can be ignored [1]:

$$\tan\phi' = (1-f)^2 \tan\phi \qquad\qquad \phi' = \phi$$
$$\tan\beta_e' = (1-f)^2 \tan\beta_e \qquad\qquad \beta_e' = \beta_e$$
$$\lambda' = 360° - \lambda \quad \text{if } \dot{W} \text{ is positive}; \quad \lambda' = \lambda \quad \text{if } \dot{W} \text{ is negative} \qquad \lambda' \quad \text{as at left}$$
$$\lambda_e' = 360° - \lambda_e \quad \text{if } \dot{W} \text{ is positive}; \quad \lambda_e' = \lambda_e \quad \text{if } \dot{W} \text{ is negative} \qquad \lambda_e' \quad \text{as at left}$$
$$s' = \tfrac{1}{2} s \, (1 - f \sin^2\phi') \qquad\qquad s' = \tfrac{1}{2} s$$

Then compute the quantities X, Y, and Z:

$$X = s' \cos\phi' \sin(\lambda' - \lambda_e')$$
$$Y = s' \left(\sin\phi' \cos\beta_e' - \cos\phi' \sin\beta_e' \cos(\lambda' - \lambda_e')\right)$$
$$Z = s' \left(\sin\phi' \sin\beta_e' + \cos\phi' \cos\beta_e' \cos(\lambda' - \lambda_e')\right)$$

Finally,

$$\Delta\alpha \cos\delta = -X \cos p_n + Y \sin p_n$$
$$\Delta\delta = X \sin p_n + Y \cos p_n$$

If Z is positive, the feature is on the near (visible) side of the planet; if Z is negative, it is on the far side. If $|Z| < 0.1\,s'$, the feature is on or very near the limb.

---

[1]The flattening is negligible if only one apparent diameter is given, or if the difference between the apparent equatorial and polar diameters is not significant to the precision required.

PLANETS

PHYSICAL AND PHOTOMETRIC DATA

Planet	Mass[1]	Mean Equatorial Radius	Minimum Geocentric Distance[2]	Flattening[3] (geometric)	Coefficients of the Potential		
					J_2	J_3	J_4
	kg	km	au		10^{-3}	10^{-6}	10^{-6}
Mercury	3.3010×10^{23}	2440.5	0.549	0.000 930	0.050333	12.473	17.679
Venus	4.8673×10^{24}	6051.8	0.265	0	0.004404	-2.108	-2.147
Earth	5.9721×10^{24}	6378.14	—	0.003 352 81	1.082625	-2.532	-1.616
(Moon)	7.3458×10^{22}	1737.4	0.002 38	0	0.203216	8.460	-9.704
Mars	6.4169×10^{23}	3396.19	0.373	0.005 886	1.956609	31.148	-15.39
Jupiter	1.8981×10^{27}	71492	3.945	0.064 9	14.698	—	-586.6
Saturn	5.6831×10^{26}	60268	8.032	0.098 0	16.29057	0.06	-935.31
Uranus	8.6809×10^{25}	25559	17.292	0.023 0	3.5107	—	-34
Neptune	1.0241×10^{26}	24764	28.814	0.017	3.408	—	-33

Planet	Period of Rotation	Mean Density	Maximum Angular Diameter[2]	Geometric Albedo	Visual Magnitude[4]		Color Indices	
					$V(1,0)$	V_0	$B-V$	$U-B$
	d	g/cm³	″					
Mercury	58.646 145 9	5.43	12.3	0.142	-0.61	—	0.97	0.41
Venus	243.018 5	5.24	63.0	0.689	-4.38	—	0.71	0.50
Earth	0.997 269 566	5.513	—	0.434	-3.99	—	0.47	-0.12
(Moon)	27.321 66	3.34	2010.8	0.113	$+0.23$	-12.72	0.85	0.36
Mars	1.025 956 76	3.93	25.1	0.170	-1.60	-2.09	1.36	0.64
Jupiter	0.413 54 (System III)	1.33	49.9	0.538	-9.40	-2.70	0.86	0.43
Saturn	0.444 01	0.69	20.7	0.499	-8.91	$+0.64$	1.07	0.76
Uranus	0.718 33	1.27	4.1	0.488	-7.11	$+5.60$	0.50	0.33
Neptune	0.665 26	1.64	2.4	0.442	-7.00	$+7.11$	0.39	0.17

NOTES TO TABLE

[1] Values for the masses include the atmospheres but exclude satellites.

[2] The tabulated minimum geocentric distance applies to the interval 1950 to 2050.

[3] The flattening for Mars is calculated by using the average of its north and south polar radii.

[4] $V(1, 0)$ is the visual magnitude at 1 au and phase angle zero; V_0 is the is the mean opposition magnitude.

HELIOCENTRIC COORDINATES AND VELOCITY COMPONENTS
REFERRED TO THE MEAN EQUATOR AND EQUINOX OF J2000.0

Julian Date (TDB) 245	x	y	z	$\dot{x}$	$\dot{y}$	$\dot{z}$
MERCURY	au	au	au	au/day	au/day	au/day
9200.5	− 0.082 7394	− 0.408 5349	− 0.209 6609	+ 0.022 041 73	− 0.002 359 36	− 0.003 545 07
9280.5	− 0.245 3933	− 0.352 9119	− 0.163 0880	+ 0.018 108 64	− 0.011 447 97	− 0.007 992 47
9360.5	− 0.360 3928	− 0.229 7407	− 0.085 3707	+ 0.010 034 46	− 0.019 131 07	− 0.011 259 83
9440.5	− 0.393 3839	− 0.055 9756	+ 0.010 8731	− 0.002 511 36	− 0.023 744 27	− 0.012 423 79
9520.5	− 0.310 0639	+ 0.131 3333	+ 0.102 2959	− 0.018 757 37	− 0.021 726 49	− 0.009 662 03
9600.5	− 0.100 5734	+ 0.259 1939	+ 0.148 8851	− 0.032 296 45	− 0.008 242 91	− 0.001 055 84
9680.5	+ 0.160 2702	+ 0.240 8511	+ 0.112 0504	− 0.029 696 40	+ 0.012 776 13	+ 0.009 902 99
VENUS						
9200.5	− 0.637 5757	− 0.322 4583	− 0.104 7501	+ 0.009 322 59	− 0.016 175 61	− 0.007 868 13
9280.5	+ 0.658 1879	− 0.265 6394	− 0.161 1703	+ 0.008 453 51	+ 0.016 824 69	+ 0.007 035 46
9360.5	− 0.161 9233	+ 0.634 9659	+ 0.295 9506	− 0.019 774 75	− 0.004 712 57	− 0.000 869 26
9440.5	− 0.441 6728	+ 0.533 3211	− 0.212 0248	+ 0.015 884 87	− 0.010 975 47	− 0.005 943 52
9520.5	+ 0.725 3474	+ 0.007 6775	− 0.042 4392	+ 0.000 187 37	+ 0.018 364 71	+ 0.008 251 44
9600.5	− 0.440 3102	+ 0.506 7783	+ 0.255 8863	− 0.016 042 70	− 0.011 785 78	− 0.004 288 07
9680.5	− 0.166 5001	− 0.648 4321	− 0.281 2332	+ 0.019 550 65	− 0.003 855 91	− 0.002 971 95
EARTH[*]						
9200.5	+ 0.082 0561	+ 0.899 7259	+ 0.390 0284	− 0.017 424 90	+ 0.001 256 72	+ 0.000 544 84
9280.5	− 0.964 2400	+ 0.214 8983	+ 0.093 1610	− 0.004 341 49	− 0.015 398 39	− 0.006 675 14
9360.5	− 0.433 0674	− 0.840 2280	− 0.364 2346	+ 0.015 272 78	− 0.006 807 26	− 0.002 950 97
9440.5	+ 0.788 8942	− 0.583 0725	− 0.252 7630	+ 0.010 513 08	+ 0.012 233 64	+ 0.005 303 20
9520.5	+ 0.765 8841	+ 0.578 9585	+ 0.250 9729	− 0.011 219 55	+ 0.012 123 40	+ 0.005 255 49
9600.5	− 0.501 0210	+ 0.777 0840	+ 0.336 8646	− 0.015 087 23	− 0.008 096 92	− 0.003 509 90
9680.5	− 0.936 7144	− 0.326 2699	− 0.141 4303	+ 0.005 826 34	− 0.014 817 66	− 0.006 423 39
MARS						
9200.5	+ 0.797 563	+ 1.151 809	+ 0.506 787	− 0.011 288 761	+ 0.007 783 272	+ 0.003 874 607
9280.5	− 0.234 034	+ 1.426 875	+ 0.660 788	− 0.013 311 899	− 0.000 923 645	− 0.000 064 469
9360.5	− 1.171 978	+ 1.049 310	+ 0.512 916	− 0.009 346 440	− 0.008 023 653	− 0.003 428 079
9440.5	− 1.635 943	+ 0.241 368	+ 0.154 850	− 0.001 864 606	− 0.011 467 724	− 0.005 209 679
9520.5	− 1.440 338	− 0.661 009	− 0.264 328	+ 0.006 719 780	− 0.010 253 275	− 0.004 884 264
9600.5	− 0.612 182	− 1.261 474	− 0.562 093	+ 0.013 318 879	− 0.003 933 934	− 0.002 163 772
9680.5	+ 0.519 816	− 1.192 081	− 0.560 807	+ 0.013 543 157	+ 0.005 897 251	+ 0.002 339 529
JUPITER						
9200.5	+ 2.951 176	− 3.797 434	− 1.699 523	+ 0.006 070 224	+ 0.004 398 778	+ 0.001 737 676
9280.5	+ 3.414 472	− 3.419 149	− 1.548 657	+ 0.005 496 759	+ 0.005 048 697	+ 0.002 030 212
9360.5	+ 3.828 279	− 2.991 345	− 1.375 361	+ 0.004 834 192	+ 0.005 634 818	+ 0.002 297 571
9440.5	+ 4.185 782	− 2.519 579	− 1.181 851	+ 0.004 090 666	+ 0.006 145 936	+ 0.002 534 745
9520.5	+ 4.480 885	− 2.010 276	− 0.970 733	+ 0.003 275 974	+ 0.006 571 529	+ 0.002 736 998
9600.5	+ 4.708 365	− 1.470 670	− 0.744 980	+ 0.002 402 344	+ 0.006 902 095	+ 0.002 899 952
9680.5	+ 4.864 060	− 0.908 671	− 0.507 882	+ 0.001 483 684	+ 0.007 130 290	+ 0.003 020 123
SATURN						
9200.5	+ 5.424 826	− 7.667 699	− 3.400 735	+ 0.004 381 056	+ 0.002 861 411	+ 0.000 993 350
9280.5	+ 5.770 001	− 7.431 509	− 3.318 032	+ 0.004 246 841	+ 0.003 042 516	+ 0.001 073 937
9360.5	+ 6.104 087	− 7.181 036	− 3.228 952	+ 0.004 103 887	+ 0.003 218 393	+ 0.001 152 741
9440.5	+ 6.426 398	− 6.916 711	− 3.133 644	+ 0.003 952 493	+ 0.003 388 810	+ 0.001 229 648
9520.5	+ 6.736 258	− 6.638 981	− 3.032 263	+ 0.003 792 583	+ 0.003 553 372	+ 0.001 304 505
9600.5	+ 7.032 996	− 6.348 343	− 2.924 985	+ 0.003 624 583	+ 0.003 711 496	+ 0.001 377 044
9680.5	+ 7.315 987	− 6.045 313	− 2.811 997	+ 0.003 448 856	+ 0.003 863 180	+ 0.001 447 260
URANUS						
9200.5	+15.387 50	+ 11.454 63	+ 4.799 19	− 0.002 493 456	+ 0.002 627 087	+ 0.001 185 695
9280.5	+15.186 13	+ 11.663 41	+ 4.893 46	− 0.002 540 886	+ 0.002 592 311	+ 0.001 171 136
9360.5	+14.980 97	+ 11.869 38	+ 4.986 56	− 0.002 587 902	+ 0.002 556 720	+ 0.001 156 218
9440.5	+14.772 08	+ 12.072 47	+ 5.078 45	− 0.002 634 355	+ 0.002 520 436	+ 0.001 140 981
9520.5	+14.559 48	+ 12.272 63	+ 5.169 11	− 0.002 680 483	+ 0.002 483 414	+ 0.001 125 425
9600.5	+14.343 22	+ 12.469 79	+ 5.258 51	− 0.002 726 034	+ 0.002 445 417	+ 0.001 109 435
9680.5	+14.123 34	+ 12.663 88	+ 5.346 61	− 0.002 770 831	+ 0.002 406 784	+ 0.001 093 153
NEPTUNE						
9200.5	+29.452 47	− 4.616 18	− 2.622 78	+ 0.000 539 396	+ 0.002 887 700	+ 0.001 168 586
9280.5	+29.494 56	− 4.384 98	− 2.529 19	+ 0.000 512 765	+ 0.002 892 372	+ 0.001 171 177
9360.5	+29.534 52	− 4.153 41	− 2.435 39	+ 0.000 485 960	+ 0.002 896 722	+ 0.001 173 638
9440.5	+29.572 31	− 3.921 51	− 2.341 41	+ 0.000 459 119	+ 0.002 900 866	+ 0.001 176 010
9520.5	+29.607 96	− 3.689 28	− 2.247 23	+ 0.000 431 993	+ 0.002 904 754	+ 0.001 178 288
9600.5	+29.641 43	− 3.456 76	− 2.152 89	+ 0.000 404 825	+ 0.002 908 142	+ 0.001 180 355
9680.5	+29.672 73	− 3.223 98	− 2.058 38	+ 0.000 377 782	+ 0.002 911 363	+ 0.001 182 350

*Values labeled for the Earth are actually for the Earth-Moon barycenter;

PLANETS, 2021

HELIOCENTRIC OSCULATING ORBITAL ELEMENTS
REFERRED TO THE MEAN EQUINOX AND ECLIPTIC OF J2000.0

Julian Date (TDB) 245	Inclin- ation i	Longitude Asc. Node Ω	Longitude Perihelion ϖ	Semimajor Axis a	Daily Motion n	Eccen- tricity e	Mean Longitude L
MERCURY	°	°	°	au	°		°
9200.5	7.003 70	48.3047	77.4912	0.387 0979	4.092 351	0. 205 6372	261.151 57
9240.5	7.003 70	48.3045	77.4916	0.387 0977	4.092 355	0. 205 6362	64.845 50
9280.5	7.003 70	48.3044	77.4904	0.387 0971	4.092 364	0. 205 6390	228.539 50
9320.5	7.003 70	48.3042	77.4900	0.387 0979	4.092 351	0. 205 6362	32.233 71
9360.5	7.003 69	48.3041	77.4895	0.387 0977	4.092 355	0. 205 6353	195.927 71
9400.5	7.003 67	48.3038	77.4903	0.387 0985	4.092 341	0. 205 6306	359.621 08
9440.5	7.003 67	48.3037	77.4905	0.387 0982	4.092 347	0. 205 6306	163.314 85
9480.5	7.003 60	48.3032	77.4922	0.387 1002	4.092 315	0. 205 6229	327.007 29
9520.5	7.003 61	48.3029	77.4932	0.387 0992	4.092 331	0. 205 6216	130.700 28
9560.5	7.003 61	48.3028	77.4931	0.387 0990	4.092 334	0. 205 6235	294.393 36
9600.5	7.003 61	48.3027	77.4937	0.387 0990	4.092 334	0. 205 6232	98.086 71
9640.5	7.003 63	48.3024	77.4920	0.387 0975	4.092 357	0. 205 6277	261.780 24
VENUS							
9200.5	3.394 55	76.6227	131.696	0.723 3253	1.602 154	0. 006 7898	207.091 26
9240.5	3.394 54	76.6227	131.747	0.723 3300	1.602 138	0. 006 7858	271.177 28
9280.5	3.394 52	76.6223	131.835	0.723 3329	1.602 128	0. 006 7832	335.261 46
9320.5	3.394 52	76.6220	131.896	0.723 3274	1.602 147	0. 006 7876	39.346 88
9360.5	3.394 52	76.6220	131.866	0.723 3303	1.602 137	0. 006 7907	103.432 65
9400.5	3.394 51	76.6218	131.808	0.723 3293	1.602 140	0. 006 7899	167.517 43
9440.5	3.394 52	76.6216	131.741	0.723 3235	1.602 160	0. 006 7867	231.603 42
9480.5	3.394 51	76.6215	131.752	0.723 3277	1.602 146	0. 006 7791	295.690 05
9520.5	3.394 50	76.6210	131.801	0.723 3300	1.602 138	0. 006 7738	359.774 93
9560.5	3.394 52	76.6207	131.764	0.723 3335	1.602 126	0. 006 7740	63.860 24
9600.5	3.394 42	76.6198	131.543	0.723 3450	1.602 088	0. 006 7762	127.942 27
9640.5	3.394 40	76.6182	131.398	0.723 3327	1.602 129	0. 006 7656	192.025 43
EARTH*							
9200.5	0.002 68	176.5	103.0355	0.999 9968	0.985 615 2	0. 016 7192	85.796 14
9240.5	0.002 69	176.4	103.0009	1.000 0005	0.985 609 7	0. 016 7235	125.219 46
9280.5	0.002 70	176.3	102.9555	0.999 9926	0.985 621 4	0. 016 7250	164.642 86
9320.5	0.002 71	176.4	102.9083	0.999 9796	0.985 640 6	0. 016 7288	204.067 44
9360.5	0.002 72	176.3	102.9061	0.999 9800	0.985 640 0	0. 016 7276	243.493 18
9400.5	0.002 72	176.0	102.9272	0.999 9989	0.985 612 1	0. 016 7093	282.918 22
9440.5	0.002 73	175.6	102.9462	1.000 0183	0.985 583 4	0. 016 6861	322.340 63
9480.5	0.002 75	175.4	102.9863	1.000 0135	0.985 590 4	0. 016 6770	1.762 51
9520.5	0.002 76	175.5	103.0470	0.999 9965	0.985 615 7	0. 016 6767	41.186 86
9560.5	0.002 77	175.8	103.0927	0.999 9892	0.985 626 4	0. 016 6787	80.612 98
9600.5	0.002 80	174.5	103.1671	0.999 9970	0.985 614 8	0. 016 6870	120.040 29
9640.5	0.002 85	173.6	103.2128	1.000 0140	0.985 589 8	0. 016 6990	159.464 80

*Values labeled for the Earth are actually for the Earth-Moon barycenter (see note on page E2).

FORMULAS

Mean anomaly, $M = L - \varpi$

Argument of perihelion, measured from node, $\omega = \varpi - \Omega$

True anomaly, $\quad \nu = M + (2e - e^3/4)\sin M + (5e^2/4)\sin 2M + (13e^3/12)\sin 3M + \ldots$ in radians.

Planet-Sun distance, $\quad r = a(1 - e^2)/(1 + e\cos\nu)$

Heliocentric rectangular coordinates, referred to the ecliptic, may be computed from these elements by:

$$x = r\{\cos(\nu + \omega)\cos\Omega - \sin(\nu + \omega)\cos i \sin\Omega\}$$
$$y = r\{\cos(\nu + \omega)\sin\Omega + \sin(\nu + \omega)\cos i \cos\Omega\}$$
$$z = r\sin(\nu + \omega)\sin i$$

HELIOCENTRIC OSCULATING ORBITAL ELEMENTS
REFERRED TO THE MEAN EQUINOX AND ECLIPTIC OF J2000.0

Julian Date (TDB) 245	Inclin- ation i	Longitude Asc. Node Ω	Longitude Perihelion ϖ	Semimajor Axis a	Daily Motion n	Eccen- tricity e	Mean Longitude L
MARS	°	°	°	au	°		°
9200.5	1.847 94	49.4939	336.1259	1.523 6307	0.524 0658	0.093 3302	47.182 46
9240.5	1.847 92	49.4938	336.1398	1.523 6655	0.524 0478	0.093 3320	68.144 60
9280.5	1.847 91	49.4934	336.1540	1.523 6991	0.524 0305	0.093 3324	89.105 24
9320.5	1.847 90	49.4932	336.1679	1.523 7287	0.524 0152	0.093 3298	110.064 70
9360.5	1.847 90	49.4926	336.1768	1.523 7421	0.524 0083	0.093 3285	131.023 77
9400.5	1.847 90	49.4918	336.1828	1.523 7340	0.524 0125	0.093 3371	151.982 77
9440.5	1.847 91	49.4909	336.1911	1.523 7106	0.524 0246	0.093 3525	172.942 04
9480.5	1.847 93	49.4904	336.2053	1.523 6695	0.524 0457	0.093 3732	193.901 93
9520.5	1.847 94	49.4902	336.2223	1.523 6279	0.524 0672	0.093 3857	214.862 78
9560.5	1.847 94	49.4902	336.2360	1.523 5947	0.524 0844	0.093 3903	235.825 10
9600.5	1.847 94	49.4902	336.2418	1.523 5804	0.524 0917	0.093 3912	256.788 58
9640.5	1.847 94	49.4902	336.2369	1.523 5979	0.524 0827	0.093 4006	277.752 86
JUPITER							
9200.5	1.303 59	100.5164	13.9256	5.203 686	0.083 070 34	0.048 5989	310.471 46
9240.5	1.303 58	100.5162	13.9149	5.203 697	0.083 070 06	0.048 5867	313.792 59
9280.5	1.303 57	100.5160	13.9101	5.203 683	0.083 070 42	0.048 5747	317.113 99
9320.5	1.303 55	100.5153	13.9162	5.203 613	0.083 072 08	0.048 5593	320.435 68
9360.5	1.303 55	100.5155	13.9206	5.203 524	0.083 074 23	0.048 5372	323.756 82
9400.5	1.303 56	100.5157	13.9142	5.203 494	0.083 074 93	0.048 5227	327.078 16
9440.5	1.303 57	100.5163	13.9069	5.203 487	0.083 075 10	0.048 5146	330.400 02
9480.5	1.303 57	100.5162	13.9073	5.203 478	0.083 075 31	0.048 5127	333.722 91
9520.5	1.303 57	100.5161	13.9276	5.203 355	0.083 078 27	0.048 4972	337.046 30
9560.5	1.303 57	100.5160	13.9496	5.203 170	0.083 082 69	0.048 4687	340.369 25
9600.5	1.303 57	100.5163	13.9646	5.202 965	0.083 087 60	0.048 4321	343.691 56
9640.5	1.303 58	100.5170	13.9583	5.202 864	0.083 090 04	0.048 4079	347.013 24
SATURN							
9200.5	2.486 30	113.5951	90.7443	9.572 505	0.033 299 39	0.052 4000	306.206 83
9240.5	2.486 28	113.5951	90.6082	9.572 687	0.033 298 43	0.052 4667	307.555 44
9280.5	2.486 26	113.5950	90.4757	9.572 836	0.033 297 66	0.052 5402	308.904 12
9320.5	2.486 23	113.5948	90.3540	9.572 875	0.033 297 45	0.052 6257	310.252 67
9360.5	2.486 24	113.5949	90.2449	9.572 911	0.033 297 27	0.052 7067	311.599 81
9400.5	2.486 24	113.5949	90.1287	9.573 087	0.033 296 35	0.052 7777	312.946 78
9440.5	2.486 26	113.5950	90.0115	9.573 284	0.033 295 32	0.052 8511	314.293 93
9480.5	2.486 26	113.5950	89.8985	9.573 393	0.033 294 75	0.052 9390	315.641 83
9520.5	2.486 27	113.5951	89.8177	9.573 183	0.033 295 84	0.053 0505	316.989 12
9560.5	2.486 29	113.5953	89.7617	9.572 849	0.033 297 59	0.053 1620	318.334 64
9600.5	2.486 33	113.5956	89.7210	9.572 505	0.033 299 39	0.053 2630	319.678 27
9640.5	2.486 36	113.5959	89.6673	9.572 413	0.033 299 86	0.053 3395	321.020 89
URANUS							
9200.5	0.770 30	74.0972	172.6235	19.186 21	0.011 735 47	0.045 9869	42.803 23
9280.5	0.770 32	74.0964	172.2050	19.194 89	0.011 727 50	0.045 6605	43.739 18
9360.5	0.770 37	74.0938	171.7438	19.203 52	0.011 719 60	0.045 3789	44.679 64
9440.5	0.770 35	74.0950	171.2761	19.212 11	0.011 711 74	0.045 1059	45.619 17
9520.5	0.770 42	74.0916	170.6891	19.222 01	0.011 702 69	0.044 8433	46.564 14
9600.5	0.770 51	74.0877	170.1689	19.229 82	0.011 695 57	0.044 7041	47.514 85
9680.5	0.770 56	74.0855	169.7109	19.236 88	0.011 689 13	0.044 5662	48.460 63
NEPTUNE							
9200.5	1.769 48	131.7576	19.587	30.215 09	0.005 938 264	0.010 9399	350.469 83
9280.5	1.769 28	131.7524	19.522	30.227 84	0.005 934 506	0.011 4098	350.969 57
9360.5	1.769 11	131.7478	19.835	30.237 86	0.005 931 556	0.011 8175	351.472 91
9440.5	1.769 02	131.7454	20.131	30.247 94	0.005 928 591	0.012 2254	351.975 76
9520.5	1.768 87	131.7415	20.833	30.256 49	0.005 926 078	0.012 6244	352.486 90
9600.5	1.768 82	131.7402	21.889	30.258 97	0.005 925 351	0.012 8446	352.996 41
9680.5	1.768 78	131.7389	22.639	30.262 75	0.005 924 239	0.013 0801	353.500 35

MERCURY, 2021

HELIOCENTRIC POSITIONS FOR 0ʰ BARYCENTRIC DYNAMICAL TIME
MEAN EQUINOX AND ECLIPTIC OF J2000.0

Date		Longitude	Latitude	True Heliocentric Distance	Date		Longitude	Latitude	True Heliocentric Distance
		° ′ ″	° ′ ″	au			° ′ ″	° ′ ″	au
Jan.	0	300 18 26.3	− 6 39 51.0	0.436 4268	Feb.	15	170 25 45.0	+ 5 56 23.0	0.374 4162
	1	303 30 27.1	− 6 46 25.0	0.432 3533		16	174 39 23.0	+ 5 39 02.1	0.380 2037
	2	306 46 18.1	− 6 51 49.2	0.428 0543		17	178 45 11.2	+ 5 20 27.2	0.385 9404
	3	310 06 17.8	− 6 55 58.1	0.423 5391		18	182 43 35.3	+ 5 00 51.4	0.391 5991
	4	313 30 45.1	− 6 58 46.0	0.418 8183		19	186 35 01.1	+ 4 40 26.1	0.397 1552
	5	316 59 59.9	− 7 00 06.8	0.413 9040		20	190 19 54.4	+ 4 19 21.5	0.402 5866
	6	320 34 22.6	− 6 59 53.7	0.408 8096		21	193 58 40.8	+ 3 57 46.4	0.407 8737
	7	324 14 14.5	− 6 57 59.6	0.403 5505		22	197 31 45.0	+ 3 35 48.5	0.412 9990
	8	327 59 57.1	− 6 54 16.7	0.398 1438		23	200 59 30.8	+ 3 13 34.6	0.417 9468
	9	331 51 52.7	− 6 48 37.2	0.392 6087		24	204 22 21.5	+ 2 51 10.5	0.422 7035
	10	335 50 23.7	− 6 40 52.5	0.386 9668		25	207 40 39.3	+ 2 28 41.1	0.427 2565
	11	339 55 52.6	− 6 30 54.2	0.381 2423		26	210 54 45.2	+ 2 06 10.7	0.431 5953
	12	344 08 41.9	− 6 18 33.7	0.375 4618		27	214 04 59.7	+ 1 43 43.2	0.435 7101
	13	348 29 13.2	− 6 03 42.5	0.369 6551		28	217 11 42.1	+ 1 21 21.6	0.439 5925
	14	352 57 47.3	− 5 46 12.7	0.363 8550	Mar.	1	220 15 10.9	+ 0 59 08.7	0.443 2350
	15	357 34 43.3	− 5 25 57.2	0.358 0974		2	223 15 43.8	+ 0 37 07.0	0.446 6313
	16	2 20 18.2	− 5 02 50.3	0.352 4215		3	226 13 37.7	+ 0 15 18.5	0.449 7755
	17	7 14 45.9	− 4 36 47.8	0.346 8696		4	229 09 08.7	− 0 06 15.1	0.452 6627
	18	12 18 16.3	− 4 07 48.5	0.341 4870		5	232 02 32.5	− 0 27 32.0	0.455 2885
	19	17 30 54.3	− 3 35 53.9	0.336 3220		6	234 54 03.9	− 0 48 30.8	0.457 6492
	20	22 52 38.9	− 3 01 09.8	0.331 4247		7	237 43 57.3	− 1 09 10.4	0.459 7417
	21	28 23 21.8	− 2 23 46.4	0.326 8469		8	240 32 26.7	− 1 29 29.4	0.461 5631
	22	34 02 46.5	− 1 43 59.1	0.322 6410		9	243 19 45.7	− 1 49 26.8	0.463 1111
	23	39 50 27.0	− 1 02 09.2	0.318 8586		10	246 06 07.3	− 2 09 01.6	0.464 3840
	24	45 45 47.4	− 0 18 43.6	0.315 5493		11	248 51 44.4	− 2 28 12.6	0.465 3802
	25	51 48 01.2	+ 0 25 45.1	0.312 7593		12	251 36 49.7	− 2 46 58.9	0.466 0985
	26	57 56 11.2	+ 1 10 39.2	0.310 5295		13	254 21 35.6	− 3 05 19.5	0.466 5381
	27	64 09 10.0	+ 1 55 17.4	0.308 8938		14	257 06 14.4	− 3 23 13.1	0.466 6985
	28	70 25 41.2	+ 2 38 56.3	0.307 8782		15	259 50 58.3	− 3 40 38.8	0.466 5796
	29	76 44 21.2	+ 3 20 51.9	0.307 4990		16	262 35 59.5	− 3 57 35.2	0.466 1815
	30	83 03 41.2	+ 4 00 22.5	0.307 7624		17	265 21 30.3	− 4 14 01.1	0.465 5046
	31	89 22 10.2	+ 4 36 50.0	0.308 6642		18	268 07 42.9	− 4 29 55.0	0.464 5497
Feb.	1	95 38 17.8	+ 5 09 42.2	0.310 1897		19	270 54 49.7	− 4 45 15.5	0.463 3179
	2	101 50 37.4	+ 5 38 33.8	0.312 3147		20	273 43 03.4	− 5 00 00.8	0.461 8106
	3	107 57 48.6	+ 6 03 07.6	0.315 0065		21	276 32 36.7	− 5 14 09.0	0.460 0297
	4	113 58 39.8	+ 6 23 14.0	0.318 2254		22	279 23 42.7	− 5 27 38.1	0.457 9775
	5	119 52 09.6	+ 6 38 51.3	0.321 9261		23	282 16 34.8	− 5 40 25.9	0.455 6565
	6	125 37 28.0	+ 6 50 04.3	0.326 0595		24	285 11 26.7	− 5 52 29.8	0.453 0699
	7	131 13 56.6	+ 6 57 03.4	0.330 5741		25	288 08 32.8	− 6 03 47.1	0.450 2213
	8	136 41 08.3	+ 7 00 03.3	0.335 4176		26	291 08 07.7	− 6 14 14.7	0.447 1150
	9	141 58 46.5	+ 6 59 22.0	0.340 5382		27	294 10 26.5	− 6 23 49.2	0.443 7560
	10	147 06 44.4	+ 6 55 18.9	0.345 8852		28	297 15 45.1	− 6 32 27.1	0.440 1496
	11	152 05 03.1	+ 6 48 14.5	0.351 4101		29	300 24 19.7	− 6 40 04.3	0.436 3025
	12	156 53 50.8	+ 6 38 29.4	0.357 0669		30	303 36 27.5	− 6 46 36.2	0.432 2218
	13	161 33 21.2	+ 6 26 23.5	0.362 8129		31	306 52 26.0	− 6 51 58.0	0.427 9159
	14	166 03 52.1	+ 6 12 15.5	0.368 6081	Apr.	1	310 12 33.7	− 6 56 04.5	0.423 3940
	15	170 25 45.0	+ 5 56 23.0	0.374 4162		2	313 37 09.8	− 6 58 49.9	0.418 6670

HELIOCENTRIC POSITIONS FOR 0ʰ BARYCENTRIC DYNAMICAL TIME
MEAN EQUINOX AND ECLIPTIC OF J2000.0

Date	Longitude	Latitude	True Heliocentric Distance	Date	Longitude	Latitude	True Heliocentric Distance
	° ′ ″	° ′ ″	au		° ′ ″	° ′ ″	au
Apr. 1	310 12 33.7	− 6 56 04.5	0.423 3940	May 17	182 50 51.5	+ 5 00 14.1	0.391 7750
2	313 37 09.8	− 6 58 49.9	0.418 6670	18	186 42 04.7	+ 4 39 47.4	0.397 3274
3	317 06 33.9	− 7 00 07.9	0.413 7468	19	190 26 46.2	+ 4 18 41.7	0.402 7545
4	320 41 06.7	− 6 59 51.7	0.408 6470	20	194 05 21.5	+ 3 57 05.8	0.408 0367
5	324 21 09.2	− 6 57 54.3	0.403 3830	21	197 38 15.3	+ 3 35 07.4	0.413 1566
6	328 07 03.2	− 6 54 08.0	0.397 9719	22	201 05 51.6	+ 3 12 53.1	0.418 0986
7	331 59 10.8	− 6 48 24.6	0.392 4331	23	204 28 33.5	+ 2 50 28.7	0.422 8489
8	335 57 54.6	− 6 40 35.9	0.386 7883	24	207 46 43.0	+ 2 27 59.2	0.427 3954
9	340 03 37.0	− 6 30 33.4	0.381 0615	25	211 00 41.5	+ 2 05 28.9	0.431 7271
10	344 16 40.4	− 6 18 08.3	0.375 2798	26	214 10 49.1	+ 1 43 01.5	0.435 8347
11	348 37 26.6	− 6 03 12.2	0.369 4728	27	217 17 25.2	+ 1 20 40.1	0.439 7097
12	353 06 16.2	− 5 45 37.4	0.363 6734	28	220 20 48.2	+ 0 58 27.6	0.443 3446
13	357 43 28.3	− 5 25 16.6	0.357 9178	29	223 21 15.9	+ 0 36 26.2	0.446 7330
14	2 29 19.7	− 5 02 04.2	0.352 2451	30	226 19 05.2	+ 0 14 38.2	0.449 8692
15	7 24 04.4	− 4 35 56.2	0.346 6978	31	229 14 32.0	− 0 06 54.9	0.452 7482
16	12 27 51.9	− 4 06 51.4	0.341 3213	June 1	232 07 52.1	− 0 28 11.2	0.455 3657
17	17 40 47.1	− 3 34 51.4	0.336 1639	2	234 59 20.3	− 0 49 09.5	0.457 7181
18	23 02 48.8	− 3 00 02.1	0.331 2759	3	237 49 10.9	− 1 09 48.5	0.459 8021
19	28 33 48.4	− 2 22 33.9	0.326 7090	4	240 37 38.0	− 1 30 06.9	0.461 6149
20	34 13 29.0	− 1 42 42.5	0.322 5156	5	243 24 55.0	− 1 50 03.6	0.463 1544
21	40 01 24.6	− 1 00 49.1	0.318 7473	6	246 11 15.0	− 2 09 37.6	0.464 4187
22	45 56 58.8	− 0 17 21.0	0.315 4537	7	248 56 51.0	− 2 28 47.9	0.465 4062
23	51 59 24.7	+ 0 27 09.0	0.312 6808	8	251 41 55.6	− 2 47 33.4	0.466 1158
24	58 07 44.8	+ 1 12 03.3	0.310 4691	9	254 26 41.1	− 3 05 53.1	0.466 5467
25	64 20 51.4	+ 1 56 40.3	0.308 8526	10	257 11 19.9	− 3 23 45.9	0.466 6985
26	70 37 28.0	+ 2 40 16.6	0.307 8568	11	259 56 04.2	− 3 41 10.7	0.466 5709
27	76 56 10.5	+ 3 22 08.3	0.307 4978	12	262 41 06.3	− 3 58 06.2	0.466 1641
28	83 15 30.3	+ 4 01 33.7	0.307 7815	13	265 26 38.2	− 4 14 31.1	0.465 4785
29	89 33 56.1	+ 4 37 55.0	0.308 7031	14	268 12 52.3	− 4 30 24.1	0.464 5150
30	95 49 57.8	+ 5 10 40.0	0.310 2479	15	271 00 01.1	− 4 45 43.5	0.463 2747
May 1	102 02 08.8	+ 5 39 23.8	0.312 3913	16	273 48 17.1	− 5 00 27.6	0.461 7589
2	108 09 09.1	+ 6 03 49.3	0.315 1003	17	276 37 53.1	− 5 14 34.7	0.459 9696
3	114 09 47.2	+ 6 23 47.3	0.318 3350	18	279 29 02.2	− 5 28 02.6	0.457 9090
4	120 03 02.2	+ 6 39 16.2	0.322 0501	19	282 21 57.9	− 5 40 49.0	0.455 5798
5	125 48 04.4	+ 6 50 21.1	0.326 1962	20	285 16 53.9	− 5 52 51.5	0.452 9850
6	131 24 15.8	+ 6 57 12.5	0.330 7219	21	288 14 04.4	− 6 04 07.3	0.450 1285
7	136 51 09.6	+ 7 00 05.3	0.335 5749	22	291 13 44.2	− 6 14 33.3	0.447 0144
8	142 08 29.6	+ 6 59 17.3	0.340 7033	23	294 16 08.4	− 6 24 06.1	0.443 6477
9	147 16 09.2	+ 6 55 08.3	0.346 0565	24	297 21 32.8	− 6 32 42.2	0.440 0339
10	152 14 09.8	+ 6 47 58.6	0.351 5862	25	300 30 13.8	− 6 40 17.4	0.436 1795
11	157 02 39.8	+ 6 38 08.9	0.357 2464	26	303 42 28.5	− 6 46 47.2	0.432 0918
12	161 41 52.9	+ 6 25 58.8	0.362 9944	27	306 58 34.5	− 6 52 06.8	0.427 7791
13	166 12 07.3	+ 6 11 47.3	0.368 7905	28	310 18 50.2	− 6 56 10.8	0.423 2509
14	170 33 44.2	+ 5 55 51.9	0.374 5983	29	313 43 34.9	− 6 58 53.6	0.418 5178
15	174 47 07.1	+ 5 38 28.5	0.380 3846	30	317 13 08.3	− 7 00 08.7	0.413 5920
16	178 52 41.0	+ 5 19 51.6	0.386 1192	July 1	320 47 50.9	− 6 59 49.6	0.408 4870
17	182 50 51.5	+ 5 00 14.1	0.391 7750	2	324 28 04.0	− 6 57 48.9	0.403 2183

MERCURY, 2021

HELIOCENTRIC POSITIONS FOR 0ʰ BARYCENTRIC DYNAMICAL TIME
MEAN EQUINOX AND ECLIPTIC OF J2000.0

Date	Longitude	Latitude	True Heliocentric Distance	Date	Longitude	Latitude	True Heliocentric Distance
	° ′ ″	° ′ ″	au		° ′ ″	° ′ ″	au
July 1	320 47 50.9	− 6 59 49.6	0.408 4870	Aug. 16	194 11 58.3	+ 3 56 25.5	0.408 1953
2	324 28 04.0	− 6 57 48.9	0.403 2183	17	197 44 42.1	+ 3 34 26.4	0.413 3099
3	328 14 09.2	− 6 53 59.0	0.397 8032	18	201 12 09.1	+ 3 12 11.8	0.418 2461
4	332 06 28.7	− 6 48 11.9	0.392 2609	19	204 34 42.4	+ 2 49 47.1	0.422 9903
5	336 05 25.1	− 6 40 19.2	0.386 6133	20	207 52 44.0	+ 2 27 17.5	0.427 5303
6	340 11 20.7	− 6 30 12.3	0.380 8846	21	211 06 35.2	+ 2 04 47.3	0.431 8553
7	344 24 38.1	− 6 17 42.7	0.375 1018	22	214 16 36.1	+ 1 42 20.0	0.435 9558
8	348 45 38.8	− 6 02 41.8	0.369 2948	23	217 23 06.1	+ 1 19 58.9	0.439 8235
9	353 14 43.5	− 5 45 02.0	0.363 4964	24	220 26 23.6	+ 0 57 46.6	0.443 4509
10	357 52 11.3	− 5 24 36.0	0.357 7429	25	223 26 46.3	+ 0 35 45.6	0.446 8316
11	2 38 18.9	− 5 01 18.2	0.352 0735	26	226 24 31.0	+ 0 13 58.0	0.449 9600
12	7 33 20.0	− 4 35 04.7	0.346 5310	27	229 19 53.8	− 0 07 34.6	0.452 8310
13	12 37 24.2	− 4 05 54.4	0.341 1607	28	232 13 10.3	− 0 28 50.4	0.455 4405
14	17 50 36.1	− 3 33 49.2	0.336 0110	29	235 04 35.4	− 0 49 48.1	0.457 7847
15	23 12 54.3	− 2 58 54.8	0.331 1322	30	237 54 23.3	− 1 10 26.5	0.459 8604
16	28 44 10.0	− 2 21 22.0	0.326 5762	31	240 42 48.1	− 1 30 44.2	0.461 6650
17	34 24 06.1	− 1 41 26.4	0.322 3953	Sept. 1	243 30 03.3	− 1 50 40.3	0.463 1961
18	40 12 16.1	− 0 59 29.7	0.318 6410	2	246 16 21.9	− 2 10 13.6	0.464 4519
19	46 08 03.4	− 0 15 59.3	0.315 3629	3	249 01 56.8	− 2 29 23.1	0.465 4309
20	52 10 40.7	+ 0 28 32.0	0.312 6067	4	251 47 00.6	− 2 48 07.9	0.466 1321
21	58 19 10.4	+ 1 13 26.4	0.310 4129	5	254 31 45.9	− 3 06 26.7	0.466 5545
22	64 32 24.3	+ 1 58 02.1	0.308 8151	6	257 16 24.7	− 3 24 18.7	0.466 6978
23	70 49 05.7	+ 2 41 35.8	0.307 8387	7	260 01 09.5	− 3 41 42.6	0.466 5617
24	77 07 50.5	+ 3 23 23.6	0.307 4994	8	262 46 12.3	− 3 58 37.1	0.466 1465
25	83 27 09.6	+ 4 02 43.8	0.307 8027	9	265 31 45.4	− 4 15 01.1	0.465 4525
26	89 45 32.0	+ 4 38 58.8	0.308 7436	10	268 18 01.1	− 4 30 53.0	0.464 4806
27	96 01 27.6	+ 5 11 36.7	0.310 3071	11	271 05 11.8	− 4 46 11.4	0.463 2320
28	102 13 30.0	+ 5 40 12.7	0.312 4682	12	273 53 30.1	− 5 00 54.4	0.461 7080
29	108 20 19.3	+ 6 04 30.1	0.315 1938	13	276 43 08.8	− 5 15 00.2	0.459 9105
30	114 20 44.5	+ 6 24 19.8	0.318 4438	14	279 34 21.1	− 5 28 26.9	0.457 8418
31	120 13 44.9	+ 6 39 40.5	0.322 1727	15	282 27 20.2	− 5 41 12.0	0.455 5045
Aug. 1	125 58 31.2	+ 6 50 37.4	0.326 3310	16	285 22 20.2	− 5 53 13.0	0.452 9019
2	131 34 25.6	+ 6 57 21.2	0.330 8673	17	288 19 35.1	− 6 04 27.3	0.450 0376
3	137 01 01.9	+ 7 00 06.9	0.335 7294	18	291 19 19.6	− 6 14 51.7	0.446 9159
4	142 18 04.1	+ 6 59 12.5	0.340 8652	19	294 21 49.1	− 6 24 22.9	0.443 5418
5	147 25 25.9	+ 6 54 57.6	0.346 2244	20	297 27 19.3	− 6 32 57.1	0.439 9208
6	152 23 08.8	+ 6 47 42.7	0.351 7585	21	300 36 06.5	− 6 40 30.3	0.436 0594
7	157 11 21.4	+ 6 37 48.3	0.357 4219	22	303 48 28.0	− 6 46 58.0	0.431 9649
8	161 50 17.7	+ 6 25 34.3	0.363 1718	23	307 04 41.3	− 6 52 15.3	0.427 6458
9	166 20 15.9	+ 6 11 19.4	0.368 9686	24	310 25 04.9	− 6 56 16.9	0.423 1114
10	170 41 37.4	+ 5 55 21.0	0.374 7761	25	313 49 58.0	− 6 58 57.0	0.418 3726
11	174 54 45.6	+ 5 37 55.1	0.380 5611	26	317 19 40.4	− 7 00 09.4	0.413 4414
12	179 00 05.6	+ 5 19 16.2	0.386 2936	27	320 54 32.7	− 6 59 47.2	0.408 3314
13	182 58 03.0	+ 4 59 37.0	0.391 9464	28	324 34 56.0	− 6 57 43.2	0.403 0583
14	186 49 03.8	+ 4 39 09.0	0.397 4951	29	328 21 12.1	− 6 53 49.8	0.397 6392
15	190 33 33.8	+ 4 18 02.2	0.402 9179	30	332 13 43.2	− 6 47 59.0	0.392 0937
16	194 11 58.3	+ 3 56 25.5	0.408 1953	Oct. 1	336 12 51.8	− 6 40 02.3	0.386 4436

MERCURY, 2021

HELIOCENTRIC POSITIONS FOR 0ʰ BARYCENTRIC DYNAMICAL TIME
MEAN EQUINOX AND ECLIPTIC OF J2000.0

Date	Longitude	Latitude	True Heliocentric Distance	Date	Longitude	Latitude	True Heliocentric Distance
	° ′ ″	° ′ ″	au		° ′ ″	° ′ ″	au
Oct. 1	336 12 51.8	− 6 40 02.3	0.386 4436	Nov. 16	207 58 39.0	+ 2 26 36.3	0.427 6607
2	340 19 00.3	− 6 29 51.1	0.380 7131	17	211 12 23.2	+ 2 04 06.0	0.431 9790
3	344 32 31.2	− 6 17 17.0	0.374 9294	18	214 22 17.6	+ 1 41 38.9	0.436 0726
4	348 53 46.0	− 6 02 11.4	0.369 1224	19	217 28 41.8	+ 1 19 18.0	0.439 9331
5	353 23 05.4	− 5 44 26.5	0.363 3251	20	220 31 54.0	+ 0 57 06.0	0.443 5532
6	358 00 48.4	− 5 23 55.4	0.357 5737	21	223 32 11.8	+ 0 35 05.4	0.446 9265
7	2 47 11.6	− 5 00 32.3	0.351 9079	22	226 29 52.2	+ 0 13 18.2	0.450 0472
8	7 42 28.6	− 4 34 13.5	0.346 3701	23	229 25 11.2	− 0 08 13.9	0.452 9105
9	12 46 48.9	− 4 04 57.9	0.341 0060	24	232 18 24.2	− 0 29 29.2	0.455 5121
10	18 00 17.0	− 3 32 47.4	0.335 8639	25	235 09 46.3	− 0 50 26.4	0.457 8483
11	23 22 51.1	− 2 57 48.1	0.330 9943	26	237 59 31.7	− 1 11 04.1	0.459 9160
12	28 54 22.3	− 2 20 10.7	0.326 4489	27	240 47 54.3	− 1 31 21.2	0.461 7124
13	34 34 33.2	− 1 40 11.2	0.322 2802	28	243 35 07.7	− 1 51 16.6	0.463 2353
14	40 22 57.0	− 0 58 11.4	0.318 5397	29	246 21 24.9	− 2 10 49.2	0.464 4829
15	46 18 56.8	− 0 14 38.6	0.315 2767	30	249 06 58.8	− 2 29 58.0	0.465 4537
16	52 21 45.1	+ 0 29 53.8	0.312 5368	Dec. 1	251 52 02.1	− 2 48 42.0	0.466 1466
17	58 30 23.8	+ 1 14 48.1	0.310 3605	2	254 36 47.0	− 3 07 00.1	0.466 5607
18	64 43 44.6	+ 1 59 22.5	0.308 7810	3	257 21 26.0	− 3 24 51.2	0.466 6956
19	71 00 30.4	+ 2 42 53.5	0.307 8235	4	260 06 11.2	− 3 42 14.2	0.466 5512
20	77 19 16.9	+ 3 24 37.4	0.307 5033	5	262 51 14.8	− 3 59 07.9	0.466 1277
21	83 38 35.1	+ 4 03 52.4	0.307 8256	6	265 36 49.1	− 4 15 30.9	0.465 4254
22	89 56 54.0	+ 4 40 01.2	0.308 7853	7	268 23 06.4	− 4 31 21.8	0.464 4452
23	96 12 43.4	+ 5 12 32.0	0.310 3668	8	271 10 19.0	− 4 46 39.0	0.463 1883
24	102 24 37.0	+ 5 41 00.4	0.312 5451	9	273 58 39.6	− 5 01 20.9	0.461 6561
25	108 31 15.4	+ 6 05 09.8	0.315 2868	10	276 48 21.0	− 5 15 25.6	0.459 8504
26	114 31 27.8	+ 6 24 51.3	0.318 5515	11	279 39 36.3	− 5 28 51.0	0.457 7736
27	120 24 13.8	+ 6 40 03.9	0.322 2936	12	282 32 39.0	− 5 41 34.8	0.455 4284
28	126 08 44.4	+ 6 50 53.0	0.326 4637	13	285 27 42.8	− 5 53 34.5	0.452 8179
29	131 44 22.3	+ 6 57 29.4	0.331 0102	14	288 25 02.1	− 6 04 47.2	0.449 9458
30	137 10 41.5	+ 7 00 08.2	0.335 8808	15	291 24 51.4	− 6 15 10.1	0.446 8164
31	142 27 26.3	+ 6 59 07.4	0.341 0237	16	294 27 26.2	− 6 24 39.5	0.443 4347
Nov. 1	147 34 30.6	+ 6 54 46.8	0.346 3885	17	297 33 02.1	− 6 33 11.9	0.439 8064
2	152 31 56.3	+ 6 47 26.8	0.351 9268	18	300 41 55.7	− 6 40 43.2	0.435 9378
3	157 19 52.1	+ 6 37 27.9	0.357 5931	19	303 54 23.9	− 6 47 08.8	0.431 8365
4	161 58 32.0	+ 6 25 09.9	0.363 3446	20	307 10 44.5	− 6 52 23.9	0.427 5107
5	166 28 14.5	+ 6 10 51.6	0.369 1420	21	310 31 16.1	− 6 56 23.1	0.422 9700
6	170 49 20.9	+ 5 54 50.4	0.374 9490	22	313 56 17.7	− 6 59 00.6	0.418 2251
7	175 02 14.9	+ 5 37 22.1	0.380 7326	23	317 26 09.2	− 7 00 10.1	0.413 2882
8	179 07 21.4	+ 5 18 41.1	0.386 4629	24	321 01 11.2	− 6 59 44.9	0.408 1732
9	183 05 06.1	+ 4 59 00.2	0.392 1127	25	324 41 45.0	− 6 57 37.8	0.402 8953
10	186 55 54.9	+ 4 38 30.9	0.397 6578	26	328 28 12.2	− 6 53 40.9	0.397 4721
11	190 40 13.7	+ 4 17 23.1	0.403 0764	27	332 20 55.0	− 6 47 46.3	0.391 9231
12	194 18 27.9	+ 3 55 45.6	0.408 3490	28	336 20 16.0	− 6 39 45.6	0.386 2701
13	197 51 02.0	+ 3 33 46.0	0.413 4583	29	340 26 37.7	− 6 29 30.3	0.380 5376
14	201 18 20.1	+ 3 11 30.9	0.418 3889	30	344 40 22.3	− 6 16 51.6	0.374 7527
15	204 40 45.1	+ 2 49 06.0	0.423 1271	31	349 01 51.6	− 6 01 41.3	0.368 9454
16	207 58 39.0	+ 2 26 36.3	0.427 6607	32	353 31 26.0	− 5 43 51.4	0.363 1489

VENUS, 2021

HELIOCENTRIC POSITIONS FOR 0ʰ BARYCENTRIC DYNAMICAL TIME
MEAN EQUINOX AND ECLIPTIC OF J2000.0

Date		Longitude	Latitude	True Heliocentric Distance	Date		Longitude	Latitude	True Heliocentric Distance
		° ′ ″	° ′ ″	au			° ′ ″	° ′ ″	au
Jan.	0	230 19 52.6	+ 1 30 17.9	0.724 0265	Apr.	2	16 15 27.1	− 2 57 04.8	0.725 4278
	2	233 31 28.1	+ 1 19 58.9	0.724 2968		4	19 26 48.9	− 2 51 12.6	0.725 1772
	4	236 42 53.4	+ 1 09 25.4	0.724 5639		6	22 38 16.6	− 2 44 48.4	0.724 9207
	6	239 54 08.9	+ 0 58 39.6	0.724 8271		8	25 49 50.5	− 2 37 53.3	0.724 6592
	8	243 05 14.9	+ 0 47 43.3	0.725 0855		10	29 01 30.5	− 2 30 28.5	0.724 3935
	10	246 16 11.8	+ 0 36 38.6	0.725 3383		12	32 13 16.7	− 2 22 35.3	0.724 1243
	12	249 27 00.1	+ 0 25 27.6	0.725 5848		14	35 25 09.3	− 2 14 15.2	0.723 8525
	14	252 37 40.1	+ 0 14 12.4	0.725 8242		16	38 37 08.4	− 2 05 29.5	0.723 5790
	16	255 48 12.4	+ 0 02 54.9	0.726 0558		18	41 49 13.9	− 1 56 20.1	0.723 3045
	18	258 58 37.4	− 0 08 22.6	0.726 2788		20	45 01 26.1	− 1 46 48.4	0.723 0301
	20	262 08 55.8	− 0 19 38.2	0.726 4926		22	48 13 45.1	− 1 36 56.2	0.722 7564
	22	265 19 08.0	− 0 30 49.8	0.726 6966		24	51 26 10.8	− 1 26 45.4	0.722 4845
	24	268 29 14.7	− 0 41 55.3	0.726 8901		26	54 38 43.5	− 1 16 17.8	0.722 2150
	26	271 39 16.4	− 0 52 52.9	0.727 0725		28	57 51 23.1	− 1 05 35.4	0.721 9490
	28	274 49 13.6	− 1 03 40.4	0.727 2433		30	61 04 09.9	− 0 54 40.1	0.721 6872
	30	277 59 07.0	− 1 14 16.0	0.727 4020	May	2	64 17 03.7	− 0 43 34.1	0.721 4304
Feb.	1	281 08 57.1	− 1 24 37.8	0.727 5480		4	67 30 04.8	− 0 32 19.3	0.721 1795
	3	284 18 44.5	− 1 34 43.8	0.727 6810		6	70 43 13.1	− 0 20 58.0	0.720 9353
	5	287 28 29.8	− 1 44 32.3	0.727 8006		8	73 56 28.6	− 0 09 32.2	0.720 6985
	7	290 38 13.5	− 1 54 01.6	0.727 9064		10	77 09 51.5	+ 0 01 55.8	0.720 4699
	9	293 47 56.1	− 2 03 09.9	0.727 9980		12	80 23 21.6	+ 0 13 23.9	0.720 2503
	11	296 57 38.3	− 2 11 55.5	0.728 0753		14	83 36 59.0	+ 0 24 49.8	0.720 0403
	13	300 07 20.4	− 2 20 17.0	0.728 1379		16	86 50 43.5	+ 0 36 11.4	0.719 8407
	15	303 17 03.0	− 2 28 12.9	0.728 1858		18	90 04 35.1	+ 0 47 26.5	0.719 6520
	17	306 26 46.6	− 2 35 41.6	0.728 2186		20	93 18 33.6	+ 0 58 32.8	0.719 4749
	19	309 36 31.5	− 2 42 41.9	0.728 2365		22	96 32 39.0	+ 1 09 28.3	0.719 3099
	21	312 46 18.3	− 2 49 12.5	0.728 2392		24	99 46 51.0	+ 1 20 10.8	0.719 1576
	23	315 56 07.2	− 2 55 12.2	0.728 2268		26	103 01 09.4	+ 1 30 38.1	0.719 0185
	25	319 05 58.7	− 3 00 40.0	0.728 1993		28	106 15 33.9	+ 1 40 48.4	0.718 8930
	27	322 15 53.0	− 3 05 34.7	0.728 1568		30	109 30 04.3	+ 1 50 39.5	0.718 7816
Mar.	1	325 25 50.6	− 3 09 55.6	0.728 0995	June	1	112 44 40.1	+ 2 00 09.5	0.718 6845
	3	328 35 51.8	− 3 13 41.8	0.728 0275		3	115 59 21.1	+ 2 09 16.6	0.718 6022
	5	331 45 56.7	− 3 16 52.7	0.727 9410		5	119 14 06.9	+ 2 17 58.9	0.718 5349
	7	334 56 05.6	− 3 19 27.5	0.727 8403		7	122 28 56.8	+ 2 26 14.8	0.718 4827
	9	338 06 18.8	− 3 21 25.8	0.727 7256		9	125 43 50.6	+ 2 34 02.6	0.718 4459
	11	341 16 36.4	− 3 22 47.3	0.727 5974		11	128 58 47.6	+ 2 41 20.7	0.718 4247
	13	344 26 58.7	− 3 23 31.5	0.727 4560		13	132 13 47.2	+ 2 48 07.8	0.718 4190
	15	347 37 25.7	− 3 23 38.4	0.727 3018		15	135 28 49.0	+ 2 54 22.5	0.718 4288
	17	350 47 57.8	− 3 23 07.9	0.727 1353		17	138 43 52.3	+ 3 00 03.5	0.718 4542
	19	353 58 34.9	− 3 22 00.0	0.726 9570		19	141 58 56.4	+ 3 05 09.8	0.718 4951
	21	357 09 17.3	− 3 20 14.8	0.726 7674		21	145 14 00.7	+ 3 09 40.4	0.718 5514
	23	0 20 05.0	− 3 17 52.7	0.726 5672		23	148 29 04.5	+ 3 13 34.4	0.718 6227
	25	3 30 58.2	− 3 14 54.1	0.726 3568		25	151 44 07.1	+ 3 16 51.0	0.718 7090
	27	6 41 56.8	− 3 11 19.3	0.726 1370		27	154 59 07.8	+ 3 19 29.7	0.718 8100
	29	9 53 01.2	− 3 07 09.0	0.725 9085		29	158 14 05.9	+ 3 21 29.9	0.718 9252
	31	13 04 11.2	− 3 02 23.9	0.725 6718	July	1	161 29 00.7	+ 3 22 51.2	0.719 0544
Apr.	2	16 15 27.1	− 2 57 04.8	0.725 4278		3	164 43 51.4	+ 3 23 33.6	0.719 1971

VENUS, 2021

HELIOCENTRIC POSITIONS FOR 0ʰ BARYCENTRIC DYNAMICAL TIME
MEAN EQUINOX AND ECLIPTIC OF J2000.0

Date		Longitude	Latitude	True Heliocentric Distance	Date		Longitude	Latitude	True Heliocentric Distance
		° ′ ″	° ′ ″	au			° ′ ″	° ′ ″	au
July	1	161 29 00.7	+ 3 22 51.2	0.719 0544	Oct.	1	308 30 07.1	− 2 40 18.2	0.728 2235
	3	164 43 51.4	+ 3 23 33.6	0.719 1971		3	311 39 53.4	− 2 46 59.4	0.728 2313
	5	167 58 37.5	+ 3 23 36.8	0.719 3528		5	314 49 41.7	− 2 53 10.0	0.728 2240
	7	171 13 18.2	+ 3 23 01.0	0.719 5211		7	317 59 32.5	− 2 58 49.1	0.728 2016
	9	174 27 52.9	+ 3 21 46.2	0.719 7014		9	321 09 26.1	− 3 03 55.5	0.728 1641
	11	177 42 20.9	+ 3 19 52.8	0.719 8931		11	324 19 22.8	− 3 08 28.3	0.728 1118
	13	180 56 41.7	+ 3 17 21.2	0.720 0956		13	327 29 22.9	− 3 12 26.7	0.728 0447
	15	184 10 54.6	+ 3 14 12.0	0.720 3082		15	330 39 26.8	− 3 15 50.0	0.727 9631
	17	187 24 59.1	+ 3 10 25.9	0.720 5303		17	333 49 34.5	− 3 18 37.4	0.727 8672
	19	190 38 54.8	+ 3 06 03.6	0.720 7612		19	336 59 46.5	− 3 20 48.6	0.727 7573
	21	193 52 41.2	+ 3 01 06.0	0.721 0000		21	340 10 02.9	− 3 22 22.9	0.727 6336
	23	197 06 18.0	+ 2 55 34.3	0.721 2461		23	343 20 23.8	− 3 23 20.2	0.727 4967
	25	200 19 44.6	+ 2 49 29.5	0.721 4987		25	346 30 49.5	− 3 23 40.2	0.727 3469
	27	203 33 01.0	+ 2 42 52.8	0.721 7569		27	349 41 20.1	− 3 23 22.7	0.727 1847
	29	206 46 06.8	+ 2 35 45.6	0.722 0200		29	352 51 55.8	− 3 22 27.9	0.727 0105
	31	209 59 01.8	+ 2 28 09.4	0.722 2870		31	356 02 36.6	− 3 20 55.7	0.726 8249
Aug.	2	213 11 46.0	+ 2 20 05.5	0.722 5572	Nov.	2	359 13 22.7	− 3 18 46.5	0.726 6284
	4	216 24 19.2	+ 2 11 35.7	0.722 8297		4	2 24 14.3	− 3 16 00.5	0.726 4217
	6	219 36 41.4	+ 2 02 41.5	0.723 1036		6	5 35 11.3	− 3 12 38.3	0.726 2053
	8	222 48 52.7	+ 1 53 24.8	0.723 3782		8	8 46 14.0	− 3 08 40.3	0.725 9799
	10	226 00 53.1	+ 1 43 47.3	0.723 6524		10	11 57 22.3	− 3 04 07.2	0.725 7463
	12	229 12 42.9	+ 1 33 50.8	0.723 9255		12	15 08 36.4	− 2 58 59.9	0.725 5051
	14	232 24 22.1	+ 1 23 37.3	0.724 1966		14	18 19 56.4	− 2 53 19.2	0.725 2570
	16	235 35 51.1	+ 1 13 08.6	0.724 4649		16	21 31 22.3	− 2 47 06.0	0.725 0028
	18	238 47 10.2	+ 1 02 26.8	0.724 7295		18	24 42 54.3	− 2 40 21.6	0.724 7434
	20	241 58 19.7	+ 0 51 34.0	0.724 9896		20	27 54 32.4	− 2 33 07.0	0.724 4794
	22	245 09 19.9	+ 0 40 32.0	0.725 2445		22	31 06 16.7	− 2 25 23.5	0.724 2118
	24	248 20 11.2	+ 0 29 23.0	0.725 4932		24	34 18 07.3	− 2 17 12.6	0.723 9413
	26	251 30 54.2	+ 0 18 09.0	0.725 7352		26	37 30 04.3	− 2 08 35.7	0.723 6688
	28	254 41 29.3	+ 0 06 52.1	0.725 9695		28	40 42 07.8	− 1 59 34.3	0.723 3952
	30	257 51 57.0	− 0 04 25.7	0.726 1956		30	43 54 17.8	− 1 50 10.2	0.723 1212
Sept.	1	261 02 17.8	− 0 15 42.2	0.726 4127	Dec.	2	47 06 34.5	− 1 40 25.0	0.722 8478
	3	264 12 32.3	− 0 26 55.4	0.726 6201		4	50 18 58.1	− 1 30 20.4	0.722 5758
	5	267 22 41.0	− 0 38 03.3	0.726 8172		6	53 31 28.4	− 1 19 58.5	0.722 3061
	7	270 32 44.5	− 0 49 03.9	0.727 0035		8	56 44 05.7	− 1 09 21.0	0.722 0395
	9	273 42 43.4	− 0 59 55.1	0.727 1783		10	59 56 50.1	− 0 58 30.0	0.721 7768
	11	276 52 38.2	− 1 10 35.1	0.727 3412		12	63 09 41.5	− 0 47 27.5	0.721 5190
	13	280 02 29.6	− 1 21 01.9	0.727 4916		14	66 22 40.1	− 0 36 15.5	0.721 2667
	15	283 12 18.0	− 1 31 13.7	0.727 6291		16	69 35 45.9	− 0 24 56.2	0.721 0209
	17	286 22 04.2	− 1 41 08.5	0.727 7533		18	72 48 58.9	− 0 13 31.8	0.720 7823
	19	289 31 48.6	− 1 50 44.7	0.727 8637		20	76 02 19.2	− 0 02 04.3	0.720 5517
	21	292 41 31.7	− 2 00 00.6	0.727 9602		22	79 15 46.8	+ 0 09 24.0	0.720 3298
	23	295 51 14.2	− 2 08 54.3	0.728 0423		24	82 29 21.5	+ 0 20 50.9	0.720 1174
	25	299 00 56.5	− 2 17 24.5	0.728 1099		26	85 43 03.5	+ 0 32 14.3	0.719 9151
	27	302 10 39.1	− 2 25 29.5	0.728 1627		28	88 56 52.5	+ 0 43 31.9	0.719 7235
	29	305 20 22.4	− 2 33 07.8	0.728 2006		30	92 10 48.5	+ 0 54 41.5	0.719 5434
Oct.	1	308 30 07.1	− 2 40 18.2	0.728 2235		32	95 24 51.3	+ 1 05 41.0	0.719 3753

MARS, 2021

HELIOCENTRIC POSITIONS FOR 0ʰ BARYCENTRIC DYNAMICAL TIME
MEAN EQUINOX AND ECLIPTIC OF J2000.0

Date		Longitude	Latitude	True Heliocentric Distance	Date		Longitude	Latitude	True Heliocentric Distance
		° ′ ″	° ′ ″	au			° ′ ″	° ′ ″	au
Jan.	−2	64 06 38.3	+ 0 27 59.3	1.505 4360	July	1	150 56 35.2	+ 1 48 40.1	1.665 2370
	2	66 14 24.7	+ 0 31 57.4	1.510 6605		5	152 41 26.8	+ 1 47 56.8	1.665 6353
	6	68 21 18.3	+ 0 35 51.3	1.515 8846		9	154 26 16.0	+ 1 47 07.5	1.665 8747
	10	70 27 19.9	+ 0 39 40.6	1.521 1012		13	156 11 03.8	+ 1 46 12.3	1.665 9550
	14	72 32 30.0	+ 0 43 25.2	1.526 3035		17	157 55 51.5	+ 1 45 11.1	1.665 8762
	18	74 36 49.5	+ 0 47 04.9	1.531 4845		21	159 40 40.3	+ 1 44 04.1	1.665 6382
	22	76 40 19.0	+ 0 50 39.4	1.536 6378		25	161 25 31.4	+ 1 42 51.2	1.665 2414
	26	78 42 59.3	+ 0 54 08.7	1.541 7569		29	163 10 25.9	+ 1 41 32.6	1.664 6859
	30	80 44 51.4	+ 0 57 32.4	1.546 8355	Aug.	2	164 55 25.1	+ 1 40 08.2	1.663 9722
Feb.	3	82 45 56.0	+ 1 00 50.5	1.551 8675		6	166 40 30.1	+ 1 38 38.1	1.663 1007
	7	84 46 14.2	+ 1 04 02.9	1.556 8471		10	168 25 42.1	+ 1 37 02.4	1.662 0722
	11	86 45 46.9	+ 1 07 09.4	1.561 7684		14	170 11 02.4	+ 1 35 21.1	1.660 8875
	15	88 44 35.1	+ 1 10 09.9	1.566 6259		18	171 56 32.1	+ 1 33 34.2	1.659 5473
	19	90 42 39.7	+ 1 13 04.3	1.571 4143		22	173 42 12.4	+ 1 31 41.9	1.658 0527
	23	92 40 01.9	+ 1 15 52.5	1.576 1283		26	175 28 04.6	+ 1 29 44.2	1.656 4049
	27	94 36 42.7	+ 1 18 34.5	1.580 7630		30	177 14 09.8	+ 1 27 41.1	1.654 6050
Mar.	3	96 32 43.2	+ 1 21 10.2	1.585 3134	Sept.	3	179 00 29.3	+ 1 25 32.7	1.652 6545
	7	98 28 04.5	+ 1 23 39.5	1.589 7748		7	180 47 04.1	+ 1 23 19.0	1.650 5549
	11	100 22 47.7	+ 1 26 02.3	1.594 1429		11	182 33 55.7	+ 1 21 00.2	1.648 3079
	15	102 16 53.9	+ 1 28 18.7	1.598 4131		15	184 21 05.1	+ 1 18 36.3	1.645 9151
	19	104 10 24.3	+ 1 30 28.6	1.602 5815		19	186 08 33.5	+ 1 16 07.3	1.643 3784
	23	106 03 20.0	+ 1 32 32.0	1.606 6440		23	187 56 22.2	+ 1 13 33.4	1.640 7000
	27	107 55 42.3	+ 1 34 28.8	1.610 5967		27	189 44 32.5	+ 1 10 54.6	1.637 8820
	31	109 47 32.2	+ 1 36 19.0	1.614 4360	Oct.	1	191 33 05.4	+ 1 08 11.0	1.634 9267
Apr.	4	111 38 50.9	+ 1 38 02.6	1.618 1583		5	193 22 02.2	+ 1 05 22.7	1.631 8365
	8	113 29 39.7	+ 1 39 39.6	1.621 7604		9	195 11 24.2	+ 1 02 29.8	1.628 6141
	12	115 19 59.7	+ 1 41 10.1	1.625 2390		13	197 01 12.4	+ 0 59 32.4	1.625 2621
	16	117 09 52.0	+ 1 42 34.0	1.628 5911		17	198 51 28.3	+ 0 56 30.5	1.621 7836
	20	118 59 18.0	+ 1 43 51.2	1.631 8138		21	200 42 12.8	+ 0 53 24.4	1.618 1814
	24	120 48 18.8	+ 1 45 01.9	1.634 9044		25	202 33 27.4	+ 0 50 14.1	1.614 4588
	28	122 36 55.5	+ 1 46 06.1	1.637 8602		29	204 25 13.0	+ 0 46 59.7	1.610 6191
May	2	124 25 09.5	+ 1 47 03.7	1.640 6788	Nov.	2	206 17 31.0	+ 0 43 41.3	1.606 6659
	6	126 13 01.8	+ 1 47 54.8	1.643 3578		6	208 10 22.6	+ 0 40 19.2	1.602 6028
	10	128 00 33.7	+ 1 48 39.4	1.645 8952		10	210 03 48.8	+ 0 36 53.3	1.598 4336
	14	129 47 46.4	+ 1 49 17.5	1.648 2888		14	211 57 51.0	+ 0 33 24.0	1.594 1623
	18	131 34 41.1	+ 1 49 49.1	1.650 5368		18	213 52 30.1	+ 0 29 51.3	1.589 7932
	22	133 21 18.9	+ 1 50 14.3	1.652 6374		22	215 47 47.5	+ 0 26 15.4	1.585 3304
	26	135 07 41.1	+ 1 50 33.2	1.654 5889		26	217 43 44.2	+ 0 22 36.5	1.580 7786
	30	136 53 48.9	+ 1 50 45.6	1.656 3899		30	219 40 21.4	+ 0 18 54.7	1.576 1423
June	3	138 39 43.5	+ 1 50 51.7	1.658 0389	Dec.	4	221 37 40.1	+ 0 15 10.3	1.571 4265
	7	140 25 26.0	+ 1 50 51.6	1.659 5347		8	223 35 41.4	+ 0 11 23.5	1.566 6362
	11	142 10 57.7	+ 1 50 45.1	1.660 8762		12	225 34 26.5	+ 0 07 34.5	1.561 7765
	15	143 56 19.7	+ 1 50 32.4	1.662 0623		16	227 33 56.3	+ 0 03 43.5	1.556 8530
	19	145 41 33.3	+ 1 50 13.6	1.663 0921		20	229 34 11.8	− 0 00 09.3	1.551 8710
	23	147 26 39.6	+ 1 49 48.5	1.663 9649		24	231 35 14.1	− 0 04 03.5	1.546 8364
	27	149 11 39.8	+ 1 49 17.4	1.664 6801		28	233 37 04.0	− 0 07 59.0	1.541 7551
July	1	150 56 35.2	+ 1 48 40.1	1.665 2370		32	235 39 42.5	− 0 11 55.4	1.536 6332

HELIOCENTRIC POSITIONS FOR 0ʰ BARYCENTRIC DYNAMICAL TIME
MEAN EQUINOX AND ECLIPTIC OF J2000.0

Date		Longitude	Latitude	True Heliocentric Distance	Date		Longitude	Latitude	True Heliocentric Distance
		JUPITER					**SATURN**		
		° ′ ″	° ′ ″	au			° ′ ″	° ′ ″	au
Jan.	−4	306 12 56.9	− 0 33 55.4	5.097 409	Jan.	−4	303 11 53.7	− 0 24 54.1	9.987 800
	6	307 04 51.3	− 0 34 59.0	5.094 024		6	303 30 12.6	− 0 25 41.1	9.986 224
	16	307 56 49.9	− 0 36 02.2	5.090 661		16	303 48 31.8	− 0 26 28.1	9.984 632
	26	308 48 52.6	− 0 37 05.0	5.087 320		26	304 06 51.4	− 0 27 15.1	9.983 026
Feb.	5	309 40 59.4	− 0 38 07.4	5.084 004	Feb.	5	304 25 11.3	− 0 28 02.0	9.981 404
	15	310 33 10.3	− 0 39 09.3	5.080 711		15	304 43 31.6	− 0 28 48.9	9.979 768
	25	311 25 25.3	− 0 40 10.8	5.077 444		25	305 01 52.2	− 0 29 35.8	9.978 117
Mar.	7	312 17 44.3	− 0 41 11.8	5.074 203	Mar.	7	305 20 13.2	− 0 30 22.6	9.976 451
	17	313 10 07.4	− 0 42 12.3	5.070 989		17	305 38 34.6	− 0 31 09.4	9.974 770
	27	314 02 34.4	− 0 43 12.3	5.067 802		27	305 56 56.4	− 0 31 56.1	9.973 074
Apr.	6	314 55 05.4	− 0 44 11.8	5.064 644	Apr.	6	306 15 18.6	− 0 32 42.8	9.971 364
	16	315 47 40.3	− 0 45 10.7	5.061 515		16	306 33 41.1	− 0 33 29.5	9.969 639
	26	316 40 19.1	− 0 46 09.0	5.058 415		26	306 52 04.0	− 0 34 16.2	9.967 899
May	6	317 33 01.8	− 0 47 06.8	5.055 347	May	6	307 10 27.3	− 0 35 02.7	9.966 145
	16	318 25 48.3	− 0 48 04.0	5.052 309		16	307 28 51.0	− 0 35 49.3	9.964 377
	26	319 18 38.6	− 0 49 00.5	5.049 305		26	307 47 15.2	− 0 36 35.8	9.962 594
June	5	320 11 32.7	− 0 49 56.5	5.046 333	June	5	308 05 39.7	− 0 37 22.3	9.960 797
	15	321 04 30.6	− 0 50 51.7	5.043 394		15	308 24 04.6	− 0 38 08.7	9.958 986
	25	321 57 32.1	− 0 51 46.4	5.040 490		25	308 42 29.9	− 0 38 55.0	9.957 161
July	5	322 50 37.4	− 0 52 40.3	5.037 622	July	5	309 00 55.6	− 0 39 41.3	9.955 322
	15	323 43 46.2	− 0 53 33.6	5.034 789		15	309 19 21.8	− 0 40 27.6	9.953 468
	25	324 36 58.7	− 0 54 26.1	5.031 992		25	309 37 48.4	− 0 41 13.8	9.951 601
Aug.	4	325 30 14.7	− 0 55 17.9	5.029 233	Aug.	4	309 56 15.4	− 0 42 00.0	9.949 719
	14	326 23 34.2	− 0 56 09.0	5.026 512		14	310 14 42.8	− 0 42 46.1	9.947 824
	24	327 16 57.2	− 0 56 59.3	5.023 829		24	310 33 10.7	− 0 43 32.1	9.945 915
Sept.	3	328 10 23.6	− 0 57 48.9	5.021 186	Sept.	3	310 51 39.0	− 0 44 18.1	9.943 992
	13	329 03 53.4	− 0 58 37.6	5.018 582		13	311 10 07.7	− 0 45 04.0	9.942 054
	23	329 57 26.5	− 0 59 25.6	5.016 018		23	311 28 36.9	− 0 45 49.9	9.940 104
Oct.	3	330 51 02.9	− 1 00 12.7	5.013 496	Oct.	3	311 47 06.5	− 0 46 35.7	9.938 139
	13	331 44 42.5	− 1 00 59.1	5.011 016		13	312 05 36.6	− 0 47 21.4	9.936 160
	23	332 38 25.4	− 1 01 44.5	5.008 577		23	312 24 07.1	− 0 48 07.1	9.934 168
Nov.	2	333 32 11.3	− 1 02 29.1	5.006 182	Nov.	2	312 42 38.1	− 0 48 52.7	9.932 163
	12	334 26 00.3	− 1 03 12.8	5.003 831		12	313 01 09.5	− 0 49 38.3	9.930 144
	22	335 19 52.3	− 1 03 55.7	5.001 523		22	313 19 41.3	− 0 50 23.7	9.928 112
Dec.	2	336 13 47.3	− 1 04 37.6	4.999 261	Dec.	2	313 38 13.6	− 0 51 09.1	9.926 067
	12	337 07 45.2	− 1 05 18.6	4.997 044		12	313 56 46.4	− 0 51 54.5	9.924 008
	22	338 01 46.0	− 1 05 58.7	4.994 873		22	314 15 19.7	− 0 52 39.7	9.921 937
	32	338 55 49.5	− 1 06 37.8	4.992 749		32	314 33 53.4	− 0 53 24.9	9.919 853
		URANUS					**NEPTUNE**		
		° ′ ″	° ′ ″	au			° ′ ″	° ′ ″	au
Jan.	−14	38 54 18.5	− 0 26 38.3	19.774 12	Jan.	−14	349 50 21.1	− 1 05 29.8	29.927 18
Jan.	26	39 20 48.2	− 0 26 20.7	19.768 88	Jan.	26	350 04 52.6	− 1 05 50.9	29.926 50
Mar.	7	39 47 18.9	− 0 26 03.1	19.763 59	Mar.	7	350 19 24.3	− 1 06 12.0	29.925 80
Apr.	16	40 13 50.7	− 0 25 45.4	19.75 827	Apr.	16	350 33 56.1	− 1 06 33.0	29.925 10
May	26	40 40 23.5	− 0 25 27.6	19.75 291	May	26	350 48 28.1	− 1 06 54.0	29.924 39
July	5	41 06 57.4	− 0 25 09.6	19.74 751	July	5	351 03 00.1	− 1 07 14.8	29.923 67
Aug.	14	41 33 32.3	− 0 24 51.6	19.74 207	Aug.	14	351 17 32.3	− 1 07 35.6	29.922 93
Sept.	23	42 00 08.3	− 0 24 33.5	19.73 660	Sept.	23	351 32 04.5	− 1 07 56.4	29.922 19
Nov.	2	42 26 45.5	− 0 24 15.2	19.73 108	Nov.	2	351 46 36.9	− 1 08 17.0	29.921 43
Dec.	12	42 53 23.7	− 0 23 56.9	19.72 552	Dec.	12	352 01 09.4	− 1 08 37.6	29.920 65
Dec.	52	43 20 03.0	− 0 23 38.4	19.71 992	Dec.	52	352 15 41.9	− 1 08 58.1	29.919 87

MERCURY, 2021

GEOCENTRIC COORDINATES FOR 0ʰ TERRESTRIAL TIME

Date	Apparent Right Ascension	Apparent Declination	True Geocentric Distance	Date	Apparent Right Ascension	Apparent Declination	True Geocentric Distance
	h m s	° ′ ″	au		h m s	° ′ ″	au
Jan. 0	19 10 53.330	−24 31 45.94	1.397 8696	Feb. 15	20 59 03.165	−13 38 17.66	0.666 8824
1	19 17 59.091	−24 20 58.70	1.389 5504	16	20 56 29.467	−13 58 52.47	0.675 9413
2	19 25 04.406	−24 08 38.81	1.380 5329	17	20 54 26.883	−14 18 17.33	0.686 2867
3	19 32 09.016	−23 54 45.88	1.370 7981	18	20 52 55.742	−14 36 20.72	0.697 7386
4	19 39 12.632	−23 39 19.67	1.360 3257	19	20 51 55.718	−14 52 54.27	0.710 1296
5	19 46 14.936	−23 22 20.11	1.349 0942	20	20 51 25.984	−15 07 52.17	0.723 3067
6	19 53 15.576	−23 03 47.39	1.337 0812	21	20 51 25.347	−15 21 10.65	0.737 1317
7	20 00 14.158	−22 43 41.93	1.324 2636	22	20 51 52.373	−15 32 47.48	0.751 4814
8	20 07 10.239	−22 22 04.50	1.310 6178	23	20 52 45.475	−15 42 41.60	0.766 2470
9	20 14 03.321	−21 58 56.24	1.296 1199	24	20 54 03.000	−15 50 52.80	0.781 3331
10	20 20 52.842	−21 34 18.73	1.280 7465	25	20 55 43.276	−15 57 21.46	0.796 6565
11	20 27 38.162	−21 08 14.08	1.264 4752	26	20 57 44.662	−16 02 08.37	0.812 1455
12	20 34 18.556	−20 40 45.02	1.247 2853	27	21 00 05.573	−16 05 14.60	0.827 7381
13	20 40 53.199	−20 11 54.98	1.229 1587	28	21 02 44.504	−16 06 41.36	0.843 3813
14	20 47 21.156	−19 41 48.26	1.210 0813	Mar. 1	21 05 40.033	−16 06 30.00	0.859 0295
15	20 53 41.366	−19 10 30.11	1.190 0440	2	21 08 50.836	−16 04 41.90	0.874 6443
16	20 59 52.624	−18 38 06.91	1.169 0446	3	21 12 15.684	−16 01 18.44	0.890 1929
17	21 05 53.567	−18 04 46.34	1.147 0894	4	21 15 53.438	−15 56 21.04	0.905 6476
18	21 11 42.659	−17 30 37.54	1.124 1957	5	21 19 43.052	−15 49 51.08	0.920 9854
19	21 17 18.171	−16 55 51.29	1.100 3938	6	21 23 43.563	−15 41 49.93	0.936 1868
20	21 22 38.173	−16 20 40.20	1.075 7300	7	21 27 54.093	−15 32 18.91	0.951 2357
21	21 27 40.527	−15 45 18.83	1.050 2686	8	21 32 13.837	−15 21 19.31	0.966 1188
22	21 32 22.885	−15 10 03.82	1.024 0955	9	21 36 42.067	−15 08 52.37	0.980 8252
23	21 36 42.703	−14 35 13.96	0.997 3195	10	21 41 18.122	−14 54 59.28	0.995 3461
24	21 40 37.268	−14 01 10.15	0.970 0751	11	21 46 01.402	−14 39 41.20	1.009 6742
25	21 44 03.742	−13 28 15.25	0.942 5236	12	21 50 51.371	−14 22 59.24	1.023 8037
26	21 46 59.223	−12 56 53.89	0.914 8529	13	21 55 47.546	−14 04 54.46	1.037 7300
27	21 49 20.844	−12 27 31.95	0.887 2768	14	22 00 49.495	−13 45 27.89	1.051 4490
28	21 51 05.886	−12 00 35.99	0.860 0328	15	22 05 56.834	−13 24 40.52	1.064 9577
29	21 52 11.922	−11 36 32.48	0.833 3777	16	22 11 09.222	−13 02 33.34	1.078 2533
30	21 52 36.991	−11 15 46.71	0.807 5822	17	22 16 26.359	−12 39 07.26	1.091 3333
31	21 52 19.782	−10 58 41.70	0.782 9238	18	22 21 47.984	−12 14 23.21	1.104 1953
Feb. 1	21 51 19.828	−10 45 36.89	0.759 6787	19	22 27 13.869	−11 48 22.07	1.116 8368
2	21 49 37.695	−10 36 46.76	0.738 1125	20	22 32 43.819	−11 21 04.72	1.129 2552
3	21 47 15.127	−10 32 19.59	0.718 4709	21	22 38 17.672	−10 52 32.01	1.141 4475
4	21 44 15.152	−10 32 16.42	0.700 9704	22	22 43 55.291	−10 22 44.78	1.153 4100
5	21 40 42.086	−10 36 30.36	0.685 7895	23	22 49 36.571	− 9 51 43.85	1.165 1386
6	21 36 41.459	−10 44 46.49	0.673 0617	24	22 55 21.432	− 9 19 30.05	1.176 6283
7	21 32 19.811	−10 56 42.33	0.662 8708	25	23 01 09.816	− 8 46 04.19	1.187 8733
8	21 27 44.406	−11 11 49.04	0.655 2478	26	23 07 01.695	− 8 11 27.10	1.198 8664
9	21 23 02.856	−11 29 33.08	0.650 1724	27	23 12 57.059	− 7 35 39.60	1.209 5995
10	21 18 22.733	−11 49 18.33	0.647 5758	28	23 18 55.926	− 6 58 42.52	1.220 0627
11	21 13 51.178	−12 10 28.13	0.647 3471	29	23 24 58.332	− 6 20 36.71	1.230 2446
12	21 09 34.584	−12 32 27.24	0.649 3412	30	23 31 04.337	− 5 41 23.07	1.240 1319
13	21 05 38.365	−12 54 43.36	0.653 3876	31	23 37 14.017	− 5 01 02.54	1.249 7092
14	21 02 06.832	−13 16 48.14	0.659 2994	Apr. 1	23 43 27.466	− 4 19 36.12	1.258 9591
15	20 59 03.165	−13 38 17.66	0.666 8824	2	23 49 44.792	− 3 37 04.94	1.267 8612

GEOCENTRIC COORDINATES FOR 0ʰ TERRESTRIAL TIME

Date	Apparent Right Ascension	Apparent Declination	True Geocentric Distance	Date	Apparent Right Ascension	Apparent Declination	True Geocentric Distance
	h m s	° ′ ″	au		h m s	° ′ ″	au
Apr. 1	23 43 27.466	− 4 19 36.12	1.258 9591	May 17	5 07 51.986	+25 14 30.33	0.838 5613
2	23 49 44.792	− 3 37 04.94	1.267 8612	18	5 12 05.255	+25 15 05.66	0.818 0514
3	23 56 06.120	− 2 53 30.21	1.276 3931	19	5 15 59.868	+25 13 58.96	0.798 0476
4	0 02 31.585	− 2 08 53.29	1.284 5289	20	5 19 35.396	+25 11 14.84	0.778 5866
5	0 09 01.337	− 1 23 15.67	1.292 2400	21	5 22 51.437	+25 06 57.76	0.759 7026
6	0 15 35.537	− 0 36 39.03	1.299 4945	22	5 25 47.620	+25 01 12.11	0.741 4286
7	0 22 14.356	+ 0 10 54.71	1.306 2566	23	5 28 23.619	+24 54 02.17	0.723 7964
8	0 28 57.971	+ 0 59 23.43	1.312 4871	24	5 30 39.155	+24 45 32.17	0.706 8371
9	0 35 46.566	+ 1 48 44.67	1.318 1428	25	5 32 34.015	+24 35 46.30	0.690 5814
10	0 42 40.319	+ 2 38 55.62	1.323 1761	26	5 34 08.062	+24 24 48.72	0.675 0601
11	0 49 39.408	+ 3 29 53.10	1.327 5358	27	5 35 21.250	+24 12 43.67	0.660 3037
12	0 56 43.996	+ 4 21 33.41	1.331 1662	28	5 36 13.642	+23 59 35.45	0.646 3427
13	1 03 54.226	+ 5 13 52.34	1.334 0079	29	5 36 45.424	+23 45 28.50	0.633 2080
14	1 11 10.217	+ 6 06 45.06	1.335 9979	30	5 36 56.930	+23 30 27.48	0.620 9302
15	1 18 32.047	+ 7 00 06.06	1.337 0705	31	5 36 48.652	+23 14 37.35	0.609 5399
16	1 25 59.746	+ 7 53 49.09	1.337 1576	June 1	5 36 21.266	+22 58 03.43	0.599 0675
17	1 33 33.287	+ 8 47 47.05	1.336 1905	2	5 35 35.638	+22 40 51.52	0.589 5428
18	1 41 12.566	+ 9 41 52.01	1.334 1009	3	5 34 32.839	+22 23 07.95	0.580 9948
19	1 48 57.403	+10 35 55.06	1.330 8229	4	5 33 14.151	+22 04 59.64	0.573 4511
20	1 56 47.501	+11 29 46.92	1.326 2953	5	5 31 41.066	+21 46 34.17	0.566 9375
21	2 04 42.459	+12 23 16.56	1.320 4639	6	5 29 55.280	+21 27 59.75	0.561 4778
22	2 12 41.771	+13 16 12.83	1.313 2841	7	5 27 58.676	+21 09 25.22	0.557 0927
23	2 20 44.795	+14 08 23.83	1.304 7237	8	5 25 53.306	+20 51 00.00	0.553 8000
24	2 28 50.768	+14 59 37.21	1.294 7652	9	5 23 41.357	+20 32 53.93	0.551 6137
25	2 36 58.805	+15 49 40.43	1.283 4081	10	5 21 25.118	+20 15 17.18	0.550 5436
26	2 45 07.912	+16 38 21.05	1.270 6699	11	5 19 06.935	+19 58 20.02	0.550 5955
27	2 53 16.999	+17 25 26.98	1.256 5875	12	5 16 49.173	+19 42 12.62	0.551 7708
28	3 01 24.901	+18 10 46.82	1.241 2164	13	5 14 34.166	+19 27 04.84	0.554 0662
29	3 09 30.399	+18 54 10.13	1.224 6297	14	5 12 24.178	+19 13 05.97	0.557 4744
30	3 17 32.247	+19 35 27.63	1.206 9161	15	5 10 21.364	+19 00 24.53	0.561 9839
May 1	3 25 29.196	+20 14 31.43	1.188 1774	16	5 08 27.736	+18 49 08.08	0.567 5793
2	3 33 20.018	+20 51 15.10	1.168 5248	17	5 06 45.143	+18 39 23.07	0.574 2420
3	3 41 03.525	+21 25 33.77	1.148 0763	18	5 05 15.247	+18 31 14.69	0.581 9505
4	3 48 38.587	+21 57 24.07	1.126 9526	19	5 03 59.516	+18 24 46.85	0.590 6807
5	3 56 04.140	+22 26 44.10	1.105 2747	20	5 02 59.223	+18 20 02.15	0.600 4067
6	4 03 19.194	+22 53 33.27	1.083 1608	21	5 02 15.447	+18 17 01.86	0.611 1011
7	4 10 22.830	+23 17 52.20	1.060 7246	22	5 01 49.085	+18 15 46.01	0.622 7353
8	4 17 14.201	+23 39 42.53	1.038 0735	23	5 01 40.860	+18 16 13.45	0.635 2799
9	4 23 52.525	+23 59 06.76	1.015 3077	24	5 01 51.342	+18 18 21.91	0.648 7050
10	4 30 17.081	+24 16 08.09	0.992 5197	25	5 02 20.962	+18 22 08.13	0.662 9806
11	4 36 27.198	+24 30 50.29	0.969 7938	26	5 03 10.032	+18 27 27.96	0.678 0761
12	4 42 22.251	+24 43 17.50	0.947 2069	27	5 04 18.763	+18 34 16.44	0.693 9611
13	4 48 01.653	+24 53 34.20	0.924 8283	28	5 05 47.289	+18 42 27.92	0.710 6050
14	4 53 24.847	+25 01 45.05	0.902 7206	29	5 07 35.675	+18 51 56.16	0.727 9768
15	4 58 31.303	+25 07 54.81	0.880 9403	30	5 09 43.942	+19 02 34.40	0.746 0455
16	5 03 20.512	+25 12 08.30	0.859 5384	July 1	5 12 12.070	+19 14 15.41	0.764 7792
17	5 07 51.986	+25 14 30.33	0.838 5613	2	5 15 00.018	+19 26 51.59	0.784 1449

GEOCENTRIC COORDINATES FOR 0ʰ TERRESTRIAL TIME

Date	Apparent Right Ascension	Apparent Declination	True Geocentric Distance	Date	Apparent Right Ascension	Apparent Declination	True Geocentric Distance
	h m s	° ′ ″	au		h m s	° ′ ″	au
July 1	5 12 12.070	+19 14 15.41	0.764 7792	Aug. 16	10 38 12.555	+ 9 56 13.77	1.307 5502
2	5 15 00.018	+19 26 51.59	0.784 1449	17	10 44 38.052	+ 9 11 45.52	1.300 0942
3	5 18 07.727	+19 40 14.94	0.804 1084	18	10 50 56.092	+ 8 27 10.00	1.292 2055
4	5 21 35.127	+19 54 17.10	0.824 6335	19	10 57 06.918	+ 7 42 30.99	1.283 9102
5	5 25 22.142	+20 08 49.40	0.845 6814	20	11 03 10.763	+ 6 57 51.97	1.275 2313
6	5 29 28.691	+20 23 42.82	0.867 2103	21	11 09 07.855	+ 6 13 16.24	1.266 1891
7	5 33 54.687	+20 38 47.97	0.889 1743	22	11 14 58.407	+ 5 28 46.85	1.256 8015
8	5 38 40.034	+20 53 55.14	0.911 5231	23	11 20 42.621	+ 4 44 26.67	1.247 0843
9	5 43 44.616	+21 08 54.25	0.934 2011	24	11 26 20.683	+ 4 00 18.43	1.237 0509
10	5 49 08.298	+21 23 34.84	0.957 1467	25	11 31 52.765	+ 3 16 24.71	1.226 7132
11	5 54 50.904	+21 37 46.10	0.980 2913	26	11 37 19.018	+ 2 32 48.00	1.216 0812
12	6 00 52.211	+21 51 16.87	1.003 5592	27	11 42 39.575	+ 1 49 30.69	1.205 1636
13	6 07 11.929	+22 03 55.68	1.026 8666	28	11 47 54.550	+ 1 06 35.11	1.193 9676
14	6 13 49.688	+22 15 30.80	1.050 1218	29	11 53 04.031	+ 0 24 03.56	1.182 4997
15	6 20 45.014	+22 25 50.36	1.073 2250	30	11 58 08.086	− 0 18 01.71	1.170 7648
16	6 27 57.315	+22 34 42.43	1.096 0689	31	12 03 06.758	− 0 59 38.43	1.158 7675
17	6 35 25.857	+22 41 55.22	1.118 5393	Sept. 1	12 08 00.063	− 1 40 44.33	1.146 5116
18	6 43 09.756	+22 47 17.29	1.140 5169	2	12 12 47.993	− 2 21 17.12	1.134 0001
19	6 51 07.963	+22 50 37.73	1.161 8788	3	12 17 30.509	− 3 01 14.45	1.121 2359
20	6 59 19.258	+22 51 46.47	1.182 5017	4	12 22 07.541	− 3 40 33.90	1.108 2215
21	7 07 42.258	+22 50 34.55	1.202 2642	5	12 26 38.988	− 4 19 12.95	1.094 9593
22	7 16 15.429	+22 46 54.35	1.221 0505	6	12 31 04.713	− 4 57 08.99	1.081 4518
23	7 24 57.104	+22 40 39.86	1.238 7537	7	12 35 24.543	− 5 34 19.24	1.067 7016
24	7 33 45.527	+22 31 46.86	1.255 2791	8	12 39 38.263	− 6 10 40.80	1.053 7119
25	7 42 38.879	+22 20 13.04	1.270 5470	9	12 43 45.617	− 6 46 10.53	1.039 4864
26	7 51 35.335	+22 05 58.08	1.284 4949	10	12 47 46.299	− 7 20 45.10	1.025 0296
27	8 00 33.101	+21 49 03.58	1.297 0791	11	12 51 39.954	− 7 54 20.92	1.010 3472
28	8 09 30.459	+21 29 32.98	1.308 2747	12	12 55 26.169	− 8 26 54.08	0.995 4461
29	8 18 25.804	+21 07 31.35	1.318 0755	13	12 59 04.473	− 8 58 20.35	0.980 3351
30	8 27 17.677	+20 43 05.14	1.326 4926	14	13 02 34.327	− 9 28 35.10	0.965 0247
31	8 36 04.782	+20 16 21.95	1.333 5521	15	13 05 55.125	− 9 57 33.28	0.949 5277
Aug. 1	8 44 46.000	+19 47 30.20	1.339 2933	16	13 09 06.186	−10 25 09.33	0.933 8598
2	8 53 20.392	+19 16 38.83	1.343 7656	17	13 12 06.751	−10 51 17.17	0.918 0397
3	9 01 47.193	+18 43 57.14	1.347 0263	18	13 14 55.980	−11 15 50.10	0.902 0897
4	9 10 05.805	+18 09 34.56	1.349 1378	19	13 17 32.946	−11 38 40.72	0.886 0368
5	9 18 15.788	+17 33 40.38	1.350 1654	20	13 19 56.636	−11 59 40.92	0.869 9125
6	9 26 16.833	+16 56 23.66	1.350 1757	21	13 22 05.944	−12 18 41.73	0.853 7545
7	9 34 08.751	+16 17 53.14	1.349 2349	22	13 23 59.682	−12 35 33.32	0.837 6070
8	9 41 51.456	+15 38 17.11	1.347 4074	23	13 25 36.578	−12 50 04.89	0.821 5218
9	9 49 24.944	+14 57 43.46	1.344 7551	24	13 26 55.289	−13 02 04.68	0.805 5596
10	9 56 49.283	+14 16 19.54	1.341 3367	25	13 27 54.426	−13 11 19.92	0.789 7912
11	10 04 04.596	+13 34 12.25	1.337 2073	26	13 28 32.576	−13 17 36.95	0.774 2983
12	10 11 11.050	+12 51 27.99	1.332 4181	27	13 28 48.343	−13 20 41.34	0.759 1753
13	10 18 08.843	+12 08 12.71	1.327 0164	28	13 28 40.407	−13 20 18.12	0.744 5302
14	10 24 58.198	+11 24 31.91	1.321 0454	29	13 28 07.594	−13 16 12.24	0.730 4857
15	10 31 39.353	+10 40 30.69	1.314 5448	30	13 27 08.965	−13 08 09.15	0.717 1800
16	10 38 12.555	+ 9 56 13.77	1.307 5502	Oct. 1	13 25 43.922	−12 55 55.64	0.704 7672

GEOCENTRIC COORDINATES FOR 0^h TERRESTRIAL TIME

Date	Apparent Right Ascension	Apparent Declination	True Geocentric Distance	Date	Apparent Right Ascension	Apparent Declination	True Geocentric Distance
	h m s	° ′ ″	au		h m s	° ′ ″	au
Oct. 1	13 25 43.922	−12 55 55.64	0.704 7672	Nov. 16	14 55 48.219	−15 57 32.47	1.386 8485
2	13 23 52.337	−12 39 20.98	0.693 4168	17	15 02 05.773	−16 31 19.04	1.395 7269
3	13 21 34.686	−12 18 18.26	0.683 3121	18	15 08 24.812	−17 04 20.61	1.403 8875
4	13 18 52.184	−11 52 46.05	0.674 6483	19	15 14 45.332	−17 36 34.82	1.411 3490
5	13 15 46.908	−11 22 50.10	0.667 6277	20	15 21 07.341	−18 07 59.48	1.418 1292
6	13 12 21.889	−10 48 45.07	0.662 4549	21	15 27 30.855	−18 38 32.57	1.424 2441
7	13 08 41.149	−10 10 55.88	0.659 3289	22	15 33 55.893	−19 08 12.19	1.429 7087
8	13 04 49.658	− 9 29 58.53	0.658 4347	23	15 40 22.479	−19 36 56.54	1.434 5365
9	13 00 53.217	− 8 46 39.89	0.659 9339	24	15 46 50.638	−20 04 43.92	1.438 7398
10	12 56 58.238	− 8 01 56.46	0.663 9547	25	15 53 20.395	−20 31 32.70	1.442 3296
11	12 53 11.452	− 7 16 51.95	0.670 5833	26	15 59 51.773	−20 57 21.30	1.445 3155
12	12 49 39.572	− 6 32 33.91	0.679 8564	27	16 06 24.796	−21 22 08.22	1.447 7061
13	12 46 28.936	− 5 50 09.77	0.691 7569	28	16 12 59.481	−21 45 51.99	1.449 5084
14	12 43 45.182	− 5 10 42.88	0.706 2121	29	16 19 35.851	−22 08 31.16	1.450 7286
15	12 41 32.996	− 4 35 09.05	0.723 0958	30	16 26 13.910	−22 30 04.08	1.451 3714
16	12 39 55.935	− 4 04 13.96	0.742 2331	Dec. 1	16 32 53.649	−22 50 29.47	1.451 4406
17	12 38 56.358	− 3 38 31.70	0.763 4072	2	16 39 35.069	−23 09 46.01	1.450 9386
18	12 38 35.444	− 3 18 24.36	0.786 3688	3	16 46 18.157	−23 27 52.29	1.449 8669
19	12 38 53.288	− 3 04 02.59	0.810 8457	4	16 53 02.888	−23 44 46.93	1.448 2260
20	12 39 49.047	− 2 55 26.79	0.836 5530	5	16 59 49.222	−24 00 28.57	1.446 0152
21	12 41 21.113	− 2 52 28.72	0.863 2031	6	17 06 37.111	−24 14 55.85	1.443 2330
22	12 43 27.310	− 2 54 53.28	0.890 5140	7	17 13 26.493	−24 28 07.43	1.439 8769
23	12 46 05.066	− 3 02 20.28	0.918 2173	8	17 20 17.295	−24 40 01.95	1.435 9432
24	12 49 11.585	− 3 14 26.07	0.946 0642	9	17 27 09.432	−24 50 38.08	1.431 4274
25	12 52 43.980	− 3 30 44.95	0.973 8296	10	17 34 02.810	−24 59 54.51	1.426 3240
26	12 56 39.395	− 3 50 50.38	1.001 3151	11	17 40 57.318	−25 07 49.95	1.420 6261
27	13 00 55.083	− 4 14 15.89	1.028 3501	12	17 47 52.833	−25 14 23.16	1.414 3260
28	13 05 28.471	− 4 40 35.81	1.054 7914	13	17 54 49.213	−25 19 32.91	1.407 4148
29	13 10 17.199	− 5 09 25.74	1.080 5226	14	18 01 46.297	−25 23 18.03	1.399 8824
30	13 15 19.136	− 5 40 22.94	1.105 4516	15	18 08 43.904	−25 25 37.39	1.391 7177
31	13 20 32.387	− 6 13 06.44	1.129 5085	16	18 15 41.830	−25 26 29.93	1.382 9086
Nov. 1	13 25 55.293	− 6 47 17.17	1.152 6426	17	18 22 39.846	−25 25 54.66	1.373 4416
2	13 31 26.412	− 7 22 37.89	1.174 8201	18	18 29 37.695	−25 23 50.66	1.363 3027
3	13 37 04.509	− 7 58 53.22	1.196 0208	19	18 36 35.090	−25 20 17.15	1.352 4764
4	13 42 48.530	− 8 35 49.40	1.216 2362	20	18 43 31.709	−25 15 13.43	1.340 9467
5	13 48 37.589	− 9 13 14.29	1.235 4671	21	18 50 27.193	−25 08 38.97	1.328 6967
6	13 54 30.942	− 9 50 57.14	1.253 7216	22	18 57 21.140	−25 00 33.43	1.315 7087
7	14 00 27.971	−10 28 48.46	1.271 0132	23	19 04 13.098	−24 50 56.65	1.301 9649
8	14 06 28.168	−11 06 39.90	1.287 3599	24	19 11 02.564	−24 39 48.73	1.287 4471
9	14 12 31.116	−11 44 24.10	1.302 7825	25	19 17 48.969	−24 27 10.10	1.272 1372
10	14 18 36.482	−12 21 54.61	1.317 3037	26	19 24 31.676	−24 13 01.50	1.256 0178
11	14 24 44.001	−12 59 05.70	1.330 9473	27	19 31 09.967	−23 57 24.12	1.239 0725
12	14 30 53.466	−13 35 52.35	1.343 7379	28	19 37 43.030	−23 40 19.63	1.221 2866
13	14 37 04.720	−14 12 10.10	1.355 6997	29	19 44 09.948	−23 21 50.32	1.202 6480
14	14 43 17.648	−14 47 55.00	1.366 8567	30	19 50 29.684	−23 01 59.15	1.183 1483
15	14 49 32.166	−15 23 03.51	1.377 2322	31	19 56 41.062	−22 40 49.89	1.162 7836
16	14 55 48.219	−15 57 32.47	1.386 8485	32	20 02 42.750	−22 18 27.27	1.141 5564

VENUS, 2021

GEOCENTRIC COORDINATES FOR 0ʰ TERRESTRIAL TIME

Date	Apparent Right Ascension	Apparent Declination	True Geocentric Distance	Date	Apparent Right Ascension	Apparent Declination	True Geocentric Distance
	h m s	° ′ ″	au		h m s	° ′ ″	au
Jan. 0	17 13 04.985	−22 17 49.67	1.556 3152	Feb. 15	21 18 21.697	−16 49 09.02	1.682 0286
1	17 18 28.177	−22 26 01.18	1.559 9042	16	21 23 22.218	−16 27 41.33	1.683 8585
2	17 23 52.025	−22 33 32.47	1.563 4562	17	21 28 21.549	−16 05 45.98	1.685 6487
3	17 29 16.481	−22 40 23.15	1.566 9708	18	21 33 19.695	−15 43 23.70	1.687 3991
4	17 34 41.495	−22 46 32.87	1.570 4480	19	21 38 16.666	−15 20 35.24	1.689 1100
5	17 40 07.014	−22 52 01.28	1.573 8873	20	21 43 12.471	−14 57 21.34	1.690 7813
6	17 45 32.987	−22 56 48.09	1.577 2887	21	21 48 07.123	−14 33 42.75	1.692 4132
7	17 50 59.358	−23 00 53.04	1.580 6517	22	21 53 00.637	−14 09 40.23	1.694 0058
8	17 56 26.071	−23 04 15.88	1.583 9761	23	21 57 53.028	−13 45 14.53	1.695 5591
9	18 01 53.068	−23 06 56.43	1.587 2617	24	22 02 44.315	−13 20 26.41	1.697 0732
10	18 07 20.288	−23 08 54.53	1.590 5082	25	22 07 34.516	−12 55 16.63	1.698 5481
11	18 12 47.667	−23 10 10.05	1.593 7154	26	22 12 23.655	−12 29 45.94	1.699 9839
12	18 18 15.140	−23 10 42.90	1.596 8834	27	22 17 11.754	−12 03 55.07	1.701 3805
13	18 23 42.641	−23 10 33.01	1.600 0121	28	22 21 58.841	−11 37 44.78	1.702 7377
14	18 29 10.104	−23 09 40.35	1.603 1016	Mar. 1	22 26 44.946	−11 11 15.78	1.704 0555
15	18 34 37.465	−23 08 04.91	1.606 1521	2	22 31 30.099	−10 44 28.81	1.705 3336
16	18 40 04.661	−23 05 46.73	1.609 1638	3	22 36 14.333	−10 17 24.59	1.706 5714
17	18 45 31.631	−23 02 45.88	1.612 1369	4	22 40 57.681	− 9 50 03.87	1.707 7687
18	18 50 58.317	−22 59 02.45	1.615 0717	5	22 45 40.176	− 9 22 27.37	1.708 9248
19	18 56 24.660	−22 54 36.58	1.617 9684	6	22 50 21.849	− 8 54 35.86	1.710 0393
20	19 01 50.605	−22 49 28.45	1.620 8273	7	22 55 02.732	− 8 26 30.08	1.711 1117
21	19 07 16.095	−22 43 38.27	1.623 6486	8	22 59 42.855	− 7 58 10.81	1.712 1414
22	19 12 41.078	−22 37 06.27	1.626 4326	9	23 04 22.251	− 7 29 38.78	1.713 1279
23	19 18 05.501	−22 29 52.73	1.629 1793	10	23 09 00.953	− 7 00 54.77	1.714 0708
24	19 23 29.313	−22 21 57.95	1.631 8890	11	23 13 38.993	− 6 31 59.52	1.714 9698
25	19 28 52.464	−22 13 22.26	1.634 5619	12	23 18 16.408	− 6 02 53.78	1.715 8244
26	19 34 14.908	−22 04 06.02	1.637 1980	13	23 22 53.234	− 5 33 38.30	1.716 6345
27	19 39 36.597	−21 54 09.62	1.639 7975	14	23 27 29.508	− 5 04 13.83	1.717 3997
28	19 44 57.489	−21 43 33.45	1.642 3605	15	23 32 05.269	− 4 34 41.10	1.718 1199
29	19 50 17.542	−21 32 17.95	1.644 8870	16	23 36 40.555	− 4 05 00.86	1.718 7949
30	19 55 36.717	−21 20 23.57	1.647 3769	17	23 41 15.406	− 3 35 13.85	1.719 4245
31	20 00 54.978	−21 07 50.77	1.649 8301	18	23 45 49.861	− 3 05 20.81	1.720 0088
Feb. 1	20 06 12.292	−20 54 40.03	1.652 2465	19	23 50 23.962	− 2 35 22.47	1.720 5475
2	20 11 28.629	−20 40 51.86	1.654 6256	20	23 54 57.747	− 2 05 19.58	1.721 0406
3	20 16 43.963	−20 26 26.78	1.656 9674	21	23 59 31.258	− 1 35 12.87	1.721 4882
4	20 21 58.266	−20 11 25.35	1.659 2713	22	0 04 04.534	− 1 05 03.08	1.721 8900
5	20 27 11.516	−19 55 48.15	1.661 5370	23	0 08 37.618	− 0 34 50.94	1.722 2461
6	20 32 23.689	−19 39 35.77	1.663 7641	24	0 13 10.549	− 0 04 37.17	1.722 5565
7	20 37 34.762	−19 22 48.84	1.665 9522	25	0 17 43.369	+ 0 25 37.48	1.722 8212
8	20 42 44.714	−19 05 28.00	1.668 1011	26	0 22 16.120	+ 0 55 52.31	1.723 0401
9	20 47 53.526	−18 47 33.91	1.670 2104	27	0 26 48.845	+ 1 26 06.59	1.723 2132
10	20 53 01.180	−18 29 07.23	1.672 2800	28	0 31 21.589	+ 1 56 19.61	1.723 3406
11	20 58 07.662	−18 10 08.64	1.674 3097	29	0 35 54.396	+ 2 26 30.67	1.723 4220
12	21 03 12.961	−17 50 38.82	1.676 2994	30	0 40 27.315	+ 2 56 39.08	1.723 4572
13	21 08 17.069	−17 30 38.48	1.678 2491	31	0 45 00.390	+ 3 26 44.13	1.723 4460
14	21 13 19.981	−17 10 08.31	1.680 1588	Apr. 1	0 49 33.669	+ 3 56 45.13	1.723 3879
15	21 18 21.697	−16 49 09.02	1.682 0286	2	0 54 07.193	+ 4 26 41.38	1.723 2823

GEOCENTRIC COORDINATES FOR 0ʰ TERRESTRIAL TIME

Date	Apparent Right Ascension	Apparent Declination	True Geocentric Distance	Date	Apparent Right Ascension	Apparent Declination	True Geocentric Distance
	h m s	° ′ ″	au		h m s	° ′ ″	au
Apr. 1	0 49 33.669	+ 3 56 45.13	1.723 3879	May 17	4 32 04.978	+22 12 22.09	1.664 1502
2	0 54 07.193	+ 4 26 41.38	1.723 2823	18	4 37 18.493	+22 25 27.05	1.661 5562
3	0 58 41.005	+ 4 56 32.16	1.723 1289	19	4 42 32.874	+22 37 54.00	1.658 9043
4	1 03 15.143	+ 5 26 16.74	1.722 9269	20	4 47 48.083	+22 49 42.42	1.656 1947
5	1 07 49.647	+ 5 55 54.38	1.722 6757	21	4 53 04.081	+23 00 51.82	1.653 4276
6	1 12 24.555	+ 6 25 24.36	1.722 3749	22	4 58 20.826	+23 11 21.73	1.650 6033
7	1 16 59.905	+ 6 54 45.93	1.722 0238	23	5 03 38.276	+23 21 11.69	1.647 7221
8	1 21 35.736	+ 7 23 58.35	1.721 6219	24	5 08 56.390	+23 30 21.30	1.644 7845
9	1 26 12.085	+ 7 53 00.88	1.721 1689	25	5 14 15.122	+23 38 50.19	1.641 7908
10	1 30 48.990	+ 8 21 52.78	1.720 6642	26	5 19 34.426	+23 46 38.00	1.638 7412
11	1 35 26.487	+ 8 50 33.31	1.720 1075	27	5 24 54.255	+23 53 44.43	1.635 6362
12	1 40 04.612	+ 9 19 01.73	1.719 4984	28	5 30 14.555	+24 00 09.19	1.632 4758
13	1 44 43.401	+ 9 47 17.28	1.718 8367	29	5 35 35.274	+24 05 52.00	1.629 2602
14	1 49 22.887	+10 15 19.23	1.718 1222	30	5 40 56.355	+24 10 52.61	1.625 9893
15	1 54 03.102	+10 43 06.83	1.717 3546	31	5 46 17.741	+24 15 10.80	1.622 6630
16	1 58 44.079	+11 10 39.32	1.716 5337	June 1	5 51 39.376	+24 18 46.35	1.619 2812
17	2 03 25.848	+11 37 55.95	1.715 6594	2	5 57 01.202	+24 21 39.10	1.615 8437
18	2 08 08.436	+12 04 55.97	1.714 7316	3	6 02 23.159	+24 23 48.91	1.612 3505
19	2 12 51.873	+12 31 38.63	1.713 7503	4	6 07 45.189	+24 25 15.67	1.608 8014
20	2 17 36.183	+12 58 03.15	1.712 7153	5	6 13 07.231	+24 25 59.30	1.605 1964
21	2 22 21.394	+13 24 08.79	1.711 6267	6	6 18 29.223	+24 25 59.77	1.601 5353
22	2 27 07.528	+13 49 54.80	1.710 4845	7	6 23 51.103	+24 25 17.07	1.597 8182
23	2 31 54.610	+14 15 20.40	1.709 2887	8	6 29 12.810	+24 23 51.22	1.594 0451
24	2 36 42.663	+14 40 24.87	1.708 0395	9	6 34 34.279	+24 21 42.30	1.590 2159
25	2 41 31.712	+15 05 07.44	1.706 7370	10	6 39 55.447	+24 18 50.40	1.586 3309
26	2 46 21.778	+15 29 27.40	1.705 3811	11	6 45 16.252	+24 15 15.63	1.582 3899
27	2 51 12.885	+15 53 24.03	1.703 9719	12	6 50 36.629	+24 10 58.16	1.578 3933
28	2 56 05.053	+16 16 56.60	1.702 5094	13	6 55 56.517	+24 05 58.18	1.574 3412
29	3 00 58.301	+16 40 04.42	1.700 9935	14	7 01 15.854	+24 00 15.90	1.570 2338
30	3 05 52.641	+17 02 46.77	1.699 4237	15	7 06 34.580	+23 53 51.57	1.566 0714
May 1	3 10 48.086	+17 25 02.93	1.697 7999	16	7 11 52.636	+23 46 45.45	1.561 8544
2	3 15 44.643	+17 46 52.17	1.696 1215	17	7 17 09.966	+23 38 57.86	1.557 5831
3	3 20 42.317	+18 08 13.76	1.694 3881	18	7 22 26.516	+23 30 29.12	1.553 2581
4	3 25 41.113	+18 29 06.98	1.692 5993	19	7 27 42.235	+23 21 19.58	1.548 8799
5	3 30 41.032	+18 49 31.11	1.690 7546	20	7 32 57.076	+23 11 29.64	1.544 4490
6	3 35 42.075	+19 09 25.44	1.688 8537	21	7 38 10.993	+23 00 59.71	1.539 9661
7	3 40 44.239	+19 28 49.25	1.686 8961	22	7 43 23.945	+22 49 50.23	1.535 4319
8	3 45 47.519	+19 47 41.86	1.684 8815	23	7 48 35.891	+22 38 01.68	1.530 8470
9	3 50 51.907	+20 06 02.58	1.682 8096	24	7 53 46.793	+22 25 34.55	1.526 2121
10	3 55 57.393	+20 23 50.73	1.680 6802	25	7 58 56.615	+22 12 29.36	1.521 5279
11	4 01 03.962	+20 41 05.66	1.678 4930	26	8 04 05.322	+21 58 46.65	1.516 7947
12	4 06 11.598	+20 57 46.71	1.676 2479	27	8 09 12.883	+21 44 26.93	1.512 0131
13	4 11 20.281	+21 13 53.25	1.673 9448	28	8 14 19.271	+21 29 30.77	1.507 1833
14	4 16 29.989	+21 29 24.66	1.671 5834	29	8 19 24.460	+21 13 58.71	1.502 3057
15	4 21 40.693	+21 44 20.33	1.669 1639	30	8 24 28.430	+20 57 51.33	1.497 3804
16	4 26 52.367	+21 58 39.67	1.666 6861	July 1	8 29 31.162	+20 41 09.22	1.492 4077
17	4 32 04.978	+22 12 22.09	1.664 1502	2	8 34 32.639	+20 23 52.98	1.487 3877

VENUS, 2021

GEOCENTRIC COORDINATES FOR 0ʰ TERRESTRIAL TIME

Date	Apparent Right Ascension	Apparent Declination	True Geocentric Distance	Date	Apparent Right Ascension	Apparent Declination	True Geocentric Distance
	h m s	° ′ ″	au		h m s	° ′ ″	au
July 1	8 29 31.162	+20 41 09.22	1.492 4077	Aug. 16	12 00 20.636	+ 0 45 04.48	1.218 8602
2	8 34 32.639	+20 23 52.98	1.487 3877	17	12 04 36.272	+ 0 14 10.28	1.212 1130
3	8 39 32.845	+20 06 03.23	1.482 3205	18	12 08 51.604	− 0 16 45.40	1.205 3389
4	8 44 31.768	+19 47 40.62	1.477 2065	19	12 13 06.666	− 0 47 41.87	1.198 5388
5	8 49 29.396	+19 28 45.79	1.472 0457	20	12 17 21.494	− 1 18 38.45	1.191 7134
6	8 54 25.720	+19 09 19.40	1.466 8384	21	12 21 36.124	− 1 49 34.48	1.184 8636
7	8 59 20.732	+18 49 22.14	1.461 5848	22	12 25 50.594	− 2 20 29.29	1.177 9899
8	9 04 14.426	+18 28 54.67	1.456 2851	23	12 30 04.942	− 2 51 22.25	1.171 0930
9	9 09 06.796	+18 07 57.71	1.450 9395	24	12 34 19.209	− 3 22 12.71	1.164 1736
10	9 13 57.842	+17 46 31.94	1.445 5484	25	12 38 33.436	− 3 53 00.05	1.157 2321
11	9 18 47.560	+17 24 38.07	1.440 1121	26	12 42 47.661	− 4 23 43.64	1.150 2690
12	9 23 35.952	+17 02 16.83	1.434 6308	27	12 47 01.925	− 4 54 22.84	1.143 2847
13	9 28 23.020	+16 39 28.92	1.429 1049	28	12 51 16.265	− 5 24 57.03	1.136 2795
14	9 33 08.771	+16 16 15.07	1.423 5349	29	12 55 30.720	− 5 55 25.58	1.129 2537
15	9 37 53.211	+15 52 36.00	1.417 9213	30	12 59 45.326	− 6 25 47.83	1.122 2076
16	9 42 36.351	+15 28 32.42	1.412 2646	31	13 04 00.117	− 6 56 03.16	1.115 1414
17	9 47 18.204	+15 04 05.07	1.406 5655	Sept. 1	13 08 15.127	− 7 26 10.91	1.108 0554
18	9 51 58.784	+14 39 14.68	1.400 8246	2	13 12 30.389	− 7 56 10.44	1.100 9497
19	9 56 38.110	+14 14 01.97	1.395 0426	3	13 16 45.935	− 8 26 01.09	1.093 8245
20	10 01 16.198	+13 48 27.68	1.389 2204	4	13 21 01.796	− 8 55 42.20	1.086 6800
21	10 05 53.070	+13 22 32.55	1.383 3588	5	13 25 18.000	− 9 25 13.11	1.079 5162
22	10 10 28.746	+12 56 17.32	1.377 4585	6	13 29 34.575	− 9 54 33.16	1.072 3333
23	10 15 03.249	+12 29 42.71	1.371 5205	7	13 33 51.550	−10 23 41.67	1.065 1313
24	10 19 36.602	+12 02 49.46	1.365 5455	8	13 38 08.949	−10 52 37.96	1.057 9104
25	10 24 08.833	+11 35 38.26	1.359 5341	9	13 42 26.798	−11 21 21.36	1.050 6707
26	10 28 39.970	+11 08 09.83	1.353 4870	10	13 46 45.121	−11 49 51.20	1.043 4125
27	10 33 10.045	+10 40 24.84	1.347 4046	11	13 51 03.940	−12 18 06.79	1.036 1360
28	10 37 39.089	+10 12 23.98	1.341 2875	12	13 55 23.273	−12 46 07.44	1.028 8415
29	10 42 07.138	+ 9 44 07.94	1.335 1360	13	13 59 43.137	−13 13 52.48	1.021 5296
30	10 46 34.224	+ 9 15 37.39	1.328 9504	14	14 04 03.548	−13 41 21.20	1.014 2007
31	10 51 00.383	+ 8 46 53.03	1.322 7311	15	14 08 24.520	−14 08 32.92	1.006 8554
Aug. 1	10 55 25.647	+ 8 17 55.54	1.316 4783	16	14 12 46.063	−14 35 26.94	0.999 4945
2	10 59 50.053	+ 7 48 45.60	1.310 1924	17	14 17 08.192	−15 02 02.59	0.992 1184
3	11 04 13.633	+ 7 19 23.90	1.303 8736	18	14 21 30.916	−15 28 19.18	0.984 7279
4	11 08 36.423	+ 6 49 51.12	1.297 5222	19	14 25 54.250	−15 54 16.05	0.977 3236
5	11 12 58.456	+ 6 20 07.96	1.291 1384	20	14 30 18.203	−16 19 52.55	0.969 9062
6	11 17 19.766	+ 5 50 15.11	1.284 7225	21	14 34 42.789	−16 45 08.02	0.962 4762
7	11 21 40.387	+ 5 20 13.24	1.278 2747	22	14 39 08.016	−17 10 01.85	0.955 0341
8	11 26 00.353	+ 4 50 03.06	1.271 7953	23	14 43 33.893	−17 34 33.40	0.947 5805
9	11 30 19.697	+ 4 19 45.24	1.265 2845	24	14 48 00.426	−17 58 42.05	0.940 1157
10	11 34 38.455	+ 3 49 20.48	1.258 7427	25	14 52 27.619	−18 22 27.18	0.932 6402
11	11 38 56.660	+ 3 18 49.47	1.252 1700	26	14 56 55.472	−18 45 48.20	0.925 1543
12	11 43 14.347	+ 2 48 12.89	1.245 5669	27	15 01 23.984	−19 08 44.49	0.917 6583
13	11 47 31.552	+ 2 17 31.41	1.238 9338	28	15 05 53.150	−19 31 15.43	0.910 1524
14	11 51 48.312	+ 1 46 45.73	1.232 2713	29	15 10 22.962	−19 53 20.44	0.902 6370
15	11 56 04.661	+ 1 15 56.53	1.225 5799	30	15 14 53.410	−20 14 58.92	0.895 1123
16	12 00 20.636	+ 0 45 04.48	1.218 8602	Oct. 1	15 19 24.480	−20 36 10.27	0.887 5783

GEOCENTRIC COORDINATES FOR 0ʰ TERRESTRIAL TIME

Date	Apparent Right Ascension	Apparent Declination	True Geocentric Distance	Date	Apparent Right Ascension	Apparent Declination	True Geocentric Distance
	h m s	° ′ ″	au		h m s	° ′ ″	au
Oct. 1	15 19 24.480	−20 36 10.27	0.887 5783	Nov. 16	18 42 38.101	−26 50 23.70	0.537 8819
2	15 23 56.155	−20 56 53.92	0.880 0353	17	18 46 22.031	−26 45 07.09	0.530 4629
3	15 28 28.417	−21 17 09.27	0.872 4835	18	18 50 02.103	−26 39 21.73	0.523 0694
4	15 33 01.243	−21 36 55.76	0.864 9228	19	18 53 38.154	−26 33 08.38	0.515 7034
5	15 37 34.608	−21 56 12.82	0.857 3533	20	18 57 10.018	−26 26 27.87	0.508 3669
6	15 42 08.481	−22 14 59.89	0.849 7751	21	19 00 37.525	−26 19 21.01	0.501 0620
7	15 46 42.832	−22 33 16.45	0.842 1883	22	19 04 00.504	−26 11 48.67	0.493 7909
8	15 51 17.622	−22 51 01.95	0.834 5928	23	19 07 18.777	−26 03 51.73	0.486 5558
9	15 55 52.809	−23 08 15.88	0.826 9890	24	19 10 32.167	−25 55 31.09	0.479 3589
10	16 00 28.343	−23 24 57.75	0.819 3771	25	19 13 40.489	−25 46 47.66	0.472 2028
11	16 05 04.172	−23 41 07.07	0.811 7575	26	19 16 43.558	−25 37 42.40	0.465 0897
12	16 09 40.236	−23 56 43.36	0.804 1305	27	19 19 41.181	−25 28 16.25	0.458 0224
13	16 14 16.475	−24 11 46.18	0.796 4969	28	19 22 33.165	−25 18 30.20	0.451 0035
14	16 18 52.825	−24 26 15.08	0.788 8572	29	19 25 19.309	−25 08 25.23	0.444 0356
15	16 23 29.221	−24 40 09.66	0.781 2122	30	19 27 59.411	−24 58 02.34	0.437 1216
16	16 28 05.595	−24 53 29.54	0.773 5626	Dec. 1	19 30 33.259	−24 47 22.56	0.430 2645
17	16 32 41.879	−25 06 14.37	0.765 9091	2	19 33 00.638	−24 36 26.93	0.423 4673
18	16 37 18.005	−25 18 23.84	0.758 2524	3	19 35 21.321	−24 25 16.51	0.416 7332
19	16 41 53.898	−25 29 57.67	0.750 5935	4	19 37 35.074	−24 13 52.39	0.410 0657
20	16 46 29.487	−25 40 55.61	0.742 9329	5	19 39 41.649	−24 02 15.68	0.403 4683
21	16 51 04.692	−25 51 17.44	0.735 2714	6	19 41 40.789	−23 50 27.51	0.396 9450
22	16 55 39.434	−26 01 03.00	0.727 6098	7	19 43 32.232	−23 38 29.01	0.390 5002
23	17 00 13.629	−26 10 12.13	0.719 9487	8	19 45 15.709	−23 26 21.30	0.384 1385
24	17 04 47.192	−26 18 44.70	0.712 2888	9	19 46 50.953	−23 14 05.52	0.377 8650
25	17 09 20.033	−26 26 40.64	0.704 6307	10	19 48 17.697	−23 01 42.80	0.371 6850
26	17 13 52.058	−26 33 59.88	0.696 9751	11	19 49 35.680	−22 49 14.26	0.365 6043
27	17 18 23.172	−26 40 42.39	0.689 3226	12	19 50 44.645	−22 36 41.00	0.359 6289
28	17 22 53.277	−26 46 48.17	0.681 6737	13	19 51 44.342	−22 24 04.16	0.353 7652
29	17 27 22.270	−26 52 17.26	0.674 0291	14	19 52 34.531	−22 11 24.81	0.348 0199
30	17 31 50.047	−26 57 09.72	0.666 3894	15	19 53 14.982	−21 58 44.05	0.342 3997
31	17 36 16.503	−27 01 25.64	0.658 7550	16	19 53 45.482	−21 46 02.94	0.336 9120
Nov. 1	17 40 41.527	−27 05 05.15	0.651 1266	17	19 54 05.833	−21 33 22.51	0.331 5642
2	17 45 05.007	−27 08 08.40	0.643 5046	18	19 54 15.863	−21 20 43.79	0.326 3641
3	17 49 26.829	−27 10 35.59	0.635 8896	19	19 54 15.422	−21 08 07.75	0.321 3195
4	17 53 46.872	−27 12 26.95	0.628 2820	20	19 54 04.396	−20 55 35.36	0.316 4388
5	17 58 05.012	−27 13 42.75	0.620 6824	21	19 53 42.706	−20 43 07.53	0.311 7303
6	18 02 21.118	−27 14 23.31	0.613 0913	22	19 53 10.313	−20 30 45.15	0.307 2024
7	18 06 35.053	−27 14 28.96	0.605 5095	23	19 52 27.229	−20 18 29.10	0.302 8639
8	18 10 46.672	−27 14 00.10	0.597 9379	24	19 51 33.517	−20 06 20.19	0.298 7235
9	18 14 55.826	−27 12 57.15	0.590 3775	25	19 50 29.300	−19 54 19.24	0.294 7898
10	18 19 02.364	−27 11 20.54	0.582 8294	26	19 49 14.765	−19 42 27.04	0.291 0716
11	18 23 06.134	−27 09 10.76	0.575 2950	27	19 47 50.167	−19 30 44.36	0.287 5775
12	18 27 06.984	−27 06 28.32	0.567 7757	28	19 46 15.831	−19 19 12.01	0.284 3158
13	18 31 04.760	−27 03 13.78	0.560 2731	29	19 44 32.160	−19 07 50.77	0.281 2948
14	18 34 59.308	−26 59 27.74	0.552 7888	30	19 42 39.629	−18 56 41.46	0.278 5221
15	18 38 50.474	−26 55 10.82	0.545 3244	31	19 40 38.790	−18 45 44.94	0.276 0053
16	18 42 38.101	−26 50 23.70	0.537 8819	32	19 38 30.266	−18 35 02.14	0.273 7515

MARS, 2021

GEOCENTRIC COORDINATES FOR 0ʰ TERRESTRIAL TIME

Date	Apparent Right Ascension	Apparent Declination	True Geocentric Distance	Date	Apparent Right Ascension	Apparent Declination	True Geocentric Distance
	h m s	° ′ ″	au		h m s	° ′ ″	au
Jan. 0	1 38 41.845	+11 10 15.92	0.889 4964	Feb. 15	3 09 31.940	+19 07 40.98	1.329 2830
1	1 40 18.066	+11 20 40.68	0.898 5209	16	3 11 48.780	+19 16 59.85	1.339 1021
2	1 41 55.525	+11 31 08.06	0.907 5825	17	3 14 06.242	+19 26 13.57	1.348 9188
3	1 43 34.200	+11 41 37.82	0.916 6804	18	3 16 24.318	+19 35 22.02	1.358 7324
4	1 45 14.068	+11 52 09.77	0.925 8142	19	3 18 42.996	+19 44 25.03	1.368 5420
5	1 46 55.111	+12 02 43.70	0.934 9829	20	3 21 02.267	+19 53 22.48	1.378 3470
6	1 48 37.311	+12 13 19.43	0.944 1860	21	3 23 22.120	+20 02 14.23	1.388 1467
7	1 50 20.653	+12 23 56.79	0.953 4225	22	3 25 42.544	+20 11 00.13	1.397 9406
8	1 52 05.123	+12 34 35.62	0.962 6917	23	3 28 03.527	+20 19 40.04	1.407 7279
9	1 53 50.706	+12 45 15.77	0.971 9926	24	3 30 25.060	+20 28 13.84	1.417 5084
10	1 55 37.387	+12 55 57.07	0.981 3241	25	3 32 47.130	+20 36 41.36	1.427 2814
11	1 57 25.149	+13 06 39.36	0.990 6851	26	3 35 09.727	+20 45 02.49	1.437 0467
12	1 59 13.977	+13 17 22.47	1.000 0744	27	3 37 32.843	+20 53 17.08	1.446 8039
13	2 01 03.850	+13 28 06.21	1.009 4907	28	3 39 56.469	+21 01 24.99	1.456 5527
14	2 02 54.749	+13 38 50.39	1.018 9328	Mar. 1	3 42 20.601	+21 09 26.12	1.466 2930
15	2 04 46.657	+13 49 34.80	1.028 3993	2	3 44 45.235	+21 17 20.36	1.476 0244
16	2 06 39.555	+14 00 19.26	1.037 8891	3	3 47 10.368	+21 25 07.60	1.485 7466
17	2 08 33.423	+14 11 03.56	1.047 4009	4	3 49 35.997	+21 32 47.77	1.495 4593
18	2 10 28.245	+14 21 47.49	1.056 9337	5	3 52 02.120	+21 40 20.78	1.505 1619
19	2 12 24.004	+14 32 30.87	1.066 4864	6	3 54 28.731	+21 47 46.55	1.514 8538
20	2 14 20.682	+14 43 13.51	1.076 0580	7	3 56 55.825	+21 55 04.99	1.524 5344
21	2 16 18.262	+14 53 55.19	1.085 6476	8	3 59 23.395	+22 02 16.00	1.534 2029
22	2 18 16.727	+15 04 35.75	1.095 2542	9	4 01 51.435	+22 09 19.48	1.543 8585
23	2 20 16.062	+15 15 14.98	1.104 8772	10	4 04 19.936	+22 16 15.33	1.553 5004
24	2 22 16.249	+15 25 52.70	1.114 5156	11	4 06 48.892	+22 23 03.45	1.563 1275
25	2 24 17.272	+15 36 28.72	1.124 1688	12	4 09 18.296	+22 29 43.72	1.572 7390
26	2 26 19.116	+15 47 02.85	1.133 8362	13	4 11 48.140	+22 36 16.05	1.582 3340
27	2 28 21.765	+15 57 34.91	1.143 5170	14	4 14 18.418	+22 42 40.33	1.591 9116
28	2 30 25.204	+16 08 04.70	1.153 2108	15	4 16 49.121	+22 48 56.45	1.601 4711
29	2 32 29.419	+16 18 32.06	1.162 9171	16	4 19 20.241	+22 55 04.34	1.611 0114
30	2 34 34.396	+16 28 56.79	1.172 6354	17	4 21 51.770	+23 01 03.89	1.620 5320
31	2 36 40.126	+16 39 18.74	1.182 3653	18	4 24 23.698	+23 06 55.01	1.630 0320
Feb. 1	2 38 46.600	+16 49 37.73	1.192 1065	19	4 26 56.015	+23 12 37.61	1.639 5108
2	2 40 53.810	+16 59 53.64	1.201 8583	20	4 29 28.710	+23 18 11.61	1.648 9678
3	2 43 01.754	+17 10 06.32	1.211 6204	21	4 32 01.773	+23 23 36.91	1.658 4023
4	2 45 10.424	+17 20 15.66	1.221 3923	22	4 34 35.192	+23 28 53.43	1.667 8139
5	2 47 19.818	+17 30 21.53	1.231 1731	23	4 37 08.956	+23 34 01.09	1.677 2021
6	2 49 29.930	+17 40 23.81	1.240 9623	24	4 39 43.053	+23 38 59.79	1.686 5664
7	2 51 40.753	+17 50 22.39	1.250 7589	25	4 42 17.471	+23 43 49.44	1.695 9066
8	2 53 52.280	+18 00 17.13	1.260 5622	26	4 44 52.199	+23 48 29.97	1.705 2222
9	2 56 04.503	+18 10 07.90	1.270 3710	27	4 47 27.227	+23 53 01.28	1.714 5131
10	2 58 17.412	+18 19 54.56	1.280 1844	28	4 50 02.547	+23 57 23.29	1.723 7792
11	3 00 30.999	+18 29 36.96	1.290 0013	29	4 52 38.152	+24 01 35.93	1.733 0202
12	3 02 45.254	+18 39 14.95	1.299 8206	30	4 55 14.037	+24 05 39.15	1.742 2362
13	3 05 00.168	+18 48 48.39	1.309 6413	31	4 57 50.198	+24 09 32.89	1.751 4270
14	3 07 15.733	+18 58 17.11	1.319 4625	Apr. 1	5 00 26.631	+24 13 17.12	1.760 5922
15	3 09 31.940	+19 07 40.98	1.329 2830	2	5 03 03.329	+24 16 51.80	1.769 7318

GEOCENTRIC COORDINATES FOR 0ʰ TERRESTRIAL TIME

Date	Apparent Right Ascension	Apparent Declination	True Geocentric Distance	Date	Apparent Right Ascension	Apparent Declination	True Geocentric Distance
	h m s	° ′ ″	au		h m s	° ′ ″	au
Apr. 1	5 00 26.631	+24 13 17.12	1.760 5922	May 17	7 02 49.019	+24 04 04.72	2.145 4431
2	5 03 03.329	+24 16 51.80	1.769 7318	18	7 05 28.628	+23 59 52.73	2.152 8480
3	5 05 40.286	+24 20 16.89	1.778 8450	19	7 08 08.105	+23 55 30.78	2.160 2049
4	5 08 17.494	+24 23 32.35	1.787 9316	20	7 10 47.443	+23 50 58.90	2.167 5137
5	5 10 54.944	+24 26 38.13	1.796 9908	21	7 13 26.632	+23 46 17.14	2.174 7742
6	5 13 32.630	+24 29 34.18	1.806 0219	22	7 16 05.666	+23 41 25.51	2.181 9862
7	5 16 10.542	+24 32 20.44	1.815 0242	23	7 18 44.539	+23 36 24.07	2.189 1499
8	5 18 48.674	+24 34 56.86	1.823 9970	24	7 21 23.248	+23 31 12.85	2.196 2653
9	5 21 27.017	+24 37 23.38	1.832 9395	25	7 24 01.788	+23 25 51.90	2.203 3324
10	5 24 05.565	+24 39 39.96	1.841 8509	26	7 26 40.158	+23 20 21.28	2.210 3515
11	5 26 44.309	+24 41 46.56	1.850 7305	27	7 29 18.352	+23 14 41.05	2.217 3225
12	5 29 23.241	+24 43 43.13	1.859 5775	28	7 31 56.368	+23 08 51.29	2.224 2456
13	5 32 02.352	+24 45 29.63	1.868 3913	29	7 34 34.199	+23 02 52.06	2.231 1206
14	5 34 41.632	+24 47 06.04	1.877 1711	30	7 37 11.842	+22 56 43.40	2.237 9473
15	5 37 21.071	+24 48 32.32	1.885 9163	31	7 39 49.292	+22 50 25.36	2.244 7254
16	5 40 00.658	+24 49 48.45	1.894 6263	June 1	7 42 26.548	+22 43 58.00	2.251 4544
17	5 42 40.383	+24 50 54.40	1.903 3006	2	7 45 03.606	+22 37 21.34	2.258 1340
18	5 45 20.233	+24 51 50.14	1.911 9387	3	7 47 40.466	+22 30 35.43	2.264 7635
19	5 48 00.196	+24 52 35.65	1.920 5401	4	7 50 17.125	+22 23 40.33	2.271 3426
20	5 50 40.260	+24 53 10.90	1.929 1045	5	7 52 53.582	+22 16 36.07	2.277 8705
21	5 53 20.412	+24 53 35.88	1.937 6313	6	7 55 29.834	+22 09 22.73	2.284 3469
22	5 56 00.642	+24 53 50.56	1.946 1205	7	7 58 05.880	+22 02 00.36	2.290 7711
23	5 58 40.937	+24 53 54.92	1.954 5717	8	8 00 41.716	+21 54 29.03	2.297 1427
24	6 01 21.287	+24 53 48.92	1.962 9848	9	8 03 17.338	+21 46 48.80	2.303 4611
25	6 04 01.684	+24 53 32.56	1.971 3598	10	8 05 52.744	+21 38 59.75	2.309 7259
26	6 06 42.121	+24 53 05.82	1.979 6967	11	8 08 27.927	+21 31 01.94	2.315 9367
27	6 09 22.591	+24 52 28.69	1.987 9954	12	8 11 02.885	+21 22 55.45	2.322 0929
28	6 12 03.091	+24 51 41.20	1.996 2560	13	8 13 37.611	+21 14 40.35	2.328 1942
29	6 14 43.615	+24 50 43.35	2.004 4784	14	8 16 12.101	+21 06 16.72	2.334 2403
30	6 17 24.154	+24 49 35.17	2.012 6624	15	8 18 46.350	+20 57 44.63	2.340 2309
May 1	6 20 04.704	+24 48 16.67	2.020 8079	16	8 21 20.353	+20 49 04.14	2.346 1657
2	6 22 45.254	+24 46 47.87	2.028 9144	17	8 23 54.107	+20 40 15.34	2.352 0447
3	6 25 25.798	+24 45 08.77	2.036 9815	18	8 26 27.609	+20 31 18.29	2.357 8676
4	6 28 06.328	+24 43 19.36	2.045 0086	19	8 29 00.858	+20 22 13.05	2.363 6345
5	6 30 46.839	+24 41 19.66	2.052 9952	20	8 31 33.851	+20 12 59.70	2.369 3454
6	6 33 27.325	+24 39 09.66	2.060 9405	21	8 34 06.591	+20 03 38.31	2.375 0005
7	6 36 07.778	+24 36 49.37	2.068 8439	22	8 36 39.076	+19 54 08.96	2.380 5999
8	6 38 48.194	+24 34 18.79	2.076 7049	23	8 39 11.309	+19 44 31.73	2.386 1439
9	6 41 28.565	+24 31 37.95	2.084 5227	24	8 41 43.289	+19 34 46.73	2.391 6326
10	6 44 08.885	+24 28 46.87	2.092 2968	25	8 44 15.015	+19 24 54.03	2.397 0661
11	6 46 49.147	+24 25 45.56	2.100 0266	26	8 46 46.486	+19 14 53.72	2.402 4445
12	6 49 29.342	+24 22 34.06	2.107 7114	27	8 49 17.703	+19 04 45.88	2.407 7678
13	6 52 09.463	+24 19 12.39	2.115 3507	28	8 51 48.666	+18 54 30.56	2.413 0357
14	6 54 49.501	+24 15 40.58	2.122 9439	29	8 54 19.378	+18 44 07.84	2.418 2480
15	6 57 29.446	+24 11 58.68	2.130 4907	30	8 56 49.843	+18 33 37.78	2.423 4044
16	7 00 09.288	+24 08 06.71	2.137 9906	July 1	8 59 20.062	+18 23 00.42	2.428 5044
17	7 02 49.019	+24 04 04.72	2.145 4431	2	9 01 50.040	+18 12 15.85	2.433 5478

GEOCENTRIC COORDINATES FOR 0ʰ TERRESTRIAL TIME

Date	Apparent Right Ascension	Apparent Declination	True Geocentric Distance	Date	Apparent Right Ascension	Apparent Declination	True Geocentric Distance
	h m s	o ′ ″	au		h m s	o ′ ″	au
July 1	8 59 20.062	+18 23 00.42	2.428 5044	Aug. 16	10 50 41.761	+ 8 26 39.37	2.598 0454
2	9 01 50.040	+18 12 15.85	2.433 5478	17	10 53 03.334	+ 8 11 52.37	2.600 2663
3	9 04 19.779	+18 01 24.13	2.438 5339	18	10 55 24.819	+ 7 57 02.11	2.602 4237
4	9 06 49.283	+17 50 25.34	2.443 4624	19	10 57 46.220	+ 7 42 08.70	2.604 5182
5	9 09 18.552	+17 39 19.55	2.448 3329	20	11 00 07.543	+ 7 27 12.22	2.606 5498
6	9 11 47.588	+17 28 06.85	2.453 1448	21	11 02 28.791	+ 7 12 12.77	2.608 5190
7	9 14 16.393	+17 16 47.31	2.457 8979	22	11 04 49.971	+ 6 57 10.43	2.610 4259
8	9 16 44.967	+17 05 21.03	2.462 5916	23	11 07 11.090	+ 6 42 05.26	2.612 2705
9	9 19 13.310	+16 53 48.09	2.467 2255	24	11 09 32.157	+ 6 26 57.34	2.614 0530
10	9 21 41.422	+16 42 08.58	2.471 7993	25	11 11 53.181	+ 6 11 46.74	2.615 7733
11	9 24 09.303	+16 30 22.60	2.476 3127	26	11 14 14.169	+ 5 56 33.52	2.617 4312
12	9 26 36.951	+16 18 30.22	2.480 7652	27	11 16 35.131	+ 5 41 17.76	2.619 0266
13	9 29 04.368	+16 06 31.54	2.485 1568	28	11 18 56.074	+ 5 25 59.52	2.620 5593
14	9 31 31.552	+15 54 26.64	2.489 4871	29	11 21 17.005	+ 5 10 38.88	2.622 0291
15	9 33 58.506	+15 42 15.60	2.493 7561	30	11 23 37.932	+ 4 55 15.94	2.623 4357
16	9 36 25.230	+15 29 58.50	2.497 9638	31	11 25 58.861	+ 4 39 50.77	2.624 7788
17	9 38 51.729	+15 17 35.44	2.502 1101	Sept. 1	11 28 19.796	+ 4 24 23.45	2.626 0583
18	9 41 18.004	+15 05 06.48	2.506 1952	2	11 30 40.745	+ 4 08 54.09	2.627 2739
19	9 43 44.060	+14 52 31.71	2.510 2193	3	11 33 01.711	+ 3 53 22.78	2.628 4252
20	9 46 09.901	+14 39 51.24	2.514 1826	4	11 35 22.699	+ 3 37 49.61	2.629 5120
21	9 48 35.530	+14 27 05.14	2.518 0853	5	11 37 43.714	+ 3 22 14.67	2.630 5341
22	9 51 00.948	+14 14 13.53	2.521 9277	6	11 40 04.761	+ 3 06 38.07	2.631 4913
23	9 53 26.159	+14 01 16.49	2.525 7100	7	11 42 25.844	+ 2 50 59.90	2.632 3833
24	9 55 51.166	+13 48 14.11	2.529 4324	8	11 44 46.969	+ 2 35 20.26	2.633 2101
25	9 58 15.972	+13 35 06.47	2.533 0950	9	11 47 08.142	+ 2 19 39.24	2.633 9715
26	10 00 40.582	+13 21 53.64	2.536 6977	10	11 49 29.370	+ 2 03 56.93	2.634 6677
27	10 03 05.002	+13 08 35.69	2.540 2404	11	11 51 50.659	+ 1 48 13.42	2.635 2989
28	10 05 29.239	+12 55 12.68	2.543 7230	12	11 54 12.016	+ 1 32 28.81	2.635 8652
29	10 07 53.300	+12 41 44.68	2.547 1450	13	11 56 33.445	+ 1 16 43.21	2.636 3671
30	10 10 17.191	+12 28 11.75	2.550 5064	14	11 58 54.951	+ 1 00 56.71	2.636 8048
31	10 12 40.919	+12 14 33.97	2.553 8066	15	12 01 16.540	+ 0 45 09.43	2.637 1789
Aug. 1	10 15 04.489	+12 00 51.42	2.557 0455	16	12 03 38.216	+ 0 29 21.48	2.637 4897
2	10 17 27.906	+11 47 04.18	2.560 2225	17	12 05 59.985	+ 0 13 32.94	2.637 7376
3	10 19 51.175	+11 33 12.32	2.563 3375	18	12 08 21.853	− 0 02 16.08	2.637 9230
4	10 22 14.300	+11 19 15.94	2.566 3900	19	12 10 43.828	− 0 18 05.50	2.638 0462
5	10 24 37.285	+11 05 15.13	2.569 3796	20	12 13 05.918	− 0 33 55.23	2.638 1075
6	10 27 00.133	+10 51 09.97	2.572 3061	21	12 15 28.132	− 0 49 45.19	2.638 1069
7	10 29 22.846	+10 37 00.55	2.575 1690	22	12 17 50.482	− 1 05 35.31	2.638 0447
8	10 31 45.427	+10 22 46.98	2.577 9682	23	12 20 12.974	− 1 21 25.52	2.637 9209
9	10 34 07.880	+10 08 29.34	2.580 7032	24	12 22 35.620	− 1 37 15.72	2.637 7355
10	10 36 30.207	+ 9 54 07.72	2.583 3740	25	12 24 58.426	− 1 53 05.84	2.637 4883
11	10 38 52.411	+ 9 39 42.21	2.585 9803	26	12 27 21.402	− 2 08 55.79	2.637 1795
12	10 41 14.496	+ 9 25 12.90	2.588 5221	27	12 29 44.553	− 2 24 45.48	2.636 8087
13	10 43 36.469	+ 9 10 39.88	2.590 9994	28	12 32 07.888	− 2 40 34.82	2.636 3761
14	10 45 58.333	+ 8 56 03.22	2.593 4122	29	12 34 31.413	− 2 56 23.70	2.635 8813
15	10 48 20.095	+ 8 41 23.02	2.595 7608	30	12 36 55.133	− 3 12 12.02	2.635 3242
16	10 50 41.761	+ 8 26 39.37	2.598 0454	Oct. 1	12 39 19.056	− 3 27 59.68	2.634 7048

GEOCENTRIC COORDINATES FOR 0ʰ TERRESTRIAL TIME

Date	Apparent Right Ascension	Apparent Declination	True Geocentric Distance	Date	Apparent Right Ascension	Apparent Declination	True Geocentric Distance
	h m s	° ′ ″	au		h m s	° ′ ″	au
Oct. 1	12 39 19.056	− 3 27 59.68	2.634 7048	Nov. 16	14 35 04.202	−14 50 27.10	2.541 5401
2	12 41 43.185	− 3 43 46.57	2.634 0227	17	14 37 44.475	−15 03 35.16	2.538 2009
3	12 44 07.528	− 3 59 32.59	2.633 2780	18	14 40 25.228	−15 16 36.85	2.534 8117
4	12 46 32.089	− 4 15 17.61	2.632 4704	19	14 43 06.465	−15 29 32.03	2.531 3730
5	12 48 56.876	− 4 31 01.52	2.631 5998	20	14 45 48.192	−15 42 20.60	2.527 8852
6	12 51 21.894	− 4 46 44.20	2.630 6661	21	14 48 30.412	−15 55 02.41	2.524 3484
7	12 53 47.148	− 5 02 25.50	2.629 6693	22	14 51 13.130	−16 07 37.35	2.520 7629
8	12 56 12.639	− 5 18 05.34	2.628 6096	23	14 53 56.348	−16 20 05.27	2.517 1290
9	12 58 38.374	− 5 33 43.81	2.627 4872	24	14 56 40.070	−16 32 26.05	2.513 4469
10	13 01 04.372	− 5 49 20.76	2.626 3024	25	14 59 24.298	−16 44 39.54	2.509 7166
11	13 03 30.637	− 6 04 55.94	2.625 0557	26	15 02 09.034	−16 56 45.59	2.505 9384
12	13 05 57.168	− 6 20 29.20	2.623 7476	27	15 04 54.281	−17 08 44.08	2.502 1124
13	13 08 23.968	− 6 36 00.43	2.622 3785	28	15 07 40.041	−17 20 34.85	2.498 2387
14	13 10 51.042	− 6 51 29.52	2.620 9491	29	15 10 26.316	−17 32 17.75	2.494 3173
15	13 13 18.395	− 7 06 56.36	2.619 4598	30	15 13 13.110	−17 43 52.64	2.490 3485
16	13 15 46.035	− 7 22 20.82	2.617 9112	Dec. 1	15 16 00.424	−17 55 19.38	2.486 3322
17	13 18 13.969	− 7 37 42.83	2.616 3037	2	15 18 48.260	−18 06 37.82	2.482 2687
18	13 20 42.206	− 7 53 02.26	2.614 6377	3	15 21 36.619	−18 17 47.84	2.478 1581
19	13 23 10.755	− 8 09 19.03	2.612 9136	4	15 24 25.501	−18 28 49.28	2.474 0009
20	13 25 39.626	− 8 23 33.04	2.611 1315	5	15 27 14.902	−18 39 42.01	2.469 7974
21	13 28 08.828	− 8 38 44.19	2.609 2918	6	15 30 04.817	−18 50 25.88	2.465 5483
22	13 30 38.367	− 8 53 52.38	2.607 3946	7	15 32 55.243	−19 01 00.72	2.461 2542
23	13 33 08.254	− 9 08 57.52	2.605 4401	8	15 35 46.174	−19 11 26.38	2.456 9160
24	13 35 38.494	− 9 23 59.49	2.603 4283	9	15 38 37.609	−19 21 42.70	2.452 5345
25	13 38 09.094	− 9 38 58.19	2.601 3594	10	15 41 29.548	−19 31 49.53	2.448 1105
26	13 40 40.061	− 9 53 53.49	2.599 2333	11	15 44 21.991	−19 41 46.73	2.443 6447
27	13 43 11.401	−10 08 45.30	2.597 0501	12	15 47 14.939	−19 51 34.17	2.439 1380
28	13 45 43.118	−10 23 33.47	2.594 8098	13	15 50 08.393	−20 01 11.72	2.434 5911
29	13 48 15.219	−10 38 17.90	2.592 5124	14	15 53 02.354	−20 10 39.25	2.430 0045
30	13 50 47.709	−10 52 58.45	2.590 1579	15	15 55 56.822	−20 19 56.65	2.425 3790
31	13 53 20.593	−11 07 34.99	2.587 7461	16	15 58 51.797	−20 29 03.78	2.420 7151
Nov. 1	13 55 53.877	−11 22 07.40	2.585 2772	17	16 01 47.277	−20 38 00.54	2.416 0133
2	13 58 27.566	−11 36 35.54	2.582 7510	18	16 04 43.261	−20 46 46.78	2.411 2742
3	14 01 01.666	−11 50 59.29	2.580 1676	19	16 07 39.747	−20 55 22.40	2.406 4981
4	14 03 36.184	−12 05 18.51	2.577 5271	20	16 10 36.732	−21 03 47.26	2.401 6856
5	14 06 11.124	−12 19 33.09	2.574 8296	21	16 13 34.213	−21 12 01.24	2.396 8369
6	14 08 46.491	−12 33 42.89	2.572 0753	22	16 16 32.186	−21 20 04.21	2.391 9525
7	14 11 22.289	−12 47 47.78	2.569 2648	23	16 19 30.646	−21 27 56.03	2.387 0326
8	14 13 58.517	−13 01 47.61	2.566 3986	24	16 22 29.591	−21 35 36.58	2.382 0775
9	14 16 35.177	−13 15 42.24	2.563 4772	25	16 25 29.016	−21 43 05.72	2.377 0874
10	14 19 12.272	−13 29 31.52	2.560 5014	26	16 28 28.917	−21 50 23.32	2.372 0626
11	14 21 49.803	−13 43 15.31	2.557 4719	27	16 31 29.290	−21 57 29.24	2.367 0032
12	14 24 27.776	−13 56 53.45	2.554 3892	28	16 34 30.131	−22 04 23.38	2.361 9095
13	14 27 06.196	−14 10 25.83	2.551 2542	29	16 37 31.435	−22 11 05.59	2.356 7816
14	14 29 45.069	−14 23 52.31	2.548 0673	30	16 40 33.196	−22 17 35.77	2.351 6198
15	14 32 24.402	−14 37 12.78	2.544 8291	31	16 43 35.407	−22 23 53.80	2.346 4244
16	14 35 04.202	−14 50 27.10	2.541 5401	32	16 46 38.059	−22 29 59.58	2.341 1956

JUPITER, 2021

GEOCENTRIC COORDINATES FOR 0ʰ TERRESTRIAL TIME

Date	Apparent Right Ascension	Apparent Declination	True Geocentric Distance	Date	Apparent Right Ascension	Apparent Declination	True Geocentric Distance
	h m s	° ′ ″	au		h m s	° ′ ″	au
Jan. 0	20 19 47.861	−20 03 48.39	5.988 2198	Feb. 15	21 04 00.062	−17 20 02.22	6.037 5172
1	20 20 44.581	−20 00 44.48	5.993 9671	16	21 04 56.668	−17 16 06.23	6.033 6540
2	20 21 41.427	−19 57 38.99	5.999 5159	17	21 05 53.143	−17 12 09.73	6.029 5854
3	20 22 38.392	−19 54 31.93	6.004 8653	18	21 06 49.482	−17 08 12.76	6.025 3122
4	20 23 35.471	−19 51 23.30	6.010 0142	19	21 07 45.680	−17 04 15.36	6.020 8356
5	20 24 32.660	−19 48 13.12	6.014 9617	20	21 08 41.733	−17 00 17.56	6.016 1567
6	20 25 29.953	−19 45 01.37	6.019 7066	21	21 09 37.636	−16 56 19.41	6.011 2764
7	20 26 27.347	−19 41 48.07	6.024 2479	22	21 10 33.383	−16 52 20.94	6.006 1961
8	20 27 24.839	−19 38 33.23	6.028 5843	23	21 11 28.969	−16 48 22.20	6.000 9168
9	20 28 22.424	−19 35 16.86	6.032 7148	24	21 12 24.388	−16 44 23.23	5.995 4397
10	20 29 20.096	−19 31 59.01	6.036 6382	25	21 13 19.635	−16 40 24.05	5.989 7659
11	20 30 17.847	−19 28 39.68	6.040 3536	26	21 14 14.705	−16 36 24.72	5.983 8967
12	20 31 15.670	−19 25 18.93	6.043 8601	27	21 15 09.591	−16 32 25.25	5.977 8330
13	20 32 13.556	−19 21 56.77	6.047 1568	28	21 16 04.291	−16 28 25.68	5.971 5759
14	20 33 11.496	−19 18 33.23	6.050 2431	Mar. 1	21 16 58.801	−16 24 26.01	5.965 1263
15	20 34 09.481	−19 15 08.34	6.053 1185	2	21 17 53.118	−16 20 26.28	5.958 4852
16	20 35 07.504	−19 11 42.10	6.055 7826	3	21 18 47.242	−16 16 26.50	5.951 6533
17	20 36 05.560	−19 08 14.54	6.058 2352	4	21 19 41.168	−16 12 26.71	5.944 6314
18	20 37 03.643	−19 04 45.65	6.060 4761	5	21 20 34.893	−16 08 26.95	5.937 4202
19	20 38 01.748	−19 01 15.47	6.062 5052	6	21 21 28.411	−16 04 27.27	5.930 0208
20	20 38 59.871	−18 57 44.01	6.064 3224	7	21 22 21.716	−16 00 27.72	5.922 4338
21	20 39 58.006	−18 54 11.29	6.065 9278	8	21 23 14.800	−15 56 28.34	5.914 6604
22	20 40 56.148	−18 50 37.35	6.067 3215	9	21 24 07.656	−15 52 29.20	5.906 7017
23	20 41 54.293	−18 47 02.19	6.068 5035	10	21 25 00.277	−15 48 30.32	5.898 5588
24	20 42 52.436	−18 43 25.87	6.069 4740	11	21 25 52.657	−15 44 31.76	5.890 2331
25	20 43 50.570	−18 39 48.40	6.070 2331	12	21 26 44.789	−15 40 33.54	5.881 7261
26	20 44 48.692	−18 36 09.81	6.070 7810	13	21 27 36.668	−15 36 35.70	5.873 0393
27	20 45 46.796	−18 32 30.16	6.071 1180	14	21 28 28.290	−15 32 38.28	5.864 1743
28	20 46 44.879	−18 28 49.54	6.071 2441	15	21 29 19.650	−15 28 41.31	5.855 1330
29	20 47 42.910	−18 25 08.38	6.071 1596	16	21 30 10.744	−15 24 44.83	5.845 9170
30	20 48 40.873	−18 21 25.26	6.070 8646	17	21 31 01.568	−15 20 48.89	5.836 5283
31	20 49 38.836	−18 17 41.31	6.070 3591	18	21 31 52.116	−15 16 53.52	5.826 9688
Feb. 1	20 50 36.751	−18 13 56.53	6.069 6432	19	21 32 42.386	−15 12 58.77	5.817 2403
2	20 51 34.613	−18 10 10.81	6.068 7169	20	21 33 32.370	−15 09 04.68	5.807 3450
3	20 52 32.421	−18 06 24.16	6.067 5799	21	21 34 22.064	−15 05 11.31	5.797 2847
4	20 53 30.172	−18 02 36.59	6.066 2323	22	21 35 11.464	−15 01 18.70	5.787 0614
5	20 54 27.863	−17 58 48.12	6.064 6739	23	21 36 00.562	−14 57 26.90	5.776 6773
6	20 55 25.488	−17 54 58.79	6.062 9046	24	21 36 49.354	−14 53 35.96	5.766 1344
7	20 56 23.043	−17 51 08.64	6.060 9243	25	21 37 37.833	−14 49 45.92	5.755 4346
8	20 57 20.520	−17 47 17.70	6.058 7331	26	21 38 25.995	−14 45 56.81	5.744 5799
9	20 58 17.911	−17 43 26.02	6.056 3312	27	21 39 13.835	−14 42 08.68	5.733 5724
10	20 59 15.209	−17 39 33.64	6.053 7188	28	21 40 01.349	−14 38 21.55	5.722 4139
11	21 00 12.406	−17 35 40.59	6.050 8963	29	21 40 48.534	−14 34 35.44	5.711 1061
12	21 01 09.495	−17 31 46.89	6.047 8642	30	21 41 35.388	−14 30 50.39	5.699 6508
13	21 02 06.471	−17 27 52.59	6.044 6231	31	21 42 21.910	−14 27 06.42	5.688 0496
14	21 03 03.328	−17 23 57.69	6.041 1738	Apr. 1	21 43 08.095	−14 23 23.58	5.676 3041
15	21 04 00.062	−17 20 02.22	6.037 5172	2	21 43 53.939	−14 19 41.92	5.664 4160

GEOCENTRIC COORDINATES FOR 0ʰ TERRESTRIAL TIME

Date	Apparent Right Ascension	Apparent Declination	True Geocentric Distance	Date	Apparent Right Ascension	Apparent Declination	True Geocentric Distance
	h m s	° ′ ″	au		h m s	° ′ ″	au
Apr. 1	21 43 08.095	−14 23 23.58	5.676 3041	May 17	22 10 46.711	−12 06 44.67	5.020 8469
2	21 43 53.939	−14 19 41.92	5.664 4160	18	22 11 10.524	−12 04 48.33	5.005 1405
3	21 44 39.434	−14 16 01.50	5.652 3868	19	22 11 33.721	−12 02 55.36	4.989 4239
4	21 45 24.573	−14 12 22.38	5.640 2183	20	22 11 56.299	−12 01 05.81	4.973 7006
5	21 46 09.349	−14 08 44.61	5.627 9125	21	22 12 18.253	−11 59 19.70	4.957 9743
6	21 46 53.753	−14 05 08.24	5.615 4713	22	22 12 39.579	−11 57 37.05	4.942 2486
7	21 47 37.779	−14 01 33.32	5.602 8967	23	22 13 00.273	−11 55 57.90	4.926 5268
8	21 48 21.421	−13 57 59.90	5.590 1911	24	22 13 20.334	−11 54 22.25	4.910 8125
9	21 49 04.672	−13 54 28.01	5.577 3567	25	22 13 39.759	−11 52 50.13	4.895 1090
10	21 49 47.527	−13 50 57.70	5.564 3959	26	22 13 58.547	−11 51 21.58	4.879 4194
11	21 50 29.983	−13 47 29.00	5.551 3113	27	22 14 16.690	−11 49 56.63	4.863 7471
12	21 51 12.033	−13 44 01.97	5.538 1053	28	22 14 34.184	−11 48 35.34	4.848 0953
13	21 51 53.673	−13 40 36.65	5.524 7807	29	22 14 51.021	−11 47 17.75	4.832 4673
14	21 52 34.898	−13 37 13.08	5.511 3401	30	22 15 07.192	−11 46 03.91	4.816 8666
15	21 53 15.703	−13 33 51.32	5.497 7863	31	22 15 22.690	−11 44 53.87	4.801 2966
16	21 53 56.083	−13 30 31.41	5.484 1221	June 1	22 15 37.509	−11 43 47.66	4.785 7611
17	21 54 36.031	−13 27 13.40	5.470 3502	2	22 15 51.643	−11 42 45.31	4.770 2639
18	21 55 15.542	−13 23 57.36	5.456 4734	3	22 16 05.089	−11 41 46.84	4.754 8090
19	21 55 54.609	−13 20 43.33	5.442 4947	4	22 16 17.841	−11 40 52.29	4.739 4004
20	21 56 33.227	−13 17 31.36	5.428 4169	5	22 16 29.897	−11 40 01.67	4.724 0422
21	21 57 11.389	−13 14 21.50	5.414 2427	6	22 16 41.253	−11 39 15.00	4.708 7386
22	21 57 49.090	−13 11 13.80	5.399 9751	7	22 16 51.905	−11 38 32.33	4.693 4938
23	21 58 26.324	−13 08 08.29	5.385 6169	8	22 17 01.850	−11 37 53.67	4.678 3121
24	21 59 03.087	−13 05 05.02	5.371 1707	9	22 17 11.084	−11 37 19.04	4.663 1978
25	21 59 39.374	−13 02 04.01	5.356 6394	10	22 17 19.603	−11 36 48.48	4.648 1553
26	22 00 15.184	−12 59 05.29	5.342 0255	11	22 17 27.405	−11 36 22.01	4.633 1890
27	22 00 50.513	−12 56 08.89	5.327 3315	12	22 17 34.485	−11 35 59.66	4.618 3031
28	22 01 25.359	−12 53 14.84	5.312 5598	13	22 17 40.841	−11 35 41.44	4.603 5023
29	22 01 59.717	−12 50 23.20	5.297 7129	14	22 17 46.468	−11 35 27.38	4.588 7907
30	22 02 33.580	−12 47 34.02	5.282 7932	15	22 17 51.364	−11 35 17.47	4.574 1728
May 1	22 03 06.941	−12 44 47.37	5.267 8031	16	22 17 55.528	−11 35 11.75	4.559 6529
2	22 03 39.791	−12 42 03.30	5.252 7452	17	22 17 58.959	−11 35 10.19	4.545 2352
3	22 04 12.121	−12 39 21.87	5.237 6223	18	22 18 01.655	−11 35 12.80	4.530 9241
4	22 04 43.924	−12 36 43.14	5.222 4373	19	22 18 03.618	−11 35 19.57	4.516 7234
5	22 05 15.193	−12 34 07.15	5.207 1930	20	22 18 04.849	−11 35 30.48	4.502 6375
6	22 05 45.922	−12 31 33.93	5.191 8925	21	22 18 05.351	−11 35 45.51	4.488 6700
7	22 06 16.105	−12 29 03.54	5.176 5392	22	22 18 05.125	−11 36 04.66	4.474 8251
8	22 06 45.736	−12 26 36.01	5.161 1361	23	22 18 04.172	−11 36 27.91	4.461 1063
9	22 07 14.810	−12 24 11.39	5.145 6868	24	22 18 02.493	−11 36 55.27	4.447 5174
10	22 07 43.323	−12 21 49.72	5.130 1946	25	22 18 00.084	−11 37 26.76	4.434 0623
11	22 08 11.269	−12 19 31.05	5.114 6630	26	22 17 56.943	−11 38 02.37	4.420 7447
12	22 08 38.642	−12 17 15.42	5.099 0955	27	22 17 53.069	−11 38 42.11	4.407 5684
13	22 09 05.436	−12 15 02.89	5.083 4957	28	22 17 48.459	−11 39 25.96	4.394 5376
14	22 09 31.647	−12 12 53.50	5.067 8673	29	22 17 43.115	−11 40 13.92	4.381 6562
15	22 09 57.267	−12 10 47.30	5.052 2140	30	22 17 37.037	−11 41 05.95	4.368 9286
16	22 10 22.290	−12 08 44.34	5.036 5392	July 1	22 17 30.229	−11 42 02.04	4.356 3591
17	22 10 46.711	−12 06 44.67	5.020 8469	2	22 17 22.693	−11 43 02.14	4.343 9519

JUPITER, 2021

GEOCENTRIC COORDINATES FOR 0ʰ TERRESTRIAL TIME

Date	Apparent Right Ascension	Apparent Declination	True Geocentric Distance	Date	Apparent Right Ascension	Apparent Declination	True Geocentric Distance
	h m s	° ′ ″	au		h m s	° ′ ″	au
July 1	22 17 30.229	−11 42 02.04	4.356 3591	Aug. 16	22 01 24.949	−13 21 23.82	4.015 8504
2	22 17 22.693	−11 43 02.14	4.343 9519	17	22 00 54.893	−13 24 13.09	4.014 7433
3	22 17 14.433	−11 44 06.24	4.331 7115	18	22 00 24.757	−13 27 02.18	4.013 9331
4	22 17 05.452	−11 45 14.30	4.319 6423	19	21 59 54.562	−13 29 51.00	4.013 4198
5	22 16 55.756	−11 46 26.29	4.307 7486	20	21 59 24.327	−13 32 39.43	4.013 2034
6	22 16 45.348	−11 47 42.18	4.296 0349	21	21 58 54.071	−13 35 27.36	4.013 2837
7	22 16 34.234	−11 49 01.94	4.284 5057	22	21 58 23.816	−13 38 14.67	4.013 6606
8	22 16 22.417	−11 50 25.52	4.273 1651	23	21 57 53.581	−13 41 01.25	4.014 3341
9	22 16 09.903	−11 51 52.89	4.262 0177	24	21 57 23.388	−13 43 46.97	4.015 3039
10	22 15 56.699	−11 53 24.01	4.251 0676	25	21 56 53.262	−13 46 31.70	4.016 5698
11	22 15 42.809	−11 54 58.82	4.240 3192	26	21 56 23.224	−13 49 15.33	4.018 1316
12	22 15 28.240	−11 56 37.28	4.229 7766	27	21 55 53.297	−13 51 57.73	4.019 9890
13	22 15 13.001	−11 58 19.32	4.219 4439	28	21 55 23.505	−13 54 38.80	4.022 1414
14	22 14 57.101	−12 00 04.88	4.209 3250	29	21 54 53.870	−13 57 18.42	4.024 5883
15	22 14 40.548	−12 01 53.87	4.199 4237	30	21 54 24.415	−13 59 56.48	4.027 3290
16	22 14 23.355	−12 03 46.22	4.189 7438	31	21 53 55.161	−14 02 32.89	4.030 3627
17	22 14 05.533	−12 05 41.83	4.180 2888	Sept. 1	21 53 26.130	−14 05 07.53	4.033 6885
18	22 13 47.096	−12 07 40.63	4.171 0621	2	21 52 57.343	−14 07 40.31	4.037 3051
19	22 13 28.056	−12 09 42.52	4.162 0670	3	21 52 28.822	−14 10 11.13	4.041 2115
20	22 13 08.425	−12 11 47.42	4.153 3065	4	21 52 00.587	−14 12 39.89	4.045 4062
21	22 12 48.217	−12 13 55.26	4.144 7837	5	21 51 32.659	−14 15 06.48	4.049 8875
22	22 12 27.440	−12 16 05.96	4.136 5016	6	21 51 05.060	−14 17 30.80	4.054 6538
23	22 12 06.105	−12 18 19.45	4.128 4630	7	21 50 37.811	−14 19 52.75	4.059 7032
24	22 11 44.222	−12 20 35.67	4.120 6708	8	21 50 10.934	−14 22 12.22	4.065 0333
25	22 11 21.801	−12 22 54.53	4.113 1280	9	21 49 44.450	−14 24 29.10	4.070 6419
26	22 10 58.854	−12 25 15.94	4.105 8375	10	21 49 18.384	−14 26 43.28	4.076 5263
27	22 10 35.395	−12 27 39.79	4.098 8023	11	21 48 52.756	−14 28 54.68	4.082 6837
28	22 10 11.437	−12 30 06.00	4.092 0253	12	21 48 27.586	−14 31 03.20	4.089 1112
29	22 09 46.997	−12 32 34.44	4.085 5097	13	21 48 02.893	−14 33 08.77	4.095 8056
30	22 09 22.091	−12 35 05.02	4.079 2584	14	21 47 38.694	−14 35 11.34	4.102 7637
31	22 08 56.736	−12 37 37.64	4.073 2743	15	21 47 15.004	−14 37 10.83	4.109 9823
Aug. 1	22 08 30.948	−12 40 12.18	4.067 5602	16	21 46 51.836	−14 39 07.20	4.117 4580
2	22 08 04.746	−12 42 48.53	4.062 1190	17	21 46 29.204	−14 41 00.40	4.125 1876
3	22 07 38.146	−12 45 26.60	4.056 9533	18	21 46 07.121	−14 42 50.35	4.133 1677
4	22 07 11.167	−12 48 06.28	4.052 0657	19	21 45 45.601	−14 44 37.01	4.141 3950
5	22 06 43.827	−12 50 47.44	4.047 4587	20	21 45 24.657	−14 46 20.30	4.149 8663
6	22 06 16.143	−12 53 29.99	4.043 1345	21	21 45 04.305	−14 48 00.18	4.158 5783
7	22 05 48.136	−12 56 13.80	4.039 0954	22	21 44 44.558	−14 49 36.58	4.167 5278
8	22 05 19.823	−12 58 58.76	4.035 3435	23	21 44 25.429	−14 51 09.46	4.176 7114
9	22 04 51.226	−13 01 44.74	4.031 8807	24	21 44 06.933	−14 52 38.76	4.186 1258
10	22 04 22.365	−13 04 31.61	4.028 7086	25	21 43 49.083	−14 54 04.44	4.195 7676
11	22 03 53.263	−13 07 19.24	4.025 8288	26	21 43 31.889	−14 55 26.47	4.205 6334
12	22 03 23.941	−13 10 07.49	4.023 2425	27	21 43 15.363	−14 56 44.81	4.215 7197
13	22 02 54.425	−13 12 56.21	4.020 9508	28	21 42 59.516	−14 57 59.44	4.226 0229
14	22 02 24.738	−13 15 45.26	4.018 9545	29	21 42 44.358	−14 59 10.31	4.236 5393
15	22 01 54.905	−13 18 34.51	4.017 2542	30	21 42 29.897	−15 00 17.41	4.247 2653
16	22 01 24.949	−13 21 23.82	4.015 8504	Oct. 1	21 42 16.144	−15 01 20.71	4.258 1969

GEOCENTRIC COORDINATES FOR 0ʰ TERRESTRIAL TIME

Date	Apparent Right Ascension	Apparent Declination	True Geocentric Distance	Date	Apparent Right Ascension	Apparent Declination	True Geocentric Distance
	h m s	° ′ ″	au		h m s	° ′ ″	au
Oct. 1	21 42 16.144	−15 01 20.71	4.258 1969	Nov. 16	21 45 30.580	−14 38 35.24	4.906 8699
2	21 42 03.105	−15 02 20.17	4.269 3303	17	21 45 52.318	−14 36 35.71	4.922 4749
3	21 41 50.790	−15 03 15.77	4.280 6615	18	21 46 14.725	−14 34 32.64	4.938 0757
4	21 41 39.206	−15 04 07.48	4.292 1863	19	21 46 37.796	−14 32 26.07	4.953 6685
5	21 41 28.362	−15 04 55.26	4.303 9006	20	21 47 01.522	−14 30 16.03	4.969 2499
6	21 41 18.267	−15 05 39.08	4.315 7998	21	21 47 25.898	−14 28 02.55	4.984 8161
7	21 41 08.930	−15 06 18.90	4.327 8796	22	21 47 50.915	−14 25 45.65	5.000 3636
8	21 41 00.360	−15 06 54.69	4.340 1353	23	21 48 16.565	−14 23 25.37	5.015 8890
9	21 40 52.563	−15 07 26.43	4.352 5619	24	21 48 42.842	−14 21 01.73	5.031 3886
10	21 40 45.545	−15 07 54.12	4.365 1548	25	21 49 09.738	−14 18 34.77	5.046 8589
11	21 40 39.309	−15 08 17.76	4.377 9091	26	21 49 37.244	−14 16 04.50	5.062 2965
12	21 40 33.857	−15 08 37.36	4.390 8198	27	21 50 05.354	−14 13 30.96	5.077 6977
13	21 40 29.189	−15 08 52.93	4.403 8822	28	21 50 34.062	−14 10 54.14	5.093 0589
14	21 40 25.303	−15 09 04.47	4.417 0915	29	21 51 03.360	−14 08 14.08	5.108 3767
15	21 40 22.201	−15 09 12.00	4.430 4433	30	21 51 33.243	−14 05 30.77	5.123 6472
16	21 40 19.881	−15 09 15.51	4.443 9328	Dec. 1	21 52 03.706	−14 02 44.24	5.138 8669
17	21 40 18.346	−15 09 14.99	4.457 5556	2	21 52 34.744	−13 59 54.48	5.154 0319
18	21 40 17.594	−15 09 10.45	4.471 3074	3	21 53 06.353	−13 57 01.53	5.169 1384
19	21 40 17.628	−15 09 01.89	4.485 1838	4	21 53 38.524	−13 54 05.41	5.184 1826
20	21 40 18.449	−15 08 49.31	4.499 1806	5	21 54 11.251	−13 51 06.15	5.199 1607
21	21 40 20.055	−15 08 32.71	4.513 2935	6	21 54 44.522	−13 48 03.81	5.214 0687
22	21 40 22.449	−15 08 12.10	4.527 5182	7	21 55 18.326	−13 44 58.44	5.228 9032
23	21 40 25.628	−15 07 47.50	4.541 8507	8	21 55 52.653	−13 41 50.06	5.243 6605
24	21 40 29.592	−15 07 18.92	4.556 2868	9	21 56 27.491	−13 38 38.71	5.258 3372
25	21 40 34.339	−15 06 46.38	4.570 8221	10	21 57 02.833	−13 35 24.41	5.272 9303
26	21 40 39.866	−15 06 09.89	4.585 4526	11	21 57 38.671	−13 32 07.19	5.287 4366
27	21 40 46.172	−15 05 29.48	4.600 1739	12	21 58 14.997	−13 28 47.07	5.301 8533
28	21 40 53.253	−15 04 45.15	4.614 9819	13	21 58 51.804	−13 25 24.07	5.316 1773
29	21 41 01.105	−15 03 56.92	4.629 8723	14	21 59 29.086	−13 21 58.22	5.330 4061
30	21 41 09.727	−15 03 04.80	4.644 8408	15	22 00 06.835	−13 18 29.55	5.344 5368
31	21 41 19.115	−15 02 08.81	4.659 8830	16	22 00 45.045	−13 14 58.08	5.358 5669
Nov. 1	21 41 29.265	−15 01 08.94	4.674 9946	17	22 01 23.707	−13 11 23.86	5.372 4938
2	21 41 40.177	−15 00 05.20	4.690 1710	18	22 02 02.815	−13 07 46.91	5.386 3148
3	21 41 51.848	−14 58 57.60	4.705 4079	19	22 02 42.360	−13 04 07.28	5.400 0276
4	21 42 04.276	−14 57 46.12	4.720 7004	20	22 03 22.333	−13 00 24.98	5.413 6296
5	21 42 17.461	−14 56 30.78	4.736 0439	21	22 04 02.728	−12 56 40.06	5.427 1183
6	21 42 31.398	−14 55 11.59	4.751 4337	22	22 04 43.536	−12 52 52.56	5.440 4913
7	21 42 46.083	−14 53 48.59	4.766 8650	23	22 05 24.749	−12 49 02.48	5.453 7461
8	21 43 01.509	−14 52 21.81	4.782 3330	24	22 06 06.361	−12 45 09.87	5.466 8802
9	21 43 17.666	−14 50 51.29	4.797 8330	25	22 06 48.363	−12 41 14.74	5.479 8913
10	21 43 34.547	−14 49 17.07	4.813 3607	26	22 07 30.751	−12 37 17.12	5.492 7767
11	21 43 52.141	−14 47 39.17	4.828 9116	27	22 08 13.518	−12 33 17.02	5.505 5339
12	21 44 10.442	−14 45 57.62	4.844 4814	28	22 08 56.659	−12 29 14.45	5.518 1604
13	21 44 29.442	−14 44 12.43	4.860 0661	29	22 09 40.169	−12 25 09.42	5.530 6536
14	21 44 49.136	−14 42 23.63	4.875 6617	30	22 10 24.044	−12 21 01.97	5.543 0109
15	21 45 09.517	−14 40 31.22	4.891 2642	31	22 11 08.278	−12 16 52.11	5.555 2294
16	21 45 30.580	−14 38 35.24	4.906 8699	32	22 11 52.865	−12 12 39.88	5.567 3065

SATURN, 2021

GEOCENTRIC COORDINATES FOR 0ʰ TERRESTRIAL TIME

Date	Apparent Right Ascension	Apparent Declination	True Geocentric Distance	Date	Apparent Right Ascension	Apparent Declination	True Geocentric Distance
	h m s	° ′ ″	au		h m s	° ′ ″	au
Jan. 0	20 15 21.999	−20 11 56.06	10.893 7618	Feb. 15	20 37 41.943	−18 58 13.00	10.904 6873
1	20 15 50.391	−20 10 28.76	10.899 7529	16	20 38 10.114	−18 56 33.81	10.898 9145
2	20 16 18.886	−20 09 00.85	10.905 4995	17	20 38 38.170	−18 54 54.79	10.892 8974
3	20 16 47.476	−20 07 32.37	10.911 0005	18	20 39 06.105	−18 53 15.95	10.886 6379
4	20 17 16.158	−20 06 03.30	10.916 2544	19	20 39 33.918	−18 51 37.32	10.880 1376
5	20 17 44.928	−20 04 33.65	10.921 2598	20	20 40 01.603	−18 49 58.92	10.873 3984
6	20 18 13.783	−20 03 03.42	10.926 0153	21	20 40 29.157	−18 48 20.78	10.866 4223
7	20 18 42.720	−20 01 32.62	10.930 5194	22	20 40 56.574	−18 46 42.94	10.859 2112
8	20 19 11.736	−20 00 01.25	10.934 7708	23	20 41 23.849	−18 45 05.40	10.851 7670
9	20 19 40.828	−19 58 29.34	10.938 7679	24	20 41 50.978	−18 43 28.22	10.844 0918
10	20 20 09.990	−19 56 56.91	10.942 5096	25	20 42 17.955	−18 41 51.40	10.836 1876
11	20 20 39.219	−19 55 23.99	10.945 9945	26	20 42 44.775	−18 40 14.96	10.828 0563
12	20 21 08.505	−19 53 50.59	10.949 2216	27	20 43 11.433	−18 38 38.93	10.819 6999
13	20 21 37.843	−19 52 16.76	10.952 1900	28	20 43 37.925	−18 37 03.32	10.811 1202
14	20 22 07.224	−19 50 42.51	10.954 8988	Mar. 1	20 44 04.249	−18 35 28.12	10.802 3192
15	20 22 36.641	−19 49 07.84	10.957 3474	2	20 44 30.402	−18 33 53.35	10.793 2987
16	20 23 06.090	−19 47 32.78	10.959 5355	3	20 44 56.383	−18 32 19.02	10.784 0603
17	20 23 35.564	−19 45 57.32	10.961 4628	4	20 45 22.190	−18 30 45.15	10.774 6059
18	20 24 05.061	−19 44 21.48	10.963 1289	5	20 45 47.819	−18 29 11.77	10.764 9373
19	20 24 34.576	−19 42 45.26	10.964 5340	6	20 46 13.265	−18 27 38.92	10.755 0564
20	20 25 04.106	−19 41 08.68	10.965 6779	7	20 46 38.523	−18 26 06.63	10.744 9652
21	20 25 33.648	−19 39 31.76	10.966 5607	8	20 47 03.587	−18 24 34.92	10.734 6658
22	20 26 03.198	−19 37 54.52	10.967 1827	9	20 47 28.449	−18 23 03.84	10.724 1605
23	20 26 32.757	−19 36 17.03	10.967 5439	10	20 47 53.104	−18 21 33.41	10.713 4518
24	20 27 02.310	−19 34 40.02	10.967 6446	11	20 48 17.547	−18 20 03.64	10.702 5420
25	20 27 31.787	−19 33 01.36	10.967 4851	12	20 48 41.773	−18 18 34.54	10.691 4340
26	20 28 01.323	−19 31 22.82	10.967 0658	13	20 49 05.778	−18 17 06.15	10.680 1306
27	20 28 30.836	−19 29 44.23	10.966 3871	14	20 49 29.558	−18 15 38.46	10.668 6345
28	20 29 00.322	−19 28 05.47	10.965 4492	15	20 49 53.111	−18 14 11.49	10.656 9489
29	20 29 29.779	−19 26 26.56	10.964 2527	16	20 50 16.434	−18 12 45.28	10.645 0768
30	20 29 59.200	−19 24 47.49	10.962 7979	17	20 50 39.523	−18 11 19.83	10.633 0214
31	20 30 28.582	−19 23 08.28	10.961 0851	18	20 51 02.375	−18 09 55.17	10.620 7858
Feb. 1	20 30 57.920	−19 21 28.93	10.959 1145	19	20 51 24.987	−18 08 31.33	10.608 3734
2	20 31 27.211	−19 19 49.44	10.956 8865	20	20 51 47.355	−18 07 08.33	10.595 7872
3	20 31 56.454	−19 18 09.83	10.954 4014	21	20 52 09.475	−18 05 46.20	10.583 0308
4	20 32 25.646	−19 16 30.10	10.951 6592	22	20 52 31.342	−18 04 24.98	10.570 1073
5	20 32 54.784	−19 14 50.28	10.948 6604	23	20 52 52.953	−18 03 04.67	10.557 0202
6	20 33 23.863	−19 13 10.39	10.945 4052	24	20 53 14.302	−18 01 45.32	10.543 7727
7	20 33 52.878	−19 11 30.48	10.941 8941	25	20 53 35.385	−18 00 26.95	10.530 3683
8	20 34 21.824	−19 09 50.55	10.938 1276	26	20 53 56.197	−17 59 09.56	10.516 8102
9	20 34 50.692	−19 08 10.66	10.934 1064	27	20 54 16.736	−17 57 53.18	10.503 1017
10	20 35 19.477	−19 06 30.82	10.929 8313	28	20 54 36.998	−17 56 37.80	10.489 2460
11	20 35 48.172	−19 04 51.05	10.925 3034	29	20 54 56.981	−17 55 23.45	10.475 2462
12	20 36 16.770	−19 03 11.37	10.920 5236	30	20 55 16.686	−17 54 10.11	10.461 1054
13	20 36 45.268	−19 01 31.80	10.915 4934	31	20 55 36.110	−17 52 57.81	10.446 8266
14	20 37 13.660	−18 59 52.34	10.910 2141	Apr. 1	20 55 55.253	−17 51 46.58	10.432 4127
15	20 37 41.943	−18 58 13.00	10.904 6873	2	20 56 14.109	−17 50 36.44	10.417 8669

GEOCENTRIC COORDINATES FOR 0ʰ TERRESTRIAL TIME

Date	Apparent Right Ascension	Apparent Declination	True Geocentric Distance	Date	Apparent Right Ascension	Apparent Declination	True Geocentric Distance
	h m s	° ′ ″	au		h m s	° ′ ″	au
Apr. 1	20 55 55.253	−17 51 46.58	10.432 4127	May 17	21 04 32.310	−17 21 53.73	9.690 4990
2	20 56 14.109	−17 50 36.44	10.417 8669	18	21 04 34.801	−17 21 51.92	9.674 2520
3	20 56 32.675	−17 49 27.43	10.403 1923	19	21 04 36.897	−17 21 51.82	9.658 0727
4	20 56 50.944	−17 48 19.58	10.388 3923	20	21 04 38.596	−17 21 53.44	9.641 9659
5	20 57 08.911	−17 47 12.92	10.373 4701	21	21 04 39.900	−17 21 56.76	9.625 9361
6	20 57 26.571	−17 46 07.47	10.358 4293	22	21 04 40.810	−17 22 01.77	9.609 9876
7	20 57 43.918	−17 45 03.26	10.343 2737	23	21 04 41.327	−17 22 08.45	9.594 1248
8	20 58 00.949	−17 44 00.29	10.328 0069	24	21 04 41.455	−17 22 16.80	9.578 3520
9	20 58 17.660	−17 42 58.57	10.312 6330	25	21 04 41.197	−17 22 26.79	9.562 6732
10	20 58 34.050	−17 41 58.12	10.297 1559	26	21 04 40.554	−17 22 38.44	9.547 0926
11	20 58 50.114	−17 40 58.96	10.281 5796	27	21 04 39.528	−17 22 51.73	9.531 6141
12	20 59 05.853	−17 40 01.09	10.265 9084	28	21 04 38.117	−17 23 06.69	9.516 2419
13	20 59 21.263	−17 39 04.53	10.250 1463	29	21 04 36.320	−17 23 23.33	9.500 9799
14	20 59 36.342	−17 38 09.30	10.234 2978	30	21 04 34.135	−17 23 41.65	9.485 8326
15	20 59 51.087	−17 37 15.43	10.218 3670	31	21 04 31.560	−17 24 01.65	9.470 8041
16	21 00 05.496	−17 36 22.93	10.202 3583	June 1	21 04 28.596	−17 24 23.30	9.455 8990
17	21 00 19.567	−17 35 31.83	10.186 2759	2	21 04 25.243	−17 24 46.61	9.441 1217
18	21 00 33.294	−17 34 42.15	10.170 1243	3	21 04 21.504	−17 25 11.54	9.426 4769
19	21 00 46.676	−17 33 53.91	10.153 9077	4	21 04 17.382	−17 25 38.08	9.411 9692
20	21 00 59.709	−17 33 07.13	10.137 6306	5	21 04 12.878	−17 26 06.21	9.397 6031
21	21 01 12.390	−17 32 21.82	10.121 2971	6	21 04 07.997	−17 26 35.93	9.383 3833
22	21 01 24.715	−17 31 38.01	10.104 9116	7	21 04 02.741	−17 27 07.22	9.369 3145
23	21 01 36.681	−17 30 55.70	10.088 4783	8	21 03 57.113	−17 27 40.06	9.355 4012
24	21 01 48.287	−17 30 14.89	10.072 0014	9	21 03 51.116	−17 28 14.44	9.341 6479
25	21 01 59.533	−17 29 35.59	10.055 4850	10	21 03 44.752	−17 28 50.37	9.328 0593
26	21 02 10.417	−17 28 57.78	10.038 9330	11	21 03 38.024	−17 29 27.82	9.314 6398
27	21 02 20.941	−17 28 21.48	10.022 3495	12	21 03 30.935	−17 30 06.78	9.301 3938
28	21 02 31.105	−17 27 46.69	10.005 7381	13	21 03 23.487	−17 30 47.25	9.288 3257
29	21 02 40.908	−17 27 13.43	9.989 1028	14	21 03 15.682	−17 31 29.20	9.275 4397
30	21 02 50.346	−17 26 41.74	9.972 4475	15	21 03 07.524	−17 32 12.62	9.262 7400
May 1	21 02 59.415	−17 26 11.63	9.955 7762	16	21 02 59.015	−17 32 57.48	9.250 2306
2	21 03 08.110	−17 25 43.14	9.939 0929	17	21 02 50.160	−17 33 43.76	9.237 9156
3	21 03 16.428	−17 25 16.27	9.922 4019	18	21 02 40.963	−17 34 31.41	9.225 7987
4	21 03 24.364	−17 24 51.04	9.905 7075	19	21 02 31.431	−17 35 20.41	9.213 8836
5	21 03 31.917	−17 24 27.45	9.889 0143	20	21 02 21.570	−17 36 10.72	9.202 1738
6	21 03 39.084	−17 24 05.50	9.872 3268	21	21 02 11.386	−17 37 02.31	9.190 6728
7	21 03 45.865	−17 23 45.20	9.855 6497	22	21 02 00.886	−17 37 55.14	9.179 3838
8	21 03 52.258	−17 23 26.54	9.838 9876	23	21 01 50.076	−17 38 49.21	9.168 3101
9	21 03 58.265	−17 23 09.53	9.822 3453	24	21 01 38.960	−17 39 44.49	9.157 4547
10	21 04 03.884	−17 22 54.18	9.805 7276	25	21 01 27.540	−17 40 40.99	9.146 8207
11	21 04 09.115	−17 22 40.49	9.789 1394	26	21 01 15.819	−17 41 38.68	9.136 4115
12	21 04 13.957	−17 22 28.47	9.772 5854	27	21 01 03.799	−17 42 37.55	9.126 2301
13	21 04 18.410	−17 22 18.12	9.756 0705	28	21 00 51.483	−17 43 37.57	9.116 2799
14	21 04 22.473	−17 22 09.47	9.739 5996	29	21 00 38.876	−17 44 38.69	9.106 5642
15	21 04 26.145	−17 22 02.51	9.723 1775	30	21 00 25.984	−17 45 40.89	9.097 0865
16	21 04 29.425	−17 21 57.27	9.706 8091	July 1	21 00 12.813	−17 46 44.12	9.087 8501
17	21 04 32.310	−17 21 53.73	9.690 4990	2	20 59 59.372	−17 47 48.34	9.078 8584

SATURN, 2021

GEOCENTRIC COORDINATES FOR 0^h TERRESTRIAL TIME

Date	Apparent Right Ascension	Apparent Declination	True Geocentric Distance	Date	Apparent Right Ascension	Apparent Declination	True Geocentric Distance
	h m s	° ′ ″	au		h m s	° ′ ″	au
July 1	21 00 12.813	−17 46 44.12	9.087 8501	Aug. 16	20 47 20.233	−18 43 34.67	8.962 6823
2	20 59 59.372	−17 47 48.34	9.078 8584	17	20 47 03.063	−18 44 45.60	8.966 8534
3	20 59 45.668	−17 48 53.52	9.070 1146	18	20 46 46.026	−18 45 55.81	8.971 3125
4	20 59 31.706	−17 49 59.63	9.061 6221	19	20 46 29.130	−18 47 05.28	8.976 0577
5	20 59 17.496	−17 51 06.64	9.053 3841	20	20 46 12.381	−18 48 14.00	8.981 0873
6	20 59 03.043	−17 52 14.52	9.045 4036	21	20 45 55.785	−18 49 21.94	8.986 3993
7	20 58 48.356	−17 53 23.24	9.037 6836	22	20 45 39.348	−18 50 29.06	8.991 9919
8	20 58 33.439	−17 54 32.77	9.030 2272	23	20 45 23.079	−18 51 35.34	8.997 8632
9	20 58 18.301	−17 55 43.07	9.023 0371	24	20 45 06.985	−18 52 40.72	9.004 0115
10	20 58 02.948	−17 56 54.14	9.016 1160	25	20 44 51.077	−18 53 45.17	9.010 4349
11	20 57 47.387	−17 58 05.92	9.009 4666	26	20 44 35.362	−18 54 48.67	9.017 1315
12	20 57 31.624	−17 59 18.38	9.003 0912	27	20 44 19.852	−18 55 51.18	9.024 0993
13	20 57 15.667	−18 00 31.49	8.996 9922	28	20 44 04.554	−18 56 52.68	9.031 3362
14	20 56 59.523	−18 01 45.20	8.991 1717	29	20 43 49.477	−18 57 53.14	9.038 8402
15	20 56 43.202	−18 02 59.46	8.985 6316	30	20 43 34.629	−18 58 52.55	9.046 6089
16	20 56 26.713	−18 04 14.21	8.980 3737	31	20 43 20.018	−18 59 50.89	9.054 6401
17	20 56 10.066	−18 05 29.42	8.975 3996	Sept. 1	20 43 05.651	−19 00 48.13	9.062 9312
18	20 55 53.272	−18 06 45.04	8.970 7106	2	20 42 51.534	−19 01 44.27	9.071 4797
19	20 55 36.340	−18 08 01.01	8.966 3081	3	20 42 37.675	−19 02 39.28	9.080 2828
20	20 55 19.282	−18 09 17.32	8.962 1932	4	20 42 24.079	−19 03 33.15	9.089 3378
21	20 55 02.104	−18 10 33.93	8.958 3670	5	20 42 10.753	−19 04 25.84	9.098 6416
22	20 54 44.814	−18 11 50.81	8.954 8303	6	20 41 57.704	−19 05 17.35	9.108 1911
23	20 54 27.417	−18 13 07.96	8.951 5842	7	20 41 44.939	−19 06 07.62	9.117 9830
24	20 54 09.920	−18 14 25.32	8.948 6296	8	20 41 32.464	−19 06 56.64	9.128 0140
25	20 53 52.329	−18 15 42.88	8.945 9674	9	20 41 20.290	−19 07 44.37	9.138 2802
26	20 53 34.651	−18 17 00.59	8.943 5986	10	20 41 08.423	−19 08 30.79	9.148 7780
27	20 53 16.895	−18 18 18.39	8.941 5243	11	20 40 56.873	−19 09 15.86	9.159 5034
28	20 52 59.070	−18 19 36.24	8.939 7454	12	20 40 45.646	−19 09 59.58	9.170 4524
29	20 52 41.187	−18 20 54.10	8.938 2629	13	20 40 34.749	−19 10 41.94	9.181 6209
30	20 52 23.255	−18 22 11.92	8.937 0776	14	20 40 24.185	−19 11 22.94	9.193 0048
31	20 52 05.285	−18 23 29.67	8.936 1903	15	20 40 13.959	−19 12 02.59	9.204 6000
Aug. 1	20 51 47.287	−18 24 47.30	8.935 6017	16	20 40 04.072	−19 12 40.87	9.216 4023
2	20 51 29.271	−18 26 04.79	8.935 3124	17	20 39 54.526	−19 13 17.77	9.228 4078
3	20 51 11.246	−18 27 22.09	8.935 3228	18	20 39 45.326	−19 13 53.29	9.240 6125
4	20 50 53.221	−18 28 39.19	8.935 6333	19	20 39 36.474	−19 14 27.40	9.253 0124
5	20 50 35.205	−18 29 56.04	8.936 2441	20	20 39 27.975	−19 15 00.08	9.265 6036
6	20 50 17.207	−18 31 12.61	8.937 1552	21	20 39 19.834	−19 15 31.32	9.278 3822
7	20 49 59.235	−18 32 28.88	8.938 3666	22	20 39 12.056	−19 16 01.10	9.291 3444
8	20 49 41.298	−18 33 44.80	8.939 8781	23	20 39 04.646	−19 16 29.40	9.304 4861
9	20 49 23.406	−18 35 00.35	8.941 6891	24	20 38 57.610	−19 16 56.21	9.317 8036
10	20 49 05.566	−18 36 15.46	8.943 7992	25	20 38 50.950	−19 17 21.53	9.331 2928
11	20 48 47.789	−18 37 30.11	8.946 2076	26	20 38 44.673	−19 17 45.37	9.344 9497
12	20 48 30.086	−18 38 44.23	8.948 9132	27	20 38 38.779	−19 18 07.70	9.358 7702
13	20 48 12.467	−18 39 57.79	8.951 9149	28	20 38 33.273	−19 18 28.54	9.372 7501
14	20 47 54.945	−18 41 10.74	8.955 2114	29	20 38 28.157	−19 18 47.88	9.386 8852
15	20 47 37.530	−18 42 23.04	8.958 8010	30	20 38 23.433	−19 19 05.73	9.401 1713
16	20 47 20.233	−18 43 34.67	8.962 6823	Oct. 1	20 38 19.103	−19 19 22.07	9.415 6039

GEOCENTRIC COORDINATES FOR 0ʰ TERRESTRIAL TIME

Date	Apparent Right Ascension	Apparent Declination	True Geocentric Distance	Date	Apparent Right Ascension	Apparent Declination	True Geocentric Distance
	h m s	° ′ ″	au		h m s	° ′ ″	au
Oct. 1	20 38 19.103	−19 19 22.07	9.415 6039	Nov. 16	20 42 19.233	−19 04 08.28	10.154 5804
2	20 38 15.169	−19 19 36.90	9.430 1786	17	20 42 33.620	−19 03 13.34	10.170 4847
3	20 38 11.632	−19 19 50.21	9.444 8908	18	20 42 48.359	−19 02 16.99	10.186 3089
4	20 38 08.495	−19 20 02.00	9.459 7359	19	20 43 03.447	−19 01 19.25	10.202 0492
5	20 38 05.761	−19 20 12.25	9.474 7091	20	20 43 18.881	−19 00 20.13	10.217 7016
6	20 38 03.432	−19 20 20.93	9.489 8055	21	20 43 34.658	−18 59 19.64	10.233 2622
7	20 38 01.513	−19 20 28.03	9.505 0201	22	20 43 50.773	−18 58 17.81	10.248 7271
8	20 38 00.007	−19 20 33.54	9.520 3477	23	20 44 07.222	−18 57 14.64	10.264 0924
9	20 37 58.919	−19 20 37.47	9.535 7832	24	20 44 24.000	−18 56 10.16	10.279 3542
10	20 37 58.249	−19 20 39.81	9.551 3214	25	20 44 41.103	−18 55 04.36	10.294 5086
11	20 37 57.997	−19 20 40.58	9.566 9569	26	20 44 58.527	−18 53 57.27	10.309 5516
12	20 37 58.162	−19 20 39.80	9.582 6847	27	20 45 16.268	−18 52 48.88	10.324 4794
13	20 37 58.742	−19 20 37.48	9.598 4998	28	20 45 34.321	−18 51 39.19	10.339 2879
14	20 37 59.735	−19 20 33.62	9.614 3971	29	20 45 52.684	−18 50 28.22	10.353 9732
15	20 38 01.139	−19 20 28.22	9.630 3719	30	20 46 11.354	−18 49 15.95	10.368 5314
16	20 38 02.952	−19 20 21.28	9.646 4192	Dec. 1	20 46 30.329	−18 48 02.38	10.382 9582
17	20 38 05.176	−19 20 12.78	9.662 5345	2	20 46 49.607	−18 46 47.52	10.397 2496
18	20 38 07.810	−19 20 02.73	9.678 7131	3	20 47 09.187	−18 45 31.38	10.411 4015
19	20 38 10.855	−19 19 51.11	9.694 9503	4	20 47 29.064	−18 44 13.97	10.425 4097
20	20 38 14.312	−19 19 37.92	9.711 2418	5	20 47 49.234	−18 42 55.33	10.439 2703
21	20 38 18.181	−19 19 23.17	9.727 5829	6	20 48 09.690	−18 41 35.49	10.452 9792
22	20 38 22.463	−19 19 06.86	9.743 9691	7	20 48 30.423	−18 40 14.46	10.466 5326
23	20 38 27.157	−19 18 49.00	9.760 3960	8	20 48 51.427	−18 38 52.28	10.479 9270
24	20 38 32.262	−19 18 29.59	9.776 8590	9	20 49 12.694	−18 37 28.94	10.493 1589
25	20 38 37.777	−19 18 08.65	9.793 3535	10	20 49 34.221	−18 36 04.45	10.506 2250
26	20 38 43.701	−19 17 46.18	9.809 8751	11	20 49 56.002	−18 34 38.81	10.519 1223
27	20 38 50.032	−19 17 22.20	9.826 4190	12	20 50 18.035	−18 33 12.02	10.531 8478
28	20 38 56.767	−19 16 56.71	9.842 9806	13	20 50 40.317	−18 31 44.10	10.544 3984
29	20 39 03.904	−19 16 29.71	9.859 5553	14	20 51 02.843	−18 30 15.06	10.556 7715
30	20 39 11.442	−19 16 01.21	9.876 1384	15	20 51 25.610	−18 28 44.91	10.568 9641
31	20 39 19.378	−19 15 31.21	9.892 7252	16	20 51 48.614	−18 27 13.66	10.580 9736
Nov. 1	20 39 27.710	−19 14 59.69	9.909 3107	17	20 52 11.851	−18 25 41.33	10.592 7974
2	20 39 36.439	−19 14 26.67	9.925 8901	18	20 52 35.317	−18 24 07.95	10.604 4327
3	20 39 45.564	−19 13 52.12	9.942 4585	19	20 52 59.006	−18 22 33.53	10.615 8769
4	20 39 55.085	−19 13 16.04	9.959 0108	20	20 53 22.912	−18 20 58.09	10.627 1275
5	20 40 05.002	−19 12 38.43	9.975 5418	21	20 53 47.031	−18 19 21.66	10.638 1819
6	20 40 15.315	−19 11 59.30	9.992 0465	22	20 54 11.358	−18 17 44.24	10.649 0376
7	20 40 26.020	−19 11 18.68	10.008 5198	23	20 54 35.886	−18 16 05.85	10.659 6920
8	20 40 37.114	−19 10 36.59	10.024 9566	24	20 55 00.611	−18 14 26.51	10.670 1426
9	20 40 48.589	−19 09 53.05	10.041 3521	25	20 55 25.528	−18 12 46.22	10.680 3868
10	20 41 00.442	−19 09 08.08	10.057 7014	26	20 55 50.634	−18 11 04.99	10.690 4221
11	20 41 12.665	−19 08 21.68	10.074 0001	27	20 56 15.925	−18 09 22.81	10.700 2458
12	20 41 25.256	−19 07 33.85	10.090 2436	28	20 56 41.397	−18 07 39.70	10.709 8554
13	20 41 38.211	−19 06 44.60	10.106 4275	29	20 57 07.048	−18 05 55.67	10.719 2484
14	20 41 51.527	−19 05 53.92	10.122 5478	30	20 57 32.876	−18 04 10.71	10.728 4220
15	20 42 05.202	−19 05 01.81	10.138 6001	31	20 57 58.877	−18 02 24.86	10.737 3736
16	20 42 19.233	−19 04 08.28	10.154 5804	32	20 58 25.046	−18 00 38.13	10.746 1007

URANUS, 2021

GEOCENTRIC COORDINATES FOR 0ʰ TERRESTRIAL TIME

Date	Apparent Right Ascension	Apparent Declination	True Geocentric Distance	Date	Apparent Right Ascension	Apparent Declination	True Geocentric Distance
	h m s	° ′ ″	au		h m s	° ′ ″	au
Jan. 0	2 18 30.638	+13 21 39.86	19.305 830	Feb. 15	2 19 48.555	+13 29 40.75	20.071 812
1	2 18 27.830	+13 21 27.55	19.321 178	16	2 19 54.844	+13 30 14.17	20.087 948
2	2 18 25.211	+13 21 16.21	19.336 661	17	2 20 01.315	+13 30 48.48	20.103 982
3	2 18 22.784	+13 21 05.85	19.352 274	18	2 20 07.966	+13 31 23.66	20.119 907
4	2 18 20.548	+13 20 56.46	19.368 011	19	2 20 14.796	+13 31 59.70	20.135 721
5	2 18 18.507	+13 20 48.05	19.383 868	20	2 20 21.803	+13 32 36.61	20.151 418
6	2 18 16.663	+13 20 40.62	19.399 840	21	2 20 28.985	+13 33 14.38	20.166 994
7	2 18 15.019	+13 20 34.20	19.415 923	22	2 20 36.339	+13 33 52.99	20.182 446
8	2 18 13.577	+13 20 28.79	19.432 110	23	2 20 43.863	+13 34 32.42	20.197 768
9	2 18 12.341	+13 20 24.41	19.448 398	24	2 20 51.553	+13 35 12.68	20.212 957
10	2 18 11.310	+13 20 21.09	19.464 780	25	2 20 59.406	+13 35 53.72	20.228 010
11	2 18 10.485	+13 20 18.82	19.481 251	26	2 21 07.419	+13 36 35.55	20.242 922
12	2 18 09.865	+13 20 17.60	19.497 805	27	2 21 15.590	+13 37 18.12	20.257 689
13	2 18 09.448	+13 20 17.44	19.514 438	28	2 21 23.916	+13 38 01.43	20.272 308
14	2 18 09.233	+13 20 18.31	19.531 143	Mar. 1	2 21 32.397	+13 38 45.46	20.286 776
15	2 18 09.220	+13 20 20.22	19.547 915	2	2 21 41.034	+13 39 30.21	20.301 089
16	2 18 09.408	+13 20 23.15	19.564 747	3	2 21 49.827	+13 40 15.69	20.315 243
17	2 18 09.798	+13 20 27.10	19.581 634	4	2 21 58.775	+13 41 01.88	20.329 234
18	2 18 10.392	+13 20 32.07	19.598 571	5	2 22 07.876	+13 41 48.80	20.343 060
19	2 18 11.191	+13 20 38.07	19.615 552	6	2 22 17.129	+13 42 36.43	20.356 715
20	2 18 12.195	+13 20 45.10	19.632 571	7	2 22 26.530	+13 43 24.77	20.370 196
21	2 18 13.405	+13 20 53.17	19.649 623	8	2 22 36.075	+13 44 13.80	20.383 500
22	2 18 14.822	+13 21 02.27	19.666 703	9	2 22 45.761	+13 45 03.50	20.396 622
23	2 18 16.445	+13 21 12.42	19.683 805	10	2 22 55.583	+13 45 53.84	20.409 559
24	2 18 18.274	+13 21 23.60	19.700 925	11	2 23 05.539	+13 46 44.81	20.422 307
25	2 18 20.308	+13 21 35.83	19.718 056	12	2 23 15.627	+13 47 36.38	20.434 862
26	2 18 22.546	+13 21 49.09	19.735 194	13	2 23 25.845	+13 48 28.54	20.447 221
27	2 18 24.985	+13 22 03.38	19.752 334	14	2 23 36.192	+13 49 21.28	20.459 380
28	2 18 27.625	+13 22 18.69	19.769 471	15	2 23 46.667	+13 50 14.58	20.471 336
29	2 18 30.463	+13 22 35.00	19.786 600	16	2 23 57.268	+13 51 08.45	20.483 086
30	2 18 33.496	+13 22 52.30	19.803 716	17	2 24 07.993	+13 52 02.88	20.494 627
31	2 18 36.726	+13 23 10.58	19.820 815	18	2 24 18.841	+13 52 57.85	20.505 955
Feb. 1	2 18 40.151	+13 23 29.83	19.837 891	19	2 24 29.809	+13 53 53.35	20.517 068
2	2 18 43.772	+13 23 50.04	19.854 940	20	2 24 40.894	+13 54 49.38	20.527 964
3	2 18 47.592	+13 24 11.23	19.871 957	21	2 24 52.093	+13 55 45.92	20.538 639
4	2 18 51.609	+13 24 33.39	19.888 936	22	2 25 03.402	+13 56 42.96	20.549 091
5	2 18 55.826	+13 24 56.53	19.905 875	23	2 25 14.819	+13 57 40.48	20.559 319
6	2 19 00.242	+13 25 20.67	19.922 766	24	2 25 26.338	+13 58 38.45	20.569 319
7	2 19 04.854	+13 25 45.79	19.939 604	25	2 25 37.957	+13 59 36.86	20.579 090
8	2 19 09.661	+13 26 11.89	19.956 386	26	2 25 49.673	+14 00 35.68	20.588 629
9	2 19 14.660	+13 26 38.95	19.973 105	27	2 26 01.481	+14 01 34.90	20.597 935
10	2 19 19.848	+13 27 06.97	19.989 756	28	2 26 13.381	+14 02 34.48	20.607 006
11	2 19 25.222	+13 27 35.92	20.006 334	29	2 26 25.372	+14 03 34.43	20.615 840
12	2 19 30.780	+13 28 05.78	20.022 834	30	2 26 37.454	+14 04 34.73	20.624 435
13	2 19 36.522	+13 28 36.55	20.039 250	31	2 26 49.627	+14 05 35.40	20.632 789
14	2 19 42.447	+13 29 08.20	20.055 578	Apr. 1	2 27 01.889	+14 06 36.43	20.640 902
15	2 19 48.555	+13 29 40.75	20.071 812	2	2 27 14.238	+14 07 37.82	20.648 769

GEOCENTRIC COORDINATES FOR 0^h TERRESTRIAL TIME

Date	Apparent Right Ascension	Apparent Declination	True Geocentric Distance	Date	Apparent Right Ascension	Apparent Declination	True Geocentric Distance
	h m s	° ′ ″	au		h m s	° ′ ″	au
Apr. 1	2 27 01.889	+14 06 36.43	20.640 902	May 17	2 37 12.119	+14 55 47.30	20.730 530
2	2 27 14.238	+14 07 37.82	20.648 769	18	2 37 25.388	+14 56 49.64	20.726 192
3	2 27 26.669	+14 08 39.55	20.656 391	19	2 37 38.611	+14 57 51.70	20.721 594
4	2 27 39.179	+14 09 41.62	20.663 763	20	2 37 51.785	+14 58 53.46	20.716 737
5	2 27 51.763	+14 10 43.99	20.670 885	21	2 38 04.907	+14 59 54.89	20.711 625
6	2 28 04.416	+14 11 46.64	20.677 755	22	2 38 17.977	+15 00 55.99	20.706 257
7	2 28 17.137	+14 12 49.55	20.684 370	23	2 38 30.993	+15 01 56.74	20.700 637
8	2 28 29.921	+14 13 52.70	20.690 729	24	2 38 43.956	+15 02 57.14	20.694 765
9	2 28 42.768	+14 14 56.07	20.696 829	25	2 38 56.864	+15 03 57.20	20.688 644
10	2 28 55.675	+14 15 59.66	20.702 670	26	2 39 09.717	+15 04 56.92	20.682 276
11	2 29 08.641	+14 17 03.44	20.708 250	27	2 39 22.512	+15 05 56.30	20.675 661
12	2 29 21.664	+14 18 07.42	20.713 567	28	2 39 35.245	+15 06 55.34	20.668 801
13	2 29 34.743	+14 19 11.58	20.718 620	29	2 39 47.911	+15 07 54.02	20.661 698
14	2 29 47.874	+14 20 15.91	20.723 409	30	2 40 00.506	+15 08 52.31	20.654 353
15	2 30 01.056	+14 21 20.40	20.727 931	31	2 40 13.025	+15 09 50.20	20.646 768
16	2 30 14.285	+14 22 25.06	20.732 187	June 1	2 40 25.466	+15 10 47.66	20.638 944
17	2 30 27.559	+14 23 29.85	20.736 175	2	2 40 37.827	+15 11 44.68	20.630 883
18	2 30 40.873	+14 24 34.77	20.739 895	3	2 40 50.106	+15 12 41.24	20.622 586
19	2 30 54.224	+14 25 39.80	20.743 346	4	2 41 02.303	+15 13 37.34	20.614 055
20	2 31 07.608	+14 26 44.92	20.746 529	5	2 41 14.415	+15 14 32.98	20.605 292
21	2 31 21.021	+14 27 50.11	20.749 441	6	2 41 26.442	+15 15 28.14	20.596 300
22	2 31 34.460	+14 28 55.35	20.752 084	7	2 41 38.381	+15 16 22.83	20.587 079
23	2 31 47.921	+14 30 00.61	20.754 458	8	2 41 50.231	+15 17 17.03	20.577 634
24	2 32 01.402	+14 31 05.89	20.756 562	9	2 42 01.988	+15 18 10.75	20.567 965
25	2 32 14.902	+14 32 11.15	20.758 396	10	2 42 13.651	+15 19 03.98	20.558 076
26	2 32 28.421	+14 33 16.41	20.759 960	11	2 42 25.215	+15 19 56.70	20.547 969
27	2 32 41.959	+14 34 21.64	20.761 255	12	2 42 36.678	+15 20 48.91	20.537 647
28	2 32 55.515	+14 35 26.87	20.762 280	13	2 42 48.036	+15 21 40.59	20.527 112
29	2 33 09.090	+14 36 32.08	20.763 036	14	2 42 59.285	+15 22 31.72	20.516 368
30	2 33 22.688	+14 37 37.18	20.763 522	15	2 43 10.423	+15 23 22.29	20.505 417
May 1	2 33 36.238	+14 38 41.43	20.763 739	16	2 43 21.445	+15 24 12.29	20.494 262
2	2 33 49.811	+14 39 47.33	20.763 684	17	2 43 32.351	+15 25 01.69	20.482 907
3	2 34 03.407	+14 40 52.51	20.763 360	18	2 43 43.138	+15 25 50.48	20.471 355
4	2 34 16.993	+14 41 57.50	20.762 765	19	2 43 53.806	+15 26 38.66	20.459 609
5	2 34 30.570	+14 43 02.35	20.761 899	20	2 44 04.354	+15 27 26.22	20.447 672
6	2 34 44.136	+14 44 07.06	20.760 763	21	2 44 14.783	+15 28 13.16	20.435 547
7	2 34 57.690	+14 45 11.62	20.759 356	22	2 44 25.092	+15 28 59.50	20.423 237
8	2 35 11.229	+14 46 16.02	20.757 679	23	2 44 35.279	+15 29 45.24	20.410 747
9	2 35 24.754	+14 47 20.26	20.755 733	24	2 44 45.342	+15 30 30.38	20.398 077
10	2 35 38.262	+14 48 24.33	20.753 517	25	2 44 55.277	+15 31 14.91	20.385 233
11	2 35 51.750	+14 49 28.22	20.751 032	26	2 45 05.079	+15 31 58.81	20.372 215
12	2 36 05.217	+14 50 31.92	20.748 279	27	2 45 14.744	+15 32 42.07	20.359 028
13	2 36 18.660	+14 51 35.43	20.745 259	28	2 45 24.269	+15 33 24.65	20.345 674
14	2 36 32.075	+14 52 38.74	20.741 974	29	2 45 33.652	+15 34 06.55	20.332 155
15	2 36 45.459	+14 53 41.83	20.738 423	30	2 45 42.892	+15 34 47.76	20.318 475
16	2 36 58.808	+14 54 44.69	20.734 608	July 1	2 45 51.989	+15 35 28.26	20.304 638
17	2 37 12.119	+14 55 47.30	20.730 530	2	2 46 00.942	+15 36 08.06	20.290 645

GEOCENTRIC COORDINATES FOR 0ʰ TERRESTRIAL TIME

Date	Apparent Right Ascension	Apparent Declination	True Geocentric Distance	Date	Apparent Right Ascension	Apparent Declination	True Geocentric Distance
	h m s	° ′ ″	au		h m s	° ′ ″	au
July 1	2 45 51.989	+15 35 28.26	20.304 638	Aug. 16	2 49 48.075	+15 52 29.02	19.565 299
2	2 46 00.942	+15 36 08.06	20.290 645	17	2 49 48.795	+15 52 31.34	19.548 615
3	2 46 09.749	+15 36 47.16	20.276 501	18	2 49 49.320	+15 52 32.81	19.531 978
4	2 46 18.410	+15 37 25.55	20.262 209	19	2 49 49.648	+15 52 33.43	19.515 395
5	2 46 26.923	+15 38 03.23	20.247 773	20	2 49 49.778	+15 52 33.20	19.498 870
6	2 46 35.286	+15 38 40.20	20.233 196	21	2 49 49.707	+15 52 32.10	19.482 407
7	2 46 43.497	+15 39 16.45	20.218 481	22	2 49 49.436	+15 52 30.12	19.466 010
8	2 46 51.554	+15 39 51.99	20.203 634	23	2 49 48.964	+15 52 27.25	19.449 684
9	2 46 59.453	+15 40 26.80	20.188 656	24	2 49 48.293	+15 52 23.50	19.433 432
10	2 47 07.191	+15 41 00.87	20.173 554	25	2 49 47.425	+15 52 18.87	19.417 261
11	2 47 14.766	+15 41 34.19	20.158 330	26	2 49 46.361	+15 52 13.36	19.401 173
12	2 47 22.175	+15 42 06.74	20.142 989	27	2 49 45.103	+15 52 06.99	19.385 174
13	2 47 29.416	+15 42 38.51	20.127 536	28	2 49 43.652	+15 51 59.75	19.369 268
14	2 47 36.486	+15 43 09.49	20.111 973	29	2 49 42.009	+15 51 51.67	19.353 460
15	2 47 43.384	+15 43 39.67	20.096 307	30	2 49 40.174	+15 51 42.75	19.337 755
16	2 47 50.111	+15 44 09.04	20.080 541	31	2 49 38.148	+15 51 32.98	19.322 157
17	2 47 56.667	+15 44 37.60	20.064 679	Sept. 1	2 49 35.930	+15 51 22.39	19.306 672
18	2 48 03.052	+15 45 05.36	20.048 726	2	2 49 33.520	+15 51 10.96	19.291 303
19	2 48 09.267	+15 45 32.32	20.032 686	3	2 49 30.918	+15 50 58.69	19.276 057
20	2 48 15.310	+15 45 58.50	20.016 564	4	2 49 28.124	+15 50 45.60	19.260 937
21	2 48 21.181	+15 46 23.89	20.000 363	5	2 49 25.137	+15 50 31.66	19.245 950
22	2 48 26.877	+15 46 48.50	19.984 088	6	2 49 21.958	+15 50 16.88	19.231 099
23	2 48 32.394	+15 47 12.32	19.967 742	7	2 49 18.589	+15 50 01.25	19.216 390
24	2 48 37.729	+15 47 35.33	19.951 330	8	2 49 15.032	+15 49 44.79	19.201 828
25	2 48 42.880	+15 47 57.52	19.934 855	9	2 49 11.290	+15 49 27.48	19.187 417
26	2 48 47.844	+15 48 18.87	19.918 321	10	2 49 07.366	+15 49 09.36	19.173 163
27	2 48 52.620	+15 48 39.36	19.901 733	11	2 49 03.265	+15 48 50.43	19.159 070
28	2 48 57.211	+15 48 59.00	19.885 093	12	2 48 58.988	+15 48 30.73	19.145 143
29	2 49 01.614	+15 49 17.79	19.868 408	13	2 48 54.538	+15 48 10.26	19.131 386
30	2 49 05.831	+15 49 35.72	19.851 679	14	2 48 49.916	+15 47 49.05	19.117 803
31	2 49 09.862	+15 49 52.80	19.834 913	15	2 48 45.121	+15 47 27.09	19.104 398
Aug. 1	2 49 13.706	+15 50 09.04	19.818 113	16	2 48 40.154	+15 47 04.40	19.091 176
2	2 49 17.361	+15 50 24.43	19.801 283	17	2 48 35.016	+15 46 40.96	19.078 140
3	2 49 20.828	+15 50 38.98	19.784 430	18	2 48 29.706	+15 46 16.77	19.065 294
4	2 49 24.104	+15 50 52.68	19.767 556	19	2 48 24.228	+15 45 51.84	19.052 642
5	2 49 27.188	+15 51 05.53	19.750 667	20	2 48 18.583	+15 45 26.16	19.040 188
6	2 49 30.078	+15 51 17.53	19.733 768	21	2 48 12.777	+15 44 59.75	19.027 934
7	2 49 32.772	+15 51 28.67	19.716 863	22	2 48 06.811	+15 44 32.62	19.015 886
8	2 49 35.268	+15 51 38.94	19.699 958	23	2 48 00.689	+15 44 04.79	19.004 047
9	2 49 37.565	+15 51 48.32	19.683 057	24	2 47 54.416	+15 43 36.28	18.992 420
10	2 49 39.661	+15 51 56.82	19.666 166	25	2 47 47.993	+15 43 07.09	18.981 010
11	2 49 41.557	+15 52 04.41	19.649 289	26	2 47 41.422	+15 42 37.25	18.969 820
12	2 49 43.253	+15 52 11.11	19.632 432	27	2 47 34.707	+15 42 06.76	18.958 854
13	2 49 44.752	+15 52 16.90	19.615 599	28	2 47 27.849	+15 41 35.65	18.948 116
14	2 49 46.054	+15 52 21.81	19.598 797	29	2 47 20.849	+15 41 03.91	18.937 610
15	2 49 47.162	+15 52 25.85	19.582 028	30	2 47 13.709	+15 40 31.56	18.927 339
16	2 49 48.075	+15 52 29.02	19.565 299	Oct. 1	2 47 06.431	+15 39 58.61	18.917 307

GEOCENTRIC COORDINATES FOR 0ʰ TERRESTRIAL TIME

Date	Apparent Right Ascension	Apparent Declination	True Geocentric Distance	Date	Apparent Right Ascension	Apparent Declination	True Geocentric Distance
	h m s	° ′ ″	au		h m s	° ′ ″	au
Oct. 1	2 47 06.431	+15 39 58.61	18.917 307	Nov. 16	2 40 05.504	+15 08 09.72	18.759 112
2	2 46 59.018	+15 39 25.06	18.907 519	17	2 39 55.985	+15 07 26.44	18.762 775
3	2 46 51.470	+15 38 50.91	18.897 977	18	2 39 46.521	+15 06 43.39	18.766 741
4	2 46 43.791	+15 38 16.16	18.888 685	19	2 39 37.116	+15 06 00.61	18.771 008
5	2 46 35.984	+15 37 40.84	18.879 648	20	2 39 27.772	+15 05 18.11	18.775 575
6	2 46 28.055	+15 37 04.94	18.870 867	21	2 39 18.495	+15 04 35.92	18.780 440
7	2 46 20.009	+15 36 28.50	18.862 348	22	2 39 09.287	+15 03 54.06	18.785 602
8	2 46 11.851	+15 35 51.53	18.854 093	23	2 39 00.150	+15 03 12.54	18.791 060
9	2 46 03.586	+15 35 14.06	18.846 106	24	2 38 51.088	+15 02 31.37	18.796 811
10	2 45 55.219	+15 34 36.14	18.838 388	25	2 38 42.104	+15 01 50.58	18.802 856
11	2 45 46.752	+15 33 57.77	18.830 943	26	2 38 33.201	+15 01 10.16	18.809 191
12	2 45 38.187	+15 33 18.98	18.823 774	27	2 38 24.382	+15 00 30.14	18.815 814
13	2 45 29.525	+15 32 39.77	18.816 881	28	2 38 15.652	+14 59 50.52	18.822 726
14	2 45 20.769	+15 32 00.15	18.810 269	29	2 38 07.014	+14 59 11.32	18.829 922
15	2 45 11.921	+15 31 20.12	18.803 938	30	2 37 58.475	+14 58 32.56	18.837 401
16	2 45 02.985	+15 30 39.69	18.797 891	Dec. 1	2 37 50.039	+14 57 54.26	18.845 162
17	2 44 53.965	+15 29 58.87	18.792 129	2	2 37 41.713	+14 57 16.46	18.853 201
18	2 44 44.866	+15 29 17.68	18.786 654	3	2 37 33.502	+14 56 39.19	18.861 516
19	2 44 35.693	+15 28 36.14	18.781 469	4	2 37 25.411	+14 56 02.48	18.870 104
20	2 44 26.451	+15 27 54.27	18.776 574	5	2 37 17.442	+14 55 26.35	18.878 963
21	2 44 17.145	+15 27 12.09	18.771 972	6	2 37 09.597	+14 54 50.83	18.888 088
22	2 44 07.780	+15 26 29.63	18.767 664	7	2 37 01.877	+14 54 15.92	18.897 477
23	2 43 58.359	+15 25 46.91	18.763 651	8	2 36 54.282	+14 53 41.61	18.907 126
24	2 43 48.886	+15 25 03.94	18.759 937	9	2 36 46.815	+14 53 07.92	18.917 032
25	2 43 39.364	+15 24 20.76	18.756 521	10	2 36 39.481	+14 52 34.84	18.927 189
26	2 43 29.796	+15 23 37.38	18.753 406	11	2 36 32.282	+14 52 02.40	18.937 596
27	2 43 20.186	+15 22 53.81	18.750 593	12	2 36 25.224	+14 51 30.61	18.948 247
28	2 43 10.537	+15 22 10.06	18.748 083	13	2 36 18.311	+14 50 59.49	18.959 139
29	2 43 00.851	+15 21 26.15	18.745 878	14	2 36 11.547	+14 50 29.07	18.970 268
30	2 42 51.131	+15 20 42.09	18.743 979	15	2 36 04.936	+14 49 59.36	18.981 631
31	2 42 41.383	+15 19 57.89	18.742 388	16	2 35 58.481	+14 49 30.38	18.993 223
Nov. 1	2 42 31.610	+15 19 13.56	18.741 105	17	2 35 52.184	+14 49 02.15	19.005 040
2	2 42 21.817	+15 18 29.12	18.740 131	18	2 35 46.047	+14 48 34.69	19.017 080
3	2 42 12.012	+15 17 44.60	18.739 468	19	2 35 40.073	+14 48 08.01	19.029 336
4	2 42 02.199	+15 17 00.01	18.739 115	20	2 35 34.262	+14 47 42.11	19.041 807
5	2 41 52.386	+15 16 15.40	18.739 074	21	2 35 28.617	+14 47 17.01	19.054 488
6	2 41 42.579	+15 15 30.81	18.739 345	22	2 35 23.137	+14 46 52.72	19.067 374
7	2 41 32.781	+15 14 46.26	18.739 928	23	2 35 17.826	+14 46 29.22	19.080 462
8	2 41 22.995	+15 14 01.78	18.740 822	24	2 35 12.685	+14 46 06.54	19.093 747
9	2 41 13.223	+15 13 17.38	18.742 028	25	2 35 07.716	+14 45 44.68	19.107 227
10	2 41 03.468	+15 12 33.07	18.743 544	26	2 35 02.921	+14 45 23.63	19.120 895
11	2 40 53.732	+15 11 48.85	18.745 370	27	2 34 58.305	+14 45 03.42	19.134 749
12	2 40 44.020	+15 11 04.74	18.747 504	28	2 34 53.870	+14 44 44.06	19.148 784
13	2 40 34.335	+15 10 20.76	18.749 947	29	2 34 49.620	+14 44 25.57	19.162 994
14	2 40 24.684	+15 09 36.91	18.752 697	30	2 34 45.560	+14 44 07.96	19.177 377
15	2 40 15.072	+15 08 53.22	18.755 752	31	2 34 41.692	+14 43 51.27	19.191 926
16	2 40 05.504	+15 08 09.72	18.759 112	32	2 34 38.018	+14 43 35.51	19.206 638

NEPTUNE, 2021

GEOCENTRIC COORDINATES FOR 0ʰ TERRESTRIAL TIME

Date	Apparent Right Ascension	Apparent Declination	True Geocentric Distance	Date	Apparent Right Ascension	Apparent Declination	True Geocentric Distance
	h m s	o ′ ″	au		h m s	o ′ ″	au
Jan. 0	23 19 14.371	− 5 33 39.58	30.270 148	Feb. 15	23 23 58.187	− 5 02 40.56	30.831 138
1	23 19 18.385	− 5 33 12.40	30.286 260	16	23 24 06.054	− 5 01 49.95	30.837 990
2	23 19 22.511	− 5 32 44.52	30.302 261	17	23 24 13.967	− 5 00 59.08	30.844 572
3	23 19 26.748	− 5 32 15.96	30.318 144	18	23 24 21.923	− 5 00 07.95	30.850 882
4	23 19 31.094	− 5 31 46.72	30.333 906	19	23 24 29.922	− 4 59 16.58	30.856 919
5	23 19 35.550	− 5 31 16.80	30.349 543	20	23 24 37.962	− 4 58 24.98	30.862 682
6	23 19 40.115	− 5 30 46.19	30.365 049	21	23 24 46.041	− 4 57 33.16	30.868 169
7	23 19 44.791	− 5 30 14.89	30.380 420	22	23 24 54.156	− 4 56 41.14	30.873 380
8	23 19 49.578	− 5 29 42.91	30.395 652	23	23 25 02.306	− 4 55 48.94	30.878 313
9	23 19 54.477	− 5 29 10.23	30.410 739	24	23 25 10.485	− 4 54 56.58	30.882 968
10	23 19 59.486	− 5 28 36.87	30.425 677	25	23 25 18.693	− 4 54 04.08	30.887 343
11	23 20 04.603	− 5 28 02.85	30.440 461	26	23 25 26.925	− 4 53 11.45	30.891 439
12	23 20 09.827	− 5 27 28.17	30.455 086	27	23 25 35.180	− 4 52 18.72	30.895 254
13	23 20 15.153	− 5 26 52.87	30.469 548	28	23 25 43.455	− 4 51 25.88	30.898 788
14	23 20 20.578	− 5 26 16.96	30.483 842	Mar. 1	23 25 51.749	− 4 50 32.95	30.902 041
15	23 20 26.101	− 5 25 40.46	30.497 963	2	23 26 00.064	− 4 49 39.91	30.905 011
16	23 20 31.718	− 5 25 03.37	30.511 908	3	23 26 08.398	− 4 48 46.78	30.907 698
17	23 20 37.430	− 5 24 25.71	30.525 672	4	23 26 16.752	− 4 47 53.55	30.910 100
18	23 20 43.235	− 5 23 47.47	30.539 251	5	23 26 25.125	− 4 47 00.23	30.912 218
19	23 20 49.133	− 5 23 08.66	30.552 642	6	23 26 33.515	− 4 46 06.84	30.914 051
20	23 20 55.123	− 5 22 29.27	30.565 840	7	23 26 41.919	− 4 45 13.41	30.915 597
21	23 21 01.205	− 5 21 49.32	30.578 842	8	23 26 50.332	− 4 44 19.95	30.916 856
22	23 21 07.379	− 5 21 08.82	30.591 644	9	23 26 58.754	− 4 43 26.51	30.917 828
23	23 21 13.642	− 5 20 27.76	30.604 244	10	23 27 07.180	− 4 42 33.17	30.918 512
24	23 21 19.993	− 5 19 46.17	30.616 637	11	23 27 15.592	− 4 41 40.01	30.918 908
25	23 21 26.431	− 5 19 04.06	30.628 821	12	23 27 23.992	− 4 40 46.55	30.919 016
26	23 21 32.953	− 5 18 21.43	30.640 792	13	23 27 32.406	− 4 39 53.09	30.918 837
27	23 21 39.557	− 5 17 38.32	30.652 548	14	23 27 40.817	− 4 38 59.76	30.918 369
28	23 21 46.239	− 5 16 54.73	30.664 086	15	23 27 49.223	− 4 38 06.53	30.917 615
29	23 21 52.998	− 5 16 10.69	30.675 402	16	23 27 57.623	− 4 37 13.38	30.916 573
30	23 21 59.830	− 5 15 26.21	30.686 494	17	23 28 06.015	− 4 36 20.31	30.915 246
31	23 22 06.733	− 5 14 41.30	30.697 359	18	23 28 14.398	− 4 35 27.33	30.913 633
Feb. 1	23 22 13.708	− 5 13 55.97	30.707 994	19	23 28 22.770	− 4 34 34.45	30.911 736
2	23 22 20.752	− 5 13 10.21	30.718 396	20	23 28 31.129	− 4 33 41.69	30.909 556
3	23 22 27.866	− 5 12 24.03	30.728 562	21	23 28 39.474	− 4 32 49.06	30.907 093
4	23 22 35.052	− 5 11 37.42	30.738 490	22	23 28 47.801	− 4 31 56.57	30.904 349
5	23 22 42.307	− 5 10 50.39	30.748 177	23	23 28 56.108	− 4 31 04.25	30.901 326
6	23 22 49.631	− 5 10 02.95	30.757 618	24	23 29 04.392	− 4 30 12.11	30.898 024
7	23 22 57.023	− 5 09 15.12	30.766 813	25	23 29 12.650	− 4 29 20.17	30.894 445
8	23 23 04.478	− 5 08 26.90	30.775 757	26	23 29 20.880	− 4 28 28.45	30.890 590
9	23 23 11.993	− 5 07 38.34	30.784 448	27	23 29 29.079	− 4 27 36.96	30.886 462
10	23 23 19.565	− 5 06 49.45	30.792 883	28	23 29 37.246	− 4 26 45.70	30.882 061
11	23 23 27.190	− 5 06 00.25	30.801 060	29	23 29 45.381	− 4 25 54.68	30.877 390
12	23 23 34.867	− 5 05 10.75	30.808 976	30	23 29 53.485	− 4 25 03.88	30.872 448
13	23 23 42.593	− 5 04 20.97	30.816 629	31	23 30 01.557	− 4 24 13.32	30.867 239
14	23 23 50.367	− 5 03 30.90	30.824 017	Apr. 1	23 30 09.598	− 4 23 22.98	30.861 762
15	23 23 58.187	− 5 02 40.56	30.831 138	2	23 30 17.606	− 4 22 32.89	30.856 020

GEOCENTRIC COORDINATES FOR 0ʰ TERRESTRIAL TIME

Date	Apparent Right Ascension	Apparent Declination	True Geocentric Distance	Date	Apparent Right Ascension	Apparent Declination	True Geocentric Distance
	h m s	° ′ ″	au		h m s	° ′ ″	au
Apr. 1	23 30 09.598	− 4 23 22.98	30.861 762	May 17	23 35 12.639	− 3 52 28.43	30.361 246
2	23 30 17.606	− 4 22 32.89	30.856 020	18	23 35 17.238	− 3 52 01.49	30.346 126
3	23 30 25.578	− 4 21 43.07	30.850 013	19	23 35 21.731	− 3 51 35.26	30.330 886
4	23 30 33.510	− 4 20 53.53	30.843 744	20	23 35 26.116	− 3 51 09.74	30.315 530
5	23 30 41.398	− 4 20 04.32	30.837 212	21	23 35 30.392	− 3 50 44.94	30.300 063
6	23 30 49.240	− 4 19 15.43	30.830 422	22	23 35 34.559	− 3 50 20.85	30.284 489
7	23 30 57.033	− 4 18 26.89	30.823 372	23	23 35 38.619	− 3 49 57.48	30.268 813
8	23 31 04.774	− 4 17 38.71	30.816 067	24	23 35 42.571	− 3 49 34.81	30.253 038
9	23 31 12.464	− 4 16 50.89	30.808 508	25	23 35 46.418	− 3 49 12.83	30.237 169
10	23 31 20.100	− 4 16 03.44	30.800 696	26	23 35 50.160	− 3 48 51.54	30.221 211
11	23 31 27.682	− 4 15 16.36	30.792 635	27	23 35 53.797	− 3 48 30.95	30.205 166
12	23 31 35.209	− 4 14 29.66	30.784 327	28	23 35 57.326	− 3 48 11.07	30.189 040
13	23 31 42.681	− 4 13 43.35	30.775 774	29	23 36 00.745	− 3 47 51.92	30.172 835
14	23 31 50.096	− 4 12 57.42	30.766 979	30	23 36 04.049	− 3 47 33.52	30.156 556
15	23 31 57.454	− 4 12 11.90	30.757 944	31	23 36 07.238	− 3 47 15.88	30.140 207
16	23 32 04.752	− 4 11 26.79	30.748 674	June 1	23 36 10.309	− 3 46 59.01	30.123 792
17	23 32 11.989	− 4 10 42.10	30.739 169	2	23 36 13.263	− 3 46 42.91	30.107 315
18	23 32 19.162	− 4 09 57.85	30.729 435	3	23 36 16.100	− 3 46 27.58	30.090 782
19	23 32 26.269	− 4 09 14.06	30.719 473	4	23 36 18.819	− 3 46 13.00	30.074 196
20	23 32 33.307	− 4 08 30.74	30.709 286	5	23 36 21.422	− 3 45 59.18	30.057 562
21	23 32 40.274	− 4 07 47.91	30.698 879	6	23 36 23.909	− 3 45 46.12	30.040 885
22	23 32 47.169	− 4 07 05.58	30.688 254	7	23 36 26.280	− 3 45 33.81	30.024 170
23	23 32 53.987	− 4 06 23.77	30.677 415	8	23 36 28.535	− 3 45 22.25	30.007 421
24	23 33 00.730	− 4 05 42.47	30.666 364	9	23 36 30.674	− 3 45 11.45	29.990 644
25	23 33 07.395	− 4 05 01.69	30.655 105	10	23 36 32.697	− 3 45 01.41	29.973 842
26	23 33 13.984	− 4 04 21.42	30.643 641	11	23 36 34.602	− 3 44 52.13	29.957 022
27	23 33 20.498	− 4 03 41.67	30.631 976	12	23 36 36.388	− 3 44 43.63	29.940 188
28	23 33 26.938	− 4 03 02.41	30.620 112	13	23 36 38.054	− 3 44 35.91	29.923 345
29	23 33 33.302	− 4 02 23.67	30.608 052	14	23 36 39.599	− 3 44 28.98	29.906 498
30	23 33 39.588	− 4 01 45.46	30.595 799	15	23 36 41.022	− 3 44 22.84	29.889 653
May 1	23 33 45.794	− 4 01 07.79	30.583 356	16	23 36 42.322	− 3 44 17.50	29.872 813
2	23 33 51.916	− 4 00 30.70	30.570 726	17	23 36 43.499	− 3 44 12.95	29.855 984
3	23 33 57.949	− 3 59 54.20	30.557 912	18	23 36 44.553	− 3 44 09.20	29.839 171
4	23 34 03.894	− 3 59 18.30	30.544 918	19	23 36 45.486	− 3 44 06.23	29.822 379
5	23 34 09.746	− 3 58 43.01	30.531 747	20	23 36 46.299	− 3 44 04.03	29.805 612
6	23 34 15.507	− 3 58 08.34	30.518 401	21	23 36 46.995	− 3 44 02.58	29.788 875
7	23 34 21.174	− 3 57 34.28	30.504 886	22	23 36 47.574	− 3 44 01.88	29.772 172
8	23 34 26.749	− 3 57 00.85	30.491 204	23	23 36 48.038	− 3 44 01.93	29.755 508
9	23 34 32.231	− 3 56 28.03	30.477 360	24	23 36 48.386	− 3 44 02.72	29.738 887
10	23 34 37.619	− 3 55 55.84	30.463 357	25	23 36 48.617	− 3 44 04.26	29.722 312
11	23 34 42.913	− 3 55 24.27	30.449 200	26	23 36 48.728	− 3 44 06.58	29.705 790
12	23 34 48.112	− 3 54 53.33	30.434 892	27	23 36 48.717	− 3 44 09.69	29.689 322
13	23 34 53.215	− 3 54 23.03	30.420 438	28	23 36 48.583	− 3 44 13.58	29.672 915
14	23 34 58.221	− 3 53 53.38	30.405 842	29	23 36 48.327	− 3 44 18.25	29.656 572
15	23 35 03.129	− 3 53 24.39	30.391 109	30	23 36 47.948	− 3 44 23.71	29.640 297
16	23 35 07.935	− 3 52 56.07	30.376 242	July 1	23 36 47.449	− 3 44 29.93	29.624 096
17	23 35 12.639	− 3 52 28.43	30.361 246	2	23 36 46.831	− 3 44 36.90	29.607 974

NEPTUNE, 2021

GEOCENTRIC COORDINATES FOR 0ʰ TERRESTRIAL TIME

Date	Apparent Right Ascension	Apparent Declination	True Geocentric Distance	Date	Apparent Right Ascension	Apparent Declination	True Geocentric Distance
	h m s	° ′ ″	au		h m s	° ′ ″	au
July 1	23 36 47.449	− 3 44 29.93	29.624 096	Aug. 16	23 34 28.830	− 4 01 20.44	29.034 860
2	23 36 46.831	− 3 44 36.90	29.607 974	17	23 34 23.738	− 4 01 55.07	29.026 911
3	23 36 46.095	− 3 44 44.62	29.591 933	18	23 34 18.586	− 4 02 30.05	29.019 221
4	23 36 45.242	− 3 44 53.09	29.575 981	19	23 34 13.373	− 4 03 05.38	29.011 792
5	23 36 44.274	− 3 45 02.28	29.560 121	20	23 34 08.101	− 4 03 41.05	29.004 627
6	23 36 43.192	− 3 45 12.20	29.544 358	21	23 34 02.769	− 4 04 17.07	28.997 727
7	23 36 41.994	− 3 45 22.86	29.528 696	22	23 33 57.377	− 4 04 53.42	28.991 094
8	23 36 40.682	− 3 45 34.23	29.513 142	23	23 33 51.929	− 4 05 30.10	28.984 731
9	23 36 39.256	− 3 45 46.34	29.497 699	24	23 33 46.426	− 4 06 07.08	28.978 639
10	23 36 37.715	− 3 45 59.17	29.482 372	25	23 33 40.872	− 4 06 44.34	28.972 820
11	23 36 36.058	− 3 46 12.74	29.467 166	26	23 33 35.269	− 4 07 21.86	28.967 276
12	23 36 34.286	− 3 46 27.04	29.452 086	27	23 33 29.622	− 4 07 59.62	28.962 010
13	23 36 32.398	− 3 46 42.06	29.437 137	28	23 33 23.933	− 4 08 37.61	28.957 023
14	23 36 30.396	− 3 46 57.81	29.422 322	29	23 33 18.204	− 4 09 15.79	28.952 318
15	23 36 28.280	− 3 47 14.28	29.407 647	30	23 33 12.438	− 4 09 54.18	28.947 896
16	23 36 26.052	− 3 47 31.44	29.393 116	31	23 33 06.637	− 4 10 32.74	28.943 759
17	23 36 23.716	− 3 47 49.28	29.378 733	Sept. 1	23 33 00.802	− 4 11 11.47	28.939 909
18	23 36 21.273	− 3 48 07.79	29.364 503	2	23 32 54.934	− 4 11 50.37	28.936 347
19	23 36 18.726	− 3 48 26.94	29.350 429	3	23 32 49.036	− 4 12 29.42	28.933 076
20	23 36 16.078	− 3 48 46.72	29.336 515	4	23 32 43.107	− 4 13 08.62	28.930 097
21	23 36 13.329	− 3 49 07.14	29.322 765	5	23 32 37.150	− 4 13 47.96	28.927 411
22	23 36 10.479	− 3 49 28.18	29.309 183	6	23 32 31.167	− 4 14 27.42	28.925 019
23	23 36 07.527	− 3 49 49.86	29.295 771	7	23 32 25.159	− 4 15 06.98	28.922 924
24	23 36 04.472	− 3 50 12.19	29.282 535	8	23 32 19.130	− 4 15 46.63	28.921 125
25	23 36 01.313	− 3 50 35.16	29.269 477	9	23 32 13.083	− 4 16 26.35	28.919 623
26	23 35 58.051	− 3 50 58.76	29.256 601	10	23 32 07.023	− 4 17 06.09	28.918 420
27	23 35 54.687	− 3 51 23.00	29.243 911	11	23 32 00.955	− 4 17 45.83	28.917 516
28	23 35 51.223	− 3 51 47.84	29.231 410	12	23 31 54.881	− 4 18 25.56	28.916 910
29	23 35 47.663	− 3 52 13.28	29.219 102	13	23 31 48.804	− 4 19 05.26	28.916 604
30	23 35 44.007	− 3 52 39.30	29.206 991	14	23 31 42.726	− 4 19 44.91	28.916 596
31	23 35 40.259	− 3 53 05.88	29.195 082	15	23 31 36.648	− 4 20 24.52	28.916 887
Aug. 1	23 35 36.421	− 3 53 33.01	29.183 377	16	23 31 30.570	− 4 21 04.09	28.917 476
2	23 35 32.494	− 3 54 00.68	29.171 880	17	23 31 24.493	− 4 21 43.60	28.918 363
3	23 35 28.479	− 3 54 28.88	29.160 596	18	23 31 18.417	− 4 22 23.05	28.919 548
4	23 35 24.379	− 3 54 57.60	29.149 529	19	23 31 12.346	− 4 23 02.42	28.921 031
5	23 35 20.192	− 3 55 26.85	29.138 681	20	23 31 06.280	− 4 23 41.70	28.922 810
6	23 35 15.922	− 3 55 56.61	29.128 056	21	23 31 00.225	− 4 24 20.86	28.924 886
7	23 35 11.566	− 3 56 26.88	29.117 659	22	23 30 54.183	− 4 24 59.88	28.927 257
8	23 35 07.128	− 3 56 57.65	29.107 493	23	23 30 48.158	− 4 25 38.74	28.929 925
9	23 35 02.606	− 3 57 28.92	29.097 560	24	23 30 42.153	− 4 26 17.41	28.932 888
10	23 34 58.003	− 3 58 00.69	29.087 866	25	23 30 36.171	− 4 26 55.89	28.936 146
11	23 34 53.321	− 3 58 32.92	29.078 412	26	23 30 30.215	− 4 27 34.15	28.939 698
12	23 34 48.562	− 3 59 05.61	29.069 202	27	23 30 24.286	− 4 28 12.18	28.943 544
13	23 34 43.730	− 3 59 38.73	29.060 240	28	23 30 18.386	− 4 28 49.98	28.947 682
14	23 34 38.829	− 4 00 12.26	29.051 527	29	23 30 12.518	− 4 29 27.53	28.952 113
15	23 34 33.861	− 4 00 46.17	29.043 066	30	23 30 06.682	− 4 30 04.83	28.956 835
16	23 34 28.830	− 4 01 20.44	29.034 860	Oct. 1	23 30 00.880	− 4 30 41.86	28.961 848

GEOCENTRIC COORDINATES FOR 0ʰ TERRESTRIAL TIME

Date	Apparent Right Ascension	Apparent Declination	True Geocentric Distance	Date	Apparent Right Ascension	Apparent Declination	True Geocentric Distance
	h m s	o ′ ″	au		h m s	o ′ ″	au
Oct. 1	23 30 00.880	− 4 30 41.86	28.961 848	Nov. 16	23 26 48.245	− 4 50 24.57	29.465 002
2	23 29 55.114	− 4 31 18.62	28.967 150	17	23 26 46.336	− 4 50 34.95	29.480 595
3	23 29 49.384	− 4 31 55.10	28.972 740	18	23 26 44.548	− 4 50 44.53	29.496 317
4	23 29 43.693	− 4 32 31.28	28.978 616	19	23 26 42.881	− 4 50 53.32	29.512 164
5	23 29 38.044	− 4 33 07.15	28.984 778	20	23 26 41.336	− 4 51 01.31	29.528 132
6	23 29 32.440	− 4 33 42.67	28.991 224	21	23 26 39.915	− 4 51 08.49	29.544 216
7	23 29 26.886	− 4 34 17.83	28.997 952	22	23 26 38.616	− 4 51 14.88	29.560 411
8	23 29 21.385	− 4 34 52.59	29.004 959	23	23 26 37.440	− 4 51 20.47	29.576 712
9	23 29 15.942	− 4 35 26.93	29.012 243	24	23 26 36.387	− 4 51 25.27	29.593 116
10	23 29 10.559	− 4 36 00.84	29.019 803	25	23 26 35.456	− 4 51 29.27	29.609 616
11	23 29 05.239	− 4 36 34.31	29.027 635	26	23 26 34.647	− 4 51 32.48	29.626 208
12	23 28 59.981	− 4 37 07.33	29.035 736	27	23 26 33.961	− 4 51 34.90	29.642 887
13	23 28 54.786	− 4 37 39.92	29.044 105	28	23 26 33.397	− 4 51 36.53	29.659 648
14	23 28 49.653	− 4 38 12.06	29.052 737	29	23 26 32.957	− 4 51 37.35	29.676 487
15	23 28 44.584	− 4 38 43.75	29.061 630	30	23 26 32.643	− 4 51 37.36	29.693 397
16	23 28 39.580	− 4 39 14.98	29.070 781	Dec. 1	23 26 32.456	− 4 51 36.53	29.710 375
17	23 28 34.644	− 4 39 45.73	29.080 188	2	23 26 32.400	− 4 51 34.87	29.727 413
18	23 28 29.778	− 4 40 15.99	29.089 847	3	23 26 32.475	− 4 51 32.35	29.744 507
19	23 28 24.986	− 4 40 45.73	29.099 756	4	23 26 32.684	− 4 51 28.97	29.761 652
20	23 28 20.269	− 4 41 14.93	29.109 911	5	23 26 33.025	− 4 51 24.75	29.778 841
21	23 28 15.633	− 4 41 43.58	29.120 310	6	23 26 33.497	− 4 51 19.69	29.796 068
22	23 28 11.078	− 4 42 11.67	29.130 950	7	23 26 34.098	− 4 51 13.81	29.813 328
23	23 28 06.607	− 4 42 39.18	29.141 827	8	23 26 34.824	− 4 51 07.13	29.830 615
24	23 28 02.222	− 4 43 06.10	29.152 940	9	23 26 35.675	− 4 50 59.65	29.847 924
25	23 27 57.924	− 4 43 32.43	29.164 284	10	23 26 36.650	− 4 50 51.36	29.865 248
26	23 27 53.714	− 4 43 58.16	29.175 857	11	23 26 37.751	− 4 50 42.28	29.882 583
27	23 27 49.593	− 4 44 23.28	29.187 655	12	23 26 38.978	− 4 50 32.38	29.899 923
28	23 27 45.562	− 4 44 47.80	29.199 675	13	23 26 40.333	− 4 50 21.66	29.917 262
29	23 27 41.622	− 4 45 11.71	29.211 914	14	23 26 41.816	− 4 50 10.12	29.934 597
30	23 27 37.774	− 4 45 34.99	29.224 368	15	23 26 43.428	− 4 49 57.75	29.951 921
31	23 27 34.019	− 4 45 57.65	29.237 034	16	23 26 45.170	− 4 49 44.56	29.969 229
Nov. 1	23 27 30.358	− 4 46 19.67	29.249 907	17	23 26 47.040	− 4 49 30.55	29.986 517
2	23 27 26.795	− 4 46 41.03	29.262 985	18	23 26 49.038	− 4 49 15.73	30.003 779
3	23 27 23.331	− 4 47 01.72	29.276 262	19	23 26 51.164	− 4 49 00.10	30.021 011
4	23 27 19.972	− 4 47 21.71	29.289 736	20	23 26 53.416	− 4 48 43.67	30.038 207
5	23 27 16.720	− 4 47 40.97	29.303 401	21	23 26 55.793	− 4 48 26.45	30.055 363
6	23 27 13.578	− 4 47 59.51	29.317 253	22	23 26 58.293	− 4 48 08.46	30.072 474
7	23 27 10.547	− 4 48 17.30	29.331 288	23	23 27 00.916	− 4 47 49.70	30.089 534
8	23 27 07.628	− 4 48 34.36	29.345 500	24	23 27 03.659	− 4 47 30.17	30.106 539
9	23 27 04.819	− 4 48 50.69	29.359 884	25	23 27 06.523	− 4 47 09.89	30.123 485
10	23 27 02.119	− 4 49 06.30	29.374 436	26	23 27 09.506	− 4 46 48.84	30.140 365
11	23 26 59.528	− 4 49 21.19	29.389 151	27	23 27 12.610	− 4 46 27.04	30.157 175
12	23 26 57.046	− 4 49 35.36	29.404 024	28	23 27 15.836	− 4 46 04.46	30.173 910
13	23 26 54.675	− 4 49 48.79	29.419 051	29	23 27 19.183	− 4 45 41.12	30.190 564
14	23 26 52.416	− 4 50 01.48	29.434 226	30	23 27 22.654	− 4 45 16.99	30.207 134
15	23 26 50.272	− 4 50 13.41	29.449 544	31	23 27 26.249	− 4 44 52.09	30.223 612
16	23 26 48.245	− 4 50 24.57	29.465 002	32	23 27 29.967	− 4 44 26.41	30.239 995

Date		Mercury	Venus	Mars	Jupiter	Saturn	Uranus	Neptune
		h m s	h m s	h m s	h m s	h m s	h m s	h m s
Jan.	0	12 33 01	10 34 12	18 57 20	13 38 35	13 33 53	19 35 44	16 37 02
	1	12 36 11	10 35 39	18 55 01	13 35 35	13 30 26	19 31 46	16 33 11
	2	12 39 20	10 37 07	18 52 43	13 32 36	13 26 58	19 27 47	16 29 19
	3	12 42 28	10 38 35	18 50 26	13 29 37	13 23 31	19 23 49	16 25 27
	4	12 45 34	10 40 04	18 48 11	13 26 38	13 20 04	19 19 51	16 21 36
	5	12 48 40	10 41 33	18 45 56	13 23 39	13 16 36	19 15 53	16 17 44
	6	12 51 43	10 43 03	18 43 43	13 20 40	13 13 09	19 11 56	16 13 53
	7	12 54 44	10 44 33	18 41 31	13 17 41	13 09 42	19 07 58	16 10 02
	8	12 57 43	10 46 03	18 39 20	13 14 43	13 06 15	19 04 01	16 06 11
	9	13 00 38	10 47 34	18 37 10	13 11 44	13 02 48	19 00 04	16 02 20
	10	13 03 29	10 49 05	18 35 01	13 08 46	12 59 21	18 56 07	15 58 29
	11	13 06 15	10 50 36	18 32 53	13 05 47	12 55 54	18 52 11	15 54 38
	12	13 08 56	10 52 07	18 30 47	13 02 49	12 52 28	18 48 15	15 50 47
	13	13 11 31	10 53 38	18 28 41	12 59 51	12 49 01	18 44 18	15 46 57
	14	13 13 59	10 55 09	18 26 36	12 56 52	12 45 34	18 40 22	15 43 06
	15	13 16 18	10 56 39	18 24 32	12 53 54	12 42 08	18 36 27	15 39 16
	16	13 18 27	10 58 10	18 22 30	12 50 56	12 38 41	18 32 31	15 35 26
	17	13 20 25	10 59 41	18 20 28	12 47 58	12 35 15	18 28 36	15 31 36
	18	13 22 11	11 01 11	18 18 27	12 45 00	12 31 48	18 24 41	15 27 46
	19	13 23 41	11 02 40	18 16 27	12 42 02	12 28 21	18 20 46	15 23 56
	20	13 24 55	11 04 10	18 14 28	12 39 04	12 24 55	18 16 51	15 20 06
	21	13 25 50	11 05 38	18 12 30	12 36 06	12 21 28	18 12 56	15 16 16
	22	13 26 24	11 07 07	18 10 33	12 33 08	12 18 02	18 09 02	15 12 26
	23	13 26 33	11 08 34	18 08 36	12 30 10	12 14 35	18 05 08	15 08 37
	24	13 26 16	11 10 01	18 06 41	12 27 12	12 11 09	18 01 14	15 04 47
	25	13 25 29	11 11 28	18 04 46	12 24 13	12 07 42	17 57 20	15 00 58
	26	13 24 09	11 12 53	18 02 52	12 21 15	12 04 16	17 53 27	14 57 08
	27	13 22 14	11 14 18	18 00 59	12 18 17	12 00 49	17 49 33	14 53 19
	28	13 19 42	11 15 42	17 59 06	12 15 19	11 57 23	17 45 40	14 49 30
	29	13 16 29	11 17 05	17 57 15	12 12 21	11 53 56	17 41 47	14 45 41
	30	13 12 35	11 18 28	17 55 24	12 09 23	11 50 29	17 37 54	14 41 52
	31	13 07 59	11 19 49	17 53 34	12 06 24	11 47 03	17 34 02	14 38 03
Feb.	1	13 02 40	11 21 09	17 51 44	12 03 26	11 43 36	17 30 09	14 34 14
	2	12 56 41	11 22 29	17 49 56	12 00 28	11 40 09	17 26 17	14 30 25
	3	12 50 03	11 23 47	17 48 08	11 57 29	11 36 42	17 22 25	14 26 36
	4	12 42 50	11 25 04	17 46 21	11 54 31	11 33 15	17 18 34	14 22 47
	5	12 35 08	11 26 21	17 44 34	11 51 32	11 29 48	17 14 42	14 18 59
	6	12 27 02	11 27 36	17 42 48	11 48 34	11 26 21	17 10 51	14 15 10
	7	12 18 38	11 28 50	17 41 03	11 45 35	11 22 54	17 06 59	14 11 21
	8	12 10 05	11 30 03	17 39 19	11 42 36	11 19 27	17 03 08	14 07 33
	9	12 01 30	11 31 15	17 37 35	11 39 38	11 16 00	16 59 18	14 03 45
	10	11 53 00	11 32 25	17 35 52	11 36 39	11 12 33	16 55 27	13 59 56
	11	11 44 41	11 33 35	17 34 10	11 33 40	11 09 05	16 51 37	13 56 08
	12	11 36 40	11 34 43	17 32 28	11 30 40	11 05 38	16 47 46	13 52 20
	13	11 29 01	11 35 50	17 30 47	11 27 41	11 02 10	16 43 56	13 48 31
	14	11 21 48	11 36 56	17 29 07	11 24 42	10 58 42	16 40 06	13 44 43
	15	11 15 04	11 38 00	17 27 27	11 21 42	10 55 15	16 36 17	13 40 55

Date	Mercury	Venus	Mars	Jupiter	Saturn	Uranus	Neptune
	h m s	h m s	h m s	h m s	h m s	h m s	h m s
Feb. 15	11 15 04	11 38 00	17 27 27	11 21 42	10 55 15	16 36 17	13 40 55
16	11 08 50	11 39 04	17 25 48	11 18 43	10 51 47	16 32 27	13 37 07
17	11 03 06	11 40 06	17 24 09	11 15 43	10 48 19	16 28 38	13 33 19
18	10 57 54	11 41 07	17 22 31	11 12 43	10 44 50	16 24 49	13 29 31
19	10 53 12	11 42 07	17 20 54	11 09 43	10 41 22	16 21 00	13 25 43
20	10 49 00	11 43 06	17 19 17	11 06 43	10 37 54	16 17 11	13 21 55
21	10 45 16	11 44 03	17 17 41	11 03 42	10 34 25	16 13 22	13 18 08
22	10 41 59	11 45 00	17 16 05	11 00 42	10 30 56	16 09 34	13 14 20
23	10 39 07	11 45 55	17 14 30	10 57 41	10 27 28	16 05 45	13 10 32
24	10 36 38	11 46 49	17 12 56	10 54 40	10 23 59	16 01 57	13 06 44
25	10 34 32	11 47 42	17 11 22	10 51 39	10 20 29	15 58 09	13 02 56
26	10 32 46	11 48 34	17 09 48	10 48 38	10 17 00	15 54 21	12 59 09
27	10 31 18	11 49 26	17 08 15	10 45 37	10 13 31	15 50 34	12 55 21
28	10 30 08	11 50 16	17 06 43	10 42 35	10 10 01	15 46 46	12 51 33
Mar. 1	10 29 14	11 51 05	17 05 11	10 39 34	10 06 31	15 42 59	12 47 46
2	10 28 34	11 51 53	17 03 39	10 36 32	10 03 01	15 39 12	12 43 58
3	10 28 09	11 52 40	17 02 08	10 33 30	9 59 31	15 35 25	12 40 11
4	10 27 55	11 53 27	17 00 38	10 30 27	9 56 01	15 31 38	12 36 23
5	10 27 53	11 54 12	16 59 08	10 27 25	9 52 30	15 27 51	12 32 35
6	10 28 01	11 54 57	16 57 38	10 24 22	9 49 00	15 24 04	12 28 48
7	10 28 19	11 55 41	16 56 09	10 21 19	9 45 29	15 20 18	12 25 00
8	10 28 46	11 56 24	16 54 41	10 18 16	9 41 58	15 16 31	12 21 13
9	10 29 22	11 57 07	16 53 13	10 15 12	9 38 27	15 12 45	12 17 25
10	10 30 04	11 57 48	16 51 45	10 12 09	9 34 55	15 08 59	12 13 38
11	10 30 54	11 58 30	16 50 18	10 09 05	9 31 23	15 05 13	12 09 50
12	10 31 50	11 59 10	16 48 51	10 06 01	9 27 52	15 01 28	12 06 03
13	10 32 53	11 59 50	16 47 25	10 02 56	9 24 19	14 57 42	12 02 15
14	10 34 01	12 00 30	16 45 59	9 59 52	9 20 47	14 53 56	11 58 27
15	10 35 14	12 01 09	16 44 33	9 56 47	9 17 15	14 50 11	11 54 40
16	10 36 32	12 01 47	16 43 08	9 53 42	9 13 42	14 46 26	11 50 52
17	10 37 54	12 02 25	16 41 44	9 50 36	9 10 09	14 42 40	11 47 05
18	10 39 21	12 03 03	16 40 19	9 47 30	9 06 35	14 38 55	11 43 17
19	10 40 53	12 03 40	16 38 56	9 44 24	9 03 02	14 35 11	11 39 30
20	10 42 28	12 04 18	16 37 32	9 41 18	8 59 28	14 31 26	11 35 42
21	10 44 07	12 04 54	16 36 09	9 38 12	8 55 54	14 27 41	11 31 54
22	10 45 50	12 05 31	16 34 46	9 35 05	8 52 20	14 23 56	11 28 07
23	10 47 36	12 06 07	16 33 24	9 31 58	8 48 45	14 20 12	11 24 19
24	10 49 26	12 06 44	16 32 01	9 28 50	8 45 11	14 16 28	11 20 31
25	10 51 20	12 07 20	16 30 40	9 25 42	8 41 36	14 12 43	11 16 44
26	10 53 17	12 07 56	16 29 18	9 22 34	8 38 00	14 08 59	11 12 56
27	10 55 18	12 08 32	16 27 57	9 19 26	8 34 25	14 05 15	11 09 08
28	10 57 22	12 09 09	16 26 36	9 16 17	8 30 49	14 01 31	11 05 20
29	10 59 29	12 09 45	16 25 15	9 13 08	8 27 13	13 57 47	11 01 33
30	11 01 41	12 10 21	16 23 55	9 09 59	8 23 36	13 54 03	10 57 45
31	11 03 56	12 10 58	16 22 35	9 06 49	8 20 00	13 50 19	10 53 57
Apr. 1	11 06 15	12 11 35	16 21 15	9 03 39	8 16 23	13 46 36	10 50 09
2	11 08 38	12 12 12	16 19 55	9 00 28	8 12 46	13 42 52	10 46 21

Date	Mercury	Venus	Mars	Jupiter	Saturn	Uranus	Neptune
	h m s	h m s	h m s	h m s	h m s	h m s	h m s
Apr. 1	11 06 15	12 11 35	16 21 15	9 03 39	8 16 23	13 46 36	10 50 09
2	11 08 38	12 12 12	16 19 55	9 00 28	8 12 46	13 42 52	10 46 21
3	11 11 04	12 12 50	16 18 36	8 57 17	8 09 08	13 39 09	10 42 33
4	11 13 36	12 13 27	16 17 17	8 54 06	8 05 30	13 35 25	10 38 45
5	11 16 11	12 14 05	16 15 58	8 50 55	8 01 52	13 31 42	10 34 57
6	11 18 51	12 14 44	16 14 39	8 47 43	7 58 14	13 27 59	10 31 09
7	11 21 36	12 15 23	16 13 21	8 44 31	7 54 35	13 24 15	10 27 21
8	11 24 26	12 16 03	16 12 03	8 41 18	7 50 56	13 20 32	10 23 32
9	11 27 21	12 16 43	16 10 45	8 38 05	7 47 16	13 16 49	10 19 44
10	11 30 21	12 17 23	16 09 27	8 34 52	7 43 37	13 13 06	10 15 56
11	11 33 26	12 18 05	16 08 09	8 31 38	7 39 57	13 09 23	10 12 07
12	11 36 37	12 18 47	16 06 52	8 28 24	7 36 16	13 05 40	10 08 19
13	11 39 54	12 19 29	16 05 34	8 25 09	7 32 36	13 01 57	10 04 30
14	11 43 17	12 20 13	16 04 17	8 21 54	7 28 55	12 58 15	10 00 42
15	11 46 46	12 20 57	16 03 00	8 18 39	7 25 13	12 54 32	9 56 53
16	11 50 20	12 21 42	16 01 44	8 15 23	7 21 32	12 50 49	9 53 05
17	11 54 01	12 22 27	16 00 27	8 12 06	7 17 50	12 47 06	9 49 16
18	11 57 47	12 23 14	15 59 10	8 08 50	7 14 07	12 43 24	9 45 27
19	12 01 38	12 24 01	15 57 54	8 05 32	7 10 24	12 39 41	9 41 38
20	12 05 35	12 24 49	15 56 38	8 02 15	7 06 41	12 35 58	9 37 49
21	12 09 36	12 25 38	15 55 21	7 58 57	7 02 58	12 32 16	9 34 00
22	12 13 42	12 26 29	15 54 05	7 55 38	6 59 14	12 28 33	9 30 11
23	12 17 51	12 27 20	15 52 49	7 52 19	6 55 30	12 24 51	9 26 22
24	12 22 02	12 28 12	15 51 33	7 49 00	6 51 46	12 21 08	9 22 33
25	12 26 15	12 29 05	15 50 17	7 45 40	6 48 01	12 17 26	9 18 43
26	12 30 28	12 29 59	15 49 01	7 42 19	6 44 16	12 13 43	9 14 54
27	12 34 41	12 30 54	15 47 45	7 38 58	6 40 30	12 10 01	9 11 05
28	12 38 52	12 31 50	15 46 29	7 35 37	6 36 44	12 06 19	9 07 15
29	12 43 00	12 32 47	15 45 13	7 32 15	6 32 58	12 02 36	9 03 25
30	12 47 03	12 33 46	15 43 57	7 28 53	6 29 11	11 58 54	8 59 36
May 1	12 51 01	12 34 45	15 42 41	7 25 30	6 25 24	11 55 11	8 55 46
2	12 54 52	12 35 46	15 41 25	7 22 06	6 21 37	11 51 29	8 51 56
3	12 58 36	12 36 48	15 40 09	7 18 43	6 17 49	11 47 47	8 48 06
4	13 02 10	12 37 51	15 38 53	7 15 18	6 14 01	11 44 04	8 44 16
5	13 05 33	12 38 55	15 37 37	7 11 53	6 10 13	11 40 22	8 40 26
6	13 08 46	12 40 00	15 36 21	7 08 28	6 06 24	11 36 39	8 36 36
7	13 11 47	12 41 06	15 35 05	7 05 02	6 02 35	11 32 57	8 32 46
8	13 14 35	12 42 13	15 33 49	7 01 35	5 58 45	11 29 15	8 28 55
9	13 17 10	12 43 22	15 32 33	6 58 08	5 54 55	11 25 32	8 25 05
10	13 19 30	12 44 31	15 31 16	6 54 40	5 51 04	11 21 50	8 21 14
11	13 21 35	12 45 42	15 30 00	6 51 12	5 47 14	11 18 07	8 17 23
12	13 23 25	12 46 54	15 28 44	6 47 43	5 43 22	11 14 25	8 13 33
13	13 24 59	12 48 06	15 27 27	6 44 14	5 39 31	11 10 42	8 09 42
14	13 26 17	12 49 20	15 26 11	6 40 44	5 35 39	11 06 59	8 05 51
15	13 27 17	12 50 35	15 24 54	6 37 13	5 31 47	11 03 17	8 02 00
16	13 28 00	12 51 51	15 23 38	6 33 42	5 27 54	10 59 34	7 58 09
17	13 28 25	12 53 07	15 22 21	6 30 10	5 24 01	10 55 51	7 54 17

Date	Mercury	Venus	Mars	Jupiter	Saturn	Uranus	Neptune
	h m s	h m s	h m s	h m s	h m s	h m s	h m s
May 17	13 28 25	12 53 07	15 22 21	6 30 10	5 24 01	10 55 51	7 54 17
18	13 28 31	12 54 25	15 21 04	6 26 38	5 20 07	10 52 09	7 50 26
19	13 28 18	12 55 43	15 19 47	6 23 05	5 16 13	10 48 26	7 46 34
20	13 27 46	12 57 02	15 18 29	6 19 31	5 12 19	10 44 43	7 42 43
21	13 26 55	12 58 22	15 17 12	6 15 57	5 08 24	10 41 00	7 38 51
22	13 25 43	12 59 43	15 15 55	6 12 22	5 04 29	10 37 17	7 34 59
23	13 24 11	13 01 04	15 14 37	6 08 47	5 00 34	10 33 34	7 31 07
24	13 22 19	13 02 26	15 13 19	6 05 10	4 56 38	10 29 51	7 27 15
25	13 20 06	13 03 49	15 12 01	6 01 34	4 52 42	10 26 08	7 23 23
26	13 17 32	13 05 12	15 10 43	5 57 56	4 48 45	10 22 25	7 19 31
27	13 14 38	13 06 35	15 09 24	5 54 18	4 44 48	10 18 42	7 15 39
28	13 11 23	13 07 59	15 08 06	5 50 40	4 40 51	10 14 59	7 11 46
29	13 07 47	13 09 24	15 06 47	5 47 00	4 36 53	10 11 15	7 07 54
30	13 03 52	13 10 49	15 05 28	5 43 20	4 32 55	10 07 32	7 04 01
31	12 59 37	13 12 14	15 04 09	5 39 40	4 28 56	10 03 48	7 00 08
June 1	12 55 04	13 13 39	15 02 49	5 35 58	4 24 57	10 00 05	6 56 15
2	12 50 14	13 15 04	15 01 30	5 32 16	4 20 58	9 56 21	6 52 22
3	12 45 07	13 16 30	15 00 10	5 28 34	4 16 58	9 52 37	6 48 29
4	12 39 45	13 17 56	14 58 50	5 24 50	4 12 58	9 48 54	6 44 36
5	12 34 10	13 19 21	14 57 30	5 21 06	4 08 58	9 45 10	6 40 43
6	12 28 23	13 20 47	14 56 10	5 17 21	4 04 57	9 41 26	6 36 49
7	12 22 26	13 22 12	14 54 49	5 13 36	4 00 56	9 37 42	6 32 56
8	12 16 22	13 23 37	14 53 28	5 09 50	3 56 54	9 33 57	6 29 02
9	12 10 13	13 25 02	14 52 07	5 06 03	3 52 52	9 30 13	6 25 08
10	12 04 00	13 26 26	14 50 46	5 02 15	3 48 50	9 26 29	6 21 14
11	11 57 47	13 27 50	14 49 25	4 58 27	3 44 47	9 22 44	6 17 20
12	11 51 36	13 29 14	14 48 03	4 54 38	3 40 44	9 19 00	6 13 26
13	11 45 28	13 30 37	14 46 41	4 50 48	3 36 41	9 15 15	6 09 32
14	11 39 26	13 32 00	14 45 19	4 46 58	3 32 37	9 11 30	6 05 37
15	11 33 32	13 33 22	14 43 57	4 43 07	3 28 33	9 07 45	6 01 43
16	11 27 49	13 34 43	14 42 34	4 39 15	3 24 28	9 04 01	5 57 48
17	11 22 17	13 36 03	14 41 11	4 35 22	3 20 24	9 00 15	5 53 53
18	11 16 58	13 37 23	14 39 48	4 31 29	3 16 19	8 56 30	5 49 58
19	11 11 54	13 38 41	14 38 25	4 27 35	3 12 13	8 52 45	5 46 03
20	11 07 05	13 39 59	14 37 01	4 23 40	3 08 07	8 48 59	5 42 08
21	11 02 34	13 41 16	14 35 37	4 19 44	3 04 01	8 45 14	5 38 13
22	10 58 20	13 42 32	14 34 13	4 15 48	2 59 55	8 41 28	5 34 18
23	10 54 24	13 43 47	14 32 48	4 11 51	2 55 48	8 37 42	5 30 22
24	10 50 47	13 45 01	14 31 24	4 07 53	2 51 41	8 33 56	5 26 27
25	10 47 30	13 46 13	14 29 59	4 03 55	2 47 34	8 30 10	5 22 31
26	10 44 31	13 47 25	14 28 34	3 59 56	2 43 26	8 26 24	5 18 35
27	10 41 52	13 48 35	14 27 08	3 55 56	2 39 18	8 22 38	5 14 39
28	10 39 33	13 49 45	14 25 43	3 51 55	2 35 10	8 18 51	5 10 43
29	10 37 34	13 50 53	14 24 17	3 47 54	2 31 02	8 15 05	5 06 47
30	10 35 55	13 51 59	14 22 51	3 43 52	2 26 53	8 11 18	5 02 51
July 1	10 34 35	13 53 05	14 21 24	3 39 49	2 22 44	8 07 31	4 58 54
2	10 33 35	13 54 09	14 19 58	3 35 45	2 18 35	8 03 44	4 54 58

Date	Mercury	Venus	Mars	Jupiter	Saturn	Uranus	Neptune
	h m s	h m s	h m s	h m s	h m s	h m s	h m s
July 1	10 34 35	13 53 05	14 21 24	3 39 49	2 22 44	8 07 31	4 58 54
2	10 33 35	13 54 09	14 19 58	3 35 45	2 18 35	8 03 44	4 54 58
3	10 32 55	13 55 12	14 18 31	3 31 41	2 14 25	7 59 57	4 51 01
4	10 32 35	13 56 14	14 17 04	3 27 36	2 10 15	7 56 09	4 47 04
5	10 32 34	13 57 14	14 15 36	3 23 31	2 06 05	7 52 22	4 43 07
6	10 32 52	13 58 13	14 14 09	3 19 24	2 01 55	7 48 34	4 39 10
7	10 33 30	13 59 11	14 12 41	3 15 17	1 57 44	7 44 46	4 35 13
8	10 34 28	14 00 07	14 11 13	3 11 09	1 53 34	7 40 58	4 31 16
9	10 35 44	14 01 02	14 09 45	3 07 01	1 49 23	7 37 10	4 27 19
10	10 37 20	14 01 56	14 08 16	3 02 52	1 45 11	7 33 22	4 23 21
11	10 39 14	14 02 48	14 06 47	2 58 42	1 41 00	7 29 34	4 19 23
12	10 41 28	14 03 39	14 05 18	2 54 32	1 36 48	7 25 45	4 15 26
13	10 43 59	14 04 29	14 03 49	2 50 20	1 32 37	7 21 56	4 11 28
14	10 46 49	14 05 18	14 02 20	2 46 09	1 28 25	7 18 07	4 07 30
15	10 49 55	14 06 05	14 00 50	2 41 56	1 24 13	7 14 18	4 03 32
16	10 53 19	14 06 51	13 59 20	2 37 43	1 20 00	7 10 29	3 59 34
17	10 56 59	14 07 35	13 57 50	2 33 29	1 15 48	7 06 40	3 55 36
18	11 00 53	14 08 19	13 56 20	2 29 15	1 11 35	7 02 50	3 51 37
19	11 05 02	14 09 01	13 54 49	2 25 00	1 07 22	6 59 00	3 47 39
20	11 09 23	14 09 41	13 53 19	2 20 45	1 03 10	6 55 10	3 43 40
21	11 13 55	14 10 21	13 51 48	2 16 29	0 58 57	6 51 20	3 39 42
22	11 18 37	14 11 00	13 50 17	2 12 12	0 54 43	6 47 30	3 35 43
23	11 23 27	14 11 37	13 48 45	2 07 55	0 50 30	6 43 39	3 31 44
24	11 28 22	14 12 13	13 47 14	2 03 37	0 46 17	6 39 49	3 27 45
25	11 33 22	14 12 48	13 45 42	1 59 19	0 42 03	6 35 58	3 23 46
26	11 38 23	14 13 22	13 44 10	1 55 00	0 37 50	6 32 07	3 19 47
27	11 43 26	14 13 55	13 42 38	1 50 41	0 33 36	6 28 16	3 15 47
28	11 48 27	14 14 27	13 41 05	1 46 21	0 29 23	6 24 24	3 11 48
29	11 53 25	14 14 58	13 39 33	1 42 01	0 25 09	6 20 33	3 07 49
30	11 58 19	14 15 28	13 38 00	1 37 40	0 20 55	6 16 41	3 03 49
31	12 03 08	14 15 57	13 36 27	1 33 19	0 16 42	6 12 49	2 59 49
Aug. 1	12 07 50	14 16 25	13 34 54	1 28 57	0 12 28	6 08 57	2 55 50
2	12 12 25	14 16 52	13 33 21	1 24 35	0 08 14	6 05 04	2 51 50
3	12 16 52	14 17 19	13 31 48	1 20 13	0 04 00	6 01 12	2 47 50
4	12 21 10	14 17 45	13 30 15	1 15 50	23 55 32	5 57 19	2 43 50
5	12 25 20	14 18 10	13 28 41	1 11 27	23 51 19	5 53 26	2 39 50
6	12 29 20	14 18 34	13 27 07	1 07 04	23 47 05	5 49 33	2 35 50
7	12 33 11	14 18 58	13 25 34	1 02 40	23 42 51	5 45 40	2 31 49
8	12 36 53	14 19 21	13 24 00	0 58 16	23 38 37	5 41 46	2 27 49
9	12 40 26	14 19 43	13 22 26	0 53 51	23 34 24	5 37 53	2 23 49
10	12 43 49	14 20 05	13 20 51	0 49 27	23 30 10	5 33 59	2 19 48
11	12 47 04	14 20 26	13 19 17	0 45 02	23 25 57	5 30 05	2 15 48
12	12 50 10	14 20 47	13 17 43	0 40 37	23 21 43	5 26 11	2 11 47
13	12 53 07	14 21 08	13 16 08	0 36 12	23 17 30	5 22 16	2 07 46
14	12 55 55	14 21 28	13 14 33	0 31 46	23 13 17	5 18 21	2 03 46
15	12 58 36	14 21 47	13 12 59	0 27 21	23 09 04	5 14 27	1 59 45
16	13 01 09	14 22 06	13 11 24	0 22 55	23 04 51	5 10 32	1 55 44

Second transit: Saturn, Aug. 3^{d}23^{h}59^{m}46^s.

Date	Mercury	Venus	Mars	Jupiter	Saturn	Uranus	Neptune
	h m s	h m s	h m s	h m s	h m s	h m s	h m s
Aug. 16	13 01 09	14 22 06	13 11 24	0 22 55	23 04 51	5 10 32	1 55 44
17	13 03 34	14 22 25	13 09 49	0 18 29	23 00 38	5 06 36	1 51 43
18	13 05 51	14 22 44	13 08 14	0 14 03	22 56 25	5 02 41	1 47 42
19	13 08 02	14 23 02	13 06 39	0 09 37	22 52 12	4 58 45	1 43 41
20	13 10 06	14 23 20	13 05 04	0 05 11	22 48 00	4 54 49	1 39 39
21	13 12 03	14 23 38	13 03 28	0 00 45	22 43 48	4 50 53	1 35 38
22	13 13 54	14 23 56	13 01 53	23 51 54	22 39 36	4 46 57	1 31 37
23	13 15 38	14 24 14	13 00 18	23 47 28	22 35 24	4 43 01	1 27 36
24	13 17 16	14 24 32	12 58 42	23 43 02	22 31 12	4 39 04	1 23 34
25	13 18 49	14 24 49	12 57 07	23 38 36	22 27 00	4 35 07	1 19 33
26	13 20 15	14 25 07	12 55 31	23 34 10	22 22 49	4 31 10	1 15 31
27	13 21 36	14 25 25	12 53 56	23 29 45	22 18 38	4 27 13	1 11 30
28	13 22 52	14 25 43	12 52 20	23 25 19	22 14 27	4 23 16	1 07 28
29	13 24 02	14 26 01	12 50 45	23 20 54	22 10 16	4 19 18	1 03 27
30	13 25 06	14 26 19	12 49 09	23 16 29	22 06 06	4 15 20	0 59 25
31	13 26 05	14 26 37	12 47 34	23 12 04	22 01 56	4 11 22	0 55 23
Sept. 1	13 26 59	14 26 56	12 45 58	23 07 40	21 57 46	4 07 24	0 51 22
2	13 27 47	14 27 15	12 44 23	23 03 16	21 53 36	4 03 26	0 47 20
3	13 28 30	14 27 34	12 42 47	22 58 52	21 49 27	3 59 27	0 43 18
4	13 29 08	14 27 53	12 41 12	22 54 28	21 45 17	3 55 29	0 39 16
5	13 29 39	14 28 13	12 39 37	22 50 05	21 41 08	3 51 30	0 35 14
6	13 30 05	14 28 34	12 38 01	22 45 42	21 37 00	3 47 31	0 31 13
7	13 30 25	14 28 54	12 36 26	22 41 19	21 32 51	3 43 31	0 27 11
8	13 30 39	14 29 15	12 34 51	22 36 57	21 28 43	3 39 32	0 23 09
9	13 30 46	14 29 37	12 33 15	22 32 35	21 24 36	3 35 32	0 19 07
10	13 30 46	14 29 59	12 31 40	22 28 13	21 20 28	3 31 33	0 15 05
11	13 30 39	14 30 22	12 30 05	22 23 52	21 16 21	3 27 33	0 11 03
12	13 30 24	14 30 45	12 28 30	22 19 32	21 12 14	3 23 32	0 07 01
13	13 30 01	14 31 08	12 26 55	22 15 12	21 08 08	3 19 32	0 02 59
14	13 29 30	14 31 33	12 25 20	22 10 52	21 04 02	3 15 31	23 54 55
15	13 28 49	14 31 57	12 23 45	22 06 33	20 59 56	3 11 31	23 50 53
16	13 27 57	14 32 23	12 22 10	22 02 15	20 55 51	3 07 30	23 46 51
17	13 26 55	14 32 49	12 20 36	21 57 57	20 51 45	3 03 29	23 42 49
18	13 25 41	14 33 15	12 19 01	21 53 40	20 47 41	2 59 28	23 38 47
19	13 24 14	14 33 42	12 17 27	21 49 23	20 43 36	2 55 26	23 34 45
20	13 22 34	14 34 10	12 15 53	21 45 07	20 39 32	2 51 25	23 30 44
21	13 20 38	14 34 39	12 14 18	21 40 51	20 35 29	2 47 23	23 26 42
22	13 18 26	14 35 08	12 12 44	21 36 36	20 31 25	2 43 21	23 22 40
23	13 15 57	14 35 37	12 11 11	21 32 22	20 27 22	2 39 19	23 18 38
24	13 13 09	14 36 08	12 09 37	21 28 08	20 23 20	2 35 17	23 14 36
25	13 10 00	14 36 39	12 08 03	21 23 55	20 19 18	2 31 15	23 10 34
26	13 06 30	14 37 10	12 06 30	21 19 43	20 15 16	2 27 12	23 06 32
27	13 02 38	14 37 43	12 04 57	21 15 31	20 11 14	2 23 10	23 02 31
28	12 58 20	14 38 16	12 03 24	21 11 20	20 07 13	2 19 07	22 58 29
29	12 53 38	14 38 50	12 01 51	21 07 09	20 03 12	2 15 04	22 54 27
30	12 48 30	14 39 24	12 00 18	21 03 00	19 59 12	2 11 01	22 50 25
Oct. 1	12 42 56	14 39 59	11 58 46	20 58 51	19 55 12	2 06 58	22 46 24

Second transits: Jupiter, Aug. $21^d23^h56^m19^s$; Neptune, Sept. $13^d23^h58^m57^s$.

Date	Mercury	Venus	Mars	Jupiter	Saturn	Uranus	Neptune
	h m s	h m s	h m s	h m s	h m s	h m s	h m s
Oct. 1	12 42 56	14 39 59	11 58 46	20 58 51	19 55 12	2 06 58	22 46 24
2	12 36 55	14 40 34	11 57 14	20 54 43	19 51 13	2 02 54	22 42 22
3	12 30 29	14 41 10	11 55 42	20 50 35	19 47 14	1 58 51	22 38 21
4	12 23 40	14 41 47	11 54 10	20 46 28	19 43 15	1 54 48	22 34 19
5	12 16 30	14 42 24	11 52 38	20 42 22	19 39 17	1 50 44	22 30 18
6	12 09 02	14 43 02	11 51 07	20 38 17	19 35 19	1 46 40	22 26 16
7	12 01 21	14 43 40	11 49 36	20 34 12	19 31 21	1 42 36	22 22 15
8	11 53 33	14 44 18	11 48 05	20 30 09	19 27 24	1 38 32	22 18 13
9	11 45 42	14 44 57	11 46 34	20 26 06	19 23 28	1 34 28	22 14 12
10	11 37 56	14 45 36	11 45 04	20 22 03	19 19 31	1 30 24	22 10 11
11	11 30 22	14 46 16	11 43 34	20 18 02	19 15 36	1 26 19	22 06 10
12	11 23 05	14 46 55	11 42 04	20 14 01	19 11 40	1 22 15	22 02 09
13	11 16 12	14 47 35	11 40 35	20 10 01	19 07 45	1 18 10	21 58 08
14	11 09 47	14 48 15	11 39 05	20 06 02	19 03 51	1 14 06	21 54 07
15	11 03 56	14 48 55	11 37 36	20 02 04	18 59 56	1 10 01	21 50 06
16	10 58 40	14 49 35	11 36 08	19 58 06	18 56 03	1 05 56	21 46 05
17	10 54 03	14 50 14	11 34 39	19 54 09	18 52 09	1 01 51	21 42 04
18	10 50 03	14 50 54	11 33 11	19 50 13	18 48 16	0 57 46	21 38 04
19	10 46 42	14 51 33	11 31 43	19 46 18	18 44 24	0 53 41	21 34 03
20	10 43 58	14 52 12	11 30 16	19 42 24	18 40 32	0 49 36	21 30 03
21	10 41 50	14 52 50	11 28 49	19 38 30	18 36 40	0 45 31	21 26 02
22	10 40 14	14 53 28	11 27 22	19 34 37	18 32 48	0 41 26	21 22 02
23	10 39 08	14 54 05	11 25 56	19 30 45	18 28 58	0 37 21	21 18 01
24	10 38 30	14 54 42	11 24 30	19 26 54	18 25 07	0 33 15	21 14 01
25	10 38 16	14 55 18	11 23 04	19 23 03	18 21 17	0 29 10	21 10 01
26	10 38 25	14 55 53	11 21 39	19 19 13	18 17 27	0 25 05	21 06 01
27	10 38 52	14 56 27	11 20 14	19 15 24	18 13 38	0 20 59	21 02 01
28	10 39 36	14 57 00	11 18 49	19 11 36	18 09 49	0 16 54	20 58 01
29	10 40 34	14 57 31	11 17 25	19 07 49	18 06 00	0 12 48	20 54 02
30	10 41 45	14 58 02	11 16 01	19 04 02	18 02 12	0 08 42	20 50 02
31	10 43 06	14 58 31	11 14 38	19 00 16	17 58 25	0 04 37	20 46 02
Nov. 1	10 44 36	14 58 58	11 13 15	18 56 31	17 54 37	0 00 31	20 42 03
2	10 46 14	14 59 24	11 11 52	18 52 46	17 50 50	23 52 20	20 38 04
3	10 47 59	14 59 48	11 10 30	18 49 03	17 47 04	23 48 14	20 34 04
4	10 49 49	15 00 11	11 09 08	18 45 20	17 43 18	23 44 09	20 30 05
5	10 51 43	15 00 31	11 07 47	18 41 37	17 39 32	23 40 03	20 26 06
6	10 53 42	15 00 49	11 06 26	18 37 56	17 35 47	23 35 57	20 22 07
7	10 55 44	15 01 05	11 05 05	18 34 15	17 32 02	23 31 52	20 18 08
8	10 57 49	15 01 19	11 03 45	18 30 35	17 28 17	23 27 46	20 14 10
9	10 59 57	15 01 30	11 02 26	18 26 56	17 24 33	23 23 40	20 10 11
10	11 02 07	15 01 38	11 01 07	18 23 17	17 20 49	23 19 35	20 06 12
11	11 04 19	15 01 43	10 59 48	18 19 40	17 17 05	23 15 29	20 02 14
12	11 06 33	15 01 46	10 58 30	18 16 02	17 13 22	23 11 24	19 58 16
13	11 08 49	15 01 45	10 57 12	18 12 26	17 09 40	23 07 18	19 54 18
14	11 11 06	15 01 41	10 55 54	18 08 50	17 05 57	23 03 13	19 50 20
15	11 13 25	15 01 33	10 54 37	18 05 15	17 02 15	22 59 07	19 46 22
16	11 15 46	15 01 22	10 53 21	18 01 41	16 58 33	22 55 02	19 42 24

Second transit: Uranus, Nov. $1^d23^h56^m26^s$.

Date	Mercury	Venus	Mars	Jupiter	Saturn	Uranus	Neptune
	h m s	h m s	h m s	h m s	h m s	h m s	h m s
Nov. 16	11 15 46	15 01 22	10 53 21	18 01 41	16 58 33	22 55 02	19 42 24
17	11 18 07	15 01 07	10 52 05	17 58 07	16 54 52	22 50 57	19 38 26
18	11 20 31	15 00 48	10 50 49	17 54 34	16 51 11	22 46 51	19 34 28
19	11 22 56	15 00 25	10 49 34	17 51 01	16 47 30	22 42 46	19 30 31
20	11 25 22	14 59 58	10 48 20	17 47 29	16 43 50	22 38 41	19 26 34
21	11 27 50	14 59 26	10 47 06	17 43 58	16 40 10	22 34 36	19 22 36
22	11 30 20	14 58 49	10 45 52	17 40 28	16 36 30	22 30 31	19 18 39
23	11 32 51	14 58 08	10 44 39	17 36 58	16 32 51	22 26 26	19 14 42
24	11 35 23	14 57 22	10 43 27	17 33 28	16 29 12	22 22 21	19 10 45
25	11 37 58	14 56 30	10 42 15	17 30 00	16 25 33	22 18 16	19 06 49
26	11 40 33	14 55 33	10 41 03	17 26 31	16 21 55	22 14 12	19 02 52
27	11 43 11	14 54 31	10 39 52	17 23 04	16 18 17	22 10 07	18 58 56
28	11 45 50	14 53 23	10 38 41	17 19 37	16 14 39	22 06 03	18 54 59
29	11 48 31	14 52 09	10 37 31	17 16 11	16 11 02	22 01 58	18 51 03
30	11 51 14	14 50 49	10 36 22	17 12 45	16 07 25	21 57 54	18 47 07
Dec. 1	11 53 58	14 49 22	10 35 13	17 09 20	16 03 48	21 53 50	18 43 11
2	11 56 44	14 47 49	10 34 05	17 05 55	16 00 11	21 49 46	18 39 15
3	11 59 32	14 46 09	10 32 57	17 02 31	15 56 35	21 45 42	18 35 19
4	12 02 21	14 44 22	10 31 49	16 59 08	15 52 59	21 41 38	18 31 24
5	12 05 12	14 42 27	10 30 42	16 55 45	15 49 23	21 37 34	18 27 28
6	12 08 04	14 40 25	10 29 36	16 52 22	15 45 48	21 33 30	18 23 33
7	12 10 58	14 38 16	10 28 30	16 49 00	15 42 13	21 29 27	18 19 38
8	12 13 54	14 35 58	10 27 25	16 45 39	15 38 38	21 25 23	18 15 43
9	12 16 50	14 33 32	10 26 20	16 42 18	15 35 04	21 21 20	18 11 48
10	12 19 48	14 30 57	10 25 16	16 38 57	15 31 29	21 17 17	18 07 53
11	12 22 47	14 28 13	10 24 12	16 35 38	15 27 55	21 13 14	18 03 58
12	12 25 47	14 25 20	10 23 08	16 32 18	15 24 21	21 09 11	18 00 03
13	12 28 47	14 22 18	10 22 06	16 28 59	15 20 48	21 05 09	17 56 09
14	12 31 48	14 19 06	10 21 03	16 25 41	15 17 14	21 01 06	17 52 15
15	12 34 50	14 15 45	10 20 01	16 22 23	15 13 41	20 57 04	17 48 20
16	12 37 52	14 12 13	10 19 00	16 19 05	15 10 08	20 53 02	17 44 26
17	12 40 54	14 08 32	10 17 59	16 15 48	15 06 36	20 49 00	17 40 32
18	12 43 55	14 04 40	10 16 59	16 12 31	15 03 03	20 44 58	17 36 38
19	12 46 56	14 00 37	10 15 59	16 09 15	14 59 31	20 40 56	17 32 45
20	12 49 56	13 56 24	10 15 00	16 05 59	14 55 59	20 36 55	17 28 51
21	12 52 54	13 52 00	10 14 01	16 02 44	14 52 27	20 32 53	17 24 58
22	12 55 51	13 47 26	10 13 03	15 59 29	14 48 56	20 28 52	17 21 04
23	12 58 46	13 42 41	10 12 05	15 56 14	14 45 24	20 24 51	17 17 11
24	13 01 37	13 37 46	10 11 07	15 53 00	14 41 53	20 20 50	17 13 18
25	13 04 26	13 32 41	10 10 11	15 49 46	14 38 22	20 16 49	17 09 25
26	13 07 10	13 27 25	10 09 14	15 46 32	14 34 51	20 12 49	17 05 32
27	13 09 49	13 22 00	10 08 18	15 43 19	14 31 21	20 08 48	17 01 40
28	13 12 22	13 16 25	10 07 23	15 40 06	14 27 50	20 04 48	16 57 47
29	13 14 49	13 10 41	10 06 28	15 36 54	14 24 20	20 00 48	16 53 54
30	13 17 08	13 04 49	10 05 33	15 33 42	14 20 50	19 56 49	16 50 02
31	13 19 18	12 58 48	10 04 39	15 30 30	14 17 20	19 52 49	16 46 10
32	13 21 17	12 52 41	10 03 45	15 27 19	14 13 50	19 48 49	16 42 18

MERCURY, 2021

EPHEMERIS FOR PHYSICAL OBSERVATIONS
FOR 0ʰ TERRESTRIAL TIME

Date		Light-time	Magnitude	Surface Brightness	Diameter	Phase	Phase Angle	Defect of Illumination
		m		mag./arcsec^2	$''$		$\circ$	$''$
Jan.	0	11.63	− 1.0	+ 2.1	4.81	0.983	15.1	0.08
	2	11.48	− 1.0	+ 2.2	4.87	0.975	18.2	0.12
	4	11.31	− 1.0	+ 2.2	4.95	0.965	21.6	0.17
	6	11.12	− 0.9	+ 2.2	5.03	0.952	25.3	0.24
	8	10.90	− 0.9	+ 2.3	5.13	0.936	29.4	0.33
	10	10.65	− 0.9	+ 2.3	5.25	0.915	33.8	0.45
	12	10.37	− 0.9	+ 2.3	5.40	0.890	38.8	0.60
	14	10.07	− 0.9	+ 2.4	5.56	0.857	44.4	0.79
	16	9.72	− 0.9	+ 2.4	5.76	0.818	50.6	1.05
	18	9.35	− 0.9	+ 2.5	5.99	0.769	57.5	1.38
	20	8.95	− 0.8	+ 2.6	6.26	0.710	65.2	1.82
	22	8.52	− 0.7	+ 2.7	6.57	0.640	73.8	2.37
	24	8.07	− 0.5	+ 2.8	6.94	0.559	83.2	3.06
	26	7.61	− 0.3	+ 2.9	7.35	0.469	93.6	3.91
	28	7.15	− 0.1	+ 3.1	7.82	0.373	104.8	4.91
	30	6.72	+ 0.3	+ 3.3	8.33	0.276	116.7	6.04
Feb.	1	6.32	+ 0.9	+ 3.6	8.86	0.185	129.1	7.22
	3	5.98	+ 1.9	+ 4.0	9.37	0.107	141.8	8.36
	5	5.70	+ 3.2	+ 4.6	9.81	0.049	154.3	9.33
	7	5.51	+ 4.7	+ 5.0	10.15	0.016	165.3	9.98
	9	5.41	+ 5.2	+ 5.0	10.35	0.009	169.0	10.25
	11	5.38	+ 4.2	+ 5.0	10.40	0.026	161.6	10.13
	13	5.43	+ 3.0	+ 4.7	10.30	0.061	151.4	9.67
	15	5.55	+ 2.1	+ 4.4	10.09	0.109	141.5	8.99
	17	5.71	+ 1.4	+ 4.1	9.81	0.163	132.3	8.20
	19	5.91	+ 1.0	+ 4.0	9.48	0.220	124.0	7.39
	21	6.13	+ 0.7	+ 3.9	9.13	0.277	116.5	6.60
	23	6.37	+ 0.5	+ 3.8	8.78	0.330	109.8	5.88
	25	6.62	+ 0.4	+ 3.7	8.45	0.380	103.8	5.23
	27	6.88	+ 0.3	+ 3.7	8.13	0.427	98.4	4.66
Mar.	1	7.14	+ 0.3	+ 3.7	7.84	0.469	93.6	4.16
	3	7.40	+ 0.2	+ 3.6	7.56	0.507	89.1	3.72
	5	7.66	+ 0.2	+ 3.6	7.31	0.543	85.1	3.34
	7	7.91	+ 0.2	+ 3.6	7.08	0.575	81.4	3.01
	9	8.16	+ 0.1	+ 3.5	6.86	0.605	77.9	2.71
	11	8.40	+ 0.1	+ 3.5	6.67	0.632	74.6	2.45
	13	8.63	+ 0.1	+ 3.4	6.49	0.658	71.5	2.22
	15	8.86	0.0	+ 3.4	6.32	0.682	68.6	2.01
	17	9.08	0.0	+ 3.3	6.17	0.705	65.7	1.82
	19	9.29	0.0	+ 3.3	6.03	0.727	62.9	1.64
	21	9.49	− 0.1	+ 3.2	5.90	0.749	60.2	1.48
	23	9.69	− 0.2	+ 3.1	5.78	0.769	57.4	1.33
	25	9.88	− 0.2	+ 3.0	5.67	0.789	54.6	1.19
	27	10.06	− 0.3	+ 2.9	5.56	0.809	51.8	1.06
	29	10.23	− 0.4	+ 2.9	5.47	0.829	48.8	0.93
	31	10.39	− 0.5	+ 2.7	5.39	0.849	45.7	0.81
Apr.	2	10.54	− 0.6	+ 2.6	5.31	0.869	42.4	0.70

MERCURY, 2021
EPHEMERIS FOR PHYSICAL OBSERVATIONS
FOR 0ʰ TERRESTRIAL TIME

Date		Sub-Earth Point		Sub-Solar Point			North Pole	
		Long.	Lat.	Long.	Dist.	P.A.	Dist.	P.A.
		°	°	°	″	°	″	°
Jan.	0	153.01	− 3.87	138.35	+0.63	281.14	−2.40	356.81
	2	162.03	− 4.03	144.21	+0.76	277.33	−2.43	355.13
	4	171.04	− 4.20	149.79	+0.91	274.01	−2.46	353.46
	6	180.03	− 4.37	155.07	+1.08	271.03	−2.51	351.82
	8	189.02	− 4.56	159.97	+1.26	268.29	−2.56	350.22
	10	198.02	− 4.76	164.46	+1.46	265.74	−2.62	348.68
	12	207.04	− 4.98	168.48	+1.69	263.35	−2.68	347.19
	14	216.10	− 5.22	171.98	+1.94	261.10	−2.77	345.78
	16	225.24	− 5.48	174.90	+2.22	258.96	−2.86	344.46
	18	234.49	− 5.78	177.20	+2.52	256.93	−2.97	343.24
	20	243.91	− 6.12	178.87	+2.84	254.98	−3.11	342.15
	22	253.58	− 6.50	179.92	+3.15	253.10	−3.26	341.20
	24	263.58	− 6.93	180.40	+3.44	251.25	−3.44	340.42
	26	274.03	− 7.41	180.42	−3.67	249.37	−3.64	339.82
	28	285.03	− 7.94	180.12	−3.78	247.35	−3.87	339.43
	30	296.69	− 8.51	179.72	−3.72	244.99	−4.12	339.26
Feb.	1	309.09	− 9.09	179.41	−3.44	241.92	−4.37	339.34
	3	322.24	− 9.65	179.39	−2.90	237.26	−4.61	339.67
	5	336.08	−10.14	179.81	−2.13	228.52	−4.83	340.24
	7	350.45	−10.50	180.80	−1.29	206.22	−4.99	341.00
	9	5.10	−10.71	182.41	−0.99	147.67	−5.08	341.89
	11	19.77	−10.74	184.66	−1.64	107.30	−5.10	342.81
	13	34.22	−10.61	187.52	−2.46	93.69	−5.06	343.65
	15	48.26	−10.36	190.96	−3.14	87.58	−4.96	344.35
	17	61.81	−10.01	194.93	−3.63	84.06	−4.82	344.86
	19	74.84	− 9.61	199.38	−3.93	81.67	−4.67	345.14
	21	87.36	− 9.19	204.25	−4.09	79.83	−4.50	345.22
	23	99.41	− 8.76	209.48	−4.13	78.26	−4.34	345.09
	25	111.06	− 8.33	215.04	−4.10	76.86	−4.18	344.80
	27	122.35	− 7.93	220.87	−4.02	75.54	−4.02	344.35
Mar.	1	133.33	− 7.54	226.93	−3.91	74.27	−3.88	343.79
	3	144.05	− 7.17	233.19	+3.78	73.04	−3.75	343.14
	5	154.54	− 6.82	239.60	+3.64	71.84	−3.63	342.41
	7	164.84	− 6.49	246.15	+3.50	70.66	−3.51	341.63
	9	174.96	− 6.18	252.79	+3.35	69.50	−3.41	340.81
	11	184.94	− 5.88	259.50	+3.21	68.38	−3.31	339.97
	13	194.78	− 5.59	266.24	+3.08	67.28	−3.22	339.12
	15	204.51	− 5.32	273.01	+2.94	66.22	−3.14	338.28
	17	214.12	− 5.06	279.76	+2.81	65.19	−3.07	337.44
	19	223.62	− 4.81	286.47	+2.68	64.21	−3.00	336.63
	21	233.03	− 4.57	293.12	+2.56	63.27	−2.94	335.86
	23	242.34	− 4.34	299.67	+2.43	62.38	−2.88	335.12
	25	251.57	− 4.11	306.10	+2.31	61.55	−2.82	334.42
	27	260.70	− 3.89	312.37	+2.19	60.76	−2.77	333.79
	29	269.74	− 3.68	318.45	+2.06	60.03	−2.73	333.21
	31	278.69	− 3.47	324.30	+1.93	59.36	−2.69	332.70
Apr.	2	287.55	− 3.27	329.88	+1.79	58.73	−2.65	332.26

MERCURY, 2021

EPHEMERIS FOR PHYSICAL OBSERVATIONS
FOR 0ʰ TERRESTRIAL TIME

Date		Light-time	Magnitude	Surface Brightness	Diameter	Phase	Phase Angle	Defect of Illumination
		m		mag./arcsec^2	″		°	″
Apr.	2	10.54	− 0.6	+ 2.6	5.31	0.869	42.4	0.70
	4	10.68	− 0.7	+ 2.5	5.24	0.889	38.9	0.58
	6	10.81	− 0.8	+ 2.4	5.18	0.909	35.2	0.47
	8	10.92	− 1.0	+ 2.2	5.13	0.928	31.1	0.37
	10	11.00	− 1.1	+ 2.1	5.09	0.947	26.6	0.27
	12	11.07	− 1.3	+ 1.9	5.06	0.964	21.7	0.18
	14	11.11	− 1.5	+ 1.7	5.04	0.980	16.4	0.10
	16	11.12	− 1.8	+ 1.4	5.03	0.992	10.6	0.04
	18	11.10	− 2.1	+ 1.1	5.04	0.999	4.3	0.01
	20	11.03	− 2.3	+ 1.0	5.07	0.999	3.5	0.00
	22	10.92	− 2.0	+ 1.3	5.12	0.991	10.7	0.04
	24	10.77	− 1.8	+ 1.5	5.20	0.974	18.7	0.14
	26	10.57	− 1.6	+ 1.7	5.30	0.946	27.0	0.29
	28	10.32	− 1.5	+ 1.8	5.42	0.907	35.5	0.50
	30	10.04	− 1.3	+ 2.0	5.58	0.860	44.0	0.78
May	2	9.72	− 1.1	+ 2.2	5.76	0.805	52.4	1.12
	4	9.37	− 0.9	+ 2.4	5.97	0.746	60.5	1.52
	6	9.01	− 0.7	+ 2.6	6.21	0.685	68.3	1.96
	8	8.63	− 0.5	+ 2.8	6.48	0.624	75.6	2.44
	10	8.26	− 0.3	+ 3.0	6.78	0.564	82.6	2.96
	12	7.88	− 0.1	+ 3.2	7.10	0.506	89.3	3.51
	14	7.51	+ 0.1	+ 3.3	7.45	0.451	95.6	4.09
	16	7.15	+ 0.3	+ 3.5	7.83	0.399	101.7	4.71
	18	6.80	+ 0.5	+ 3.6	8.23	0.349	107.5	5.35
	20	6.48	+ 0.7	+ 3.8	8.64	0.302	113.3	6.03
	22	6.17	+ 0.9	+ 4.0	9.08	0.258	118.9	6.73
	24	5.88	+ 1.2	+ 4.2	9.52	0.216	124.6	7.46
	26	5.61	+ 1.5	+ 4.3	9.97	0.177	130.3	8.21
	28	5.38	+ 1.9	+ 4.6	10.41	0.140	136.0	8.95
	30	5.16	+ 2.3	+ 4.8	10.84	0.107	141.9	9.68
June	1	4.98	+ 2.9	+ 5.1	11.23	0.077	147.8	10.37
	3	4.83	+ 3.5	+ 5.3	11.58	0.051	153.9	10.99
	5	4.72	+ 4.3	+ 5.6	11.87	0.030	160.0	11.51
	7	4.63	+ 5.1	+ 5.7	12.08	0.015	165.9	11.90
	9	4.59	—	—	12.20	0.006	171.1	12.12
	11	4.58	—	—	12.22	0.004	173.2	12.17
	13	4.61	—	—	12.15	0.008	169.9	12.05
	15	4.67	+ 4.9	+ 5.7	11.98	0.019	164.3	11.75
	17	4.78	+ 4.1	+ 5.5	11.72	0.035	158.3	11.30
	19	4.91	+ 3.3	+ 5.3	11.39	0.058	152.2	10.74
	21	5.08	+ 2.7	+ 5.0	11.01	0.085	146.1	10.08
	23	5.28	+ 2.2	+ 4.7	10.59	0.116	140.1	9.36
	25	5.51	+ 1.8	+ 4.5	10.15	0.151	134.2	8.62
	27	5.77	+ 1.4	+ 4.3	9.70	0.189	128.4	7.86
	29	6.05	+ 1.1	+ 4.1	9.25	0.230	122.6	7.12
July	1	6.36	+ 0.8	+ 3.9	8.80	0.274	116.8	6.39
	3	6.69	+ 0.6	+ 3.7	8.37	0.321	111.0	5.68

EPHEMERIS FOR PHYSICAL OBSERVATIONS
FOR 0ʰ TERRESTRIAL TIME

Date		Sub-Earth Point		Sub-Solar Point			North Pole	
		Long.	Lat.	Long.	Dist.	P.A.	Dist.	P.A.
		°	°	°	″	°	″	°
Apr.	2	287.55	− 3.27	329.88	+1.79	58.73	−2.65	332.26
	4	296.31	− 3.08	335.14	+1.65	58.15	−2.61	331.91
	6	304.98	− 2.89	340.04	+1.49	57.60	−2.58	331.64
	8	313.55	− 2.70	344.53	+1.32	57.04	−2.56	331.47
	10	322.02	− 2.52	348.54	+1.14	56.44	−2.54	331.41
	12	330.39	− 2.34	352.03	+0.94	55.64	−2.52	331.46
	14	338.67	− 2.17	354.94	+0.71	54.30	−2.51	331.63
	16	346.86	− 2.00	357.23	+0.46	51.19	−2.51	331.93
	18	354.98	− 1.84	358.89	+0.19	37.35	−2.52	332.37
	20	3.03	− 1.68	359.93	+0.16	271.37	−2.53	332.96
	22	11.04	− 1.52	0.40	+0.48	251.76	−2.56	333.70
	24	19.04	− 1.36	0.41	+0.83	248.65	−2.60	334.58
	26	27.07	− 1.20	0.12	+1.20	248.00	−2.64	335.59
	28	35.17	− 1.04	359.71	+1.57	248.23	−2.71	336.73
	30	43.39	− 0.87	359.40	+1.94	248.91	−2.78	337.97
May	2	51.76	− 0.70	359.39	+2.28	249.86	−2.88	339.28
	4	60.31	− 0.51	359.82	+2.60	250.96	−2.98	340.64
	6	69.08	− 0.31	0.82	+2.89	252.17	−3.10	342.01
	8	78.08	− 0.09	2.44	+3.14	253.43	−3.24	343.38
	10	87.33	+ 0.15	4.69	+3.36	254.71	+3.39	344.70
	12	96.83	+ 0.40	7.56	+3.55	255.99	+3.55	345.97
	14	106.60	+ 0.69	11.01	−3.71	257.24	+3.72	347.15
	16	116.65	+ 1.00	14.99	−3.83	258.46	+3.91	348.24
	18	126.98	+ 1.34	19.45	−3.92	259.65	+4.11	349.21
	20	137.60	+ 1.71	24.32	−3.97	260.80	+4.32	350.05
	22	148.52	+ 2.11	29.57	−3.97	261.93	+4.53	350.76
	24	159.75	+ 2.54	35.13	−3.92	263.06	+4.75	351.31
	26	171.30	+ 3.00	40.96	−3.80	264.24	+4.97	351.71
	28	183.16	+ 3.48	47.03	−3.61	265.54	+5.19	351.95
	30	195.34	+ 3.98	53.29	−3.35	267.09	+5.40	352.03
June	1	207.83	+ 4.50	59.71	−2.99	269.10	+5.59	351.95
	3	220.60	+ 5.02	66.26	−2.55	272.01	+5.76	351.74
	5	233.63	+ 5.53	72.90	−2.03	276.72	+5.90	351.40
	7	246.85	+ 6.01	79.61	−1.47	285.65	+6.00	350.96
	9	260.22	+ 6.45	86.36	−0.94	306.56	+6.06	350.46
	11	273.66	+ 6.83	93.12	−0.73	354.50	+6.06	349.93
	13	287.09	+ 7.15	99.87	−1.07	35.07	+6.02	349.41
	15	300.44	+ 7.40	106.58	−1.62	51.48	+5.93	348.93
	17	313.62	+ 7.58	113.23	−2.17	59.10	+5.80	348.52
	19	326.59	+ 7.69	119.78	−2.66	63.48	+5.64	348.21
	21	339.30	+ 7.73	126.20	−3.07	66.43	+5.45	348.01
	23	351.72	+ 7.71	132.47	−3.40	68.69	+5.24	347.95
	25	3.81	+ 7.65	138.55	−3.64	70.57	+5.03	348.02
	27	15.59	+ 7.55	144.39	−3.80	72.27	+4.80	348.25
	29	27.04	+ 7.41	149.97	−3.89	73.89	+4.58	348.62
July	1	38.16	+ 7.26	155.23	−3.93	75.49	+4.36	349.14
	3	48.98	+ 7.09	160.12	−3.91	77.12	+4.15	349.82

MERCURY, 2021

EPHEMERIS FOR PHYSICAL OBSERVATIONS
FOR 0ʰ TERRESTRIAL TIME

Date		Light-time	Magnitude	Surface Brightness	Diameter	Phase	Phase Angle	Defect of Illumination
		m		mag./arcsec^2	$''$		$\circ$	$''$
July	1	6.36	+0.8	+3.9	8.80	0.274	116.8	6.39
	3	6.69	+0.6	+3.7	8.37	0.321	111.0	5.68
	5	7.03	+0.4	+3.5	7.96	0.371	105.0	5.01
	7	7.39	+0.2	+3.4	7.57	0.423	98.9	4.37
	9	7.77	− 0.0	+3.2	7.21	0.479	92.5	3.76
	11	8.15	− 0.2	+3.0	6.87	0.537	85.8	3.18
	13	8.54	− 0.4	+2.9	6.55	0.598	78.7	2.64
	15	8.92	− 0.6	+2.7	6.27	0.660	71.3	2.13
	17	9.30	− 0.8	+2.5	6.02	0.723	63.5	1.67
	19	9.66	− 1.0	+2.3	5.79	0.784	55.4	1.25
	21	10.00	− 1.2	+2.1	5.60	0.841	47.0	0.89
	23	10.30	− 1.4	+1.9	5.43	0.891	38.5	0.59
	25	10.57	− 1.6	+1.7	5.30	0.933	30.0	0.36
	27	10.79	− 1.7	+1.6	5.19	0.964	21.8	0.19
	29	10.96	− 1.9	+1.4	5.11	0.985	14.2	0.08
	31	11.09	− 2.0	+1.2	5.05	0.996	7.6	0.02
Aug.	2	11.18	− 2.1	+1.2	5.01	0.998	5.4	0.01
	4	11.22	− 1.8	+1.4	4.99	0.993	9.6	0.03
	6	11.23	− 1.6	+1.7	4.98	0.983	14.9	0.08
	8	11.21	− 1.3	+1.9	4.99	0.970	20.1	0.15
	10	11.16	− 1.1	+2.0	5.02	0.954	24.9	0.23
	12	11.08	− 1.0	+2.2	5.05	0.936	29.3	0.32
	14	10.99	− 0.8	+2.4	5.09	0.918	33.4	0.42
	16	10.88	− 0.7	+2.5	5.15	0.899	37.1	0.52
	18	10.75	− 0.6	+2.6	5.21	0.879	40.6	0.63
	20	10.61	− 0.5	+2.7	5.28	0.860	43.9	0.74
	22	10.45	− 0.4	+2.8	5.35	0.841	47.0	0.85
	24	10.29	− 0.3	+2.9	5.44	0.821	50.0	0.97
	26	10.11	− 0.2	+3.0	5.53	0.802	52.9	1.10
	28	9.93	− 0.1	+3.1	5.64	0.782	55.7	1.23
	30	9.74	− 0.1	+3.2	5.75	0.761	58.5	1.37
Sept.	1	9.54	0.0	+3.2	5.87	0.740	61.3	1.52
	3	9.33	0.0	+3.3	6.00	0.719	64.1	1.69
	5	9.11	+0.1	+3.3	6.15	0.696	66.9	1.87
	7	8.88	+0.1	+3.4	6.30	0.672	69.9	2.07
	9	8.65	+0.1	+3.4	6.47	0.646	73.0	2.29
	11	8.40	+0.2	+3.5	6.66	0.619	76.3	2.54
	13	8.15	+0.2	+3.5	6.86	0.589	79.8	2.82
	15	7.90	+0.2	+3.6	7.09	0.557	83.5	3.14
	17	7.64	+0.3	+3.6	7.33	0.521	87.6	3.51
	19	7.37	+0.3	+3.6	7.59	0.483	92.0	3.93
	21	7.10	+0.4	+3.7	7.88	0.440	96.9	4.41
	23	6.83	+0.4	+3.7	8.19	0.394	102.2	4.96
	25	6.57	+0.5	+3.8	8.52	0.344	108.2	5.59
	27	6.31	+0.7	+3.8	8.86	0.289	114.9	6.30
	29	6.08	+1.0	+3.9	9.21	0.232	122.5	7.08
Oct.	1	5.86	+1.4	+4.1	9.55	0.173	130.9	7.90

EPHEMERIS FOR PHYSICAL OBSERVATIONS
FOR 0ʰ TERRESTRIAL TIME

Date		Sub-Earth Point		Sub-Solar Point			North Pole	
		Long.	Lat.	Long.	Dist.	P.A.	Dist.	P.A.
		°	°	°	″	°	″	°
July	1	38.16	+ 7.26	155.23	−3.93	75.49	+4.36	349.14
	3	48.98	+ 7.09	160.12	−3.91	77.12	+4.15	349.82
	5	59.48	+ 6.91	164.60	−3.84	78.82	+3.95	350.65
	7	69.69	+ 6.72	168.60	−3.74	80.61	+3.76	351.64
	9	79.60	+ 6.54	172.08	−3.60	82.52	+3.58	352.79
	11	89.24	+ 6.35	174.98	+3.42	84.58	+3.41	354.09
	13	98.61	+ 6.18	177.26	+3.21	86.80	+3.26	355.56
	15	107.71	+ 6.01	178.91	+2.97	89.22	+3.12	357.18
	17	116.58	+ 5.86	179.94	+2.69	91.86	+2.99	358.94
	19	125.21	+ 5.72	180.40	+2.38	94.77	+2.88	0.83
	21	133.66	+ 5.60	180.41	+2.05	98.02	+2.78	2.81
	23	141.94	+ 5.50	180.11	+1.69	101.77	+2.70	4.87
	25	150.10	+ 5.41	179.70	+1.33	106.31	+2.63	6.95
	27	158.17	+ 5.35	179.40	+0.97	112.43	+2.58	9.03
	29	166.22	+ 5.31	179.39	+0.62	122.46	+2.54	11.06
	31	174.26	+ 5.28	179.83	+0.34	146.11	+2.51	13.01
Aug.	2	182.34	+ 5.27	180.84	+0.24	210.91	+2.49	14.86
	4	190.48	+ 5.27	182.47	+0.41	253.67	+2.48	16.58
	6	198.70	+ 5.28	184.73	+0.64	268.00	+2.48	18.17
	8	207.00	+ 5.30	187.61	+0.86	275.02	+2.48	19.63
	10	215.40	+ 5.33	191.07	+1.05	279.42	+2.50	20.96
	12	223.89	+ 5.36	195.05	+1.24	282.57	+2.51	22.15
	14	232.49	+ 5.40	199.51	+1.40	285.01	+2.53	23.22
	16	241.18	+ 5.44	204.39	+1.55	286.98	+2.56	24.17
	18	249.97	+ 5.48	209.64	+1.70	288.61	+2.59	25.01
	20	258.85	+ 5.52	215.21	+1.83	290.00	+2.62	25.75
	22	267.83	+ 5.57	221.05	+1.96	291.18	+2.66	26.39
	24	276.90	+ 5.62	227.11	+2.08	292.20	+2.70	26.93
	26	286.06	+ 5.66	233.38	+2.21	293.09	+2.75	27.40
	28	295.31	+ 5.71	239.80	+2.33	293.86	+2.80	27.78
	30	304.65	+ 5.76	246.35	+2.45	294.53	+2.86	28.09
Sept.	1	314.09	+ 5.81	252.99	+2.57	295.12	+2.92	28.33
	3	323.62	+ 5.86	259.70	+2.70	295.64	+2.98	28.51
	5	333.26	+ 5.91	266.45	+2.83	296.09	+3.05	28.64
	7	343.01	+ 5.96	273.21	+2.96	296.50	+3.13	28.71
	9	352.88	+ 6.01	279.97	+3.10	296.87	+3.22	28.74
	11	2.87	+ 6.07	286.68	+3.24	297.21	+3.31	28.72
	13	13.02	+ 6.12	293.32	+3.38	297.54	+3.41	28.68
	15	23.33	+ 6.18	299.87	+3.52	297.87	+3.52	28.61
	17	33.83	+ 6.24	306.30	+3.66	298.22	+3.64	28.52
	19	44.55	+ 6.30	312.56	−3.80	298.61	+3.77	28.42
	21	55.53	+ 6.35	318.64	−3.91	299.06	+3.91	28.33
	23	66.79	+ 6.41	324.48	−4.00	299.61	+4.07	28.25
	25	78.41	+ 6.46	330.05	−4.05	300.29	+4.23	28.20
	27	90.42	+ 6.49	335.31	−4.02	301.17	+4.40	28.17
	29	102.88	+ 6.50	340.20	−3.89	302.31	+4.57	28.19
Oct.	1	115.83	+ 6.48	344.67	−3.61	303.84	+4.74	28.25

MERCURY, 2021

EPHEMERIS FOR PHYSICAL OBSERVATIONS
FOR 0ʰ TERRESTRIAL TIME

Date		Light-time	Magnitude	Surface Brightness	Diameter	Phase	Phase Angle	Defect of Illumination
		m		mag./arcsec^2	$''$		$\circ$	$''$
Oct.	1	5.86	+ 1.4	+ 4.1	9.55	0.173	130.9	7.90
	3	5.68	+ 2.0	+ 4.4	9.85	0.116	140.2	8.71
	5	5.55	+ 2.9	+ 4.7	10.08	0.065	150.5	9.43
	7	5.48	+ 4.2	+ 5.0	10.21	0.025	161.7	9.95
	9	5.49	—	—	10.20	0.004	172.4	10.15
	11	5.58	—	—	10.04	0.007	170.3	9.96
	13	5.75	+ 3.7	+ 4.7	9.73	0.036	158.0	9.37
	15	6.01	+ 2.2	+ 4.2	9.31	0.092	144.8	8.46
	17	6.35	+ 1.1	+ 3.7	8.82	0.168	131.6	7.33
	19	6.74	+ 0.4	+ 3.3	8.30	0.259	118.8	6.15
	21	7.18	0.0	+ 3.1	7.80	0.357	106.6	5.01
	23	7.64	− 0.3	+ 2.9	7.33	0.455	95.1	3.99
	25	8.10	− 0.5	+ 2.8	6.91	0.548	84.5	3.13
	27	8.55	− 0.6	+ 2.7	6.55	0.631	74.9	2.42
	29	8.98	− 0.7	+ 2.6	6.23	0.703	66.1	1.85
	31	9.39	− 0.8	+ 2.5	5.96	0.763	58.2	1.41
Nov.	2	9.77	− 0.9	+ 2.4	5.73	0.814	51.1	1.07
	4	10.11	− 0.9	+ 2.4	5.53	0.855	44.8	0.80
	6	10.43	− 0.9	+ 2.3	5.37	0.888	39.1	0.60
	8	10.71	− 0.9	+ 2.3	5.23	0.914	34.0	0.45
	10	10.95	− 0.9	+ 2.3	5.11	0.935	29.4	0.33
	12	11.17	− 0.9	+ 2.2	5.01	0.952	25.3	0.24
	14	11.37	− 1.0	+ 2.2	4.92	0.965	21.5	0.17
	16	11.53	− 1.0	+ 2.2	4.85	0.975	18.0	0.12
	18	11.68	− 1.0	+ 2.1	4.79	0.983	14.8	0.08
	20	11.79	− 1.1	+ 2.1	4.75	0.989	11.8	0.05
	22	11.89	− 1.1	+ 2.0	4.71	0.994	9.0	0.03
	24	11.97	− 1.2	+ 1.9	4.68	0.997	6.4	0.01
	26	12.02	− 1.3	+ 1.8	4.66	0.999	4.0	0.01
	28	12.06	—	—	4.64	1.000	1.9	0.00
	30	12.07	—	—	4.64	1.000	1.9	0.00
Dec.	2	12.07	− 1.2	+ 1.8	4.64	0.999	3.9	0.01
	4	12.04	− 1.1	+ 1.9	4.65	0.997	6.2	0.01
	6	12.00	− 1.0	+ 2.0	4.66	0.994	8.5	0.03
	8	11.94	− 1.0	+ 2.1	4.69	0.991	10.9	0.04
	10	11.86	− 0.9	+ 2.2	4.72	0.986	13.4	0.06
	12	11.76	− 0.9	+ 2.2	4.76	0.981	16.0	0.09
	14	11.64	− 0.8	+ 2.3	4.81	0.974	18.7	0.13
	16	11.50	− 0.8	+ 2.3	4.87	0.965	21.6	0.17
	18	11.34	− 0.8	+ 2.4	4.94	0.955	24.6	0.22
	20	11.15	− 0.8	+ 2.4	5.02	0.942	27.9	0.29
	22	10.94	− 0.8	+ 2.4	5.11	0.926	31.5	0.38
	24	10.71	− 0.8	+ 2.4	5.23	0.908	35.4	0.48
	26	10.45	− 0.8	+ 2.5	5.36	0.885	39.7	0.62
	28	10.16	− 0.8	+ 2.5	5.51	0.857	44.4	0.79
	30	9.84	− 0.8	+ 2.5	5.69	0.823	49.7	1.00
	32	9.50	− 0.7	+ 2.6	5.89	0.782	55.6	1.28

EPHEMERIS FOR PHYSICAL OBSERVATIONS
FOR 0ʰ TERRESTRIAL TIME

Date		Sub-Earth Point		Sub-Solar Point			North Pole	
		Long.	Lat.	Long.	Dist.	P.A.	Dist.	P.A.
		°	°	°	″	°	″	°
Oct.	1	115.83	+ 6.48	344.67	−3.61	303.84	+4.74	28.25
	3	129.31	+ 6.41	348.66	−3.15	306.05	+4.89	28.34
	5	143.29	+ 6.27	352.13	−2.48	309.61	+5.01	28.45
	7	157.68	+ 6.05	355.02	−1.60	317.13	+5.07	28.56
	9	172.33	+ 5.74	357.30	−0.67	347.55	+5.07	28.64
	11	187.01	+ 5.34	358.94	−0.84	85.50	+4.99	28.68
	13	201.45	+ 4.87	359.96	−1.82	106.53	+4.84	28.67
	15	215.41	+ 4.36	0.41	−2.69	112.45	+4.64	28.65
	17	228.71	+ 3.84	0.41	−3.30	115.19	+4.39	28.63
	19	241.28	+ 3.34	0.11	−3.64	116.75	+4.14	28.61
	21	253.11	+ 2.88	359.70	−3.74	117.72	+3.89	28.60
	23	264.26	+ 2.45	359.40	−3.65	118.34	+3.66	28.59
	25	274.86	+ 2.08	359.40	+3.44	118.73	+3.45	28.56
	27	284.99	+ 1.74	359.85	+3.16	118.93	+3.27	28.50
	29	294.78	+ 1.43	0.87	+2.85	118.97	+3.11	28.37
	31	304.30	+ 1.16	2.50	+2.53	118.86	+2.98	28.18
Nov.	2	313.65	+ 0.91	4.77	+2.23	118.61	+2.86	27.91
	4	322.86	+ 0.68	7.66	+1.95	118.20	+2.76	27.56
	6	332.00	+ 0.46	11.13	+1.69	117.65	+2.68	27.12
	8	341.08	+ 0.26	15.12	+1.46	116.95	+2.61	26.60
	10	350.14	+ 0.07	19.59	+1.26	116.08	+2.55	25.99
	12	359.19	− 0.12	24.47	+1.07	115.03	−2.50	25.30
	14	8.23	− 0.29	29.73	+0.90	113.77	−2.46	24.52
	16	17.28	− 0.47	35.29	+0.75	112.24	−2.42	23.67
	18	26.34	− 0.64	41.14	+0.61	110.36	−2.39	22.75
	20	35.41	− 0.80	47.21	+0.49	107.96	−2.37	21.74
	22	44.50	− 0.96	53.47	+0.37	104.67	−2.35	20.67
	24	53.59	− 1.12	59.90	+0.26	99.60	−2.34	19.53
	26	62.70	− 1.28	66.44	+0.16	89.69	−2.33	18.32
	28	71.81	− 1.44	73.09	+0.08	58.91	−2.32	17.05
	30	80.94	− 1.60	79.80	+0.08	339.80	−2.32	15.72
Dec.	2	90.07	− 1.76	86.55	+0.16	310.50	−2.32	14.33
	4	99.21	− 1.92	93.31	+0.25	300.61	−2.32	12.89
	6	108.34	− 2.08	100.06	+0.35	295.21	−2.33	11.40
	8	117.48	− 2.25	106.77	+0.44	291.40	−2.34	9.87
	10	126.62	− 2.41	113.42	+0.55	288.31	−2.35	8.30
	12	135.76	− 2.58	119.96	+0.66	285.61	−2.37	6.69
	14	144.89	− 2.76	126.39	+0.77	283.12	−2.40	5.06
	16	154.03	− 2.94	132.65	+0.89	280.76	−2.43	3.41
	18	163.16	− 3.12	138.72	+1.03	278.49	−2.46	1.75
	20	172.29	− 3.32	144.56	+1.17	276.28	−2.50	0.09
	22	181.43	− 3.52	150.13	+1.34	274.12	−2.55	358.43
	24	190.59	− 3.74	155.38	+1.51	272.01	−2.61	356.80
	26	199.77	− 3.97	160.26	+1.71	269.94	−2.67	355.19
	28	208.99	− 4.22	164.73	+1.93	267.91	−2.74	353.64
	30	218.27	− 4.49	168.71	+2.17	265.92	−2.83	352.14
	32	227.64	− 4.79	172.18	+2.43	263.99	−2.93	350.73

VENUS, 2021

EPHEMERIS FOR PHYSICAL OBSERVATIONS
FOR 0ʰ TERRESTRIAL TIME

Date		Light-time	Magnitude	Surface Brightness	Diameter	Phase	Phase Angle	Defect of Illumination
		m		mag./arcsec^2	ʺ		°	ʺ
Jan.	−2	12.88	−3.9	+0.9	10.77	0.936	29.3	0.69
	2	13.00	−3.9	+0.9	10.67	0.942	27.9	0.62
	6	13.12	−3.9	+0.9	10.58	0.947	26.5	0.56
	10	13.23	−3.9	+0.9	10.49	0.953	25.2	0.50
	14	13.33	−3.9	+0.9	10.41	0.957	23.8	0.44
	18	13.43	−3.9	+0.9	10.33	0.962	22.5	0.39
	22	13.53	−3.9	+0.9	10.26	0.966	21.1	0.35
	26	13.62	−3.9	+0.8	10.19	0.970	19.8	0.30
	30	13.70	−3.9	+0.8	10.13	0.974	18.5	0.26
Feb.	3	13.78	−3.9	+0.8	10.07	0.978	17.2	0.23
	7	13.85	−3.9	+0.8	10.02	0.981	15.9	0.19
	11	13.92	−3.9	+0.8	9.97	0.984	14.6	0.16
	15	13.99	−3.9	+0.8	9.92	0.987	13.3	0.13
	19	14.05	−3.9	+0.8	9.88	0.989	12.0	0.11
	23	14.10	−3.9	+0.8	9.84	0.991	10.7	0.09
	27	14.15	−3.9	+0.8	9.81	0.993	9.4	0.07
Mar.	3	14.19	−3.9	+0.8	9.78	0.995	8.1	0.05
	7	14.23	−3.9	+0.8	9.75	0.996	6.9	0.03
	11	14.26	−3.9	+0.8	9.73	0.998	5.6	0.02
	15	14.29	−3.9	+0.8	9.71	0.999	4.4	0.01
	19	14.31	−3.9	+0.8	9.70	0.999	3.2	0.01
	23	14.32	−3.9	+0.8	9.69	1.000	2.2	0.00
	27	14.33	—	—	9.68	1.000	1.9	0.00
	31	14.33	−3.9	+0.8	9.68	1.000	2.4	0.00
Apr.	4	14.33	−3.9	+0.8	9.69	0.999	3.5	0.01
	8	14.32	−3.9	+0.8	9.69	0.998	4.7	0.02
	12	14.30	−3.9	+0.8	9.71	0.997	6.1	0.03
	16	14.28	−3.9	+0.8	9.72	0.996	7.5	0.04
	20	14.24	−3.9	+0.8	9.74	0.994	8.9	0.06
	24	14.21	−3.9	+0.8	9.77	0.992	10.3	0.08
	28	14.16	−3.9	+0.8	9.80	0.989	11.8	0.10
May	2	14.11	−3.9	+0.8	9.84	0.987	13.3	0.13
	6	14.05	−3.9	+0.8	9.88	0.983	14.8	0.16
	10	13.98	−3.9	+0.8	9.93	0.980	16.3	0.20
	14	13.90	−3.9	+0.8	9.98	0.976	17.8	0.24
	18	13.82	−3.9	+0.8	10.04	0.972	19.4	0.29
	22	13.73	−3.9	+0.8	10.11	0.967	21.0	0.33
	26	13.63	−3.9	+0.8	10.18	0.962	22.5	0.39
	30	13.52	−3.9	+0.9	10.26	0.956	24.1	0.45
June	3	13.41	−3.9	+0.9	10.35	0.950	25.7	0.51
	7	13.29	−3.9	+0.9	10.44	0.944	27.3	0.58
	11	13.16	−3.9	+0.9	10.55	0.937	29.0	0.66
	15	13.03	−3.9	+0.9	10.66	0.930	30.6	0.74
	19	12.88	−3.9	+0.9	10.77	0.923	32.2	0.83
	23	12.73	−3.9	+0.9	10.90	0.915	33.9	0.92
	27	12.58	−3.9	+1.0	11.04	0.907	35.5	1.03
July	1	12.41	−3.9	+1.0	11.18	0.899	37.1	1.13

VENUS, 2021

EPHEMERIS FOR PHYSICAL OBSERVATIONS
FOR 0ʰ TERRESTRIAL TIME

Date		L_s	Sub-Earth Point		Sub-Solar Point				North Pole	
			Long.	Lat.	Long.	Lat.	Dist.	P.A.	Dist.	P.A.
		°	°	°	°	°	″	°	″	°
Jan.	−2	349.34	112.00	+ 0.07	82.75	− 0.49	+ 2.63	97.71	+ 5.39	6.58
	2	355.74	122.94	+ 0.16	95.07	− 0.20	+ 2.50	95.26	+ 5.34	4.55
	6	2.12	133.88	+ 0.24	107.37	+ 0.10	+ 2.36	92.72	+ 5.29	2.47
	10	8.50	144.82	+ 0.32	119.67	+ 0.39	+ 2.23	90.11	+ 5.25	0.36
	14	14.87	155.76	+ 0.39	131.96	+ 0.68	+ 2.10	87.45	+ 5.21	358.24
	18	21.23	166.70	+ 0.46	144.24	+ 0.95	+ 1.97	84.75	+ 5.17	356.14
	22	27.58	177.64	+ 0.52	156.51	+ 1.22	+ 1.85	82.04	+ 5.13	354.08
	26	33.93	188.59	+ 0.58	168.78	+ 1.47	+ 1.73	79.34	+ 5.10	352.07
	30	40.27	199.53	+ 0.63	181.04	+ 1.70	+ 1.61	76.65	+ 5.07	350.15
Feb.	3	46.60	210.47	+ 0.66	193.30	+ 1.92	+ 1.49	73.98	+ 5.04	348.32
	7	52.93	221.40	+ 0.69	205.56	+ 2.10	+ 1.37	71.35	+ 5.01	346.61
	11	59.26	232.34	+ 0.71	217.81	+ 2.27	+ 1.26	68.74	+ 4.98	345.01
	15	65.58	243.28	+ 0.72	230.06	+ 2.40	+ 1.14	66.15	+ 4.96	343.55
	19	71.91	254.21	+ 0.72	242.32	+ 2.51	+ 1.03	63.53	+ 4.94	342.24
	23	78.23	265.14	+ 0.70	254.57	+ 2.58	+ 0.92	60.85	+ 4.92	341.07
	27	84.55	276.06	+ 0.68	266.82	+ 2.63	+ 0.80	58.03	+ 4.90	340.05
Mar.	3	90.88	286.99	+ 0.64	279.08	+ 2.64	+ 0.69	54.91	+ 4.89	339.18
	7	97.20	297.90	+ 0.59	291.34	+ 2.62	+ 0.58	51.26	+ 4.88	338.47
	11	103.54	308.82	+ 0.54	303.60	+ 2.57	+ 0.47	46.60	+ 4.87	337.91
	15	109.87	319.73	+ 0.47	315.87	+ 2.48	+ 0.37	39.93	+ 4.86	337.51
	19	116.21	330.64	+ 0.39	328.14	+ 2.37	+ 0.27	28.87	+ 4.85	337.26
	23	122.56	341.54	+ 0.30	340.42	+ 2.22	+ 0.19	7.48	+ 4.84	337.17
	27	128.92	352.44	+ 0.21	352.70	+ 2.05	+ 0.16	329.14	+ 4.84	337.22
	31	135.28	3.33	+ 0.11	4.99	+ 1.86	+ 0.20	293.98	+ 4.84	337.43
Apr.	4	141.65	14.22	0.00	17.29	+ 1.64	+ 0.29	275.94	− 4.84	337.79
	8	148.03	25.11	− 0.12	29.59	+ 1.40	+ 0.40	266.96	− 4.85	338.30
	12	154.42	35.99	− 0.23	41.90	+ 1.14	+ 0.51	262.04	− 4.85	338.95
	16	160.82	46.86	− 0.36	54.22	+ 0.87	+ 0.63	259.20	− 4.86	339.76
	20	167.23	57.74	− 0.48	66.55	+ 0.58	+ 0.75	257.58	− 4.87	340.71
	24	173.65	68.60	− 0.60	78.89	+ 0.29	+ 0.88	256.75	− 4.88	341.80
	28	180.08	79.46	− 0.73	91.24	0.00	+ 1.00	256.51	− 4.90	343.04
May	2	186.51	90.32	− 0.85	103.59	− 0.30	+ 1.13	256.70	− 4.92	344.41
	6	192.96	101.17	− 0.97	115.96	− 0.59	+ 1.26	257.26	− 4.94	345.92
	10	199.41	112.02	− 1.08	128.33	− 0.88	+ 1.39	258.11	− 4.96	347.54
	14	205.88	122.87	− 1.18	140.72	− 1.15	+ 1.53	259.21	− 4.99	349.28
	18	212.35	133.71	− 1.28	153.11	− 1.41	+ 1.67	260.52	− 5.02	351.12
	22	218.83	144.54	− 1.37	165.51	− 1.65	+ 1.81	262.01	− 5.05	353.05
	26	225.31	155.37	− 1.45	177.92	− 1.88	+ 1.95	263.65	− 5.09	355.04
	30	231.80	166.19	− 1.52	190.33	− 2.07	+ 2.10	265.41	− 5.13	357.09
June	3	238.29	177.01	− 1.58	202.75	− 2.24	+ 2.25	267.26	− 5.17	359.16
	7	244.78	187.82	− 1.62	215.18	− 2.39	+ 2.40	269.18	− 5.22	1.25
	11	251.28	198.63	− 1.65	227.60	− 2.50	+ 2.55	271.13	− 5.27	3.32
	15	257.78	209.43	− 1.66	240.03	− 2.58	+ 2.71	273.08	− 5.33	5.35
	19	264.27	220.23	− 1.65	252.46	− 2.63	+ 2.87	275.02	− 5.38	7.33
	23	270.77	231.02	− 1.63	264.88	− 2.64	+ 3.04	276.92	− 5.45	9.23
	27	277.26	241.80	− 1.59	277.31	− 2.62	+ 3.20	278.76	− 5.52	11.04
July	1	283.74	252.58	− 1.54	289.73	− 2.56	+ 3.38	280.53	− 5.59	12.74

VENUS, 2021

EPHEMERIS FOR PHYSICAL OBSERVATIONS
FOR 0ʰ TERRESTRIAL TIME

Date		Light-time	Magnitude	Surface Brightness	Diameter	Phase	Phase Angle	Defect of Illumination
		m		mag./arcsec²	″		°	″
July	1	12.41	− 3.9	+ 1.0	11.18	0.899	37.1	1.13
	5	12.24	− 3.9	+ 1.0	11.34	0.890	38.8	1.25
	9	12.07	− 3.9	+ 1.0	11.50	0.881	40.4	1.37
	13	11.89	− 3.9	+ 1.0	11.68	0.871	42.1	1.50
	17	11.70	− 3.9	+ 1.0	11.86	0.861	43.7	1.65
	21	11.51	− 3.9	+ 1.1	12.06	0.851	45.4	1.79
	25	11.31	− 3.9	+ 1.1	12.27	0.841	47.0	1.95
	29	11.10	− 3.9	+ 1.1	12.50	0.830	48.7	2.12
Aug.	2	10.90	− 3.9	+ 1.1	12.74	0.819	50.3	2.30
	6	10.69	− 3.9	+ 1.1	12.99	0.808	52.0	2.49
	10	10.47	− 3.9	+ 1.2	13.26	0.797	53.6	2.70
	14	10.25	− 4.0	+ 1.2	13.54	0.785	55.3	2.91
	18	10.03	− 4.0	+ 1.2	13.84	0.773	56.9	3.14
	22	9.80	− 4.0	+ 1.2	14.17	0.761	58.6	3.39
	26	9.57	− 4.0	+ 1.2	14.51	0.748	60.2	3.65
	30	9.33	− 4.0	+ 1.2	14.87	0.735	61.9	3.93
Sept.	3	9.10	− 4.0	+ 1.3	15.26	0.722	63.6	4.24
	7	8.86	− 4.1	+ 1.3	15.67	0.709	65.3	4.56
	11	8.62	− 4.1	+ 1.3	16.10	0.695	67.0	4.90
	15	8.37	− 4.1	+ 1.3	16.57	0.682	68.7	5.28
	19	8.13	− 4.1	+ 1.3	17.07	0.667	70.5	5.68
	23	7.88	− 4.2	+ 1.3	17.61	0.653	72.2	6.12
	27	7.63	− 4.2	+ 1.4	18.18	0.638	74.0	6.59
Oct.	1	7.38	− 4.2	+ 1.4	18.80	0.622	75.9	7.10
	5	7.13	− 4.3	+ 1.4	19.46	0.606	77.7	7.66
	9	6.88	− 4.3	+ 1.4	20.18	0.590	79.7	8.28
	13	6.63	− 4.3	+ 1.4	20.95	0.573	81.6	8.95
	17	6.37	− 4.4	+ 1.4	21.79	0.555	83.7	9.69
	21	6.12	− 4.4	+ 1.4	22.69	0.537	85.8	10.51
	25	5.86	− 4.5	+ 1.4	23.68	0.518	87.9	11.42
	29	5.61	− 4.5	+ 1.4	24.76	0.498	90.2	12.43
Nov.	2	5.35	− 4.5	+ 1.5	25.93	0.477	92.6	13.56
	6	5.10	− 4.6	+ 1.5	27.22	0.455	95.1	14.82
	10	4.85	− 4.6	+ 1.5	28.63	0.432	97.8	16.25
	14	4.60	− 4.7	+ 1.5	30.19	0.408	100.6	17.87
	18	4.35	− 4.7	+ 1.5	31.90	0.382	103.6	19.70
	22	4.11	− 4.8	+ 1.5	33.79	0.355	106.8	21.79
	26	3.87	− 4.8	+ 1.5	35.88	0.326	110.3	24.18
	30	3.64	− 4.9	+ 1.5	38.17	0.295	114.2	26.90
Dec.	4	3.41	− 4.9	+ 1.4	40.69	0.263	118.3	30.00
	8	3.20	− 4.9	+ 1.4	43.44	0.228	122.9	33.52
	12	2.99	− 4.9	+ 1.4	46.40	0.192	128.0	37.48
	16	2.80	− 4.9	+ 1.3	49.53	0.155	133.6	41.85
	20	2.63	− 4.8	+ 1.2	52.73	0.118	139.8	46.52
	24	2.48	− 4.7	+ 1.1	55.86	0.082	146.7	51.28
	28	2.36	− 4.5	+ 0.8	58.69	0.050	154.1	55.75
	32	2.28	− 4.2	+ 0.4	60.96	0.025	162.0	59.46

EPHEMERIS FOR PHYSICAL OBSERVATIONS
FOR 0ʰ TERRESTRIAL TIME

Date		L_s	Sub-Earth Point		Sub-Solar Point				North Pole	
			Long.	Lat.	Long.	Lat.	Dist.	P.A.	Dist.	P.A.
		°	°	°	°	°	″	°	″	°
July	1	283.74	252.58	− 1.54	289.73	− 2.56	+ 3.38	280.53	− 5.59	12.74
	5	290.23	263.35	− 1.46	302.14	− 2.48	+ 3.55	282.20	− 5.67	14.33
	9	296.70	274.11	− 1.37	314.55	− 2.36	+ 3.73	283.77	− 5.75	15.80
	13	303.17	284.86	− 1.26	326.95	− 2.21	+ 3.91	285.22	− 5.84	17.13
	17	309.64	295.60	− 1.13	339.34	− 2.03	+ 4.10	286.56	− 5.93	18.32
	21	316.09	306.34	− 0.98	351.72	− 1.83	+ 4.29	287.77	− 6.03	19.37
	25	322.54	317.06	− 0.82	4.09	− 1.60	+ 4.49	288.86	− 6.14	20.29
	29	328.97	327.78	− 0.64	16.45	− 1.36	+ 4.69	289.81	− 6.25	21.06
Aug.	2	335.40	338.48	− 0.45	28.80	− 1.10	+ 4.90	290.63	− 6.37	21.69
	6	341.82	349.17	− 0.24	41.14	− 0.82	+ 5.12	291.32	− 6.49	22.18
	10	348.22	359.85	− 0.01	53.46	− 0.54	+ 5.34	291.87	− 6.63	22.53
	14	354.62	10.52	+ 0.22	65.78	− 0.25	+ 5.56	292.30	+ 6.77	22.75
	18	1.01	21.17	+ 0.47	78.09	+ 0.05	+ 5.80	292.59	+ 6.92	22.84
	22	7.39	31.81	+ 0.72	90.39	+ 0.34	+ 6.04	292.74	+ 7.08	22.79
	26	13.76	42.43	+ 0.98	102.68	+ 0.63	+ 6.30	292.77	+ 7.25	22.61
	30	20.12	53.03	+ 1.25	114.96	+ 0.91	+ 6.56	292.66	+ 7.43	22.30
Sept.	3	26.48	63.62	+ 1.52	127.23	+ 1.18	+ 6.83	292.42	+ 7.62	21.86
	7	32.83	74.19	+ 1.79	139.50	+ 1.43	+ 7.12	292.04	+ 7.83	21.30
	11	39.17	84.74	+ 2.06	151.77	+ 1.67	+ 7.41	291.54	+ 8.05	20.60
	15	45.50	95.27	+ 2.33	164.03	+ 1.88	+ 7.72	290.90	+ 8.28	19.79
	19	51.83	105.76	+ 2.60	176.29	+ 2.07	+ 8.05	290.13	+ 8.53	18.85
	23	58.16	116.23	+ 2.86	188.54	+ 2.24	+ 8.38	289.23	+ 8.79	17.80
	27	64.49	126.67	+ 3.10	200.80	+ 2.38	+ 8.74	288.22	+ 9.08	16.62
Oct.	1	70.81	137.08	+ 3.34	213.05	+ 2.49	+ 9.12	287.08	+ 9.38	15.34
	5	77.13	147.44	+ 3.56	225.30	+ 2.57	+ 9.51	285.83	+ 9.71	13.96
	9	83.45	157.77	+ 3.76	237.56	+ 2.62	+ 9.92	284.47	+10.07	12.49
	13	89.78	168.04	+ 3.94	249.82	+ 2.64	+10.36	283.03	+10.45	10.93
	17	96.11	178.26	+ 4.10	262.08	+ 2.62	+10.83	281.50	+10.87	9.31
	21	102.44	188.41	+ 4.23	274.34	+ 2.58	+11.32	279.92	+11.32	7.64
	25	108.77	198.48	+ 4.33	286.61	+ 2.50	+11.83	278.29	+11.81	5.94
	29	115.11	208.47	+ 4.40	298.88	+ 2.39	− 12.38	276.64	+12.34	4.22
Nov.	2	121.46	218.36	+ 4.43	311.15	+ 2.25	− 12.95	274.98	+12.93	2.52
	6	127.82	228.14	+ 4.42	323.44	+ 2.08	− 13.55	273.34	+13.57	0.84
	10	134.18	237.79	+ 4.37	335.73	+ 1.89	− 14.18	271.73	+14.27	359.22
	14	140.55	247.28	+ 4.26	348.02	+ 1.68	− 14.84	270.18	+15.05	357.67
	18	146.93	256.58	+ 4.11	0.32	+ 1.44	− 15.50	268.70	+15.91	356.22
	22	153.32	265.67	+ 3.89	12.63	+ 1.18	− 16.17	267.31	+16.86	354.88
	26	159.71	274.50	+ 3.61	24.95	+ 0.91	− 16.82	266.01	+17.90	353.69
	30	166.12	283.04	+ 3.26	37.28	+ 0.63	− 17.41	264.80	+19.06	352.64
Dec.	4	172.54	291.23	+ 2.83	49.62	+ 0.34	− 17.91	263.68	+20.32	351.76
	8	178.97	299.01	+ 2.31	61.96	+ 0.05	− 18.23	262.62	+21.70	351.07
	12	185.40	306.31	+ 1.69	74.32	− 0.25	− 18.28	261.58	+23.19	350.58
	16	191.85	313.07	+ 0.97	86.68	− 0.54	− 17.93	260.49	+24.76	350.31
	20	198.30	319.21	+ 0.16	99.06	− 0.83	− 17.00	259.19	+26.37	350.29
	24	204.76	324.69	− 0.75	111.44	− 1.10	− 15.33	257.35	−27.93	350.51
	28	211.23	329.51	− 1.73	123.83	− 1.37	− 12.80	254.27	−29.33	350.98
	32	217.71	333.73	− 2.73	136.23	− 1.61	− 9.43	247.93	−30.45	351.68

MARS, 2021

EPHEMERIS FOR PHYSICAL OBSERVATIONS
FOR 0ʰ TERRESTRIAL TIME

Date		Light-time	Magnitude	Surface Brightness	Diameter		Phase	Phase Angle	Defect of Illumination
					Eq.	Polar			
		m		mag./arcsec^2	"	"		°	"
Jan.	−2	7.25	− 0.3	+4.4	10.74	10.69	0.892	38.3	1.16
	2	7.55	− 0.2	+4.4	10.32	10.27	0.890	38.7	1.13
	6	7.85	− 0.1	+4.5	9.92	9.87	0.888	39.1	1.11
	10	8.16	− 0.0	+4.5	9.54	9.49	0.887	39.3	1.08
	14	8.47	+ 0.1	+4.5	9.19	9.14	0.886	39.5	1.05
	18	8.79	+ 0.1	+4.5	8.86	8.81	0.885	39.6	1.02
	22	9.11	+ 0.2	+4.5	8.55	8.51	0.885	39.6	0.98
	26	9.43	+ 0.3	+4.5	8.26	8.22	0.885	39.6	0.95
	30	9.75	+ 0.4	+4.5	7.99	7.94	0.886	39.5	0.91
Feb.	3	10.08	+ 0.5	+4.5	7.73	7.69	0.886	39.4	0.88
	7	10.40	+ 0.5	+4.5	7.49	7.45	0.887	39.3	0.84
	11	10.73	+ 0.6	+4.5	7.26	7.22	0.888	39.0	0.81
	15	11.06	+ 0.7	+4.5	7.05	7.01	0.890	38.8	0.78
	19	11.38	+ 0.7	+4.5	6.84	6.81	0.891	38.5	0.74
	23	11.71	+ 0.8	+4.5	6.65	6.62	0.893	38.2	0.71
	27	12.03	+ 0.9	+4.5	6.47	6.44	0.895	37.9	0.68
Mar.	3	12.36	+ 0.9	+4.5	6.30	6.27	0.897	37.5	0.65
	7	12.68	+ 1.0	+4.5	6.14	6.11	0.899	37.1	0.62
	11	13.00	+ 1.0	+4.5	5.99	5.96	0.901	36.7	0.59
	15	13.32	+ 1.1	+4.5	5.85	5.81	0.903	36.2	0.56
	19	13.64	+ 1.1	+4.5	5.71	5.68	0.906	35.7	0.54
	23	13.95	+ 1.2	+4.6	5.58	5.55	0.908	35.2	0.51
	27	14.26	+ 1.2	+4.6	5.46	5.43	0.911	34.7	0.49
	31	14.57	+ 1.3	+4.6	5.35	5.32	0.913	34.2	0.46
Apr.	4	14.87	+ 1.3	+4.6	5.24	5.21	0.916	33.7	0.44
	8	15.17	+ 1.4	+4.6	5.13	5.10	0.919	33.1	0.42
	12	15.47	+ 1.4	+4.6	5.04	5.01	0.921	32.6	0.40
	16	15.76	+ 1.4	+4.6	4.94	4.91	0.924	32.0	0.37
	20	16.04	+ 1.5	+4.6	4.85	4.83	0.927	31.4	0.35
	24	16.33	+ 1.5	+4.6	4.77	4.74	0.930	30.8	0.34
	28	16.60	+ 1.5	+4.5	4.69	4.66	0.932	30.2	0.32
May	2	16.87	+ 1.6	+4.5	4.62	4.59	0.935	29.5	0.30
	6	17.14	+ 1.6	+4.5	4.54	4.52	0.938	28.9	0.28
	10	17.40	+ 1.6	+4.5	4.48	4.45	0.940	28.2	0.27
	14	17.66	+ 1.6	+4.5	4.41	4.39	0.943	27.6	0.25
	18	17.91	+ 1.7	+4.5	4.35	4.32	0.946	26.9	0.24
	22	18.15	+ 1.7	+4.5	4.29	4.27	0.948	26.3	0.22
	26	18.38	+ 1.7	+4.5	4.24	4.21	0.951	25.6	0.21
	30	18.61	+ 1.7	+4.5	4.18	4.16	0.954	24.9	0.19
June	3	18.84	+ 1.7	+4.5	4.14	4.11	0.956	24.2	0.18
	7	19.05	+ 1.8	+4.5	4.09	4.07	0.958	23.5	0.17
	11	19.26	+ 1.8	+4.5	4.04	4.02	0.961	22.8	0.16
	15	19.46	+ 1.8	+4.5	4.00	3.98	0.963	22.1	0.15
	19	19.66	+ 1.8	+4.5	3.96	3.94	0.966	21.4	0.14
	23	19.85	+ 1.8	+4.5	3.92	3.90	0.968	20.7	0.13
	27	20.03	+ 1.8	+4.5	3.89	3.87	0.970	20.0	0.12
July	1	20.20	+ 1.8	+4.5	3.86	3.84	0.972	19.2	0.11

MARS, 2021

EPHEMERIS FOR PHYSICAL OBSERVATIONS
FOR 0ʰ TERRESTRIAL TIME

Date		L_s	Sub-Earth Point		Sub-Solar Point				North Pole	
			Long.	Lat.	Long.	Lat.	Dist.	P.A.	Dist.	P.A.
		°	°	°	°	°	″	°	″	°
Jan.	−2	339.10	192.12	− 23.19	154.98	− 8.84	+ 3.33	248.94	− 4.92	323.28
	2	341.23	153.81	− 22.81	116.50	− 7.97	+ 3.23	249.21	− 4.74	322.89
	6	343.35	115.44	− 22.37	78.05	− 7.09	+ 3.12	249.51	− 4.57	322.52
	10	345.45	77.01	− 21.88	39.62	− 6.21	+ 3.02	249.83	− 4.41	322.18
	14	347.54	38.52	− 21.35	1.20	− 5.34	+ 2.92	250.18	− 4.26	321.88
	18	349.61	360.00	− 20.77	322.80	− 4.46	+ 2.82	250.57	− 4.12	321.62
	22	351.67	321.44	− 20.15	284.42	− 3.58	+ 2.73	250.98	− 4.00	321.41
	26	353.71	282.86	− 19.49	246.05	− 2.71	+ 2.63	251.44	− 3.88	321.25
	30	355.75	244.25	− 18.78	207.70	− 1.83	+ 2.54	251.92	− 3.76	321.14
Feb.	3	357.76	205.63	− 18.04	169.36	− 0.97	+ 2.45	252.44	− 3.66	321.10
	7	359.77	166.99	− 17.26	131.04	− 0.10	+ 2.37	253.00	− 3.56	321.11
	11	1.76	128.35	− 16.44	92.72	+ 0.76	+ 2.29	253.59	− 3.46	321.19
	15	3.74	89.69	− 15.60	54.42	+ 1.61	+ 2.21	254.22	− 3.38	321.33
	19	5.71	51.03	− 14.71	16.12	+ 2.45	+ 2.13	254.88	− 3.29	321.54
	23	7.67	12.37	− 13.81	337.84	+ 3.29	+ 2.06	255.58	− 3.21	321.81
	27	9.61	333.71	− 12.87	299.56	+ 4.12	+ 1.99	256.31	− 3.14	322.16
Mar.	3	11.54	295.05	− 11.91	261.29	+ 4.94	+ 1.92	257.07	− 3.07	322.57
	7	13.47	256.39	− 10.93	223.02	+ 5.75	+ 1.85	257.87	− 3.00	323.05
	11	15.38	217.73	− 9.92	184.76	+ 6.56	+ 1.79	258.69	− 2.93	323.60
	15	17.28	179.07	− 8.90	146.51	+ 7.35	+ 1.73	259.54	− 2.87	324.21
	19	19.17	140.42	− 7.86	108.26	+ 8.13	+ 1.67	260.42	− 2.81	324.89
	23	21.05	101.76	− 6.80	70.01	+ 8.90	+ 1.61	261.33	− 2.76	325.63
	27	22.92	63.11	− 5.74	31.76	+ 9.65	+ 1.56	262.25	− 2.70	326.44
	31	24.79	24.46	− 4.66	353.52	+ 10.40	+ 1.50	263.20	− 2.65	327.30
Apr.	4	26.64	345.81	− 3.57	315.27	+ 11.13	+ 1.45	264.16	− 2.60	328.23
	8	28.49	307.15	− 2.48	277.03	+ 11.85	+ 1.40	265.14	− 2.55	329.20
	12	30.33	268.50	− 1.38	238.79	+ 12.55	+ 1.35	266.14	− 2.50	330.24
	16	32.16	229.84	− 0.28	200.54	+ 13.24	+ 1.31	267.14	− 2.46	331.32
	20	33.98	191.18	+ 0.82	162.30	+ 13.92	+ 1.26	268.15	+ 2.41	332.45
	24	35.80	152.52	+ 1.93	124.05	+ 14.58	+ 1.22	269.16	+ 2.37	333.62
	28	37.61	113.85	+ 3.03	85.80	+ 15.23	+ 1.18	270.17	+ 2.33	334.84
May	2	39.41	75.17	+ 4.12	47.55	+ 15.85	+ 1.14	271.19	+ 2.29	336.10
	6	41.21	36.48	+ 5.21	9.29	+ 16.47	+ 1.10	272.19	+ 2.25	337.39
	10	43.00	357.78	+ 6.29	331.03	+ 17.06	+ 1.06	273.19	+ 2.21	338.72
	14	44.78	319.08	+ 7.36	292.77	+ 17.64	+ 1.02	274.18	+ 2.18	340.09
	18	46.56	280.35	+ 8.42	254.50	+ 18.20	+ 0.98	275.16	+ 2.14	341.48
	22	48.34	241.62	+ 9.47	216.22	+ 18.75	+ 0.95	276.12	+ 2.10	342.90
	26	50.11	202.87	+ 10.50	177.94	+ 19.27	+ 0.91	277.06	+ 2.07	344.34
	30	51.88	164.10	+ 11.52	139.66	+ 19.78	+ 0.88	277.98	+ 2.04	345.80
June	3	53.64	125.32	+ 12.51	101.37	+ 20.27	+ 0.85	278.88	+ 2.01	347.29
	7	55.41	86.52	+ 13.49	63.07	+ 20.74	+ 0.82	279.75	+ 1.98	348.79
	11	57.16	47.69	+ 14.44	24.77	+ 21.18	+ 0.78	280.60	+ 1.95	350.31
	15	58.92	8.85	+ 15.37	346.47	+ 21.61	+ 0.75	281.41	+ 1.92	351.85
	19	60.67	329.98	+ 16.28	308.15	+ 22.02	+ 0.72	282.20	+ 1.89	353.40
	23	62.42	291.09	+ 17.15	269.83	+ 22.40	+ 0.69	282.95	+ 1.87	354.96
	27	64.17	252.18	+ 18.00	231.51	+ 22.77	+ 0.66	283.67	+ 1.84	356.52
July	1	65.92	213.24	+ 18.82	193.17	+ 23.11	+ 0.63	284.35	+ 1.82	358.10

MARS, 2021

EPHEMERIS FOR PHYSICAL OBSERVATIONS
FOR 0ʰ TERRESTRIAL TIME

Date		Light-time	Magnitude	Surface Brightness	Diameter		Phase	Phase Angle	Defect of Illumination
					Eq.	Polar			
		m		mag./arcsec^2	$''$	$''$		$\circ$	$''$
July	1	20.20	+1.8	+4.5	3.86	3.84	0.972	19.2	0.11
	5	20.36	+1.8	+4.4	3.83	3.81	0.974	18.5	0.10
	9	20.52	+1.8	+4.4	3.80	3.78	0.976	17.8	0.09
	13	20.67	+1.8	+4.4	3.77	3.75	0.978	17.0	0.08
	17	20.81	+1.8	+4.4	3.74	3.72	0.980	16.3	0.07
	21	20.94	+1.8	+4.4	3.72	3.70	0.982	15.5	0.07
	25	21.07	+1.8	+4.4	3.70	3.68	0.983	14.8	0.06
	29	21.18	+1.8	+4.4	3.68	3.66	0.985	14.0	0.05
Aug.	2	21.29	+1.8	+4.4	3.66	3.64	0.987	13.2	0.05
	6	21.39	+1.8	+4.3	3.64	3.62	0.988	12.5	0.04
	10	21.49	+1.8	+4.3	3.63	3.61	0.990	11.7	0.04
	14	21.57	+1.8	+4.3	3.61	3.59	0.991	10.9	0.03
	18	21.64	+1.8	+4.3	3.60	3.58	0.992	10.2	0.03
	22	21.71	+1.8	+4.3	3.59	3.57	0.993	9.4	0.02
	26	21.77	+1.8	+4.3	3.58	3.56	0.994	8.6	0.02
	30	21.82	+1.8	+4.2	3.57	3.55	0.995	7.8	0.02
Sept.	3	21.86	+1.7	+4.2	3.56	3.55	0.996	7.0	0.01
	7	21.89	+1.7	+4.2	3.56	3.54	0.997	6.3	0.01
	11	21.92	+1.7	+4.2	3.55	3.54	0.998	5.5	0.01
	15	21.93	+1.7	+4.2	3.55	3.53	0.998	4.7	0.01
	19	21.94	+1.7	+4.2	3.55	3.53	0.999	3.9	0.00
	23	21.94	+1.6	+4.1	3.55	3.53	0.999	3.1	0.00
	27	21.93	+1.6	+4.1	3.55	3.53	1.000	2.3	0.00
Oct.	1	21.91	+1.6	+4.1	3.55	3.54	1.000	1.5	0.00
	5	21.89	+1.6	+4.1	3.56	3.54	1.000	0.8	0.00
	9	21.85	+1.6	+4.1	3.56	3.55	1.000	0.4	0.00
	13	21.81	+1.6	+4.1	3.57	3.55	1.000	1.0	0.00
	17	21.76	+1.6	+4.1	3.58	3.56	1.000	1.8	0.00
	21	21.70	+1.6	+4.1	3.59	3.57	0.999	2.6	0.00
	25	21.63	+1.6	+4.1	3.60	3.58	0.999	3.4	0.00
	29	21.56	+1.6	+4.1	3.61	3.59	0.999	4.2	0.00
Nov.	2	21.48	+1.6	+4.1	3.63	3.61	0.998	5.0	0.01
	6	21.39	+1.6	+4.1	3.64	3.62	0.997	5.9	0.01
	10	21.29	+1.6	+4.1	3.66	3.64	0.997	6.7	0.01
	14	21.19	+1.6	+4.2	3.68	3.66	0.996	7.5	0.02
	18	21.08	+1.6	+4.2	3.69	3.67	0.995	8.3	0.02
	22	20.96	+1.6	+4.2	3.72	3.70	0.994	9.1	0.02
	26	20.84	+1.6	+4.2	3.74	3.72	0.993	9.9	0.03
	30	20.71	+1.6	+4.2	3.76	3.74	0.991	10.7	0.03
Dec.	4	20.58	+1.6	+4.2	3.79	3.76	0.990	11.5	0.04
	8	20.43	+1.6	+4.2	3.81	3.79	0.988	12.3	0.04
	12	20.29	+1.6	+4.2	3.84	3.82	0.987	13.1	0.05
	16	20.13	+1.6	+4.2	3.87	3.85	0.985	14.0	0.06
	20	19.97	+1.6	+4.2	3.90	3.88	0.984	14.8	0.06
	24	19.81	+1.6	+4.2	3.93	3.91	0.982	15.6	0.07
	28	19.64	+1.5	+4.2	3.97	3.94	0.980	16.4	0.08
	32	19.47	+1.5	+4.2	4.00	3.98	0.978	17.1	0.09

MARS, 2021

EPHEMERIS FOR PHYSICAL OBSERVATIONS
FOR 0ʰ TERRESTRIAL TIME

Date		L_s	Sub-Earth Point		Sub-Solar Point				North Pole	
			Long.	Lat.	Long.	Lat.	Dist.	P.A.	Dist.	P.A.
		°	°	°	°	°	″	°	″	°
July	1	65.92	213.24	+ 18.82	193.17	+ 23.11	+ 0.63	284.35	+ 1.82	358.10
	5	67.67	174.27	+ 19.60	154.83	+ 23.43	+ 0.61	284.99	+ 1.79	359.68
	9	69.41	135.28	+ 20.34	116.49	+ 23.73	+ 0.58	285.60	+ 1.77	1.27
	13	71.16	96.26	+ 21.05	78.14	+ 24.01	+ 0.55	286.17	+ 1.75	2.86
	17	72.90	57.22	+ 21.72	39.78	+ 24.26	+ 0.52	286.69	+ 1.73	4.46
	21	74.65	18.15	+ 22.35	1.42	+ 24.49	+ 0.50	287.17	+ 1.71	6.05
	25	76.40	339.06	+ 22.93	323.06	+ 24.70	+ 0.47	287.61	+ 1.70	7.64
	29	78.14	299.94	+ 23.47	284.68	+ 24.88	+ 0.44	288.00	+ 1.68	9.22
Aug.	2	79.89	260.80	+ 23.97	246.31	+ 25.03	+ 0.42	288.34	+ 1.66	10.80
	6	81.64	221.63	+ 24.42	207.93	+ 25.17	+ 0.39	288.63	+ 1.65	12.37
	10	83.40	182.44	+ 24.81	169.54	+ 25.28	+ 0.37	288.87	+ 1.64	13.92
	14	85.15	143.23	+ 25.16	131.16	+ 25.36	+ 0.34	289.05	+ 1.63	15.46
	18	86.91	104.00	+ 25.45	92.76	+ 25.42	+ 0.32	289.17	+ 1.62	16.99
	22	88.67	64.76	+ 25.69	54.37	+ 25.45	+ 0.29	289.23	+ 1.61	18.49
	26	90.44	25.50	+ 25.88	15.98	+ 25.46	+ 0.27	289.21	+ 1.60	19.96
	30	92.20	346.23	+ 26.01	337.58	+ 25.44	+ 0.24	289.10	+ 1.60	21.41
Sept.	3	93.98	306.94	+ 26.09	299.18	+ 25.39	+ 0.22	288.89	+ 1.59	22.83
	7	95.75	267.65	+ 26.10	260.78	+ 25.32	+ 0.19	288.56	+ 1.59	24.21
	11	97.53	228.36	+ 26.06	222.38	+ 25.22	+ 0.17	288.07	+ 1.59	25.55
	15	99.32	189.06	+ 25.96	183.98	+ 25.10	+ 0.14	287.35	+ 1.59	26.84
	19	101.11	149.76	+ 25.81	145.58	+ 24.95	+ 0.12	286.30	+ 1.59	28.09
	23	102.91	110.46	+ 25.59	107.18	+ 24.77	+ 0.10	284.68	+ 1.60	29.29
	27	104.71	71.17	+ 25.32	68.78	+ 24.57	+ 0.07	281.96	+ 1.60	30.43
Oct.	1	106.52	31.88	+ 24.99	30.39	+ 24.34	+ 0.05	276.47	+ 1.60	31.51
	5	108.34	352.61	+ 24.61	351.99	+ 24.09	+ 0.02	260.02	+ 1.61	32.53
	9	110.16	313.34	+ 24.16	313.60	+ 23.80	+ 0.01	179.81	+ 1.62	33.48
	13	111.99	274.09	+ 23.67	275.21	+ 23.50	+ 0.03	133.50	+ 1.63	34.35
	17	113.83	234.85	+ 23.12	236.83	+ 23.16	+ 0.06	123.36	+ 1.64	35.16
	21	115.67	195.63	+ 22.51	198.45	+ 22.80	+ 0.08	119.07	+ 1.65	35.88
	25	117.53	156.43	+ 21.86	160.07	+ 22.42	+ 0.11	116.56	+ 1.66	36.53
	29	119.39	117.24	+ 21.16	121.69	+ 22.01	+ 0.13	114.78	+ 1.68	37.09
Nov.	2	121.26	78.08	+ 20.40	83.32	+ 21.57	+ 0.16	113.38	+ 1.69	37.56
	6	123.14	38.93	+ 19.60	44.96	+ 21.11	+ 0.19	112.17	+ 1.71	37.95
	10	125.04	359.80	+ 18.76	6.59	+ 20.62	+ 0.21	111.07	+ 1.72	38.25
	14	126.94	320.69	+ 17.88	328.23	+ 20.11	+ 0.24	110.03	+ 1.74	38.45
	18	128.85	281.60	+ 16.95	289.88	+ 19.58	+ 0.27	109.02	+ 1.76	38.56
	22	130.77	242.53	+ 15.98	251.53	+ 19.02	+ 0.29	108.01	+ 1.78	38.58
	26	132.71	203.47	+ 14.98	213.18	+ 18.43	+ 0.32	107.00	+ 1.80	38.50
	30	134.65	164.43	+ 13.94	174.83	+ 17.83	+ 0.35	105.98	+ 1.82	38.33
Dec.	4	136.61	125.41	+ 12.87	136.49	+ 17.20	+ 0.38	104.94	+ 1.84	38.06
	8	138.57	86.40	+ 11.78	98.16	+ 16.54	+ 0.41	103.87	+ 1.86	37.70
	12	140.55	47.40	+ 10.65	59.82	+ 15.87	+ 0.44	102.78	+ 1.88	37.24
	16	142.55	8.41	+ 9.50	21.49	+ 15.17	+ 0.47	101.67	+ 1.90	36.69
	20	144.55	329.43	+ 8.32	343.15	+ 14.46	+ 0.50	100.52	+ 1.92	36.04
	24	146.57	290.46	+ 7.12	304.82	+ 13.72	+ 0.53	99.35	+ 1.94	35.30
	28	148.60	251.49	+ 5.91	266.49	+ 12.96	+ 0.56	98.16	+ 1.96	34.47
	32	150.65	212.53	+ 4.68	228.16	+ 12.18	+ 0.59	96.94	+ 1.98	33.56

JUPITER, 2021

EPHEMERIS FOR PHYSICAL OBSERVATIONS
FOR 0ʰ TERRESTRIAL TIME

Date		Light-time	Magnitude	Surface Brightness	Diameter		Phase Angle	Defect of Illumination
					Eq.	Polar		
		m		mag./arcsec^2	"	"	°	"
Jan.	−2	49.70	−2.0	+5.3	32.99	30.85	4.6	0.05
	2	49.90	−2.0	+5.3	32.86	30.73	4.0	0.04
	6	50.06	−2.0	+5.3	32.75	30.63	3.4	0.03
	10	50.21	−2.0	+5.3	32.66	30.54	2.9	0.02
	14	50.32	−1.9	+5.3	32.58	30.47	2.3	0.01
	18	50.40	−1.9	+5.3	32.53	30.42	1.7	0.01
	22	50.46	−1.9	+5.3	32.49	30.39	1.1	0.00
	26	50.49	−1.9	+5.3	32.47	30.37	0.5	0.00
	30	50.49	−1.9	+5.3	32.47	30.37	0.2	0.00
Feb.	3	50.46	−1.9	+5.3	32.49	30.38	0.7	0.00
	7	50.41	−2.0	+5.3	32.53	30.42	1.3	0.00
	11	50.32	−2.0	+5.3	32.58	30.47	1.9	0.01
	15	50.21	−2.0	+5.3	32.65	30.54	2.5	0.02
	19	50.07	−2.0	+5.3	32.74	30.62	3.1	0.02
	23	49.91	−2.0	+5.3	32.85	30.72	3.7	0.03
	27	49.72	−2.0	+5.3	32.98	30.84	4.3	0.05
Mar.	3	49.50	−2.0	+5.3	33.12	30.98	4.8	0.06
	7	49.26	−2.0	+5.3	33.29	31.13	5.4	0.07
	11	48.99	−2.0	+5.3	33.47	31.30	5.9	0.09
	15	48.70	−2.0	+5.3	33.67	31.49	6.4	0.11
	19	48.38	−2.0	+5.3	33.89	31.69	6.9	0.12
	23	48.04	−2.0	+5.3	34.13	31.91	7.4	0.14
	27	47.68	−2.0	+5.3	34.38	32.15	7.9	0.16
	31	47.31	−2.1	+5.3	34.66	32.41	8.4	0.18
Apr.	4	46.91	−2.1	+5.3	34.95	32.69	8.8	0.20
	8	46.49	−2.1	+5.3	35.27	32.98	9.2	0.23
	12	46.06	−2.1	+5.3	35.60	33.29	9.6	0.25
	16	45.61	−2.1	+5.3	35.95	33.62	9.9	0.27
	20	45.15	−2.1	+5.3	36.32	33.96	10.2	0.29
	24	44.67	−2.2	+5.3	36.70	34.32	10.5	0.31
	28	44.18	−2.2	+5.3	37.11	34.70	10.8	0.33
May	2	43.69	−2.2	+5.3	37.53	35.10	11.0	0.35
	6	43.18	−2.2	+5.3	37.97	35.51	11.2	0.36
	10	42.67	−2.3	+5.3	38.43	35.94	11.3	0.38
	14	42.15	−2.3	+5.3	38.90	36.38	11.5	0.39
	18	41.63	−2.3	+5.3	39.39	36.83	11.5	0.40
	22	41.10	−2.3	+5.3	39.89	37.30	11.6	0.40
	26	40.58	−2.4	+5.3	40.40	37.78	11.5	0.41
	30	40.06	−2.4	+5.3	40.93	38.27	11.5	0.41
June	3	39.54	−2.4	+5.3	41.46	38.77	11.4	0.41
	7	39.03	−2.4	+5.3	42.00	39.28	11.2	0.40
	11	38.53	−2.5	+5.3	42.55	39.79	11.0	0.39
	15	38.04	−2.5	+5.3	43.10	40.30	10.8	0.38
	19	37.56	−2.5	+5.3	43.65	40.82	10.5	0.36
	23	37.10	−2.6	+5.3	44.19	41.33	10.1	0.34
	27	36.66	−2.6	+5.3	44.73	41.83	9.7	0.32
July	1	36.23	−2.6	+5.3	45.25	42.32	9.2	0.29

JUPITER, 2021

EPHEMERIS FOR PHYSICAL OBSERVATIONS
FOR 0ʰ TERRESTRIAL TIME

Date		L_s	Sub-Earth Point		Sub-Solar Point				North Pole	
			Long.	Lat.	Long.	Lat.	Dist.	P.A.	Dist.	P.A.
		°	°	°	°	°	″	°	″	°
Jan.	−2	349.16	206.10	− 0.93	201.53	− 0.67	+ 1.31	258.06	− 15.42	345.19
	2	349.51	87.21	− 0.90	83.21	− 0.65	+ 1.15	257.93	− 15.36	344.86
	6	349.85	328.34	− 0.86	324.91	− 0.63	+ 0.98	257.87	− 15.31	344.52
	10	350.20	209.47	− 0.82	206.62	− 0.61	+ 0.81	257.91	− 15.27	344.19
	14	350.55	90.61	− 0.78	88.35	− 0.59	+ 0.64	258.14	− 15.23	343.86
	18	350.89	331.76	− 0.74	330.10	− 0.56	+ 0.47	258.76	− 15.21	343.53
	22	351.24	212.92	− 0.70	211.86	− 0.54	+ 0.30	260.41	− 15.19	343.20
	26	351.59	94.10	− 0.65	93.64	− 0.52	+ 0.13	266.98	− 15.18	342.88
	30	351.93	335.30	− 0.61	335.44	− 0.50	+ 0.05	37.91	− 15.18	342.56
Feb.	3	352.28	216.51	− 0.57	217.25	− 0.48	+ 0.21	66.31	− 15.19	342.25
	7	352.63	97.74	− 0.52	99.08	− 0.46	+ 0.38	69.52	− 15.21	341.95
	11	352.98	338.99	− 0.48	340.93	− 0.44	+ 0.55	70.58	− 15.23	341.65
	15	353.32	220.26	− 0.43	222.79	− 0.41	+ 0.72	71.02	− 15.27	341.36
	19	353.67	101.55	− 0.39	104.67	− 0.39	+ 0.89	71.19	− 15.31	341.08
	23	354.02	342.87	− 0.34	346.57	− 0.37	+ 1.06	71.23	− 15.36	340.80
	27	354.37	224.21	− 0.29	228.48	− 0.35	+ 1.23	71.20	− 15.42	340.53
Mar.	3	354.72	105.58	− 0.25	110.41	− 0.33	+ 1.40	71.13	− 15.49	340.27
	7	355.07	346.97	− 0.20	352.35	− 0.31	+ 1.56	71.02	− 15.56	340.02
	11	355.42	228.39	− 0.15	234.31	− 0.28	+ 1.73	70.90	− 15.65	339.78
	15	355.77	109.84	− 0.11	116.28	− 0.26	+ 1.89	70.78	− 15.74	339.54
	19	356.12	351.32	− 0.06	358.27	− 0.24	+ 2.05	70.64	− 15.85	339.32
	23	356.47	232.83	− 0.01	240.26	− 0.22	+ 2.21	70.51	− 15.96	339.10
	27	356.82	114.37	+ 0.03	122.28	− 0.20	+ 2.36	70.38	+ 16.08	338.90
	31	357.17	355.95	+ 0.08	4.30	− 0.18	+ 2.52	70.25	+ 16.21	338.70
Apr.	4	357.52	237.56	+ 0.13	246.33	− 0.15	+ 2.67	70.12	+ 16.34	338.51
	8	357.87	119.20	+ 0.17	128.38	− 0.13	+ 2.81	70.00	+ 16.49	338.34
	12	358.22	0.88	+ 0.22	10.43	− 0.11	+ 2.96	69.89	+ 16.64	338.17
	16	358.57	242.59	+ 0.26	252.50	− 0.09	+ 3.09	69.78	+ 16.81	338.01
	20	358.92	124.35	+ 0.31	134.57	− 0.07	+ 3.23	69.68	+ 16.98	337.86
	24	359.27	6.14	+ 0.35	16.66	− 0.05	+ 3.35	69.59	+ 17.16	337.72
	28	359.62	247.97	+ 0.39	258.74	− 0.02	+ 3.47	69.51	+ 17.35	337.59
May	2	359.97	129.84	+ 0.43	140.84	− 0.00	+ 3.58	69.43	+ 17.55	337.47
	6	0.32	11.75	+ 0.47	22.94	+ 0.02	+ 3.69	69.37	+ 17.75	337.36
	10	0.67	253.70	+ 0.51	265.04	+ 0.04	+ 3.78	69.31	+ 17.97	337.26
	14	1.03	135.69	+ 0.55	147.14	+ 0.06	+ 3.87	69.27	+ 18.19	337.17
	18	1.38	17.73	+ 0.59	29.25	+ 0.09	+ 3.94	69.24	+ 18.42	337.08
	22	1.73	259.81	+ 0.63	271.36	+ 0.11	+ 4.00	69.21	+ 18.65	337.01
	26	2.08	141.93	+ 0.66	153.47	+ 0.13	+ 4.05	69.20	+ 18.89	336.95
	30	2.44	24.09	+ 0.69	35.58	+ 0.15	+ 4.08	69.20	+ 19.14	336.89
June	3	2.79	266.31	+ 0.72	277.68	+ 0.17	+ 4.09	69.22	+ 19.39	336.84
	7	3.14	148.56	+ 0.75	159.78	+ 0.20	+ 4.09	69.24	+ 19.64	336.81
	11	3.49	30.86	+ 0.78	41.87	+ 0.22	+ 4.07	69.29	+ 19.89	336.78
	15	3.85	273.21	+ 0.80	283.96	+ 0.24	+ 4.03	69.34	+ 20.15	336.76
	19	4.20	155.59	+ 0.83	166.04	+ 0.26	+ 3.96	69.42	+ 20.41	336.75
	23	4.55	38.02	+ 0.85	48.11	+ 0.28	+ 3.88	69.51	+ 20.66	336.75
	27	4.91	280.49	+ 0.87	290.17	+ 0.30	+ 3.77	69.62	+ 20.91	336.76
July	1	5.26	163.00	+ 0.88	172.22	+ 0.33	+ 3.63	69.75	+ 21.16	336.78

JUPITER, 2021

EPHEMERIS FOR PHYSICAL OBSERVATIONS
FOR 0ʰ TERRESTRIAL TIME

Date		Light-time	Magnitude	Surface Brightness	Diameter		Phase Angle	Defect of Illumination
					Eq.	Polar		
		m		mag./arcsec^2	$''$	$''$	$°$	$''$
July	1	36.23	−2.6	+ 5.3	45.25	42.32	9.2	0.29
	5	35.83	−2.7	+ 5.3	45.77	42.80	8.7	0.26
	9	35.45	−2.7	+ 5.3	46.26	43.26	8.2	0.23
	13	35.09	−2.7	+ 5.3	46.72	43.69	7.5	0.20
	17	34.77	−2.8	+ 5.3	47.16	44.10	6.9	0.17
	21	34.47	−2.8	+ 5.3	47.56	44.48	6.2	0.14
	25	34.21	−2.8	+ 5.3	47.93	44.82	5.5	0.11
	29	33.98	−2.8	+ 5.3	48.25	45.13	4.7	0.08
Aug.	2	33.78	−2.8	+ 5.3	48.53	45.38	3.9	0.06
	6	33.63	−2.8	+ 5.3	48.76	45.60	3.1	0.03
	10	33.51	−2.9	+ 5.3	48.94	45.76	2.2	0.02
	14	33.42	−2.9	+ 5.3	49.05	45.87	1.3	0.01
	18	33.38	−2.9	+ 5.2	49.12	45.93	0.5	0.00
	22	33.38	−2.9	+ 5.2	49.12	45.93	0.5	0.00
	26	33.42	−2.9	+ 5.2	49.06	45.88	1.3	0.01
	30	33.49	−2.9	+ 5.3	48.95	45.78	2.2	0.02
Sept.	3	33.61	−2.9	+ 5.3	48.78	45.62	3.0	0.03
	7	33.76	−2.8	+ 5.3	48.56	45.41	3.9	0.06
	11	33.95	−2.8	+ 5.3	48.29	45.16	4.7	0.08
	15	34.18	−2.8	+ 5.3	47.97	44.86	5.4	0.11
	19	34.44	−2.8	+ 5.3	47.60	44.52	6.2	0.14
	23	34.74	−2.8	+ 5.3	47.20	44.14	6.9	0.17
	27	35.06	−2.7	+ 5.3	46.76	43.73	7.5	0.20
Oct.	1	35.41	−2.7	+ 5.3	46.30	43.29	8.1	0.23
	5	35.79	−2.7	+ 5.3	45.81	42.83	8.7	0.26
	9	36.20	−2.7	+ 5.3	45.29	42.36	9.2	0.29
	13	36.63	−2.6	+ 5.3	44.77	41.86	9.7	0.32
	17	37.07	−2.6	+ 5.3	44.23	41.36	10.1	0.34
	21	37.54	−2.6	+ 5.3	43.68	40.85	10.4	0.36
	25	38.01	−2.5	+ 5.3	43.13	40.33	10.7	0.38
	29	38.51	−2.5	+ 5.3	42.58	39.82	10.9	0.39
Nov.	2	39.01	−2.5	+ 5.3	42.03	39.31	11.1	0.40
	6	39.52	−2.4	+ 5.3	41.49	38.80	11.3	0.40
	10	40.03	−2.4	+ 5.3	40.96	38.30	11.4	0.40
	14	40.55	−2.4	+ 5.3	40.43	37.81	11.4	0.40
	18	41.07	−2.4	+ 5.3	39.92	37.33	11.4	0.39
	22	41.59	−2.3	+ 5.3	39.43	36.87	11.3	0.38
	26	42.10	−2.3	+ 5.3	38.94	36.42	11.2	0.37
	30	42.61	−2.3	+ 5.3	38.48	35.98	11.1	0.36
Dec.	4	43.12	−2.3	+ 5.3	38.03	35.56	10.9	0.34
	8	43.61	−2.2	+ 5.3	37.60	35.16	10.7	0.33
	12	44.09	−2.2	+ 5.3	37.18	34.77	10.4	0.31
	16	44.57	−2.2	+ 5.3	36.79	34.40	10.1	0.29
	20	45.02	−2.2	+ 5.3	36.42	34.05	9.8	0.27
	24	45.47	−2.2	+ 5.3	36.06	33.72	9.5	0.25
	28	45.89	−2.1	+ 5.3	35.73	33.41	9.1	0.22
	32	46.30	−2.1	+ 5.3	35.41	33.11	8.7	0.20

JUPITER, 2021

EPHEMERIS FOR PHYSICAL OBSERVATIONS
FOR 0ʰ TERRESTRIAL TIME

Date		L_s	Sub-Earth Point		Sub-Solar Point				North Pole	
			Long.	Lat.	Long.	Lat.	Dist.	P.A.	Dist.	P.A.
		°	°	°	°	°	″	°	″	°
July	1	5.26	163.00	+0.88	172.22	+0.33	+3.63	69.75	+21.16	336.78
	5	5.62	45.55	+0.90	54.25	+0.35	+3.47	69.91	+21.40	336.80
	9	5.97	288.13	+0.91	296.28	+0.37	+3.28	70.10	+21.63	336.84
	13	6.33	170.74	+0.92	178.28	+0.39	+3.07	70.33	+21.84	336.88
	17	6.68	53.39	+0.92	60.27	+0.41	+2.83	70.60	+22.05	336.94
	21	7.03	296.05	+0.93	302.23	+0.44	+2.57	70.93	+22.24	337.00
	25	7.39	178.74	+0.93	184.18	+0.46	+2.28	71.35	+22.41	337.07
	29	7.74	61.44	+0.93	66.11	+0.48	+1.97	71.89	+22.56	337.15
Aug.	2	8.10	304.15	+0.92	308.02	+0.50	+1.64	72.63	+22.69	337.24
	6	8.45	186.86	+0.91	189.90	+0.52	+1.30	73.73	+22.80	337.33
	10	8.81	69.58	+0.91	71.76	+0.55	+0.94	75.60	+22.88	337.43
	14	9.17	312.28	+0.89	313.60	+0.57	+0.58	79.74	+22.93	337.54
	18	9.52	194.98	+0.88	195.42	+0.59	+0.22	97.62	+22.96	337.65
	22	9.88	77.65	+0.87	77.21	+0.61	+0.21	220.86	+22.96	337.76
	26	10.23	320.29	+0.85	318.97	+0.63	+0.57	239.70	+22.94	337.87
	30	10.59	202.90	+0.83	200.71	+0.65	+0.93	243.95	+22.89	337.98
Sept.	3	10.95	85.47	+0.81	82.43	+0.68	+1.29	245.87	+22.81	338.09
	7	11.30	328.00	+0.79	324.13	+0.70	+1.64	247.00	+22.70	338.20
	11	11.66	210.47	+0.77	205.80	+0.72	+1.97	247.76	+22.58	338.30
	15	12.02	92.90	+0.75	87.45	+0.74	+2.28	248.32	+22.43	338.40
	19	12.37	335.27	+0.73	329.08	+0.76	+2.56	248.77	+22.26	338.49
	23	12.73	217.57	+0.71	210.69	+0.79	+2.83	249.12	+22.07	338.57
	27	13.09	99.82	+0.70	92.28	+0.81	+3.07	249.42	+21.86	338.64
Oct.	1	13.44	342.00	+0.68	333.85	+0.83	+3.28	249.67	+21.65	338.71
	5	13.80	224.11	+0.66	215.41	+0.85	+3.47	249.88	+21.42	338.76
	9	14.16	106.16	+0.65	96.95	+0.87	+3.62	250.06	+21.18	338.79
	13	14.52	348.14	+0.63	338.48	+0.89	+3.76	250.21	+20.93	338.82
	17	14.88	230.06	+0.62	220.00	+0.91	+3.87	250.34	+20.68	338.83
	21	15.23	111.91	+0.61	101.51	+0.94	+3.95	250.44	+20.42	338.83
	25	15.59	353.71	+0.61	343.00	+0.96	+4.01	250.52	+20.17	338.81
	29	15.95	235.44	+0.60	224.49	+0.98	+4.04	250.58	+19.91	338.78
Nov.	2	16.31	117.11	+0.60	105.97	+1.00	+4.06	250.63	+19.65	338.74
	6	16.67	358.72	+0.60	347.45	+1.02	+4.06	250.65	+19.40	338.69
	10	17.03	240.28	+0.60	228.93	+1.04	+4.03	250.66	+19.15	338.63
	14	17.38	121.79	+0.60	110.40	+1.06	+4.00	250.66	+18.90	338.55
	18	17.74	3.25	+0.60	351.87	+1.09	+3.94	250.65	+18.67	338.46
	22	18.10	244.67	+0.61	233.34	+1.11	+3.87	250.62	+18.43	338.37
	26	18.46	126.04	+0.62	114.82	+1.13	+3.79	250.59	+18.21	338.26
	30	18.82	7.38	+0.63	356.29	+1.15	+3.70	250.55	+17.99	338.15
Dec.	4	19.18	248.68	+0.65	237.77	+1.17	+3.60	250.49	+17.78	338.03
	8	19.54	129.94	+0.66	119.26	+1.19	+3.49	250.44	+17.58	337.90
	12	19.90	11.18	+0.68	0.75	+1.21	+3.37	250.38	+17.38	337.77
	16	20.26	252.39	+0.70	242.25	+1.23	+3.24	250.32	+17.20	337.63
	20	20.62	133.57	+0.73	123.76	+1.26	+3.11	250.26	+17.03	337.49
	24	20.98	14.73	+0.75	5.27	+1.28	+2.97	250.19	+16.86	337.34
	28	21.34	255.88	+0.78	246.80	+1.30	+2.82	250.13	+16.70	337.20
	32	21.70	137.01	+0.80	128.34	+1.32	+2.67	250.08	+16.56	337.05

SATURN, 2021

EPHEMERIS FOR PHYSICAL OBSERVATIONS
FOR 0ʰ TERRESTRIAL TIME

Date		Light-time	Magnitude	Surface Brightness	Diameter		Phase Angle	Defect of Illumination
					Eq.	Polar		
		m		mag./arcsec^2	$''$	$''$	$\circ$	$''$
Jan.	−2	90.50	+0.6	+6.8	15.27	13.98	2.3	0.01
	2	90.70	+0.6	+6.8	15.24	13.94	1.9	0.00
	6	90.87	+0.6	+6.8	15.21	13.92	1.6	0.00
	10	91.01	+0.5	+6.8	15.19	13.89	1.2	0.00
	14	91.11	+0.5	+6.8	15.17	13.87	0.9	0.00
	18	91.18	+0.5	+6.8	15.16	13.86	0.5	0.00
	22	91.21	+0.4	+6.8	15.15	13.85	0.2	0.00
	26	91.21	+0.4	+6.8	15.15	13.85	0.2	0.00
	30	91.17	+0.5	+6.8	15.16	13.85	0.5	0.00
Feb.	3	91.11	+0.5	+6.8	15.17	13.86	0.9	0.00
	7	91.00	+0.6	+6.8	15.19	13.87	1.2	0.00
	11	90.86	+0.6	+6.8	15.21	13.89	1.6	0.00
	15	90.69	+0.6	+6.8	15.24	13.91	1.9	0.00
	19	90.49	+0.6	+6.8	15.28	13.94	2.2	0.01
	23	90.25	+0.6	+6.8	15.31	13.98	2.6	0.01
	27	89.98	+0.6	+6.8	15.36	14.02	2.9	0.01
Mar.	3	89.69	+0.6	+6.8	15.41	14.06	3.2	0.01
	7	89.36	+0.6	+6.8	15.47	14.11	3.5	0.01
	11	89.01	+0.6	+6.8	15.53	14.16	3.8	0.02
	15	88.63	+0.6	+6.8	15.59	14.22	4.0	0.02
	19	88.23	+0.6	+6.8	15.67	14.28	4.3	0.02
	23	87.80	+0.6	+6.8	15.74	14.35	4.5	0.02
	27	87.35	+0.6	+6.8	15.82	14.42	4.7	0.03
	31	86.88	+0.6	+6.8	15.91	14.50	4.9	0.03
Apr.	4	86.40	+0.6	+6.8	16.00	14.58	5.1	0.03
	8	85.90	+0.6	+6.8	16.09	14.66	5.3	0.03
	12	85.38	+0.6	+6.8	16.19	14.75	5.4	0.04
	16	84.85	+0.6	+6.8	16.29	14.84	5.5	0.04
	20	84.31	+0.6	+6.8	16.39	14.93	5.6	0.04
	24	83.77	+0.6	+6.8	16.50	15.03	5.7	0.04
	28	83.22	+0.6	+6.8	16.61	15.13	5.8	0.04
May	2	82.66	+0.5	+6.8	16.72	15.23	5.8	0.04
	6	82.11	+0.5	+6.8	16.83	15.33	5.8	0.04
	10	81.55	+0.5	+6.8	16.95	15.43	5.8	0.04
	14	81.00	+0.5	+6.8	17.06	15.54	5.7	0.04
	18	80.46	+0.5	+6.8	17.18	15.64	5.7	0.04
	22	79.92	+0.5	+6.8	17.29	15.75	5.6	0.04
	26	79.40	+0.5	+6.8	17.41	15.85	5.4	0.04
	30	78.89	+0.4	+6.8	17.52	15.95	5.3	0.04
June	3	78.40	+0.4	+6.8	17.63	16.05	5.1	0.03
	7	77.92	+0.4	+6.8	17.74	16.15	4.9	0.03
	11	77.47	+0.4	+6.8	17.84	16.25	4.7	0.03
	15	77.04	+0.4	+6.8	17.94	16.34	4.4	0.03
	19	76.63	+0.3	+6.8	18.04	16.43	4.1	0.02
	23	76.25	+0.3	+6.8	18.13	16.51	3.8	0.02
	27	75.90	+0.3	+6.8	18.21	16.59	3.5	0.02
July	1	75.58	+0.3	+6.8	18.29	16.66	3.2	0.01

EPHEMERIS FOR PHYSICAL OBSERVATIONS
FOR 0ʰ TERRESTRIAL TIME

Date		L_s	Sub-Earth Point		Sub-Solar Point				North Pole	
			Long.	Lat.	Long.	Lat.	Dist.	P.A.	Dist.	P.A.
		°	°	°	°	°	″	°	″	°
Jan.	−2	129.67	275.04	+25.25	272.76	+24.40	+0.30	258.16	+6.43	6.77
	2	129.79	277.65	+25.08	275.70	+24.36	+0.25	258.19	+6.42	6.77
	6	129.92	280.26	+24.90	278.65	+24.31	+0.21	258.30	+6.42	6.77
	10	130.04	282.89	+24.72	281.63	+24.27	+0.16	258.55	+6.41	6.77
	14	130.16	285.53	+24.54	284.62	+24.22	+0.12	259.12	+6.41	6.77
	18	130.28	288.19	+24.36	287.63	+24.18	+0.07	260.64	+6.42	6.77
	22	130.41	290.87	+24.17	290.67	+24.14	+0.03	268.17	+6.42	6.76
	26	130.53	293.57	+23.98	293.72	+24.09	+0.02	61.97	+6.43	6.76
	30	130.65	296.30	+23.79	296.79	+24.05	+0.07	71.41	+6.44	6.76
Feb.	3	130.77	299.04	+23.60	299.88	+24.00	+0.11	73.09	+6.45	6.76
	7	130.90	301.80	+23.41	302.99	+23.96	+0.16	73.72	+6.46	6.75
	11	131.02	304.59	+23.22	306.12	+23.92	+0.20	74.00	+6.48	6.75
	15	131.14	307.41	+23.03	309.27	+23.87	+0.25	74.13	+6.50	6.74
	19	131.26	310.25	+22.84	312.44	+23.83	+0.29	74.18	+6.52	6.74
	23	131.38	313.12	+22.66	315.62	+23.78	+0.34	74.18	+6.54	6.73
	27	131.51	316.01	+22.48	318.83	+23.74	+0.38	74.15	+6.57	6.73
Mar.	3	131.63	318.93	+22.30	322.05	+23.69	+0.42	74.11	+6.59	6.72
	7	131.75	321.88	+22.12	325.28	+23.65	+0.46	74.05	+6.62	6.72
	11	131.87	324.86	+21.95	328.53	+23.60	+0.50	73.99	+6.66	6.71
	15	132.00	327.86	+21.78	331.80	+23.55	+0.54	73.93	+6.69	6.70
	19	132.12	330.90	+21.63	335.08	+23.51	+0.58	73.87	+6.72	6.70
	23	132.24	333.96	+21.47	338.37	+23.46	+0.61	73.80	+6.76	6.69
	27	132.36	337.06	+21.33	341.68	+23.42	+0.64	73.74	+6.80	6.69
	31	132.49	340.18	+21.19	344.99	+23.37	+0.68	73.68	+6.84	6.68
Apr.	4	132.61	343.33	+21.06	348.32	+23.33	+0.70	73.63	+6.89	6.67
	8	132.73	346.51	+20.93	351.65	+23.28	+0.73	73.58	+6.93	6.67
	12	132.86	349.71	+20.82	355.00	+23.23	+0.76	73.54	+6.98	6.66
	16	132.98	352.95	+20.72	358.35	+23.19	+0.78	73.50	+7.02	6.66
	20	133.10	356.21	+20.63	1.70	+23.14	+0.80	73.47	+7.07	6.65
	24	133.22	359.50	+20.54	5.06	+23.09	+0.81	73.45	+7.12	6.65
	28	133.35	2.81	+20.47	8.43	+23.05	+0.83	73.43	+7.17	6.65
May	2	133.47	6.15	+20.41	11.79	+23.00	+0.84	73.42	+7.22	6.64
	6	133.59	9.51	+20.36	15.16	+22.95	+0.84	73.42	+7.27	6.64
	10	133.71	12.90	+20.33	18.52	+22.91	+0.84	73.43	+7.32	6.64
	14	133.84	16.31	+20.30	21.89	+22.86	+0.84	73.45	+7.37	6.64
	18	133.96	19.74	+20.29	25.24	+22.81	+0.84	73.48	+7.42	6.64
	22	134.08	23.20	+20.29	28.60	+22.77	+0.83	73.52	+7.47	6.64
	26	134.20	26.67	+20.30	31.95	+22.72	+0.81	73.58	+7.52	6.64
	30	134.33	30.15	+20.33	35.29	+22.67	+0.80	73.64	+7.57	6.64
June	3	134.45	33.66	+20.36	38.62	+22.62	+0.77	73.72	+7.61	6.64
	7	134.57	37.17	+20.41	41.94	+22.57	+0.75	73.81	+7.66	6.64
	11	134.70	40.70	+20.47	45.25	+22.53	+0.72	73.91	+7.70	6.64
	15	134.82	44.24	+20.54	48.54	+22.48	+0.68	74.03	+7.74	6.65
	19	134.94	47.79	+20.62	51.83	+22.43	+0.64	74.17	+7.78	6.65
	23	135.07	51.34	+20.71	55.09	+22.38	+0.60	74.34	+7.81	6.66
	27	135.19	54.90	+20.81	58.34	+22.33	+0.55	74.53	+7.85	6.66
July	1	135.31	58.45	+20.92	61.58	+22.29	+0.50	74.76	+7.88	6.66

SATURN, 2021

EPHEMERIS FOR PHYSICAL OBSERVATIONS
FOR 0ʰ TERRESTRIAL TIME

Date		Light-time	Magnitude	Surface Brightness	Diameter		Phase Angle	Defect of Illumination
					Eq.	Polar		
		m		mag./arcsec^2	"	"	°	"
July	1	75.58	+0.3	+ 6.8	18.29	16.66	3.2	0.01
	5	75.29	+0.3	+ 6.8	18.36	16.73	2.8	0.01
	9	75.04	+0.2	+ 6.8	18.42	16.79	2.5	0.01
	13	74.83	+0.2	+ 6.8	18.47	16.84	2.1	0.01
	17	74.65	+0.2	+ 6.8	18.52	16.88	1.7	0.00
	21	74.50	+0.2	+ 6.8	18.55	16.91	1.3	0.00
	25	74.40	+0.2	+ 6.8	18.58	16.94	0.9	0.00
	29	74.34	+0.1	+ 6.8	18.59	16.96	0.5	0.00
Aug.	2	74.31	0.0	+ 6.8	18.60	16.96	0.1	0.00
	6	74.33	+0.1	+ 6.8	18.60	16.96	0.4	0.00
	10	74.38	+0.1	+ 6.8	18.58	16.95	0.8	0.00
	14	74.48	+0.2	+ 6.8	18.56	16.93	1.2	0.00
	18	74.61	+0.2	+ 6.8	18.53	16.90	1.6	0.00
	22	74.78	+0.2	+ 6.8	18.48	16.87	2.0	0.01
	26	74.99	+0.2	+ 6.8	18.43	16.82	2.4	0.01
	30	75.24	+0.2	+ 6.8	18.37	16.77	2.8	0.01
Sept.	3	75.52	+0.3	+ 6.8	18.30	16.71	3.1	0.01
	7	75.83	+0.3	+ 6.8	18.23	16.64	3.5	0.02
	11	76.18	+0.3	+ 6.8	18.14	16.57	3.8	0.02
	15	76.55	+0.3	+ 6.8	18.06	16.49	4.1	0.02
	19	76.96	+0.3	+ 6.8	17.96	16.40	4.4	0.03
	23	77.38	+0.3	+ 6.8	17.86	16.31	4.6	0.03
	27	77.83	+0.4	+ 6.8	17.76	16.22	4.9	0.03
Oct.	1	78.31	+0.4	+ 6.8	17.65	16.12	5.1	0.03
	5	78.80	+0.4	+ 6.8	17.54	16.02	5.2	0.04
	9	79.31	+0.4	+ 6.8	17.43	15.92	5.4	0.04
	13	79.83	+0.4	+ 6.8	17.31	15.82	5.5	0.04
	17	80.36	+0.5	+ 6.8	17.20	15.71	5.6	0.04
	21	80.90	+0.5	+ 6.8	17.08	15.60	5.7	0.04
	25	81.45	+0.5	+ 6.8	16.97	15.50	5.7	0.04
	29	82.00	+0.5	+ 6.8	16.86	15.39	5.7	0.04
Nov.	2	82.55	+0.5	+ 6.8	16.74	15.29	5.7	0.04
	6	83.10	+0.5	+ 6.8	16.63	15.19	5.7	0.04
	10	83.65	+0.6	+ 6.8	16.52	15.09	5.6	0.04
	14	84.19	+0.6	+ 6.8	16.42	14.99	5.5	0.04
	18	84.72	+0.6	+ 6.8	16.32	14.89	5.4	0.04
	22	85.24	+0.6	+ 6.8	16.22	14.80	5.3	0.03
	26	85.74	+0.6	+ 6.8	16.12	14.71	5.2	0.03
	30	86.23	+0.6	+ 6.8	16.03	14.63	5.0	0.03
Dec.	4	86.71	+0.6	+ 6.8	15.94	14.55	4.8	0.03
	8	87.16	+0.6	+ 6.8	15.86	14.47	4.6	0.02
	12	87.59	+0.6	+ 6.8	15.78	14.39	4.3	0.02
	16	88.00	+0.6	+ 6.8	15.71	14.33	4.1	0.02
	20	88.38	+0.6	+ 6.8	15.64	14.26	3.8	0.02
	24	88.74	+0.7	+ 6.8	15.58	14.20	3.6	0.01
	28	89.07	+0.7	+ 6.8	15.52	14.15	3.3	0.01
	32	89.37	+0.7	+ 6.8	15.47	14.10	3.0	0.01

SATURN, 2021

EPHEMERIS FOR PHYSICAL OBSERVATIONS
FOR 0ʰ TERRESTRIAL TIME

Date		L_s	Sub-Earth Point		Sub-Solar Point				North Pole	
			Long.	Lat.	Long.	Lat.	Dist.	P.A.	Dist.	P.A.
		°	°	°	°	°	"	°	"	°
July	1	135.31	58.45	+20.92	61.58	+22.29	+0.50	74.76	+7.88	6.66
	5	135.43	62.01	+21.03	64.79	+22.24	+0.45	75.03	+7.90	6.67
	9	135.56	65.56	+21.15	67.99	+22.19	+0.39	75.38	+7.92	6.67
	13	135.68	69.11	+21.28	71.16	+22.14	+0.33	75.82	+7.94	6.68
	17	135.80	72.65	+21.41	74.32	+22.09	+0.27	76.44	+7.96	6.69
	21	135.93	76.17	+21.55	77.45	+22.04	+0.21	77.41	+7.97	6.69
	25	136.05	79.69	+21.69	80.56	+21.99	+0.14	79.20	+7.97	6.70
	29	136.17	83.18	+21.83	83.65	+21.94	+0.07	84.05	+7.97	6.70
Aug.	2	136.30	86.66	+21.97	86.72	+21.89	+0.01	141.35	+7.97	6.71
	6	136.42	90.11	+22.10	89.77	+21.85	+0.06	242.73	+7.96	6.71
	10	136.54	93.54	+22.24	92.79	+21.80	+0.13	248.83	+7.95	6.72
	14	136.66	96.95	+22.37	95.79	+21.75	+0.20	250.86	+7.94	6.72
	18	136.79	100.32	+22.50	98.77	+21.70	+0.26	251.91	+7.92	6.73
	22	136.91	103.67	+22.63	101.73	+21.65	+0.32	252.58	+7.89	6.73
	26	137.03	106.98	+22.75	104.66	+21.60	+0.38	253.05	+7.87	6.74
	30	137.16	110.26	+22.86	107.58	+21.55	+0.44	253.42	+7.84	6.74
Sept.	3	137.28	113.51	+22.96	110.47	+21.50	+0.50	253.71	+7.80	6.74
	7	137.40	116.72	+23.06	113.35	+21.45	+0.55	253.96	+7.77	6.75
	11	137.53	119.89	+23.14	116.21	+21.40	+0.59	254.17	+7.73	6.75
	15	137.65	123.03	+23.22	119.06	+21.35	+0.64	254.35	+7.69	6.75
	19	137.77	126.13	+23.29	121.88	+21.30	+0.68	254.50	+7.65	6.75
	23	137.90	129.19	+23.34	124.70	+21.24	+0.71	254.64	+7.60	6.75
	27	138.02	132.21	+23.39	127.50	+21.19	+0.74	254.76	+7.56	6.75
Oct.	1	138.14	135.20	+23.42	130.29	+21.14	+0.77	254.86	+7.51	6.76
	5	138.27	138.15	+23.45	133.06	+21.09	+0.79	254.95	+7.46	6.76
	9	138.39	141.07	+23.46	135.83	+21.04	+0.81	255.03	+7.41	6.76
	13	138.51	143.95	+23.46	138.59	+20.99	+0.82	255.09	+7.36	6.76
	17	138.64	146.80	+23.45	141.35	+20.94	+0.83	255.14	+7.32	6.76
	21	138.76	149.62	+23.42	144.10	+20.89	+0.84	255.19	+7.27	6.75
	25	138.88	152.41	+23.39	146.84	+20.84	+0.84	255.22	+7.22	6.75
	29	139.01	155.17	+23.34	149.59	+20.78	+0.83	255.24	+7.17	6.75
Nov.	2	139.13	157.91	+23.29	152.33	+20.73	+0.83	255.25	+7.13	6.75
	6	139.26	160.62	+23.22	155.08	+20.68	+0.82	255.25	+7.08	6.75
	10	139.38	163.31	+23.14	157.83	+20.63	+0.80	255.25	+7.04	6.75
	14	139.50	165.97	+23.05	160.58	+20.58	+0.79	255.24	+7.00	6.74
	18	139.63	168.62	+22.95	163.33	+20.52	+0.77	255.23	+6.96	6.74
	22	139.75	171.26	+22.84	166.10	+20.47	+0.74	255.20	+6.92	6.74
	26	139.87	173.88	+22.72	168.87	+20.42	+0.72	255.18	+6.88	6.73
	30	140.00	176.48	+22.59	171.64	+20.37	+0.69	255.15	+6.85	6.73
Dec.	4	140.12	179.08	+22.45	174.43	+20.31	+0.66	255.13	+6.82	6.72
	8	140.24	181.67	+22.30	177.23	+20.26	+0.63	255.10	+6.78	6.72
	12	140.37	184.26	+22.14	180.05	+20.21	+0.59	255.08	+6.76	6.71
	16	140.49	186.84	+21.98	182.87	+20.16	+0.56	255.06	+6.73	6.71
	20	140.62	189.43	+21.81	185.71	+20.10	+0.52	255.05	+6.71	6.70
	24	140.74	192.01	+21.63	188.56	+20.05	+0.48	255.05	+6.69	6.69
	28	140.86	194.60	+21.44	191.43	+20.00	+0.44	255.08	+6.67	6.68
	32	140.99	197.19	+21.25	194.32	+19.94	+0.40	255.13	+6.65	6.68

URANUS, 2021

EPHEMERIS FOR PHYSICAL OBSERVATIONS
FOR 0ʰ TERRESTRIAL TIME

Date		Light-time	Magnitude	Equatorial Diameter	Phase Angle	L_s	Sub-Earth Lat.	North Pole	
								Dist.	P.A.
		m		"	°	°	°	"	°
Jan.	−6	159.82	+ 5.7	3.67	2.4	51.45	+ 49.78	+ 1.19	262.08
	2	160.82	+ 5.8	3.64	2.6	51.54	+ 49.67	+ 1.18	262.03
	10	161.88	+ 5.8	3.62	2.7	51.62	+ 49.61	+ 1.18	262.01
	18	163.00	+ 5.8	3.60	2.8	51.71	+ 49.61	+ 1.17	262.02
	26	164.13	+ 5.8	3.57	2.9	51.80	+ 49.66	+ 1.16	262.04
Feb.	3	165.27	+ 5.8	3.55	2.8	51.89	+ 49.76	+ 1.15	262.10
	11	166.39	+ 5.8	3.52	2.8	51.98	+ 49.92	+ 1.14	262.17
	19	167.46	+ 5.8	3.50	2.6	52.07	+ 50.13	+ 1.13	262.27
	27	168.48	+ 5.9	3.48	2.5	52.15	+ 50.38	+ 1.11	262.39
Mar.	7	169.41	+ 5.9	3.46	2.2	52.24	+ 50.68	+ 1.10	262.54
	15	170.26	+ 5.9	3.44	2.0	52.33	+ 51.01	+ 1.09	262.70
	23	170.99	+ 5.9	3.43	1.7	52.42	+ 51.37	+ 1.07	262.88
	31	171.60	+ 5.9	3.42	1.4	52.51	+ 51.77	+ 1.06	263.08
Apr.	8	172.08	+ 5.9	3.41	1.0	52.60	+ 52.18	+ 1.05	263.29
	16	172.42	+ 5.9	3.40	0.7	52.68	+ 52.61	+ 1.04	263.51
	24	172.63	+ 5.9	3.40	0.3	52.77	+ 53.05	+ 1.03	263.74
May	2	172.69	+ 5.9	3.39	0.1	52.86	+ 53.50	+ 1.02	263.98
	10	172.60	+ 5.9	3.40	0.4	52.95	+ 53.94	+ 1.01	264.22
	18	172.37	+ 5.9	3.40	0.8	53.04	+ 54.38	+ 1.00	264.47
	26	172.01	+ 5.9	3.41	1.1	53.13	+ 54.80	+ 0.99	264.71
June	3	171.51	+ 5.9	3.42	1.5	53.22	+ 55.21	+ 0.98	264.94
	11	170.89	+ 5.9	3.43	1.8	53.30	+ 55.59	+ 0.98	265.17
	19	170.16	+ 5.9	3.44	2.1	53.39	+ 55.95	+ 0.97	265.38
	27	169.32	+ 5.9	3.46	2.3	53.48	+ 56.28	+ 0.97	265.58
July	5	168.40	+ 5.9	3.48	2.5	53.57	+ 56.57	+ 0.97	265.75
	13	167.40	+ 5.8	3.50	2.7	53.66	+ 56.82	+ 0.97	265.91
	21	166.34	+ 5.8	3.52	2.8	53.75	+ 57.02	+ 0.97	266.04
	29	165.24	+ 5.8	3.55	2.9	53.84	+ 57.19	+ 0.97	266.14
Aug.	6	164.12	+ 5.8	3.57	2.9	53.92	+ 57.30	+ 0.97	266.21
	14	163.00	+ 5.8	3.60	2.9	54.01	+ 57.36	+ 0.98	266.25
	22	161.89	+ 5.8	3.62	2.8	54.10	+ 57.38	+ 0.99	266.25
	30	160.83	+ 5.8	3.64	2.7	54.19	+ 57.34	+ 0.99	266.22
Sept.	7	159.82	+ 5.7	3.67	2.5	54.28	+ 57.25	+ 1.00	266.17
	15	158.89	+ 5.7	3.69	2.3	54.37	+ 57.12	+ 1.01	266.08
	23	158.05	+ 5.7	3.71	2.0	54.46	+ 56.94	+ 1.02	265.96
Oct.	1	157.33	+ 5.7	3.73	1.7	54.55	+ 56.72	+ 1.03	265.83
	9	156.74	+ 5.7	3.74	1.4	54.63	+ 56.47	+ 1.04	265.67
	17	156.29	+ 5.7	3.75	1.0	54.72	+ 56.19	+ 1.05	265.50
	25	155.99	+ 5.7	3.76	0.6	54.81	+ 55.89	+ 1.06	265.31
Nov.	2	155.86	+ 5.7	3.76	0.2	54.90	+ 55.57	+ 1.07	265.13
	10	155.89	+ 5.7	3.76	0.3	54.99	+ 55.25	+ 1.08	264.94
	18	156.08	+ 5.7	3.76	0.7	55.08	+ 54.94	+ 1.09	264.77
	26	156.43	+ 5.7	3.75	1.1	55.17	+ 54.64	+ 1.09	264.60
Dec.	4	156.94	+ 5.7	3.74	1.4	55.26	+ 54.37	+ 1.10	264.45
	12	157.59	+ 5.7	3.72	1.8	55.34	+ 54.12	+ 1.10	264.31
	20	158.37	+ 5.7	3.70	2.1	55.43	+ 53.91	+ 1.10	264.20
	28	159.26	+ 5.7	3.68	2.3	55.52	+ 53.75	+ 1.10	264.12
	36	160.24	+ 5.7	3.66	2.6	55.61	+ 53.63	+ 1.09	264.06

EPHEMERIS FOR PHYSICAL OBSERVATIONS
FOR 0ʰ TERRESTRIAL TIME

Date		Light-time	Magnitude	Equatorial Diameter	Phase Angle	L_s	Sub-Earth Lat.	North Pole	
								Dist.	P.A.
		m		"	°	°	°	"	°
Jan.	−6	250.93	+7.8	2.26	1.8	304.21	−24.33	−1.02	322.27
	2	252.02	+7.8	2.25	1.7	304.25	−24.30	−1.02	322.20
	10	253.04	+7.8	2.24	1.6	304.30	−24.26	−1.01	322.11
	18	253.99	+7.8	2.24	1.5	304.35	−24.21	−1.01	322.01
	26	254.83	+7.8	2.23	1.3	304.40	−24.16	−1.01	321.90
Feb.	3	255.56	+7.8	2.22	1.1	304.45	−24.09	−1.00	321.77
	11	256.16	+7.8	2.22	0.9	304.50	−24.02	−1.00	321.64
	19	256.63	+7.8	2.21	0.6	304.54	−23.95	−1.00	321.50
	27	256.95	+7.8	2.21	0.4	304.59	−23.87	−1.00	321.35
Mar.	7	257.12	+7.8	2.21	0.1	304.64	−23.78	−1.00	321.21
	15	257.13	+7.8	2.21	0.1	304.69	−23.70	−1.00	321.06
	23	257.00	+7.8	2.21	0.4	304.74	−23.61	−1.00	320.91
	31	256.71	+7.8	2.21	0.6	304.78	−23.53	−1.00	320.77
Apr.	8	256.29	+7.8	2.22	0.9	304.83	−23.45	−1.00	320.64
	16	255.73	+7.8	2.22	1.1	304.88	−23.36	−1.01	320.51
	24	255.04	+7.8	2.23	1.3	304.93	−23.29	−1.01	320.40
May	2	254.25	+7.8	2.23	1.5	304.98	−23.22	−1.01	320.29
	10	253.36	+7.8	2.24	1.6	305.03	−23.15	−1.02	320.20
	18	252.38	+7.8	2.25	1.7	305.07	−23.10	−1.02	320.12
	26	251.34	+7.8	2.26	1.8	305.12	−23.05	−1.03	320.05
June	3	250.26	+7.8	2.27	1.9	305.17	−23.01	−1.03	320.00
	11	249.14	+7.8	2.28	1.9	305.22	−22.98	−1.04	319.96
	19	248.03	+7.8	2.29	1.9	305.27	−22.96	−1.04	319.94
	27	246.92	+7.7	2.30	1.9	305.32	−22.95	−1.05	319.94
July	5	245.84	+7.7	2.31	1.8	305.36	−22.95	−1.05	319.95
	13	244.82	+7.7	2.32	1.7	305.41	−22.96	−1.06	319.97
	21	243.87	+7.7	2.33	1.6	305.46	−22.98	−1.06	320.02
	29	243.01	+7.7	2.34	1.4	305.51	−23.01	−1.06	320.07
Aug.	6	242.25	+7.7	2.34	1.2	305.56	−23.05	−1.07	320.14
	14	241.61	+7.7	2.35	1.0	305.60	−23.10	−1.07	320.22
	22	241.11	+7.7	2.36	0.8	305.65	−23.15	−1.07	320.30
	30	240.75	+7.7	2.36	0.5	305.70	−23.20	−1.07	320.40
Sept.	7	240.54	+7.7	2.36	0.3	305.75	−23.26	−1.07	320.50
	15	240.49	+7.7	2.36	0.0	305.80	−23.33	−1.07	320.60
	23	240.60	+7.7	2.36	0.3	305.85	−23.39	−1.07	320.71
Oct.	1	240.87	+7.7	2.36	0.5	305.89	−23.45	−1.07	320.81
	9	241.29	+7.7	2.35	0.8	305.94	−23.51	−1.07	320.90
	17	241.85	+7.7	2.35	1.0	305.99	−23.56	−1.06	320.99
	25	242.55	+7.7	2.34	1.2	306.04	−23.61	−1.06	321.07
Nov.	2	243.37	+7.7	2.33	1.4	306.09	−23.65	−1.06	321.14
	10	244.30	+7.7	2.32	1.6	306.13	−23.68	−1.05	321.19
	18	245.31	+7.7	2.32	1.7	306.18	−23.71	−1.05	321.23
	26	246.39	+7.7	2.31	1.8	306.23	−23.72	−1.04	321.25
Dec.	4	247.52	+7.7	2.29	1.9	306.28	−23.73	−1.04	321.26
	12	248.67	+7.8	2.28	1.9	306.33	−23.73	−1.03	321.24
	20	249.82	+7.8	2.27	1.9	306.38	−23.71	−1.03	321.21
	28	250.95	+7.8	2.26	1.8	306.42	−23.69	−1.02	321.16
	36	252.03	+7.8	2.25	1.7	306.47	−23.65	−1.02	321.09

FOR 0ʰ TERRESTRIAL TIME

Date		Mars	Jupiter			Saturn
			System I	System II	System III	
		°	°	°	°	°
Jan.	0	172.98	246.75	24.93	146.66	96.34
	1	163.40	44.39	174.94	296.93	186.99
	2	153.81	202.04	324.95	87.21	277.65
	3	144.23	359.68	114.97	237.49	8.30
	4	134.63	157.32	264.98	27.78	98.95
	5	125.04	314.97	55.00	178.06	189.61
	6	115.44	112.61	205.01	328.34	280.26
	7	105.83	270.26	355.03	118.62	10.92
	8	96.23	67.91	145.05	268.90	101.57
	9	86.62	225.55	295.06	59.19	192.23
	10	77.01	23.20	85.08	209.47	282.89
	11	67.39	180.85	235.10	359.75	13.55
	12	57.77	338.50	25.12	150.04	104.21
	13	48.15	136.15	175.14	300.32	194.87
	14	38.52	293.80	325.16	90.61	285.53
	15	28.90	91.45	115.18	240.90	16.20
	16	19.27	249.10	265.20	31.18	106.86
	17	9.63	46.75	55.22	181.47	197.53
	18	360.00	204.40	205.24	331.76	288.19
	19	350.36	2.06	355.27	122.05	18.86
	20	340.72	159.71	145.29	272.34	109.53
	21	331.08	317.37	295.32	62.63	200.20
	22	321.44	115.02	85.34	212.92	290.87
	23	311.80	272.68	235.37	3.22	21.55
	24	302.15	70.34	25.40	153.51	112.22
	25	292.51	228.00	175.43	303.81	202.90
	26	282.86	25.66	325.46	94.10	293.57
	27	273.21	183.32	115.49	244.40	24.25
	28	263.56	340.98	265.52	34.70	114.93
	29	253.90	138.64	55.56	185.00	205.61
	30	244.25	296.31	205.59	335.30	296.30
	31	234.60	93.97	355.63	125.60	26.98
Feb.	1	224.94	251.64	145.66	275.90	117.66
	2	215.28	49.31	295.70	66.20	208.35
	3	205.63	206.98	85.74	216.51	299.04
	4	195.97	4.64	235.78	6.81	29.73
	5	186.31	162.32	25.82	157.12	120.42
	6	176.65	319.99	175.86	307.43	211.11
	7	166.99	117.66	325.90	97.74	301.80
	8	157.33	275.34	115.95	248.05	32.50
	9	147.67	73.01	265.99	38.36	123.20
	10	138.01	230.69	56.04	188.67	213.89
	11	128.35	28.37	206.09	338.99	304.59
	12	118.68	186.05	356.14	129.30	35.29
	13	109.02	343.73	146.19	279.62	126.00
	14	99.36	141.41	296.24	69.94	216.70
	15	89.69	299.09	86.29	220.26	307.41

FOR 0ʰ TERRESTRIAL TIME

Date		Mars	Jupiter			Saturn
			System I	System II	System III	
		°	°	°	°	°
Feb.	15	89.69	299.09	86.29	220.26	307.41
	16	80.03	96.78	236.35	10.58	38.12
	17	70.36	254.47	26.41	160.90	128.83
	18	60.70	52.15	176.46	311.23	219.54
	19	51.03	209.84	326.52	101.55	310.25
	20	41.37	7.53	116.58	251.88	40.96
	21	31.70	165.23	266.65	42.21	131.68
	22	22.04	322.92	56.71	192.54	222.40
	23	12.37	120.62	206.78	342.87	313.12
	24	2.71	278.31	356.84	133.20	43.84
	25	353.04	76.01	146.91	283.54	134.56
	26	343.37	233.71	296.98	73.87	225.28
	27	333.71	31.42	87.05	224.21	316.01
	28	324.04	189.12	237.13	14.55	46.74
Mar.	1	314.38	346.82	27.20	164.89	137.47
	2	304.71	144.53	177.28	315.23	228.20
	3	295.05	302.24	327.36	105.58	318.93
	4	285.38	99.95	117.44	255.92	49.67
	5	275.72	257.66	267.52	46.27	140.40
	6	266.05	55.37	57.60	196.62	231.14
	7	256.39	213.09	207.69	346.97	321.88
	8	246.72	10.81	357.77	137.32	52.62
	9	237.06	168.53	147.86	287.68	143.37
	10	227.39	326.25	297.95	78.03	234.11
	11	217.73	123.97	88.04	228.39	324.86
	12	208.07	281.69	238.14	18.75	55.61
	13	198.40	79.42	28.23	169.11	146.36
	14	188.74	237.15	178.33	319.48	237.11
	15	179.07	34.88	328.43	109.84	327.86
	16	169.41	192.61	118.53	260.21	58.62
	17	159.74	350.34	268.63	50.58	149.38
	18	150.08	148.08	58.74	200.95	240.14
	19	140.42	305.81	208.84	351.32	330.90
	20	130.75	103.55	358.95	141.70	61.66
	21	121.09	261.29	149.06	292.07	152.43
	22	111.42	59.04	299.18	82.45	243.20
	23	101.76	216.78	89.29	232.83	333.96
	24	92.10	14.53	239.41	23.21	64.73
	25	82.43	172.28	29.53	173.60	155.51
	26	72.77	330.03	179.65	323.99	246.28
	27	63.11	127.78	329.77	114.37	337.06
	28	53.44	285.54	119.89	264.76	67.83
	29	43.78	83.29	270.02	55.16	158.61
	30	34.12	241.05	60.15	205.55	249.39
	31	24.46	38.82	210.28	355.95	340.18
Apr.	1	14.79	196.58	0.41	146.35	70.96
	2	5.13	354.34	150.55	296.75	161.75

PLANETARY CENTRAL MERIDIANS, 2021

FOR 0ʰ TERRESTRIAL TIME

Date		Mars	Jupiter			Saturn
			System I	System II	System III	
		°	°	°	°	°
Apr.	1	14.79	196.58	0.41	146.35	70.96
	2	5.13	354.34	150.55	296.75	161.75
	3	355.47	152.11	300.69	87.15	252.54
	4	345.81	309.88	90.83	237.56	343.33
	5	336.14	107.65	240.97	27.97	74.12
	6	326.48	265.43	31.11	178.37	164.91
	7	316.82	63.20	181.26	328.79	255.71
	8	307.15	220.98	331.40	119.20	346.51
	9	297.49	18.76	121.55	269.62	77.30
	10	287.83	176.55	271.71	60.04	168.11
	11	278.16	334.33	61.86	210.46	258.91
	12	268.50	132.12	212.02	0.88	349.71
	13	258.84	289.91	2.18	151.30	80.52
	14	249.17	87.70	152.34	301.73	171.33
	15	239.51	245.50	302.50	92.16	262.14
	16	229.84	43.29	92.67	242.59	352.95
	17	220.18	201.09	242.84	33.03	83.76
	18	210.51	358.89	33.01	183.47	174.57
	19	200.85	156.70	183.18	333.91	265.39
	20	191.18	314.50	333.36	124.35	356.21
	21	181.52	112.31	123.54	274.79	87.03
	22	171.85	270.12	273.72	65.24	177.85
	23	162.18	67.94	63.90	215.69	268.67
	24	152.52	225.75	214.09	6.14	359.50
	25	142.85	23.57	4.27	156.59	90.32
	26	133.18	181.39	154.46	307.05	181.15
	27	123.51	339.22	304.66	97.51	271.98
	28	113.85	137.04	94.85	247.97	2.81
	29	104.18	294.87	245.05	38.43	93.64
	30	94.51	92.70	35.25	188.90	184.48
May	1	84.84	250.53	185.45	339.37	275.31
	2	75.17	48.37	335.66	129.84	6.15
	3	65.50	206.21	125.86	280.31	96.99
	4	55.83	4.05	276.07	70.79	187.83
	5	46.15	161.89	66.29	221.26	278.67
	6	36.48	319.74	216.50	11.75	9.51
	7	26.81	117.59	6.72	162.23	100.36
	8	17.13	275.44	156.94	312.72	191.21
	9	7.46	73.29	307.16	103.20	282.05
	10	357.78	231.15	97.39	253.70	12.90
	11	348.11	29.01	247.62	44.19	103.75
	12	338.43	186.87	37.85	194.69	194.60
	13	328.75	344.73	188.08	345.19	285.46
	14	319.08	142.60	338.32	135.69	16.31
	15	309.40	300.47	128.56	286.19	107.17
	16	299.72	98.34	278.80	76.70	198.03
	17	290.04	256.22	69.04	227.21	288.88

FOR 0^h TERRESTRIAL TIME

Date		Mars	Jupiter			Saturn
			System I	System II	System III	
		°	°	°	°	°
May	17	290.04	256.22	69.04	227.21	288.88
	18	280.35	54.09	219.29	17.73	19.74
	19	270.67	211.97	9.54	168.24	110.61
	20	260.99	9.86	159.79	318.76	201.47
	21	251.30	167.74	310.05	109.28	292.33
	22	241.62	325.63	100.30	259.81	23.20
	23	231.93	123.52	250.56	50.33	114.06
	24	222.25	281.42	40.83	200.86	204.93
	25	212.56	79.31	191.09	351.39	295.80
	26	202.87	237.21	341.36	141.93	26.67
	27	193.18	35.11	131.63	292.47	117.54
	28	183.49	193.02	281.91	83.01	208.41
	29	173.80	350.93	72.19	233.55	299.28
	30	164.10	148.84	222.47	24.09	30.15
	31	154.41	306.75	12.75	174.64	121.03
June	1	144.71	104.67	163.03	325.19	211.90
	2	135.02	262.59	313.32	115.75	302.78
	3	125.32	60.51	103.61	266.31	33.66
	4	115.62	218.43	253.91	56.87	124.53
	5	105.92	16.36	44.20	207.43	215.41
	6	96.22	174.29	194.50	357.99	306.29
	7	86.52	332.22	344.80	148.56	37.17
	8	76.81	130.16	135.11	299.13	128.05
	9	67.11	288.10	285.42	89.71	218.94
	10	57.40	86.04	75.73	240.28	309.82
	11	47.69	243.98	226.04	30.86	40.70
	12	37.98	41.93	16.36	181.44	131.59
	13	28.27	199.88	166.67	332.03	222.47
	14	18.56	357.83	317.00	122.62	313.36
	15	8.85	155.78	107.32	273.21	44.24
	16	359.13	313.74	257.65	63.80	135.13
	17	349.42	111.70	47.98	214.39	226.01
	18	339.70	269.66	198.31	4.99	316.90
	19	329.98	67.63	348.64	155.59	47.79
	20	320.26	225.60	138.98	306.20	138.68
	21	310.54	23.57	289.32	96.80	229.56
	22	300.81	181.54	79.66	247.41	320.45
	23	291.09	339.52	230.01	38.02	51.34
	24	281.36	137.49	20.36	188.64	142.23
	25	271.64	295.48	170.71	339.25	233.12
	26	261.91	93.46	321.06	129.87	324.01
	27	252.18	251.44	111.41	280.49	54.90
	28	242.44	49.43	261.77	71.12	145.79
	29	232.71	207.42	52.13	221.74	236.68
	30	222.97	5.42	202.49	12.37	327.57
July	1	213.24	163.41	352.86	163.00	58.45
	2	203.50	321.41	143.23	313.63	149.34

PLANETARY CENTRAL MERIDIANS, 2021
FOR 0ʰ TERRESTRIAL TIME

Date		Mars	Jupiter			Saturn
			System I	System II	System III	
		°	°	°	°	°
July	1	213.24	163.41	352.86	163.00	58.45
	2	203.50	321.41	143.23	313.63	149.34
	3	193.76	119.41	293.60	104.27	240.23
	4	184.02	277.41	83.97	254.91	331.12
	5	174.27	75.42	234.34	45.55	62.01
	6	164.53	233.42	24.72	196.19	152.90
	7	154.78	31.43	175.10	346.83	243.79
	8	145.03	189.44	325.48	137.48	334.68
	9	135.28	347.46	115.86	288.13	65.56
	10	125.53	145.47	266.24	78.78	156.45
	11	115.78	303.49	56.63	229.43	247.34
	12	106.02	101.51	207.02	20.09	338.22
	13	96.26	259.53	357.41	170.74	69.11
	14	86.50	57.55	147.80	321.40	160.00
	15	76.74	215.57	298.19	112.06	250.88
	16	66.98	13.60	88.59	262.72	341.76
	17	57.22	171.63	238.99	53.39	72.65
	18	47.46	329.66	29.39	204.05	163.53
	19	37.69	127.69	179.79	354.72	254.41
	20	27.92	285.72	330.19	145.38	345.29
	21	18.15	83.75	120.59	296.05	76.17
	22	8.38	241.79	270.99	86.72	167.05
	23	358.61	39.82	61.40	237.39	257.93
	24	348.83	197.86	211.80	28.06	348.81
	25	339.06	355.89	2.21	178.74	79.69
	26	329.28	153.93	152.62	329.41	170.56
	27	319.50	311.97	303.03	120.09	261.44
	28	309.72	110.01	93.44	270.76	352.31
	29	299.94	268.05	243.85	61.44	83.18
	30	290.16	66.09	34.26	212.12	174.05
	31	280.37	224.14	184.67	2.79	264.92
Aug.	1	270.58	22.18	335.08	153.47	355.79
	2	260.80	180.22	125.49	304.15	86.66
	3	251.01	338.26	275.91	94.83	177.52
	4	241.22	136.31	66.32	245.51	268.39
	5	231.42	294.35	216.73	36.19	359.25
	6	221.63	92.39	7.15	186.86	90.11
	7	211.83	250.44	157.56	337.54	180.97
	8	202.04	48.48	307.97	128.22	271.83
	9	192.24	206.52	98.38	278.90	2.69
	10	182.44	4.56	248.80	69.58	93.54
	11	172.64	162.60	39.21	220.26	184.40
	12	162.84	320.65	189.62	10.93	275.25
	13	153.03	118.69	340.03	161.61	6.10
	14	143.23	276.73	130.44	312.28	96.95
	15	133.42	74.76	280.85	102.96	187.79
	16	123.62	232.80	71.25	253.63	278.64

FOR 0^h TERRESTRIAL TIME

Date		Mars	Jupiter			Saturn
			System I	System II	System III	
		°	°	°	°	°
Aug.	16	123.62	232.80	71.25	253.63	278.64
	17	113.81	30.84	221.66	44.30	9.48
	18	104.00	188.87	12.06	194.98	100.32
	19	94.19	346.91	162.47	345.64	191.16
	20	84.38	144.94	312.87	136.31	282.00
	21	74.57	302.97	103.27	286.98	12.83
	22	64.76	101.00	253.67	77.65	103.67
	23	54.94	259.03	44.07	228.31	194.50
	24	45.13	57.05	194.46	18.97	285.33
	25	35.31	215.08	344.86	169.63	16.15
	26	25.50	13.10	135.25	320.29	106.98
	27	15.68	171.12	285.64	110.94	197.80
	28	5.86	329.13	76.03	261.60	288.62
	29	356.05	127.15	226.41	52.25	19.44
	30	346.23	285.16	16.80	202.90	110.26
	31	336.41	83.17	167.18	353.54	201.08
Sept.	1	326.59	241.18	317.55	144.19	291.89
	2	316.77	39.19	107.93	294.83	22.70
	3	306.94	197.19	258.30	85.47	113.51
	4	297.12	355.19	48.67	236.11	204.31
	5	287.30	153.19	199.04	26.74	295.12
	6	277.48	311.18	349.40	177.37	25.92
	7	267.65	109.17	139.77	328.00	116.72
	8	257.83	267.16	290.12	118.62	207.51
	9	248.00	65.15	80.48	269.24	298.31
	10	238.18	223.13	230.83	59.86	29.10
	11	228.36	21.11	21.18	210.47	119.89
	12	218.53	179.08	171.53	1.09	210.68
	13	208.71	337.05	321.87	151.69	301.46
	14	198.88	135.02	112.21	302.30	32.25
	15	189.06	292.98	262.54	92.90	123.03
	16	179.23	90.95	52.87	243.50	213.80
	17	169.41	248.90	203.20	34.09	304.58
	18	159.58	46.86	353.52	184.68	35.35
	19	149.76	204.81	143.84	335.27	126.13
	20	139.93	2.75	294.16	125.85	216.89
	21	130.11	160.69	84.47	276.43	307.66
	22	120.29	318.63	234.78	67.00	38.43
	23	110.46	116.57	25.09	217.57	129.19
	24	100.64	274.50	175.39	8.14	219.95
	25	90.81	72.42	325.68	158.70	310.71
	26	80.99	230.35	115.98	309.26	41.46
	27	71.17	28.27	266.27	99.82	132.21
	28	61.35	186.18	56.55	250.37	222.96
	29	51.53	344.09	206.83	40.92	313.71
	30	41.70	142.00	357.11	191.46	44.46
Oct.	1	31.88	299.90	147.38	342.00	135.20

PLANETARY CENTRAL MERIDIANS, 2021
FOR 0ʰ TERRESTRIAL TIME

Date		Mars	Jupiter			Saturn
			System I	System II	System III	
		°	°	°	°	°
Oct.	1	31.88	299.90	147.38	342.00	135.20
	2	22.06	97.80	297.65	132.53	225.94
	3	12.24	255.69	87.92	283.06	316.68
	4	2.43	53.58	238.18	73.59	47.42
	5	352.61	211.47	28.43	224.11	138.15
	6	342.79	9.35	178.69	14.63	228.89
	7	332.97	167.23	328.94	165.15	319.62
	8	323.16	325.10	119.18	315.66	50.35
	9	313.34	122.97	269.42	106.16	141.07
	10	303.53	280.84	59.66	256.66	231.80
	11	293.71	78.70	209.89	47.16	322.52
	12	283.90	236.56	0.11	197.66	53.24
	13	274.09	34.41	150.34	348.14	143.95
	14	264.28	192.26	300.56	138.63	234.67
	15	254.47	350.10	90.77	289.11	325.38
	16	244.66	147.94	240.98	79.59	56.09
	17	234.85	305.78	31.19	230.06	146.80
	18	225.05	103.61	181.39	20.53	237.51
	19	215.24	261.44	331.59	171.00	328.22
	20	205.44	59.27	121.79	321.46	58.92
	21	195.63	217.09	271.98	111.91	149.62
	22	185.83	14.90	62.17	262.37	240.32
	23	176.03	172.72	212.35	52.82	331.02
	24	166.23	330.53	2.53	203.26	61.72
	25	156.43	128.33	152.71	353.71	152.41
	26	146.63	286.13	302.88	144.14	243.11
	27	136.83	83.93	93.05	294.58	333.80
	28	127.04	241.72	243.21	85.01	64.49
	29	117.24	39.51	33.37	235.44	155.17
	30	107.45	197.30	183.53	25.86	245.86
	31	97.66	355.08	333.68	176.28	336.54
Nov.	1	87.87	152.86	123.83	326.69	67.23
	2	78.08	310.64	273.98	117.11	157.91
	3	68.29	108.41	64.12	267.52	248.59
	4	58.50	266.18	214.26	57.92	339.27
	5	48.71	63.95	4.40	208.32	69.94
	6	38.93	221.71	154.53	358.72	160.62
	7	29.14	19.47	304.66	149.12	251.29
	8	19.36	177.22	94.79	299.51	341.96
	9	9.58	334.97	244.91	89.90	72.64
	10	359.80	132.72	35.03	240.28	163.31
	11	350.02	290.47	185.14	30.66	253.97
	12	340.24	88.21	335.26	181.04	344.64
	13	330.46	245.95	125.37	331.42	75.31
	14	320.69	43.68	275.47	121.79	165.97
	15	310.91	201.42	65.58	272.16	256.64
	16	301.14	359.15	215.68	62.53	347.30

FOR 0ʰ TERRESTRIAL TIME

Date		Mars	Jupiter			Saturn
			System I	System II	System III	
		°	°	°	°	°
Nov.	16	301.14	359.15	215.68	62.53	347.30
	17	291.37	156.87	5.78	212.89	77.96
	18	281.60	314.60	155.87	3.25	168.62
	19	271.83	112.32	305.96	153.61	259.28
	20	262.06	270.04	96.05	303.97	349.94
	21	252.29	67.75	246.14	94.32	80.60
	22	242.53	225.47	36.22	244.67	171.26
	23	232.76	23.18	186.30	35.02	261.91
	24	223.00	180.89	336.38	185.36	352.57
	25	213.23	338.59	126.46	335.70	83.22
	26	203.47	136.30	276.53	126.04	173.88
	27	193.71	294.00	66.60	276.38	264.53
	28	183.95	91.69	216.67	66.71	355.18
	29	174.19	249.39	6.74	217.05	85.83
	30	164.43	47.08	156.80	7.38	176.48
Dec.	1	154.67	204.77	306.87	157.71	267.13
	2	144.92	2.46	96.93	308.03	357.78
	3	135.16	160.15	246.98	98.35	88.43
	4	125.41	317.84	37.04	248.68	179.08
	5	115.65	115.52	187.09	39.00	269.73
	6	105.90	273.20	337.14	189.31	0.38
	7	96.15	70.88	127.19	339.63	91.03
	8	86.40	228.55	277.24	129.94	181.67
	9	76.65	26.23	67.29	280.25	272.32
	10	66.90	183.90	217.33	70.56	2.97
	11	57.15	341.57	7.37	220.87	93.61
	12	47.40	139.24	157.41	11.18	184.26
	13	37.65	296.91	307.45	161.48	274.91
	14	27.90	94.58	97.49	311.79	5.55
	15	18.16	252.24	247.52	102.09	96.20
	16	8.41	49.91	37.56	252.39	186.84
	17	358.67	207.57	187.59	42.68	277.49
	18	348.92	5.23	337.62	192.98	8.14
	19	339.18	162.89	127.65	343.28	98.78
	20	329.43	320.54	277.68	133.57	189.43
	21	319.69	118.20	67.71	283.86	280.07
	22	309.95	275.86	217.73	74.16	10.72
	23	300.20	73.51	7.76	224.45	101.36
	24	290.46	231.16	157.78	14.73	192.01
	25	280.72	28.81	307.80	165.02	282.66
	26	270.98	186.46	97.82	315.31	13.30
	27	261.24	344.11	247.84	105.60	103.95
	28	251.49	141.76	37.86	255.88	194.60
	29	241.75	299.41	187.88	46.16	285.25
	30	232.01	97.05	337.89	196.45	15.89
	31	222.27	254.70	127.91	346.73	106.54
	32	212.53	52.34	277.92	137.01	197.19

CONTENTS OF SECTION F

The satellite ephemerides were calculated using $\Delta T = 71.0$ seconds.

Satellite		Orbital Period (R = Retrograde)	Max. Elong. at Mean Opposition	Semimajor Axis	Orbital Eccentricity	Inclination of Orbit to Planet's Equator	Motion of Node on Fixed Plane[2]
		d	° ′ ″	×10³ km		°	°/yr
Earth							
	Moon	27.321 661		384.400	0.054 900 489	18.2–28.6	19.34[7]
Mars							
I	Phobos[1]	0.318 910 105 0	25	9.376	0.015 1	1.075	158.8
II	Deimos[1]	1.262 440 833	1 02	23.458	0.000 2	1.788	6.260
Jupiter							
I	Io[1]	1.769 137 760 6	2 18	421.80	0.004 1	0.036	48.6
II	Europa[1]	3.551 181 055	3 40	671.10	0.009 4	0.466	12.0
III	Ganymede[1]	7.154 553 248	5 51	1 070.40	0.001 3	0.177	2.63
IV	Callisto[1]	16.689 016 97	10 18	1 882.70	0.007 4	0.192	0.643
V	Amalthea[1]	0.498 179 076 39	59	181.40	0.003 2	0.380	914.6
VI	Himalia	250.56	1 22 14	11 460.20	0.159	28.61	524.4
VII	Elara	259.64	1 24 14	11 740.30	0.211	27.94	506.1
VIII	Pasiphae	743.61 R	2 49 33	23 629.10	0.406	151.41	185.6
IX	Sinope	758.89 R	2 10 20	23 942.00	0.255	158.19	181.4
X	Lysithea	259.20	1 03 58	11 717.00	0.116	27.66	506.9
XI	Carme	734.17 R	2 47 55	23 400.50	0.255	164.99	187.1
XII	Ananke	629.80 R	2 32 30	21 253.70	0.233	148.69	215.2
XIII	Leda	240.93	1 20 07	11 164.40	0.162	27.88	545.4
XIV	Thebe[1]	0.675	1 13	221.90	0.017 6	1.080	
XV	Adrastea[1]	0.298	42	129.00	0.001 8	0.054	
XVI	Metis[1]	0.295	42	128.00	0.001 2	0.019	
XVII	Callirrhoe	758.82 R	2 52 55	24 098.9	0.280	147.08[9]	
XVIII	Themisto	130.02	53 51	7 503.9	0.243	42.98[9]	
XIX	Megaclite	752.88 R	2 50 52	23 813.9	0.416	152.78[9]	
XX	Taygete	732.41 R	2 47 38	23 362.9	0.252	165.25[9]	
XXI	Chaldene	723.73 R	2 46 20	23 180.6	0.250	165.16[9]	
XXII	Harpalyke	623.32 R	2 31 27	21 106.1	0.230	148.76[9]	
XXIII	Kalyke	742.04 R	2 49 05	23 564.6	0.247	165.12[9]	
XXIV	Iocaste	631.60 R	2 32 38	21 272.0	0.215	149.41[9]	
XXV	Erinome	728.49 R	2 47 05	23 285.9	0.266	164.91[9]	
XXVI	Isonoe	726.26 R	2 46 42	23 231.2	0.247	165.25[9]	
XXVII	Praxidike	625.39 R	2 31 45	21 147.7	0.227	148.88[9]	
XXVIII	Autonoe	761.01 R	2 52 29	24 037.2	0.315	152.37[9]	
XXIX	Thyone	627.19 R	2 32 06	21 197.2	0.231	148.59[9]	
XXX	Hermippe	633.91 R	2 32 49	21 297.1	0.210	150.74[9]	
XXXI	Aitne	730.12 R	2 47 18	23 316.7	0.263	165.05[9]	
XXXII	Eurydome	717.31 R	2 46 05	23 146.2	0.275	150.27[9]	
XXXIII	Euanthe	620.45 R	2 30 58	21 039.0	0.232	148.92[9]	
XXXVI	Sponde	748.32 R	2 50 42	23 790.1	0.311	151.00[9]	
XXXVII	Kale	729.61 R	2 47 14	23 305.8	0.260	164.94[9]	
XXXIX	Hegemone	739.82 R	2 49 09	23 574.7	0.344	154.16[9]	
XLI	Aoede	761.40 R	2 52 01	23 974.1	0.432	158.27[9]	
XLIII	Arche	731.90 R	2 47 34	23 352.0	0.249	165.01[9]	
XLV	Helike	626.33 R	2 31 09	21 065.5	0.150	154.84[9]	
XLVI	Carpo	456.28	2 02 23	17 056.6	0.432	51.62[9]	
XLVII	Eukelade	730.33 R	2 47 21	23 322.7	0.262	165.26[9]	
LIII	Dia	278.21	1 28 14	12 297.50	0.232	28.63[9]	
LXV	Pandia	252.1	1 03 01	11 525.00	0.180	28.15[9]	
LXXI	Ersa	252.0	1 02 48	11 483.00	0.094	30.16[9]	
Saturn							
I	Mimas[1]	0.942 421 958 7	30	185.539	0.019 6	1.574	365.0
II	Enceladus[1]	1.370 218 093 1	38	238.042	0.000 0	0.003	156.2[8]
III	Tethys[1]	1.887 802 537 0	48	294.672	0.000 1	1.091	72.25
IV	Dione[1]	2.736 915 571	1 01	377.415	0.002 2	0.028	30.85[8]
V	Rhea[1]	4.517 502 731	1 25	527.068	0.000 2	0.333	10.16
VI	Titan[1]	15.945 448 42	3 17	1 221.865	0.028 8	0.306	0.521 3[8]
VII	Hyperion[1]	21.276 658 24	4 02	1 500.933	0.023 2	0.615	
VIII	Iapetus[1]	79.331 122 3	9 35	3 560.854	0.029 3	8.298	
IX	Phoebe[1]	548.02 R	34 51	12 947.918	0.163 4	175.243[9]	

[1] Mean orbital data given with respect to the local Laplace plane.
[2] Rate of decrease (or increase) in the longitude of the ascending node.
[3] S = Synchronous, rotation period same as orbital period. C = Chaotic.
[4] V(Sun) = −26.75
[5] V(1, 0) is the visual magnitude of the satellite reduced to a distance of 1 au from both the Sun and Earth and with phase angle of zero.
[6] V_0 is the mean opposition magnitude of the satellite.

Satellite		Mass Ratio (sat./planet)	Radius	Sid. Rot. Per.[3]	Geom. Alb. (V)[4]	$V(1,0)$[5]	V_0[6]	$B-V$	$U-B$
			km	d					
Earth									
	Moon	0.012 300 037 1	1737.4	S	0.12	+ 0.21	−12.74	0.92	0.46
Mars									
I	Phobos	1.661×10^{-8}	$13.0 \times 11.4 \times 9.1$	S	0.07	+11.8	+11.4	0.6	
II	Deimos	2.300×10^{-9}	$7.8 \times 6.0 \times 5.1$	S	0.07	+12.89	+12.5	0.65	0.18
Jupiter									
I	Io	4.705×10^{-5}	$1829\times1819\times1816$	S	0.63	− 1.68	+ 5.0	1.17	1.30
II	Europa	2.528×10^{-5}	$1563\times1560\times1560$	S	0.67	− 1.41	+ 5.3	0.87	0.52
III	Ganymede	7.805×10^{-5}	2631.2	S	0.43	− 2.09	+ 4.6	0.83	0.50
IV	Callisto	5.667×10^{-5}	2410.3	S	0.17	− 1.05	+ 5.7	0.86	0.55
V	Amalthea	1.09×10^{-9}	$125 \times 73 \times 64$	S	0.09	+ 6.3	+14.1	1.50	
VI	Himalia	3.6×10^{-9}	85	0.40	0.04	+ 8.1	+14.6	0.67	0.30
VII	Elara	4.58×10^{-10}	40		0.04 :	+10.0	+16.3	0.69	0.28
VIII	Pasiphae	1.58×10^{-10}	18 :		0.04 :	+ 9.9	+17.0	0.74	0.34
IX	Sinope	3.95×10^{-11}	14 :	0.548	0.04 :	+11.6	+18.1	0.84	
X	Lysithea	3.32×10^{-11}	12 :	0.533	0.04 :	+11.1	+18.3	0.72	
XI	Carme	6.95×10^{-11}	15 :	0.433	0.04 :	+10.9	+17.6	0.76	
XII	Ananke	1.58×10^{-11}	10 :	0.35	0.04 :	+11.9	+18.8	0.90	
XIII	Leda	5.76×10^{-12}	5 :		0.04 :	+13.5	+19.0	0.7	
XIV	Thebe	7.89×10^{-10}	$58 \times 49 \times 42$	S	0.05	+ 9.0	+16.0	1.3	
XV	Adrastea	3.95×10^{-12}	$10 \times 8 \times 7$	S	0.1 :	+12.4	+18.7		
XVI	Metis	6.31×10^{-11}	$30 \times 20 \times 17$	S	0.06	+10.8	+17.5		
XVII	Callirrhoe	4.58×10^{-13}	4.3 :		0.04 :	+13.9	+20.7	0.72	
XVIII	Themisto	3.63×10^{-13}	4.0 :		0.04 :	+12.9	+20.3	0.83	
XIX	Megaclite	1.11×10^{-13}	2.7 :		0.04 :	+15.1	+22.1	0.94	
XX	Taygete	8.68×10^{-14}	2.5 :		0.04 :	+15.6	+22.9	0.56	
XXI	Chaldene	3.95×10^{-14}	1.9 :		0.04 :	+15.7	+22.5		
XXII	Harpalyke	6.31×10^{-14}	2.2 :		0.04 :	+15.2	+22.2		
XXIII	Kalyke	1.03×10^{-13}	2.6 :		0.04 :	+15.3	+21.8	0.94	
XXIV	Iocaste	1.03×10^{-13}	2.6 :		0.04 :	+15.3	+22.5	0.63	
XXV	Erinome	2.73×10^{-14}	1.6 :		0.04 :	+16.0	+22.8		
XXVI	Isonoe	3.95×10^{-14}	1.9 :		0.04 :	+15.9	+22.5		
XXVII	Praxidike	2.29×10^{-13}	3.4 :		0.04 :	+15.2	+22.5	0.77	
XXVIII	Autonoe	4.74×10^{-14}	2.0 :		0.04 :	+15.4	+22.0		
XXIX	Thyone	4.74×10^{-14}	2.0 :		0.04 :	+15.7	+22.3		
XXX	Hermippe	4.74×10^{-14}	2.0 :		0.04 :	+15.5	+22.1		
XXXI	Aitne	2.37×10^{-14}	1.5 :		0.04 :	+16.1	+22.7		
XXXII	Eurydome	2.37×10^{-14}	1.5 :		0.04 :	+16.1	+22.7		
XXXIII	Euanthe	2.37×10^{-14}	1.5 :		0.04 :	+16.2	+22.8		
XXXVI	Sponde	7.89×10^{-15}	1.0 :		0.04 :	+16.4	+23.0		
XXXVII	Kale	7.89×10^{-15}	1.0 :		0.04 :	+16.4	+23.0		
XXXIX	Hegemone	2.37×10^{-14}	1.5 :		0.04 :	+15.9	+22.8		
XLI	Aoede	4.74×10^{-14}	2.0 :		0.04 :	+15.8	+22.5		
XLIII	Arche	2.37×10^{-14}	1.5 :		0.04 :	+16.4	+22.8		
XLV	Helike	4.74×10^{-14}	2.0 :		0.04 :	+16.0	+22.6		
XLVI	Carpo	2.37×10^{-14}	1.5 :		0.04 :	+15.6	+23.0		
XLVII	Eukelade	4.74×10^{-14}	2.0 :		0.04 :	+15.0	+22.6		
LIII	Dia	7.89×10^{-15}	1.0 :		0.04 :	+16.1	+22.4		
LXV	Pandia		1.5 :		0.04 :		+23.0		
LXXI	Ersa		1.5 :		0.04 :		+22.9		
Saturn									
I	Mimas	6.60×10^{-8}	$207.8 \times 196.7 \times 190.6$	S	0.6	+ 3.3	+12.8		
II	Enceladus	1.90×10^{-7}	$256.6 \times 251.4 \times 248.3$	S	1.0	+ 2.2	+11.8	0.70	0.28
III	Tethys	1.09×10^{-6}	$538.4 \times 528.3 \times 526.3$	S	0.8	+ 0.7	+10.3	0.73	0.30
IV	Dione	1.93×10^{-6}	$563.4 \times 561.3 \times 559.6$	S	0.6	+ 0.88	+10.4	0.71	0.31
V	Rhea	4.06×10^{-6}	$765.0 \times 763.1 \times 762.4$	S	0.6	+ 0.16	+ 9.7	0.78	0.38
VI	Titan	2.367×10^{-4}	2575.0	S	0.2	− 1.20	+ 8.4	1.28	0.75
VII	Hyperion	9.83×10^{-9}	$180.1 \times 133.0 \times 102.7$	C	0.25	+ 4.6	+14.4	0.78	0.33
VIII	Iapetus	3.177×10^{-6}	$745.7 \times 745.7 \times 712.1$	S	0.2^{10}	+ 1.6	+11.0	0.72	0.30
IX	Phoebe	1.458×10^{-8}	$109.4 \times 108.5 \times 101.8$	0.4	0.081	+ 6.63	+16.7	0.63	0.34

[7] Motion on the ecliptic plane.
[8] Rate of increase in the longitude of the apse.
[9] Measured from the ecliptic plane.
[10] Bright side, 0.5; faint side, 0.05.
: Quantity is uncertain.

Satellite		Orbital Period (R = Retrograde)	Max. Elong. at Mean Opposition	Semimajor Axis	Orbital Eccentricity	Inclination of Orbit to Planet's Equator	Motion of Node on Fixed Plane[2]
		d	° ′ ″	×10³ km		°	°/yr
Saturn							
X	Janus	0.695	24	151.45	0.009 8	0.165	
XI	Epimetheus	0.695	24	151.45	0.016 1	0.353	
XII	Helene	2.737	1 01	377.44	0.000	0.213	
XIII	Telesto	1.888	48	294.720	0.000 2	1.180	
XIV	Calypso	1.888	48	294.721	0.000 5	1.500	
XV	Atlas	0.602	22	137.774	0.001 1	0.003	
XVI	Prometheus	0.613	23	139.429	0.002 2	0.007	
XVII	Pandora	0.629	23	141.810	0.004 2	0.050	
XVIII	Pan[1]	0.575	22	133.585	0.000 0	0.000	
XIX	Ymir	1315.13 R	1 02 14	23 128	0.333 8	173.497	
XX	Paaliaq	686.95	40 55	15 204	0.332 5	46.228	
XXI	Tarvos	926.35	49 06	18 243	0.538 2	33.725	
XXII	Ijiraq	451.42	30 42	11 408	0.271 7	47.485	
XXIV	Kiviuq	449.22	30 38	11 384	0.332 5	46.764	
XXVI	Albiorix	783.46	44 07	16 393	0.479 7	34.060	
XXIX	Siarnaq	895.51	48 56	18 182	0.280 2	45.809	
Uranus							
I	Ariel	2.520 379 1	14	190.9	0.001 2	0.041	6.8
II	Umbriel	4.144 176 5	20	266.0	0.003 9	0.128	3.6
III	Titania	8.705 866 9	33	436.3	0.001 1	0.079	2.0
IV	Oberon	13.463 234	44	583.5	0.001 4	0.068	1.4
V	Miranda	1.413 479 4	10	129.9	0.001 3	4.338	19.8
VII	Ophelia	0.376 400	4	53.8	0.009 9	0.104	417.9
VIII	Bianca	0.434 578 99	4	59.2	0.000 9	0.193	298.7
IX	Cressida	0.463 569 60	5	61.8	0.000 4	0.006	256.9
X	Desdemona	0.473 649 60	5	62.7	0.000 1	0.113	244.3
XI	Juliet	0.493 065 49	5	64.4	0.000 7	0.065	222.5
XII	Portia	0.513 195 920	5	66.1	0.000 1	0.059	202.6
XIII	Rosalind	0.558 459 53	5	69.9	0.000 1	0.279	166.4
XIV	Belinda	0.623 527 47	6	75.3	0.000 1	0.031	128.8
XV	Puck	0.761 832 87	7	86.0	0.000 1	0.319	80.91
XVI	Caliban	579.73 R	9 08	7 231.100	0.181 2	141.53[9]	
XVII	Sycorax	1288.38 R	15 24	12 179.400	0.521 9	159.42[9]	
Neptune							
I	Triton[1]	5.876 854 1 R	17	354.759	0.000 0	156.865	0.523 2
II	Nereid[1]	360.134 1	4 22	5 513.818	0.750 7	7.090	0.039
V	Despina[1]	0.334 66	2	52.526	0.000 2	0.068	466.0
VI	Galatea[1]	0.428 74	3	61.953	0.000 1	0.034	261.3
VII	Larissa[1]	0.554 65	3	73.548	0.001 4	0.205	143.5
VIII	Proteus[1]	1.122	6	117.646	0.000 5	0.075	28.80
Pluto							
I	Charon	6.387 2	1	19.596	0.000 05	0.00	

[1] Mean orbital data given with respect to the local Laplace plane.
[2] Rate of decrease (or increase) in the longitude of the ascending node.
[3] S = Synchronous, rotation period same as orbital period. C = Chaotic.
[4] $V(Sun) = -26.75$
[5] $V(1, 0)$ is the visual magnitude of the satellite reduced to a distance of 1 au from both the Sun and Earth and with phase angle of zero.
[6] V_0 is the mean opposition magnitude of the satellite.

A Note on the Satellite Diagrams

The satellite orbit diagrams have been designed to assist observers in locating many of the shorter period (< 21 days) satellites of the planets. Each diagram depicts a planet and the apparent orbits of its satellites at 0 hours UT on that planet's opposition date, unless no opposition date occurs during the year. In that case, the diagram depicts the planet and orbits at 0 hours UT on January 1 or December 31 depending on which date provides the better view. The diagrams are inverted to reproduce what an observer would normally see through a telescope. Two arrows or text in the diagram indicate the apparent motion of the satellite(s); for most satellites in the solar system, the orbital motion is counterclockwise when viewed from the northern side of the orbital plane. In the case of Jupiter, Saturn, and Uranus, the diagram may have an expanded scale in one direction to better clarify the relative positions of the orbits.

Satellite		Mass Ratio (sat./planet)	Radius	Sid. Rot. Per.[3]	Geom. Alb. (V)[4]	V(1,0)[5]	V_0[6]	B − V	U − B
			km	d					
Saturn									
X	Janus	3.330× 10⁻⁹	101.7 × 93.0 × 76.3	S	0.71	+ 4 :	+14.4		
XI	Epimetheus	9.254× 10⁻¹⁰	64.9 × 57.3 × 53.0	S	0.73	+ 5.4 :	+15.6		
XII	Helene	2.004× 10⁻¹¹	22.5 × 19.6 × 13.3		1.67	+ 8.4 :	+18.4		
XIII	Telesto	7.118× 10⁻¹²	16.3 × 11.8 × 9.8		1.0	+ 8.9 :	+18.5		
XIV	Calypso	4.482× 10⁻¹²	15.3 × 9.3 × 6.3		0.7	+ 9.1 :	+18.7		
XV	Atlas	1.160× 10⁻¹¹	20.5 × 17.8 × 9.4		0.4	+ 8.4 :	+19.0		
XVI	Prometheus	2.831× 10⁻¹⁰	68.2 × 41.6 × 28.2	S	0.6	+ 6.4 :	+15.8		
XVII	Pandora	2.436× 10⁻¹⁰	52.2 × 40.8 × 31.5	S	0.5	+ 6.4 :	+16.4		
XVIII	Pan	8.700× 10⁻¹²	17.2 × 15.4 × 10.4		0.5 :		+19.4		
XIX	Ymir	8.700× 10⁻¹²	10 :		0.08 :	+12.4	+21.9	0.80	
XX	Paaliaq	1.450× 10⁻¹¹	13 :		0.08 :	+11.8	+21.2	0.86	
XXI	Tarvos	4.746× 10⁻¹²	7 :		0.08 :	+12.6	+23.0	0.78	
XXII	Ijiraq	2.109× 10⁻¹²	6 :		0.08 :	+13.6	+22.6	1.05	
XXIV	Kiviuq	5.800× 10⁻¹²	8 :		0.08 :	+12.7	+22.6	0.92	
XXVI	Albiorix	3.691× 10⁻¹¹	16 :		0.08 :		+20.5	0.80	
XXIX	Siarnaq	6.855× 10⁻¹¹	21 :		0.08 :	+10.7	+20.1	0.87	
Uranus									
I	Ariel	1.49 × 10⁻⁵	581.1 × 577.9 × 577.7	S	0.39	+ 1.7	+13.2	0.65	
II	Umbriel	1.41 × 10⁻⁵	584.7	S	0.21	+ 2.6	+14.0	0.68	
III	Titania	3.94 × 10⁻⁵	788.9	S	0.27	+ 1.3	+13.0	0.70	0.28
IV	Oberon	3.32 × 10⁻⁵	761.4	S	0.23	+ 1.5	+13.2	0.68	0.20
V	Miranda	7.59 × 10⁻⁷	240.4 × 234.2 × 232.9	S	0.32	+ 3.8	+15.3		
VII	Ophelia	6.21 × 10⁻¹⁰	15		0.07 :	+11.1	+22.8		
VIII	Bianca	1.07 × 10⁻⁹	21		0.065 :	+10.3	+22.0		
IX	Cressida	3.95 × 10⁻⁹	31		0.069 :	+ 9.5	+21.1		
X	Desdemona	2.05 × 10⁻⁹	27		0.084 :	+ 9.8	+21.5		
XI	Juliet	6.42 × 10⁻⁹	42		0.075 :	+ 8.8	+20.6		
XII	Portia	1.94 × 10⁻⁸	54		0.069 :	+ 8.3	+19.9		
XIII	Rosalind	2.93 × 10⁻⁹	27		0.072 :	+ 9.8	+21.3		
XIV	Belinda	4.11 × 10⁻⁹	33		0.067 :	+ 9.4	+21.0		
XV	Puck	3.33 × 10⁻⁸	77		0.104 :	+ 7.5	+19.2		
XVI	Caliban	3.45 × 10⁻⁹	36 :		0.04 :	+ 9.7	+22.4		
XVII	Sycorax	3.11 × 10⁻⁸	75 :		0.04 :	+ 8.2	+20.8		
Neptune									
I	Triton	2.089× 10⁻⁴	1352.6	S	0.719	− 1.2	+13.0	0.72	0.29
II	Nereid	3.01 × 10⁻⁷	170		0.155	+ 4.0	+19.7	0.65	
V	Despina	2.05 × 10⁻⁸	74		0.090	+ 7.9	+22.0		
VI	Galatea	3.66 × 10⁻⁸	79		0.079	+ 7.6 :	+21.9		
VII	Larissa	4.83 × 10⁻⁸	96		0.091	+ 7.3	+21.5		
VIII	Proteus	4.916× 10⁻⁷	218 × 208 × 201	S	0.096	+ 5.6	+19.8		
Pluto									
I	Charon	0.1175	606.0	S	0.372	+ 0.9	+17.3	0.71	

[7] Motion on the ecliptic plane.
[8] Rate of increase in the longitude of the apse.
[9] Measured from the ecliptic plane.
[10] Bright side, 0.5; faint side, 0.05.
: Quantity is uncertain.

A Note on Selection Criteria for the Satellite Data Tables

Due to the recent proliferation of known satellites associated with the gas giant planets, a set of selection criteria has been established under which satellites will be included in the data tables presented on pages F2-F5. These criteria are the following: The value of the visual magnitude of the satellite must not be greater than 23.0 and the satellite must be sanctioned by the IAU with a roman numeral and a name designation. Satellites that have yet to receive IAU approval shall be designated as "works in progress" and shall be included at a later time should such approval be granted, provided their visual magnitudes are not dimmer than 23.0. A more complete version of this table, including satellites with visual magnitude values larger than 23.0, is to be found at *The Astronomical Almanac Online* (**https://aa.usno.navy.mil/publications/asa.html** and **https://asa.hmnao.com**).

SATELLITES OF MARS, 2021

APPARENT ORBITS OF THE SATELLITES AT 0ʰ UNIVERSAL TIME ON DECEMBER 31

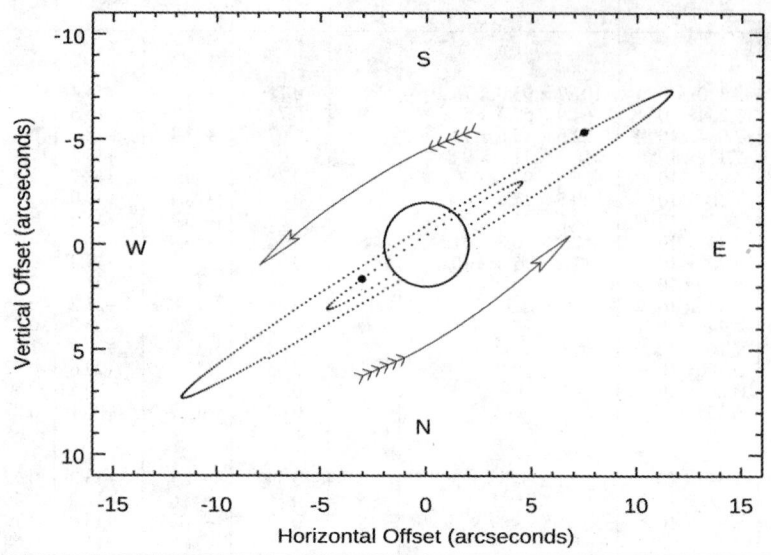

NAME	MEAN SIDEREAL PERIOD
	d
I Phobos	0.318 910 105 0
II Deimos	1.262 440 833

II Deimos

UNIVERSAL TIME OF GREATEST EASTERN ELONGATION

Jan.	Feb.	Mar.	Apr.	May	June	July	Aug.	Sept.	Oct.	Nov.	Dec.
d h	d h	d h	d h	d h	d h	d h	d h	d h	d h	d h	d h
−1 04.7	1 01.9	2 04.1	1 12.7	1 21.3	1 05.9	1 14.7	2 05.9	1 14.8	1 23.8	1 08.7	1 17.6
0 11.1	2 08.2	3 10.4	2 19.0	3 03.6	2 12.3	2 21.0	3 12.3	2 21.2	3 06.2	2 15.1	2 23.9
1 17.4	3 14.6	4 16.8	4 01.4	4 10.0	3 18.7	4 03.4	4 18.6	4 03.6	4 12.5	3 21.4	4 06.3
2 23.7	4 20.9	5 23.2	5 07.8	5 16.4	5 01.0	5 09.8	6 01.0	5 09.9	5 18.9	5 03.8	5 12.7
4 06.1	6 03.3	7 05.5	6 14.1	6 22.7	6 07.4	6 16.1	7 07.4	6 16.3	7 01.3	6 10.2	6 19.0
5 12.4	7 09.7	8 11.9	7 20.5	8 05.1	7 13.8	7 22.5	8 13.8	7 22.7	8 07.7	7 16.6	8 01.4
6 18.8	8 16.0	9 18.2	9 02.8	9 11.4	8 20.1	9 04.9	9 20.1	9 05.1	9 14.0	8 22.9	9 07.8
8 01.1	9 22.4	11 00.6	10 09.2	10 17.8	10 02.5	10 11.2	11 02.5	10 11.4	10 20.4	10 05.3	10 14.1
9 07.5	11 04.7	12 06.9	11 15.5	12 00.2	11 08.8	11 17.6	12 08.9	11 17.8	12 02.8	11 11.7	11 20.5
10 13.8	12 11.1	13 13.3	12 21.9	13 06.5	12 15.2	13 00.0	13 15.2	13 00.2	13 09.1	12 18.0	13 02.9
11 20.2	13 17.4	14 19.7	14 04.3	14 12.9	13 21.6	14 06.4	14 21.6	14 06.6	14 15.5	14 00.4	14 09.2
13 02.6	14 23.8	16 02.0	15 10.6	15 19.2	15 03.9	15 12.7	16 04.0	15 12.9	15 21.9	15 06.8	15 15.6
14 08.9	16 06.2	17 08.4	16 17.0	17 01.6	16 10.3	16 19.1	17 10.4	16 19.3	17 04.3	16 13.1	16 22.0
15 15.3	17 12.5	18 14.7	17 23.3	18 08.0	17 16.7	18 01.5	18 16.7	18 01.7	18 10.6	17 19.5	18 04.3
16 21.6	18 18.9	19 21.1	19 05.7	19 14.3	18 23.0	19 07.8	19 23.1	19 08.1	19 17.0	19 01.9	19 10.7
18 04.0	20 01.2	21 03.5	20 12.1	20 20.7	20 05.4	20 14.2	21 05.5	20 14.4	20 23.4	20 08.3	20 17.1
19 10.3	21 07.6	22 09.8	21 18.4	22 03.0	21 11.8	21 20.6	22 11.8	21 20.8	22 05.7	21 14.6	21 23.4
20 16.7	22 13.9	23 16.2	23 00.8	23 09.4	22 18.1	23 02.9	23 18.2	23 03.2	23 12.1	22 21.0	23 05.8
21 23.0	23 20.3	24 22.5	24 07.1	24 15.8	24 00.5	24 09.3	25 00.6	24 09.5	24 18.5	24 03.4	24 12.2
23 05.4	25 02.7	26 04.9	25 13.5	25 22.1	25 06.9	25 15.7	26 07.0	25 15.9	26 00.9	25 09.7	25 18.5
24 11.7	26 09.0	27 11.2	26 19.8	27 04.5	26 13.2	26 22.0	27 13.3	26 22.3	27 07.2	26 16.1	27 00.9
25 18.1	27 15.4	28 17.6	28 02.2	28 10.9	27 19.6	28 04.4	28 19.7	28 04.7	28 13.6	27 22.5	28 07.3
27 00.4	28 21.7	30 00.0	29 08.6	29 17.2	29 01.9	29 10.8	30 02.1	29 11.0	29 20.0	29 04.8	29 13.6
28 06.8		31 06.3	30 14.9	30 23.6	30 08.3	30 17.2	31 08.5	30 17.4	31 02.3	30 11.2	30 20.0
29 13.2						31 23.5					32 02.4
30 19.5											

SATELLITES OF MARS, 2021

I Phobos

UNIVERSAL TIME OF EVERY THIRD GREATEST EASTERN ELONGATION

Jan.	Feb.	Mar.	Apr.	May	June	July	Aug.	Sept.	Oct.	Nov.	Dec.
d h	d h	d h	d h	d h	d h	d h	d h	d h	d h	d h	d h
−1 05.1	1 17.2	1 11.4	1 02.6	1 17.7	1 08.9	1 01.1	1 15.3	1 06.5	1 21.8	1 13.0	1 05.2
0 04.1	2 16.2	2 10.4	2 01.5	2 16.7	2 07.9	2 00.1	2 14.3	2 05.5	2 20.7	2 11.9	2 04.1
1 03.1	3 15.1	3 09.4	3 00.5	3 15.7	3 06.8	2 23.0	3 13.2	3 04.5	3 19.7	3 10.9	3 03.1
2 02.0	4 14.1	4 08.3	3 23.5	4 14.7	4 05.8	3 22.0	4 12.2	4 03.4	4 18.7	4 09.9	4 02.1
3 01.0	5 13.1	5 07.3	4 22.5	5 13.6	5 04.8	4 21.0	5 11.2	5 02.4	5 17.7	5 08.9	5 01.1
4 00.0	6 12.0	6 06.3	5 21.4	6 12.6	6 03.8	5 20.0	6 10.2	6 01.4	6 16.6	6 07.8	6 00.0
4 23.0	7 11.0	7 05.3	6 20.4	7 11.6	7 02.7	6 19.0	7 09.1	7 00.4	7 15.6	7 06.8	6 23.0
5 21.9	8 10.0	8 04.2	7 19.4	8 10.5	8 01.7	7 17.9	8 08.1	7 23.4	8 14.6	8 05.8	7 22.0
6 20.9	9 09.0	9 03.2	8 18.4	9 09.5	9 00.7	8 16.9	9 07.1	8 22.3	9 13.6	9 04.8	8 21.0
7 19.9	10 07.9	10 02.2	9 17.3	10 08.5	9 23.7	9 15.9	10 06.1	9 21.3	10 12.5	10 03.7	9 19.9
8 18.8	11 06.9	11 01.2	10 16.3	11 07.5	10 22.6	10 14.8	11 05.0	10 20.3	11 11.5	11 02.7	10 18.9
9 17.8	12 05.9	12 00.1	11 15.3	12 06.4	11 21.6	11 13.8	12 04.0	11 19.3	12 10.5	12 01.7	11 17.9
10 16.8	13 04.9	12 23.1	12 14.3	13 05.4	12 20.6	12 12.8	13 03.0	12 18.2	13 09.5	13 00.7	12 16.9
11 15.8	14 03.8	13 22.1	13 13.2	14 04.4	13 19.6	13 11.8	14 02.0	13 17.2	14 08.4	13 23.6	13 15.8
12 14.7	15 02.8	14 21.1	14 12.2	15 03.4	14 18.5	14 10.8	15 00.9	14 16.2	15 07.4	14 22.6	14 14.8
13 13.7	16 01.8	15 20.0	15 11.2	16 02.3	15 17.5	15 09.7	15 23.9	15 15.2	16 06.4	15 21.6	15 13.8
14 12.7	17 00.8	16 19.0	16 10.2	17 01.3	16 16.5	16 08.7	16 22.9	16 14.1	17 05.4	16 20.6	16 12.8
15 11.7	17 23.7	17 18.0	17 09.1	18 00.3	17 15.5	17 07.7	17 21.9	17 13.1	18 04.3	17 19.5	17 11.7
16 10.6	18 22.7	18 16.9	18 08.1	18 23.3	18 14.4	18 06.7	18 20.9	18 12.1	19 03.3	18 18.5	18 10.7
17 09.6	19 21.7	19 15.9	19 07.1	19 22.2	19 13.4	19 05.6	19 19.8	19 11.1	20 02.3	19 17.5	19 09.7
18 08.6	20 20.7	20 14.9	20 06.0	20 21.2	20 12.4	20 04.6	20 18.8	20 10.0	21 01.3	20 16.5	20 08.7
19 07.6	21 19.6	21 13.9	21 05.0	21 20.2	21 11.4	21 03.6	21 17.8	21 09.0	22 00.2	21 15.4	21 07.6
20 06.5	22 18.6	22 12.8	22 04.0	22 19.2	22 10.3	22 02.6	22 16.8	22 08.0	22 23.2	22 14.4	22 06.6
21 05.5	23 17.6	23 11.8	23 03.0	23 18.1	23 09.3	23 01.5	23 15.7	23 07.0	23 22.2	23 13.4	23 05.6
22 04.5	24 16.6	24 10.8	24 01.9	24 17.1	24 08.3	24 00.5	24 14.7	24 05.9	24 21.2	24 12.4	24 04.6
23 03.4	25 15.5	25 09.8	25 00.9	25 16.1	25 07.3	24 23.5	25 13.7	25 04.9	25 20.1	25 11.3	25 03.5
24 02.4	26 14.5	26 08.7	25 23.9	26 15.0	26 06.2	25 22.5	26 12.7	26 03.9	26 19.1	26 10.3	26 02.5
25 01.4	27 13.5	27 07.7	26 22.9	27 14.0	27 05.2	26 21.4	27 11.6	27 02.9	27 18.1	27 09.3	27 01.5
26 00.4	28 12.4	28 06.7	27 21.8	28 13.0	28 04.2	27 20.4	28 10.6	28 01.8	28 17.1	28 08.3	28 00.4
26 23.3		29 05.7	28 20.8	29 12.0	29 03.2	28 19.4	29 09.6	29 00.8	29 16.0	29 07.2	28 23.4
27 22.3		30 04.6	29 19.8	30 10.9	30 02.1	29 18.4	30 08.6	29 23.8	30 15.0	30 06.2	29 22.4
28 21.3		31 03.6	30 18.8	31 09.9		30 17.3	31 07.5	30 22.8	31 14.0		30 21.4
29 20.3						31 16.3					31 20.3
30 19.2											32 19.3
31 18.2											

APPARENT ORBITS OF SATELLITES I–IV AT 0ʰ UNIVERSAL TIME
ON THE DATE OF OPPOSITION, AUGUST 20

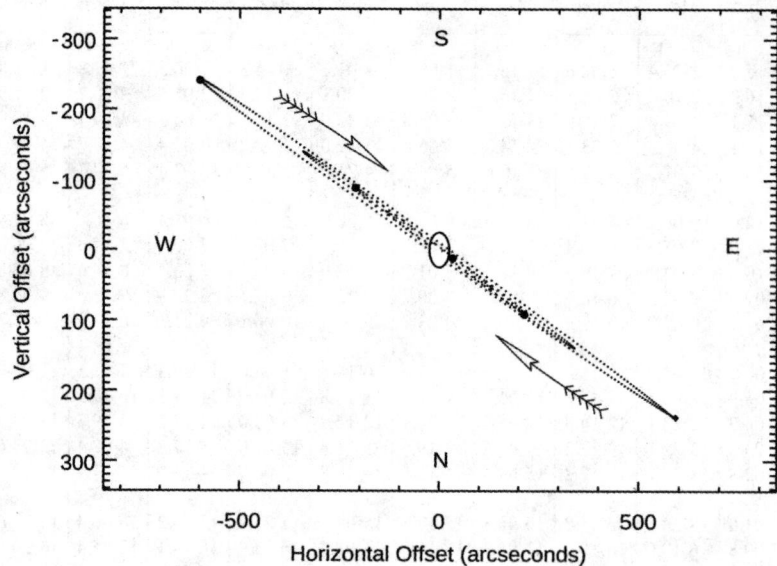

Orbits elongated in ratio of 2.3 to 1 in the North-South direction.

Name	Mean Sidereal Period		Name	Mean Sidereal Period
	d h m s	d		d
V Amalthea	0 11 57 22.672 =	0.498 179 076 39	XIII Leda	240.93
I Io	1 18 27 33.503 =	1.769 137 760 6	X Lysithea	259.20
II Europa	3 13 13 42.043 =	3.551 181 055	XII Ananke	629.80 R
III Ganymede	7 03 42 33.401 =	7.154 553 248	XI Carme	734.17 R
IV Callisto	16 16 32 11.066 =	16.689 016 97	VIII Pasiphae	743.61 R
VI Himalia		250.56	IX Sinope	758.89 R
VII Elara		259.64		

V Amalthea

UNIVERSAL TIME OF EVERY TWENTIETH GREATEST EASTERN ELONGATION

	d h		d h		d h		d h		d h
Jan.	−5 11.6	Mar.	16 05.2	June	3 22.4	Aug.	22 15.2	Nov.	10 08.1
	5 10.8		26 04.3		13 21.5	Sept.	1 14.2		20 07.3
	15 10.0	Apr.	5 03.5		23 20.6		11 13.3		30 06.5
	25 09.2		15 02.7	July	3 19.7		21 12.4	Dec.	10 05.7
Feb.	4 08.4		25 01.8		13 18.8	Oct.	1 11.6		20 04.9
	14 07.6	May	5 01.0		23 17.9		11 10.7		30 04.1
	24 06.8		15 00.1	Aug.	2 17.0		21 09.8		40 03.3
Mar.	6 06.0		24 23.3		12 16.1		31 09.0		

MULTIPLES OF THE MEAN SYNODIC PERIOD

	d	h		d	h		d	h		d	h
1	0	12.0	6	2	23.7	11	5	11.5	16	7	23.3
2	0	23.9	7	3	11.7	12	5	23.5	17	8	11.3
3	1	11.9	8	3	23.7	13	6	11.4	18	8	23.2
4	1	23.8	9	4	11.6	14	6	23.4	19	9	11.2
5	2	11.8	10	4	23.6	15	7	11.4	20	9	23.2

SATELLITES OF JUPITER, 2021

DIFFERENTIAL COORDINATES FOR 0ʰ UNIVERSAL TIME

Date		VI Himalia		VII Elara		Date		VI Himalia		VII Elara	
		$\Delta\alpha$	$\Delta\delta$	$\Delta\alpha$	$\Delta\delta$			$\Delta\alpha$	$\Delta\delta$	$\Delta\alpha$	$\Delta\delta$
		m s	′	m s	′			m s	′	m s	′
Jan.	−2	+ 0 34	− 20.8	+ 2 32	+ 1.8	July	1	− 4 04	− 29.1	− 0 10	− 20.9
	2	+ 0 48	− 19.8	+ 2 23	+ 3.4		5	− 4 07	− 32.0	+ 0 20	− 20.6
	6	+ 1 02	− 18.6	+ 2 15	+ 4.9		9	− 4 07	− 34.7	+ 0 50	− 19.9
	10	+ 1 15	− 17.2	+ 2 06	+ 6.5		13	− 4 05	− 37.2	+ 1 20	− 18.9
	14	+ 1 27	− 15.6	+ 1 56	+ 8.0		17	− 4 01	− 39.3	+ 1 50	− 17.5
	18	+ 1 39	− 13.9	+ 1 47	+ 9.4		21	− 3 55	− 41.2	+ 2 18	− 15.9
	22	+ 1 50	− 12.0	+ 1 36	+ 10.7		25	− 3 47	− 42.7	+ 2 45	− 14.0
	26	+ 2 00	− 9.9	+ 1 26	+ 12.0		29	− 3 36	− 43.9	+ 3 10	− 11.9
	30	+ 2 09	− 7.7	+ 1 15	+ 13.2	Aug.	2	− 3 24	− 44.7	+ 3 33	− 9.6
Feb.	3	+ 2 17	− 5.4	+ 1 04	+ 14.3		6	− 3 09	− 45.1	+ 3 53	− 7.2
	7	+ 2 24	− 2.9	+ 0 53	+ 15.4		10	− 2 53	− 45.1	+ 4 10	− 4.8
	11	+ 2 29	− 0.4	+ 0 42	+ 16.3		14	− 2 34	− 44.7	+ 4 25	− 2.4
	15	+ 2 33	+ 2.2	+ 0 30	+ 17.2		18	− 2 14	− 44.0	+ 4 36	+ 0.1
	19	+ 2 36	+ 4.8	+ 0 18	+ 17.9		22	− 1 53	− 42.8	+ 4 44	+ 2.5
	23	+ 2 37	+ 7.4	+ 0 06	+ 18.5		26	− 1 30	− 41.3	+ 4 49	+ 4.8
	27	+ 2 37	+ 9.9	− 0 06	+ 19.0		30	− 1 06	− 39.5	+ 4 51	+ 7.0
Mar.	3	+ 2 34	+ 12.4	− 0 19	+ 19.4	Sept.	3	− 0 42	− 37.3	+ 4 50	+ 9.2
	7	+ 2 30	+ 14.8	− 0 31	+ 19.6		7	− 0 18	− 34.9	+ 4 46	+ 11.2
	11	+ 2 24	+ 17.0	− 0 44	+ 19.7		11	+ 0 07	− 32.1	+ 4 40	+ 13.1
	15	+ 2 17	+ 18.9	− 0 56	+ 19.6		15	+ 0 31	− 29.1	+ 4 31	+ 14.9
	19	+ 2 08	+ 20.7	− 1 09	+ 19.4		19	+ 0 54	− 25.9	+ 4 20	+ 16.6
	23	+ 1 57	+ 22.2	− 1 21	+ 19.1		23	+ 1 16	− 22.5	+ 4 07	+ 18.1
	27	+ 1 44	+ 23.3	− 1 34	+ 18.6		27	+ 1 37	− 18.9	+ 3 52	+ 19.4
	31	+ 1 31	+ 24.2	− 1 46	+ 17.9	Oct.	1	+ 1 57	− 15.3	+ 3 36	+ 20.6
Apr.	4	+ 1 16	+ 24.6	− 1 58	+ 17.1		5	+ 2 14	− 11.6	+ 3 19	+ 21.8
	8	+ 0 59	+ 24.8	− 2 09	+ 16.1		9	+ 2 29	− 7.8	+ 3 01	+ 22.7
	12	+ 0 43	+ 24.5	− 2 21	+ 14.8		13	+ 2 43	− 4.0	+ 2 42	+ 23.5
	16	+ 0 25	+ 23.9	− 2 31	+ 13.5		17	+ 2 53	− 0.3	+ 2 23	+ 24.2
	20	+ 0 07	+ 22.9	− 2 41	+ 11.9		21	+ 3 01	+ 3.4	+ 2 04	+ 24.8
	24	− 0 12	+ 21.6	− 2 50	+ 10.2		25	+ 3 07	+ 6.9	+ 1 44	+ 25.2
	28	− 0 31	+ 20.0	− 2 58	+ 8.4		29	+ 3 10	+ 10.3	+ 1 25	+ 25.4
May	2	− 0 49	+ 18.1	− 3 05	+ 6.3	Nov.	2	+ 3 10	+ 13.4	+ 1 06	+ 25.6
	6	− 1 08	+ 15.8	− 3 10	+ 4.2		6	+ 3 08	+ 16.4	+ 0 47	+ 25.6
	10	− 1 26	+ 13.3	− 3 14	+ 1.9		10	+ 3 03	+ 19.0	+ 0 29	+ 25.5
	14	− 1 44	+ 10.6	− 3 15	− 0.5		14	+ 2 55	+ 21.4	+ 0 11	+ 25.2
	18	− 2 02	+ 7.7	− 3 15	− 2.9		18	+ 2 46	+ 23.4	− 0 07	+ 24.9
	22	− 2 18	+ 4.6	− 3 12	− 5.3		22	+ 2 34	+ 25.0	− 0 23	+ 24.3
	26	− 2 34	+ 1.3	− 3 06	− 7.8		26	+ 2 21	+ 26.3	− 0 39	+ 23.7
	30	− 2 49	− 2.0	− 2 58	− 10.2		30	+ 2 06	+ 27.1	− 0 55	+ 22.9
June	3	− 3 03	− 5.5	− 2 47	− 12.5	Dec.	4	+ 1 50	+ 27.6	− 1 09	+ 22.0
	7	− 3 16	− 8.9	− 2 33	− 14.6		8	+ 1 34	+ 27.7	− 1 23	+ 20.9
	11	− 3 28	− 12.5	− 2 15	− 16.4		12	+ 1 16	+ 27.4	− 1 35	+ 19.8
	15	− 3 38	− 16.0	− 1 55	− 18.1		16	+ 0 58	+ 26.8	− 1 47	+ 18.5
	19	− 3 47	− 19.4	− 1 32	− 19.3		20	+ 0 40	+ 25.8	− 1 58	+ 17.1
	23	− 3 54	− 22.8	− 1 07	− 20.2		24	+ 0 23	+ 24.4	− 2 08	+ 15.5
	27	− 4 00	− 26.0	− 0 39	− 20.8		28	+ 0 05	+ 22.9	− 2 17	+ 13.9
July	1	− 4 04	− 29.1	− 0 10	− 20.9		32	− 0 12	+ 21.0	− 2 25	+ 12.1

Differential coordinates are given in the sense "satellite minus planet."

SATELLITES OF JUPITER, 2021
DIFFERENTIAL COORDINATES FOR 0ʰ UNIVERSAL TIME

Date		VIII Pasiphae		IX Sinope		X Lysithea	
		$\Delta\alpha$	$\Delta\delta$	$\Delta\alpha$	$\Delta\delta$	$\Delta\alpha$	$\Delta\delta$
		m s	′	m s	′	m s	′
Jan.	−4	+ 4 27	− 1.6	+ 0 29	− 41.5	− 2 24	− 30.3
	6	+ 4 55	+ 4.3	+ 1 15	− 38.5	− 2 03	− 29.9
	16	+ 5 17	+ 10.1	+ 2 00	− 35.2	− 1 40	− 28.5
	26	+ 5 32	+ 15.7	+ 2 43	− 31.7	− 1 17	− 25.9
Feb.	5	+ 5 42	+ 21.0	+ 3 25	− 27.9	− 0 53	− 22.4
	15	+ 5 47	+ 26.1	+ 4 03	− 23.9	− 0 28	− 17.9
	25	+ 5 47	+ 30.8	+ 4 40	− 19.8	− 0 04	− 12.5
Mar.	7	+ 5 43	+ 35.2	+ 5 14	− 15.6	+ 0 20	− 6.4
	17	+ 5 36	+ 39.3	+ 5 45	− 11.4	+ 0 43	+ 0.3
	27	+ 5 25	+ 43.0	+ 6 14	− 7.2	+ 1 05	+ 7.5
Apr.	6	+ 5 12	+ 46.6	+ 6 39	− 3.1	+ 1 26	+ 14.7
	16	+ 4 56	+ 49.9	+ 7 02	+ 1.0	+ 1 45	+ 21.6
	26	+ 4 39	+ 53.0	+ 7 22	+ 5.0	+ 1 59	+ 27.8
May	6	+ 4 19	+ 55.9	+ 7 39	+ 8.9	+ 2 09	+ 32.5
	16	+ 3 59	+ 58.8	+ 7 53	+ 12.7	+ 2 12	+ 35.2
	26	+ 3 37	+ 61.5	+ 8 03	+ 16.4	+ 2 06	+ 35.1
June	5	+ 3 16	+ 64.3	+ 8 10	+ 19.9	+ 1 50	+ 32.0
	15	+ 2 54	+ 67.1	+ 8 14	+ 23.4	+ 1 23	+ 25.7
	25	+ 2 33	+ 69.8	+ 8 13	+ 26.7	+ 0 46	+ 16.5
July	5	+ 2 13	+ 72.5	+ 8 08	+ 29.9	+ 0 02	+ 5.1
	15	+ 1 55	+ 75.1	+ 7 59	+ 32.8	− 0 47	− 7.5
	25	+ 1 38	+ 77.4	+ 7 45	+ 35.5	− 1 35	− 20.1
Aug.	4	+ 1 22	+ 79.4	+ 7 26	+ 37.9	− 2 20	− 31.6
	14	+ 1 08	+ 80.8	+ 7 01	+ 39.9	− 2 56	− 41.0
	24	+ 0 53	+ 81.5	+ 6 31	+ 41.4	− 3 20	− 47.8
Sept.	3	+ 0 39	+ 81.3	+ 5 55	+ 42.3	− 3 30	− 51.5
	13	+ 0 22	+ 80.4	+ 5 14	+ 42.6	− 3 27	− 52.2
	23	+ 0 04	+ 78.6	+ 4 29	+ 42.2	− 3 12	− 50.3
Oct.	3	− 0 16	+ 76.1	+ 3 40	+ 41.3	− 2 47	− 46.1
	13	− 0 39	+ 72.9	+ 2 48	+ 39.6	− 2 15	− 40.2
	23	− 1 03	+ 69.2	+ 1 55	+ 37.4	− 1 40	− 33.1
Nov.	2	− 1 30	+ 65.1	+ 1 01	+ 34.6	− 1 04	− 25.1
	12	− 1 58	+ 60.8	+ 0 07	+ 31.2	− 0 29	− 16.6
	22	− 2 26	+ 56.1	− 0 45	+ 27.4	+ 0 03	− 8.0
Dec.	2	− 2 55	+ 51.4	− 1 34	+ 23.1	+ 0 33	+ 0.5
	12	− 3 24	+ 46.6	− 2 20	+ 18.5	+ 0 58	+ 8.5
	22	− 3 53	+ 41.7	− 3 01	+ 13.8	+ 1 18	+ 15.8
	32	− 4 20	+ 36.9	− 3 36	+ 9.0	+ 1 34	+ 22.0

Differential coordinates are given in the sense "satellite minus planet."

DIFFERENTIAL COORDINATES FOR 0ʰ UNIVERSAL TIME

Date		XI Carme		XII Ananke		XIII Leda	
		$\Delta\alpha$	$\Delta\delta$	$\Delta\alpha$	$\Delta\delta$	$\Delta\alpha$	$\Delta\delta$
		m s	′	m s	′	m s	′
Jan.	−4	+ 4 43	+ 18.8	+ 1 20	+ 37.0	− 0 09	+ 21.5
	6	+ 4 48	+ 17.5	+ 0 37	+ 32.0	+ 0 23	+ 21.2
	16	+ 4 46	+ 15.8	− 0 07	+ 26.3	+ 0 52	+ 20.4
	26	+ 4 38	+ 13.8	− 0 50	+ 19.9	+ 1 20	+ 18.9
Feb.	5	+ 4 24	+ 11.3	− 1 31	+ 13.1	+ 1 46	+ 17.0
	15	+ 4 05	+ 8.4	− 2 10	+ 5.8	+ 2 10	+ 14.6
	25	+ 3 42	+ 5.0	− 2 46	− 1.8	+ 2 30	+ 11.8
Mar.	7	+ 3 15	+ 1.3	− 3 17	− 9.6	+ 2 46	+ 8.6
	17	+ 2 45	− 2.9	− 3 45	− 17.4	+ 2 57	+ 5.1
	27	+ 2 12	− 7.5	− 4 08	− 25.2	+ 3 02	+ 1.4
Apr.	6	+ 1 37	− 12.4	− 4 26	− 32.9	+ 2 57	− 2.5
	16	+ 1 00	− 17.7	− 4 39	− 40.3	+ 2 40	− 6.2
	26	+ 0 22	− 23.1	− 4 47	− 47.5	+ 2 11	− 9.4
May	6	− 0 17	− 28.8	− 4 50	− 54.3	+ 1 27	− 11.9
	16	− 0 56	− 34.5	− 4 49	− 60.8	+ 0 31	− 13.1
	26	− 1 36	− 40.3	− 4 44	− 66.8	− 0 33	− 13.0
June	5	− 2 16	− 46.0	− 4 34	− 72.3	− 1 38	− 11.3
	15	− 2 55	− 51.5	− 4 22	− 77.3	− 2 37	− 8.4
	25	− 3 33	− 56.7	− 4 06	− 81.7	− 3 25	− 4.4
July	5	− 4 10	− 61.5	− 3 47	− 85.3	− 3 57	+ 0.2
	15	− 4 46	− 65.7	− 3 26	− 88.2	− 4 12	+ 5.2
	25	− 5 18	− 69.1	− 3 04	− 90.1	− 4 07	+ 10.3
Aug.	4	− 5 48	− 71.8	− 2 41	− 90.9	− 3 45	+ 15.1
	14	− 6 15	− 73.5	− 2 16	− 90.5	− 3 07	+ 19.3
	24	− 6 38	− 74.4	− 1 51	− 88.9	− 2 16	+ 22.6
Sept.	3	− 6 57	− 74.4	− 1 24	− 86.0	− 1 18	+ 24.6
	13	− 7 13	− 73.8	− 0 56	− 81.9	− 0 16	+ 25.3
	23	− 7 26	− 72.8	− 0 27	− 76.8	+ 0 43	+ 24.6
Oct.	3	− 7 36	− 71.4	+ 0 03	− 70.9	+ 1 37	+ 22.6
	13	− 7 44	− 69.8	+ 0 34	− 64.3	+ 2 22	+ 19.5
	23	− 7 50	− 68.2	+ 1 06	− 57.2	+ 2 56	+ 15.6
Nov.	2	− 7 53	− 66.6	+ 1 38	− 49.7	+ 3 19	+ 11.2
	12	− 7 55	− 65.1	+ 2 09	− 42.0	+ 3 31	+ 6.5
	22	− 7 54	− 63.6	+ 2 39	− 34.3	+ 3 30	+ 1.9
Dec.	2	− 7 52	− 62.2	+ 3 08	− 26.6	+ 3 18	− 2.4
	12	− 7 48	− 60.7	+ 3 35	− 18.9	+ 2 54	− 6.1
	22	− 7 42	− 59.2	+ 4 00	− 11.3	+ 2 20	− 9.0
	32	− 7 33	− 57.7	+ 4 22	− 4.0	+ 1 36	− 10.7

Differential coordinates are given in the sense "satellite minus planet."

SATELLITES OF JUPITER, 2021

TERRESTRIAL TIME OF SUPERIOR GEOCENTRIC CONJUNCTION

I Io

	d	h m		d	h m		d	h m		d	h m
Jan.	−1	08 56	May	8	15 36	July	27	06 10	Oct.	14	19 55
	1	03 27		10	10 05		29	00 36		16	14 23
	2	21 58		12	04 33		30	19 02		18	08 50
	..	.. ..		13	23 02	Aug.	1	13 28		20	03 18
Feb.	25	01 15		15	17 31		3	07 54		21	21 46
	26	19 46		17	11 59		5	02 20		23	16 14
	28	14 16		19	06 28		6	20 46		25	10 42
Mar.	2	08 47		21	00 56		8	15 12		27	05 10
	4	03 17		22	19 25		10	09 38		28	23 38
	5	21 47		24	13 53		12	04 04		30	18 06
	7	16 18		26	08 21		13	22 29	Nov.	1	12 34
	9	10 48		28	02 50		15	16 55		3	07 03
	11	05 18		29	21 18		17	11 21		5	01 31
	12	23 48		31	15 46		19	05 47		6	20 00
	14	18 18	June	2	10 14		21	00 13		8	14 28
	16	12 49		4	04 42		22	18 39		10	08 57
	18	07 19		5	23 10		24	13 05		12	03 26
	20	01 49		7	17 38		26	07 30		13	21 55
	21	20 19		9	12 05		28	01 56		15	16 23
	23	14 49		11	06 33		29	20 22		17	10 52
	25	09 19		13	01 01		31	14 48		19	05 21
	27	03 49		14	19 28	Sept.	2	09 14		20	23 50
	28	22 19		16	13 56		4	03 40		22	18 19
	30	16 49		18	08 23		5	22 06		24	12 49
Apr.	1	11 19		20	02 51		7	16 32		26	07 18
	3	05 49		21	21 18		9	10 59		28	01 47
	5	00 18		23	15 45		11	05 25		29	20 17
	6	18 48		25	10 12		12	23 51	Dec.	1	14 46
	8	13 18		27	04 39		14	18 17		3	09 15
	10	07 48		28	23 06		16	12 44		5	03 45
	12	02 17		30	17 33		18	07 10		6	22 15
	13	20 47	July	2	12 00		20	01 37		8	16 44
	15	15 16		4	06 27		21	20 03		10	11 14
	17	09 46		6	00 54		23	14 30		12	05 44
	19	04 15		7	19 20		25	08 57		14	00 13
	20	22 45		9	13 47		27	03 23		15	18 43
	22	17 14		11	08 13		28	21 50		17	13 13
	24	11 43		13	02 40		30	16 17		19	07 43
	26	06 13		14	21 06	Oct.	2	10 44		21	02 13
	28	00 42		16	15 33		4	05 11		22	20 43
	29	19 11		18	09 59		5	23 38		24	15 13
May	1	13 40		20	04 25		7	18 05		26	09 43
	3	08 09		21	22 52		9	12 33		28	04 13
	5	02 38		23	17 18		11	07 00		29	22 43
	6	21 07		25	11 44		13	01 28		31	17 14

".. .. .." indicates Jupiter too close to the Sun for observations between January 5 and February 23.

TERRESTRIAL TIME OF SUPERIOR GEOCENTRIC CONJUNCTION

II Europa

	d	h m		d	h m		d	h m		d	h m
Jan.	−2	10 01	May	6	12 11	July	27	04 43	Oct.	16	19 22
	1	23 25		10	01 31		30	17 51		20	08 37
	..	.. ..		13	14 51	Aug.	3	07 00		23	21 52
Feb.	24	08 36		17	04 10		6	20 07		27	11 08
	27	22 01		20	17 28		10	09 16		31	00 24
Mar.	3	11 25		24	06 46		13	22 23	Nov.	3	13 41
	7	00 50		27	20 04		17	11 31		7	02 58
	10	14 14		31	09 21		21	00 38		10	16 17
	14	03 38	June	3	22 37		24	13 46		14	05 35
	17	17 01		7	11 54		28	02 53		17	18 54
	21	06 25		11	01 09		31	16 02		21	08 14
	24	19 49		14	14 24	Sept.	4	05 10		24	21 34
	28	09 12		18	03 38		7	18 18		28	10 54
	31	22 35		21	16 53		11	07 27	Dec.	2	00 16
Apr.	4	11 58		25	06 06		14	20 36		5	13 37
	8	01 21		28	19 19		18	09 46		9	02 59
	11	14 43	July	2	08 31		21	22 56		12	16 20
	15	04 05		5	21 43		25	12 06		16	05 43
	18	17 27		9	10 54		29	01 18		19	19 06
	22	06 49		13	00 05	Oct.	2	14 29		23	08 29
	25	20 10		16	13 14		6	03 42		26	21 52
	29	09 31		20	02 25		9	16 54		30	11 15
May	2	22 51		23	15 33		13	06 08			

III Ganymede

	d	h m		d	h m		d	h m		d	h m
Jan.	−6	16 10	May	3	23 51	July	28	20 45	Oct.	22	13 43
	1	20 39		11	04 00	Aug.	5	00 04		29	17 31
	..	.. ..		18	08 04		12	03 20	Nov.	5	21 24
Feb.	28	08 44		25	12 04		19	06 37		13	01 22
Mar.	7	13 13	June	1	15 59		26	09 53		20	05 25
	14	17 40		8	19 50	Sept.	2	13 10		27	09 33
	21	22 06		15	23 37		9	16 29	Dec.	4	13 43
	29	02 30		23	03 19		16	19 50		11	17 57
Apr.	5	06 52		30	06 57		23	23 15		18	22 14
	12	11 10	July	7	10 30	Oct.	1	02 45		26	02 34
	19	15 27		14	13 59		8	06 20			
	26	19 41		21	17 24		15	09 59			

IV Callisto

	d	h m		d	h m		d	h m		d	h m
Jan.	−16	07 38	Apr.	29	03 49	Aug.	7	07 41	Nov.	15	05 16
	1	04 19	May	15	22 39		23	21 52	Dec.	1	23 56
	..	.. ..	June	1	16 41	Sept.	9	12 09		18	19 22
Mar.	9	15 48		18	09 48		26	03 01			
	26	12 15	July	5	01 56	Oct.	12	18 45			
Apr.	12	08 18		21	17 10		29	11 30			

"·· ·· ··" indicates Jupiter too close to the Sun for observations between January 5 and February 23.

SATELLITES OF JUPITER, 2021

UNIVERSAL TIME OF GEOCENTRIC PHENOMENA

JANUARY

d	h m			
0	3 07	II	Tr	I
	4 08	II	Sh	I
	5 04	I	Tr	I
	5 33	I	Sh	I
	6 01	II	Tr	E
	7 02	II	Sh	E
	7 21	I	Tr	E
	7 50	I	Sh	E
1	1 58	IV	Oc	D
	2 17	I	Oc	D
	5 05	I	Ec	R
	11 15	IV	Ec	R
	18 52	III	Oc	D
	21 58	II	Oc	D
	23 34	I	Tr	I
2	0 02	I	Sh	I
	0 21	III	Ec	R
	1 46	II	Ec	R
	1 51	I	Tr	E
	2 19	I	Sh	E
	20 47	I	Oc	D
	23 33	I	Ec	R
3	16 34	II	Tr	I
	17 27	II	Sh	I
	18 04	I	Tr	I
	18 30	I	Sh	I
	19 28	II	Tr	E
	20 21	I	Tr	E
	20 22	II	Sh	E
	20 48	I	Sh	E
4	15 18	I	Oc	D
	18 02	I	Ec	R
5	9 02	III	Tr	I
	10 41	III	Sh	I
	11 23	II	Oc	D
	12 35	III	Tr	E
	12 35	I	Tr	I
	12 59	I	Sh	I
	14 16	III	Sh	E
	14 52	I	Tr	E
	15 03	II	Ec	R
	15 16	I	Sh	E
6	9 48	I	Oc	D
	12 31	I	Ec	R
7	5 59	II	Tr	I
	6 46	II	Sh	I
	7 05	I	Tr	I
	7 28	I	Sh	I
	8 54	II	Tr	E
	9 22	I	Tr	E
	9 41	II	Sh	E

d	h m			
7	9 45	I	Sh	E
8	4 19	I	Oc	D
	7 00	I	Ec	R
	23 21	III	Oc	D
9	0 48	II	Oc	D
	1 36	I	Tr	I
	1 56	I	Sh	I
	3 53	I	Tr	E
	4 14	I	Sh	E
	4 21	II	Ec	R
	4 21	III	Ec	R
	10 43	IV	Tr	I
	13 58	IV	Sh	I
	15 26	IV	Tr	E
	18 44	IV	Sh	E
	22 50	I	Oc	D
10	1 29	I	Ec	R
	19 26	II	Tr	I
	20 05	II	Sh	I
	20 06	I	Tr	I
	20 25	I	Sh	I
	22 21	II	Tr	E
	22 23	I	Tr	E
	22 42	I	Sh	E
	23 00	II	Sh	E
11	17 20	I	Oc	D
	19 57	I	Ec	R
12	13 32	III	Tr	I
	14 12	II	Oc	D
	14 36	I	Tr	I
	14 41	III	Sh	I
	14 54	I	Sh	I
	16 54	I	Tr	E
	17 06	III	Tr	E
	17 11	I	Sh	E
	17 38	II	Ec	R
	18 17	III	Sh	E
13	11 51	I	Oc	D
	14 26	I	Ec	R
14	8 52	II	Tr	I
	9 07	I	Tr	I
	9 22	I	Sh	I
	9 24	II	Sh	I
	11 24	I	Tr	E
	11 39	I	Sh	E
	11 47	II	Tr	E
	12 19	II	Sh	E
15	6 22	I	Oc	D
	8 55	I	Ec	R

d	h m			
16	3 37	II	Oc	D
	3 37	I	Tr	I
	3 51	I	Sh	I
	3 51	III	Oc	D
	5 54	I	Tr	E
	6 08	I	Sh	E
	6 56	II	Ec	R
	8 22	III	Ec	R
17	0 52	I	Oc	D
	3 24	I	Ec	R
	22 08	I	Tr	I
	22 19	I	Sh	I
	22 19	II	Tr	I
	22 43	II	Sh	I
	22 49	IV	Oc	D
18	0 25	I	Tr	E
	0 37	I	Sh	E
	1 14	II	Tr	E
	1 38	II	Sh	E
	5 25	IV	Ec	R
	19 23	I	Oc	D
	21 52	I	Ec	R
19	16 38	I	Tr	I
	16 48	I	Sh	I
	17 02	II	Oc	D
	18 02	III	Tr	I
	18 42	III	Sh	I
	18 55	I	Tr	E
	19 05	I	Sh	E
	20 13	II	Ec	R
	21 37	III	Tr	E
	22 18	III	Sh	E
20	13 54	I	Oc	D
	16 21	I	Ec	R
21	11 09	I	Tr	I
	11 16	I	Sh	I
	11 46	II	Tr	I
	12 02	II	Sh	I
	13 26	I	Tr	E
	13 34	I	Sh	E
	14 41	II	Tr	E
	14 57	II	Sh	E
22	8 24	I	Oc	D
	10 50	I	Ec	R
23	5 39	I	Tr	I
	5 45	I	Sh	I
	6 27	II	Oc	D
	7 56	I	Tr	E
	8 02	I	Sh	E
	8 22	III	Oc	D
	9 31	II	Ec	R

d	h m			
23	12 22	III	Ec	R
24	2 55	I	Oc	D
	5 19	I	Ec	R
25	0 09	I	Tr	I
	0 14	I	Sh	I
	1 13	II	Tr	I
	1 21	II	Sh	I
	2 27	I	Tr	E
	2 31	I	Sh	E
	4 08	II	Tr	E
	4 16	II	Sh	E
	21 25	I	Oc	D
	23 47	I	Ec	R
26	7 40	IV	Tr	I
	8 07	IV	Sh	I
	12 28	IV	Tr	E
	12 56	IV	Sh	E
	18 40	I	Tr	I
	18 42	I	Sh	I
	19 51	II	Oc	D
	20 57	I	Tr	E
	21 00	I	Sh	E
	22 33	III	Tr	I
	22 41	III	Sh	I
	22 48	II	Ec	R
27	2 09	III	Tr	E
	2 18	III	Sh	E
	15 56	I	Oc	D
	18 16	I	Ec	R
28	13 10	I	Tr	I
	13 11	I	Sh	I
	14 39	II	Tr	I
	14 40	II	Sh	I
	15 28	I	Tr	E
	15 28	I	Sh	E
	17 34	II	Tr	E
	17 35	II	Sh	E
29	10 26	I	Ec	D
	12 45	I	Oc	R
30	7 39	I	Sh	I
	7 41	I	Tr	I
	9 13	II	Ec	D
	9 57	I	Sh	E
	9 58	I	Tr	E
	12 08	II	Oc	R
	12 47	III	Ec	D
	16 30	III	Oc	R
31	4 55	I	Ec	D
	7 16	I	Oc	R

I. Jan. 15	II. Jan. 16	III. Jan. 16	IV. Jan. 18
$x_2 = +1.2,\ y_2 = -0.1$	$x_2 = +1.3,\ y_2 = -0.1$	$x_2 = +1.5,\ y_2 = -0.2$	$x_2 = +1.7,\ y_2 = -0.2$

NOTE.—I denotes ingress; E, egress; D, disappearance; R, reappearance; Ec, eclipse; Oc, occultation; Tr, transit of the satellite; Sh, transit of the shadow.

CONFIGURATIONS OF SATELLITES I-IV FOR JANUARY

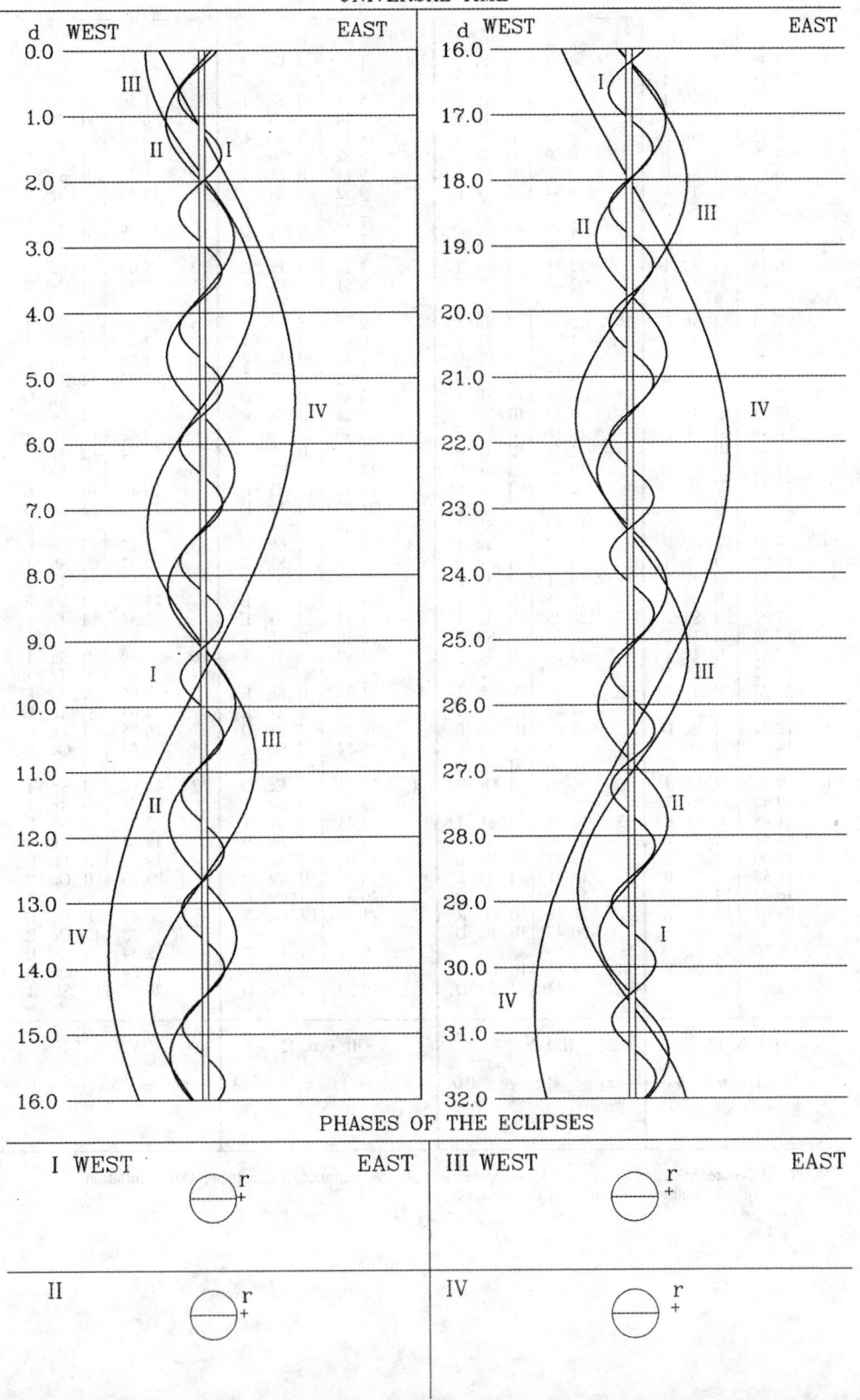

UNIVERSAL TIME

PHASES OF THE ECLIPSES

SATELLITES OF JUPITER, 2021

UNIVERSAL TIME OF GEOCENTRIC PHENOMENA

FEBRUARY

d	h m				d	h m				d	h m				d	h m			
1	2 08	I	Sh	I	8	4 02	I	Sh	I	14	11 21	I	Oc	R	21	13 23	I	Oc	R
	2 11	I	Tr	I		4 13	I	Tr	I	15	5 56	I	Sh	I	22	7 50	I	Sh	I
	3 59	II	Sh	I		6 20	I	Sh	E		6 14	I	Tr	I		8 15	I	Tr	I
	4 06	II	Tr	I		6 30	I	Tr	E		8 14	I	Sh	E		10 08	I	Sh	E
	4 25	I	Sh	E		6 37	II	Sh	I		8 32	I	Tr	E		10 33	I	Tr	E
	4 29	I	Tr	E		6 59	II	Tr	I		9 14	II	Sh	I		11 52	II	Sh	I
	6 54	II	Sh	E		9 32	II	Sh	E		9 52	II	Tr	I		12 44	II	Tr	I
	7 01	II	Tr	E		9 54	II	Tr	E		12 09	II	Sh	E		14 46	II	Sh	E
	23 24	I	Ec	D	9	1 18	I	Ec	D		12 47	II	Tr	E		15 39	II	Tr	E
2	1 47	I	Oc	R		3 49	I	Oc	R	16	3 13	I	Ec	D	23	5 08	I	Ec	D
	20 36	I	Sh	I		22 31	I	Sh	I		5 51	I	Oc	R		7 53	I	Oc	R
	20 41	I	Tr	I		22 43	I	Tr	I	17	0 25	I	Sh	I	24	2 19	I	Sh	I
	22 31	II	Ec	D	10	0 48	I	Sh	E		0 44	I	Tr	I		2 46	I	Tr	I
	22 54	I	Sh	E		1 01	I	Tr	E		2 42	I	Sh	E		4 36	I	Sh	E
	22 59	I	Tr	E		1 05	II	Ec	D		3 02	I	Tr	E		5 03	I	Tr	E
3	1 33	II	Oc	R		4 23	II	Oc	R		3 40	II	Ec	D		6 14	II	Ec	D
	2 41	III	Sh	I		6 41	III	Sh	I		7 13	II	Oc	R		10 02	II	Oc	R
	3 03	III	Tr	I		7 33	III	Tr	I		10 40	III	Sh	I		14 41	III	Sh	I
	6 18	III	Sh	E		10 18	III	Sh	E		12 04	III	Tr	I		16 34	III	Tr	I
	6 40	III	Tr	E		11 11	III	Tr	E		14 18	III	Sh	E		18 19	III	Sh	E
	17 52	I	Ec	D		19 47	I	Ec	D		15 42	III	Tr	E		20 13	III	Tr	E
	18 45	IV	Ec	D		22 20	I	Oc	R		21 42	I	Ec	D		23 36	I	Ec	D
	20 17	I	Oc	R	11	16 59	I	Sh	I	18	0 22	I	Oc	R	25	2 24	I	Oc	R
4	0 33	IV	Oc	R		17 13	I	Tr	I		18 53	I	Sh	I		20 47	I	Sh	I
	15 05	I	Sh	I		19 17	I	Sh	E		19 15	I	Tr	I		21 16	I	Tr	I
	15 12	I	Tr	I		19 31	I	Tr	E		21 11	I	Sh	E		23 05	I	Sh	E
	17 17	II	Sh	I		19 55	II	Sh	I		21 32	I	Tr	E		23 34	I	Tr	E
	17 22	I	Sh	E		20 25	II	Tr	I		22 32	II	Sh	I	26	1 10	II	Sh	I
	17 29	I	Tr	E		22 50	II	Sh	E		23 17	II	Tr	I		2 09	II	Tr	I
	17 32	II	Tr	I		23 20	II	Tr	E	19	1 27	II	Sh	E		4 05	II	Sh	E
	20 12	II	Sh	E	12	2 16	IV	Sh	I		2 12	II	Tr	E		5 04	II	Tr	E
	20 27	II	Tr	E		4 40	IV	Tr	I		16 11	I	Ec	D		18 05	I	Ec	D
5	12 21	I	Ec	D		7 06	IV	Sh	E		18 52	I	Oc	R		20 54	I	Oc	R
	14 48	I	Oc	R		9 31	IV	Tr	E	20	12 53	IV	Ec	D	27	15 16	I	Sh	I
						14 16	I	Ec	D		13 22	I	Sh	I		15 46	I	Tr	I
6	9 34	I	Sh	I		16 50	I	Oc	R		13 45	I	Tr	I		17 33	I	Sh	E
	9 42	I	Tr	I	13	11 28	I	Sh	I		15 39	I	Sh	E		18 04	I	Tr	E
	11 48	II	Ec	D		11 44	I	Tr	I		16 03	I	Tr	E		19 32	II	Ec	D
	11 51	I	Sh	E		13 45	I	Sh	E		16 57	II	Ec	D		23 26	II	Oc	R
	12 00	I	Tr	E		14 01	I	Tr	E		20 37	II	Oc	R	28	4 47	III	Ec	D
	14 58	I	Oc	R		14 22	II	Ec	D		21 28	IV	Oc	R		10 33	III	Oc	R
	16 47	III	Ec	D		17 48	II	Oc	R	21	0 47	III	Ec	D		12 34	I	Ec	D
	21 02	III	Oc	R		20 47	III	Ec	D		6 04	III	Oc	R		15 24	I	Oc	R
7	6 50	I	Ec	D	14	1 33	III	Oc	R		10 39	I	Ec	D		20 26	IV	Sh	I
	9 18	I	Oc	R		8 44	I	Ec	D											

I. Feb. 14	II. Feb. 17	III. Feb. 13	IV. Feb. 20
$x_1 = -1.3,\ y_1 = 0.0$	$x_1 = -1.5,\ y_1 = 0.0$	$x_1 = -1.6,\ y_1 = -0.1$	$x_1 = -2.5,\ y_1 = -0.1$

NOTE.—I denotes ingress; E, egress; D, disappearance; R, reappearance; Ec, eclipse; Oc, occultation; Tr, transit of the satellite; Sh, transit of the shadow.

CONFIGURATIONS OF SATELLITES I-IV FOR FEBRUARY

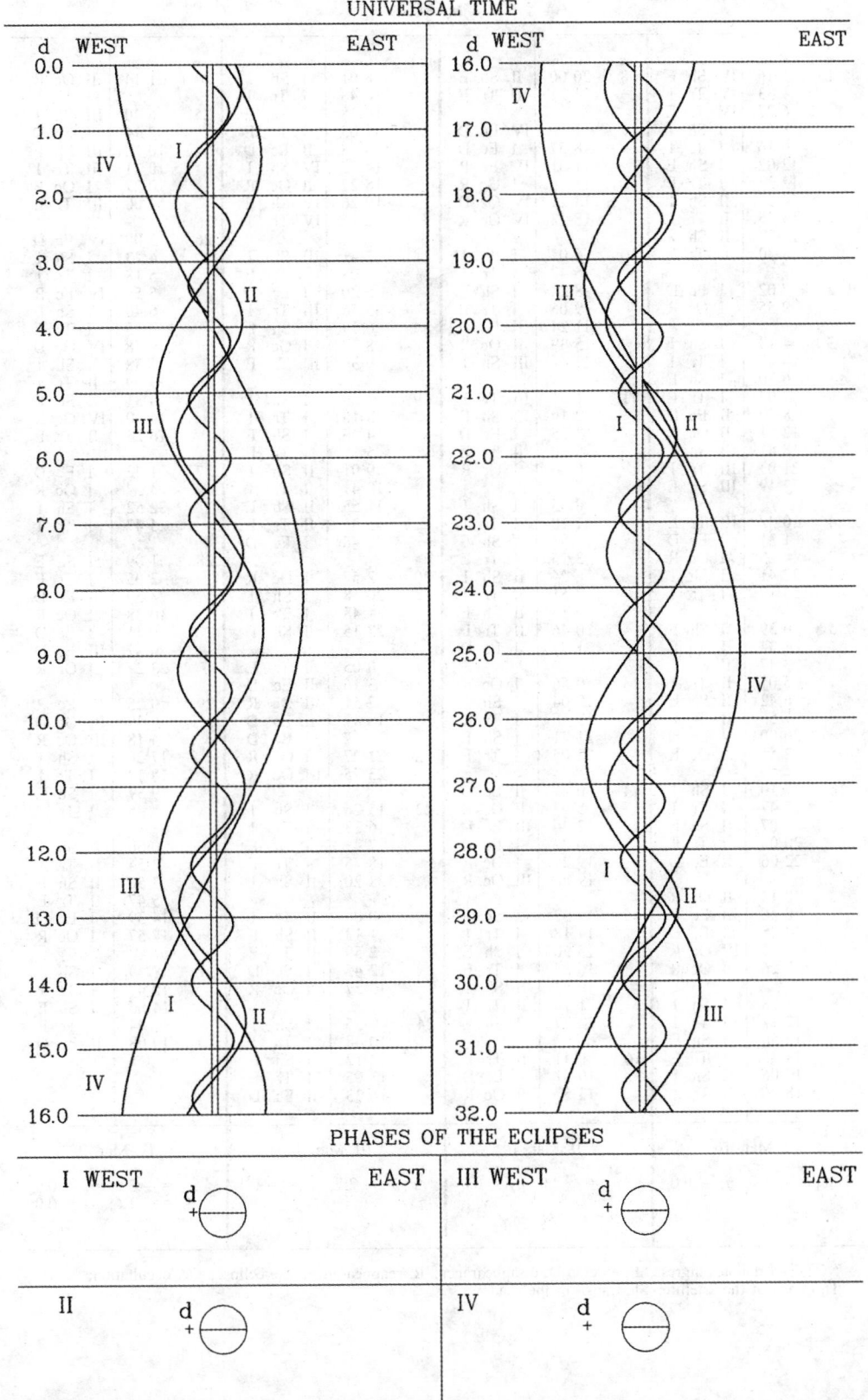

UNIVERSAL TIME

PHASES OF THE ECLIPSES

SATELLITES OF JUPITER, 2021

UNIVERSAL TIME OF GEOCENTRIC PHENOMENA

MARCH

d	h m	Phenomenon	d	h m	Phenomenon	d	h m	Phenomenon	d	h m	Phenomenon
1	1 16	IV Sh E	8	20 00	II Sh E	17	8 01	I Sh I	24	21 14	II Oc R
	1 33	IV Tr I		21 21	II Tr E		8 48	I Tr I	25	6 40	III Sh I
	6 27	IV Tr E	9	7 00	IV Ec D		10 18	I Sh E		7 14	I Ec D
	9 44	I Sh I		8 57	I Ec D		11 05	I Tr E		10 18	III Sh E
	10 16	I Tr I		11 51	IV Ec R		13 58	II Ec D		10 21	III Tr I
	12 02	I Sh E		11 56	I Oc R		14 35	IV Sh I		10 27	I Oc R
	12 34	I Tr E		13 21	IV Oc D		18 27	II Oc R		14 00	III Tr E
	14 29	II Sh I		18 13	IV Oc R		19 26	IV Sh E	26	1 08	IV Ec D
	15 35	II Tr I	10	6 07	I Sh I		22 15	IV Tr I		4 23	I Sh I
	17 23	II Sh E		6 47	I Tr I	18	2 41	III Sh I		5 18	I Tr I
	18 30	II Tr E		8 24	I Sh E		3 08	IV Tr E		5 59	IV Ec R
2	7 02	I Ec D		9 05	I Tr E		5 20	I Ec D		6 40	I Sh E
	9 55	I Oc R		11 24	II Ec D		5 56	III Tr I		7 35	I Tr E
3	4 13	I Sh I		15 39	II Oc R		6 19	III Sh E		9 48	IV Oc D
	4 47	I Tr I		22 41	III Sh I		8 27	I Oc R		11 38	II Sh I
	6 30	I Sh E	11	1 31	III Tr I		9 36	III Tr E		13 29	II Tr I
	7 04	I Tr E		2 19	III Sh E	19	2 29	I Sh I		14 31	II Sh E
	8 49	II Ec D		3 25	I Ec D		3 18	I Tr I		14 40	IV Oc R
	12 51	II Oc R		5 10	III Tr E		4 46	I Sh E		16 23	II Tr E
	18 41	III Sh I		6 26	I Oc R		5 35	I Tr E	27	1 42	I Ec D
	21 03	III Tr I	12	0 35	I Sh I		9 01	II Sh I		4 57	I Oc R
	22 19	III Sh E		1 18	I Tr I		10 41	II Tr I		22 52	I Sh I
4	0 42	III Tr E		2 53	I Sh E		11 55	II Sh E		23 47	I Tr I
	1 31	I Ec D		3 35	I Tr E		13 35	II Tr E	28	1 09	I Sh E
	4 25	I Oc R		6 24	II Sh I		23 48	I Ec D		2 05	I Tr E
	22 41	I Sh I		7 51	II Tr I	20	2 57	I Oc R		5 50	II Ec D
	23 17	I Tr I		9 18	II Sh E		20 58	I Sh I		10 38	II Oc R
5	0 59	I Sh E		10 46	II Tr E		21 48	I Tr I		20 11	I Ec D
	1 34	I Tr E		21 54	I Ec D		23 15	I Sh E		20 47	III Ec D
	3 47	II Sh I	13	0 56	I Oc R	21	0 05	I Tr E		23 27	I Oc R
	5 01	II Tr I		19 04	I Sh I		3 16	II Ec D	29	0 25	III Ec R
	6 42	II Sh E		19 48	I Tr I		7 51	II Oc R		0 39	III Oc D
	7 55	II Tr E		21 21	I Sh E		16 47	III Ec D		4 18	III Oc R
	20 00	I Ec D		22 05	I Tr E		18 17	I Ec D		17 20	I Sh I
	22 55	I Oc R	14	0 41	II Ec D		21 27	I Oc R		18 17	I Tr I
6	17 10	I Sh I		5 03	II Oc R		23 55	III Oc R		19 37	I Sh E
	17 47	I Tr I		12 46	III Ec D	22	15 26	I Sh I		20 35	I Tr E
	19 27	I Sh E		16 22	I Ec D		16 18	I Tr I	30	0 56	II Sh I
	20 05	I Tr E		19 27	I Oc R		17 43	I Sh E		2 54	II Tr I
	22 06	II Ec D		19 28	III Oc R		18 35	I Tr E		3 50	II Sh E
7	2 15	II Oc R	15	13 32	I Sh I		22 20	II Sh I		5 47	II Tr E
	8 46	III Ec D		14 18	I Tr I	23	0 06	II Tr I		14 39	I Ec D
	14 28	I Ec D		15 50	I Sh E		1 13	II Sh E		17 57	I Oc R
	15 01	III Oc R		16 35	I Tr E		2 59	II Tr E	31	11 49	I Sh I
	17 26	I Oc R		19 43	II Sh I		12 45	I Ec D		12 47	I Tr I
8	11 38	I Sh I		21 16	II Tr I		15 57	I Oc R		14 06	I Sh E
	12 17	I Tr I		22 37	II Sh E	24	9 55	I Sh I		15 04	I Tr E
	13 56	I Sh E	16	0 11	II Tr E		10 48	I Tr I		19 08	II Ec D
	14 35	I Tr E		10 51	I Ec D		12 12	I Sh E			
	17 06	II Sh I		13 57	I Oc R		13 05	I Tr E			
	18 26	II Tr I					16 33	II Ec D			

I. Mar. 16	II. Mar. 14	III. Mar. 14	IV. Mar. 9
$x_1 = -1.7,\ y_1 = 0.0$	$x_1 = -2.0,\ y_1 = 0.0$	$x_1 = -2.7,\ y_1 = -0.1$	$x_1 = -3.6,\ y_1 = 0.0$
			$x_2 = -1.6,\ y_2 = 0.0$

NOTE.—I denotes ingress; E, egress; D, disappearance; R, reappearance; Ec, eclipse; Oc, occultation; Tr, transit of the satellite; Sh, transit of the shadow.

CONFIGURATIONS OF SATELLITES I-IV FOR MARCH

UNIVERSAL TIME

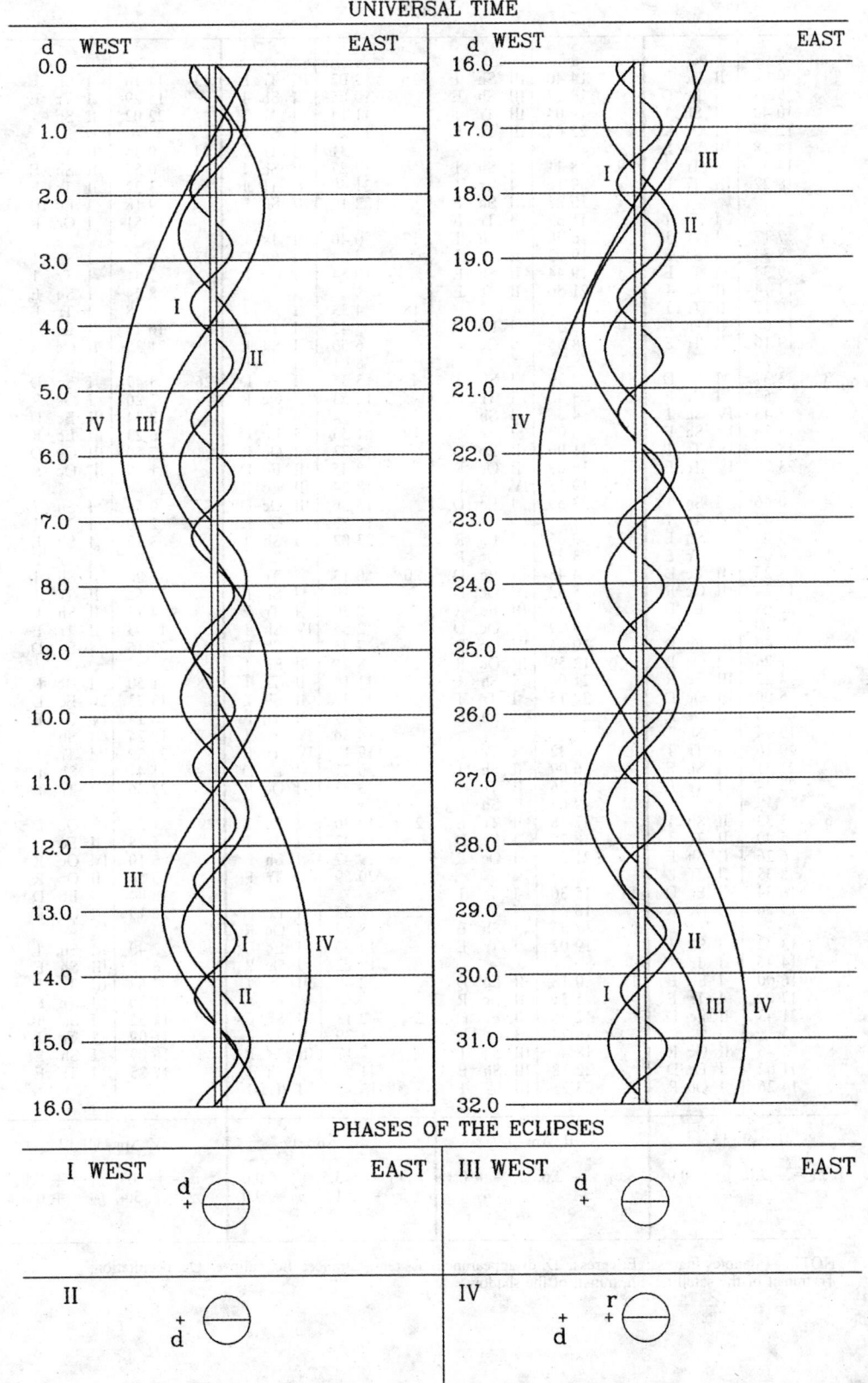

PHASES OF THE ECLIPSES

SATELLITES OF JUPITER, 2021

UNIVERSAL TIME OF GEOCENTRIC PHENOMENA

APRIL

d	h m				d	h m				d	h m				d	h m			
1	0 01	II	Oc	R	8	14 40	III	Sh	I	16	3 02	III	Tr	E	23	14 16	I	Sh	E
	9 08	I	Ec	D		18 17	III	Sh	E		10 05	I	Sh	I		15 29	I	Tr	E
	10 40	III	Sh	I		19 04	III	Tr	I		11 14	I	Tr	I		22 02	II	Sh	I
	12 27	I	Oc	R		22 43	III	Tr	E		12 22	I	Sh	E	24	0 31	II	Tr	I
	14 18	III	Sh	E							13 31	I	Tr	E		0 55	II	Sh	E
	14 43	III	Tr	I	9	8 11	I	Sh	I		19 27	II	Sh	I		3 22	II	Tr	E
	18 22	III	Tr	E		9 16	I	Tr	I		21 48	II	Tr	I		9 18	I	Ec	D
						10 28	I	Sh	E		22 19	II	Sh	E		12 51	I	Oc	R
2	6 17	I	Sh	I		11 33	I	Tr	E										
	7 17	I	Tr	I		16 50	II	Sh	I	17	0 40	II	Tr	E	25	6 27	I	Sh	I
	8 34	I	Sh	E		19 03	II	Tr	I		7 24	I	Ec	D		7 41	I	Tr	I
	9 34	I	Tr	E		19 44	II	Sh	E		10 54	I	Oc	R		8 44	I	Sh	E
	14 14	II	Sh	I		21 56	II	Tr	E							9 58	I	Tr	E
	16 17	II	Tr	I						18	4 33	I	Sh	I		16 11	II	Ec	D
	17 08	II	Sh	E	10	5 31	I	Ec	D		5 43	I	Tr	I		21 35	II	Oc	R
	19 10	II	Tr	E		8 56	I	Oc	R		6 50	I	Sh	E					
											8 01	I	Tr	E					
3	3 37	I	Ec	D	11	2 39	I	Sh	I		13 35	II	Ec	D	26	3 47	I	Ec	D
	6 57	I	Oc	R		3 45	I	Tr	I		18 53	II	Oc	R		7 20	I	Oc	R
	8 45	IV	Sh	I		4 56	I	Sh	E							12 44	III	Ec	D
	13 36	IV	Sh	E		6 02	I	Tr	E	19	1 53	I	Ec	D		16 23	III	Ec	R
	18 36	IV	Tr	I		11 00	II	Ec	D		5 23	I	Oc	R		17 50	III	Oc	D
	23 27	IV	Tr	E		16 09	II	Oc	R		8 45	III	Ec	D		21 29	III	Oc	R
						19 15	IV	Ec	D		12 24	III	Ec	R					
4	0 46	I	Sh	I		23 59	I	Ec	D		13 36	III	Oc	D	27	0 56	I	Sh	I
	1 47	I	Tr	I							17 15	III	Oc	R		2 10	I	Tr	I
	3 03	I	Sh	E	12	0 06	IV	Ec	R		23 02	I	Sh	I		3 12	I	Sh	E
	4 04	I	Tr	E		3 25	I	Oc	R							4 27	I	Tr	E
	8 25	I	Ec	D		4 46	III	Ec	D	20	0 13	I	Tr	I		11 20	II	Sh	I
	13 24	II	Oc	R		5 52	IV	Oc	D		1 19	I	Sh	E		13 52	II	Tr	I
	22 05	I	Ec	D		8 25	III	Ec	R		2 30	I	Tr	E		14 13	II	Sh	E
						9 19	III	Oc	D		2 55	IV	Sh	I		16 43	II	Tr	E
5	0 46	III	Ec	D		10 41	IV	Oc	R		7 45	IV	Sh	E		22 15	I	Ec	D
	1 26	I	Oc	R		12 59	III	Oc	R		8 45	II	Sh	I					
	4 25	III	Ec	R		21 08	I	Sh	I		11 10	II	Tr	I	28	1 50	I	Oc	R
	5 00	III	Oc	D		22 15	I	Tr	I		11 37	II	Sh	E		13 23	IV	Ec	D
	8 40	III	Oc	R		23 25	I	Sh	E		14 01	II	Tr	E		18 14	IV	Ec	R
	19 14	I	Sh	I							14 30	IV	Tr	I		19 24	I	Sh	I
	20 16	I	Tr	I	13	0 32	I	Tr	E		19 17	IV	Tr	E		20 39	I	Tr	I
	21 31	I	Sh	E		6 09	II	Sh	I		20 21	I	Ec	D		21 41	I	Sh	E
	22 34	I	Tr	E		8 26	II	Tr	I		23 53	I	Oc	R		22 56	I	Tr	E
						9 02	II	Sh	E										
6	3 33	II	Sh	I		11 18	II	Tr	E	21	17 30	I	Sh	I	29	1 25	IV	Oc	D
	5 40	II	Tr	I		18 27	I	Ec	D		18 42	I	Tr	I		5 28	II	Ec	D
	6 26	II	Sh	E		21 55	I	Oc	R		19 47	I	Sh	E		6 10	IV	Oc	R
	8 33	II	Tr	E							20 59	I	Tr	E		10 56	II	Oc	R
	16 34	I	Ec	D	14	15 36	I	Sh	I							16 44	I	Ec	D
	19 56	I	Oc	R		16 45	I	Tr	I	22	2 53	II	Ec	D		20 19	I	Oc	R
						17 53	I	Sh	E		8 14	II	Oc	R					
7	13 42	I	Sh	I		19 02	I	Tr	E		14 50	I	Ec	D	30	2 40	III	Sh	I
	14 46	I	Tr	I							18 22	I	Oc	R		6 18	III	Sh	E
	16 00	I	Sh	E	15	0 18	II	Ec	D		22 40	III	Sh	I		7 52	III	Tr	I
	17 03	I	Tr	E		5 31	II	Oc	R							11 30	III	Tr	E
	21 43	II	Ec	D		12 56	I	Ec	D	23	2 18	III	Sh	E		13 52	I	Sh	I
						16 24	I	Oc	R		3 39	III	Tr	I		15 09	I	Tr	I
8	2 46	II	Oc	R		18 40	III	Sh	I		7 17	III	Tr	E		16 09	I	Sh	E
	11 02	I	Ec	D		22 18	III	Sh	E		11 59	I	Sh	I		17 25	I	Tr	E
	14 26	I	Oc	R		23 23	III	Tr	I		13 12	I	Tr	I					

I. Apr. 15	II. Apr. 15	III. Apr. 12	IV. Apr. 11, 12
$x_1 = -2.0, \ y_1 = 0.0$	$x_1 = -2.6, \ y_1 = +0.1$	$x_1 = -3.5, \ y_1 = 0.0$	$x_1 = -5.3, \ y_1 = +0.1$
		$x_2 = -1.5, \ y_2 = 0.0$	$x_2 = -3.4, \ y_2 = +0.1$

NOTE.—I denotes ingress; E, egress; D, disappearance; R, reappearance; Ec, eclipse; Oc, occultation; Tr, transit of the satellite; Sh, transit of the shadow.

CONFIGURATIONS OF SATELLITES I-IV FOR APRIL

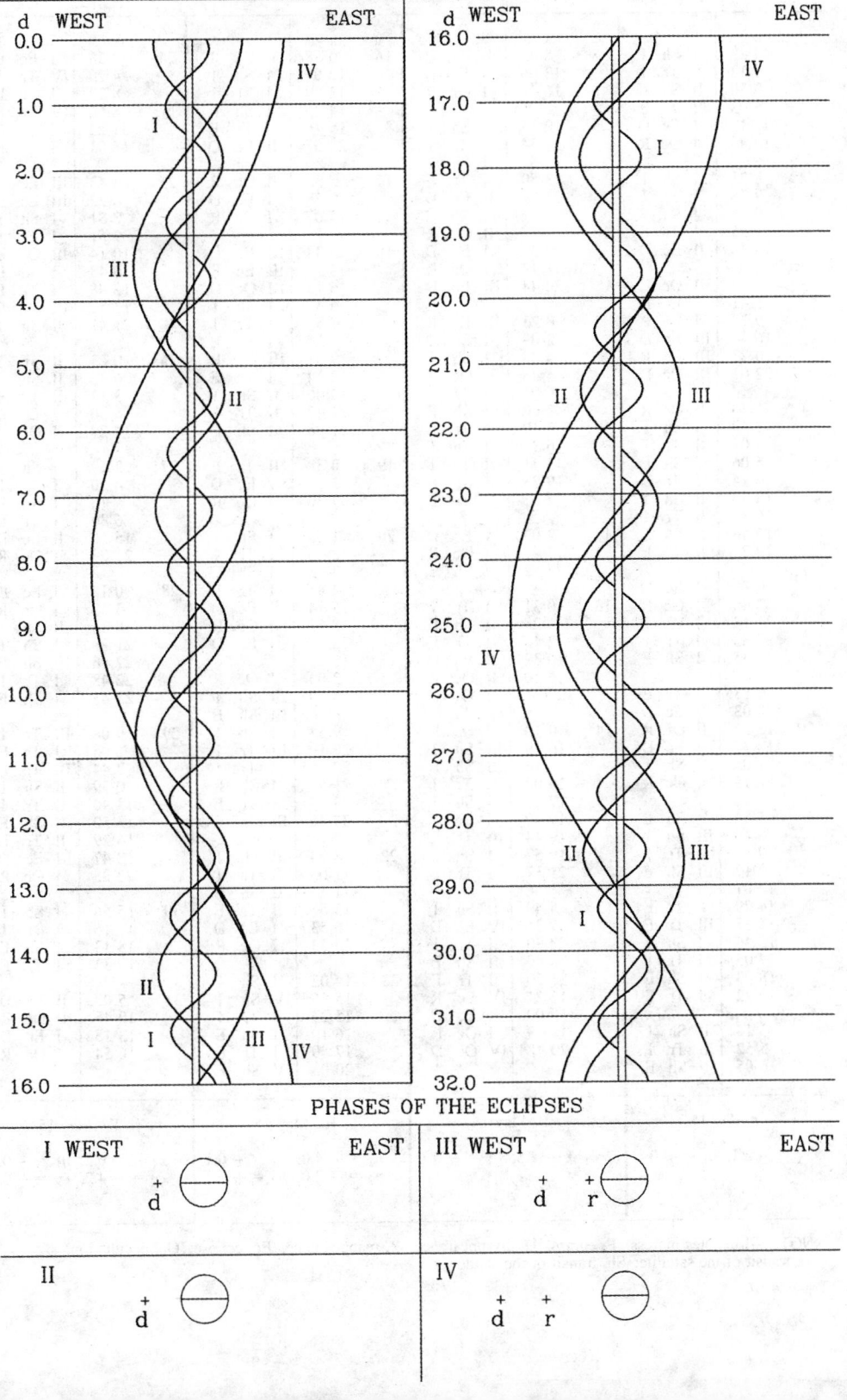

UNIVERSAL TIME

PHASES OF THE ECLIPSES

SATELLITES OF JUPITER, 2021

UNIVERSAL TIME OF GEOCENTRIC PHENOMENA

MAY

d	h m				d	h m				d	h m				d	h m			
1	0 38	II	Sh	I	8	8 43	II	Tr	E	16	0 58	IV	Oc	R	24	2 33	II	Ec	D
	3 12	II	Tr	I		13 06	I	Ec	D		12 09	I	Sh	I		4 20	IV	Tr	I
	3 30	II	Sh	E		16 44	I	Oc	R		13 29	I	Tr	I		8 12	II	Oc	R
	6 03	II	Tr	E	9	10 15	I	Sh	I		14 25	I	Sh	E		8 56	IV	Tr	E
	11 12	I	Ec	D		11 34	I	Tr	I		15 46	I	Tr	E		11 22	I	Ec	D
	14 48	I	Oc	R		12 32	I	Sh	E		23 57	II	Ec	D		15 01	I	Oc	R
2	8 21	I	Sh	I		13 50	I	Tr	E	17	5 35	II	Oc	R	25	4 43	III	Ec	D
	9 38	I	Tr	I		21 21	II	Ec	D		9 28	I	Ec	D		8 23	III	Ec	R
	10 38	I	Sh	E	10	2 57	II	Oc	R		13 07	I	Oc	R		8 31	I	Sh	I
	11 55	I	Tr	E		7 34	I	Ec	D	18	0 44	III	Ec	D		9 51	I	Tr	I
	18 46	II	Ec	D		11 12	I	Oc	R		4 23	III	Ec	R		10 14	III	Oc	D
3	0 17	II	Oc	R		20 44	III	Ec	D		6 13	III	Oc	D		10 48	I	Sh	E
	5 41	I	Ec	D	11	0 23	III	Ec	R		6 37	I	Sh	I		12 08	I	Tr	E
	9 17	I	Oc	R		2 09	III	Oc	D		7 57	I	Tr	I		13 51	III	Oc	R
	16 44	III	Ec	D		4 43	I	Sh	I		8 54	I	Sh	E		21 41	II	Sh	I
	20 23	III	Ec	R		5 48	III	Oc	R		9 51	III	Oc	R	26	0 23	II	Tr	I
	22 01	III	Oc	D		6 03	I	Tr	I		10 14	I	Tr	E		0 32	II	Sh	E
4	1 40	III	Oc	R		7 00	I	Sh	E		19 06	II	Sh	I		3 12	II	Tr	E
	2 49	I	Sh	I		8 19	I	Tr	E		21 48	II	Tr	I		5 50	I	Ec	D
	4 07	I	Tr	I		16 31	II	Sh	I		21 58	II	Sh	E		9 29	I	Oc	R
	5 06	I	Sh	E		19 11	II	Tr	I	19	0 38	II	Tr	E	27	2 59	I	Sh	I
	6 24	I	Tr	E		19 23	II	Sh	E		3 56	I	Ec	D		4 20	I	Tr	I
	13 56	II	Sh	I		22 01	II	Tr	E		7 36	I	Oc	R		5 16	I	Sh	E
	16 33	II	Tr	I	12	2 03	I	Ec	D	20	1 05	I	Sh	I		6 36	I	Tr	E
	16 48	II	Sh	E		5 41	I	Oc	R		2 26	I	Tr	I		15 50	II	Ec	D
	19 23	II	Tr	E		23 12	I	Sh	I		3 22	I	Sh	E		21 29	II	Oc	R
5	0 09	I	Ec	D	13	0 31	I	Tr	I		4 43	I	Tr	E	28	0 18	I	Ec	D
	3 46	I	Oc	R		1 28	I	Sh	E		13 14	II	Ec	D		3 57	I	Oc	R
	21 18	I	Sh	I		2 48	I	Tr	E		18 53	II	Oc	R		18 38	III	Sh	I
	22 36	I	Tr	I		10 39	II	Ec	D		22 25	I	Ec	D		21 28	I	Sh	I
	23 35	I	Sh	E		16 16	II	Oc	R	21	2 04	I	Oc	R		22 16	III	Sh	E
6	0 53	I	Tr	E		20 31	I	Ec	D		14 39	III	Sh	I		22 48	I	Tr	I
	8 03	II	Ec	D	14	0 10	I	Oc	R		18 16	III	Sh	E		23 45	I	Sh	E
	13 37	II	Oc	R		10 39	III	Sh	I		19 34	I	Sh	I	29	0 08	III	Tr	I
	18 37	I	Ec	D		14 16	III	Sh	E		20 10	III	Tr	I		1 05	I	Tr	E
	21 05	IV	Sh	I		16 07	III	Tr	I		20 55	I	Tr	I		3 44	III	Tr	E
	22 15	I	Oc	R		17 40	I	Sh	I		21 51	I	Sh	E		10 59	II	Sh	I
7	1 54	IV	Sh	E		19 00	I	Tr	I		23 11	I	Tr	E		13 40	II	Tr	I
	6 40	III	Sh	I		19 44	III	Tr	E		23 46	III	Tr	E		13 50	II	Sh	E
	9 48	IV	Tr	I		19 57	I	Sh	E	22	8 24	II	Sh	I		16 29	II	Tr	E
	10 17	III	Sh	E		21 17	I	Tr	E		11 06	II	Tr	I		18 47	I	Ec	D
	12 01	III	Tr	I	15	5 49	II	Sh	I		11 15	II	Sh	E		22 25	I	Oc	R
	14 29	IV	Tr	E		7 31	IV	Ec	D		13 55	II	Tr	E	30	15 56	I	Sh	I
	15 38	III	Tr	E		8 30	II	Tr	I		16 53	I	Ec	D		17 16	I	Tr	I
	15 46	I	Sh	I		8 40	II	Sh	E		20 33	I	Oc	R		18 13	I	Sh	E
	17 05	I	Tr	I		11 20	II	Tr	E	23	14 02	I	Sh	I		19 33	I	Tr	E
	18 03	I	Sh	E		12 21	IV	Ec	R		15 15	IV	Sh	I	31	5 08	II	Ec	D
	19 22	I	Tr	E		15 00	I	Ec	D		15 23	I	Tr	I		10 46	II	Oc	R
8	3 14	II	Sh	I		18 39	I	Oc	R		16 19	I	Sh	E		13 15	I	Ec	D
	5 52	II	Tr	I		20 18	IV	Oc	D		17 40	I	Tr	E		16 54	I	Oc	R
	6 05	II	Sh	E							20 03	IV	Sh	E					

I. May 15	II. May 16	III. May 18	IV. May 15
$x_1 = -2.1,\ y_1 = +0.1$	$x_1 = -2.8,\ y_1 = +0.1$	$x_1 = -4.0,\ y_1 = +0.1$ $x_2 = -2.0,\ y_2 = +0.1$	$x_1 = -6.2,\ y_1 = +0.3$ $x_2 = -4.2,\ y_2 = +0.3$

NOTE.—I denotes ingress; E, egress; D, disappearance; R, reappearance; Ec, eclipse; Oc, occultation; Tr, transit of the satellite; Sh, transit of the shadow.

CONFIGURATIONS OF SATELLITES I-IV FOR MAY

UNIVERSAL TIME

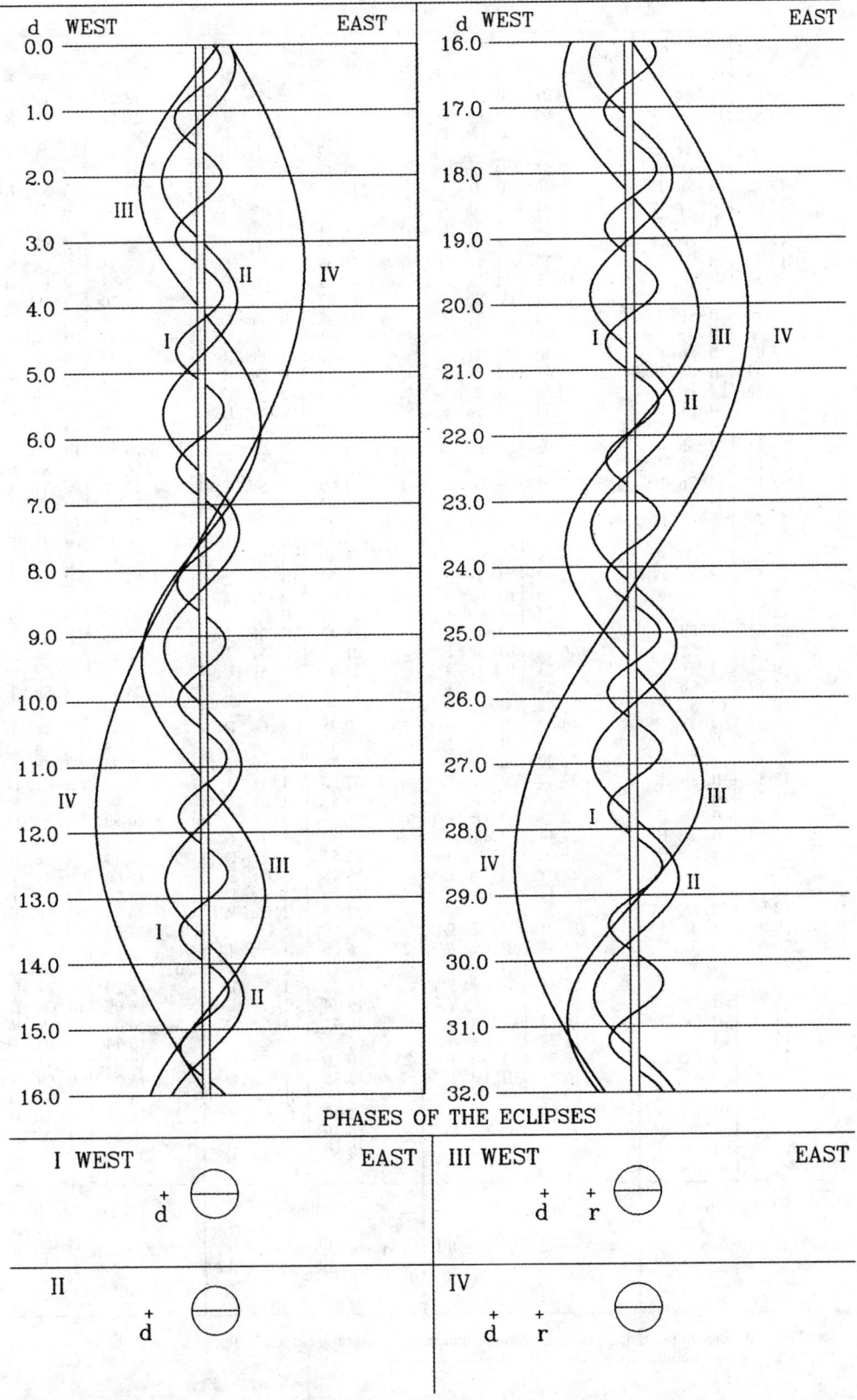

PHASES OF THE ECLIPSES

SATELLITES OF JUPITER, 2021

UNIVERSAL TIME OF GEOCENTRIC PHENOMENA

JUNE

d	h m	Phenomenon
1	1 38	IV Ec D
	6 27	IV Ec R
	8 42	III Ec D
	10 25	I Sh I
	11 44	I Tr I
	12 22	III Ec R
	12 42	I Sh E
	14 01	I Tr E
	14 09	III Oc D
	14 23	IV Oc D
	17 46	III Oc R
	18 56	IV Oc R
2	0 16	II Sh I
	2 56	II Tr I
	3 07	II Sh E
	5 44	II Tr E
	7 44	I Ec D
	11 22	I Oc R
3	4 53	I Sh I
	6 13	I Tr I
	7 10	I Sh E
	8 29	I Tr E
	18 26	II Ec D
4	0 02	II Oc R
	2 12	I Ec D
	5 49	I Oc R
	22 39	III Sh I
	23 22	I Sh I
5	0 41	I Tr I
	1 39	I Sh E
	2 17	III Sh E
	2 57	I Tr E
	4 03	III Tr I
	7 38	III Tr E
	13 33	II Sh I
	16 11	II Tr I
	16 24	II Sh E
	19 00	II Tr E
	20 40	I Ec D
6	0 17	I Oc R
	17 50	I Sh I
	19 09	I Tr I
	20 07	I Sh E
	21 25	I Tr E
7	7 45	II Ec D
	13 19	II Oc R
	15 09	I Ec D
	18 45	I Oc R
8	12 18	I Sh I
	12 42	III Ec D
	13 37	I Tr I
	14 36	I Sh E
	15 53	I Tr E
	16 21	III Ec R
	18 00	III Oc D
	21 37	III Oc R
9	2 51	II Sh I
	5 26	II Tr I
	5 41	II Sh E
	8 15	II Tr E
	9 25	IV Sh I
	9 37	I Ec D
	13 13	I Oc R
	14 11	IV Sh E
	22 00	IV Tr I
10	2 30	IV Tr E
	6 47	I Sh I
	8 04	I Tr I
	9 04	I Sh E
	10 21	I Tr E
	21 02	II Ec D
11	2 34	II Oc R
	4 06	I Ec D
	7 41	I Oc R
12	1 15	I Sh I
	2 32	I Tr I
	2 39	III Sh I
	3 33	I Sh E
	4 49	I Tr E
	6 17	III Sh E
	7 53	III Tr I
	11 28	III Tr E
	16 08	II Sh I
	18 40	II Tr I
	18 59	II Sh E
	21 29	II Tr E
	22 34	I Ec D
13	2 08	I Oc R
	19 44	I Sh I
	21 00	I Tr I
	22 01	I Sh E
	23 17	I Tr E
14	10 21	II Ec D
	15 49	II Oc R
	17 02	I Ec D
	20 36	I Oc R
15	14 12	I Sh I
	15 27	I Tr I
	16 30	I Sh E
	16 41	III Ec D
	17 44	I Tr E
	20 20	III Ec R
	21 47	III Oc D
16	1 23	III Oc R
	5 25	II Sh I
	7 54	II Tr I
	8 16	II Sh E
	10 42	II Tr E
	11 31	I Ec D
	15 03	I Oc R
17	8 41	I Sh I
	9 55	I Tr I
	10 58	I Sh E
	12 12	I Tr E
	19 47	IV Ec D
	23 39	II Ec D
18	0 35	IV Ec R
	5 03	II Oc R
	5 59	I Ec D
	7 33	IV Oc D
	9 31	I Oc R
	12 01	IV Oc R
19	3 09	I Sh I
	4 23	I Tr I
	5 27	I Sh E
	6 39	III Sh I
	6 39	I Tr E
	10 17	III Sh E
	11 38	III Tr I
	15 12	III Tr E
	18 42	II Sh I
	21 07	II Tr I
	21 33	II Sh E
	23 56	II Tr E
20	0 28	I Ec D
	3 58	I Oc R
	21 38	I Sh I
	22 50	I Tr I
	23 55	I Sh E
21	1 07	I Tr E
	12 57	II Ec D
	18 18	II Oc R
	18 56	I Ec D
	22 25	I Oc R
22	16 06	I Sh I
	17 17	I Tr I
	18 24	I Sh E
	19 34	I Tr E
	20 41	III Ec D
23	0 20	III Ec R
	1 30	III Oc D
	5 06	III Oc R
	7 59	II Sh I
	10 20	II Tr I
	10 50	II Sh E
	13 08	II Tr E
	13 24	I Ec D
	16 52	I Oc R
24	10 35	I Sh I
	11 45	I Tr I
	12 52	I Sh E
	14 02	I Tr E
25	2 15	II Ec D
	7 31	II Oc R
	7 53	I Ec D
	11 20	I Oc R
26	3 35	IV Sh I
	5 03	I Sh I
	6 12	I Tr I
	7 21	I Sh E
	8 20	IV Sh E
	8 29	I Tr E
	10 38	III Sh I
	14 16	III Sh E
	14 41	IV Tr I
	15 18	III Tr I
	18 52	III Tr E
	19 06	IV Tr E
	21 17	II Sh I
	23 32	II Tr I
27	0 07	II Sh E
	2 20	II Tr E
	2 21	I Ec D
	5 47	I Oc R
	23 32	I Sh I
28	0 39	I Tr I
	1 49	I Sh E
	2 56	I Tr E
	15 34	II Ec D
	20 44	II Oc R
	20 50	I Ec D
29	0 14	I Oc R
	18 00	I Sh I
	19 06	I Tr I
	20 18	I Sh E
	21 23	I Tr E
30	0 41	III Ec D
	4 20	III Ec R
	5 09	III Oc D
	8 44	III Oc R
	10 34	II Sh I
	12 43	II Tr I
	13 24	II Sh E
	15 18	I Ec D
	15 31	II Tr E
	18 41	I Oc R

I. June 16	II. June 14	III. June 15	IV. June 17, 18
$x_1 = -2.1,\ y_1 = +0.1$	$x_1 = -2.7,\ y_1 = +0.1$	$x_1 = -3.8,\ y_1 = +0.1$	$x_1 = -5.8,\ y_1 = +0.4$
		$x_2 = -1.8,\ y_2 = +0.2$	$x_2 = -3.8,\ y_2 = +0.4$

NOTE.—I denotes ingress; E, egress; D, disappearance; R, reappearance; Ec, eclipse; Oc, occultation; Tr, transit of the satellite; Sh, transit of the shadow.

CONFIGURATIONS OF SATELLITES I-IV FOR JUNE

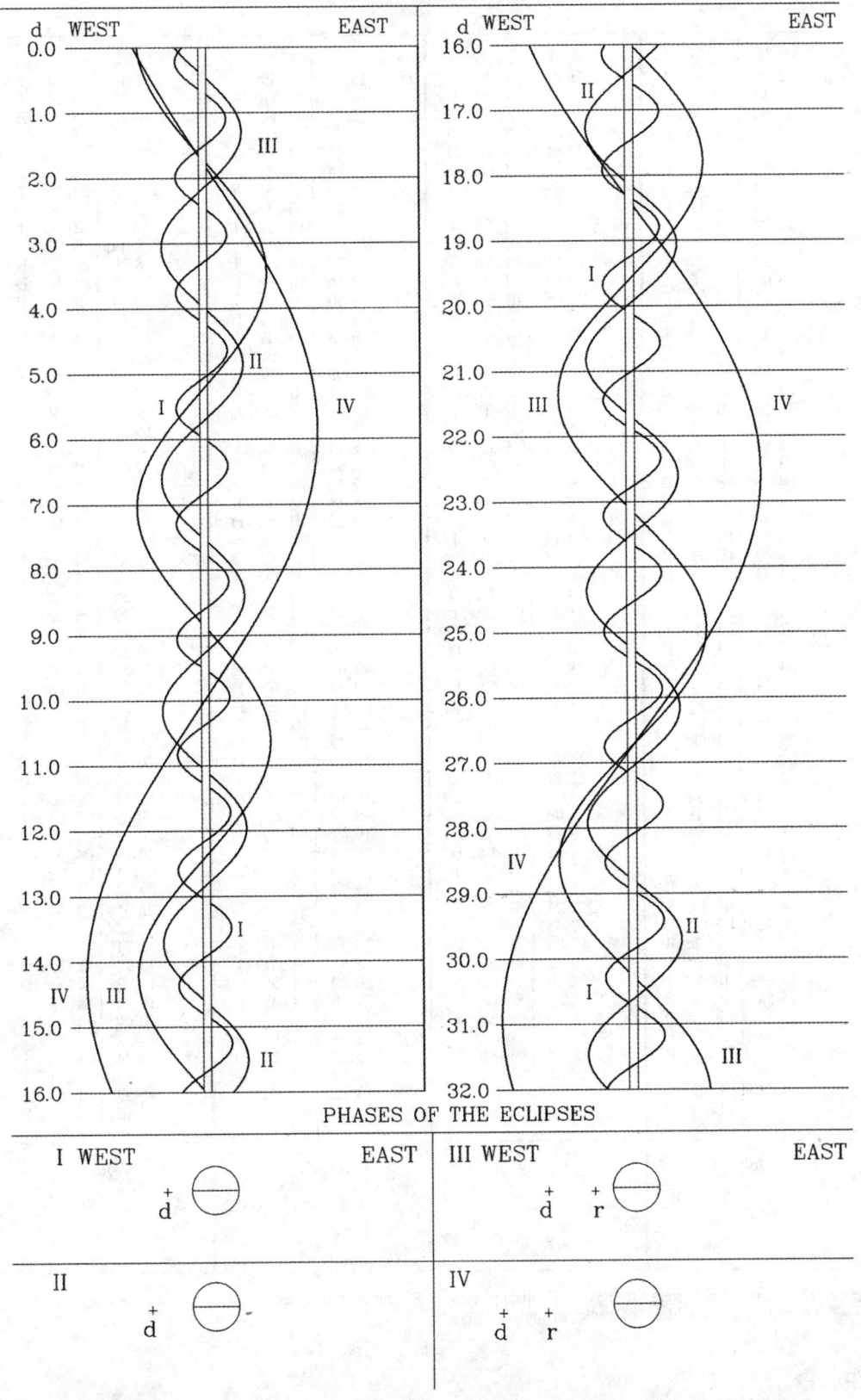

UNIVERSAL TIME

PHASES OF THE ECLIPSES

SATELLITES OF JUPITER, 2021

UNIVERSAL TIME OF GEOCENTRIC PHENOMENA

JULY

d	h m		d	h m		d	h m		d	h m	
1	12 29	I Sh I	8	16 41	I Sh E	16	13 34	I Ec D	24	12 40	I Sh I
	13 33	I Tr I		17 38	I Tr E		14 39	II Oc R		13 19	I Tr I
	14 46	I Sh E	9	7 29	II Ec D		16 40	I Oc R		14 58	I Sh E
	15 50	I Tr E		11 40	I Ec D	17	10 46	I Sh I		15 37	I Tr E
2	4 52	II Ec D		12 18	II Oc R		11 34	I Tr I	25	2 39	III Sh I
	9 47	I Ec D		14 54	I Oc R		13 04	I Sh E		5 16	III Tr I
	9 56	II Oc R	10	8 51	I Sh I		13 51	I Tr E		6 18	III Sh E
	13 07	I Oc R		9 47	I Tr I		22 38	III Sh I		7 33	II Sh I
3	6 57	I Sh I		11 09	I Sh E	18	1 52	III Tr I		8 49	II Tr I
	8 00	I Tr I		12 05	I Tr E		2 16	III Sh E		8 50	III Tr E
	9 15	I Sh E		18 38	III Sh I		4 59	II Sh I		9 56	I Ec D
	10 17	I Tr E		22 16	III Sh E		5 26	III Tr E		10 24	II Sh E
	14 38	III Sh I		22 25	III Tr I		6 33	II Tr I		11 37	II Tr E
	18 16	III Sh E	11	1 59	III Tr E		7 50	II Sh E		12 51	I Oc R
	18 53	III Tr I		2 25	II Sh I		8 03	I Ec D	26	7 08	I Sh I
	22 27	III Tr E		4 14	II Tr I		9 21	II Tr E		7 45	I Tr I
	23 51	II Sh I		5 16	II Sh E		11 06	I Oc R		9 27	I Sh E
4	1 54	II Tr I		6 09	I Ec D	19	5 14	I Sh I		10 03	I Tr E
	2 41	II Sh E		7 02	II Tr E		6 00	I Tr I	27	2 02	II Ec D
	4 15	I Ec D		9 21	I Oc R		7 32	I Sh E		4 25	I Ec D
	4 42	II Tr E	12	3 20	I Sh I		8 18	I Tr E		6 08	II Oc R
	7 34	I Oc R		4 14	I Tr I		23 25	II Ec D		7 17	I Oc R
	13 56	IV Ec D		5 38	I Sh E	20	2 31	I Ec D	28	1 37	I Sh I
	18 42	IV Ec R		6 31	I Tr E		3 49	II Oc R		2 12	I Tr I
	23 43	IV Oc D		20 47	II Ec D		5 33	I Oc R		3 55	I Sh E
5	1 26	I Sh I		21 46	IV Sh I		23 43	I Sh I		4 29	I Tr E
	2 27	I Tr I	13	0 37	I Ec D	21	0 26	I Tr I		16 41	III Ec D
	3 43	I Sh E		1 29	II Oc R		2 01	I Sh E		20 50	II Sh I
	4 07	IV Oc R		2 30	IV Sh E		2 44	I Tr E		21 56	II Tr I
	4 44	I Tr E		3 47	I Oc R		8 06	IV Ec D		22 31	III Oc R
	18 11	II Ec D		6 22	IV Tr I		12 41	III Ec D		22 53	I Ec D
	22 43	I Ec D		10 44	IV Tr E		12 49	IV Ec R		23 41	II Sh E
	23 08	II Oc R		21 48	I Sh I		14 58	IV Oc D	29	0 45	II Tr E
6	2 01	I Oc R		22 41	I Tr I		18 16	II Sh I		1 43	I Oc R
	19 54	I Sh I	14	0 06	I Sh E		19 10	III Oc R		15 57	IV Sh I
	20 54	I Tr I		0 58	I Tr E		19 19	IV Oc R		20 06	I Sh I
	22 12	I Sh E		8 41	III Ec D		19 41	II Tr I		20 38	I Tr I
	23 11	I Tr E		15 42	II Sh I		20 59	I Ec D		20 40	IV Sh E
7	4 41	III Ec D		15 45	III Oc R		21 07	II Sh E		21 11	IV Tr I
	8 20	III Ec R		17 24	II Tr I		22 29	II Tr E		22 24	I Sh E
	8 42	III Oc D		18 33	II Sh E		23 59	I Oc R		22 55	I Tr E
	12 17	III Oc R		19 06	I Ec D	22	18 11	I Sh I	30	1 31	IV Tr E
	13 08	II Sh I		20 12	II Tr E		18 53	I Tr I		15 20	II Ec D
	15 05	II Tr I		22 14	I Oc R		20 29	I Sh E		17 22	I Ec D
	15 58	II Sh E	15	16 17	I Sh I		21 10	I Tr E		19 16	II Oc R
	17 12	I Ec D		17 07	I Tr I	23	12 43	II Ec D		20 09	I Oc R
	17 53	II Tr E		18 35	I Sh E		15 28	I Ec D	31	14 34	I Sh I
	20 28	I Oc R		19 25	I Tr E		16 58	II Oc R		15 04	I Tr I
8	14 23	I Sh I	16	10 06	II Ec D		18 25	I Oc R		16 53	I Sh E
	15 21	I Tr I								17 22	I Tr E

I. July 14	II. July 16	III. July 14	IV. July 21
$x_1 = -1.7,\ y_1 = +0.1$	$x_1 = -2.1,\ y_1 = +0.2$	$x_1 = -2.9,\ y_1 = +0.2$	$x_1 = -3.8,\ y_1 = +0.4$
			$x_2 = -1.8,\ y_2 = +0.4$

NOTE.—I denotes ingress; E, egress; D, disappearance; R, reappearance; Ec, eclipse; Oc, occultation; Tr, transit of the satellite; Sh, transit of the shadow.

CONFIGURATIONS OF SATELLITES I-IV FOR JULY

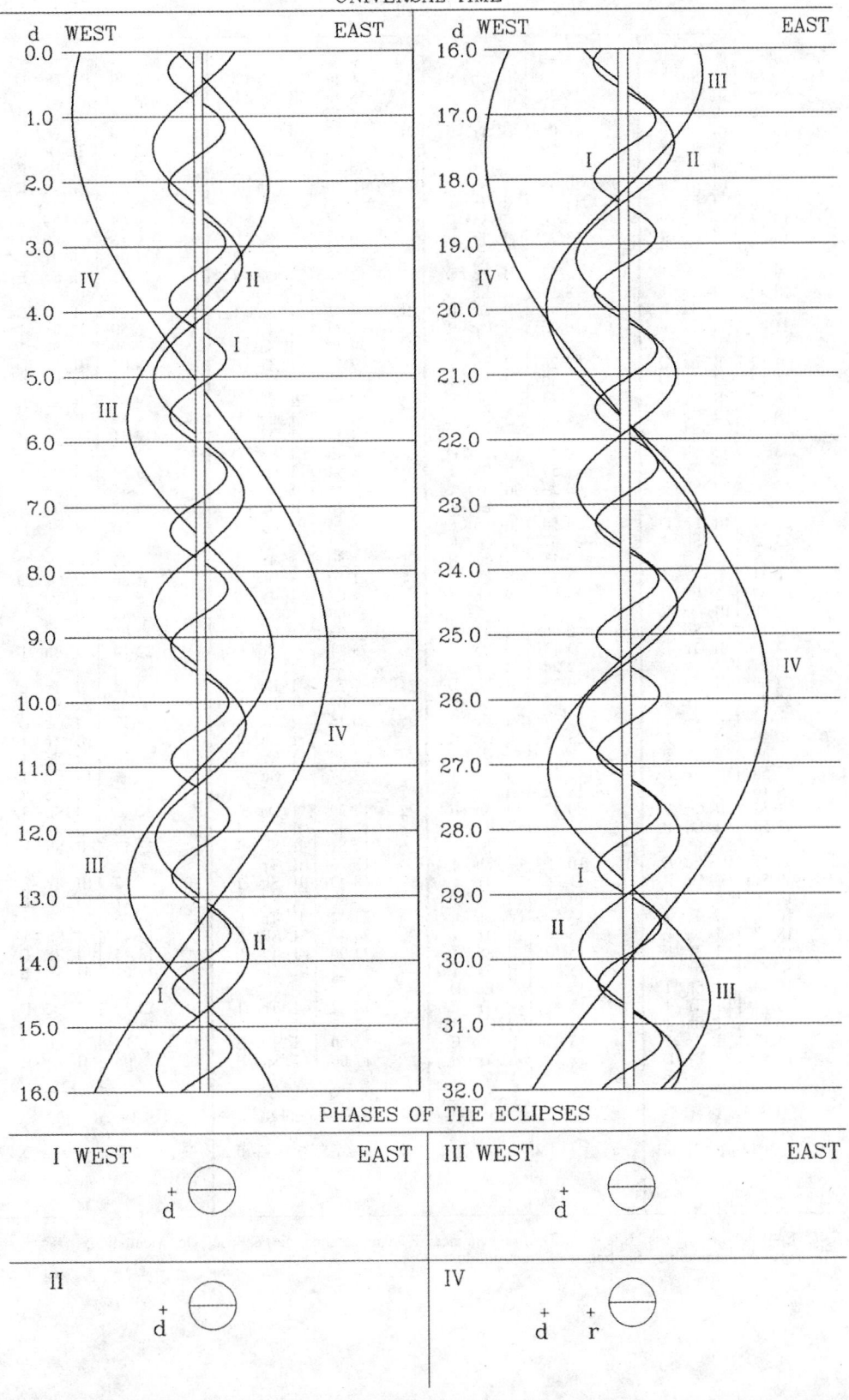

UNIVERSAL TIME

PHASES OF THE ECLIPSES

SATELLITES OF JUPITER, 2021

UNIVERSAL TIME OF GEOCENTRIC PHENOMENA

AUGUST

d	h m				d	h m			
1	6 40	III	Sh	I	8	14 19	III	Sh	E
	8 36	III	Tr	I		15 28	III	Tr	E
	10 08	II	Sh	I		15 33	II	Sh	E
	10 18	III	Sh	E		16 06	II	Tr	E
	11 04	II	Tr	I		16 19	I	Oc	R
	11 50	I	Ec	D	9	10 58	I	Sh	I
	12 10	III	Tr	E		11 14	I	Tr	I
	12 58	II	Sh	E		13 16	I	Sh	E
	13 52	II	Tr	E		13 32	I	Tr	E
	14 35	I	Oc	R	10	7 17	II	Ec	D
2	9 03	I	Sh	I		8 13	I	Ec	D
	9 30	I	Tr	I		10 40	II	Oc	R
	11 21	I	Sh	E		10 45	I	Oc	R
	11 48	I	Tr	E	11	5 26	I	Sh	I
3	4 39	II	Ec	D		5 40	I	Tr	I
	6 19	I	Ec	D		7 45	I	Sh	E
	8 25	II	Oc	R		7 58	I	Tr	E
	9 01	I	Oc	R	12	0 41	III	Ec	D
4	3 32	I	Sh	I		1 59	II	Sh	I
	3 56	I	Tr	I		2 24	II	Tr	I
	5 50	I	Sh	E		2 42	I	Ec	D
	6 14	I	Tr	E		4 50	II	Sh	I
	20 41	III	Ec	D		5 07	III	Oc	R
	23 25	II	Sh	I		5 11	I	Oc	R
5	0 11	II	Tr	I		5 13	II	Tr	E
	0 47	I	Ec	D		23 55	I	Sh	I
	1 50	III	Oc	R	13	0 06	I	Tr	I
	2 15	II	Sh	E		2 13	I	Sh	E
	2 59	II	Tr	E		2 24	I	Tr	E
	3 27	I	Oc	R		20 35	II	Ec	D
	22 00	I	Sh	I		21 10	I	Ec	D
	22 22	I	Tr	I		23 37	I	Oc	R
6	0 19	I	Sh	E		23 48	II	Oc	R
	0 40	I	Tr	E	14	18 24	I	Sh	I
	17 58	II	Ec	D		18 32	I	Tr	I
	19 16	I	Ec	D		20 42	I	Sh	E
	21 32	II	Oc	R		20 50	I	Tr	E
	21 53	I	Oc	R	15	10 10	IV	Sh	I
7	2 17	IV	Ec	D		11 25	IV	Tr	I
	9 51	IV	Oc	R		14 41	III	Sh	I
	16 29	I	Sh	I		14 50	IV	Sh	E
	16 48	I	Tr	I		15 10	III	Tr	I
	18 47	I	Sh	E		15 17	II	Sh	I
	19 06	I	Tr	E		15 31	II	Tr	I
8	10 40	III	Sh	I		15 39	I	Ec	D
	11 54	III	Tr	I		15 47	IV	Tr	E
	12 42	II	Sh	I		18 03	I	Oc	R
	13 17	II	Tr	I		18 07	II	Sh	E
	13 45	I	Ec	D		18 19	II	Tr	E

d	h m				d	h m			
15	18 20	III	Sh	E	23	19 39	IV	Oc	D
	18 45	III	Tr	E	24	1 06	IV	Ec	R
16	12 52	I	Sh	I		11 55	I	Oc	D
	12 58	I	Tr	I		12 19	II	Oc	D
	15 11	I	Sh	E		14 19	I	Ec	R
	15 16	I	Tr	E		15 26	II	Ec	R
17	9 55	II	Ec	D	25	9 08	I	Tr	I
	10 07	I	Ec	D		9 16	I	Sh	I
	12 28	I	Oc	R		11 26	I	Tr	E
	12 56	II	Oc	R		11 35	I	Sh	E
18	7 21	I	Sh	I	26	6 21	I	Oc	D
	7 24	I	Tr	I		6 50	II	Tr	I
	9 40	I	Sh	E		7 09	II	Sh	I
	9 42	I	Tr	E		8 04	III	Oc	D
19	4 34	II	Sh	I		8 48	I	Ec	R
	4 36	I	Ec	D		9 39	II	Tr	E
	4 37	II	Tr	I		9 59	II	Sh	E
	4 43	III	Ec	D		12 21	III	Ec	R
	6 54	I	Oc	R	27	3 34	I	Tr	I
	7 24	II	Sh	E		3 45	I	Sh	I
	7 26	II	Tr	E		5 52	I	Tr	E
	8 23	III	Oc	R		6 03	I	Sh	E
20	1 50	I	Tr	I	28	0 47	I	Oc	D
	1 50	I	Sh	I		1 26	II	Oc	D
	4 08	I	Tr	E		3 16	I	Ec	R
	4 08	I	Sh	E		4 45	II	Ec	R
	23 03	I	Oc	D		22 00	I	Tr	I
	23 11	II	Oc	D		22 14	I	Sh	I
21	1 22	I	Ec	R	29	0 18	I	Tr	E
	2 07	II	Ec	R		0 32	I	Sh	E
	20 16	I	Tr	I		19 13	I	Oc	D
	20 19	I	Sh	I		19 57	II	Tr	I
	22 34	I	Tr	E		20 26	II	Sh	I
	22 37	I	Sh	E		21 41	III	Tr	I
22	17 29	I	Oc	D		21 45	I	Ec	R
	17 43	II	Tr	I		22 43	III	Sh	I
	17 51	II	Sh	I		22 46	II	Tr	E
	18 25	III	Tr	I		23 17	II	Sh	E
	18 42	III	Sh	I	30	1 17	III	Tr	E
	19 50	I	Ec	R		2 21	III	Sh	E
	20 32	II	Tr	E		16 26	I	Tr	I
	20 42	II	Sh	E		16 43	I	Sh	I
	22 00	III	Tr	E		18 44	I	Tr	E
	22 20	III	Sh	E		19 01	I	Sh	E
23	14 42	I	Tr	I	31	13 38	I	Oc	D
	14 47	I	Sh	I		14 34	II	Oc	D
	17 00	I	Tr	E		16 14	I	Ec	R
	17 06	I	Sh	E		18 04	II	Ec	R

I. Aug. 15	II. Aug. 13	III. Aug. 12	IV. Aug. 7
$x_1 = -1.1, y_1 = +0.1$	$x_1 = -1.2, y_1 = +0.2$	$x_1 = -1.5, y_1 = +0.2$	$x_1 = -2.2, y_1 = +0.4$

NOTE.—I denotes ingress; E, egress; D, disappearance; R, reappearance; Ec, eclipse; Oc, occultation; Tr, transit of the satellite; Sh, transit of the shadow.

CONFIGURATIONS OF SATELLITES I-IV FOR AUGUST

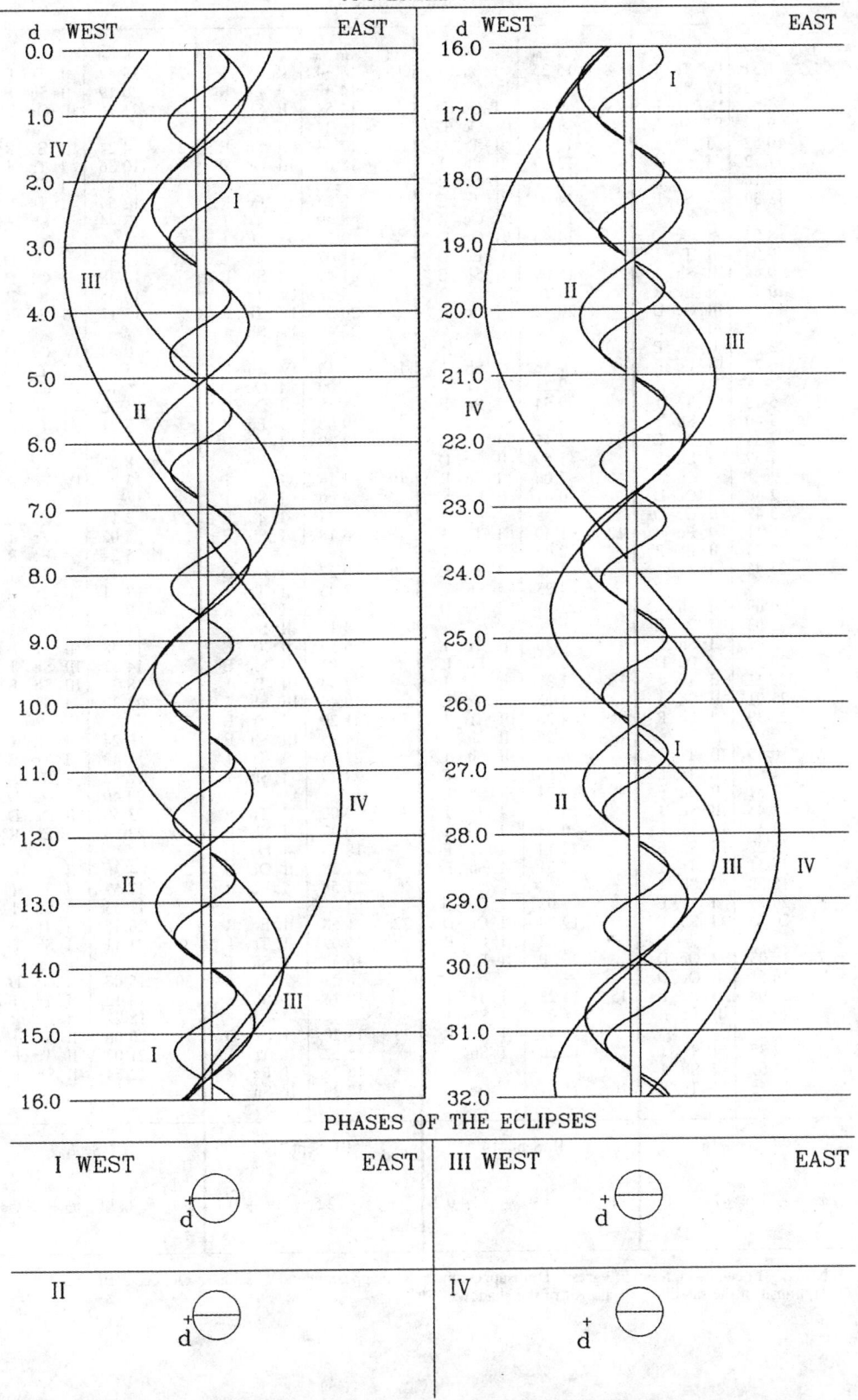

SATELLITES OF JUPITER, 2021

UNIVERSAL TIME OF GEOCENTRIC PHENOMENA

SEPTEMBER

d	h m			d	h m			d	h m			d	h m		
1	1 31	IV Tr	I	8	15 25	I Sh	E	16	13 34	II Tr	I	23	18 42	II Tr	E
	4 25	IV Sh	I	9	9 49	I Oc	D		14 32	I Ec	R		20 19	II Sh	E
	5 56	IV Tr	E		9 54	IV Oc	D		14 54	II Sh	I		21 26	III Oc	D
	9 02	IV Sh	E		11 18	II Tr	I		16 24	II Tr	E	24	4 24	III Ec	R
	10 52	I Tr	I		12 19	II Sh	I		17 44	II Sh	E		10 36	I Tr	I
	11 12	I Sh	I		12 37	I Ec	R		18 01	III Oc	D		11 27	I Sh	I
	13 10	I Tr	E		14 07	II Tr	E	17	0 23	III Ec	R		12 54	I Tr	E
	13 30	I Sh	E		14 22	IV Oc	R		8 49	I Tr	I		13 44	I Sh	E
2	8 04	I Oc	D		14 40	III Oc	D		9 31	I Sh	I	25	7 47	I Oc	D
	9 04	II Tr	I		14 42	IV Ec	D		11 07	I Tr	E		10 38	II Oc	D
	9 44	II Sh	I		15 09	II Sh	E		11 49	I Sh	E		10 55	I Ec	R
	10 42	I Ec	R		19 16	IV Ec	R		15 58	IV Tr	I		15 17	II Ec	R
	11 21	III Oc	D		20 22	III Ec	R		20 27	IV Tr	E				
	11 53	II Tr	E	10	7 03	I Tr	I		22 40	IV Sh	I	26	0 44	IV Oc	D
	12 34	II Sh	E		7 36	I Sh	I	18	3 13	IV Sh	E		5 03	I Tr	I
	16 22	III Ec	R		9 21	I Tr	E		6 00	I Oc	D		5 16	IV Oc	R
3	5 18	I Tr	I		9 54	I Sh	E		8 18	II Oc	D		5 56	I Sh	I
	5 40	I Sh	I	11	4 15	I Oc	D		9 00	I Ec	R		7 21	I Tr	E
	7 36	I Tr	E		5 59	II Oc	D		12 39	II Ec	R		8 13	I Sh	E
	7 59	I Sh	E		7 06	I Ec	R	19	3 16	I Tr	I		8 56	IV Ec	D
4	2 30	I Oc	D		10 01	II Ec	R		4 00	I Sh	I		13 26	IV Ec	R
	3 42	II Oc	D	12	1 30	I Tr	I		5 34	I Tr	E	27	2 13	I Oc	D
	5 11	I Ec	R		2 05	I Sh	I		6 18	I Sh	E		5 02	II Tr	I
	7 23	II Ec	R		3 48	I Tr	E	20	0 27	I Oc	D		5 24	I Ec	R
	23 45	I Tr	I		4 23	I Sh	E		2 43	II Tr	I		6 48	II Sh	I
5	0 09	I Sh	I		22 41	I Oc	D		3 29	I Ec	R		7 51	II Tr	E
	2 03	I Tr	E	13	0 26	II Tr	I		4 12	II Sh	I		9 37	II Sh	E
	2 27	I Sh	E		1 34	I Ec	R		5 32	II Tr	E		11 12	III Tr	I
	20 57	I Oc	D		1 37	II Sh	I		7 01	II Sh	E		14 48	III Tr	E
	22 11	II Tr	I		3 15	II Tr	E		7 44	III Tr	I		14 51	III Sh	I
	23 01	II Sh	I		4 20	III Tr	I		10 49	III Sh	I		18 27	III Sh	E
	23 39	I Ec	R		4 26	II Sh	E		11 20	III Tr	E		23 30	I Tr	I
6	0 59	III Tr	I		6 47	III Sh	I		14 25	III Sh	E	28	0 24	I Sh	I
	1 00	II Tr	E		7 56	III Tr	E		21 43	I Tr	I		1 48	I Tr	E
	1 51	II Sh	E		10 24	III Sh	E		22 29	I Sh	I		2 42	I Sh	E
	2 45	III Sh	I		19 56	I Tr	I	21	0 00	I Tr	E		20 40	I Oc	D
	4 35	III Tr	E		20 33	I Sh	I		0 47	I Sh	E		23 50	II Oc	D
	6 22	III Sh	E		22 14	I Tr	E		18 53	I Oc	D		23 53	I Ec	R
	18 11	I Tr	I		22 51	I Sh	E		21 28	II Oc	D	29	4 36	II Ec	R
	18 38	I Sh	I	14	17 08	I Oc	D		21 58	I Ec	R		17 57	I Tr	I
	20 29	I Tr	E		19 09	II Oc	D	22	1 58	II Ec	R		18 53	I Sh	I
	20 56	I Sh	E		20 03	I Ec	R		16 09	I Tr	I		20 15	I Tr	E
7	15 23	I Oc	D		23 20	II Ec	R		16 58	I Sh	I		21 11	I Sh	E
	16 51	II Oc	D	15	14 23	I Tr	I		18 27	I Tr	E	30	15 07	I Oc	D
	18 08	I Ec	R		15 02	I Sh	I		19 15	I Sh	E		18 12	II Tr	I
	20 42	II Ec	R		16 41	I Tr	E	23	13 20	I Oc	D		18 22	I Ec	R
8	12 37	I Tr	I		17 20	I Sh	E		15 52	II Tr	I		20 06	II Sh	I
	13 07	I Sh	I	16	11 34	I Oc	D		16 27	I Ec	R		21 02	II Tr	E
	14 55	I Tr	E						17 30	II Sh	I		22 54	II Sh	E

I. Sept. 16

$x_2 = +1.6, \; y_2 = +0.1$

II. Sept. 14

$x_2 = +1.9, \; y_2 = +0.2$

III. Sept. 17

$x_2 = +2.5, \; y_2 = +0.1$

IV. Sept. 9

$x_1 = +1.1, \; y_1 = +0.4$
$x_2 = +3.0, \; y_2 = +0.3$

NOTE.—I denotes ingress; E, egress; D, disappearance; R, reappearance; Ec, eclipse; Oc, occultation; Tr, transit of the satellite; Sh, transit of the shadow.

CONFIGURATIONS OF SATELLITES I-IV FOR SEPTEMBER

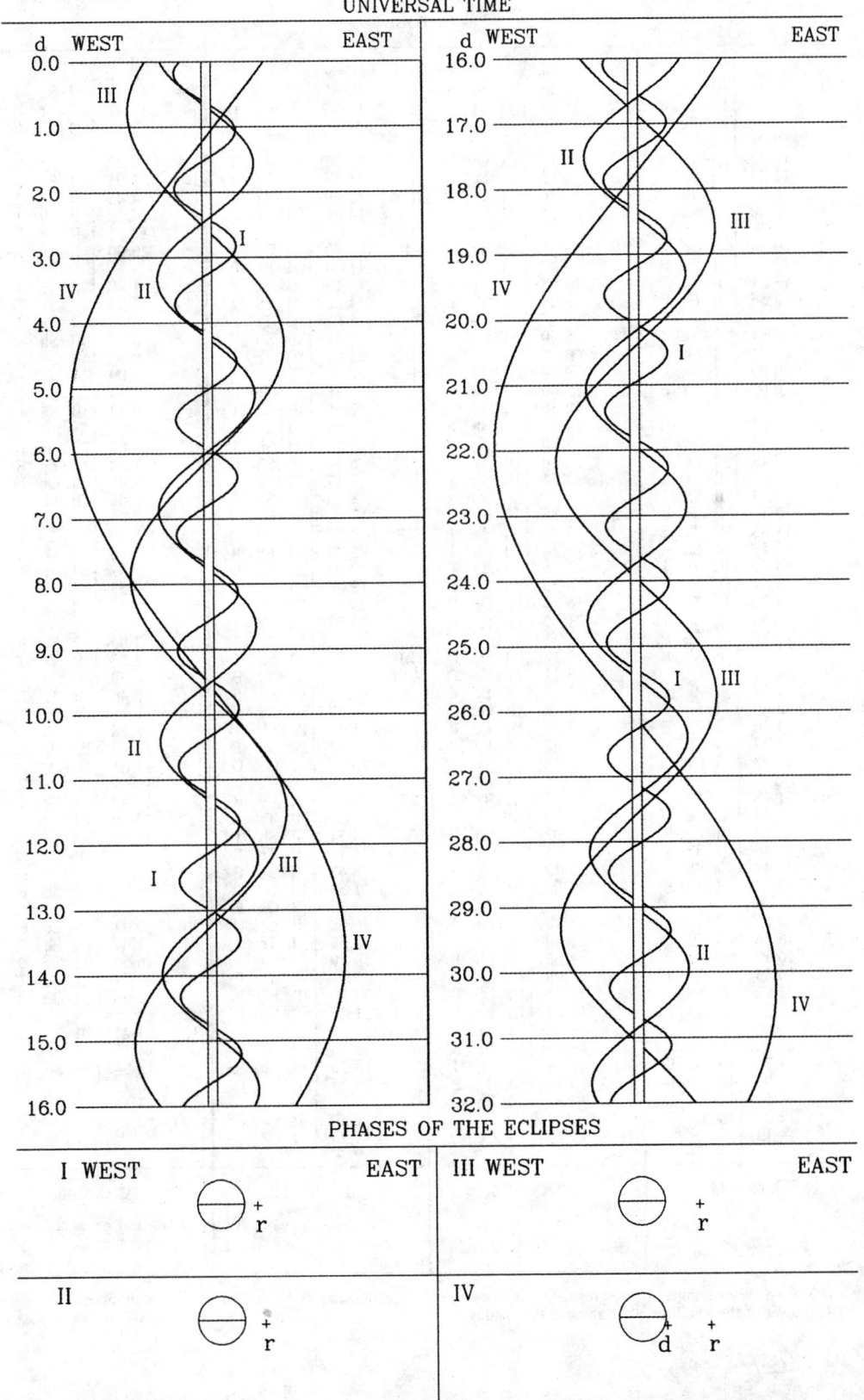

UNIVERSAL TIME

PHASES OF THE ECLIPSES

SATELLITES OF JUPITER, 2021

UNIVERSAL TIME OF GEOCENTRIC PHENOMENA

OCTOBER

d	h m				d	h m				d	h m				d	h m			
1	0 55	III	Oc	D	8	15 18	I	Sh	I	16	16 41	I	Ec	R	24	13 39	I	Sh	I
	4 32	III	Oc	R		16 31	I	Tr	E		17 54	II	Oc	D		14 41	I	Tr	E
	4 49	III	Ec	D		17 35	I	Sh	E		23 11	II	Ec	R		15 55	I	Sh	E
	8 25	III	Ec	R	9	11 23	I	Oc	D	17	10 32	I	Tr	I	25	9 32	I	Oc	D
	12 24	I	Tr	I		14 45	I	Ec	R		11 43	I	Sh	I		13 05	I	Ec	R
	13 22	I	Sh	I		15 26	II	Oc	D		12 49	I	Tr	E		14 42	II	Tr	I
	14 42	I	Tr	E		20 33	II	Ec	R		14 00	I	Sh	E		17 12	II	Sh	I
	15 40	I	Sh	E	10	8 41	I	Tr	I	18	7 40	I	Oc	D		17 31	II	Tr	E
2	9 34	I	Oc	D		9 47	I	Sh	I		11 10	I	Ec	R		20 00	II	Sh	E
	12 50	I	Ec	R		10 58	I	Tr	E		12 13	II	Tr	I	26	1 48	III	Tr	I
	13 01	II	Oc	D		12 04	I	Sh	E		14 36	II	Sh	I		5 24	III	Tr	E
	17 55	II	Ec	R	11	5 50	I	Oc	D		15 02	II	Tr	E		6 52	I	Tr	I
3	6 51	I	Tr	I		9 14	I	Ec	R		17 24	II	Sh	E		6 58	III	Sh	I
	7 51	I	Sh	I		9 47	II	Tr	I		22 01	III	Tr	I		8 07	I	Sh	I
	9 09	I	Tr	E		12 00	II	Sh	I	19	1 38	III	Tr	E		9 09	I	Tr	E
	10 09	I	Sh	E		12 36	II	Tr	E		2 56	III	Sh	I		10 24	I	Sh	E
4	4 01	I	Oc	D		14 48	II	Sh	E		4 59	I	Tr	I		10 32	III	Sh	E
	7 11	IV	Tr	I		18 20	III	Tr	I		6 12	I	Sh	I	27	4 00	I	Oc	D
	7 19	I	Ec	R		21 56	III	Tr	E		6 30	III	Sh	E		7 34	I	Ec	R
	7 23	II	Tr	I		22 54	III	Sh	I		7 17	I	Tr	E		9 40	II	Oc	D
	9 24	II	Sh	I	12	2 28	III	Sh	E		8 28	I	Sh	E		15 08	II	Ec	R
	10 13	II	Tr	E		3 08	I	Tr	I	20	2 08	I	Oc	D	28	1 20	I	Tr	I
	11 43	IV	Tr	E		4 16	I	Sh	I		5 38	I	Ec	R		2 36	I	Sh	I
	12 12	II	Sh	E		5 26	I	Tr	E		7 09	II	Oc	D		3 37	I	Tr	E
	14 43	III	Tr	I		6 33	I	Sh	E		12 30	II	Ec	R		4 53	I	Sh	E
	16 57	IV	Sh	I		16 27	IV	Oc	D		23 24	IV	Tr	I		22 28	I	Oc	D
	18 20	III	Tr	E		21 02	IV	Oc	R		23 27	I	Tr	I	29	2 03	I	Ec	R
	18 52	III	Sh	I	13	0 18	I	Oc	D	21	0 41	I	Sh	I		3 57	II	Tr	I
	21 24	IV	Sh	E		3 11	IV	Ec	D		1 44	I	Tr	E		6 30	II	Sh	I
	22 27	III	Sh	E		3 43	I	Ec	R		2 57	I	Sh	E		6 46	II	Tr	E
5	1 19	I	Tr	I		4 40	II	Oc	D		3 59	IV	Tr	E		9 11	IV	Oc	D
	2 20	I	Sh	I		7 36	IV	Ec	R		11 15	IV	Sh	I		9 18	II	Sh	E
	3 36	I	Tr	E		9 52	II	Ec	R		15 37	IV	Sh	E		13 47	IV	Oc	R
	4 37	I	Sh	E		21 36	I	Tr	I		20 36	I	Oc	D		15 41	III	Oc	D
	22 28	I	Oc	D		22 45	I	Sh	I	22	0 07	I	Ec	R		19 19	III	Oc	R
6	1 48	I	Ec	R		23 53	I	Tr	E		1 27	II	Tr	I		19 48	I	Tr	I
	2 14	II	Oc	D	14	1 02	I	Sh	E		3 54	II	Sh	I		20 56	III	Ec	D
	7 14	II	Ec	R		18 45	I	Oc	D		4 16	II	Tr	E		21 05	I	Sh	I
	19 46	I	Tr	I		22 12	I	Ec	R		6 42	II	Sh	E		21 26	IV	Ec	D
	20 49	I	Sh	I		23 00	II	Tr	I		11 53	III	Oc	D		22 05	I	Tr	E
	22 03	I	Tr	E	15	1 18	II	Sh	I		15 30	III	Oc	R		23 22	I	Sh	E
	23 06	I	Sh	E		1 49	II	Tr	E		16 55	III	Ec	D	30	0 31	III	Ec	R
7	16 56	I	Oc	D		4 06	II	Sh	E		17 55	I	Tr	I		1 47	IV	Ec	R
	20 17	I	Ec	R		8 09	III	Oc	D		19 10	I	Sh	I		16 56	I	Oc	D
	20 35	II	Tr	I		11 46	III	Oc	R		20 12	I	Tr	E		20 31	I	Ec	R
	22 42	II	Sh	I		12 53	III	Ec	D		20 30	III	Ec	R		22 56	II	Oc	D
	23 24	II	Tr	E		16 04	I	Tr	I		21 26	I	Sh	E	31	4 27	II	Ec	R
8	1 30	II	Sh	E		16 28	III	Ec	R	23	15 04	I	Oc	D		14 17	I	Tr	I
	4 30	III	Oc	D		17 14	I	Sh	I		18 36	I	Ec	R		15 34	I	Sh	I
	8 07	III	Oc	R		18 21	I	Tr	E		20 24	II	Oc	D		16 33	I	Tr	E
	8 51	III	Ec	D		19 31	I	Sh	E	24	1 49	II	Ec	R		17 51	I	Sh	E
	12 27	III	Ec	R	16	13 13	I	Oc	D		12 24	I	Tr	I					
	14 13	I	Tr	I															

I. Oct. 14	II. Oct. 16	III. Oct. 15	IV. Oct. 13
$x_2 = +2.0, \ y_2 = +0.1$	$x_2 = +2.6, \ y_2 = +0.2$	$x_1 = +1.6, \ y_1 = +0.1$ $x_2 = +3.5, \ y_2 = +0.1$	$x_1 = +3.5, \ y_1 = +0.3$ $x_2 = +5.3, \ y_2 = +0.3$

NOTE.—I denotes ingress; E, egress; D, disappearance; R, reappearance; Ec, eclipse; Oc, occultation; Tr, transit of the satellite; Sh, transit of the shadow.

CONFIGURATIONS OF SATELLITES I-IV FOR OCTOBER

UNIVERSAL TIME

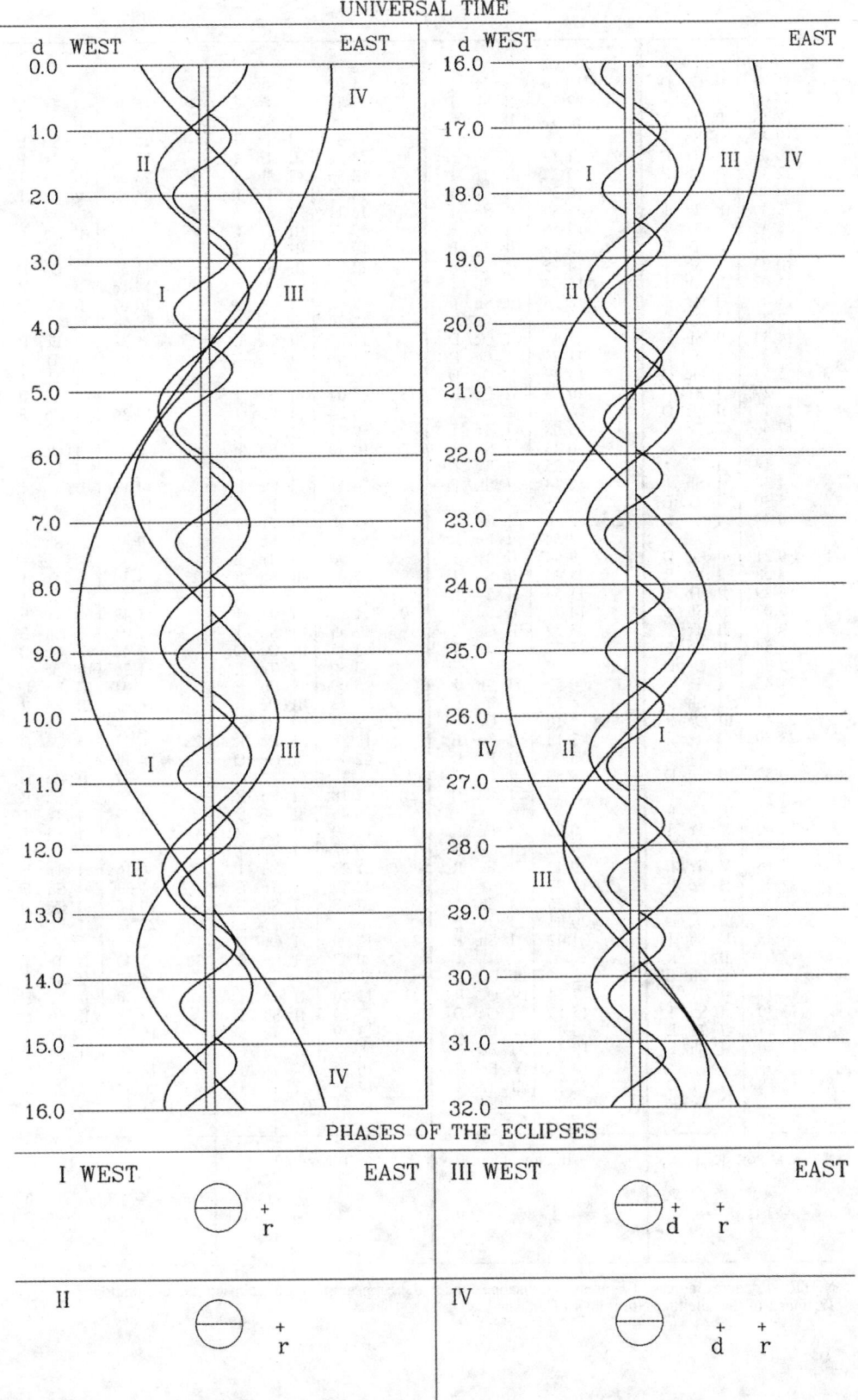

PHASES OF THE ECLIPSES

SATELLITES OF JUPITER, 2021

UNIVERSAL TIME OF GEOCENTRIC PHENOMENA

NOVEMBER

d	h m				d	h m				d	h m				d	h m			
1	11 24	I	Oc	D	8	19 46	II	Tr	I	16	1 02	II	Sh	I	23	15 51	I	Sh	I
	15 00	I	Ec	R		22 25	II	Sh	I		1 11	II	Tr	E		16 48	I	Tr	E
	17 13	II	Tr	I		22 36	II	Tr	E		3 50	II	Sh	E		17 42	III	Tr	I
	19 49	II	Sh	I	9	1 13	II	Sh	E		12 35	I	Tr	I		18 07	I	Sh	E
	20 02	II	Tr	E		9 37	III	Tr	I		13 38	III	Tr	I		21 19	III	Tr	E
	22 36	II	Sh	E		10 39	I	Tr	I		13 55	I	Sh	I		23 08	III	Sh	I
2	5 40	III	Tr	I		11 59	I	Sh	I		14 52	I	Tr	E		23 52	IV	Sh	I
	8 45	I	Tr	I		12 56	I	Tr	E		16 11	I	Sh	E	24	2 39	III	Sh	E
	9 17	III	Tr	E		13 13	III	Tr	E		17 14	III	Tr	E		4 03	IV	Sh	E
	10 03	I	Sh	I		14 15	I	Sh	E		19 06	III	Sh	I		11 39	I	Oc	D
	11 02	III	Sh	I		15 04	III	Sh	I		22 38	III	Sh	E		15 16	I	Ec	R
	11 02	I	Tr	E		18 36	III	Sh	E	17	9 42	I	Oc	D		20 07	II	Oc	D
	12 20	I	Sh	E	10	7 47	I	Oc	D		13 20	I	Ec	R	25	1 38	II	Ec	R
	14 34	III	Sh	E		11 25	I	Ec	R		17 27	II	Oc	D		9 01	I	Tr	I
3	5 53	I	Oc	D		14 49	II	Oc	D		23 01	II	Ec	R		10 20	I	Sh	I
	9 29	I	Ec	R		20 23	II	Ec	R	18	7 04	I	Tr	I		11 17	I	Tr	E
	12 13	II	Oc	D	11	5 08	I	Tr	I		8 24	I	Sh	I		12 36	I	Sh	E
	17 46	II	Ec	R		6 28	I	Sh	I		9 21	I	Tr	E	26	6 08	I	Oc	D
4	3 14	I	Tr	I		7 25	I	Tr	E		10 40	I	Sh	E		9 45	I	Ec	R
	4 32	I	Sh	I		8 44	I	Sh	E	19	4 11	I	Oc	D		14 19	II	Tr	I
	5 30	I	Tr	E	12	2 16	I	Oc	D		7 49	I	Ec	R		16 58	II	Sh	I
	6 49	I	Sh	E		5 54	I	Ec	R		11 40	II	Tr	I		17 09	II	Tr	E
5	0 21	I	Oc	D		9 04	II	Tr	I		14 21	II	Sh	I		19 45	II	Sh	E
	3 58	I	Ec	R		11 44	II	Sh	I		14 30	II	Tr	E	27	3 30	I	Tr	I
	6 29	II	Tr	I		11 53	II	Tr	E		17 08	II	Sh	E		4 48	I	Sh	I
	9 07	II	Sh	I		14 31	II	Sh	E	20	1 33	I	Tr	I		5 47	I	Tr	E
	9 18	II	Tr	E		23 32	III	Oc	D		2 53	I	Sh	I		7 04	I	Sh	E
	11 54	II	Sh	E		23 37	I	Tr	I		3 35	III	Oc	D		7 42	III	Oc	D
	19 34	III	Oc	D	13	0 57	I	Sh	I		3 50	I	Tr	E		11 20	III	Oc	R
	21 42	I	Tr	I		1 54	I	Tr	E		5 09	I	Sh	E		13 04	III	Ec	D
	23 01	I	Sh	I		3 10	III	Oc	R		7 13	III	Oc	R		16 37	III	Ec	R
	23 12	III	Oc	R		3 13	I	Sh	E		9 02	III	Ec	D	28	0 37	I	Oc	D
	23 59	I	Tr	E		5 00	III	Ec	D		12 35	III	Ec	R		4 14	I	Ec	R
6	0 57	III	Ec	D		8 33	III	Ec	R		22 40	I	Oc	D		9 27	II	Oc	D
	1 17	I	Sh	E		20 45	I	Oc	D	21	2 18	I	Ec	R		14 57	II	Ec	R
	4 32	III	Ec	R	14	0 22	I	Ec	R		6 46	II	Oc	D		21 59	I	Tr	I
	16 40	IV	Tr	I		4 07	II	Oc	D		12 19	II	Ec	R		23 17	I	Sh	I
	18 50	I	Oc	D		9 42	II	Ec	R		20 02	I	Tr	I	29	0 16	I	Tr	E
	21 15	IV	Tr	E		18 06	I	Tr	I		21 22	I	Sh	I		1 33	I	Sh	E
	22 27	I	Ec	R		19 26	I	Sh	I		22 19	I	Tr	E		19 06	I	Oc	D
7	1 31	II	Oc	D		20 23	I	Tr	E		23 38	I	Sh	E		22 42	I	Ec	R
	5 33	IV	Sh	I		21 42	I	Sh	E	22	17 09	I	Oc	D	30	3 40	II	Tr	I
	7 04	II	Ec	R	15	2 56	IV	Oc	D		20 47	I	Ec	R		6 17	II	Sh	I
	9 49	IV	Sh	E		7 34	IV	Oc	R	23	1 00	II	Tr	I		6 30	II	Tr	E
	16 11	I	Tr	I		15 13	I	Oc	D		3 39	II	Sh	I		9 04	II	Sh	E
	17 30	I	Sh	I		15 43	IV	Ec	D		3 49	II	Tr	E		16 29	I	Tr	I
	18 28	I	Tr	E		18 51	I	Ec	R		6 27	II	Sh	E		17 46	I	Sh	I
	19 46	I	Sh	E		19 58	IV	Ec	R		10 56	IV	Tr	I		18 46	I	Tr	E
8	13 18	I	Oc	D		22 22	II	Tr	I		14 31	I	Tr	I		20 02	I	Sh	E
	16 56	I	Ec	R							15 31	IV	Tr	E		21 51	III	Tr	I

I. Nov. 15	II. Nov. 14	III. Nov. 13	IV. Nov. 15
$x_2 = +2.1,\ y_2 = +0.1$	$x_2 = +2.8,\ y_2 = +0.1$	$x_1 = +2.0,\ y_1 = +0.1$ $x_2 = +3.9,\ y_2 = +0.1$	$x_1 = +4.3,\ y_1 = +0.3$ $x_2 = +6.0,\ y_2 = +0.3$

NOTE.—I denotes ingress; E, egress; D, disappearance; R, reappearance; Ec, eclipse; Oc, occultation; Tr, transit of the satellite; Sh, transit of the shadow.

CONFIGURATIONS OF SATELLITES I-IV FOR NOVEMBER

UNIVERSAL TIME

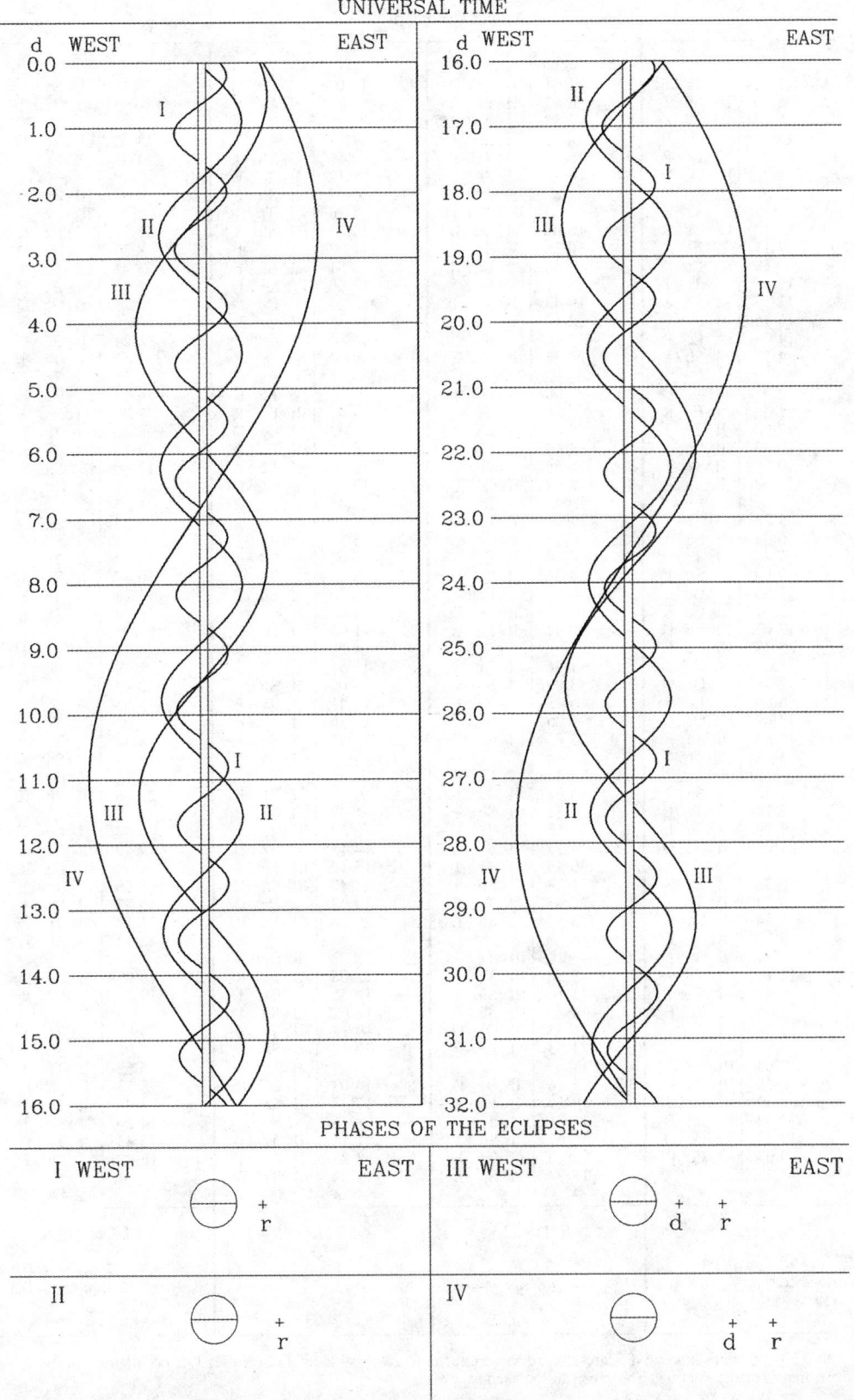

PHASES OF THE ECLIPSES

SATELLITES OF JUPITER, 2021

UNIVERSAL TIME OF GEOCENTRIC PHENOMENA

DECEMBER

d	h m				d	h m				d	h m				d	h m			
1	1 27	III	Tr	E	9	1 31	II	Oc	D	17	12 03	I	Oc	D	25	6 15	II	Sh	E
	3 10	III	Sh	I		6 52	II	Ec	R		15 32	I	Ec	R		11 25	I	Tr	I
	6 40	III	Sh	E		12 57	I	Tr	I		22 28	II	Tr	I		12 31	I	Sh	I
	13 36	I	Oc	D		14 11	I	Sh	I	18	0 50	II	Sh	I		13 42	I	Tr	E
	17 11	I	Ec	R		15 13	I	Tr	E		1 18	II	Tr	E		14 47	I	Sh	E
	21 36	IV	Oc	D		16 27	I	Sh	E		3 37	II	Sh	E	26	0 44	III	Oc	D
	22 48	II	Oc	D	10	6 03	IV	Tr	I		9 26	I	Tr	I		4 21	III	Oc	R
2	2 13	IV	Oc	R		10 04	I	Oc	D		10 35	I	Sh	I		5 12	III	Ec	D
	4 15	II	Ec	R		10 38	IV	Tr	E		11 42	I	Tr	E		8 33	I	Oc	D
	9 59	IV	Ec	D		13 36	I	Ec	R		12 51	I	Sh	E		8 42	III	Ec	R
	10 58	I	Tr	I		18 11	IV	Sh	I		17 03	IV	Oc	D		11 56	I	Ec	R
	12 15	I	Sh	I		19 43	II	Tr	I		20 24	III	Oc	D		20 25	II	Oc	D
	13 15	I	Tr	E		22 13	II	Sh	I		21 38	IV	Oc	R	27	1 24	II	Ec	R
	14 08	IV	Ec	R		22 16	IV	Sh	E	19	0 02	III	Oc	R		1 53	IV	Tr	I
	14 31	I	Sh	E		22 33	II	Tr	E		1 10	III	Ec	D		5 56	I	Tr	I
3	8 05	I	Oc	D	11	1 00	II	Sh	E		4 16	IV	Ec	D		6 25	IV	Tr	E
	11 40	I	Ec	R		7 26	I	Tr	I		4 41	III	Ec	R		7 00	I	Sh	I
	17 00	II	Tr	I		8 40	I	Sh	I		6 33	I	Oc	D		8 12	I	Tr	E
	19 35	II	Sh	I		9 43	I	Tr	E		8 19	IV	Ec	R		9 16	I	Sh	E
	19 50	II	Tr	E		10 56	I	Sh	E		10 00	I	Ec	R		12 30	IV	Sh	I
	22 22	II	Sh	E		16 07	III	Oc	D		17 39	II	Oc	D		16 29	IV	Sh	E
4	5 28	I	Tr	I		19 45	III	Oc	R		22 48	II	Ec	R	28	3 03	I	Oc	D
	6 44	I	Sh	I		21 09	III	Ec	D	20	3 56	I	Tr	I		6 25	I	Ec	R
	7 45	I	Tr	E	12	0 40	III	Ec	R		5 04	I	Sh	I		14 37	II	Tr	I
	9 00	I	Sh	E		4 34	I	Oc	D		6 12	I	Tr	E		16 47	II	Sh	I
	11 53	III	Oc	D		8 05	I	Ec	R		7 20	I	Sh	E		17 28	II	Tr	E
	15 31	III	Oc	R		14 53	II	Oc	D	21	1 03	I	Oc	D		19 34	II	Sh	E
	17 07	III	Ec	D		20 11	II	Ec	R		4 29	I	Ec	R	29	0 26	I	Tr	I
	20 39	III	Ec	R	13	1 56	I	Tr	I		11 51	II	Tr	I		1 29	I	Sh	I
5	2 35	I	Oc	D		3 09	I	Sh	I		14 09	II	Sh	I		2 42	I	Tr	E
	6 09	I	Ec	R		4 13	I	Tr	E		14 41	II	Tr	E		3 45	I	Sh	E
	12 09	II	Oc	D		5 25	I	Sh	E		16 56	II	Sh	E		15 01	III	Tr	I
	17 34	II	Ec	R		23 03	I	Oc	D		22 25	I	Tr	I		18 37	III	Tr	E
	23 57	I	Tr	I	14	2 34	I	Ec	R		23 33	I	Sh	I		19 19	III	Sh	I
6	1 13	I	Sh	I		9 05	II	Tr	I	22	0 42	I	Tr	E		21 33	I	Oc	D
	2 14	I	Tr	E		11 32	II	Sh	I		1 49	I	Sh	E		22 48	III	Sh	E
	3 29	I	Sh	E		11 56	II	Tr	E		10 39	III	Tr	I	30	0 54	I	Ec	R
	21 04	I	Oc	D		14 19	II	Sh	E		14 15	III	Tr	E		9 49	II	Oc	D
7	0 38	I	Ec	R		20 26	I	Tr	I		15 17	III	Sh	I		14 42	II	Ec	R
	6 22	II	Tr	I		21 38	I	Sh	I		18 47	III	Sh	E		18 56	I	Tr	I
	8 54	II	Sh	I		22 43	I	Tr	E		19 33	I	Oc	D		19 57	I	Sh	I
	9 12	II	Tr	E		23 54	I	Sh	E		22 58	I	Ec	R		21 12	I	Tr	E
	11 41	II	Sh	E	15	6 19	III	Tr	I	23	7 02	II	Oc	D		22 13	I	Sh	E
	18 27	I	Tr	I		9 56	III	Tr	E		12 06	II	Ec	R	31	16 03	I	Oc	D
	19 42	I	Sh	I		11 14	III	Sh	I		16 55	I	Tr	I		19 23	I	Ec	R
	20 44	I	Tr	E		14 44	III	Sh	E		18 02	I	Sh	I	32	4 01	II	Tr	I
	21 58	I	Sh	E		17 33	I	Oc	D		19 12	I	Tr	E		6 06	II	Sh	I
8	2 03	III	Tr	I		21 03	I	Ec	R		20 18	I	Sh	E		6 52	II	Tr	E
	5 40	III	Tr	E	16	4 16	II	Oc	D	24	14 03	I	Oc	D		8 53	II	Sh	E
	7 12	III	Sh	I		9 29	II	Ec	R		17 27	I	Ec	R		13 26	I	Tr	I
	10 42	III	Sh	E		14 56	I	Tr	I	25	1 14	II	Tr	I		14 26	I	Sh	I
	15 34	I	Oc	D		16 07	I	Sh	I		3 28	II	Sh	I		15 43	I	Tr	E
	19 07	I	Ec	R		17 13	I	Tr	E		4 04	II	Tr	E		16 42	I	Sh	E
						18 22	I	Sh	E										

I. Dec. 15	II. Dec. 16	III. Dec. 19	IV. Dec. 19
		$x_1 = + 1.6, \ y_1 = + 0.1$	$x_1 = + 3.7, \ y_1 = + 0.3$
$x_2 = + 2.0, \ y_2 = + 0.1$	$x_2 = + 2.6, \ y_2 = + 0.2$	$x_2 = + 3.5, \ y_2 = + 0.1$	$x_2 = + 5.3, \ y_2 = + 0.3$

NOTE.—I denotes ingress; E, egress; D, disappearance; R, reappearance; Ec, eclipse; Oc, occultation; Tr, transit of the satellite; Sh, transit of the shadow.

CONFIGURATIONS OF SATELLITES I-IV FOR DECEMBER

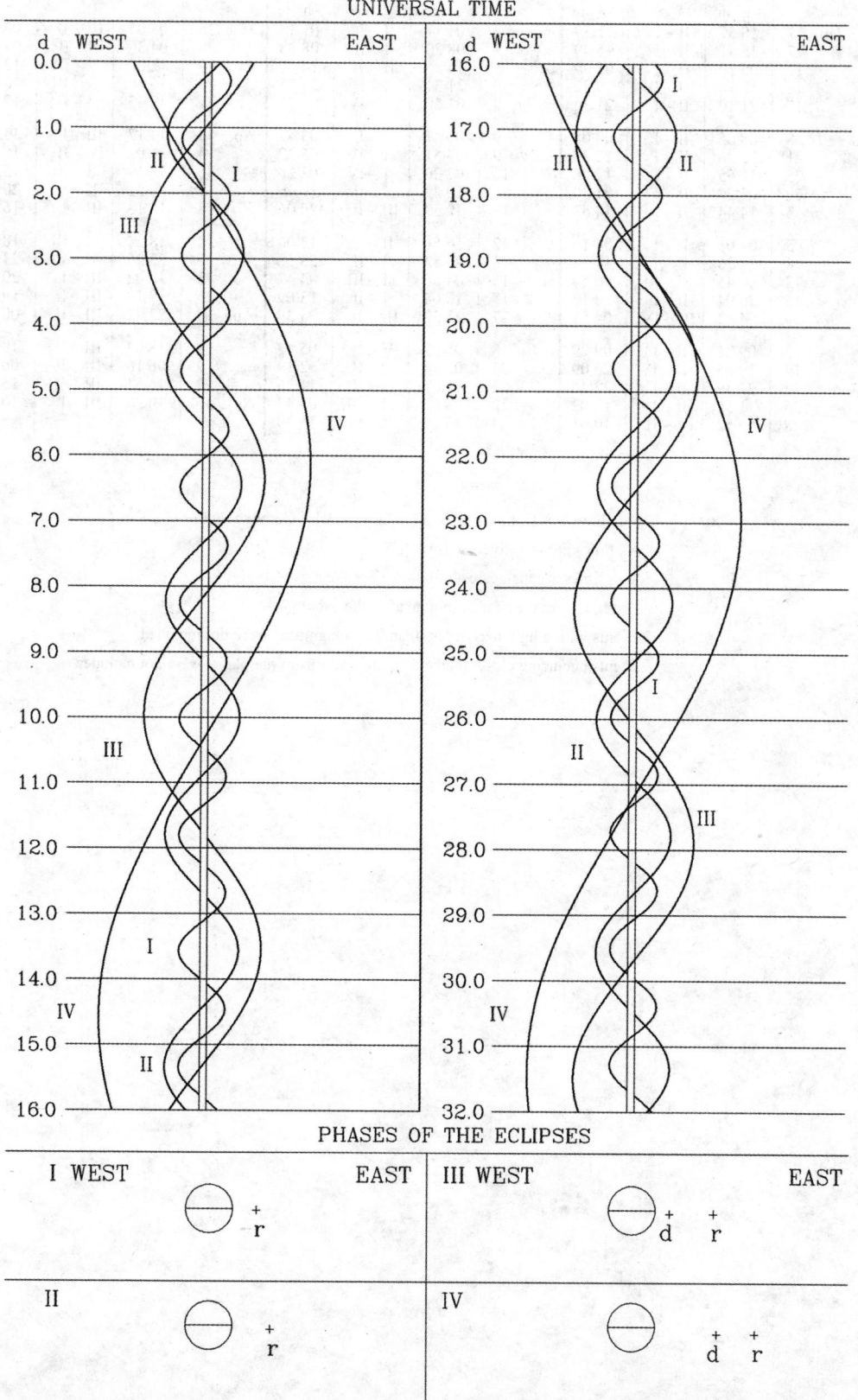

UNIVERSAL TIME

PHASES OF THE ECLIPSES

Date	Start Time	Satellite Pairs	End Time	Date	Start Time	Satellite Pairs	End Time	Date	Start Time	Satellite Pairs	End Time
	h m		h m		h m		h m		h m		h m
Jan. 7	10 59	II – I	11 39	Mar. 2	01 11	II – I	01 18	Mar. 25	03 05	III – II	03 11
7	15 11	II – I	15 49	3	08 20	I – II	08 23	28	04 36	I – II	04 41
11	05 29	II – I	05 49	5	14 26	II – I	14 32	29	12 05	I – III	12 14
14	19 16	II – I	19 32	6	21 31	I – II	21 35	29	16 16	II – III	16 24
17	21 10	II – I	21 34	9	01 20	I – IV	01 52	31	17 47	I – II	17 51
18	08 55	II – I	09 08	9	03 41	II – I	03 47	Apr. 1	13 17	III – I	13 23
21	22 26	II – I	22 38	9	04 51	I – IV	05 32	4	16 02	IV – III	16 10
25	11 55	II – I	12 06	10	02 20	I – IV	02 26	5	15 19	I – III	15 27
29	01 20	II – I	01 30	10	10 42	I – II	10 46	5	19 52	II – III	20 00
Feb. 1	14 44	II – I	14 53	10	19 59	III – II	20 06	8	16 13	III – I	16 19
5	04 05	II – I	04 14	12	16 56	II – I	17 00	12	18 24	I – III	18 30
8	17 26	II – I	17 35	13	23 53	I – II	23 58	12	23 25	II – III	23 31
12	06 45	II – I	06 54	15	04 36	I – III	04 47	13	19 42	III – IV	20 35
15	20 04	II – I	20 12	17	13 04	I – II	13 09	15	19 10	III – I	19 15
19	04 33	III – IV	04 52	17	23 32	III – II	23 39	Aug. 1	22 02	III – II	00 04
19	09 21	II – I	09 29	18	05 07	IV – I	05 13	8	18 03	III – II	18 57
19	19 55	II – IV	20 09	21	02 14	I – II	02 19	9	06 16	III – II	06 47
22	22 39	II – I	22 46	21	11 05	I – III	11 26	22	14 33	III – II	15 29
26	11 55	II – I	12 02	22	08 37	I – III	08 47	Nov. 16	10 28	III – I	10 46
28	09 52	IV – II	10 01	24	15 25	I – II	15 30				

Satellite identification: I = Io, II = Europa, III = Ganymede, IV = Callisto

All times are in Universal Time (UT).

Start times are the nearest minute before the event.

End times are the nearest minute after the event.

Events with a light loss of less than 0.03 magnitude were not included.

Events occurring closer than 1.5 Jupiter radii from the planet were not included.

Date	Start Time	Satellite Pairs	End Time	Date	Start Time	Satellite Pairs	End Time	Date	Start Time	Satellite Pairs	End Time
	h m		h m		h m		h m		h m		h m
Jan. 3	22 09	II – I	22 53	Apr. 1	03 37	III – II	03 46	May 11	09 05	II – III	09 15
4	02 43	II – I	03 24	2	22 37	II – I	22 44	13	05 40	I – II	05 46
7	09 41	II – I	10 16	4	01 00	IV – II*	01 09	13	23 15	III – II*	23 22
7	16 43	II – I	17 09	4	05 25	I – II	05 31	14	03 43	III – I	03 53
11	06 23	II – I	06 44	6	11 46	II – I	11 52	16	18 47	I – II	18 54
14	19 53	II – I	20 11	7	18 32	I – II	18 38	18	12 20	II – III	12 30
15	13 24	II – III	13 55	8	06 51	III – II	07 01	20	07 55	I – II	08 01
17	20 20	II – I	20 58	10	00 53	II – I	00 59	21	06 41	III – I	06 53
18	09 19	II – I	09 35	10	07 20	III – IV*	07 39	23	21 03	I – II	21 09
21	22 41	II – I	22 55	11	07 38	I – II	07 44	24	14 13	IV – III*	14 28
25	12 01	II – I	12 14	11	10 00	I – IV*	10 12	25	08 22	I – III	08 30
29	01 19	II – I	01 31	12	04 15	I – IV	04 42	25	15 35	II – III	15 45
Feb. 1	14 35	II – I	14 47	12	11 50	I – IV	12 14	27	10 10	I – II	10 17
5	03 50	II – I	04 01	12	15 36	I – III*	15 44	28	09 50	III – I	10 02
8	17 05	II – I	17 15	13	14 01	II – I*	14 07	29	02 27	III – I	03 14
12	06 18	II – I	06 28	14	20 45	I – II	20 51	29	06 25	III – I	07 15
15	19 31	II – I	19 40	15	10 06	III – II	10 16	30	23 19	I – II	23 25
19	01 27	III – IV	01 50	17	03 09	II – I*	03 14	June 1	18 50	II – III	18 58
19	08 43	II – I	08 52	18	09 51	I – II	09 58	3	12 27	I – II	12 33
19	17 05	II – IV*	17 22	19	15 05	IV – I*	15 45	4	13 17	III – I	13 34
22	21 54	II – I	22 03	19	17 48	IV – I*	18 44	5	11 25	III – I	11 42
26	11 05	II – I	11 14	19	18 31	I – III*	18 39	7	01 35	I – II*	01 41
28	06 59	IV – II	07 10	19	18 31	III – III*	18 46	10	14 44	I – II*	14 50
Mar. 2	00 16	II – I	00 24	20	15 50	IV – I	16 01	11	17 42	III – I	18 19
5	13 26	II – I	13 34	20	16 16	II – I*	16 21	11	21 58	III – I	22 48
8	20 17	I – IV*	20 30	20	18 02	IV – II*	18 41	12	14 58	III – I	15 10
9	00 08	II – IV*	00 19	21	22 58	I – II	23 04	14	03 53	I – II*	03 58
9	02 36	II – I	02 44	22	13 22	III – II	13 32	15	16 30	I – III*	16 37
12	15 45	II – I	15 53	22	19 16	III – I*	19 23	17	17 02	I – II*	17 07
16	03 10	IV – III	03 35	25	12 05	I – II	12 11	18	05 21	II – IV*	05 51
16	04 55	II – I	05 02	27	02 33	II – III*	02 41	18	21 19	II – IV	21 46
17	11 54	I – II*	11 59	28	18 56	I – IV*	19 05	19	18 10	III – I	18 19
19	18 04	II – I	18 10	29	01 11	I – II	01 18	22	19 14	I – III*	19 20
21	01 00	I – II*	01 05	29	12 12	III – IV	12 28	26	21 11	III – I*	21 18
23	07 12	II – I	07 20	29	16 39	III – II	16 48	Aug. 8	20 14	III – II	21 16
24	14 07	I – II*	14 12	29	22 02	III – I	22 10	9	03 35	III – II	04 50
25	00 23	III – II*	00 31	May 2	14 18	I – II	14 25	12	05 59	I – III	06 22
25	16 38	III – IV*	16 49	4	05 49	II – III	05 58	16	10 02	III – II	10 36
26	20 21	II – I	20 28	6	03 25	I – II	03 32	22	13 59	III – II	15 05
28	03 13	I – II	03 18	6	19 56	III – II*	20 05	23	14 46	III – II	15 09
30	09 29	II – I	09 36	7	00 51	III – I	01 00	30	19 02	III – II*	19 15
31	16 19	I – II	16 25	9	16 33	I – II	16 39				

Satellite identification: I = Io, II = Europa, III = Ganymede, IV = Callisto

All times are in Universal Time (UT).

Start times are the nearest minute before the event.

End times are the nearest minute after the event.

Events with a light loss of less than 0.03 magnitude were not included.

Events occurring closer than 1.5 Jupiter radii from the planet were not included.

Penumbral eclipses are indicated with a "*".

RINGS OF SATURN, 2021

FOR 0^h UNIVERSAL TIME

Date		Axes of outer edge of A ring		U	B	P	U'	B'	P'
		Major	Minor						
		"	"	°	°	°	°	°	°
Jan.	−2	34.67	12.43	174.392	+21.004	+6.782	137.475	+20.267	+20.290
	2	34.59	12.31	174.850	+20.856	+6.783	137.599	+20.230	+20.332
	6	34.53	12.21	175.315	+20.704	+6.783	137.723	+20.192	+20.374
	10	34.47	12.10	175.784	+20.549	+6.783	137.847	+20.155	+20.416
	14	34.44	12.00	176.257	+20.392	+6.783	137.971	+20.117	+20.457
	18	34.41	11.90	176.732	+20.232	+6.781	138.094	+20.079	+20.499
	22	34.40	11.80	177.209	+20.071	+6.780	138.218	+20.041	+20.540
	26	34.40	11.71	177.684	+19.908	+6.778	138.342	+20.003	+20.582
	30	34.41	11.62	178.159	+19.744	+6.775	138.465	+19.965	+20.623
Feb.	3	34.44	11.54	178.631	+19.580	+6.772	138.589	+19.927	+20.664
	7	34.48	11.46	179.099	+19.416	+6.768	138.713	+19.888	+20.705
	11	34.53	11.39	179.562	+19.252	+6.764	138.836	+19.850	+20.746
	15	34.59	11.31	180.019	+19.090	+6.760	138.960	+19.812	+20.787
	19	34.67	11.25	180.468	+18.929	+6.755	139.083	+19.773	+20.828
	23	34.76	11.19	180.909	+18.770	+6.750	139.207	+19.734	+20.868
	27	34.87	11.13	181.340	+18.613	+6.745	139.330	+19.696	+20.909
Mar.	3	34.98	11.08	181.761	+18.460	+6.739	139.453	+19.657	+20.949
	7	35.11	11.03	182.170	+18.310	+6.734	139.576	+19.618	+20.990
	11	35.25	10.99	182.567	+18.164	+6.728	139.700	+19.579	+21.030
	15	35.40	10.95	182.949	+18.022	+6.722	139.823	+19.540	+21.070
	19	35.56	10.92	183.317	+17.886	+6.716	139.946	+19.500	+21.110
	23	35.73	10.90	183.668	+17.755	+6.709	140.069	+19.461	+21.150
	27	35.92	10.88	184.003	+17.630	+6.703	140.192	+19.422	+21.190
	31	36.11	10.87	184.321	+17.512	+6.698	140.315	+19.382	+21.230
Apr.	4	36.31	10.86	184.620	+17.401	+6.692	140.438	+19.343	+21.269
	8	36.53	10.86	184.900	+17.297	+6.686	140.561	+19.303	+21.309
	12	36.75	10.87	185.159	+17.201	+6.681	140.684	+19.263	+21.348
	16	36.97	10.88	185.397	+17.113	+6.676	140.807	+19.224	+21.388
	20	37.21	10.90	185.614	+17.035	+6.672	140.930	+19.184	+21.427
	24	37.45	10.93	185.808	+16.965	+6.668	141.052	+19.144	+21.466
	28	37.70	10.96	185.979	+16.904	+6.664	141.175	+19.104	+21.505
May	2	37.95	11.00	186.127	+16.853	+6.661	141.298	+19.063	+21.544
	6	38.21	11.05	186.251	+16.812	+6.658	141.421	+19.023	+21.582
	10	38.47	11.11	186.351	+16.781	+6.656	141.543	+18.983	+21.621
	14	38.73	11.17	186.425	+16.760	+6.655	141.666	+18.942	+21.660
	18	38.99	11.24	186.475	+16.750	+6.654	141.788	+18.902	+21.698
	22	39.25	11.31	186.500	+16.750	+6.654	141.911	+18.861	+21.736
	26	39.51	11.39	186.499	+16.760	+6.654	142.033	+18.821	+21.775
	30	39.77	11.48	186.474	+16.780	+6.655	142.155	+18.780	+21.813
June	3	40.02	11.57	186.425	+16.811	+6.656	142.278	+18.739	+21.851
	7	40.26	11.67	186.351	+16.852	+6.659	142.400	+18.698	+21.889
	11	40.50	11.77	186.253	+16.902	+6.661	142.522	+18.657	+21.927
	15	40.73	11.88	186.132	+16.962	+6.664	142.645	+18.616	+21.964
	19	40.94	11.99	185.989	+17.030	+6.668	142.767	+18.575	+22.002
	23	41.15	12.10	185.825	+17.107	+6.672	142.889	+18.534	+22.039
	27	41.33	12.22	185.641	+17.191	+6.677	143.011	+18.492	+22.077
July	1	41.51	12.33	185.438	+17.283	+6.681	143.133	+18.451	+22.114

Factor by which axes of outer edge of the A ring are to be multiplied to obtain axes of:

Inner edge of the A ring 0.8944   Inner edge of the B ring 0.6724
Outer edge of the B ring 0.8591   Inner edge of the C ring 0.5458

U = The geocentric longitude of Saturn, measured in the plane of the rings eastward from its ascending node on the mean equator of the Earth. The Saturnicentric longitude of the Earth, measured in the same way, is $U+180°$.

B = The Saturnicentric latitude of the Earth, referred to the plane of the rings, positive toward the north. When B is positive the visible surface of the rings is the northern surface.

P = The geocentric position angle of the northern semiminor axis of the apparent ellipse of the rings, measured eastward from north.

FOR 0ʰ UNIVERSAL TIME

Date		Axes of outer edge of A ring		U	B	P	U'	B'	P'
		Major	Minor						
		$''$	$''$	°	°	°	°	°	°
July	1	41.51	12.33	185.438	+17.283	+6.681	143.133	+18.451	+22.114
	5	41.67	12.45	185.218	+17.381	+6.686	143.255	+18.409	+22.151
	9	41.81	12.56	184.983	+17.485	+6.692	143.377	+18.368	+22.188
	13	41.93	12.67	184.734	+17.593	+6.697	143.499	+18.326	+22.225
	17	42.03	12.78	184.472	+17.706	+6.703	143.621	+18.284	+22.262
	21	42.11	12.89	184.202	+17.821	+6.709	143.743	+18.242	+22.299
	25	42.17	12.99	183.923	+17.939	+6.714	143.865	+18.200	+22.335
	29	42.20	13.08	183.639	+18.058	+6.720	143.986	+18.158	+22.372
Aug.	2	42.22	13.17	183.353	+18.177	+6.725	144.108	+18.116	+22.408
	6	42.21	13.25	183.065	+18.295	+6.730	144.230	+18.074	+22.444
	10	42.18	13.32	182.778	+18.412	+6.735	144.351	+18.032	+22.481
	14	42.12	13.38	182.496	+18.526	+6.740	144.473	+17.989	+22.517
	18	42.05	13.44	182.221	+18.637	+6.745	144.595	+17.947	+22.553
	22	41.95	13.48	181.954	+18.743	+6.749	144.716	+17.904	+22.588
	26	41.84	13.51	181.698	+18.844	+6.752	144.838	+17.862	+22.624
	30	41.70	13.53	181.454	+18.940	+6.756	144.959	+17.819	+22.660
Sept.	3	41.54	13.55	181.226	+19.029	+6.759	145.080	+17.776	+22.695
	7	41.37	13.54	181.014	+19.111	+6.762	145.202	+17.733	+22.731
	11	41.18	13.53	180.822	+19.185	+6.764	145.323	+17.690	+22.766
	15	40.98	13.51	180.649	+19.251	+6.767	145.444	+17.647	+22.801
	19	40.77	13.48	180.499	+19.308	+6.768	145.566	+17.604	+22.836
	23	40.54	13.44	180.371	+19.356	+6.770	145.687	+17.561	+22.871
	27	40.31	13.39	180.267	+19.396	+6.771	145.808	+17.518	+22.906
Oct.	1	40.06	13.32	180.187	+19.425	+6.772	145.929	+17.475	+22.941
	5	39.81	13.25	180.133	+19.445	+6.772	146.050	+17.431	+22.976
	9	39.56	13.18	180.105	+19.456	+6.773	146.171	+17.388	+23.010
	13	39.30	13.09	180.104	+19.456	+6.773	146.292	+17.344	+23.044
	17	39.04	13.00	180.129	+19.446	+6.772	146.413	+17.300	+23.079
	21	38.78	12.90	180.181	+19.426	+6.772	146.534	+17.257	+23.113
	25	38.52	12.79	180.259	+19.397	+6.771	146.655	+17.213	+23.147
	29	38.26	12.68	180.363	+19.357	+6.769	146.776	+17.169	+23.181
Nov.	2	38.00	12.57	180.493	+19.308	+6.768	146.897	+17.125	+23.215
	6	37.75	12.45	180.649	+19.250	+6.766	147.017	+17.081	+23.249
	10	37.51	12.32	180.829	+19.182	+6.764	147.138	+17.037	+23.282
	14	37.27	12.20	181.033	+19.105	+6.761	147.259	+16.993	+23.316
	18	37.03	12.07	181.260	+19.018	+6.758	147.380	+16.948	+23.349
	22	36.81	11.94	181.509	+18.924	+6.754	147.500	+16.904	+23.383
	26	36.59	11.80	181.780	+18.820	+6.751	147.621	+16.860	+23.416
	30	36.38	11.67	182.071	+18.709	+6.746	147.741	+16.815	+23.449
Dec.	4	36.18	11.54	182.381	+18.590	+6.741	147.862	+16.771	+23.482
	8	36.00	11.40	182.710	+18.463	+6.736	147.982	+16.726	+23.515
	12	35.82	11.26	183.056	+18.329	+6.730	148.103	+16.681	+23.547
	16	35.65	11.13	183.417	+18.189	+6.724	148.223	+16.636	+23.580
	20	35.50	10.99	183.794	+18.041	+6.717	148.344	+16.591	+23.613
	24	35.35	10.86	184.183	+17.888	+6.709	148.464	+16.546	+23.645
	28	35.22	10.73	184.585	+17.729	+6.701	148.584	+16.501	+23.677
	32	35.10	10.59	184.998	+17.565	+6.693	148.704	+16.456	+23.710

Factor by which axes of outer edge of the A ring are to be multiplied to obtain axes of:

Inner edge of the A ring 0.8944   Inner edge of the B ring 0.6724
Outer edge of the B ring 0.8591   Inner edge of the C ring 0.5458

U' = The heliocentric longitude of Saturn, measured in the plane of the rings eastward from its ascending node on the ecliptic. The Saturnicentric longitude of the Sun, measured in the same way is $U' + 180°$.

B' = The Saturnicentric latitude of the Sun, referred to the plane of the rings, positive toward the north. When B' is positive the northern surface of the rings is illuminated.

P' = The heliocentric position angle of the northern semiminor axis of the rings on the heliocentric celestial sphere, measured eastward from the great circle that passes through Saturn and the poles of the ecliptic.

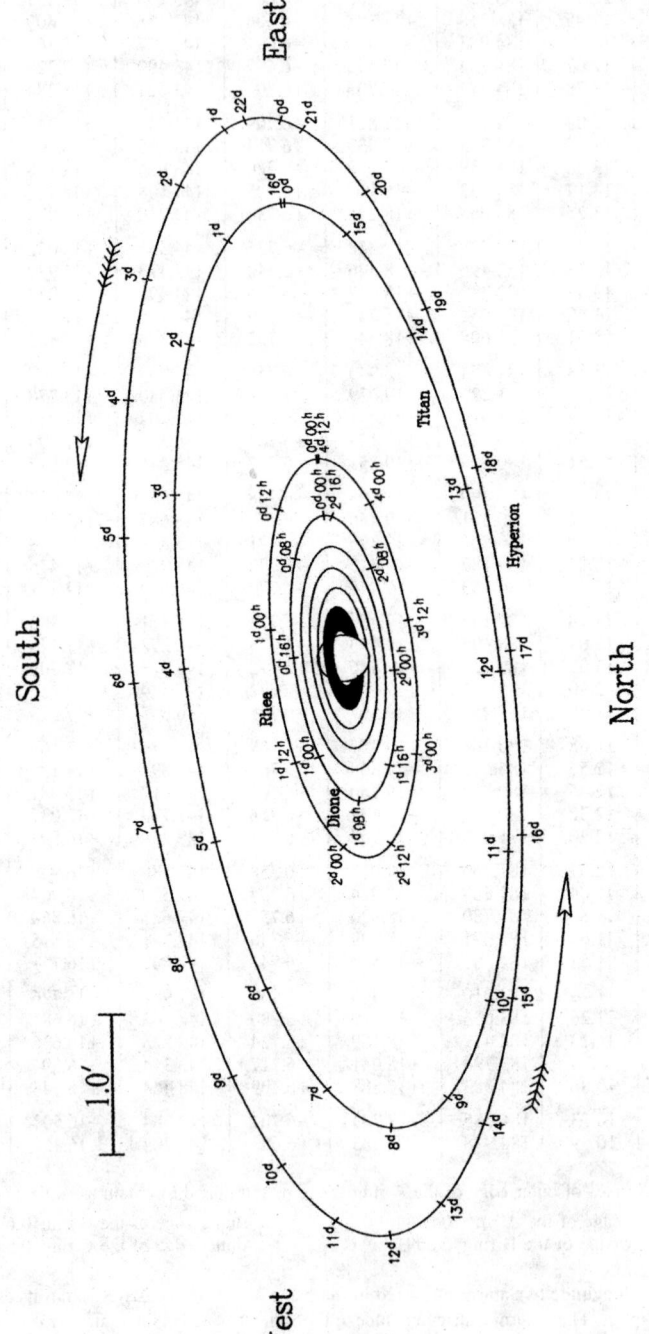

APPARENT ORBITS OF SATELLITES I–VII AT 0ʰ UNIVERSAL TIME ON THE DATE OF OPPOSITION, AUGUST 2

Orbits elongated in ratio of 1.3 to 1 in the North-South direction.

Name	Mean Sidereal Period d	Name	Mean Sidereal Period d
I Mimas.........	0.9424	VI Titan...........	15.9454
II Enceladus.......	1.3702	VII Hyperion.........	21.2767
III Tethys.........	1.8878	VIII Iapetus.........	79.3311
IV Dione.........	2.7369	IX Phoebe..........	548.02 R
V Rhea.........	4.5175		

UNIVERSAL TIME OF GREATEST EASTERN ELONGATION

I Mimas

Jan.	Feb.	Mar.	Apr.	May	June	July	Aug.	Sept.	Oct.	Nov.	Dec.
d h	d h	d h	d h	d h	d h	d h	d h	d h	d h	d h	d h
−1 10.3	1 10.2	1 17.0	1 19.5	1 00.7	1 03.1	1 06.7	1 08.9	1 11.1	1 14.9	1 17.4	1 21.4
0 08.9	2 08.9	2 15.6	2 18.2	1 23.3	2 01.7	2 05.3	2 07.5	2 09.8	2 13.5	2 16.0	2 20.0
1 07.5	3 07.5	3 14.2	3 16.8	2 22.0	3 00.3	3 03.9	3 06.1	3 08.4	3 12.1	3 14.7	3 18.7
2 06.2	4 06.1	4 12.9	4 15.4	3 20.6	3 22.9	4 02.5	4 04.7	4 07.0	4 10.8	4 13.3	4 17.3
3 04.8	5 04.7	5 11.5	5 14.0	4 19.2	4 21.5	5 01.1	5 03.3	5 05.6	5 09.4	5 11.9	5 15.9
4 03.4	6 03.4	6 10.1	6 12.6	5 17.8	5 20.1	5 23.7	6 01.9	6 04.2	6 08.0	6 10.5	6 14.5
5 02.1	7 02.0	7 08.7	7 11.3	6 16.4	6 18.7	6 22.4	7 00.6	7 02.8	7 06.6	7 09.1	7 13.2
6 00.7	8 00.6	8 07.4	8 09.9	7 15.0	7 17.4	7 21.0	7 23.2	8 01.4	8 05.2	8 07.8	8 11.8
6 23.3	8 23.2	9 06.0	9 08.5	8 13.7	8 16.0	8 19.6	8 21.8	9 00.1	9 03.9	9 06.4	9 10.4
7 21.9	9 21.9	10 04.6	10 07.1	9 12.3	9 14.6	9 18.2	9 20.4	9 22.7	10 02.5	10 05.0	10 09.0
8 20.6	10 20.5	11 03.2	11 05.7	10 10.9	10 13.2	10 16.8	10 19.0	10 21.3	11 01.1	11 03.6	11 07.7
9 19.2	11 19.1	12 01.8	12 04.4	11 09.5	11 11.8	11 15.4	11 17.6	11 19.9	11 23.7	12 02.3	12 06.3
10 17.8	12 17.7	13 00.5	13 03.0	12 08.1	12 10.4	12 14.0	12 16.2	12 18.5	12 22.3	13 00.9	13 04.9
11 16.4	13 16.4	13 23.1	14 01.6	13 06.7	13 09.0	13 12.6	13 14.9	13 17.1	13 21.0	13 23.5	14 03.5
12 15.1	14 15.0	14 21.7	15 00.2	14 05.4	14 07.7	14 11.2	14 13.5	14 15.8	14 19.6	14 22.1	15 02.2
13 13.7	15 13.6	15 20.3	15 22.8	15 04.0	15 06.3	15 09.9	15 12.1	15 14.4	15 18.2	15 20.8	16 00.8
14 12.3	16 12.2	16 19.0	16 21.5	16 02.6	16 04.9	16 08.5	16 10.7	16 13.0	16 16.8	16 19.4	16 23.4
15 11.0	17 10.9	17 17.6	17 20.1	17 01.2	17 03.5	17 07.1	17 09.3	17 11.6	17 15.4	17 18.0	17 22.1
16 09.6	18 09.5	18 16.2	18 18.7	17 23.8	18 02.1	18 05.7	18 07.9	18 10.2	18 14.1	18 16.6	18 20.7
17 08.2	19 08.1	19 14.8	19 17.3	18 22.4	19 00.7	19 04.3	19 06.5	19 08.9	19 12.7	19 15.3	19 19.3
18 06.8	20 06.7	20 13.5	20 15.9	19 21.1	19 23.3	20 02.9	20 05.1	20 07.5	20 11.3	20 13.9	20 17.9
19 05.5	21 05.4	21 12.1	21 14.5	20 19.7	20 21.9	21 01.5	21 03.8	21 06.1	21 09.9	21 12.5	21 16.6
20 04.1	22 04.0	22 10.7	22 13.2	21 18.3	21 20.6	22 00.1	22 02.4	22 04.7	22 08.6	22 11.1	22 15.2
21 02.7	23 02.6	23 09.3	23 11.8	22 16.9	22 19.2	22 22.8	23 01.0	23 03.3	23 07.2	23 09.8	23 13.8
22 01.3	24 01.2	24 07.9	24 10.4	23 15.5	23 17.8	23 21.4	23 23.6	24 01.9	24 05.8	24 08.4	24 12.4
23 00.0	24 23.9	25 06.6	25 09.0	24 14.1	24 16.4	24 20.0	24 22.2	25 00.6	25 04.4	25 07.0	25 11.1
23 22.6	25 22.5	26 05.2	26 07.6	25 12.8	25 15.0	25 18.6	25 20.8	25 23.2	26 03.0	26 05.7	26 09.7
24 21.2	26 21.1	27 03.8	27 06.3	26 11.4	26 13.6	26 17.2	26 19.4	26 21.8	27 01.7	27 04.3	27 08.3
25 19.8	27 19.7	28 02.4	28 04.9	27 10.0	27 12.2	27 15.8	27 18.1	27 20.4	28 00.3	28 02.9	28 07.0
26 18.5	28 18.4	29 01.0	29 03.5	28 08.6	28 10.8	28 14.4	28 16.7	28 19.0	28 22.9	29 01.5	29 05.6
27 17.1		29 23.7	30 02.1	29 07.2	29 09.5	29 13.0	29 15.3	29 17.7	29 21.5	30 00.2	30 04.2
28 15.7		30 22.3		30 05.8	30 08.1	30 11.7	30 13.9	30 16.3	30 20.2	30 22.8	31 02.8
29 14.4		31 20.9		31 04.4		31 10.3	31 12.5		31 18.8		32 01.5
30 13.0											
31 11.6											

II Enceladus

Jan.	Feb.	Mar.	Apr.	May	June	July	Aug.	Sept.	Oct.	Nov.	Dec.
d h	d h	d h	d h	d h	d h	d h	d h	d h	d h	d h	d h
−1 23.7	1 21.3	1 07.3	1 19.9	1 23.4	1 02.9	1 06.2	1 18.3	2 06.5	1 01.1	1 13.5	1 17.2
1 08.6	3 06.2	2 16.2	3 04.7	3 08.3	2 11.7	2 15.1	3 03.2	3 15.4	2 10.0	2 22.4	3 02.1
2 17.5	4 15.1	4 01.1	4 13.6	4 17.2	3 20.6	3 23.9	4 12.1	5 00.3	3 18.9	4 07.3	4 11.0
4 02.4	6 00.0	5 10.0	5 22.5	6 02.1	5 05.5	5 08.8	5 21.0	6 09.2	5 03.7	5 16.2	5 19.9
5 11.3	7 08.9	6 18.9	7 07.4	7 11.0	6 14.4	6 17.7	7 05.9	7 18.1	6 12.6	7 01.1	7 04.8
6 20.2	8 17.8	8 03.8	8 16.3	8 19.8	7 23.3	8 02.6	8 14.7	9 02.9	7 21.5	8 10.0	8 13.7
8 05.1	10 02.7	9 12.7	10 01.2	10 04.7	9 08.1	9 11.5	9 23.6	10 11.8	9 06.4	9 18.9	9 22.6
9 14.0	11 11.6	10 21.5	11 10.1	11 13.6	10 17.0	10 20.3	11 08.5	11 20.7	10 15.3	11 03.8	11 07.5
10 22.9	12 20.5	12 06.4	12 19.0	12 22.5	12 01.9	12 05.2	12 17.4	13 05.6	12 00.2	12 12.7	12 16.4
12 07.8	14 05.4	13 15.3	14 03.9	14 07.4	13 10.8	13 14.1	14 02.2	14 14.5	13 09.1	13 21.6	14 01.3
13 16.7	15 14.3	15 00.2	15 12.8	15 16.3	14 19.7	14 23.0	15 11.1	15 23.4	14 18.0	15 06.5	15 10.2
15 01.6	16 23.2	16 09.1	16 21.7	17 01.2	16 04.5	16 07.8	16 20.0	17 08.2	16 02.8	16 15.4	16 19.1
16 10.5	18 08.1	17 18.0	18 06.5	18 10.0	17 13.4	17 16.7	18 04.9	18 17.1	17 11.7	18 00.3	18 04.0
17 19.4	19 17.0	19 02.9	19 15.4	19 18.9	18 22.3	19 01.6	19 13.8	20 02.0	18 20.6	19 09.2	19 12.9
19 04.3	21 01.9	20 11.8	21 00.3	21 03.8	20 07.2	20 10.5	20 22.6	21 10.9	20 05.5	20 18.1	20 21.8
20 13.2	22 10.8	21 20.7	22 09.2	22 12.7	21 16.1	21 19.3	22 07.5	22 19.8	21 14.4	22 03.0	22 06.7
21 22.1	23 19.7	23 05.6	23 18.1	23 21.6	23 00.9	23 04.2	23 16.4	24 04.7	22 23.3	23 11.9	23 15.6
23 07.0	25 04.6	24 14.5	25 03.0	25 06.5	24 09.8	24 13.1	25 01.3	25 13.5	24 08.2	24 20.8	25 00.5
24 15.9	26 13.5	25 23.4	26 11.9	26 15.3	25 18.7	25 22.0	26 10.1	26 22.4	25 17.1	26 05.7	26 09.4
26 00.8	27 22.4	27 08.3	27 20.8	28 00.2	27 03.6	27 06.8	27 19.0	28 07.3	27 02.0	27 14.6	27 18.3
27 09.7		28 17.2	29 05.6	29 09.1	28 12.4	28 15.7	29 03.9	29 16.2	28 10.9	28 23.5	29 03.2
28 18.6		30 02.1	30 14.5	30 18.0	29 21.3	30 00.6	30 12.8		29 19.8	30 08.3	30 12.1
30 03.5		31 11.0				31 09.5	31 21.7		31 04.7		31 21.0
31 12.4											

UNIVERSAL TIME OF GREATEST EASTERN ELONGATION

Jan.	Feb.	Mar.	Apr.	May	June	July	Aug.	Sept.	Oct.	Nov.	Dec.

III Tethys

Jan. d h	Feb. d h	Mar. d h	Apr. d h	May d h	June d h	July d h	Aug. d h	Sept. d h	Oct. d h	Nov. d h	Dec. d h
−1 05.0	2 05.0	2 13.0	1 18.2	1 23.3	1 04.2	1 08.9	2 10.8	1 15.5	1 20.4	1 01.4	1 06.6
1 02.3	4 02.4	4 10.3	3 15.5	3 20.6	3 01.5	3 06.2	4 08.1	3 12.8	3 17.7	2 22.7	3 03.9
2 23.6	5 23.7	6 07.7	5 12.9	5 17.9	4 22.8	5 03.5	6 05.4	5 10.1	5 15.0	4 20.0	5 01.2
4 21.0	7 21.0	8 05.0	7 10.2	7 15.2	6 20.1	7 00.8	8 02.7	7 07.4	7 12.3	6 17.3	6 22.6
6 18.3	9 18.4	10 02.3	9 07.5	9 12.5	8 17.4	8 22.1	10 00.0	9 04.7	9 09.6	8 14.7	8 19.9
8 15.7	11 15.7	11 23.7	11 04.8	11 09.8	10 14.7	10 19.4	11 21.3	11 02.0	11 06.9	10 12.0	10 17.2
10 13.0	13 13.0	13 21.0	13 02.1	13 07.1	12 12.0	12 16.7	13 18.6	12 23.3	13 04.2	12 09.3	12 14.6
12 10.3	15 10.4	15 18.3	14 23.5	15 04.4	14 09.3	14 13.9	15 15.9	14 20.6	15 01.5	14 06.6	14 11.9
14 07.7	17 07.7	17 15.6	16 20.8	17 01.8	16 06.6	16 11.2	17 13.2	16 17.9	16 22.8	16 04.0	16 09.2
16 05.0	19 05.0	19 13.0	18 18.1	18 23.1	18 03.9	18 08.5	19 10.5	18 15.2	18 20.2	18 01.3	18 06.6
18 02.3	21 02.4	21 10.3	20 15.4	20 20.4	20 01.2	20 05.8	21 07.8	20 12.5	20 17.5	19 22.6	20 03.9
19 23.7	22 23.7	23 07.6	22 12.7	22 17.7	21 22.4	22 03.1	23 05.1	22 09.8	22 14.8	21 19.9	22 01.2
21 21.0	24 21.0	25 04.9	24 10.0	24 15.0	23 19.7	24 00.4	25 02.3	24 07.1	24 12.1	23 17.3	23 22.6
23 18.3	26 18.3	27 02.3	26 07.4	26 12.3	25 17.0	25 21.7	26 23.6	26 04.4	26 09.4	25 14.6	25 19.9
25 15.7	28 15.7	28 23.6	28 04.7	28 09.6	27 14.3	27 19.0	28 20.9	28 01.7	28 06.7	27 11.9	27 17.2
27 13.0		30 20.9	30 02.0	30 06.9	29 11.6	29 16.3	30 18.2	29 23.0	30 04.1	29 09.3	29 14.6
29 10.3						31 13.6					31 11.9
31 07.7											

IV Dione

Jan. d h	Feb. d h	Mar. d h	Apr. d h	May d h	June d h	July d h	Aug. d h	Sept. d h	Oct. d h	Nov. d h	Dec. d h
0 01.7	1 22.7	1 08.1	3 04.8	3 07.6	2 10.1	2 12.4	1 14.5	3 10.4	3 12.8	2 15.5	2 18.4
2 19.5	4 16.4	4 01.8	5 22.5	6 01.3	5 03.8	5 06.0	4 08.2	6 04.1	6 06.5	5 09.2	5 12.1
5 13.2	7 10.2	6 19.5	8 16.2	8 19.0	7 21.4	7 23.7	7 01.8	8 21.7	9 00.2	8 02.9	8 05.9
8 07.0	10 03.9	9 13.3	11 09.9	11 12.6	10 15.1	10 17.3	9 19.5	11 15.4	11 17.9	10 20.6	10 23.6
11 00.7	12 21.6	12 07.0	14 03.6	14 06.3	13 08.8	13 11.0	12 13.2	14 09.1	14 11.6	13 14.3	13 17.3
13 18.4	15 15.4	15 00.7	16 21.4	17 00.0	16 02.4	16 04.7	15 06.8	17 02.7	17 05.3	16 08.1	16 11.1
16 12.2	18 09.1	17 18.5	19 15.1	19 17.7	18 20.1	18 22.3	18 00.5	19 20.4	19 23.0	19 01.8	19 04.8
19 05.9	21 02.9	20 12.2	22 08.8	22 11.4	21 13.8	21 16.0	20 18.1	22 14.1	22 16.7	21 19.5	21 22.6
21 23.7	23 20.6	23 05.9	25 02.5	25 05.1	24 07.4	24 09.6	23 11.8	25 07.8	25 10.4	24 13.2	24 16.3
24 17.4	26 14.3	25 23.6	27 20.2	27 22.7	27 01.1	27 03.3	26 05.4	28 01.4	28 04.1	27 07.0	27 10.0
27 11.2		28 17.4	30 13.9	30 16.4	29 18.7	29 20.9	28 23.1	30 19.1	30 21.8	30 00.7	30 03.8
30 04.9		31 11.1					31 16.7				32 21.5

V Rhea

Jan. d h	Feb. d h	Mar. d h	Apr. d h	May d h	June d h	July d h	Aug. d h	Sept. d h	Oct. d h	Nov. d h	Dec. d h
−1 10.5	4 15.1	3 18.6	4 10.3	1 13.2	2 04.2	3 18.7	4 09.0	4 23.3	2 01.6	2 16.7	4 08.3
3 23.1	9 03.7	8 07.1	8 22.8	6 01.7	6 16.6	8 07.0	8 21.3	9 11.7	6 14.0	7 05.2	8 20.8
8 11.6	13 16.3	12 19.7	13 11.3	10 14.1	11 04.9	12 19.4	13 09.6	14 00.0	11 02.4	11 17.7	13 09.4
13 00.2	18 04.9	17 08.2	17 23.8	15 02.5	15 17.3	17 07.7	17 22.0	18 12.4	15 14.9	16 06.2	17 21.9
17 12.8	22 17.4	21 20.7	22 12.3	19 15.0	20 05.7	21 20.0	22 10.3	23 00.8	20 03.3	20 18.7	22 10.5
22 01.4	27 06.0	26 09.3	27 00.7	24 03.4	24 18.0	26 08.3	26 22.6	27 13.2	24 15.8	25 07.2	26 23.1
26 14.0		30 21.8		28 15.8	29 06.4	30 20.7	31 11.0		29 04.2	29 19.8	31 11.6
31 02.6											

UNIVERSAL TIME OF CONJUNCTIONS AND ELONGATIONS

VI Titan

Eastern Elongation		Inferior Conjunction		Western Elongation		Superior Conjunction	
	d h		d h		d h		d h
Jan.	−21 16.7	Jan.	−17 15.6	Jan.	−13 19.1	Jan.	−9 20.8
	−5 17.3		−1 16.3		3 19.8		7 21.3
	11 18.0		15 17.1		19 20.7		23 21.9
	27 18.7		31 17.9	Feb.	4 21.5	Feb.	8 22.5
Feb.	12 19.4	Feb.	16 18.6		20 22.2		24 23.0
	28 20.0	Mar.	4 19.2	Mar.	8 22.7	Mar.	12 23.3
Mar.	16 20.3		20 19.6		24 23.1		28 23.4
Apr.	1 20.4	Apr.	5 19.7	Apr.	9 23.1	Apr.	13 23.1
	17 20.2		21 19.4		25 22.7		29 22.6
May	3 19.6	May	7 18.7	May	11 21.9	May	15 21.6
	19 18.6		23 17.6		27 20.6		31 20.3
June	4 17.1	June	8 16.0	June	12 18.9	June	16 18.5
	20 15.2		24 14.1		28 16.8	July	2 16.5
July	6 13.0	July	10 11.8	July	14 14.4		18 14.2
	22 10.5		26 09.2		30 11.8	Aug.	3 11.7
Aug.	7 08.0	Aug.	11 06.7	Aug.	15 09.2		19 09.3
	23 05.4		27 04.2		31 06.7	Sept.	4 07.1
Sept.	8 03.1	Sept.	12 02.0	Sept.	16 04.5		20 05.1
	24 01.2		28 00.1	Oct.	2 02.7	Oct.	6 03.5
Oct.	9 23.6	Oct.	13 22.7		18 01.4		22 02.3
	25 22.5		29 21.7	Nov.	3 00.6	Nov.	7 01.6
Nov.	10 21.9	Nov.	14 21.3		19 00.2		23 01.2
	26 21.7		30 21.2	Dec.	5 00.2	Dec.	9 01.1
Dec.	12 21.8	Dec.	16 21.4		21 00.5		25 01.3
	28 22.1		32 21.9		37 01.0		41 01.7
	44 22.7						

VII Hyperion

Eastern Elongation		Inferior Conjunction		Western Elongation		Superior Conjunction	
	d h		d h		d h		d h
Jan.	−13 18.9	Jan.	−8 23.0	Jan.	−1 02.9	Jan.	4 14.2
	9 04.9		14 10.5		20 13.6		25 22.8
	30 15.0	Feb.	4 23.2	Feb.	11 02.1	Feb.	16 10.0
Feb.	21 02.6		26 11.6	Mar.	4 13.8	Mar.	9 20.5
Mar.	14 14.0	Mar.	20 00.1		26 01.1		31 05.8
Apr.	5 00.6	Apr.	10 12.6	Apr.	16 13.1	Apr.	21 16.7
	26 11.4	May	1 23.5	May	7 23.5	May	13 02.6
May	17 21.7		23 09.9		29 08.6	June	3 10.6
June	8 06.2	June	13 19.1	June	19 17.4		24 19.4
	29 14.2	July	5 02.4	July	11 00.9	July	16 03.6
July	20 22.0		26 09.7	Aug.	1 07.1	Aug.	6 09.7
Aug.	11 04.2	Aug.	16 16.1		22 13.6		27 16.8
Sept.	1 10.7	Sept.	6 22.2	Sept.	12 20.2	Sept.	18 00.6
	22 18.3.		28 05.8	Oct.	4 02.8	Oct.	9 06.6
Oct.	14 01.1.	Oct.	19 13.6		25 10.3		30 14.1
Nov.	4 08.7	Nov.	9 21.8	Nov.	15 18.9	Nov.	20 22.7
	25 18.0	Dec.	1 07.7	Dec.	7 03.2	Dec.	12 05.2
Dec.	17 02.0		22 17.4		28 12.0		33 12.9
	38 10.4		44 02.7				

VIII Iapetus

Eastern Elongation		Inferior Conjunction		Western Elongation		Superior Conjunction	
	d h		d h		d h		d h
Jan.	−16 05.0	Jan.	4 02.0	Jan.	25 05.3	Feb.	15 02.4
Mar.	6 17.8	Mar.	26 08.4	Apr.	16 13.2	May	6 17.6
May	26 02.1	June	14 03.9	July	4 16.9	July	24 13.4
Aug.	12 07.1	Aug.	31 10.0	Sept.	20 14.0	Oct.	11 02.2
Oct.	29 23.1	Nov.	18 18.0	Dec.	9 11.2	Dec.	30 10.4

DIFFERENTIAL COORDINATES OF VII HYPERION FOR 0ʰ UNIVERSAL TIME

Date		$\Delta\alpha$	$\Delta\delta$	Date		$\Delta\alpha$	$\Delta\delta$	Date		$\Delta\alpha$	$\Delta\delta$
		s	'			s	'			s	'
Jan.	0	− 14	+ 0.5	May	2	− 1	− 1.1	Sept.	1	+ 15	− 0.4
	2	− 9	+ 0.9		4	− 8	− 0.8		3	+ 13	− 1.0
	4	− 2	+ 1.0		6	− 13	− 0.3		5	+ 7	− 1.3
	6	+ 7	+ 0.6		8	− 15	+ 0.3		7	− 1	− 1.3
	8	+ 12	0.0		10	− 12	+ 0.7		9	− 9	− 1.0
	10	+ 12	− 0.7		12	− 5	+ 0.9		11	− 14	− 0.4
	12	+ 7	− 1.1		14	+ 5	+ 0.7		13	− 16	+ 0.3
	14	+ 1	− 1.2		16	+ 12	+ 0.1		15	− 13	+ 0.9
	16	− 6	− 1.0		18	+ 14	− 0.5		17	− 4	+ 1.1
	18	− 11	− 0.5		20	+ 11	− 1.0		19	+ 6	+ 0.8
	20	− 14	+ 0.1		22	+ 5	− 1.2		21	+ 13	+ 0.1
	22	− 13	+ 0.6		24	− 3	− 1.0		23	+ 15	− 0.6
	24	− 7	+ 0.9		26	− 10	− 0.7		25	+ 11	− 1.2
	26	+ 1	+ 0.9		28	− 14	− 0.1		27	+ 4	− 1.4
	28	+ 9	+ 0.4		30	− 15	+ 0.4		29	− 4	− 1.2
	30	+ 12	− 0.2	June	1	− 10	+ 0.9	Oct.	1	− 11	− 0.8
Feb.	1	+ 11	− 0.8		3	− 2	+ 0.9		3	− 15	− 0.1
	3	+ 6	− 1.1		5	+ 8	+ 0.5		5	− 15	+ 0.5
	5	− 1	− 1.1		7	+ 14	− 0.1		7	− 10	+ 1.0
	7	− 7	− 0.8		9	+ 14	− 0.7		9	− 1	+ 1.0
	9	− 12	− 0.4		11	+ 10	− 1.1		11	+ 9	+ 0.6
	11	− 14	+ 0.2		13	+ 2	− 1.2		13	+ 14	− 0.1
	13	− 12	+ 0.7		15	− 6	− 1.0		15	+ 13	− 0.8
	15	− 5	+ 0.9		17	− 12	− 0.5		17	+ 9	− 1.2
	17	+ 3	+ 0.8		19	− 16	0.0		19	+ 1	− 1.3
	19	+ 10	+ 0.2		21	− 15	+ 0.6		21	− 6	− 1.0
	21	+ 12	− 0.4		23	− 8	+ 1.0		23	− 12	− 0.5
	23	+ 10	− 0.9		25	+ 2	+ 0.9		25	− 15	+ 0.1
	25	+ 4	− 1.1		27	+ 11	+ 0.4		27	− 13	+ 0.7
	27	− 2	− 1.0		29	+ 15	− 0.3		29	− 7	+ 1.0
Mar.	1	− 9	− 0.7	July	1	+ 13	− 0.9		31	+ 3	+ 0.9
	3	− 13	− 0.2		3	+ 8	− 1.2	Nov.	2	+ 11	+ 0.3
	5	− 14	+ 0.3		5	0	− 1.2		4	+ 14	− 0.4
	7	− 10	+ 0.8		7	− 8	− 0.9		6	+ 12	− 0.9
	9	− 3	+ 0.9		9	− 14	− 0.4		8	+ 6	− 1.2
	11	+ 6	+ 0.6		11	− 16	+ 0.3		10	− 1	− 1.2
	13	+ 12	0.0		13	− 13	+ 0.8		12	− 8	− 0.9
	15	+ 12	− 0.6		15	− 5	+ 1.0		14	− 13	− 0.3
	17	+ 9	− 1.0		17	+ 5	+ 0.8		16	− 14	+ 0.3
	19	+ 3	− 1.1		19	+ 13	+ 0.1		18	− 11	+ 0.8
	21	− 4	− 1.0		21	+ 15	− 0.6		20	− 4	+ 1.0
	23	− 10	− 0.6		23	+ 12	− 1.1		22	+ 6	+ 0.7
	25	− 14	− 0.1		25	+ 5	− 1.3		24	+ 12	+ 0.1
	27	− 13	+ 0.5		27	− 3	− 1.2		26	+ 13	− 0.6
	29	− 9	+ 0.8		29	− 11	− 0.8		28	+ 10	− 1.0
	31	− 1	+ 0.9		31	− 16	− 0.2		30	+ 4	− 1.2
Apr.	2	+ 8	+ 0.5	Aug.	2	− 16	+ 0.5	Dec.	2	− 3	− 1.1
	4	+ 13	− 0.2		4	− 11	+ 1.0		4	− 10	− 0.7
	6	+ 12	− 0.7		6	− 2	+ 1.1		6	− 13	− 0.1
	8	+ 8	− 1.0		8	+ 9	+. 0.6		8	− 13	+ 0.5
	10	+ 1	− 1.1		10	+ 15	− 0.1		10	− 9	+ 0.9
	12	− 6	− 0.9		12	+ 15	− 0.8		12	0	+ 0.9
	14	− 12	− 0.4		14	+ 10	− 1.3		14	+ 8	+ 0.5
	16	− 14	+ 0.1		16	+ 2	− 1.4		16	+ 13	− 0.1
	18	− 13	+ 0.6		18	− 6	− 1.1		18	+ 12	− 0.7
	20	− 7	+ 0.9		20	− 13	− 0.6		20	+ 8	− 1.0
	22	+ 2	+ 0.8		22	− 16	+ 0.1		22	+ 2	− 1.1
	24	+ 10	+ 0.3		24	− 15	+ 0.7		24	− 5	− 0.9
	26	+ 14	− 0.3		26	− 8	+ 1.1		26	− 11	− 0.5
	28	+ 12	− 0.9		28	+ 2	+ 1.0		28	− 13	+ 0.1
	30	+ 6	− 1.1		30	+ 11	+ 0.4		30	− 12	+ 0.6
May	2	− 1	− 1.1	Sept.	1	+ 15	− 0.4		32	− 6	+ 0.9

Differential coordinates are given in the sense "satellite minus planet."

DIFFERENTIAL COORDINATES OF VIII IAPETUS FOR 0ʰ UNIVERSAL TIME

Date		$\Delta\alpha$	$\Delta\delta$	Date		$\Delta\alpha$	$\Delta\delta$	Date		$\Delta\alpha$	$\Delta\delta$
		s	′			s	′			s	′
Jan.	0	+ 9	− 0.8	May	2	− 12	+ 0.3	Sept.	1	− 2	− 0.6
	2	+ 5	− 0.8		4	− 7	+ 0.3		3	− 8	− 0.6
	4	0	− 0.7		6	− 2	+ 0.3		5	− 14	− 0.5
	6	− 5	− 0.6		8	+ 4	+ 0.3		7	− 19	− 0.4
	8	− 10	− 0.5		10	+ 9	+ 0.3		9	− 24	− 0.3
	10	− 14	− 0.4		12	+ 15	+ 0.3		11	− 29	− 0.2
	12	− 18	− 0.3		14	+ 19	+ 0.2		13	− 32	− 0.1
	14	− 22	− 0.2		16	+ 24	+ 0.2		15	− 35	0.0
	16	− 25	− 0.1		18	+ 28	+ 0.1		17	− 37	+ 0.1
	18	− 28	0.0		20	+ 31	+ 0.1		19	− 38	+ 0.2
	20	− 30	+ 0.1		22	+ 33	0.0		21	− 38	+ 0.3
	22	− 32	+ 0.2		24	+ 35	0.0		23	− 38	+ 0.4
	24	− 32	+ 0.3		26	+ 35	− 0.1		25	− 36	+ 0.5
	26	− 32	+ 0.4		28	+ 35	− 0.1		27	− 34	+ 0.6
	28	− 32	+ 0.5		30	+ 33	− 0.2		29	− 30	+ 0.7
	30	− 30	+ 0.5	June	1	+ 31	− 0.2	Oct.	1	− 26	+ 0.7
Feb.	1	− 28	+ 0.6		3	+ 28	− 0.3		3	− 22	+ 0.7
	3	− 26	+ 0.6		5	+ 24	− 0.3		5	− 17	+ 0.7
	5	− 22	+ 0.6		7	+ 19	− 0.3		7	− 11	+ 0.7
	7	− 18	+ 0.6		9	+ 14	− 0.4		9	− 6	+ 0.7
	9	− 14	+ 0.6		11	+ 9	− 0.4		11	0	+ 0.6
	11	− 10	+ 0.6		13	+ 3	− 0.4		13	+ 6	+ 0.6
	13	− 5	+ 0.6		15	− 3	− 0.4		15	+ 11	+ 0.5
	15	0	+ 0.5		17	− 9	− 0.4		17	+ 17	+ 0.4
	17	+ 5	+ 0.5		19	− 14	− 0.3		19	+ 21	+ 0.3
	19	+ 10	+ 0.4		21	− 19	− 0.3		21	+ 25	+ 0.2
	21	+ 14	+ 0.3		23	− 24	− 0.2		23	+ 29	+ 0.1
	23	+ 19	+ 0.2		25	− 29	− 0.2		25	+ 31	0.0
	25	+ 22	+ 0.1		27	− 32	− 0.1		27	+ 33	− 0.1
	27	+ 26	+ 0.1		29	− 35	− 0.1		29	+ 34	− 0.2
Mar.	1	+ 28	0.0	July	1	− 37	0.0		31	+ 34	− 0.3
	3	+ 30	− 0.1		3	− 39	+ 0.1	Nov.	2	+ 33	− 0.4
	5	+ 31	− 0.2		5	− 39	+ 0.1		4	+ 31	− 0.5
	7	+ 31	− 0.2		7	− 38	+ 0.2		6	+ 29	− 0.6
	9	+ 31	− 0.3		9	− 37	+ 0.3		8	+ 25	− 0.6
	11	+ 29	− 0.3		11	− 34	+ 0.3		10	+ 21	− 0.6
	13	+ 27	− 0.4		13	− 31	+ 0.4		12	+ 17	− 0.6
	15	+ 24	− 0.4		15	− 27	+ 0.5		14	+ 12	− 0.6
	17	+ 21	− 0.4		17	− 22	+ 0.5		16	+ 7	− 0.6
	19	+ 17	− 0.4		19	− 17	+ 0.5		18	+ 2	− 0.6
	21	+ 13	− 0.4		21	− 11	+ 0.5		20	− 4	− 0.5
	23	+ 8	− 0.4		23	− 5	+ 0.5		22	− 9	− 0.5
	25	+ 3	− 0.4		25	+ 2	+ 0.5		24	− 14	− 0.4
	27	− 2	− 0.4		27	+ 8	+ 0.5		26	− 18	− 0.3
	29	− 7	− 0.4		29	+ 14	+ 0.4		28	− 22	− 0.3
	31	− 12	− 0.3		31	+ 19	+ 0.3		30	− 26	− 0.2
Apr.	2	− 16	− 0.3	Aug.	2	+ 25	+ 0.3	Dec.	2	− 29	− 0.1
	4	− 21	− 0.2		4	+ 29	+ 0.2		4	− 31	0.0
	6	− 25	− 0.2		6	+ 33	+ 0.1		6	− 33	+ 0.1
	8	− 28	− 0.1		8	+ 35	0.0		8	− 34	+ 0.1
	10	− 31	− 0.1		10	+ 37	− 0.1		10	− 34	+ 0.2
	12	− 33	0.0		12	+ 38	− 0.2		12	− 33	+ 0.3
	14	− 34	+ 0.1		14	+ 37	− 0.3		14	− 32	+ 0.3
	16	− 34	+ 0.1		16	+ 36	− 0.4		16	− 30	+ 0.4
	18	− 34	+ 0.2		18	+ 33	− 0.5		18	− 27	+ 0.4
	20	− 33	+ 0.2		20	+ 30	− 0.6		20	− 24	+ 0.4
	22	− 31	+ 0.2		22	+ 26	− 0.6		22	− 20	+ 0.4
	24	− 29	+ 0.3		24	+ 21	− 0.7		24	− 15	+ 0.4
	26	− 26	+ 0.3		26	+ 16	− 0.7		26	− 11	+ 0.4
	28	− 22	+ 0.3		28	+ 10	− 0.7		28	− 6	+ 0.4
	30	− 17	+ 0.3		30	+ 4	− 0.7		30	− 1	+ 0.4
May	2	− 12	+ 0.3	Sept.	1	− 2	− 0.6		32	+ 4	+ 0.4

Differential coordinates are given in the sense "satellite minus planet."

SATELLITES OF SATURN, 2021

DIFFERENTIAL COORDINATES OF IX PHOEBE FOR 0ʰ UNIVERSAL TIME

Date		$\Delta\alpha$	$\Delta\delta$	Date		$\Delta\alpha$	$\Delta\delta$	Date		$\Delta\alpha$	$\Delta\delta$
		m s	′			m s	′			m s	′
Jan.	0	− 1 37	− 2.7	May	2	− 0 17	+ 1.5	Sept.	1	+ 2 03	+ 5.9
	2	− 1 37	− 2.8		4	− 0 14	+ 1.6		3	+ 2 04	+ 5.8
	4	− 1 38	− 2.8		6	− 0 11	+ 1.8		5	+ 2 05	+ 5.8
	6	− 1 39	− 2.8		8	− 0 09	+ 1.9		7	+ 2 06	+ 5.8
	8	− 1 40	− 2.8		10	− 0 06	+ 2.1		9	+ 2 07	+ 5.8
	10	− 1 40	− 2.8		12	− 0 03	+ 2.2		11	+ 2 08	+ 5.8
	12	− 1 41	− 2.8		14	0 00	+ 2.3		13	+ 2 09	+ 5.8
	14	− 1 41	− 2.9		16	+ 0 02	+ 2.5		15	+ 2 10	+ 5.8
	16	− 1 41	− 2.9		18	+ 0 05	+ 2.6		17	+ 2 11	+ 5.7
	18	− 1 42	− 2.9		20	+ 0 08	+ 2.7		19	+ 2 12	+ 5.7
	20	− 1 42	− 2.9		22	+ 0 10	+ 2.9		21	+ 2 13	+ 5.7
	22	− 1 42	− 2.9		24	+ 0 13	+ 3.0		23	+ 2 14	+ 5.7
	24	− 1 42	− 2.8		26	+ 0 16	+ 3.1		25	+ 2 15	+ 5.7
	26	− 1 41	− 2.8		28	+ 0 19	+ 3.2		27	+ 2 15	+ 5.7
	28	− 1 41	− 2.8		30	+ 0 21	+ 3.4		29	+ 2 16	+ 5.6
	30	− 1 41	− 2.8	June	1	+ 0 24	+ 3.5	Oct.	1	+ 2 17	+ 5.6
Feb.	1	− 1 40	− 2.8		3	+ 0 27	+ 3.6		3	+ 2 17	+ 5.6
	3	− 1 40	− 2.8		5	+ 0 29	+ 3.7		5	+ 2 18	+ 5.6
	5	− 1 39	− 2.7		7	+ 0 32	+ 3.8		7	+ 2 18	+ 5.5
	7	− 1 39	− 2.7		9	+ 0 35	+ 4.0		9	+ 2 19	+ 5.5
	9	− 1 38	− 2.7		11	+ 0 37	+ 4.1		11	+ 2 19	+ 5.5
	11	− 1 37	− 2.6		13	+ 0 40	+ 4.2		13	+ 2 19	+ 5.5
	13	− 1 36	− 2.6		15	+ 0 43	+ 4.3		15	+ 2 19	+ 5.5
	15	− 1 35	− 2.5		17	+ 0 45	+ 4.4		17	+ 2 20	+ 5.4
	17	− 1 34	− 2.5		19	+ 0 48	+ 4.5		19	+ 2 20	+ 5.4
	19	− 1 33	− 2.4		21	+ 0 50	+ 4.6		21	+ 2 20	+ 5.4
	21	− 1 31	− 2.4		23	+ 0 53	+ 4.7		23	+ 2 20	+ 5.4
	23	− 1 30	− 2.3		25	+ 0 55	+ 4.8		25	+ 2 20	+ 5.3
	25	− 1 29	− 2.2		27	+ 0 58	+ 4.8		27	+ 2 20	+ 5.3
	27	− 1 27	− 2.2		29	+ 1 00	+ 4.9		29	+ 2 20	+ 5.3
Mar.	1	− 1 26	− 2.1	July	1	+ 1 03	+ 5.0		31	+ 2 19	+ 5.3
	3	− 1 24	− 2.0		3	+ 1 05	+ 5.1	Nov.	2	+ 2 19	+ 5.2
	5	− 1 23	− 1.9		5	+ 1 08	+ 5.2		4	+ 2 19	+ 5.2
	7	− 1 21	− 1.8		7	+ 1 10	+ 5.2		6	+ 2 18	+ 5.2
	9	− 1 19	− 1.8		9	+ 1 12	+ 5.3		8	+ 2 18	+ 5.1
	11	− 1 17	− 1.7		11	+ 1 15	+ 5.3		10	+ 2 18	+ 5.1
	13	− 1 16	− 1.6		13	+ 1 17	+ 5.4		12	+ 2 17	+ 5.1
	15	− 1 14	− 1.5		15	+ 1 19	+ 5.5		14	+ 2 17	+ 5.1
	17	− 1 12	− 1.4		17	+ 1 22	+ 5.5		16	+ 2 16	+ 5.0
	19	− 1 10	− 1.3		19	+ 1 24	+ 5.6		18	+ 2 15	+ 5.0
	21	− 1 08	− 1.2		21	+ 1 26	+ 5.6		20	+ 2 14	+ 5.0
	23	− 1 06	− 1.1		23	+ 1 28	+ 5.6		22	+ 2 14	+ 4.9
	25	− 1 04	− 0.9		25	+ 1 30	+ 5.7		24	+ 2 13	+ 4.9
	27	− 1 01	− 0.8		27	+ 1 32	+ 5.7		26	+ 2 12	+ 4.8
	29	− 0 59	− 0.7		29	+ 1 34	+ 5.7		28	+ 2 11	+ 4.8
	31	− 0 57	− 0.6		31	+ 1 36	+ 5.8		30	+ 2 10	+ 4.8
Apr.	2	− 0 55	− 0.5	Aug.	2	+ 1 38	+ 5.8	Dec.	2	+ 2 09	+ 4.7
	4	− 0 52	− 0.4		4	+ 1 40	+ 5.8		4	+ 2 08	+ 4.7
	6	− 0 50	− 0.2		6	+ 1 42	+ 5.8		6	+ 2 07	+ 4.6
	8	− 0 47	− 0.1		8	+ 1 44	+ 5.8		8	+ 2 05	+ 4.6
	10	− 0 45	0.0		10	+ 1 46	+ 5.9		10	+ 2 04	+ 4.5
	12	− 0 43	+ 0.2		12	+ 1 47	+ 5.9		12	+ 2 03	+ 4.5
	14	− 0 40	+ 0.3		14	+ 1 49	+ 5.9		14	+ 2 01	+ 4.4
	16	− 0 38	+ 0.4		16	+ 1 51	+ 5.9		16	+ 2 00	+ 4.3
	18	− 0 35	+ 0.6		18	+ 1 52	+ 5.9		18	+ 1 58	+ 4.3
	20	− 0 32	+ 0.7		20	+ 1 54	+ 5.9		20	+ 1 57	+ 4.2
	22	− 0 30	+ 0.8		22	+ 1 55	+ 5.9		22	+ 1 55	+ 4.1
	24	− 0 27	+ 1.0		24	+ 1 57	+ 5.9		24	+ 1 54	+ 4.1
	26	− 0 25	+ 1.1		26	+ 1 58	+ 5.9		26	+ 1 52	+ 4.0
	28	− 0 22	+ 1.2		28	+ 2 00	+ 5.9		28	+ 1 50	+ 3.9
	30	− 0 19	+ 1.4		30	+ 2 01	+ 5.9		30	+ 1 48	+ 3.8
May	2	− 0 17	+ 1.5	Sept.	1	+ 2 03	+ 5.9		32	+ 1 46	+ 3.7

Differential coordinates are given in the sense "satellite minus planet."

APPARENT ORBITS OF SATELLITES I-V AT 0ʰ UNIVERSAL TIME
ON THE DATE OF OPPOSITION, NOVEMBER 5

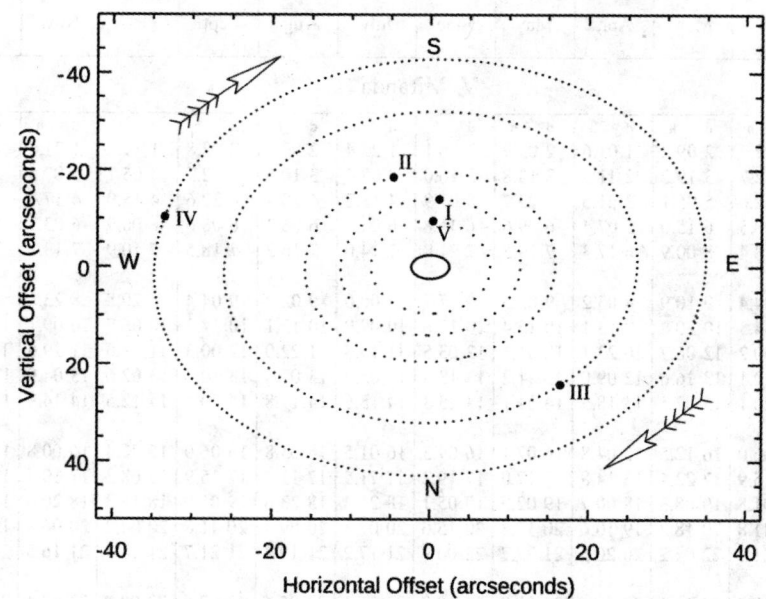

Orbits elongated in ratio of 1.7 to 1 in the East-West direction.

Name		Mean Sidereal Period
		d
V	Miranda	1.413 479 4
I	Ariel	2.520 379 1
II	Umbriel	4.144 176 5
III	Titania	8.705 866 9
IV	Oberon	13.463 234

RINGS OF URANUS

Ring	Semimajor Axis	Width	Eccentricity	Inclination	Optical Depth
	km	km		°	
6	41837	1.5	0.00101	0.062	~ 0.3
5	42234	~ 2	0.00190	0.054	~ 0.5
4	42571	~ 2	0.001065	0.032	~ 0.3
α	44718	4 − 10	0.00076	0.015	~ 0.4
β	45661	5 − 11	0.00044	0.005	~ 0.3
η	47176	1.6	—	—	≤ 0.4
γ	47627	1 − 4	0.00109	0.000	≥ 0.3
δ	48300	3 − 7	0.00004	0.001	~ 0.5
λ	50024	~ 2	0.	0.	~ 0.1
ϵ	51149	20 − 96	0.00794	0.000	0.5 − 2.3

UNIVERSAL TIME OF GREATEST NORTHERN ELONGATION

V Miranda

Jan.	Feb.	Mar.	Apr.	May	June	July	Aug.	Sept.	Oct.	Nov.	Dec.
d h	d h	d h	d h	d h	d h	d h	d h	d h	d h	d h	d h
−3 18.6	2 02.7	2 09.2	1 01.6	2 03.9	2 06.1	1 22.4	2 00.6	2 02.8	1 19.2	1 21.5	1 14.0
−1 04.5	3 12.7	3 19.2	2 11.5	3 13.8	3 16.0	3 08.3	3 10.5	3 12.7	3 05.1	3 07.5	2 23.9
0 14.4	4 22.6	5 05.1	3 21.5	4 23.7	5 01.9	4 18.2	4 20.4	4 22.6	4 15.0	4 17.4	4 09.8
2 00.4	6 08.5	6 15.0	5 07.4	6 09.6	6 11.8	6 04.1	6 06.3	6 08.6	6 00.9	6 03.3	5 19.8
3 10.3	7 18.4	8 00.9	6 17.3	7 19.5	7 21.8	7 14.0	7 16.2	7 18.5	7 10.9	7 13.2	7 05.7
4 20.2	9 04.4	9 10.9	8 03.2	9 05.5	9 07.7	9 00.0	9 02.2	9 04.4	8 20.8	8 23.2	8 15.6
6 06.1	10 14.3	10 20.8	9 13.1	10 15.4	10 17.6	10 09.9	10 12.1	10 14.3	10 06.7	10 09.1	10 01.5
7 16.1	12 00.2	12 06.7	10 23.1	12 01.3	12 03.5	11 19.8	11 22.0	12 00.3	11 16.6	11 19.0	11 11.5
9 02.0	13 10.1	13 16.6	12 09.0	13 11.2	13 13.4	13 05.7	13 07.9	13 10.2	13 02.6	13 04.9	12 21.4
10 11.9	14 20.1	15 02.5	13 18.9	14 21.1	14 23.3	14 15.6	14 17.8	14 20.1	14 12.5	14 14.9	14 07.3
11 21.8	16 06.0	16 12.5	15 04.8	16 07.1	16 09.3	16 01.5	16 03.8	16 06.0	15 22.4	16 00.8	15 17.3
13 07.8	17 15.9	17 22.4	16 14.8	17 17.0	17 19.2	17 11.5	17 13.7	17 15.9	17 08.3	17 10.7	17 03.2
14 17.7	19 01.8	19 08.3	18 00.7	19 02.9	19 05.1	18 21.4	18 23.6	19 01.9	18 18.3	18 20.6	18 13.1
16 03.6	20 11.8	20 18.2	19 10.6	20 12.8	20 15.0	20 07.3	20 09.5	20 11.8	20 04.2	20 06.6	19 23.0
17 13.5	21 21.7	22 04.2	20 20.5	21 22.7	22 00.9	21 17.2	21 19.4	21 21.7	21 14.1	21 16.5	21 09.0
18 23.5	23 07.6	23 14.1	22 06.4	23 08.7	23 10.9	23 03.1	23 05.4	23 07.6	23 00.0	23 02.4	22 18.9
20 09.4	24 17.5	25 00.0	23 16.3	24 18.6	24 20.8	24 13.1	24 15.3	24 17.6	24 10.0	24 12.3	24 04.8
21 19.3	26 03.5	26 09.9	25 02.3	26 04.5	26 06.7	25 23.0	26 01.2	26 03.5	25 19.9	25 22.3	25 14.7
23 05.3	27 13.4	27 19.8	26 12.2	27 14.4	27 16.6	27 08.9	27 11.1	27 13.4	27 05.8	27 08.2	27 00.7
24 15.2	28 23.3	29 05.8	27 22.1	29 00.3	29 02.5	28 18.8	28 21.0	28 23.3	28 15.7	28 18.1	28 10.6
26 01.1		30 15.7	29 08.0	30 10.2	30 12.4	30 04.7	30 07.0	30 09.2	30 01.7	30 04.1	29 20.5
27 11.0			30 17.9	31 20.2		31 14.6	31 16.9		31 11.6		31 06.5
28 21.0											32 16.4
30 06.9											34 02.3
31 16.8											

I Ariel

Jan.	Feb.	Mar.	Apr.	May	June	July	Aug.	Sept.	Oct.	Nov.	Dec.
d h	d h	d h	d h	d h	d h	d h	d h	d h	d h	d h	d h
−1 07.4	1 01.9	3 07.7	2 13.6	2 19.4	2 01.1	2 06.9	1 12.6	3 06.9	1 00.3	2 18.7	3 00.6
1 19.9	3 14.4	5 20.2	5 02.1	5 07.9	4 13.6	4 19.3	4 01.1	5 19.4	3 12.8	5 07.2	5 13.1
4 08.4	6 02.8	8 08.7	7 14.6	7 20.3	7 02.1	7 07.8	6 13.6	8 07.9	6 01.3	7 19.7	8 01.6
6 20.9	8 15.3	10 21.2	10 03.0	10 08.8	9 14.6	9 20.3	9 02.1	10 20.4	8 13.7	10 08.2	10 14.1
9 09.4	11 03.8	13 09.7	12 15.5	12 21.3	12 03.0	12 08.8	11 14.5	13 08.8	11 02.2	12 20.7	13 02.6
11 21.9	13 16.3	15 22.2	15 04.0	15 09.8	14 15.5	14 21.3	14 03.0	15 21.3	13 14.7	15 09.2	15 15.1
14 10.4	16 04.8	18 10.7	17 16.5	17 22.3	17 04.0	17 09.7	16 15.5	18 09.8	16 03.2	17 21.7	18 03.6
16 22.9	18 17.3	20 23.2	20 05.0	20 10.7	19 16.5	19 22.2	19 04.0	20 22.3	18 15.7	20 10.1	20 16.1
19 11.4	21 05.8	23 11.6	22 17.5	22 23.2	22 05.0	22 10.7	21 16.5	23 10.8	21 04.2	22 22.6	23 04.6
21 23.9	23 18.3	26 00.1	25 05.9	25 11.7	24 17.4	24 23.2	24 05.0	25 23.3	23 16.7	25 11.1	25 17.1
24 12.4	26 06.8	28 12.6	27 18.4	28 00.2	27 05.9	27 11.7	26 17.4	28 11.8	26 05.2	27 23.6	28 05.6
27 00.9	28 19.3	31 01.1	30 06.9	30 12.7	29 18.4	30 00.1	29 05.9		28 17.7	30 12.1	30 18.1
29 13.4						31 18.4			31 06.2		33 06.6

UNIVERSAL TIME OF GREATEST NORTHERN ELONGATION

II Umbriel

Jan.	Feb.	Mar.	Apr.	May	June	July	Aug.	Sept.	Oct.	Nov.	Dec.
d h	d h	d h	d h	d h	d h	d h	d h	d h	d h	d h	d h
−5 10.7	1 17.9	2 18.1	4 21.7	3 21.8	1 21.8	5 01.4	3 01.4	1 01.6	4 05.3	2 05.6	1 05.9
−1 14.1	5 21.3	6 21.5	9 01.2	8 01.2	6 01.3	9 04.8	7 04.9	5 05.0	8 08.8	6 09.0	5 09.4
3 17.6	10 00.8	11 01.0	13 04.6	12 04.7	10 04.7	13 08.2	11 08.3	9 08.5	12 12.2	10 12.5	9 12.9
7 21.1	14 04.3	15 04.5	17 08.0	16 08.1	14 08.2	17 11.7	15 11.8	13 12.0	16 15.7	14 16.0	13 16.4
12 00.5	18 07.7	19 07.9	21 11.5	20 11.5	18 11.6	21 15.1	19 15.2	17 15.4	20 19.2	18 19.5	17 19.8
16 04.0	22 11.2	23 11.4	25 14.9	24 15.0	22 15.1	25 18.6	23 18.7	21 18.9	24 22.6	22 23.0	21 23.3
20 07.5	26 14.6	27 14.8	29 18.3	28 18.4	26 18.5	29 22.0	27 22.1	25 22.4	29 02.1	27 02.4	26 02.8
24 10.9		31 18.3			30 21.9			30 1.8			30 06.2
28 14.4											34 09.7

III Titania

Jan.	Feb.	Mar.	Apr.	May	June	July	Aug.	Sept.	Oct.	Nov.	Dec.
d h	d h	d h	d h	d h	d h	d h	d h	d h	d h	d h	d h
−5 18.4	8 07.2	6 09.9	1 12.6	6 08.0	1 10.5	6 06.0	1 08.6	5 04.3	1 07.1	5 03.1	1 06.1
4 11.4	17 00.1	15 02.8	10 05.4	15 00,8	10 03.4	14 22.9	10 01.6	13 21.2	10 00.1	13 20.1	9 23.2
13 04.3	25 17.0	23 19.7	18 22.2	23 17.7	18 20.2	23 15.7	18 18.4	22 14.2	18 17.1	22 13.1	18 16.1
21 21.3			27 15.1		27 13.1		27 11.3		27 10.1		27 09.1
30 14.2											36 02.1

IV Oberon

Jan.	Feb.	Mar.	Apr.	May	June	July	Aug.	Sept.	Oct.	Nov.	Dec.
d h	d h	d h	d h	d h	d h	d h	d h	d h	d h	d h	d h
−6 16.9	4 02.3	3 00.3	12 09.3	9 07.2	5 05.0	2 02.8	11 11.7	7 10.0	4 08.4	13 18.0	10 16.4
8 04.0	17 13.3	16 11.3	25 20.2	22 18.1	18 15.9	15 13.7	24 22.8	20 21.2	17 19.6	27 05.2	24 03.7
21 15.2		29 22.3				29 00.8			31 06.8		37 14.8

SATELLITES OF NEPTUNE, 2021

APPARENT ORBIT OF I TRITON AT 0ʰ UNIVERSAL TIME
ON THE DATE OF OPPOSITION, SEPTEMBER 14

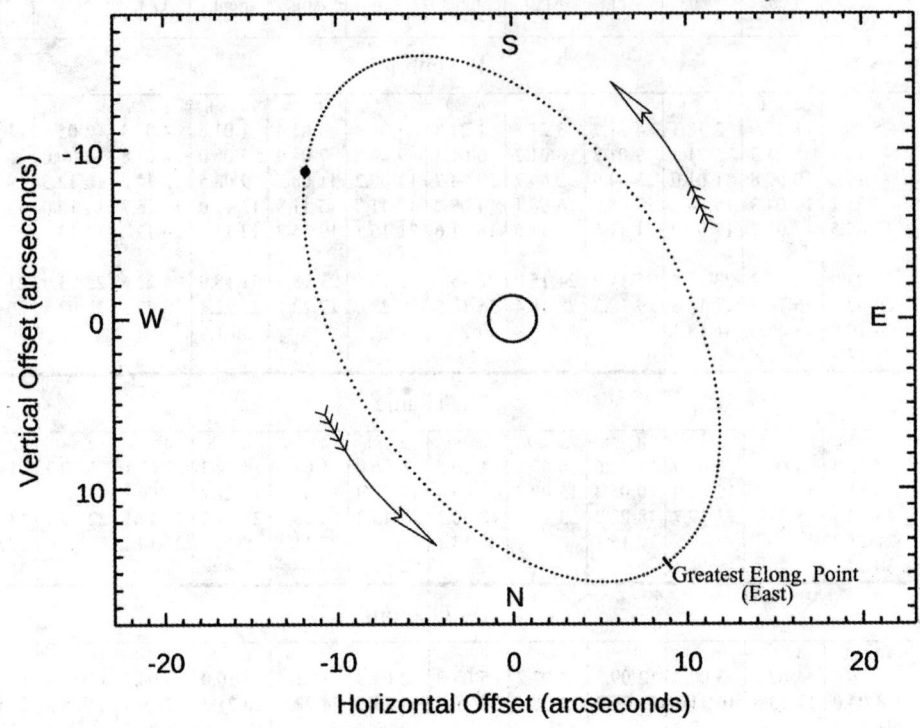

Name	Mean Sidereal Period
	d
I Triton	5.876 854 1 R
II Nereid	360.134 1

DIFFERENTIAL COORDINATES OF II NEREID FOR 0ʰ UNIVERSAL TIME

Date		$\Delta\alpha\cos\delta$	$\Delta\delta$	Date		$\Delta\alpha\cos\delta$	$\Delta\delta$	Date		$\Delta\alpha\cos\delta$	$\Delta\delta$
		′ ″	′ ″			′ ″	′ ″			′ ″	′ ″
Jan.	−4	+2 29.6	+1 06.7	May	6	+4 33.2	+2 34.6	Sept.	13	+6 34.5	+3 23.2
	6	+1 43.5	+0 43.3		16	+4 55.9	+2 45.9		23	+6 25.6	+3 17.1
	16	+0 50.8	+0 17.1		26	+5 16.4	+2 56.0	Oct.	3	+6 13.4	+3 09.4
	26	−0 08.5	−0 11.0	June	5	+5 34.8	+3 04.8		13	+5 58.2	+3 00.1
Feb.	5	−0 54.1	−0 28.6		15	+5 51.3	+3 12.5		23	+5 39.8	+2 49.3
	15	−0 25.6	−0 07.2		25	+6 05.6	+3 19.0	Nov.	2	+5 18.1	+2 37.0
	25	+0 26.9	+0 23.5	July	5	+6 17.9	+3 24.2		12	+4 53.2	+2 23.1
Mar.	7	+1 15.5	+0 50.6		15	+6 27.9	+3 28.3		22	+4 24.8	+2 07.5
	17	+1 58.5	+1 13.9		25	+6 35.7	+3 31.0	Dec.	2	+3 52.8	+1 50.3
	27	+2 36.4	+1 34.2	Aug.	4	+6 40.9	+3 32.3		12	+3 16.8	+1 31.1
Apr.	6	+3 10.3	+1 52.0		14	+6 43.6	+3 32.3		22	+2 36.0	+1 09.9
	16	+3 40.8	+2 07.9		24	+6 43.5	+3 30.8		32	+1 49.6	+0 46.1
	26	+4 08.3	+2 22.0	Sept.	3	+6 40.5	+3 27.8		42	+0 56.2	+0 19.5

I Triton

UNIVERSAL TIME OF GREATEST EASTERN ELONGATION

Jan.	Feb.	Mar.	Apr.	May	June	July	Aug.	Sept.	Oct.	Nov.	Dec.
d h	d h	d h	d h	d h	d h	d h	d h	d h	d h	d h	d h
−6 22.6	5 01.6	6 10.4	4 19.2	4 04.1	2 13.0	1 22.1	6 04.5	4 13.9	3 23.5	2 09.0	1 18.3
0 19.6	10 22.5	12 07.4	10 16.2	10 01.0	8 10.0	7 19.2	12 01.6	10 11.1	9 20.6	8 06.0	7 15.4
6 16.6	16 19.5	18 04.3	16 13.1	15 22.0	14 07.0	13 16.2	17 22.7	16 08.1	15 17.7	14 03.1	13 12.4
12 13.6	22 16.5	24 01.3	22 10.1	21 19.0	20 04.1	19 13.3	23 19.7	22 05.3	21 14.8	20 00.2	19 09.5
18 10.6	28 13.4	29 22.2	28 07.1	27 16.0	26 01.1	25 10.3	29 16.8	28 02.4	27 11.9	25 21.3	25 06.5
24 07.6						31 07.4					31 03.5
30 04.6											37 00.5

SATELLITE OF PLUTO, 2021

APPARENT ORBIT OF I CHARON AT 0ʰ UNIVERSAL TIME ON THE DATE OF OPPOSITION, JULY 17

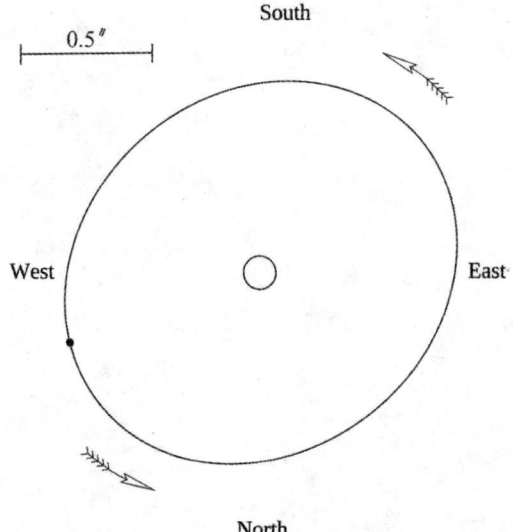

NAME	MEAN SIDEREAL PERIOD
	d
I Charon	6.387 2

I Charon

UNIVERSAL TIME OF GREATEST NORTHERN ELONGATION

Jan.	Feb.	Mar.	Apr.	May	June	July	Aug.	Sept.	Oct.	Nov.	Dec.
d h	d h	d h	d h	d h	d h	d h	d h	d h	d h	d h	d h
−4 23.6	4 06.6	1 19.3	2 17.3	4 15.6	5 14.1	1 03.6	2 02.5	3 01.3	5 00.0	5 22.4	1 11.3
3 08.8	10 15.8	8 04.5	9 02.6	11 00.9	11 23.5	7 12.9	8 11.8	9 10.7	11 09.3	12 07.6	7 20.5
9 18.0	17 01.0	14 13.7	15 11.8	17 10.2	18 08.9	13 22.3	14 21.2	15 20.0	17 18.6	18 16.9	14 05.7
16 03.1	23 10.1	20 22.9	21 21.0	23 19.5	24 18.2	20 07.7	21 06.6	22 05.3	24 03.9	25 02.1	20 14.9
22 12.3		27 08.1	28 06.3	30 04.8		26 17.1	27 15.9	28 14.7	30 13.1		27 00.1
28 21.5											33 09.3

CONTENTS OF SECTION G

>  This symbol indicates that these data or auxiliary material may also be found on *The Astronomical Almanac Online* at **https://aa.usno.navy.mil/publications/asa.html** and **http://asa.hmnao.com**

Introduction

At the XXVI General Assembly (2006), the IAU defined a new classification scheme for the solar system. This scheme includes definitions for planets, dwarf planets and small solar system bodies (i.e. asteroids, trans-Neptunian objects, comets, and other small bodies). The 2006 IAU resolution B5 (2) classifies a dwarf planet as follows: A "dwarf planet" is a celestial body that (a) is in orbit around the Sun, (b) has sufficient mass for its self gravity to overcome rigid body forces so that it assumes a hydrostatic equilibrium shape, (c) has not cleared the neighbourhood around its orbit, and (d) is not a satellite. Resolution B6 confirmed the re-classification of Pluto as a dwarf planet.

This section includes tabulated data on selected dwarf planets, minor planets, and comets. Solar system bodies classified as planets are tabulated in Section E. See Section L for details about the selection of dwarf and minor planets, the sources of the various data and about the star catalogues used to plot the charts.

Notes on dwarf planets

The current selection of dwarf planets is (1) Ceres, (134340) Pluto and (136199) Eris. Prior to the 2013 edition Pluto was included in Section E—Planets and Ceres was classified as a minor planet. Eris (discovered in 2005) is another prominent member of the dwarf planet group. When these selected dwarf planets are at opposition between 2021 January 1 and January 31 of the following year more data are provided. Not only is the opposition date and time (nearest hour UT) given but also when the object is stationary in right ascension. Two star charts, one showing the path of the dwarf planet during the year and the other, a more detailed 60-day view on either side of opposition, are provided in order to help with identification. A daily astrometric ephemeris (see page B29) is also tabulated around opposition, which covers the interval when the dwarf planet is within 45° of opposition. Independent of the opposition date the osculating elements and heliocentric coordinates are tabulated for three dates during the year.

A physical ephemeris is tabulated at a ten day interval for those dwarf planets for which reliable data are available; currently (1) Ceres and (134340) Pluto. Information on the use of a physical ephemeris for the planets is given in Section E (see page E3) and can be applied to a dwarf planet ephemeris with the exception that a positive pole, defined as the pole around which the object rotates in a counterclockwise direction, replaces the notion of a north pole.

All dwarf planets acknowledged by the IAU (at the time of production) are listed with their basic physical properties. No reliable mass estimate is available for Makemake as the orbital parameters of its possible satellite are unknown. The topic of dwarf planets in our solar system and small solar system bodies is the subject of ongoing research and new discoveries are being made. This section makes no attempt to provide a complete or definitive list.

Notes on bright minor planets

Pages G12–G25 contain various data on a selection of 92 of the largest and/or brightest minor planets. The first of these tabulate their heliocentric osculating orbital elements for epoch 2021 July 5·0 TT (JD 245 9400·5), with respect to the ecliptic and equinox J2000·0.

The next opposition dates of all the objects are listed in chronological order together with the visual magnitude and apparent declination. A sub-set (printed in bold) of the 14 larger minor planets, consisting of (2) Pallas, (3) Juno, (4) Vesta, (6) Hebe, (7) Iris, (8) Flora, (9) Metis, (10) Hygiea, (15) Eunomia, (16) Psyche, (52) Europa, (65) Cybele, (511) Davida and (704) Interamnia are candidates for a daily ephemeris.

A daily geocentric astrometric ephemeris is tabulated for those of the 14 larger minor planets that have an opposition date occurring between 2021 January 1 and 2022 January 31. The daily ephemeris of each object is centred about the opposition date, which is repeated at the bottom of the first column and at the top of the second column. The highlighted dates indicate when the object is stationary in right ascension. It is very occasionally possible for a stationary date to be outside the period tabulated.

Linear interpolation is sufficient for the magnitude and ephemeris transit, but for the right ascension and declination second differences are significant. The tabulations are similar to those for the dwarf planets, and the use of the data is similar to that for the planets.

Notes on comets

The table of osculating elements (see last page of this section) is for use in the generation of ephemerides by numerical integration. Typically, an ephemeris may be computed from these unperturbed elements to provide positions accurate to one to two arcminutes within a year of the epoch (Osc. epoch). The innate inaccuracy of some of these elements can be more of a problem and are discussed further in that part of Section L that deals with section G.

PHYSICAL PROPERTIES OF DWARF PLANETS

Number	Name	Equat. Radius km	Mass kg $\times 10^{20}$	Minimum Geocentric Distance au	Sidereal Period of Rotation d	Maximum Angular Diameter $''$	Geometric Albedo	Year of Discovery
(1)	Ceres	482·2	9·38	1·58865	0·3781	0·840	0·090	1801
(134340)	Pluto	1188·3	130·41	28·6031	6·3872	0·110	0·30	1930
(136108)	Haumea	1000	42	33·8492	0·1631	0·092	0·73	2004
(136199)	Eris	1163	166·95	37·3267	1·0800	0·088	0·96	2005
(136472)	Makemake	850	—	37·2098	0·9511	0·053	0·78	2005

OSCULATING ELEMENTS FOR ECLIPTIC AND EQUINOX J2000·0

Name	Magnitude Parameters H	G	Mean Diameter km	Julian Date	Inclination i $\circ$	Long. of Asc. Node Ω $\circ$	Argument of Perihelion ω $\circ$	Semimajor Axis a au	Daily Motion n $\circ$/d	Eccentricity e	Mean Anomaly M $\circ$
Ceres	3·40	0·15	939·4	2459300·5	10·588	80·269	73·737	2·765	0·2142	0·078	226·9707383
				2459400·5	10·588	80·268	73·738	2·765	0·2142	0·078	248·4079725
				2459500·5	10·588	80·268	73·692	2·765	0·2142	0·078	269·8876254
Pluto	−0·40	0·15	2377	2459300·5	17·100	110·297	115·092	39·749	0·0039	0·250	44·5133229
				2459400·5	17·103	110·298	115·060	39·727	0·0039	0·250	44·9753030
				2459500·5	17·106	110·299	115·009	39·701	0·0039	0·249	45·4602102
Eris	−1·10	0·15	2400	2459300·5	43·939	35·994	151·534	67·932	0·0017	0·434	206·6154782
				2459400·5	43·908	36·008	151·477	67·964	0·0017	0·434	206·8701827
				2459500·5	43·873	36·023	151·406	68·000	0·0017	0·433	207·1471199

USEFUL FORMULAE

Mean Longitude: $\qquad L = M + \varpi$

Longitude of perihelion: $\quad \varpi = \omega + \Omega$

True anomaly in radians:
$$v = M + (2e - e^3/4)\sin M + (5e^2/4)\sin 2M + (13e^3/12)\sin 3M + \cdots$$

Planet-Sun distance: $\qquad r = a(1 - e^2)/(1 + e \cos v)$

Heliocentric rectangular coordinates, referred to the ecliptic, may be computed from the elements using:

$$x = r\{\cos(v + \omega)\cos\Omega - \sin(v + \omega)\cos i \sin\Omega\}$$
$$y = r\{\cos(v + \omega)\sin\Omega + \sin(v + \omega)\cos i \cos\Omega\}$$
$$z = r\sin(v + \omega)\sin i$$

HELIOCENTRIC COORDINATES AND VELOCITY COMPONENTS REFERRED TO THE MEAN EQUATOR AND EQUINOX OF J2000·0

Name	Julian Date	x au	y au	z au	$\dot{x}$ au/d	$\dot{y}$ au/d	$\dot{z}$ au/d
Ceres	2459300·5	2·7798790	0·8878671	−0·1472546	−0·0029373	0·0081878	0·0044595
	2459400·5	2·3255643	1·6368488	0·2984730	−0·0060901	0·0066219	0·0043629
	2459500·5	1·5803829	2·1794190	0·7060763	−0·0086847	0·0040758	0·0036904
Pluto	2459300·5	14·3102715	−28·2157546	−13·1154836	0·0029322	0·0009544	−0·0005832
	2459400·5	14·6029230	−28·1192381	−13·1733080	0·0029208	0·0009759	−0·0005733
	2459500·5	14·8944147	−28·0205867	−13·2301332	0·0029090	0·0009971	−0·0005633
Eris	2459300·5	85·9934453	42·4144859	−2·4528811	−0·0004147	0·0004453	0·0012027
	2459400·5	85·9517894	42·4589752	−2·3325915	−0·0004184	0·0004445	0·0012031
	2459500·5	85·9097558	42·5033933	−2·2122616	−0·0004223	0·0004438	0·0012035

CERES AT OPPOSITION

Date	UT	Mag.
2021 Nov. 27	4^h	+ 7.0

Stationary in right ascension on 2021 October 8.

The following diagrams are provided for observers wishing to find the position of Ceres in relation to the stars. The first chart shows the path of the dwarf planet during 2021. The second chart provides a detailed view of the path over 60 days either side of opposition. The V-magnitude scale used is given on each chart.

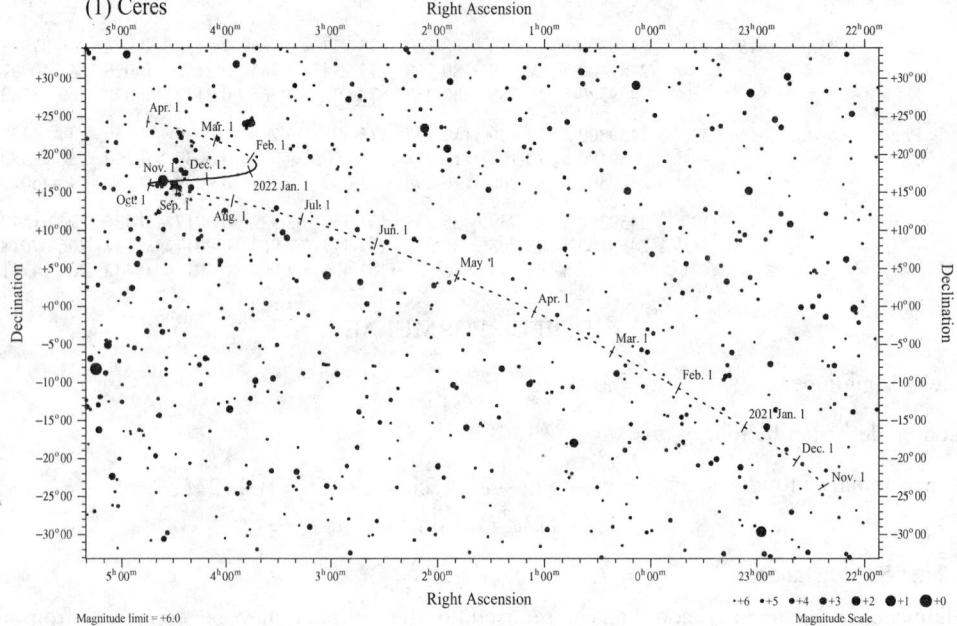

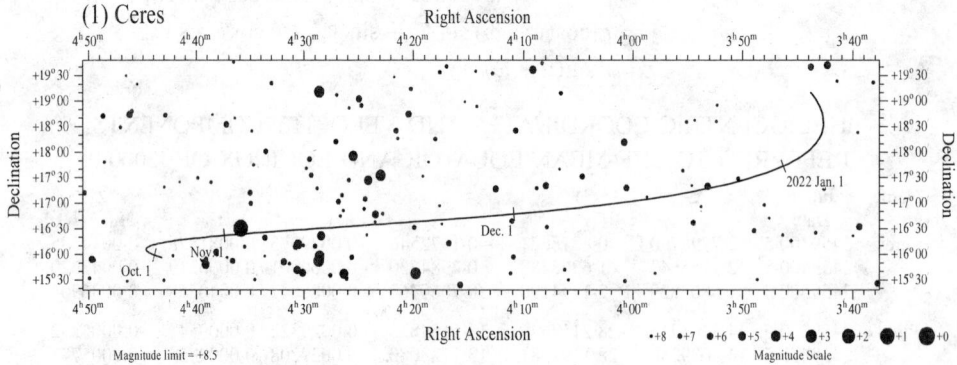

The charts are also available for download from *The Astronomical Almanac Online*.

CERES, 2021
GEOCENTRIC POSITIONS FOR 0^h TERRESTRIAL TIME

Date	Astrometric R.A.	Dec.	Vis. Mag.	Ephemeris Transit	Date	Astrometric R.A.	Dec.	Vis. Mag.	Ephemeris Transit
	h m s	° ′ ″		h m		h m s	° ′ ″		h m
2021 Sept. 29	4 43 28·3	+15 57 17	8·3	4 12·2	2021 Nov. 27	4 14 55·4	+16 42 54	7·0	23 46·8
30	4 43 42·6	+15 58 14	8·3	4 08·5	28	4 13 54·9	+16 43 56	7·0	23 41·8
Oct. 1	4 43 55·5	+15 59 09	8·3	4 04·7	29	4 12 54·4	+16 45 00	7·0	23 36·9
2	4 44 06·9	+16 00 04	8·3	4 01·0	30	4 11 53·8	+16 46 05	7·1	23 32·0
3	4 44 16·8	+16 00 57	8·3	3 57·2	Dec. 1	4 10 53·4	+16 47 12	7·1	23 27·0
4	4 44 25·1	+16 01 49	8·3	3 53·4	2	4 09 53·2	+16 48 21	7·1	23 22·1
5	4 44 31·9	+16 02 40	8·2	3 49·6	3	4 08 53·2	+16 49 32	7·1	23 17·2
6	4 44 37·1	+16 03 30	8·2	3 45·8	4	4 07 53·5	+16 50 44	7·2	23 12·3
7	4 44 40·8	+16 04 19	8·2	3 41·9	5	4 06 54·2	+16 51 59	7·2	23 07·4
8	4 44 42·8	+16 05 07	8·2	3 38·0	6	4 05 55·4	+16 53 16	7·2	23 02·5
9	4 44 43·3	+16 05 54	8·2	3 34·1	7	4 04 57·1	+16 54 35	7·2	22 57·6
10	4 44 42·1	+16 06 40	8·1	3 30·1	8	4 03 59·4	+16 55 57	7·2	22 52·7
11	4 44 39·4	+16 07 26	8·1	3 26·1	9	4 03 02·4	+16 57 21	7·3	22 47·8
12	4 44 35·0	+16 08 10	8·1	3 22·1	10	4 02 06·1	+16 58 48	7·3	22 43·0
13	4 44 29·0	+16 08 55	8·1	3 18·1	11	4 01 10·6	+17 00 17	7·3	22 38·1
14	4 44 21·3	+16 09 38	8·1	3 14·0	12	4 00 16·0	+17 01 49	7·3	22 33·3
15	4 44 12·1	+16 10 22	8·0	3 09·9	13	3 59 22·3	+17 03 24	7·4	22 28·5
16	4 44 01·2	+16 11 04	8·0	3 05·8	14	3 58 29·6	+17 05 01	7·4	22 23·7
17	4 43 48·6	+16 11 47	8·0	3 01·7	15	3 57 37·8	+17 06 42	7·4	22 19·0
18	4 43 34·4	+16 12 29	8·0	2 57·5	16	3 56 47·2	+17 08 25	7·4	22 14·2
19	4 43 18·6	+16 13 10	8·0	2 53·3	17	3 55 57·7	+17 10 12	7·5	22 09·5
20	4 43 01·1	+16 13 52	7·9	2 49·1	18	3 55 09·3	+17 12 02	7·5	22 04·8
21	4 42 42·0	+16 14 33	7·9	2 44·8	19	3 54 22·2	+17 13 54	7·5	22 00·1
22	4 42 21·3	+16 15 14	7·9	2 40·5	20	3 53 36·3	+17 15 51	7·5	21 55·4
23	4 41 58·9	+16 15 54	7·9	2 36·2	21	3 52 51·7	+17 17 50	7·5	21 50·7
24	4 41 34·9	+16 16 35	7·8	2 31·9	22	3 52 08·5	+17 19 53	7·6	21 46·1
25	4 41 09·3	+16 17 15	7·8	2 27·5	23	3 51 26·6	+17 21 59	7·6	21 41·5
26	4 40 42·0	+16 17 56	7·8	2 23·2	24	3 50 46·2	+17 24 09	7·6	21 36·9
27	4 40 13·2	+16 18 36	7·8	2 18·8	25	3 50 07·2	+17 26 22	7·6	21 32·4
28	4 39 42·8	+16 19 16	7·8	2 14·3	26	3 49 29·7	+17 28 38	7·6	21 27·8
29	4 39 10·8	+16 19 57	7·7	2 09·8	27	3 48 53·6	+17 30 59	7·7	21 23·3
30	4 38 37·2	+16 20 37	7·7	2 05·4	28	3 48 19·1	+17 33 22	7·7	21 18·9
31	4 38 02·2	+16 21 18	7·7	2 00·8	29	3 47 46·2	+17 35 50	7·7	21 14·4
Nov. 1	4 37 25·5	+16 21 58	7·7	1 56·3	30	3 47 14·9	+17 38 21	7·7	21 10·0
2	4 36 47·5	+16 22 39	7·6	1 51·7	31	3 46 45·1	+17 40 56	7·8	21 05·6
3	4 36 07·9	+16 23 20	7·6	1 47·2	2022 Jan. 1	3 46 17·0	+17 43 35	7·8	21 01·2
4	4 35 26·9	+16 24 01	7·6	1 42·5	2	3 45 50·6	+17 46 18	7·8	20 56·9
5	4 34 44·5	+16 24 43	7·6	1 37·9	3	3 45 25·8	+17 49 05	7·8	20 52·5
6	4 34 00·8	+16 25 25	7·5	1 33·2	4	3 45 02·8	+17 51 55	7·8	20 48·2
7	4 33 15·7	+16 26 07	7·5	1 28·6	5	3 44 41·4	+17 54 49	7·8	20 44·0
8	4 32 29·4	+16 26 50	7·5	1 23·9	6	3 44 21·7	+17 57 48	7·9	20 39·8
9	4 31 41·9	+16 27 33	7·5	1 19·1	7	3 44 03·8	+18 00 50	7·9	20 35·5
10	4 30 53·1	+16 28 17	7·4	1 14·4	8	3 43 47·6	+18 03 56	7·9	20 31·4
11	4 30 03·2	+16 29 02	7·4	1 09·6	9	3 43 33·1	+18 07 06	7·9	20 27·2
12	4 29 12·3	+16 29 47	7·4	1 04·9	10	3 43 20·4	+18 10 19	7·9	20 23·1
13	4 28 20·3	+16 30 33	7·4	1 00·1	11	3 43 09·4	+18 13 37	8·0	20 19·0
14	4 27 27·3	+16 31 20	7·3	0 55·3	12	3 43 00·1	+18 16 58	8·0	20 15·0
15	4 26 33·4	+16 32 07	7·3	0 50·4	13	3 42 52·5	+18 20 23	8·0	20 10·9
16	4 25 38·6	+16 32 55	7·3	0 45·6	14	3 42 46·7	+18 23 52	8·0	20 06·9
17	4 24 43·0	+16 33 45	7·3	0 40·7	15	3 42 42·5	+18 27 24	8·0	20 02·9
18	4 23 46·6	+16 34 35	7·2	0 35·9	16	3 42 40·1	+18 31 00	8·1	19 59·0
19	4 22 49·6	+16 35 26	7·2	0 31·0	17	3 42 39·4	+18 34 39	8·1	19 55·1
20	4 21 51·9	+16 36 18	7·2	0 26·1	18	3 42 40·4	+18 38 22	8·1	19 51·2
21	4 20 53·6	+16 37 11	7·2	0 21·2	19	3 42 43·1	+18 42 09	8·1	19 47·3
22	4 19 54·8	+16 38 05	7·1	0 16·3	20	3 42 47·4	+18 45 58	8·1	19 43·5
23	4 18 55·6	+16 39 00	7·1	0 11·4	21	3 42 53·4	+18 49 51	8·1	19 39·7
24	4 17 55·9	+16 39 57	7·1	0 06·5	22	3 43 01·1	+18 53 48	8·2	19 35·9
25	4 16 56·0	+16 40 55	7·1	0 01·6	23	3 43 10·4	+18 57 47	8·2	19 32·1
26	4 15 55·8	+16 41 54	7·0	23 51·7	24	3 43 21·4	+19 01 50	8·2	19 28·4
Nov. 27	4 14 55·4	+16 42 54	7·0	23 46·8	Jan. 25	3 43 33·9	+19 05 56	8·2	19 24·7

Second transit for Ceres 2021 November 25^d 23^h 56^{m}6

SELECTED DWARF PLANETS, 2021

PLUTO AT OPPOSITION

Date	UT	Mag.
2021 July 17	23^h	+ 14.9

Stationary in right ascension on 2021 April 28 and October 6.

The following diagrams are provided for observers wishing to find the position of Pluto in relation to the stars. The first chart shows the path of the dwarf planet during 2021. The second chart provides a detailed view of the path over 60 days either side of opposition. The V-magnitude scale used is given on each chart.

Pluto is in Sagittarius, towards the Galatic Centre. The field of view is therefore crowded with background stars.

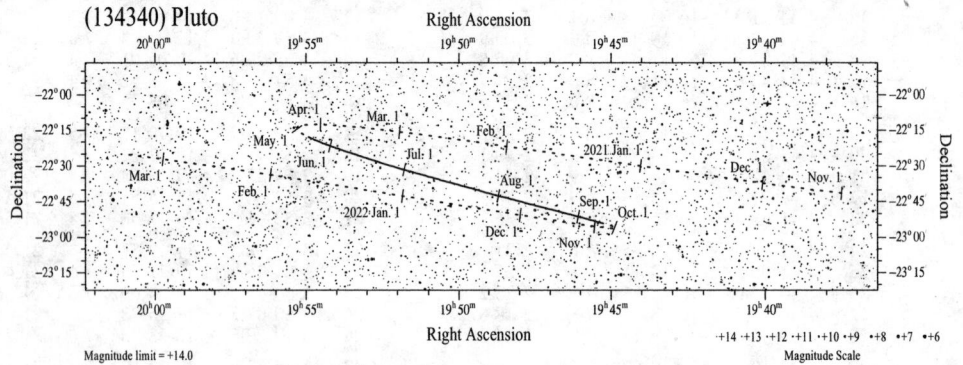

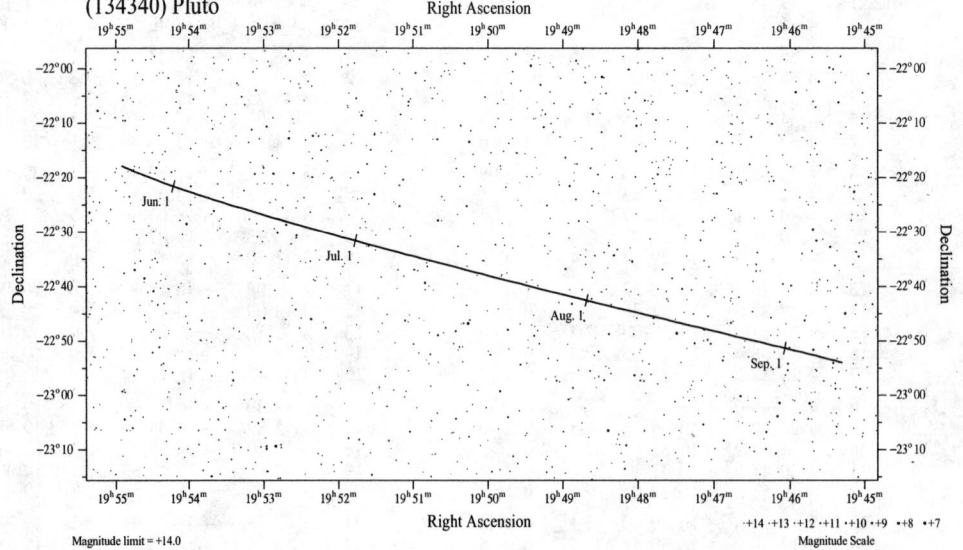

The charts are also available for download from *The Astronomical Almanac Online.*

PLUTO, 2021
GEOCENTRIC POSITIONS FOR 0ʰ TERRESTRIAL TIME

Date	Astrometric R.A.	Dec.	Vis. Mag.	Ephemeris Transit	Date	Astrometric R.A.	Dec.	Vis. Mag.	Ephemeris Transit
	h m s	° ′ ″		h m		h m s	° ′ ″		h m
2021 May 19	19 54 52·8	−22 18 07	15·1	4 07·9	2021 July 17	19 50 11·3	−22 37 23	14·9	0 11·3
20	19 54 50·4	−22 18 22	15·1	4 03·9	18	19 50 05·2	−22 37 44	14·9	0 07·3
21	19 54 47·8	−22 18 37	15·1	4 00·0	19	19 49 59·1	−22 38 06	14·9	0 03·2
22	19 54 45·1	−22 18 52	15·1	3 56·0	20	19 49 53·0	−22 38 27	14·9	23 55·2
23	19 54 42·3	−22 19 07	15·1	3 52·0	21	19 49 47·0	−22 38 48	14·9	23 51·1
24	19 54 39·5	−22 19 23	15·1	3 48·0	22	19 49 40·9	−22 39 09	14·9	23 47·1
25	19 54 36·5	−22 19 38	15·1	3 44·1	23	19 49 34·8	−22 39 30	14·9	23 43·1
26	19 54 33·4	−22 19 54	15·1	3 40·1	24	19 49 28·8	−22 39 51	14·9	23 39·0
27	19 54 30·2	−22 20 11	15·1	3 36·1	25	19 49 22·8	−22 40 12	14·9	23 35·0
28	19 54 26·9	−22 20 27	15·1	3 32·1	26	19 49 16·7	−22 40 33	15·0	23 31·0
29	19 54 23·5	−22 20 44	15·1	3 28·1	27	19 49 10·7	−22 40 53	15·0	23 26·9
30	19 54 20·0	−22 21 01	15·1	3 24·1	28	19 49 04·7	−22 41 14	15·0	23 22·9
31	19 54 16·5	−22 21 19	15·1	3 20·1	29	19 48 58·8	−22 41 34	15·0	23 18·9
June 1	19 54 12·8	−22 21 36	15·1	3 16·1	30	19 48 52·8	−22 41 55	15·0	23 14·9
2	19 54 09·0	−22 21 54	15·1	3 12·2	31	19 48 46·9	−22 42 15	15·0	23 10·8
3	19 54 05·2	−22 22 12	15·1	3 08·2	Aug. 1	19 48 41·0	−22 42 35	15·0	23 06·8
4	19 54 01·2	−22 22 30	15·1	3 04·2	2	19 48 35·2	−22 42 55	15·0	23 02·8
5	19 53 57·2	−22 22 48	15·1	3 00·2	3	19 48 29·4	−22 43 14	15·0	22 58·7
6	19 53 53·0	−22 23 07	15·1	2 56·2	4	19 48 23·6	−22 43 34	15·0	22 54·7
7	19 53 48·8	−22 23 25	15·1	2 52·2	5	19 48 17·8	−22 43 53	15·0	22 50·7
8	19 53 44·5	−22 23 44	15·1	2 48·2	6	19 48 12·1	−22 44 12	15·0	22 46·7
9	19 53 40·1	−22 24 03	15·1	2 44·2	7	19 48 06·4	−22 44 32	15·0	22 42·6
10	19 53 35·7	−22 24 23	15·1	2 40·1	8	19 48 00·8	−22 44 50	15·0	22 38·6
11	19 53 31·1	−22 24 42	15·1	2 36·1	9	19 47 55·2	−22 45 09	15·0	22 34·6
12	19 53 26·5	−22 25 02	15·1	2 32·1	10	19 47 49·7	−22 45 28	15·0	22 30·6
13	19 53 21·8	−22 25 21	15·0	2 28·1	11	19 47 44·2	−22 45 46	15·0	22 26·5
14	19 53 17·1	−22 25 41	15·0	2 24·1	12	19 47 38·8	−22 46 04	15·0	22 22·5
15	19 53 12·2	−22 26 01	15·0	2 20·1	13	19 47 33·4	−22 46 22	15·0	22 18·5
16	19 53 07·3	−22 26 21	15·0	2 16·1	14	19 47 28·1	−22 46 40	15·0	22 14·5
17	19 53 02·3	−22 26 42	15·0	2 12·1	15	19 47 22·8	−22 46 57	15·0	22 10·5
18	19 52 57·3	−22 27 02	15·0	2 08·1	16	19 47 17·6	−22 47 15	15·0	22 06·4
19	19 52 52·2	−22 27 23	15·0	2 04·0	17	19 47 12·5	−22 47 32	15·0	22 02·4
20	19 52 47·0	−22 27 43	15·0	2 00·0	18	19 47 07·4	−22 47 49	15·0	21 58·4
21	19 52 41·8	−22 28 04	15·0	1 56·0	19	19 47 02·4	−22 48 05	15·0	21 54·4
22	19 52 36·5	−22 28 25	15·0	1 52·0	20	19 46 57·5	−22 48 22	15·0	21 50·4
23	19 52 31·2	−22 28 46	15·0	1 48·0	21	19 46 52·6	−22 48 38	15·1	21 46·4
24	19 52 25·8	−22 29 07	15·0	1 43·9	22	19 46 47·8	−22 48 54	15·1	21 42·4
25	19 52 20·3	−22 29 28	15·0	1 39·9	23	19 46 43·1	−22 49 10	15·1	21 38·4
26	19 52 14·8	−22 29 50	15·0	1 35·9	24	19 46 38·4	−22 49 25	15·1	21 34·4
27	19 52 09·3	−22 30 11	15·0	1 31·9	25	19 46 33·8	−22 49 40	15·1	21 30·3
28	19 52 03·7	−22 30 32	15·0	1 27·9	26	19 46 29·4	−22 49 55	15·1	21 26·3
29	19 51 58·0	−22 30 54	15·0	1 23·8	27	19 46 24·9	−22 50 10	15·1	21 22·3
30	19 51 52·4	−22 31 15	15·0	1 19·8	28	19 46 20·6	−22 50 25	15·1	21 18·3
July 1	19 51 46·6	−22 31 37	15·0	1 15·8	29	19 46 16·4	−22 50 39	15·1	21 14·3
2	19 51 40·9	−22 31 58	15·0	1 11·8	30	19 46 12·2	−22 50 53	15·1	21 10·3
3	19 51 35·1	−22 32 20	15·0	1 07·7	31	19 46 08·1	−22 51 06	15·1	21 06·3
4	19 51 29·2	−22 32 42	15·0	1 03·7	Sept. 1	19 46 04·1	−22 51 20	15·1	21 02·3
5	19 51 23·4	−22 33 03	15·0	0 59·7	2	19 46 00·2	−22 51 33	15·1	20 58·3
6	19 51 17·5	−22 33 25	15·0	0 55·6	3	19 45 56·4	−22 51 46	15·1	20 54·4
7	19 51 11·6	−22 33 47	15·0	0 51·6	4	19 45 52·7	−22 51 58	15·1	20 50·4
8	19 51 05·6	−22 34 08	15·0	0 47·6	5	19 45 49·1	−22 52 11	15·1	20 46·4
9	19 50 59·6	−22 34 30	15·0	0 43·5	6	19 45 45·6	−22 52 23	15·1	20 42·4
10	19 50 53·6	−22 34 52	15·0	0 39·5	7	19 45 42·2	−22 52 35	15·1	20 38·4
11	19 50 47·6	−22 35 14	14·9	0 35·5	8	19 45 38·9	−22 52 46	15·1	20 34·4
12	19 50 41·6	−22 35 35	14·9	0 31·5	9	19 45 35·6	−22 52 57	15·1	20 30·4
13	19 50 35·5	−22 35 57	14·9	0 27·4	10	19 45 32·5	−22 53 08	15·1	20 26·4
14	19 50 29·5	−22 36 18	14·9	0 23·4	11	19 45 29·5	−22 53 19	15·1	20 22·5
15	19 50 23·4	−22 36 40	14·9	0 19·4	12	19 45 26·6	−22 53 29	15·1	20 18·5
16	19 50 17·3	−22 37 02	14·9	0 15·3	13	19 45 23·8	−22 53 39	15·1	20 14·5
July 17	19 50 11·3	−22 37 23	14·9	0 11·3	Sept. 14	19 45 21·1	−22 53 49	15·1	20 10·5

Second transit for Pluto 2021 July 19ᵈ 23ʰ 59ᵐ2

ERIS AT OPPOSITION

Date		UT	Mag.
2021 Oct.	17	10^h	+ 18.7

Stationary in right ascension on 2021 January 16 and July 24.

The following diagrams are provided for observers wishing to find the position of Eris in relation to the stars. The first chart shows the path of the dwarf planet during 2021. The second chart provides a detailed view of the path over 60 days either side of opposition. The V-magnitude scale used is given on each chart.

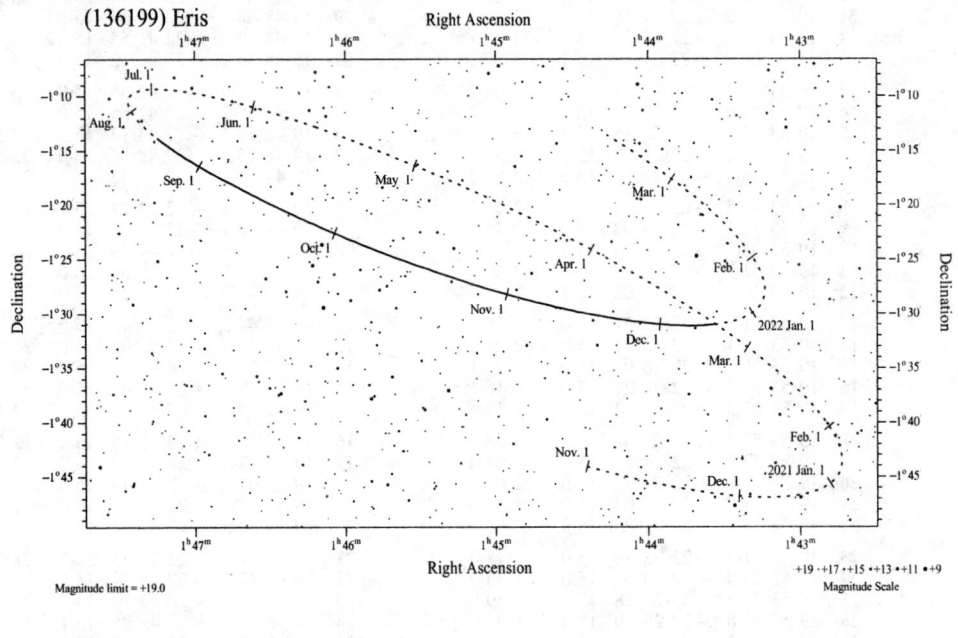

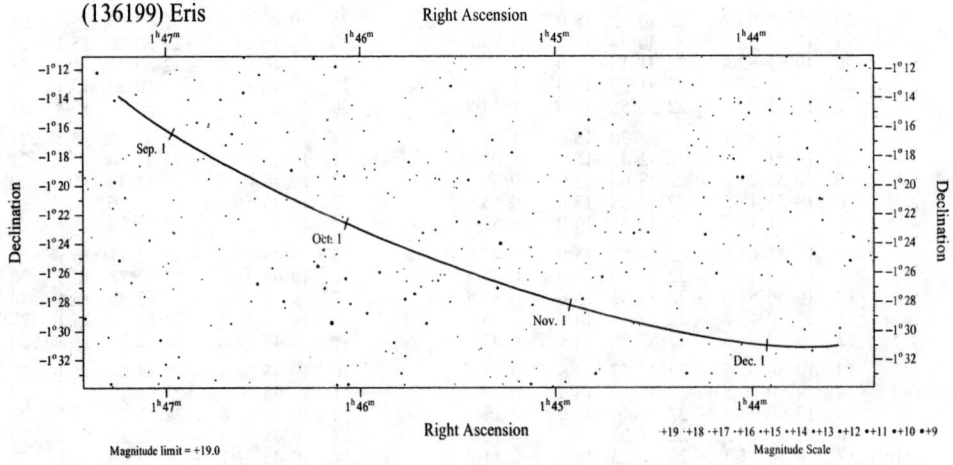

The charts are also available for download from *The Astronomical Almanac Online.*

GEOCENTRIC POSITIONS FOR 0ʰ TERRESTRIAL TIME

Date	Astrometric R.A.	Dec.	Vis. Mag.	Ephemeris Transit	Date	Astrometric R.A.	Dec.	Vis. Mag.	Ephemeris Transit
	h m s	° ′ ″		h m		h m s	° ′ ″		h m
2021 Aug. 19	1 47 13·8	− 1 14 02	18·8	3 57·4	2021 Oct. 17	1 45 29·2	− 1 25 44	18·7	0 03·7
20	1 47 12·8	− 1 14 13	18·8	3 53·5	18	1 45 27·0	− 1 25 55	18·7	23 55·8
21	1 47 11·8	− 1 14 23	18·8	3 49·5	19	1 45 24·7	− 1 26 06	18·7	23 51·8
22	1 47 10·7	− 1 14 34	18·8	3 45·6	20	1 45 22·5	− 1 26 16	18·7	23 47·9
23	1 47 09·6	− 1 14 45	18·8	3 41·6	21	1 45 20·2	− 1 26 27	18·7	23 43·9
24	1 47 08·5	− 1 14 55	18·8	3 37·7	22	1 45 18·0	− 1 26 37	18·7	23 39·9
25	1 47 07·3	− 1 15 06	18·8	3 33·7	23	1 45 15·7	− 1 26 48	18·7	23 35·9
26	1 47 06·1	− 1 15 17	18·8	3 29·8	24	1 45 13·5	− 1 26 58	18·7	23 32·0
27	1 47 04·9	− 1 15 29	18·8	3 25·8	25	1 45 11·2	− 1 27 08	18·7	23 28·0
28	1 47 03·6	− 1 15 40	18·8	3 21·9	26	1 45 09·0	− 1 27 18	18·7	23 24·0
29	1 47 02·3	− 1 15 51	18·8	3 17·9	27	1 45 06·7	− 1 27 27	18·7	23 20·1
30	1 47 01·0	− 1 16 03	18·8	3 14·0	28	1 45 04·5	− 1 27 37	18·7	23 16·1
31	1 46 59·6	− 1 16 14	18·8	3 10·0	29	1 45 02·2	− 1 27 46	18·7	23 12·1
Sept. 1	1 46 58·2	− 1 16 26	18·8	3 06·1	30	1 45 00·0	− 1 27 55	18·7	23 08·2
2	1 46 56·8	− 1 16 38	18·8	3 02·1	31	1 44 57·8	− 1 28 04	18·7	23 04·2
3	1 46 55·3	− 1 16 50	18·8	2 58·1	Nov. 1	1 44 55·6	− 1 28 13	18·7	23 00·2
4	1 46 53·8	− 1 17 02	18·8	2 54·2	2	1 44 53·3	− 1 28 22	18·8	22 56·3
5	1 46 52·3	− 1 17 14	18·8	2 50·2	3	1 44 51·1	− 1 28 30	18·8	22 52·3
6	1 46 50·8	− 1 17 26	18·8	2 46·3	4	1 44 48·9	− 1 28 38	18·8	22 48·3
7	1 46 49·2	− 1 17 38	18·8	2 42·3	5	1 44 46·8	− 1 28 46	18·8	22 44·4
8	1 46 47·6	− 1 17 50	18·8	2 38·4	6	1 44 44·6	− 1 28 54	18·8	22 40·4
9	1 46 46·0	− 1 18 02	18·8	2 34·4	7	1 44 42·4	− 1 29 02	18·8	22 36·4
10	1 46 44·3	− 1 18 14	18·8	2 30·4	8	1 44 40·3	− 1 29 10	18·8	22 32·4
11	1 46 42·6	− 1 18 27	18·8	2 26·5	9	1 44 38·1	− 1 29 17	18·8	22 28·5
12	1 46 40·9	− 1 18 39	18·8	2 22·5	10	1 44 36·0	− 1 29 24	18·8	22 24·5
13	1 46 39·2	− 1 18 52	18·8	2 18·6	11	1 44 33·9	− 1 29 31	18·8	22 20·5
14	1 46 37·4	− 1 19 04	18·8	2 14·6	12	1 44 31·8	− 1 29 37	18·8	22 16·6
15	1 46 35·7	− 1 19 16	18·8	2 10·6	13	1 44 29·7	− 1 29 44	18·8	22 12·6
16	1 46 33·9	− 1 19 29	18·8	2 06·7	14	1 44 27·6	− 1 29 50	18·8	22 08·7
17	1 46 32·0	− 1 19 41	18·8	2 02·7	15	1 44 25·6	− 1 29 56	18·8	22 04·7
18	1 46 30·2	− 1 19 54	18·8	1 58·8	16	1 44 23·5	− 1 30 02	18·8	22 00·7
19	1 46 28·3	− 1 20 07	18·8	1 54·8	17	1 44 21·5	− 1 30 07	18·8	21 56·8
20	1 46 26·4	− 1 20 19	18·8	1 50·8	18	1 44 19·5	− 1 30 13	18·8	21 52·8
21	1 46 24·5	− 1 20 32	18·8	1 46·9	19	1 44 17·5	− 1 30 18	18·8	21 48·8
22	1 46 22·6	− 1 20 44	18·8	1 42·9	20	1 44 15·6	− 1 30 23	18·8	21 44·9
23	1 46 20·6	− 1 20 57	18·8	1 38·9	21	1 44 13·7	− 1 30 27	18·8	21 40·9
24	1 46 18·6	− 1 21 09	18·8	1 35·0	22	1 44 11·7	− 1 30 32	18·8	21 36·9
25	1 46 16·6	− 1 21 22	18·8	1 31·0	23	1 44 09·8	− 1 30 36	18·8	21 33·0
26	1 46 14·6	− 1 21 34	18·8	1 27·0	24	1 44 08·0	− 1 30 40	18·8	21 29·0
27	1 46 12·6	− 1 21 47	18·8	1 23·1	25	1 44 06·1	− 1 30 44	18·8	21 25·0
28	1 46 10·5	− 1 21 59	18·8	1 19·1	26	1 44 04·3	− 1 30 47	18·8	21 21·1
29	1 46 08·5	− 1 22 12	18·8	1 15·1	27	1 44 02·5	− 1 30 50	18·8	21 17·1
30	1 46 06·4	− 1 22 24	18·8	1 11·2	28	1 44 00·7	− 1 30 53	18·8	21 13·2
Oct. 1	1 46 04·3	− 1 22 36	18·8	1 07·2	29	1 43 59·0	− 1 30 56	18·8	21 09·2
2	1 46 02·2	− 1 22 49	18·8	1 03·2	30	1 43 57·2	− 1 30 58	18·8	21 05·2
3	1 46 00·1	− 1 23 01	18·7	0 59·3	Dec. 1	1 43 55·5	− 1 31 00	18·8	21 01·3
4	1 45 57·9	− 1 23 13	18·7	0 55·3	2	1 43 53·9	− 1 31 02	18·8	20 57·3
5	1 45 55·8	− 1 23 25	18·7	0 51·3	3	1 43 52·2	− 1 31 04	18·8	20 53·4
6	1 45 53·6	− 1 23 37	18·7	0 47·4	4	1 43 50·6	− 1 31 05	18·8	20 49·4
7	1 45 51·4	− 1 23 49	18·7	0 43·4	5	1 43 49·0	− 1 31 06	18·8	20 45·4
8	1 45 49·2	− 1 24 01	18·7	0 39·4	6	1 43 47·5	− 1 31 07	18·8	20 41·5
9	1 45 47·1	− 1 24 13	18·7	0 35·5	7	1 43 45·9	− 1 31 08	18·8	20 37·5
10	1 45 44·9	− 1 24 25	18·7	0 31·5	8	1 43 44·4	− 1 31 08	18·8	20 33·6
11	1 45 42·6	− 1 24 36	18·7	0 27·5	9	1 43 43·0	− 1 31 08	18·8	20 29·6
12	1 45 40·4	− 1 24 48	18·7	0 23·6	10	1 43 41·5	− 1 31 08	18·8	20 25·7
13	1 45 38·2	− 1 24 59	18·7	0 19·6	11	1 43 40·1	− 1 31 08	18·8	20 21·7
14	1 45 36·0	− 1 25 11	18·7	0 15·6	12	1 43 38·8	− 1 31 07	18·8	20 17·8
15	1 45 33·7	− 1 25 22	18·7	0 11·7	13	1 43 37·4	− 1 31 06	18·8	20 13·8
16	1 45 31·5	− 1 25 33	18·7	0 07·7	14	1 43 36·1	− 1 31 05	18·8	20 09·9
Oct. 17	1 45 29·2	− 1 25 44	18·7	0 03·7	Dec. 15	1 43 34·8	− 1 31 03	18·8	20 05·9

Second transit for Eris 2021 October 17ᵈ 23ʰ 59ᵐ8

CERES, 2021

EPHEMERIS FOR PHYSICAL OBSERVATIONS
FOR 0^h TERRESTRIAL TIME

Date		Light Time	Visual Magnitude	Phase Angle	L_s	Sub-Earth Point Longitude	Sub-Earth Point Latitude	Positive Pole P.A.
		m		°	°	°	°	°
Jan.	−14	25·86	9·2	18·4	143·93	304·19	+3·58	341·95
	−4	26·91	9·2	17·5	145·79	102·26	+2·79	341·33
	6	27·91	9·3	16·4	147·66	260·12	+2·05	340·69
	16	28·83	9·3	15·1	149·53	57·82	+1·36	340·05
Jan.	26	29·67	9·3	13·6	151·40	215·40	+0·75	339·44
Feb.	5	30·40	9·3	12·0	153·28	12·90	+0·19	338·86
	15	31·04	9·3	10·3	155·17	170·34	−0·29	338·34
	25	31·56	9·2	8·5	157·06	327·77	−0·70	337·88
Mar.	7	31·97	9·2	6·7	158·96	125·20	−1·03	337·49
	17	32·26	9·1	4·9	160·86	282·65	−1·30	337·18
	27	32·44	9·0	3·3	162·78	80·14	−1·49	336·96
Apr.	6	32·49	9·0	2·4	164·69	237·69	−1·61	336·83
	16	32·43	9·0	2·9	166·62	35·31	−1·67	336·80
	26	32·25	9·0	4·4	168·55	193·02	−1·66	336·87
May	6	31·96	9·1	6·1	170·49	350·82	−1·58	337·04
	16	31·55	9·2	7·9	172·44	148·74	−1·45	337·30
	26	31·04	9·2	9·7	174·40	306·77	−1·26	337·66
June	5	30·43	9·2	11·5	176·36	104·93	−1·02	338·11
	15	29·72	9·2	13·2	178·34	263·24	−0·74	338·65
	25	28·92	9·2	14·8	180·32	61·71	−0·42	339·26
July	5	28·04	9·2	16·3	182·31	220·35	−0·07	339·92
	15	27·08	9·2	17·6	184·32	19·18	+0·29	340·64
	25	26·05	9·1	18·8	186·33	178·23	+0·67	341·38
Aug.	4	24·97	9·0	19·7	188·35	337·52	+1·05	342·14
	14	23·85	9·0	20·5	190·39	137·08	+1·42	342·87
	24	22·69	8·9	20·9	192·43	296·94	+1·76	343·57
Sept.	3	21·52	8·7	21·0	194·49	97·16	+2·05	344·19
	13	20·35	8·6	20·7	196·56	257·77	+2·28	344·71
	23	19·22	8·4	19·9	198·64	58·84	+2·41	345·10
Oct.	3	18·13	8·3	18·5	200·73	220·41	+2·43	345·31
	13	17·14	8·1	16·5	202·83	22·52	+2·29	345·33
	23	16·26	7·9	13·9	204·95	185·18	+1·97	345·14
Nov.	2	15·54	7·6	10·6	207·08	348·36	+1·45	344·74
	12	15·02	7·4	6·8	209·22	151·96	+0·73	344·18
	22	14·71	7·1	2·9	211·37	315·79	−0·17	343·50
Dec.	2	14·65	7·1	2·6	213·54	119·60	−1·21	342·80
	12	14·83	7·3	6·6	215·72	283·14	−2·29	342·15
	22	15·24	7·6	10·6	217·91	86·15	−3·36	341·62
	32	15·85	7·8	14·0	220·12	248·48	−4·34	341·25
Dec.	42	16·63	8·0	16·8	222·34	50·05	−5·19	341·04

EPHEMERIS FOR PHYSICAL OBSERVATIONS
FOR 0^h TERRESTRIAL TIME

Date		Light Time	Visual Magnitude	Phase Angle	L_s	Sub-Earth Point Longitude	Sub-Earth Point Latitude	Positive Pole P.A.
		m		°	°	°	°	°
Jan.	−14	291·46	15·1	0·8	254·84	14·33	+56·56	212·73
	−4	292·09	15·1	0·5	254·90	218·36	+56·76	212·25
	6	292·47	15·1	0·2	254·95	62·43	+56·97	211·73
	16	292·62	15·0	0·0	255·00	266·52	+57·18	211·20
Jan.	26	292·53	15·1	0·3	255·05	110·62	+57·38	210·66
Feb.	5	292·19	15·1	0·6	255·10	314·73	+57·58	210·13
	15	291·63	15·1	0·8	255·15	158·84	+57·77	209·62
	25	290·86	15·2	1·1	255·21	2·92	+57·94	209·15
Mar.	7	289·90	15·2	1·3	255·26	206·97	+58·08	208·72
	17	288·79	15·2	1·4	255·31	50·97	+58·20	208·34
	27	287·56	15·2	1·6	255·36	254·93	+58·30	208·04
Apr.	6	286·25	15·2	1·6	255·41	98·82	+58·36	207·80
	16	284·90	15·2	1·7	255·46	302·64	+58·39	207·64
	26	283·54	15·1	1·7	255·51	146·40	+58·40	207·56
May	6	282·22	15·1	1·6	255·57	350·08	+58·37	207·56
	16	280·98	15·1	1·5	255·62	193·68	+58·31	207·64
	26	279·86	15·1	1·3	255·67	37·22	+58·23	207·79
June	5	278·88	15·1	1·1	255·72	240·70	+58·12	208·01
	15	278·09	15·0	0·9	255·77	84·11	+57·99	208·29
	25	277·50	15·0	0·7	255·82	287·48	+57·85	208·60
July	5	277·13	15·0	0·4	255·87	130·82	+57·69	208·95
	15	277·00	14·9	0·1	255·92	334·13	+57·52	209·32
	25	277·11	14·9	0·2	255·98	177·43	+57·36	209·69
Aug.	4	277·46	15·0	0·5	256·03	20·72	+57·20	210·05
	14	278·04	15·0	0·7	256·08	224·04	+57·04	210·38
	24	278·84	15·1	1·0	256·13	67·37	+56·91	210·68
Sept.	3	279·84	15·1	1·2	256·18	270·74	+56·79	210·93
	13	281·01	15·1	1·4	256·23	114·15	+56·70	211·12
	23	282·31	15·1	1·5	256·28	317·62	+56·63	211·25
Oct.	3	283·71	15·2	1·6	256·33	161·14	+56·60	211·30
	13	285·17	15·2	1·7	256·39	4·72	+56·60	211·29
	23	286·65	15·2	1·6	256·44	208·37	+56·63	211·19
Nov.	2	288·11	15·2	1·6	256·49	52·09	+56·69	211·02
	12	289·50	15·2	1·5	256·54	255·88	+56·79	210·78
	22	290·79	15·2	1·3	256·59	99·73	+56·91	210·47
Dec.	2	291·94	15·2	1·2	256·64	303·64	+57·05	210·09
	12	292·92	15·2	0·9	256·69	147·61	+57·22	209·66
	22	293·69	15·1	0·7	256·74	351·63	+57·40	209·18
	32	294·25	15·1	0·4	256·79	195·70	+57·59	208·66
Dec.	42	294·57	15·1	0·2	256·85	39·80	+57·79	208·12

HELIOCENTRIC OSCULATING ELEMENTS
FOR EPOCH 2021 JULY 5·0 TT, ECLIPTIC AND EQUINOX J2000·0

No.	Name	Magnitude Parameters H	G	Mean Diameter	Inclination i	Long. of Asc. Node Ω	Argument of Perihelion ω	Semi-major Axis a	Daily Motion n	Eccentricity e	Mean Anomaly M
				km	°	°	°	au	°/d		°
(2)	Pallas	4·20	0·15	524	34·899	172·920	310·441	2·7738	0·21335	0·2298	230·078
(3)	Juno	5·20	0·15	274	12·991	169·852	247·998	2·6682	0·22615	0·2570	215·999
(4)	Vesta	3·00	0·15	512	7·142	103·806	151·018	2·3616	0·27157	0·0883	312·776
(5)	Astraea	6·90	0·15	120	5·368	141·571	358·661	2·5739	0·23868	0·1906	113·334
(6)	Hebe	5·70	0·15	190	14·740	138·642	239·603	2·4255	0·26092	0·2032	295·256
(7)	Iris	5·60	0·15	211	5·518	259·527	145·312	2·3862	0·26739	0·2294	354·196
(8)	Flora	6·50	0·15	138	5·889	110·876	285·532	2·2017	0·30169	0·1560	75·949
(9)	Metis	6·30	0·15	209	5·577	68·901	6·218	2·3857	0·26748	0·1234	130·998
(10)	Hygiea	5·50	0·15	444	3·831	283·194	312·454	3·1424	0·17693	0·1118	293·549
(11)	Parthenope	6·50	0·15	153	4·632	125·528	195·508	2·4528	0·25657	0·0997	124·215
(12)	Victoria	7·20	0·15	113	8·372	235·393	69·720	2·3340	0·27641	0·2207	354·417
(13)	Egeria	6·80	0·15	208	16·533	43·212	80·232	2·5768	0·23828	0·0854	18·507
(14)	Irene	6·50	0·15	180	9·120	86·120	97·740	2·5865	0·23694	0·1661	354·611
(15)	Eunomia	5·20	0·15	320	11·753	292·934	98·621	2·6443	0·22921	0·1865	106·674
(16)	Psyche	6·00	0·15	226	3·097	150·033	229·153	2·9241	0·19711	0·1338	85·792
(17)	Thetis	7·70	0·15	90	5·593	125·541	135·817	2·4701	0·25388	0·1331	146·790
(18)	Melpomene	6·60	0·15	138	10·132	150·362	228·107	2·2961	0·28329	0·2177	133·735
(19)	Fortuna	7·30	0·15	225	1·573	211·056	182·404	2·4424	0·25821	0·1569	43·520
(20)	Massalia	6·50	0·15	145	0·709	205·986	257·561	2·4083	0·26372	0·1429	327·766
(21)	Lutetia	7·50	0·15	105	3·064	80·860	250·094	2·4355	0·25931	0·1635	191·583
(22)	Kalliope	6·50	0·15	181	13·702	65·995	357·541	2·9094	0·19861	0·0982	353·825
(23)	Thalia	7·00	0·15	108	10·106	66·816	60·824	2·6275	0·23141	0·2339	161·007
(24)	Themis	7·20	0·15	175	0·752	35·918	107·358	3·1384	0·17727	0·1237	136·843
(25)	Phocaea	7·80	0·15	75	21·607	214·104	90·289	2·4000	0·26508	0·2551	24·965
(26)	Proserpina	7·50	0·15	95	3·562	45·766	193·613	2·6555	0·22777	0·0895	287·791
(27)	Euterpe	7·00	0·15	118	1·584	94·787	356·335	2·3468	0·27415	0·1727	194·826
(28)	Bellona	7·20	0·15	121	9·431	144·288	343·891	2·7751	0·21320	0·1516	84·131
(29)	Amphitrite	5·90	0·15	212	6·083	356·329	63·166	2·5547	0·24137	0·0732	117·528
(30)	Urania	7·50	0·15	100	2·096	307·469	87·200	2·3650	0·27099	0·1278	246·108
(31)	Euphrosyne	6·80	0·15	256	26·262	30·966	61·622	3·1618	0·17530	0·2186	227·695
(32)	Pomona	7·60	0·15	81	5·522	220·380	338·831	2·5868	0·23690	0·0818	222·086
(37)	Fides	7·30	0·15	108	3·071	7·259	62·657	2·6412	0·22962	0·1758	165·350
(39)	Laetitia	6·10	0·15	150	10·370	156·940	209·474	2·7699	0·21379	0·1117	112·333
(40)	Harmonia	7·00	0·15	108	4·256	94·177	268·708	2·2678	0·28861	0·0468	339·496
(41)	Daphne	7·40	0·15	187	15·789	178·056	45·922	2·7617	0·21475	0·2747	306·160
(42)	Isis	7·50	0·15	100	8·513	84·186	237·148	2·4417	0·25833	0·2228	50·210
(43)	Ariadne	7·90	0·15	66	3·471	264·803	16·392	2·2035	0·30133	0·1687	18·923
(44)	Nysa	6·90	0·15	71	3·712	131·498	344·201	2·4224	0·26141	0·1487	290·692
(45)	Eugenia	7·50	0·15	215	6·605	147·595	87·761	2·7202	0·21969	0·0838	214·603
(48)	Doris	7·10	0·15	222	6·547	183·522	252·563	3·1119	0·17954	0·0715	213·723
(51)	Nemausa	7·60	0·15	158	9·979	175·956	1·998	2·3657	0·27087	0·0676	313·416
(52)	Europa	6·40	0·15	315	7·479	128·599	343·209	3·0954	0·18098	0·1107	22·413
(54)	Alexandra	7·80	0·15	166	11·798	313·245	345·147	2·7118	0·22071	0·1971	194·801
(60)	Echo	8·50	0·15	60	3·601	191·537	271·159	2·3924	0·26635	0·1850	61·567
(63)	Ausonia	7·40	0·15	103	5·777	337·722	296·190	2·3948	0·26595	0·1270	352·020
(64)	Angelina	8·00	0·15	56	1·307	309·076	180·192	2·6840	0·22415	0·1252	216·546
(65)	Cybele	6·90	0·15	230	3·564	155·603	103·019	3·4278	0·15530	0·1128	25·044

HELIOCENTRIC OSCULATING ELEMENTS
FOR EPOCH 2021 JULY 5·0 TT, ECLIPTIC AND EQUINOX J2000·0

No.	Name	Magnitude Parameters H	G	Mean Diameter	Inclination i	Long. of Asc. Node Ω	Argument of Perihelion ω	Semimajor Axis a	Daily Motion n	Eccentricity e	Mean Anomaly M
				km	°	°	°	au	°/d		°
(67)	Asia	8·30	0·15	58	6·028	202·405	106·964	2·4217	0·26153	0·1850	127·847
(68)	Leto	6·90	0·15	123	7·961	44·075	304·526	2·7823	0·21238	0·1850	71·425
(69)	Hesperia	7·20	0·15	138	8·593	184·984	288·980	2·9755	0·19202	0·1701	94·811
(71)	Niobe	7·10	0·15	83	23·265	316·002	267·273	2·7584	0·21513	0·1740	76·025
(79)	Eurynome	8·00	0·15	66	4·612	206·524	201·541	2·4453	0·25775	0·1902	74·600
(80)	Sappho	8·00	0·15	79	8·675	218·673	139·519	2·2961	0·28328	0·2005	324·145
(85)	Io	7·70	0·15	164	11·962	203·062	122·793	2·6521	0·22820	0·1943	43·476
(87)	Sylvia	6·80	0·15	261	10·876	73·023	263·767	3·4807	0·15177	0·0938	213·925
(88)	Thisbe	7·20	0·15	232	5·213	276·452	36·453	2·7699	0·21380	0·1618	219·909
(89)	Julia	6·80	0·15	151	16·130	311·552	45·105	2·5512	0·24187	0·1851	331·379
(92)	Undina	6·70	0·15	126	9·930	101·582	238·655	3·1880	0·17315	0·1053	318·882
(94)	Aurora	7·60	0·15	204	7·970	2·554	60·275	3·1580	0·17562	0·0946	89·562
(97)	Klotho	7·80	0·15	83	11·779	159·620	268·593	2·6681	0·22615	0·2575	131·949
(103)	Hera	7·60	0·15	91	5·419	136·076	188·941	2·7029	0·22180	0·0792	172·155
(107)	Camilla	7·10	0·15	223	10·004	172·584	305·950	3·4887	0·15125	0·0649	88·033
(115)	Thyra	7·60	0·15	80	11·594	308·797	96·984	2·3789	0·26861	0·1933	231·781
(121)	Hermione	7·30	0·15	209	7·565	72·916	296·744	3·4576	0·15330	0·1272	342·547
(128)	Nemesis	7·70	0·15	188	6·246	76·233	303·565	2·7484	0·21632	0·1280	245·198
(129)	Antigone	7·20	0·15	138	12·272	135·665	110·919	2·8677	0·20296	0·2129	102·447
(135)	Hertha	8·20	0·15	79	2·304	343·566	340·267	2·4288	0·26038	0·2069	186·322
(185)	Eunike	7·70	0·15	158	23·256	153·760	223·525	2·7379	0·21756	0·1275	359·521
(192)	Nausikaa	7·30	0·15	95	6·799	343·101	30·663	2·4026	0·26465	0·2456	209·837
(194)	Prokne	7·80	0·15	169	18·511	159·264	163·055	2·6158	0·23297	0·2379	101·976
(196)	Philomela	6·50	0·15	136	7·261	72·315	202·010	3·1152	0·17926	0·0155	232·979
(216)	Kleopatra	7·20	0·15	118	13·116	215·347	179·933	2·7925	0·21121	0·2513	239·801
(230)	Athamantis	7·30	0·15	109	9·451	239·842	139·922	2·3816	0·26816	0·0621	237·887
(270)	Anahita	8·80	0·15	51	2·368	254·327	80·474	2·1980	0·30245	0·1503	43·602
(287)	Nephthys	8·20	0·15	68	10·036	142·320	119·436	2·3533	0·27302	0·0228	258·889
(324)	Bamberga	7·00	0·15	228	11·105	327·859	44·227	2·6801	0·22463	0·3413	269·591
(346)	Hermentaria	7·30	0·15	107	8·752	91·933	291·894	2·7949	0·21094	0·1026	208·321
(349)	Dembowska	5·90	0·15	140	8·242	32·265	344·734	2·9269	0·19683	0·0911	303·348
(354)	Eleonora	6·30	0·15	155	18·402	140·347	5·963	2·8003	0·21033	0·1131	142·293
(372)	Palma	7·50	0·15	189	23·836	327·282	115·503	3·1579	0·17563	0·2560	233·087
(387)	Aquitania	7·60	0·15	101	18·116	128·219	157·395	2·7410	0·21719	0·2350	274·758
(389)	Industria	7·80	0·15	79	8·122	282·281	264·931	2·6074	0·23409	0·0666	50·168
(409)	Aspasia	7·60	0·15	162	11·267	242·139	353·510	2·5756	0·23845	0·0721	329·716
(423)	Diotima	7·30	0·15	209	11·241	69·374	199·387	3·0688	0·18334	0·0353	208·301
(433)	Eros	10·40	0·15	17	10·830	304·299	178·863	1·4581	0·55977	0·2229	135·009
(451)	Patientia	6·70	0·15	225	15·217	89·215	335·923	3·0667	0·18352	0·0726	251·632
(471)	Papagena	6·60	0·15	134	15·015	83·807	315·596	2·8899	0·20062	0·2286	45·994
(511)	Davida	6·30	0·15	300	15·939	107·591	337·217	3·1633	0·17518	0·1882	114·270
(532)	Herculina	5·90	0·15	207	16·300	107·489	76·595	2·7732	0·21342	0·1778	154·457
(654)	Zelinda	8·60	0·15	127	18·101	278·407	214·279	2·2990	0·28275	0·2305	201·134
(702)	Alauda	7·30	0·15	195	20·600	289·745	353·069	3·1949	0·17259	0·0167	189·840
(704)	Interamnia	6·40	0·15	329	17·311	280·283	94·843	3·0560	0·18449	0·1554	248·309

BRIGHT MINOR PLANETS, 2021
NEXT OPPOSITION

Name		Date		Mag.	Dec.	Name		Date		Mag.	Dec.
					° ′						° ′
(54)	Alexandra	2021 Jan.	1	12·4	+32 03	**(6)**	**Hebe**	**2021 July**	**17**	**8·4**	**−10 22**
(41)	Daphne	2021 Jan.	2	11·9	+00 23	(23)	Thalia	2021 July	20	11·6	−31 48
(103)	Hera	2021 Jan.	3	11·4	+18 17	(354)	Eleonora	2021 July	22	10·6	−10 25
(287)	Nephthys	2021 Jan.	12	11·2	+13 07	(372)	Palma	2021 July	23	12·9	−34 39
(196)	Philomela	2021 Jan.	16	10·9	+28 03	(12)	Victoria	2021 July	30	8·7	−01 09
(135)	Hertha	2021 Jan.	18	12·0	+22 52	(31)	Euphrosyne	2021 Aug.	1	12·5	−51 17
(26)	Proserpina	2021 Jan.	20	11·2	+25 16	(451)	Patientia	2021 Aug.	6	11·3	−31 45
(15)	**Eunomia**	**2021 Jan.**	**21**	**8·4**	**+16 52**	(349)	Dembowska	2021 Aug.	12	9·7	−26 33
(14)	Irene	2021 Jan.	24	9·3	+28 37	(80)	Sappho	2021 Aug.	14	9·8	+02 51
(10)	**Hygiea**	**2021 Jan.**	**28**	**9·9**	**+15 41**	(43)	Ariadne	2021 Aug.	19	9·4	−06 35
(21)	Lutetia	2021 Jan.	29	11·2	+21 12	(71)	Niobe	2021 Aug.	21	10·9	−04 22
(60)	Echo	2021 Feb.	2	10·3	+10 59	(89)	Julia	2021 Aug.	25	9·1	−00 12
(18)	Melpomene	2021 Feb.	2	9·5	+11 52	(654)	Zelinda	2021 Aug.	28	12·7	+12 43
(94)	Aurora	2021 Feb.	5	11·9	+23 51	**(2)**	**Pallas**	**2021 Sept.**	**11**	**8·5**	**−00 08**
(88)	Thisbe	2021 Feb.	7	11·7	+10 13	(64)	Angelina	2021 Sept.	14	11·8	−02 02
(387)	Aquitania	2021 Feb.	17	12·0	+20 43	(532)	Herculina	2021 Sept.	19	10·8	−21 08
(29)	Amphitrite	2021 Feb.	22	9·1	+13 44	(121)	Hermione	2021 Sept.	27	11·6	−08 01
(4)	**Vesta**	**2021 Mar.**	**4**	**5·9**	**+16 01**	(40)	Harmonia	2021 Oct.	1	9·4	−03 45
(87)	Sylvia	2021 Mar.	11	12·3	+16 58	(25)	Phocaea	2021 Oct.	19	10·1	+15 43
(409)	Aspasia	2021 Mar.	11	11·0	−12 41	(129)	Antigone	2021 Oct.	21	12·0	−04 48
(9)	**Metis**	**2021 Apr.**	**4**	**9·5**	**+01 04**	(185)	Eunike	2021 Nov.	15	11·4	−17 17
(192)	Nausikaa	2021 Apr.	7	11·4	−12 22	(85)	Io	2021 Nov.	26	11·3	+08 37
(107)	Camilla	2021 Apr.	10	12·0	−01 58	(42)	Isis	2021 Dec.	9	10·7	+21 03
(97)	Klotho	2021 Apr.	14	12·2	+01 58	(44)	Nysa	2021 Dec.	10	9·1	+17 27
(511)	**Davida**	**2021 Apr.**	**15**	**11·4**	**+10 56**	(270)	Anahita	2021 Dec.	17	11·2	+22 35
(28)	Bellona	2021 Apr.	24	10·9	+00 23	(17)	Thetis	2021 Dec.	20	11·4	+18 17
(69)	Hesperia	2021 Apr.	24	11·3	−07 02	(32)	Pomona	2021 Dec.	24	11·1	+16 24
(346)	Hermentaria	2021 Apr.	25	11·7	−03 03	(22)	Kalliope	2021 Dec.	29	10·2	+34 48
(389)	Industria	2021 May	10	11·0	−28 11	**(7)**	**Iris**	**2022 Jan.**	**13**	**7·7**	**+15 39**
(37)	Fides	2021 May	11	11·5	−20 55	(68)	Leto	2022 Jan.	20	11·3	+31 13
(324)	Bamberga	2021 May	18	11·5	−35 33	(194)	Prokne	2022 Jan.	24	12·5	+03 52
(230)	Athamantis	2021 May	22	10·2	−20 06	(45)	Eugenia	2022 Jan.	26	11·2	+15 02
(704)	**Interamnia**	**2021 May**	**24**	**11·3**	**−35 46**	(67)	Asia	2022 Jan.	31	12·3	+08 54
(128)	Nemesis	2021 May	26	11·6	−19 29	(20)	Massalia	2022 Feb.	5	8·5	+14 42
(216)	Kleopatra	2021 May	29	11·9	−11 31	(11)	Parthenope	2022 Feb.	10	9·9	+16 06
(63)	Ausonia	2021 June	3	9·9	−33 19	(702)	Alauda	2022 Feb.	17	12·1	−06 01
(3)	**Juno**	**2021 June**	**6**	**10·1**	**−04 14**	(19)	Fortuna	2022 Feb.	22	10·5	+08 07
(115)	Thyra	2021 June	8	11·4	−37 08	(423)	Diotima	2022 Feb.	25	11·8	+24 12
(30)	Urania	2021 June	14	10·6	−25 43	(471)	Papagena	2022 Feb.	26	11·2	+28 10
(433)	Eros	2021 June	18	11·4	−39 53	(16)	Psyche	2022 Mar.	3	10·3	+07 39
(5)	Astraea	2021 June	20	10·7	−16 45	(39)	Laetitia	2022 Mar.	16	10·3	+06 12
(27)	Euterpe	2021 July	3	10·4	−23 13	(52)	Europa	2022 Apr.	6	10·7	+02 58
(48)	Doris	2021 July	8	11·8	−13 16	(8)	Flora	2022 Apr.	12	9·8	+00 16
(24)	Themis	2021 July	12	11·9	−22 56	(79)	Eurynome	2022 Apr.	15	11·6	−10 08
(65)	**Cybele**	**2021 July**	**14**	**11·1**	**−18 00**	(51)	Nemausa	2022 Apr.	25	10·2	−02 31
(92)	Undina	2021 July	14	10·6	−24 20	(13)	Egeria	2022 May	4	9·9	−16 32

Daily ephemerides of minor planets printed in **bold** are given in this section

GEOCENTRIC POSITIONS FOR 0ʰ TERRESTRIAL TIME

Date	Astrometric R.A.	Dec.	Vis. Mag.	Ephemeris Transit	Date	Astrometric R.A.	Dec.	Vis. Mag.	Ephemeris Transit
	h m s	° ′ ″		h m		h m s	° ′ ″		h m
2021 July 14	23 34 15·5	+ 8 19 49	9·8	4 06·4	2021 Sept. 11	23 09 25·4	− 0 14 24	8·5	23 45·0
15	23 34 20·3	+ 8 16 57	9·8	4 02·5	12	23 08 40·0	− 0 27 59	8·5	23 40·3
16	23 34 24·0	+ 8 13 54	9·8	3 58·6	13	23 07 54·6	− 0 41 36	8·6	23 35·6
17	23 34 26·6	+ 8 10 40	9·7	3 54·7	14	23 07 09·4	− 0 55 15	8·6	23 30·9
July 18	23 34 28·0	+ 8 07 14	9·7	3 50·8	15	23 06 24·2	− 1 08 56	8·6	23 26·2
19	23 34 28·4	+ 8 03 37	9·7	3 46·9	16	23 05 39·2	− 1 22 37	8·6	23 21·6
20	23 34 27·6	+ 7 59 48	9·7	3 43·0	17	23 04 54·5	− 1 36 20	8·6	23 16·9
21	23 34 25·7	+ 7 55 47	9·7	3 39·0	18	23 04 10·0	− 1 50 02	8·6	23 12·2
22	23 34 22·6	+ 7 51 34	9·7	3 35·0	19	23 03 25·9	− 2 03 44	8·7	23 07·6
23	23 34 18·4	+ 7 47 09	9·6	3 31·0	20	23 02 42·1	− 2 17 25	8·7	23 02·9
24	23 34 13·1	+ 7 42 32	9·6	3 27·0	21	23 01 58·7	− 2 31 04	8·7	22 58·3
25	23 34 06·6	+ 7 37 42	9·6	3 22·9	22	23 01 15·7	− 2 44 41	8·7	22 53·6
26	23 33 59·0	+ 7 32 40	9·6	3 18·9	23	23 00 33·3	− 2 58 16	8·7	22 49·0
27	23 33 50·2	+ 7 27 25	9·6	3 14·8	24	22 59 51·3	− 3 11 47	8·8	22 44·4
28	23 33 40·3	+ 7 21 58	9·5	3 10·7	25	22 59 10·0	− 3 25 15	8·8	22 39·8
29	23 33 29·2	+ 7 16 18	9·5	3 06·6	26	22 58 29·2	− 3 38 39	8·8	22 35·2
30	23 33 16·9	+ 7 10 25	9·5	3 02·4	27	22 57 49·1	− 3 51 58	8·8	22 30·6
31	23 33 03·5	+ 7 04 19	9·5	2 58·3	28	22 57 09·7	− 4 05 12	8·8	22 26·0
Aug. 1	23 32 49·0	+ 6 58 00	9·5	2 54·1	29	22 56 31·0	− 4 18 21	8·9	22 21·5
2	23 32 33·3	+ 6 51 28	9·4	2 49·9	30	22 55 53·1	− 4 31 24	8·9	22 16·9
3	23 32 16·4	+ 6 44 43	9·4	2 45·7	Oct. 1	22 55 15·9	− 4 44 20	8·9	22 12·4
4	23 31 58·4	+ 6 37 45	9·4	2 41·5	2	22 54 39·6	− 4 57 10	8·9	22 07·9
5	23 31 39·3	+ 6 30 33	9·4	2 37·2	3	22 54 04·2	− 5 09 52	8·9	22 03·4
6	23 31 19·0	+ 6 23 08	9·4	2 33·0	4	22 53 29·7	− 5 22 27	9·0	21 58·9
7	23 30 57·6	+ 6 15 29	9·3	2 28·7	5	22 52 56·2	− 5 34 54	9·0	21 54·4
8	23 30 35·1	+ 6 07 37	9·3	2 24·4	6	22 52 23·6	− 5 47 12	9·0	21 50·0
9	23 30 11·5	+ 5 59 32	9·3	2 20·0	7	22 51 52·0	− 5 59 22	9·0	21 45·5
10	23 29 46·8	+ 5 51 13	9·3	2 15·7	8	22 51 21·5	− 6 11 22	9·0	21 41·1
11	23 29 21·0	+ 5 42 42	9·3	2 11·3	9	22 50 52·0	− 6 23 13	9·1	21 36·7
12	23 28 54·2	+ 5 33 57	9·2	2 07·0	10	22 50 23·7	− 6 34 55	9·1	21 32·3
13	23 28 26·3	+ 5 24 59	9·2	2 02·6	11	22 49 56·4	− 6 46 26	9·1	21 27·9
14	23 27 57·5	+ 5 15 47	9·2	1 58·2	12	22 49 30·3	− 6 57 47	9·1	21 23·6
15	23 27 27·6	+ 5 06 24	9·2	1 53·7	13	22 49 05·4	− 7 08 57	9·1	21 19·3
16	23 26 56·8	+ 4 56 47	9·2	1 49·3	14	22 48 41·6	− 7 19 56	9·1	21 15·0
17	23 26 25·0	+ 4 46 58	9·1	1 44·8	15	22 48 19·0	− 7 30 45	9·2	21 10·7
18	23 25 52·3	+ 4 36 56	9·1	1 40·4	16	22 47 57·7	− 7 41 22	9·2	21 06·4
19	23 25 18·6	+ 4 26 42	9·1	1 35·9	17	22 47 37·5	− 7 51 48	9·2	21 02·2
20	23 24 44·1	+ 4 16 16	9·1	1 31·4	18	22 47 18·6	− 8 02 02	9·2	20 57·9
21	23 24 08·8	+ 4 05 38	9·0	1 26·8	19	22 47 01·0	− 8 12 05	9·2	20 53·7
22	23 23 32·6	+ 3 54 49	9·0	1 22·3	20	22 46 44·6	− 8 21 56	9·2	20 49·5
23	23 22 55·6	+ 3 43 48	9·0	1 17·8	21	22 46 29·5	− 8 31 35	9·3	20 45·4
24	23 22 17·8	+ 3 32 36	9·0	1 13·2	22	22 46 15·7	− 8 41 02	9·3	20 41·2
25	23 21 39·3	+ 3 21 13	8·9	1 08·6	23	22 46 03·1	− 8 50 17	9·3	20 37·1
26	23 21 00·1	+ 3 09 40	8·9	1 04·1	24	22 45 51·9	− 8 59 20	9·3	20 33·0
27	23 20 20·2	+ 2 57 56	8·9	0 59·5	25	22 45 41·9	− 9 08 11	9·3	20 28·9
28	23 19 39·6	+ 2 46 02	8·9	0 54·9	26	22 45 33·2	− 9 16 49	9·3	20 24·9
29	23 18 58·5	+ 2 33 58	8·9	0 50·2	27	22 45 25·9	− 9 25 15	9·4	20 20·8
30	23 18 16·7	+ 2 21 45	8·8	0 45·6	28	22 45 19·9	− 9 33 29	9·4	20 16·8
31	23 17 34·4	+ 2 09 24	8·8	0 41·0	29	22 45 15·1	− 9 41 30	9·4	20 12·8
Sept. 1	23 16 51·6	+ 1 56 53	8·8	0 36·3	30	22 45 11·7	− 9 49 19	9·4	20 08·9
2	23 16 08·4	+ 1 44 15	8·8	0 31·7	31	22 45 09·6	− 9 56 55	9·4	20 04·9
3	23 15 24·7	+ 1 31 28	8·7	0 27·0	Nov. 1	22 45 08·9	− 10 04 19	9·4	20 01·0
4	23 14 40·6	+ 1 18 35	8·7	0 22·4	2	22 45 09·4	− 10 11 31	9·4	19 57·1
5	23 13 56·2	+ 1 05 34	8·7	0 17·7	3	22 45 11·3	− 10 18 30	9·5	19 53·2
6	23 13 11·5	+ 0 52 28	8·6	0 13·0	4	22 45 14·5	− 10 25 17	9·5	19 49·4
7	23 12 26·6	+ 0 39 15	8·6	0 08·4	5	22 45 19·0	− 10 31 51	9·5	19 45·5
8	23 11 41·5	+ 0 25 57	8·6	0 03·7	6	22 45 24·9	− 10 38 14	9·5	19 41·7
9	23 10 56·2	+ 0 12 34	8·6	23 54·3	7	22 45 32·0	− 10 44 23	9·5	19 37·9
10	23 10 10·9	− 0 00 53	8·6	23 49·6	8	22 45 40·5	− 10 50 21	9·5	19 34·1
Sept. 11	23 09 25·4	− 0 14 24	8·5	23 45·0	Nov. 9	22 45 50·2	− 10 56 07	9·5	19 30·4

Second transit for Pallas 2021 September 8ᵈ 23ʰ 59ᵐ0

JUNO, 2021
GEOCENTRIC POSITIONS FOR 0ʰ TERRESTRIAL TIME

Date	Astrometric R.A.	Astrometric Dec.	Vis. Mag.	Ephemeris Transit	Date	Astrometric R.A.	Astrometric Dec.	Vis. Mag.	Ephemeris Transit
	h m s	° ′ ″		h m		h m s	° ′ ″		h m
2021 Apr. 8	17 35 22·5	− 8 10 05	10·9	4 29·9	2021 June 6	17 07 58·7	− 4 13 46	10·1	0 10·6
9	17 35 28·3	− 8 05 19	10·9	4 26·1	7	17 07 07·3	− 4 12 06	10·1	0 05·8
10	17 35 32·9	− 8 00 33	10·9	4 22·2	8	17 06 15·8	− 4 10 34	10·1	0 01·0
11	17 35 36·2	− 7 55 45	10·9	4 18·3	9	17 05 24·3	− 4 09 10	10·1	23 51·4
12	17 35 38·2	− 7 50 57	10·9	4 14·4	10	17 04 32·7	− 4 07 54	10·1	23 46·7
Apr. 13	17 35 38·9	− 7 46 07	10·9	4 10·5	11	17 03 41·2	− 4 06 45	10·1	23 41·9
14	17 35 38·4	− 7 41 17	10·8	4 06·6	12	17 02 49·8	− 4 05 44	10·1	23 37·1
15	17 35 36·5	− 7 36 26	10·8	4 02·6	13	17 01 58·5	− 4 04 52	10·1	23 32·3
16	17 35 33·4	− 7 31 35	10·8	3 58·6	14	17 01 07·5	− 4 04 07	10·1	23 27·5
17	17 35 29·1	− 7 26 43	10·8	3 54·6	15	17 00 16·6	− 4 03 30	10·1	23 22·8
18	17 35 23·4	− 7 21 51	10·8	3 50·6	16	16 59 26·1	− 4 03 02	10·1	23 18·0
19	17 35 16·4	− 7 16 59	10·8	3 46·5	17	16 58 35·9	− 4 02 41	10·1	23 13·2
20	17 35 08·2	− 7 12 07	10·7	3 42·5	18	16 57 46·0	− 4 02 29	10·1	23 08·5
21	17 34 58·7	− 7 07 16	10·7	3 38·4	19	16 56 56·6	− 4 02 24	10·1	23 03·8
22	17 34 47·9	− 7 02 25	10·7	3 34·2	20	16 56 07·6	− 4 02 28	10·1	22 59·0
23	17 34 35·8	− 6 57 34	10·7	3 30·1	21	16 55 19·1	− 4 02 39	10·2	22 54·3
24	17 34 22·5	− 6 52 44	10·7	3 26·0	22	16 54 31·1	− 4 02 59	10·2	22 49·6
25	17 34 07·8	− 6 47 54	10·7	3 21·8	23	16 53 43·7	− 4 03 26	10·2	22 44·9
26	17 33 51·9	− 6 43 06	10·6	3 17·6	24	16 52 56·9	− 4 04 02	10·2	22 40·2
27	17 33 34·8	− 6 38 19	10·6	3 13·4	25	16 52 10·8	− 4 04 45	10·2	22 35·5
28	17 33 16·4	− 6 33 33	10·6	3 09·1	26	16 51 25·3	− 4 05 36	10·2	22 30·8
29	17 32 56·7	− 6 28 48	10·6	3 04·9	27	16 50 40·5	− 4 06 35	10·2	22 26·1
30	17 32 35·8	− 6 24 05	10·6	3 00·6	28	16 49 56·5	− 4 07 42	10·2	22 21·5
May 1	17 32 13·7	− 6 19 24	10·6	2 56·3	29	16 49 13·2	− 4 08 56	10·3	22 16·9
2	17 31 50·3	− 6 14 44	10·5	2 52·0	30	16 48 30·8	− 4 10 18	10·3	22 12·2
3	17 31 25·7	− 6 10 06	10·5	2 47·6	July 1	16 47 49·2	− 4 11 47	10·3	22 07·6
4	17 30 59·9	− 6 05 31	10·5	2 43·2	2	16 47 08·4	− 4 13 24	10·3	22 03·0
5	17 30 32·9	− 6 00 58	10·5	2 38·9	3	16 46 28·6	− 4 15 08	10·3	21 58·5
6	17 30 04·7	− 5 56 27	10·5	2 34·5	4	16 45 49·7	− 4 17 00	10·3	21 53·9
7	17 29 35·3	− 5 51 59	10·5	2 30·0	5	16 45 11·7	− 4 18 58	10·3	21 49·4
8	17 29 04·8	− 5 47 35	10·4	2 25·6	6	16 44 34·8	− 4 21 04	10·4	21 44·8
9	17 28 33·1	− 5 43 13	10·4	2 21·1	7	16 43 58·8	− 4 23 17	10·4	21 40·3
10	17 28 00·3	− 5 38 54	10·4	2 16·7	8	16 43 23·9	− 4 25 37	10·4	21 35·8
11	17 27 26·5	− 5 34 39	10·4	2 12·2	9	16 42 50·0	− 4 28 03	10·4	21 31·3
12	17 26 51·5	− 5 30 28	10·4	2 07·7	10	16 42 17·2	− 4 30 36	10·4	21 26·9
13	17 26 15·5	− 5 26 20	10·4	2 03·1	11	16 41 45·6	− 4 33 16	10·4	21 22·4
14	17 25 38·5	− 5 22 16	10·3	1 58·6	12	16 41 15·0	− 4 36 02	10·4	21 18·0
15	17 25 00·4	− 5 18 17	10·3	1 54·0	13	16 40 45·6	− 4 38 55	10·5	21 13·6
16	17 24 21·5	− 5 14 22	10·3	1 49·4	14	16 40 17·4	− 4 41 54	10·5	21 09·2
17	17 23 41·5	− 5 10 32	10·3	1 44·8	15	16 39 50·3	− 4 44 59	10·5	21 04·9
18	17 23 00·7	− 5 06 46	10·3	1 40·2	16	16 39 24·4	− 4 48 09	10·5	21 00·5
19	17 22 19·0	− 5 03 05	10·3	1 35·6	17	16 38 59·8	− 4 51 26	10·5	20 56·2
20	17 21 36·4	− 4 59 30	10·2	1 31·0	18	16 38 36·3	− 4 54 48	10·5	20 51·9
21	17 20 53·1	− 4 55 59	10·2	1 26·3	19	16 38 14·1	− 4 58 16	10·5	20 47·6
22	17 20 08·9	− 4 52 34	10·2	1 21·7	20	16 37 53·1	− 5 01 49	10·6	20 43·4
23	17 19 24·0	− 4 49 15	10·2	1 17·0	21	16 37 33·3	− 5 05 27	10·6	20 39·1
24	17 18 38·5	− 4 46 01	10·2	1 12·3	22	16 37 14·8	− 5 09 10	10·6	20 34·9
25	17 17 52·2	− 4 42 53	10·2	1 07·6	23	16 36 57·5	− 5 12 58	10·6	20 30·7
26	17 17 05·3	− 4 39 51	10·2	1 02·9	24	16 36 41·4	− 5 16 51	10·6	20 26·5
27	17 16 17·8	− 4 36 56	10·2	0 58·2	25	16 36 26·7	− 5 20 48	10·6	20 22·4
28	17 15 29·8	− 4 34 06	10·1	0 53·4	26	16 36 13·1	− 5 24 50	10·6	20 18·2
29	17 14 41·2	− 4 31 23	10·1	0 48·7	27	16 36 00·9	− 5 28 57	10·7	20 14·1
30	17 13 52·2	− 4 28 47	10·1	0 44·0	28	16 35 49·9	− 5 33 07	10·7	20 10·0
31	17 13 02·7	− 4 26 17	10·1	0 39·2	29	16 35 40·2	− 5 37 22	10·7	20 05·9
June 1	17 12 12·8	− 4 23 54	10·1	0 34·4	30	16 35 31·7	− 5 41 40	10·7	20 01·9
2	17 11 22·5	− 4 21 38	10·1	0 29·7	31	16 35 24·5	− 5 46 03	10·7	19 57·8
3	17 10 31·9	− 4 19 29	10·1	0 24·9	Aug. 1	16 35 18·5	− 5 50 29	10·7	19 53·8
4	17 09 41·1	− 4 17 27	10·1	0 20·1	2	16 35 13·9	− 5 54 58	10·7	19 49·8
5	17 08 50·0	− 4 15 33	10·1	0 15·4	3	16 35 10·5	− 5 59 31	10·7	19 45·9
June 6	17 07 58·7	− 4 13 46	10·1	0 10·6	Aug. 4	16 35 08·4	− 6 04 08	10·8	19 41·9

Second transit for Juno 2021 June 8ᵈ 23ʰ 56ᵐ2

GEOCENTRIC POSITIONS FOR 0ʰ TERRESTRIAL TIME

Date	R.A. (h m s)	Dec. (° ′ ″)	Vis. Mag.	Ephemeris Transit (h m)
2021 Jan. 4	11 34 27·0	+ 9 52 42	7·3	4 39·6
5	11 34 58·3	+ 9 54 10	7·3	4 36·2
6	11 35 28·1	+ 9 55 50	7·3	4 32·7
7	11 35 56·5	+ 9 57 40	7·2	4 29·3
8	11 36 23·4	+ 9 59 43	7·2	4 25·8
9	11 36 48·8	+10 01 57	7·2	4 22·2
10	11 37 12·7	+10 04 23	7·2	4 18·7
11	11 37 35·0	+10 07 01	7·1	4 15·1
12	11 37 55·8	+10 09 51	7·1	4 11·6
13	11 38 14·9	+10 12 53	7·1	4 07·9
14	11 38 32·5	+10 16 07	7·1	4 04·3
15	11 38 48·4	+10 19 33	7·1	4 00·6
16	11 39 02·7	+10 23 11	7·0	3 56·9
17	11 39 15·3	+10 27 01	7·0	3 53·2
18	11 39 26·3	+10 31 03	7·0	3 49·4
19	11 39 35·6	+10 35 17	7·0	3 45·7
20	11 39 43·1	+10 39 43	6·9	3 41·8
21	11 39 49·0	+10 44 21	6·9	3 38·0
22	11 39 53·2	+10 49 11	6·9	3 34·1
Jan. 23	11 39 55·6	+10 54 12	6·9	3 30·2
24	11 39 56·3	+10 59 25	6·8	3 26·3
25	11 39 55·2	+11 04 50	6·8	3 22·4
26	11 39 52·4	+11 10 26	6·8	3 18·4
27	11 39 47·9	+11 16 13	6·8	3 14·4
28	11 39 41·5	+11 22 11	6·7	3 10·3
29	11 39 33·4	+11 28 20	6·7	3 06·3
30	11 39 23·5	+11 34 40	6·7	3 02·2
31	11 39 11·9	+11 41 10	6·7	2 58·0
Feb. 1	11 38 58·4	+11 47 50	6·6	2 53·9
2	11 38 43·2	+11 54 41	6·6	2 49·7
3	11 38 26·2	+12 01 41	6·6	2 45·5
4	11 38 07·4	+12 08 51	6·6	2 41·2
5	11 37 46·9	+12 16 10	6·5	2 37·0
6	11 37 24·5	+12 23 38	6·5	2 32·7
7	11 37 00·5	+12 31 14	6·5	2 28·3
8	11 36 34·7	+12 38 58	6·5	2 24·0
9	11 36 07·2	+12 46 50	6·4	2 19·6
10	11 35 37·9	+12 54 49	6·4	2 15·1
11	11 35 07·1	+13 02 55	6·4	2 10·7
12	11 34 34·6	+13 11 07	6·4	2 06·2
13	11 34 00·4	+13 19 25	6·3	2 01·7
14	11 33 24·7	+13 27 48	6·3	1 57·2
15	11 32 47·5	+13 36 16	6·3	1 52·7
16	11 32 08·8	+13 44 47	6·3	1 48·1
17	11 31 28·7	+13 53 22	6·2	1 43·5
18	11 30 47·1	+14 02 00	6·2	1 38·9
19	11 30 04·2	+14 10 40	6·2	1 34·2
20	11 29 20·0	+14 19 22	6·1	1 29·6
21	11 28 34·5	+14 28 05	6·1	1 24·9
22	11 27 47·9	+14 36 48	6·1	1 20·2
23	11 27 00·1	+14 45 30	6·1	1 15·4
24	11 26 11·3	+14 54 12	6·0	1 10·7
25	11 25 21·4	+15 02 52	6·0	1 05·9
26	11 24 30·6	+15 11 30	6·0	1 01·2
27	11 23 38·9	+15 20 05	6·0	0 56·4
28	11 22 46·4	+15 28 36	6·0	0 51·6
Mar. 1	11 21 53·1	+15 37 03	6·0	0 46·8
2	11 20 59·2	+15 45 26	5·9	0 41·9
3	11 20 04·6	+15 53 43	5·9	0 37·1
Mar. 4	11 19 09·5	+16 01 54	5·9	0 32·3

Date	R.A. (h m s)	Dec. (° ′ ″)	Vis. Mag.	Ephemeris Transit (h m)
2021 Mar. 4	11 19 09·5	+16 01 54	5·9	0 32·3
5	11 18 14·0	+16 09 58	5·9	0 27·4
6	11 17 18·0	+16 17 55	5·9	0 22·6
7	11 16 21·8	+16 25 44	5·9	0 17·7
8	11 15 25·3	+16 33 25	5·9	0 12·8
9	11 14 28·7	+16 40 56	5·9	0 08·0
10	11 13 32·1	+16 48 18	6·0	0 03·1
11	11 12 35·4	+16 55 30	6·0	23 53·4
12	11 11 38·9	+17 02 30	6·0	23 48·5
13	11 10 42·6	+17 09 20	6·0	23 43·6
14	11 09 46·5	+17 15 58	6·0	23 38·8
15	11 08 50·9	+17 22 23	6·0	23 33·9
16	11 07 55·7	+17 28 36	6·1	23 29·1
17	11 07 01·0	+17 34 36	6·1	23 24·3
18	11 06 06·9	+17 40 23	6·1	23 19·5
19	11 05 13·5	+17 45 55	6·1	23 14·6
20	11 04 20·9	+17 51 14	6·1	23 09·9
21	11 03 29·2	+17 56 18	6·2	23 05·1
22	11 02 38·3	+18 01 08	6·2	23 00·3
23	11 01 48·4	+18 05 43	6·2	22 55·6
24	11 00 59·6	+18 10 03	6·2	22 50·9
25	11 00 11·8	+18 14 08	6·3	22 46·2
26	10 59 25·3	+18 17 58	6·3	22 41·5
27	10 58 39·9	+18 21 32	6·3	22 36·8
28	10 57 55·8	+18 24 51	6·3	22 32·2
29	10 57 13·0	+18 27 54	6·3	22 27·6
30	10 56 31·6	+18 30 42	6·4	22 23·0
31	10 55 51·6	+18 33 15	6·4	22 18·4
Apr. 1	10 55 13·1	+18 35 32	6·4	22 13·8
2	10 54 36·0	+18 37 33	6·4	22 09·3
3	10 54 00·5	+18 39 19	6·4	22 04·8
4	10 53 26·5	+18 40 50	6·5	22 00·3
5	10 52 54·1	+18 42 06	6·5	21 55·9
6	10 52 23·4	+18 43 06	6·5	21 51·5
7	10 51 54·4	+18 43 51	6·5	21 47·1
8	10 51 27·0	+18 44 20	6·6	21 42·7
9	10 51 01·3	+18 44 35	6·6	21 38·4
10	10 50 37·4	+18 44 35	6·6	21 34·1
11	10 50 15·3	+18 44 21	6·6	21 29·8
12	10 49 54·9	+18 43 51	6·6	21 25·6
13	10 49 36·4	+18 43 08	6·7	21 21·4
14	10 49 19·6	+18 42 10	6·7	21 17·2
15	10 49 04·7	+18 40 58	6·7	21 13·0
16	10 48 51·5	+18 39 32	6·7	21 08·9
17	10 48 40·2	+18 37 52	6·7	21 04·8
18	10 48 30·8	+18 35 59	6·8	21 00·8
19	10 48 23·1	+18 33 53	6·8	20 56·7
20	10 48 17·3	+18 31 33	6·8	20 52·7
21	10 48 13·3	+18 29 01	6·8	20 48·8
Apr. 22	10 48 11·1	+18 26 16	6·8	20 44·8
23	10 48 10·7	+18 23 19	6·9	20 40·9
24	10 48 12·1	+18 20 09	6·9	20 37·0
25	10 48 15·2	+18 16 48	6·9	20 33·2
26	10 48 20·1	+18 13 15	6·9	20 29·3
27	10 48 26·8	+18 09 30	6·9	20 25·5
28	10 48 35·2	+18 05 35	7·0	20 21·8
29	10 48 45·2	+18 01 28	7·0	20 18·0
30	10 48 57·0	+17 57 10	7·0	20 14·3
May 1	10 49 10·5	+17 52 42	7·0	20 10·6
May 2	10 49 25·6	+17 48 03	7·0	20 07·0

Second transit for Vesta 2021 March 10ᵈ 23ʰ 58ᵐ2

HEBE, 2021

GEOCENTRIC POSITIONS FOR 0ʰ TERRESTRIAL TIME

Date	Astrometric R.A. h m s	Dec. ° ′ ″	Vis. Mag.	Ephemeris Transit h m	Date	Astrometric R.A. h m s	Dec. ° ′ ″	Vis. Mag.	Ephemeris Transit h m
2021 May 19	20 01 50·2	− 7 15 53	9·9	4 14·8	2021 July 17	19 39 31·5	−10 20 55	8·4	0 00·6
20	20 02 11·8	− 7 13 48	9·9	4 11·2	18	19 38 34·2	−10 30 10	8·4	23 50·8
21	20 02 32·0	− 7 11 50	9·9	4 07·6	19	19 37 36·7	−10 39 35	8·4	23 45·9
22	20 02 50·7	− 7 09 59	9·9	4 04·0	20	19 36 39·1	−10 49 09	8·4	23 41·0
23	20 03 07·9	− 7 08 16	9·9	4 00·4	21	19 35 41·6	−10 58 51	8·4	23 36·2
24	20 03 23·7	− 7 06 40	9·8	3 56·7	22	19 34 44·2	−11 08 40	8·4	23 31·3
25	20 03 37·9	− 7 05 12	9·8	3 53·0	23	19 33 47·0	−11 18 37	8·4	23 26·4
26	20 03 50·6	− 7 03 53	9·8	3 49·3	24	19 32 50·1	−11 28 41	8·4	23 21·5
27	20 04 01·8	− 7 02 42	9·8	3 45·5	25	19 31 53·5	−11 38 51	8·4	23 16·7
28	20 04 11·5	− 7 01 39	9·7	3 41·7	26	19 30 57·3	−11 49 07	8·5	23 11·8
29	20 04 19·5	− 7 00 46	9·7	3 37·9	27	19 30 01·6	−11 59 29	8·5	23 07·0
30	20 04 26·0	− 7 00 01	9·7	3 34·1	28	19 29 06·4	−12 09 55	8·5	23 02·1
31	20 04 30·9	− 6 59 26	9·7	3 30·2	29	19 28 11·9	−12 20 26	8·5	22 57·3
June 1	20 04 34·2	− 6 59 01	9·6	3 26·4	30	19 27 18·1	−12 31 01	8·5	22 52·5
June 2	20 04 35·8	− 6 58 45	9·6	3 22·5	31	19 26 25·1	−12 41 40	8·5	22 47·7
3	20 04 35·8	− 6 58 40	9·6	3 18·5	Aug. 1	19 25 33·0	−12 52 21	8·6	22 42·9
4	20 04 34·1	− 6 58 44	9·6	3 14·6	2	19 24 41·8	−13 03 05	8·6	22 38·2
5	20 04 30·8	− 6 59 00	9·5	3 10·6	3	19 23 51·6	−13 13 52	8·6	22 33·4
6	20 04 25·8	− 6 59 26	9·5	3 06·6	4	19 23 02·5	−13 24 39	8·6	22 28·7
7	20 04 19·2	− 7 00 03	9·5	3 02·5	5	19 22 14·6	−13 35 29	8·6	22 24·0
8	20 04 10·8	− 7 00 52	9·5	2 58·4	6	19 21 27·9	−13 46 18	8·7	22 19·3
9	20 04 00·8	− 7 01 52	9·4	2 54·3	7	19 20 42·5	−13 57 08	8·7	22 14·7
10	20 03 49·0	− 7 03 04	9·4	2 50·2	8	19 19 58·5	−14 07 58	8·7	22 10·0
11	20 03 35·6	− 7 04 29	9·4	2 46·0	9	19 19 15·9	−14 18 47	8·7	22 05·4
12	20 03 20·6	− 7 06 05	9·3	2 41·9	10	19 18 34·8	−14 29 35	8·7	22 00·8
13	20 03 03·8	− 7 07 53	9·3	2 37·6	11	19 17 55·2	−14 40 21	8·8	21 56·3
14	20 02 45·3	− 7 09 55	9·3	2 33·4	12	19 17 17·3	−14 51 06	8·8	21 51·7
15	20 02 25·2	− 7 12 09	9·3	2 29·1	13	19 16 41·0	−15 01 48	8·8	21 47·2
16	20 02 03·5	− 7 14 36	9·2	2 24·8	14	19 16 06·4	−15 12 28	8·8	21 42·7
17	20 01 40·1	− 7 17 16	9·2	2 20·5	15	19 15 33·5	−15 23 04	8·8	21 38·3
18	20 01 15·1	− 7 20 09	9·2	2 16·2	16	19 15 02·5	−15 33 37	8·9	21 33·9
19	20 00 48·5	− 7 23 15	9·2	2 11·8	17	19 14 33·2	−15 44 06	8·9	21 29·5
20	20 00 20·2	− 7 26 35	9·1	2 07·4	18	19 14 05·8	−15 54 31	8·9	21 25·1
21	19 59 50·4	− 7 30 09	9·1	2 03·0	19	19 13 40·3	−16 04 52	8·9	21 20·8
22	19 59 19·1	− 7 33 56	9·1	1 58·5	20	19 13 16·8	−16 15 08	8·9	21 16·5
23	19 58 46·2	− 7 37 56	9·0	1 54·0	21	19 12 55·1	−16 25 19	9·0	21 12·2
24	19 58 11·8	− 7 42 10	9·0	1 49·5	22	19 12 35·4	−16 35 24	9·0	21 08·0
25	19 57 36·0	− 7 46 39	9·0	1 45·0	23	19 12 17·7	−16 45 24	9·0	21 03·8
26	19 56 58·6	− 7 51 20	9·0	1 40·5	24	19 12 01·9	−16 55 19	9·0	20 59·7
27	19 56 19·9	− 7 56 16	8·9	1 35·9	25	19 11 48·2	−17 05 07	9·0	20 55·5
28	19 55 39·7	− 8 01 26	8·9	1 31·3	26	19 11 36·5	−17 14 49	9·0	20 51·4
29	19 54 58·2	− 8 06 49	8·9	1 26·7	27	19 11 26·9	−17 24 25	9·1	20 47·4
30	19 54 15·3	− 8 12 26	8·8	1 22·0	28	19 11 19·3	−17 33 55	9·1	20 43·4
July 1	19 53 31·1	− 8 18 17	8·8	1 17·4	29	19 11 13·8	−17 43 18	9·1	20 39·4
2	19 52 45·6	− 8 24 21	8·8	1 12·7	30	19 11 10·3	−17 52 33	9·1	20 35·4
3	19 51 59·0	− 8 30 39	8·8	1 08·0	Aug. 31	19 11 09·0	−18 01 42	9·1	20 31·5
4	19 51 11·2	− 8 37 10	8·7	1 03·3	Sept. 1	19 11 09·7	−18 10 43	9·2	20 27·6
5	19 50 22·3	− 8 43 55	8·7	0 58·5	2	19 11 12·5	−18 19 38	9·2	20 23·7
6	19 49 32·3	− 8 50 53	8·7	0 53·8	3	19 11 17·4	−18 28 24	9·2	20 19·9
7	19 48 41·3	− 8 58 04	8·6	0 49·0	4	19 11 24·4	−18 37 03	9·2	20 16·1
8	19 47 49·4	− 9 05 28	8·6	0 44·2	5	19 11 33·5	−18 45 34	9·2	20 12·4
9	19 46 56·6	− 9 13 05	8·6	0 39·4	6	19 11 44·7	−18 53 58	9·3	20 08·7
10	19 46 03·0	− 9 20 53	8·6	0 34·6	7	19 11 58·1	−19 02 13	9·3	20 05·0
11	19 45 08·7	− 9 28 54	8·5	0 29·7	8	19 12 13·5	−19 10 20	9·3	20 01·3
12	19 44 13·7	− 9 37 07	8·5	0 24·9	9	19 12 30·9	−19 18 19	9·3	19 57·7
13	19 43 18·2	− 9 45 31	8·5	0 20·0	10	19 12 50·5	−19 26 10	9·3	19 54·1
14	19 42 22·1	− 9 54 06	8·5	0 15·2	11	19 13 12·1	−19 33 52	9·3	19 50·6
15	19 41 25·6	−10 02 52	8·5	0 10·3	12	19 13 35·8	−19 41 26	9·4	19 47·1
16	19 40 28·7	−10 11 48	8·4	0 05·4	13	19 14 01·5	−19 48 52	9·4	19 43·6
July 17	19 39 31·5	−10 20 55	8·4	0 00·6	Sept. 14	19 14 29·2	−19 56 09	9·4	19 40·2

Second transit for Hebe 2021 July 17ᵈ 23ʰ 55ᵐ·7

GEOCENTRIC POSITIONS FOR 0ʰ TERRESTRIAL TIME

Date	Astrometric R.A. (h m s)	Astrometric Dec. (° ′ ″)	Vis. Mag.	Ephemeris Transit (h m)	Date	Astrometric R.A. (h m s)	Astrometric Dec. (° ′ ″)	Vis. Mag.	Ephemeris Transit (h m)
2021 Nov. 15	8 04 22·3	+18 38 52	8·9	4 27·8	2022 Jan. 13	7 37 34·2	+15 41 42	7·7	0 09·0
16	8 04 57·4	+18 33 07	8·9	4 24·4	14	7 36 26·9	+15 41 36	7·7	0 03·9
17	8 05 30·2	+18 27 25	8·9	4 21·0	15	7 35 20·0	+15 41 33	7·7	23 53·9
18	8 06 00·9	+18 21 48	8·9	4 17·6	16	7 34 13·6	+15 41 34	7·7	23 48·8
19	8 06 29·3	+18 16 14	8·9	4 14·2	17	7 33 07·8	+15 41 38	7·8	23 43·8
20	8 06 55·5	+18 10 45	8·8	4 10·6	18	7 32 02·6	+15 41 46	7·8	23 38·8
21	8 07 19·5	+18 05 20	8·8	4 07·1	19	7 30 58·2	+15 41 57	7·8	23 33·9
22	8 07 41·2	+17 59 59	8·8	4 03·5	20	7 29 54·8	+15 42 11	7·9	23 28·9
23	8 08 00·6	+17 54 43	8·8	3 59·9	21	7 28 52·2	+15 42 28	7·9	23 23·9
24	8 08 17·6	+17 49 32	8·8	3 56·3	22	7 27 50·8	+15 42 47	7·9	23 19·0
25	8 08 32·3	+17 44 26	8·7	3 52·6	23	7 26 50·4	+15 43 09	8·0	23 14·1
26	8 08 44·7	+17 39 25	8·7	3 48·8	24	7 25 51·3	+15 43 34	8·0	23 09·2
27	8 08 54·7	+17 34 29	8·7	3 45·1	25	7 24 53·5	+15 44 01	8·0	23 04·3
28	8 09 02·3	+17 29 39	8·7	3 41·2	26	7 23 57·0	+15 44 30	8·1	22 59·5
29	8 09 07·5	+17 24 54	8·7	3 37·4	27	7 23 02·1	+15 45 01	8·1	22 54·7
Nov. 30	8 09 10·2	+17 20 15	8·6	3 33·5	28	7 22 08·6	+15 45 34	8·2	22 49·9
Dec. 1	8 09 10·6	+17 15 42	8·6	3 29·6	29	7 21 16·7	+15 46 09	8·2	22 45·1
2	8 09 08·5	+17 11 15	8·6	3 25·6	30	7 20 26·5	+15 46 46	8·2	22 40·4
3	8 09 04·0	+17 06 54	8·6	3 21·6	31	7 19 38·1	+15 47 24	8·3	22 35·7
4	8 08 57·0	+17 02 39	8·6	3 17·5	Feb. 1	7 18 51·4	+15 48 03	8·3	22 31·0
5	8 08 47·6	+16 58 31	8·5	3 13·4	2	7 18 06·6	+15 48 44	8·3	22 26·4
6	8 08 35·8	+16 54 29	8·5	3 09·3	3	7 17 23·6	+15 49 27	8·4	22 21·7
7	8 08 21·5	+16 50 34	8·5	3 05·1	4	7 16 42·6	+15 50 10	8·4	22 17·2
8	8 08 04·9	+16 46 45	8·5	3 00·9	5	7 16 03·6	+15 50 54	8·4	22 12·6
9	8 07 45·9	+16 43 03	8·4	2 56·7	6	7 15 26·6	+15 51 39	8·5	22 08·1
10	8 07 24·5	+16 39 28	8·4	2 52·4	7	7 14 51·6	+15 52 24	8·5	22 03·6
11	8 07 00·8	+16 35 59	8·4	2 48·0	8	7 14 18·7	+15 53 10	8·5	21 59·2
12	8 06 34·7	+16 32 37	8·4	2 43·7	9	7 13 47·9	+15 53 56	8·6	21 54·8
13	8 06 06·4	+16 29 22	8·4	2 39·3	10	7 13 19·2	+15 54 43	8·6	21 50·4
14	8 05 35·9	+16 26 14	8·3	2 34·8	11	7 12 52·6	+15 55 29	8·6	21 46·0
15	8 05 03·1	+16 23 13	8·3	2 30·3	12	7 12 28·2	+15 56 16	8·7	21 41·7
16	8 04 28·1	+16 20 18	8·3	2 25·8	13	7 12 05·9	+15 57 03	8·7	21 37·5
17	8 03 50·9	+16 17 30	8·3	2 21·3	14	7 11 45·7	+15 57 49	8·7	21 33·2
18	8 03 11·7	+16 14 50	8·3	2 16·7	15	7 11 27·7	+15 58 35	8·8	21 29·0
19	8 02 30·4	+16 12 15	8·2	2 12·1	16	7 11 11·8	+15 59 21	8·8	21 24·9
20	8 01 47·0	+16 09 48	8·2	2 07·4	17	7 10 58·0	+16 00 06	8·8	21 20·8
21	8 01 01·8	+16 07 28	8·2	2 02·7	18	7 10 46·4	+16 00 51	8·9	21 16·7
22	8 00 14·6	+16 05 14	8·2	1 58·0	19	7 10 36·9	+16 01 35	8·9	21 12·6
23	7 59 25·5	+16 03 07	8·1	1 53·3	20	7 10 29·5	+16 02 18	8·9	21 08·6
24	7 58 34·7	+16 01 06	8·1	1 48·5	21	7 10 24·2	+16 03 01	8·9	21 04·6
25	7 57 42·1	+15 59 13	8·1	1 43·7	22	7 10 21·0	+16 03 42	9·0	21 00·6
26	7 56 47·9	+15 57 25	8·1	1 38·9	Feb. 23	7 10 19·9	+16 04 22	9·0	20 56·7
27	7 55 52·1	+15 55 44	8·0	1 34·0	24	7 10 20·8	+16 05 02	9·0	20 52·8
28	7 54 54·8	+15 54 10	8·0	1 29·1	25	7 10 23·8	+16 05 39	9·1	20 49·0
29	7 53 56·1	+15 52 41	8·0	1 24·2	26	7 10 28·8	+16 06 16	9·1	20 45·1
30	7 52 56·1	+15 51 19	8·0	1 19·3	27	7 10 35·8	+16 06 51	9·1	20 41·4
31	7 51 54·8	+15 50 03	8·0	1 14·4	28	7 10 44·8	+16 07 25	9·1	20 37·6
2022 Jan. 1	7 50 52·4	+15 48 53	7·9	1 09·4	Mar. 1	7 10 55·8	+16 07 57	9·2	20 33·9
2	7 49 49·0	+15 47 48	7·9	1 04·4	2	7 11 08·8	+16 08 27	9·2	20 30·2
3	7 48 44·6	+15 46 50	7·9	0 59·4	3	7 11 23·7	+16 08 55	9·2	20 26·5
4	7 47 39·5	+15 45 57	7·9	0 54·4	4	7 11 40·5	+16 09 21	9·3	20 22·9
5	7 46 33·6	+15 45 09	7·8	0 49·4	5	7 11 59·2	+16 09 46	9·3	20 19·3
6	7 45 27·1	+15 44 27	7·8	0 44·3	6	7 12 19·8	+16 10 08	9·3	20 15·8
7	7 44 20·1	+15 43 49	7·8	0 39·3	7	7 12 42·2	+16 10 27	9·3	20 12·2
8	7 43 12·7	+15 43 17	7·8	0 34·2	8	7 13 06·5	+16 10 45	9·4	20 08·7
9	7 42 05·1	+15 42 49	7·7	0 29·2	9	7 13 32·5	+16 11 00	9·4	20 05·2
10	7 40 57·3	+15 42 26	7·7	0 24·1	10	7 14 00·2	+16 11 12	9·4	20 01·8
11	7 39 49·5	+15 42 07	7·7	0 19·1	11	7 14 29·7	+16 11 22	9·4	19 58·4
12	7 38 41·8	+15 41 53	7·7	0 14·0	12	7 15 00·9	+16 11 29	9·5	19 55·0
Jan. 13	7 37 34·2	+15 41 42	7·7	0 09·0	Mar. 13	7 15 33·7	+16 11 34	9·5	19 51·6

Second transit for Iris 2022 January 14ᵈ 23ʰ 58ᵐ9

METIS, 2021

GEOCENTRIC POSITIONS FOR 0ʰ TERRESTRIAL TIME

Date	Astrometric R.A.	Dec.	Vis. Mag.	Ephemeris Transit	Date	Astrometric R.A.	Dec.	Vis. Mag.	Ephemeris Transit
	h m s	° ′ ″		h m		h m s	° ′ ″		h m
2021 Feb. 4	13 30 48·4	− 2 11 31	10·6	4 33·7	2021 Apr. 4	13 06 04·0	+ 1 08 39	9·5	0 17·0
5	13 31 09·7	− 2 11 37	10·6	4 30·1	5	13 05 05·6	+ 1 13 12	9·5	0 12·1
6	13 31 29·4	− 2 11 33	10·6	4 26·5	6	13 04 07·1	+ 1 17 40	9·5	0 07·2
7	13 31 47·5	− 2 11 20	10·6	4 22·9	7	13 03 08·7	+ 1 22 02	9·5	0 02·3
8	13 32 04·0	− 2 10 58	10·6	4 19·2	8	13 02 10·4	+ 1 26 18	9·5	23 52·5
9	13 32 18·8	− 2 10 27	10·5	4 15·5	9	13 01 12·2	+ 1 30 28	9·5	23 47·6
10	13 32 31·9	− 2 09 46	10·5	4 11·8	10	13 00 14·4	+ 1 34 32	9·6	23 42·7
11	13 32 43·4	− 2 08 56	10·5	4 08·1	11	12 59 16·8	+ 1 38 28	9·6	23 37·8
12	13 32 53·2	− 2 07 57	10·5	4 04·3	12	12 58 19·6	+ 1 42 17	9·6	23 33·0
13	13 33 01·2	− 2 06 48	10·5	4 00·5	13	12 57 22·9	+ 1 45 59	9·6	23 28·1
14	13 33 07·5	− 2 05 30	10·5	3 56·6	14	12 56 26·8	+ 1 49 32	9·7	23 23·2
15	13 33 12·2	− 2 04 03	10·4	3 52·8	15	12 55 31·2	+ 1 52 57	9·7	23 18·4
16	13 33 15·0	− 2 02 27	10·4	3 48·9	16	12 54 36·3	+ 1 56 14	9·7	23 13·6
Feb. 17	13 33 16·1	− 2 00 42	10·4	3 45·0	17	12 53 42·2	+ 1 59 22	9·7	23 08·8
18	13 33 15·5	− 1 58 48	10·4	3 41·0	18	12 52 48·8	+ 2 02 21	9·8	23 04·0
19	13 33 13·1	− 1 56 46	10·4	3 37·1	19	12 51 56·3	+ 2 05 10	9·8	22 59·2
20	13 33 09·0	− 1 54 34	10·3	3 33·1	20	12 51 04·7	+ 2 07 50	9·8	22 54·4
21	13 33 03·1	− 1 52 14	10·3	3 29·0	21	12 50 14·0	+ 2 10 20	9·8	22 49·6
22	13 32 55·4	− 1 49 46	10·3	3 25·0	22	12 49 24·4	+ 2 12 41	9·9	22 44·9
23	13 32 46·0	− 1 47 09	10·3	3 20·9	23	12 48 35·8	+ 2 14 51	9·9	22 40·2
24	13 32 34·8	− 1 44 23	10·3	3 16·7	24	12 47 48·3	+ 2 16 51	9·9	22 35·5
25	13 32 21·8	− 1 41 30	10·2	3 12·6	25	12 47 01·9	+ 2 18 41	9·9	22 30·8
26	13 32 07·1	− 1 38 28	10·2	3 08·4	26	12 46 16·8	+ 2 20 21	10·0	22 26·1
27	13 31 50·6	− 1 35 19	10·2	3 04·2	27	12 45 32·8	+ 2 21 50	10·0	22 21·5
28	13 31 32·4	− 1 32 02	10·2	3 00·0	28	12 44 50·1	+ 2 23 09	10·0	22 16·9
Mar. 1	13 31 12·5	− 1 28 38	10·2	2 55·7	29	12 44 08·7	+ 2 24 17	10·1	22 12·3
2	13 30 50·8	− 1 25 06	10·1	2 51·4	30	12 43 28·6	+ 2 25 15	10·1	22 07·7
3	13 30 27·4	− 1 21 27	10·1	2 47·1	May 1	12 42 49·9	+ 2 26 02	10·1	22 03·2
4	13 30 02·3	− 1 17 41	10·1	2 42·7	2	12 42 12·5	+ 2 26 38	10·1	21 58·6
5	13 29 35·5	− 1 13 48	10·1	2 38·4	3	12 41 36·5	+ 2 27 04	10·2	21 54·1
6	13 29 07·0	− 1 09 49	10·1	2 33·9	4	12 41 02·0	+ 2 27 20	10·2	21 49·6
7	13 28 36·9	− 1 05 43	10·0	2 29·5	5	12 40 28·9	+ 2 27 24	10·2	21 45·2
8	13 28 05·1	− 1 01 31	10·0	2 25·1	6	12 39 57·2	+ 2 27 18	10·2	21 40·7
9	13 27 31·8	− 0 57 13	10·0	2 20·6	7	12 39 27·1	+ 2 27 02	10·3	21 36·3
10	13 26 56·8	− 0 52 50	10·0	2 16·1	8	12 38 58·5	+ 2 26 35	10·3	21 32·0
11	13 26 20·3	− 0 48 22	10·0	2 11·5	9	12 38 31·4	+ 2 25 57	10·3	21 27·6
12	13 25 42·2	− 0 43 49	9·9	2 06·9	10	12 38 05·8	+ 2 25 09	10·3	21 23·3
13	13 25 02·7	− 0 39 11	9·9	2 02·4	11	12 37 41·8	+ 2 24 10	10·3	21 19·0
14	13 24 21·8	− 0 34 29	9·9	1 57·7	12	12 37 19·3	+ 2 23 01	10·4	21 14·7
15	13 23 39·4	− 0 29 43	9·9	1 53·1	13	12 36 58·5	+ 2 21 41	10·4	21 10·4
16	13 22 55·7	− 0 24 54	9·8	1 48·5	14	12 36 39·1	+ 2 20 11	10·4	21 06·2
17	13 22 10·7	− 0 20 01	9·8	1 43·8	15	12 36 21·4	+ 2 18 32	10·4	21 02·0
18	13 21 24·5	− 0 15 06	9·8	1 39·1	16	12 36 05·3	+ 2 16 41	10·5	20 57·8
19	13 20 37·1	− 0 10 09	9·8	1 34·4	17	12 35 50·7	+ 2 14 41	10·5	20 53·7
20	13 19 48·5	− 0 05 10	9·8	1 29·6	18	12 35 37·7	+ 2 12 32	10·5	20 49·5
21	13 18 58·8	− 0 00 09	9·7	1 24·9	19	12 35 26·3	+ 2 10 12	10·5	20 45·4
22	13 18 08·1	+ 0 04 53	9·7	1 20·1	20	12 35 16·4	+ 2 07 43	10·6	20 41·4
23	13 17 16·4	+ 0 09 55	9·7	1 15·3	21	12 35 08·2	+ 2 05 04	10·6	20 37·3
24	13 16 23·9	+ 0 14 57	9·7	1 10·5	22	12 35 01·4	+ 2 02 16	10·6	20 33·3
25	13 15 30·5	+ 0 20 00	9·6	1 05·7	23	12 34 56·2	+ 1 59 19	10·6	20 29·3
26	13 14 36·3	+ 0 25 01	9·6	1 00·9	24	12 34 52·6	+ 1 56 13	10·6	20 25·3
27	13 13 41·3	+ 0 30 02	9·6	0 56·0	May 25	12 34 50·4	+ 1 52 58	10·7	20 21·4
28	13 12 45·8	+ 0 35 01	9·6	0 51·2	26	12 34 49·8	+ 1 49 34	10·7	20 17·5
29	13 11 49·6	+ 0 39 58	9·6	0 46·3	27	12 34 50·7	+ 1 46 01	10·7	20 13·6
30	13 10 52·9	+ 0 44 53	9·5	0 41·4	28	12 34 53·0	+ 1 42 21	10·7	20 09·7
31	13 09 55·8	+ 0 49 45	9·5	0 36·5	29	12 34 56·8	+ 1 38 31	10·7	20 05·8
Apr. 1	13 08 58·3	+ 0 54 34	9·5	0 31·7	30	12 35 02·1	+ 1 34 34	10·8	20 02·0
2	13 08 00·4	+ 0 59 20	9·5	0 26·8	31	12 35 08·8	+ 1 30 29	10·8	19 58·2
3	13 07 02·3	+ 1 04 02	9·5	0 21·9	June 1	12 35 16·9	+ 1 26 16	10·8	19 54·4
Apr. 4	13 06 04·0	+ 1 08 39	9·5	0 17·0	June 2	12 35 26·4	+ 1 21 55	10·8	19 50·7

Second transit for Metis 2021 April 7ᵈ 23ʰ 57ᵐ·4

GEOCENTRIC POSITIONS FOR 0^h TERRESTRIAL TIME

Date	Astrometric R.A. (h m s)	Dec. (° ′ ″)	Vis. Mag.	Ephemeris Transit (h m)	Date	Astrometric R.A. (h m s)	Dec. (° ′ ″)	Vis. Mag.	Ephemeris Transit (h m)
2020 Nov. 30	9 08 31·2	+15 08 52	11·1	4 31·7	2021 Jan. 28	8 42 54·3	+15 43 35	9·9	0 14·1
Dec. 1	9 08 40·3	+15 07 02	11·1	4 27·9	29	8 42 03·5	+15 45 55	9·9	0 09·4
2	9 08 48·1	+15 05 18	11·1	4 24·1	30	8 41 12·7	+15 48 16	9·9	0 04·6
3	9 08 54·6	+15 03 38	11·1	4 20·2	31	8 40 21·8	+15 50 36	9·9	23 55·0
4	9 08 59·9	+15 02 03	11·1	4 16·4	Feb. 1	8 39 31·1	+15 52 57	10·0	23 50·3
5	9 09 03·9	+15 00 34	11·1	4 12·5	2	8 38 40·4	+15 55 18	10·0	23 45·5
6	9 09 06·6	+14 59 10	11·0	4 08·6	3	8 37 50·0	+15 57 38	10·0	23 40·7
Dec. 7	9 09 08·0	+14 57 51	11·0	4 04·7	4	8 36 59·7	+15 59 58	10·0	23 36·0
8	9 09 08·1	+14 56 37	11·0	4 00·8	5	8 36 09·7	+16 02 18	10·1	23 31·2
9	9 09 06·9	+14 55 29	11·0	3 56·8	6	8 35 20·0	+16 04 37	10·1	23 26·5
10	9 09 04·3	+14 54 26	11·0	3 52·9	7	8 34 30·7	+16 06 54	10·1	23 21·7
11	9 09 00·5	+14 53 29	11·0	3 48·9	8	8 33 41·8	+16 09 11	10·1	23 17·0
12	9 08 55·3	+14 52 37	10·9	3 44·8	9	8 32 53·4	+16 11 27	10·1	23 12·3
13	9 08 48·7	+14 51 51	10·9	3 40·8	10	8 32 05·5	+16 13 41	10·2	23 07·6
14	9 08 40·8	+14 51 10	10·9	3 36·7	11	8 31 18·2	+16 15 54	10·2	23 02·9
15	9 08 31·6	+14 50 35	10·9	3 32·6	12	8 30 31·5	+16 18 05	10·2	22 58·2
16	9 08 21·0	+14 50 05	10·9	3 28·5	13	8 29 45·5	+16 20 14	10·2	22 53·5
17	9 08 09·1	+14 49 41	10·8	3 24·4	14	8 29 00·2	+16 22 22	10·2	22 48·8
18	9 07 55·9	+14 49 22	10·8	3 20·2	15	8 28 15·7	+16 24 27	10·3	22 44·2
19	9 07 41·3	+14 49 09	10·8	3 16·1	16	8 27 32·0	+16 26 30	10·3	22 39·5
20	9 07 25·4	+14 49 02	10·8	3 11·9	17	8 26 49·2	+16 28 30	10·3	22 34·9
21	9 07 08·1	+14 49 00	10·8	3 07·7	18	8 26 07·2	+16 30 29	10·3	22 30·3
22	9 06 49·6	+14 49 04	10·8	3 03·4	19	8 25 26·2	+16 32 24	10·3	22 25·7
23	9 06 29·8	+14 49 13	10·7	2 59·1	20	8 24 46·2	+16 34 17	10·4	22 21·1
24	9 06 08·6	+14 49 28	10·7	2 54·9	21	8 24 07·2	+16 36 07	10·4	22 16·5
25	9 05 46·2	+14 49 48	10·7	2 50·6	22	8 23 29·2	+16 37 55	10·4	22 12·0
26	9 05 22·5	+14 50 13	10·7	2 46·2	23	8 22 52·3	+16 39 39	10·4	22 07·5
27	9 04 57·5	+14 50 43	10·7	2 41·9	24	8 22 16·5	+16 41 20	10·4	22 03·0
28	9 04 31·3	+14 51 19	10·6	2 37·5	25	8 21 41·9	+16 42 58	10·5	21 58·5
29	9 04 03·9	+14 52 00	10·6	2 33·1	26	8 21 08·3	+16 44 33	10·5	21 54·0
30	9 03 35·2	+14 52 46	10·6	2 28·7	27	8 20 36·0	+16 46 05	10·5	21 49·6
31	9 03 05·3	+14 53 38	10·6	2 24·3	28	8 20 04·9	+16 47 34	10·5	21 45·1
2021 Jan. 1	9 02 34·2	+14 54 34	10·6	2 19·8	Mar. 1	8 19 35·0	+16 48 59	10·5	21 40·7
2	9 02 02·0	+14 55 35	10·5	2 15·4	2	8 19 06·3	+16 50 21	10·5	21 36·3
3	9 01 28·6	+14 56 40	10·5	2 10·9	3	8 18 38·9	+16 51 39	10·6	21 32·0
4	9 00 54·1	+14 57 51	10·5	2 06·4	4	8 18 12·8	+16 52 54	10·6	21 27·6
5	9 00 18·5	+14 59 06	10·5	2 01·9	5	8 17 48·0	+16 54 05	10·6	21 23·3
6	8 59 41·8	+15 00 25	10·4	1 57·3	6	8 17 24·5	+16 55 13	10·6	21 19·0
7	8 59 04·0	+15 01 49	10·4	1 52·8	7	8 17 02·3	+16 56 17	10·6	21 14·7
8	8 58 25·3	+15 03 17	10·4	1 48·2	8	8 16 41·5	+16 57 18	10·6	21 10·5
9	8 57 45·5	+15 04 50	10·4	1 43·6	9	8 16 22·1	+16 58 15	10·7	21 06·2
10	8 57 04·7	+15 06 26	10·4	1 39·0	10	8 16 04·0	+16 59 08	10·7	21 02·0
11	8 56 23·1	+15 08 06	10·3	1 34·4	11	8 15 47·3	+16 59 57	10·7	20 57·8
12	8 55 40·5	+15 09 50	10·3	1 29·7	12	8 15 32·0	+17 00 43	10·7	20 53·7
13	8 54 57·1	+15 11 38	10·3	1 25·1	13	8 15 18·1	+17 01 24	10·7	20 49·5
14	8 54 12·9	+15 13 28	10·3	1 20·4	14	8 15 05·6	+17 02 02	10·7	20 45·4
15	8 53 27·9	+15 15 22	10·2	1 15·7	15	8 14 54·5	+17 02 36	10·8	20 41·3
16	8 52 42·2	+15 17 19	10·2	1 11·0	16	8 14 44·8	+17 03 07	10·8	20 37·2
17	8 51 55·8	+15 19 19	10·2	1 06·3	17	8 14 36·6	+17 03 33	10·8	20 33·2
18	8 51 08·8	+15 21 22	10·2	1 01·6	18	8 14 29·7	+17 03 55	10·8	20 29·2
19	8 50 21·1	+15 23 27	10·1	0 56·9	19	8 14 24·3	+17 04 14	10·8	20 25·2
20	8 49 33·0	+15 25 35	10·1	0 52·2	20	8 14 20·3	+17 04 28	10·8	20 21·2
21	8 48 44·4	+15 27 44	10·1	0 47·5	21	8 14 17·7	+17 04 39	10·8	20 17·2
22	8 47 55·3	+15 29 56	10·1	0 42·7	Mar. 22	8 14 16·5	+17 04 45	10·9	20 13·3
23	8 47 05·8	+15 32 09	10·0	0 38·0	23	8 14 16·7	+17 04 48	10·9	20 09·4
24	8 46 16·0	+15 34 24	10·0	0 33·2	24	8 14 18·3	+17 04 46	10·9	20 05·5
25	8 45 25·9	+15 36 40	10·0	0 28·4	25	8 14 21·3	+17 04 41	10·9	20 01·6
26	8 44 35·5	+15 38 58	9·9	0 23·7	26	8 14 25·6	+17 04 32	10·9	19 57·8
27	8 43 45·0	+15 41 16	9·9	0 18·9	27	8 14 31·3	+17 04 18	10·9	19 54·0
Jan. 28	8 42 54·3	+15 43 35	9·9	0 14·1	Mar. 28	8 14 38·4	+17 04 01	11·0	19 50·2

Second transit for Hygiea 2021 January 30^d 23^h 59^{m}8

EUNOMIA, 2021
GEOCENTRIC POSITIONS FOR 0ʰ TERRESTRIAL TIME

Date	Astrometric R.A.	Astrometric Dec.	Vis. Mag.	Ephemeris Transit	Date	Astrometric R.A.	Astrometric Dec.	Vis. Mag.	Ephemeris Transit
	h m s	° ′ ″		h m		h m s	° ′ ″		h m
2020 Nov. 23	8 47 17·3	+19 35 56	9·6	4 38·1	2021 Jan. 21	8 13 43·7	+16 56 32	8·4	0 12·6
24	8 47 33·2	+19 31 11	9·6	4 34·4	22	8 12 37·5	+16 55 18	8·4	0 07·5
25	8 47 47·3	+19 26 30	9·5	4 30·7	23	8 11 31·5	+16 54 04	8·4	0 02·5
26	8 47 59·7	+19 21 54	9·5	4 27·0	24	8 10 25·8	+16 52 51	8·4	23 52·5
27	8 48 10·1	+19 17 22	9·5	4 23·2	25	8 09 20·5	+16 51 39	8·5	23 47·5
28	8 48 18·8	+19 12 54	9·5	4 19·4	26	8 08 15·7	+16 50 26	8·5	23 42·5
29	8 48 25·6	+19 08 31	9·5	4 15·6	27	8 07 11·4	+16 49 15	8·5	23 37·5
30	8 48 30·5	+19 04 13	9·5	4 11·7	28	8 06 07·8	+16 48 03	8·6	23 32·5
Dec. 1	8 48 33·5	+18 59 58	9·5	4 07·8	29	8 05 04·9	+16 46 52	8·6	23 27·6
Dec. 2	8 48 34·6	+18 55 49	9·4	4 03·9	30	8 04 02·7	+16 45 41	8·6	23 22·6
3	8 48 33·9	+18 51 44	9·4	4 00·0	31	8 03 01·3	+16 44 29	8·7	23 17·7
4	8 48 31·2	+18 47 43	9·4	3 56·0	Feb. 1	8 02 00·9	+16 43 18	8·7	23 12·8
5	8 48 26·6	+18 43 47	9·4	3 52·0	2	8 01 01·4	+16 42 07	8·7	23 07·9
6	8 48 20·0	+18 39 56	9·4	3 47·9	3	8 00 02·9	+16 40 56	8·8	23 03·0
7	8 48 11·6	+18 36 10	9·3	3 43·8	4	7 59 05·6	+16 39 44	8·8	22 58·1
8	8 48 01·1	+18 32 29	9·3	3 39·7	5	7 58 09·3	+16 38 33	8·8	22 53·3
9	8 47 48·8	+18 28 52	9·3	3 35·6	6	7 57 14·3	+16 37 21	8·9	22 48·5
10	8 47 34·5	+18 25 20	9·3	3 31·4	7	7 56 20·5	+16 36 09	8·9	22 43·7
11	8 47 18·2	+18 21 53	9·3	3 27·2	8	7 55 28·0	+16 34 56	8·9	22 38·9
12	8 47 00·0	+18 18 31	9·3	3 23·0	9	7 54 36·9	+16 33 44	8·9	22 34·1
13	8 46 39·8	+18 15 13	9·2	3 18·7	10	7 53 47·2	+16 32 30	9·0	22 29·4
14	8 46 17·7	+18 12 01	9·2	3 14·4	11	7 52 59·0	+16 31 17	9·0	22 24·7
15	8 45 53·7	+18 08 53	9·2	3 10·1	12	7 52 12·3	+16 30 03	9·0	22 20·0
16	8 45 27·7	+18 05 50	9·2	3 05·7	13	7 51 27·1	+16 28 49	9·1	22 15·3
17	8 44 59·9	+18 02 51	9·2	3 01·3	14	7 50 43·5	+16 27 33	9·1	22 10·7
18	8 44 30·2	+17 59 57	9·1	2 56·9	15	7 50 01·5	+16 26 18	9·1	22 06·1
19	8 43 58·6	+17 57 08	9·1	2 52·4	16	7 49 21·2	+16 25 02	9·1	22 01·5
20	8 43 25·2	+17 54 23	9·1	2 47·9	17	7 48 42·5	+16 23 45	9·2	21 57·0
21	8 42 50·0	+17 51 43	9·1	2 43·4	18	7 48 05·6	+16 22 27	9·2	21 52·5
22	8 42 13·0	+17 49 07	9·1	2 38·9	19	7 47 30·3	+16 21 09	9·2	21 48·0
23	8 41 34·3	+17 46 36	9·0	2 34·3	20	7 46 56·8	+16 19 50	9·3	21 43·5
24	8 40 53·8	+17 44 08	9·0	2 29·7	21	7 46 25·1	+16 18 31	9·3	21 39·1
25	8 40 11·7	+17 41 45	9·0	2 25·1	22	7 45 55·1	+16 17 10	9·3	21 34·7
26	8 39 27·9	+17 39 26	9·0	2 20·4	23	7 45 26·8	+16 15 49	9·3	21 30·3
27	8 38 42·5	+17 37 10	9·0	2 15·7	24	7 45 00·4	+16 14 27	9·4	21 26·0
28	8 37 55·5	+17 34 59	8·9	2 11·0	25	7 44 35·7	+16 13 04	9·4	21 21·7
29	8 37 07·0	+17 32 51	8·9	2 06·3	26	7 44 12·9	+16 11 40	9·4	21 17·4
30	8 36 17·1	+17 30 47	8·9	2 01·5	27	7 43 51·8	+16 10 15	9·4	21 13·1
31	8 35 25·7	+17 28 46	8·9	1 56·7	28	7 43 32·5	+16 08 49	9·5	21 08·9
2021 Jan. 1	8 34 32·9	+17 26 49	8·9	1 51·9	Mar. 1	7 43 14·9	+16 07 23	9·5	21 04·7
2	8 33 38·7	+17 24 55	8·8	1 47·1	2	7 42 59·2	+16 05 55	9·5	21 00·5
3	8 32 43·3	+17 23 04	8·8	1 42·2	3	7 42 45·2	+16 04 26	9·5	20 56·4
4	8 31 46·7	+17 21 17	8·8	1 37·4	4	7 42 33·0	+16 02 56	9·6	20 52·3
5	8 30 48·9	+17 19 32	8·8	1 32·5	5	7 42 22·6	+16 01 26	9·6	20 48·2
6	8 29 50·0	+17 17 50	8·7	1 27·6	6	7 42 13·9	+15 59 54	9·6	20 44·1
7	8 28 50·0	+17 16 11	8·7	1 22·6	7	7 42 07·0	+15 58 21	9·6	20 40·1
8	8 27 49·1	+17 14 34	8·7	1 17·7	8	7 42 01·8	+15 56 46	9·7	20 36·1
9	8 26 47·3	+17 13 00	8·7	1 12·7	9	7 41 58·3	+15 55 11	9·7	20 32·2
10	8 25 44·6	+17 11 28	8·7	1 07·8	Mar. 10	7 41 56·6	+15 53 34	9·7	20 28·2
11	8 24 41·2	+17 09 58	8·6	1 02·8	11	7 41 56·5	+15 51 56	9·7	20 24·3
12	8 23 37·1	+17 08 31	8·6	0 57·8	12	7 41 58·2	+15 50 16	9·7	20 20·4
13	8 22 32·5	+17 07 05	8·6	0 52·8	13	7 42 01·6	+15 48 35	9·8	20 16·6
14	8 21 27·3	+17 05 41	8·6	0 47·8	14	7 42 06·6	+15 46 53	9·8	20 12·8
15	8 20 21·6	+17 04 19	8·5	0 42·8	15	7 42 13·3	+15 45 09	9·8	20 09·0
16	8 19 15·7	+17 02 58	8·5	0 37·7	16	7 42 21·6	+15 43 24	9·8	20 05·2
17	8 18 09·5	+17 01 38	8·5	0 32·7	17	7 42 31·5	+15 41 37	9·9	20 01·4
18	8 17 03·1	+17 00 20	8·5	0 27·7	18	7 42 43·0	+15 39 48	9·9	19 57·7
19	8 15 56·6	+16 59 03	8·4	0 22·6	19	7 42 56·1	+15 37 58	9·9	19 54·0
20	8 14 50·1	+16 57 47	8·4	0 17·6	20	7 43 10·8	+15 36 05	9·9	19 50·4
Jan. 21	8 13 43·7	+16 56 32	8·4	0 12·6	Mar. 21	7 43 26·9	+15 34 11	9·9	19 46·7

Second transit for Eunomia 2021 January 23ᵈ 23ʰ 57ᵐ5

CYBELE, 2021

GEOCENTRIC POSITIONS FOR 0ʰ TERRESTRIAL TIME

Date	Astrometric R.A. (h m s)	Dec. (° ′ ″)	Vis. Mag.	Ephemeris Transit (h m)	Date	Astrometric R.A. (h m s)	Dec. (° ′ ″)	Vis. Mag.	Ephemeris Transit (h m)
2021 May 16	19 54 53.1	−17 06 10	12.2	4 19.7	2021 July 14	19 31 40.2	−18 02 23	11.1	0 04.6
17	19 55 03.7	−17 05 06	12.2	4 16.0	15	19 30 54.6	−18 04 53	11.1	23 55.2
18	19 55 13.0	−17 04 06	12.2	4 12.2	16	19 30 09.1	−18 07 23	11.1	23 50.5
19	19 55 20.9	−17 03 10	12.1	4 08.4	17	19 29 23.7	−18 09 55	11.1	23 45.9
20	19 55 27.6	−17 02 19	12.1	4 04.5	18	19 28 38.5	−18 12 27	11.2	23 41.2
21	19 55 32.9	−17 01 32	12.1	4 00.7	19	19 27 53.5	−18 14 59	11.2	23 36.5
22	19 55 36.9	−17 00 49	12.1	3 56.8	20	19 27 08.8	−18 17 32	11.2	23 31.8
23	19 55 39.6	−17 00 10	12.1	3 52.9	21	19 26 24.4	−18 20 05	11.2	23 27.2
May 24	19 55 40.9	−16 59 36	12.1	3 49.0	22	19 25 40.4	−18 22 39	11.3	23 22.5
25	19 55 40.9	−16 59 06	12.0	3 45.1	23	19 24 56.7	−18 25 12	11.3	23 17.9
26	19 55 39.6	−16 58 41	12.0	3 41.1	24	19 24 13.6	−18 27 45	11.3	23 13.2
27	19 55 37.0	−16 58 20	12.0	3 37.2	25	19 23 30.9	−18 30 18	11.3	23 08.6
28	19 55 33.1	−16 58 03	12.0	3 33.2	26	19 22 48.7	−18 32 50	11.4	23 04.0
29	19 55 27.8	−16 57 51	12.0	3 29.1	27	19 22 07.1	−18 35 22	11.4	22 59.4
30	19 55 21.2	−16 57 44	12.0	3 25.1	28	19 21 26.2	−18 37 54	11.4	22 54.8
31	19 55 13.2	−16 57 41	11.9	3 21.0	29	19 20 45.9	−18 40 25	11.4	22 50.2
June 1	19 55 04.0	−16 57 42	11.9	3 16.9	30	19 20 06.3	−18 42 55	11.5	22 45.6
2	19 54 53.4	−16 57 49	11.9	3 12.8	31	19 19 27.4	−18 45 25	11.5	22 41.0
3	19 54 41.5	−16 57 59	11.9	3 08.7	Aug. 1	19 18 49.3	−18 47 53	11.5	22 36.5
4	19 54 28.3	−16 58 15	11.9	3 04.5	2	19 18 12.0	−18 50 21	11.5	22 32.0
5	19 54 13.7	−16 58 35	11.9	3 00.4	3	19 17 35.6	−18 52 48	11.5	22 27.4
6	19 53 57.9	−16 59 00	11.8	2 56.2	4	19 17 00.1	−18 55 13	11.6	22 22.9
7	19 53 40.8	−16 59 29	11.8	2 52.0	5	19 16 25.5	−18 57 37	11.6	22 18.4
8	19 53 22.4	−17 00 03	11.8	2 47.7	6	19 15 51.9	−19 00 00	11.6	22 14.0
9	19 53 02.7	−17 00 42	11.8	2 43.5	7	19 15 19.3	−19 02 22	11.6	22 09.5
10	19 52 41.8	−17 01 25	11.8	2 39.2	8	19 14 47.7	−19 04 42	11.6	22 05.1
11	19 52 19.7	−17 02 13	11.8	2 34.9	9	19 14 17.1	−19 07 01	11.7	22 00.7
12	19 51 56.3	−17 03 05	11.7	2 30.6	10	19 13 47.7	−19 09 18	11.7	21 56.3
13	19 51 31.8	−17 04 01	11.7	2 26.2	11	19 13 19.4	−19 11 33	11.7	21 51.9
14	19 51 06.1	−17 05 02	11.7	2 21.9	12	19 12 52.2	−19 13 47	11.7	21 47.5
15	19 50 39.2	−17 06 08	11.7	2 17.5	13	19 12 26.2	−19 15 59	11.7	21 43.2
16	19 50 11.2	−17 07 17	11.7	2 13.1	14	19 12 01.4	−19 18 09	11.8	21 38.8
17	19 49 42.2	−17 08 31	11.6	2 08.7	15	19 11 37.8	−19 20 18	11.8	21 34.5
18	19 49 12.0	−17 09 49	11.6	2 04.2	16	19 11 15.4	−19 22 24	11.8	21 30.3
19	19 48 40.8	−17 11 11	11.6	1 59.8	17	19 10 54.3	−19 24 29	11.8	21 26.0
20	19 48 08.6	−17 12 37	11.6	1 55.3	18	19 10 34.4	−19 26 32	11.8	21 21.7
21	19 47 35.4	−17 14 07	11.6	1 50.8	19	19 10 15.8	−19 28 32	11.9	21 17.5
22	19 47 01.2	−17 15 41	11.6	1 46.3	20	19 09 58.5	−19 30 31	11.9	21 13.3
23	19 46 26.1	−17 17 18	11.5	1 41.8	21	19 09 42.5	−19 32 27	11.9	21 09.1
24	19 45 50.1	−17 18 59	11.5	1 37.3	22	19 09 27.8	−19 34 22	11.9	21 05.0
25	19 45 13.3	−17 20 43	11.5	1 32.8	23	19 09 14.4	−19 36 14	11.9	21 00.9
26	19 44 35.6	−17 22 31	11.5	1 28.2	24	19 09 02.3	−19 38 04	12.0	20 56.7
27	19 43 57.2	−17 24 22	11.5	1 23.6	25	19 08 51.5	−19 39 51	12.0	20 52.7
28	19 43 17.9	−17 26 17	11.4	1 19.0	26	19 08 42.1	−19 41 37	12.0	20 48.6
29	19 42 37.9	−17 28 14	11.4	1 14.5	27	19 08 34.0	−19 43 20	12.0	20 44.5
30	19 41 57.3	−17 30 14	11.4	1 09.8	28	19 08 27.3	−19 45 01	12.0	20 40.5
July 1	19 41 16.0	−17 32 18	11.4	1 05.2	29	19 08 21.9	−19 46 40	12.1	20 36.5
2	19 40 34.1	−17 34 24	11.4	1 00.6	30	19 08 17.8	−19 48 16	12.1	20 32.5
3	19 39 51.6	−17 36 32	11.3	0 56.0	31	19 08 15.1	−19 49 50	12.1	20 28.6
4	19 39 08.6	−17 38 43	11.3	0 51.3	Sept. 1	19 08 13.7	−19 51 21	12.1	20 24.6
5	19 38 25.1	−17 40 57	11.3	0 46.7	2	19 08 13.7	−19 52 51	12.1	20 20.7
6	19 37 41.2	−17 43 12	11.3	0 42.0	3	19 08 15.1	−19 54 17	12.1	20 16.8
7	19 36 56.9	−17 45 30	11.2	0 37.4	4	19 08 17.8	−19 55 41	12.2	20 13.0
8	19 36 12.2	−17 47 50	11.2	0 32.7	5	19 08 21.8	−19 57 03	12.2	20 09.1
9	19 35 27.3	−17 50 12	11.2	0 28.0	6	19 08 27.2	−19 58 22	12.2	20 05.3
10	19 34 42.1	−17 52 35	11.2	0 23.3	7	19 08 34.0	−19 59 39	12.2	20 01.5
11	19 33 56.8	−17 55 00	11.2	0 18.6	8	19 08 42.1	−20 00 53	12.2	19 57.7
12	19 33 11.3	−17 57 26	11.1	0 14.0	9	19 08 51.5	−20 02 04	12.2	19 54.0
13	19 32 25.8	−17 59 54	11.1	0 09.3	10	19 09 02.3	−20 03 13	12.3	19 50.2
July 14	19 31 40.2	−18 02 23	11.1	0 04.6	Sept. 11	19 09 14.4	−20 04 19	12.3	19 46.5

Second transit for Cybele 2021 July 14ᵈ 23ʰ 59ᵐ9

DAVIDA, 2021
GEOCENTRIC POSITIONS FOR 0^h TERRESTRIAL TIME

Date	Astrometric R.A.	Dec.	Vis. Mag.	Ephemeris Transit	Date	Astrometric R.A.	Dec.	Vis. Mag.	Ephemeris Transit
	h m s	o ′ ″		h m		h m s	o ′ ″		h m
2021 Feb. 15	14 26 06·3	+ 5 35 45	12·0	4 45·5	2021 Apr. 15	14 06 01·7	+11 00 52	11·4	0 33·5
16	14 26 19·8	+ 5 40 18	11·9	4 41·8	16	14 05 16·5	+11 04 35	11·4	0 28·8
17	14 26 32·1	+ 5 44 58	11·9	4 38·1	17	14 04 31·0	+11 08 09	11·4	0 24·1
18	14 26 43·1	+ 5 49 44	11·9	4 34·3	18	14 03 45·5	+11 11 33	11·4	0 19·4
19	14 26 52·9	+ 5 54 35	11·9	4 30·6	19	14 02 59·9	+11 14 48	11·4	0 14·7
20	14 27 01·4	+ 5 59 32	11·9	4 26·8	20	14 02 14·2	+11 17 52	11·4	0 10·1
21	14 27 08·7	+ 6 04 34	11·9	4 23·0	21	14 01 28·6	+11 20 46	11·4	0 05·4
22	14 27 14·7	+ 6 09 42	11·9	4 19·1	22	14 00 43·0	+11 23 30	11·4	0 00·7
23	14 27 19·5	+ 6 14 55	11·9	4 15·3	23	13 59 57·5	+11 26 03	11·4	23 51·3
24	14 27 23·0	+ 6 20 13	11·8	4 11·4	24	13 59 12·1	+11 28 26	11·4	23 46·6
25	14 27 25·2	+ 6 25 36	11·8	4 07·5	25	13 58 26·9	+11 30 37	11·4	23 42·0
Feb. 26	14 27 26·1	+ 6 31 04	11·8	4 03·6	26	13 57 42·0	+11 32 38	11·4	23 37·3
27	14 27 25·8	+ 6 36 36	11·8	3 59·6	27	13 56 57·3	+11 34 29	11·4	23 32·6
28	14 27 24·2	+ 6 42 12	11·8	3 55·7	28	13 56 12·9	+11 36 08	11·4	23 28·0
Mar. 1	14 27 21·3	+ 6 47 52	11·8	3 51·7	29	13 55 28·8	+11 37 36	11·5	23 23·3
2	14 27 17·2	+ 6 53 37	11·8	3 47·7	30	13 54 45·1	+11 38 53	11·5	23 18·6
3	14 27 11·8	+ 6 59 25	11·8	3 43·7	May 1	13 54 01·8	+11 39 59	11·5	23 14·0
4	14 27 05·0	+ 7 05 16	11·7	3 39·6	2	13 53 18·9	+11 40 54	11·5	23 09·4
5	14 26 57·0	+ 7 11 11	11·7	3 35·5	3	13 52 36·5	+11 41 38	11·5	23 04·7
6	14 26 47·8	+ 7 17 09	11·7	3 31·5	4	13 51 54·6	+11 42 10	11·5	23 00·1
7	14 26 37·2	+ 7 23 10	11·7	3 27·3	5	13 51 13·2	+11 42 31	11·5	22 55·5
8	14 26 25·4	+ 7 29 13	11·7	3 23·2	6	13 50 32·5	+11 42 41	11·6	22 50·9
9	14 26 12·3	+ 7 35 19	11·7	3 19·1	7	13 49 52·3	+11 42 40	11·6	22 46·3
10	14 25 57·9	+ 7 41 27	11·7	3 14·9	8	13 49 12·8	+11 42 28	11·6	22 41·8
11	14 25 42·3	+ 7 47 36	11·7	3 10·7	9	13 48 34·0	+11 42 04	11·6	22 37·2
12	14 25 25·5	+ 7 53 47	11·6	3 06·5	10	13 47 55·9	+11 41 29	11·6	22 32·6
13	14 25 07·4	+ 7 59 59	11·6	3 02·2	11	13 47 18·5	+11 40 44	11·6	22 28·1
14	14 24 48·1	+ 8 06 12	11·6	2 58·0	12	13 46 41·9	+11 39 47	11·7	22 23·6
15	14 24 27·6	+ 8 12 26	11·6	2 53·7	13	13 46 06·1	+11 38 39	11·7	22 19·1
16	14 24 05·9	+ 8 18 39	11·6	2 49·4	14	13 45 31·1	+11 37 20	11·7	22 14·6
17	14 23 43·0	+ 8 24 53	11·6	2 45·1	15	13 44 56·9	+11 35 51	11·7	22 10·1
18	14 23 19·0	+ 8 31 07	11·6	2 40·8	16	13 44 23·7	+11 34 11	11·7	22 05·6
19	14 22 53·8	+ 8 37 19	11·6	2 36·4	17	13 43 51·3	+11 32 20	11·7	22 01·2
20	14 22 27·5	+ 8 43 31	11·5	2 32·1	18	13 43 19·8	+11 30 19	11·7	21 56·7
21	14 22 00·1	+ 8 49 41	11·5	2 27·7	19	13 42 49·3	+11 28 08	11·8	21 52·3
22	14 21 31·7	+ 8 55 49	11·5	2 23·3	20	13 42 19·7	+11 25 46	11·8	21 47·9
23	14 21 02·2	+ 9 01 56	11·5	2 18·8	21	13 41 51·1	+11 23 15	11·8	21 43·5
24	14 20 31·7	+ 9 08 00	11·5	2 14·4	22	13 41 23·5	+11 20 33	11·8	21 39·1
25	14 20 00·2	+ 9 14 01	11·5	2 10·0	23	13 40 56·8	+11 17 42	11·8	21 34·8
26	14 19 27·7	+ 9 20 00	11·5	2 05·5	24	13 40 31·2	+11 14 41	11·8	21 30·4
27	14 18 54·2	+ 9 25 55	11·5	2 01·0	25	13 40 06·5	+11 11 31	11·9	21 26·1
28	14 18 19·9	+ 9 31 46	11·5	1 56·5	26	13 39 42·9	+11 08 12	11·9	21 21·8
29	14 17 44·7	+ 9 37 34	11·4	1 52·0	27	13 39 20·4	+11 04 43	11·9	21 17·5
30	14 17 08·6	+ 9 43 17	11·4	1 47·4	28	13 38 58·8	+11 01 06	11·9	21 13·2
31	14 16 31·7	+ 9 48 56	11·4	1 42·9	29	13 38 38·3	+10 57 20	11·9	21 09·0
Apr. 1	14 15 53·9	+ 9 54 29	11·4	1 38·3	30	13 38 18·9	+10 53 25	11·9	21 04·7
2	14 15 15·4	+ 9 59 58	11·4	1 33·8	31	13 38 00·5	+10 49 22	12·0	21 00·5
3	14 14 36·2	+10 05 21	11·4	1 29·2	June 1	13 37 43·2	+10 45 10	12·0	20 56·3
4	14 13 56·3	+10 10 38	11·4	1 24·6	2	13 37 27·0	+10 40 51	12·0	20 52·1
5	14 13 15·7	+10 15 49	11·4	1 20·0	3	13 37 11·8	+10 36 23	12·0	20 48·0
6	14 12 34·5	+10 20 53	11·4	1 15·4	4	13 36 57·7	+10 31 48	12·0	20 43·8
7	14 11 52·6	+10 25 51	11·4	1 10·7	5	13 36 44·8	+10 27 05	12·0	20 39·7
8	14 11 10·3	+10 30 41	11·4	1 06·1	6	13 36 32·8	+10 22 14	12·1	20 35·6
9	14 10 27·4	+10 35 24	11·4	1 01·5	7	13 36 22·0	+10 17 16	12·1	20 31·5
10	14 09 44·0	+10 40 00	11·4	0 56·8	8	13 36 12·3	+10 12 10	12·1	20 27·4
11	14 09 00·2	+10 44 27	11·4	0 52·2	9	13 36 03·7	+10 06 58	12·1	20 23·3
12	14 08 16·1	+10 48 46	11·3	0 47·5	10	13 35 56·1	+10 01 39	12·1	20 19·3
13	14 07 31·6	+10 52 57	11·3	0 42·8	11	13 35 49·7	+ 9 56 13	12·1	20 15·3
14	14 06 46·8	+10 56 59	11·3	0 38·2	12	13 35 44·3	+ 9 50 40	12·1	20 11·3
Apr. 15	14 06 01·7	+11 00 52	11·4	0 33·5	June 13	13 35 40·0	+ 9 45 01	12·2	20 07·3

Second transit for Davida 2021 April 22^d 23^h 56^{m}0

GEOCENTRIC POSITIONS FOR 0ʰ TERRESTRIAL TIME

Date	Astrometric R.A.	Dec.	Vis. Mag.	Ephemeris Transit	Date	Astrometric R.A.	Dec.	Vis. Mag.	Ephemeris Transit
	h m s	° ′ ″		h m		h m s	° ′ ″		h m
2021 Mar. 26	16 22 08·4	−36 49 58	12·2	4 08·2	2021 May 24	15 49 37·9	−35 43 38	11·3	23 39·0
27	16 22 13·3	−36 52 13	12·2	4 04·4	25	15 48 42·6	−35 38 06	11·3	23 34·1
28	16 22 16·8	−36 54 23	12·2	4 00·5	26	15 47 47·5	−35 32 25	11·3	23 29·3
Mar. 29	16 22 18·8	−36 56 30	12·1	3 56·6	27	15 46 52·7	−35 26 36	11·3	23 24·5
30	16 22 19·3	−36 58 31	12·1	3 52·7	28	15 45 58·2	−35 20 40	11·3	23 19·6
31	16 22 18·3	−37 00 29	12·1	3 48·7	29	15 45 04·1	−35 14 37	11·3	23 14·8
Apr. 1	16 22 15·8	−37 02 21	12·1	3 44·8	30	15 44 10·4	−35 08 26	11·3	23 10·0
2	16 22 11·9	−37 04 08	12·1	3 40·8	31	15 43 17·2	−35 02 08	11·3	23 05·2
3	16 22 06·4	−37 05 51	12·1	3 36·7	June 1	15 42 24·6	−34 55 44	11·3	23 00·4
4	16 21 59·4	−37 07 28	12·1	3 32·7	2	15 41 32·5	−34 49 14	11·3	22 55·6
5	16 21 50·9	−37 09 00	12·0	3 28·6	3	15 40 41·0	−34 42 37	11·3	22 50·8
6	16 21 40·9	−37 10 26	12·0	3 24·5	4	15 39 50·2	−34 35 54	11·3	22 46·1
7	16 21 29·4	−37 11 46	12·0	3 20·4	5	15 39 00·2	−34 29 07	11·3	22 41·3
8	16 21 16·4	−37 13 01	12·0	3 16·2	6	15 38 10·9	−34 22 13	11·3	22 36·6
9	16 21 01·8	−37 14 09	12·0	3 12·1	7	15 37 22·5	−34 15 16	11·4	22 31·8
10	16 20 45·8	−37 15 12	12·0	3 07·9	8	15 36 34·9	−34 08 14	11·4	22 27·1
11	16 20 28·2	−37 16 08	11·9	3 03·6	9	15 35 48·2	−34 01 07	11·4	22 22·4
12	16 20 09·1	−37 16 57	11·9	2 59·4	10	15 35 02·5	−33 53 57	11·4	22 17·8
13	16 19 48·6	−37 17 40	11·9	2 55·1	11	15 34 17·8	−33 46 44	11·4	22 13·1
14	16 19 26·5	−37 18 16	11·9	2 50·8	12	15 33 34·1	−33 39 27	11·4	22 08·5
15	16 19 03·0	−37 18 45	11·9	2 46·5	13	15 32 51·5	−33 32 08	11·4	22 03·8
16	16 18 38·0	−37 19 06	11·9	2 42·1	14	15 32 09·9	−33 24 47	11·5	21 59·2
17	16 18 11·6	−37 19 20	11·8	2 37·8	15	15 31 29·6	−33 17 23	11·5	21 54·7
18	16 17 43·8	−37 19 27	11·8	2 33·4	16	15 30 50·3	−33 09 58	11·5	21 50·1
19	16 17 14·6	−37 19 26	11·8	2 28·9	17	15 30 12·3	−33 02 32	11·5	21 45·5
20	16 16 44·0	−37 19 17	11·8	2 24·5	18	15 29 35·5	−32 55 05	11·5	21 41·0
21	16 16 12·0	−37 19 00	11·8	2 20·0	19	15 28 59·9	−32 47 37	11·5	21 36·5
22	16 15 38·7	−37 18 35	11·7	2 15·6	20	15 28 25·6	−32 40 09	11·5	21 32·0
23	16 15 04·1	−37 18 02	11·7	2 11·0	21	15 27 52·6	−32 32 41	11·6	21 27·6
24	16 14 28·2	−37 17 20	11·7	2 06·5	22	15 27 20·9	−32 25 14	11·6	21 23·1
25	16 13 51·0	−37 16 30	11·7	2 02·0	23	15 26 50·5	−32 17 47	11·6	21 18·7
26	16 13 12·6	−37 15 31	11·7	1 57·4	24	15 26 21·4	−32 10 21	11·6	21 14·3
27	16 12 33·0	−37 14 23	11·7	1 52·8	25	15 25 53·7	−32 02 57	11·6	21 10·0
28	16 11 52·3	−37 13 06	11·6	1 48·2	26	15 25 27·3	−31 55 34	11·6	21 05·6
29	16 11 10·3	−37 11 41	11·6	1 43·6	27	15 25 02·3	−31 48 13	11·6	21 01·3
30	16 10 27·3	−37 10 05	11·6	1 38·9	28	15 24 38·7	−31 40 54	11·7	20 57·0
May 1	16 09 43·2	−37 08 21	11·6	1 34·3	29	15 24 16·5	−31 33 37	11·7	20 52·7
2	16 08 58·1	−37 06 27	11·6	1 29·6	30	15 23 55·6	−31 26 23	11·7	20 48·4
3	16 08 12·0	−37 04 24	11·6	1 24·9	July 1	15 23 36·2	−31 19 11	11·7	20 44·2
4	16 07 24·9	−37 02 11	11·5	1 20·2	2	15 23 18·1	−31 12 03	11·7	20 40·0
5	16 06 36·8	−36 59 48	11·5	1 15·4	3	15 23 01·5	−31 04 58	11·7	20 35·8
6	16 05 47·9	−36 57 15	11·5	1 10·7	4	15 22 46·3	−30 57 56	11·7	20 31·6
7	16 04 58·2	−36 54 33	11·5	1 05·9	5	15 22 32·5	−30 50 58	11·8	20 27·5
8	16 04 07·7	−36 51 40	11·5	1 01·2	6	15 22 20·2	−30 44 05	11·8	20 23·4
9	16 03 16·5	−36 48 38	11·4	0 56·4	7	15 22 09·3	−30 37 15	11·8	20 19·3
10	16 02 24·6	−36 45 25	11·4	0 51·6	8	15 21 59·8	−30 30 29	11·8	20 15·2
11	16 01 32·0	−36 42 03	11·4	0 46·8	9	15 21 51·7	−30 23 49	11·8	20 11·2
12	16 00 38·9	−36 38 31	11·4	0 42·0	10	15 21 45·1	−30 17 12	11·8	20 07·1
13	15 59 45·3	−36 34 49	11·4	0 37·2	11	15 21 39·9	−30 10 41	11·8	20 03·1
14	15 58 51·2	−36 30 57	11·4	0 32·3	12	15 21 36·1	−30 04 15	11·9	19 59·2
15	15 57 56·8	−36 26 55	11·4	0 27·5	13	15 21 33·8	−29 57 53	11·9	19 55·2
16	15 57 01·9	−36 22 44	11·3	0 22·6	July 14	15 21 32·8	−29 51 38	11·9	19 51·3
17	15 56 06·8	−36 18 23	11·3	0 17·8	15	15 21 33·3	−29 45 27	11·9	19 47·4
18	15 55 11·5	−36 13 52	11·3	0 13·0	16	15 21 35·2	−29 39 22	11·9	19 43·5
19	15 54 16·0	−36 09 12	11·3	0 08·1	17	15 21 38·5	−29 33 22	11·9	19 39·6
20	15 53 20·4	−36 04 23	11·3	0 03·2	18	15 21 43·1	−29 27 29	11·9	19 35·8
21	15 52 24·7	−35 59 25	11·3	23 53·5	19	15 21 49·1	−29 21 41	12·0	19 32·0
22	15 51 29·0	−35 54 18	11·3	23 48·7	20	15 21 56·5	−29 15 58	12·0	19 28·2
23	15 50 33·4	−35 49 02	11·3	23 43·8	21	15 22 05·2	−29 10 22	12·0	19 24·4
May 24	15 49 37·9	−35 43 38	11·3	23 39·0	July 22	15 22 15·3	−29 04 52	12·0	19 20·7

Second transit for Interamnia 2021 May 20ᵈ 23ʰ 58ᵐ4

OSCULATING ELEMENTS FOR ECLIPTIC AND EQUINOX OF J2000·0

Designation/Name	Perihelion Time T	Perihelion Distance q	Eccentricity e	Period P	Arg. of Perihelion ω	Long. of Asc. Node Ω	Inclination i	Osc. Epoch
		au		years	°	°	°	
98P/Takamizawa	Jan. 4·936 04	1·663 0161	0·562 2564	7·40	157·921 64	114·711 68	10·561 42	Dec. 17
320P/McNaught	Jan. 17·141 95	0·972 2771	0·685 7664	5·44	0·776 33	295·930 10	4·908 93	Jan. 26
323P/SOHO	Jan. 17·699 82	0·039 3911	0·984 7430	4·15	353·020 00	324·380 23	5·370 79	Jan. 26
102P/Shoemaker	Jan. 22·384 32	2·069 8988	0·457 1854	7·45	20·536 13	339·365 65	25·884 50	Jan. 26
297P/Beshore	Jan. 22·869 71	2·343 4131	0·319 1880	6·39	132·501 41	97·659 42	10·328 63	Jan. 26
265P/LINEAR	Feb. 9·041 00	1·498 9711	0·647 4146	8·77	33·423 12	342·927 09	14·364 89	Jan. 26
17P/Holmes	Feb. 19·826 77	2·080 6863	0·427 7676	6·93	24·467 42	326·620 35	19·031 99	Mar. 7
246P/NEAT	Feb. 22·816 89	2·863 9224	0·286 9192	8·05	176·299 88	78·747 54	15·986 81	Mar. 7
206P/Barnard-Boattini	Mar. 4·483 18	1·564 6211	0·551 3376	6·51	189·469 90	202·346 70	33·632 86	Mar. 7
28P/Neujmin	Mar. 11·876 97	1·578 2595	0·773 8899	18·44	347·410 54	346·332 65	14·311 72	Mar. 7
191P/McNaught	Mar. 20·139 50	2·232 1825	0·385 7900	6·93	284·010 17	98·229 71	8·842 84	Mar. 7
10P/Tempel	Mar. 24·278 34	1·412 4795	0·538 6471	5·36	195·506 94	117·809 74	12·039 66	Mar. 7
16P/Brooks	Apr. 18·179 24	1·878 0963	0·486 2287	6·99	245·179 03	138·862 87	3·011 67	Apr. 16
324P/La Sagra	May 6·016 09	2·618 5881	0·154 6469	5·45	57·686 65	270·624 05	21·405 77	Apr. 16
120P/Mueller	May 7·137 95	2·477 8564	0·374 4994	7·88	36·558 67	358·673 85	8·490 01	May 26
158P/Kowal-LINEAR	May 10·919 66	4·799 1425	0·035 4867	11·10	172·160 50	135·524 73	8·016 91	May 26
142P/Ge-Wang	May 12·673 93	2·513 1580	0·497 6478	11·19	173·970 62	175·933 17	12·250 78	May 26
83P/Russell	May 23·326 08	2·141 8927	0·442 6258	7·53	334·367 35	226·288 36	17·827 86	May 26
201P/LONEOS	May 26·675 59	1·217 3744	0·636 9821	6·14	41·543 36	19·749 11	5·738 98	May 26
7P/Pons-Winnecke	May 27·111 00	1·234 2376	0·638 4744	6·31	172·595 75	93·375 34	22·363 64	May 26
111P/Helin-Roman-Crockett	June 15·608 47	3·707 6485	0·106 0194	8·45	0·994 16	89·766 04	4·226 90	July 5
252P/LINEAR	July 10·500 04	1·000 5411	0·671 9140	5·33	343·301 03	190·945 41	10·408 96	July 5
15P/Finlay	July 13·543 42	0·991 9925	0·717 0437	6·56	347·824 54	13·713 73	6·797 52	July 5
241P/LINEAR	July 25·795 97	1·917 5373	0·609 9127	10·90	111·427 45	305·483 28	21·107 32	Aug. 14
332P/Ikeya-Murakami	Aug. 18·416 63	1·577 1407	0·489 4816	5·43	152·340 03	3·786 15	9·380 04	Aug. 14
106P/Schuster	Aug. 18·767 93	1·528 6299	0·593 6752	7·30	353·666 70	48·885 94	19·536 46	Aug. 14
193P/LINEAR-NEAT	Aug. 25·286 46	2·168 0461	0·394 3056	6·77	8·108 59	335·174 82	10·688 51	Aug. 14
8P/Tuttle	Aug. 27·735 28	1·026 0088	0·820 2403	13·64	207·488 96	270·203 92	54·911 20	Aug. 14
283P/Spacewatch	Sept. 8·018 40	2·132 1974	0·484 8200	8·42	22·249 78	161·129 16	14·455 22	Sept. 23
4P/Faye	Sept. 8·841 04	1·618 8567	0·576 5987	7·48	206·995 63	192·932 23	8·008 40	Sept. 23
108P/Ciffréo	Sept. 10·090 15	1·660 2821	0·555 8270	7·23	354·415 74	50·292 13	11·437 77	Sept. 23
284P/McNaught	Sept. 12·713 48	2·295 7372	0·376 0400	7·06	202·448 54	144·262 95	11·861 34	Sept. 23
6P/d'Arrest	Sept. 17·770 25	1·354 6112	0·612 8112	6·54	178·104 98	138·935 58	19·512 31	Sept. 23
52P/Harrington-Abell	Oct. 5·188 54	1·777 2298	0·540 0738	7·60	139·593 07	336·838 01	10·231 73	Sept. 23
57P/du Toit-Neujmin-Delporte	Oct. 17·414 49	1·720 1241	0·501 0084	6·40	115·259 75	188·774 70	2·850 94	Nov. 2
110P/Hartley	Oct. 18·297 92	2·455 7258	0·318 2853	6·84	167·443 81	287·535 56	11·706 73	Nov. 2
342P/SOHO	Oct. 18·837 66	0·052 2450	0·982 8181	5·30	74·150 88	27·570 97	12·041 02	Nov. 2
282P/(323137) 2003 BM$_{80}$	Oct. 24·632 78	3·440 9986	0·188 5974	8·73	217·630 42	9·296 65	5·811 61	Nov. 2
67P/Churyumov-Gerasimenko	Nov. 2·061 81	1·210 6201	0·649 7036	6·42	22·132 79	36·334 14	3·871 56	Nov. 2
70P/Kojima	Nov. 3·112 30	2·009 0047	0·453 7444	7·05	1·827 77	119·268 15	6·598 06	Nov. 2
132P/Helin-Roman-Alu	Nov. 13·153 13	1·691 8024	0·564 6538	7·66	216·348 30	173·997 74	5·382 67	Nov. 2
173P/Mueller	Dec. 16·716 86	4·217 0607	0·260 9993	13·63	29·180 34	100·400 28	16·492 70	Dec. 12
221P/LINEAR	Dec. 18·069 56	1·753 1218	0·492 6378	6·42	40·115 89	229·702 97	11·427 61	Dec. 12

Up-to-date elements of the comets currently observable may be found at the web site of the IAU Minor Planet Center (see page x for web address).

CONTENTS OF SECTION H

Except for the tables of ICRF radio sources, radio flux calibrators, quasars, pulsars, gamma ray sources and X-ray sources, positions tabulated in Section H are referred to the mean equator and equinox of J2021.5 = 2021 July 2.375 = JD 245 9397.875. The positions of the ICRF radio sources provide a practical realization of the ICRS. The positions of radio flux calibrators, quasars, pulsars, gamma ray sources and X-ray sources are referred to the equator and equinox of J2000.0 = JD 245 1545.0.

When present, notes associated with a table are found on the table's last page.

WWW These data or auxiliary material may also be found on *The Astronomical Almanac Online* at **https://asa.hmnao.com** and **https://aa.usno.navy.mil/publications/asa.html**

Designation			BS=HR No.	Right Ascension	Declination	Notes	V	B–V	V–I	Spectral Type
				h m s	o ′ ″					
	π	Phe	9069	00 00 02.1	−52 37 33		5.13	+1.12	+1.08	K0 III
28	ω	Psc	9072	00 00 25.0	+06 58 56	b	4.03	+0.42	+0.49	F3 V
	ε	Tuc	9076	00 01 01.1	−65 27 27		4.49	−0.08	−0.04	B9 IV
	θ	Oct	9084	00 02 40.3	−76 56 50		4.78	+1.25	+1.26	K2 III
30 YY		Psc	9089	00 03 03.8	−05 53 41		4.37	+1.63	+2.35	M3 III
2		Cet	9098	00 04 50.4	−17 12 59		4.55	−0.05	−0.03	B9 IV
33 BC		Psc	3	00 06 26.2	−05 35 15	b	4.61	+1.03	+1.04	K0 III–IV
21	α	And	15	00 09 30.2	+29 12 33	dbn01	2.07	−0.04	−0.10	B9p Hg Mn
11	β	Cas	21	00 10 20.3	+59 16 06	svdb	2.28	+0.38	+0.40	F2 III
	ε	Phe	25	00 10 29.7	−45 37 44		3.88	+1.01	+1.00	K0 III
22		And	27	00 11 26.8	+46 11 31		5.01	+0.41	+0.55	F0 II
	κ²	Scl	34	00 12 39.7	−27 40 48	d	5.41	+1.35	+1.31	K5 III
	θ	Scl	35	00 12 49.3	−35 00 47		5.24	+0.46	+0.53	F3/5 V
88	γ	Peg	39	00 14 20.7	+15 18 11	svdb	2.83	−0.19	−0.22	B2 IV
89	χ	Peg	45	00 15 43.1	+20 19 34	as	4.79	+1.57	+1.93	M2⁺ III
7 AE		Cet	48	00 15 43.8	−18 48 50		4.44	+1.64	+1.96	M1 III
25	σ	And	68	00 19 27.4	+36 54 15	b	4.51	+0.05	+0.06	A2 Va
8	ι	Cet	74	00 20 31.4	−08 42 18	d	3.56	+1.21	+1.13	K1 IIIb
	ζ	Tuc	77	00 21 10.6	−64 44 55		4.23	+0.58	+0.65	F9 V
41		Psc	80	00 21 42.4	+08 18 34		5.38	+1.34	+1.28	K3⁻ III Ca 1 CN 0.5
27	ρ	And	82	00 22 15.6	+38 05 15		5.16	+0.44	+0.51	F6 IV
	R	And	90	00 25 10.5	+38 41 45	svd	10.71	+2.08	+2.63	S5/4.5e
	β	Hyi	98	00 26 51.1	−77 08 00		2.82	+0.62	+0.68	G1 IV
	κ	Phe	100	00 27 15.3	−43 33 39		3.93	+0.18	+0.20	A5 Vn
	α	Phe	99	00 27 20.6	−42 11 21	bn02	2.40	+1.08	+1.11	K0 IIIb
			118	00 31 27.0	−23 40 08	b	5.17	+0.13	+0.14	A5 Vn
	λ¹	Phe	125	00 32 26.8	−48 41 06	db	4.76	+0.02	+0.01	A1 Va
	β¹	Tuc	126	00 32 31.2	−62 50 24	db	4.36	−0.06	−0.02	B9 V
15	κ	Cas	130	00 34 14.4	+63 03 01	sb	4.17	+0.13	+0.17	B0.7 Ia
29	π	And	154	00 38 02.1	+33 50 15	db	4.34	−0.12	−0.08	B5 V
17	ζ	Cas	153	00 38 10.9	+54 00 54		3.69	−0.20	−0.23	B2 IV
			157	00 38 30.7	+35 31 03	s	5.45	+0.89	+0.82	G2 Ib–II
30	ε	And	163	00 39 41.8	+29 25 41		4.34	+0.87	+0.92	G6 III Fe−3 CH 1
31	δ	And	165	00 40 29.0	+30 58 42	sdb	3.27	+1.27	+1.23	K3 III
18	α	Cas	168	00 41 44.5	+56 39 18	dn03	2.24	+1.17	+1.13	K0⁻ IIIa
	μ	Phe	180	00 42 20.2	−45 58 02		4.59	+0.95	+0.95	G8 III
	η	Phe	191	00 44 18.8	−57 20 44	d	4.36	+0.02	+0.02	A0.5 IV
16	β	Cet	188	00 44 40.1	−17 52 08	n04	2.04	+1.02	+1.00	G9 III CH−1 CN 0.5 Ca 1
22	o	Cas	193	00 45 56.0	+48 24 06	db	4.48	−0.07	0.00	B5 III
34	ζ	And	215	00 48 29.0	+24 23 02	vdb	4.08	+1.10	+1.06	K0 III
	λ	Hyi	236	00 49 19.7	−74 48 24		5.09	+1.35	+1.34	K5 III
63	δ	Psc	224	00 49 48.0	+07 42 06	d	4.44	+1.50	+1.58	K4.5 IIIb
64		Psc	225	00 50 06.7	+17 03 23	db	5.07	+0.50	+0.57	F7 V
24	η	Cas	219	00 50 25.2	+57 55 43	sdb	3.46	+0.59	+0.66	F9 V
35	ν	And	226	00 51 00.5	+41 11 44	b	4.53	−0.14	−0.14	B5 V
19	φ²	Cet	235	00 51 12.2	−10 31 44		5.17	+0.51	+0.59	F8 V
			233	00 52 03.1	+64 21 51	cdb	5.35	+0.53	+0.60	G0 III–IV + B9.5 V
20		Cet	248	00 54 06.5	−01 01 41		4.78	+1.55	+1.66	M0⁻ IIIa
	λ²	Tuc	270	00 55 48.1	−69 24 40		5.45	+1.10	+1.05	K2 III
37	μ	And	269	00 57 57.3	+38 36 56	d	3.86	+0.13	+0.14	A5 IV–V

Designation	BS=HR No.	Right Ascension	Declination	Notes	V	B–V	V–I	Spectral Type
		h m s	° ′ ″					
27 γ Cas	264	00 58 01.4	+60 49 58	db	2.15	−0.05	−0.02	B0 IVnpe (shell)
38 η And	271	00 58 21.6	+23 32 00	db	4.40	+0.94	+0.94	G8⁻ IIIb
68 Psc	274	00 59 00.3	+29 06 29		5.44	+1.08	+0.99	gG6
α Scl	280	00 59 38.4	−29 14 30	sb	4.30	−0.15	−0.12	B4 Vp
σ Scl	293	01 03 27.9	−31 26 12		5.50	+0.08	+0.10	A2 V
71 ε Psc	294	01 04 03.7	+08 00 19		4.27	+0.95	+0.98	G9 III Fe−2
β Phe	322	01 07 02.3	−46 36 13	d	3.32	+0.89	+0.90	G8 III
ι Tuc	332	01 08 09.4	−61 39 39		5.36	+0.88	+0.80	G5 III
υ Phe	331	01 08 46.6	−41 22 21	dm	5.21	+0.16	+0.19	A3 IV/V
ζ Phe	338	01 09 17.0	−55 07 53	vdbm	3.94	−0.12	−0.08	B7 V
31 η Cet	334	01 09 40.3	−10 04 08	d	3.46	+1.16	+1.11	K2⁻ III CN 0.5
30 μ Cas	321	01 09 43.2	+55 01 30	db	5.17	+0.70	+0.83	G5 Vb
42 φ And	335	01 10 45.6	+47 21 21	dm	4.26	+0.01	−0.02	B7 III
43 β And	337	01 10 56.6	+35 44 02	ad	2.07	+1.58	+1.74	M0⁺ IIIa
	285	01 12 07.7	+86 22 16		4.24	+1.21	+1.16	K2 III
33 θ Cas	343	01 12 25.6	+55 15 49	db	4.34	+0.17	+0.19	A7m
84 χ Psc	351	01 12 36.8	+21 08 54		4.66	+1.02	+0.99	G8.5 III
83 τ Psc	352	01 12 51.0	+30 12 12	b	4.51	+1.09	+1.05	K0.5 IIIb
86 ζ Psc	361	01 14 51.4	+07 41 18	db	5.21	+0.32	+0.37	F0 Vn
89 Psc	378	01 18 54.6	+03 43 38	b	5.13	+0.07	+0.11	A3 V
90 υ Psc	383	01 20 39.2	+27 22 35	b	4.74	+0.03	+0.10	A2 IV
34 φ Cas	382	01 21 27.1	+58 20 38	sdb	4.95	+0.68	+0.93	F0 Ia
46 ξ And	390	01 23 37.0	+45 38 27	b	4.87	+1.08	+1.04	K0⁻ IIIb
45 θ Cet	402	01 25 05.9	−08 04 22	d	3.60	+1.07	+1.05	K0 IIIb
37 δ Cas	403	01 27 14.5	+60 20 46	sdb	2.66	+0.16	+0.19	A5 IV
36 Cas	399	01 27 28.9	+68 14 29	d	4.72	+1.05	+1.01	K0 III CN 0.5
94 Psc	414	01 27 51.6	+19 21 04		5.50	+1.11	+1.04	gK1
48 ω And	417	01 28 57.2	+45 31 01	d	4.83	+0.42	+0.49	F5 V
γ Phe	429	01 29 17.8	−43 12 31	vb	3.41	+1.54	+1.73	M0⁻ IIIa
48 Cet	433	01 30 38.0	−21 31 08	d	5.11	+0.03	+0.04	A1 Va
δ Phe	440	01 32 08.6	−48 57 42		3.93	+0.97	+1.00	G9 III
99 η Psc	437	01 32 38.3	+15 27 21	dm	3.62	+0.97	+0.94	G7 IIIa
50 υ And	458	01 38 04.1	+41 30 44	db	4.10	+0.54	+0.58	F8 V
α Eri	472	01 38 30.7	−57 07 41	n05	0.45	−0.16	−0.17	B3 Vnp (shell)
51 And	464	01 39 19.4	+48 44 11		3.59	+1.28	+1.23	K3⁻ III
40 Cas	456	01 40 16.7	+73 08 55	d	5.28	+0.97	+0.96	G7 III
106 ν Psc	489	01 42 33.2	+05 35 44		4.45	+1.35	+1.37	K3 IIIb
π Scl	497	01 43 06.7	−32 13 10		5.25	+1.04	+1.04	K1 II/III
	500	01 43 48.8	−03 34 58		4.98	+1.38	+1.26	K3 II−III
φ Per	496	01 45 01.3	+50 47 46	b	4.01	−0.10	−0.08	B2 Vep
52 τ Cet	509	01 45 04.0	−15 49 30	d	3.49	+0.73	+0.82	G8 V
110 o Psc	510	01 46 31.9	+09 15 54	s	4.26	+0.94	+0.93	G8 III
ε Scl	514	01 46 39.1	−24 56 45	dm	5.29	+0.40	+0.46	F0 V
	513	01 47 04.1	−05 37 35	s	5.37	+1.52	+1.55	K4 III
53 χ Cet	531	01 50 38.5	−10 34 51	d	4.66	+0.33	+0.38	F2 IV−V
55 ζ Cet	539	01 52 31.4	−10 13 47	db	3.74	+1.14	+1.07	K0 III
2 α Tri	544	01 54 18.8	+29 40 58	dvb	3.42	+0.49	+0.55	F6 IV
Phe	555	01 54 30.3	−46 11 53	b	4.39	+1.60	+2.49	M4 III
111 ξ Psc	549	01 54 40.3	+03 17 34	b	4.61	+0.93	+0.93	G9 IIIb Fe−0.5
φ Phe	558	01 55 15.5	−42 23 32	b	5.12	−0.06	−0.04	Ap Hg

Designation	BS=HR No.	Right Ascension	Declination	Notes	V	B–V	V–I	Spectral Type
		h m s	° ′ ″					
η^2 Hyi	570	01 55 29.0	–67 32 31		4.68	+0.93	+0.95	G8.5 III
6 β Ari	553	01 55 49.9	+20 54 44	db	2.64	+0.17	+0.18	A4 V
45 ϵ Cas	542	01 55 58.0	+63 46 30		3.35	–0.15	–0.12	B3 IV:p (shell)
χ Eri	566	01 56 47.6	–51 30 09	d	3.69	+0.84	+0.90	G8 III–IV CN–0.5 Hδ 0.5
α Hyi	591	01 59 26.8	–61 27 57		2.86	+0.29	+0.34	F0n III–IV
59 υ Cet	585	02 01 01.1	–20 58 28		3.99	+1.55	+1.79	M0 IIIb
113 α Psc	596	02 03 09.7	+02 52 00	vdbm	3.82	+0.02	+0.05	A0p Si Sr
4 Per	590	02 03 44.9	+54 35 25	b	4.99	–0.07	–0.02	B8 III
57 γ^1 And	603	02 05 13.7	+42 25 55	dbm	2.10	+1.37	+1.37	K3$^-$ IIb
50 Cas	580	02 05 19.0	+72 31 26	b	3.95	0.00	+0.03	A1 Va
ν For	612	02 05 27.2	–29 11 40	v	4.68	–0.16	–0.12	B9.5p Si
13 α Ari	617	02 08 23.4	+23 33 47	abn06	2.01	+1.15	+1.13	K2 IIIab
4 β Tri	622	02 10 49.8	+35 05 17	db	3.00	+0.14	+0.17	A5 IV
μ For	652	02 13 51.2	–30 37 26		5.27	–0.01	+0.01	A0 Va$^+$nn
65 ξ^1 Cet	649	02 14 08.5	+08 56 48	db	4.36	+0.88	+0.90	G7 II–III Fe–1
	645	02 15 03.0	+51 09 52	db	5.31	+0.93	+0.93	G8 III CN 1 CH 0.5 Fe–1
	641	02 15 13.8	+58 39 37	s	6.43	+0.55	+0.79	A3 Iab
ϕ Eri	674	02 17 16.6	–51 24 48	d	3.56	–0.12	–0.11	B8 V
67 Cet	666	02 18 03.5	–06 19 26		5.51	+0.96	+0.93	G8.5 III
9 γ Tri	664	02 18 36.0	+33 56 44		4.03	+0.02	–0.02	A0 IV–Vn
68 o Cet	681	02 20 26.1	–02 52 52	vd	6.47	+0.97	+5.71	M5.5–9e III + pec.
62 And	670	02 20 40.7	+47 28 41		5.31	+0.01	+0.03	A1 V
δ Hyi	705	02 22 08.3	–68 33 43		4.08	+0.03	+0.04	A1 Va
κ Hyi	715	02 23 01.0	–73 32 55		5.99	+1.09	+1.01	K1 III
κ For	695	02 23 31.6	–23 43 09		5.19	+0.61	+0.68	G0 Va
λ Hor	714	02 25 30.0	–60 12 59		5.36	+0.40	+0.46	F2 IV–V
72 ρ Cet	708	02 26 59.4	–12 11 40		4.88	–0.03	–0.01	A0 III–IVn
κ Eri	721	02 27 46.4	–47 36 29	b	4.24	–0.14	–0.11	B5 IV
73 ξ^2 Cet	718	02 29 18.3	+08 33 19	b	4.30	–0.05	–0.06	A0 III$^-$
12 Tri	717	02 29 26.0	+29 45 51		5.29	+0.31	+0.36	F0 III
ι Cas	707	02 30 52.1	+67 29 52	vdm	4.46	+0.15	+0.17	A5p Sr
μ Hyi	776	02 31 16.4	–79 00 55		5.27	+0.98	+0.98	G8 III
76 σ Cet	740	02 33 06.4	–15 09 05		4.74	+0.45	+0.55	F4 IV
14 Tri	736	02 33 25.4	+36 14 29		5.15	+1.47	+1.49	K5 III
78 ν Cet	754	02 37 00.3	+05 41 10	db	4.87	+0.88	+0.89	G8 III
	753	02 37 15.8	+06 59 18	sdb	5.79	+0.92	+1.06	K3$^-$ V
ϵ Hyi	806	02 39 55.7	–68 10 31		4.12	–0.06	–0.07	B9 V
32 ν Ari	773	02 40 02.5	+22 03 11	b	5.45	+0.17	+0.18	A7 V
	743	02 40 07.6	+72 54 37		5.17	+0.90	+0.90	G8 III
82 δ Cet	779	02 40 35.2	+00 25 13	vb	4.08	–0.21	–0.22	B2 IV
ζ Hor	802	02 41 19.8	–54 27 31	b	5.21	+0.41	+0.48	F4 IV
ι Eri	794	02 41 30.9	–39 45 51		4.11	+1.01	+1.05	K0.5 IIIb Fe–0.5
86 γ Cet	804	02 44 25.0	+03 19 31	dm	3.47	+0.09	+0.10	A2 Va
35 Ari	801	02 44 43.2	+27 47 51	b	4.65	–0.12	–0.12	B3 V
89 π Cet	811	02 45 08.8	–13 46 07	b	4.24	–0.12	–0.11	B7 V
14 Per	800	02 45 29.8	+44 23 13		5.43	+0.90	+0.93	G0 Ib Ca 1
13 θ Per	799	02 45 40.8	+49 19 04	d	4.10	+0.51	+0.59	F7 V
1 τ^1 Eri	818	02 46 06.4	–18 28 57	b	4.47	+0.48	+0.54	F5 V
87 μ Cet	813	02 46 06.5	+10 12 14	db	4.27	+0.31	+0.37	F0m F2 V$^+$
β For	841	02 49 59.4	–32 19 00	d	4.45	+0.98	+1.00	G8.5 III Fe–0.5

Designation			BS=HR No.	Right Ascension	Declination	Notes	V	B–V	V–I	Spectral Type
				h m s	° ′ ″					
41		Ari	838	02 51 15.3	+27 20 52	db	3.61	−0.10	−0.08	B8 Vn
16		Per	840	02 51 57.0	+38 24 21	d	4.22	+0.34	+0.41	F1 V+
2	τ²	Eri	850	02 52 00.9	−20 54 59	d	4.76	+0.91	+0.91	K0 III
15	η	Per	834	02 52 16.9	+55 58 59	db	3.77	+1.69	+1.64	K3− Ib–IIa
43	σ	Ari	847	02 52 41.0	+15 10 10		5.52	−0.10	−0.08	B7 V
	R	Hor	868	02 54 35.7	−49 48 10	v	7.22	+1.04	+1.01	gM6.5e:
18	τ	Per	854	02 55 47.7	+52 50 56	cdb	3.93	+0.76	+0.80	G5 III + A4 V
3	η	Eri	874	02 57 28.8	−08 48 49		3.89	+1.09	+1.08	K1 IIIb
			875	02 57 42.2	−03 37 37	b	5.16	+0.08	+0.10	A3 Vn
	θ¹	Eri	897	02 59 04.6	−40 13 10	dbmn07	2.88	+0.13	+0.17	A5 IV
1	α	UMi	424	02 59 15.9	+89 21 14	vdbn58	1.97	+0.64	+0.70	F5−8 Ib
24		Per	882	03 00 24.0	+35 16 04		4.94	+1.24	+1.19	K2 III
91	λ	Cet	896	03 00 52.2	+08 59 30		4.71	−0.11	−0.09	B6 III
	θ	Hyi	939	03 02 19.1	−71 49 07	d	5.51	−0.13	−0.11	B9 IVp
11	τ³	Eri	919	03 03 20.4	−23 32 28		4.08	+0.16	+0.18	A4 V
92	α	Cet	911	03 03 24.4	+04 10 22	n08	2.54	+1.63	+1.97	M1.5 IIIa
	μ	Hor	934	03 04 07.4	−59 39 18		5.12	+0.35	+0.41	F0 IV−V
23	γ	Per	915	03 06 22.1	+53 35 20	cdb	2.91	+0.72	+0.77	G5 III + A2 V
25	ρ	Per	921	03 06 33.7	+38 55 19	v	3.32	+1.53	+2.76	M4 II
			881	03 09 06.4	+79 30 01	dbm	5.49	+1.57	+2.02	M2 IIIab
26	β	Per	936	03 09 34.6	+41 02 13	cvdb	2.09	0.00	+0.02	B8 V + F:
	ι	Per	937	03 10 37.8	+49 41 37	d	4.05	+0.60	+0.65	G0 V
27	κ	Per	941	03 10 57.4	+44 56 15	db	3.79	+0.98	+0.94	K0 III
57	δ	Ari	951	03 12 51.8	+19 48 24		4.35	+1.03	+0.96	K0 III
	α	For	963	03 12 59.4	−28 54 15	dm	3.80	+0.54	+0.63	F6 V
	TW	Hor	977	03 13 06.0	−57 14 30	s	5.71	+2.42	+2.47	C6:,2.5 Ba2 Y4
94		Cet	962	03 13 52.4	−01 07 01	d	5.07	+0.58	+0.63	G0 IV
58	ζ	Ari	972	03 16 08.5	+21 07 22		4.87	−0.01	+0.02	A0.5 Va+
13	ζ	Eri	984	03 16 52.8	−08 44 28	b	4.80	+0.23	+0.28	A5m:
29		Per	987	03 20 10.3	+50 17 57	sb	5.16	−0.07	−0.05	B3 V
16	τ⁴	Eri	1003	03 20 28.4	−21 40 51	d	3.70	+1.61	+2.42	M3+ IIIa Ca−1
96	κ	Cet	996	03 20 29.5	+03 26 52	dasv	4.84	+0.68	+0.73	G5 V
			1008	03 20 47.2	−42 59 19		4.26	+0.71	+0.79	G8 V
			999	03 21 38.7	+29 07 30		4.47	+1.56	+1.61	K3 IIIa Ba 0.5
61	τ	Ari	1005	03 22 28.4	+21 13 23	dvm	5.27	−0.07	−0.04	B5 IV
			961	03 23 08.5	+77 48 38	d	5.44	+0.21	+0.23	A5 III:
33	α	Per	1017	03 25 52.1	+49 56 09	dasn09	1.79	+0.48	+0.63	F5 Ib
1	o	Tau	1030	03 25 58.4	+09 06 11	b	3.61	+0.89	+0.90	G6 IIIa Fe−1
			1009	03 26 34.0	+64 39 38		5.13	+2.04	+2.23	M0 II
			1029	03 27 29.6	+49 11 41	sv	6.09	−0.07	−0.05	B7 V
2	ξ	Tau	1038	03 28 20.2	+09 48 22	dbm	3.73	−0.08	−0.07	B9 Vn
	κ	Ret	1083	03 29 45.5	−62 51 44	d	4.71	+0.41	+0.49	F5 IV−V
			1035	03 30 49.7	+60 00 48	vdm	4.21	+0.42	+0.58	B9 Ia
			1040	03 31 38.7	+58 57 05	asb	4.55	+0.49	+0.79	A0 Ia
17		Eri	1070	03 31 41.2	−05 00 10		4.74	−0.09	−0.07	B9 Vs
5		Tau	1066	03 32 03.8	+13 00 32	b	4.14	+1.11	+1.01	K0− II−III Fe−0.5
35	σ	Per	1052	03 32 06.1	+48 04 03		4.36	+1.37	+1.42	K3 III
18	ε	Eri	1084	03 33 56.7	−09 23 12	das	3.72	+0.88	+0.94	K2 V
19	τ⁵	Eri	1088	03 34 44.3	−21 33 43	b	4.26	−0.11	−0.09	B8 V
20	EG	Eri	1100	03 37 16.3	−17 23 50	dvm	5.24	−0.12	−0.10	B9p Si

Designation		BS=HR No.	Right Ascension	Declination	Notes	V	B–V	V–I	Spectral Type
			h m s	° ′ ″					
		1106	03 37 52.0	−40 12 18		4.57	+1.02	+1.07	K1 III
10	Tau	1101	03 37 58.3	+00 28 07		4.29	+0.58	+0.66	F9 IV–V
37	Per	1087	03 38 01.7	+48 15 44		4.32	−0.06	+0.07	B5 Ve
δ	For	1134	03 43 06.3	−31 52 15	b	4.99	−0.16	−0.15	B5 IV
BD	Cam	1105	03 44 02.5	+63 17 03	b	5.06	+1.65	+2.40	S3.5/2
23 δ	Eri	1136	03 44 16.8	−09 41 31		3.52	+0.92	+0.94	K0+ IV
39 δ	Per	1122	03 44 27.9	+47 51 16	dbm	3.01	−0.13	−0.07	B5 III
β	Ret	1175	03 44 28.5	−64 44 23	db	3.84	+1.13	+1.11	K2 III
24	Eri	1146	03 45 36.2	−01 05 48	b	5.24	−0.09	−0.07	B7 V
38 o	Per	1131	03 45 40.4	+32 21 17	vdbm	3.84	+0.02	+0.12	B1 III
17	Tau	1142	03 46 09.4	+24 10 46	b	3.72	−0.11	−0.09	B6 III
19	Tau	1145	03 46 29.5	+24 31 59	db	4.30	−0.11	−0.08	B6 IV
41 ν	Per	1135	03 46 39.7	+42 38 41	d	3.77	+0.43	+0.52	F5 II
29	Tau	1153	03 46 49.1	+06 06 57	db	5.34	−0.10	−0.08	B3 V
γ	Hyi	1208	03 46 55.8	−74 10 22		3.26	+1.59	+1.94	M2 III
20	Tau	1149	03 47 06.6	+24 26 00	sb	3.87	−0.06	−0.02	B7 IIIp
26 π	Eri	1162	03 47 09.6	−12 02 08		4.43	+1.60	+1.89	M2− IIIab
23 v971	Tau	1156	03 47 36.4	+24 00 49		4.14	−0.05	+0.02	B6 IV
27 τ6	Eri	1173	03 47 46.4	−23 11 15		4.22	+0.43	+0.51	F3 III
25 η	Tau	1165	03 48 46.0	+24 10 12	d	2.85	−0.09	−0.01	B7 IIIn
		1195	03 50 15.6	−36 08 10		4.17	+0.93	+0.92	G7 IIIa
27	Tau	1178	03 50 26.7	+24 07 03	db	3.62	−0.07	−0.03	B8 III
BE	Cam	1155	03 51 30.8	+65 35 24		4.39	+1.87	+2.58	M2+ IIab
γ	Cam	1148	03 52 39.8	+71 23 44	d	4.59	+0.06	+0.13	A1 IIIn
44 ζ	Per	1203	03 55 29.3	+31 56 45	sdb	2.84	+0.27	+0.18	B1 Ib
34 γ	Eri	1231	03 59 02.0	−13 26 55	d	2.97	+1.59	+1.78	M0.5 IIIb Ca−1
δ	Ret	1247	03 59 05.4	−61 20 24		4.56	+1.59	+1.85	M1 III
45 ε	Per	1220	03 59 18.2	+40 04 14	sdb	2.90	−0.20	−0.19	B0.5 IV
46 ξ	Per	1228	04 00 22.0	+35 51 04	b	3.98	+0.02	+0.16	O7.5 IIIf
35 λ	Tau	1239	04 01 52.5	+12 32 58	vb	3.41	−0.10	−0.08	B3 V
35	Eri	1244	04 02 37.5	−01 29 27		5.28	−0.13	−0.12	B5 V
38 ν	Tau	1251	04 04 18.1	+06 02 51		3.91	+0.03	+0.03	A1 Va
37	Tau	1256	04 05 58.2	+22 08 20	d	4.36	+1.06	+1.02	K0 III
47 λ	Per	1261	04 08 11.7	+50 24 27		4.25	−0.01	+0.08	A0 IIIn
		1279	04 08 55.2	+15 13 07	sdbm	6.02	+0.40	+0.46	F3 V
48 MX	Per	1273	04 10 13.9	+47 46 04		3.96	−0.03	+0.08	B3 Ve
43	Tau	1283	04 10 25.3	+19 39 52		5.51	+1.08	+1.05	K1 III
		1270	04 11 17.7	+59 57 47	s	6.29	+1.11	+1.16	G8 IIa
44 IM	Tau	1287	04 12 08.7	+26 32 07	v	5.39	+0.35	+0.41	F2 IV–V
38 o1	Eri	1298	04 12 55.0	−06 46 59		4.04	+0.33	+0.38	F1 IV
α	Ret	1336	04 14 42.4	−62 25 14	db	3.33	+0.92	+0.91	G8 II–III
α	Hor	1326	04 14 42.9	−42 14 32		3.85	+1.09	+1.09	K2 III
40 o2	Eri	1325	04 16 15.7	−07 37 15	d	4.43	+0.82	+0.89	K0.5 V
51 μ	Per	1303	04 16 29.1	+48 27 43	db	4.12	+0.94	+0.93	G0 Ib
γ	Dor	1338	04 16 35.5	−51 26 00	v	4.26	+0.31	+0.37	F1 V+
49 μ	Tau	1320	04 16 42.3	+08 56 41	b	4.27	−0.05	−0.02	B3 IV
ε	Ret	1355	04 16 51.5	−59 15 04	d	4.44	+1.08	+1.05	K2 IV
48	Tau	1319	04 16 59.7	+15 27 10	sd	6.31	+0.40	+0.46	F3 V
41	Eri	1347	04 18 42.5	−33 44 49	db	3.55	−0.11	−0.09	B9p Mn
54 γ	Tau	1346	04 21 01.2	+15 40 40	db	3.65	+0.98	+0.95	G9.5 IIIab CN 0.5

Designation			BS=HR No.	Right Ascension	Declination	Notes	V	B–V	V–I	Spectral Type
				h m s	° ′ ″					
57 v483		Tau	1351	04 21 10.5	+14 05 07	sdb	5.58	+0.28	+0.33	F0 IV
			1367	04 21 35.4	−20 35 23		5.38	−0.03	−0.01	A1 V
54		Per	1343	04 21 48.7	+34 37 00	d	4.93	+0.95	+0.94	G8 III Fe 0.5
	η	Ret	1395	04 22 07.6	−63 20 09		5.24	+0.96	+0.91	G8 III
			1327	04 22 42.8	+65 11 25	s	5.26	+0.82	+0.83	G5 IIb
61	δ	Tau	1373	04 24 10.7	+17 35 28	db	3.77	+0.98	+0.93	G9.5 III CN 0.5
63		Tau	1376	04 24 39.3	+16 49 33	csb	5.64	+0.31	+0.34	F0m
42	ξ	Eri	1383	04 24 45.2	−03 41 50	b	5.17	+0.07	+0.10	A2 V
43		Eri	1393	04 24 50.7	−33 58 05		3.97	+1.47	+1.53	K3.5⁻ IIIb
65	κ¹	Tau	1387	04 26 39.3	+22 20 29	db	4.21	+0.14	+0.16	A5 IV–V
68 v776		Tau	1389	04 26 44.2	+17 58 31	dbm	4.30	+0.05	+0.08	A2 IV–Vs
71 v777		Tau	1394	04 27 34.4	+15 39 55	db	4.48	+0.26	+0.33	F0n IV–V
69	υ	Tau	1392	04 27 35.9	+22 51 38	db	4.28	+0.26	+0.32	A9 IV⁻n
77	θ¹	Tau	1411	04 29 48.4	+16 00 30	db	3.84	+0.95	+1.02	G9 III Fe−0.5
74	ε	Tau	1409	04 29 52.5	+19 13 35	d	3.53	+1.01	+1.04	G9.5 III CN 0.5
78	θ²	Tau	1412	04 29 53.6	+15 55 01	sdb	3.40	+0.18	+0.21	A7 III
	δ	Cae	1443	04 31 29.7	−44 54 31		5.07	−0.19	−0.20	B2 IV–V
50	υ¹	Eri	1453	04 34 21.2	−29 43 27		4.49	+0.97	+1.00	K0⁺ III Fe−0.5
	α	Dor	1465	04 34 27.8	−55 00 04	vdm	3.30	−0.08	−0.08	A0p Si
86	ρ	Tau	1444	04 35 04.3	+14 53 16	b	4.65	+0.26	+0.28	A9 V
52	υ²	Eri	1464	04 36 23.2	−30 31 10		3.81	+0.96	+0.93	G8.5 IIIa
88		Tau	1458	04 36 50.3	+10 12 12	dbm	4.25	+0.18	+0.21	A5m
	R	Dor	1492	04 37 00.9	−62 02 06	vsd	5.59	+1.50	+4.70	M8e III:
87	α	Tau	1457	04 37 09.4	+16 33 03	sdbn10	0.87	+1.54	+1.67	K5⁺ III
48	ν	Eri	1463	04 37 23.7	−03 18 36	vdb	3.93	−0.21	−0.20	B2 III
58		Per	1454	04 38 11.1	+41 18 25	cb	4.25	+1.17	+1.13	K0 II–III + B9 V
53		Eri	1481	04 39 10.0	−14 15 49	dbm	3.86	+1.08	+1.09	K1.5 IIIb
90		Tau	1473	04 39 21.7	+12 33 08	db	4.27	+0.12	+0.15	A5 IV–V
	α	Cae	1502	04 41 15.3	−41 49 25	d	4.44	+0.34	+0.40	F1 V
54 DM		Eri	1496	04 41 23.0	−19 37 54	d	4.32	+1.60	+2.27	M3 II–III
	β	Cae	1503	04 42 49.2	−37 06 12		5.04	+0.39	+0.46	F2 V
94	τ	Tau	1497	04 43 32.3	+22 59 47	dbm	4.27	−0.11	−0.10	B3 V
57	μ	Eri	1520	04 46 34.7	−03 13 00	b	4.01	−0.15	−0.13	B4 IV
4		Cam	1511	04 49 48.3	+56 47 34	dm	5.29	+0.25	+0.22	Am
1	π³	Ori	1543	04 51 00.5	+06 59 50	adb	3.19	+0.48	+0.53	F6 V
			1533	04 51 21.7	+37 31 27		4.89	+1.45	+1.51	K3.5 III
2	π²	Ori	1544	04 51 47.1	+08 56 07	b	4.35	+0.01	+0.04	A0.5 IVn
3	π⁴	Ori	1552	04 52 21.2	+05 38 25	sb	3.68	−0.16	−0.16	B2 III
97 v480		Tau	1547	04 52 38.1	+18 52 29	d	5.08	+0.21	+0.26	A9 V⁺
4	o¹	Ori	1556	04 53 45.1	+14 17 05	cv	4.71	+1.77	+2.63	S3.5/1⁻
61	ω	Eri	1560	04 53 57.1	−05 25 06	b	4.36	+0.26	+0.33	A9 IV
	η	Men	1629	04 54 35.1	−74 54 11		5.47	+1.52	+1.53	K4 III
8	π⁵	Ori	1567	04 55 22.4	+02 28 27	vb	3.71	−0.18	−0.18	B2 III
9	α	Cam	1542	04 56 12.1	+66 22 34		4.26	−0.01	+0.09	O9.5 Ia
9	o²	Ori	1580	04 57 34.9	+13 32 48	d	4.06	+1.16	+1.16	K2⁻ III Fe−1
3	ι	Aur	1577	04 58 23.8	+33 11 53	a	2.69	+1.49	+1.46	K3 II
7		Cam	1568	04 59 01.0	+53 47 03	dbm	4.43	−0.02	+0.06	A0m A1 III
10	π⁶	Ori	1601	04 59 39.8	+01 44 43		4.47	+1.37	+1.32	K2⁻ II
7	ε	Aur	1605	05 03 31.0	+43 51 10	vdb	3.03	+0.54	+0.61	A9 Ia
8	ζ	Aur	1612	05 03 59.1	+41 06 18	cdvb	3.69	+1.15	+1.12	K5 II + B5 V

Designation			BS=HR No.	Right Ascension	Declination	Notes	V	B–V	V–I	Spectral Type
				h m s	° ′ ″					
102	ι	Tau	1620	05 04 23.0	+21 37 08		4.62	+0.16	+0.19	A7 IV
10	β	Cam	1603	05 05 20.4	+60 28 15	d	4.03	+0.92	+0.89	G1 Ib–IIa
	η²	Pic	1663	05 05 31.5	−49 32 58		5.05	+1.48	+1.59	K5 III
11 v1032		Ori	1638	05 05 48.0	+15 25 56	v	4.65	−0.06	+0.02	A0p Si
	ζ	Dor	1674	05 05 52.9	−57 26 38		4.71	+0.53	+0.60	F7 V
2	ε	Lep	1654	05 06 22.3	−22 20 37		3.19	+1.46	+1.50	K4 III
10	η	Aur	1641	05 08 01.6	+41 15 41	a	3.18	−0.15	−0.17	B3 V
67	β	Eri	1666	05 08 54.5	−05 03 37	d	2.78	+0.16	+0.16	A3 IVn
69	λ	Eri	1679	05 10 10.6	−08 43 41		4.25	−0.19	−0.16	B2 IVn
16	.	Ori	1672	05 10 30.7	+09 51 20	db	5.43	+0.25	+0.24	A9m
3	ι	Lep	1696	05 13 18.1	−11 50 42	d	4.45	−0.10	−0.08	B9 V:
	θ	Dor	1744	05 13 44.8	−67 09 40		4.81	+1.27	+1.22	K2.5 IIIa
5	μ	Lep	1702	05 13 53.9	−16 10 53	s	3.29	−0.11	−0.09	B9p Hg Mn
4	κ	Lep	1705	05 14 13.5	−12 55 02	dm	4.36	−0.09	−0.07	B7 V
17	ρ	Ori	1698	05 14 25.0	+02 53 07	dbm	4.46	+1.17	+1.12	K1 III CN 0.5
11	μ	Aur	1689	05 14 54.2	+38 30 28		4.82	+0.19	+0.23	A7m
19	β	Ori	1713	05 15 34.3	−08 10 42	vdasbn11	0.18	−0.03	+0.03	B8 Ia
	o	Col	1743	05 18 15.7	−34 52 31		4.81	+0.99	+1.00	K0/1 III/IV
13	α	Aur	1708	05 18 16.9	+46 01 03	cdbn12	0.08	+0.80	+0.83	G6 III + G2 III
20	τ	Ori	1735	05 18 39.1	−06 49 22	sdb	3.59	−0.12	−0.10	B5 III
	ζ	Pic	1767	05 19 53.9	−50 35 01		5.44	+0.52	+0.59	F7 III–IV
6	λ	Lep	1756	05 20 34.0	−13 09 22		4.29	−0.24	−0.26	B0.5 IV
15	λ	Aur	1729	05 20 39.4	+40 06 57	d	4.69	+0.63	+0.70	G1.5 IV–V Fe–1
22		Ori	1765	05 22 51.7	−00 21 46	b	4.72	−0.17	−0.17	B2 IV–V
29		Ori	1784	05 24 59.0	−07 47 23		4.13	+0.94	+0.97	G8 III Fe−0.5
28	η	Ori	1788	05 25 33.5	−02 22 44	cdvbm	3.35	−0.24	−0.16	B1 IV + B
			1686	05 26 08.4	+79 15 02	d	5.08	+0.51	+0.58	F7 Vs
24	γ	Ori	1790	05 26 17.1	+06 22 03	dbn13	1.64	−0.22	−0.22	B2 III
112	β	Tau	1791	05 27 39.2	+28 37 25	sdn14	1.65	−0.13	−0.09	B7 III
115		Tau	1808	05 28 25.4	+17 58 44	d	5.40	−0.09	−0.07	B5 V
9	β	Lep	1829	05 29 10.0	−20 44 37	d	2.81	+0.81	+0.86	G5 II
			1856	05 30 45.0	−47 03 47	d	5.46	+0.62	+0.68	G3 IV
	γ	Men	1953	05 31 02.8	−76 19 28	d	5.18	+1.13	+1.11	K2 III
32		Ori	1839	05 31 56.1	+05 57 46	dm	4.20	−0.14	−0.14	B5 V
	ε	Col	1862	05 31 58.6	−35 27 21		3.86	+1.13	+1.09	K1 II/III
17		Cam	1802	05 32 12.4	+63 04 56		5.43	+1.70	+2.11	M1 IIIa
34	δ	Ori	1852	05 33 06.4	−00 17 05	dvbm	2.25	−0.18	−0.21	O9.5 II
119	CE	Tau	1845	05 33 28.5	+18 36 30		4.32	+2.06	+2.54	M2 Iab–Ib
11	α	Lep	1865	05 33 40.8	−17 48 30	das	2.58	+0.21	+0.32	F0 Ib
	β	Dor	1922	05 33 48.9	−62 28 34	v	3.76	+0.64	+0.69	F7–G2 Ib
25	χ	Aur	1843	05 34 07.8	+32 12 21	b	4.71	+0.28	+0.51	B5 Iab
37	φ¹	Ori	1876	05 36 00.1	+09 30 09	db	4.39	−0.16	−0.13	B0.5 IV–V
39	λ	Ori	1879	05 36 19.4	+09 56 48	dm	3.39	−0.16	−0.13	O8 IIIf
	v1046	Ori	1890	05 36 25.7	−04 28 54	sdvbm	6.57	−0.14	−0.14	B2 Vh
			1891	05 36 26.2	−04 24 42	dsm	6.24	−0.15	−0.14	B2.5 V
44	ι	Ori	1899	05 36 29.1	−05 53 51	dsb	2.75	−0.21	−0.22	O9 III
46	ε	Ori	1903	05 37 18.3	−01 11 23	dasbn15	1.69	−0.18	−0.16	B0 Ia
40	φ²	Ori	1907	05 38 05.3	+09 18 02	s	4.09	+0.95	+1.02	K0 IIIb Fe−2
123	ζ	Tau	1910	05 38 55.9	+21 09 14	sb	2.97	−0.15	−0.15	B2 IIIpe (shell)
48	σ	Ori	1931	05 39 49.6	−02 35 21	dbm	3.77	−0.19	−0.25	O9.5 V

Designation			BS=HR No.	Right Ascension	Declination	Notes	V	B−V	V−I	Spectral Type
				h m s	° ′ ″					
	α	Col	1956	05 40 25.7	−34 03 50	d	2.65	−0.12	−0.07	B7 IV
50	ζ	Ori	1948	05 41 50.7	−01 55 58	dbm	1.74	−0.20	−0.18	O9.5 Ib
	δ	Dor	2015	05 44 48.8	−65 43 39		4.34	+0.22	+0.27	A7 V⁺n
13	γ	Lep	1983	05 45 21.6	−22 26 34	d	3.59	+0.48	+0.57	F7 V
27	o	Aur	1971	05 47 34.1	+49 49 59		5.46	+0.03	+0.07	A0p Cr
	β	Pic	2020	05 47 47.7	−51 03 34		3.85	+0.17	+0.18	A6 V
14	ζ	Lep	1998	05 47 55.8	−14 48 55	b	3.55	+0.10	+0.11	A2 Van
130		Tau	1990	05 48 41.5	+17 44 07		5.47	+0.30	+0.34	F0 III
53	κ	Ori	2004	05 48 46.6	−09 39 49		2.07	−0.17	−0.14	B0.5 Ia
	γ	Pic	2042	05 50 13.2	−56 09 43		4.50	+1.08	+1.06	K1 III
			2049	05 51 22.5	−52 06 17		5.16	+0.96	+0.97	G8 III
	β	Col	2040	05 51 43.1	−35 45 41		3.12	+1.15	+1.10	K1.5 III
15	δ	Lep	2035	05 52 14.8	−20 52 43		3.76	+0.98	+1.05	K0 III Fe−1.5 CH 0.5
32	ν	Aur	2012	05 52 58.9	+39 09 09	d	3.97	+1.13	+1.07	K0 III CN 0.5
136		Tau	2034	05 54 40.8	+27 36 55	b	4.56	−0.01	0.00	A0 IV
54	χ¹	Ori	2047	05 55 39.5	+20 16 41	b	4.39	+0.59	+0.66	G0⁻ V Ca 0.5
58	α	Ori	2061	05 56 20.2	+07 24 34	vadbn16	0.45	+1.50	+2.32	M1−M2 Ia–Iab
30	ξ	Aur	2029	05 56 39.0	+55 42 33		4.96	+0.05	+0.09	A1 Va
16	η	Lep	2085	05 57 23.1	−14 09 55		3.71	+0.34	+0.39	F1 V
	γ	Col	2106	05 58 18.0	−35 16 56	d	4.36	−0.17	−0.16	B2.5 IV
	η	Col	2120	05 59 48.3	−42 48 54		3.96	+1.15	+1.06	G8/K1 II
60		Ori	2103	05 59 55.9	+00 33 12	db	5.21	+0.01	+0.03	A1 Vs
34	β	Aur	2088	06 01 06.4	+44 56 50	vdb	1.90	+0.08	+0.05	A1 IV
37	θ	Aur	2095	06 01 11.3	+37 12 43	vdb	2.65	−0.08	−0.06	A0p Si
33	δ	Aur	2077	06 01 17.9	+54 17 01	d	3.72	+1.01	+0.99	K0⁻ III
35	π	Aur	2091	06 01 31.9	+45 56 11		4.30	+1.70	+2.51	M3 II
61	μ	Ori	2124	06 03 34.0	+09 38 44	dbm	4.12	+0.17	+0.19	A5m:
62	χ²	Ori	2135	06 05 11.8	+20 08 10	asv	4.64	+0.24	+0.41	B2 Ia
1		Gem	2134	06 05 25.7	+23 15 36	dbm	4.16	+0.84	+0.88	G5 III–IV
17 SS		Lep	2148	06 05 56.7	−16 29 14	sb	4.92	+0.20	+0.21	Ap (shell)
	ν	Dor	2221	06 08 36.0	−68 50 52		5.06	−0.07	−0.08	B8 V
67	ν	Ori	2159	06 08 48.0	+14 45 51	db	4.42	−0.16	−0.17	B3 IV
	α	Men	2261	06 09 35.9	−74 45 34		5.08	+0.71	+0.75	G5 V
			2180	06 09 52.1	−22 25 58		5.49	−0.01	+0.01	A0 V
	δ	Pic	2212	06 10 43.1	−54 58 27	vb	4.72	−0.23	−0.24	B0.5 IV
70	ξ	Ori	2199	06 13 09.8	+14 12 08	db	4.45	−0.18	−0.16	B3 IV
36		Cam	2165	06 15 00.7	+65 42 39	b	5.36	+1.34	+1.30	K2 II–III
5	γ	Mon	2227	06 15 54.3	−06 16 59	d	3.99	+1.32	+1.27	K1 III Ba 0.5
7	η	Gem	2216	06 16 10.5	+22 29 55	vdbm	3.31	+1.60	+2.70	M2.5 III
44	κ	Aur	2219	06 16 44.9	+29 29 17		4.32	+1.02	+1.04	G9 IIIb
	κ	Col	2256	06 17 19.1	−35 08 56		4.37	+0.98	+0.94	K0.5 IIIa
74		Ori	2241	06 17 39.1	+12 15 52	d	5.04	+0.43	+0.50	F4 IV
7		Mon	2273	06 20 45.0	−07 50 00	db	5.27	−0.18	−0.18	B2.5 V
1	ζ	CMa	2282	06 21 08.4	−30 04 27	db	3.02	−0.16	−0.20	B2.5 V
			2209	06 21 12.7	+69 18 31	b	4.76	+0.03	+0.05	A0 IV⁺nn
2 UZ		Lyn	2238	06 21 31.1	+59 00 01		4.44	+0.03	+0.05	A1 Va
	δ	Col	2296	06 22 54.0	−33 26 54	b	3.85	+0.86	+0.88	G7 II
2	β	CMa	2294	06 23 38.8	−17 58 05	svdb	1.98	−0.24	−0.24	B1 II–III
13	μ	Gem	2286	06 24 15.7	+22 30 02	sd	2.87	+1.62	+2.30	M3 IIIab
	α	Car	2326	06 24 25.8	−52 42 29	n17	−0.62	+0.16	+0.23	A9 II

Designation			BS=HR No.	Right Ascension	Declination	Notes	V	B−V	V−I	Spectral Type
				h m s	° ′ ″					
8		Mon	2298	06 24 54.5	+04 34 49	db	4.39	+0.22	+0.25	A6 IV
			2305	06 25 10.5	−11 32 35		5.21	+1.23	+1.18	K3 III
46	1	Aur	2289	06 26 33.2	+49 16 28	b	4.92	+1.91	+1.94	K5−M0 Iab−Ib
	λ	CMa	2361	06 28 58.1	−32 35 41		4.47	−0.17	−0.16	B4 V
10		Mon	2344	06 29 01.3	−04 46 37	d	5.06	−0.18	−0.18	B2 V
18	ν	Gem	2343	06 30 14.4	+20 11 48	db	4.13	−0.12	−0.10	B6 III
4	ξ¹	CMa	2387	06 32 45.2	−23 26 07	vdb	4.34	−0.25	−0.24	B1 III
			2392	06 33 47.3	−11 11 01	dsb	6.30	+1.10	+0.95	G9.5 III: Ba 3
13		Mon	2385	06 34 04.0	+07 18 56		4.47	+0.02	+0.09	A0 Ib−II
			2395	06 34 43.4	−01 14 17		5.09	−0.13	−0.12	B5 Vn
			2435	06 35 27.0	−52 59 38		4.35	−0.02	+0.06	A0 II
5	ξ²	CMa	2414	06 35 57.5	−22 58 59		4.54	−0.04	−0.01	A0 III
7	ν²	CMa	2429	06 37 37.3	−19 16 32		3.95	+1.04	+1.02	K1.5 III−IV Fe 1
	ν	Pup	2451	06 38 25.2	−43 12 57	b	3.17	−0.10	−0.07	B8 IIIn
8	ν³	CMa	2443	06 38 50.2	−18 15 27	dm	4.42	+1.14	+1.12	K0.5 III
24	γ	Gem	2421	06 38 57.1	+16 22 44	db	1.93	0.00	+0.04	A1 IVs
15	S	Mon	2456	06 42 09.7	+09 52 27	dasbm	4.66	−0.23	−0.22	O7 Vf
30		Gem	2478	06 45 12.0	+13 12 16	d	4.49	+1.17	+1.11	K0.5 III CN 0.5
27	ε	Gem	2473	06 45 15.2	+25 06 28	dasb	3.06	+1.38	+1.22	G8 Ib
			2513	06 45 55.9	−52 13 29	s	6.56	+1.08	+1.03	G5 Iab
9	α	CMa	2491	06 46 05.3	−16 44 51	odbn18	−1.44	+0.01	−0.02	A0m A1 Va
31	ξ	Gem	2484	06 46 29.7	+12 52 14		3.35	+0.44	+0.48	F5 IV
			2518	06 48 05.6	−37 57 16	d	5.27	−0.08	−0.06	B8/9 V
56	5	Aur	2483	06 48 17.2	+43 33 14	d	5.24	+0.58	+0.65	G0 V
	α	Pic	2550	06 48 24.6	−61 57 54		3.24	+0.23	+0.28	A6 Vn
18		Mon	2506	06 48 58.9	+02 23 13	b	4.48	+1.10	+1.06	K0⁺ IIIa
57	6	Aur	2487	06 49 17.7	+48 45 52		5.22	+1.13	+1.09	K0 III
			2401	06 49 51.8	+79 32 11	b	5.44	+0.53	+0.60	F8 V
	v415	Car	2554	06 50 19.3	−53 38 54	b	4.41	+0.90	+0.92	G4 II
	τ	Pup	2553	06 50 28.2	−50 38 27	b	2.94	+1.21	+1.14	K1 III
13	κ	CMa	2538	06 50 38.7	−32 32 04		3.50	−0.12	−0.10	B1.5 IVne
	ι	Vol	2602	06 51 11.9	−70 59 23		5.41	−0.11	−0.09	B7 IV
	v592	Mon	2534	06 51 44.4	−08 04 03	sv	6.31	+0.01	+0.03	A2p Sr Cr Eu
34	θ	Gem	2540	06 54 12.3	+33 56 00	db	3.60	+0.10	+0.14	A3 III−IV
16	o¹	CMa	2580	06 55 01.5	−24 12 45	s	3.89	+1.74	+1.58	K2 Iab
	NP	Pup	2591	06 55 07.3	−42 23 38	s	6.32	+2.29	+2.34	C5,2.5
14	θ	CMa	2574	06 55 11.3	−12 04 01		4.08	+1.42	+1.49	K4 III
43		Cam	2511	06 56 00.6	+68 51 36		5.11	−0.11	−0.10	B7 III
20	ι	CMa	2596	06 57 05.8	−17 05 01		4.36	−0.06	+0.01	B3 II
15		Lyn	2560	06 59 07.9	+58 23 31	d	4.35	+0.85	+0.85	G5 III−IV
21	ε	CMa	2618	06 59 28.3	−29 00 09	dn19	1.50	−0.21	−0.20	B2 II
22	σ	CMa	2646	07 02 34.6	−27 58 01	d	3.49	+1.73	+1.82	K7 Ib
			2527	07 03 10.2	+76 56 44	b	4.55	+1.37	+1.35	K4 III
42	ω	Gem	2630	07 03 43.3	+24 10 59	s	5.20	+0.95	+0.83	G5 IIa
24	o²	CMa	2653	07 03 55.4	−23 51 58	vasb	3.02	−0.08	−0.03	B3 Ia
	v386	Car	2683	07 04 42.4	−56 46 59	v	5.14	−0.03	−0.01	Ap Si
			2666	07 04 43.7	−42 22 12	dbm	5.20	+0.20	+0.15	A9m
23	γ	CMa	2657	07 04 43.9	−15 39 59		4.11	−0.11	−0.09	B8 II
43	ζ	Gem	2650	07 05 23.0	+20 32 13	vdb	4.01	+0.90	+0.90	F9 Ib (var)
	γ²	Vol	2736	07 08 33.5	−70 32 01	d	3.78	+1.01	+0.94	G9 III

Designation			BS=HR No.	Right Ascension	Declination	Notes	V	B–V	V–I	Spectral Type
				h m s	° ′ ″					
25	δ	CMa	2693	07 09 16.0	−26 25 43	dasb	1.83	+0.67	+0.67	F8 Ia
20		Mon	2701	07 11 17.8	−04 16 20	d	4.91	+1.02	+1.03	K0 III
46	τ	Gem	2697	07 12 30.4	+30 12 29	d	4.41	+1.26	+1.25	K2 III
22	δ	Mon	2714	07 12 57.7	−00 31 48	d	4.15	−0.01	+0.02	A1 III+
63		Aur	2696	07 13 07.9	+39 17 00	b	4.91	+1.45	+1.48	K3.5 III
	QW	Pup	2740	07 13 10.4	−46 47 46		4.49	+0.32	+0.40	F0 IVs
48		Gem	2706	07 13 44.7	+24 05 27	s	5.85	+0.40	+0.46	F5 III–IV
	L₂	Pup	2748	07 14 11.7	−44 40 33	vd	4.42	+1.33	+3.46	M5 IIIe
51 BQ		Gem	2717	07 14 36.3	+16 07 15	dm	5.07	+1.65	+1.63	M4 IIIab
27 EW		CMa	2745	07 15 07.8	−26 23 27	dbm	4.42	−0.17	−0.12	B3 IIIep
28	ω	CMa	2749	07 15 41.0	−26 48 40		4.01	−0.15	−0.08	B2 IV−Ve
	δ	Vol	2803	07 16 48.9	−67 59 47		3.97	+0.76	+0.78	F9 Ib
	π	Pup	2773	07 17 54.1	−37 08 14	dm	2.71	+1.62	+1.65	K3 Ib
54	λ	Gem	2763	07 19 19.6	+16 29 59	db	3.58	+0.11	+0.12	A4 IV
30	τ	CMa	2782	07 19 36.0	−24 59 42	vdbm	4.37	−0.13	−0.10	O9 II
55	δ	Gem	2777	07 21 24.3	+21 56 27	db	3.50	+0.37	+0.44	F0 V+
31	η	CMa	2827	07 24 56.8	−29 20 46	das	2.45	−0.08	+0.01	B5 Ia
66		Aur	2805	07 25 37.6	+40 37 44	b	5.23	+1.25	+1.14	K1 IIIa Fe−1
60	ι	Gem	2821	07 27 03.6	+27 45 13		3.78	+1.02	+1.01	G9 IIIb
3	β	CMi	2845	07 28 19.0	+08 14 40	db	2.89	−0.10	−0.07	B8 V
4	γ	CMi	2854	07 29 20.0	+08 52 49	db	4.33	+1.43	+1.48	K3 III Fe−1
	σ	Pup	2878	07 29 54.8	−43 20 45	vdb	3.25	+1.51	+1.54	K5 III
62	ρ	Gem	2852	07 30 29.5	+31 44 24	db	4.16	+0.32	+0.40	F0 V+
6		CMi	2864	07 30 59.5	+11 57 38		4.55	+1.28	+1.21	K1 III
			2906	07 34 58.4	−22 20 38		4.44	+0.52	+0.60	F6 IV
66	α¹	Gem	2891	07 35 57.8	+31 50 19	odbm	1.58	+0.03	+0.05	A1m A2 Va
66	α²	Gem	2890	07 35 58.2	+31 50 23	odbm	1.58	+0.03	+0.05	A2m A5 V:
			2934	07 36 11.6	−52 34 57	b	4.93	+1.37	+1.39	K3 III
69	υ	Gem	2905	07 37 14.7	+26 50 46	d	4.06	+1.54	+1.66	M0 III–IIIb
			2937	07 38 09.9	−35 01 05	dm	4.53	−0.08	−0.08	B8 V
25		Mon	2927	07 38 20.8	−04 09 38	d	5.14	+0.44	+0.51	F6 III
10	α	CMi	2943	07 40 25.6	+05 10 04	osdbn20	0.40	+0.43	+0.49	F5 IV–V
	ζ	Vol	3024	07 41 32.6	−72 39 27	d	3.93	+1.03	+1.02	G9 III
	R	Pup	2974	07 41 42.7	−31 42 44	s	6.60	+1.07	+1.21	G2 0–Ia
26	α	Mon	2970	07 42 16.5	−09 36 10		3.94	+1.02	+1.01	G9 III Fe−1
75	σ	Gem	2973	07 44 39.2	+28 49 47	db	4.23	+1.12	+1.12	K1 III
3		Pup	2996	07 44 40.3	−29 00 27	b	3.94	+0.16	+0.34	A2 Ib
24		Lyn	2946	07 44 48.9	+58 39 27	d	4.93	+0.10	+0.17	A2 IVn
77	κ	Gem	2985	07 45 44.6	+24 20 41	ad	3.57	+0.93	+0.90	G8 III
			3017	07 46 01.3	−38 01 18		3.62	+1.71	+1.82	K5 IIa
78	β	Gem	2990	07 46 37.7	+27 58 21	adn21	1.16	+0.99	+0.97	K0 IIIb
4		Pup	3015	07 46 56.3	−14 37 03		5.03	+0.34	+0.40	F2 V
81		Gem	3003	07 47 22.0	+18 27 22	b	4.89	+1.43	+1.54	K4 III
11		CMi	3008	07 47 27.1	+10 42 51	b	5.25	+0.02	+0.04	A0.5 IV−nn
			2999	07 48 05.1	+37 27 48		5.15	+1.59	+2.03	M2+ IIIb
			3037	07 48 10.5	−46 39 46	b	5.22	−0.15	−0.15	B1.5 IV
80	π	Gem	3013	07 48 53.3	+33 21 40	d	5.14	+1.64	+1.83	M1+ IIIa
	o	Pup	3034	07 48 58.8	−25 59 30	d	4.40	−0.07	+0.13	B1 IV:nne
	OV	Cep	2609	07 49 45.5	+86 58 01		5.05	+1.60	+1.91	M2− IIIab
			3055	07 49 53.6	−46 25 42	dm	4.10	−0.16	−0.17	B0 III

Designation			BS=HR No.	Right Ascension	Declination	Notes	V	B–V	V–I	Spectral Type
				h m s	° ′ ″					
7	ξ	Pup	3045	07 50 11.9	−24 54 54	db	3.34	+1.22	+1.08	G6 Iab−Ib
13	ζ	CMi	3059	07 52 48.9	+01 42 38		5.12	−0.12	−0.09	B8 II
			3080	07 52 57.4	−40 37 56	cb	3.71	+1.01	+1.04	K1/2 II + A
	QZ	Pup	3084	07 53 24.3	−38 55 10	vb	4.49	−0.19	−0.18	B2.5 V
			3090	07 53 56.1	−48 09 35		4.22	−0.13	−0.11	B0.5 Ib
83	φ	Gem	3067	07 54 48.6	+26 42 30	b	4.97	+0.10	+0.14	A3 IV−V
26		Lyn	3066	07 56 16.2	+47 30 25		5.47	+1.46	+1.47	K3 III
	χ	Car	3117	07 57 19.5	−53 02 27		3.46	−0.18	−0.17	B3p Si
11		Pup	3102	07 57 47.0	−22 56 19		4.20	+0.72	+0.75	F8 II
			3113	07 58 31.6	−30 23 37		4.76	+0.15	+0.24	A6 II
	V	Pup	3129	07 58 51.5	−49 18 15	cvdb	4.47	−0.18	−0.14	B1 Vp + B2:
			3153	07 59 59.4	−60 38 48	s	5.19	+1.76	+2.12	M1.5 II
27		Mon	3122	08 00 48.6	−03 44 22		4.93	+1.21	+1.22	K2 III
			3131	08 00 49.9	−18 27 34		4.61	+0.09	+0.11	A2 IVn
			3075	08 02 43.6	+73 51 26		5.37	+1.42	+1.41	K3 III
			3145	08 03 23.0	+02 16 27	d	4.39	+1.25	+1.27	K2 IIIb Fe−0.5
	ζ	Pup	3165	08 04 20.4	−40 03 53	s	2.21	−0.27	−0.22	O5 Iafn
	χ	Gem	3149	08 04 50.1	+27 43 57	db	4.94	+1.13	+1.09	K1 III
	ε	Vol	3223	08 07 59.5	−68 40 49	dbm	4.35	−0.11	−0.10	B6 IV
15	ρ	Pup	3185	08 08 27.6	−24 22 03	vdb	2.83	+0.46	+0.42	F5 (Ib−II)p
29	ζ	Mon	3188	08 09 40.5	−03 02 52	d	4.36	+0.97	+0.92	G2 Ib
16		Pup	3192	08 09 59.3	−19 18 33	b	4.40	−0.16	−0.14	B5 IV
27		Lyn	3173	08 10 03.9	+51 26 34	d	4.78	+0.05	+0.10	A1 Va
	γ²	Vel	3207	08 10 11.7	−47 24 03	cdb	1.75	−0.15	−0.14	WC8 + O9I:
	NS	Pup	3225	08 12 07.6	−39 41 01	b	4.44	+1.59	+1.62	K4.5 Ib
20		Pup	3229	08 14 19.3	−15 51 15		4.99	+1.07	+1.02	G5 IIa
			3243	08 14 48.8	−40 24 52	db	4.42	+1.17	+1.15	K1 II/III
			3182	08 14 55.5	+68 24 29		5.34	+1.04	+0.96	G7 II
17	β	Cnc	3249	08 17 40.8	+09 07 04	d	3.53	+1.48	+1.47	K4 III Ba 0.5
	α	Cha	3318	08 17 56.3	−76 59 13		4.05	+0.41	+0.49	F4 IV
			3270	08 19 21.6	−36 43 37		4.44	+0.22	+0.25	A7 IV
	θ	Cha	3340	08 19 57.6	−77 33 11	d	4.34	+1.16	+1.10	K2 III CN 0.5
18	χ	Cnc	3262	08 21 22.0	+27 08 47		5.13	+0.49	+0.56	F6 V
			3282	08 22 13.9	−33 07 26		4.83	+1.42	+1.35	K2.5 II−III
	ε	Car	3307	08 22 57.2	−59 34 45	dcmn22	1.86	+1.20	+1.16	K3: III + B2: V
31		Lyn	3275	08 24 18.0	+43 07 03		4.25	+1.55	+1.61	K4.5 III
	β	Vol	3347	08 25 57.9	−66 12 32		3.77	+1.13	+1.10	K2 III
			3315	08 25 59.5	−24 07 02	db	5.32	+1.48	+1.49	K4.5 III CN 1
			3314	08 26 44.1	−03 58 40		3.91	−0.01	−0.02	A0 Va
1	o	UMa	3323	08 32 02.0	+60 38 39	sd	3.35	+0.86	+0.87	G5 III
33	η	Cnc	3366	08 33 56.9	+20 22 00		5.33	+1.25	+1.11	K3 III
			3426	08 38 24.0	−43 03 55		4.11	+0.11	+0.20	A6 II
4	δ	Hya	3410	08 38 47.6	+05 37 39	db	4.14	0.00	+0.02	A1 IVnn
5	σ	Hya	3418	08 39 52.8	+03 15 53		4.45	+1.22	+1.12	K1 III
	η	Cha	3502	08 40 32.6	−79 02 26		5.46	−0.10	−0.08	B8 V
	o	Vel	3447	08 40 54.5	−52 59 56	vb	3.60	−0.17	−0.16	B3 IV
	β	Pyx	3438	08 40 56.7	−35 23 08	db	3.97	+0.94	+0.91	G4 III
6		Hya	3431	08 41 02.6	−12 33 09		4.98	+1.42	+1.40	K4 III
	v343	Car	3457	08 41 05.4	−59 50 18	db	4.31	−0.12	−0.08	B1.5 III
			3445	08 41 20.4	−46 43 34	d	3.77	+0.67	+0.92	F0 Ia

Designation			BS=HR No.	Right Ascension	Declination	Notes	V	B–V	V–I	Spectral Type
				h m s	° ′ ″					
34		Lyn	3422	08 42 29.7	+45 45 25		5.35	+0.99	+0.97	G8 IV
7	η	Hya	3454	08 44 20.8	+03 19 13	b	4.30	−0.19	−0.20	B4 V
	α	Pyx	3468	08 44 27.4	−33 15 53		3.68	−0.18	−0.17	B1.5 III
43	γ	Cnc	3449	08 44 31.6	+21 23 23	db	4.66	+0.01	+0.03	A1 Va
			3477	08 45 10.1	−42 43 41	d	4.05	+0.87	+0.89	G6 II–III
	δ	Vel	3485	08 45 17.9	−54 47 18	dm	1.93	+0.04	+0.05	A1 Va
47	δ	Cnc	3461	08 45 54.2	+18 04 26	d	3.94	+1.08	+1.01	K0 IIIb
			3487	08 46 45.4	−46 07 15		3.87	+0.02	+0.09	A1 II
	v344	Car	3498	08 47 15.9	−56 50 58		4.50	−0.17	−0.16	B3 Vne
12		Hya	3484	08 47 23.5	−13 37 39	db	4.32	+0.90	+0.91	G8 III Fe−1
11	ε	Hya	3482	08 47 54.7	+06 20 19	cdbm	3.38	+0.69	+0.78	G5: III + A:
48	ι	Cnc	3475	08 47 59.6	+28 40 47	d	4.03	+1.01	+0.96	G8 II–III
13	ρ	Hya	3492	08 49 34.2	+05 45 26	db	4.35	−0.04	−0.03	A0 Vn
14	KX	Hya	3500	08 50 26.5	−03 31 26		5.30	−0.08	−0.06	B9p Hg Mn
	γ	Pyx	3518	08 51 26.7	−27 47 26		4.02	+1.27	+1.24	K2.5 III
	ζ	Oct	3678	08 53 08.5	−85 44 44		5.43	+0.31	+0.35	F0 III
			3571	08 55 32.0	−60 43 38	d	3.84	−0.10	−0.08	B7 II–III
16	ζ	Hya	3547	08 56 31.7	+05 51 45		3.11	+0.98	+0.96	G9 IIIa
	v376	Car	3582	08 57 29.9	−59 18 46	d	4.93	−0.18	−0.21	B2 IV–V
65	α	Cnc	3572	08 59 39.7	+11 46 24	db	4.26	+0.14	+0.14	A5m
9	ι	UMa	3569	09 00 40.2	+47 57 21	db	3.12	+0.22	+0.25	A7 IVn
64	σ³	Cnc	3575	09 00 51.6	+32 20 01	d	5.23	+0.91	+0.91	G8 III
			3591	09 00 53.6	−41 20 17	cb	4.45	+0.65	+0.75	G8/K1 III + A
			3579	09 02 01.6	+41 41 46	odbm	3.96	+0.46	+0.53	F7 V
	α	Vol	3615	09 02 46.9	−66 28 56	b	4.00	+0.15	+0.15	A5m
8	ρ	UMa	3576	09 04 27.2	+67 32 38		4.74	+1.54	+2.15	M3 IIIb Ca 1
			3614	09 04 53.8	−47 11 03		3.75	+1.17	+1.11	K2 III
12	κ	UMa	3594	09 05 05.0	+47 04 12	dm	3.57	+0.01	+0.03	A0 IIIn
			3643	09 05 11.4	−72 41 21		4.47	+0.61	+0.67	F8 II
			3612	09 07 53.4	+38 21 54		4.56	+1.04	+0.97	G7 Ib–II
	λ	Vel	3634	09 08 47.3	−43 31 13	dn23	2.23	+1.67	+1.69	K4.5 Ib
76	κ	Cnc	3623	09 08 54.6	+10 34 50	db	5.23	−0.09	−0.07	B8p Hg Mn
15		UMa	3619	09 10 22.5	+51 30 59		4.46	+0.29	+0.30	F0m
77	ξ	Cnc	3627	09 10 35.5	+21 57 26	db	5.16	+0.97	+0.90	G9 IIIa Fe−0.5 CH−1
	v357	Car	3659	09 11 32.0	−59 03 20	b	3.43	−0.19	−0.17	B2 IV–V
			3663	09 11 45.9	−62 24 20		3.96	−0.18	−0.18	B3 III
	β	Car	3685	09 13 25.6	−69 48 21	n24	1.67	+0.07	+0.02	A1 III
36		Lyn	3652	09 15 12.1	+43 07 40		5.30	−0.13	−0.12	B8p Mn
22	θ	Hya	3665	09 15 28.9	+02 13 21	db	3.89	−0.06	−0.07	B9.5 IV (C II)
			3696	09 16 48.5	−57 37 55		4.34	+1.60	+1.83	M0.5 III Ba 0.3
	ι	Car	3699	09 17 39.9	−59 21 57		2.21	+0.19	+0.28	A7 Ib
38		Lyn	3690	09 20 10.5	+36 42 37	dbm	3.82	+0.07	+0.12	A2 IV⁻
40	α	Lyn	3705	09 22 21.5	+34 18 01		3.14	+1.55	+1.65	K7 IIIab
	θ	Pyx	3718	09 22 26.8	−26 03 28		4.71	+1.63	+1.91	M0.5 III
	κ	Vel	3734	09 22 46.8	−55 06 11	b	2.47	−0.14	−0.17	B2 IV–V
1	κ	Leo	3731	09 25 54.1	+26 05 19	d	4.47	+1.22	+1.20	K2 III
30	α	Hya	3748	09 28 38.6	−08 45 10	dn25	1.99	+1.44	+1.39	K3 II–III
	ε	Ant	3765	09 30 08.1	−36 02 46	b	4.51	+1.41	+1.37	K3 III
	ψ	Vel	3786	09 31 33.0	−40 33 42	dm	3.60	+0.37	+0.43	F0 V⁺
			3821	09 31 45.2	−73 10 35		5.46	+1.56	+1.57	K4 III

Designation			BS=HR No.	Right Ascension	Declination	Notes	V	B–V	V–I	Spectral Type
				h m s	° ′ ″					
			3803	09 31 52.6	−57 07 47		3.16	+1.54	+1.59	K5 III
	R	Car	3816	09 32 47.0	−62 53 04	vd	7.43	+0.91	+0.91	gM5e
4	λ	Leo	3773	09 32 56.6	+22 52 19		4.32	+1.54	+1.63	K4.5 IIIb
5	ξ	Leo	3782	09 33 06.1	+11 12 13		4.99	+1.05	+0.89	G9.5 III
23		UMa	3757	09 33 12.0	+62 57 59	d	3.65	+0.36	+0.41	F0 IV
			3808	09 34 11.9	−21 12 42		5.02	+1.02	+0.94	K0 III
25	θ	UMa	3775	09 34 17.0	+51 34 41	db	3.17	+0.48	+0.56	F6 IV
			3825	09 35 04.1	−59 19 34		4.08	−0.01	+0.01	B5 II
10	SU	LMi	3800	09 35 32.0	+36 18 03		4.54	+0.91	+0.91	G7.5 III Fe−0.5
26		UMa	3799	09 36 17.1	+51 57 16		4.47	+0.03	+0.08	A1 Va
24	DK	UMa	3771	09 36 20.7	+69 44 03		4.54	+0.78	+0.83	G5 III–IV
			3836	09 37 35.8	−49 27 07	d	4.34	+0.17	+0.18	A5 IV–V
			3834	09 39 34.5	+04 33 04		4.68	+1.31	+1.35	K3 III
			3751	09 39 59.6	+81 13 43		4.28	+1.49	+1.46	K3 IIIa
35	ι	Hya	3845	09 40 57.2	−01 14 29		3.90	+1.31	+1.29	K2.5 III
38	κ	Hya	3849	09 41 20.2	−14 25 51		5.07	−0.15	−0.15	B5 V
14	o	Leo	3852	09 42 17.8	+09 47 37	cdb	3.52	+0.52	+0.59	F5 II + A5?
16	ψ	Leo	3866	09 44 54.0	+13 55 20	d	5.36	+1.61	+1.94	M24+ IIIab
	θ	Ant	3871	09 45 09.7	−27 52 07	cdm	4.78	+0.52	+0.61	F7 II–III + A8 V
	l	Car	3884	09 45 50.3	−62 36 27	v	3.69	+1.01	+1.03	F9−G5 Ib
17	ε	Leo	3873	09 47 04.1	+23 40 27		2.97	+0.81	+0.81	G1 II
	υ	Car	3890	09 47 38.3	−65 10 20	dm	2.92	+0.27	+0.42	A6 II
	R	Leo	3882	09 48 42.7	+11 19 41	v	10.35	+1.50	+9.03	gM7e
			3881	09 49 58.0	+45 55 11		5.08	+0.62	+0.68	G0.5 Va
29	υ	UMa	3888	09 52 30.0	+58 56 11	vd	3.78	+0.29	+0.39	F0 IV
39	υ¹	Hya	3903	09 52 30.8	−14 56 54		4.11	+0.92	+0.92	G8.5 IIIa
24	μ	Leo	3905	09 53 58.9	+25 54 17	s	3.88	+1.22	+1.13	K2 III CN 1 Ca 1
			3923	09 55 53.1	−19 06 43	b	4.94	+1.56	+1.75	K5 III
	φ	Vel	3940	09 57 37.2	−54 40 15	d	3.52	−0.07	−0.04	B5 Ib
19		LMi	3928	09 58 59.6	+40 57 08	b	5.11	+0.48	+0.55	F5 V
	η	Ant	3947	09 59 47.8	−35 59 40	d	5.23	+0.30	+0.34	F1 III–IV
29	π	Leo	3950	10 01 20.9	+07 56 25		4.68	+1.59	+1.96	M2− IIIab
20		LMi	3951	10 02 14.7	+31 49 01		5.37	+0.68	+0.74	G3 Va Hδ 1
40	υ²	Hya	3970	10 06 10.3	−13 10 11	b	4.60	−0.09	−0.07	B8 V
30	η	Leo	3975	10 08 30.1	+16 39 25	asd	3.48	−0.03	+0.06	A0 Ib
21		LMi	3974	10 08 41.5	+35 08 20		4.49	+0.19	+0.19	A7 V
15	α	Sex	3981	10 09 02.3	−00 28 39		4.48	−0.03	−0.01	A0 III
31		Leo	3980	10 09 02.6	+09 53 29	d	4.39	+1.45	+1.51	K3.5 IIIb Fe−1:
32	α	Leo	3982	10 09 30.9	+11 51 41	dbn26	1.36	−0.09	−0.10	B7 Vn
41	λ	Hya	3994	10 11 38.2	−12 27 40	db	3.61	+1.01	+0.96	K0 III CN 0.5
	ω	Car	4037	10 14 14.8	−70 08 42		3.29	−0.07	−0.03	B8 IIIn
			4023	10 15 38.5	−42 13 45	b	3.85	+0.05	+0.03	A2 Va
	v337	Car	4050	10 17 48.2	−61 26 25	d	3.39	+1.54	+1.45	K2.5 II
36	ζ	Leo	4031	10 17 52.9	+23 18 34	dasb	3.43	+0.31	+0.39	F0 III
33	λ	UMa	4033	10 18 23.1	+42 48 22	s	3.45	+0.03	+0.05	A1 IV
22	ε	Sex	4042	10 18 41.9	−08 10 37		5.25	+0.34	+0.39	F1 IV−
	AG	Ant	4049	10 19 06.8	−29 06 00		5.52	+0.28	+0.31	A0p Ib–II
41	γ¹	Leo	4057	10 21 09.3	+19 43 55	dbm	2.01	+1.13	+1.17	K1− IIIb Fe−0.5
			4080	10 23 15.1	−41 45 31		4.82	+1.10	+1.06	K1 III
34	μ	UMa	4069	10 23 36.1	+41 23 26	b	3.06	+1.60	+1.77	M0 III

Designation			BS=HR No.	Right Ascension	Declination	Notes	V	B–V	V–I	Spectral Type
				h m s	° ′ ″					
			4086	10 24 26.0	−38 07 10		5.34	+0.25	+0.28	A8 V
			4102	10 24 49.0	−74 08 28	b	3.99	+0.37	+0.43	F2 V
			4072	10 25 39.4	+65 27 24	b	4.94	−0.05	−0.02	A0p Hg
42	μ	Hya	4094	10 27 07.9	−16 56 48		3.83	+1.46	+1.47	K4⁺ III
	α	Ant	4104	10 28 08.3	−31 10 40	b	4.28	+1.43	+1.47	K4.5 III
			4114	10 28 40.3	−58 50 59		3.81	+0.32	+0.41	F0 Ib
31	β	LMi	4100	10 29 07.2	+36 35 47	dbm	4.20	+0.91	+0.89	G9 IIIab
29	δ	Sex	4116	10 30 34.2	−02 50 59		5.19	−0.05	−0.03	B9.5 V
36		UMa	4112	10 31 59.3	+55 52 10	d	4.82	+0.54	+0.58	F8 V
	PP	Car	4140	10 32 47.6	−61 47 47		3.30	−0.09	+0.02	B4 Vne
46		Leo	4127	10 33 20.5	+14 01 35		5.43	+1.70	+1.91	M1 IIIb
			4084	10 33 31.4	+82 26 52		5.25	+0.40	+0.46	F4 V
			4143	10 33 51.5	−47 06 52	dm	5.02	+1.05	+1.11	K1/2 III
47	ρ	Leo	4133	10 33 56.5	+09 11 43	vdb	3.84	−0.15	−0.13	B1 Iab
44		Hya	4145	10 35 02.4	−23 51 23	d	5.08	+1.60	+1.59	K5 III
	γ	Cha	4174	10 35 42.4	−78 43 10		4.11	+1.58	+1.71	M0 III
			4159	10 36 25.1	−57 40 10	b	4.45	+1.60	+1.62	K5 II
37		UMa	4141	10 36 31.9	+56 58 16		5.16	+0.35	+0.39	F1 V
			4126	10 36 51.6	+75 36 04		4.86	+0.96	+0.94	G8 III
			4167	10 38 12.7	−48 20 16	dbm	3.84	+0.30	+0.35	F0m
37		LMi	4166	10 39 55.5	+31 51 50		4.68	+0.82	+0.82	G2.5 IIa
			4180	10 40 10.0	−55 42 56	d	4.29	+1.03	+0.96	G2 II
	θ	Car	4199	10 43 43.7	−64 30 27	b	2.74	−0.22	−0.24	B0.5 Vp
			4181	10 44 34.6	+68 57 47		5.01	+1.41	+1.38	K3 III
41		LMi	4192	10 44 34.9	+23 04 31		5.08	+0.04	+0.06	A2 IV
			4191	10 44 48.2	+46 05 25	db	5.18	+0.32	+0.38	F5 III
	δ²	Cha	4234	10 45 57.7	−80 39 13		4.45	−0.19	−0.19	B2.5 IV
42		LMi	4203	10 47 03.3	+30 34 07	db	5.36	−0.05	−0.03	A1 Vn
51		Leo	4208	10 47 33.9	+18 46 39		5.50	+1.13	+1.08	gK3
	μ	Vel	4216	10 47 41.9	−49 32 03	cdbm	2.69	+0.90	+0.91	G5 III + F8: V
53		Leo	4227	10 50 23.1	+10 25 51	b	5.32	+0.04	+0.05	A2 V
	ν	Hya	4232	10 50 41.2	−16 18 24		3.11	+1.23	+1.22	K1.5 IIIb Hδ−0.5
			4257	10 54 22.4	−58 58 04	db	3.78	+0.95	+0.96	K0 IIIb
46		LMi	4247	10 54 30.5	+34 05 54		3.79	+1.04	+1.07	K0⁺ III–IV
54		Leo	4259	10 56 46.4	+24 38 04	cdm	4.30	+0.02	+0.07	A1 IIIn + A1 IVn
	ι	Ant	4273	10 57 43.4	−37 15 13		4.60	+1.01	+0.99	K0 III
47		UMa	4277	11 00 39.8	+40 18 54		5.03	+0.62	+0.69	G1⁻ V Fe−0.5
7	α	Crt	4287	11 00 49.4	−18 24 49		4.08	+1.08	+1.06	K0⁺ III
			4293	11 01 08.7	−42 20 29		4.37	+0.12	+0.13	A3 IV
58		Leo	4291	11 01 40.2	+03 30 06	d	4.84	+1.14	+1.13	K0.5 III Fe−0.5
48	β	UMa	4295	11 03 07.5	+56 16 00	b	2.34	+0.03	+0.02	A0m A1 IV–V
60		Leo	4300	11 03 28.5	+20 03 51		4.42	+0.05	+0.03	A0.5m A3 V
50	α	UMa	4301	11 05 02.2	+61 38 05	mn27	1.81	+1.06	+1.03	K0⁻ IIIa
63	χ	Leo	4310	11 06 07.5	+07 13 10	d	4.62	+0.33	+0.39	F1 IV
	χ¹	Hya	4314	11 06 22.2	−27 24 36	d	4.92	+0.37	+0.43	F3 IV
	v382	Car	4337	11 09 30.9	−59 05 30	cb	3.93	+1.23	+1.19	G4 0–Ia
52	ψ	UMa	4335	11 10 51.9	+44 22 53		3.00	+1.14	+1.09	K1 III
11	β	Crt	4343	11 12 43.1	−22 56 37	b	4.46	+0.03	+0.04	A2 IV
			4350	11 13 32.2	−49 13 05	b	5.37	+0.18	+0.19	A3 IV/V
68	δ	Leo	4357	11 15 14.9	+20 24 20	d	2.56	+0.13	+0.12	A4 IV

Designation			BS=HR No.	Right Ascension	Declination	Notes	V	B−V	V−I	Spectral Type
				h m s	° ′ ″					
70	θ	Leo	4359	11 15 22.0	+15 18 42		3.33	0.00	+0.01	A2 IV (Kvar)
74	φ	Leo	4368	11 17 45.3	−03 46 10	d	4.45	+0.21	+0.25	A7 V⁺n
	SV	Crt	4369	11 18 03.6	−07 15 08	sdb	6.11	+0.21	+0.23	A8p Sr Cr
54	ν	UMa	4377	11 19 38.1	+32 58 36	db	3.49	+1.40	+1.37	K3⁻ III
55		UMa	4380	11 20 17.9	+38 04 02	db	4.76	+0.11	+0.11	A1 Va
12	δ	Crt	4382	11 20 25.1	−14 53 43	b	3.56	+1.11	+1.12	G9 IIIb CH 0.2
	π	Cen	4390	11 21 59.7	−54 36 33	dm	3.90	−0.16	−0.16	B5 Vn
77	σ	Leo	4386	11 22 14.7	+05 54 40	b	4.05	−0.06	−0.06	A0 III⁺
78	ι	Leo	4399	11 25 02.6	+10 24 39	dbm	4.00	+0.42	+0.47	F2 IV
15	γ	Crt	4405	11 25 57.5	−17 48 08	d	4.06	+0.22	+0.24	A7 V
84	τ	Leo	4418	11 29 02.6	+02 44 16	d	4.95	+1.00	+0.95	G7.5 IIIa
1	λ	Dra	4434	11 32 39.4	+69 12 44		3.82	+1.61	+1.79	M0 III Ca−1
	ξ	Hya	4450	11 34 03.8	−31 58 36	d	3.54	+0.95	+0.92	G7 III
	λ	Cen	4467	11 36 47.0	−63 08 20	d	3.11	−0.04	−0.01	B9.5 IIn
			4466	11 36 58.5	−47 45 40		5.26	+0.26	+0.29	A7m
21	θ	Crt	4468	11 37 46.4	−09 55 17	b	4.70	−0.07	−0.06	B9.5 Vn
91	υ	Leo	4471	11 38 03.0	−00 56 33		4.30	+0.98	+0.98	G8⁺ IIIb
	o	Hya	4494	11 41 17.1	−34 51 50		4.70	−0.07	−0.05	B9 V
61		UMa	4496	11 42 10.7	+34 04 48	das	5.31	+0.72	+0.78	G8 V
3		Dra	4504	11 43 39.2	+66 37 33		5.32	+1.27	+1.23	K3 III
	v810	Cen	4511	11 44 33.4	−62 36 32	s	5.00	+0.78	+0.87	G0 0−Ia Fe 1
27	ζ	Crt	4514	11 45 51.3	−18 28 13	dm	4.71	+0.96	+0.94	G8 IIIa
	λ	Mus	4520	11 46 38.1	−66 50 53	d	3.63	+0.16	+0.17	A7 IV
3	ν	Vir	4517	11 46 57.8	+06 24 32		4.04	+1.50	+1.79	M1 III
63	χ	UMa	4518	11 47 10.7	+47 39 36		3.69	+1.18	+1.15	K0.5 IIIb
			4522	11 47 33.9	−61 17 53	d	4.11	+0.90	+0.88	G3 II
93	DQ	Leo	4527	11 49 05.6	+20 05 58	cdb	4.50	+0.55	+0.69	G4 III−IV + A7 V
	II	Hya	4532	11 49 50.5	−26 52 10		5.10	+1.59	+2.84	M4⁺ III
94	β	Leo	4534	11 50 09.3	+14 27 07	dn28	2.14	+0.09	+0.10	A3 Va
			4537	11 50 44.6	−63 54 29		4.30	−0.15	−0.09	B3 V
5	β	Vir	4540	11 51 48.9	+01 38 37	d	3.59	+0.52	+0.61	F9 V
			4546	11 52 13.6	−45 17 35		4.47	+1.28	+1.24	K3 III
	β	Hya	4552	11 54 00.0	−34 01 40	vdm	4.29	−0.10	−0.07	Ap Si
64	γ	UMa	4554	11 54 57.2	+53 34 31	ab	2.41	+0.04	+0.06	A0 Van
95		Leo	4564	11 56 46.8	+15 31 38	db	5.53	+0.12	+0.13	A3 V
30	η	Crt	4567	11 57 06.9	−17 16 14		5.17	−0.02	0.00	A0 Va
8	π	Vir	4589	12 01 58.5	+06 29 40	b	4.65	+0.12	+0.14	A5 IV
	θ¹	Cru	4599	12 04 08.0	−63 25 57	db	4.32	+0.28	+0.36	A8m
			4600	12 04 46.8	−42 33 16		5.15	+0.42	+0.50	F6 V
9	o	Vir	4608	12 06 18.2	+08 36 49	s	4.12	+0.97	+0.96	G8 IIIa CN−1 Ba 1 CH 1
	η	Cru	4616	12 08 01.1	−64 44 01	db	4.14	+0.35	+0.41	F2 V⁺
			4618	12 09 12.6	−50 46 51	v	4.46	−0.16	−0.16	B2 IIIne
	δ	Cen	4621	12 09 28.9	−50 50 31	d	2.58	−0.13	−0.12	B2 IVne
1	α	Crv	4623	12 09 31.6	−24 50 55		4.02	+0.33	+0.40	F0 IV−V
2	ε	Crv	4630	12 11 14.0	−22 44 21		3.02	+1.33	+1.23	K2.5 IIIa
	ρ	Cen	4638	12 12 47.1	−52 29 17		3.97	−0.16	−0.17	B3 V
			4646	12 13 10.9	+77 29 49	vb	5.14	+0.36	+0.42	F2m
	δ	Cru	4656	12 16 18.0	−58 52 06		2.79	−0.19	−0.25	B2 IV
69	δ	UMa	4660	12 16 28.9	+56 54 48	d	3.32	+0.08	+0.03	A2 Van
4	γ	Crv	4662	12 16 54.9	−17 39 40	bn29	2.58	−0.11	−0.10	B8p Hg Mn

Designation			BS=HR No.	Right Ascension	Declination	Notes	V	B–V	V–I	Spectral Type
				h m s	° ′ ″					
	ϵ	Mus	4671	12 18 45.1	−68 04 49	b	4.06	+1.60	+2.82	M5 III
	ζ	Cru	4679	12 19 37.2	−64 07 21	d	4.06	−0.17	−0.18	B2.5 V
	β	Cha	4674	12 19 39.3	−79 25 53		4.24	−0.12	−0.11	B5 Vn
3		CVn	4690	12 20 51.9	+48 51 54		5.28	+1.62	+1.90	M1$^+$ IIIab
15	η	Vir	4689	12 21 00.4	−00 47 10	db	3.89	+0.03	+0.03	A1 IV$^+$
16		Vir	4695	12 21 26.5	+03 11 35	d	4.97	+1.17	+1.19	K0.5 IIIb Fe−0.5
	ϵ	Cru	4700	12 22 32.1	−60 31 11		3.59	+1.39	+1.39	K3 III
12		Com	4707	12 23 35.0	+25 43 37	cdb	4.78	+0.52	+0.61	G5 III + A5
6		CVn	4728	12 26 54.2	+38 53 58		5.01	+0.96	+0.94	G9 III
	α^1	Cru	4730	12 27 48.6	−63 13 05	cdbmn30	0.77	−0.24	−0.26	B0.5 IV
15	γ	Com	4737	12 28 00.4	+28 08 57		4.35	+1.13	+1.04	K1 III Fe 0.5
	σ	Cen	4743	12 29 12.7	−50 20 58		3.91	−0.19	−0.20	B2 V
			4748	12 29 31.5	−39 09 36		5.45	−0.07	−0.05	B8/9 V
74		UMa	4760	12 30 57.1	+58 17 16		5.37	+0.21	+0.17	δ Del
7	δ	Crv	4757	12 30 58.8	−16 38 06	d	2.94	−0.01	−0.04	B9.5 IV$^-$n
	γ	Cru	4763	12 32 22.3	−57 14 00	dn31	1.59	+1.60	+2.37	M3.5 III
8	η	Crv	4775	12 33 10.9	−16 18 53	b	4.30	+0.39	+0.44	F2 V
	γ	Mus	4773	12 33 46.8	−72 15 05		3.84	−0.16	−0.14	B5 V
5	κ	Dra	4787	12 34 23.3	+69 40 12	vb	3.85	−0.12	−0.02	B6 IIIpe
			4783	12 34 42.3	+33 07 45		5.42	+1.01	+0.96	K0 III CN−1
8	β	CVn	4785	12 34 45.6	+41 14 27	adsb	4.24	+0.59	+0.67	G0 V
9	β	Crv	4786	12 35 31.2	−23 30 55		2.65	+0.89	+0.88	G5 IIb
23		Com	4789	12 35 55.3	+22 30 40	dbm	4.80	+0.01	+0.03	A0m A1 IV
24		Com	4792	12 36 12.4	+18 15 32	d	5.03	+1.15	+1.12	K2 III
	α	Mus	4798	12 38 29.4	−69 15 13	d	2.69	−0.18	−0.23	B2 IV−V
	τ	Cen	4802	12 38 53.3	−48 39 34		3.85	+0.05	+0.06	A1 IVnn
26	χ	Vir	4813	12 40 21.5	−08 06 49	d	4.66	+1.24	+1.15	K2 III CN 1.5
	γ	Cen	4819	12 42 42.8	−49 04 39	dbm	2.20	−0.02	−0.01	A1 IV
29	γ^1	Vir	4825	12 42 45.0	−01 34 02	ocdbm	2.74	+0.36	+0.43	F1 V
29	γ^2	Vir	4826	12 42 45.0	−01 33 59	ocdm	2.74	+0.36	+0.43	F0m F2 V
30	ρ	Vir	4828	12 42 58.3	+10 07 03	b	4.88	+0.08	+0.08	A0 Va (λ Boo)
			4839	12 45 09.6	−28 26 30		5.46	+1.35	+1.31	K3 III
	Y	CVn	4846	12 46 08.2	+45 19 23		5.42	+2.99	+3.07	C5,5
32 FM		Vir	4847	12 46 42.2	+07 33 22	b	5.22	+0.32	+0.34	F2m
	β	Mus	4844	12 47 37.4	−68 13 31	cdm	3.04	−0.18	−0.19	B2 V + B2.5 V
	β	Cru	4853	12 48 59.6	−59 48 21	vdb	1.25	−0.24	−0.27	B0.5 III
			4874	12 51 51.5	−34 06 58	d	4.90	−0.03	−0.01	A0 IV
31		Com	4883	12 52 44.6	+27 25 27	s	4.93	+0.68	+0.70	G0 IIIp
			4888	12 54 20.5	−49 03 36	b	4.33	+1.34	+1.33	K3/4 III
			4889	12 54 38.1	−40 17 43		4.25	+0.22	+0.27	A7 V
77	ϵ	UMa	4905	12 54 58.2	+55 50 36	dvbn32	1.76	−0.02	−0.04	A0p Cr
40	ψ	Vir	4902	12 55 28.4	−09 39 19		4.77	+1.59	+2.18	M3$^-$ III Ca−1
	μ^1	Cru	4898	12 55 52.3	−57 17 39	d	4.03	−0.18	−0.26	B2 IV−V
8		Dra	4916	12 56 19.5	+65 19 20	v	5.23	+0.30	+0.35	F0 IV−V
43	δ	Vir	4910	12 56 41.2	+03 16 52	d	3.39	+1.57	+2.24	M3$^+$ III
12	α^2	CVn	4915	12 57 01.8	+38 12 10	vd	2.89	−0.12	−0.13	A0p Si Eu
	ι	Oct	4870	12 57 28.8	−85 14 22	dm	5.45	+0.99	+0.97	K0 III
78		UMa	4931	13 01 38.7	+56 15 03	asdm	4.93	+0.37	+0.45	F2 V
47	ϵ	Vir	4932	13 03 14.8	+10 50 39	asd	2.85	+0.93	+0.83	G8 IIIab
	δ	Mus	4923	13 03 47.0	−71 39 51	b	3.61	+1.19	+1.17	K2 III

Designation		BS=HR No.	Right Ascension	Declination	Notes	V	B–V	V–I	Spectral Type
			h m s	° ′ ″					
14	CVn	4943	13 06 44.6	+35 41 03		5.20	−0.06	−0.04	B9 V
	ξ² Cen	4942	13 08 10.6	−50 01 15	db	4.27	−0.18	−0.18	B1.5 V
51	θ Vir	4963	13 11 03.9	−05 39 12	dbm	4.38	−0.01	+0.01	A1 IV
43	β Com	4983	13 12 52.5	+27 46 11	db	4.23	+0.57	+0.67	F9.5 V
	η Mus	4993	13 16 44.0	−68 00 28	vdb	4.79	−0.08	−0.09	B7 V
		5006	13 18 05.2	−31 37 10		5.10	+0.96	+0.95	K0 III
20 AO	CVn	5017	13 18 30.2	+40 27 36	sv	4.72	+0.31	+0.31	F2 III (str. met.)
60	σ Vir	5015	13 18 41.5	+05 21 26		4.78	+1.64	+1.97	M1 III
61	Vir	5019	13 19 32.0	−18 25 49	d	4.74	+0.71	+0.75	G6.5 V
46	γ Hya	5020	13 20 05.7	−23 17 04	d	2.99	+0.92	+0.90	G8 IIIa
	ι Cen	5028	13 21 48.8	−36 49 30		2.75	+0.07	+0.02	A2 Va
		5035	13 24 02.4	−61 06 01	d	4.52	−0.14	−0.13	B3 V
79	ζ UMa	5054	13 24 47.3	+54 48 49	db	2.23	+0.06	+0.07	A1 Va⁺ (Si)
80	UMa	5062	13 26 05.0	+54 52 35	b	3.99	+0.17	+0.19	A5 Vn
67	α Vir	5056	13 26 19.7	−11 16 22	vdbn33	0.98	−0.24	−0.25	B1 V
68	Vir	5064	13 27 51.5	−12 49 08		5.27	+1.48	+1.60	M0 III
		5085	13 29 14.3	+59 50 07	d	5.40	−0.01	+0.01	A1 Vn
70	Vir	5072	13 29 28.9	+13 39 52	d	4.97	+0.71	+0.77	G4 V
		5089	13 32 17.9	−39 31 03	dbm	3.90	+1.19	+1.10	G8 III
78 CW	Vir	5105	13 35 13.4	+03 32 57	vb	4.92	+0.03	+0.03	A1p Cr Eu
BH	CVn	5110	13 35 45.3	+37 04 22	b	4.91	+0.40	+0.55	F1 V⁺
79	ζ Vir	5107	13 35 47.4	−00 42 18		3.38	+0.11	+0.12	A2 IV⁻
		5139	13 37 42.2	+71 07 59		5.50	+1.22	+1.18	gK2
	ε Cen	5132	13 41 15.8	−53 34 29	d	2.29	−0.17	−0.23	B1 III
v744	Cen	5134	13 41 20.3	−50 03 29	s	5.74	+1.50	+3.33	M6 III
82	Vir	5150	13 42 44.7	−08 48 39		5.03	+1.62	+2.04	M1.5 III
1	Cen	5168	13 46 54.9	−33 09 06	b	4.23	+0.39	+0.44	F2 V⁺
4	τ Boo	5185	13 48 17.1	+17 21 02	d	4.50	+0.51	+0.51	F7 V
85	η UMa	5191	13 48 23.1	+49 12 23	abn34	1.85	−0.10	−0.08	B3 V
v766	Cen	5171	13 48 42.1	−62 41 47	sdm	6.40	+	+	K0 0−Ia
5	υ Boo	5200	13 50 30.9	+15 41 31		4.05	+1.52	+1.60	K5.5 III
2 v806	Cen	5192	13 50 41.9	−34 33 26		4.19	+1.52	+3.00	M4.5 III
	ν Cen	5190	13 50 48.2	−41 47 38	vb	3.41	−0.23	−0.24	B2 IV
	μ Cen	5193	13 50 55.2	−42 34 48	sdb	3.47	−0.17	−0.21	B2 IV−Vpne (shell)
89	Vir	5196	13 51 02.6	−18 14 26		4.96	+1.06	+1.09	K0.5 III
10 CU	Dra	5226	13 52 03.6	+64 37 03	d	4.58	+1.57	+2.35	M3.5 III
8	η Boo	5235	13 55 42.5	+18 17 27	asdb	2.68	+0.58	+0.65	G0 IV
	ζ Cen	5231	13 56 53.5	−47 23 36	b	2.55	−0.18	−0.18	B2.5 IV
		5241	13 59 13.6	−63 47 27		4.71	+1.08	+1.05	K1.5 III
	φ Cen	5248	13 59 35.2	−42 12 17		3.83	−0.22	−0.23	B2 IV
47	Hya	5250	13 59 43.8	−25 04 35	b	5.20	−0.09	−0.07	B8 V
	υ¹ Cen	5249	14 00 01.0	−44 54 27		3.87	−0.21	−0.22	B2 IV−V
93	τ Vir	5264	14 02 44.6	+01 26 29	db	4.23	+0.12	+0.14	A3 IV
	υ² Cen	5260	14 03 04.6	−45 42 24	b	4.34	+0.60	+0.65	F6 II
		5270	14 03 35.2	+09 34 58	s	6.18	+0.85	+0.87	G8: II: Fe−5
11	α Dra	5291	14 04 58.3	+64 16 25	sb	3.67	−0.05	−0.08	A0 III
	β Cen	5267	14 05 21.6	−60 28 32	dbmn35	0.61	−0.23	−0.25	B1 III
	χ Cen	5285	14 07 22.1	−41 16 54		4.36	−0.20	−0.21	B2 V
	θ Aps	5261	14 07 29.9	−76 53 56	vs	5.69	+1.24	+4.10	M6.5 III:
49	π Hya	5287	14 07 36.1	−26 47 06		3.25	+1.09	+1.10	K2⁻ III Fe−0.5

Designation			BS=HR No.	Right Ascension	Declination	Notes	V	B–V	V–I	Spectral Type
				h m s	° ′ ″					
5	θ	Cen	5288	14 07 57.3	−36 28 29	dn36	2.06	+1.01	+1.01	K0⁻ IIIb
	BY	Boo	5299	14 08 47.3	+43 45 10		5.13	+1.49	+2.74	M4.5 III
4		UMi	5321	14 08 47.8	+77 26 47	db	4.80	+1.37	+1.34	K3⁻ IIIb Fe−0.5
12		Boo	5304	14 11 22.8	+24 59 26	db	4.82	+0.54	+0.57	F8 IV
98	κ	Vir	5315	14 14 02.7	−10 22 22		4.18	+1.32	+1.35	K2.5 III Fe−0.5
16	α	Boo	5340	14 16 38.6	+19 04 17	dmn37	−0.05	+1.24	+1.22	K1.5 III Fe−0.5
21	ι	Boo	5350	14 16 55.6	+51 16 07	db	4.75	+0.24	+0.19	A7 IV
99	ι	Vir	5338	14 17 08.7	−06 06 08		4.07	+0.51	+0.59	F7 III–IV
19	λ	Boo	5351	14 17 12.0	+45 59 25		4.18	+0.09	+0.04	A0 Va (λ Boo)
			5361	14 18 54.3	+35 24 40	b	4.80	+1.06	+1.00	K0 III
100	λ	Vir	5359	14 20 16.6	−13 28 09	b	4.52	+0.13	+0.11	A5m:
18		Boo	5365	14 20 18.8	+12 54 22	d	5.41	+0.39	+0.41	F3 V
	ι	Lup	5354	14 20 47.4	−46 09 22		3.55	−0.18	−0.18	B2.5 IVn
			5358	14 21 50.6	−56 29 03		4.30	+0.08	+0.21	B6 Ib
	ψ	Cen	5367	14 21 52.4	−37 58 59	d	4.05	−0.03	−0.02	A0 III
	v761	Cen	5378	14 24 22.2	−39 36 32	v	4.41	−0.19	−0.20	B7 IIIp (var)
			5392	14 25 15.6	+05 43 25	b	5.10	+0.12	+0.14	A5 V
23	θ	Boo	5404	14 25 55.7	+51 45 07	d	4.04	+0.50	+0.59	F7 V
			5390	14 26 02.5	−24 54 10		5.34	+0.96	+0.95	K0 III
22		Boo	5405	14 27 27.4	+19 07 52		5.40	+0.23	+0.21	F0m
5		UMi	5430	14 27 30.3	+75 36 01	d	4.25	+1.43	+1.42	K4⁻ III
	τ¹	Lup	5395	14 27 31.6	−45 19 03	vd	4.56	−0.15	−0.14	B2 IV
	τ²	Lup	5396	14 27 34.4	−45 28 31	cdbm	4.33	+0.43	+0.58	F4 IV + A7:
105	φ	Vir	5409	14 29 18.7	−02 19 24	sdbm	4.81	+0.69	+0.73	G2 IV
52		Hya	5407	14 29 26.3	−29 35 14	d	4.97	−0.07	−0.05	B8 IV
	δ	Oct	5339	14 30 37.8	−83 45 48		4.31	+1.30	+1.30	K2 III
25	ρ	Boo	5429	14 32 45.4	+30 16 41	ad	3.57	+1.30	+1.22	K3 III
27	γ	Boo	5435	14 32 56.6	+38 12 54	d	3.04	+0.19	+0.17	A7 IV⁺
	σ	Lup	5425	14 34 04.7	−50 33 04		4.44	−0.18	−0.18	B2 III
28	σ	Boo	5447	14 35 37.0	+29 39 09	d	4.47	+0.36	+0.41	F2 V
	η	Cen	5440	14 36 52.9	−42 15 03	v	2.33	−0.16	−0.17	B1.5 IVpne (shell)
	ρ	Lup	5453	14 39 20.7	−49 31 05		4.05	−0.15	−0.16	B5 V
33		Boo	5468	14 39 38.2	+44 18 45	b	5.39	+0.03	+0.05	A1 V
	α²	Cen	5460	14 41 04.5	−60 55 21	odn38	1.35	+0.90	+0.88	K1 V
	α¹	Cen	5459	14 41 04.5	−60 55 27	odbn38	−0.01	+0.71	+0.69	G2 V
30	ζ	Boo	5478	14 42 10.6	+13 38 14	odbm	3.78	+0.04	+0.06	A2 Va
			5471	14 43 18.2	−37 53 04		4.01	−0.16	−0.18	B3 V
	α	Lup	5469	14 43 22.2	−47 28 45	vdb	2.30	−0.15	−0.21	B1.5 III
107	μ	Vir	5487	14 44 11.8	−05 45 02	b	3.87	+0.39	+0.47	F2 V
	α	Cir	5463	14 44 16.2	−65 04 01	db	3.18	+0.26	+0.26	A7p Sr Eu
34	W	Boo	5490	14 44 22.1	+26 26 15	v	4.80	+1.67	+2.13	M3⁻ III
			5485	14 44 58.8	−35 15 54		4.06	+1.36	+1.35	K3 IIIb
36	ε	Boo	5506	14 45 55.6	+26 59 04	dm	2.35	+0.97	+0.95	K0⁻ II–III
109		Vir	5511	14 47 20.3	+01 48 12		3.73	−0.01	+0.01	A0 IVnn
			5495	14 48 32.3	−52 28 23	d	5.22	+0.98	+0.96	G8 III
56		Hya	5516	14 49 00.4	−26 10 35		5.23	+0.94	+0.93	G8/K0 III
	α	Aps	5470	14 50 38.1	−79 08 00		3.83	+1.43	+1.42	K3 III CN 0.5
7	β	UMi	5563	14 50 39.9	+74 04 03	dn40	2.07	+1.47	+1.46	K4⁻ III
58		Hya	5526	14 51 33.4	−28 02 55		4.42	+1.37	+1.43	K2.5 IIIb Fe−1:
8	α¹	Lib	5530	14 51 52.7	−16 05 07		5.15	+0.40	+0.48	F3 V

Designation			BS=HR No.	Right Ascension	Declination	Notes	V	B–V	V–I	Spectral Type
				h m s	° ′ ″					
			5552	14 51 59.3	+59 12 26		5.48	+1.37	+1.34	K4 III
9	α^2	Lib	5531	14 52 04.3	−16 07 48	dbn39	2.75	+0.15	+0.16	A3 III–IV
	o	Lup	5528	14 53 03.1	−43 39 47	dbm	4.32	−0.15	−0.14	B5 IV
			5558	14 57 04.3	−33 56 30	db	5.32	+0.05	+0.06	A0 V
RR		UMi	5589	14 57 55.9	+65 50 50	b	4.63	+1.59	+2.85	M4.5 III
15	ξ^2	Lib	5564	14 57 56.3	−11 29 43		5.48	+1.49	+1.51	gK4
16		Lib	5570	14 58 18.5	−04 25 58		4.47	+0.32	+0.38	F0 IV⁻
	β	Lup	5571	14 59 57.0	−43 13 09		2.68	−0.18	−0.23	B2 IV
	κ	Cen	5576	15 00 34.1	−42 11 20	dm	3.13	−0.21	−0.21	B2 V
19	δ	Lib	5586	15 02 07.4	−08 36 11	vdb	4.91	0.00	+0.07	B9.5 V
42	β	Boo	5602	15 02 45.4	+40 18 24		3.49	+0.96	+0.89	G8 IIIa Fe−0.5
110		Vir	5601	15 03 59.3	+02 00 29		4.39	+1.03	+1.04	K0⁺ IIIb Fe−0.5
20	σ	Lib	5603	15 05 20.0	−25 21 54		3.25	+1.67	+2.23	M2.5 III
43		Boo	5616	15 05 22.0	+26 51 53		4.52	+1.24	+1.23	K2 III
			5635	15 06 53.6	+54 28 27		5.24	+0.96	+0.95	G8 III Fe−1
45		Boo	5634	15 08 14.8	+24 47 11	d	4.93	+0.43	+0.51	F5 V
	λ	Lup	5626	15 10 18.1	−45 21 40	dbm	4.07	−0.16	−0.18	B3 V
	κ^1	Lup	5646	15 13 26.4	−48 49 05	d	3.88	−0.03	−0.02	B9.5 IVnn
24	ι	Lib	5652	15 13 27.1	−19 52 18	db	4.54	−0.07	−0.06	B9p Si
	ζ	Lup	5649	15 13 50.5	−52 10 46	d	3.41	+0.92	+0.91	G8 III
			5691	15 14 53.7	+67 15 55		5.15	+0.55	+0.62	F8 V
1		Lup	5660	15 15 56.7	−31 35 52		4.91	+0.37	+0.48	F0 Ib–II
3		Ser	5675	15 16 15.6	+04 51 39	dm	5.32	+1.09	+1.05	gK0
49	δ	Boo	5681	15 16 22.2	+33 14 08	db	3.46	+0.96	+0.96	G8 III Fe−1
27	β	Lib	5685	15 18 10.0	−09 27 39	b	2.61	−0.07	−0.08	B8 IIIn
2		Lup	5686	15 19 08.7	−30 13 34		4.35	+1.10	+1.03	K0⁻ IIIa CH−1
	β	Cir	5670	15 19 12.9	−58 52 47		4.07	+0.09	+0.08	A3 Vb
	μ	Lup	5683	15 20 02.4	−47 57 10	dm	4.27	−0.09	−0.07	B8 V
13	γ	UMi	5735	15 20 42.7	+71 45 27		3.00	+0.06	+0.12	A3 III
	γ	TrA	5671	15 20 56.9	−68 45 24		2.87	+0.01	+0.04	A1 III
	δ	Lup	5695	15 22 47.5	−40 43 26		3.22	−0.23	−0.23	B1.5 IVn
	ϕ^1	Lup	5705	15 23 10.6	−36 20 16	d	3.57	+1.53	+1.59	K4 III
	ϵ	Lup	5708	15 24 09.0	−44 45 55	dbm	3.37	−0.19	−0.20	B2 IV–V
	ϕ^2	Lup	5712	15 24 32.2	−36 56 02		4.54	−0.16	−0.16	B4 V
	γ	Cir	5704	15 25 06.4	−59 23 46	cdm	4.48	+0.17	+0.18	B5 IV
51	μ^1	Boo	5733	15 25 18.2	+37 18 10	db	4.31	+0.31	+0.35	F0 IV
12	ι	Dra	5744	15 25 24.7	+58 53 29	d	3.29	+1.17	+1.07	K2 III
9	τ^1	Ser	5739	15 26 47.3	+15 21 13		5.16	+1.65	+1.84	M1 IIIa
3	β	CrB	5747	15 28 43.0	+29 01 58	vdb	3.66	+0.32	+0.37	F0p Cr Eu
52	ν^1	Boo	5763	15 31 42.1	+40 45 38		5.04	+1.59	+1.71	K4.5 IIIb Ba 0.5
4	θ	CrB	5778	15 33 47.8	+31 17 15	dm	4.14	−0.13	−0.12	B6 Vnn
	κ^1	Aps	5730	15 33 54.2	−73 27 41	d	5.40	−0.15	−0.14	B1pne
37		Lib	5777	15 35 21.4	−10 08 12		4.61	+1.00	+1.02	K1 III–IV
5	α	CrB	5793	15 35 35.9	+26 38 36	bn41	2.22	+0.03	+0.05	A0 IV
13	δ	Ser	5789	15 35 49.9	+10 28 06	cdm	3.80	+0.27	+0.30	F0 III–IV + F0 IIIb
	γ	Lup	5776	15 36 34.9	−41 14 14	dvbm	2.80	−0.22	−0.22	B2 IVn
38	γ	Lib	5787	15 36 43.9	−14 51 35	d	3.91	+1.01	+1.02	G8.5 III
			5784	15 37 41.0	−44 28 02		5.44	+1.50	+1.49	K4/5 III
39	υ	Lib	5794	15 38 20.1	−28 12 17	d	3.60	+1.36	+1.36	K3.5 III
54	ϕ	Boo	5823	15 38 36.0	+40 17 04		5.25	+0.89	+0.89	G7 III–IV Fe−2

Designation		BS=HR No.	Right Ascension	Declination	Notes	V	B–V	V–I	Spectral Type
			h m s	° ′ ″					
	ε TrA	5771	15 38 42.8	−66 23 13	d	4.11	+1.16	+1.12	K1/2 III
	ω Lup	5797	15 39 30.6	−42 38 10	db	4.34	+1.41	+1.42	K4.5 III
40	τ Lib	5812	15 39 58.9	−29 50 49	b	3.66	−0.18	−0.18	B2.5 V
		5798	15 40 26.0	−52 26 30	d	5.43	+0.01	+0.03	B9 V
43	κ Lib	5838	15 43 11.4	−19 44 49	db	4.75	+1.57	+1.74	M0⁻ IIIb
16	ζ UMi	5903	15 43 20.1	+77 43 39		4.29	+0.04	+0.05	A2 III–IVn
8	γ CrB	5849	15 43 38.8	+26 13 43	dm	3.81	+0.02	+0.04	A0 IV comp.?
24	α Ser	5854	15 45 19.7	+06 21 34	d	2.63	+1.17	+1.09	K2 IIIb CN 1
		5886	15 47 00.0	+62 32 01		5.19	+0.06	+0.07	A2 IV
28	β Ser	5867	15 47 10.9	+15 21 21	d	3.65	+0.07	+0.09	A2 IV
27	λ Ser	5868	15 47 29.3	+07 17 13	b	4.42	+0.60	+0.66	G0⁻ V
35	κ Ser	5879	15 49 42.5	+18 04 35		4.09	+1.62	+1.73	M0.5 IIIab
10	δ CrB	5889	15 50 29.8	+26 00 13	s	4.59	+0.79	+0.82	G5 III–IV Fe−1
32	μ Ser	5881	15 50 44.6	−03 29 41	db	3.54	−0.04	−0.03	A0 III
37	ε Ser	5892	15 51 53.4	+04 24 52		3.71	+0.15	+0.13	A5m
11	κ CrB	5901	15 52 02.6	+35 35 30	sd	4.79	+1.00	+0.97	K1 IVa
5	χ Lup	5883	15 52 19.8	−33 41 27	b	3.97	−0.05	−0.05	B9p Hg
1	χ Her	5914	15 53 25.2	+42 23 32		4.60	+0.56	+0.63	F8 V Fe−2 Hδ−1
45	λ Lib	5902	15 54 35.2	−20 13 47	b	5.04	−0.01	−0.03	B2.5 V
46	θ Lib	5908	15 55 03.2	−16 47 27		4.13	+1.00	+1.02	G9 IIIb
	β TrA	5897	15 57 03.4	−63 29 41	d	2.83	+0.32	+0.36	F0 IV
41	γ Ser	5933	15 57 26.9	+15 35 34	d	3.85	+0.48	+0.54	F6 V
5	ρ Sco	5928	15 58 13.0	−29 16 31	db	3.87	−0.20	−0.18	B2 IV–V
	CL Dra	5960	15 58 18.2	+54 41 23	b	4.96	+0.27	+0.29	F0 IV
13	ε CrB	5947	15 58 28.7	+26 49 00	sd	4.14	+1.23	+1.17	K2 IIIab
48 FX	Lib	5941	15 59 23.8	−14 20 23	b	4.95	−0.08	−0.06	B5 IIIpe (shell)
6	π Sco	5944	16 00 09.4	−26 10 28	cvdb	2.89	−0.18	−0.18	B1 V + B2 V
	T CrB	5958	16 00 24.2	+25 51 37	vdb	10.08	+1.34	+2.06	gM3: + Bep
		5943	16 00 58.5	−41 48 15		4.99	+0.99	+0.97	K0 II/III
49	Lib	5954	16 01 32.2	−16 35 43	db	5.47	+0.52	+0.52	F8 V
	η Lup	5948	16 01 33.2	−38 27 23	d	3.42	−0.21	−0.23	B2.5 IVn
7	δ Sco	5953	16 01 36.5	−22 40 53	dbm	2.29	−0.12	−0.09	B0.3 IV
13	θ Dra	5986	16 02 17.7	+58 30 30	b	4.01	+0.53	+0.55	F8 IV–V
8 β¹	Sco	5984	16 06 41.4	−19 51 46	db	2.56	−0.07	−0.04	B0.5 V
8 β²	Sco	5985	16 06 41.7	−19 51 32	sd	4.90	−0.02	0.00	B2 V
	θ Lup	5987	16 08 00.6	−36 51 32		4.22	−0.18	−0.19	B2.5 Vn
	δ Nor	5980	16 08 01.1	−45 13 46		4.73	+0.23	+0.20	A7m
9 ω¹	Sco	5993	16 08 04.1	−20 43 33	s	3.93	−0.05	+0.01	B1 V
10 ω²	Sco	5997	16 08 40.2	−20 55 31		4.31	+0.83	+0.85	G4 II–III
7	κ Her	6008	16 09 02.8	+16 59 28	d	5.00	+0.93	+0.93	G5 III
11	φ Her	6023	16 09 26.9	+44 52 46	vb	4.23	−0.05	−0.02	B9p Hg Mn
16	τ CrB	6018	16 09 45.5	+36 26 15	db	4.73	+1.02	+1.00	K1⁻ III–IV
19	UMi	6079	16 10 14.4	+75 49 21		5.48	−0.09	−0.07	B8 V
14	ν Sco	6027	16 13 14.9	−19 30 54	dbm	4.00	+0.08	+0.14	B2 IVp
	κ Nor	6024	16 15 11.1	−54 41 02	d	4.95	+1.02	+0.99	G8 III
1	δ Oph	6056	16 15 28.5	−03 44 53	d	2.73	+1.58	+1.82	M0.5 III
21	η UMi	6116	16 16 54.1	+75 42 18	d	4.95	+0.39	+0.46	F5 V
	δ TrA	6030	16 17 24.7	−63 44 17	d	3.86	+1.11	+1.03	G2 Ib–IIa
2	ε Oph	6075	16 19 27.7	−04 44 36	d	3.23	+0.97	+0.96	G9.5 IIIb Fe−0.5
22	τ Her	6092	16 20 23.3	+46 15 47	vd	3.91	−0.15	−0.19	B5 IV

Designation		BS=HR No.	Right Ascension	Declination	Notes	V	B–V	V–I	Spectral Type
			h m s	° ′ ″					
		6077	16 20 54.6	−30 57 25	db	5.53	+0.47	+0.54	F6 III
γ^2	Nor	6072	16 21 27.4	−50 12 22	d	4.01	+1.08	+1.03	K1$^+$ III
20 σ	Sco	6084	16 22 29.9	−25 38 33	vdbm	2.90	+0.30	+0.31	B1 III
20 γ	Her	6095	16 22 52.2	+19 06 14	db	3.74	+0.30	+0.34	A9 IIIbn
50 σ	Ser	6093	16 23 09.8	+00 58 48		4.82	+0.34	+0.39	F1 IV−V
δ^1	Aps	6020	16 23 37.9	−78 44 44	d	4.68	+1.68	+2.67	M4 IIIa
14 η	Dra	6132	16 24 17.2	+61 27 57	db	2.73	+0.91	+0.84	G8$^-$ IIIab
4 ψ	Oph	6104	16 25 21.9	−20 05 09		4.48	+1.00	+0.99	K0$^-$ II−III
24 ω	Her	6117	16 26 24.6	+13 59 07	vd	4.57	0.00	+0.02	B9p Cr
15	Dra	6161	16 27 57.1	+68 43 18		4.94	−0.05	+0.02	B9.5 III
7 χ	Oph	6118	16 28 16.4	−18 30 12	b	4.22	+0.22	+0.24	B1.5 Ve
ϵ	Nor	6115	16 28 46.1	−47 36 06	db	4.46	−0.07	−0.04	B4 V
21 α	Sco	6134	16 30 43.8	−26 28 40	vdbn42	1.06	+1.87	+2.90	M1.5 Iab−Ib
ζ	TrA	6098	16 30 48.4	−70 07 47	b	4.90	+0.56	+0.64	F9 V
27 β	Her	6148	16 31 08.7	+21 26 39	db	2.78	+0.95	+0.94	G7 IIIa Fe−0.5
10 λ	Oph	6149	16 32 00.0	+01 56 18	dbm	3.82	+0.02	+0.03	A1 IV
8 ϕ	Oph	6147	16 32 22.4	−16 39 28	d	4.29	+0.92	+0.89	G8$^+$ IIIa
		6143	16 32 47.5	−34 44 57		4.24	−0.17	−0.17	B2 III−IV
9 ω	Oph	6153	16 33 24.8	−21 30 38		4.45	+0.13	+0.12	Ap Sr Cr
35 σ	Her	6168	16 34 47.8	+42 23 38	db	4.20	−0.01	+0.02	A0 IIIn
γ	Aps	6102	16 36 49.0	−78 56 27	b	3.86	+0.92	+0.92	G8/K0 III
23 τ	Sco	6165	16 37 13.5	−28 15 32	s	2.82	−0.21	−0.24	B0 V
		6166	16 37 47.6	−35 17 51	b	4.18	+1.54	+1.72	K7 III
13 ζ	Oph	6175	16 38 20.7	−10 36 32		2.54	+0.04	+0.10	O9.5 Vn
42	Her	6200	16 39 19.9	+48 53 14	d	4.86	+1.56	+2.03	M3$^-$ IIIab
40 ζ	Her	6212	16 42 05.9	+31 33 53	dbm	2.81	+0.65	+0.70	G0 IV
		6196	16 42 49.1	−17 46 55		4.91	+1.10	+1.13	G7.5 II−III CN 1 Ba 0.5
44 η	Her	6220	16 43 38.1	+38 52 57	d	3.48	+0.92	+0.89	G7 III Fe−1
22 ϵ	UMi	6322	16 43 50.6	+81 59 56	vdb	4.21	+0.90	+0.91	G5 III
		6237	16 45 42.5	+56 44 39	db	4.84	+0.38	+0.44	F2 V$^+$
β	Aps	6163	16 46 11.9	−77 33 30	d	4.23	+1.06	+1.04	K0 III
α	TrA	6217	16 50 57.6	−69 03 50	n43	1.91	+1.45	+1.45	K2 IIb−IIIa
20	Oph	6243	16 51 01.5	−10 49 09	b	4.64	+0.48	+0.55	F7 III
26 ϵ	Sco	6241	16 51 33.6	−34 19 49		2.29	+1.14	+1.10	K2 III
η	Ara	6229	16 51 39.1	−59 04 38	d	3.77	+1.56	+1.67	K5 III
51	Her	6270	16 52 38.8	+24 37 18		5.03	+1.25	+1.11	K0.5 IIIa Ca 0.5
μ^1	Sco	6247	16 53 19.9	−38 04 56	vb	3.00	−0.20	−0.20	B1.5 IVn
53	Her	6279	16 53 47.0	+31 40 02	d	5.34	+0.32	+0.37	F2 V
μ^2	Sco	6252	16 53 47.8	−38 03 08		3.56	−0.21	−0.21	B2 IV
25 ι	Oph	6281	16 55 01.6	+10 07 53	b	4.39	−0.09	−0.13	B8 V
ζ^2	Sco	6271	16 56 06.0	−42 23 46		3.62	+1.39	+1.37	K3.5 IIIb
27 κ	Oph	6299	16 58 41.2	+09 20 35	as	3.19	+1.16	+1.10	K2 III
ζ	Ara	6285	17 00 24.4	−56 01 18		3.12	+1.55	+1.60	K4 III
58 ϵ	Her	6324	17 01 06.8	+30 53 45	db	3.92	−0.02	−0.04	A0 IV$^+$
ϵ^1	Ara	6295	17 01 18.2	−53 11 28		4.06	+1.45	+1.42	K4 IIIab
30	Oph	6318	17 02 11.7	−04 15 12	d	4.82	+1.48	+1.49	K4 III
59	Her	6332	17 02 24.0	+33 32 18		5.27	+0.03	+0.04	A3 IV−Vs
60	Her	6355	17 06 22.6	+12 42 46	d	4.89	+0.13	+0.11	A4 IV
22 ζ	Dra	6396	17 08 51.2	+65 41 18	d	3.17	−0.12	−0.14	B6 III
35 η	Oph	6378	17 11 36.8	−15 44 59	dbmn44	2.43	+0.06	+0.06	A2 Va$^+$ (Sr)

Designation		BS=HR No.	Right Ascension	Declination	Notes	V	B–V	V–I	Spectral Type
			h m s	° ′ ″					
	η Sco	6380	17 13 41.8	−43 15 55		3.32	+0.44	+0.47	F2 V:p (Cr)
64	α¹ Her	6406	17 15 37.7	+14 22 02	vsdm	2.78	+1.16	+1.13	M5 Ib−II
67	π Her	6418	17 15 47.8	+36 47 10		3.16	+1.44	+1.31	K3 II
65	δ Her	6410	17 15 55.0	+24 48 55	db	3.12	+0.08	+0.06	A1 Vann
	v656 Her	6452	17 21 15.8	+18 02 11		5.01	+1.65	+1.90	M1⁺ IIIab
72	Her	6458	17 21 27.9	+32 26 29	d	5.38	+0.62	+0.70	G0 V
53	ν Ser	6446	17 22 02.3	−12 52 01	d	4.32	+0.04	+0.07	A1.5 IV
40	ξ Oph	6445	17 22 17.8	−21 08 03	d	4.39	+0.39	+0.47	F2 V
42	θ Oph	6453	17 23 19.9	−25 01 09	dvb	3.27	−0.19	−0.21	B2 IV
	ι Aps	6411	17 24 30.5	−70 08 32	dm	5.39	−0.04	−0.02	B8/9 Vn
23	δ UMi	6789	17 25 23.3	+86 34 14		4.35	+0.02	+0.04	A1 Van
	β Ara	6461	17 27 05.5	−55 32 51		2.84	+1.48	+1.50	K3 Ib−IIa
	γ Ara	6462	17 27 12.5	−56 23 43	d	3.31	−0.15	−0.12	B1 Ib
49	σ Oph	6498	17 27 34.9	+04 07 24	s	4.34	+1.48	+1.44	K2 II
44	Oph	6486	17 27 41.1	−24 11 35		4.16	+0.28	+0.30	A9m:
		6493	17 27 46.4	−05 06 14	b	4.53	+0.39	+0.46	F2 V
45	Oph	6492	17 28 43.8	−29 53 04		4.28	+0.40	+0.45	δ Del
23	β Dra	6536	17 30 55.2	+52 17 10	sd	2.79	+0.95	+0.93	G2 Ib−IIa
76	λ Her	6526	17 31 36.5	+26 05 45		4.41	+1.43	+1.39	K3.5 III
27	Dra	6566	17 31 52.9	+68 07 16	db	5.07	+1.08	+1.04	G9 IIIb
34	υ Sco	6508	17 32 13.7	−37 18 39	b	2.70	−0.18	−0.23	B2 IV
24	ν¹ Dra	6554	17 32 36.1	+55 10 13	b	4.89	+0.25	+0.28	A7m
25	ν² Dra	6555	17 32 41.5	+55 09 32	db	4.86	+0.28	+0.30	A7m
	δ Ara	6500	17 33 02.7	−60 41 56	d	3.60	−0.10	−0.10	B8 Vn
	α Ara	6510	17 33 30.4	−49 53 27	db	2.84	−0.14	−0.15	B2 Vne
35	λ Sco	6527	17 35 04.2	−37 07 03	vdbn45	1.62	−0.23	−0.24	B1.5 IV
55	α Oph	6556	17 35 56.0	+12 32 45	bn46	2.08	+0.16	+0.17	A5 Vnn
28	ω Dra	6596	17 36 49.7	+68 44 52	db	4.77	+0.43	+0.49	F4 V
		6546	17 38 01.8	−38 38 54		4.26	+1.08	+1.09	G8/K0 III/IV
55	ξ Ser	6561	17 38 49.1	−15 24 37	db	3.54	+0.26	+0.29	F0 IIIb
	θ Sco	6553	17 38 51.9	−43 00 33	m	1.86	+0.41	+0.48	F1 III
85	ι Her	6588	17 40 04.4	+45 59 45	svdb	3.82	−0.18	−0.21	B3 IV
31	ψ Dra	6636	17 41 33.7	+72 08 16	d	4.57	+0.43	+0.50	F5 V
56	o Ser	6581	17 42 37.4	−12 53 06	b	4.24	+0.09	+0.10	A2 Va
	κ Sco	6580	17 43 58.6	−39 02 20	vb	2.39	−0.17	−0.22	B1.5 III
84	Her	6608	17 44 14.5	+24 19 11	s	5.73	+0.68	+0.74	G2 IIIb
60	β Oph	6603	17 44 32.1	+04 33 36		2.76	+1.17	+1.10	K2 III CN 0.5
58	Oph	6595	17 44 43.2	−21 41 30		4.86	+0.47	+0.54	F7 V:
	μ Ara	6585	17 45 51.3	−51 50 35		5.12	+0.69	+0.71	G5 V
86	μ Her	6623	17 47 18.1	+27 42 34	asd	3.42	+0.75	+0.71	G5 IV
	η Pav	6582	17 47 50.8	−64 43 52		3.61	+1.16	+1.09	K1 IIIa CN 1
35	Dra	6701	17 48 29.5	+76 57 31		5.02	+0.52	+0.59	F7 IV
3	X Sgr	6616	17 48 54.9	−27 50 13	v	4.53	+0.60	+0.76	F3 II
62	γ Oph	6629	17 48 58.3	+02 42 03	b	3.75	+0.04	+0.05	A0 Van
	ι¹ Sco	6615	17 49 05.4	−40 07 59	sdb	2.99	+0.51	+0.64	F2 Ia
		6630	17 51 19.3	−37 02 53	d	3.19	+1.19	+1.15	K2 III
32	ξ Dra	6688	17 53 54.1	+56 52 11	d	3.73	+1.18	+1.11	K2 III
89 v441	Her	6685	17 56 17.3	+26 02 52	svb	5.47	+0.34	+0.41	F2 Ibp
91	θ Her	6695	17 56 59.5	+37 14 56		3.86	+1.35	+1.17	K1 IIa CN 2
33	γ Dra	6705	17 57 06.4	+51 29 14	asdn47	2.24	+1.52	+1.54	K5 III

Designation	BS=HR No.	Right Ascension	Declination	Notes	V	B–V	V–I	Spectral Type
		h m s	° ′ ″					
92 ξ Her	6703	17 58 36.0	+29 14 49	v	3.70	+0.94	+0.89	G8.5 III
94 ν Her	6707	17 59 19.6	+30 11 19	dm	4.41	+0.38	+0.51	F2m
64 ν Oph	6698	18 00 12.6	−09 46 28		3.32	+0.99	+0.95	G9 IIIa
93 Her	6713	18 01 00.9	+16 45 04		4.67	+1.25	+1.12	K0.5 IIb
67 Oph	6714	18 01 43.4	+02 55 56	sd	3.93	+0.03	+0.10	B5 Ib
68 Oph	6723	18 02 50.7	+01 18 22	dbm	4.42	+0.05	+0.06	A0.5 Van
W Sgr	6742	18 06 23.6	−29 34 38	vdb	4.66	+0.77	+0.81	G0 Ib/II
70 Oph	6752	18 06 32.3	+02 29 51	dvbm	4.03	+0.86	+0.96	K0⁻ V
10 γ Sgr	6746	18 07 11.4	−30 25 18	b	2.98	+0.98	+0.99	K0⁺ III
	6791	18 08 07.6	+43 27 56	sb	5.00	+0.91	+0.91	G8 III CN−1 CH−3
θ Ara	6743	18 08 18.3	−50 05 15		3.65	−0.10	−0.06	B2 Ib
72 Oph	6771	18 08 22.2	+09 34 06	db	3.71	+0.16	+0.18	A5 IV–V
103 o Her	6779	18 08 22.9	+28 46 00	db	3.84	−0.02	−0.02	A0 II–III
102 Her	6787	18 09 40.7	+20 49 10	d	4.37	−0.16	−0.19	B2 IV
π Pav	6745	18 10 39.0	−63 39 53	b	4.33	+0.23	+0.23	A7p Sr
ε Tel	6783	18 12 49.5	−45 56 54	d	4.52	+1.01	+0.95	K0 III
36 Dra	6850	18 14 01.3	+64 24 17	d	4.99	+0.44	+0.51	F5 V
13 μ Sgr	6812	18 15 03.0	−21 03 05	db	3.84	+0.20	+0.21	B9 Ia
	6819	18 18 56.1	−56 00 50	b	5.36	−0.05	−0.01	B3 IIIpe
η Sgr	6832	18 19 04.9	−36 45 11	d	3.10	+1.58	+2.24	M3.5 IIIab
43 φ Dra	6920	18 20 26.8	+71 20 56	vdbm	4.22	−0.09	−0.11	A0p Si
1 κ Lyr	6872	18 20 37.0	+36 04 31		4.33	+1.16	+1.10	K2⁻ IIIab CN 0.5
44 χ Dra	6927	18 20 40.0	+72 44 30	db	3.55	+0.49	+0.62	F7 V
74 Oph	6866	18 21 56.5	+03 23 18	d	4.85	+0.91	+0.90	G8 III
19 δ Sgr	6859	18 22 22.2	−29 49 01	d	2.72	+1.38	+1.35	K2.5 IIIa CN 0.5
58 η Ser	6869	18 22 25.4	−02 53 30	d	3.23	+0.94	+0.96	K0 III–IV
109 Her	6895	18 24 36.9	+21 46 51	sd	3.85	+1.17	+1.13	K2 IIIab
ξ Pav	6855	18 25 12.3	−61 28 53	db	4.35	+1.46	+1.50	K4 III
20 ε Sgr	6879	18 25 35.9	−34 22 21	dn48	1.79	−0.03	+0.01	A0 II⁻n (shell)
α Tel	6897	18 28 34.0	−45 57 16		3.49	−0.18	−0.18	B3 IV
22 λ Sgr	6913	18 29 17.8	−25 24 28		2.82	+1.03	+1.04	K1 IIIb
γ Sct	6930	18 30 25.4	−14 33 01		4.67	+0.08	+0.10	A2 III⁻
ζ Tel	6905	18 30 29.1	−49 03 23		4.10	+1.00	+1.02	G8/K0 III
60 Ser	6935	18 30 48.1	−01 58 11	b	5.38	+0.96	+0.95	K0 III
θ CrA	6951	18 35 02.2	−42 17 41		4.62	+0.99	+0.95	G8 III
α Sct	6973	18 36 22.6	−08 13 38		3.85	+1.32	+1.28	K3 III
	6985	18 37 29.4	+09 08 27	b	5.38	+0.39	+0.45	F5 IIIs
3 α Lyr	7001	18 37 40.0	+38 48 17	asdn49	0.03	0.00	−0.01	A0 Va
δ Sct	7020	18 43 27.0	−09 01 49	vdb	4.70	+0.36	+0.40	F2 III (str. met.)
ε Sct	7032	18 44 41.5	−08 15 08	d	4.88	+1.11	+1.07	G8 IIb
6 ζ¹ Lyr	7056	18 45 30.8	+37 37 43	db	4.34	+0.19	+0.18	A5m
ζ Pav	6982	18 45 32.1	−71 24 22	d	4.01	+1.13	+1.14	K0 III
50 Dra	7124	18 45 39.9	+75 27 30	b	5.37	+0.05	+0.06	A1 Vn
110 Her	7061	18 46 35.3	+20 34 06	d	4.19	+0.48	+0.55	F6 V
	7064	18 46 56.5	+26 41 11		4.83	+1.20	+1.16	K2 III
27 φ Sgr	7039	18 46 59.9	−26 58 00	b	3.17	−0.11	−0.10	B8 III
111 Her	7069	18 47 58.3	+18 12 25	db	4.34	+0.15	+0.16	A3 Va⁺
β Sct	7063	18 48 18.9	−04 43 24	b	4.22	+1.09	+1.09	G4 IIa
R Sct	7066	18 48 37.8	−05 40 50	vs	5.38	+1.28	+1.42	K0 Ib:p Ca−1
η¹ CrA	7062	18 50 23.4	−43 39 16		5.46	+0.13	+0.15	A2 Vn

Designation	BS=HR No.	Right Ascension	Declination	Notes	V	B–V	V–I	Spectral Type
		h m s	° ′ ″					
10 β Lyr	7106	18 50 52.4	+33 23 20	cvdb	3.52	0.00	+0.02	B7 Vpe (shell)
47 o Dra	7125	18 51 31.1	+59 24 54	dvb	4.63	+1.19	+1.20	G9 III Fe−0.5
52 υ Dra	7180	18 54 07.6	+71 19 32	b	4.82	+1.15	+1.10	K0 III CN 0.5
λ Pav	7074	18 54 12.1	−62 09 36	d	4.22	−0.15	−0.14	B2 II–III
12 δ² Lyr	7139	18 55 15.4	+36 55 37	d	4.22	+1.58	+2.60	M4 II
13 R Lyr	7157	18 55 59.4	+43 58 31	vsb	4.08	+1.40	+3.14	M5 III (var)
34 σ Sgr	7121	18 56 35.8	−26 16 05	dn50	2.05	−0.13	−0.13	B3 IV
63 θ¹ Ser	7141	18 57 17.3	+04 13 59	d	4.62	+0.16	+0.20	A5 V
37 ξ² Sgr	7150	18 59 00.7	−21 04 36		3.52	+1.15	+1.09	K1 III
κ Pav	7107	18 59 09.3	−67 12 12	v	4.40	+0.53	+0.59	F5 I–II
14 γ Lyr	7178	18 59 44.9	+32 43 13	d	3.25	−0.05	−0.03	B9 II
λ Tel	7134	19 00 10.7	−52 54 29	b	4.85	−0.05	−0.03	A0 III⁺
13 ε Aql	7176	19 00 35.9	+15 05 56	db	4.02	+1.08	+1.00	K1⁻ III CN 0.5
12 Aql	7193	19 02 49.7	−05 42 26		4.02	+1.08	+1.08	K1 III
38 ζ Sgr	7194	19 03 58.7	−29 50 51	dbm	2.60	+0.06	+0.06	A2 IV–V
39 o Sgr	7217	19 05 58.2	−21 42 29	d	3.76	+1.01	+0.98	G9 IIIb
17 ζ Aql	7235	19 06 23.9	+13 53 49	db	2.99	+0.01	−0.01	A0 Vann
χ Oct	6721	19 06 50.9	−87 34 31		5.29	+1.30	+1.26	K3 III
16 λ Aql	7236	19 07 23.4	−04 50 55		3.43	−0.10	−0.09	A0 IVp (wk 4481)
18 ι Lyr	7262	19 08 04.2	+36 08 06	d	5.25	−0.11	−0.09	B6 IV
40 τ Sgr	7234	19 08 16.8	−27 38 14	b	3.32	+1.17	+1.15	K1.5 IIIb
α CrA	7254	19 10 55.9	−37 52 08		4.11	+0.04	+0.03	A2 IVn
41 π Sgr	7264	19 11 02.5	−20 59 16	d	2.88	+0.38	+0.44	F2 II–III
β CrA	7259	19 11 30.3	−39 18 17		4.10	+1.16	+1.11	K0 II
57 δ Dra	7310	19 12 33.3	+67 41 58	d	3.07	+0.99	+0.94	G9 III
20 Aql	7279	19 13 50.6	−07 54 07		5.35	+0.09	+0.11	B3 V
20 η Lyr	7298	19 14 29.4	+39 11 02	db	4.43	−0.15	−0.19	B2.5 IV
60 τ Dra	7352	19 15 07.5	+73 23 41	b	4.45	+1.26	+1.15	K2⁺ IIIb CN 1
21 θ Lyr	7314	19 17 06.9	+38 10 23	d	4.35	+1.26	+1.13	K0 II
1 κ Cyg	7328	19 17 35.9	+53 24 32	b	3.80	+0.95	+0.85	G9 III
25 ω¹ Aql	7315	19 18 49.5	+11 38 08		5.28	+0.20	+0.21	F0 IV
43 Sgr	7304	19 18 53.5	−18 54 46		4.88	+1.01	+0.99	G8 II–III
44 ρ¹ Sgr	7340	19 22 55.1	−17 48 18		3.92	+0.23	+0.25	F0 III–IV
46 υ Sgr	7342	19 22 57.4	−15 54 47	b	4.52	+0.08	+0.34	Apep
β¹ Sgr	7337	19 24 10.7	−44 24 59	d	3.96	−0.09	−0.07	B8 V
β² Sgr	7343	19 24 46.0	−44 45 26		4.27	+0.35	+0.42	F0 IV
α Sgr	7348	19 25 22.3	−40 34 24	b	3.96	−0.11	−0.10	B8 V
31 Aql	7373	19 25 59.7	+11 59 31	d	5.17	+0.76	+0.75	G7 IV Hδ 1
30 δ Aql	7377	19 26 34.9	+03 09 33	db	3.36	+0.32	+0.38	F2 IV–V
6 α Vul	7405	19 29 36.0	+24 42 35	d	4.44	+1.50	+1.68	M0.5 IIIb
10 ι² Cyg	7420	19 30 14.9	+51 46 35		3.76	+0.15	+0.18	A4 V
6 β Cyg	7417	19 31 35.3	+28 00 22	cdm	3.05	+1.09	+1.05	K3 II + B9.5 V
36 Aql	7414	19 31 47.3	−02 44 33		5.03	+1.77	+2.29	M1 IIIab
61 σ Dra	7462	19 32 18.8	+69 41 52	asd	4.67	+0.79	+0.85	K0 V
8 Cyg	7426	19 32 34.3	+34 29 59		4.74	−0.15	−0.12	B3 IV
38 μ Aql	7429	19 35 08.4	+07 25 34	d	4.45	+1.18	+1.14	K3⁻ IIIb Fe 0.5
ι Tel	7424	19 36 48.3	−48 03 03		4.88	+1.10	+1.06	K0 III
13 θ Cyg	7469	19 37 01.1	+50 16 18	d	4.49	+0.40	+0.44	F4 V
41 ι Aql	7447	19 37 50.0	−01 14 15	d	4.36	−0.08	−0.06	B5 III
52 Sgr	7440	19 38 00.8	−24 50 04	d	4.59	−0.08	−0.06	B8/9 V

Designation			BS=HR No.	Right Ascension	Declination	Notes	V	B–V	V–I	Spectral Type
				h m s	° ′ ″					
39	κ	Aql	7446	19 38 02.8	−06 58 41		4.93	−0.05	+0.03	B0.5 IIIn
5	α	Sge	7479	19 41 03.5	+18 03 53	d	4.39	+0.78	+0.77	G1 II
			7495	19 41 30.0	+45 34 36	sd	5.06	+0.43	+0.49	F5 II–III
54		Sgr	7476	19 41 57.2	−16 14 32	d	5.30	+1.11	+1.14	K2 III
6	β	Sge	7488	19 42 00.9	+17 31 38		4.39	+1.04	+0.96	G8 IIIa CN 0.5
16		Cyg	7503	19 42 23.2	+50 34 32	sd	5.99	+0.64	+0.61	G1.5 Vb
16		Cyg	7504	19 42 26.3	+50 34 05	s	6.25	+0.66	+0.61	G3 V
55		Sgr	7489	19 43 44.8	−16 04 19	b	5.06	+0.32	+0.37	F0 IVn:
10		Vul	7506	19 44 36.6	+25 49 29		5.50	+0.94	+0.93	G8 III
15		Cyg	7517	19 45 03.2	+37 24 26		4.89	+0.95	+0.94	G8 III
18	δ	Cyg	7528	19 45 38.8	+45 11 03	dbm	2.86	0.00	−0.02	B9.5 III
50	γ	Aql	7525	19 47 16.9	+10 40 01	d	2.72	+1.51	+1.44	K3 II
56		Sgr	7515	19 47 36.9	−19 42 28		4.87	+1.06	+1.03	K0+ III
63	ε	Dra	7582	19 48 05.4	+70 19 21	dbm	3.84	+0.89	+0.88	G7 IIIb Fe−1
7	δ	Sge	7536	19 48 20.8	+18 35 19	cdbm	3.68	+1.31	+1.27	M2 II + A0 V
	ν	Tel	7510	19 49 45.9	−56 18 31		5.33	+0.20	+0.21	A9 Vn
	χ	Cyg	7564	19 51 23.5	+32 58 10	vd	7.91	+2.10	+6.13	S6+/1e
53	α	Aql	7557	19 51 49.9	+08 55 35	dvn51	0.76	+0.22	+0.27	A7 Vnn
51		Aql	7553	19 51 57.7	−10 42 27	d	5.38	+0.40	+0.47	F0 V
			7589	19 52 37.9	+47 05 01	s	5.60	−0.08	0.00	O9.5 Iab
	v3961	Sgr	7552	19 53 17.9	−39 49 05	svb	5.32	−0.05	−0.02	A0p Si Cr Eu
9		Sge	7574	19 53 19.3	+18 43 42	sb	6.24	−0.03	−0.01	O8 If
55	η	Aql	7570	19 53 34.0	+01 03 44	vb	3.87	+0.63	+0.73	F6–G1 Ib
	v1291	Aql	7575	19 54 26.2	−03 03 26	s	5.63	+0.23	+0.26	A5p Sr Cr Eu
60	β	Aql	7602	19 56 22.1	+06 27 43	ad	3.71	+0.86	+0.89	G8 IV
	ι	Sgr	7581	19 56 44.3	−41 48 36		4.12	+1.06	+1.09	G8 III
21	η	Cyg	7615	19 57 06.8	+35 08 30	d	3.89	+1.02	+0.98	K0 III
61		Sgr	7614	19 59 10.1	−15 25 58		5.01	+0.06	+0.05	A3 Va
12	γ	Sge	7635	19 59 42.8	+19 33 06	s	3.51	+1.57	+1.65	M0− III
	θ¹	Sgr	7623	20 01 07.9	−35 12 59	db	4.37	−0.15	−0.15	B2.5 IV
15	NT	Vul	7653	20 01 59.2	+27 48 51	b	4.66	+0.18	+0.19	A7m
	ε	Pav	7590	20 03 02.5	−72 51 02		3.97	−0.03	−0.04	A0 Va
62 v3872		Sgr	7650	20 03 58.6	−27 38 54		4.43	+1.64	+2.50	M4.5 III
1	κ	Cep	7750	20 08 07.6	+77 46 31	dm	4.38	−0.05	−0.06	B9 III
	ξ	Tel	7673	20 09 01.4	−52 49 02	b	4.93	+1.59	+1.83	M1 IIab
28 v1624		Cyg	7708	20 10 13.6	+36 54 14	b	4.93	−0.14	−0.13	B2.5 V
	δ	Pav	7665	20 10 48.9	−66 07 29		3.55	+0.75	+0.76	G6/8 IV
65	θ	Aql	7710	20 12 24.8	−00 45 23	db	3.24	−0.07	−0.06	B9.5 III+
33		Cyg	7740	20 13 53.8	+56 38 03	b	4.28	+0.11	+0.14	A3 IVn
31	o¹	Cyg	7735	20 14 18.5	+46 48 27	cvdb	3.80	+1.27	+1.15	K2 II + B4 V
67	ρ	Aql	7724	20 15 16.3	+15 15 52	b	4.94	+0.07	+0.09	A1 Va
32	o²	Cyg	7751	20 16 08.2	+47 46 52	cvdb	3.96	+1.45	+1.45	K3 II + B9: V
24		Vul	7753	20 17 42.3	+24 44 18		5.30	+0.95	+0.94	G8 III
34	P	Cyg	7763	20 18 34.8	+38 06 03	vs	4.77	+0.38	+0.44	B1pe
5	α¹	Cap	7747	20 18 50.2	−12 26 25	dbm	4.30	+0.93	+1.05	G3 Ib
6	α²	Cap	7754	20 19 14.7	−12 28 36	db	3.58	+0.88	+0.92	G9 III
9	β	Cap	7776	20 22 13.0	−14 42 43	cdb	3.05	+0.79	+0.90	K0 II: + A5n: V:
37	γ	Cyg	7796	20 23 00.0	+40 19 35	asd	2.23	+0.67	+0.65	F8 Ib
			7794	20 24 14.6	+05 24 47		5.30	+0.98	+0.96	G8 III–IV
39		Cyg	7806	20 24 43.2	+32 15 38	s	4.43	+1.33	+1.31	K2.5 III Fe−0.5

Designation			BS=HR No.	Right Ascension	Declination	Notes	V	B–V	V–I	Spectral Type
				h m s	° ′ ″					
	α	Pav	7790	20 27 20.1	−56 39 51	dbn52	1.94	−0.12	−0.10	B2.5 V
2	θ	Cep	7850	20 29 56.3	+63 04 00	b	4.21	+0.20	+0.20	A7m
41		Cyg	7834	20 30 16.5	+30 26 29		4.01	+0.40	+0.46	F5 II
69		Aql	7831	20 30 46.4	−02 48 46		4.91	+1.16	+1.12	K2 III
73	AF	Dra	7879	20 31 12.0	+75 01 41	b	5.18	+0.10	+0.11	A0p Sr Cr Eu
2	ε	Del	7852	20 34 14.4	+11 22 39		4.03	−0.12	−0.10	B6 III
6	β	Del	7882	20 38 33.4	+14 40 15	dbm	3.64	+0.43	+0.50	F5 IV
	α	Ind	7869	20 39 04.2	−47 12 53	d	3.11	+1.00	+0.98	K0 III CN−1
71		Aql	7884	20 39 26.8	−01 01 43	db	4.31	+0.95	+0.91	G7.5 IIIa
29		Vul	7891	20 39 29.0	+21 16 40		4.81	−0.03	−0.01	A0 Va (shell)
7	κ	Del	7896	20 40 10.4	+10 09 47	d	5.07	+0.70	+0.75	G2 IV
9	α	Del	7906	20 40 38.2	+15 59 21	dbm	3.77	−0.06	−0.01	B9 IV
15	υ	Cap	7900	20 41 16.2	−18 03 42		5.15	+1.65	+2.02	M1 III
49		Cyg	7921	20 41 54.8	+32 23 05	sdbm	5.53	+0.87	+0.88	G8 IIb
50	α	Cyg	7924	20 42 09.9	+45 21 29	asdbn53	1.25	+0.09	+0.16	A2 Ia
11	δ	Del	7928	20 44 27.8	+15 09 10	vb	4.43	+0.30	+0.34	F0m
	η	Ind	7920	20 45 36.4	−51 50 33		4.51	+0.28	+0.30	A9 IV
3	η	Cep	7957	20 45 43.4	+61 55 22	d	3.41	+0.91	+0.94	K0 IV
			7955	20 45 53.1	+57 39 27	db	4.52	+0.54	+0.58	F8 IV–V
52		Cyg	7942	20 46 33.1	+30 47 57	d	4.22	+1.05	+1.01	K0 IIIa
	β	Pav	7913	20 46 52.2	−66 07 26		3.42	+0.16	+0.20	A6 IV⁻
53	ε	Cyg	7949	20 47 04.9	+34 03 06	adb	2.48	+1.02	+1.00	K0 III
16	ψ	Cap	7936	20 47 21.9	−25 11 32		4.13	+0.43	+0.49	F4 V
12	γ²	Del	7948	20 47 39.4	+16 12 10	dm	4.27	+1.04	+1.03	K1 IV
54	λ	Cyg	7963	20 48 14.9	+36 34 14	dbm	4.53	−0.08	−0.12	B6 IV
2	ε	Aqr	7950	20 48 50.3	−09 24 57		3.78	0.00	−0.01	A1 III⁻
3	EN	Aqr	7951	20 48 52.2	−04 56 52		4.43	+1.64	+2.21	M3 III
55 v1661		Cyg	7977	20 49 40.3	+46 11 41	sd	4.81	+0.57	+0.59	B2.5 Ia
	ι	Mic	7943	20 49 56.1	−43 54 31	d	5.11	+0.36	+0.42	F1 IV
18	ω	Cap	7980	20 53 06.0	−26 50 14		4.12	+1.63	+1.76	M0 III Ba 0.5
6	μ	Aqr	7990	20 53 48.7	−08 54 05	db	4.73	+0.33	+0.36	F2m
32		Vul	8008	20 55 28.7	+28 08 25		5.03	+1.48	+1.50	K4 III
	β	Ind	7986	20 56 28.4	−58 22 17	d	3.67	+1.25	+1.11	K1 II
			8023	20 57 20.3	+45 00 30	sb	5.96	+0.02	+0.04	O6 V
58	ν	Cyg	8028	20 57 58.6	+41 15 03	dbm	3.94	+0.03	+0.01	A0.5 IIIn
33		Vul	8032	20 59 14.1	+22 24 36		5.30	+1.42	+1.40	K3.5 III
59 v832		Cyg	8047	21 00 33.5	+47 36 20	dbm	4.74	−0.08	−0.06	B1.5 Vnne
20	AO	Cap	8033	21 00 49.2	−18 57 03	sv	6.26	−0.11	−0.09	B9psi
	γ	Mic	8039	21 02 36.3	−32 10 21	d	4.67	+0.89	+0.90	G8 III
	ζ	Mic	8048	21 04 20.0	−38 32 46		5.32	+0.42	+0.49	F3 V
62	ξ	Cyg	8079	21 05 42.9	+44 00 52	sb	3.72	+1.61	+1.63	K4.5 Ib–II
23	θ	Cap	8075	21 07 09.2	−17 08 46	b	4.08	−0.01	0.00	A1 Va⁺
	α	Oct	8021	21 07 14.8	−76 56 21	cvb	5.13	+0.49	+0.66	G2 III + A7 III
61 v1803		Cyg	8085	21 07 51.9	+38 51 22	asd	5.20	+1.07	+1.13	K5 V
61		Cyg	8086	21 07 53.1	+38 50 53	sd	6.05	+1.31	+1.27	K7 V
24		Cap	8080	21 08 22.9	−24 55 07	d	4.49	+1.60	+1.81	M1⁻ III
13	ν	Aqr	8093	21 10 45.8	−11 17 01		4.50	+0.93	+0.92	G8⁺ III
5	γ	Equ	8097	21 11 23.2	+10 13 09	dm	4.70	+0.26	+0.26	F0p Sr Eu
64	ζ	Cyg	8115	21 13 51.2	+30 18 57	sdb	3.21	+0.99	+0.97	G8⁺ III–IIIa Ba 0.5
			8110	21 14 33.5	−27 31 49		5.41	+1.43	+1.41	K5 III

Designation			BS=HR No.	Right Ascension	Declination	Notes	V	B–V	V–I	Spectral Type
				h m s	° ′ ″					
	o	Pav	8092	21 15 19.2	−70 02 12	b	5.06	+1.58	+2.03	M1/2 III
7	δ	Equ	8123	21 15 31.6	+10 05 42	dbm	4.47	+0.53	+0.57	F8 V
65	τ	Cyg	8130	21 15 39.1	+38 08 16	dbm	3.74	+0.39	+0.46	F2 V
8	α	Equ	8131	21 16 53.9	+05 20 16	cdb	3.92	+0.55	+0.62	G2 II–III + A4 V
67	σ	Cyg	8143	21 18 15.7	+39 29 08	b	4.22	+0.10	+0.25	B9 Iab
66	υ	Cyg	8146	21 18 48.2	+34 59 17	db	4.41	−0.10	−0.09	B2 Ve
5	α	Cep	8162	21 19 05.5	+62 40 38	d	2.45	+0.26	+0.26	A7 V+n
	ε	Mic	8135	21 19 14.2	−32 04 53		4.71	+0.07	+0.09	A1m A2 Va+
	θ	Ind	8140	21 21 23.1	−53 21 29	dm	4.39	+0.19	+0.21	A5 IV–V
	θ¹	Mic	8151	21 22 07.7	−40 43 02	dvm	4.80	+0.03	+0.07	Ap Cr Eu
1		Peg	8173	21 23 04.9	+19 53 51	db	4.08	+1.11	+1.05	K1 III
32	ι	Cap	8167	21 23 26.4	−16 44 31		4.28	+0.89	+0.89	G7 III Fe−1.5
18		Aqr	8187	21 25 21.8	−12 47 05	d	5.48	+0.30	+0.34	F0 V+
	σ	Oct	7228	21 26 18.7	−88 51 56	vn59	5.45	+0.28	+0.32	F0 III
69		Cyg	8209	21 26 39.8	+36 45 40	sd	5.93	+0.03	−0.12	B0 Ib
34	ζ	Cap	8204	21 27 53.4	−22 19 02	db	3.77	+1.00	+0.88	G4 Ib: Ba 2
	γ	Pav	8181	21 28 11.6	−65 16 02		4.21	+0.49	+0.61	F6 Vp
8	β	Cep	8238	21 28 55.7	+70 39 19	vdb	3.23	−0.20	−0.25	B1 III
36		Cap	8213	21 29 56.7	−21 42 45		4.50	+0.89	+0.89	G7 IIIb Fe−1
71		Cyg	8228	21 30 14.7	+46 38 10		5.22	+0.97	+0.95	K0− III
2		Peg	8225	21 30 55.4	+23 44 02	d	4.52	+1.62	+1.82	M1+ III
22	β	Aqr	8232	21 32 41.3	−05 28 32	asd	2.90	+0.83	+0.82	G0 Ib
73	ρ	Cyg	8252	21 34 47.5	+45 41 15		3.98	+0.89	+0.94	G8 III Fe−0.5
74		Cyg	8266	21 37 48.8	+40 30 39		5.04	+0.20	+0.22	A5 V
9 v337		Cep	8279	21 38 29.8	+62 10 46	as	4.76	+0.25	+0.38	B2 Ib
5		Peg	8267	21 38 45.8	+19 24 58		5.46	+0.32	+0.37	F0 V+
23	ξ	Aqr	8264	21 38 53.7	−07 45 25	db	4.68	+0.18	+0.19	A5 Vn
75		Cyg	8284	21 41 01.9	+43 22 20	sd	5.09	+1.60	+1.92	M1 IIIab
40	γ	Cap	8278	21 41 16.7	−16 33 51	b	3.69	+0.32	+0.32	A7m:
11		Cep	8317	21 42 13.7	+71 24 38		4.55	+1.11	+1.07	K0.5 III
	ν	Oct	8254	21 43 47.3	−77 17 34	b	3.73	+1.01	+0.98	K0 III
	μ	Cep	8316	21 44 10.0	+58 52 45	vasd	4.23	+2.24	+3.57	M2− Ia
8	ε	Peg	8308	21 45 14.5	+09 58 28	sdn54	2.38	+1.52	+1.42	K2 Ib–II
9		Peg	8313	21 45 31.8	+17 26 58	as	4.34	+1.16	+1.05	G5 Ib
10	κ	Peg	8315	21 45 37.3	+25 44 41	dbm	4.14	+0.43	+0.48	F5 IV
10	ν	Cep	8334	21 46 04.2	+61 13 14		4.25	+0.47	+0.73	A2 Ia
9	ι	PsA	8305	21 46 13.3	−32 55 36	db	4.35	−0.05	−0.05	A0 IV
81	π²	Cyg	8335	21 47 35.4	+49 24 35	dbm	4.23	−0.12	−0.13	B2.5 III
49	δ	Cap	8322	21 48 13.5	−16 01 44	vdb	2.85	+0.18	+0.35	F2m
14		Peg	8343	21 50 47.9	+30 16 30	b	5.07	+0.01	+0.03	A1 Vs
	o	Ind	8333	21 52 34.2	−69 31 41		5.52	+1.38	+1.35	K2/3 III
16		Peg	8356	21 54 02.6	+26 01 37	b	5.09	−0.16	−0.15	B3 V
51	μ	Cap	8351	21 54 28.0	−13 26 59		5.08	+0.38	+0.43	F2 V
	γ	Gru	8353	21 55 13.4	−37 15 46		3.00	−0.08	−0.10	B8 IV–Vs
13		Cep	8371	21 55 36.6	+56 42 49	s	5.74	+0.66	+1.00	B8 Ib
	δ	Ind	8368	21 59 22.0	−54 53 21	dm	4.40	+0.30	+0.35	F0 III–IVn
17	ξ	Cep	8417	22 04 24.9	+64 44 00	dbm	4.26	+0.38	+0.44	A7m:
	ε	Ind	8387	22 04 59.3	−56 41 47		4.69	+1.06	+1.15	K4/5 V
20		Cep	8426	22 05 39.8	+62 53 28		5.27	+1.41	+1.39	K4 III
19		Cep	8428	22 05 48.6	+62 23 05	sd	5.07	+0.24	+0.15	O9.5 Ib

Designation	BS=HR No.	Right Ascension	Declination	Notes	V	B−V	V−I	Spectral Type
		h m s	° ′ ″					
34 α Aqr	8414	22 06 53.2	−00 12 53	sd	2.95	+0.97	+0.92	G2 Ib
λ Gru	8411	22 07 24.2	−39 26 19		4.47	+1.35	+1.31	K3 III
33 ι Aqr	8418	22 07 35.7	−13 45 53	b	4.29	−0.08	−0.06	B9 IV−V
24 ι Peg	8430	22 08 00.8	+25 27 03	db	3.77	+0.44	+0.51	F5 V
α Gru	8425	22 09 34.7	−46 51 21	dn55	1.73	−0.07	−0.05	B7 Vn
14 μ PsA	8431	22 09 37.9	−32 52 58		4.50	+0.05	+0.06	A1 IVnn
24 Cep	8468	22 10 12.9	+72 26 51		4.79	+0.92	+0.91	G7 II−III
29 π Peg	8454	22 10 56.7	+33 17 04		4.28	+0.47	+0.52	F3 III
8546		22 11 03.7	+86 12 54	b	5.27	−0.03	−0.01	B9.5 Vn
26 θ Peg	8450	22 11 17.1	+06 18 16	b	3.52	+0.09	+0.09	A2m A1 IV−V
21 ζ Cep	8465	22 11 36.2	+58 18 28	b	3.39	+1.56	+1.58	K1.5 Ib
22 λ Cep	8469	22 12 14.5	+59 31 16	s	5.05	+0.19	+0.21	O6 If
8485		22 14 48.3	+39 49 20	dbm	4.50	+1.39	+1.36	K2.5 III
16 λ PsA	8478	22 15 31.6	−27 39 34		5.45	−0.12	−0.11	B8 III
23 ε Cep	8494	22 15 50.0	+57 09 05	db	4.18	+0.28	+0.33	A9 IV
1 Lac	8498	22 16 54.6	+37 51 23		4.14	+1.45	+1.33	K3⁻ II−III
43 θ Aqr	8499	22 17 58.0	−07 40 32		4.17	+0.98	+0.95	G9 III
α Tuc	8502	22 19 57.4	−60 09 05	b	2.87	+1.39	+1.37	K3 III
ε Oct	8481	22 22 19.1	−80 19 53		5.09	+1.28	+3.21	M6 III
31 IN Peg	8520	22 22 34.6	+12 18 51		4.82	−0.13	−0.16	B2 IV−V
48 γ Aqr	8518	22 22 45.9	−01 16 42	db	3.86	−0.06	−0.06	B9.5 III−IV
47 Aqr	8516	22 22 46.4	−21 29 23		5.12	+1.06	+1.02	K0 III
3 β Lac	8538	22 24 24.6	+52 20 14	d	4.42	+1.02	+1.03	G9 IIIb Ca 1
52 π Aqr	8539	22 26 22.5	+01 29 14		4.80	−0.17	−0.18	B1 Ve
δ Tuc	8540	22 28 50.3	−64 51 22	dm	4.51	−0.03	−0.01	B9.5 IVn
ν Gru	8552	22 29 54.4	−39 01 20	d	5.47	+0.96	+1.01	G8 III
55 ζ² Aqr	8559	22 29 56.3	+00 05 27	cdm	3.65	+0.41	+0.50	F2.5 IV−V
27 δ Cep	8571	22 29 58.4	+58 31 33	vdb	4.07	+0.78	+0.81	F5−G2 Ib
29 ρ² Cep	8591	22 30 03.2	+78 56 05	b	5.45	+0.09	+0.11	A3 V
5 Lac	8572	22 30 25.8	+47 49 03	cdb	4.34	+1.68	+1.90	M0 II + B8 V
δ¹ Gru	8556	22 30 32.8	−43 23 06	d	3.97	+1.02	+0.98	G6/8 III
δ² Gru	8560	22 31 02.0	−43 38 19	d	4.12	+1.57	+2.49	M4.5 IIIa
6 Lac	8579	22 31 25.2	+43 14 03	b	4.52	−0.09	−0.09	B2 IV
57 σ Aqr	8573	22 31 47.0	−10 34 02	dbm	4.82	−0.05	−0.04	A0 IV
7 α Lac	8585	22 32 10.9	+50 23 37	d	3.76	+0.03	+0.05	A1 Va
17 β PsA	8576	22 32 43.3	−32 14 07	d	4.29	+0.01	+0.03	A1 Va
59 υ Aqr	8592	22 35 52.0	−20 35 51		5.21	+0.45	+0.49	F5 V
31 Cep	8615	22 36 17.9	+73 45 18		5.08	+0.40	+0.46	F3 III−IV
62 η Aqr	8597	22 36 27.6	−00 00 22		4.04	−0.08	−0.07	B9 IV−V:n
63 κ Aqr	8610	22 38 52.1	−04 07 00	d	5.04	+1.14	+1.10	K1.5 IIIb CN 0.5
30 Cep	8627	22 39 25.1	+63 41 48	b	5.19	+0.08	+0.10	A3 IV
10 Lac	8622	22 40 13.8	+39 09 46	ad	4.89	−0.21	−0.23	O9 V
8626		22 40 32.9	+37 42 19	sd	6.03	+0.85	+0.87	G3 Ib−II: CN−1 CH 2 Fe−1
11 Lac	8632	22 41 27.7	+44 23 20		4.50	+1.32	+1.25	K2.5 III
18 ε PsA	8628	22 41 50.4	−26 55 51		4.18	−0.11	−0.07	B8 Ve
42 ζ Peg	8634	22 42 32.1	+10 56 39	d	3.41	−0.09	−0.06	B8.5 III
β Gru	8636	22 43 56.5	−46 46 18		2.07	+1.61	+2.60	M4.5 III
44 η Peg	8650	22 44 00.8	+30 20 03	cdb	2.93	+0.85	+0.87	G8 II + F0 V
13 Lac	8656	22 45 03.3	+41 55 57	d	5.11	+0.96	+0.95	K0 III
47 λ Peg	8667	22 47 34.1	+23 40 45		3.97	+1.07	+0.99	G8 IIIa CN 0.5

Designation			BS=HR No.	Right Ascension	Declination	Notes	V	B–V	V–I	Spectral Type
				h m s	° ′ ″					
46	ξ	Peg	8665	22 47 46.1	+12 17 01	d	4.20	+0.50	+0.60	F6 V
	β	Oct	8630	22 48 08.0	−81 16 05	b	4.13	+0.21	+0.24	A7 III–IV
68		Aqr	8670	22 48 42.2	−19 30 03		5.24	+0.94	+0.93	G8 III
	ε	Gru	8675	22 49 50.5	−51 12 12		3.49	+0.08	+0.10	A2 Va
32	ι	Cep	8694	22 50 27.1	+66 18 50	s	3.50	+1.05	+1.06	K0⁻ III
71	τ	Aqr	8679	22 50 43.7	−13 28 43	d	4.05	+1.57	+1.72	M0 III
48	μ	Peg	8684	22 51 02.6	+24 42 56	s	3.51	+0.93	+0.89	G8⁺ III
			8685	22 52 15.2	−39 02 33		5.43	+1.44	+1.44	K3 III
22	γ	PsA	8695	22 53 42.9	−32 45 40	dm	4.46	−0.04	−0.01	A0m A1 III–IV
73	λ	Aqr	8698	22 53 44.1	−07 27 53		3.73	+1.63	+2.07	M2.5 III Fe−0.5
			8748	22 54 09.6	+84 27 40		4.70	+1.42	+1.38	K4 III
76	δ	Aqr	8709	22 55 47.3	−15 42 22		3.27	+0.07	+0.08	A3 IV–V
23	δ	PsA	8720	22 57 08.0	−32 25 28	d	4.20	+0.95	+0.96	G8 III
			8726	22 57 22.9	+49 50 55	s	4.99	+1.78	+1.87	K5 Ib
24	α	PsA	8728	22 58 50.0	−29 30 28	an56	1.17	+0.15	+0.16	A3 Va
			8732	22 59 46.5	−35 24 30	s	6.15	+0.58	+0.62	F8 III–IV
	v509	Cas	8752	23 00 59.9	+57 03 40	s	5.10	+1.01	+0.99	G4v 0
	ζ	Gru	8747	23 02 08.3	−52 38 18	b	4.11	+0.96	+1.01	G8/K0 III
1	o	And	8762	23 02 54.9	+42 26 31	dbm	3.62	−0.10	−0.05	B6pe (shell)
	π	PsA	8767	23 04 40.9	−34 37 58	b	5.12	+0.31	+0.37	F0 V:
53	β	Peg	8775	23 04 49.2	+28 11 59	d	2.44	+1.66	+2.31	M2.5 II–III
4	β	Psc	8773	23 04 58.3	+03 56 10		4.48	−0.12	−0.09	B6 Ve
54	α	Peg	8781	23 05 50.0	+15 19 17	bn57	2.49	0.00	0.00	A0 III–IV
86		Aqr	8789	23 07 49.9	−23 37 36	dm	4.48	+0.89	+0.92	G6 IIIb
	θ	Gru	8787	23 08 04.9	−43 24 14	dm	4.28	+0.42	+0.44	F5 (II–III)m
55		Peg	8795	23 08 05.3	+09 31 34		4.54	+1.56	+1.79	M1 IIIab
33	π	Cep	8819	23 08 35.2	+75 30 14	dbm	4.41	+0.80	+0.84	G2 III
88		Aqr	8812	23 10 35.4	−21 03 19		3.68	+1.20	+1.16	K1.5 III
	ι	Gru	8820	23 11 34.1	−45 07 48	b	3.88	+1.00	+0.95	K1 III
59		Peg	8826	23 12 49.4	+08 50 14		5.15	+0.14	+0.15	A3 Van
90	φ	Aqr	8834	23 15 26.1	−05 55 58		4.22	+1.55	+1.89	M1.5 III
91	ψ¹	Aqr	8841	23 17 01.0	−08 58 13	d	4.24	+1.11	+1.06	K1⁻ III Fe−0.5
6	γ	Psc	8852	23 18 16.8	+03 24 00	s	3.70	+0.92	+0.97	G9 III: Fe−2
	γ	Tuc	8848	23 18 40.2	−58 07 03		3.99	+0.41	+0.50	F2 V
93	ψ²	Aqr	8858	23 19 01.2	−09 03 53		4.41	−0.14	−0.14	B5 Vn
	γ	Scl	8863	23 19 58.8	−32 24 53		4.41	+1.11	+1.08	K1 III
95	ψ³	Aqr	8865	23 20 04.7	−09 29 35	d	4.99	−0.02	0.00	A0 Va
62	τ	Peg	8880	23 21 42.3	+23 51 30	v	4.58	+0.18	+0.23	A5 V
98		Aqr	8892	23 24 05.8	−19 58 59		3.96	+1.08	+1.10	K1 III
4		Cas	8904	23 25 48.2	+62 24 04	d	4.96	+1.68	+1.94	M2⁻ IIIab
68	υ	Peg	8905	23 26 27.4	+23 31 22	s	4.42	+0.62	+0.67	F8 III
99		Aqr	8906	23 27 10.4	−20 31 26		4.38	+1.46	+1.52	K4.5 III
8	κ	Psc	8911	23 28 02.1	+01 22 25	d	4.95	+0.04	+0.01	A0p Cr Sr
10	θ	Psc	8916	23 29 03.6	+06 29 50		4.27	+1.06	+1.03	K0.5 III
70		Peg	8923	23 30 14.6	+12 52 46		4.54	+0.94	+0.93	G8 IIIa
	τ	Oct	8862	23 30 35.6	−87 21 49		5.50	+1.28	+1.24	K2 III
			8924	23 30 38.7	−04 24 56	s	6.26	+1.12	+1.04	K3⁻ IIIb Fe 2
	β	Scl	8937	23 34 07.1	−37 41 57		4.38	−0.10	−0.09	B9.5p Hg Mn
			8952	23 35 55.9	+71 45 40	s	5.86	+1.68	+1.71	G9 Ib
	ι	Phe	8949	23 36 13.6	−42 29 46	d	4.69	+0.08	+0.10	Ap Sr

Designation			BS=HR No.	Right Ascension	Declination	Notes	V	B–V	V–I	Spectral Type
				h m s	° ′ ″					
16	λ	And	8961	23 38 37.4	+46 34 29	vdb	3.81	+0.98	+0.96	G8 III–IV
			8959	23 39 00.0	−45 22 24	b	4.74	+0.08	+0.08	A1/2 V
17	ι	And	8965	23 39 11.9	+43 23 14	b	4.29	−0.08	−0.06	B8 V
35	γ	Cep	8974	23 40 15.0	+77 45 08	as	3.21	+1.03	+0.99	K1 III–IV CN 1
17	ι	Psc	8969	23 41 03.5	+05 44 35	d	4.13	+0.51	+0.59	F7 V
19	κ	And	8976	23 41 28.4	+44 27 11	d	4.15	−0.07	−0.06	B8 IVn
	μ	Scl	8975	23 41 45.6	−31 57 15		5.30	+0.97	+0.95	K0 III
18	λ	Psc	8984	23 43 08.7	+01 53 54	b	4.49	+0.20	+0.22	A6 IV⁻
105	ω²	Aqr	8988	23 43 50.1	−14 25 33	db	4.49	−0.03	−0.04	B9.5 IV
106		Aqr	8998	23 45 18.9	−18 09 27		5.24	−0.08	−0.06	B9 Vn
20	ψ	And	9003	23 47 06.4	+46 32 23	dm	4.97	+1.09	+1.05	G3 Ib–II
			9013	23 48 57.4	+67 55 35	b	5.05	+0.01	+0.03	A1 Vn
20		Psc	9012	23 49 02.9	−02 38 31	d	5.49	+0.94	+0.96	gG8
	δ	Scl	9016	23 50 02.5	−28 00 41	d	4.59	0.00	−0.01	A0 Va⁺n
81	φ	Peg	9036	23 53 35.1	+19 14 23		5.06	+1.59	+2.09	M3⁻ IIIb
82 HT		Peg	9039	23 53 43.0	+11 04 01		5.30	+0.19	+0.20	A4 Vn
7	ρ	Cas	9045	23 55 28.1	+57 37 08		4.51	+1.19	+1.15	G2 0 (var)
84	ψ	Peg	9064	23 58 51.5	+25 15 39	d	4.63	+1.58	+2.21	M3 III
27		Psc	9067	23 59 46.4	−03 26 12	db	4.88	+0.93	+0.92	G9 III

Notes to Table

a   anchor point for the MK system
b   spectroscopic binary
c   composite or combined spectrum
d   double star given in Washington Double Star Catalog
m   magnitude and color refer to combined light of two or more stars
n   navigational star followed by its star number in *The Nautical Almanac*
o   orbital position generated using FK5 center-of-mass position and proper motion
s   MK standard star
v   variable star

 A searchable version of this table appears on *The Astronomical Almanac Online*.

 These data or auxiliary material may also be found on *The Astronomical Almanac Online* at **https://asa.hmnao.com** and **https://aa.usno.navy.mil/publications/asa.html**

BS=HR No.	WDS No.	Right Ascension	Declination	Discoverer Designation	Epoch[1]	P.A.	Separation	V of primary[2]	Δm_V
		h m s	° ′ ″			°	″		
126	00315−6257	00 32 31.2	−62 50 24	LCL 119 AC	2016	168	27.3	4.28	0.23
154	00369+3343	00 38 02.1	+33 50 15	H 5 17 AB	2018	174	35.8	4.36	2.72
361	01137+0735	01 14 51.4	+07 41 18	STF 100 AB	2018	64	22.8	5.22	0.93
382	01201+5814	01 21 27.1	+58 20 38	H 3 23 AC	2014	235	132.8	5.07	1.97
531	01496−1041	01 50 38.5	−10 34 51	ENG 8	2012	250	192.9	4.69	2.12
596	02020+0246	02 03 09.7	+02 52 00	STF 202 AB	2021.5	259	1.8	4.10	1.07
603	02039+4220	02 05 13.7	+42 25 55	STF 205 A,BC	2016	63	9.4	2.31	2.71
681	02193−0259	02 20 26.1	−02 52 52	H 6 1 AC	2021.5	69	123.3	6.65	2.94
897	02583−4018	02 59 04.6	−40 13 10	PZ 2	2017	91	8.4	3.20	0.92
1279	04077+1510	04 08 55.2	+15 13 07	STF 495	2015	224	3.8	6.11	2.66
1387	04254+2218	04 26 39.3	+22 20 29	STF 541 AB	2016	174	339.4	4.22	1.07
1412	04287+1552	04 29 53.6	+15 55 01	STFA 10	2016	339	347.9	3.41	0.53
1497	04422+2257	04 43 32.3	+22 59 47	S 455 AB	2017	214	62.5	4.24	2.78
1856	05302−4705	05 30 45.0	−47 03 47	DUN 21 AD	2009	272	198.3	5.52	1.16
1879	05351+0956	05 36 19.4	+09 56 48	STF 738 AB	2017	45	4.5	3.51	1.94
1931	05387−0236	05 39 49.6	−02 35 21	STF 762 AB,D	2018	84	12.9	3.73	2.83
1931	05387−0236	05 39 49.6	−02 35 21	STF 762 AB,E	2018	62	41.5	3.73	2.61
1983	05445−2227	05 45 21.6	−22 26 34	H 6 40 AB	2012	350	95.0	3.64	2.64
2298	06238+0436	06 24 54.5	+04 34 49	STF 900 AB	2017	29	12.0	4.42	2.22
2736	07087−7030	07 08 33.5	−70 32 01	DUN 42	2015	298	14.3	3.86	1.57
2891	07346+3153	07 35 57.8	+31 50 19	STF1110 AB	2021.5	51	5.5	1.93	1.04
3223	08079−6837	08 07 59.5	−68 40 49	RMK 7	2010	23	6.0	4.38	2.93
3207	08095−4720	08 10 11.7	−47 24 03	DUN 65 AB	2009	221	40.3	1.79	2.35
3315	08252−2403	08 25 59.5	−24 07 01	S 568	2010	90	42.7	5.48	2.95
3475	08467+2846	08 47 59.6	+28 40 47	STF1268	2016	308	31.3	4.13	1.86
3582	08570−5914	08 57 29.9	−59 18 46	DUN 74	2010	76	40.1	4.87	1.71
3890	09471−6504	09 47 38.3	−65 10 20	RMK 11	2015	128	5.1	3.02	2.98
4031	10167+2325	10 17 52.9	+23 18 34	STFA 18	2012	338	334.8	3.46	2.57
4057	10200+1950	10 21 09.3	+19 43 55	STF1424 AB	2021.5	127	4.7	2.37	1.30
4180	10393−5536	10 40 10.0	−55 42 56	DUN 95 AB	2015	106	51.8	4.38	1.68
4191	10435+4612	10 44 48.2	+46 05 25	SMA 75 AB	2018	88	288.0	5.21	2.14
4203	10459+3041	10 47 03.3	+30 34 07	S 612 AB	2015	174	196.2	5.34	2.44
4203	10459+3041	10 47 03.3	+30 34 07	ARN 3 AC	2013	94	424.6	5.34	2.97
4257	10535−5851	10 54 22.4	−58 58 04	DUN 102 AB	2000	204	159.4	3.88	2.35
4259	10556+2445	10 56 46.4	+24 38 04	STF1487	2017	113	6.6	4.48	1.82
4369	11170−0708	11 18 03.6	−07 15 08	BU 600 AC	2021.5	99	52.8	6.15	2.07
4418	11279+0251	11 29 02.6	+02 44 16	STFA 19 AB	2021.5	183	88.3	5.05	2.42
4621	12084−5043	12 09 28.9	−50 50 31	JC 2 AB	1999	325	269.1	2.51	1.91
4730	12266−6306	12 27 48.6	−63 13 05	DUN 252 AB	2016	112	4.2	1.25	0.30
4792	12351+1823	12 36 12.4	+18 15 32	STF1657	2018	271	20.2	5.11	1.22
4898	12546−5711	12 55 52.3	−57 17 39	DUN 126 AB	2018	17	35.2	3.94	1.01
4915	12560+3819	12 57 01.8	+38 12 10	STF1692	2017	229	19.3	2.85	2.67
4993	13152−6754	13 16 44.0	−68 00 28	DUN 131 AC	2002	332	58.4	4.76	2.48
5035	13226−6059	13 24 02.4	−61 06 01	DUN 133 AB,C	2016	346	60.4	4.51	1.66
5054	13239+5456	13 24 47.3	+54 48 49	STF1744 AB	2017	153	14.4	2.23	1.65
5054	13239+5456	13 24 47.3	+54 48 49	STF1744 AC	2017	72	707.7	2.23	1.78
5085	13288+5956	13 29 14.3	+59 50 07	S 649 CA	2014	111	182.2	5.46	2.73
5171	13472−6235	13 48 42.1	−62 41 47	COO 157 AB	1998	318	9.3	7.19	2.71
5350	14162+5122	14 16 55.6	+51 16 07	STFA 26 AB	2017	33	38.9	4.76	2.63
5460	14396−6050	14 41 04.5	−60 55 21	RHD 1 AB	2021.5	355	6.4	−0.01*	1.34

BS=HR No.	WDS No.	Right Ascension	Declination	Discoverer Designation	Epoch[1]	P.A.	Separation	V of primary[2]	Δm_V
		h m s	° ′ ″		°		″		
5459	14396−6050	14 41 04.5	−60 55 27	RHD 1 BA	2021.5	175	6.4	1.33*	1.34
5506	14450+2704	14 45 55.6	+26 59 04	STF1877 AB	2018	344	2.9	2.58	2.23
5531	14509−1603	14 52 04.3	−16 07 48	SHJ 186 AB	2012	314	231.1	2.74	2.45
5646	15119−4844	15 13 26.4	−48 49 05	DUN 177	2015	143	26.3	3.83	1.69
5683	15185−4753	15 20 02.4	−47 57 10	DUN 180 AC	2016	128	23.2	4.99	1.35
5733	15245+3723	15 25 18.2	+37 18 10	STFA 28 AB	2017	171	108.2	4.33	2.76
5789	15348+1032	15 35 49.9	+10 28 06	STF1954 AB	2021.5	171	4.0	4.17	0.99
5984	16054−1948	16 06 41.4	−19 51 46	H 3 7 AC	2018	20	13.6	2.59	1.93
5985	16054−1948	16 06 41.7	−19 51 32	H 3 7 CA	2016	200	13.6	4.52	1.93
6008	16081+1703	16 09 02.8	+16 59 28	STF2010 AB	2021.5	14	27.0	5.10	1.11
6027	16120−1928	16 13 14.9	−19 30 54	H 5 6 AC	2018	337	41.4	4.21	2.39
6077	16195−3054	16 20 54.6	−30 57 25	BSO 12	2015	318	23.5	5.55	1.33
6020	16203−7842	16 23 37.9	−78 44 44	BSO 22 AB	2010	10	103.0	4.90	0.51
6115	16272−4733	16 28 46.1	−47 36 06	HJ 4853	2016	334	22.9	4.51	1.61
6406	17146+1423	17 15 37.7	+14 22 02	STF2140 AB	2021.5	102	4.6	3.48	1.92
6555	17322+5511	17 32 41.5	+55 09 32	STFA 35	2017	311	62.1	4.87	0.03
6636	17419+7209	17 41 33.7	+72 08 16	STF2241 AB	2021.5	17	29.5	4.60	0.99
6752	18055+0230	18 06 32.3	+02 29 51	STF2272 AB	2021.5	121	6.7	4.22	1.95
7056	18448+3736	18 45 30.8	+37 37 43	STFA 38 AD	2018	150	43.7	4.34	1.28
7141	18562+0412	18 57 17.3	+04 13 59	STF2417 AB	2018	104	22.5	4.59	0.34
7405	19287+2440	19 29 36.0	+24 42 35	STFA 42	2021.5	28	428.1	4.61	1.32
7417	19307+2758	19 31 35.3	+28 00 22	STFA 43 AB	2018	55	34.7	3.19	1.49
7476	19407−1618	19 41 57.2	−16 14 32	HJ 599 AC	2018	42	45.3	5.42	2.23
7503	19418+5032	19 42 23.2	+50 34 32	STFA 46 AB	2021.5	133	39.8	6.00	0.23
7582	19482+7016	19 48 05.4	+70 19 21	STF2603	2017	21	3.2	4.01	2.86
7735	20136+4644	20 14 18.5	+46 48 27	STFA 50 AD	2016	322	336.7	3.93	0.90
7754	20181−1233	20 19 14.7	−12 28 36	STFA 51 AE	2012	290	381.2	3.67	0.67
7776	20210−1447	20 22 13.0	−14 42 43	STFA 52 AB	2012	267	205.4	3.15	2.93
7948	20467+1607	20 47 39.4	+16 12 10	STF2727	2021.5	265	8.8	4.36	0.67
8085	21069+3845	21 07 51.9	+38 51 22	STF2758 AB	2021.5	153	31.9	5.20	0.85
8086	21069+3845	21 07 53.1	+38 50 53	STF2758 BA	2021.5	333	31.9	6.05	0.85
8097	21103+1008	21 11 23.2	+10 13 09	STFA 54 AD	2015	152	335.2	4.70	1.36
8140	21199−5327	21 21 23.1	−53 21 29	HJ 5258	2021.5	269	7.5	4.50	2.43
8417	22038+6438	22 04 24.9	+64 44 00	STF2863 AB	2021.5	273	8.5	4.45	1.95
8559	22288−0001	22 29 56.3	+00 05 27	STF2909	2021.5	154	2.3	4.34	0.15
8571	22292+5825	22 29 58.4	+58 31 33	STFA 58 AC	2018	192	40.7	4.21	1.90
8576	22315−3221	22 32 43.3	−32 14 07	PZ 7	2009	172	30.6	4.28	2.84

Notes to Table

[1] Epoch represents the date of position angle and separation data. Data for Epoch 2021.5 are calculated; data for all other epochs represent the most recent measurement. In the latter cases, the system configuration at 2021.5 is not expected to be significantly different.

[2] Visual magnitudes are Tycho V except where indicated by *; in those cases, the magnitudes are Hipparcos V. Primary is not necessarily the brighter object, but is the object used as the origin of the measurements for the pair.

Name	Right Ascension	Declination	V	B–V	U–B	V–R	R–I	V–I
	h m s	° ′ ″						
TPhe I	00 31 06.7	−46 21 03	14.820	+0.764	+0.338	+0.422	+0.395	+0.817
TPhe A	00 31 11.7	−46 24 22	14.651	+0.793	+0.380	+0.435	+0.405	+0.841
TPhe H	00 31 11.8	−46 20 17	14.942	+0.740	+0.225	+0.425	+0.425	+0.851
TPhe B	00 31 18.4	−46 20 52	12.334	+0.405	+0.156	+0.262	+0.271	+0.535
TPhe C	00 31 19.0	−46 25 15	14.376	−0.298	−1.217	−0.148	−0.211	−0.360
TPhe D	00 31 20.4	−46 24 13	13.118	+1.551	+1.871	+0.849	+0.810	+1.663
TPhe E	00 31 21.9	−46 17 29	11.631	+0.443	−0.103	+0.276	+0.283	+0.564
TPhe J	00 31 25.1	−46 16 49	13.434	+1.465	+1.229	+0.980	+1.063	+2.043
TPhe F	00 31 52.0	−46 26 17	12.475	+0.853	+0.534	+0.492	+0.437	+0.929
TPhe K	00 31 58.3	−46 16 19	12.935	+0.806	+0.402	+0.473	+0.429	+0.909
TPhe G	00 32 06.3	−46 15 44	10.447	+1.545	+1.910	+0.934	+1.086	+2.025
PG0029+024	00 32 48.5	+02 44 50	15.268	+0.362	−0.184	+0.251	+0.337	+0.593
HD 2892	00 33 18.4	+01 18 24	9.360	+1.322	+1.414	+0.692	+0.628	+1.321
BD −15 115	00 39 25.1	−14 52 49	10.885	−0.199	−0.838	−0.095	−0.110	−0.204
PG0039+049	00 43 12.7	+05 16 27	12.877	−0.019	−0.871	+0.067	+0.097	+0.164
BD −11 162	00 53 19.9	−10 32 47	11.184	−0.082	−1.115	+0.051	+0.092	+0.145
SA 92 309	00 54 20.3	+00 53 01	13.842	+0.513	−0.024	+0.326	+0.325	+0.652
SA 92 312	00 54 22.7	+00 55 28	10.598	+1.636	+1.992	+0.898	+0.906	+1.806
SA 92 322	00 54 53.2	+00 54 33	12.676	+0.528	−0.002	+0.302	+0.305	+0.608
SA 92 245	00 55 22.4	+00 46 54	13.818	+1.418	+1.189	+0.929	+0.907	+1.836
SA 92 248	00 55 37.0	+00 47 16	15.346	+1.128	+1.289	+0.690	+0.553	+1.245
SA 92 249	00 55 39.8	+00 48 04	14.325	+0.699	+0.240	+0.399	+0.370	+0.770
SA 92 250	00 55 43.4	+00 45 56	13.178	+0.814	+0.480	+0.446	+0.394	+0.840
SA 92 330	00 55 49.6	+00 50 24	15.073	+0.568	−0.115	+0.331	+0.334	+0.666
SA 92 252	00 55 53.4	+00 46 23	14.932	+0.517	−0.140	+0.326	+0.332	+0.666
SA 92 253	00 55 57.6	+00 47 17	14.085	+1.131	+0.955	+0.719	+0.616	+1.337
SA 92 335	00 56 04.5	+00 50 59	12.523	+0.672	+0.208	+0.380	+0.338	+0.719
SA 92 339	00 56 09.5	+00 51 09	15.579	+0.449	−0.177	+0.306	+0.339	+0.645
SA 92 342	00 56 16.1	+00 50 11	11.615	+0.435	−0.037	+0.265	+0.271	+0.537
SA 92 188	00 56 16.6	+00 30 07	14.751	+1.050	+0.751	+0.679	+0.573	+1.254
SA 92 409	00 56 17.9	+01 02 53	10.627	+1.138	+1.136	+0.734	+0.625	+1.361
SA 92 410	00 56 20.5	+01 08 49	14.984	+0.398	−0.134	+0.239	+0.242	+0.484
SA 92 412	00 56 21.9	+01 08 52	15.036	+0.457	−0.152	+0.285	+0.304	+0.589
SA 92 259	00 56 27.8	+00 47 29	14.997	+0.642	+0.108	+0.370	+0.452	+0.821
SA 92 345	00 56 30.0	+00 58 05	15.216	+0.745	+0.121	+0.465	+0.476	+0.941
SA 92 347	00 56 32.3	+00 57 47	15.752	+0.543	−0.097	+0.339	+0.318	+0.658
SA 92 348	00 56 35.7	+00 51 31	12.109	+0.598	+0.056	+0.345	+0.341	+0.688
SA 92 417	00 56 38.5	+01 00 05	15.922	+0.477	−0.185	+0.351	+0.305	+0.657
SA 92 260	00 56 39.1	+00 45 21	15.071	+1.162	+1.115	+0.719	+0.608	+1.328
SA 92 263	00 56 45.6	+00 43 17	11.782	+1.046	+0.844	+0.562	+0.521	+1.083
SA 92 497	00 57 00.6	+01 18 40	13.642	+0.729	+0.257	+0.404	+0.378	+0.783
SA 92 498	00 57 02.8	+01 17 39	14.408	+1.010	+0.794	+0.648	+0.531	+1.181
SA 92 500	00 57 04.3	+01 17 23	15.841	+1.003	+0.211	+0.738	+0.599	+1.338
SA 92 425	00 57 04.4	+00 59 56	13.941	+1.191	+1.173	+0.755	+0.627	+1.384
SA 92 426	00 57 05.9	+00 59 52	14.466	+0.729	+0.184	+0.412	+0.396	+0.809
SA 92 501	00 57 06.4	+01 17 49	12.958	+0.610	+0.068	+0.345	+0.331	+0.677
SA 92 355	00 57 11.9	+00 57 44	14.965	+1.164	+1.201	+0.759	+0.645	+1.406
SA 92 427	00 57 12.9	+01 07 19	14.953	+0.809	+0.352	+0.462	+2.922	+3.275
SA 92 502	00 57 14.4	+01 11 23	11.812	+0.486	−0.095	+0.284	+0.292	+0.576
SA 92 430	00 57 21.4	+01 00 16	14.440	+0.567	−0.040	+0.338	+0.338	+0.676

Name	Right Ascension	Declination	V	B–V	U–B	V–R	R–I	V–I
	h m s	o ′ ″						
SA 92 276	00 57 32.8	+00 48 47	12.036	+0.629	+0.067	+0.368	+0.357	+0.726
SA 92 282	00 57 53.0	+00 45 27	12.969	+0.318	−0.038	+0.201	+0.221	+0.422
SA 92 507	00 57 57.1	+01 12 57	11.332	+0.932	+0.688	+0.507	+0.461	+0.969
SA 92 508	00 57 57.5	+01 16 31	11.679	+0.529	−0.047	+0.318	+0.320	+0.639
SA 92 364	00 57 58.5	+00 50 49	11.673	+0.607	−0.037	+0.356	+0.357	+0.714
SA 92 433	00 58 00.0	+01 07 38	11.667	+0.655	+0.110	+0.367	+0.348	+0.716
SA 92 288	00 58 23.2	+00 43 46	11.631	+0.858	+0.472	+0.491	+0.441	+0.932
Feige 11	01 05 28.4	+04 20 30	12.065	−0.239	−0.988	−0.118	−0.142	−0.259
Feige 11A	01 05 34.7	+04 18 50	14.475	+0.841	+0.454	+0.479	+0.426	+0.907
Feige 11B	01 05 35.1	+04 18 19	13.784	+0.747	+0.234	+0.437	+0.412	+0.849
Feige 16	01 55 39.1	−06 39 42	12.405	−0.008	+0.013	−0.007	+0.002	−0.004
SA 93 407	01 55 43.6	+01 00 05	11.971	+0.852	+0.564	+0.487	+0.421	+0.908
SA 93 317	01 55 44.0	+00 49 18	11.546	+0.488	−0.053	+0.293	+0.299	+0.592
SA 93 333	01 56 11.6	+00 52 00	12.009	+0.833	+0.436	+0.469	+0.422	+0.892
SA 93 424	01 56 32.7	+01 02 59	11.619	+1.083	+0.929	+0.553	+0.501	+1.056
G3–33	02 01 20.8	+13 08 41	12.298	+1.802	+1.306	+1.355	+1.752	+3.103
PG0220+132B	02 24 44.0	+13 33 52	14.216	+0.937	+0.319	+0.562	+0.496	+1.058
PG0220+132	02 24 48.6	+13 33 23	14.760	−0.132	−0.922	−0.050	−0.120	−0.170
PG0220+132A	02 24 50.2	+13 33 18	15.771	+0.783	−0.339	+0.514	+0.481	+0.995
Feige 22	02 31 24.5	+05 21 31	12.798	−0.052	−0.809	−0.103	−0.105	−0.206
PG0231+051E	02 34 36.7	+05 25 25	13.809	+0.677	+0.207	+0.383	+0.369	+0.752
PG0231+051D	02 34 41.9	+05 25 07	14.031	+1.077	+1.026	+0.671	+0.584	+1.252
PG0231+051A	02 34 47.8	+05 23 17	12.768	+0.711	+0.271	+0.405	+0.388	+0.794
PG0231+051	02 34 49.2	+05 24 20	16.096	−0.320	−1.214	−0.144	−0.373	−0.502
PG0231+051B	02 34 53.3	+05 23 10	14.732	+1.437	+1.279	+0.951	+0.991	+1.933
PG0231+051C	02 34 55.9	+05 26 02	13.707	+0.678	+0.078	+0.396	+0.385	+0.783
Feige 24	02 36 15.0	+03 49 32	12.412	−0.203	−1.182	+0.087	+0.361	+0.444
Feige 24A	02 36 23.9	+03 48 52	13.822	+0.525	+0.034	+0.314	+0.319	+0.635
Feige 24B	02 36 25.7	+03 48 15	13.546	+0.668	+0.188	+0.382	+0.367	+0.749
Feige 24C	02 36 33.6	+03 47 25	11.761	+1.133	+1.007	+0.598	+0.535	+1.127
SA 94 171	02 54 45.1	+00 22 31	12.659	+0.817	+0.304	+0.480	+0.483	+0.964
SA 94 296	02 56 26.3	+00 33 21	12.255	+0.750	+0.235	+0.415	+0.387	+0.803
SA 94 394	02 57 20.6	+00 40 20	12.273	+0.545	−0.047	+0.344	+0.330	+0.676
SA 94 401	02 57 37.1	+00 45 15	14.293	+0.638	+0.098	+0.389	+0.369	+0.759
SA 94 242	02 58 27.4	+00 23 46	11.725	+0.303	+0.110	+0.176	+0.184	+0.362
BD −2 524	02 58 45.1	−01 54 42	10.304	−0.111	−0.621	−0.048	−0.060	−0.108
SA 94 251	02 58 53.2	+00 21 09	11.204	+1.219	+1.281	+0.659	+0.586	+1.245
SA 94 702	02 59 19.9	+01 16 01	11.597	+1.416	+1.617	+0.757	+0.675	+1.431
GD 50	03 49 56.0	−00 54 43	14.063	−0.276	−1.191	−0.147	−0.180	−0.325
SA 95 15	03 53 46.4	−00 01 37	11.302	+0.712	+0.157	+0.424	+0.385	+0.809
SA 95 16	03 53 46.7	−00 01 20	14.313	+1.306	+1.322	+0.796	+0.676	+1.472
SA 95 301	03 53 47.5	+00 35 08	11.216	+1.293	+1.298	+0.692	+0.620	+1.311
SA 95 302	03 53 48.6	+00 35 03	11.694	+0.825	+0.447	+0.471	+0.420	+0.891
SA 95 96	03 54 00.3	+00 04 05	10.010	+0.147	+0.077	+0.079	+0.095	+0.174
SA 95 97	03 54 03.6	+00 03 26	14.818	+0.906	+0.380	+0.522	+0.546	+1.068
SA 95 98	03 54 06.3	+00 06 33	14.448	+1.181	+1.092	+0.723	+0.620	+1.342
SA 95 100	03 54 06.9	+00 04 02	15.633	+0.791	+0.051	+0.538	+0.421	+0.961
SA 95 101	03 54 10.2	+00 06 34	12.677	+0.778	+0.263	+0.436	+0.426	+0.863
SA 95 102	03 54 13.7	+00 04 56	15.622	+1.001	+0.162	+0.448	+0.618	+1.065
SA 95 252	03 54 17.0	+00 31 08	15.394	+1.452	+1.178	+0.816	+0.747	+1.566

Name	Right Ascension	Declination	V	B–V	U–B	V–R	R–I	V–I
	h m s	o ′ ″						
SA 95 190	03 54 19.5	+00 20 08	12.627	+0.287	+0.236	+0.195	+0.220	+0.415
SA 95 193	03 54 26.9	+00 20 20	14.338	+1.211	+1.239	+0.748	+0.616	+1.366
SA 95 105	03 54 27.4	+00 03 26	13.574	+0.976	+0.627	+0.550	+0.536	+1.088
SA 95 106	03 54 31.3	+00 05 08	15.137	+1.251	+0.369	+0.394	+0.508	+0.903
SA 95 107	03 54 31.8	+00 06 06	16.275	+1.324	+1.115	+0.947	+0.962	+1.907
SA 95 112	03 54 46.2	+00 02 33	15.502	+0.662	+0.077	+0.605	+0.620	+1.227
SA 95 41	03 54 47.3	+00 01 12	14.060	+0.903	+0.297	+0.589	+0.585	+1.176
SA 95 42	03 54 49.7	−00 00 51	15.606	−0.215	−1.111	−0.119	−0.180	−0.300
SA 95 317	03 54 50.5	+00 33 34	13.449	+1.320	+1.120	+0.768	+0.708	+1.476
SA 95 263	03 54 53.3	+00 30 25	12.679	+1.500	+1.559	+0.801	+0.711	+1.513
SA 95 115	03 54 54.0	+00 02 57	14.680	+0.836	+0.096	+0.577	+0.579	+1.157
SA 95 43	03 54 54.7	+00 00 43	10.803	+0.510	−0.016	+0.308	+0.316	+0.624
SA 95 271	03 55 22.6	+00 22 36	13.669	+1.287	+0.916	+0.734	+0.717	+1.453
SA 95 328	03 55 25.9	+00 40 15	13.525	+1.532	+1.298	+0.908	+0.868	+1.776
SA 95 329	03 55 30.2	+00 40 50	14.617	+1.184	+1.093	+0.766	+0.642	+1.410
SA 95 330	03 55 37.1	+00 32 49	12.174	+1.999	+2.233	+1.166	+1.100	+2.268
SA 95 275	03 55 50.6	+00 31 03	13.479	+1.763	+1.740	+1.011	+0.931	+1.944
SA 95 276	03 55 52.2	+00 29 37	14.118	+1.225	+1.218	+0.748	+0.646	+1.395
SA 95 60	03 55 55.6	−00 03 21	13.429	+0.776	+0.197	+0.464	+0.449	+0.914
SA 95 218	03 55 56.1	+00 13 51	12.095	+0.708	+0.208	+0.397	+0.370	+0.767
SA 95 132	03 55 57.8	+00 09 04	12.067	+0.445	+0.311	+0.263	+0.287	+0.546
SA 95 62	03 56 06.5	+00 00 48	13.538	+1.355	+1.181	+0.742	+0.685	+1.428
SA 95 137	03 56 09.8	+00 07 08	14.440	+1.457	+1.136	+0.893	+0.845	+1.737
SA 95 139	03 56 10.5	+00 06 49	12.196	+0.923	+0.677	+0.562	+0.476	+1.039
SA 95 66	03 56 12.6	−00 05 50	12.892	+0.715	+0.167	+0.426	+0.438	+0.864
SA 95 227	03 56 15.1	+00 18 16	15.779	+0.771	+0.034	+0.515	+0.552	+1.067
SA 95 142	03 56 15.5	+00 05 03	12.927	+0.588	+0.097	+0.371	+0.375	+0.745
SA 95 74	03 56 37.2	−00 05 32	11.531	+1.126	+0.686	+0.600	+0.567	+1.165
SA 95 231	03 56 45.0	+00 14 25	14.216	+0.452	+0.297	+0.270	+0.290	+0.560
SA 95 284	03 56 47.9	+00 30 19	13.669	+1.398	+1.073	+0.818	+0.766	+1.586
SA 95 285	03 56 50.4	+00 28 51	15.561	+0.937	+0.703	+0.607	+0.602	+1.210
SA 95 149	03 56 50.7	+00 10 44	10.938	+1.593	+1.564	+0.874	+0.811	+1.685
SA 95 236	03 57 19.6	+00 12 29	11.487	+0.737	+0.168	+0.419	+0.412	+0.831
SA 96 21	04 52 21.8	−00 12 44	12.182	+0.490	−0.004	+0.299	+0.297	+0.598
SA 96 36	04 52 48.4	−00 08 04	10.589	+0.247	+0.118	+0.133	+0.137	+0.271
SA 96 737	04 53 41.7	+00 24 34	11.719	+1.338	+1.146	+0.735	+0.696	+1.432
SA 96 409	04 54 04.7	+00 11 07	13.778	+0.543	+0.042	+0.340	+0.340	+0.682
SA 96 83	04 54 04.9	−00 12 38	11.719	+0.181	+0.205	+0.092	+0.096	+0.189
SA 96 235	04 54 25.0	−00 02 59	11.138	+1.077	+0.890	+0.557	+0.509	+1.066
G97−42	05 29 10.8	+09 39 21	12.443	+1.639	+1.259	+1.171	+1.485	+2.655
G102−22	05 43 24.6	+12 29 20	11.509	+1.621	+1.134	+1.211	+1.590	+2.800
GD 71C	05 53 27.1	+15 52 58	12.325	+1.159	+0.849	+0.655	+0.628	+1.274
GD 71E	05 53 34.8	+15 52 21	13.634	+0.824	+0.428	+0.472	+0.423	+0.892
GD 71B	05 53 35.8	+15 52 54	12.599	+0.680	+0.166	+0.404	+0.399	+0.800
GD 71D	05 53 39.1	+15 55 11	12.898	+0.570	+0.097	+0.359	+0.363	+0.719
GD 71	05 53 42.0	+15 53 23	13.033	−0.248	−1.110	−0.138	−0.166	−0.304
GD 71A	05 53 47.8	+15 52 12	12.643	+1.176	+0.897	+0.651	+0.621	+1.265
SA 97 249	05 58 13.7	+00 01 16	11.735	+0.647	+0.101	+0.369	+0.354	+0.725
SA 97 345	05 58 39.5	+00 21 20	11.605	+1.652	+1.706	+0.929	+0.843	+1.772
SA 97 351	05 58 43.5	+00 13 47	9.779	+0.201	+0.092	+0.124	+0.140	+0.264

Name	Right Ascension	Declination	V	B–V	U–B	V–R	R–I	V–I
	h m s	° ′ ″						
SA 97 75	05 59 01.1	−00 09 26	11.483	+1.872	+2.100	+1.047	+0.952	+1.999
SA 97 284	05 59 31.2	+00 05 15	10.787	+1.364	+1.089	+0.774	+0.726	+1.500
SA 97 224	05 59 50.1	−00 05 09	14.085	+0.910	+0.341	+0.553	+0.547	+1.102
SA 98 961	06 52 33.0	−00 17 13	13.089	+1.283	+1.003	+0.701	+0.662	+1.362
SA 98 966	06 52 34.3	−00 18 03	14.001	+0.469	+0.357	+0.283	+0.331	+0.613
SA 98 557	06 52 35.4	−00 26 44	14.780	+1.397	+1.072	+0.755	+0.741	+1.494
SA 98 556	06 52 35.5	−00 26 28	14.137	+0.338	+0.126	+0.196	+0.243	+0.437
SA 98 562	06 52 36.6	−00 20 36	12.185	+0.522	−0.002	+0.305	+0.303	+0.607
SA 98 563	06 52 37.4	−00 28 03	14.162	+0.416	−0.190	+0.294	+0.317	+0.610
SA 98 978	06 52 39.8	−00 13 09	10.574	+0.609	+0.094	+0.348	+0.321	+0.669
SA 98 L1	06 52 44.9	−00 28 14	15.672	+1.243	+0.776	+0.730	+0.712	+1.445
SA 98 580	06 52 45.6	−00 28 19	14.728	+0.367	+0.303	+0.241	+0.305	+0.547
SA 98 581	06 52 45.8	−00 27 19	14.556	+0.238	+0.161	+0.118	+0.244	+0.361
SA 98 L2	06 52 46.4	−00 23 36	15.859	+1.340	+1.497	+0.754	+0.572	+1.327
SA 98 L3	06 52 48.2	−00 17 33	14.614	+1.936	+1.837	+1.091	+1.047	+2.142
SA 98 L4	06 52 48.2	−00 17 59	16.332	+1.344	+1.086	+0.936	+0.785	+1.726
SA 98 590	06 52 48.9	−00 23 56	14.642	+1.352	+0.853	+0.753	+0.747	+1.500
SA 98 1002	06 52 49.1	−00 17 30	14.568	+0.574	−0.027	+0.354	+0.379	+0.733
SA 98 614	06 52 54.6	−00 22 10	15.674	+1.063	+0.399	+0.834	+0.645	+1.480
SA 98 618	06 52 55.5	−00 22 54	12.723	+2.192	+2.144	+1.254	+1.151	+2.407
SA 98 624	06 52 57.7	−00 21 54	13.811	+0.791	+0.394	+0.417	+0.404	+0.822
SA 98 626	06 52 58.3	−00 22 21	14.758	+1.406	+1.067	+0.806	+0.816	+1.624
SA 98 627	06 52 58.9	−00 23 39	14.900	+0.689	+0.078	+0.428	+0.387	+0.817
SA 98 634	06 53 01.7	−00 22 33	14.608	+0.647	+0.123	+0.382	+0.372	+0.757
SA 98 642	06 53 05.0	−00 23 09	15.290	+0.571	+0.318	+0.302	+0.393	+0.697
SA 98 185	06 53 07.8	−00 29 00	10.537	+0.202	+0.114	+0.110	+0.122	+0.231
SA 98 646	06 53 08.2	−00 22 54	15.839	+1.060	+1.426	+0.583	+0.504	+1.090
SA 98 193	06 53 09.3	−00 28 57	10.026	+1.176	+1.152	+0.614	+0.536	+1.151
SA 98 650	06 53 10.5	−00 21 16	12.271	+0.157	+0.110	+0.080	+0.086	+0.166
SA 98 652	06 53 10.7	−00 23 34	14.817	+0.611	+0.126	+0.276	+0.339	+0.618
SA 98 653	06 53 10.9	−00 19 56	9.538	−0.003	−0.102	+0.010	+0.009	+0.017
SA 98 666	06 53 15.8	−00 25 10	12.732	+0.164	−0.004	+0.091	+0.108	+0.200
SA 98 670	06 53 17.4	−00 20 55	11.930	+1.357	+1.325	+0.727	+0.654	+1.381
SA 98 671	06 53 17.8	−00 20 04	13.385	+0.968	+0.719	+0.575	+0.494	+1.071
SA 98 675	06 53 19.3	−00 21 19	13.398	+1.909	+1.936	+1.082	+1.002	+2.085
SA 98 676	06 53 19.7	−00 20 59	13.068	+1.146	+0.666	+0.683	+0.673	+1.352
SA 98 L5	06 53 21.7	−00 21 23	17.800	+1.900	−0.100	+3.100	+2.600	+5.800
SA 98 682	06 53 22.4	−00 21 20	13.749	+0.632	+0.098	+0.366	+0.352	+0.717
SA 98 685	06 53 24.4	−00 21 58	11.954	+0.463	+0.096	+0.290	+0.280	+0.570
SA 98 688	06 53 24.8	−00 25 12	12.754	+0.293	+0.245	+0.158	+0.180	+0.337
SA 98 1082	06 53 26.2	−00 15 52	15.010	+0.835	−0.001	+0.485	+0.619	+1.102
SA 98 1087	06 53 27.1	−00 17 29	14.439	+1.595	+1.284	+0.928	+0.882	+1.812
SA 98 1102	06 53 33.9	−00 15 22	12.113	+0.314	+0.089	+0.193	+0.195	+0.388
SA 98 1112	06 53 40.9	−00 17 05	13.975	+0.814	+0.286	+0.443	+0.431	+0.874
SA 98 1119	06 53 42.7	−00 16 11	11.878	+0.551	+0.069	+0.312	+0.299	+0.611
SA 98 724	06 53 43.2	−00 21 00	11.118	+1.104	+0.904	+0.575	+0.527	+1.103
SA 98 1122	06 53 43.5	−00 18 43	14.090	+0.595	−0.297	+0.376	+0.442	+0.816
SA 98 1124	06 53 44.0	−00 18 13	13.707	+0.315	+0.258	+0.173	+0.201	+0.373
SA 98 733	06 53 46.0	−00 18 54	12.238	+1.285	+1.087	+0.698	+0.650	+1.347
RL 149G	07 25 17.8	−00 34 34	12.829	+0.541	+0.033	+0.322	+0.322	+0.645

Name	Right Ascension	Declination	V	B–V	U–B	V–R	R–I	V–I
	h m s	o ′ ″						
RL 149A	07 25 19.1	−00 35 29	14.495	+0.298	+0.118	+0.196	+0.196	+0.391
RL 149F	07 25 19.9	−00 34 15	13.471	+1.115	+1.025	+0.594	+0.538	+1.132
RL 149	07 25 20.2	−00 35 40	13.866	−0.129	−0.779	−0.040	−0.068	−0.108
RL 149D	07 25 21.2	−00 35 24	11.480	−0.037	−0.287	+0.021	+0.008	+0.029
RL 149C	07 25 23.2	−00 35 02	14.425	+0.195	+0.141	+0.093	+0.127	+0.222
RL 149B	07 25 23.4	−00 35 42	12.642	+0.662	+0.151	+0.374	+0.354	+0.728
RL 149E	07 25 24.3	−00 33 55	13.718	+0.522	−0.007	+0.321	+0.314	+0.637
RL 152F	07 30 58.9	−02 07 37	14.564	+0.635	+0.069	+0.382	+0.315	+0.689
RL 152E	07 30 59.4	−02 08 17	12.362	+0.042	−0.086	+0.030	+0.034	+0.065
RL 152	07 31 03.6	−02 09 23	13.017	−0.187	−1.081	−0.059	−0.088	−0.147
RL 152B	07 31 04.4	−02 08 43	15.019	+0.500	+0.022	+0.290	+0.309	+0.600
RL 152A	07 31 05.6	−02 09 09	14.341	+0.543	−0.085	+0.325	+0.329	+0.654
RL 152C	07 31 07.7	−02 08 26	12.222	+0.573	−0.013	+0.342	+0.340	+0.683
RL 152D	07 31 11.2	−02 07 24	11.076	+0.875	+0.491	+0.473	+0.449	+0.921
SA 99 6	07 54 39.1	−00 53 03	11.055	+1.252	+1.289	+0.650	+0.577	+1.227
SA 99 367	07 55 17.8	−00 29 02	11.152	+1.005	+0.832	+0.531	+0.477	+1.007
SA 99 408	07 56 18.9	−00 29 01	9.807	+0.402	+0.038	+0.253	+0.247	+0.500
SA 99 438	07 57 00.2	−00 20 18	9.397	−0.156	−0.729	−0.060	−0.081	−0.142
SA 99 447	07 57 12.6	−00 24 12	9.419	−0.068	−0.220	−0.031	−0.041	−0.073
SA 100 241	08 53 39.9	−00 44 44	10.140	+0.157	+0.106	+0.078	+0.085	+0.162
SA 100 162	08 54 20.2	−00 48 27	9.150	+1.276	+1.495	+0.649	+0.552	+1.202
SA 100 267	08 54 23.0	−00 46 25	13.027	+0.485	−0.062	+0.307	+0.302	+0.608
SA 100 269	08 54 24.3	−00 46 06	12.350	+0.547	−0.040	+0.335	+0.331	+0.666
SA 100 280	08 54 41.4	−00 41 38	11.799	+0.493	−0.001	+0.295	+0.291	+0.588
SA 100 394	08 55 00.4	−00 37 19	11.384	+1.317	+1.457	+0.705	+0.636	+1.341
PG0918+029D	09 22 28.9	+02 41 56	12.272	+1.044	+0.821	+0.575	+0.535	+1.108
PG0918+029	09 22 35.2	+02 40 29	13.327	−0.271	−1.081	−0.129	−0.159	−0.288
PG0918+029B	09 22 39.9	+02 42 26	13.963	+0.765	+0.366	+0.417	+0.370	+0.787
PG0918+029A	09 22 42.1	+02 40 47	14.490	+0.536	−0.032	+0.325	+0.336	+0.661
PG0918+029C	09 22 49.3	+02 41 04	13.537	+0.631	+0.087	+0.367	+0.357	+0.722
BD −12 2918	09 32 22.4	−13 35 02	10.067	+1.501	+1.166	+1.067	+1.318	+2.385
PG0942−029D	09 46 13.9	−03 11 53	13.683	+0.576	+0.064	+0.341	+0.329	+0.668
PG0942−029A	09 46 15.1	−03 16 13	14.738	+0.888	+0.552	+0.563	+0.474	+1.035
PG0942−029B	09 46 16.8	−03 12 57	14.105	+0.573	+0.014	+0.353	+0.341	+0.693
PG0942−029	09 46 17.1	−03 15 21	14.012	−0.298	−1.177	−0.132	−0.165	−0.296
PG0942−029C	09 46 19.6	−03 12 39	14.950	+0.803	+0.338	+0.488	+0.395	+0.884
SA 101 315	09 55 57.3	−00 33 40	11.249	+1.153	+1.056	+0.612	+0.559	+1.172
SA 101 316	09 55 58.1	−00 24 43	11.552	+0.493	+0.032	+0.293	+0.291	+0.584
SA 101 L1	09 56 35.1	−00 27 52	16.501	+0.757	−0.104	+0.421	+0.527	+0.947
SA 101 320	09 56 38.9	−00 28 42	13.823	+1.052	+0.690	+0.581	+0.561	+1.141
SA 101 L2	09 56 40.7	−00 25 00	15.770	+0.602	+0.082	+0.321	+0.304	+0.625
SA 101 404	09 56 46.7	−00 24 31	13.459	+0.996	+0.697	+0.530	+0.500	+1.029
SA 101 324	09 57 02.7	−00 29 25	9.737	+1.161	+1.145	+0.591	+0.519	+1.109
SA 101 408	09 57 14.0	−00 18 51	14.785	+1.200	+1.347	+0.718	+0.603	+1.321
SA 101 262	09 57 14.1	−00 36 01	14.295	+0.784	+0.297	+0.440	+0.387	+0.827
SA 101 326	09 57 14.1	−00 33 21	14.923	+0.729	+0.227	+0.406	+0.375	+0.780
SA 101 327	09 57 14.9	−00 32 04	13.441	+1.155	+1.139	+0.717	+0.574	+1.290
SA 101 410	09 57 15.2	−00 20 12	13.646	+0.546	−0.063	+0.298	+0.326	+0.623
SA 101 413	09 57 20.0	−00 18 05	12.583	+0.983	+0.716	+0.529	+0.497	+1.025
SA 101 268	09 57 23.0	−00 38 07	14.380	+1.531	+1.381	+1.040	+1.200	+2.237

Name	Right Ascension	Declination	V	B–V	U–B	V–R	R–I	V–I
	h m s	° ′ ″						
SA 101 330	09 57 26.5	−00 33 32	13.723	+0.577	−0.026	+0.346	+0.338	+0.684
SA 101 415	09 57 29.2	−00 23 03	15.259	+0.577	−0.008	+0.346	+0.350	+0.695
SA 101 270	09 57 32.9	−00 41 54	13.711	+0.554	+0.055	+0.332	+0.306	+0.637
SA 101 278	09 58 00.4	−00 35 49	15.494	+1.041	+0.737	+0.596	+0.548	+1.144
SA 101 L3	09 58 01.0	−00 36 36	15.953	+0.637	−0.033	+0.396	+0.395	+0.792
SA 101 281	09 58 11.0	−00 37 54	11.576	+0.812	+0.415	+0.453	+0.412	+0.864
SA 101 L4	09 58 13.7	−00 37 35	16.264	+0.793	+0.362	+0.578	+0.062	+0.644
SA 101 L5	09 58 16.2	−00 36 51	15.928	+0.622	+0.115	+0.414	+0.305	+0.720
SA 101 421	09 58 22.1	−00 23 29	13.180	+0.507	−0.031	+0.327	+0.296	+0.623
SA 101 338	09 58 23.7	−00 27 11	13.788	+0.634	+0.024	+0.350	+0.340	+0.691
SA 101 339	09 58 24.4	−00 31 13	14.449	+0.850	+0.501	+0.458	+0.398	+0.857
SA 101 424	09 58 26.3	−00 22 37	15.058	+0.764	+0.273	+0.429	+0.425	+0.855
SA 101 427	09 58 32.4	−00 23 28	14.964	+0.805	+0.321	+0.484	+0.369	+0.854
SA 101 341	09 58 35.8	−00 28 05	14.342	+0.575	+0.059	+0.332	+0.309	+0.641
SA 101 342	09 58 37.2	−00 28 02	15.556	+0.529	−0.065	+0.339	+0.419	+0.758
SA 101 343	09 58 37.3	−00 29 07	15.504	+0.606	+0.094	+0.396	+0.338	+0.734
SA 101 429	09 58 37.7	−00 24 26	13.496	+0.980	+0.782	+0.617	+0.526	+1.143
SA 101 431	09 58 43.4	−00 24 05	13.684	+1.246	+1.144	+0.808	+0.708	+1.517
SA 101 L6	09 58 45.6	−00 24 05	16.497	+0.711	+0.183	+0.445	+0.583	+1.024
SA 101 207	09 58 58.4	−00 53 48	12.421	+0.513	−0.080	+0.320	+0.323	+0.645
SA 101 363	09 59 24.7	−00 31 49	9.874	+0.260	+0.132	+0.146	+0.151	+0.297
GD 108A	10 01 43.8	−07 39 39	13.881	+0.789	+0.316	+0.458	+0.449	+0.909
GD 108B	10 01 46.9	−07 37 22	15.056	+0.839	+0.364	+0.463	+0.466	+0.924
GD 108	10 01 51.4	−07 39 45	13.563	−0.214	−0.943	−0.099	−0.118	−0.218
GD 108C	10 01 59.5	−07 36 44	13.819	+0.786	+0.345	+0.435	+0.393	+0.825
GD 108D	10 02 00.1	−07 41 06	14.235	+0.641	+0.078	+0.372	+0.357	+0.731
BD +1 2447	10 30 01.0	+00 43 34	9.650	+1.501	+1.238	+1.033	+1.225	+2.261
G162−66	10 34 46.2	−11 48 20	13.012	−0.165	−0.997	−0.126	−0.141	−0.266
G44−27	10 37 07.3	+05 00 33	12.636	+1.586	+1.088	+1.185	+1.526	+2.714
PG1034+001	10 38 09.8	−00 15 02	13.228	−0.365	−1.274	−0.155	−0.203	−0.359
G163−6	10 44 00.4	+02 40 33	14.706	+1.550	+1.228	+1.090	+1.384	+2.478
PG1047+003	10 51 08.9	−00 07 29	13.474	−0.290	−1.121	−0.132	−0.162	−0.295
PG1047+003A	10 51 11.7	−00 08 03	13.512	+0.688	+0.168	+0.422	+0.418	+0.840
PG1047+003B	10 51 14.0	−00 08 56	14.751	+0.679	+0.172	+0.391	+0.371	+0.764
PG1047+003C	10 51 19.7	−00 07 23	12.453	+0.607	−0.019	+0.378	+0.358	+0.737
G44−40	10 51 57.9	+06 41 20	11.675	+1.644	+1.213	+1.216	+1.568	+2.786
SA 102 620	10 56 09.9	−00 55 13	10.074	+1.080	+1.025	+0.645	+0.524	+1.169
G45−20	10 57 30.4	+06 53 00	13.507	+2.034	+1.165	+1.823	+2.174	+4.000
SA 102 1081	10 58 10.1	−00 20 09	9.903	+0.664	+0.258	+0.366	+0.332	+0.697
G163−27	10 58 39.1	−07 38 17	14.338	+0.288	−0.548	+0.206	+0.210	+0.417
G163−51E	11 08 27.8	−05 23 14	14.466	+0.611	+0.095	+0.381	+0.344	+0.725
G163−51B	11 08 38.3	−05 19 37	11.292	+0.623	+0.119	+0.355	+0.336	+0.692
G163−51C	11 08 39.3	−05 21 20	12.672	+0.431	−0.009	+0.267	+0.272	+0.540
G163−51D	11 08 40.4	−05 22 01	13.862	+0.844	+0.202	+0.478	+0.466	+0.945
G163−51A	11 08 42.7	−05 19 23	12.504	+0.666	+0.060	+0.382	+0.371	+0.753
G163−50	11 09 05.4	−05 16 36	13.057	+0.036	−0.696	−0.084	−0.072	−0.158
G163−51	11 09 12.0	−05 20 57	12.559	+1.499	+1.195	+1.080	+1.355	+2.434
BD +5 2468	11 16 37.4	+04 50 21	9.352	−0.114	−0.543	−0.035	−0.052	−0.089
HD 100340	11 33 56.4	+05 09 29	10.115	−0.234	−0.975	−0.104	−0.135	−0.238
BD +5 2529	11 42 56.2	+05 01 07	9.585	+1.233	+1.194	+0.783	+0.667	+1.452

Name	Right Ascension	Declination	V	B–V	U–B	V–R	R–I	V–I
	h m s	° ′ ″						
G10−50	11 48 51.4	+00 40 40	11.153	+1.752	+1.318	+1.294	+1.673	+2.969
SA 103 302	11 57 12.1	−00 55 05	9.859	+0.370	−0.057	+0.230	+0.236	+0.465
SA 103 626	11 57 52.3	−00 30 26	11.836	+0.413	−0.057	+0.262	+0.274	+0.535
SA 103 526	11 58 00.3	−00 37 24	10.890	+1.090	+0.936	+0.560	+0.501	+1.056
G12−43	12 34 20.3	+08 54 14	12.467	+1.846	+1.085	+1.530	+1.944	+3.479
SA 104 306	12 42 09.8	−00 44 18	9.370	+1.592	+1.666	+0.832	+0.762	+1.591
SA 104 423	12 42 42.1	−00 38 15	15.602	+0.630	+0.050	+0.262	+0.559	+0.818
SA 104 428	12 42 47.4	−00 33 30	12.630	+0.985	+0.748	+0.534	+0.497	+1.032
SA 104 L1	12 42 55.6	−00 28 05	14.608	+0.630	+0.064	+0.374	+0.364	+0.739
SA 104 430	12 42 56.4	−00 32 56	13.858	+0.652	+0.131	+0.364	+0.363	+0.727
SA 104 325	12 43 08.4	−00 48 40	15.581	+0.694	+0.051	+0.345	+0.307	+0.652
SA 104 330	12 43 17.6	−00 47 45	15.296	+0.594	−0.028	+0.369	+0.371	+0.739
SA 104 440	12 43 20.4	−00 31 50	15.114	+0.440	−0.227	+0.289	+0.317	+0.605
SA 104 237	12 43 23.1	−00 58 22	15.395	+1.088	+0.918	+0.647	+0.628	+1.274
SA 104 L2	12 43 25.8	−00 41 27	16.048	+0.650	−0.172	+0.344	+0.323	+0.667
SA 104 443	12 43 25.9	−00 32 25	15.372	+1.331	+1.280	+0.817	+0.778	+1.595
SA 104 444	12 43 26.2	−00 39 32	13.477	+0.512	−0.070	+0.313	+0.331	+0.643
SA 104 334	12 43 26.6	−00 47 32	13.484	+0.518	−0.067	+0.323	+0.331	+0.653
SA 104 335	12 43 27.0	−00 40 12	11.665	+0.622	+0.145	+0.357	+0.334	+0.691
SA 104 239	12 43 29.1	−00 53 40	13.936	+1.356	+1.291	+0.868	+0.805	+1.675
SA 104 336	12 43 30.8	−00 47 01	14.404	+0.830	+0.495	+0.461	+0.403	+0.865
SA 104 338	12 43 36.3	−00 45 36	16.059	+0.591	−0.082	+0.348	+0.372	+0.719
SA 104 339	12 43 39.5	−00 48 43	15.459	+0.832	+0.709	+0.476	+0.374	+0.849
SA 104 244	12 43 40.4	−00 52 51	16.011	+0.590	−0.152	+0.338	+0.489	+0.825
SA 104 455	12 43 58.3	−00 31 21	15.105	+0.581	−0.024	+0.360	+0.357	+0.716
SA 104 456	12 43 59.6	−00 39 04	12.362	+0.622	+0.135	+0.357	+0.337	+0.694
SA 104 457	12 44 00.4	−00 35 52	16.048	+0.753	+0.522	+0.484	+0.490	+0.974
SA 104 460	12 44 08.9	−00 35 22	12.895	+1.281	+1.246	+0.813	+0.695	+1.511
SA 104 461	12 44 12.2	−00 39 21	9.705	+0.476	−0.035	+0.288	+0.289	+0.579
SA 104 350	12 44 20.4	−00 40 24	13.634	+0.673	+0.165	+0.383	+0.353	+0.736
SA 104 470	12 44 28.5	−00 36 56	14.310	+0.732	+0.101	+0.295	+0.356	+0.649
SA 104 364	12 44 52.1	−00 41 35	15.799	+0.601	−0.131	+0.314	+0.397	+0.712
SA 104 366	12 44 59.3	−00 41 47	12.908	+0.870	+0.424	+0.517	+0.464	+0.982
SA 104 479	12 45 01.4	−00 39 52	16.087	+1.271	+0.673	+0.657	+0.607	+1.264
SA 104 367	12 45 04.6	−00 40 37	15.844	+0.639	−0.126	+0.382	+0.296	+0.679
SA 104 484	12 45 26.7	−00 37 57	14.406	+1.024	+0.732	+0.514	+0.486	+1.000
SA 104 485	12 45 30.0	−00 37 19	15.017	+0.838	+0.493	+0.478	+0.488	+0.967
SA 104 490	12 45 39.6	−00 32 54	12.572	+0.535	+0.048	+0.318	+0.312	+0.630
SA 104 598	12 46 22.7	−00 23 44	11.478	+1.108	+1.051	+0.667	+0.545	+1.214
PG1323−086	13 26 47.2	−08 56 00	13.481	−0.140	−0.681	−0.048	−0.078	−0.127
PG1323−086A	13 26 57.5	−08 57 04	13.591	+0.393	−0.019	+0.252	+0.252	+0.506
PG1323−086C	13 26 58.0	−08 55 20	14.003	+0.707	+0.245	+0.395	+0.363	+0.759
PG1323−086B	13 26 58.4	−08 57 36	13.406	+0.761	+0.265	+0.426	+0.407	+0.833
PG1323−086D	13 27 13.0	−08 57 17	12.080	+0.587	+0.005	+0.346	+0.335	+0.684
G14−55	13 29 27.9	−02 28 27	11.336	+1.491	+1.157	+1.078	+1.388	+2.462
SA 105 505	13 36 31.0	−00 29 50	10.270	+1.422	+1.218	+0.910	+0.861	+1.771
SA 105 437	13 38 23.0	−00 44 29	12.535	+0.248	+0.067	+0.136	+0.143	+0.279
SA 105 815	13 41 08.3	−00 08 51	11.451	+0.381	−0.247	+0.267	+0.292	+0.559
BD +2 2711	13 43 24.8	+01 23 51	10.369	−0.163	−0.699	−0.072	−0.095	−0.168
UCAC2 32376437	13 43 29.0	+01 23 58	10.584	+0.499	+0.005	+0.304	+0.301	+0.606

Name	Right Ascension	Declination	V	B–V	U–B	V–R	R–I	V–I
	h m s	o ′ ″						
HD 121968	13 59 58.0	−03 01 06	10.256	−0.185	−0.915	−0.074	−0.100	−0.173
PG1407−013B	14 11 30.7	−01 33 19	12.471	+0.970	+0.665	+0.537	+0.505	+1.037
PG1407−013	14 11 32.4	−01 36 19	13.758	−0.259	−1.133	−0.119	−0.151	−0.272
PG1407−013C	14 11 34.5	−01 31 06	12.462	+0.805	+0.298	+0.464	+0.448	+0.914
PG1407−013A	14 11 36.1	−01 35 13	14.661	+1.151	+1.049	+0.617	+0.569	+1.178
PG1407−013D	14 11 40.6	−01 33 16	14.872	+0.891	+0.420	+0.496	+0.472	+0.967
PG1407−013E	14 11 42.2	−01 32 34	15.182	+0.883	+0.600	+0.496	+0.417	+0.915
SA 106 1024	14 41 13.1	−00 03 44	11.599	+0.332	+0.085	+0.196	+0.195	+0.390
SA 106 700	14 41 57.2	−00 29 05	9.786	+1.364	+1.580	+0.730	+0.643	+1.374
SA 106 575	14 42 44.7	−00 31 29	9.341	+1.306	+1.485	+0.676	+0.587	+1.268
SA 106 485	14 45 20.4	−00 42 31	9.477	+0.378	−0.052	+0.233	+0.236	+0.468
PG1514+034	15 18 19.2	+03 05 48	13.997	−0.009	−0.955	+0.087	+0.126	+0.212
PG1525−071	15 29 20.6	−07 20 57	15.046	−0.211	−1.177	−0.068	+0.012	−0.151
PG1525−071D	15 29 21.0	−07 21 03	16.300	+0.393	+0.224	+0.405	+0.343	+0.756
PG1525−071A	15 29 22.4	−07 20 26	13.506	+0.773	+0.282	+0.437	+0.421	+0.862
PG1525−071B	15 29 23.4	−07 20 37	16.392	+0.729	+0.141	+0.450	+0.387	+0.906
PG1525−071C	15 29 25.5	−07 18 55	13.519	+1.116	+1.073	+0.593	+0.509	+1.096
PG1528+062B	15 31 43.2	+05 56 53	11.989	+0.593	+0.005	+0.364	+0.344	+0.711
PG1528+062A	15 31 52.8	+05 57 04	15.553	+0.830	+0.356	+0.433	+0.389	+0.824
PG1528+062	15 31 53.7	+05 56 36	14.767	−0.252	−1.091	−0.111	−0.182	−0.296
PG1528+062C	15 31 59.3	+05 55 50	13.477	+0.644	+0.074	+0.357	+0.340	+0.699
PG1530+057A	15 34 14.1	+05 29 26	13.711	+0.829	+0.414	+0.473	+0.412	+0.886
PG1530+057	15 34 14.6	+05 28 10	14.211	+0.151	−0.789	+0.162	+0.036	+0.199
PG1530+057B	15 34 21.3	+05 29 30	12.842	+0.745	+0.325	+0.423	+0.376	+0.799
SA 107 544	15 37 54.3	−00 19 18	9.036	+0.399	+0.156	+0.232	+0.227	+0.458
SA 107 970	15 38 31.8	+00 14 24	10.939	+1.596	+1.750	+1.142	+1.435	+2.574
SA 107 568	15 38 58.9	−00 21 27	13.054	+1.149	+0.862	+0.625	+0.595	+1.217
SA 107 1006	15 39 39.4	+00 10 10	11.713	+0.766	+0.278	+0.442	+0.420	+0.863
SA 107 347	15 39 42.1	−00 40 07	9.446	+1.294	+1.302	+0.712	+0.652	+1.365
SA 107 720	15 39 43.1	−00 06 34	13.121	+0.599	+0.088	+0.374	+0.355	+0.731
SA 107 456	15 39 49.0	−00 23 55	12.919	+0.921	+0.589	+0.537	+0.478	+1.015
SA 107 351	15 39 52.1	−00 36 15	12.342	+0.562	−0.005	+0.351	+0.358	+0.708
SA 107 457	15 39 53.0	−00 24 23	14.910	+0.792	+0.350	+0.494	+0.469	+0.964
SA 107 458	15 39 56.5	−00 28 34	11.676	+1.214	+1.189	+0.667	+0.602	+1.274
SA 107 592	15 39 56.6	−00 21 17	11.847	+1.318	+1.380	+0.709	+0.647	+1.357
SA 107 459	15 39 57.1	−00 26 42	12.284	+0.900	+0.427	+0.525	+0.517	+1.045
SA 107 212	15 40 02.5	−00 49 40	13.383	+0.683	+0.135	+0.404	+0.411	+0.818
SA 107 215	15 40 04.1	−00 47 15	16.046	+0.115	−0.082	−0.032	−0.475	−0.511
SA 107 213	15 40 04.1	−00 48 23	14.262	+0.802	+0.261	+0.531	+0.509	+1.038
SA 107 357	15 40 11.8	−00 43 20	14.418	+0.675	+0.025	+0.416	+0.421	+0.840
SA 107 359	15 40 15.4	−00 39 48	12.797	+0.580	−0.124	+0.379	+0.381	+0.759
SA 107 599	15 40 15.7	−00 18 36	14.675	+0.698	+0.243	+0.433	+0.438	+0.869
SA 107 600	15 40 16.3	−00 19 59	14.884	+0.503	+0.049	+0.339	+0.361	+0.700
SA 107 601	15 40 20.1	−00 17 35	14.646	+1.412	+1.265	+0.923	+0.835	+1.761
SA 107 602	15 40 25.1	−00 19 37	12.116	+0.991	+0.585	+0.545	+0.531	+1.074
SA 107 611	15 40 41.3	−00 16 42	14.329	+0.890	+0.455	+0.520	+0.447	+0.968
SA 107 612	15 40 41.6	−00 19 14	14.256	+0.896	+0.296	+0.551	+0.530	+1.081
SA 107 614	15 40 47.3	−00 17 18	13.926	+0.622	+0.033	+0.361	+0.370	+0.732
SA 107 626	15 41 11.6	−00 21 35	13.468	+1.000	+0.728	+0.600	+0.527	+1.126
SA 107 627	15 41 13.7	−00 21 29	13.349	+0.779	+0.226	+0.465	+0.454	+0.918

Name	Right Ascension	Declination	V	B–V	U–B	V–R	R–I	V–I
	h m s	° ′ ″						
SA 107 484	15 41 23.1	−00 25 21	11.311	+1.240	+1.298	+0.664	+0.577	+1.240
SA 107 636	15 41 46.7	−00 18 58	14.873	+0.751	+0.121	+0.432	+0.465	+0.896
SA 107 639	15 41 51.0	−00 21 15	14.197	+0.640	−0.026	+0.399	+0.404	+0.803
SA 107 640	15 41 55.4	−00 20 52	15.050	+0.755	+0.092	+0.511	+0.506	+1.017
G153−41	16 19 08.4	−15 39 00	13.425	−0.210	−1.129	−0.133	−0.158	−0.289
G138−25	16 26 12.9	+15 37 36	13.513	+1.419	+1.265	+0.883	+0.796	+1.685
BD −12 4523	16 31 30.0	−12 42 54	10.072	+1.566	+1.195	+1.155	+1.499	+2.651
HD 149382	16 35 31.3	−04 03 28	8.943	−0.282	−1.143	−0.127	−0.135	−0.262
PG1633+099	16 36 25.5	+09 45 15	14.396	−0.191	−0.990	−0.085	−0.114	−0.208
PG1633+099A	16 36 27.5	+09 45 18	15.259	+0.871	+0.305	+0.506	+0.506	+1.011
SA 108 1332	16 36 27.6	−00 06 40	9.208	+0.380	+0.083	+0.225	+0.225	+0.449
PG1633+099G	16 36 33.8	+09 47 56	13.749	+0.693	+0.079	+0.412	+0.389	+0.804
PG1633+099B	16 36 34.8	+09 43 46	12.968	+1.081	+1.017	+0.589	+0.503	+1.090
PG1633+099F	16 36 38.2	+09 47 06	13.768	+0.878	+0.254	+0.523	+0.522	+1.035
PG1633+099C	16 36 38.8	+09 43 41	13.224	+1.144	+1.146	+0.612	+0.524	+1.133
PG1633+099D	16 36 41.6	+09 44 07	13.689	+0.535	−0.021	+0.324	+0.323	+0.649
PG1633+099E	16 36 46.6	+09 46 50	13.113	+0.841	+0.337	+0.484	+0.471	+0.953
SA 108 719	16 37 17.3	−00 28 02	12.690	+1.031	+0.648	+0.553	+0.533	+1.087
SA 108 1848	16 38 04.6	+00 03 24	11.738	+0.559	+0.073	+0.331	+0.325	+0.657
SA 108 475	16 38 07.0	−00 37 11	11.307	+1.380	+1.463	+0.743	+0.664	+1.408
SA 108 1863	16 38 18.5	−00 00 01	12.244	+0.803	+0.378	+0.446	+0.398	+0.844
SA 108 1491	16 38 20.1	−00 05 14	9.059	+0.964	+0.616	+0.522	+0.498	+1.020
SA 108 551	16 38 54.2	−00 35 35	10.702	+0.180	+0.182	+0.100	+0.109	+0.209
SA 108 1918	16 38 56.3	−00 03 07	11.384	+1.432	+1.839	+0.773	+0.661	+1.434
SA 108 981	16 40 22.9	−00 27 35	12.071	+0.494	+0.237	+0.310	+0.312	+0.622
PG1647+056	16 51 21.9	+05 30 48	14.773	−0.173	−1.064	−0.058	−0.022	−0.082
Wolf 629	16 56 34.2	−08 21 39	11.759	+1.676	+1.256	+1.185	+1.525	+2.715
PG1657+078E	17 00 29.6	+07 42 10	14.486	+0.787	+0.284	+0.436	+0.413	+0.851
PG1657+078D	17 00 30.2	+07 41 08	16.156	+0.986	+0.599	+0.635	+0.592	+1.227
PG1657+078B	17 00 34.3	+07 40 16	14.724	+0.697	+0.039	+0.417	+0.420	+0.838
PG1657+078	17 00 34.6	+07 41 40	15.019	−0.142	−0.958	−0.079	−0.058	−0.128
PG1657+078A	17 00 35.6	+07 40 28	14.032	+1.068	+0.735	+0.569	+0.538	+1.105
PG1657+078C	17 00 37.6	+07 40 35	15.225	+0.837	+0.382	+0.504	+0.442	+0.965
BD −4 4226	17 06 21.1	−05 07 44	10.071	+1.415	+1.085	+0.970	+1.141	+2.113
SA 109 71	17 45 13.1	−00 25 27	11.490	+0.326	+0.154	+0.187	+0.223	+0.409
SA 109 381	17 45 18.6	−00 21 01	11.731	+0.704	+0.222	+0.427	+0.435	+0.862
SA 109 949	17 45 19.8	−00 02 57	12.828	+0.806	+0.363	+0.500	+0.517	+1.020
SA 109 956	17 45 20.7	−00 02 36	14.639	+1.283	+0.858	+0.779	+0.743	+1.525
SA 109 954	17 45 22.0	−00 02 45	12.436	+1.296	+0.956	+0.764	+0.731	+1.496
SA 109 199	17 46 09.0	−00 29 56	10.990	+1.739	+1.967	+1.006	+0.900	+1.904
SA 109 231	17 46 26.3	−00 26 18	9.333	+1.465	+1.591	+0.787	+0.705	+1.494
SA 109 537	17 46 48.7	−00 22 01	10.353	+0.609	+0.226	+0.376	+0.393	+0.769
G21−15	18 28 16.8	+04 04 33	13.889	+0.092	−0.598	−0.039	−0.030	−0.069
SA 110 229	18 41 51.8	+00 03 07	13.649	+1.910	+1.391	+1.198	+1.155	+2.356
SA 110 230	18 41 57.6	+00 03 41	14.281	+1.084	+0.728	+0.624	+0.596	+1.218
SA 110 232	18 41 58.4	+00 03 12	12.516	+0.729	+0.147	+0.439	+0.450	+0.889
SA 110 233	18 41 58.8	+00 02 08	12.771	+1.281	+0.812	+0.773	+0.818	+1.593
SA 110 239	18 42 25.9	+00 01 32	13.858	+0.899	+0.584	+0.541	+0.517	+1.060
SA 110 339	18 42 32.5	+00 09 44	13.607	+0.988	+0.776	+0.563	+0.468	+1.036
SA 110 340	18 42 34.4	+00 16 41	10.025	+0.308	+0.124	+0.171	+0.183	+0.354

Name	Right Ascension	Declination	V	B–V	U–B	V–R	R–I	V–I
	h m s	° ′ ″						
SA 110 477	18 42 49.1	+00 28 02	13.988	+1.345	+0.715	+0.850	+0.857	+1.707
SA 110 246	18 42 56.7	+00 06 20	12.706	+0.586	−0.129	+0.381	+0.410	+0.790
SA 110 346	18 43 01.2	+00 11 17	14.757	+0.999	+0.752	+0.697	+0.646	+1.345
SA 110 349	18 43 19.4	+00 11 35	15.095	+1.088	+0.668	+0.503	−0.059	+0.477
SA 110 355	18 43 25.0	+00 09 44	11.944	+1.023	+0.504	+0.652	+0.727	+1.378
SA 110 358	18 43 41.5	+00 16 22	14.430	+1.039	+0.418	+0.603	+0.543	+1.150
SA 110 360	18 43 46.5	+00 10 31	14.618	+1.197	+0.539	+0.715	+0.717	+1.432
SA 110 361	18 43 51.1	+00 09 26	12.425	+0.632	+0.035	+0.361	+0.348	+0.709
SA 110 362	18 43 54.4	+00 07 48	15.693	+1.333	+3.919	+0.918	+0.885	+1.803
SA 110 266	18 43 54.9	+00 06 28	12.018	+0.889	+0.411	+0.538	+0.577	+1.111
SA 110 L1	18 43 56.2	+00 08 34	16.252	+1.752	+2.953	+1.066	+0.992	+2.058
SA 110 364	18 43 58.8	+00 09 16	13.615	+1.133	+1.095	+0.697	+0.585	+1.281
SA 110 157	18 44 02.7	−00 07 37	13.491	+2.123	+1.679	+1.257	+1.139	+2.395
SA 110 365	18 44 03.5	+00 08 44	13.470	+2.261	+1.895	+1.360	+1.270	+2.631
SA 110 496	18 44 05.1	+00 32 30	13.004	+1.040	+0.737	+0.607	+0.681	+1.287
SA 110 273	18 44 05.6	+00 03 45	14.686	+2.527	+1.000	+1.509	+1.345	+2.856
SA 110 497	18 44 08.4	+00 32 18	14.196	+1.052	+0.380	+0.606	+0.597	+1.203
SA 110 280	18 44 13.1	−00 02 20	12.996	+2.151	+2.133	+1.235	+1.148	+2.384
SA 110 499	18 44 13.5	+00 29 23	11.737	+0.987	+0.639	+0.600	+0.674	+1.273
SA 110 502	18 44 16.0	+00 29 04	12.330	+2.326	+2.326	+1.373	+1.250	+2.625
SA 110 503	18 44 17.6	+00 31 05	11.773	+0.671	+0.506	+0.373	+0.436	+0.808
SA 110 504	18 44 17.6	+00 31 25	14.022	+1.248	+1.323	+0.797	+0.683	+1.482
SA 110 506	18 44 24.8	+00 31 49	11.312	+0.568	+0.059	+0.335	+0.312	+0.652
SA 110 507	18 44 25.0	+00 30 48	12.440	+1.141	+0.830	+0.633	+0.579	+1.206
SA 110 290	18 44 28.3	+00 00 06	11.898	+0.708	+0.196	+0.418	+0.418	+0.836
SA 110 441	18 44 39.6	+00 21 03	11.122	+0.556	+0.108	+0.325	+0.335	+0.660
SA 110 311	18 44 53.6	+00 01 02	15.505	+1.796	+1.179	+1.010	+0.864	+1.874
SA 110 312	18 44 55.0	+00 01 29	16.093	+1.319	−0.788	+1.137	+1.154	+2.293
SA 110 450	18 44 57.4	+00 24 21	11.583	+0.946	+0.683	+0.549	+0.626	+1.175
SA 110 315	18 44 58.2	+00 02 12	13.637	+2.069	+2.256	+1.206	+1.133	+2.338
SA 110 316	18 44 58.4	+00 02 27	14.821	+1.731	+4.355	+0.858	+0.910	+1.769
SA 110 319	18 45 01.5	+00 03 23	11.861	+1.309	+1.076	+0.742	+0.700	+1.443
SA 111 773	19 38 21.9	+00 13 57	8.965	+0.209	−0.209	+0.121	+0.145	+0.265
SA 111 775	19 38 22.4	+00 15 04	10.748	+1.741	+2.017	+0.965	+0.897	+1.863
SA 111 1925	19 38 34.6	+00 28 01	12.387	+0.396	+0.264	+0.226	+0.256	+0.483
SA 111 1965	19 38 47.5	+00 29 50	11.419	+1.710	+1.865	+0.951	+0.877	+1.830
SA 111 1969	19 38 49.2	+00 28 48	10.382	+1.959	+2.306	+1.177	+1.222	+2.400
SA 111 2039	19 39 10.4	+00 35 12	12.395	+1.369	+1.237	+0.739	+0.689	+1.430
SA 111 2088	19 39 27.1	+00 34 00	13.193	+1.610	+1.678	+0.888	+0.818	+1.708
SA 111 2093	19 39 29.3	+00 34 26	12.538	+0.637	+0.283	+0.370	+0.397	+0.766
SA 112 595	20 42 24.5	+00 21 08	11.352	+1.601	+1.991	+0.898	+0.903	+1.801
SA 112 704	20 43 08.0	+00 23 49	11.452	+1.536	+1.742	+0.822	+0.746	+1.570
SA 112 223	20 43 20.6	+00 13 40	11.424	+0.454	+0.016	+0.273	+0.274	+0.547
SA 112 250	20 43 32.4	+00 12 24	12.095	+0.532	−0.025	+0.317	+0.323	+0.639
SA 112 275	20 43 41.5	+00 12 01	9.905	+1.210	+1.294	+0.648	+0.569	+1.217
SA 112 805	20 43 52.8	+00 20 50	12.086	+0.151	+0.158	+0.064	+0.075	+0.139
SA 112 822	20 44 00.9	+00 19 44	11.548	+1.030	+0.883	+0.558	+0.502	+1.060
Mark A4	20 45 03.8	−10 40 22	14.767	+0.795	+0.176	+0.471	+0.475	+0.952
Mark A2	20 45 05.2	−10 40 48	14.540	+0.666	+0.096	+0.379	+0.371	+0.751
Mark A1	20 45 08.7	−10 42 29	15.911	+0.609	−0.014	+0.367	+0.373	+0.740

Name	Right Ascension	Declination	V	B–V	U–B	V–R	R–I	V–I
	h m s	o ′ ″						
Mark A	20 45 09.5	−10 42 58	13.256	−0.246	−1.159	−0.114	−0.124	−0.238
Mark A3	20 45 14.0	−10 40 55	14.818	+0.938	+0.651	+0.587	+0.510	+1.098
Wolf 918	21 10 29.2	−13 13 34	10.869	+1.493	+1.139	+0.978	+1.083	+2.064
G26−7A	21 32 15.9	−09 40 52	13.047	+0.725	+0.279	+0.405	+0.371	+0.776
G26−7	21 32 29.5	−09 41 44	12.006	+1.664	+1.231	+1.298	+1.669	+2.968
G26−7C	21 32 32.5	−09 45 03	12.468	+0.624	+0.093	+0.354	+0.340	+0.695
G26−7B	21 32 35.6	−09 41 40	13.454	+0.562	+0.027	+0.323	+0.327	+0.652
SA 113 440	21 41 40.3	+00 47 41	11.796	+0.637	+0.167	+0.363	+0.350	+0.715
SA 113 221	21 41 42.5	+00 26 57	12.071	+1.031	+0.874	+0.550	+0.490	+1.041
SA 113 L1	21 41 53.4	+00 34 30	15.530	+1.343	+1.180	+0.867	+0.723	+1.594
SA 113 337	21 41 55.4	+00 33 52	14.225	+0.519	−0.025	+0.351	+0.331	+0.682
SA 113 339	21 42 01.6	+00 33 53	12.250	+0.568	−0.034	+0.340	+0.347	+0.687
SA 113 233	21 42 05.2	+00 27 57	12.398	+0.549	+0.096	+0.338	+0.322	+0.661
SA 113 342	21 42 05.8	+00 33 31	10.878	+1.015	+0.696	+0.537	+0.513	+1.050
SA 113 239	21 42 12.9	+00 28 29	13.038	+0.516	+0.051	+0.318	+0.327	+0.647
SA 113 241	21 42 15.2	+00 31 42	14.352	+1.344	+1.452	+0.897	+0.797	+1.683
SA 113 245	21 42 19.3	+00 27 47	15.665	+0.628	+0.112	+0.396	+0.318	+0.716
SA 113 459	21 42 20.9	+00 48 59	12.125	+0.535	−0.018	+0.307	+0.313	+0.623
SA 113 250	21 42 30.6	+00 26 36	13.160	+0.505	−0.003	+0.309	+0.316	+0.626
SA 113 466	21 42 33.3	+00 46 11	10.003	+0.453	+0.003	+0.279	+0.283	+0.564
SA 113 259	21 42 50.9	+00 23 35	11.744	+1.199	+1.220	+0.621	+0.544	+1.167
SA 113 260	21 42 54.0	+00 29 48	12.406	+0.514	+0.069	+0.308	+0.298	+0.606
SA 113 475	21 42 57.2	+00 45 16	10.304	+1.058	+0.841	+0.568	+0.528	+1.097
SA 113 263	21 42 58.9	+00 31 33	15.481	+0.280	+0.074	+0.194	+0.207	+0.401
SA 113 366	21 42 59.5	+00 35 18	13.537	+1.096	+0.896	+0.623	+0.588	+1.211
SA 113 265	21 42 59.7	+00 24 00	14.934	+0.639	+0.101	+0.411	+0.395	+0.807
SA 113 268	21 43 03.1	+00 25 51	15.281	+0.589	−0.018	+0.379	+0.407	+0.786
SA 113 34	21 43 04.9	+00 07 03	15.173	+0.484	−0.054	+0.306	+0.346	+0.652
SA 113 372	21 43 08.0	+00 34 35	13.681	+0.670	+0.080	+0.395	+0.370	+0.766
SA 113 149	21 43 11.6	+00 15 21	13.469	+0.621	+0.043	+0.379	+0.386	+0.765
SA 113 153	21 43 14.9	+00 21 00	14.476	+0.745	+0.285	+0.462	+0.441	+0.902
SA 113 272	21 43 26.3	+00 26 54	13.904	+0.633	+0.067	+0.370	+0.340	+0.710
SA 113 156	21 43 27.8	+00 18 06	11.224	+0.526	−0.057	+0.303	+0.314	+0.618
SA 113 158	21 43 27.8	+00 20 05	13.116	+0.723	+0.247	+0.407	+0.374	+0.782
SA 113 491	21 43 30.4	+00 49 51	14.373	+0.764	+0.306	+0.434	+0.420	+0.854
SA 113 492	21 43 33.7	+00 44 18	12.174	+0.553	+0.005	+0.342	+0.341	+0.684
SA 113 493	21 43 34.5	+00 44 08	11.767	+0.786	+0.392	+0.430	+0.393	+0.824
SA 113 495	21 43 35.6	+00 44 04	12.437	+0.947	+0.530	+0.512	+0.497	+1.010
SA 113 163	21 43 41.5	+00 22 42	14.540	+0.658	+0.106	+0.380	+0.355	+0.735
SA 113 165	21 43 44.0	+00 21 29	15.639	+0.601	+0.003	+0.354	+0.392	+0.746
SA 113 281	21 43 44.7	+00 24 53	15.247	+0.529	−0.026	+0.347	+0.359	+0.706
SA 113 167	21 43 47.0	+00 22 05	14.841	+0.597	−0.034	+0.351	+0.376	+0.728
SA 113 177	21 44 02.6	+00 20 40	13.560	+0.789	+0.318	+0.456	+0.436	+0.890
SA 113 182	21 44 14.4	+00 20 47	14.370	+0.659	+0.065	+0.402	+0.422	+0.824
SA 113 187	21 44 26.7	+00 22 52	15.080	+1.063	+0.969	+0.638	+0.535	+1.174
SA 113 189	21 44 33.5	+00 23 17	15.421	+1.118	+0.958	+0.713	+0.605	+1.319
SA 113 307	21 44 36.5	+00 24 01	14.214	+1.128	+0.911	+0.630	+0.614	+1.245
SA 113 191	21 44 39.6	+00 21 52	12.337	+0.799	+0.223	+0.471	+0.466	+0.937
SA 113 195	21 44 46.8	+00 23 19	13.692	+0.730	+0.201	+0.418	+0.413	+0.832
G93−48D	21 53 15.6	+02 27 31	13.664	+0.636	+0.120	+0.368	+0.362	+0.724

Name	Right Ascension	Declination	V	B–V	U–B	V–R	R–I	V–I
	h m s	° ′ ″						
G93–48C	21 53 19.5	+02 27 58	12.664	+1.320	+1.260	+0.852	+0.759	+1.610
G93–48A	21 53 23.0	+02 29 20	12.856	+0.715	+0.278	+0.403	+0.365	+0.772
G93–48B	21 53 23.8	+02 29 16	12.416	+0.719	+0.194	+0.405	+0.383	+0.791
G93–48	21 53 30.9	+02 29 20	12.743	−0.011	−0.790	−0.096	−0.099	−0.195
PG2213–006F	22 17 19.1	−00 11 28	12.644	+0.678	+0.171	+0.395	+0.384	+0.781
PG2213–006C	22 17 23.9	−00 15 46	15.108	+0.726	+0.175	+0.425	+0.432	+0.853
PG2213–006E	22 17 27.5	−00 11 12	13.776	+0.661	+0.087	+0.397	+0.373	+0.778
PG2213–006B	22 17 28.0	−00 15 21	12.710	+0.753	+0.291	+0.427	+0.404	+0.831
PG2213–006D	22 17 28.7	−00 11 14	13.987	+0.787	+0.128	+0.486	+0.479	+0.967
PG2213–006A	22 17 29.4	−00 14 59	14.180	+0.665	+0.094	+0.407	+0.408	+0.817
PG2213–006	22 17 34.6	−00 14 46	14.137	−0.214	−1.176	−0.072	−0.132	−0.211
G156–31	22 39 45.8	−15 10 26	12.361	+1.993	+1.408	+1.648	+2.042	+3.684
SA 114 531	22 41 42.7	+00 58 41	12.095	+0.733	+0.175	+0.421	+0.404	+0.824
SA 114 637	22 41 48.5	+01 09 56	12.070	+0.801	+0.307	+0.456	+0.415	+0.872
SA 114 446	22 42 09.9	+00 52 47	12.064	+0.737	+0.237	+0.397	+0.369	+0.769
SA 114 654	22 42 32.1	+01 16 57	11.833	+0.656	+0.178	+0.368	+0.341	+0.711
SA 114 656	22 42 41.0	+01 17 56	12.644	+0.965	+0.698	+0.547	+0.506	+1.051
SA 114 548	22 42 42.8	+01 05 52	11.599	+1.362	+1.568	+0.738	+0.651	+1.387
SA 114 750	22 42 50.6	+01 19 22	11.916	−0.037	−0.367	+0.027	−0.016	+0.010
SA 114 755	22 43 13.4	+01 23 35	10.909	+0.570	−0.063	+0.313	+0.310	+0.622
SA 114 670	22 43 15.2	+01 17 03	11.101	+1.206	+1.223	+0.645	+0.561	+1.208
SA 114 176	22 44 16.2	+00 28 03	9.239	+1.485	+1.853	+0.800	+0.717	+1.521
HD 216135	22 51 36.3	−13 11 53	10.111	−0.119	−0.618	−0.052	−0.065	−0.119
G156–57	22 54 26.3	−14 09 11	10.192	+1.557	+1.179	+1.179	+1.543	+2.730
GD 246A	23 13 22.4	+10 53 14	12.962	+0.463	−0.047	+0.288	+0.296	+0.584
GD 246	23 13 26.8	+10 54 06	13.090	−0.318	−1.194	−0.148	−0.181	−0.328
GD 246B	23 13 34.0	+10 54 13	14.368	+0.919	+0.693	+0.512	+0.431	+0.944
GD 246C	23 13 35.9	+10 56 16	13.637	+0.879	+0.540	+0.484	+0.448	+0.933
Feige 108	23 17 18.7	−01 43 32	12.973	−0.237	−1.050	−0.106	−0.140	−0.245
PG2317+046	23 21 01.1	+04 59 39	12.876	−0.246	−1.137	−0.074	−0.035	−0.118
PG2331+055	23 34 50.3	+05 53 48	15.182	−0.066	−0.487	−0.012	−0.031	−0.044
PG2331+055A	23 34 55.2	+05 54 00	13.051	+0.741	+0.257	+0.419	+0.401	+0.821
PG2331+055B	23 34 56.9	+05 52 17	14.744	+0.819	+0.429	+0.481	+0.454	+0.935
PG2336+004B	23 39 44.4	+00 49 55	12.429	+0.517	−0.048	+0.313	+0.317	+0.627
PG2336+004A	23 39 48.8	+00 49 38	11.274	+0.686	+0.129	+0.394	+0.382	+0.769
PG2336+004	23 39 49.7	+00 50 08	15.885	−0.160	−0.781	−0.056	−0.048	−0.109
SA 115 554	23 42 36.9	+01 33 35	11.812	+1.005	+0.548	+0.586	+0.538	+1.127
SA 115 486	23 42 39.0	+01 23 54	12.482	+0.493	−0.049	+0.298	+0.308	+0.607
SA 115 412	23 43 07.0	+01 16 11	12.209	+0.573	−0.040	+0.327	+0.335	+0.665
SA 115 268	23 43 36.7	+00 59 21	12.494	+0.634	+0.077	+0.366	+0.348	+0.714
SA 115 420	23 43 42.5	+01 13 08	11.160	+0.467	−0.019	+0.288	+0.293	+0.581
SA 115 271	23 43 48.0	+00 52 23	9.693	+0.612	+0.109	+0.354	+0.349	+0.702
SA 115 516	23 45 21.5	+01 21 22	10.431	+1.028	+0.760	+0.564	+0.534	+1.099
BD +1 4774	23 50 20.0	+02 30 54	8.993	+1.434	+1.105	+0.964	+1.081	+2.047
PG2349+002	23 52 59.3	+00 35 28	13.277	−0.191	−0.921	−0.103	−0.116	−0.219

WWW A searchable version of this table appears on *The Astronomical Almanac Online*.
The table of bright Johnson *UBVRI* standards listed in editions prior to 2003 is available online as well.

WWW These data or auxiliary material may also be found on *The Astronomical Almanac Online*
at **https://asa.hmnao.com** *and* **https://aa.usno.navy.mil/publications/asa.html**

Name	BS=HR No.	Right Ascension	Declination	V	Spectral Type	Note[1]
		h m s	° ′ ″			
HD 224926	9087	00 02 55.57	−02 54 28.4	5.12	B7III	
G 158−100		00 34 59.87	−12 00 57.1	14.89	dG−K	
HD 3360	153	00 38 10.88	+54 00 53.8	3.66	B2IV	
CD−34 241		00 42 49.50	−33 32 05.5	11.23	F	
BPM 16274		00 51 01.99	−52 01 14.1	14.20	DA2	Model
LTT 1020		01 55 49.70	−27 22 23.3	11.52	G	
HD 15318	718	02 29 18.31	+08 33 19.2	4.28	B9III	
EGGR 21 1		03 10 43.23	−68 31 15.4	11.38	DA	
LTT 1788		03 49 09.48	−39 04 48.3	13.16	F	
GD 50		03 49 56.05	−00 54 43.3	14.06	DA2	
SA 95−42		03 54 49.73	−00 00 51.1	15.61	DA	
HZ 4		03 56 32.60	+09 51 00.3	14.52	DA4	
LB 227		04 10 43.03	+17 11 12.9	15.34	DA4	
HZ 2		04 13 55.12	+11 55 00.6	13.86	DA3	
HD 30739	1544	04 51 47.14	+08 56 07.3	4.36	A1V	
G 191−B2B		05 07 13.61	+52 51 29.8	11.78	DA1	
HD 38666	1996	05 46 47.89	−32 17 58.2	5.17	O9V	Model
GD 71		05 53 42.02	+15 53 22.5	13.03	DA1	
LTT 2415		05 57 16.05	−27 51 29.7	12.21		
HILT 600		06 46 20.53	+02 06 49.2	10.44	B1	
HD 49798		06 48 43.37	−44 20 28.6	8.30	O6	Model
HD 60753		07 34 01.33	−50 37 54.6	6.70	B3IV	Model
G 193−74		07 55 05.98	+52 26 00.2	15.70	DA0	
BD+75 325		08 13 25.10	+74 54 03.2	9.54	O5p	
LTT 3218		08 42 22.43	−33 00 43.8	11.86	DA	
HD 74280	3454	08 44 20.84	+03 19 12.8	4.30	B3V	
AGK+81°266		09 24 29.49	+81 37 53.0	11.92	sdO	
GD 108		10 01 51.41	−07 39 45.3	13.56	sdB	
LTT 3864		10 33 11.58	−35 44 22.0	12.17	F	
Feige 34		10 40 52.03	+42 59 23.7	11.18	DO	
HD 93521		10 49 36.35	+37 27 22.8	7.04	O9Vp	
HD 100889	4468	11 37 46.44	−09 55 16.8	4.70	B9.5V	
LTT 4364		11 46 54.38	−64 57 33.2	11.50	C2	
HD 103287	4554	11 54 57.18	+53 34 30.6	2.44	A0V	Model
Feige 56		12 07 53.14	+11 33 01.8	11.06	B5p	
HZ 21		12 15 01.06	+32 49 22.5	14.68	DO2	
Feige 66		12 38 27.43	+24 56 54.3	10.50	sdO	
LTT 4816		12 40 01.62	−49 54 53.7	13.79	DA	
Feige 67		12 42 56.23	+17 24 15.5	11.81	sdO	
GD 153		12 58 05.52	+21 54 51.4	13.35	DA1	
G 60−54		13 01 14.11	+03 21 26.9	15.81	DC	
HD 114330	4963	13 11 03.90	−05 39 11.7	4.38	A1IV	
HZ 43		13 17 22.45	+28 59 06.3	12.91	DA1	
HZ 44		13 24 33.75	+36 01 17.5	11.66	sdO	
GRW+70°5824		13 39 21.38	+70 10 35.8	12.77	DA3	

Name	BS=HR No.	Right Ascension	Declination	V	Spectral Type	Note[1]
		h m s	° ′ ″			
HD 120315	5191	13 48 23.15	+49 12 23.5	1.86	B3V	Model
CD−32 9927		14 13 02.66	−33 09 15.1	10.42	A0	
HD 129956	5501	14 46 36.04	+00 37 39.4	5.68	B9.5V	
LTT 6248		15 40 18.22	−28 39 48.3	11.80	A	
BD+33 2642		15 52 50.19	+32 53 06.7	10.81	B2IV	
EGGR 274		16 25 01.55	−39 16 40.9	11.03	DA	
G 138−31		16 28 55.25	+09 09 18.7	16.14	DC	
HD 172167	7001	18 37 40.04	+38 48 17.3	0.00	A0V	
LTT 7379		18 37 59.38	−44 17 30.7	10.23	G0	
HD 188350	7596	19 55 50.84	+00 19 52.6	5.62	A0III	
LTT 7987		20 12 16.42	−30 09 17.9	12.23	DA	
G 24−9		20 14 59.10	+06 46 39.8	15.72	DC	
HD 198001	7950	20 48 50.26	−09 24 56.9	3.78	A1V	
LDS 749B		21 33 22.86	+00 21 00.4	14.67	DB4	
BD+28 4211		21 52 08.65	+28 57 54.2	10.51	Op	
G 93−48		21 53 30.88	+02 29 19.4	12.74	DA3	
BD+25 4655		22 00 40.88	+26 32 09.8	9.76	O	
NGC 7293		22 30 48.88	−20 43 35.5	13.51	V.Hot	
HD 214923	8634	22 42 32.10	+10 56 38.8	3.40	B8V	
LTT 9239		22 53 50.36	−20 28 46.8	12.07	F	
LTT 9491		23 20 43.37	−16 58 23.8	14.11	DC	
Feige 110		23 21 04.94	−05 02 51.8	11.82	DOp	
GD 248		23 27 11.43	+16 07 23.5	15.09	DC	

Notes to Table

[1]   Model data for the optical range; only suitable as a standard in the ultraviolet range.

HIP No.	HD No.	Right Ascension	Declination	V	v_r	σv_r	Spectral Type
		h m s	° ′ ″		km/s	km/s	
699	400	00 09 47.7	+36 44 45	6.21	− 15.116	0.0119	F8IV
1499	1461	00 19 48.2	−07 56 05	6.47	− 10.086	0.0224	G0V
1541	1497	00 20 19.5	+13 41 44	8.19	− 7.367	0.0165	F8
1813	1832	00 24 07.9	+22 29 34	7.57	− 30.502	0.0085	F8
2712	3079	00 35 41.5	+48 02 03	7.38	− 12.296	0.0199	F8
2832	3268	00 37 01.8	+13 19 27	6.32	− 23.372	0.0153	F7V
3206	3765	00 42 00.4	+40 18 03	7.36	− 63.113	0.0160	K2V
4393	5372	00 57 33.2	+52 36 26	7.53	+ 0.649	0.0096	G5
5176	6512	01 07 20.9	+13 22 02	8.15	+ 10.366	0.0155	G0
5578	7134	01 12 36.1	−12 43 47	7.48	− 16.612	0.0208	G1V
6285	8004	01 21 57.1	+55 04 27	7.21	− 8.198	0.0136	G0
6405	8262	01 23 28.3	+18 47 41	6.96	+ 5.658	0.0183	G3V
6653	8648	01 26 26.6	+01 34 19	7.38	+ 1.051	0.0243	G5
7090	9224	01 32 32.3	+29 31 22	7.32	+ 14.991	0.0131	G0V
7576	10008	01 38 40.4	−06 39 08	7.66	+ 11.706	0.0074	G5
7734	10086	01 40 55.1	+45 59 05	6.60	+ 2.185	0.0193	G5IV
8798	11505	01 54 11.7	−01 13 26	7.43	− 16.438	0.0140	G0
10505	13825	02 16 38.5	+24 22 10	6.80	− 2.179	0.0160	G8IV
10681	13829	02 19 07.1	+65 21 38	7.61	− 11.846	0.0140	F8
11949	15830	02 35 34.2	+42 52 39	7.59	+ 16.846	0.0274	G0
13291	17674	02 52 22.1	+30 22 27	7.56	+ 10.568	0.0205	G0V
14150	18803	03 03 42.8	+26 41 30	6.62	+ 9.933	0.0113	G8V
14614	19518	03 09 56.3	+15 24 53	7.85	− 27.180	0.0209	G8V
15323	20367	03 18 59.2	+31 12 16	6.40	+ 6.482	0.0225	G0
17147	22879	03 41 27.9	−03 09 00	6.68	+120.400	0.0121	F9V
20917	28343	04 30 16.8	+21 58 11	8.30	− 35.406	0.0194	K7V
21553	232979	04 39 23.4	+52 55 57	8.62	+ 34.066	0.0177	K8V
22576	30708	04 52 55.4	+35 50 58	6.78	− 55.686	0.0117	G5
23311	32147	05 01 53.1	−05 42 41	6.22	+ 21.671	0.0079	K3V
24681	34445	05 18 50.7	+07 22 27	7.31	− 78.906	0.0271	G0
25973	36066	05 34 24.5	+57 14 01	6.44	+ 33.264	0.0160	F8V
26973	38459	05 44 01.1	−47 48 48	8.52	+ 26.600	0.0147	K0V
29432	42618	06 13 10.4	+06 46 30	6.85	− 53.440	0.0139	G4V
29525	42807	06 14 24.1	+10 37 05	6.43	+ 6.100	0.0293	G8V
30067	43947	06 20 54.5	+16 00 09	6.61	+ 40.579	0.0121	F8V
30862	45391	06 30 12.7	+36 27 48	7.15	− 5.289	0.0197	G0
32874	49736	06 52 20.1	+25 43 57	6.98	+ 6.734	0.0138	F8
35265	56124	07 18 33.2	+33 03 04	6.93	+ 22.605	0.0155	G0
37722	62346	07 45 29.6	+20 08 53	7.35	− 9.256	0.0185	G5
38784	62613	07 59 44.6	+80 12 26	6.55	− 7.752	0.0087	G8V
39157	65583	08 01 51.8	+29 09 52	6.97	+ 14.886	0.0235	G8V
39330	66653	08 03 06.9	−46 23 46	7.52	+ 23.176	0.0133	G5V
40093	67827	08 12 46.9	+38 39 56	6.61	+ 25.943	0.0167	G0
41484	71148	08 29 06.3	+45 34 43	6.32	− 32.300	0.0191	G5V
42403	73344	08 40 01.2	+23 36 30	6.89	+ 6.253	0.0255	F8
43297	75302	08 50 19.7	+03 24 16	7.45	+ 10.248	0.0207	G0
43737	75933	08 55 53.8	+40 02 58	7.62	− 35.533	0.0117	G5
44097	76780	09 00 09.6	+21 04 54	7.63	+ 31.022	0.0141	G5
45869	80536	09 22 25.4	+25 04 12	7.26	− 37.923	0.0099	G0
48331	85512	09 51 59.6	−43 36 25	7.67	− 9.510	0.0025	K5V

HIP No.	HD No.	Right Ascension	Declination	V	v_r	σv_r	Spectral Type
		h m s	° ′ ″		km/s	km/s	
50139	88725	10 15 15.5	+03 02 30	7.75	− 21.976	0.0039	G1V
50316	88986	10 17 40.9	+28 34 27	6.46	+ 29.061	0.0082	G0V
51700	91347	10 35 09.4	+49 04 32	7.50	− 25.065	0.0164	F8
54196	96094	11 06 24.1	+25 05 07	7.60	+ 0.490	0.0130	G0
57083	101690	11 43 13.3	+04 37 42	7.28	+ 21.526	0.0163	G0
59589	106210	12 14 18.9	+10 41 55	7.57	− 24.447	0.0157	G3V
61044	108942	12 31 42.7	+50 51 17	7.91	− 10.903	0.0092	G5
65530	117043	13 26 43.8	+63 09 05	6.50	− 30.934	0.0134	G6V
66974	119550	13 44 38.1	+14 15 29	6.92	+ 5.597	0.0044	G2V
67246	120066	13 48 01.1	+06 14 35	6.33	− 30.506	0.0103	G0V
69357	124106	14 12 55.4	−12 42 47	7.93	+ 3.373	0.0191	K1V
70252	126323	14 23 04.9	+60 52 05	7.40	− 2.909	0.0207	G0
70520	126512	14 26 30.0	+20 29 26	7.27	− 48.580	0.0160	F9V
71181	128165	14 34 10.9	+52 49 00	7.24	+ 11.392	0.0143	K3V
71679	129499	14 40 03.7	+66 15 18	7.38	− 11.449	0.0156	G5
72604	131042	14 51 38.2	+22 49 10	7.50	− 26.864	0.0109	G5
73623	133826	15 03 19.6	+65 41 39	7.33	− 2.712	0.0136	G0
73941	134044	15 07 25.7	+36 22 27	6.35	− 5.810	0.0125	F8V
76906	140233	15 43 15.8	+07 45 23	7.33	− 0.883	0.0292	G0
78424	145742	15 59 12.5	+80 34 05	7.57	− 21.711	0.0192	K0
78775	144579	16 05 41.3	+39 05 58	6.66	− 59.381	0.0171	G8V
79862	147044	16 18 54.1	+34 25 52	7.50	− 14.502	0.0092	G0
81813	151541	16 42 36.2	+68 03 54	7.56	+ 9.529	0.0190	K1V
83389	154345	17 03 12.8	+47 03 27	6.76	− 46.847	0.0222	G8V
83827	155060	17 08 44.1	+32 04 43	7.21	− 10.499	0.0098	F8
83863	154931	17 09 25.3	+04 23 49	7.25	− 18.598	0.0210	G0
85810	159222	17 32 47.3	+34 15 26	6.52	− 51.558	0.0176	G5V
87382	162826	17 51 56.0	+40 04 05	6.55	+ 1.880	0.0218	F8V
88194	164595	18 01 28.5	+29 34 25	7.07	+ 2.074	0.0155	G2V
89474	168009	18 16 09.6	+45 13 01	6.30	− 64.567	0.0092	G2V
90864	171067	18 33 09.8	+13 45 16	7.20	− 46.197	0.0100	G8V
91949	173701	18 45 14.0	+43 51 24	7.54	− 45.551	0.0193	K0
93373	175607	19 03 14.8	−66 09 47	8.60	− 91.911	0.0023	G8V
94981	181655	19 20 24.4	+37 22 13	6.29	+ 2.076	0.0267	G8V
98792	190404	20 04 50.5	+23 23 49	7.28	− 2.444	0.0263	K1V
99241	191649	20 09 19.6	+50 39 02	7.40	− 9.009	0.0205	G0
100963	195034	20 29 08.6	+22 11 59	7.09	− 0.864	0.0177	G5
102610	198089	20 48 39.1	+13 04 00	7.43	− 33.377	0.0217	F8
103692	200078	21 01 43.7	+17 31 59	8.05	− 60.171	0.0098	G5
106707	205702	21 37 57.6	+05 54 41	7.62	− 13.482	0.0198	F8
109439	210460	22 11 20.6	+19 43 20	6.18	+ 20.492	0.0215	G0V
109527	210667	22 12 08.5	+36 21 41	7.23	− 19.393	0.0295	K0
111274	213575	22 33 41.8	−06 21 21	6.94	− 21.460	0.0132	G0
111748	214557	22 39 07.2	+45 56 20	7.06	− 38.471	0.0201	F8
113829	217813	23 04 08.2	+21 02 04	6.65	+ 2.084	0.0180	G5V
114028	218133	23 06 36.1	+14 34 07	7.10	− 48.719	0.0210	G0
115697	220773	23 27 33.0	+08 45 39	7.10	− 37.700	0.0094	G0
116085	221354	23 32 25.5	+59 17 06	6.76	− 25.014	0.0189	K2V
116421	221830	23 36 34.1	+31 08 16	6.86	−112.260	0.0195	F9V
116542	222033	23 38 11.4	+30 47 51	7.21	− 13.040	0.0206	G0V

Name	HD No.	R.A.	Dec.	Type	Magnitude Min.	Max.		Epoch 2400000+	Period	Spectral Type
		h m s	o ′ ″						d	
WW Cet		00 12 30.6	−11 21 33	UGz	10.4	15.8	v		31.2:	pec(UG) + M2.5V
S Scl	1115	00 16 27.2	−31 55 33	M	5.5	13.6	v	42345	367	M3e−M9e(Tc)
T Cet	1760	00 22 51.5	−19 56 20	SRc	4.96	6.90	V	54286.0	159.3	M5−6SIIe
R And	1967	00 25 10.5	+38 41 45	M	5.8	15.2	v	53820.0	409.2	S3,5e−S8,8e(M7e)
TV Psc	2411	00 29 10.4	+18 00 43	SR	4.65	5.42	V	31387	49.1	M3III
EG And	4174	00 45 48.2	+40 47 48	Z And+E	6.97	7.8	V	50683.20	482.57	M2IIIep
U Cep	5679	01 04 20.1	+81 59 26	EA	6.75	9.24	V	51492.323	2.493	B7Ve + G8III−IV
RX And		01 05 48.8	+41 24 51	UGz	10.3	14.8	V		14:	pec(UG)
ζ Phe	6882	01 09 17.0	−55 07 53	EA	3.91	4.42	V	41957.6058	1.670	B6V + B9V
WX Hyi		02 10 26.4	−63 12 36	UGsu	9.6	14.85	V		13.7:	pec(UG)
KK Per	13136	02 11 45.5	+56 39 35	Lc	7.49	7.99	V			M1.0Iab−M3.5Iab
o Cet	14386	02 20 26.1	−02 52 52	M	2	10.1	v	44839	331.96	M5e−M9e
VW Ari	15165	02 27 55.0	+10 39 40	δ Sct	6.64	6.76	V		0.161	F0IV
U Cet	15971	02 34 45.6	−13 03 18	M	6.7	13.8	v	42137	234.76	M2e−M6e
R Tri	16210	02 38 21.0	+34 21 24	M	5.4	12.6	v	45215	266.9	M4IIIe−M8e
RZ Cas	17138	02 50 54.0	+69 43 22	EA	6.18	7.72	V	43200.3063	1.195	A2.8V
R Hor	18242	02 54 35.7	−49 48 10	M	4.7	14.3	v	41494	407.6	M5e−M8eII−III
ρ Per	19058	03 06 33.7	+38 55 19	SRb	3.3	4.0	V		50:	M4IIb−IIIa
β Per	19356	03 09 34.6	+41 02 13	EA	2.09	3.30	V	56181.84	2.867	B8V+G8III
λ Tau	25204	04 01 52.5	+12 32 58	EA	3.37	3.91	V	47185.265	3.953	B3V + A4IV
VW Hyi		04 09 02.7	−71 14 21	UGsu	8.4	14.4	v		27.3:	pec(UG)
R Dor	29712	04 37 00.9	−62 02 06	SRb	4.78	6.32	V	55335	172	M7−M8IIIe
HU Tau	29365	04 39 32.1	+20 43 34	EA	5.85	6.68	V	42412.456	2.056	B8V
R Cae	29844	04 41 14.9	−38 11 41	M	6.7	14.6	v	40645	390.95	M6e
R Pic	30551	04 46 44.1	−49 12 28	SR	6.35	10.1	V	54410	168	M1IIe−M4IIe
R Lep	31996	05 00 35.1	−14 46 31	M	5.5	11.7	v	54344	445	C7,6e(N6e)
ε Aur	31964	05 03 31.0	+43 51 10	EA	2.92	3.83	V	35629	9892	A8Ia−F2epIa + BV
RX Lep	33664	05 12 23.1	−11 49 26	SRb	5.12	6.65	V	48562.0	79.54	M6III
AR Aur	34364	05 19 43.9	+33 47 18	EA	6.15	6.82	V	49706.3615	4.135	Ap(Hg−Mn) + B9V
TZ Men	39780	05 26 08.7	−84 46 06	EA	6.19	6.87	V	39190.34	8.569	A1III + B9V:
β Dor	37350	05 33 48.9	−62 28 34	δ Cep	3.41	4.08	V	40905.3	9.843	F4−G4Ia−II
SU Tau	247925	05 50 20.9	+19 04 16	RCB	9.1	18.0	V	54862.0	44.68	G0−1Iep(C1,0HD)
α Ori	39801	05 56 20.2	+07 24 34	SRc	0.0	1.3	v		2335	M1−M2Ia−Ibe
U Ori	39816	05 57 05.8	+20 10 37	M	4.8	13.0	v	54520	377	M6e−M9.5e
SS Aur		06 15 00.1	+47 43 58	UGss	10.3	16.8	V		55.5:	M3−5Ve
η Gem	42995	06 16 10.6	+22 29 55	SRa+EA	3.15	3.9	V	37725	232.9	M3IIIab
T Mon	44990	06 26 22.7	+07 04 20	δ Cep	5.58	6.62	V	43784.615	27.025	F7Iab−K1Iab +...
RT Aur	45412	06 29 57.0	+30 28 40	δ Cep	5.00	5.82	V	42361.155	3.728	F4Ib−G1Ib
WW Aur	46052	06 33 51.3	+32 26 15	EA	5.79	6.54	V	41399.305	2.525	A3m: + A3m:
IR Gem		06 49 00.8	+28 03 13	UGsu	11.2	18.7:	V		75:	pec(UG)
ζ Gem	52973	07 05 23.0	+20 32 13	δ Cep	3.62	4.18	V	43805.927	10.151	F7Ib−G3Ib
L₂ Pup	56096	07 14 11.7	−44 40 33	SRb	2.6	8.0			140.6	M5IIIe−M6IIIe
R CMa	57167	07 20 26.6	−16 26 13	EA	5.7	6.34	V	50015.6841	1.136	F1V
U Mon	59693	07 31 49.0	−09 49 24	RVb	5.45	7.67	V	38496	91.32	F8eVIb−K0pIb(M2)
U Gem	64511	07 56 21.4	+21 56 36	UGss+E	8.2	14.9	v		105.2:	pec(UG) + M4.5V
V Pup	65818	07 58 51.5	−49 18 15	EB	4.35	4.92	V	45367.6063	1.454	B1Vp + B3:
AR Pup		08 03 49.4	−36 39 29	RVb	8.85	10.15	V	54900.0	76.32	F0I−II−F8I−II
AI Vel	69213	08 14 47.7	−44 38 31	δ Sct	6.15	6.76	V		0.116	A2p−F2pIV/V
Z Cam		08 27 35.0	+73 02 22	UGz	10.0	14.5	v		22:	pec(UG) + K7V
SW UMa		08 38 18.7	+53 24 05	UGsu	9.7	16.5	V		460:	pec(UG)

Name	HD No.	R.A.	Dec.	Type	Magnitude Min.	Magnitude Max.		Epoch 2400000+	Period	Spectral Type
		h m s	° ′ ″						d	
AK Hya	73844	08 40 52.8	−17 22 52	SRb	6.33	6.91	V		75	M4III
VZ Cnc	73857	08 42 02.0	+09 44 48	δ Sct	7.18	7.91	V	50071.282	0.178	A7III−F2III
BZ UMa		08 55 23.3	+57 43 43	UGsu	10.5	17.5	v		97:	pec(UG)
CU Vel		08 59 20.9	−41 52 56	UGsu	10.5	17.0	V		164.7:	M5V
TY Pyx	77137	09 00 38.0	−27 54 05	EA/RS	6.85	7.5	V	43187.2304	3.199	G5 + G5
CV Vel	77464	09 01 18.6	−51 38 26	EA	6.69	7.19	V	42048.6689	6.889	B2.5V + B2.5V
SY Cnc		09 02 15.9	+17 48 49	UGz	10.5	14.1	V		27:	pec(UG) + G
T Pyx		09 05 35.0	−32 27 59	Nr	6.2	15.5	V	51651.6526	7000:	pec(NOVA)
WY Vel	81137	09 22 41.4	−52 39 24	Z And	7.50	9.1	V			−M5epIb:+B2III:
IW Car	82085	09 27 23.5	−63 43 27	RVb	7.77	9.10	V	53866.0	143.6	F7/8+A3/5Ib/II:
R Car	82901	09 32 47.0	−62 53 04	M	3.9	10.5	v	54597	307.0	M4e−M8e
S Ant	82610	09 33 14.9	−28 43 24	EW	6.27	6.83	V	52627.7968	0.648	F3V
W UMa	83950	09 45 15.3	+55 51 11	EW	7.75	8.48	V	51276.3967	0.334	F8Vp + F8Vp
R Leo	84748	09 48 42.7	+11 19 41	M	4.4	11.3	v	44164	309.95	M6e−M8IIIe−...
CH UMa		10 08 39.4	+67 26 27	UG	10.7	15.3			204:	pec(UG) + K4−M0V
S Car	88366	10 10 03.1	−61 39 17	M	4.5	9.9	v	42112	149.49	K5e−M6e
η Car	93308	10 45 53.9	−59 47 52	S Dor	−0.8	7.9	v			pec(E)
VY UMa	92839	10 46 32.1	+67 17 53	SRb	5.73	6.32	V	49838.0	120.4	C6,3(N0)
U Car	95109	10 58 41.2	−59 50 51	δ Cep	5.74	6.96	V	53075.3	38.829	F6−G7Iab
VW UMa	94902	11 00 28.4	+69 52 24	SRb	6.69	7.71	V	52764	615	M4−M5III
QZ Vir		11 39 33.0	+03 14 57	UGsu	9.6	16.2	v			pec(UG)
BC UMa		11 53 22.9	+49 07 31	UGwz	10.9	19.37	V			
RU Cen	105578	12 10 31.2	−45 32 45	RVa	8.48	9.93	V	52718	64.727	A7Ib−G2pe
S Mus	106111	12 13 57.8	−70 16 17	δ Cep	5.89	6.49	V	40299.42	9.660	F6Ib−G0
RY UMa	107397	12 21 28.6	+61 11 25	SRa	6.49	7.94	V		310	M2−M3IIIe
SS Vir	108105	12 26 20.5	+00 39 03	SRa	6.0	9.6	v	54296	361	C6,3e(Ne)
BO Mus	109372	12 36 11.4	−67 52 31	SRb	5.3	6.56	V	52028	132.4	M6II−III
R Vir	109914	12 39 35.4	+06 52 14	M	6.1	12.1	v	45872	145.63	M3.5IIIe−M8.5e
R Mus	110311	12 43 25.3	−69 31 31	δ Cep	5.93	6.73	V	26496.288	7.510	F7Ib−G2
UW Cen		12 44 31.0	−54 38 44	RCB	9.1	17.8	V	54573	71.4	K
TX CVn		12 45 44.0	+36 38 48	Z And+EL	9.34	10.28	V		199.75	B1−B9Veq +...
SW Vir	114961	13 15 10.9	−02 55 13	SRb	6.2	8.0	V	54883	146	M7III
FH Vir	115322	13 17 28.9	+06 23 29	SRb	6.92	7.4	V	40740	70:	M6III
V CVn	115898	13 20 23.8	+45 24 52	SRa	6.52	8.56	V	43929	191.89	M4e−M6eIIIa:
R Hya	117287	13 30 53.6	−23 23 30	M	3.5	10.9	v	52863	380	M6e−M9eS(TC)
BV Cen		13 32 41.6	−55 05 10	UGss	10.7	13.6	v	40264.78		pec(UG)
T Cen	119090	13 42 59.9	−33 42 19	RVa	5.56	8.44	V	53530	181.4	K0:e−M4II:e
V412 Cen	121518	13 58 56.6	−57 48 55	SRc	7.0	7.6	V	53541	89.44	M3Iab/b−M7
θ Aps	122250	14 07 29.9	−76 53 56	SRb	4.65	6.20	V	53846	111.0	M7III
Z Aps		14 08 46.2	−71 28 22	RVa	10.7	12.7	v		37.89	
R Cen	124601	14 18 08.4	−60 00 45	M	5.3	11.8	v	53079	502	M4e−M8IIe
δ Lib	132742	15 02 07.4	−08 36 11	EA	4.91	5.9	V	48788.426	2.327	A0IV−V
i Boo	133640	15 04 29.8	+47 34 16	EW	5.8	6.4	V	50945.4898	0.268	G2V + G2V
S Aps		15 11 36.3	−72 08 36	RCB	9.54	17.0	V	53149	66.03	C(R3)
GG Lup	135876	15 20 21.4	−40 51 56	EB	5.49	6.0	B	52501.301	1.85	B7V
τ⁴ Ser	139216	15 37 28.0	+15 01 54	SRb	5.89	7.07	V	54192	86.7	M5IIb−IIIa
R CrB	141527	15 49 27.6	+28 05 31	RCB	5.71	15.2	V			C0,0(F8pep)
R Ser	141850	15 51 41.3	+15 04 11	M	5.16	14.4	V	45521	356.41	M5IIIe−M9e
T CrB	143454	16 00 24.2	+25 51 37	Nr+EL	2.0	10.8	v	47919	227.6	M3III + pec(NOVA)
AG Dra		16 01 48.9	+66 44 37	Z And	7.9	10.3	v	50775.34	548.65	K3IIIep

Name		HD No.	R.A.	Dec.	Type	Magnitude Min.	Magnitude Max.		Epoch 2400000+	Period	Spectral Type
			h m s	° ′ ″						d	
AT	Dra	147232	16 17 37.1	+59 42 12	SRb	5.18	5.54	V	49856	35.57	M4IIIa
U	Sco		16 23 45.3	−17 55 39	Nr+E	7.5	19.3	V	47717.6145		pec(E)
g	Her	148783	16 29 21.0	+41 50 07	SRb	4.3	5.5	v		89.2	M6III
α	Sco	148478	16 30 43.8	−26 28 40	SRc	0.75	1.21	V	55056	2180	M1.5Iab−Ib
R	Ara	149730	16 41 32.5	−57 02 06	EA	6.17	7.32	V	47386.12	4.425	B9Vp
AH	Her		16 45 03.3	+25 12 43	UGz	10.9	14.7	v		19.8:	pec(UG)+ K7V
V1010	Oph	151676	16 50 41.5	−15 42 14	EB	6.1	7.00	V	50963.757	0.661	A5V
ζ¹	Sco	152236	16 55 31.0	−42 23 44	S Dor:	4.66	4.86	V			B1Iape
RS	Sco	152476	16 57 11.7	−45 08 10	M	5.96	13.0	V	53637	319	M5e−M9
V861	Sco	152667	16 58 06.0	−40 51 21	EB	6.07	6.4	V	43704.21	7.848	B0.5Iae
α¹	Her	156014	17 15 37.7	+14 22 02	SRb	2.73	3.60	V	50960	125.6	M3−M5Ib/III
U	Oph	156247	17 17 37.2	+01 11 17	EA	5.84	6.56	V	52066.758	1.677	B5V + B5V
u	Her	156633	17 18 07.3	+33 04 41	EA	4.69	5.37	V	48852.367	2.051	B1.5Vp + B5III
RY	Ara		17 22 45.9	−51 08 26	RVa:	8.71	11.51	V	30220	145:	G5−K0
BM	Sco	160371	17 42 22.7	−32 13 27	L	5.25	6.46	V			K2.5Ib
V703	Sco	160589	17 43 41.2	−32 31 55	δ Sct	7.58	8.04	V	42979.3923	0.115	A9−G0
X	Sgr	161592	17 48 54.9	−27 50 13	δ Cep	4.2	4.9	V	40741.7	7.013	F5−G2II
RS	Oph	162214	17 51 22.6	−06 42 46	Nr+Lb	4.3	12.5	v	51848	453.6	OB + K4−M4III
V539	Ara	161783	17 52 13.5	−53 37 01	EA+SPB	5.71	6.24	V	48753.44	3.169	B2V + B3V
OP	Her	163990	17 57 25.6	+45 20 57	SRb	5.85	6.73	V	41196	120.5	M5IIb−IIIa(S)
W	Sgr	164975	18 06 23.6	−29 34 38	δ Cep	4.29	5.14	V	43374.77	7.595	F4−G2Ib
VX	Sgr	165674	18 09 21.9	−22 13 10	SRc	6.52	14.0	V	36493	732	M4eIa−M10eIa
RS	Sgr	167647	18 19 01.7	−34 05 52	EA	6.01	6.97	V	20586.387	2.416	B3IV−V + A
RS	Tel		18 20 27.5	−46 32 17	RCB	9.6	<16.5	v	51980	48.6	C(R4)
Y	Sgr	168608	18 22 38.9	−18 50 55	δ Cep	5.25	6.24	V	40762.38	5.773	F5−G0Ib−II
AC	Her	170756	18 31 10.9	+21 52 58	RVa	6.85	9.0	V	53831.8	75.29	F2pIb−K4e(C0.0)
T	Lyr		18 33 04.7	+37 00 57	Lb	7.5	9.2	V			C6,5(R6)
XY	Lyr	172380	18 38 49.1	+39 41 18	SRc	5.6	6.6	V		120	M4−5Ib−II
X	Oph	172171	18 39 22.8	+08 51 16	M	5.9	8.6	v	53477	338	M5e−M9e
R	Sct	173819	18 48 37.8	−05 40 50	RVa	4.2	8.6	v	44872	146.5	G0Iae−K2p(M3)Ibe
V	CrA	173539	18 49 00.5	−38 08 02	RCB	9.4	17.9	V			C(R0)
β	Lyr	174638	18 50 52.4	+33 23 20	EB	3.30	4.35	V	55434.8702	12.941	B8II−IIIep
FN	Sgr		18 55 10.5	−18.57 59	Z And+EA	10.8	14.0	V	50270	568.3	M5III+WD
R	Lyr	175865	18 55 59.4	+43 58 31	SRb	3.81	4.44	V		46:	M5III
κ	Pav	174694	18 59 09.3	−67 12 12	CW	3.91	4.78	V	40140.167	9.083	F5−G5I−II
FF	Aql	176155	18 59 12.2	+17 23 28	δ Cep	5.18	5.68	V	41576.428	4.471	F5Ia−F8Ia
MT	Tel	176387	19 03 47.4	−46 37 18	RRc	8.70	9.25	V	54602.797	0.317	A0W
R	Aql	177940	19 07 24.4	+08 15 51	M	5.5	12.0	v	43458	270.5	M5e−M9e
RY	Sgr	180093	19 17 56.8	−33 28 58	RCB	5.8	14.0	v	54305	37.67	G0Iaep(C1,0)
RS	Vul	180939	19 18 34.9	+22 28 52	EA	6.79	7.83	V	32808.257	4.478	B4V + A2IV
U	Sge	181182	19 19 44.9	+19 39 04	EA	6.45	9.28	V	17130.4114	3.381	B8V + G2III−IV
UX	Dra	183556	19 20 48.7	+76 36 04	SRb:	5.94	7.1	V		175	C7,3(N0)
BF	Cyg		19 24 44.3	+29 43 04	Z And	9.1	13.5	V		755	Bep + M5III
CH	Cyg	182917	19 25 07.0	+50 17 05	Z And+SR	5.6	10.1	v			M7IIIab + Be
RR	Lyr	182989	19 26 09.1	+42 49 37	RRab	7.06	8.12	V	55751.4711	0.567	A5.0−F7.0
CI	Cyg		19 50 59.7	+35 44 23	Z And+E	9.0	12.3	V	41838.8	852.98	Bep + M5III
χ	Cyg	187796	19 51 23.5	+32 58 10	M	3.3	14.2	v	42140	408.05	S6,2e−S10,4e(MSe)
η	Aql	187929	19 53 34.0	+01 03 44	δ Cep	3.48	4.39	V	36084.656	7.177	F6Ib−G4Ib
V449	Cyg	188344	19 54 10.0	+34 00 27	Lb	7.2	7.77	V			M1−M5
V505	Sgr	187949	19 54 19.1	−14 32 47	EA	6.46	7.51	V	50999.3118	1.183	A2V + F6:

Name	HD No.	R.A.	Dec.	Type	Magnitude Min.	Magnitude Max.		Epoch 2400000+	Period	Spectral Type
		h m s	° ′ ″						d	
S Sge	188727	19 56 59.9	+16 41 35	δ Cep	5.24	6.04	V	42678.792	8.382	F6Ib–G5Ib
RR Sgr	188378	19 57 16.5	−29 07 54	M	5.4	14.0	v	40809	336.33	M4e–M9e
RR Tel		20 06 00.7	−55 39 49	Nc	6.5	16.5	p			pec
WZ Sge		20 08 34.0	+17 46 05	UGwz+E+ZZ/		15.53	B		11900:	DAep(UG)
P Cyg	193237	20 18 34.8	+38 06 03	S Dor	3	6	v			B1Iapeq
V Sge		20 21 11.1	+21 10 17	CBSS+E	8.6	13.9	v	37889.9154	0.514	pec(CONT + e)
EU Del	196610	20 38 53.6	+18 20 43	SRb	5.41	6.72	V	53145	58.63	M6III
AE Aqr		20 41 15.7	−00 47 37	DQ+EL	10.18	12.12	V		0.412	WD+K3Ve
X Cyg	197572	20 44 14.7	+35 39 58	δ Cep	5.85	6.91	V	43830.387	16.386	F7Ib–G8Ib
T Vul	198726	20 52 23.0	+28 19 55	δ Cep	5.41	6.09	V	41705.121	4.435	F5Ib–G0Ib
T Cep	202012	21 09 48.3	+68 34 43	M	5.2	11.3	v	44177	388.14	M5.5e–M8.8e
VY Aqr		21 13 18.4	−08 44 16	UGsu	10.0	17.52	V	17796		pec(UG)
W Cyg	205730	21 36 51.7	+45 28 18	SRb	5.10	6.83	V	48945	131.7	M4e–M6e(TC:)III
EE Peg	206155	21 41 05.4	+09 16 59	EA	6.93	7.51	V	45563.8916	2.628	A3mV + F5
V460Cyg	206570	21 42 55.6	+35 36 32	SRb	5.57	6.5	V		180:	C6,4(N1)
SS Cyg	206697	21 43 33.7	+43 41 07	UGss	7.7	12.4	v			K5V + pec(UG)
μ Cep	206936	21 44 10.0	+58 52 45	SRc	3.43	5.1	V	49518	835	M2eIa
RS Gru	206379	21 44 28.1	−48 05 26	δ Sct	7.94	8.48	V	54734.729	0.147	A6–A9IV–F0
AG Peg	207757	21 52 04.7	+12 43 37	Z And+EL	6.0	9.4	v	31667.5	816.5	WN6 + M3III
VV Cep	208816	21 57 15.6	+63 43 42	EA+SRc	4.8	5.36	V	43360	7430	M2epIa–...
AR Lac	210334	22 09 33.1	+45 50 55	EA/RS	6.08	6.77	V	49292.3444	1.983	G2IV–V + K0IV
RU Peg		22 15 05.9	+12 48 41	UGss+ZZ:	9.5	13.0	v		74.3:	pec(UG) + K0/5V
π¹ Gru	212087	22 24 02.5	−45 50 20	SRb	5.31	7.1	V	54229	195.5	S5
δ Cep	213306	22 29 58.4	+58 31 33	δ Cep	3.49	4.36	V	36075.445	5.366	F5Ib–G1Ib
ER Aqr	218074	23 06 34.5	−22 22 14	Lb	7.14	7.81	V			M3III
Z And	221650	23 34 42.4	+48 56 14	Z And	7.7	11.3	V			M2III + B1eq
R Aqr	222800	23 44 56.2	−15 09 55	M+Z And	5.2	12.4	v	53650	387	M5e–M8.5e + pec
TX Psc	223075	23 47 29.5	+03 36 22	Lb	4.79	5.2	V			C7,2(N0)(Tc)
SX Phe	223065	23 47 40.9	−41 28 03	SX Phe(B)	6.76	7.53	V	38636.617	0.055	A5–F4

Notes to Table

CBSS	close binary supersoft x-ray source		RS	RS Canum Venaticorum type
CW	cepheid, W Vir type (period > 8 days)		RV	RV Tauri type
δ Cep	cepheid, classical type		RVa	RV Tauri type (constant mean brightness)
δ Sct	δ Scuti type		RVb	RV Tauri type (varying mean brightness)
DQ	DQ Herculis type		S Dor	S Doradus variable
E	eclipsing		SR	semi-regular, long period variable
EA	eclipsing, Algol type		SRa	semi-regular, late spectral class, strong periodicities
EB	eclipsing, β Lyrae type		SRb	semi-regular, late spectral class, weak periodicities
EL	rotating ellipsoidal close binary		SRc	semi-regular supergiant of late spectral class
EW	eclipsing, W Ursae Maj type		SPB	slowly pulsating B star
Lb	slow irregular variable		SRd	semi-regular giant or supergiant, spectrum F, G, or K
Lc	irregular supergiant (late spectral type)		SX Phe	SX Phoenicis variable
M	Mira type long period variable		UG	U Gem type dwarf nova
Nc	very slow nova		UGss	U Gem type dwarf nova (SS Cygni subtype)
NL	nova-like variable		UGsu	U Gem type dwarf nova (SU Ursae Majoris subtype)
Nr	recurrent nova		UGwz	U Gem type dwarf nova(WZ Sagittae subtype)
RCB	R Coronae Borealis variable		UGz	U Gem type dwarf nova(Z Camelopardalis subtype)
RRab	RR Lyrae variable (asymmetric light curves)		Z And	Z And type symbiotic star
RRc	RR Lyrae variable (symmetric sinusoidal light curves)		ZZ	ZZ Ceti variable
p	photographic magnitude		V	photoelectric magnitude, visual filter
v	visual magnitude		B	photoelectric magnitude, blue filter
:	uncertainty in period or spectral type		<	fainter than the magnitude indicated
...	full spectral type given in Section L			

IAU Designation	Name	RA	Dec.	Appt. Diam.	Dist.	Log (age)	Mag. Mem.[1]	E$_{(B-V)}$	Metal-licity	Trumpler Class
		h m s	° ′ ″	′	pc	yr				
C0001−302	Blanco 1	00 05 13	−29 42 49	70.0	269	7.796	8	0.010	+0.04	IV 3 m
C0022+610	NGC 103	00 26 28	+61 26 32	4.0	3026	8.126	11	0.406		II 1 m
C0027+599	NGC 129	00 31 13	+60 20 13	19.0	1625	7.886	11	0.548		III 2 m
C0029+628	King 14	00 33 17	+63 16 27	8.0	2960	7.9	10	0.34		III 1 p
C0030+630	NGC 146	00 34 12	+63 27 09	5.5	3470	7.11		0.55		II 2 p
C0036+608	NGC 189	00 40 50	+61 12 46	5.0	752	7.00		0.42		III 1 p
C0040+615	NGC 225	00 44 55	+61 53 33	12.0	657	8.114		0.274		III 1 pn
C0039+850	NGC 188	00 49 48	+85 22 19	17.0	2047	9.632	10	0.082	−0.03	I 2 r
C0048+579	King 2	00 52 16	+58 18 00	5.0	5750	9.78	17	0.31	−0.42	II 2 m
	IC 1590	00 54 05	+56 44 41	4.0	2940	6.54		0.32		
C0112+598	NGC 433	01 16 33	+60 14 23	2.0	2323	7.50	9	0.86		III 2 p
C0112+585	NGC 436	01 17 20	+58 55 29	5.0	3014	7.926	10	0.460		I 2 m
C0115+580	NGC 457	01 20 57	+58 23 57	20.0	2429	7.324	6	0.472		II 3 r
C0126+630	NGC 559	01 31 00	+63 24 52	9.1	2430	8.35	9	0.82		I 1 m
C0129+604	NGC 581	01 34 50	+60 45 35	5.0	2194	7.336	9	0.382		II 2 m
C0132+610	Trumpler 1	01 37 10	+61 23 33	3.0	2469	7.30	10	0.68		II 2 p
C0139+637	NGC 637	01 44 36	+64 08 51	3.0	2500	7.0	8	0.64		I 2 m
C0140+616	NGC 654	01 45 30	+61 59 33	5.0	2410	7.0	10	0.82		II 2 r
C0140+604	NGC 659	01 45 53	+60 46 50	5.0	1938	7.548	10	0.652		I 2 m
C0144+717	Collinder 463	01 47 30	+71 55 01	57.0	702	8.373		0.259		III 2 m
C0142+610	NGC 663	01 47 39	+61 20 31	14.0	2420	7.4	9	0.80		II 3 r
C0149+615	IC 166	01 54 02	+61 56 19	7.0	4800	9.0	17	0.80	−0.178	II 1 r
C0154+374	NGC 752	01 58 58	+37 53 20	75.0	457	9.050	8	0.034	+0.01	II 2 r
C0155+552	NGC 744	02 00 00	+55 34 38	5.0	1207	8.248	10	0.384		III 1 p
C0211+590	Stock 2	02 16 16	+59 35 03	60.0	303	8.23		0.38	−0.14	I 2 m
C0215+569	NGC 869	02 20 32	+57 13 35	18.0	2079	7.069	7	0.575	−0.3	I 3 r
C0218+568	NGC 884	02 23 55	+57 13 22	18.2	2940	7.1	7	0.56	−0.3	I 3 r
C0225+604	Markarian 6	02 31 17	+60 48 05	6.0	698	7.214	8	0.606		III 1 P
C0228+612	IC 1805	02 34 21	+61 32 38	20.0	2344	6.48	9	0.87		II 3 mn
C0233+557	Trumpler 2	02 38 26	+56 00 27	17.0	725	7.95		0.40		II 2 p
C0238+425	NGC 1039	02 43 28	+42 51 09	35.0	499	8.249	9	0.070	+0.07	II 3 r
C0238+613	NGC 1027	02 44 24	+61 43 27	6.2	1030	8.4	9	0.41		II 3 mn
C0247+602	IC 1848	02 52 53	+60 31 15	18.0	2200	6.70		0.660		I 3 pn
C0302+441	NGC 1193	03 07 23	+44 27 56	3.0	4571	9.7	14	0.19	−0.293	I 2 m
	NGC 1252	03 11 21	−57 41 10	8.0	790	9.45		0.00		
C0311+470	NGC 1245	03 16 12	+47 18 55	40.0	2818	9.03	12	0.24	−0.04	II 2 r
C0318+484	Melotte 20	03 25 52	+49 56 11	300.0	185	7.854	3	0.090	+0.04	III 3 m
C0328+371	NGC 1342	03 33 02	+37 26 55	15.0	665	8.655	8	0.319	−0.16	III 2 m
C0341+321	IC 348	03 45 55	+32 13 47	8.0	385	7.641		0.929		
C0344+239	Melotte 22	03 48 17	+24 10 54	120.0	133	8.131	3	0.030	−0.03	I 3 rn
C0400+524	NGC 1496	04 06 11	+52 43 09	4.0	1230	8.80	12	0.45		III 2 p
C0403+622	NGC 1502	04 09 45	+62 23 15	8.0	1000	7.00	7	0.70		I 3 m
C0406+493	NGC 1513	04 11 33	+49 34 12	10.0	1320	8.11	11	0.67		II 1 m
C0411+511	NGC 1528	04 17 01	+51 16 03	16.0	1090	8.6	10	0.26		II 2 m
C0417+448	Berkeley 11	04 22 08	+44 58 00	5.0	2200	8.041	15	0.95	+0.01	II 2 m
C0417+501	NGC 1545	04 22 35	+50 18 11	18.0	711	8.448	9	0.303	−0.13	IV 2 p
C0424+157	Melotte 25	04 28 08	+15 54 49	330.0	45	8.896	4	0.010	+0.13	
C0443+189	NGC 1647	04 47 11	+19 09 10	40.0	540	8.158	9	0.370		II 2 r
C0445+108	NGC 1662	04 49 38	+10 58 23	20.0	437	8.625	9	0.304	−0.095	II 3 m
C0447+436	NGC 1664	04 52 38	+43 42 36	9.0	1199	8.465	10	0.254		

IAU Designation	Name	RA	Dec.	Appt. Diam.	Dist.	Log (age)	Mag. Mem.[1]	$E_{(B-V)}$	Metal-licity	Trumpler Class
		h m s	° ′ ″	′	pc	yr				
C0504+369	NGC 1778	05 09 31	+37 02 59	8.0	1469	8.155		0.336		III 2 p
C0509+166	NGC 1817	05 13 30	+16 42 52	16.0	1972	8.612	9	0.334	−0.16	IV 2 r
C0518−685	NGC 1901	05 18 06	−68 25 42	10.0	460	8.78		0.03	−0.018	III 3 m
C0519+333	NGC 1893	05 24 09	+33 25 50	25.0	6000	6.48		0.45		II 3 rn
C0520+295	Berkeley 19	05 25 28	+29 37 06	4.0	7870	9.40	15	0.32	−0.50	II 1 m
C0524+352	NGC 1907	05 29 31	+35 20 28	7.0	1800	8.5	11	0.52		I 1 mn
C0524+343	Stock 8	05 29 33	+34 26 22	12.0	2005	6.30		0.40		
C0525+358	NGC 1912	05 30 07	+35 51 51	20.0	1400	8.5	8	0.25	−0.38	II 2 r
C0532+099	Collinder 69	05 36 17	+09 56 46	70.0	400	6.70		0.12		
C0532−059	NGC 1980	05 36 27	−05 54 09	20.0	550	6.67		0.05		III 3 mn
C0532+341	NGC 1960	05 37 43	+34 09 07	10.0	1330	7.4	9	0.22		I 3 r
C0536−026	Sigma Orionis	05 39 47	−02 35 21	10.0	399	7.11		0.05		III 1 p
C0535+379	Stock 10	05 40 28	+37 56 38	25.0	380	7.90		0.07		IV 2 p
C0546+336	King 8	05 50 49	+33 38 18	4.0	6403	8.618	15	0.580	−0.460	II 2 m
C0548+217	Berkeley 21	05 53 00	+21 47 14	5.0	5000	9.34	6	0.76	−0.835	I 2
C0549+325	NGC 2099	05 53 42	+32 33 25	14.0	1383	8.540	11	0.302	+0.089	I 2 r
C0600+104	NGC 2141	06 04 06	+10 26 41	10.0	4033	9.231	15	0.250	−0.18	I 2 r
C0601+240	IC 2157	06 06 09	+24 03 11	5.0	2040	7.800	12	0.548		II 1 p
C0604+241	NGC 2158	06 08 44	+24 05 33	5.0	5071	9.023	15	0.360	−0.28	
C0605+139	NGC 2169	06 09 37	+13 57 37	5.0	1052	7.067		0.199		III 3 m
C0605+243	NGC 2168	06 10 13	+24 19 42	40.0	912	8.25	8	0.20	−0.160	III 3 r
C0606+203	NGC 2175	06 10 56	+20 28 53	22.0	1627	6.953	8	0.598		III 3 rn
C0609+054	NGC 2186	06 13 17	+05 26 49	8.1	2700	8.3	12	0.27		II 2 m
C0611+128	NGC 2194	06 14 58	+12 47 57	9.0	3781	8.515	13	0.383	−0.08	II 2 r
C0613−186	NGC 2204	06 16 29	−18 40 24	10.0	2629	8.896	13	0.085	−0.23	II 2 r .
C0618−072	NGC 2215	06 21 51	−07 17 40	7.0	1293	8.369	11	0.300		II 2 m
C0624−047	NGC 2232	06 28 19	−04 46 22	53.0	359	7.727		0.030	+0.32	III 2 p
C0627−312	NGC 2243	06 30 23	−31 17 56	5.0	4458	9.032		0.051	−0.42	I 2 r
C0629+049	NGC 2244	06 33 04	+04 55 29	29.0	1660	6.28	7	0.47		II 3 rn
C0632+084	NGC 2251	06 35 48	+08 20 54	10.0	1329	8.427		0.186	−0.10	III 2 m
C0634+094	Trumpler 5	06 37 53	+09 24 50	15.4	2400	9.70	17	0.60	−0.30	III 1 rn
C0635+020	Collinder 110	06 39 31	+01 59 47	18.0	1950	9.15		0.50		
C0638+099	NGC 2264	06 42 09	+09 52 24	39.0	667	6.954	5	0.051	−0.15	III 3 mn
C0640+270	NGC 2266	06 44 39	+26 56 50	5.0	3000	8.80	11	0.20	−0.38	II 2 m
C0644−206	NGC 2287	06 46 56	−20 46 51	39.0	710	8.4	8	0.01	−0.23	I 3 r
C0645+411	NGC 2281	06 49 48	+41 03 10	25.0	558	8.554	8	0.063	+0.13	I 3 m
C0649+005	NGC 2301	06 52 51	+00 25 58	14.0	870	8.2	8	0.03	+0.060	I 3 r
C0649−070	NGC 2302	06 52 58	−07 06 38	5.0	1500	7.08	12	0.23		III 2 m
C0649+030	Berkeley 28	06 53 20	+02 54 22	3.0	2557	7.846	15	0.761		I 1 p
C0655+065	Berkeley 32	06 59 15	+06 24 11	6.0	3078	9.70	14	0.15	−0.29	II 2 r
C0700−082	NGC 2323	07 03 44	−08 24 57	14.0	950	8.0	9	0.20		II 3 r
C0701+011	NGC 2324	07 05 14	+01 00 42	10.6	3800	8.65	12	0.25	−0.17	II 2 r
C0704−100	NGC 2335	07 07 50	−10 03 47	6.0	1417	8.210	10	0.393	−0.18	III 2 mn
C0705−105	NGC 2343	07 09 07	−10 39 07	5.0	1056	7.104	8	0.118	−0.30	II 2 pn
C0706−130	NGC 2345	07 09 18	−13 13 43	12.0	2251	7.853	9	0.616		II 3 r
C0712−256	NGC 2354	07 15 03	−25 43 42	18.0	4085	8.126		0.307	−0.30	III 2 r
C0712−102	NGC 2353	07 15 31	−10 18 19	18.0	1170	8.10	9	0.10		III 3 p
C0712−310	Collinder 132	07 16 10	−30 43 20	80.0	472	7.080		0.037		III 3 p
C0715−367	Collinder 135	07 18 03	−36 51 23	50.0	316	7.407		0.032	−0.219	
C0714+138	NGC 2355	07 18 12	+13 42 37	7.0	1949	8.90	13	0.22	−0.08	II 2 m

IAU Designation	Name	RA	Dec.	Appt. Diam.	Dist.	Log (age)	Mag. Mem.[1]	$E_{(B-V)}$	Metal-licity	Trumpler Class
		h m s	° ′ ″	′	pc	yr				
C0715−155	NGC 2360	07 18 42	−15 40 54	13.0	1887	8.749		0.111	−0.03	I 3 r
C0716−248	NGC 2362	07 19 35	−24 59 44	5.0	1480	6.70	8	0.10		I 3 r
C0717−130	Haffner 6	07 21 06	−13 40 28	6.0	3054	8.826	16	0.450		IV 2 rn
C0721−131	NGC 2374	07 24 56	−13 18 23	12.0	1468	8.463		0.090		IV 2 p
C0722−321	Collinder 140	07 25 16	−31 53 36	60.0	405	7.548		0.030	−0.10	III 3 m
C0722−261	Ruprecht 18	07 25 32	−26 15 36	7.0	1056	7.648		0.700	−0.010	
C0722−209	NGC 2384	07 26 06	−21 03 55	5.0	3070	7.15		0.31		IV 3 p
C0724−476	Melotte 66	07 27 00	−47 42 39	14.0	4313	9.445		0.143	−0.33	II 1 r
C0731−153	NGC 2414	07 34 11	−15 30 03	5.0	3455	6.976		0.508		I 3 m
C0734−205	NGC 2421	07 37 09	−20 39 38	6.0	2200	7.90	11	0.42		I 2 r
C0734−143	NGC 2422	07 37 34	−14 31 57	25.0	490	7.861	5	0.070	+0.11	I 3 m
C0734−137	NGC 2423	07 38 06	−13 55 16	12.0	766	8.867		0.097	+0.14	II 2 m
C0735−119	Melotte 71	07 38 31	−12 06 59	7.0	3154	8.371		0.113	−0.32	II 2 r
C0735+216	NGC 2420	07 39 39	+21 31 23	5.0	2480	9.3	11	0.04	−0.38	I 1 r
C0738−334	Bochum 15	07 40 55	−33 35 03	3.0	2806	6.742		0.576		IV 2 pn
C0738−315	NGC 2439	07 41 35	−31 44 40	9.0	1300	7.00	9	0.37		II 3 r
C0739−147	NGC 2437	07 42 45	−14 51 42	20.0	1510	8.4	10	0.10	+0.059	II 2 r
C0742−237	NGC 2447	07 45 25	−23 54 34	10.0	1037	8.588	9	0.046	−0.10	I 3 r
C0744−044	Berkeley 39	07 47 46	−04 39 14	7.0	4780	9.90	16	0.12	−0.20	II 2 r
C0745−271	NGC 2453	07 48 28	−27 14 58	4.0	2150	7.187		0.446		I 3 m
C0746−261	Ruprecht 36	07 49 16	−26 21 17	5.0	1681	7.606	12	0.166		IV 1 m
C0750−384	NGC 2477	07 52 56	−38 35 11	15.0	1341	8.85	12	0.31	+0.07	I 2 r
C0752−241	NGC 2482	07 56 07	−24 18 58	10.0	1343	8.604		0.093	−0.07	IV 1 m
C0754−299	NGC 2489	07 57 07	−30 07 18	6.0	3957	7.264	11	0.374	+0.080	I 2 m
C0757−607	NGC 2516	07 58 25	−60 48 44	30.0	409	8.052	7	0.101	+0.060	I 3 r
C0757−284	Ruprecht 44	07 59 44	−28 38 34	10.0	4730	6.941	12	0.619		IV 2 m
C0757−106	NGC 2506	08 01 02	−10 49 48	12.0	3750	9.00	11	0.10	−0.20	I 2 r
C0803−280	NGC 2527	08 05 51	−28 12 32	10.0	601	8.649		0.038	−0.10	II 2 m
C0805−297	NGC 2533	08 07 56	−29 56 47	5.0	1700	8.84		0.14		II 2 r
C0809−491	NGC 2547	08 10 47	−49 16 46	25.0	361	7.585	7	0.186	−0.160	I 3 rn
C0808−126	NGC 2539	08 11 38	−12 52 59	9.0	1363	8.570	9	0.082	+0.13	III 2 m
C0810−374	NGC 2546	08 13 03	−37 39 38	70.0	919	7.874	7	0.134	+0.120	III 2 m
C0811−056	NGC 2548	08 14 47	−05 48 58	30.0	770	8.6	8	0.03	+0.080	I 3 r
C0816−304	NGC 2567	08 19 24	−30 42 30	7.0	1677	8.469	11	0.128	0.00	II 2 m
C0816−295	NGC 2571	08 19 49	−29 49 06	8.0	1342	7.488		0.137	+0.05	II 3 m
C0835−394	Pismis 5	08 38 26	−39 39 34	12.0	869	7.197		0.421		
C0837−460	NGC 2645	08 39 46	−46 18 36	3.0	1668	7.283	9	0.380		II 3 p
C0838−528	IC 2391	08 41 09	−53 06 38	60.0	175	7.661	4	0.008	−0.01	II 3 m
	Mamajek 1	08 41 19	−79 06 17	40.0	97	6.9		0.00		
C0837+201	NGC 2632	08 41 38	+19 35 21	70.0	187	8.863	6	0.009	+0.27	II 3 m
C0839−461	Pismis 8	08 42 19	−46 20 40	3.0	1312	7.427	10	0.706		II 2 p
C0839−480	IC 2395	08 43 12	−48 11 29	18.6	800	6.80		0.09	0.00	II 3 m
C0840−469	NGC 2660	08 43 21	−47 16 41	3.5	2826	9.033	13	0.313	+0.04	I 1 r
C0843−486	NGC 2670	08 46 11	−48 52 45	7.0	1188	7.690	13	0.430		III 2 m
C0843−527	NGC 2669	08 47 00	−53 01 40	20.0	1046	7.927		0.180		III 3 m
C0846−423	Trumpler 10	08 48 41	−42 31 49	29.0	424	7.542		0.034	−0.13	II 3 m
C0847+120	NGC 2682	08 52 28	+11 43 06	25.0	808	9.45	9	0.03	+0.03	II 3 r
C0914−364	NGC 2818	09 16 53	−36 42 56	9.0	1855	8.626		0.121	−0.17	III 1 m
	NGC 2866	09 22 50	−51 11 33	2.0	2600	8.30		0.66		
C0922−515	Ruprecht 76	09 24 56	−51 45 35	5.0	1262	7.734	13	0.376		IV 2 p

IAU Designation	Name	RA	Dec.	Appt. Diam.	Dist.	Log (age)	Mag. Mem.[1]	$E_{(B-V)}$	Metal-licity	Trumpler Class
		h m s	o ′ ″	′	pc	yr				
C0925−549	Ruprecht 77	09 27 45	−55 12 39	5.0	4129	7.501	14	0.622		II 1 m
C0926−567	IC 2488	09 28 17	−57 05 39	18.0	1134	8.113	10	0.231	+0.10	II 3 r
C0927−534	Ruprecht 78	09 29 52	−53 47 41	3.0	1641	7.987	15	0.350		II 2 m
C0939−536	Ruprecht 79	09 41 43	−53 56 54	5.0	1979	7.093	11	0.717		III 2 p
C1001−598	NGC 3114	10 03 18	−60 13 28	35.0	911	8.093	9	0.069	+0.02	
C1019−514	NGC 3228	10 22 13	−51 50 14	5.0	544	7.932		0.028	+0.03	
C1022−575	Westerlund 2	10 24 50	−57 52 34	2.0	2850	6.30		1.65		IV 1 pn
C1025−573	IC 2581	10 28 17	−57 43 36	5.0	2446	7.142		0.415	−0.34	II 2 pn
C1028−595	Collinder 223	10 33 04	−60 07 52	18.0	2820	8.0		0.25	−0.217	II 2 m
C1033−579	NGC 3293	10 36 40	−58 20 30	6.0	2327	7.014	8	0.263		
C1035−583	NGC 3324	10 38 10	−58 45 13	12.0	2317	6.754		0.438	−0.474	
C1036−538	NGC 3330	10 39 38	−54 14 08	4.0	894	8.229		0.050		III 2 m
C1040−588	Bochum 10	10 43 02	−59 14 46	20.0	2027	6.857		0.306		II 3 mn
C1041−641	IC 2602	10 43 44	−64 30 47	100.0	161	7.507	3	0.024	0.00	I 3 r
C1041−593	Trumpler 14	10 44 46	−59 39 48	8.4	2900	6.00		0.36		
C1041−597	Collinder 228	10 44 50	−60 12 00	14.0	2201	6.830		0.342		
C1042−591	Trumpler 15	10 45 33	−59 28 48	14.0	1853	6.926		0.434		III 2 pn
C1043−594	Trumpler 16	10 46 00	−59 49 48	12.0	2900	6.00		0.36		
C1045−598	Bochum 11	10 48 06	−60 11 50	21.0	2412	6.764		0.576		IV 3 pn
C1054−589	Trumpler 17	10 57 17	−59 18 55	5.0	2189	7.706		0.605		
C1055−614	Bochum 12	10 58 16	−61 49 55	10.0	2218	7.61		0.24		III 3 p
C1057−600	NGC 3496	11 00 29	−60 27 08	8.0	990	8.471		0.469		II 1 r
	Sher 1	11 01 57	−60 20 57	1.0	5875	6.713		1.374		
C1059−595	Pismis 17	11 02 00	−59 55 57	6.0	3504	7.023	9	0.471	−0.145	
C1104−584	NGC 3532	11 06 34	−58 52 11	50.0	492	8.477	8	0.028	+0.02	II 3 r
C1108−599	NGC 3572	11 11 18	−60 21 55	5.0	1995	6.891	7	0.389		II 3 mn
C1108−601	Hogg 10	11 11 37	−60 31 01	3.0	1776	6.784		0.460		
C1109−604	Trumpler 18	11 12 23	−60 47 01	5.0	1358	7.194		0.315		II 3 m
C1109−600	Collinder 240	11 12 36	−60 25 36	32.0	1577	7.160		0.310		III 2 mn
C1110−605	NGC 3590	11 13 55	−60 54 20	3.0	1651	7.231		0.449		I 2 p
C1110−586	Stock 13	11 14 01	−59 00 02	5.0	1577	7.222	10	0.218		I 3 pn
C1112−609	NGC 3603	11 16 03	−61 22 39	4.0	6900	6.00		1.338		II 3 mn
C1115−624	IC 2714	11 18 23	−62 51 04	14.0	1238	8.542	10	0.341	+0.01	II 2 r
C1117−632	Melotte 105	11 20 38	−63 36 04	5.0	1715	8.55		0.83	+0.08	I 2 r
C1123−429	NGC 3680	11 26 40	−43 21 42	5.0	938	9.077	10	0.066	−0.19	I 2 m
C1133−613	NGC 3766	11 37 15	−61 43 39	9.3	2218	7.32	8	0.20		I 3 r
C1134−627	IC 2944	11 39 21	−63 29 31	65.0	1794	6.818		0.320		III 3 mn
C1141−622	Stock 14	11 44 50	−62 38 10	6.0	2399	7.30	10	0.21		III 3 p
C1148−554	NGC 3960	11 51 37	−55 47 35	5.0	1850	9.1		0.29	+0.02	I 2 m
C1154−623	Ruprecht 97	11 58 34	−62 50 11	5.0	1357	8.343	12	0.229	−0.03	IV 1 p
C1204−609	NGC 4103	12 07 48	−61 22 11	6.0	1632	7.393	10	0.294		I 2 m
C1221−616	NGC 4349	12 25 20	−61 59 26	5.0	2176	8.315	11	0.384	−0.12	II 2 m
C1222+263	Melotte 111	12 26 11	+25 58 52	120.0	96	8.652	5	0.013	+0.07	III 3 r
C1226−604	Harvard 5	12 28 28	−60 53 52	5.0	1184	8.032		0.160	+0.07	
C1225−598	NGC 4439	12 29 39	−60 13 25	4.0	1785	7.909		0.348		
C1239−627	NGC 4609	12 43 35	−63 06 45	13.0	1320	7.7	10	0.37	+0.05	II 2 m
C1250−600	NGC 4755	12 54 57	−60 28 41	10.0	1976	7.216	7	0.388		
C1315−623	Stock 16	13 20 54	−62 44 45	3.0	1810	6.90	10	0.52		III 3 pn
C1317−646	Ruprecht 107	13 21 13	−65 03 45	3.0	1442	7.478	12	0.458		III 2 p
C1324−587	NGC 5138	13 28 40	−59 08 39	7.0	1986	7.986		0.262	+0.120	II 2 m

IAU Designation	Name	RA	Dec.	Appt. Diam.	Dist.	Log (age)	Mag. Mem.[1]	$E_{(B-V)}$	Metal-licity	Trumpler Class
		h m s	° ′ ″	′	pc	yr				
C1326−609	Hogg 16	13 30 44	−61 18 38	6.0	1585	7.047		0.411		II 2 p
C1327−606	NGC 5168	13 32 32	−61 03 01	4.0	1777	8.001		0.431		I 2 m
C1328−625	Trumpler 21	13 33 42	−62 54 36	5.0	1263	7.696		0.197		I 2 p
C1343−626	NGC 5281	13 48 07	−63 01 25	7.0	1108	7.146	10	0.225		I 3 m
C1350−616	NGC 5316	13 55 29	−61 58 24	14.0	1215	8.202	11	0.267	−0.02	II 2 r
C1356−619	Lynga 1	14 01 36	−62 15 12	3.0	1900	8.00		0.45	+0.040	II 2 p
C1404−480	NGC 5460	14 08 50	−48 26 41	35.0	700	8.2	9	0.092	−0.06	I 3 m
C1420−611	Lynga 2	14 26 12	−61 25 37	13.0	900	7.95		0.22		II 3 m
C1424−594	NGC 5606	14 29 23	−59 43 38	3.0	1805	7.075		0.474		I 3 p
C1426−605	NGC 5617	14 31 21	−60 48 23	10.0	2000	7.90	10	0.48	+0.31	I 3 r
C1427−609	Trumpler 22	14 32 40	−61 15 40	10.0	1516	7.950	12	0.521		III 2 m
C1431−563	NGC 5662	14 37 11	−56 42 40	29.0	666	7.968	10	0.311	−0.03	II 3 r
C1440+697	Collinder 285	14 41 22	+69 28 31	1400.0	25	8.30	2	0.00		
C1445−543	NGC 5749	14 50 26	−54 35 12	10.0	1031	7.728		0.376		II 2 m
C1501−541	NGC 5822	15 05 56	−54 28 46	35.0	933	8.95	10	0.103	+0.05	II 2 r
C1502−554	NGC 5823	15 07 07	−55 41 08	12.0	1192	8.900	13	0.090		II 2 r
C1511−588	Pismis 20	15 17 05	−59 08 42	4.0	3272	6.864		1.28		
C1559−603	NGC 6025	16 05 07	−60 29 23	14.0	756	7.889	7	0.159	+0.19	II 3 r
C1601−517	Lynga 6	16 06 30	−51 59 26	5.0	1600	7.430		1.250		
C1603−539	NGC 6031	16 09 16	−54 04 16	3.0	1823	8.069		0.371	+0.02	I 3 p
C1609−540	NGC 6067	16 14 53	−54 16 18	14.0	1417	8.076	10	0.380	+0.138	I 3 r
C1614−577	NGC 6087	16 20 38	−57 59 09	14.0	891	7.976	8	0.175	−0.01	II 2 m
C1622−405	NGC 6124	16 26 49	−40 42 04	39.0	512	8.147	9	0.750		I 3 r
C1623−261	Collinder 302	16 27 27	−26 17 50	500.0						III 3 p
C1624−490	NGC 6134	16 29 23	−49 11 53	6.0	1260	8.95	11	0.35	+0.15	
C1632−455	NGC 6178	16 37 21	−45 41 09	5.0	1014	7.248		0.219		III 3 p
C1637−486	NGC 6193	16 42 57	−48 48 12	14.0	1155	6.775		0.475		
C1642−469	NGC 6204	16 47 44	−47 03 15	5.0	1200	7.90		0.46	−1.053	I 3 m
C1645−537	NGC 6208	16 51 11	−53 45 51	18.0	939	9.069		0.210	−0.03	III 2 r
C1650−417	NGC 6231	16 55 41	−41 51 31	14.0	1243	6.843	6	0.439		
C1652−394	NGC 6242	16 57 02	−39 29 40	9.0	1131	7.608		0.377		
C1653−405	Trumpler 24	16 58 30	−40 41 56	60.0	1138	6.919		0.418		
C1654−447	NGC 6249	16 59 15	−44 50 36	5.0	981	7.386		0.443		II 2 m
C1654−457	NGC 6250	16 59 31	−45 58 06	10.0	865	7.415		0.350		II 3 r
C1657−446	NGC 6259	17 02 19	−44 41 07	14.0	1031	8.336	11	0.498	+0.020	II 2 r
C1714−355	Bochum 13	17 18 50	−35 34 18	14.0	1077	6.823		0.854		III 3 m
C1714−429	NGC 6322	17 19 57	−42 57 16	5.0	996	7.058		0.590		I 3 m
C1720−499	IC 4651	17 26 29	−49 57 04	10.0	888	9.057	10	0.116	+0.15	II 2 r
C1731−325	NGC 6383	17 36 12	−32 34 46	20.0	985	6.962		0.298		II 3 mn
C1732−334	Trumpler 27	17 37 45	−33 31 43	6.0	1211	7.063		1.194	−0.193	III 3 m
C1733−324	Trumpler 28	17 38 24	−32 29 42	5.0	1343	7.290		0.733	+0.326	III 2 mn
C1734−362	Ruprecht 127	17 39 18	−36 18 40	5.0	1466	7.351	11	0.990		II 2 p
C1736−321	NGC 6405	17 41 44	−32 15 48	20.0	487	7.974	7	0.144	+0.06	II 3 r
C1741−323	NGC 6416	17 45 43	−32 22 10	14.0	741	8.087		0.251	−0.613	III 2 m
C1743+057	IC 4665	17 47 21	+05 42 35	70.0	352	7.634	6	0.174	−0.03	III 2 m
C1747−302	NGC 6451	17 52 04	−30 12 52	7.0	2080	8.134	12	0.672	−0.34	I 2 rn
C1750−348	NGC 6475	17 55 17	−34 47 46	80.0	301	8.475	7	0.103	+0.14	I 3 r
C1753−190	NGC 6494	17 58 20	−18 59 10	29.0	628	8.477	10	0.356	+0.04	II 2 r
C1758−237	Bochum 14	18 03 19	−23 40 55	2.0	578	6.996		1.508		III 1 pn
C1800−279	NGC 6520	18 04 45	−27 53 10	2.0	1900	8.18	9	0.42		I 2 rn

IAU Designation	Name	RA	Dec.	Appt. Diam.	Dist.	Log (age)	Mag. Mem.[1]	$E_{(B-V)}$	Metal-licity	Trumpler Class
		h m s	° ′ ″	′	pc	yr				
C1801−225	NGC 6531	18 05 31	−22 29 15	14.0	1205	7.070	8	0.281		I 3 r
C1801−243	NGC 6530	18 05 50	−24 21 20	14.0	1330	6.867	6	0.333		
C1804−233	NGC 6546	18 08 40	−23 17 33	14.0	938	7.849		0.491	−0.334	II 1 r
C1815−122	NGC 6604	18 19 15	−12 13 55	5.0	1696	6.810		0.970		I 3 mn
C1816−138	NGC 6611	18 20 01	−13 47 48	6.0	1800	6.11	11	0.80		
C1817−171	NGC 6613	18 21 13	−17 05 27	5.0	1296	7.223		0.450		II 3 pn
C1825+065	NGC 6633	18 28 18	+06 31 22	20.0	376	8.629	8	0.182	+0.06	III 2 m
C1828−192	IC 4725	18 33 03	−19 05 59	29.0	620	7.965	8	0.476	+0.17	I 3 m
C1830−104	NGC 6649	18 34 38	−10 23 08	5.0	1369	7.566	13	1.201		I 3 m
C1834−082	NGC 6664	18 37 47	−07 47 38	12.0	1164	7.162	9	0.709		III 2 m
C1836+054	IC 4756	18 40 03	+05 28 14	39.0	484	8.699	8	0.192	−0.01	II 3 r
C1840−041	Trumpler 35	18 44 02	−04 06 39	5.0	1206	7.862		1.218		I 2 m
C1842−094	NGC 6694	18 46 29	−09 21 34	7.0	1600	7.931	11	0.589		II 3 m
C1848−052	NGC 6704	18 51 54	−05 10 42	5.0	2974	7.863	12	0.717		I 2 m
C1848−063	NGC 6705	18 52 14	−06 14 36	32.0	1877	8.4	11	0.428	+0.23	
C1850−204	Collinder 394	18 53 32	−20 10 34	22.0	690	7.803		0.235		
C1851+368	Stephenson 1	18 54 15	+36 56 40	20.0	390	7.731		0.040		IV 3 p
C1851−199	NGC 6716	18 55 50	−19 52 23	10.0	789	7.961		0.220	−0.31	IV 1 p
C1905+041	NGC 6755	19 08 53	+04 18 07	14.0	1421	7.719	11	0.826		II 2 r
C1906+046	NGC 6756	19 09 46	+04 44 26	4.0	1507	7.79	13	1.18	+0.10	I 1 m
C1919+377	NGC 6791	19 21 38	+37 48 47	10.0	5035	9.92	15	0.160	+0.42	I 2 r
C1936+464	NGC 6811	19 37 56	+46 26 16	14.0	1215	8.799	11	0.160	−0.02	III 1 r
C1939+400	NGC 6819	19 42 00	+40 14 54	13.0	2511	9.38	11	0.12	+0.09	
C1941+231	NGC 6823	19 44 04	+23 21 08	6.0	3176	6.5		0.854		I 3 mn
C1948+229	NGC 6830	19 51 54	+23 09 21	5.0	1639	7.572	10	0.501	+0.24	II 2 p
C1950+292	NGC 6834	19 53 04	+29 27 53	5.0	2067	7.883	11	0.708		II 2 m
C1950+182	Harvard 20	19 54 04	+18 23 25	7.0	1540	7.476		0.247		IV 2 p
C2002+438	NGC 6866	20 04 37	+44 13 12	14.0	1470	8.8	10	0.10		II 2 r
C2002+290	Roslund 4	20 05 46	+29 16 44	5.0	2000	6.6		0.91		II 3 mn
C2004+356	NGC 6871	20 06 47	+35 50 22	29.0	1574	6.958		0.443		II 2 pn
C2007+353	Biurakan 2	20 10 01	+35 32 51	20.0	1106	7.011	16	0.360		III 2 p
C2008+410	IC 1311	20 11 03	+41 16 53	5.0	6026	9.20		0.28	−0.30	I 1 r
C2009+263	NGC 6885	20 12 55	+26 32 37	20.0	597	9.16	6	0.08		III 2 m
C2014+374	IC 4996	20 17 19	+37 43 21	2.2	2398	6.87	8	0.71		II 3 pn
C2018+385	Berkeley 86	20 21 11	+38 46 08	6.0	1112	7.116	13	0.898		IV 2 mn
C2019+372	Berkeley 87	20 22 30	+37 26 10	10.0	633	7.152	13	1.369		III 2 m
C2021+406	NGC 6910	20 23 58	+40 50 55	10.0	1139	7.127		0.971		I 3 mn
C2022+383	NGC 6913	20 24 45	+38 34 44	10.0	1148	7.111	9	0.744		II 3 mn
C2030+604	NGC 6939	20 31 56	+60 44 07	10.0	1800	9.20		0.33	0.00	II 1 r
C2032+281	NGC 6940	20 35 20	+28 21 29	25.0	770	8.858	11	0.214	+0.013	III 2 r
C2054+444	NGC 6996	20 57 16	+44 43 00	14.0	760	8.54		0.52		III 2 m
C2109+454	NGC 7039	21 11 34	+45 42 19	14.0	951	7.820		0.131		IV 2 m
C2121+461	NGC 7062	21 24 14	+46 28 17	5.0	1480	8.465		0.452	+0.08	II 2 m
C2122+478	NGC 7067	21 25 09	+48 06 12	6.0	3600	8.00		0.75		II 1 p
C2122+362	NGC 7063	21 25 14	+36 34 48	9.0	689	7.977		0.091		III 1 p
C2127+468	NGC 7082	21 30 04	+47 13 17	25.0	1442	8.233		0.237	−0.01	
C2130+482	NGC 7092	21 32 35	+48 31 44	29.0	326	8.445	7	0.013	+0.01	III 2 m
C2137+572	Trumpler 37	21 39 46	+57 35 52	89.0	835	7.054		0.470		IV 3 m
C2144+655	NGC 7142	21 45 40	+65 52 29	12.0	2300	9.48	11	0.35	+0.08	I 2 r
C2151+470	IC 5146	21 54 14	+47 22 07	20.0	852	6.00		0.593		III 2 pn

IAU Designation	Name	RA	Dec.	Appt. Diam.	Dist.	Log (age)	Mag. Mem.[1]	$E_{(B-V)}$	Metal-licity	Trumpler Class
		h m s	° ′ ″	′	pc	yr				
C2152+623	NGC 7160	21 54 17	+62 42 19	5.0	789	7.278		0.375	+0.16	I 3 p
C2203+462	NGC 7209	22 05 59	+46 35 18	14.0	1168	8.617	9	0.168	−0.12	III 1 m
C2208+551	NGC 7226	22 11 13	+55 30 17	2.0	2616	8.436		0.536		I 2 m
C2210+570	NGC 7235	22 13 11	+57 22 37	5.0	3330	6.90		0.90		II 3 m
C2213+496	NGC 7243	22 15 59	+50 00 21	29.0	808	8.058	8	0.220	+0.06	II 2 m
C2213+540	NGC 7245	22 15 59	+54 27 03	7.0	3467	8.65		0.45		II 2 m
C2218+578	NGC 7261	22 20 54	+58 14 12	7.0	2830	8.20		0.88		II 3 m
C2227+551	Berkeley 96	22 30 39	+55 30 25	3.0	3180	7.60	13	0.54		I 2 p
C2245+578	NGC 7380	22 48 13	+58 14 44	20.0	2222	7.077	10	0.602		III 2 mn
C2306+602	King 19	23 09 13	+60 38 00	5.0	1967	8.557	12	0.547		III 2 p
C2309+603	NGC 7510	23 11 58	+60 41 13	6.0	3480	7.35	10	0.90		II 3 rn
C2313+602	Markarian 50	23 16 14	+60 35 03	2.0	2114	7.095		0.810		III 1 pn
C2322+613	NGC 7654	23 25 46	+61 42 42	15.0	1400	8.2	11	0.57		II 2 r
C2345+683	King 11	23 48 50	+68 45 10	5.0	2892	9.048	17	1.270	−0.27	I 2 m
C2350+616	King 12	23 54 06	+62 03 56	5.0	2490	7.85	10	0.51		II 1 p
C2354+611	NGC 7788	23 57 43	+61 31 13	4.0	2750	8.20		0.49		I 2 p
C2354+564	NGC 7789	23 58 30	+56 49 41	25.0	1795	9.15	10	0.28	+0.02	II 2 r
C2355+609	NGC 7790	23 59 30	+61 19 41	5.0	2944	7.749	10	0.531		II 2 m

Notes to Table

[1] The Mag. Mem. column gives the visual magnitude of the brightest cluster member.

Alternate Names for Some Clusters

C0001−302	ζ Scl Cluster	C0838−528	o Vel Cluster
C0129+604	M103	C0847+120	M67
C0215+569	h Per	C1041−641	θ Car Cluster
C0218+568	χ Per	C1043−594	η Car Cluster
C0238+425	M34	C1239−627	Coal-Sack Cluster
C0344+239	M45	C1250−600	Jewel Box Cluster
C0525+358	M38	C1440+697	Ursa Major Moving Group
C0532+341	M36	C1736−321	M6
C0549+325	M37	C1750−348	M7
C0605+243	M35	C1753−190	M23
C0629+049	Rosette Cluster	C1801−225	M21
C0638+099	S Mon Cluster	C1816−138	M16
C0644−206	M41	C1817−171	M18
C0700−082	M50	C1828−192	M25
C0716−248	τ CMa Cluster	C1842−094	M26
C0734−143	M47	C1848−063	M11
C0739−147	M46	C2022+383	M29
C0742−237	M93	C2130+482	M39
C0811−056	M48	C2322+613	M52
C0837+201	M44		

Name	RA	Dec.	V_t	$B-V$	$E_{(B-V)}$	$(m-M)_V$	[Fe/H]	v_r	c^1	r_h^2	Alternate Name
	h m s	° ′ ″						km/s		′	
NGC 104	00 25 02.2	−71 57 44	3.95	0.88	0.04	13.37	−0.72	− 18.0	2.07	3.17	47 Tuc
NGC 288	00 53 48.0	−26 27 58	8.09	0.65	0.03	14.84	−1.32	− 45.4	0.99	2.23	
NGC 362	01 03 57.7	−70 44 01	6.40	0.77	0.05	14.83	−1.26	+223.5	1.76c	0.82	
Whiting 1	02 04 02.3	−03 09 00	15.03		0.03	17.49	−0.70	−130.6	0.55	0.22	
NGC 1261	03 12 51.6	−55 08 11	8.29	0.72	0.01	16.09	−1.27	+ 68.2	1.16	0.68	
Pal 1	03 36 32.5	+79 39 07	13.18	0.96	0.15	15.70	−0.65	− 82.8	2.57	0.46	
AM 1	03 55 39.5	−49 33 12	15.72	0.72	0.00	20.45	−1.70	+116.0	1.36	0.41	E 1
Eridanus	04 25 40.4	−21 08 20	14.70	0.79	0.02	19.83	−1.43	− 23.6	1.10	0.46	
Pal 2	04 47 28.7	+31 25 09	13.04	2.08	1.24	21.01	−1.42	−133.0	1.53	0.50	
NGC 1851	05 14 49.2	−40 01 23	7.14	0.76	0.02	15.47	−1.18	+320.5	1.86	0.51	
NGC 1904	05 25 04.2	−24 30 23	7.73	0.65	0.01	15.59	−1.60	+205.8	1.70c	0.65	M 79
NGC 2298	06 49 45.1	−36 01 51	9.29	0.75	0.14	15.60	−1.92	+148.9	1.38	0.98	
NGC 2419	07 39 35.5	+38 49 57	10.41	0.66	0.08	19.83	−2.15	− 20.2	1.37	0.89	
Ko 2	07 59 35.4	+26 11 44	17.60		0.08	17.95			0.50	0.21	
Pyxis	09 08 49.0	−37 18 33	12.90		0.21	18.63	−1.20	+ 34.3	0.00	0.00	
NGC 2808	09 12 28.2	−64 57 09	6.20	0.92	0.22	15.59	−1.14	+101.6	1.56	0.80	
E 3	09 20 41.3	−77 22 26	11.35		0.30	15.47	−0.83		0.75	2.10	
Pal 3	10 06 38.0	−00 02 01	14.26		0.04	19.95	−1.63	+ 83.4	0.99	0.65	
NGC 3201	10 18 29.9	−46 31 14	6.75	0.96	0.24	14.20	−1.59	+494.0	1.29	3.10	
Pal 4	11 30 25.0	+28 51 18	14.20		0.01	20.21	−1.41	+ 74.5	0.93	0.51	
Ko 1	12 00 24.6	+12 08 25	17.10		0.01	18.45			0.50	0.26	
NGC 4147	12 11 12.0	+18 25 23	10.32	0.59	0.02	16.49	−1.80	+183.2	1.83	0.48	
NGC 4372	12 27 02.1	−72 46 40	7.24	1.10	0.39	15.03	−2.17	+ 72.3	1.30	3.91	
Rup 106	12 39 52.4	−51 16 06	10.90		0.20	17.25	−1.68	− 44.0	0.70	1.05	
NGC 4590	12 40 36.5	−26 51 43	7.84	0.63	0.05	15.21	−2.23	− 94.7	1.41	1.51	M 68
NGC 4833	13 01 01.6	−70 59 31	6.91	0.93	0.32	15.08	−1.85	+200.2	1.25	2.41	
NGC 5024	13 13 58.4	+18 03 16	7.61	0.64	0.02	16.32	−2.10	− 62.9	1.72	1.31	M 53
NGC 5053	13 17 30.1	+17 35 14	9.47	0.65	0.01	16.23	−2.27	+ 44.0	0.74	2.61	
NGC 5139	13 28 05.0	−47 35 26	3.68	0.78	0.12	13.94	−1.53	+232.1	1.31	5.00	ω Cen
NGC 5272	13 43 11.0	+28 16 10	6.19	0.69	0.01	15.07	−1.50	−147.6	1.89	2.31	M 3
NGC 5286	13 47 49.1	−51 28 52	7.34	0.88	0.24	16.08	−1.69	+ 57.4	1.41	0.73	
AM 4	13 57 35.0	−27 16 19	15.88		0.05	17.69	−1.30		0.70	0.43	
NGC 5466	14 06 25.2	+28 25 57	9.04	0.67	0.00	16.02	−1.98	+110.7	1.04	2.30	
NGC 5634	14 30 45.2	−06 04 17	9.47	0.67	0.05	17.16	−1.88	− 45.1	2.07	0.86	
NGC 5694	14 40 51.6	−26 37 50	10.17	0.69	0.09	18.00	−1.98	−140.3	1.89	0.40	
IC 4499	15 03 55.2	−82 17 51	9.76	0.91	0.23	17.08	−1.53	+ 31.5	1.21	1.71	
NGC 5824	15 05 18.2	−33 09 04	9.09	0.75	0.13	17.94	−1.91	− 27.5	1.98	0.45	
Pal 5	15 17 11.4	−00 11 24	11.75		0.03	16.92	−1.41	− 58.7	0.52	2.73	
NGC 5897	15 18 39.0	−21 05 17	8.53	0.74	0.09	15.76	−1.90	+101.5	0.86	2.06	
NGC 5904	15 19 38.5	+02 00 13	5.65	0.72	0.03	14.46	−1.29	+ 53.2	1.73	1.77	M 5
NGC 5927	15 29 34.5	−50 44 47	8.01	1.31	0.45	15.82	−0.49	−107.5	1.60	1.10	
NGC 5946	15 37 03.0	−50 43 48	9.61	1.29	0.54	16.79	−1.29	+128.4	2.50c	0.89	
BH 176	15 40 41.6	−50 07 17	14.00		0.54	18.06	0.00		0.85	0.90	
NGC 5986	15 47 27.7	−37 51 08	7.52	0.90	0.28	15.96	−1.59	+ 88.9	1.23	0.98	
Pal 14	16 11 59.9	+14 54 12	14.74		0.04	19.54	−1.62	+ 72.3	0.80	1.22	AvdB
Lynga 7	16 12 46.7	−55 22 20	10.18		0.73	16.78	−1.01	+ 8.0	0.95	1.20	BH184
NGC 6093	16 18 19.5	−23 01 40	7.33	0.84	0.18	15.56	−1.75	+ 8.1	1.68	0.61	M 80
NGC 6121	16 24 54.4	−26 34 28	5.63	1.03	0.35	12.82	−1.16	+ 70.7	1.65	4.33	M 4
NGC 6101	16 28 16.5	−72 14 58	9.16	0.68	0.05	16.10	−1.98	+361.4	0.80	1.05	
NGC 6144	16 28 32.8	−26 04 13	9.01	0.96	0.36	15.86	−1.76	+193.8	1.55	1.63	

Name	RA	Dec.	V_t	$B-V$	$E_{(B-V)}$	$(m-M)_V$	[Fe/H]	v_r	c^1	r_h^2	Alternate Name
	h m s	o ′ ″						km/s		′	
NGC 6139	16 29 07.7	−38 53 43	8.99	1.40	0.75	17.35	−1.65	+ 6.7	1.86	0.85	
Terzan 3	16 30 04.9	−35 23 58	12.00		0.73	16.82	−0.74	−136.3	0.70	1.25	
NGC 6171	16 33 44.1	−13 05 53	7.93	1.10	0.33	15.05	−1.02	− 34.1	1.53	1.73	M 107
1636−283	16 40 46.1	−28 26 22	12.00		0.46	16.02	−1.50		1.00	0.50	ESO452−SC11
NGC 6205	16 42 27.3	+36 25 12	5.78	0.68	0.02	14.33	−1.53	−244.2	1.53	1.69	M 13
NGC 6229	16 47 35.0	+47 29 25	9.39	0.70	0.01	17.45	−1.47	−154.2	1.50	0.36	
NGC 6218	16 48 21.1	−01 59 08	6.70	0.83	0.19	14.01	−1.37	− 41.4	1.34	1.77	M 12
FSR 1735	16 53 46.3	−47 05 33	12.90		1.42	19.35			0.56	0.34	
NGC 6235	16 54 42.6	−22 12 41	9.97	1.05	0.31	16.26	−1.28	+ 87.3	1.53	1.00	
NGC 6254	16 58 17.1	−04 07 57	6.60	0.90	0.28	14.08	−1.56	+ 75.2	1.38	1.95	M 10
Pal 15	17 00 57.4	−00 34 11	14.00		0.40	19.51	−2.07	+ 68.9	0.60	1.10	
NGC 6256	17 00 59.7	−37 09 08	11.29	1.69	1.09	18.44	−1.02	−101.4	2.50c	0.86	
NGC 6266	17 02 35.0	−30 08 37	6.45	1.19	0.47	15.63	−1.18	− 70.1	1.71c:	0.92	M 62
NGC 6273	17 03 57.7	−26 17 50	6.77	1.03	0.38	15.90	−1.74	+135.0	1.53	1.32	M 19
NGC 6284	17 05 47.5	−24 47 36	8.83	0.99	0.28	16.79	−1.26	+ 27.5	2.50c	0.66	
NGC 6287	17 06 26.9	−22 44 11	9.35	1.20	0.60	16.72	−2.10	−288.7	1.38	0.74	
NGC 6293	17 11 30.4	−26 36 27	8.22	0.96	0.36	16.00	−1.99	−146.2	2.50c	0.89	
NGC 6304	17 15 54.2	−29 29 07	8.22	1.31	0.54	15.52	−0.45	−107.3	1.80	1.42	
NGC 6341	17 17 47.0	+43 06 50	6.44	0.63	0.02	14.65	−2.31	−120.0	1.68	1.02	M 92
NGC 6316	17 17 58.5	−28 09 44	8.43	1.39	0.54	16.77	−0.45	+ 71.4	1.65	0.65	
NGC 6325	17 19 17.8	−23 47 15	10.33	1.66	0.91	17.29	−1.25	+ 29.8	2.50c	0.63	
NGC 6333	17 20 26.8	−18 32 13	7.72	0.97	0.38	15.67	−1.77	+229.1	1.25	0.96	M 9
NGC 6342	17 22 26.2	−19 36 26	9.66	1.26	0.46	16.08	−0.55	+115.7	2.50c	0.73	
NGC 6356	17 24 50.1	−17 49 54	8.25	1.13	0.28	16.76	−0.40	+ 27.0	1.59	0.81	
NGC 6355	17 25 18.7	−26 22 19	9.14	1.48	0.77	17.21	−1.37	−176.9	2.50c	0.88	
NGC 6352	17 27 07.3	−48 26 23	7.96	1.06	0.22	14.43	−0.64	−137.0	1.10	2.05	
IC 1257	17 28 18.2	−07 06 35	13.10	1.38	0.73	19.25	−1.70	−140.2	1.55	1.40	
NGC 6366	17 28 52.8	−05 05 47	9.20	1.44	0.71	14.94	−0.59	−122.2	0.74	2.92	
Terzan 2	17 28 56.2	−30 49 08	14.29		1.87	20.17	−0.69	+109.0	2.50c	1.52	HP 3
Terzan 4	17 32 02.6	−31 36 38	16.00		2.00	20.48	−1.41	− 50.0	0.90	1.85	HP 4
HP 1	17 32 27.8	−29 59 47	11.59		1.12	18.05	−1.00	+ 45.8	2.50c	3.10	BH 229
NGC 6362	17 34 08.4	−67 03 45	7.73	0.85	0.09	14.68	−0.99	− 13.1	1.09	2.05	
Liller 1	17 34 49.4	−33 24 09	16.77		3.07	24.09	−0.33	+ 52.0	2.30		
NGC 6380	17 35 57.3	−39 04 56	11.31	2.01	1.17	18.81	−0.75	− 3.6	1.55c:	0.74	Ton 1
Terzan 1	17 37 10.7	−30 28 55	15.90		1.99	20.31	−1.03	+114.0	2.50c	3.82	HP 2
Ton 2	17 37 39.4	−38 33 55	12.24		1.24	18.41	−0.70	−184.4	1.30	1.30	Pismis 26
NGC 6388	17 37 51.6	−44 44 51	6.72	1.17	0.37	16.13	−0.55	+ 80.1	1.75	0.52	
NGC 6402	17 38 43.8	−03 15 26	7.59	1.25	0.60	16.69	−1.28	− 66.1	0.99	1.30	M 14
NGC 6401	17 39 55.4	−23 55 13	9.45	1.58	0.72	17.35	−1.02	− 65.0	1.69	1.91	
NGC 6397	17 42 27.1	−53 41 02	5.73	0.73	0.18	12.37	−2.02	+ 18.8	2.50c	2.90	
Pal 6	17 45 02.4	−26 13 50	11.55	2.83	1.46	18.34	−0.91	+181.0	1.10	1.20	
NGC 6426	17 45 59.1	+03 09 45	11.01	1.02	0.36	17.68	−2.15	−162.0	1.70	0.92	
Djorg 1	17 48 53.1	−33 04 18	13.60		1.58	20.58	−1.51	−362.4	1.50	1.59	
Terzan 5	17 49 24.2	−24 47 06	13.85	2.77	2.28	21.27	−0.23	− 93.0	1.62	0.72	Terzan 11
NGC 6440	17 50 09.5	−20 21 57	9.20	1.97	1.07	17.95	−0.36	− 76.6	1.62	0.48	
NGC 6441	17 51 40.8	−37 03 22	7.15	1.27	0.47	16.78	−0.46	+ 16.5	1.74	0.57	
Terzan 6	17 52 09.8	−31 16 47	13.85		2.35	21.44	−0.56	+126.0	2.50c	0.44	HP 5
NGC 6453	17 52 17.6	−34 36 13	10.08	1.31	0.64	17.30	−1.50	− 83.7	2.50c	0.44	
UKS 1	17 55 46.2	−24 08 52	17.29		3.14	24.20	−0.64	+ 57.0	2.10		
NGC 6496	18 00 37.7	−44 15 58	8.54	0.98	0.15	15.74	−0.46	−112.7	0.70	1.02	

Name	RA	Dec.	V_t	$B–V$	$E_{(B–V)}$	$(m–M)_V$	[Fe/H]	v_r	c^1	r_h^2	Alternate Name
	h m s	o ′ ″						km/s		′	
Terzan 9	18 02 59.4	−26 50 19	16.00		1.76	19.71	−1.05	+ 59.0	2.50c	0.78	
NGC 6517	18 03 01.1	−08 57 27	10.23	1.75	1.08	18.48	−1.23	− 39.6	1.82	0.50	,
Djorg 2	18 03 10.4	−27 49 28	9.90		0.94	16.90	−0.65		1.50	1.05	ESO456−SC38
Terzan 10	18 04 56.6	−26 04 13	14.90		2.40	21.25	−1.00		0.75	1.55	
NGC 6522	18 04 56.7	−30 01 54	8.27	1.21	0.48	15.92	−1.34	− 21.1	2.50c	1.00	
NGC 6535	18 04 56.8	−00 17 43	10.47	0.94	0.34	15.22	−1.79	−215.1	1.33	0.85	
NGC 6539	18 05 59.5	−07 34 59	9.33	1.83	1.02	17.62	−0.63	+ 31.0	1.74	1.70	
NGC 6528	18 06 12.3	−30 03 12	9.60	1.53	0.54	16.17	−0.11	+206.6	1.50	0.38	
NGC 6540	18 07 29.8	−27 45 42	9.30		0.66	15.65	−1.35	− 17.7	2.50		Djorg 3
NGC 6544	18 08 40.0	−24 59 35	7.77	1.46	0.76	14.71	−1.40	− 27.3	1.63c:	1.21	
NGC 6541	18 09 35.9	−43 42 37	6.30	0.76	0.14	14.82	−1.81	−158.7	1.86c:	1.06	
2MS-GC01	18 09 38.3	−19 49 30	27.74		6.80	33.85			0.85	1.65	2MASS−GC01
NGC 6553	18 10 37.7	−25 54 13	8.06	1.73	0.63	15.83	−0.18	− 3.2	1.16	1.03	
ESO-SC06	18 10 42.3	−46 25 04	12.00		0.07	16.87	−1.80		0.90	1.05	ESO280−SC06
2MS-GC02	18 10 53.5	−20 46 25	24.60		5.16	29.46	−1.08	−238.0	0.95	0.55	2MASS−GC02
NGC 6558	18 11 41.5	−31 45 29	9.26	1.11	0.44	15.70	−1.32	−197.2	2.50c	2.15	
IC 1276	18 11 53.9	−07 12 06	10.34	1.76	1.08	17.01	−0.75	+155.7	1.33	2.38	Pal 7
Terzan 12	18 13 33.9	−22 44 07	15.63		2.06	19.77	−0.50	+ 94.1	0.57	0.75	
NGC 6569	18 15 02.7	−31 49 10	8.55	1.34	0.53	16.83	−0.76	− 28.1	1.31	0.80	
BH 261	18 15 28.4	−28 37 38	11.00		0.36	15.19	−1.30		1.00	0.55	AL 3
GLIMPSE02	18 19 45.3	−16 58 02			7.85	38.05	−0.33		1.33	1.75	
NGC 6584	18 20 20.6	−52 12 20	8.27	0.76	0.10	15.96	−1.50	+222.9	1.47	0.73	
NGC 6624	18 25 03.3	−30 20 54	7.87	1.11	0.28	15.36	−0.44	+ 53.9	2.50c	0.82	
NGC 6626	18 25 52.1	−24 51 24	6.79	1.08	0.40	14.95	−1.32	+ 17.0	1.67	1.97	M 28
NGC 6638	18 32 15.8	−25 28 52	9.02	1.15	0.41	16.14	−0.95	+ 18.1	1.33	0.51	
NGC 6637	18 32 47.2	−32 19 53	7.64	1.01	0.18	15.28	−0.64	+ 39.9	1.38	0.84	M 69
NGC 6642	18 33 12.6	−23 27 30	9.13	1.11	0.40	15.79	−1.26	− 57.2	1.99c:	0.73	
NGC 6652	18 37 10.1	−32 58 18	8.62	0.94	0.09	15.28	−0.81	−111.7	1.80	0.48	
NGC 6656	18 37 42.6	−23 53 08	5.10	0.98	0.34	13.60	−1.70	−146.3	1.38	3.36	M 22
Pal 8	18 42 46.2	−19 48 14	11.02	1.22	0.32	16.53	−0.37	− 43.0	1.53	0.58	
NGC 6681	18 44 36.6	−32 16 10	7.87	0.72	0.07	14.99	−1.62	+220.3	2.50c	0.71	M 70
GLIMPSE01	18 49 56.5	−01 28 18	22.24		4.85	28.15			1.37	0.65	
NGC 6712	18 54 14.7	−08 40 42	8.10	1.17	0.45	15.60	−1.02	−107.6	1.05	1.33	
NGC 6717	18 56 23.8	−22 40 22	9.28	1.00	0.22	14.94	−1.26	+ 22.8	2.07	0.68	Pal 9
NGC 6715	18 56 25.8	−30 27 04	7.60	0.85	0.15	17.58	−1.49	+141.3	2.04	0.82	M 54
NGC 6723	19 00 59.8	−36 36 04	7.01	0.75	0.05	14.84	−1.10	− 94.5	1.11c:	1.53	
NGC 6749	19 06 20.5	+01 56 05	12.44	2.14	1.50	19.14	−1.60	− 61.7	0.79	1.10	
NGC 6760	19 12 17.6	+01 04 02	8.88	1.66	0.77	16.72	−0.40	− 27.5	1.65	1.27	
NGC 6752	19 12 45.5	−59 56 52	5.40	0.66	0.04	13.13	−1.54	− 26.7	2.50c	1.91	
NGC 6779	19 17 25.8	+30 13 23	8.27	0.86	0.26	15.68	−1.98	−135.6	1.38	1.10	M 56
Pal 10	19 18 59.1	+18 36 43	13.22		1.66	19.01	−0.10	− 31.7	0.58	0.99	
Terzan 7	19 19 08.7	−34 37 03	12.00		0.07	17.01	−0.32	+166.0	0.93	0.77	
Arp 2	19 30 05.8	−30 18 36	12.30	0.86	0.10	17.59	−1.75	+115.0	0.88	1.77	
NGC 6809	19 41 21.4	−30 54 50	6.32	0.72	0.08	13.89	−1.94	+174.7	0.93	2.83	M 55
Terzan 8	19 43 08.0	−33 56 52	12.40		0.12	17.47	−2.16	+130.0	0.60	0.95	
Pal 11	19 46 24.1	−07 57 14	9.80	1.27	0.35	16.72	−0.40	− 68.0	0.57	1.46	
NGC 6838	19 54 43.9	+18 50 11	8.19	1.09	0.25	13.80	−0.78	− 22.8	1.15	1.67	M 71
NGC 6864	20 07 20.5	−21 51 30	8.52	0.87	0.16	17.09	−1.29	−189.3	1.80	0.46	M 75
NGC 6934	20 35 14.5	+07 28 45	8.83	0.77	0.10	16.28	−1.47	−411.4	1.53	0.69	
NGC 6981	20 54 38.4	−12 27 18	9.27	0.72	0.05	16.31	−1.42	−345.0	1.21	0.93	M 72

Name	RA	Dec.	V_t	$B-V$	$E_{(B-V)}$	$(m-M)_V$	[Fe/H]	v_r	c^1	r_h^2	Alternate Name
	h m s	o ′ ″						km/s		′	
NGC 7006	21 02 29.6	+16 16 22	10.56	0.75	0.05	18.23	−1.52	−384.1	1.41	0.44	
NGC 7078	21 31 00.6	+12 15 44	6.20	0.68	0.10	15.39	−2.37	−107.0	2.29c	1.00	M 15
NGC 7089	21 34 33.3	−00 43 37	6.47	0.66	0.06	15.50	−1.65	− 5.3	1.59	1.06	M 2
NGC 7099	21 41 35.2	−23 04 53	7.19	0.60	0.03	14.64	−2.27	−184.2	2.50c	1.03	M 30
Pal 12	21 47 51.0	−21 09 09	11.99	1.07	0.02	16.46	−0.85	+ 27.8	2.98	1.72	
Pal 13	23 07 49.0	+12 53 19	13.47	0.76	0.05	17.23	−1.88	+ 25.2	0.66	0.36	
NGC 7492	23 09 34.5	−15 29 41	11.29	0.42	0.00	17.10	−1.78	−177.5	0.72	1.15	

Notes to Table

[1]　　central concentration index: c = core collapsed; c: = possibly core collapsed

[2]　　half-light radius

Name	Right Ascension	Declination	Type	L	Log (D$_{25}$)	Log (R$_{25}$)	P.A.	B_T^w	B–V	U–B	v_r
	h m s	° ′ ″					°				km/s
WLM	00 03 03	−15 19.9	IB(s)m	9.0	2.06	0.46	4	11.03	0.44	−0.21	− 118
NGC 0045	00 15 08.9	−23 03 42	SA(s)dm	7.3	1.93	0.16	142	11.32	0.71	−0.05	+ 468
NGC 0055	00 15 59	−39 04.7	SB(s)m: sp	5.6	2.51	0.76	108	8.42	0.55	+0.12	+ 124
NGC 0134	00 31 25.6	−33 07 32	SAB(s)bc	3.7	1.93	0.62	50	11.23	0.84	+0.23	+1579
NGC 0147	00 34 23.0	+48 37 37	dE5 pec		2.12	0.23	25	10.47	0.95		− 160
NGC 0185	00 40 09.4	+48 27 17	dE3 pec		2.07	0.07	35	10.10	0.92	+0.39	− 251
NGC 0205	00 41 32.7	+41 48 11	dE5 pec		2.34	0.30	170	8.92	0.85	+0.22	− 239
NGC 0221	00 43 52.6	+40 58 57	cE2		1.94	0.13	170	9.03	0.95	+0.48	− 205
NGC 0224	00 43 55.16	+41 23 11.5	SA(s)b	2.2	3.28	0.49	35	4.36	0.92	+0.50	− 298
NGC 0247	00 48 12.3	−20 38 34	SAB(s)d	6.8	2.33	0.49	174	9.67	0.56	−0.09	+ 159
NGC 0253	00 48 36.44	−25 10 16.0	SAB(s)c	3.3	2.44	0.61	52	8.04	0.85	+0.38	+ 250
SMC	00 53 23	−72 41.0	SB(s)m pec	7.0	3.50	0.23	45	2.70	0.45	−0.20	+ 175
NGC 0300	00 55 54.3	−37 34 05	SA(s)d	6.2	2.34	0.15	111	8.72	0.59	+0.11	+ 141
Sculptor	01 01 10	−33 35.6	dSph		2.06:	0.17	99	9.5:	0.7		+ 107
IC 1613	01 05 54	+02 14.1	IB(s)m	9.5	2.21	0.05	50	9.88	0.67		− 230
NGC 0488	01 22 53.9	+05 22 08	SA(r)b	1.1	1.72	0.13	15	11.15	0.87	+0.35	+2267
NGC 0598	01 35 03.83	+30 46 11.2	SA(s)cd	4.3	2.85	0.23	23	6.27	0.55	−0.10	− 179
NGC 0613	01 35 17.80	−29 18 32.5	SB(rs)bc	3.0	1.74	0.12	120	10.73	0.68	+0.06	+1478
NGC 0628	01 37 51.3	+15 53 34	SA(s)c	1.1	2.02	0.04	25	9.95	0.56		+ 655
NGC 0672	01 49 07.1	+27 32 21	SB(s)cd	5.4	1.86	0.45	65	11.47	0.58	−0.10	+ 420
NGC 0772	02 00 30.7	+19 06 41	SA(s)b	1.2	1.86	0.23	130	11.09	0.78	+0.26	+2457
NGC 0891	02 23 54.7	+42 26 46	SA(s)b? sp	4.5	2.13	0.73	22	10.81	0.88	+0.27	+ 528
NGC 0908	02 24 04.2	−21 08 13	SA(s)c	1.5	1.78	0.36	75	10.83	0.65	0.00	+1499
NGC 0925	02 28 34.5	+33 40 28	SAB(s)d	4.3	2.02	0.25	102	10.69	0.57		+ 553
Fornax	02 40 52	−34 21.5	dSph		2.26:	0.18	82	8.4:	0.62	+0.04	+ 53
NGC 1023	02 41 45.2	+39 09 16	SB(rs)0$^-$		1.94	0.47	87	10.35	1.00	+0.56	+ 632
NGC 1055	02 42 51.5	+00 32 03	SBb: sp	3.9	1.88	0.45	105	11.40	0.81	+0.19	+ 995
NGC 1068	02 43 46.84	+00 04 38.6	(R)SA(rs)b	2.3	1.85	0.07	70	9.61	0.74	+0.09	+1135
NGC 1097	02 47 13.96	−30 11 07.3	SB(s)b	2.2	1.97	0.17	130	10.23	0.75	+0.23	+1274
NGC 1187	03 03 35.0	−22 47 01	SB(r)c	2.1	1.74	0.13	130	11.34	0.56	−0.05	+1397
NGC 1232	03 10 43.6	−20 29 54	SAB(rs)c	2.0	1.87	0.06	108	10.52	0.63	0.00	+1683
NGC 1291	03 18 05.6	−41 01 48	(R)SB(s)0/a		1.99	0.08		9.39	0.93	+0.46	+ 836
NGC 1313	03 18 31.8	−66 25 15	SB(s)d	7.0	1.96	0.12		9.2	0.49	−0.24	+ 456
NGC 1300	03 20 39.5	−19 20 03	SB(rs)bc	1.1	1.79	0.18	106	11.11	0.68	+0.11	+1568
NGC 1316	03 23 30.96	−37 07 56.6	SAB(s)0^0 pec		2.08	0.15	50	9.42	0.89	+0.39	+1793
NGC 1344	03 29 12.2	−30 59 41	E5		1.78	0.24	165	11.27	0.88	+0.44	+1169
NGC 1350	03 31 59.0	−33 33 22	(R')SB(r)ab	3.0	1.72	0.27	0	11.16	0.87	+0.34	+1883
NGC 1365	03 34 25.7	−36 04 09	SB(s)b	1.3	2.05	0.26	32	10.32	0.69	+0.16	+1663
NGC 1399	03 39 18.5	−35 22 54	E1 pec		1.84	0.03		10.55	0.96	+0.50	+1447
NGC 1395	03 39 25.9	−22 57 30	E2		1.77	0.12		10.55	0.96	+0.58	+1699
NGC 1398	03 39 46.6	−26 16 08	(R')SB(r)ab	1.1	1.85	0.12	100	10.57	0.90	+0.43	+1407
NGC 1433	03 42 42.0	−47 09 16	(R')SB(r)ab	2.7	1.81	0.04		10.70	0.79	+0.21	+1067
NGC 1425	03 43 04.0	−29 49 33	SA(s)b	3.2	1.76	0.35	129	11.29	0.68	+0.11	+1508
NGC 1448	03 45 14.5	−44 34 41	SAcd: sp	4.4	1.88	0.65	41	11.40	0.72	+0.01	+1165
IC 342	03 48 54.5	+68 09 42	SAB(rs)cd	2.0	2.33	0.01		9.10			+ 32

Name	Right Ascension	Declination	Type	L	Log (D_{25})	Log (R_{25})	P.A.	B_T^w	$B-V$	$U-B$	v_r
	h m s	° ′ ″					°				km/s
NGC 1512	04 04 36.6	−43 17 28	SB(r)a	1.1	1.95	0.20	90	11.13	0.81	+0.17	+ 889
IC 356	04 10 02.1	+69 52 06	SA(s)ab pec		1.72	0.13	90	11.39	1.32	+0.76	+ 888
NGC 1532	04 12 53.9	−32 49 12	SB(s)b pec sp	1.9	2.10	0.58	33	10.65	0.80	+0.15	+1187
NGC 1566	04 20 29.5	−54 53 15	SAB(s)bc	1.7	1.92	0.10	60	10.33	0.60	−0.04	+1492
NGC 1672	04 46 03.2	−59 12 34	SB(s)b	3.1	1.82	0.08	170	10.28	0.60	+0.01	+1339
NGC 1792	05 05 58.7	−37 57 09	SA(rs)bc	4.0	1.72	0.30	137	10.87	0.68	+0.08	+1224
NGC 1808	05 08 26.97	−37 29 09.4	(R)SAB(s)a		1.81	0.22	133	10.76	0.82	+0.29	+1006
LMC	05 23.4	−69 44	SB(s)m	5.8	3.81	0.07	170	0.91	0.51	0.00	+ 313
NGC 2146	06 22 02.9	+78 20 46	SB(s)ab pec	3.4	1.78	0.25	56	11.38	0.79	+0.29	+ 890
Carina	06 42 08	−50 59.3	dSph		2.25:	0.17	65	11.5:	0.7:		+ 223
NGC 2280	06 45 40.5	−27 39 44	SA(s)cd	2.2	1.80	0.31	163	10.9	0.60	+0.15	+1906
NGC 2336	07 30 43.1	+80 07 58	SAB(r)bc	1.1	1.85	0.26	178	11.05	0.62	+0.06	+2200
NGC 2366	07 31 11.2	+69 10 16	IB(s)m	8.7	1.91	0.39	25	11.43	0.58		+ 99
NGC 2442	07 36 19.6	−69 34 46	SAB(s)bc pec	2.5	1.74	0.05		11.24	0.82	+0.23	+1448
NGC 2403	07 38 54.2	+65 33 07	SAB(s)cd	5.4	2.34	0.25	127	8.93	0.47		+ 130
Holmberg II	08 21 19	+70 38.8	Im	8.0	1.90	0.10	15	11.10	0.44		+ 157
NGC 2613	08 34 19.4	−23 02 52	SA(s)b	3.0	1.86	0.61	113	11.16	0.91	+0.38	+1677
NGC 2683	08 54 01.3	+33 20 20	SA(rs)b	4.0	1.97	0.63	44	10.64	0.89	+0.27	+ 405
NGC 2768	09 13 16.8	+59 56 54	E6:		1.91	0.28	95	10.84	0.97	+0.46	+1335
NGC 2784	09 13 16.9	−24 15 41	SA(s)0⁰:		1.74	0.39	73	11.30	1.14	+0.72	+ 691
NGC 2835	09 18 51.3	−22 26 45	SB(rs)c	1.8	1.82	0.18	8	11.01	0.49	−0.12	+ 887
NGC 2841	09 23 31.21	+50 53 02.3	SA(r)b:	0.5	1.91	0.36	147	10.09	0.87	+0.34	+ 637
NGC 2903	09 33 23.0	+21 24 19	SAB(rs)bc	2.3	2.10	0.32	17	9.68	0.67	+0.06	+ 556
NGC 2997	09 46 35.2	−31 17 26	SAB(rs)c	1.6	1.95	0.12	110	10.06	0.7	+0.3	+1087
NGC 2976	09 48 59.8	+67 48 58	SAc pec	6.8	1.77	0.34	143	10.82	0.66	0.00	+ 3
NGC 3031	09 57 17.733	+68 57 45.32	SA(s)ab	2.2	2.43	0.28	157	7.89	0.95	+0.48	− 36
NGC 3034	09 57 38.2	+69 34 37	I0		2.05	0.42	65	9.30	0.89	+0.31	+ 216
NGC 3109	10 04 11.4	−26 15 46	SB(s)m	8.2	2.28	0.71	93	10.39			+ 404
NGC 3077	10 05 00.8	+68 37 45	I0 pec		1.73	0.08	45	10.61	0.76	+0.14	+ 13
NGC 3115	10 06 18.2	−07 49 25	S0⁻		1.86	0.47	43	9.87	0.97	+0.54	+ 661
Leo I	10 09 36.5	+12 12 06	dSph		1.82:	0.10	79	10.7	0.6	+0.1:	+ 285
Sextans	10 14.1	−01 43	dSph		2.52:	0.91	56	11.0:			+ 224
NGC 3184	10 19 33.8	+41 18 57	SAB(rs)cd	3.5	1.87	0.03	135	10.36	0.58	−0.03	+ 591
NGC 3198	10 21 13.4	+45 26 29	SB(rs)c	2.6	1.93	0.41	35	10.87	0.54	−0.04	+ 663
NGC 3227	10 24 40.90	+19 45 20.5	SAB(s)a pec	3.5	1.73	0.17	155	11.1	0.82	+0.27	+1156
IC 2574	10 29 55.5	+68 18 06	SAB(s)m	8.0	2.12	0.39	50	10.80	0.44		+ 46
NGC 3319	10 40 24.4	+41 34 27	SB(rs)cd	3.8	1.79	0.26	37	11.48	0.41		+ 746
NGC 3344	10 44 41.5	+24 48 33	(R)SAB(r)bc	1.9	1.85	0.04		10.45	0.59	−0.07	+ 585
NGC 3351	10 45 05.7	+11 35 25	SB(r)b	3.3	1.87	0.17	13	10.53	0.80	+0.18	+ 777
NGC 3368	10 47 53.68	+11 42 22.7	SAB(rs)ab	3.4	1.88	0.16	5	10.11	0.86	+0.31	+ 897
NGC 3359	10 48 00.6	+63 06 38	SB(rs)c	3.0	1.86	0.22	170	11.03	0.46	−0.20	+1012
NGC 3377	10 48 50.6	+13 52 18	E5−6		1.72	0.24	35	11.24	0.86	+0.31	+ 692
NGC 3379	10 48 57.7	+12 28 04	E1		1.73	0.05		10.24	0.96	+0.53	+ 889
NGC 3384	10 49 25.0	+12 30 55	SB(s)0⁻:		1.74	0.34	53	10.85	0.93	+0.44	+ 735
NGC 3486	11 01 34.1	+28 51 33	SAB(r)c	2.6	1.85	0.13	80	11.05	0.52	−0.16	+ 681

Name	Right Ascension	Declination	Type	L	Log (D_{25})	Log (R_{25})	P.A.	B_T^w	$B-V$	$U-B$	v_r
	h m s	° ′ ″					°				km/s
NGC 3521	11 06 54.68	−00 09 08.2	SAB(rs)bc	3.6	2.04	0.33	163	9.83	0.81	+0.23	+ 804
NGC 3556	11 12 45.7	+55 33 26	SB(s)cd	5.7	1.94	0.59	80	10.69	0.66	+0.07	+ 694
NGC 3621	11 19 19.3	−32 55 54	SA(s)d	5.8	2.09	0.24	159	10.28	0.62	−0.08	+ 725
NGC 3623	11 20 03.2	+12 58 28	SAB(rs)a	3.3	1.99	0.53	174	10.25	0.92	+0.45	+ 806
NGC 3627	11 21 22.24	+12 52 24.8	SAB(s)b	3.0	1.96	0.34	173	9.65	0.73	+0.20	+ 726
NGC 3628	11 21 24.3	+13 28 15	Sb pec sp	4.5	2.17	0.70	104	10.28	0.80		+ 846
NGC 3631	11 22 15.4	+53 03 05	SA(s)c	1.8	1.70	0.02		11.01	0.58		+1157
NGC 3675	11 27 18.6	+43 28 02	SA(s)b	3.3	1.77	0.28	178	11.00			+ 766
NGC 3726	11 34 30.7	+46 54 37	SAB(r)c	2.2	1.79	0.16	10	10.91	0.49		+ 849
NGC 3923	11 52 07.3	−28 55 33	E4−5		1.77	0.18	50	10.8	1.00	+0.61	+1668
NGC 3938	11 53 56.3	+44 00 04	SA(s)c	1.1	1.73	0.04		10.90	0.52	−0.10	+ 808
NGC 3953	11 54 55.9	+52 12 25	SB(r)bc	1.8	1.84	0.30	13	10.84	0.77	+0.20	+1053
NGC 3992	11 58 42.4	+53 15 18	SB(rs)bc	1.1	1.88	0.21	68	10.60	0.77	+0.20	+1048
NGC 4038	12 02 59.1	−18 59 18	SB(s)m pec	4.2	1.72	0.23	80	10.91	0.65	−0.19	+1626
NGC 4039	12 02 59.8	−19 00 21	SB(s)m pec	5.3	1.72	0.29	171	11.10			+1655
NGC 4051	12 04 15.28	+44 24 41.9	SAB(rs)bc	3.3	1.72	0.13	135	10.83	0.65	−0.04	+ 720
NGC 4088	12 06 39.4	+50 25 11	SAB(rs)bc	3.9	1.76	0.41	43	11.15	0.59	−0.05	+ 758
NGC 4096	12 07 06.3	+47 21 30	SAB(rs)c	4.2	1.82	0.57	20	11.48	0.63	+0.01	+ 564
NGC 4125	12 09 09.8	+65 03 16	E6 pec		1.76	0.26	95	10.65	0.93	+0.49	+1356
NGC 4151	12 11 37.55	+39 17 10.4	(R′)SAB(rs)ab:		1.80	0.15	50	11.28	0.73	−0.17	+ 992
NGC 4192	12 14 53.9	+14 46 52	SAB(s)ab	2.9	1.99	0.55	155	10.95	0.81	+0.30	− 141
NGC 4214	12 16 44.0	+36 12 26	IAB(s)m	5.8	1.93	0.11		10.24	0.46	−0.31	+ 291
NGC 4216	12 17 00.0	+13 01 48	SAB(s)b:	3.0	1.91	0.66	19	10.99	0.98	+0.52	+ 129
NGC 4236	12 17 44	+69 20.3	SB(s)dm	7.6	2.34	0.48	162	10.05	0.42		0
NGC 4242	12 18 33.9	+45 29 59	SAB(s)dm	6.2	1.70	0.12	25	11.37	0.54		+ 517
NGC 4244	12 18 34.1	+37 41 17	SA(s)cd: sp	7.0	2.22	0.94	48	10.88	0.50		+ 242
NGC 4254	12 19 55.1	+14 17 51	SA(s)c	1.5	1.73	0.06		10.44	0.57	+0.01	+2407
NGC 4258	12 20 00.99	+47 11 04.9	SAB(s)bc	3.5	2.27	0.41	150	9.10	0.69		+ 449
NGC 4274	12 20 55.28	+29 29 43.3	(R)SB(r)ab	4.0	1.83	0.43	102	11.34	0.93	+0.44	+ 929
NGC 4293	12 22 18.02	+18 15 48.6	(R)SB(s)0/a		1.75	0.34	72	11.26	0.90		+ 943
NGC 4303	12 23 00.80	+04 21 16.3	SAB(rs)bc	2.0	1.81	0.05		10.18	0.53	−0.11	+1569
NGC 4321	12 24 00.2	+15 42 11	SAB(s)bc	1.1	1.87	0.07	30	10.05	0.70	−0.01	+1585
NGC 4365	12 25 34.0	+07 11 56	E3		1.84	0.14	40	10.52	0.96	+0.50	+1227
NGC 4374	12 26 09.126	+12 46 04.96	E1		1.81	0.06	135	10.09	0.98	+0.53	+ 951
NGC 4382	12 26 29.2	+18 04 20	SA(s)0+ pec		1.85	0.11		10.00	0.89	+0.42	+ 722
NGC 4395	12 26 52.8	+33 25 41	SA(s)m:	7.3	2.12	0.08	147	10.64	0.46		+ 319
NGC 4406	12 27 17.12	+12 49 38.4	E3		1.95	0.19	130	9.83	0.93	+0.49	− 248
NGC 4429	12 28 32.0	+10 59 19	SA(r)0+		1.75	0.34	99	11.02	0.98	+0.55	+1137
NGC 4438	12 28 50.87	+12 53 24.7	SA(s)0/a pec:		1.93	0.43	27	11.02	0.85	+0.35	+ 64
NGC 4449	12 29 13.7	+43 58 30	IBm	6.7	1.79	0.15	45	9.99	0.41	−0.35	+ 202
NGC 4450	12 29 34.58	+16 57 58.7	SA(s)ab	1.5	1.72	0.13	175	10.90	0.82		+1956
NGC 4472	12 30 52.33	+07 52 54.3	E2		2.01	0.09	155	9.37	0.96	+0.55	+ 912
NGC 4490	12 31 38.9	+41 31 28	SB(s)d pec	5.4	1.80	0.31	125	10.22	0.43	−0.19	+ 578
NGC 4486	12 31 54.679	+12 16 21.21	E+0−1 pec		1.92	0.10		9.59	0.96	+0.57	+1282
NGC 4501	12 33 04.22	+14 18 07.0	SA(rs)b	2.4	1.84	0.27	140	10.36	0.73	+0.24	+2279

Name	Right Ascension	Declination	Type	L	Log (D$_{25}$)	Log (R$_{25}$)	P.A.	B_T^w	$B-V$	$U-B$	v_r
	h m s	° ′ ″					°				km/s
NGC 4517	12 33 51.7	−00 00 13	SA(s)cd: sp	5.6	2.02	0.83	83	11.10	0.71		+1121
NGC 4526	12 35 08.53	+07 34 51.6	SAB(s)0⁰:		1.86	0.48	113	10.66	0.96	+0.53	+ 460
NGC 4527	12 35 14.37	+02 32 08.4	SAB(s)bc	3.3	1.79	0.47	67	11.38	0.86	+0.21	+1733
NGC 4535	12 35 25.78	+08 04 46.1	SAB(s)c	1.6	1.85	0.15	0	10.59	0.63	−0.01	+1957
NGC 4536	12 35 33.1	+02 04 10	SAB(rs)bc	2.0	1.88	0.37	130	11.16	0.61	−0.02	+1804
NGC 4548	12 36 31.4	+14 22 41	SB(rs)b	2.3	1.73	0.10	150	10.96	0.81	+0.29	+ 486
NGC 4552	12 36 45.0	+12 26 17	E0−1		1.71	0.04		10.73	0.98	+0.56	+ 311
NGC 4559	12 37 01.4	+27 50 31	SAB(rs)cd	4.3	2.03	0.39	150	10.46	0.45		+ 814
NGC 4565	12 37 24.66	+25 52 10.2	SA(s)b? sp	1.0	2.20	0.87	136	10.42	0.84		+1225
NGC 4569	12 37 54.82	+13 02 41.5	SAB(rs)ab	2.4	1.98	0.34	23	10.26	0.72	+0.30	− 236
NGC 4579	12 38 48.65	+11 42 00.8	SAB(rs)b	3.1	1.77	0.10	95	10.48	0.82	+0.32	+1521
NGC 4605	12 40 56.1	+61 29 29	SB(s)c pec	5.7	1.76	0.42	125	10.89	0.56	−0.08	+ 143
NGC 4594	12 41 06.588	−11 44 27.12	SA(s)a		1.94	0.39	89	8.98	0.98	+0.53	+1089
NGC 4621	12 43 07.3	+11 31 46	E5		1.73	0.16	165	10.57	0.94	+0.48	+ 430
NGC 4631	12 43 10.7	+32 25 26	SB(s)d	5.0	2.19	0.76	86	9.75	0.56		+ 608
NGC 4636	12 43 55.7	+02 34 13	E0−1		1.78	0.11	150	10.43	0.94	+0.44	+1017
NGC 4649	12 44 45.0	+11 26 06	E2		1.87	0.09	105	9.81	0.97	+0.60	+1114
NGC 4656	12 45 01.1	+32 03 16	SB(s)m pec	7.0	2.18	0.71	33	10.96	0.44		+ 640
NGC 4697	12 49 42.5	−05 55 03	E6		1.86	0.19	70	10.14	0.91	+0.39	+1236
NGC 4725	12 51 29.7	+25 23 04	SAB(r)ab pec	2.4	2.03	0.15	35	10.11	0.72	+0.34	+1205
NGC 4736	12 51 53.60	+41 00 12.9	(R)SA(r)ab	3.0	2.05	0.09	105	8.99	0.75	+0.16	+ 308
NGC 4753	12 53 28.4	−01 18 57	I0		1.78	0.33	80	10.85	0.90	+0.41	+1237
NGC 4762	12 54 00.8	+11 06 51	SB(r)0⁰? sp		1.94	0.72	32	11.12	0.86	+0.40	+ 979
NGC 4826	12 57 46.9	+21 34 02	(R)SA(rs)ab	3.5	2.00	0.27	115	9.36	0.84	+0.32	+ 411
NGC 4945	13 06 43.2	−49 34 59	SB(s)cd: sp	6.7	2.30	0.72	43	9.3			+ 560
NGC 4976	13 09 53.6	−49 37 12	E4 pec:		1.75	0.28	161	11.04	1.01	+0.44	+1453
NGC 5005	13 11 55.72	+36 56 42.6	SAB(rs)bc	3.3	1.76	0.32	65	10.61	0.80	+0.31	+ 948
NGC 5033	13 14 26.85	+36 28 49.4	SA(s)c	2.2	2.03	0.33	170	10.75	0.55		+ 877
NGC 5055	13 16 47.0	+41 54 59	SA(rs)bc	3.9	2.10	0.24	105	9.31	0.72		+ 504
NGC 5068	13 20 04.6	−21 09 05	SAB(rs)cd	4.7	1.86	0.06	110	10.7	0.67		+ 671
NGC 5102	13 23 11.3	−36 44 32	SA0⁻		1.94	0.49	48	10.35	0.72	+0.23	+ 468
NGC 5128	13 26 43.582	−43 07 49.62	E1/S0 + S pec		2.41	0.11	35	7.84	1.00		+ 559
NGC 5194	13 30 46.95	+47 05 04.8	SA(s)bc pec	1.8	2.05	0.21	163	8.96	0.60	−0.06	+ 463
NGC 5195	13 30 53.8	+47 09 20	I0 pec		1.76	0.10	79	10.45	0.90	+0.31	+ 484
NGC 5236	13 38 13.3	−29 58 25	SAB(s)c	2.8	2.11	0.05		8.20	0.66	+0.03	+ 514
NGC 5248	13 38 36.30	+08 46 35.9	SAB(rs)bc	1.8	1.79	0.14	110	10.97	0.65	+0.05	+1153
NGC 5247	13 39 13.04	−17 59 33.8	SA(s)bc	1.8	1.75	0.06	20	10.5	0.54	−0.11	+1357
NGC 5253	13 41 09.62	−31 44 54.6	Pec		1.70	0.41	45	10.87	0.43	−0.24	+ 404
NGC 5322	13 49 58.34	+60 05 03.3	E3−4		1.77	0.18	95	11.14	0.91	+0.47	+1915
NGC 5364	13 57 16.9	+04 54 37	SA(rs)bc pec	1.1	1.83	0.19	30	11.17	0.64	+0.07	+1241
NGC 5457	14 03 58.1	+54 14 45	SAB(rs)cd	1.1	2.46	0.03		8.31	0.45		+ 240
NGC 5585	14 20 29.1	+56 37 52	SAB(s)d	7.6	1.76	0.19	30	11.20	0.46	−0.22	+ 304
NGC 5566	14 21 25.0	+03 50 10	SB(r)ab	3.6	1.82	0.48	35	11.46	0.91	+0.45	+1505
NGC 5746	14 46 01.4	+01 51 54	SAB(rs)b? sp	4.5	1.87	0.75	170	11.29	0.97	+0.42	+1722
Ursa Minor	15 09 16	+67 08.7	dSph		2.50:	0.35	53	11.5:	0.9:		− 250

Name	Right Ascension	Declination	Type	L	Log (D_{25})	Log (R_{25})	P.A.	B_T^w	$B-V$	$U-B$	v_r
	h m s	° ′ ″					°				km/s
NGC 5907	15 16 27.2	+56 15 02	SA(s)c: sp	3.0	2.10	0.96	155	11.12	0.78	+0.15	+ 666
NGC 6384	17 33 26.9	+07 02 46	SAB(r)bc	1.1	1.79	0.18	30	11.14	0.72	+0.23	+1667
NGC 6503	17 49 13.1	+70 08 20	SA(s)cd	5.2	1.85	0.47	123	10.91	0.68	+0.03	+ 43
Sgr Dw Sph	18 56.6	−30 28	dSph		4.26:	0.42	104	4.3:	0.7:		+ 140
NGC 6744	19 11 47.9	−63 49 15	SAB(r)bc	3.3	2.30	0.19	15	9.14			+ 838
NGC 6822	19 46 10	−14 45.1	IB(s)m	8.5	2.19	0.06	5	9.0	0.79	+0.04:	− 54
NGC 6946	20 35 19.37	+60 13 44.1	SAB(rs)cd	2.3	2.06	0.07		9.61	0.80		+ 50
NGC 7090	21 37 58.2	−54 27 34	SBc? sp		1.87	0.77	127	11.33	0.61	−0.02	+ 854
IC 5152	22 04 05.1	−51 11 29	IA(s)m	8.4	1.72	0.21	100	11.06			+ 120
IC 5201	22 22 15.9	−45 55 36	SB(rs)cd	5.1	1.93	0.34	33	11.3			+ 914
NGC 7331	22 38 03.24	+34 31 40.0	SA(s)b	2.2	2.02	0.45	171	10.35	0.87	+0.30	+ 821
NGC 7410	22 56 13.6	−39 32 47	SB(s)a		1.72	0.51	45	11.24	0.93	+0.45	+1751
IC 1459	22 58 22.38	−36 20 48.9	E3−4		1.72	0.14	40	10.97	0.98	+0.51	+1691
IC 5267	22 58 26.9	−43 16 51	SA(rs)0/a		1.72	0.13	140	11.43	0.89	+0.37	+1713
NGC 7424	22 58 31.2	−40 57 19	SAB(rs)cd	4.0	1.98	0.07		10.96	0.48	−0.15	+ 941
NGC 7582	23 19 34.5	−42 15 11	(R′)SB(s)ab		1.70	0.38	157	11.37	0.75	+0.25	+1573
IC 5332	23 35 35.8	−35 58 56	SA(s)d	3.9	1.89	0.10		11.09			+ 706
NGC 7793	23 58 56.0	−32 28 17	SA(s)d	6.9	1.97	0.17	98	9.63	0.54	−0.09	+ 228

Notes to Table

:   Indicates uncertainity or larger than normal standard deviation.

Alternate Names for Some Galaxies

Leo I	Regulus Dwarf
LMC	Large Magellanic Cloud
NGC 224	Andromeda Galaxy, M31
NGC 598	Triangulum Galaxy, M33
NGC 1068	M77, 3C 71
NGC 1316	Fornax A
NGC 3034	M82, 3C 231
NGC 4038/9	The Antennae
NGC 4374	M84, 3C 272.1
NGC 4486	Virgo A, M87, 3C 274
NGC 4594	Sombrero Galaxy, M104
NGC 4826	Black Eye Galaxy, M64
NGC 5055	Sunflower Galaxy, M63
NGC 5128	Centaurus A
NGC 5194	Whirlpool Galaxy, M51
NGC 5457	Pinwheel Galaxy, M101/2
NGC 6822	Barnard's Galaxy
Sgr Dw Sph	Sagittarius Dwarf Spheroidal Galaxy
SMC	Small Magellanic Cloud, NGC 292
WLM	Wolf-Lundmark-Melotte Galaxy

IERS Designation	Right Ascension	Declination	Type	z	Flux 8.4 GHz	Flux 2.3 GHz	α^1	V	Notes
	h m s	° ′ ″			Jy	Jy			
0002−478	00 04 35.6555 0384	−47 36 19.6037 899	A	0.880				19.0	
0007+106	00 10 31.0059 0186	+10 58 29.5043 827	G	0.089	0.38	0.18	+0.50	15.0	S1.2, var.
0008−264	00 11 01.2467 3846	−26 12 33.3770 171	Q	1.096	0.44	0.30	+0.50	19.0	
0010+405	00 13 31.1302 0334	+40 51 37.1441 040	G	0.255	0.56	0.48	−0.62	18.0	S1.9
0013−005	00 16 11.0885 5479	−00 15 12.4453 413	Q	1.576	0.35	0.88	−0.24	20.0	
0016+731	00 19 45.7864 1940	+73 27 30.0174 396	Q	1.781	0.77	1.56	+0.07	19.0	
0019+058	00 22 32.4412 0914	+06 08 04.2690 807	L	0.640	0.17	0.25	+0.03	18.8	
0035+413	00 38 24.8435 9231	+41 37 06.0003 032	Q	1.353	0.35	0.65	+0.20	19.9	
0048−097	00 50 41.3173 8756	−09 29 05.2102 688	L	0.634	1.24	0.84	+0.20	16.0	HP, var.
0048−427	00 51 09.5018 2012	−42 26 33.2932 480	Q	1.749	0.39	0.85		18.8	
0059+581	01 02 45.7623 8248	+58 24 11.1366 009	A	0.644	1.68	1.38		19.2	
0104−408	01 06 45.1079 6851	−40 34 19.9602 291	Q	0.584	3.34	1.16		19.0	
0107−610	01 09 15.4752 0598	−60 49 48.4599 686	G					19.0	
0109+224	01 12 05.8247 1754	+22 44 38.7863 909	L	0.265	0.67	0.42	+0.12	15.2	HP
0110+495	01 13 27.0068 0344	+49 48 24.0431 742	G	0.389	0.60	0.53	−0.14	18.4	S1.2
0116−219	01 18 57.2621 6666	−21 41 30.1399 986	Q	1.161	0.50	0.59	+0.09	19.0	
0119+115	01 21 41.5950 4339	+11 49 50.4131 012	Q	0.570	0.18	0.10	+0.33*	19.0	HP
0131−522	01 33 05.7625 5607	−52 00 03.9457 209	G	0.020				20.3	S1
0133+476	01 36 58.5948 0585	+47 51 29.1000 445	Q	0.859	2.00	1.86	+0.19	18.0	HP
0134+311	01 37 08.7336 2970	+31 22 35.8553 611	V	1.716	0.34	0.59	+0.03	20.7	red
0138−097	01 41 25.8321 5547	−09 28 43.6741 894	L	0.733	0.53	0.62	−0.12	17.5	HP
0151+474	01 54 56.2898 8783	+47 43 26.5395 732	Q	1.026	0.61	0.38	+0.50	19.0	red
0159+723	02 03 33.3849 6841	+72 32 53.6672 938	L	0.390	0.22	0.22	+0.09	19.2	
0202+319	02 05 04.9253 6007	+32 12 30.0954 538	Q	1.466	0.89	0.49	+0.07	17.9	
0215+015	02 17 48.9547 5182	+01 44 49.6990 704	Q	1.715	1.06	0.69		16.1	HP
0221+067	02 24 28.4281 9659	+06 59 23.3415 393	G	0.511	0.41	0.32	+0.04	20.0	HP
0230−790	02 29 34.9465 9358	−78 47 45.6017 972	Q	1.070				18.9	
0229+131	02 31 45.8940 5431	+13 22 54.7162 668	Q	2.059	1.04	1.34	+0.06	17.7	
0234−301	02 36 31.1694 2057	−29 53 55.5402 759	Q	2.103	0.48	0.20		18.0	
0235−618	02 36 53.2457 4589	−61 36 15.1834 250	A	0.465				18.5	
0234+285	02 37 52.4056 7732	+28 48 08.9900 231	Q	1.213	1.18	1.90	+0.13	18.5	HP
0237−027	02 39 45.4722 6775	−02 34 40.9144 020	Q	1.116	0.51	0.37	+0.49	19.4	
0300+470	03 03 35.2422 2254	+47 16 16.2754 406	L		0.78	1.22		16.6	
0302−623	03 03 50.6313 4799	−62 11 25.5498 711	A	1.351				17.9	red
0302+625	03 06 42.6595 4796	+62 43 02.0241 642	R		0.25	0.38		19.5	red
0306+102	03 09 03.6235 0016	+10 29 16.3409 599	Q	0.863	0.57	0.62	+0.44	21.2	
0308−611	03 09 56.0991 5397	−60 58 39.0561 502	A	1.480				18.5	
0307+380	03 10 49.8799 2951	+38 14 53.8378 720	Q	0.816	0.66	0.48	+0.36	19.7	
0309+411	03 13 01.9621 2305	+41 20 01.1835 585	G	0.134	0.44	0.29	+0.33	16.7	S1
0322+222	03 25 36.8143 5154	+22 24 00.3655 873	Q	2.060	1.69	0.99	−0.01	18.9	
0332−403	03 34 13.6545 1358	−40 08 25.3978 415	L	1.445	2.15	0.57	−0.04	18.5	HP
0334−546	03 35 53.9248 4162	−54 30 25.1146 727	A					20.0	
0342+147	03 45 06.4165 4424	+14 53 49.5582 021	A	1.556	0.28	0.44	+0.42	20.0	red
0346−279	03 48 38.1445 7723	−27 49 13.5655 526	Q	0.991	1.21	1.11		19.4	
0358+210	04 01 45.1660 7260	+21 10 28.5870 359	A	0.834	0.41	0.61		20.3	red
0402−362	04 03 53.7498 9835	−36 05 01.9131 085	Q	1.423	1.50	1.15	+0.43	17.2	
0403−132	04 05 34.0033 8957	−13 08 13.6907 083	Q	0.571	0.72	0.38	−0.37	17.1	HP
0405−385	04 06 59.0353 3560	−38 26 28.0423 567	Q	1.285	1.26	1.00	+0.19	18.0	
0414−189	04 16 36.5444 5140	−18 51 08.3400 284	Q	1.536	0.77	1.12	−0.09	18.0	
0420−014	04 23 15.8007 2776	−01 20 33.0654 034	Q	0.916	2.67	2.68	−0.08	17.4	HP
0422+004	04 24 46.8420 6092	+00 36 06.3293 676	L	0.310	0.41	0.43	−0.33	16.5	HP, var.
0426+273	04 29 52.9607 6804	+27 24 37.8762 939	V		0.40	0.49	−0.42	19.6	red

IERS Designation	Right Ascension	Declination	Type	z	Flux 8.4 GHz	Flux 2.3 GHz	α^1	V	Notes
	h m s	° ′ ″			Jy	Jy			
0430+289	04 33 37.8298 5993	+29 05 55.4770 346	L	0.970	0.42	0.48	+0.02	17.8	
0437−454	04 39 00.8546 6883	−45 22 22.5628 657	V	2.017	1.00			20.6	
0440+345	04 43 31.6352 0255	+34 41 06.6640 222	R		0.58	0.98			
0446+112	04 49 07.6711 0088	+11 21 28.5964 577	L?	2.153	0.55	0.76	+0.38	20.0	
0454−810	04 50 05.4402 0132	−81 01 02.2313 228	G	0.444			+0.29*	19.2	S1.5
0454−234	04 57 03.1792 2863	−23 24 52.0201 418	Q	1.003	1.62	1.43	−0.07	18.5	HP
0458−020	05 01 12.8098 8366	−01 59 14.2562 534	Q	2.286	1.47	1.84	−0.09	18.5	HP
0458+138	05 01 45.2708 2031	+13 56 07.2204 176	R		0.38	0.60	+0.16	22.2	red
0506−612	05 06 43.9887 2791	−61 09 40.9937 940	Q	1.093				16.9	
0454+844	05 08 42.3634 5199	+84 32 04.5440 155	L	1.340	0.23	0.33	+0.24	18.3	HP
0506+101	05 09 27.4570 6864	+10 11 44.6000 396	A	0.621	0.54	0.41	−0.30	17.8	
0507+179	05 10 02.3691 2982	+18 00 41.5816 534	G	0.416	0.65	0.75	0.00	19.0	
0516−621	05 16 44.9261 6793	−62 07 05.3892 036	A	1.300				17.9	
0515+208	05 18 03.8245 0329	+20 54 52.4974 899	A	2.579	0.32	0.43		20.4	red
0522−611	05 22 34.4254 7880	−61 07 57.1335 242	Q	1.400			−0.18	18.1	
0524−460	05 25 31.4001 5013	−45 57 54.6848 636	Q	1.479			+0.14*	17.3	
0524−485	05 26 16.6713 1064	−48 30 36.7915 470	V	1.300	0.10	0.10		20.0	
0524+034	05 27 32.7054 4796	+03 31 31.5166 429	L	0.509	0.39	0.46		20.0	
0529+483	05 33 15.8657 8266	+48 22 52.8076 620	Q	1.162	0.53	0.64		19.9	
0534−611	05 34 35.7724 8961	−61 06 07.0730 607	A	1.997				19.5	
0534−340	05 36 28.4323 7520	−34 01 11.4684 150		0.682	0.33	0.49		18.3	
0537−441	05 38 50.3615 5219	−44 05 08.9389 165	Q	0.894	4.79	4.03		16.5	HP
0536+145	05 39 42.3659 9103	+14 33 45.5616 993	A	2.690	0.47	0.54		18.4	red
0537−286	05 39 54.2814 7645	−28 39 55.9478 122	Q	3.104	0.53	0.65	+0.24	19.1	
0544+273	05 47 34.1489 2109	+27 21 56.8425 667	R		0.51	0.36			
0549−575	05 50 09.5801 8296	−57 32 24.3965 304	A	2.001				19.5	
0552+398	05 55 30.8056 1150	+39 48 49.1649 664	Q	2.365	5.28	3.99		18.0	
0556+238	05 59 32.0331 3165	+23 53 53.9267 683	R		0.49	0.64			
0600+177	06 03 09.1302 6176	+17 42 16.8105 604	A	1.738	0.42	0.58		19.2	red
0642+449	06 46 32.0259 9463	+44 51 16.5901 237	Q	3.396	3.86	1.07	+0.88	18.5	var.
0646−306	06 48 14.0964 7071	−30 44 19.6596 827	Q	1.153	0.95	0.90	+0.06	20.4	
0648−165	06 50 24.5818 5521	−16 37 39.7251 917	R		0.95	1.37		20.4	red
0656+082	06 59 17.9960 3428	+08 13 30.9533 022	V	2.780	0.51	0.68		16.1	red
0657+172	07 00 01.5255 3646	+17 09 21.7014 901	V		0.83	0.75		21.0	blue
0707+476	07 10 46.1048 7679	+47 32 11.1427 167	Q	1.292	0.49	0.88	−0.28	18.2	
0716+714	07 21 53.4484 6336	+71 20 36.3634 253	L	0.300	0.41	0.26	−0.13	13.7	HP
0722+145	07 25 16.8077 6128	+14 25 13.7466 902	A	1.038	0.45	0.93	+0.03	17.8	
0718+792	07 26 11.7352 4096	+79 11 31.0162 085	R		0.62	0.77	+0.19	23.1	red
0727−115	07 30 19.1124 7420	−11 41 12.6005 110	Q	1.591	2.02	2.90		20.3	
0736+017	07 39 18.0338 9693	+01 37 04.6178 588	Q	0.189	1.20	2.00	−0.09	16.5	HP, var.
0738+491	07 42 02.7489 4651	+49 00 15.6089 340	A	2.318	0.45	0.47	+0.11	21.8	
0743−006	07 45 54.0823 2111	−00 44 17.5398 546	Q	0.994	1.53	1.24	+0.67	17.1	
0743+259	07 46 25.8741 7871	+25 49 02.1347 553	Q	2.987	0.15	0.49		19.7	
0745+241	07 48 36.1092 7469	+24 00 24.1100 315	G	0.410	0.54	0.74	+0.25	18.9	HP
0748+126	07 50 52.0457 3519	+12 31 04.8281 766	Q	0.889	1.80	1.35	+0.15	17.3	
0759+183	08 02 48.0319 6182	+18 09 49.2493 958	A	1.586	0.47	0.57	+0.12	20.7	
0800+618	08 05 18.1795 6846	+61 44 23.7002 968	A	3.033	1.00	1.07	−0.08	19.6	red
0805+046	08 07 57.5385 7015	+04 32 34.5310 021	Q	2.877	0.20	0.34	−0.38	18.2	
0804+499	08 08 39.6662 8353	+49 50 36.5304 035	Q	1.435	0.81	1.08	−0.14	19.2	HP
0805+410	08 08 56.6520 3923	+40 52 44.8888 616	Q	1.420	0.93	0.77	+0.38	19.4	
0808+019	08 11 26.7073 1189	+01 46 52.2202 616	L	1.148	0.58	0.57	+0.43	18.0	
0812+367	08 15 25.9448 5739	+36 35 15.1488 917	Q	1.027	0.75	0.75	−0.08	18.8	

IERS Designation	Right Ascension	Declination	Type	z	Flux 8.4 GHz	Flux 2.3 GHz	α^1	V	Notes
	h m s	° ′ ″			Jy	Jy			
0814+425	08 18 15.9996 0470	+42 22 45.4149 140	L	0.530	1.05	1.08	−0.04	18.2	HP, z?
0823+033	08 25 50.3383 5429	+03 09 24.5200 730	L	0.506	1.13	1.45	+0.14	17.2	HP
0827+243	08 30 52.0861 9070	+24 10 59.8204 032	Q	0.941	0.85	0.89	+0.03	16.8	
0834−201	08 36 39.2152 5294	−20 16 59.5040 953	Q	2.752	3.40	2.46		19.4	
0851+202	08 54 48.8749 2702	+20 06 30.6408 861	L	0.306	1.31	1.24	+0.11*	15.1	HP
0854−108	08 56 41.8041 4812	−11 05 14.4301 901	R		1.10	0.63	+0.04	17.3	
0912+029	09 14 37.9134 3166	+02 45 59.2469 393	G	0.427	0.48	0.58		19.7	S1
0920−397	09 22 46.4182 6064	−39 59 35.0683 561	Q	0.591	1.39	1.19		18.0	
0920+390	09 23 14.4529 3105	+38 49 39.9101 375	V		0.37	0.36	−0.01	21.7	
0925−203	09 27 51.8243 1596	−20 34 51.2324 031	Q	0.347	0.45	0.31	−0.20	16.4	S1.0
0949+354	09 52 32.0261 6656	+35 12 52.4030 592	Q	1.876	0.34	0.29	−0.04	19.8	
0955+476	09 58 19.6716 3931	+47 25 07.8424 347	Q	1.882	1.89	1.30	+0.20	18.6	
0955+326	09 58 20.9496 3113	+32 24 02.2095 353	Q	0.531	0.68	0.43	−0.33	15.2	S1.8, var.
0954+658	09 58 47.2451 0127	+65 33 54.8180 587	L	0.368	0.56	0.67	+0.29	16.8	HP
1004−500	10 06 14.0093 1618	−50 18 13.4706 757	R					20.8	blue
1012+232	10 14 47.0654 5658	+23 01 16.5708 649	Q	0.566	0.77	0.69	−0.05	17.8	S1.5
1013+054	10 16 03.1364 6769	+05 13 02.3414 482	Q	1.713	0.52	0.54	−0.18	19.8	
1014+615	10 17 25.8875 7718	+61 16 27.4966 664	Q	2.801	0.50	0.58	+0.19	18.4	
1015+359	10 18 10.9880 9086	+35 42 39.4408 279	Q	1.230	0.63	0.61	0.00	18.1	
1022−665	10 23 43.5331 9996	−66 46 48.7177 526	R					17.9	blue
1022+194	10 24 44.8095 9508	+19 12 20.4156 249	Q	0.828	0.47	0.39	−0.05	17.8	
1030+415	10 33 03.7078 6817	+41 16 06.2329 177	Q	1.119	0.37	0.19	−0.14	19.6	HP
1030+074	10 33 34.0242 9130	+07 11 26.1477 035	A	1.535	0.19	0.20	+0.18	20.3	
1034−374	10 36 53.4396 0199	−37 44 15.0656 721	Q	1.821	0.50	0.22	+0.29	19.5	HP
1034−293	10 37 16.0797 3476	−29 34 02.8133 345	Q	0.312	1.49	1.21	+0.14	16.5	HP
1038+528	10 41 46.7816 3764	+52 33 28.2313 168	Q	0.678	0.53	0.44	−0.10	16.8	
1039+811	10 44 23.0625 4789	+80 54 39.4430 277	Q	1.260	0.76	0.71	+0.10	17.2	
1042+071	10 44 55.9112 4593	+06 55 38.2626 553	Q	0.690	0.24	0.35	−0.25	19.4	
1045−188	10 48 06.6206 0701	−19 09 35.7266 240	Q	0.595	1.19	0.85	−0.11	18.5	S1.8
1049+215	10 51 48.7890 7490	+21 19 52.3138 145	Q	1.300	0.91	1.27	−0.06	18.5	var.
1053+815	10 58 11.5353 7962	+81 14 32.6751 819	Q	0.706	0.78	0.54	+0.47	20.0	
1055+018	10 58 29.6052 0747	+01 33 58.8237 691	Q	0.890	3.75			17.7	HP
1101−536	11 03 52.2216 7171	−53 57 00.6966 293	A					17.9	
1101+384	11 04 27.3139 4136	+38 12 31.7990 644	L	0.030	0.32	0.36	−0.11	13.1	HP
1111+149	11 13 58.6950 8359	+14 42 26.9525 965	Q	0.867	0.23	0.55		17.6	var.
1123+264	11 25 53.7119 2285	+26 10 19.9786 840	Q	2.352	0.76	1.17	+0.04	18.4	
1124−186	11 27 04.3924 4958	−18 57 17.4416 582	Q	1.050	1.51	0.97	+0.53	19.2	red
1128+385	11 30 53.2826 1193	+38 15 18.5469 933	Q	1.740	1.15	0.80	+0.14	18.8	
1130+009	11 33 20.0557 9171	+00 40 52.8372 903	Q	1.640	0.22	0.29	−0.09	18.9	red
1133−032	11 36 24.5769 3290	−03 30 29.4964 694	Q	1.648	0.53	0.36		19.5	
1143−696	11 45 53.6241 7065	−69 54 01.7977 922	A	0.244				16.7	
1144+402	11 46 58.2979 1629	+39 58 34.3045 026	Q	1.090	0.73	0.48	+0.30	18.1	
1144−379	11 47 01.3707 0177	−38 12 11.0234 199	Q	1.048	2.72	1.08	+0.22	16.2	HP
1145−071	11 47 51.5540 2876	−07 24 41.1410 887	Q	1.342	0.53	0.78	+0.08	18.5	
1147+245	11 50 19.2121 7405	+24 17 53.8353 207	L	0.200	0.50	0.52	−0.05	15.7	HP, var.
1149−084	11 52 17.2095 1537	−08 41 03.3138 824	Q	2.370	1.05	0.97		18.5	
1156−663	11 59 18.3054 4873	−66 35 39.4272 186	R						
1156+295	11 59 31.8339 0975	+29 14 43.8268 741	Q	0.725	1.28	1.52	−0.29	14.4	HP
1213−172	12 15 46.7517 6110	−17 31 45.4029 502	G		1.62	1.23	−0.16	21.4	
1215+303	12 17 52.0819 6139	+30 07 00.6359 190	L	0.130	0.25	0.28	−0.30	14.7	HP, var.
1219+044	12 22 22.5496 2080	+04 13 15.7761 797	Q	0.966	0.67	0.54	+0.12	18.0	
1221+809	12 23 40.4937 3854	+80 40 04.3404 390	L	0.473	0.47	0.36	−0.28	19.0	

IERS Designation	Right Ascension	Declination	Type	z	Flux 8.4 GHz	2.3 GHz	α^1	V	Notes
	h m s	° ′ ″			Jy	Jy			
1226+373	12 28 47.4236 7744	+37 06 12.0958 631	Q	1.517	0.25	0.46	+0.44	18.3	
1236+077	12 39 24.5883 2517	+07 30 17.1892 686	G	1.365	0.70	0.70	+0.11	20.1	
1240+381	12 42 51.3690 7635	+37 51 00.0252 447	Q	1.318	0.51	0.68	+0.05	18.5	
1243−072	12 46 04.2321 0358	−07 30 46.5745 473	Q	1.286	0.78	0.69		20.1	
1244−255	12 46 46.8020 3492	−25 47 49.2887 900	Q	0.633	1.52	0.73	+0.25	17.4	HP
1252+119	12 54 38.2556 1161	+11 41 05.8951 798	Q	0.874	0.40	0.70	−0.14	16.6	
1251−713	12 54 59.9214 4870	−71 38 18.4366 697	A					20.6	blue
1300+580	13 02 52.4652 7568	+57 48 37.6093 180	V	1.088	0.28	0.25	+0.54	19.8	
1308+328	13 10 59.4027 2936	+32 33 34.4496 333	Q	1.635	0.45	0.49	+0.26	16.8	
1313−333	13 16 07.9859 3995	−33 38 59.1725 057	Q	1.210	0.87	0.77	−0.07	20.0	
1324+224	13 27 00.8613 1377	+22 10 50.1629 729	Q	1.400	1.79	1.98	+0.07	18.9	
1325−558	13 29 01.1449 2878	−56 08 02.6657 428	R						
1334−127	13 37 39.7827 7768	−12 57 24.6932 620	Q	0.539	4.88	3.21	+0.34	18.5	HP, var.
1342+662	13 43 45.9595 7134	+66 02 25.7451 011	Q	0.766	0.23	0.26	+0.55	19.7	
1342+663	13 44 08.6796 6687	+66 06 11.6438 846	Q	1.351	0.51		−0.16	18.6	
1349−439	13 52 56.5349 4294	−44 12 40.3875 227	L	0.050	0.06	0.06		15.7	HP
1351−018	13 54 06.8953 2213	−02 06 03.1904 447	Q	3.707	0.77	0.80		19.9	
1354−152	13 57 11.2449 7976	−15 27 28.7867 232	Q	1.890	1.34	0.69		19.0	
1357+769	13 57 55.3715 3147	+76 43 21.0510 512	A	1.585	0.80	0.68	+0.05	19.0	
1406−076	14 08 56.4812 0036	−07 52 26.6664 200	Q	1.494	0.73	0.63		18.4	
1418+546	14 19 46.5974 0212	+54 23 14.7871 875	L	0.153	0.50	0.60	+0.57	15.6	HP
1417+385	14 19 46.6137 6070	+38 21 48.4750 925	Q	1.830	0.59	0.50		19.7	
1420−679	14 24 55.5573 9563	−68 07 58.0945 205	A						
1423+146	14 25 49.0180 1632	+14 24 56.9019 040	Q	0.780	0.35	0.45	+0.09	18.0	
1424−418	14 27 56.2975 6536	−42 06 19.4375 991	Q	1.522	1.33	1.49	+0.28*	17.7	HP
1432+200	14 34 39.7933 5525	+19 52 00.7358 213	A	1.382	0.40	0.50		19.8	
1443−162	14 45 53.3762 8643	−16 29 01.6189 137	A		0.28	0.45		20.1	red
1448−648	14 52 39.6792 4989	−65 02 03.4333 591	G						
1451−400	14 54 32.9123 5921	−40 12 32.5142 375	Q	1.810	0.33	0.70		18.5	
1456+044	14 58 59.3562 1201	+04 16 13.8206 019	G	0.391	0.53	0.44	−0.33	18.6	
1459+480	15 00 48.6542 2191	+47 51 15.5381 838	A	1.059	0.61	0.40	+0.24	20.2	
1502+106	15 04 24.9797 8142	+10 29 39.1986 151	Q	1.838	1.00	1.50	−0.03	17.8	HP
1502+036	15 05 06.4771 5917	+03 26 30.8126 616	G	0.408	0.98	0.83	+0.41	18.7	
1504+377	15 06 09.5299 6778	+37 30 51.1325 044	G	0.671	0.86	0.66	−0.01	21.2	S2
1508+572	15 10 02.9223 6464	+57 02 43.3759 071	Q	4.309	0.38	0.22	−0.18	20.2	
1510−089	15 12 50.5329 2491	−09 05 59.8295 878	Q	0.360	1.23	2.20		16.9	HP, var.
1511−100	15 13 44.8934 1390	−10 12 00.2644 930	Q	1.513	0.82	0.80	+0.03	18.5	
1514+197	15 16 56.7961 6342	+19 32 12.9920 178	L	1.070	0.48	0.60	+0.14	18.7	
1520+437	15 21 49.6138 7985	+43 36 39.2681 562	Q	2.175	0.50	0.38	+0.48	18.9	
1519−273	15 22 37.6759 8872	−27 30 10.7854 174	L	1.294	1.68	1.34	+0.17	18.2	HP
1546+027	15 49 29.4368 4301	+02 37 01.1634 197	Q	0.414	1.23	1.25	+0.05	17.8	HP
1548+056	15 50 35.2692 4162	+05 27 10.4484 262	Q	1.422	2.10	2.35	−0.21	18.7	HP
1555+001	15 57 51.4339 7128	−00 01 50.4137 075	Q	1.770	0.96	0.78		19.7	
1554−643	15 58 50.2843 6339	−64 32 29.6374 071	G	0.080				14.6	red
1557+032	15 59 30.9726 1545	+03 04 48.2568 829	Q	3.891	0.35	0.35		19.8	
1604−333	16 07 34.7623 4480	−33 31 08.9133 114	V		0.17	0.26		20.5	blue
1606+106	16 08 46.2031 8554	+10 29 07.7758 300	Q	1.226	1.20	1.69	+0.12	18.0	
1611−710	16 16 30.6415 5980	−71 08 31.4545 422	A	2.271				20.7	red
1614+051	16 16 37.5568 1502	+04 59 32.7367 495	Q	3.215	0.55	0.67	+0.39	19.2	
1617+229	16 19 14.8246 1057	+22 47 47.8510 784	A	1.987	0.68	0.57		20.0	red
1619−680	16 24 18.4370 0573	−68 09 12.4965 314	Q	1.360				17.2	
1622−253	16 25 46.8916 4010	−25 27 38.3267 989	Q	0.786	2.24	2.18	−0.04	20.6	

IERS Designation	Right Ascension	Declination	Type	z	Flux 8.4 GHz	2.3 GHz	α^1	V	Notes
	h m s	° ′ ″	R		Jy	Jy			
1624−617	16 28 54.6898 2354	−61 52 36.3978 862	R	2.578				16.6	S1.2
1637+574	16 38 13.4562 9705	+57 20 23.9790 727	Q	0.751	0.91	1.28	+0.05	16.6	S1.2
1638+398	16 40 29.6327 7180	+39 46 46.0285 033	Q	1.660	0.86	0.98	+0.28	16.5	HP, var.
1639+230	16 41 25.2275 6501	+22 57 04.0327 611	Q	2.063	0.42	0.37	+0.12	19.3	
1642+690	16 42 07.8485 0549	+68 56 39.7564 973	Q	0.751	1.10	1.48	−0.22	19.2	HP
1633−810	16 42 57.3456 5318	−81 08 35.0701 687	A					18.0	
1657−261	17 00 53.1540 6129	−26 10 51.7253 457	R		0.45	0.23		16.5	blue
1657−562	17 01 44.8581 1384	−56 21 55.9019 532	R						
1659−621	17 03 36.5412 4564	−62 12 40.0081 704	V	1.755				18.7	blue
1705+018	17 07 34.4152 7100	+01 48 45.6992 837	Q	2.568	0.51	0.76		18.5	
1706−174	17 09 34.3453 9327	−17 28 53.3649 724	R		0.33	0.52		17.5	
1717+178	17 19 13.0484 8160	+17 45 06.4373 011	L	0.137	0.54	0.68	+0.03	19.1	HP
1726+455	17 27 27.6508 0470	+45 30 39.7313 444	Q	0.717	1.02	1.14	+0.21	19.0	S1.2
1730−130	17 33 02.7057 8476	−13 04 49.5481 484	Q	0.902	8.31	4.67	−0.08	18.5	
1725−795	17 33 40.7002 7819	−79 35 55.7166 934	A	0.876				18.2	red
1732+389	17 34 20.5785 3662	+38 57 51.4430 746	Q	0.970	1.12	1.25	+0.19	19.0	HP
1738+499	17 39 27.3904 9252	+49 55 03.3684 410	Q	1.545	0.35	0.43		19.0	
1738+476	17 39 57.1290 7360	+47 37 58.3615 566	L	0.950	0.60	1.01	+0.04	19.5	
1741−038	17 43 58.8561 3396	−03 50 04.6166 450	Q	1.054	3.59	2.18	+0.78	18.5	HP
1743+173	17 45 35.2081 7083	+17 20 01.4236 878	Q	1.702	0.70	1.20	−0.14	19.0	
1745+624	17 46 14.0341 3721	+62 26 54.7383 903	Q	3.889	0.48	0.35	−0.29	19.5	
1749+096	17 51 32.8185 7318	+09 39 00.7284 829	Q	0.322	4.30	1.59	+0.64	17.3	HP, var.
1751+288	17 53 42.4736 4429	+28 48 04.9388 841	V	1.115	0.33	0.41		19.6	blue
1754+155	17 56 53.1021 3624	+15 35 20.8265 328	V		0.45	0.31		17.2	red
1758+388	18 00 24.7653 6125	+38 48 30.6975 330	Q	2.092	1.07	0.42	+0.72	17.8	
1803+784	18 00 45.6839 1641	+78 28 04.0184 502	Q	0.680	2.07	2.23	+0.13	16.4	HP
1800+440	18 01 32.3148 2108	+44 04 21.9003 219	Q	0.663	0.95	0.37	−0.20	17.0	
1758−651	18 03 23.4966 6700	−65 07 36.7612 094	V	1.199				16.6	red
1806−458	18 09 57.8717 5020	−45 52 41.0139 197	G	0.070				15.7	
1815−553	18 19 45.3995 1849	−55 21 20.7453 785	A	1.629				16.0	
1823+689	18 23 32.8539 0304	+68 57 52.6125 919	R		0.20	0.35	−0.04	19.0	red
1823+568	18 24 07.0683 7771	+56 51 01.4908 371	Q	0.664	0.98	0.95	−0.11	18.4	HP
1824−582	18 29 12.4023 7320	−58 13 55.1616 899	R	1.531				19.3	blue
1831−711	18 37 28.7149 3799	−71 08 43.5545 891	Q	1.356			+0.14	17.5	
1842+681	18 42 33.6416 8915	+68 09 25.2277 840	Q	0.472	0.80	0.65	+0.02	17.9	
1846+322	18 48 22.0885 8135	+32 19 02.6037 429	A	0.798	0.52	0.55		19.4	blue
1849+670	18 49 16.0722 8978	+67 05 41.6802 978	Q	0.657	0.85	0.67	−0.06	18.6	S1.2
1908−201	19 11 09.6528 9198	−20 06 55.1089 891	Q	1.119	1.78	1.84	+0.06	18.4	blue
1920−211	19 23 32.1898 1466	−21 04 33.3330 547	Q	0.874	2.60	2.30	−0.09	17.5	
1921−293	19 24 51.0559 5514	−29 14 30.1210 524	Q	0.353	12.03	13.93	+0.05	18.2	HP, var.
1925−610	19 30 06.1600 9446	−60 56 09.1841 517	A	3.254				19.9	red
1929+226	19 31 24.9167 8444	+22 43 31.2586 209	R		0.60	0.59			
1933−400	19 37 16.2173 5166	−39 58 01.5529 907	Q	0.965	0.96		−0.10	19.0	
1936−155	19 39 26.6577 4750	−15 25 43.0584 183	Q	1.657	0.75	0.67	+0.53	19.4	HP
1935−692	19 40 25.5282 0104	−69 07 56.9714 945	Q	3.154				18.8	
1954+513	19 55 42.7382 6837	+51 31 48.5461 210	Q	1.220	1.29	1.21		18.5	
1954−388	19 57 59.8192 7470	−38 45 06.3557 585	Q	0.630	3.15	2.45	+0.35	17.1	HP
1958−179	20 00 57.0904 4485	−17 48 57.6725 440	Q	0.650	1.06	0.70	+0.75	17.5	HP
2000+472	20 02 10.4182 5568	+47 25 28.7737 223	V	2.266	1.12	1.07		19.6	red
2002−375	20 05 55.0709 0025	−37 23 41.4778 536	R		0.32	0.45	+0.41	21.6	red
2008−159	20 11 15.7109 3257	−15 46 40.2536 652	Q	1.180	1.10	0.93	+0.59	17.2	
2029+121	20 31 54.9942 7114	+12 19 41.3403 129	Q	1.215	0.82	1.00	+0.74*	18.5	

IERS Designation	Right Ascension	Declination	Type	z	Flux 8.4 GHz	Flux 2.3 GHz	α^1	V	Notes
	h m s	° ′ ″			Jy	Jy			
2052−474	20 56 16.3598 1874	−47 14 47.6276 461	Q	1.489	0.10	0.10		19.1	
2059+034	21 01 38.8341 6420	+03 41 31.3209 577	Q	1.013	0.94	0.87		17.8	
2106+143	21 08 41.0321 5158	+14 30 27.0123 177	A	2.017	0.39	0.46	−0.06	20.0	
2106−413	21 09 33.1885 9195	−41 10 20.6053 191	Q	1.058	1.59	1.50		21.0	
2113+293	21 15 29.4134 5556	+29 33 38.3669 657	Q	1.514	0.66	0.48	+0.62*	19.5	
2123−463	21 26 30.7042 6484	−46 05 47.8920 231	Q	1.670	0.10	0.10		18.0	
2126−158	21 29 12.1758 9777	−15 38 41.0413 097	Q	3.268	0.84	1.06	+0.38	17.0	
2131−021	21 34 10.3095 9643	−01 53 17.2387 909	Q	1.285	1.26	1.54	+0.01	18.8	HP, z?
2136+141	21 39 01.3092 6937	+14 23 35.9922 096	Q	2.427	2.84	1.50	+0.38	18.5	
2142−758	21 47 12.7306 2415	−75 36 13.2248 179	Q	1.139				17.3	
2150+173	21 52 24.8193 9953	+17 34 37.7950 583	L	0.871	0.55	0.50	−0.06	17.9	HP
2204−540	22 07 43.7333 0411	−53 46 33.8197 226	Q	1.206				18.0	
2209+236	22 12 05.9663 1138	+23 55 40.5438 272	Q	1.125	0.93	0.82	+0.13	18.3	
2220−351	22 23 05.9305 7815	−34 55 47.1774 281	G	0.298	0.32	0.27	−0.51	17.5	S1
2223−052	22 25 47.2592 9302	−04 57 01.3907 581	Q	1.404	2.37	1.67	−0.31	18.4	HP
2227−088	22 29 40.0843 4003	−08 32 54.4353 948	Q	1.560	2.76	1.25	+0.13	17.4	HP
2229+695	22 30 36.4697 0494	+69 46 28.0768 954	G	1.413	0.24	0.52	+0.24	19.6	
2232−488	22 35 13.2365 7712	−48 35 58.7945 006	Q	0.506	0.10	0.10	−0.15	17.2	
2236−572	22 39 12.0759 2367	−57 01 00.8393 966	V	0.569				21.0	red
2244−372	22 47 03.9173 2284	−36 57 46.3039 624	Q	2.252	0.62	0.57	−0.33	19.0	
2245−328	22 48 38.6857 3771	−32 35 52.1879 540	Q	2.268	0.35	0.34	−0.12	18.7	
2250+190	22 53 07.3691 7339	+19 42 34.6287 472	Q	0.284	0.32	0.34	+0.17	16.8	S1
2254+074	22 57 17.3031 2249	+07 43 12.3024 770	L	0.190	0.51	0.36		16.5	HP, var.
2255−282	22 58 05.9628 8481	−27 58 21.2567 425	Q	0.926	3.83	1.38	+0.57	16.8	S1
2300−683	23 03 43.5646 2053	−68 07 37.4429 706	Q	0.516				16.4	S1.5
2318+049	23 20 44.8565 9790	+05 13 49.9525 567	Q	0.622	0.65	0.70		19.0	
2326−477	23 29 17.7043 5026	−47 30 19.1148 404	Q	1.304	0.10	0.10		16.8	
2333−415	23 36 33.9850 9655	−41 15 21.9839 279	A	1.406	0.10	0.10	−0.05	20.0	
2344−514	23 47 19.8640 9462	−51 10 36.0654 829	A	1.750				20.1	red
2351−154	23 54 30.1951 8762	−15 13 11.2130 207	Q	2.668	0.58	0.98		18.6	
2353−686	23 56 00.6814 0587	−68 20 03.4717 084	A	1.716				17.0	
2355−534	23 57 53.2660 8808	−53 11 13.6893 562	Q	1.006				17.8	
2355−106	23 58 10.8824 0761	−10 20 08.6113 211	Q	1.636	0.55	0.61	−0.07	18.9	
2356+385	23 59 33.1807 9739	+38 50 42.3182 943	Q	2.704	0.51	0.37	−0.29	18.0	
2357−318	23 59 35.4915 4293	−31 33 43.8242 510	Q	0.990	0.76	0.54		17.6	

Notes to Table

1	Spectral index from Healey *et al.* 2007; otherwise * indicates from Stickel *et al.* 1989, 1994
A	Active galactic nuclei or quasar
blue	Magnitude given in V is for B filter
G	Galaxy
HP	High optical polarization (> 3%)
L	BL Lac object
L?	BL Lac candidate
Q	Quasar
R	Radio source
red	Magnitude given in V is for R filter
S1	Seyfert 1 spectrum
S1.0 - S1.9	Intermediate Seyfert galaxies
V	Optical source
var.	Variable in optical
z?	Questionable redshift

Name	Right Ascension	Declination	S_{400}	S_{750}	S_{1400}	S_{1665}	S_{2700}	S_{5000}	S_{8000}
	h m s	o ′ ″	Jy	Jy	Jy	Jy	Jy	Jy	Jy
3C 48[e,h]	01 37 41.299	+33 09 35.13	42.3	26.7	16.30	14.12	9.33	5.33	3.39
3C 123	04 37 04.4	+29 40 15	119.2	77.7	48.70	42.40	28.50	16.5	10.60
3C 147[e,g,h]	05 42 36.138	+49 51 07.23	48.2	33.9	22.42	19.43	12.96	7.66	5.10
3C 161[h]	06 27 10.0	−05 53 07	40.5	28.4	18.64	16.38	11.13	6.42	4.03
3C 218	09 18 06.0	−12 05 45	134.6	76.0	43.10	36.80	23.70	13.5	8.81
3C 227	09 47 46.4	+07 25 12	20.3	12.1	7.21	6.25	4.19	2.52	1.71
3C 249.1	11 04 11.5	+76 59 01	6.1	4.0	2.48	2.14	1.40	0.77	0.47
3C 274[e,f]	12 30 49.423	+12 23 28.04	625.0	365.0	214.00	184.00	122.00	71.9	48.10
3C 286[e,h]	13 31 08.288	+30 30 32.96	23.8	19.2	14.71	13.55	10.55	7.34	5.39
3C 295[h]	14 11 20.7	+52 12 09	55.7	36.8	22.40	19.24	12.19	6.35	3.66
3C 348	16 51 08.3	+04 59 26	168.1	86.8	45.00	37.50	22.60	11.8	7.19
3C 353	17 20 29.5	−00 58 52	131.1	88.2	57.30	50.50	35.00	21.2	14.20
DR 21	20 39 01.2	+42 19 45							21.60
NGC 7027[d,h]	21 07 01.6	+42 14 10			1.43	1.93	3.69	5.43	5.90

Name	S_{10700}	S_{15000}	S_{22235}	S_{32000}	S_{43200}	Spec.	Type	Angular Size (at 1.4 GHz)
	Jy	Jy	Jy	Jy	Jy			″
3C 48[e,h]	2.54	1.80	1.18	0.80	0.57	C−	QSS	<1
3C 123	7.94	5.63	3.71			C−	GAL	20
3C 147[e,g,h]	3.95	2.92	2.05	1.47	1.12	C−	QSS	<1
3C 161[h]	2.97	2.04	1.29	0.82	0.56	C−	GAL	<3
3C 218	6.77					S	GAL	core 25, halo 220
3C 227	1.34	1.02	0.73			S	GAL	180
3C 249.1	0.34	0.23				S	QSS	15
3C 274[e,f]	37.50	28.10				S	GAL	halo 400[a]
3C 286[e,h]	4.38	3.40	2.49	1.83	1.40	C−	QSS	<5
3C 295[h]	2.54	1.63	0.94	0.55	0.35	C−	GAL	4
3C 348	5.30					S	GAL	115[b]
3C 353	10.90					C−	GAL	150
DR 21	20.80	20.00	19.00			Th	HII	20[c]
NGC 7027[d,h]	5.93	5.84	5.65	5.43	5.23	Th	PN	10

Notes to Table

a	Halo has steep spectral index, so for $\lambda \leq 6$ cm, more than 90% of the flux is in the core. The slope of the spectrum is positive above 20 GHz.
b	Angular distance between the two components
c	Angular size at 2 cm, but consists of 5 smaller components
d	All data are calculated from a fit to the thermal spectrum. Mean epoch is 1995.5.
e	Suitable for calibration of interferometers and synthesis telescopes.
f	Virgo A
g	Indications of time variability above 5 GHz.
h	Suitable for polarization calibrator; see following page.
GAL	Galaxy
HII	HII region
PN	Planetary Nebula
QSS	Quasar
C−	Concave parabola has been fitted to spectrum data.
S	Straight line has been fitted to spectrum data.
Th	Thermal spectrum

Name	1.40 GHz		1.66 GHz		2.65 GHz		4.85 GHz		8.35 GHz		10.45 GHz		14.60 GHz		32.00 GHz	
	m	χ	m	χ	m	χ	m	χ	m	χ	m	χ	m	χ	m	χ
	%	°	%	°	%	°	%	°	%	°	%	°	%	°	%	°
3C 48	0.6	147.6	0.7	178.7	1.6	70.5	4.2	106.6	5.4	114.4	5.9	115.9	5.9	114.0	8.0	106.1
3C 147	<0.3		<0.3		<0.3		<0.3		0.9	151.3	1.1	14.7	2.7	57.7		
3C 161	5.8	30.3	9.8	125.9	10.2	175.6	4.8	122.5	2.6	99.9	2.4	93.8			2.7	52.4
3C 286[a]	9.5	33.0	9.8	33.0	10.1	33.0	11.0	33.0	11.2	33.0	11.7	33.0	11.8	33.0	12.0	33.0
3C 295	<0.3		<0.3		<0.3		<0.3		0.9	28.7	1.7	155.2	1.9	95.4		

Notes to Table

Positions of these radio sources are found on the previous page.

m   Degree of polarization

χ   Polarization angle

a   Serves as main reference source, besides NGC 7027 which can be considered unpolarized at all frequencies.

Name	Right Ascension	Declination	Flux[1]	Mag.[2]	Identified Counterpart	Type of Source
	h m s	° ′ ″	mCrab			
Tycho's SNR	00 25 20.0	+64 08 18	9.4		Tycho's SNR	SNR
4U 0037−10	00 41 34.7	−09 21 00	3.1	12.8	Abell 85	C
4U 0053+60	00 56 42.5	+60 43 00	4.8 − 10.6	2.5	Gamma Cas	Be Star
SMC X−1	01 17 05.1	−73 26 36	0.5 − 54.7	13.3	Sanduleak 160	HMXB
2S 0114+650	01 18 02.7	+65 17 30	3.8	11.0	LSI+65 010	HMXB
4U 0115+634	01 18 31.9	+63 44 33	1.9 − 336.0	15.2	V 635 Cas	HMXB
4U 0316+41	03 19 48.0	+41 30 44	50.1	12.5*	Abell 426	C
V 0332+53	03 34 59.9	+53 10 23	0.48 − 1076.2	15.3V	BQ Cam	HMXB
4U 0352+309	03 55 23.1	+31 02 45	8.6 − 35.5	6.1	X Per	HMXB
4U 0431−12	04 33 36.1	−13 14 43	2.7	15.3*	Abell 496	C
4U 0513−40	05 14 06.6	−40 02 36	5.8	8.1	NGC 1851	LMXB
LMC X−2	05 20 28.7	−71 57 37	8.6 − 42.2	18.5*X		BHC
LMC X−4	05 32 49.6	−66 22 13	2.9 − 57.6	14.0	O7 IV Star	HMXB
Crab Nebula	05 34 31.3	+22 00 53	1000.0		Crab Nebula	SNR+P
A 0538−66	05 35 44.8	−66 50 25	0.01 − 172.8	13.8	Be star	HMXB
A 0535+262	05 38 54.6	+26 18 57	2.9 − 2687.9	9.2	HD 245770	HMXB
LMC X−3	05 38 56.7	−64 05 03	1.6 − 42.2	17.2	B3 V Star	BHC
LMC X−1	05 39 40.1	−69 44 34	2.9 − 24.0	14.5	O8 III Star	BHC
4U 0614+091	06 17 08.0	+09 08 37	48.0	18.8*	V 1055 Ori	BHC
IC 443	06 18 01.4	+22 33 48	3.6		IC 443	SNR
A 0620−00	06 22 44.5	−00 20 44	0.02 − 47998.5	18.2	V 616 Mon	BHC
4U 0726−260	07 28 53.6	−26 06 29	1.2 − 4.5	11.6	LS 437	HMXB
EXO 0748−676	07 48 33.7	−67 45 08	0.1 − 57.6	16.9	UY Vol	B
Pup A	08 24 07.1	−42 59 55	7.9		Pup A	SNR
Vela SNR	08 34 11.4	−45 45 10	9.6		Vela SNR	SNR
GRS 0834−430	08 36 51.4	−43 15 00	28.8 − 288.0	20.4X		HMXB
Vela X−1	09 02 06.9	−40 33 17	1.9 − 1056.0	6.9	GP Vel	HMXB
3A 1102+385	11 04 27.3	+38 12 31	4.4	13.0	MRK 421	Q
Cen X−3	11 21 15.2	−60 37 27	9.6 − 299.5	13.3V	V 779 Cen	HMXB
4U 1145−619	11 48 00.0	−62 12 25	3.8 − 960.0	8.9	V 801 Cen	HMXB
4U 1206+39	12 10 32.6	+39 24 21	4.5	11.9	NGC 4151	AGN
GX 301−2	12 26 37.6	−62 46 13	8.6 − 960.0	10.8V	Wray 977	HMXB
3C 273	12 29 06.7	+02 03 09	2.8	12.5	3C 273	Q
4U 1228+12	12 30 49.4	+12 23 27	22.9	8.6	M 87	AGN
4U 1246−41	12 48 49.3	−41 18 39	5.4		Centaurus Cluster	C
4U 1254−690	12 57 37.7	−69 17 15	24.0	18V	GR Mus	B
4U 1257+28	12 59 35.8	+27 57 44	15.6	10.7	Coma Cluster	C
GX 304−1	13 01 17.1	−61 36 07	0.3 − 192.0	13.4V	V 850 Cen	HMXB
Cen A	13 25 27.6	−43 01 09	8.9	6.8	NGC 5128	Q
Cen X−4	14 58 22.4	−32 01 06	0.1 − 19199.4	18.2*	V 822 Cen	B
SN 1006	15 02 22.2	−41 53 47	2.5		SN 1006	SNR
Cir X−1	15 20 40.9	−57 09 59	4.8 − 2879.9	21.4*	BR Cir	LMXB
4U 1538−522	15 42 23.4	−52 23 10	2.9 − 28.8	16.3	QV Nor	HMXB
4U 1556−605	16 01 01.5	−60 44 26	15.4	18.6V	LU TrA	LMXB
4U 1608−522	16 12 42.8	−52 25 20	1.0 − 105.6		QX Nor	LMXB
Sco X−1	16 19 55.1	−15 38 25	13439.6	11.1	V 818 Sco	LMXB
4U 1627+39	16 28 38.3	+39 33 05	4.1	12.6	Abell 2199	C
4U 1627−673	16 32 16.7	−67 27 40	24.0	18.2V	KZ TrA	LMXB
4U 1636−536	16 40 55.6	−53 45 05	211.2	16.9V	V 801 Ara	B
GX 340+0	16 45 47.9	−45 36 42	480.0			LMXB

Name	Right Ascension	Declination	Flux[1]	Mag.[2]	Identified Counterpart	Type of Source
	h m s	o ′ ″	mCrab			
GRO J1655−40	16 54 00.2	−39 50 45	3132.0	14.0V	V 1033 Sco	BHC
Her X−1	16 57 49.8	+35 20 33	14.4 − 48.0	13.8	HZ Her	LMXB
4U 1704−30	17 02 06.3	−29 56 45	3.3	13.0*V	V 2134 Oph	B
GX 339−4	17 02 49.4	−48 47 23	1.4 − 864.0	15.4	V 821 Ara	BHC
4U 1700−377	17 03 56.8	−37 50 39	10.6 − 105.6	6.5	V 884 Sco	HMXB
GX 349+2	17 05 44.5	−36 25 23	792.0	18.3V	V 1101 Sco	LMXB
4U 1722−30	17 27 33.2	−30 48 06	7.3		Terzan 2	LMXB
Kepler's SNR	17 30 35.9	−21 28 55	4.4	19	Kepler's SNR	SNR
GX 9+9	17 31 43.9	−16 57 43	288.0	17.1*	V 2216 Oph	LMXB
GX 354−0	17 31 57.3	−33 49 58	144.0			B
GX 1+4	17 32 02.2	−24 44 44	96.0	18.7V	V 2116 Oph	LMXB
Rapid Burster	17 33 23.6	−33 23 26	0.1 − 192.0		Liller 1	B
4U 1735−444	17 38 58.2	−44 27 00	153.6	17.4V	V 926 Sco	LMXB
1E 1740.7−2942	17 44 02.7	−29 43 25	3.8 − 28.8			BHC
GX 3+1	17 47 56.5	−26 33 50	384.0	14.0V	V 3893 Sgr	B
4U 1746−37	17 50 12.7	−37 03 08	30.7	8.0	NGC 6441	LMXB
4U 1755−338	17 58 40.2	−33 48 25	96.0	18.3V	V 4134 Sgr	BHC
GX 5−1	18 01 07.9	−25 04 54	1200.0			LMXB
GX 9+1	18 01 31.1	−20 31 39	672.0			LMXB
GX 13+1	18 14 30.3	−17 09 28	336.0		V 5512 Sgr	LMXB
GX 17+2	18 16 01.4	−14 02 12	1440.0	17.5V	NP Ser	LMXB
4U 1820−30	18 23 40.5	−30 21 42	403.2	9.1	NGC 6624	LMXB
4U 1822−37	18 25 46.9	−37 06 19	9.6 − 24.0	15.8*	V 691 CrA	B
Ser X−1	18 39 57.6	+05 02 11	216.0	19.2*	MM Ser	B
4U 1850−08	18 53 05.1	−08 42 23	9.6	8.7	NGC 6712	LMXB
Aql X−1	19 11 15.6	+00 35 14	0.1 − 1248.0	14.8V	V 1333 Aql	LMXB
SS 433	19 11 49.6	+04 58 58	2.5 − 9.9	13.0	V 1343 Aql	BHC
GRS 1915+105	19 15 11.7	+10 56 46	288.0		V 1487 Aql	BHC
4U 1916−053	19 18 48.0	−05 14 10	24.0	21.4*	V 1405 Aql	B
Cyg X−1	19 58 21.7	+35 12 06	225.6 − 1267.2	8.9	V 1357 Cyg	BHC
4U 1957+11	19 59 24.0	+11 42 30	28.8	18.7V	V 1408 Aql	LMXB
Cyg X−3	20 32 26.1	+40 57 20	86.4 − 412.8		V 1521 Cyg	BHC
4U 2129+12	21 29 58.3	+12 10 03	5.8	6.2	AC 211	LMXB
4U 2129+47	21 31 26.2	+47 17 25	8.6	15.6V	V1727 Cyg	B
SS Cyg	21 42 42.8	+43 35 10	3.5 − 19.9	12.1	SS Cyg	T
Cyg X−2	21 44 41.2	+38 19 17	432.0	14.4*	V 1341 Cyg	LMXB
Cas A	23 23 21.4	+58 48 45	56.4		Cassiopeia A	SNR

Notes to Table

[1]　(2-10) keV flux of X-ray source
[2]　*V* magnitude of optical counterpart
　　* indicates *B* magnitude given instead of *V*
　　V indicates variable magnitude
　　X indicates magnitude is for X-ray source and not optical counterpart

AGN	active galactic nuclei	LMXB	low mass X-ray binary
B	X-ray burster	P	pulsar
BHC	black hole candidate	Q	quasar
C	cluster of galaxies	SNR	supernova remnant
HMXB	high mass X-ray binary	T	transient (nova-like optically)

LQAC–5 ID	Right Ascension	Declination	G [1]	G_{BP}	G_{RP}	z	M_B	Criteria [2]
	h m s	° ′ ″						
016–000_118	01 06 04.70	−00 37 51.47	20.79	21.47	20.01	6.876	− 9.9	z
033+005_001	02 12 02.01	+05 28 46.46	20.41	21.07	19.49	6.690	− 35.0	z,M_B
049+041_007	03 19 48.16	+41 30 42.11	13.97	14.21	13.14	0.018	− 26.5	G
079–000_001	05 16 11.41	−00 08 59.16	13.97	14.16	13.20	0.033	− 9.9	G
088+059_001	05 52 28.17	+59 28 36.94	14.05	14.35	13.46	0.058	− 22.1	G
097+069_001	06 30 02.51	+69 05 03.91	14.06	14.24	13.59	0.370	− 9.9	G
103+074_001	06 52 12.33	+74 25 37.12	13.38	13.78	12.63	0.019	− 9.9	G
105–038_001	07 03 11.54	−38 15 47.95	13.43	14.28	12.53	0.056	− 9.9	G
110+071_003	07 21 53.45	+71 20 36.36	13.27	13.60	12.66	0.300	− 27.1	G
114+027_009	07 38 20.10	+27 50 45.30	20.42	21.36	19.10	6.725	− 9.9	z
117+027_005	07 49 14.96	+27 09 58.58	19.92	19.69	19.66	6.260	− 35.1	M_B
120+055_004	08 02 48.20	+55 13 28.87	18.10	18.65	17.31	6.787	− 37.3	z,M_B
121+027_036	08 06 48.43	+27 03 15.21	19.49	20.04	18.66	6.983	− 9.9	z
123+048_010	08 13 28.73	+48 00 24.05	10.82	11.40	10.13	0.459	− 29.7	G
124+048_007	08 19 16.29	+48 17 45.54	19.46	19.29	17.82	5.590	− 34.8	M_B
133+018_014	08 54 25.57	+18 05 07.01	18.89	18.07	16.89	4.904	− 36.7	M_B
138+024_010	09 15 01.72	+24 18 12.11	20.34	20.41	19.22	6.515	− 34.9	M_B
143+012_012	09 35 44.17	+12 40 31.56	19.95	21.01	18.72	6.648	− 34.4	z,M_B
146+010_010	09 45 33.99	+10 09 50.10	17.65	17.91	17.17	5.142	− 34.3	M_B
148+050_004	09 53 03.11	+50 28 32.76	13.80	14.07	13.35	0.408	− 27.4	G
148+069_004	09 55 33.17	+69 03 55.06	13.30	12.93	11.47	0.000	− 9.9	G
149+028_004	09 57 18.71	+28 31 39.62	18.41	18.36	17.10	5.429	− 36.0	M_B
152+056_004	10 08 43.18	+56 20 45.00	19.56	19.51	19.47	6.919	− 36.9	z,M_B
152+001_037	10 11 15.64	+01 06 42.51	19.31	19.53	18.79	6.629	− 36.8	M_B
153+021_010	10 14 03.63	+21 14 46.91	20.39	20.44	19.26	6.539	− 34.4	M_B
156+060_013	10 27 38.54	+60 50 16.47	17.28	17.38	16.68	6.640	− 37.4	z,M_B
165+022_008	11 02 42.85	+22 27 49.65	18.73	18.42	17.33	5.392	− 34.8	M_B
166+038_004	11 04 27.31	+38 12 31.80	12.81	12.92	12.28	0.030	− 21.3	G
167+048_006	11 11 21.71	+48 20 45.98	18.48	18.48	17.41	6.225	− 36.9	M_B
173+032_006	11 34 24.65	+32 38 02.45	18.40	19.30	17.39	6.983	− 36.5	z,M_B
173+030_014	11 35 14.09	+30 10 05.60	20.32	20.13	19.22	6.688	− 34.3	z
175+005_003	11 40 51.59	+05 46 31.06	19.56	18.83	17.31	5.105	− 34.6	M_B
178+003_045	11 54 36.61	+03 00 06.36	18.68	20.56	17.49	6.785	− 9.9	z
179+055_007	11 57 56.13	+55 27 12.93	13.86	13.45	12.19	0.004	− 18.0	G
182+039_015	12 10 32.58	+39 24 21.06	13.07	12.98	12.13	0.003	− 18.7	G
185–000_004	12 20 12.15	−00 03 06.82	19.46	19.57	18.88	6.687	− 35.5	z,M_B
187+002_004	12 29 06.70	+02 03 08.60	12.85	12.97	12.55	0.158	− 26.3	G
188+020_017	12 33 02.59	+20 07 43.91	20.94	20.97	20.08	6.954	− 9.9	z
190+001_057	12 42 41.17	+01 28 11.02	20.93	20.59	19.94	6.743	− 9.9	z
194+056_001	12 56 14.23	+56 52 25.24	13.55	13.99	12.78	0.042	− 25.7	G
197+029_080	13 10 20.98	+29 26 37.62	8.15	8.70	7.49	3.090	− 37.9	M_B,G
204+024_005	13 37 18.72	+24 23 03.32	14.07	14.42	13.51	0.107	− 24.5	G
208+042_001	13 52 06.86	+42 52 36.96	20.10	20.20	19.33	6.405	− 35.2	M_B
212+034_001	14 08 00.44	+34 51 24.76	17.44	17.87	16.79	7.011	− 38.5	z,M_B
216+023_006	14 27 00.39	+23 48 00.04	14.03	14.33	13.50	0.400	− 26.9	G
217+009_042	14 31 12.40	+09 39 15.48	20.24	20.56	19.46	7.011	− 9.9	z
222+046_014	14 50 45.56	+46 15 04.26	19.35	19.93	18.40	6.908	− 35.8	z,M_B
225+018_010	15 02 26.60	+18 00 39.62	18.49	19.24	17.50	6.795	− 36.9	z,M_B
227–009_002	15 11 45.78	−09 28 53.86	14.05	14.56	13.39	1.900	− 31.3	G
228+058_002	15 12 25.68	+58 57 52.14	20.06	20.55	18.93	6.903	− 35.7	z,M_B

LQAC−5 ID	Right Ascension	Declination	G [1]	G_{BP}	G_{RP}	z	M_B	Criteria [2]
	h m s	° ′ ″						
229+015_024	15 17 16.35	+15 08 13.60	20.52	20.51	20.03	6.760	− 9.9	z
233+035_014	15 32 58.64	+35 15 14.42	20.01	20.08	19.36	6.719	− 9.9	z
238+036_015	15 55 06.41	+36 53 56.17	18.17	18.30	17.80	6.968	− 37.9	z,M_B
238+011_016	15 55 43.04	+11 11 24.37	14.08	14.36	13.58	0.360	− 27.2	G
239+035_001	15 56 33.78	+35 17 57.39	18.99	20.71	17.77	6.802	− 35.7	z,M_B
240+015_005	16 01 43.76	+15 02 37.77	17.37	17.65	16.85	6.699	− 38.6	z,M_B
246+035_001	16 24 19.96	+35 38 45.27	18.09	18.54	17.39	5.442	− 34.3	M_B
247+031_008	16 30 04.31	+31 19 57.66	20.31	21.27	18.85	6.999	− 36.8	z,M_B
250+039_019	16 42 49.87	+39 23 50.56	13.50	13.79	13.04	2.381	− 32.5	G
253+037_016	16 54 33.28	+37 28 20.00	20.67	20.88	19.72	6.977	− 35.4	z,M_B
256+019_005	17 04 10.86	+19 52 41.57	20.66	20.71	19.98	6.738	− 9.9	z
275+064_001	18 21 57.21	+64 20 36.22	13.89	13.97	13.44	0.297	− 9.9	G
310−000_040	20 40 00.58	−00 34 04.35	13.57	13.90	13.08	2.300	− 32.3	G
313+044_001	20 53 53.69	+44 23 11.07	7.01	7.46	6.44	0.000	− 9.9	G
328−009_004	21 55 01.51	−09 22 24.35	14.06	14.11	13.84	0.190	− 25.9	G
329−030_024	21 58 52.07	−30 13 32.12	13.91	14.12	13.44	0.116	− 24.8	G
329+012_013	21 59 50.31	+12 47 18.43	19.14	20.39	18.10	6.807	− 35.7	z,M_B
330+042_001	22 02 43.29	+42 16 39.98	13.84	14.45	12.97	0.069	− 22.7	G
339+013_006	22 36 48.14	+13 55 37.15	20.24	20.23	20.24	6.062	− 35.3	M_B
340+000_011	22 41 34.52	+00 28 29.52	12.45	12.90	11.86	2.100	− 32.9	G
349+000_068	23 18 56.65	+00 14 37.98	13.85	13.94	13.21	0.029	− 9.9	G
350+000_090	23 21 19.12	+00 42 21.62	20.51	20.66	19.69	7.011	− 9.9	z
355−003_003	23 42 56.94	−03 23 31.89	12.06	12.44	11.53	0.896	− 27.4	G

Notes to Table

[1]   Magnitudes in the Gaia DR2 photometric system.

[2]   Criteria for inclusion in the table (see Section L for codes)

Name	Right Ascension	Declination	Period	$\dot{P}$	Epoch	DM	S_{400}	S_{1400}	Type
	h m s	° ′ ″	s	10^{-13} ss^{-1}	MJD	cm^{-3}pc	mJy	mJy	
B0021−72C	00 23 50.4	−72 04 31.5	0.005 756 780	0.00000	51600	24.6	1.53	0.6	
J0024−7204R	00 24 05.7	−72 04 52.6	0.003 480 463		51000	24.4			b
J0030+0451	00 30 27.4	+04 51 39.7	0.004 865 453	0.00000	50984	4.3	7.9	0.6	gx
B0031−07	00 34 08.9	−07 21 53.4	0.942 950 995	0.00408	46635	11.4	52	11	
J0034−0534	00 34 21.8	−05 34 36.6	0.001 877 182	0.00000	50690	13.8	17	0.61	b
J0045−7319	00 45 35.2	−73 19 03.0	0.926 275 905	0.04463	49144	105.4	1	0.3	b
J0218+4232	02 18 06.4	+42 32 17.4	0.002 323 090	0.00000	50864	61.3	35	0.9	bxg
B0329+54	03 32 59.4	+54 34 43.6	0.714 519 700	0.02048	46473	26.8	1500	203	
J0437−4715	04 37 15.9	−47 15 09.0	0.005 757 452	0.00000	52005	2.6	550	149	bxg
B0450−18	04 52 34.1	−17 59 23.4	0.548 939 223	0.05753	49289	39.9	82	5.3	
B0456−69	04 55 47.6	−69 51 34.3	0.320 422 712	0.10212	48757	94.9	0.6		ox
B0525+21	05 28 52.3	+22 00 04.0	3.745 539 250	0.40053	54200	50.9	57	9	oxg
B0531+21	05 34 32.0	+22 00 52.1	0.033 084 716	4.22765	40000	56.8	550	14	
J0537−6910	05 37 47.4	−69 10 19.9	0.016 122 222	0.51784	52061			0.00	x
B0540−69	05 40 11.2	−69 19 54.2	0.050 498 818	4.78925	51197	146.5	0.0	0.024	
J0613−0200	06 13 44.0	−02 00 47.2	0.003 061 844	0.00000	53114	38.8	21	2.3	gb
B0628−28	06 30 49.4	−28 34 42.8	1.244 418 596	0.07123	46603	34.5	206	23	x
J0633+1746	06 33 54.2	+17 46 12.9	0.237 099 442	0.10971	50498				g
B0656+14	06 59 48.1	+14 14 21.5	0.384 891 195	0.55003	49721	14.0	6.5	3.7	oxg
B0655+64	07 00 37.8	+64 18 11.2	0.195 670 945	0.00001	48806	8.8	5	0.3	b
J0737−3039A	07 37 51.2	−30 39 40.7	0.022 699 379	0.00002	53156	48.9		1.6	bx
J0737−3039B	07 37 51.2	−30 39 40.7	2.773 460 770	0.00892	53156	48.9		1.3	b
B0736−40	07 38 32.3	−40 42 40.9	0.374 919 985	0.01616	51700	160.8	190	80	
B0740−28	07 42 49.1	−28 22 43.8	0.166 762 292	0.16821	49326	73.8	296	15.0	
J0751+1807	07 51 09.2	+18 07 38.6	0.003 478 771	0.00000	51800	30.2	10	3.2	bg
J0806−4123	08 06 23.4	−41 22 30.9	11.370 385 930	0.56000	54771				o
B0818−13	08 20 26.4	−13 50 55.9	1.238 129 544	0.02105	48904	40.9	102	7	
B0820+02	08 23 09.8	+01 59 12.4	0.864 872 805	0.00105	49281	23.7	30	1.5	b
B0826−34	08 28 16.6	−34 17 07.0	1.848 918 804	0.00996	48132	52.2	16	0.25	
B0833−45	08 35 20.6	−45 10 34.9	0.089 328 385	1.25008	51559	68.0	5000	1100	oxg
B0834+06	08 37 05.6	+06 10 14.6	1.273 768 292	0.06799	48721	12.9	89	4	
B0835−41	08 37 21.2	−41 35 14.4	0.751 623 618	0.03539	51700	147.3	197	16.0	
B0950+08	09 53 09.3	+07 55 35.8	0.253 065 165	0.00230	46375	3.0	400	84	x
B0959−54	10 01 38.0	−55 07 06.7	1.436 582 629	0.51396	46800	130.3	80	6.3	
J1012+5307	10 12 33.4	+53 07 02.6	0.005 255 749	0.00000	50700	9.0	30	3	b
J1022+1001	10 22 58.0	+10 01 52.8	0.016 452 930	0.00000	53589	10.3	20	6.1	b
J1024−0719	10 24 38.7	−07 19 19.2	0.005 162 205	0.00000	53000	6.5	4.6	1.5	x
J1028−5819	10 28 28.0	−58 19 05.2	0.091 403 231	0.16100	54562	96.5		0.36	g
J1045−4509	10 45 50.2	−45 09 54.1	0.007 474 224	0.00000	53050	58.2	15	2.7	b
B1055−52	10 57 59.0	−52 26 56.3	0.197 107 608	0.05834	43556	30.1	80		xg
B1133+16	11 36 03.2	+15 51 04.5	1.187 913 066	0.03734	46407	4.8	257	32	
J1141−6545	11 41 07.0	−65 45 19.1	0.393 898 815	0.04307	54637	116.1		3.3	b
J1157−5112	11 57 08.2	−51 12 56.1	0.043 589 227	0.00000	51400	39.7			b
B1154−62	11 57 15.2	−62 24 50.9	0.400 522 048	0.03931	46800	325.2	145	5.9	
B1237+25	12 39 40.5	+24 53 49.3	1.382 449 103	0.00960	46531	9.2	110	10	

Name	Right Ascension	Declination	Period	$\dot{P}$	Epoch	DM	S_{400}	S_{1400}	Type
	h m s	° ′ ″	s	10^{-13} ss^{-1}	MJD	cm^{-3}pc	mJy	mJy	
B1240−64	12 43 17.2	−64 23 23.9	0.388 480 921	0.04501	46800	297.3	110	13.0	
B1257+12	13 00 03.6	+12 40 56.5	0.006 218 532	0.00000	49750	10.2	20	2	b
B1259−63	13 02 47.6	−63 50 08.7	0.047 762 508	0.02279	50357	146.7		1.70	b
B1323−58	13 26 58.3	−58 59 29.1	0.477 990 867	0.03238	47782	287.3	120	9.9	
B1323−62	13 27 17.4	−62 22 44.6	0.529 913 192	0.18879	47782	318.8	135	16.0	
B1356−60	13 59 58.2	−60 38 08.0	0.127 500 777	0.06339	43556	293.7	105	7.6	
B1426−66	14 30 40.9	−66 23 05.0	0.785 440 757	0.02770	46800	65.3	130	8.0	
B1449−64	14 53 32.7	−64 13 15.6	0.179 484 754	0.02746	46800	71.1	230	14.0	
J1453+1902	14 53 45.7	+19 02 12.2	0.005 792 303	0.00000	53337	14.0	2.2		
J1455−3330	14 55 48.0	−33 30 46.4	0.007 987 205	0.00000	50598	13.6	9	1.2	b
B1451−68	14 56 00.2	−68 43 39.3	0.263 376 815	0.00098	46800	8.6	350	80	
B1508+55	15 09 25.6	+55 31 32.4	0.739 681 923	0.04998	49904	19.6	114	8	
B1509−58	15 13 55.6	−59 08 09.0	0.151 251 258	15.31468	52835	252.5	1.5	0.94	xg
J1518+4904	15 18 16.8	+49 04 34.3	0.040 934 989	0.00000	52000	11.6	8	4	b
B1534+12	15 37 10.0	+11 55 55.6	0.037 904 441	0.00002	50300	11.6	36	0.6	b
B1556−44	15 59 41.5	−44 38 45.9	0.257 056 098	0.01019	46800	56.1	110	40	
B1620−26	16 23 38.2	−26 31 53.8	0.011 075 751	0.00001	48725	62.9	15	1.6	b
J1643−1224	16 43 38.2	−12 24 58.7	0.004 621 642	0.00000	49524	62.4	75	4.8	b
B1641−45	16 44 49.3	−45 59 09.5	0.455 059 775	0.20090	46800	478.8	375	310	
B1642−03	16 45 02.0	−03 17 58.3	0.387 689 698	0.01780	46515	35.7	393	21	
B1648−42	16 51 48.8	−42 46 11.0	0.844 080 666	0.04812	46800	482.0	100	16.0	
B1706−44	17 09 42.7	−44 29 08.2	0.102 459 246	0.92985	50042	75.7	25	7.3	xg
J1713+0747	17 13 49.5	+07 47 37.5	0.004 570 137	0.00000	52000	16.0	36	10.2	b
J1719−1438	17 19 10.1	−14 38 00.9	0.005 790 152	0.00000	55236	36.9		0.42	b
J1730−2304	17 30 21.7	−23 04 31.3	0.008 122 798	0.00000	53300	9.6	43	3.9	
B1727−47	17 31 42.1	−47 44 34.6	0.829 828 785	1.63626	50939	123.3	190	12	
B1737−30	17 40 33.8	−30 15 43.5	0.606 886 624	4.66124	54780	152.2	24.6	6.4	
J1744−1134	17 44 29.4	−11 34 54.7	0.004 074 546	0.00000	53742	3.1	18	3.1	g
B1744−24A	17 48 02.3	−24 46 36.9	0.011 563 148	0.00000	48270	242.2		0.61	b
J1748−2446ad	17 48 04.8	−24 46 45.0	0.001 395 955	0.00000	53500	235.6			b
B1749−28	17 52 58.7	−28 06 37.3	0.562 557 636	0.08129	46483	50.4	1100	18.0	
B1800−27	18 03 31.7	−27 12 06.0	0.334 415 427	0.00017	50261	165.5	3.4	1.00	b
J1804−2717	18 04 21.1	−27 17 31.2	0.009 343 031	0.00000	51041	24.7	15	0.4	b
B1802−07	18 04 49.9	−07 35 24.7	0.023 100 855	0.00000	50337	186.3	3.1	1.0	b
J1808−2024	18 08 39.3	−20 24 39.9	7.555 920 000	5490.0	53254				
J1819−1458	18 19 34.2	−14 58 03.6	4.263 164 033	5.75171	54451	196.0			
B1818−04	18 20 52.6	−04 27 38.1	0.598 075 930	0.06331	46634	84.4	157	6.1	
B1820−11	18 23 40.3	−11 15 11.0	0.279 828 697	0.01379	49465	428.6	11	3.2	b
B1820−30A	18 23 40.5	−30 21 40.1	0.005 440 004	0.00003	55049	86.9	16	0.72	
B1830−08	18 33 40.3	−08 27 31.3	0.085 284 251	0.09171	50483	411.0		3.6	
B1831−03	18 33 41.9	−03 39 04.3	0.686 704 444	0.41565	49698	234.5	89	2.8	
B1831−00	18 34 17.3	−00 10 53.3	0.520 954 311	0.00011	49123	88.7	5.1	0.29	b
J1841−0456	18 41 19.3	−04 56 11.2	11.788 978 400	409.2	55585				
J1846−0258	18 46 24.9	−02 58 30.1	0.326 571 288	71.07450	54834				
B1855+09	18 57 36.4	+09 43 17.3	0.005 362 000	0.00000	50481	13.3	31	5.0	b

SELECTED PULSARS, J2000.0

Name	Right Ascension	Declination	Period	$\dot{P}$	Epoch	DM	S_{400}	S_{1400}	Type
	h m s	° ′ ″	s	10^{-13} ss^{-1}	MJD	cm^{-3}pc	mJy	mJy	
B1857−26	19 00 47.6	−26 00 43.8	0.612 209 204	0.00205	48891	38.0	131	13	
B1859+03	19 01 31.8	+03 31 05.9	0.655 450 239	0.07459	50027	402.1	165	4.2	
J1903+0327	19 03 05.8	+03 27 19.2	0.002 149 912	.00000	55000	297.5		1.3	b
J1906+0746	19 06 48.7	+07 46 28.6	0.144 071 930	0.20280	53590	217.8	0.9	0.55	b
J1909−3744	19 09 47.4	−37 44 14.4	0.002 947 108	0.00000	53631	10.4		2.1	b
J1911−1114	19 11 49.3	−11 14 22.3	0.003 625 746	0.00000	50458	31.0	31	0.5	b
B1911−04	19 13 54.2	−04 40 47.7	0.825 935 803	0.04068	46634	89.4	118	4.4	
B1913+16	19 15 28.0	+16 06 27.4	0.059 030 003	0.00009	52984	168.8	4	0.9	b
B1919+21	19 21 44.8	+21 53 02.3	1.337 302 160	0.01348	48999	12.4	57	6	
B1929+10	19 32 13.9	+10 59 32.4	0.226 517 635	0.01157	46523	3.2	303	36	x
B1931+24	19 33 37.8	+24 36 39.6	0.813 690 303	0.08110	50629	106.0	7.5		
B1933+16	19 35 47.8	+16 16 40.0	0.358 738 411	0.06003	46434	158.5	242	42	
B1937+21	19 39 38.6	+21 34 59.1	0.001 557 806	0.00000	47900	71.0	240	13.2	x
B1946+35	19 48 25.0	+35 40 11.1	0.717 311 174	0.07061	49449	129.1	145	8.3	
B1951+32	19 52 58.2	+32 52 40.5	0.039 531 193	0.05845	49845	45.0	7	1.0	xg
B1953+29	19 55 27.9	+29 08 43.5	0.006 133 167	0.00000	54500	104.5	15	1.1	b
B1957+20	19 59 36.8	+20 48 15.1	0.001 607 402	0.00000	48196	29.1	20	0.4	bx
B2016+28	20 18 03.8	+28 39 54.2	0.557 953 480	0.00148	46384	14.2	314	30	
J2019+2425	20 19 31.9	+24 25 15.3	0.003 934 524	0.00000	50000	17.2			b
J2021+3651	20 21 05.5	+36 51 04.8	0.103 740 952	0.95721	54710	367.5		0.1	g
J2043+2740	20 43 43.5	+27 40 56.0	0.096 130 563	0.01270	49773	21.0	15		g
B2045−16	20 48 35.6	−16 16 44.6	1.961 572 304	0.10958	46423	11.5	116	13	
J2051−0827	20 51 07.5	−08 27 37.8	0.004 508 642	0.00000	51000	20.7	22	2.8	b
B2111+46	21 13 24.3	+46 44 08.7	1.014 684 793	0.00715	46614	141.3	230	19	
J2124−3358	21 24 43.9	−33 58 44.7	0.004 931 115	0.00000	53174	4.6	17	3.6	gx
B2127+11B	21 29 58.6	+12 10 00.3	0.056 133 036	0.00010	50000	67.7	1.0		
J2144−3933	21 44 12.1	−39 33 56.9	8.509 827 491	0.00496	49016	3.4	16	0.8	
J2145−0750	21 45 50.5	−07 50 18.4	0.016 052 424	0.00000	53040	9.0	100	8.9	b
B2154+40	21 57 01.8	+40 17 46.0	1.525 265 634	0.03433	49277	70.9	105	17	
B2217+47	22 19 48.1	+47 54 53.9	0.538 468 822	0.02765	46599	43.5	111	3	
J2229+2643	22 29 50.9	+26 43 57.8	0.002 977 819	0.00000	49718	23.0	13	0.9	b
J2235+1506	22 35 43.7	+15 06 49.1	0.059 767 358	0.00000	49250	18.1	3		
B2303+46	23 05 55.8	+47 07 45.3	1.066 371 072	0.00569	46107	62.1	1.9		b
B2310+42	23 13 08.6	+42 53 13.0	0.349 433 682	0.00112	48241	17.3	89	15	
J2317+1439	23 17 09.2	+14 39 31.2	0.003 445 251	0.00000	49300	21.9	19	4	b
J2322+2057	23 22 22.4	+20 57 02.9	0.004 808 428	0.00000	48900	13.4			

Notes to Table

b Pulsar is a member of a binary system.

g Pulsar has been observed in the gamma ray.

o Pulsar has been observed in the optical.

x Pulsar has been observed in the X-ray.

Name	Alternate Name	RA	Dec.	Flux[1]		E_{low}[2]	E_{high}	Type
		h m s	° ′ ″	photons cm^{-2}s^{-1}		MeV	MeV	
PSR J0007+7303	4FGL J0007.0+7303	00 07 02	+73 03 08	6.7E−8	±4.8E−10	1000	100000	P
3C66A	4FGL J0222.6+4302	02 22 38	+43 02 09	1.6E−8	2.3E−10	1000	100000	Q
AO 0235+164	4FGL J0238.6+1637	02 38 42	+16 37 27	1.2E−8	2.0E−10	1000	100000	Q
LSI +61 303	4FGL J0240.5+6113	02 40 31	+61 13 30	4.7E−8	4.3E−10	1000	100000	B
LSI +61 303		02 40 31	+61 13 30	2.2E−11	7.0E−12	>200000		B
NGC 1275	4FGL J0319.8+4130	03 19 52	+41 30 45	3.0E−8	±3.1E−10	1000	100000	Q
EXO 0331+530		03 34 58	+53 10 06	2.9E−3	4.8E−5	0.04	0.1	B
X Per	4U 0352+30	03 55 23	+31 02 45	2.9E−3	8.7E−5	0.04	0.1	B
GRO J0422+32	Nova Per 1992	04 21 43	+32 54 35	9.0E−4	3.1E−4	0.75	2	P
PKS 0426−380	4FGL J0428.6−3756	04 28 41	−37 56 00	2.4E−8	2.8E−10	1000	100000	Q
MG2 J043337+2905	4FGL J0433.6+2905	04 33 37	+29 05 55	3.3E−9	±1.4E−10	1000	100000	Q
PKS 0454−234	4FGL J0457.0−2324	04 57 04	−23 25 38	2.1E−8	2.5E−10	1000	100000	Q
TXS 0506+056	4FGL J0509.4+0542	05 09 25	+05 41 35	6.0E−9	1.6E−10	1000	100000	Q
LMC-30DorWest	4FGL J0530.0−6900e	05 30 00	−69 00 00	4.0E−9	1.8E−10	1000	100000	G
Crab		05 34 32	+22 00 52	9.7E−2	2.9E−5	0.04	0.1	P,N
Crab	4FGL J0534.5+2200	05 34 32	+22 00 52	1.6E−7	±1.0E−9	1000	100000	P,N
Crab		05 34 32	+22 00 52	2.0E−10	5.0E−12	>200000		P,N
SN 1987A		05 35 28	−69 16 11	6.5E−3	1.4E−3	0.85	line[3]	R
PKS 0537−441	4FGL J0538.8−4405	05 38 52	−44 04 51	2.1E−8	2.5E−10	1000	100000	Q
PSR J0540−6919	4FGL J0540.3−6920	05 40 11	−69 19 54	2.4E−9	1.4E−10	1000	100000	P
PSR J0614−3329	4FGL J0614.1−3329	06 14 10	−33 29 01	1.8E−8	±2.6E−10	1000	100000	P
IC 443	4FGL J0617.2+2234e	06 17 14	+22 34 48	5.6E−8	9.3E−10	1000	100000	R
PSR J0633+0632	4FGL J0633.7+0632	06 33 33	+06 34 41	1.5E−8	3.2E−10	1000	100000	P
Geminga	4FGL J0633.9+1746	06 33 54	+17 46 13	7.1E−7	2.4E−9	1000	100000	P
S5 0716+71	4FGL J0721.9+7120	07 21 54	+71 20 58	2.3E−8	2.3E−10	1000	100000	Q
PKS 0727−11	4FGL J0730.3−1141	07 30 17	−11 41 44	1.4E−8	±2.3E−10	1000	100000	Q
PKS 0805−07	4FGL J0808.2−0751	08 08 14	−07 50 59	7.5E−9	1.7E−10	1000	100000	Q
Vela−X	4FGL J0833.1−4511e	08 33 09	−45 11 24	1.3E−8	9.0E−10	1000	100000	N
Vela−X	HESS J0835−455	08 35 00	−45 36 00	1.3E−11	0.4E−11	>1000000		N
Vela Pulsar	4FGL J0835.3−4510	08 35 20	−45 10 35	1.4E−6	4.3E−9	1000	100000	P
RX J0852.0−4622	HESS J0852−463	08 52 00	−46 22 00	1.9E−11	±0.6E−11	>1000000		N
Vela X−1	4U 0900−40	09 02 06	−40 33 16	5.3E−3	1.9E−5	0.04	0.1	B
1FGL J1018.6−5856	4FGL J1018.9−5856	10 18 55	−58 56 46	2.5E−8	4.7E−10	1000	100000	B
PSR J1023−5746	4FGL J1023.0−5745	10 23 03	−57 46 05	1.8E−8	7.5E−10	1000	100000	P
PSR J1028−5819	4FGL J1028.5−5819	10 28 30	−58 19 55	3.4E−8	4.7E−10	1000	100000	P
PSR J1044−5737	4FGL J1044.4−5737	10 44 33	−57 37 19	1.4E−8	±2.8E−10	1000	100000	P
Eta Carinae	4FGL J1045.1−5940	10 45 00	−59 41 31	2.1E−8	3.9E−10	1000	100000	B
PSR J1048−5832	4FGL J1048.2−5832	10 48 17	−58 31 48	2.5E−8	3.9E−10	1000	100000	P
PSR J1057−5226	4FGL J1057.9−5227	10 57 59	−52 26 54	4.9E−8	4.6E−10	1000	100000	P
MRK 421	4FGL J1104.4+3812	11 04 30	+38 12 39	3.8E−8	3.6E−10	1000	100000	Q
MRK 421		11 04 30	+38 12 39	1.5E−10	±3.0E−12	>250000		Q
NGC 4151	H 1208+396	12 10 33	+39 24 35	2.3E−6	3.5E−8	0.07	0.3	Q
4C +21.35	4FGL J1224.9+2122	12 24 54	+21 22 48	2.0E−8	2.4E−10	1000	100000	Q
4C +21.35		12 24 54	+21 22 48	4.6E−10	5.0E−11	>100000		Q
NGC 4388		12 25 47	+12 39 00	6.4E−4	5.8E−5	0.05	0.15	Q

Name	Alternate Name	RA	Dec.	Flux[1]		E_{low}[2]	E_{high}	Type
		h m s	° ′ ″	photons cm^{-2}s^{-1}		MeV	MeV	
3C 273	4FGL J1229.0+0202	12 29 06	+02 03 09	6.3 E−9	±1.4E−10	1000	100000	Q
PSR J1231−1411	4FGL J1231.1−1412	12 31 16	−14 11 13	1.8 E−8	2.7E−10	1000′	100000	P
3C 279	4FGL J1256.1−0547	12 56 13	−05 47 28	2.5 E−8	2.8E−10	1000	100000	Q
HESS J1303−631		13 03 00	−63 11 55	1.2 E−11	0.2E−11	>380000		N
Cen A		13 25 39	−43 00 40	3.9 E−3	2.9E−5	0.04	0.1	Q
PSR J1413−6205	4FGL J1413.5−6205	14 13 26	−62 04 30	2.7 E−8	±4.9E−10	1000	100000	P
NGC 5548	H 1415+253	14 18 00	+25 07 47	3.8 E−4	7.4E−5	0.05	0.15	Q
PSR J1418−6058	4FGL J1418.7−6057	14 18 42	−60 58 11	4.2 E−8	1.4E−9	1000	100000	P
PSR J1420−6048	4FGL J1420.0−6048	14 20 07	−60 47 49	1.7 E−8	1.8E−9	1000	100000	P
PKS 1424−41	4FGL J1427.9−4206	14 27 56	−42 06 19	3.8 E−8	3.6E−10	1000	100000	Q
H 1426+428	RGB J1428+426	14 28 33	+42 40 25	2.0 E−11	±3.5E−12	>280000		Q
PKS 1502+106	4FGL J1504.4+1029	15 04 25	+10 29 34	1.9 E−8	2.4E−10	1000	100000	Q
PKS 1510−08	4FGL J1512.8−0906	15 12 50	−09 06 09	3.8 E−8	3.6E−10	1000	100000	Q
PSR B1509−58		15 13 55	−59 08 24	9.4 E−4	4.8E−5	0.05	5	P
MSH 15−52	HESS J1514−591	15 14 07	−59 09 27	2.3 E−11	0.6E−11	>280000		N
B2 1520+31	4FGL J1522.1+3144	15 22 10	+31 44 37	1.3 E−8	±1.8E−10	1000	100000	Q
XTE J1550−564	V381 Nor	15 50 58	−56 28 36	3.2 E−3	1.9E−5	0.04	0.1	B
PG 1553+113	4FGL J1555.7+1111	15 55 43	+11 11 24	1.4 E−8	2.2E−10	1000	100000	Q
HESS J1614−518		16 14 19	−51 49 12	5.8 E−11	7.7E−12	>200000		U
HESS J1616−508		16 16 24	−50 54 00	4.3 E−11	2.0E−12	>200000		N
PSR J1620−4927	4FGL J1620.7−4927	16 20 52	−49 28 30	2.2 E−8	±6.3E−10	1000	100000	P
4U 1630−47		16 34 00	−47 23 39	2.0 E−3	9.7E−6	0.04	0.1	T
HESS J1632−478	4FGL J1633.0−4746e	16 36 21	−47 40 58	3.2 E−8	9.4E−10	1000	100000	N
MRK 501		16 53 52	+39 45 37	2.8 E−11	5.0E−12	>300000		Q
OAO 1657−415	H 1657−415	17 00 47	−41 40 23	3.7 E−3	9.7E−6	0.04	0.1	B
GX 339−4	1H 1659−487	17 02 50	−48 47 23	4.2 E−3	±1.9E−5	0.04	0.1	B
4U 1700−377	V884 Sco	17 03 56	−37 50 38	1.2 E−2	9.7E−6	0.04	0.1	B
HESS J1708−443		17 08 11	−44 20 00	3.8 E−12	8.0E−13	>1000000		U
PSR J1709−4429	4FGL J1709.7−4429	17 09 43	−44 29 08	2.0 E−7	1.1E−9	1000	100000	P
RX J1713.7−3946	G 347.3−0.5	17 13 33	−39 45 44	5.3 E−12	9 E−13	>1800000		R
GX 1+4	4U 1728−24	17 32 02	−24 44 44	4.0 E−3	±9.7E−6	0.04	0.1	B
PSR J1732−3131	4FGL J1732.5−3131	17 32 34	−31 31 21	3.4 E−8	5.9E−10	1000	100000	P
PSR J1741−2054	4FGL J1741.9−2054	17 41 58	−20 54 50	1.7 E−8	3.0E−10	1000	100000	P
1E 1740.7−2942		17 44 02	−29 43 26	3.5 E−3	9.7E−6	0.04	0.1	T
IGR J17464−3213	H 1743−32	17 45 02	−32 13 36	6.9 E−3	3.4E−5	0.04	0.1	B
4FGL J1745.6−2859	3EG J1746−2851	17 45 39	−28 59 49	5.1 E−8	±1.3E−9	1000	100000	U
Galactic Center	HESS J1745−290	17 45 40	−29 00 22	2.0 E−12	1.0E−13	>1000000		U
PSR J1747−2958	4FGL J1747.2−2957	17 47 16	−29 58 01	2.0 E−8	5.5E−10	1000	100000	P
GRO J1753+57		17 51 40	+57 10 47	5.8 E−4	1.0E−4	0.75	8	U
Swift J1753.5−0127		17 53 29	−01 27 24	6.6 E−3	1.9E−5	0.04	0.1	B
GRS 1758−258	INTEGRAL1 79	18 01 12	−25 44 36	7.2 E−3	±9.7E−6	0.04	0.1	B
W28	4FGL J1801.3−2326e	18 01 22	−23 26 24	3.1 E−8	1.5E−9	1000	100000	N
PMN J1802−3940	4FGL J1802.6−3940	18 02 39	−39 40 45	5.7 E−9	1.5E−10	1000	100000	Q
PSR J1803-2149	4FGL J1803.1−2148	18 03 12	−21 47 30	1.2 E−8	5.3E−10	1000	100000	P
HESS J1804−216		18 04 31	−21 42 00	5.32E−11	2.0E−12	>200000		U

Name	Alternate Name	RA	Dec.	Flux[1]		E_{low}[2]	E_{high}	Type
		h m s	° ′ ″	photons cm^{-2}s^{-1}		MeV	MeV	
W30	4FGL J1805.6−2136e	18 05 38	−21 36 42	6.2E−9	±1.4 E−9	1000	100000	N
PSR J1809−2332	4FGL J1809.8−2332	18 09 50	−23 33 35	6.4E−8	7.0 E−10	1000	100000	P
PSR J1813−1246	4FGL J1813.4−1246	18 13 24	−12 45 59	2.8E−8	4.3 E−10	1000	100000	P
M 1812−12	4U 1812−12	18 15 12	−12 05 00	2.5E−3	1.9 E−5	0.04	0.1	B
HESS J1825−137	4FGL J1824.5−1351e	18 26 05	−13 45 36	3.9E−11	2.2 E−12	>200000		N
PSR J1826−1256	4FGL J1826.1−1256	18 26 08	−12 56 33	5.8E−8	±8.5 E−10	1000	100000	P
LS 5039	4FGL J1826.2−1450	18 26 21	−14 50 13	2.0E−8	4.8 E−10	1000	100000	B
GS 1826−24		18 29 28	−24 48	6.4E−3	9.7 E−6	0.04	0.1	B
PSR J1836+5925	4FGL J1836.2+5925	18 36 14	+59 25 30	1.0E−7	6.1 E−10	1000	100000	P
HESS J1837−069	4FGL J1836.5−0651e	18 36 34	−06 51 58	2.0E−8	7.7 E−10	1000	100000	N
W44	4FGL J1855.9+0121e	18 55 58	+01 21 18	7.2E−8	±1.0 E−9	1000	100000	R
MGRO J1908+06	HESS J1908+063	19 07 54	+06 16 07	3.8E−12	8.0 E−13	>1000000		U
PSR J1907+0602	4FGL J1907.9+0602	19 07 55	+06 02 17	4.2E−8	6.0 E−10	1000	100000	P
W 49B	4FGL J1911.0+0905	19 11 03	+09 05 33	1.9E−8	5.7 E−10	1000	100000	N
GRS 1915+105	Nova Aql 1992	19 15 11	+10 56 45	1.2E−2	9.7 E−6	0.04	0.1	B
W51C	4FGL J1923.2+1408e	19 23 16	+14 08 42	3.7E−8	±6.5 E−10	1000	100000	N
2HWC J1928+177		19 28 36	+17 46 48	9.3E−12	4.5 E−12	>1000000		U
NGC 6814	QSO 1939−104	19 42 40	−10 19 12	3.2E−5	8.3 E−5	0.05	0.15	Q
PSR J1952+3252	4FGL J1952.9+3252	19 52 58	+32 52 41	2.0E−8	3.2 E−10	1000	100000	P
Cyg X−1	4U 1956+35	19 58 21	+35 12 00	6.6E−4	7.4 E−5	0.75	2	B
1ES 1959+650	QSO B1959+650	20 00 00	+65 08 55	4.7E−11	±1.6 E−11	>180000		Q
MAGIC J2001+435	4FGL J2001.2+4353	20 01 13	+43 52 53	6.8E−10	7.0 E−11	>100000		Q
VER J2019+407		20 20 05	+40 45 26	5.2E−12	2.0 E−12	>320000		U
PSR J2021+3651	4FGL J2021.1+3651	20 21 05	+36 51 48	7.3E−8	7.2 E−10	1000	100000	P
PSR J2021+4026	4FGL J2021.5+4026	20 21 52	+40 26 26	1.1E−7	1.2 E−9	1000	100000	P
Cygnus−X	4FGL J2028.6+4110e	20 28 41	+41 10 12	1.2E−7	±1.9 E−9	1000	100000	S
EXO 2030+375		20 32 13	+37 37 48	3.3E−3	1.9 E−5	0.04	0.1	B
PSR J2032+4127	4FGL J2032.2+4127	20 32 13	+41 27 25	2.3E−8	4.6 E−10	1000	100000	P
Cyg X−3		20 32 26	+40 57 28	6.8E−3	1.9 E−5	0.04	0.1	B
J2124.6+5057	IGR J21247+5058	21 24 39	+50 58 26	6.5E−4	2.9 E−5	0.04	0.1	Q
PKS 2155−304	HESS J2158−302	21 58 52	−30 13 32	1.3E−11	±0.1 E−11	>300000		Q
PKS 2155−304	4FGL J2158.8−3013	21 58 52	−30 13 32	2.0E−8	2.7 E−10	1000	100000	Q
PSR J2229+6114	4FGL J2229.0+6114	22 29 05	+61 14 29	3.1E−8	3.6 E−10	1000	100000	P
3C 454.3	4FGL J2253.9+1609	22 53 59	+16 08 58	9.8E−8	6.0 E−10	1000	100000	Q
Cas A	1H 2321+585	23 23 12	+58 48 36	2.8E−4	6.60E−5	0.04	0.25	R

Notes to Table

[1]   Integrated flux over the low (< 100 KeV), high (100 MeV to 100 GeV), or very high (> 100 GeV) energy range; some sources are bright in multiple energy ranges.

[2]   > indicates a lower limit energy value; flux is the integral observed flux.

[3]   For SN1987A, flux is only for single observed spectral line.

B   Binary system
G   Galaxy
N   Nebula/diffuse
P   Pulsar
Q   Quasar
R   Supernova remnant
S   Star-forming region
T   Transient
U   Unknown

CONTENTS OF SECTION J

NOTES

Beginning with the 1997 edition of *The Astronomical Almanac*, observatories in the General List are alphabetical first by country and then by observatory name within the country. If the country in which an observatory is located is unknown, it may be found in the Index List. Taking Ebro Observatory as an example, the Index List refers the reader to Spain, under which Ebro is listed in the General List.

Observatories in England, Northern Ireland, Scotland and Wales will be found under United Kingdom. Observatories in the United States will be found under the appropriate state, under United States of America (USA). Thus, the W.M. Keck Observatory is under USA, Hawaii. In the Index List it is listed under Keck, W.M. and W.M. Keck, with referrals to Hawaii (USA) in the General List.

The "Location" column in the General List gives the city or town associated with the observatory, sometimes with the name of the mountain on which the observatory is actually located. Since some institutions have observatories located outside of their native countries, the "Location" column indicates the locale of the observatory, but not necessarily the ownership by that country. In the "Observatory Name" column of the General List, observatories with radio instruments, infrared instruments, or laser instruments are designated with an 'R', 'I', or 'L', respectively. The height of the observatory is given, in the final column, in meters (m) above mean sea level (m.s.l.); observatories for which the height is unknown at the time of publication have a "——" in the "Height" column.

Beginning with the 2012 edition of *The Astronomical Almanac*, the General List includes observatory codes as designated by the IAU Minor Planet Center (MPC), for some observatories; these codes are given in the "MPC Code" column.

Finally, readers interested in only a subset of the observatories—for example, those from a certain country (or few countries) or those with radio (or infrared or laser) instruments—may wish to use the Observatory Search feature on *The Astronomical Almanac Online* (see below).

www These data or auxiliary material may also be found on *The Astronomical Almanac Online* at **http://asa.hmnao.com** and **https://aa.usno.navy.mil/publications/asa.html**

Observatory Name	Location
Abastumani	Georgia
Abrahão de Moraes	Brazil
Agassiz Station, George R.	Texas (USA)
Aguilar, Félix	Argentina
Alabama, Univ. of	Alabama (USA)
Alger	Algeria
Algonquin	Canada
Allegheny	Pennsylvania (USA)
Aller, Ramon Maria	Spain
Anderson Mesa Station	Arizona (USA)
Anglo–Australian	Australia
Ankara, Univ. of	Turkey
Antares	Brazil
Apache Point	New Mexico (USA)
Arcetri	Italy
Archenhold	Germany
Arecibo	Puerto Rico
Argentine Radio Astronomy Institute	Argentina
ARIES (Aryabhatta)	India
Arizona University, Northern	Arizona (USA)
Armagh	United Kingdom
Arosa	Switzerland
Arthur J. Dyer	Tennessee (USA)
Aryabhatta (ARIES)	India
Asiago	Italy
Ast. and Astrophysical Institute	Belgium
Astronomical Latitude	Poland
Auckland	New Zealand
Australian National	Australia
Bappu, Vainu	India
Barros, Prof. Manuel de	Portugal
Basle Univ. Ast. Institute	Switzerland
Behlen	Nebraska (USA)
Beijing (Branch)	China
Beijing Normal University	China
Belgrade	Serbia
Belogradchik	Bulgaria
Besançon	France
Bialkow Station	Poland
Big Bear	California (USA)
Blue Mesa Station	New Mexico (USA)
Bochum	Germany
Bohyunsan	Korea
Bologna University (Branch)	Italy
Bordeaux University	France
Bosscha	Indonesia
Boyden	South Africa
Bradley	Georgia (USA)
Brera–Milan	Italy
Brevard Community College	Florida (USA)
Brooks	Michigan (USA)
Bucharest	Romania
Bucknell University	Pennsylvania (USA)

Observatory Name	Location
Byurakan	Armenia
C.E. Kenneth Mees	New York (USA)
C.E.K. Mees	Hawaii (USA)
Cagigal	Venezuela
Cagliari	Italy
Caltech Submillimeter	Hawaii (USA)
Cambridge University	United Kingdom
Canada–France–Hawaii Tel. Corp.	Hawaii (USA)
Çanakkale	Turkey
Cantonal	Switzerland
Capilla Peak	New Mexico (USA)
Capodimonte	Italy
Carlos U. Cesco Station, Dr.	Argentina
Carter	New Zealand
CASS (CSIRO Ast. and Space Sci.)	Australia
Catalina Station	Arizona (USA)
Catania	Italy
Catholic University Ast. Institute	Netherlands
Central Inst. for Earth Physics	Germany
Central Michigan University	Michigan (USA)
Cerro Calán National	Chile
Cerro El Roble	Chile
Cerro La Silla	Chile
Cerro Las Campanas	Chile
Cerro Pachón	Chile
Cerro Paranal	Chile
Cerro San Cristobal	Chile
Cerro Tololo Inter–American	Chile
Cesco Station, Dr. Carlos U.	Argentina
CFH Telescope Corp.	Hawaii (USA)
Chabot Space & Science Center	California (USA)
Chamberlin	Colorado (USA)
Chaonis	Italy
Charles Univ. Ast. Institute	Czech Republic
Chews Ridge	California (USA)
Chilbolton	United Kingdom
Cincinnati	Ohio (USA)
City	United Kingdom
Clay Center	Massachusetts (USA)
Climenhaga	Canada
Cluj–Napoca	Romania
Clyde W. Tombaugh	Kansas (USA)
Coimbra	Portugal
Cointe	Belgium
Coit, Judson B.	Massachusetts (USA)
Collurania	Italy
Connecticut State Univ., Western	Connecticut (USA)
Copenhagen University	Denmark
Copernicus, Nicholas	Czech Republic
Córdoba	Argentina
Côte d'Azur	France
Crane, Zenas	Kansas (USA)
Crawford Hill	New Jersey (USA)

INDEX LIST

INDEX LIST

INDEX LIST

INDEX LIST

INDEX LIST

Observatory Name	MPC Code	Location	East Longitude	Latitude	Height (m.s.l.)
			° ′	° ′	m
Algeria					
Algiers Obs.	008	Bouzaréa	+ 3 02.1	+ 36 48.1	345
Argentina					
Argentine Radio Ast. Inst.	R	Villa Elisa	− 58 08.2	− 34 52.1	11
Córdoba Ast. Obs.	822	Córdoba	− 64 11.8	− 31 25.3	434
Córdoba Obs. Astrophys. Sta.	821	Bosque Alegre	− 64 32.8	− 31 35.9	1250
Dr. Carlos U. Cesco Sta.		San Juan/El Leoncito	− 69 19.8	− 31 48.1	2348
El Leoncito Ast. Complex	808	San Juan/El Leoncito	− 69 18.0	− 31 48.0	2552
Félix Aguilar Obs.		San Juan	− 68 37.2	− 31 30.6	700
La Plata Ast. Obs.	839	La Plata	− 57 55.9	− 34 54.5	17
National Obs. of Cosmic Physics		San Miguel	− 58 43.9	− 34 33.4	37
Naval Obs.		Buenos Aires	− 58 21.3	− 34 37.3	6
Armenia					
Byurakan Astrophysical Obs.	R 123	Yerevan/Mt. Aragatz	+ 44 17.5	+ 40 20.1	1500
Australia					
Anglo–Australian Obs.	I	Coonabarabran/Siding Spg., NSW	+ 149 04.0	− 31 16.6	1164
Australian Natl. Radio Ast. Obs.	R	Parkes, NSW	+ 148 15.7	− 33 00.0	392
CSIRO Ast. and Space Sci. (CASS)	R	Culgoora, NSW	+ 149 33.7	− 30 18.9	217
Deep Space Sta.	R	Tidbinbilla, ACT	+ 148 58.8	− 35 24.1	656
Fleurs Radio Obs.	R	Kemps Creek, NSW	+ 150 46.5	− 33 51.8	45
Molonglo Radio Obs.	R	Hoskinstown, NSW	+ 149 25.4	− 35 22.3	732
Mopra Radio Obs.	R	Coonabarabran, NSW	+ 149 06.0	− 31 16.1	866
Mount Pleasant Radio Ast. Obs.	R	Hobart, Tasmania	+ 147 26.4	− 42 48.3	43
Mount Stromlo Obs.	414	Canberra/Mt. Stromlo, ACT	+ 149 00.5	− 35 19.2	767
Perth Obs.	323	Bickley, Western Australia	+ 116 08.1	− 32 00.5	391
Riverview College Obs.		Lane Cove, NSW	+ 151 09.5	− 33 49.8	25
Siding Spring Obs.	413	Coonabarabran/Siding Spg., NSW	+ 149 03.7	− 31 16.4	1149
Austria					
Kanzelhöhe Solar Obs.		Klagenfurt/Kanzelhöhe	+ 13 54.4	+ 46 40.7	1526
Kuffner Obs.		Vienna	+ 16 17.8	+ 48 12.8	302
L. Figl Astrophysical Obs.	562	St. Corona at Schöpfl	+ 15 55.4	+ 48 05.0	890
Lustbühel Obs.	580	Graz	+ 15 29.7	+ 47 03.9	480
Purgathofer Obs.	A96	Klosterneuburg	+ 16 17.2	+ 48 17.8	399
Univ. of Graz Obs.		Graz	+ 15 27.1	+ 47 04.7	375
Urania Obs.	602	Vienna	+ 16 23.1	+ 48 12.7	193
Vienna Univ. Obs.	045	Vienna	+ 16 20.2	+ 48 13.9	241
Belgium					
Ast. and Astrophys. Inst.		Brussels	+ 4 23.0	+ 50 48.8	147
Cointe Obs.	623	Liège	+ 5 33.9	+ 50 37.1	127
Royal Obs. Radio Ast. Sta.	R	Humain	+ 5 15.3	+ 50 11.5	293
Royal Obs. of Belgium	R 012	Uccle	+ 4 21.5	+ 50 47.9	105
Brazil					
Abrahão de Moraes Obs.	R 860	Valinhos	− 46 58.0	− 23 00.1	850
Antares Ast. Obs.		Feira de Santana	− 38 57.9	− 12 15.4	256
Itapetinga Radio Obs.	R	Atibaia	− 46 33.5	− 23 11.1	806
Morro Santana Obs.		Porto Alegre	− 51 07.6	− 30 03.2	300
National Obs.	880	Rio de Janeiro	− 43 13.4	− 22 53.7	33
Pico dos Dias Obs.	874	Itajubá/Pico dos Dias	− 45 35.0	− 22 32.1	1870
Piedade Obs.		Belo Horizonte	− 43 30.7	− 19 49.3	1746
Valongo Obs.		Rio de Janeiro/Mt. Valongo	− 43 11.2	− 22 53.9	52

Observatory Name	MPC Code	Location	East Longitude	Latitude	Height (m.s.l.)
			° ′	° ′	m
Bulgaria					
Belogradchik Ast. Obs.		Belogradchik	+ 22 40.5	+ 43 37.4	650
Rozhen National Ast. Obs.	071	Rozhen	+ 24 44.6	+ 41 41.6	1759
Canada					
Algonquin Radio Obs.	R	Lake Traverse, Ontario	− 78 04.4	+ 45 57.3	260
Climenhaga Obs.	657	Victoria, British Columbia	− 123 18.5	+ 48 27.8	74
Devon Ast. Obs.		Devon, Alberta	− 113 45.5	+ 53 23.4	708
Dominion Astrophysical Obs.		Victoria, British Columbia	− 123 25.0	+ 48 31.2	238
Dominion Radio Astrophys. Obs.	R	Penticton, British Columbia	− 119 37.2	+ 49 19.2	545
Elginfield Obs.	440	London, Ontario	− 81 18.9	+ 43 11.5	323
Mont Mégantic Ast. Obs.	301	Mégantic/Mont Mégantic, Quebec	− 71 09.2	+ 45 27.3	1114
Rothney Astrophysical Obs.	I 661	Priddis, Alberta	− 114 17.3	+ 50 52.1	1272
Chile					
Cerro Calán National Ast. Obs.	806	Santiago/Cerro Calán	− 70 32.8	− 33 23.8	860
Cerro El Roble Ast. Obs.	805	Santiago/Cerro El Roble	− 71 01.2	− 32 58.9	2220
Cerro Tololo Inter–Amer. Obs.	R,I 807	La Serena/Cerro Tololo	− 70 48.9	− 30 09.9	2215
European Southern Obs.	R 809	La Serena/Cerro La Silla	− 70 43.8	− 29 15.4	2347
Gemini South Obs.	I11	La Serena/Cerro Pachón	− 70 44.2	− 30 14.4	2748
Las Campanas Obs.	304	Vallenar/Cerro Las Campanas	− 70 42.0	− 29 00.5	2282
Maipu Radio Ast. Obs.	R	Maipu	− 70 51.5	− 33 30.1	446
Manuel Foster Astrophys. Obs.		Santiago/Cerro San Cristobal	− 70 37.8	− 33 25.1	840
Paranal Obs.	309	Antofagasta/Cerro Paranal	− 70 24.2	− 24 37.5	2635
China, People's Republic of					
Beijing Normal Univ. Obs.	R	Beijing	+ 116 21.6	+ 39 57.4	70
Beijing Obs. Sta.	R	Miyun	+ 116 45.9	+ 40 33.4	160
Beijing Obs. Sta.	R,L 324	Shahe	+ 116 19.7	+ 40 06.1	40
Beijing Obs. Sta.		Tianjing	+ 117 03.5	+ 39 08.0	5
Beijing Obs. Sta.	I 327	Xinglong	+ 117 34.5	+ 40 23.7	870
Purple Mountain Obs.	R 330	Nanjing/Purple Mtn.	+ 118 49.3	+ 32 04.0	267
Shaanxi Ast. Obs.	R	Lintong	+ 109 33.1	+ 34 56.7	468
Shanghai Obs. Sta.	R,L	Sheshan	+ 121 11.2	+ 31 05.8	100
Shanghai Obs. Sta.	R	Urumqui	+ 87 10.7	+ 43 28.3	2080
Shanghai Obs. Sta.	R	Xujiahui	+ 121 25.6	+ 31 11.4	5
Wuchang Time Obs.	L	Wuhan	+ 114 20.7	+ 30 32.5	28
Yunnan Obs.	R 286	Kunming	+ 102 47.3	+ 25 01.5	1940
Colombia					
National Ast. Obs.		Bogotá	− 74 04.9	+ 4 35.9	2640
Croatia, Republic of					
Geodetical Faculty Obs.		Zagreb	+ 16 01.3	+ 45 49.5	146
Hvar Obs.		Hvar	+ 16 26.9	+ 43 10.7	238
Czech Republic					
Charles Univ. Ast. Inst.	541	Prague	+ 14 23.7	+ 50 04.6	267
Nicholas Copernicus Obs.	616	Brno	+ 16 35.0	+ 49 12.2	304
Ondřejov Obs.	R 557	Ondřejov	+ 14 47.0	+ 49 54.6	533
Prostějov Obs.		Prostějov	+ 17 09.8	+ 49 29.2	225
Valašské Meziříčí Obs.		Valašské Meziříčí	+ 17 58.5	+ 49 27.8	338

Observatory Name		MPC Code	Location	East Longitude	Latitude	Height (m.s.l.)
				° ′	° ′	m
Denmark						
Copenhagen Univ. Obs.		054	Brorfelde	+ 11 40.0	+ 55 37.5	90
Copenhagen Univ. Obs.		035	Copenhagen	+ 12 34.6	+ 55 41.2	——
Ole Rømer Obs.		155	Aarhus	+ 10 11.8	+ 56 07.7	50
Ecuador						
Quito Ast. Obs.		781	Quito	– 78 29.9	– 0 13.0	2818
Egypt						
Helwân Obs.		087	Helwân	+ 31 22.8	+ 29 51.5	116
Kottamia Obs.		088	Kottamia	+ 31 49.5	+ 29 55.9	476
Estonia						
Wilhelm Struve Astrophys. Obs.			Tartu	+ 26 28.0	+ 58 16.0	——
Finland						
European Incoh. Scatter Facility	R		Sodankylä	+ 26 37.6	+ 67 21.8	197
Metsähovi Obs.			Kirkkonummi	+ 24 23.8	+ 60 13.2	60
Metsähovi Obs. Radio Rsch. Sta.	R		Kirkkonummi	+ 24 23.6	+ 60 13.1	61
Tuorla Obs.		063	Piikkiö	+ 22 26.8	+ 60 25.0	40
Univ. of Helsinki Obs.		569	Helsinki	+ 24 57.3	+ 60 09.7	33
France						
Besançon Obs.		016	Besançon	+ 5 59.2	+ 47 15.0	312
Bordeaux Univ. Obs.	R	999	Floirac	– 0 31.7	+ 44 50.1	73
Côte d'Azur Obs.		020	Nice/Mont Gros	+ 7 18.1	+ 43 43.4	372
Côte d'Azur Obs. Calern Sta.	I,L		St. Vallier–de–Thiey	+ 6 55.6	+ 43 44.9	1270
Grenoble Obs.	R		Gap/Plateau de Bure	+ 5 54.5	+ 44 38.0	2552
Lyon Univ. Obs.		513	St. Genis Laval	+ 4 47.1	+ 45 41.7	299
Meudon Obs.		005	Meudon	+ 2 13.9	+ 48 48.3	162
Millimeter Radio Ast. Inst.	R		Gap/Plateau de Bure	+ 5 54.4	+ 44 38.0	2552
Obs. of Haute–Provence		511	Forcalquier/St. Michel	+ 5 42.8	+ 43 55.9	665
Paris Obs.		007	Paris	+ 2 20.2	+ 48 50.2	67
Paris Obs. Radio Ast. Sta.	R		Nançay	+ 2 11.8	+ 47 22.8	150
Pic du Midi Obs.		586	Bagnères–de–Bigorre	+ 0 08.7	+ 42 56.2	2861
Strasbourg Obs.		522	Strasbourg	+ 7 46.2	+ 48 35.0	142
Toulouse Univ. Obs.		004	Toulouse	+ 1 27.8	+ 43 36.7	195
Georgia						
Abastumani Astrophysical Obs.	R	119	Abastumani/Mt. Kanobili	+ 42 49.3	+ 41 45.3	1583
Germany						
Archenhold Obs.		604	Berlin	+ 13 28.7	+ 52 29.2	41
Bochum Obs.			Bochum	+ 7 13.4	+ 51 27.9	132
Central Inst. for Earth Physics			Potsdam	+ 13 04.0	+ 52 22.9	91
Einstein Tower Solar Obs.	R		Potsdam	+ 13 03.9	+ 52 22.8	100
Friedrich Schiller Univ. Obs.		032	Jena	+ 11 29.2	+ 50 55.8	356
Göttingen Univ. Obs.		528	Göttingen	+ 9 56.6	+ 51 31.8	159
Hamburg Obs.		029	Bergedorf	+ 10 14.5	+ 53 28.9	45
Hoher List Obs.		017	Daun/Hoher List	+ 6 51.0	+ 50 09.8	533
Inst. of Geodesy Ast. Obs.			Hannover	+ 9 42.8	+ 52 23.3	71
Karl Schwarzschild Obs.		033	Tautenburg	+ 11 42.8	+ 50 58.9	331
Lohrmann Obs.		040	Dresden	+ 13 52.3	+ 51 03.0	324
Max Planck Inst. for Radio Ast.	R		Effelsberg	+ 6 53.1	+ 50 31.6	369
Munich Univ. Obs.		532	Munich	+ 11 36.5	+ 48 08.7	529
Potsdam Astrophysical Obs.		042	Potsdam	+ 13 04.0	+ 52 22.9	107

Observatory Name	MPC Code	Location	East Longitude	Latitude	Height (m.s.l.)
			° ′	° ′	m
Germany, cont.					
Remeis Obs.	521	Bamberg	+ 10 53.4	+ 49 53.1	288
Schauinsland Obs.		Freiburg/Schauinsland Mtn.	+ 7 54.4	+ 47 54.9	1240
Sonneberg Obs.	031	Sonneberg	+ 11 11.5	+ 50 22.7	640
State Obs.	024	Heidelberg/Königstuhl	+ 8 43.3	+ 49 23.9	570
Stockert Radio Obs.	R	Eschweiler	+ 6 43.4	+ 50 34.2	435
Stuttgart Obs.		Welzheim	+ 9 35.8	+ 48 52.5	547
Swabian Obs.	025	Stuttgart	+ 9 11.8	+ 48 47.0	354
Tremsdorf Radio Ast. Obs.	R	Tremsdorf	+ 13 08.2	+ 52 17.1	35
Tübingen Univ. Ast. Obs.		Tübingen	+ 9 03.5	+ 48 32.3	470
Wendelstein Solar Obs.	230	Brannenburg	+ 12 00.8	+ 47 42.5	1838
Wilhelm Foerster Obs.	544	Berlin	+ 13 21.2	+ 52 27.5	78
Greece					
Kryonerion Ast. Obs.		Kiáton/Mt. Killini	+ 22 37.3	+ 37 58.4	905
National Obs. Sta.	R	Pentele	+ 23 51.8	+ 38 02.9	509
National Obs. of Athens	066	Athens	+ 23 43.2	+ 37 58.4	110
Stephanion Obs.		Stephanion	+ 22 49.7	+ 37 45.3	800
Univ. of Thessaloníki Obs.		Thessaloníki	+ 22 57.5	+ 40 37.0	28
Greenland					
Incoherent Scatter Facility	R	Søndre Strømfjord	− 50 57.0	+ 66 59.2	180
Hungary					
Heliophysical Obs.		Debrecen	+ 21 37.4	+ 47 33.6	132
Heliophysical Obs. Sta.		Gyula	+ 21 16.2	+ 46 39.2	135
Konkoly Obs.	053	Budapest	+ 18 57.9	+ 47 30.0	474
Konkoly Obs. Sta.	561	Piszkéstetö	+ 19 53.7	+ 47 55.1	958
Urania Obs.		Budapest	+ 19 03.9	+ 47 29.1	166
India					
Aryabhatta Res. Inst. of Obs. Sci.		Naini Tal/Manora Peak	+ 79 27.4	+ 29 21.7	1927
Gauribidanur Radio Obs.	R	Gauribidanur	+ 77 26.1	+ 13 36.2	686
Gurushikhar Infrared Obs.	I	Abu	+ 72 46.8	+ 24 39.1	1700
Indian Ast. Obs.		Hanle/Mt. Saraswati	+ 78 57.9	+ 32 46.8	4467
Japal–Rangapur Obs.	R 219	Japal	+ 78 43.7	+ 17 05.9	695
Kodaikanal Solar Obs.		Kodaikanal	+ 77 28.1	+ 10 13.8	2343
National Centre for Radio Aph.		Khodad	+ 74 03.0	+ 19 06.0	650
Nizamiah Obs.		Hyderabad	+ 78 27.2	+ 17 25.9	554
Radio Ast. Center	R	Udhagamandalam (Ooty)	+ 76 40.0	+ 11 22.9	2150
Vainu Bappu Obs.	220	Kavalur	+ 78 49.6	+ 12 34.6	725
Indonesia					
Bosscha Obs.	299	Lembang (Java)	+ 107 37.0	− 6 49.5	1300
Ireland					
Dunsink Obs.		Castleknock	− 6 20.3	+ 53 23.2	75
Israel					
Florence and George Wise Obs.	097	Mitzpe Ramon/Mt. Zin	+ 34 45.8	+ 30 35.8	874
Italy					
Arcetri Astrophysical Obs.	030	Arcetri	+ 11 15.3	+ 43 45.2	184
Asiago Astrophysical Obs.	043	Asiago	+ 11 31.7	+ 45 51.7	1045
Bologna Univ. Obs.	598	Loiano	+ 11 20.2	+ 44 15.5	785
Brera–Milan Ast. Obs.	096	Merate	+ 9 25.7	+ 45 42.0	340

Observatory Name	MPC Code	Location	East Longitude		Latitude		Height (m.s.l.)
			°	′	°	′	m
Italy, cont.							
Brera–Milan Ast. Obs.	027	Milan	+	9 11.5	+ 45	28.0	146
Cagliari Ast. Obs.	L	Capoterra	+	8 58.6	+ 39	08.2	205
Capodimonte Ast. Obs.	044	Naples	+	14 15.3	+ 40	51.8	150
Catania Astrophysical Obs.	156	Catania	+	15 05.2	+ 37	30.2	47
Catania Obs. Stellar Sta.		Catania/Serra la Nave	+	14 58.4	+ 37	41.5	1735
Chaonis Obs.	567	Chions	+	12 42.7	+ 45	50.6	15
Collurania Ast. Obs.	037	Teramo	+	13 44.0	+ 42	39.5	388
Damecuta Obs.		Anacapri	+	14 11.8	+ 40	33.5	137
International Latitude Obs.		Carloforte	+	8 18.7	+ 39	08.2	22
Medicina Radio Ast. Sta.	R	Medicina	+	11 38.7	+ 44	31.2	44
Mount Ekar Obs.	098	Asiago/Mt. Ekar	+	11 34.3	+ 45	50.6	1350
Padua Ast. Obs.	533	Padua	+	11 52.3	+ 45	24.0	38
Palermo Univ. Ast. Obs.	535	Palermo	+	13 21.5	+ 38	06.7	72
Rome Obs.	034	Rome/Monte Mario	+	12 27.1	+ 41	55.3	152
San Vittore Obs.	552	Bologna	+	11 20.5	+ 44	28.1	280
Trieste Ast. Obs.	R A82	Trieste	+	13 52.5	+ 45	38.5	400
Turin Ast. Obs.	022	Pino Torinese	+	7 46.5	+ 45	02.3	622
Japan							
Dodaira Obs.	L 387	Tokyo/Mt. Dodaira	+ 139	11.8	+ 36	00.2	879
Hida Obs.		Kamitakara	+ 137	18.5	+ 36	14.9	1276
Hiraiso Solar Terr. Rsch. Center	R	Nakaminato	+ 140	37.5	+ 36	22.0	27
Kagoshima Space Center	R	Uchinoura	+ 131	04.0	+ 31	13.7	228
Kashima Space Research Center	R	Kashima	+ 140	39.8	+ 35	57.3	32
Kiso Obs.	381	Kiso	+ 137	37.7	+ 35	47.6	1130
Kwasan Obs.	377	Kyoto	+ 135	47.6	+ 34	59.7	221
Kyoto Univ. Ast. Dept. Obs.		Kyoto	+ 135	47.2	+ 35	01.7	86
Kyoto Univ. Physics Dept. Obs.		Kyoto	+ 135	47.2	+ 35	01.7	80
Mizusawa Astrogeodynamics Obs.		Mizusawa	+ 141	07.9	+ 39	08.1	61
Nagoya Univ. Fujigane Sta.	R	Kamiku Isshiki	+ 138	36.7	+ 35	25.6	1015
Nagoya Univ. Radio Ast. Lab.	R	Nagoya	+ 136	58.4	+ 35	08.9	75
Nagoya Univ. Sugadaira Sta.	R	Toyokawa	+ 138	19.3	+ 36	31.2	1280
Nagoya Univ. Toyokawa Sta.	R	Toyokawa	+ 137	22.2	+ 34	50.1	25
National Ast. Obs.	R 388	Mitaka	+ 139	32.5	+ 35	40.3	58
Nobeyama Cosmic Radio Obs.	R	Nobeyama	+ 138	29.0	+ 35	56.0	1350
Nobeyama Solar Radio Obs.	R	Nobeyama	+ 138	28.8	+ 35	56.3	1350
Norikura Solar Obs.	I 382	Matsumoto/Mt. Norikura	+ 137	33.3	+ 36	06.8	2876
Okayama Astrophysical Obs.	371	Kurashiki/Mt. Chikurin	+ 133	35.8	+ 34	34.4	372
Sendai Ast. Obs.	D93	Sendai	+ 140	51.9	+ 38	15.4	45
Simosato Hydrographic Obs.	R,L	Simosato	+ 135	56.4	+ 33	34.5	63
Sirahama Hydrographic Obs.		Sirahama	+ 138	59.3	+ 34	42.8	172
Tohoku Univ. Obs.		Sendai	+ 140	50.6	+ 38	15.4	153
Tokyo Hydrographic Obs.		Tokyo	+ 139	46.2	+ 35	39.7	41
Toyokawa Obs.	R	Toyokawa	+ 137	22.3	+ 34	50.2	18
Kazakhstan							
Mountain Obs.	210	Alma–Ata	+	76 57.4	+ 43	11.3	1450
Korea, Republic of							
Bohyunsan Optical Ast. Obs.	344	Youngchun/Mt. Bohyun	+ 128	58.6	+ 36	10.0	1127
Daeduk Radio Ast. Obs.	R	Taejeon	+ 127	22.3	+ 36	23.9	120
Korea Ast. Obs.		Taejeon	+ 127	22.3	+ 36	23.9	120
Sobaeksan Ast. Obs.	245	Danyang	+ 128	27.4	+ 36	56.0	1390

Observatory Name		MPC Code	Location	East Longitude		Latitude		Height (m.s.l.)
				°	′	°	′	m
Latvia								
Latvian State Univ. Ast. Obs.	L		Riga	+ 24	07.0	+ 56	57.1	39
Riga Radio–Astrophysical Obs.	R		Riga	+ 24	24.0	+ 56	47.0	75
Lithuania								
Moletai Ast. Obs.		152	Moletai	+ 25	33.8	+ 55	19.0	220
Vilnius Ast. Obs.		570	Vilnius	+ 25	17.2	+ 54	41.0	122
Mexico								
Guillermo Haro Astrophys. Obs.			Cananea/La Mariquita Mtn.	− 110	23.0	+ 31	03.2	2480
Large Millimeter Telescope (LMT)	R		Sierra Negra	− 97	18.9	+ 18	59.1	4600
National Ast. Obs.			San Felipe (Baja California)	− 115	27.8	+ 31	02.6	2830
National Ast. Obs.	R		Tonantzintla	− 98	18.8	+ 19	02.0	2150
Univ. Guanajuato Obs.			Mineral de La Luz (Guanajuato)	− 101	19.5	+ 21	03.2	2420
Netherlands								
Catholic Univ. Ast. Inst.			Nijmegen	+ 5	52.1	+ 51	49.5	62
Dwingeloo Radio Obs.	R		Dwingeloo	+ 6	23.8	+ 52	48.8	25
Kapteyn Obs.			Roden	+ 6	26.6	+ 53	07.7	12
Leiden Obs.		013	Leiden	+ 4	29.1	+ 52	09.3	12
Simon Stevin Obs.	R	505	Hoeven	+ 4	33.8	+ 51	34.0	9
Sonnenborgh Obs.		015	Utrecht	+ 5	07.8	+ 52	05.2	14
Westerbork Radio Ast. Obs.	R		Westerbork	+ 6	36.3	+ 52	55.0	16
New Zealand								
Auckland Obs.		467	Auckland	+ 174	46.7	− 36	54.4	80
Carter Obs.		485	Wellington	+ 174	46.0	− 41	17.2	129
Carter Obs. Sta.		483	Blenheim/Black Birch	+ 173	48.2	− 41	44.9	1396
Mount John Univ. Obs.		474	Lake Tekapo/Mt. John	+ 170	27.9	− 43	59.2	1027
Norway								
European Incoh. Scatter Facility	R		Tromsø	+ 19	31.2	+ 69	35.2	85
Skibotn Ast. Obs.		093	Skibotn	+ 20	21.9	+ 69	20.9	157
Philippine Islands								
Manila Obs.	R		Quezon City	+ 121	04.6	+ 14	38.2	58
Pagasa Ast. Obs.			Quezon City	+ 121	04.3	+ 14	39.2	70
Poland								
Astronomical Latitude Obs.	L	187	Borowiec	+ 17	04.5	+ 52	16.6	80
Jagellonian Obs. Ft. Skala Sta.	R		Cracow	+ 19	49.6	+ 50	03.3	314
Jagellonian Univ. Ast. Obs.		055	Cracow	+ 19	57.6	+ 50	03.9	225
Mount Suhora Obs.			Koninki/Mt. Suhora	+ 20	04.0	+ 49	34.2	1000
Piwnice Ast. Obs.	R	092	Piwnice	+ 18	33.4	+ 53	05.7	100
Poznań Univ. Ast. Obs.	L	047	Poznań	+ 16	52.7	+ 52	23.8	85
Warsaw Univ. Ast. Obs.		060	Ostrowik	+ 21	25.2	+ 52	05.4	138
Wroclaw Univ. Ast. Obs.			Wroclaw	+ 17	05.3	+ 51	06.7	115
Wroclaw Univ. Bialkow Sta.			Wasosz	+ 16	39.6	+ 51	28.5	140
Portugal								
Coimbra Ast. Obs.			Coimbra	− 8	25.8	+ 40	12.4	99
Lisbon Ast. Obs.		971	Lisbon	− 9	11.2	+ 38	42.7	111
Prof. Manuel de Barros Obs.	R		Vila Nova de Gaia	− 8	35.3	+ 41	06.5	232

Observatory Name		MPC Code	Location	East Longitude	Latitude	Height (m.s.l.)
				° ′	° ′	m
Puerto Rico						
Arecibo Obs.	R	251	Arecibo	− 66 45.2	+ 18 20.6	496
Romania						
Bucharest Ast. Obs.		073	Bucharest	+ 26 05.8	+ 44 24.8	81
Cluj–Napoca Ast. Obs.			Cluj–Napoca	+ 23 35.9	+ 46 42.8	750
Russia						
Engelhardt Ast. Obs.		136	Kazan	+ 48 48.9	+ 55 50.3	98
Irkutsk Ast. Obs.			Irkutsk	+ 104 20.7	+ 52 16.7	468
Kaliningrad Univ. Obs.		058	Kaliningrad	+ 20 29.7	+ 54 42.8	24
Kazan Univ. Obs.		135	Kazan	+ 49 07.3	+ 55 47.4	79
Pulkovo Obs.	R	084	Pulkovo	+ 30 19.6	+ 59 46.4	75
Pulkovo Obs. Sta.			Kislovodsk/Shat Jat Mass Mtn.	+ 42 31.8	+ 43 44.0	2130
Sayan Mtns. Radiophys. Obs.			Sayan Mountains	+ 102 12.5	+ 51 45.5	832
Special Astrophysical Obs.	R	115	Zelenchukskaya/Pasterkhov Mtn.	+ 41 26.5	+ 43 39.2	2100
St. Petersburg Univ. Obs.			St. Petersburg	+ 30 17.7	+ 59 56.5	3
Sternberg State Ast. Inst.		105	Moscow	+ 37 32.7	+ 55 42.0	195
Tomsk Univ. Obs.		236	Tomsk	+ 84 56.8	+ 56 28.1	130
Serbia						
Belgrade Ast. Obs.		057	Belgrade	+ 20 30.8	+ 44 48.2	253
Slovakia						
Lomnický Štít Coronal Obs.		059	Poprad/Mt. Lomnický Štít	+ 20 13.2	+ 49 11.8	2632
Skalnaté Pleso Obs.		056	Poprad	+ 20 14.7	+ 49 11.3	1783
Slovak Technical Univ. Obs.			Bratislava	+ 17 07.2	+ 48 09.3	171
South Africa, Republic of						
Boyden Obs.		074	Mazelspoort	+ 26 24.3	− 29 02.3	1387
Hartebeeshoek Radio Ast. Obs.	R		Hartebeeshoek	+ 27 41.1	− 25 53.4	1391
Leiden Obs. Southern Sta.		081	Hartebeespoort	+ 27 52.6	− 25 46.4	1220
South African Ast. Obs.		051	Cape Town	+ 18 28.7	− 33 56.1	18
South African Ast. Obs. Sta.			Sutherland	+ 20 48.7	− 32 22.7	1771
Southern African Large Telescope		B31	Sutherland	+ 20 48.6	− 32 22.8	1798
Spain						
Deep Space Sta.	R		Cebreros	− 4 22.0	+ 40 27.3	789
Deep Space Sta.	R		Robledo	− 4 14.9	+ 40 25.8	774
Ebro Obs.	R		Roquetas	+ 0 29.6	+ 40 49.2	50
German Spanish Ast. Center			Gérgal/Calar Alto Mtn.	− 2 32.2	+ 37 13.8	2168
Millimeter Radio Ast. Inst.	R		Granada/Pico Veleta	− 3 24.0	+ 37 04.1	2870
National Ast. Obs.		990	Madrid	− 3 41.1	+ 40 24.6	670
National Obs. Ast. Center	R	491	Yebes	− 3 06.0	+ 40 31.5	914
Naval Obs.	L		San Fernando	− 6 12.2	+ 36 28.0	27
Ramon Maria Aller Obs.			Santiago de Compostela	− 8 33.6	+ 42 52.5	240
Roque de los Muchachos Obs.			La Palma Island (Canaries)	− 17 52.9	+ 28 45.6	2326
Teide Obs.	R,I		Tenerife Island (Canaries)	− 16 29.8	+ 28 17.5	2395
Sweden						
European Incoh. Scatter Facility	R		Kiruna	+ 20 26.1	+ 67 51.6	418
Kvistaberg Obs.		049	Bro	+ 17 36.4	+ 59 30.1	33
Lund Obs.		039	Lund	+ 13 11.2	+ 55 41.9	34
Lund Obs. Jävan Sta.			Björnstorp	+ 13 26.0	+ 55 37.4	145
Onsala Space Obs.	R		Onsala	+ 11 55.1	+ 57 23.6	24
Stockholm Obs.		052	Saltsjöbaden	+ 18 18.5	+ 59 16.3	60

Observatory Name	MPC Code	Location	East Longitude	Latitude	Height (m.s.l.)
			° ′	° ′	m
Switzerland					
Arosa Astrophysical Obs.		Arosa	+ 9 40.1	+ 46 47.0	2050
Basle Univ. Ast. Inst.		Binningen	+ 7 35.0	+ 47 32.5	318
Cantonal Obs.	019	Neuchâtel	+ 6 57.5	+ 46 59.9	488
Geneva Obs.	517	Sauverny	+ 6 08.2	+ 46 18.4	465
Gornergrat North & South Obs.	R,I	Zermatt/Gornergrat	+ 7 47.1	+ 45 59.1	3135
High Alpine Research Obs.		Mürren/Jungfraujoch	+ 7 59.1	+ 46 32.9	3576
Inst. of Solar Research (IRSOL)		Locarno	+ 8 47.4	+ 46 10.7	500
Specola Solar Obs.		Locarno	+ 8 47.4	+ 46 10.4	365
Swiss Federal Obs.		Zürich	+ 8 33.1	+ 47 22.6	469
Univ. of Lausanne Obs.		Chavannes–des–Bois	+ 6 08.2	+ 46 18.4	465
Zimmerwald Obs.	026	Zimmerwald	+ 7 27.9	+ 46 52.6	929
Tadzhikistan					
Inst. of Astrophysics	191	Dushanbe	+ 68 46.9	+ 38 33.7	820
Taiwan (Republic of China)					
National Central Univ. Obs.		Chung–li	+ 121 11.2	+ 24 58.2	152
Taipei Obs.		Taipei	+ 121 31.6	+ 25 04.7	31
Turkey					
Ege Univ. Obs.		Bornova	+ 27 16.5	+ 38 23.9	795
Istanbul Univ. Obs.	080	Istanbul	+ 28 57.9	+ 41 00.7	65
Kandilli Obs.		Istanbul	+ 29 03.7	+ 41 03.8	120
Tübitak National Obs.	A84	Antalya/Mt. Bakirlitepe	+ 30 20.1	+ 36 49.5	2515
Univ. of Ankara Obs.	R	Ankara	+ 32 46.8	+ 39 50.6	1266
Çanakkale Univ. Obs.		Ulupinar/Çanakkale	+ 26 28.5	+ 40 06.0	410
Ukraine					
Crimean Astrophysical Obs.	095	Nauchnyi	+ 34 01.0	+ 44 43.8	550
Crimean Astrophysical Obs.	R 094	Simeis	+ 34 00.0	+ 44 32.4	676
Inst. of Radio Ast.	R	Kharkov	+ 36 56.0	+ 49 38.0	150
Kharkov Univ. Ast. Obs.	101	Kharkov	+ 36 13.9	+ 50 00.2	138
Kiev Univ. Obs.	085	Kiev	+ 30 29.9	+ 50 27.2	184
Lvov Univ. Obs.	067	Lvov	+ 24 01.8	+ 49 50.0	330
Main Ast. Obs.		Kiev	+ 30 30.4	+ 50 21.9	188
Nikolaev Ast. Obs.	089	Nikolaev	+ 31 58.5	+ 46 58.3	54
Odessa Obs.	086	Odessa	+ 30 45.5	+ 46 28.6	60
United Kingdom					
Armagh Obs.	981	Armagh, Northern Ireland	− 6 38.9	+ 54 21.2	64
Cambridge Univ. Obs.	503	Cambridge, England	+ 0 05.7	+ 52 12.8	30
Chilbolton Obs.	R	Chilbolton, England	− 1 26.2	+ 51 08.7	92
City Obs.	961	Edinburgh, Scotland	− 3 10.8	+ 55 57.4	107
Godlee Obs.		Manchester, England	− 2 14.0	+ 53 28.6	77
Jodrell Bank Obs.	R	Macclesfield, England	− 2 18.4	+ 53 14.2	78
Mills Obs.		Dundee, Scotland	− 3 00.7	+ 56 27.9	152
Mullard Radio Ast. Obs.	R	Cambridge, England	+ 0 02.6	+ 52 10.2	17
Royal Obs. Edinburgh		Edinburgh, Scotland	− 3 11.0	+ 55 55.5	146
Satellite Laser Ranger Group	L 501	Herstmonceux, England	+ 0 20.3	+ 50 52.0	31
Univ. of Glasgow Obs.		Glasgow, Scotland	− 4 18.3	+ 55 54.1	53
Univ. of London Obs.	998	Mill Hill, England	− 0 14.4	+ 51 36.8	81
Univ. of St. Andrews Obs.		St. Andrews, Scotland	− 2 48.9	+ 56 20.2	30

Observatory Name	MPC Code	Location	East Longitude ° ′	Latitude ° ′	Height (m.s.l.) m
United States of America					
Alabama					
Univ. of Alabama Obs.		Tuscaloosa	− 87 32.5	+ 33 12.6	87
Arizona					
Fred L. Whipple Obs.	696	Amado/Mt. Hopkins	− 110 52.6	+ 31 40.9	2344
Kitt Peak National Obs.	695	Tucson/Kitt Peak	− 111 36.0	+ 31 57.8	2120
Lowell Obs.	690	Flagstaff	− 111 39.9	+ 35 12.2	2219
Lowell Obs. Sta.	688	Flagstaff/Anderson Mesa	− 111 32.2	+ 35 05.8	2200
MMT Obs.		Amado/Mt. Hopkins	− 110 53.1	+ 31 41.3	2608
McGraw–Hill Obs.	697	Tucson/Kitt Peak	− 111 37.0	+ 31 57.0	1925
Mount Lemmon Infrared Obs. I	686	Tucson/Mt. Lemmon	− 110 47.5	+ 32 26.5	2776
National Radio Ast. Obs. R		Tucson/Kitt Peak	− 111 36.9	+ 31 57.2	1939
Northern Arizona Univ. Obs.	687	Flagstaff	− 111 39.2	+ 35 11.1	2110
Steward Obs.	692	Tucson	− 110 56.9	+ 32 14.0	757
Steward Obs. Catalina Sta.		Tucson/Mt. Bigelow	− 110 43.9	+ 32 25.0	2510
Steward Obs. Catalina Sta.		Tucson/Mt. Lemmon	− 110 47.3	+ 32 26.6	2790
Steward Obs. Catalina Sta.		Tucson/Tumamoc Hill	− 111 00.3	+ 32 12.8	950
Steward Obs. Sta.	691	Tucson/Kitt Peak	− 111 36.0	+ 31 57.8	2071
Submillimeter Telescope Obs. R		Safford/Mt. Graham	− 109 53.5	+ 32 42.1	3190
U.S. Naval Obs. Sta.	689	Flagstaff	− 111 44.4	+ 35 11.0	2316
Vatican Obs. Research Group I	290	Safford/Mt. Graham	− 109 53.5	+ 32 42.1	3181
Warner and Swasey Obs. Sta.		Tucson/Kitt Peak	− 111 35.9	+ 31 57.6	2084
California					
Big Bear Solar Obs.		Big Bear City	− 116 54.9	+ 34 15.2	2067
Chabot Space & Science Center	G58	Oakland	− 122 10.9	+ 37 49.1	476
Goldstone Complex R	252	Fort Irwin	− 116 50.9	+ 35 23.4	1036
Griffith Obs.		Los Angeles	− 118 17.9	+ 34 07.1	357
Hat Creek Radio Ast. Obs. R		Cassel	− 121 28.4	+ 40 49.1	1043
Leuschner Obs.	660	Lafayette	− 122 09.4	+ 37 55.1	304
Lick Obs.	662	San Jose/Mt. Hamilton	− 121 38.2	+ 37 20.6	1290
MIRA Oliver Observing Sta.		Monterey/Chews Ridge	− 121 34.2	+ 36 18.3	1525
Mount Laguna Obs. L		Mount Laguna	− 116 25.6	+ 32 50.4	1859
Mount Wilson Obs. R	672	Pasadena/Mt. Wilson	− 118 03.6	+ 34 13.0	1742
Owens Valley Radio Obs. R		Big Pine	− 118 16.9	+ 37 13.9	1236
Palomar Obs.	675	Palomar Mtn.	− 116 51.8	+ 33 21.4	1706
Radio Ast. Inst. R		Stanford	− 122 11.3	+ 37 23.9	80
SRI Radio Ast. Obs. R		Stanford	− 122 10.6	+ 37 24.3	168
San Fernando Obs. R		San Fernando	− 118 29.5	+ 34 18.5	371
Stanford Center for Radar Ast. R		Palo Alto	− 122 10.7	+ 37 27.5	172
Table Mountain Obs.	673	Wrightwood	− 117 40.9	+ 34 22.9	2285
Colorado					
Chamberlin Obs.	708	Denver	− 104 57.2	+ 39 40.6	1644
Chamberlin Obs. Sta.	707	Bailey/Dick Mtn.	− 105 26.2	+ 39 25.6	2675
Meyer–Womble Obs.		Georgetown/Mt. Evans	− 105 38.4	+ 39 35.2	4305
Sommers–Bausch Obs.	463	Boulder	− 105 15.8	+ 40 00.2	1653
Tiara Obs.		South Park	− 105 31.0	+ 38 58.2	2679
U.S. Air Force Academy Obs.	712	Colorado Springs	− 104 52.5	+ 39 00.4	2187
Connecticut					
John J. McCarthy Obs.	932	New Milford	− 73 25.6	+ 41 31.6	79
Van Vleck Obs.	298	Middletown	− 72 39.6	+ 41 33.3	65
Western Conn. State Univ. Obs.		Danbury	− 73 26.7	+ 41 24.0	128
Delaware					
Mount Cuba Ast. Obs.	788	Greenville	− 75 38.0	+ 39 47.1	92
District of Columbia					
Naval Rsch. Lab. Radio Ast. Obs. R		Washington	− 77 01.6	+ 38 49.3	30
U.S. Naval Obs.	786	Washington	− 77 04.0	+ 38 55.3	92

Observatory Name	MPC Code	Location	East Longitude	Latitude	Height (m.s.l.)
			° ′	° ′	m
USA, cont.					
Florida					
Brevard Community College Obs.	758	Cocoa	− 80 45.7	+ 28 23.1	17
Rosemary Hill Obs.	831	Bronson	− 82 35.2	+ 29 24.0	44
Univ. of Florida Radio Obs.	R	Old Town	− 83 02.1	+ 29 31.7	8
Georgia					
Bradley Obs.		Decatur	− 84 17.6	+ 33 45.9	316
Emory Univ. Obs.		Atlanta	− 84 19.6	+ 33 47.4	310
Fernbank Obs.		Atlanta	− 84 19.1	+ 33 46.7	320
Hard Labor Creek Obs.		Rutledge	− 83 35.6	+ 33 40.2	223
Hawaii					
C.E.K. Mees Solar Obs.		Kahului/Haleakala, Maui	− 156 15.4	+ 20 42.4	3054
Caltech Submillimeter Obs.	R	Hilo/Mauna Kea, Hawaii	− 155 28.5	+ 19 49.3	4072
Canada–France–Hawaii Tel. Corp.	I	Hilo/Mauna Kea, Hawaii	− 155 28.1	+ 19 49.5	4204
Gemini North Obs.		Hilo/Mauna Kea, Hawaii	− 155 28.1	+ 19 49.4	4213
Joint Astronomy Centre	R,I	Hilo/Mauna Kea, Hawaii	− 155 28.2	+ 19 49.3	4198
LURE Obs.	L	Kahului/Haleakala, Maui	− 156 15.5	+ 20 42.6	3049
Mauna Kea Obs.	I	568	Hilo/Mauna Kea, Hawaii	− 155 28.2	+ 19 49.4	4214
Mauna Loa Solar Obs.		Hilo/Mauna Loa, Hawaii	− 155 34.6	+ 19 32.1	3440
Subaru Tel.		Hilo/Mauna Kea, Hawaii	− 155 28.6	+ 19 49.5	4163
Submillimeter Array (SMA)	R	Hilo/Mauna Kea, Hawaii	− 155 28.7	+ 19 49.5	4080
W.M. Keck Obs.	917	Hilo/Mauna Kea, Hawaii	− 155 28.5	+ 19 49.6	4160
Illinois					
Dearborn Obs.	756	Evanston	− 87 40.5	+ 42 03.4	195
Indiana					
Goethe Link Obs.	760	Brooklyn	− 86 23.7	+ 39 33.0	300
Iowa					
Erwin W. Fick Obs.		Boone	− 93 56.5	+ 42 00.3	332
Grant O. Gale Obs.		Grinnell	− 92 43.2	+ 41 45.4	318
North Liberty Radio Obs.	R	North Liberty	− 91 34.5	+ 41 46.3	241
Kansas					
Clyde W. Tombaugh Obs.		Lawrence	− 95 15.0	+ 38 57.6	323
Zenas Crane Obs.		Topeka	− 95 41.8	+ 39 02.2	306
Kentucky					
Moore Obs.		Brownsboro	− 85 31.8	+ 38 20.1	216
Maryland					
GSFC Optical Test Site		Greenbelt	− 76 49.6	+ 39 01.3	53
Maryland Point Obs.	R	Riverside	− 77 13.9	+ 38 22.4	20
Univ. of Maryland Obs.	R	College Park	− 76 57.4	+ 39 00.1	53
Massachusetts					
Clay Center	I01	Brookline	− 71 08.0	+ 42 20.0	47
Five College Radio Ast. Obs.	R	New Salem	− 72 20.7	+ 42 23.5	314
George R. Wallace Jr. Aph. Obs.	810	Westford	− 71 29.1	+ 42 36.6	107
Harvard–Smithsonian Ctr. for Aph.	R	802	Cambridge	− 71 07.8	+ 42 22.8	24
Haystack Obs.	R	254	Westford	− 71 29.3	+ 42 37.4	146
Hopkins Obs.	R	Williamstown	− 73 12.1	+ 42 42.7	215
Judson B. Coit Obs.		Boston	− 71 06.3	+ 42 21.0	——
Maria Mitchell Obs.	811	Nantucket	− 70 06.3	+ 41 16.8	20
Millstone Hill Atm. Sci. Fac.	R	Westford	− 71 29.7	+ 42 36.6	146
Millstone Hill Radar Obs.	R	Westford	− 71 29.5	+ 42 37.0	156
Oak Ridge Obs.	R	Harvard	− 71 33.5	+ 42 30.3	185
Sagamore Hill Radio Obs.	R	Hamilton	− 70 49.3	+ 42 37.9	53
Westford Antenna Facility	R	Westford	− 71 29.7	+ 42 36.8	115
Whitin Obs.		Wellesley	− 71 18.2	+ 42 17.7	32

Observatory Name	MPC Code	Location	East Longitude	Latitude	Height (m.s.l.)
			° ′	° ′	m
USA, cont.					
Michigan					
Brooks Obs.	746	Mount Pleasant	− 84 46.5	+ 43 35.3	258
Michigan State Univ. Obs.	766	East Lansing	− 84 29.0	+ 42 42.4	274
Univ. of Mich. Radio Ast. Obs. R		Dexter	− 83 56.2	+ 42 23.9	345
Minnesota					
O'Brien Obs.		Marine–on–St. Croix	− 92 46.6	+ 45 10.9	308
Missouri					
Morrison Obs.		Fayette	− 92 41.8	+ 39 09.1	228
Nebraska					
Behlen Obs.		Mead	− 96 26.8	+ 41 10.3	362
Nevada					
MacLean Obs.		Incline Village	− 119 55.7	+ 39 17.7	2546
New Hampshire					
Grainger Obs.		Exeter	− 70 56.5	+ 42 58.8	10
Shattuck Obs.		Hanover	− 72 17.0	+ 43 42.3	183
New Jersey					
Crawford Hill Obs. R		Holmdel	− 74 11.2	+ 40 23.5	114
FitzRandolph Obs.	785	Princeton	− 74 38.8	+ 40 20.7	43
New Mexico					
Apache Point Obs.	705	Sunspot	− 105 49.2	+ 32 46.8	2781
Capilla Peak Obs.		Albuquerque/Capilla Peak	− 106 24.3	+ 34 41.8	2842
Magdalena Ridge Obs.	H01	Socorro/South Baldy Peak	− 107 11.4	+ 33 59.1	3244
National Radio Ast. Obs. R		Socorro	− 107 37.1	+ 34 04.7	2124
National Solar Obs.		Sunspot	− 105 49.2	+ 32 47.2	2811
New Mexico State Univ. Obs. Sta.		Las Cruces/Blue Mesa	− 107 09.9	+ 32 29.5	2025
New Mexico State Univ. Obs. Sta.		Las Cruces/Tortugas Mtn.	− 106 41.8	+ 32 17.6	1505
New York					
C.E. Kenneth Mees Obs.		Bristol Springs	− 77 24.5	+ 42 42.0	701
Hartung–Boothroyd Obs.	H81	Ithaca	− 76 23.1	+ 42 27.5	534
Reynolds Obs.	H91	Potsdam	− 74 57.1	+ 44 40.7	140
Rutherfurd Obs.	795	New York	− 73 57.5	+ 40 48.6	25
Syracuse Univ. Obs.		Syracuse	− 76 08.3	+ 43 02.2	160
North Carolina					
Dark Sky Obs.		Boone	− 81 24.7	+ 36 15.1	926
Morehead Obs.		Chapel Hill	− 79 03.0	+ 35 54.8	161
Pisgah Ast. Rsch. Inst. (PARI)		Rosman	− 82 52.3	+ 35 12.0	892
Three College Obs.		Saxapahaw	− 79 24.4	+ 35 56.7	183
Ohio					
Cincinnati Obs.	765	Cincinnati	− 84 25.4	+ 39 08.3	247
Nassau Ast. Obs.	774	Montville	− 81 04.5	+ 41 35.5	390
Perkins Obs.	H69	Delaware	− 83 03.3	+ 40 15.1	280
Ritter Obs.		Toledo	− 83 36.8	+ 41 39.7	201
Pennsylvania					
Allegheny Obs.	778	Pittsburgh	− 80 01.3	+ 40 29.0	380
Bucknell Univ. Obs.		Lewisburg	− 76 52.9	+ 40 57.1	170
Kutztown Univ. Obs.		Kutztown	− 75 47.1	+ 40 30.9	158
Sproul Obs.		Swarthmore	− 75 21.4	+ 39 54.3	63
Strawbridge Obs. R	437	Haverford	− 75 18.2	+ 40 00.7	116
The Franklin Inst. Obs.		Philadelphia	− 75 10.4	+ 39 57.5	30
Villanova Univ. Obs. R		Villanova	− 75 20.5	+ 40 02.4	——
Rhode Island					
Ladd Obs.		Providence	− 71 24.0	+ 41 50.3	69
South Carolina					
Melton Memorial Obs.		Columbia	− 81 01.6	+ 33 59.8	98
Univ. of S.C. Radio Obs. R		Columbia	− 81 01.9	+ 33 59.8	127

Observatory Name		MPC Code	Location	East Longitude		Latitude		Height (m.s.l.)
				° ′		° ′		m
USA, cont.								
Tennessee								
Arthur J. Dyer Obs.		759	Nashville	− 86	48.3	+ 36	03.1	345
Montgomery Bell Academy Obs.			McMinville/Long Mountain	− 85	36.6	+ 35	40.8	538
Texas								
George R. Agassiz Sta.	R		Fort Davis	− 103	56.8	+ 30	38.1	1603
McDonald Obs.	L	711	Fort Davis/Mt. Locke	− 104	01.3	+ 30	40.3	2075
Millimeter Wave Obs.	R		Fort Davis/Mt. Locke	− 104	01.7	+ 30	40.3	2031
Virginia								
Leander McCormick Obs.		780	Charlottesville	− 78	31.4	+ 38	02.0	264
Leander McCormick Obs. Sta.			Charlottesville/Fan Mtn.	− 78	41.6	+ 37	52.7	566
Washington								
Manastash Ridge Obs.		664	Ellensburg/Manastash Ridge	− 120	43.4	+ 46	57.1	1198
West Virginia								
National Radio Ast. Obs.	R	256	Green Bank	− 79	50.5	+ 38	25.8	836
Naval Research Lab. Radio Sta.	R		Sugar Grove	− 79	16.4	+ 38	31.2	705
Wisconsin								
Pine Bluff Obs.			Pine Bluff	− 89	41.1	+ 43	04.7	366
Thompson Obs.			Beloit	− 89	01.9	+ 42	30.3	255
Washburn Obs.		753	Madison	− 89	24.5	+ 43	04.6	292
Yerkes Obs.		754	Williams Bay	− 88	33.4	+ 42	34.2	334
Wyoming								
Wyoming Infrared Obs.	I		Jelm/Jelm Mtn.	− 105	58.6	+ 41	05.9	2943
Uruguay								
Los Molinos Ast. Obs.		844	Montevideo	− 56	11.4	− 34	45.3	110
Montevideo Obs.			Montevideo	− 56	12.8	− 34	54.6	24
Uzbekistan								
Maidanak Ast. Obs.			Kitab/Mt. Maidanak	+ 66	54.0	+ 38	41.1	2500
Tashkent Obs.		192	Tashkent	+ 69	17.6	+ 41	19.5	477
Uluk–Bek Latitude Sta.		186	Kitab	+ 66	52.9	+ 39	08.0	658
Vatican City State								
Vatican Obs.		036	Castel Gandolfo	+ 12	39.1	+ 41	44.8	450
Venezuela								
Cagigal Obs.			Caracas	− 66	55.7	+ 10	30.4	1026
Llano del Hato Obs.		303	Mérida	− 70	52.0	+ 8	47.4	3610

CONTENTS OF SECTION K

This symbol indicates that these data or auxiliary material
WWW may also be found on *The Astronomical Almanac Online*
at **https://aa.usno.navy.mil/publications/asa.html** and
http://asa.hmnao.com

CONVERSION FOR PRE–JANUARY AND POST–DECEMBER DATES

Tabulated Date	Equivalent Date in Previous Year	Tabulated Date	Equivalent Date in Previous Year	Tabulated Date	Equivalent Date in Subsequent Year	Tabulated Date	Equivalent Date in Subsequent Year
Jan. − 39	Nov. 22	Jan. − 19	Dec. 12	Dec. 32	Jan. 1	Dec. 52	Jan. 21
− 38	23	− 18	13	33	2	53	22
− 37	24	− 17	14	34	3	54	23
− 36	25	− 16	15	35	4	55	24
− 35	26	− 15	16	36	5	56	25
Jan. − 34	Nov. 27	Jan. − 14	Dec. 17	Dec. 37	Jan. 6	Dec. 57	Jan. 26
− 33	28	− 13	18	38	7	58	27
− 32	29	− 12	19	39	8	59	28
− 31	30	− 11	20	40	9	60	29
− 30	1	− 10	21	41	10	61	30
Jan. − 29	Dec. 2	Jan. − 9	Dec. 22	Dec. 42	Jan. 11	Dec. 62	Jan. 31
− 28	3	− 8	23	43	12	63	Feb. 1
− 27	4	− 7	24	44	13	64	2
− 26	5	− 6	25	45	14	65	3
− 25	6	− 5	26	46	15	66	4
Jan. − 24	Dec. 7	Jan. − 4	Dec. 27	Dec. 47	Jan. 16	Dec. 67	Feb. 5
− 23	8	− 3	28	48	17	68	6
− 22	9	− 2	29	49	18	69	7
− 21	10	− 1	30	50	19	70	8
− 20	11	Jan. 0	Dec. 31	51	20	71	9

JULIAN DAY NUMBER, 1950–2000

OF DAY COMMENCING AT GREENWICH NOON ON:

Year	Jan. 0	Feb. 0	Mar. 0	Apr. 0	May 0	June 0	July 0	Aug. 0	Sept. 0	Oct. 0	Nov. 0	Dec. 0
1950	243 3282	3313	3341	3372	3402	3433	3463	3494	3525	3555	3586	3616
1951	3647	3678	3706	3737	3767	3798	3828	3859	3890	3920	3951	3981
1952	4012	4043	4072	4103	4133	4164	4194	4225	4256	4286	4317	4347
1953	4378	4409	4437	4468	4498	4529	4559	4590	4621	4651	4682	4712
1954	4743	4774	4802	4833	4863	4894	4924	4955	4986	5016	5047	5077
1955	243 5108	5139	5167	5198	5228	5259	5289	5320	5351	5381	5412	5442
1956	5473	5504	5533	5564	5594	5625	5655	5686	5717	5747	5778	5808
1957	5839	5870	5898	5929	5959	5990	6020	6051	6082	6112	6143	6173
1958	6204	6235	6263	6294	6324	6355	6385	6416	6447	6477	6508	6538
1959	6569	6600	6628	6659	6689	6720	6750	6781	6812	6842	6873	6903
1960	243 6934	6965	6994	7025	7055	7086	7116	7147	7178	7208	7239	7269
1961	7300	7331	7359	7390	7420	7451	7481	7512	7543	7573	7604	7634
1962	7665	7696	7724	7755	7785	7816	7846	7877	7908	7938	7969	7999
1963	8030	8061	8089	8120	8150	8181	8211	8242	8273	8303	8334	8364
1964	8395	8426	8455	8486	8516	8547	8577	8608	8639	8669	8700	8730
1965	243 8761	8792	8820	8851	8881	8912	8942	8973	9004	9034	9065	9095
1966	9126	9157	9185	9216	9246	9277	9307	9338	9369	9399	9430	9460
1967	9491	9522	9550	9581	9611	9642	9672	9703	9734	9764	9795	9825
1968	243 9856	9887	9916	9947	9977	*0008	*0038	*0069	*0100	*0130	*0161	*0191
1969	244 0222	0253	0281	0312	0342	0373	0403	0434	0465	0495	0526	0556
1970	244 0587	0618	0646	0677	0707	0738	0768	0799	0830	0860	0891	0921
1971	0952	0983	1011	1042	1072	1103	1133	1164	1195	1225	1256	1286
1972	1317	1348	1377	1408	1438	1469	1499	1530	1561	1591	1622	1652
1973	1683	1714	1742	1773	1803	1834	1864	1895	1926	1956	1987	2017
1974	2048	2079	2107	2138	2168	2199	2229	2260	2291	2321	2352	2382
1975	244 2413	2444	2472	2503	2533	2564	2594	2625	2656	2686	2717	2747
1976	2778	2809	2838	2869	2899	2930	2960	2991	3022	3052	3083	3113
1977	3144	3175	3203	3234	3264	3295	3325	3356	3387	3417	3448	3478
1978	3509	3540	3568	3599	3629	3660	3690	3721	3752	3782	3813	3843
1979	3874	3905	3933	3964	3994	4025	4055	4086	4117	4147	4178	4208
1980	244 4239	4270	4299	4330	4360	4391	4421	4452	4483	4513	4544	4574
1981	4605	4636	4664	4695	4725	4756	4786	4817	4848	4878	4909	4939
1982	4970	5001	5029	5060	5090	5121	5151	5182	5213	5243	5274	5304
1983	5335	5366	5394	5425	5455	5486	5516	5547	5578	5608	5639	5669
1984	5700	5731	5760	5791	5821	5852	5882	5913	5944	5974	6005	6035
1985	244 6066	6097	6125	6156	6186	6217	6247	6278	6309	6339	6370	6400
1986	6431	6462	6490	6521	6551	6582	6612	6643	6674	6704	6735	6765
1987	6796	6827	6855	6886	6916	6947	6977	7008	7039	7069	7100	7130
1988	7161	7192	7221	7252	7282	7313	7343	7374	7405	7435	7466	7496
1989	7527	7558	7586	7617	7647	7678	7708	7739	7770	7800	7831	7861
1990	244 7892	7923	7951	7982	8012	8043	8073	8104	8135	8165	8196	8226
1991	8257	8288	8316	8347	8377	8408	8438	8469	8500	8530	8561	8591
1992	8622	8653	8682	8713	8743	8774	8804	8835	8866	8896	8927	8957
1993	8988	9019	9047	9078	9108	9139	9169	9200	9231	9261	9292	9322
1994	9353	9384	9412	9443	9473	9504	9534	9565	9596	9626	9657	9687
1995	244 9718	9749	9777	9808	9838	9869	9899	9930	9961	9991	*0022	*0052
1996	245 0083	0114	0143	0174	0204	0235	0265	0296	0327	0357	0388	0418
1997	0449	0480	0508	0539	0569	0600	0630	0661	0692	0722	0753	0783
1998	0814	0845	0873	0904	0934	0965	0995	1026	1057	1087	1118	1148
1999	1179	1210	1238	1269	1299	1330	1360	1391	1422	1452	1483	1513
2000	245 1544	1575	1604	1635	1665	1696	1726	1757	1788	1818	1849	1879

OF DAY COMMENCING AT GREENWICH NOON ON:

Year	Jan. 0	Feb. 0	Mar. 0	Apr. 0	May 0	June 0	July 0	Aug. 0	Sept. 0	Oct. 0	Nov. 0	Dec. 0
2000	245 1544	1575	1604	1635	1665	1696	1726	1757	1788	1818	1849	1879
2001	1910	1941	1969	2000	2030	2061	2091	2122	2153	2183	2214	2244
2002	2275	2306	2334	2365	2395	2426	2456	2487	2518	2548	2579	2609
2003	2640	2671	2699	2730	2760	2791	2821	2852	2883	2913	2944	2974
2004	3005	3036	3065	3096	3126	3157	3187	3218	3249	3279	3310	3340
2005	245 3371	3402	3430	3461	3491	3522	3552	3583	3614	3644	3675	3705
2006	3736	3767	3795	3826	3856	3887	3917	3948	3979	4009	4040	4070
2007	4101	4132	4160	4191	4221	4252	4282	4313	4344	4374	4405	4435
2008	4466	4497	4526	4557	4587	4618	4648	4679	4710	4740	4771	4801
2009	4832	4863	4891	4922	4952	4983	5013	5044	5075	5105	5136	5166
2010	245 5197	5228	5256	5287	5317	5348	5378	5409	5440	5470	5501	5531
2011	5562	5593	5621	5652	5682	5713	5743	5774	5805	5835	5866	5896
2012	5927	5958	5987	6018	6048	6079	6109	6140	6171	6201	6232	6262
2013	6293	6324	6352	6383	6413	6444	6474	6505	6536	6566	6597	6627
2014	6658	6689	6717	6748	6778	6809	6839	6870	6901	6931	6962	6992
2015	245 7023	7054	7082	7113	7143	7174	7204	7235	7266	7296	7327	7357
2016	7388	7419	7448	7479	7509	7540	7570	7601	7632	7662	7693	7723
2017	7754	7785	7813	7844	7874	7905	7935	7966	7997	8027	8058	8088
2018	8119	8150	8178	8209	8239	8270	8300	8331	8362	8392	8423	8453
2019	8484	8515	8543	8574	8604	8635	8665	8696	8727	8757	8788	8818
2020	245 8849	8880	8909	8940	8970	9001	9031	9062	9093	9123	9154	9184
2021	9215	9246	9274	9305	9335	9366	9396	9427	9458	9488	9519	9549
2022	9580	9611	9639	9670	9700	9731	9761	9792	9823	9853	9884	9914
2023	245 9945	9976	*0004	*0035	*0065	*0096	*0126	*0157	*0188	*0218	*0249	*0279
2024	246 0310	0341	0370	0401	0431	0462	0492	0523	0554	0584	0615	0645
2025	246 0676	0707	0735	0766	0796	0827	0857	0888	0919	0949	0980	1010
2026	1041	1072	1100	1131	1161	1192	1222	1253	1284	1314	1345	1375
2027	1406	1437	1465	1496	1526	1557	1587	1618	1649	1679	1710	1740
2028	1771	1802	1831	1862	1892	1923	1953	1984	2015	2045	2076	2106
2029	2137	2168	2196	2227	2257	2288	2318	2349	2380	2410	2441	2471
2030	246 2502	2533	2561	2592	2622	2653	2683	2714	2745	2775	2806	2836
2031	2867	2898	2926	2957	2987	3018	3048	3079	3110	3140	3171	3201
2032	3232	3263	3292	3323	3353	3384	3414	3445	3476	3506	3537	3567
2033	3598	3629	3657	3688	3718	3749	3779	3810	3841	3871	3902	3932
2034	3963	3994	4022	4053	4083	4114	4144	4175	4206	4236	4267	4297
2035	246 4328	4359	4387	4418	4448	4479	4509	4540	4571	4601	4632	4662
2036	4693	4724	4753	4784	4814	4845	4875	4906	4937	4967	4998	5028
2037	5059	5090	5118	5149	5179	5210	5240	5271	5302	5332	5363	5393
2038	5424	5455	5483	5514	5544	5575	5605	5636	5667	5697	5728	5758
2039	5789	5820	5848	5879	5909	5940	5970	6001	6032	6062	6093	6123
2040	246 6154	6185	6214	6245	6275	6306	6336	6367	6398	6428	6459	6489
2041	6520	6551	6579	6610	6640	6671	6701	6732	6763	6793	6824	6854
2042	6885	6916	6944	6975	7005	7036	7066	7097	7128	7158	7189	7219
2043	7250	7281	7309	7340	7370	7401	7431	7462	7493	7523	7554	7584
2044	7615	7646	7675	7706	7736	7767	7797	7828	7859	7889	7920	7950
2045	246 7981	8012	8040	8071	8101	8132	8162	8193	8224	8254	8285	8315
2046	8346	8377	8405	8436	8466	8497	8527	8558	8589	8619	8650	8680
2047	8711	8742	8770	8801	8831	8862	8892	8923	8954	8984	9015	9045
2048	9076	9107	9136	9167	9197	9228	9258	9289	9320	9350	9381	9411
2049	9442	9473	9501	9532	9562	9593	9623	9654	9685	9715	9746	9776
2050	246 9807	9838	9866	9897	9927	9958	9988	*0019	*0050	*0080	*0111	*0141

OF DAY COMMENCING AT GREENWICH NOON ON:

Year	Jan. 0	Feb. 0	Mar. 0	Apr. 0	May 0	June 0	July 0	Aug. 0	Sept. 0	Oct. 0	Nov. 0	Dec. 0
2050	246 9807	9838	9866	9897	9927	9958	9988	*0019	*0050	*0080	*0111	*0141
2051	247 0172	0203	0231	0262	0292	0323	0353	0384	0415	0445	0476	0506
2052	0537	0568	0597	0628	0658	0689	0719	0750	0781	0811	0842	0872
2053	0903	0934	0962	0993	1023	1054	1084	1115	1146	1176	1207	1237
2054	1268	1299	1327	1358	1388	1419	1449	1480	1511	1541	1572	1602
2055	247 1633	1664	1692	1723	1753	1784	1814	1845	1876	1906	1937	1967
2056	1998	2029	2058	2089	2119	2150	2180	2211	2242	2272	2303	2333
2057	2364	2395	2423	2454	2484	2515	2545	2576	2607	2637	2668	2698
2058	2729	2760	2788	2819	2849	2880	2910	2941	2972	3002	3033	3063
2059	3094	3125	3153	3184	3214	3245	3275	3306	3337	3367	3398	3428
2060	247 3459	3490	3519	3550	3580	3611	3641	3672	3703	3733	3764	3794
2061	3825	3856	3884	3915	3945	3976	4006	4037	4068	4098	4129	4159
2062	4190	4221	4249	4280	4310	4341	4371	4402	4433	4463	4494	4524
2063	4555	4586	4614	4645	4675	4706	4736	4767	4798	4828	4859	4889
2064	4920	4951	4980	5011	5041	5072	5102	5133	5164	5194	5225	5255
2065	247 5286	5317	5345	5376	5406	5437	5467	5498	5529	5559	5590	5620
2066	5651	5682	5710	5741	5771	5802	5832	5863	5894	5924	5955	5985
2067	6016	6047	6075	6106	6136	6167	6197	6228	6259	6289	6320	6350
2068	6381	6412	6441	6472	6502	6533	6563	6594	6625	6655	6686	6716
2069	6747	6778	6806	6837	6867	6898	6928	6959	6990	7020	7051	7081
2070	247 7112	7143	7171	7202	7232	7263	7293	7324	7355	7385	7416	7446
2071	7477	7508	7536	7567	7597	7628	7658	7689	7720	7750	7781	7811
2072	7842	7873	7902	7933	7963	7994	8024	8055	8086	8116	8147	8177
2073	8208	8239	8267	8298	8328	8359	8389	8420	8451	8481	8512	8542
2074	8573	8604	8632	8663	8693	8724	8754	8785	8816	8846	8877	8907
2075	247 8938	8969	8997	9028	9058	9089	9119	9150	9181	9211	9242	9272
2076	9303	9334	9363	9394	9424	9455	9485	9516	9547	9577	9608	9638
2077	247 9669	9700	9728	9759	9789	9820	9850	9881	9912	9942	9973	*0003
2078	248 0034	0065	0093	0124	0154	0185	0215	0246	0277	0307	0338	0368
2079	0399	0430	0458	0489	0519	0550	0580	0611	0642	0672	0703	0733
2080	248 0764	0795	0824	0855	0885	0916	0946	0977	1008	1038	1069	1099
2081	1130	1161	1189	1220	1250	1281	1311	1342	1373	1403	1434	1464
2082	1495	1526	1554	1585	1615	1646	1676	1707	1738	1768	1799	1829
2083	1860	1891	1919	1950	1980	2011	2041	2072	2103	2133	2164	2194
2084	2225	2256	2285	2316	2346	2377	2407	2438	2469	2499	2530	2560
2085	248 2591	2622	2650	2681	2711	2742	2772	2803	2834	2864	2895	2925
2086	2956	2987	3015	3046	3076	3107	3137	3168	3199	3229	3260	3290
2087	3321	3352	3380	3411	3441	3472	3502	3533	3564	3594	3625	3655
2088	3686	3717	3746	3777	3807	3838	3868	3899	3930	3960	3991	4021
2089	4052	4083	4111	4142	4172	4203	4233	4264	4295	4325	4356	4386
2090	248 4417	4448	4476	4507	4537	4568	4598	4629	4660	4690	4721	4751
2091	4782	4813	4841	4872	4902	4933	4963	4994	5025	5055	5086	5116
2092	5147	5178	5207	5238	5268	5299	5329	5360	5391	5421	5452	5482
2093	5513	5544	5572	5603	5633	5664	5694	5725	5756	5786	5817	5847
2094	5878	5909	5937	5968	5998	6029	6059	6090	6121	6151	6182	6212
2095	248 6243	6274	6302	6333	6363	6394	6424	6455	6486	6516	6547	6577
2096	6608	6639	6668	6699	6729	6760	6790	6821	6852	6882	6913	6943
2097	6974	7005	7033	7064	7094	7125	7155	7186	7217	7247	7278	7308
2098	7339	7370	7398	7429	7459	7490	7520	7551	7582	7612	7643	7673
2099	7704	7735	7763	7794	7824	7855	7885	7916	7947	7977	8008	8038
2100	248 8069	8100	8128	8159	8189	8220	8250	8281	8312	8342	8373	8403

The Julian date (JD) corresponding to any instant is the interval in mean solar days elapsed since 4713 BC January 1 at Greenwich mean noon (12^h UT). To determine the JD at 0^h UT for a given Gregorian calendar date, sum the values from Table A for century, Table B for year and Table C for month; then add the day of the month. Julian dates for the current year are given on page B3.

A. Julian date at January 0^d 0^h UT of centurial year

Year	1600†	1700	1800	1900	2000†	2100
Julian date	230 5447·5	234 1971·5	237 8495·5	241 5019·5	245 1544·5	248 8068·5

† Centurial years that are exactly divisible by 400 are leap years in the Gregorian calendar. To determine the JD for any date in such a year, subtract 1 from the JD in Table A and use the leap year portion of Table C. (For 1600 and 2000 the JDs tabulated in Table A are actually for January 1^d 0^h.)

B. Addition to give Julian date for January 0^d 0^h UT of year

Year	Add	Year	Add	Year	Add	Year	Add
0	0	25	9131	50	18262	75	27393
1	365	26	9496	51	18627	76*	27758
2	730	27	9861	52*	18992	77	28124
3	1095	28*	10226	53	19358	78	28489
4*	1460	29	10592	54	19723	79	28854
5	1826	30	10957	55	20088	80*	29219
6	2191	31	11322	56*	20453	81	29585
7	2556	32*	11687	57	20819	82	29950
8*	2921	33	12053	58	21184	83	30315
9	3287	34	12418	59	21549	84*	30680
10	3652	35	12783	60*	21914	85	31046
11	4017	36*	13148	61	22280	86	31411
12*	4382	37	13514	62	22645	87	31776
13	4748	38	13879	63	23010	88*	32141
14	5113	39	14244	64*	23375	89	32507
15	5478	40*	14609	65	23741	90	32872
16*	5843	41	14975	66	24106	91	33237
17	6209	42	15340	67	24471	92*	33602
18	6574	43	15705	68*	24836	93	33968
19	6939	44*	16070	69	25202	94	34333
20*	7304	45	16436	70	25567	95	34698
21	7670	46	16801	71	25932	96*	35063
22	8035	47	17166	72*	26297	97	35429
23	8400	48*	17531	73	26663	98	35794
24*	8765	49	17897	74	27028	99	36159

* Leap years

Examples

a. 1981 November 14

Table A	
1900 Jan. 0	241 5019·5
+ Table B	+ 2 9585
1981 Jan. 0	244 4604·5
+ Table C (n.y.)	+ 304
1981 Nov. 0	244 4908·5
+ Day of Month	+ 14
1981 Nov. 14	244 4922·5

b. 2000 September 24

Table A	
2000 Jan. 1	245 1544·5
− 1 (for 2000)	− 1
2000 Jan. 0	245 1543·5
+ Table B	+ 0
2000 Jan. 0	245 1543·5
+ Table C (l.y.)	+ 244
2000 Sept. 0	245 1787·5
+ Day of Month	+ 24
2000 Sept. 24	245 1811·5

c. 2006 June 21

Table A	
2000 Jan. 1	245 1544·5
+ Table B	+ 2191
2006 Jan. 0	245 3735·5
+ Table C (n.y.)	+ 151
2006 June 0	245 3886·5
+ Day of Month	+ 21
2006 June 21	245 3907·5

C. Addition to give Julian date for beginning of month (0^d 0^h UT)

	Jan.	Feb.	Mar.	Apr.	May	June	July	Aug.	Sept.	Oct.	Nov.	Dec.
Normal year	0	31	59	90	120	151	181	212	243	273	304	334
Leap year	0	31	60	91	121	152	182	213	244	274	305	335

WARNING: prior to 1925 Greenwich mean noon (i.e. 12^h UT) was usually denoted by 0^h GMT in astronomical publications.

Conversions between Calendar dates and Julian dates may be performed using the USNO utility which is located under "Data Services" on the Astronomical Applications web pages (see page x).

Selected Astronomical Constants

The IAU 2009 System of Astronomical Constants (1) published in the IAU WG report on Numerical Standards for Fundamental Astronomy (NSFA, 2011) and updated by resolution B2 of the IAU XXVIII General Assembly (2012), (2) planetary equatorial radii, from the IAU WG report on Cartographic Coordinates and Rotational Elements: 2015 (2018), and (3) other useful constants. Tabulated for each quantity is its description, symbol and value, and, as appropriate, its uncertainty in units in which the quantity is given. Further information is given at the foot of the table on the next page.

1 IAU 2009/2012 System of Astronomical Constants[1]

1.1 Natural Defining Constant:

Speed of light $\qquad c = 299\ 792\ 458\ \text{m s}^{-1}$

1.2 Auxiliary Defining Constants:

Astronomical unit[2] $\qquad au = 149\ 597\ 870\ 700\ \text{m}$

$1 - \text{d(TT)}/\text{d(TCG)}$ $\qquad L_G = 6{\cdot}969\ 290\ 134 \times 10^{-10}$

$1 - \text{d(TDB)}/\text{d(TCB)}$ $\qquad L_B = 1{\cdot}550\ 519\ 768 \times 10^{-8}$

TDB−TCB at $T_0 = 244\ 3144{\cdot}5003\ 725\text{(TCB)}$ $\qquad \text{TDB}_0 = -6{\cdot}55 \times 10^{-5}\ \text{s}$

Earth rotation angle (ERA) at J2000·0 UT1 $\qquad \theta_0 = 0{\cdot}779\ 057\ 273\ 2640\ \text{revolutions}$

Rate of advance of ERA $\qquad \dot\theta = 1{\cdot}002\ 737\ 811\ 911\ 354\ 48\ \text{revolutions UT1-day}^{-1}$

1.3 Natural Measurable Constant:

Constant of gravitation $\qquad G = 6{\cdot}674\ 28 \times 10^{-11}\ \text{m}^3\,\text{kg}^{-1}\,\text{s}^{-2}$ $\qquad \pm 6{\cdot}7 \times 10^{-15}$

1.4 Other Constants:

Average value of $1 - \text{d(TCG)}/\text{d(TCB)}$ $\qquad L_C = 1{\cdot}480\ 826\ 867\ 41 \times 10^{-8}$ $\qquad \pm 2 \times 10^{-17}$

1.5 Body Constants:

Solar mass parameter[2] $\qquad GM_S = 1{\cdot}327\ 124\ 420\ 99 \times 10^{20}\ \text{m}^3\,\text{s}^{-2}\ \text{(TCB)}\quad \pm 1 \times 10^{10}$
$\qquad\qquad\qquad\qquad\quad = 1{\cdot}327\ 124\ 400\ 41 \times 10^{20}\ \text{m}^3\,\text{s}^{-2}\ \text{(TDB)}\quad \pm 1 \times 10^{10}$

Equatorial radius for Earth $\qquad a_E = a_e = 6\ 378\ 136{\cdot}6\ \text{m (TT)}$ $\qquad \pm 0{\cdot}1$

Dynamical form-factor for the Earth $\qquad J_2 = 0{\cdot}001\ 082\ 635\ 9$ $\qquad \pm 1 \times 10^{-10}$

Time rate of change in J_2 $\qquad \dot{J}_2 = -3{\cdot}0 \times 10^{-9}\ \text{cy}^{-1}$ $\qquad \pm 6 \times 10^{-10}$

Geocentric gravitational constant $\qquad GM_E = 3{\cdot}986\ 004\ 418 \times 10^{14}\ \text{m}^3\,\text{s}^{-2}\ \text{(TCB)}\quad \pm 8 \times 10^5$
$\qquad\qquad\qquad\qquad\qquad\qquad = 3{\cdot}986\ 004\ 415 \times 10^{14}\ \text{m}^3\,\text{s}^{-2}\ \text{(TT)}\quad \pm 8 \times 10^5$
$\qquad\qquad\qquad\qquad\qquad\qquad = 3{\cdot}986\ 004\ 356 \times 10^{14}\ \text{m}^3\,\text{s}^{-2}\ \text{(TDB)}\quad \pm 8 \times 10^5$

Potential of the geoid $\qquad W_0 = 6{\cdot}263\ 685\ 34 \times 10^7\ \text{m}^2\,\text{s}^{-2}$ $\qquad \pm 0{\cdot}5$

Nominal mean angular velocity of the Earth $\qquad \omega = 7{\cdot}292\ 115 \times 10^{-5}\ \text{rad s}^{-1}\ \text{(TT)}$

Mass Ratio: Moon to Earth $\qquad M_M/M_E = 1{\cdot}230\ 003\ 71 \times 10^{-2}$ $\qquad \pm 4 \times 10^{-10}$

Ratio of the mass of the Sun to the mass of the Body

Mass Ratio: Sun to Mercury[3] $\qquad M_S/M_{Me} = 6{\cdot}023\ 6 \times 10^6$ $\qquad \pm 3 \times 10^2$

Mass Ratio: Sun to Venus $\qquad M_S/M_{Ve} = 4{\cdot}085\ 237\ 19 \times 10^5$ $\qquad \pm 8 \times 10^{-3}$

Mass Ratio: Sun to Mars $\qquad M_S/M_{Ma} = 3{\cdot}098\ 703\ 59 \times 10^6$ $\qquad \pm 2 \times 10^{-2}$

Mass Ratio: Sun to Jupiter $\qquad M_S/M_J = 1{\cdot}047\ 348\ 644 \times 10^3$ $\qquad \pm 1{\cdot}7 \times 10^{-5}$

Mass Ratio: Sun to Saturn $\qquad M_S/M_{Sa} = 3{\cdot}497\ 9018 \times 10^3$ $\qquad \pm 1 \times 10^{-4}$

Mass Ratio: Sun to Uranus[3] $\qquad M_S/M_U = 2{\cdot}290\ 298 \times 10^4$ $\qquad \pm 3 \times 10^{-2}$

Mass Ratio: Sun to Neptune $\qquad M_S/M_N = 1{\cdot}941\ 226 \times 10^4$ $\qquad \pm 3 \times 10^{-2}$

Mass Ratio: Sun to (134340) Pluto[3] $\qquad M_S/M_P = 1{\cdot}365\ 66 \times 10^8$ $\qquad \pm 2{\cdot}8 \times 10^4$

Mass Ratio: Sun to (136199) Eris $\qquad M_S/M_{Eris} = 1{\cdot}191 \times 10^8$ $\qquad \pm 1{\cdot}4 \times 10^6$

Ratio of the mass of the Body to the mass of the Sun

Mass Ratio: (1) Ceres to Sun[3] $\qquad M_{Ceres}/M_S = 4{\cdot}72 \times 10^{-10}$ $\qquad \pm 3 \times 10^{-12}$

Mass Ratio: (2) Pallas to Sun $\qquad M_{Pallas}/M_S = 1{\cdot}03 \times 10^{-10}$ $\qquad \pm 3 \times 10^{-12}$

Mass Ratio: (4) Vesta to Sun[3] $\qquad M_{Vesta}/M_S = 1{\cdot}35 \times 10^{-10}$ $\qquad \pm 3 \times 10^{-12}$

All values of the masses from Mars to Eris are the sum of the masses of the celestial body and its satellites.

1.6 Initial Values at J2000·0:

Mean obliquity of the ecliptic $\qquad \epsilon_{J2000\cdot0} = \epsilon_0 = 23° \ 26' \ 21{\cdot}''406 \ = 84\ 381{\cdot}''406 \qquad \pm 0{\cdot}''001$

Selected Astronomical Constants (continued)

2 Constants from IAU WG on Cartographic Coordinates and Rotational Elements 2015

Equatorial radii in km:

Mercury	2 440·53	±0·04	Jupiter	71 492 ± 4	(134340) Pluto	1 188·3	±1·6
Venus	6 051·8	±1·0	Saturn	60 268 ± 4			
Earth	6 378·1366	±0·0001	Uranus	25 559 ± 4	Moon (mean)	1 737·4	±1
Mars	3 396·19	±0·1	Neptune	24 764 ±15	Sun	695 700[4]	

3 Other Constants

Light-time for unit distance[2]	$\tau_A = au/c = 499\overset{s}{\cdot}004\,783\,84$	
	$1/\tau_A = 173\cdot144\,632\,674$ au/d	
Mass Ratio: Earth to Moon	$M_E/M_M = 1/\mu = 81\cdot300\,568$	$\pm3 \times 10^{-6}$
Mass Ratio: Sun to Earth	$GM_S/GM_E = 332\,946\cdot0487$	$\pm7 \times 10^{-4}$
Mass of the Sun	$M_S = S = GM_S/G = 1\cdot9884 \times 10^{30}$ kg	$\pm2 \times 10^{26}$
Mass of the Earth	$M_E = E = GM_E/G = 5\cdot9722 \times 10^{24}$ kg	$\pm6 \times 10^{20}$
Mass Ratio: Sun to Earth + Moon	$(S/E)/(1+\mu) = 328\,900\cdot5596$	$\pm7 \times 10^{-4}$
Earth, reciprocal of flattening (IERS 2010)	$1/f = 298\cdot256\,42$	$\pm1 \times 10^{-5}$

Rates of precession at J2000·0 (IAU 2006)

General precession in longitude	$p_A = 5028\overset{''}{\cdot}796\,195$ per Julian century (TDB)
Rate of change in obliquity	$\dot{\epsilon} = -46\overset{''}{\cdot}836\,769$ per Julian century (TDB)
Precession of the equator in longitude	$\dot{\psi} = 5038\overset{''}{\cdot}481\,507$ per Julian century (TDB)
Precession of the equator in obliquity	$\dot{\omega} = -0\overset{''}{\cdot}025\,754$ per Julian century (TDB)
Constant of nutation at epoch J2000·0	$N = 9\overset{''}{\cdot}2052\,331$
Solar parallax	$\pi_\odot = \sin^{-1}(a_e/au) = 8\overset{''}{\cdot}794\,143$
Constant of aberration at epoch J2000·0	$\kappa = 20\overset{''}{\cdot}495\,51$

Masses of the larger natural satellites: mass satellite/mass of the planet (see pages F3, F5)

Jupiter	Io	$4\cdot705 \times 10^{-5}$	**Uranus**	Ariel	$1\cdot49 \times 10^{-5}$
	Europa	$2\cdot528 \times 10^{-5}$		Umbriel	$1\cdot41 \times 10^{-5}$
	Ganymede	$7\cdot805 \times 10^{-5}$		Titania	$3\cdot94 \times 10^{-5}$
	Callisto	$5\cdot667 \times 10^{-5}$		Oberon	$3\cdot32 \times 10^{-5}$
Saturn	Titan	$2\cdot367 \times 10^{-4}$	**Neptune**	Triton	$2\cdot089 \times 10^{-4}$

The IAU Working Group on Numerical Standards for Fundamental Astronomy maintains a website, see http://asa.hmnao.com, which contains an agreed list of **Current Best Estimates** together with detailed information about the constants, and relevant references. See footnotes below for more details.

This almanac, in certain circumstances, may not use constants from this list. The reasons and those constants used will be given at the end of Section L *Notes and References*.

The units meter (m), kilogram (kg), and SI second (s) are the units of length, mass and time in the International System of Units (SI).

The astronomical unit of time is a time interval of one day (D) of 86400 seconds. An interval of 36525 days is one Julian century. Some constants that involve time, either directly or indirectly need to be compatible with the underlying time scales, for example TDB-compatible. To specify the time scale that the value of the constant is compatible with, (TDB), (TCB) or (TT) is included after the unit.

[1] The IAU 2009 System of Astronomical Constants classifies the constants into the groups shown. This may be redefined and users should check the NSFA website for updates.

[2] The astronomical unit of length (au) in metres is re-defined as a conventional unit of length (resolution B2, IAU XXVIII GA 2012) in agreement with the value adopted by IAU 2009 Resolution B2; it is to be used with all time scales such as TCB, TDB, TCG, TT, etc. Also the heliocentric gravitational constant GM_S is renamed the solar mass parameter. Further details are given in Section L *Notes and References*.

[3] In May 2015 new best estimates were agreed (see http://asa.hmnao.com). Values printed here are those of the IAU 2009 System of Astronomical Constants.

[4] The value printed here is that from the report of the IAU WG on Cartographic Coordinates and Rotational Elements: 2015 (2018) and is the value used throughout this almanac. Further details are given in Section L *Notes and References*.

$$\Delta T = \text{ET} - \text{UT}$$

Year	ΔT (s)	Year	ΔT (s)	Year	ΔT (s)	Year	ΔT (s)	Year	ΔT (s)	Year	ΔT (s)
1620.0	+124	1665.0	+32	1710.0	+10	1755.0	+14	1800.0	+13.7	1845.0	+6.3
1621	+119	1666	+31	1711	+10	1756	+14	1801	+13.4	1846	+6.5
1622	+115	1667	+30	1712	+10	1757	+14	1802	+13.1	1847	+6.6
1623	+110	1668	+28	1713	+10	1758	+15	1803	+12.9	1848	+6.8
1624	+106	1669	+27	1714	+10	1759	+15	1804	+12.7	1849	+6.9
1625.0	+102	1670.0	+26	1715.0	+10	1760.0	+15	1805.0	+12.6	1850.0	+7.1
1626	+98	1671	+25	1716	+10	1761	+15	1806	+12.5	1851	+7.2
1627	+95	1672	+24	1717	+11	1762	+15	1807	+12.5	1852	+7.3
1628	+91	1673	+23	1718	+11	1763	+15	1808	+12.5	1853	+7.4
1629	+88	1674	+22	1719	+11	1764	+15	1809	+12.5	1854	+7.5
1630.0	+85	1675.0	+21	1720.0	+11	1765.0	+16	1810.0	+12.5	1855.0	+7.6
1631	+82	1676	+20	1721	+11	1766	+16	1811	+12.5	1856	+7.7
1632	+79	1677	+19	1722	+11	1767	+16	1812	+12.5	1857	+7.7
1633	+77	1678	+18	1723	+11	1768	+16	1813	+12.5	1858	+7.8
1634	+74	1679	+17	1724	+11	1769	+16	1814	+12.5	1859	+7.8
1635.0	+72	1680.0	+16	1725.0	+11	1770.0	+16	1815.0	+12.5	1860.0	+7.88
1636	+70	1681	+15	1726	+11	1771	+16	1816	+12.5	1861	+7.82
1637	+67	1682	+14	1727	+11	1772	+16	1817	+12.4	1862	+7.54
1638	+65	1683	+14	1728	+11	1773	+16	1818	+12.3	1863	+6.97
1639	+63	1684	+13	1729	+11	1774	+16	1819	+12.2	1864	+6.40
1640.0	+62	1685.0	+12	1730.0	+11	1775.0	+17	1820.0	+12.0	1865.0	+6.02
1641	+60	1686	+12	1731	+11	1776	+17	1821	+11.7	1866	+5.41
1642	+58	1687	+11	1732	+11	1777	+17	1822	+11.4	1867	+4.10
1643	+57	1688	+11	1733	+11	1778	+17	1823	+11.1	1868	+2.92
1644	+55	1689	+10	1734	+12	1779	+17	1824	+10.6	1869	+1.82
1645.0	+54	1690.0	+10	1735.0	+12	1780.0	+17	1825.0	+10.2	1870.0	+1.61
1646	+53	1691	+10	1736	+12	1781	+17	1826	+9.6	1871	+0.10
1647	+51	1692	+9	1737	+12	1782	+17	1827	+9.1	1872	−1.02
1648	+50	1693	+9	1738	+12	1783	+17	1828	+8.6	1873	−1.28
1649	+49	1694	+9	1739	+12	1784	+17	1829	+8.0	1874	−2.69
1650.0	+48	1695.0	+9	1740.0	+12	1785.0	+17	1830.0	+7.5	1875.0	−3.24
1651	+47	1696	+9	1741	+12	1786	+17	1831	+7.0	1876	−3.64
1652	+46	1697	+9	1742	+12	1787	+17	1832	+6.6	1877	−4.54
1653	+45	1698	+9	1743	+12	1788	+17	1833	+6.3	1878	−4.71
1654	+44	1699	+9	1744	+13	1789	+17	1834	+6.0	1879	−5.11
1655.0	+43	1700.0	+9	1745.0	+13	1790.0	+17	1835.0	+5.8	1880.0	−5.40
1656	+42	1701	+9	1746	+13	1791	+17	1836	+5.7	1881	−5.42
1657	+41	1702	+9	1747	+13	1792	+16	1837	+5.6	1882	−5.20
1658	+40	1703	+9	1748	+13	1793	+16	1838	+5.6	1883	−5.46
1659	+38	1704	+9	1749	+13	1794	+16	1839	+5.6	1884	−5.46
1660.0	+37	1705.0	+9	1750.0	+13	1795.0	+16	1840.0	+5.7	1885.0	−5.79
1661	+36	1706	+9	1751	+14	1796	+15	1841	+5.8	1886	−5.63
1662	+35	1707	+9	1752	+14	1797	+15	1842	+5.9	1887	−5.64
1663	+34	1708	+10	1753	+14	1798	+14	1843	+6.1	1888	−5.80
1664.0	+33	1709.0	+10	1754.0	+14	1799.0	+14	1844.0	+6.2	1889.0	−5.66

For years 1620 to 1955 the table is based on an adopted value of $-26''/\text{cy}^2$ for the tidal term ($\dot{n}$) in the mean motion of the Moon from the results of analyses of observations of lunar occultations of stars, eclipses of the Sun, and transits of Mercury (see F. R. Stephenson and L. V. Morrison, *Phil. Trans. R. Soc. London*, 1984, A **313**, 47–70).

To calculate the values of ΔT for a different value of the tidal term ($\dot{n}'$), add to the tabulated value of ΔT

$$-0.000\,091\,(\dot{n}' + 26)\,(\text{year} - 1955)^2 \text{ seconds}$$

For 1956 through 1997 the table is derived from the direct comparison between TAI and UT1 taken from the Annual Reports of the BIH and from the IERS Bulletin B for 1988 onwards.

1890–1983, $\Delta T = \mathrm{ET} - \mathrm{UT}$
1984–2000, $\Delta T = \mathrm{TDT} - \mathrm{UT}$
From 2001, $\Delta T = \mathrm{TT} - \mathrm{UT}$

Extrapolated Values

TAI − UTC

Year	ΔT (s)	Year	ΔT (s)	Year	ΔT (s)	Year	ΔT (s)
1890·0	− 5·87	1935·0	+23·93	1980·0	+50·54	2020	+69·4
1891	− 6·01	1936	+23·73	1981	+51·38	2021	+70
1892	− 6·19	1937	+23·92	1982	+52·17	2022	+70
1893	− 6·64	1938	+23·96	1983	+52·96	2023	+70
1894	− 6·44	1939	+24·02	1984	+53·79	2024	+70
1895·0	− 6·47	1940·0	+24·33	1985·0	+54·34		
1896	− 6·09	1941	+24·83	1986	+54·87		
1897	− 5·76	1942	+25·30	1987	+55·32		
1898	− 4·66	1943	+25·70	1988	+55·82		
1899	− 3·74	1944	+26·24	1989	+56·30		
1900·0	− 2·72	1945·0	+26·77	1990·0	+56·86		
1901	− 1·54	1946	+27·28	1991	+57·57		
1902	− 0·02	1947	+27·78	1992	+58·31		
1903	+ 1·24	1948	+28·25	1993	+59·12		
1904	+ 2·64	1949	+28·71	1994	+59·98		
1905·0	+ 3·86	1950·0	+29·15	1995·0	+60·78		
1906	+ 5·37	1951	+29·57	1996	+61·63		
1907	+ 6·14	1952	+29·97	1997	+62·29		
1908	+ 7·75	1953	+30·36	1998	+62·97		
1909	+ 9·13	1954	+30·72	1999	+63·47		
1910·0	+10·46	1955·0	+31·07	2000·0	+63·83		
1911	+11·53	1956	+31·35	2001	+64·09		
1912	+13·36	1957	+31·68	2002	+64·30		
1913	+14·65	1958	+32·18	2003	+64·47		
1914	+16·01	1959	+32·68	2004	+64·57		
1915·0	+17·20	1960·0	+33·15	2005·0	+64·69		
1916	+18·24	1961	+33·59	2006	+64·85		
1917	+19·06	1962	+34·00	2007	+65·15		
1918	+20·25	1963	+34·47	2008	+65·46		
1919	+20·95	1964	+35·03	2009	+65·78		
1920·0	+21·16	1965·0	+35·73	2010·0	+66·07		
1921	+22·25	1966	+36·54	2011	+66·32		
1922	+22·41	1967	+37·43	2012	+66·60		
1923	+23·03	1968	+38·29	2013	+66·91		
1924	+23·49	1969	+39·20	2014	+67·28		
1925·0	+23·62	1970·0	+40·18	2015·0	+67·64		
1926	+23·86	1971	+41·17	2016	+68·10		
1927	+24·49	1972	+42·23	2017	+68·59		
1928	+24·34	1973	+43·37	2018	+68·97		
1929	+24·08	1974	+44·49	2019	+69·22		
1930·0	+24·02	1975·0	+45·48				
1931	+24·00	1976	+46·46				
1932	+23·87	1977	+47·52				
1933	+23·95	1978	+48·53				
1934·0	+23·86	1979·0	+49·59				

Date	ΔAT (s)
1972 Jan. 1	+10·00
1972 July 1	+11·00
1973 Jan. 1	+12·00
1974 Jan. 1	+13·00
1975 Jan. 1	+14·00
1976 Jan. 1	+15·00
1977 Jan. 1	+16·00
1978 Jan. 1	+17·00
1979 Jan. 1	+18·00
1980 Jan. 1	+19·00
1981 July 1	+20·00
1982 July 1	+21·00
1983 July 1	+22·00
1985 July 1	+23·00
1988 Jan. 1	+24·00
1990 Jan. 1	+25·00
1991 Jan. 1	+26·00
1992 July 1	+27·00
1993 July 1	+28·00
1994 July 1	+29·00
1996 Jan. 1	+30·00
1997 July 1	+31·00
1999 Jan. 1	+32·00
2006 Jan. 1	+33·00
2009 Jan. 1	+34·00
2012 July 1	+35·00
2015 July 1	+36·00
2017 Jan. 1	+37·00

In critical cases descend

$$\left.\begin{array}{l}\Delta\mathrm{ET}\\\Delta\mathrm{TT}\end{array}\right\} = \Delta\mathrm{AT} + 32^{s}\!\cdot\!184$$

From 1990 onwards, ΔT is for January 1 0^{h} UTC.

Page B6 gives a summary of the notation for time scales. See *The Astronomical Almanac Online* ᵂᵂᵂ for plots showing "Delta T Past, Present and Future".

WITH RESPECT TO THE INTERNATIONAL TERRESTRIAL REFERENCE SYSTEM (ITRS)

Date	x	y	x	y	x	y	x	y	x	y
	1970		**1980**		**1990**		**2000**		**2010**	
	"	"	"	"	"	"	"	"	"	"
Jan. 1	−0·140	+0·144	+0·129	+0·251	−0·132	+0·165	+0·043	+0·378	+0·099	+0·193
Apr. 1	−0·097	+0·397	+0·014	+0·189	−0·154	+0·469	+0·075	+0·346	−0·061	+0·319
July 1	+0·139	+0·405	−0·044	+0·280	+0·161	+0·542	+0·110	+0·280	+0·061	+0·483
Oct. 1	+0·174	+0·125	−0·006	+0·338	+0·297	+0·243	−0·006	+0·247	+0·234	+0·366
	1971		**1981**		**1991**		**2001**		**2011**	
Jan. 1	−0·081	+0·026	+0·056	+0·361	+0·023	+0·069	−0·073	+0·400	+0·131	+0·203
Apr. 1	−0·199	+0·313	+0·088	+0·285	−0·217	+0·281	+0·091	+0·490	−0·033	+0·279
July 1	+0·050	+0·523	+0·075	+0·209	−0·033	+0·560	+0·254	+0·308	+0·044	+0·436
Oct. 1	+0·249	+0·263	−0·045	+0·210	+0·250	+0·436	+0·065	+0·118	+0·180	+0·377
	1972		**1982**		**1992**		**2002**		**2012**	
Jan. 1	+0·045	+0·050	−0·091	+0·378	+0·182	+0·168	−0·177	+0·294	+0·119	+0·263
Apr. 1	−0·180	+0·174	+0·093	+0·431	−0·083	+0·162	−0·031	+0·541	−0·010	+0·313
July 1	−0·031	+0·409	+0·231	+0·239	−0·142	+0·378	+0·228	+0·462	+0·094	+0·409
Oct. 1	+0·142	+0·344	+0·036	+0·060	+0·055	+0·503	+0·199	+0·200	+0·169	+0·334
	1973		**1983**		**1993**		**2003**		**2013**	
Jan. 1	+0·129	+0·139	−0·211	+0·249	+0·208	+0·359	−0·088	+0·188	+0·075	+0·290
Apr. 1	−0·035	+0·129	−0·069	+0·538	+0·115	+0·170	−0·133	+0·436	+0·051	+0·375
July 1	−0·075	+0·286	+0·269	+0·436	−0·062	+0·209	+0·131	+0·539	+0·143	+0·391
Oct. 1	+0·035	+0·347	+0·235	+0·069	−0·095	+0·370	+0·259	+0·304	+0·133	+0·294
	1974		**1984**		**1994**		**2004**		**2014**	
Jan. 1	+0·115	+0·252	−0·125	+0·089	+0·010	+0·476	+0·031	+0·154	+0·039	+0·319
Apr. 1	+0·037	+0·185	−0·211	+0·410	+0·174	+0·391	−0·140	+0·321	+0·044	+0·421
July 1	+0·014	+0·216	+0·119	+0·543	+0·137	+0·212	−0·008	+0·510	+0·171	+0·415
Oct. 1	+0·002	+0·225	+0·313	+0·246	−0·066	+0·199	+0·199	+0·432	+0·189	+0·289
	1975		**1985**		**1995**		**2005**		**2015**	
Jan. 1	−0·055	+0·281	+0·051	+0·025 .	−0·154	+0·418	+0·149	+0·238	+0·031	+0·281
Apr. 1	+0·027	+0·344	−0·196	+0·220	+0·032	+0·558	−0·029	+0·243	+0·014	+0·396
July 1	+0·151	+0·249	−0·044	+0·482	+0·280	+0·384	−0·040	+0·397	+0·142	+0·448
Oct. 1	+0·063	+0·115	+0·214	+0·404	+0·138	+0·106	+0·059	+0·417	+0·210	+0·316
	1976		**1986**		**1996**		**2006**		**2016**	
Jan. 1	−0·145	+0·204	+0·187	+0·072	−0·176	+0·191	+0·053	+0·383	+0·051	+0·257
Apr. 1	−0·091	+0·399	−0·041	+0·139	−0·152	+0·506	+0·103	+0·374	−0·008	+0·421
July 1	+0·159	+0·390	−0·075	+0·324	+0·179	+0·546	+0·128	+0·300	+0·152	+0·484
Oct. 1	+0·227	+0·158	+0·062	+0·395	+0·267	+0·227	+0·033	+0·252	+0·234	+0·331
	1977		**1987**		**1997**		**2007**		**2017**	
Jan. 1	−0·065	+0·076	+0·146	+0·315	−0·023	+0·095	−0·049	+0·347	+0·080	+0·263
Apr. 1	−0·226	+0·362	+0·096	+0·212	−0·191	+0·329	+0·023	+0·479	+0·005	+0·378
July 1	+0·085	+0·500	−0·003	+0·208	+0·019	+0·536	+0·209	+0·412	+0·156	+0·449
Oct. 1	+0·281	+0·230	−0·053	+0·295	+0·221	+0·379	+0·134	+0·206	+0·224	+0·303
	1978		**1988**		**1998**		**2008**		**2018**	
Jan. 1	+0·007	+0·015	−0·023	+0·414	+0·103	+0·175	−0·081	+0·258	+0·059	+0·248
Apr. 1	−0·231	+0·240	+0·134	+0·407	−0·110	+0·252	−0·064	+0·490	+0·032	+0·394
July 1	−0·042	+0·483	+0·171	+0·253	−0·068	+0·439	+0·211	+0·498	+0·163	+0·430
Oct. 1	+0·236	+0·353	+0·011	+0·132	+0·125	+0·445	+0·265	+0·220	+0·211	+0·331
	1979		**1989**		**1999**		**2009**		**2019**	
Jan. 1	+0·140	+0·076	−0·159	+0·316	+0·139	+0·296	−0·017	+0·146	+0·086	+0·271
Apr. 1	−0·107	+0·133	+0·028	+0·482	+0·026	+0·241	−0·119	+0·406	+0·049	+0·384
July 1	−0·117	+0·351	+0·238	+0·369	−0·032	+0·310	+0·130	+0·534	+0·159	+0·421
Oct. 1	+0·092	+0·408	+0·167	+0·106	+0·006	+0·379	+0·266	+0·331	+0·198	+0·312

The orientation of the ITRS is consistent with the former BIH system (and the previous IPMS and ILS systems). The angles, x y, are defined on page B84. From 1988 their values have been taken from the IERS Bulletin B, published by the IERS Central Bureau, Bundesamt für Kartographie und Geodäsie, Richard-Strauss-Allee 11, 60598 Frankfurt am Main, Germany. Further information about IERS products may be found via *The Astronomical Almanac Online*.

Introduction

In the reduction of astrometric observations of high precision, it is necessary to distinguish between several different systems of terrestrial coordinates used to specify the positions of points on or near the surface of the Earth. The formulae on page B84 for the reduction for polar motion give the relationships between representations of a geocentric vector referred to either the equinox-based celestial reference system of the true equator and equinox of date, or the Celestial Intermediate Reference System, and the current terrestrial reference system, realized by the International Terrestrial Reference Frame, ITRF2014 (Altamimi, Z., *et al.*, "ITRF2014: A new release of the International Terrestrial Reference Frame modeling non-linear station motions"). ITRF realizations have been published at intervals since 1989 in the form of the geocentric rectangular coordinates and velocities of observing sites around the world.

ITRF2014 is a rigorous combination of space geodesy solutions from the techniques of VLBI, SLR, LLR, GPS and DORIS from 1499 stations located at 975 sites. For the first time, ITRF2014 is generated with an enhanced modeling of non-linear station motions, including seasonal (annual and semi-annual) signals of station positions and post-seismic deformation for sites that were subject to major earthquakes. The ITRF2014 origin is defined by the Earth-system centre of mass sensed by SLR and its scale by the mean scale of the VLBI and SLR solutions. The ITRF axes are consistent with the axes of the former BIH Terrestrial System (BTS) to within $\pm0\rlap{.}''005$, and the BTS was consistent with the earlier Conventional International Origin to within $\pm0\rlap{.}''03$. The use of rectangular coordinates is precise and unambiguous, but for some purposes it is more convenient to represent the position by its longitude, latitude and height referred to a reference spheroid (the term "spheroid" is used here in the sense of an ellipsoid whose equatorial section is a circle and for which each meridional section is an ellipse).

The precise transformation between these coordinate systems is given below. The spheroid is defined by two parameters, its equatorial radius and flattening (usually the reciprocal of the flattening is given). The values used should always be stated with any tabulation of spheroidal positions, but in case they should be omitted a list of the parameters of some commonly used spheroids is given in the table on page K13. For work such as mapping gravity anomalies, it is convenient that the reference spheroid should also be an equipotential surface of a reference body that is in hydrostatic equilibrium, and has the equatorial radius, gravitational constant, dynamical form factor and angular velocity of the Earth. This is referred to as a Geodetic Reference System (rather than just a reference spheroid). It provides a suitable approximation to mean sea level (i.e. to the geoid), but may differ from it by up to 100m in some regions.

Reduction from geodetic to geocentric coordinates

The position of a point relative to a terrestrial reference frame may be expressed in three ways:

(i) geocentric equatorial rectangular coordinates, x, y, z;

(ii) geocentric longitude, latitude and radius, λ, ϕ', ρ;

(iii) geodetic longitude, latitude and height, λ, ϕ, h.

The geodetic and geocentric longitudes of a point are the same, while the relationship between the geodetic and geocentric latitudes of a point is illustrated in the figure on page K12, which represents a meridional section through the reference spheroid. The geocentric radius ρ is usually expressed in units of the equatorial radius of the reference spheroid. The following relationships hold between the geocentric and geodetic coordinates:

$$x = a\,\rho\,\cos\phi'\cos\lambda = (aC+h)\,\cos\phi\,\cos\lambda$$
$$y = a\,\rho\,\cos\phi'\sin\lambda = (aC+h)\,\cos\phi\,\sin\lambda$$
$$z = a\,\rho\,\sin\phi' \qquad\;\; = (aS+h)\,\sin\phi$$

where a is the equatorial radius of the spheroid and C and S are auxiliary functions that depend on the geodetic latitude and on the flattening f of the reference spheroid. The polar radius b and the eccentricity e of the ellipse are given by:

$$b = a\,(1-f) \qquad e^2 = 2f - f^2 \qquad \text{or} \qquad 1 - e^2 = (1-f)^2$$

It follows from the geometrical properties of the ellipse that:

$$C = \{\cos^2\phi + (1-f)^2\,\sin^2\phi\}^{-1/2} \qquad S = (1-f)^2 C$$

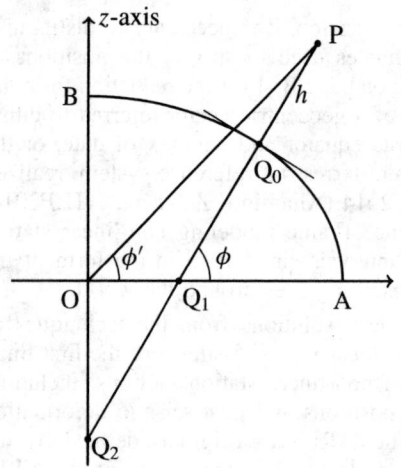

O is centre of Earth

OA = equatorial radius, a

OB = polar radius, b

$\quad = a(1 - f)$

OP = geocentric radius, ap

PQ_0 is normal to the reference spheroid

$Q_0Q_1 = aS$

$Q_0Q_2 = aC$

$\phi \quad$ = geodetic latitude

$\phi' \quad$ = geocentric latitude

Geocentric coordinates may be calculated directly from geodetic coordinates. The reverse calculation of geodetic coordinates from geocentric coordinates can be done in closed form (see for example, Borkowski, *Bull. Geod.* **63**, 50-56, 1989), but it is usually done using an iterative procedure.

An iterative procedure for calculating λ, ϕ, h from x, y, z is as follows:

Calculate: $\lambda = \tan^{-1}(y/x)$ $r = (x^2 + y^2)^{1/2}$ $e^2 = 2f - f^2$

Calculate the first approximation to ϕ from: $\phi = \tan^{-1}(z/r)$

Then perform the following iteration until ϕ is unchanged to the required precision:

$$\phi_1 = \phi \qquad C = (1 - e^2 \sin^2 \phi_1)^{-1/2} \qquad \phi = \tan^{-1}((z + aCe^2 \sin \phi_1)/r)$$

Then:

$$h = r/\cos \phi - aC$$

Series expressions and tables are available for certain values of f for the calculation of C and S and also of ρ and $\phi - \phi'$ for points on the spheroid ($h = 0$). The quantity $\phi - \phi'$ is sometimes known as the "reduction of the latitude" or the "angle of the vertical", and it is of the order of 10' in mid-latitudes. To a first approximation when h is small the geocentric radius is increased by h/a and the angle of the vertical is unchanged. The height h refers to a height above the reference spheroid and differs from the height above mean sea level (i.e. above the geoid) by the "undulation of the geoid" at the point.

Other geodetic reference systems

In practice, most geodetic positions are referred either (a) to a regional geodetic datum that is represented by a spheroid that approximates to the geoid in the region considered or (b) to a global reference system, ideally the ITRF2014 or earlier versions. Data for the reduction of regional geodetic coordinates or those in earlier versions of the ITRF to ITRF2014 are available in the relevant geodetic publications, but it is hoped that the following notes, formulae and data will be useful.

(a) Each regional geodetic datum is specified by the size and shape of an adopted spheroid and by the coordinates of an "origin point". The principal axis of the spheroid is generally close to the mean axis of rotation of the Earth, but the centre of the spheroid may not coincide with the centre of mass of the Earth. The offset is usually represented by the geocentric rectangular coordinates (x_0, y_0, z_0) of the centre of the regional spheroid. The reduction from the regional geodetic coordinates (λ, ϕ, h) to the geocentric rectangular coordinates referred to the ITRF (and hence to the geodetic coordinates relative to a reference spheroid) may then be made by using the expressions:

$$x = x_0 + (aC + h) \cos \phi \cos \lambda$$
$$y = y_0 + (aC + h) \cos \phi \sin \lambda$$
$$z = z_0 + (aS + h) \sin \phi$$

(b) The global reference systems defined by the various versions of ITRF differ slightly due to an evolution in the multi-technique combination and constraints philosophy as well as through observational and modelling improvements, although all versions give good approximations to the latest reference frame. The transformations from the latest to previous ITRF solutions involve coordinate and velocity translations, rotations and scaling (i.e. 14 parameters in all), and all of these are given online (see http://www.iers.org) for the ITRF2014 frame in the IERS Conventions (2010, *IERS Technical Note 36*). For example, translation parameters T_1, T_2 and T_3 from ITRF2014 to ITRF2008 are (1·6, 1·9, 2·4) millimetres, with scale difference $-0·02$ parts per billion.

The space techniques of the multi-constellation global navigation satellite systems (GNSS) such as GPS, GLONASS and Galileo are now widely used for position determination. Since January 1987 the broadcast orbits of the GPS satellites have been referred to the WGS84 terrestrial frame, and so positions determined directly using these orbits will also be referred to this frame, which at the level of a few centimetres is close to the ITRF. The parameters of the spheroid used are listed below, and the frame is defined to agree with the BIH frame. However, with the ready availability of data from a large number of geodetic sites whose coordinates and velocities are rigorously defined within ITRF2014, and with GNSS orbital solutions also being referred by the International GNSS Service (IGS) analysis centres to the same frame, it is straightforward to determine directly new sites' coordinates within ITRF2014.

GEODETIC REFERENCE SPHEROIDS

Name and Date	Equatorial Radius, a	Reciprocal of Flattening, $1/f$	Gravitational Constant, GM	Dynamical Form Factor, J_2	Ang. Velocity of earth, ω
	m		$10^{14} m^3 s^{-2}$		$10^{-5} rad \; s^{-1}$
WGS 84	637 8137	298·257 223 563	3·986 005	0·001 082 63	7·292 115
GRS 80 (IUGG, 1980)[†]	8137	298·257 222	3·986 005	0·001 082 63	7·292 115
IAU 1976	8140	298·257	3·986 005	0·001 082 63	—
GRS 67 (IUGG, 1967)	8160	298·247 167	3·986 03	0·001 082 7	7·292 115 146 7
IAU 1964	8160	298·25	3·986 03	0·001 082 7	7·292 1
International 1924 (Hayford)	8388	297	—	—	—
Clarke 1866	8206·4	294·978 698	—	—	—
Airy 1830	637 7563·396	299·324 964	—	—	—

[†]H. Moritz, Geodetic Reference System 1980, *Bull. Géodésique*, **58**(3), 388-398, 1984.

Astronomical coordinates

Many astrometric observations that historically were used in the determination of the terrestrial coordinates of the point of observation used the local vertical, which defines the zenith, as a principal reference axis; the coordinates so obtained are called "astronomical coordinates". The local vertical is in the direction of the vector sum of the acceleration due to the gravitational field of the Earth and of the apparent acceleration due to the rotation of the Earth on its axis. The vertical is normal to the equipotential (or level) surface at the point, but it is inclined to the normal to the geodetic reference spheroid; the angle of inclination is known as the "deflection of the vertical".

The astronomical coordinates of an observatory may differ significantly (e.g. by as much as 1′) from its geodetic coordinates, which are required for the determination of the geocentric coordinates of the observatory for use in computing, for example, parallax corrections for solar system observations. The size and direction of the deflection may be estimated by studying the gravity field in the region concerned. The deflection may affect both the latitude and longitude, and hence local time. Astronomical coordinates also vary with time because they are affected by polar motion (see page B84).

Introduction and notation

The interpolation methods described in this section, together with the accompanying tables, are usually sufficient to interpolate to full precision the ephemerides in this volume. Additional notes, formulae and tables are given in the booklets *Interpolation and Allied Tables* and *Subtabulation* and in many textbooks on numerical analysis. It is recommended that interpolated values of the Moon's right ascension, declination and horizontal parallax are derived from the daily polynomial coefficients that are provided for this purpose on *The Astronomical Almanac Online* (see page D1).

f_p denotes the value of the function $f(t)$ at the time $t = t_0 + ph$, where h is the interval of tabulation, t_0 is a tabular argument, and $p = (t - t_0)/h$ is known as the interpolating factor. The notation for the differences of the tabular values is shown in the following table; it is derived from the use of the central-difference operator δ, which is defined by:

$$\delta f_p = f_{p+1/2} - f_{p-1/2}$$

The symbol for the function is usually omitted in the notation for the differences. Tables are given for use with Bessel's interpolation formula for p in the range 0 to $+1$. The differences may be expressed in terms of function values for convenience in the use of programmable calculators or computers.

Arg.	Function	\multicolumn{4}{c}{Differences}	Differences in terms of Function Values
		1st	2nd	3rd	4th	
t_{-2}	f_{-2}		δ^2_{-2}			$\delta_{1/2} = f_1 - f_0$
		$\delta_{-3/2}$		$\delta^3_{-3/2}$		$\delta^2_0 = \delta_{1/2} - \delta_{-1/2}$
t_{-1}	f_{-1}		δ^2_{-1}		δ^4_{-1}	$= f_1 - 2f_0 + f_{-1}$
		$\delta_{-1/2}$		$\delta^3_{-1/2}$		$\delta^2_0 + \delta^2_1 = f_2 - f_1 - f_0 + f_{-1}$
t_0	f_0		δ^2_0		δ^4_0	$\delta^3_{1/2} = \delta^2_1 - \delta^2_0$
		$\delta_{1/2}$		$\delta^3_{1/2}$		$= f_2 - 3f_1 + 3f_0 - f_{-1}$
t_{+1}	f_{+1}		δ^2_1		δ^4_1	$\delta^4_0 = \delta^3_{1/2} - \delta^3_{-1/2}$
		$\delta_{3/2}$		$\delta^3_{3/2}$		$= f_2 - 4f_1 + 6f_0 - 4f_{-1} + f_{-2}$
t_{+2}	f_{+2}		δ^2_2			$\delta^4_0 + \delta^4_1 = f_3 - 3f_2 + 2f_1 + 2f_0 - 3f_{-1} + f_{-2}$

$$p \equiv \text{the interpolating factor} = (t - t_0)/(t_1 - t_0) = (t - t_0)/h$$

Bessel's interpolation formula

In this notation, Bessel's interpolation formula is:

$$f_p = f_0 + p\,\delta_{1/2} + B_2\,(\delta^2_0 + \delta^2_1) + B_3\,\delta^3_{1/2} + B_4\,(\delta^4_0 + \delta^4_1) + \cdots$$

where
$$B_2 = p\,(p-1)/4 \qquad B_3 = p\,(p-1)\,(p - \tfrac{1}{2})/6$$
$$B_4 = (p+1)\,p\,(p-1)\,(p-2)/48$$

The maximum contribution to the truncation error of f_p, for $0 < p < 1$, from neglecting each order of difference is less than 0·5 in the unit of the end figure of the tabular function if

$$\delta^2 < 4 \qquad \delta^3 < 60 \qquad \delta^4 < 20 \qquad \delta^5 < 500.$$

The critical table of B_2 opposite provides a rapid means of interpolating when δ^2 is less than 500 and higher-order differences are negligible or when full precision is not required. The interpolating factor p should be rounded to 4 decimals, and the required value of B_2 is then the tabular value opposite the interval in which p lies, or it is the value above and to the right of p if p exactly equals a tabular argument. B_2 is always negative. The effects of the third and fourth differences can be estimated from the values of B_3 and B_4, given in the last column.

Inverse interpolation

Inverse interpolation to derive the interpolating factor p, and hence the time, for which the function takes a specified value f_p is carried out by successive approximations. The first estimate p_1 is obtained from:

$$p_1 = (f_p - f_0)/\delta_{1/2}$$

This value of p is used to obtain an estimate of B_2, from the critical table or otherwise, and hence an improved estimate of p from:

$$p = p_1 - B_2\,(\delta_0^2 + \delta_1^2)/\delta_{1/2}$$

This last step is repeated until there is no further change in B_2 or p; the effects of higher-order differences may be taken into account in this step.

CRITICAL TABLE FOR BESSEL'S INTERPOLATION FORMULA COEFFICIENTS

p	B_2	p	B_2	p	B_2	p	B_2	p	B_2	p	B_3
0·0000	—	0·1101	—	0·2719	—	0·7280	—	0·8898	—	0·0	0·000
0·0020	·000	0·1152	·025	0·2809	·050	0·7366	·049	0·8949	·024	0·1	+0·006
0·0060	·001	0·1205	·026	0·2902	·051	0·7449	·048	0·9000	·023	0·2	+0·008
0·0101	·002	0·1258	·027	0·3000	·052	0·7529	·047	0·9049	·022	0·3	+0·007
0·0142	·003	0·1312	·028	0·3102	·053	0·7607	·046	0·9098	·021	0·4	+0·004
0·0183	·004	0·1366	·029	0·3211	·054	0·7683	·045	0·9147	·020		
0·0225	·005	0·1422	·030	0·3326	·055	0·7756	·044	0·9195	·019	0·5	0·000
0·0267	·006	0·1478	·031	0·3450	·056	0·7828	·043	0·9242	·018		
0·0309	·007	0·1535	·032	0·3585	·057	0·7898	·042	0·9289	·017	0·6	−0·004
0·0352	·008	0·1594	·033	0·3735	·058	0·7966	·041	0·9335	·016	0·7	−0·007
0·0395	·009	0·1653	·034	0·3904	·059	0·8033	·040	0·9381	·015	0·8	−0·008
0·0439	·010	0·1713	·035	0·4105	·060	0·8098	·039	0·9427	·014	0·9	−0·006
0·0483	·011	0·1775	·036	0·4367	·061	0·8162	·038	0·9472	·013	1·0	0·000
0·0527	·012	0·1837	·037	0·5632	·062	0·8224	·037	0·9516	·012	p	B_4
0·0572	·013	0·1901	·038	0·5894	·061	0·8286	·036	0·9560	·011	0·0	0·000
0·0618	·014	0·1966	·039	0·6095	·060	0·8346	·035	0·9604	·010	0·1	+0·004
0·0664	·015	0·2033	·040	0·6264	·059	0·8405	·034	0·9647	·009	0·2	+0·007
0·0710	·016	0·2101	·041	0·6414	·058	0·8464	·033	0·9690	·008	0·3	+0·010
0·0757	·017	0·2171	·042	0·6549	·057	0·8521	·032	0·9732	·007	0·4	+0·011
0·0804	·018	0·2243	·043	0·6673	·056	0·8577	·031	0·9774	·006		
0·0852	·019	0·2316	·044	0·6788	·055	0·8633	·030	0·9816	·005	0·5	+0·012
0·0901	·020	0·2392	·045	0·6897	·054	0·8687	·029	0·9857	·004		
0·0950	·021	0·2470	·046	0·7000	·053	0·8741	·028	0·9898	·003	0·6	+0·011
0·1000	·022	0·2550	·047	0·7097	·052	0·8794	·027	0·9939	·002	0·7	+0·010
0·1050	·023	0·2633	·048	0·7190	·051	0·8847	·026	0·9979	·001	0·8	+0·007
0·1101	·024	0·2719	·049	0·7280	·050	0·8898	·025	1·0000	·000	0·9	+0·004
										1·0	0·000

In critical cases ascend. B_2 is always negative.

Polynomial representations

It is sometimes convenient to construct a simple polynomial representation of the form

$$f_p = a_0 + a_1\,p + a_2\,p^2 + a_3\,p^3 + a_4\,p^4 + \cdots$$

which may be evaluated in the nested form

$$f_p = (((a_4\,p + a_3)\,p + a_2)\,p + a_1)\,p + a_0$$

Expressions for the coefficients a_0, a_1, ... may be obtained from Stirling's interpolation formula, neglecting fifth-order differences:

$$a_4 = \delta_0^4/24 \qquad a_2 = \delta_0^2/2 - a_4 \qquad a_0 = f_0$$
$$a_3 = (\delta_{1/2}^3 + \delta_{-1/2}^3)/12 \qquad a_1 = (\delta_{1/2} + \delta_{-1/2})/2 - a_3$$

This is suitable for use in the range $-\tfrac{1}{2} \le p \le +\tfrac{1}{2}$, and it may be adequate in the range $-2 \le p \le 2$, but it should not normally be used outside this range. Techniques are available in the literature for obtaining polynomial representations which give smaller errors over similar or larger intervals. The coefficients may be expressed in terms of function values rather than differences.

Examples

To find (a) the declination of the Sun at $16^h\ 23^m\ 14^s\!\!.8$ TT on 1984 January 19, (b) the right ascension of Mercury at $17^h\ 21^m\ 16^s\!\!.8$ TT on 1984 January 8, and (c) the time on 1984 January 8 when Mercury's right ascension is exactly $18^h\ 04^m$.

Difference tables for the Sun and Mercury are constructed as shown below, where the differences are in units of the end figures of the function. Second-order differences are sufficient for the Sun, but fourth-order differences are required for Mercury.

	Sun					Mercury			
Jan.	Dec.	δ	δ^2		Jan.	R.A.	δ	δ^2	δ^3 δ^4
	o ′ ″					h m s			
18	−20 44 48·3				6	18 10 10·12			
		+7212					−18709		
19	−20 32 47·1		+233		7	18 07 03·03		+4299	
		+7445					−14410	−16	
20	−20 20 22·6		+230		8	18 04 38·93		+4283	−104
		+7675					−10127	−120	
21	−20 07 35·1				9	18 02 57·66		+4163	−76
							−5964	−196	
					10	18 01 58·02		+3967	
							−1997		
					11	18 01 38·05			

(a) *Use of Bessel's formula*

The tabular interval is one day, hence the interpolating factor is 0·68281. From the critical table, $B_2 = -0.054$, and

$$f_p = -20°\ 32'\ 47''\!\!.1 + 0·68281\,(+744''\!\!.5) - 0·054\,(+23''\!\!.3 + 23''\!\!.0)$$
$$= -20°\ 24'\ 21''\!\!.2$$

(b) *Use of polynomial formula*

Using the polynomial method, the coefficients are:

$$a_4 = -1^s\!\!.04/24 = -0^s\!\!.043 \qquad\qquad a_1 = (-101^s\!\!.27 - 144^s\!\!.10)/2 + 0^s\!\!.113 = -122^s\!\!.572$$
$$a_3 = (-1^s\!\!.20 - 0^s\!\!.16)/12 = -0^s\!\!.113 \qquad a_0 = 18^h + 278^s\!\!.93$$
$$a_2 = +42^s\!\!.83/2 + 0^s\!\!.043 = +21^s\!\!.458$$

where an extra decimal place has been kept as a guarding figure. Then with interpolating factor $p = 0·72311$

$$f_p = 18^h + 278^s\!\!.93 - 122^s\!\!.572\,p + 21^s\!\!.458\,p^2 - 0^s\!\!.113\,p^3 - 0^s\!\!.043\,p^4$$
$$= 18^h\ 03^m\ 21^s\!\!.46$$

(c) *Inverse interpolation*

Since $f_p = 18^h\ 04^m$ the first estimate for p is:

$$p_1 = (18^h\ 04^m - 18^h\ 04^m\ 38^s\!\!.93)/(-101^s\!\!.27) = 0·38442$$

From the critical table, with $p = 0·3844$, $B_2 = -0.059$. Also

$$(\delta_0^2 + \delta_1^2)/\delta_{1/2} = (+42·83 + 41·63)/(-101·27) = -0·834$$

The second approximation to p is:

$$p = 0·38442 + 0·059\,(-0·834) = 0·33521 \quad \text{which gives } t = 8^h\ 02^m\ 42^s;$$

as a check, using the polynomial found in (b) with $p = 0·33521$ gives

$$f_p = 18^h\ 04^m\ 00^s\!\!.25.$$

The next approximation is $B_2 = -0.056$ and $p = 0·38442 + 0·056(-0·834) = 0·33772$ which gives $t = 8^h\ 06^m\ 19^s$: using the polynomial in (b) with $p = 0·33772$ gives

$$f_p = 18^h\ 03^m\ 59^s\!\!.98.$$

Subtabulation

Coefficients for use in the systematic interpolation of an ephemeris to a smaller interval are given in the following table for certain values of the ratio of the two intervals. The table is entered for each of the appropriate multiples of this ratio to give the corresponding decimal value of the interpolating factor p and the Bessel coefficients. The values of p are exact or recurring decimal numbers. The values of the coefficients may be rounded to suit the maximum number of figures in the differences.

BESSEL COEFFICIENTS FOR SUBTABULATION

Ratio of intervals — Bessel Coefficients

$\frac{1}{2}$	$\frac{1}{3}$	$\frac{1}{4}$	$\frac{1}{5}$	$\frac{1}{6}$	$\frac{1}{8}$	$\frac{1}{10}$	$\frac{1}{12}$	$\frac{1}{20}$	$\frac{1}{24}$	$\frac{1}{40}$	p	B_2	B_3	B_4
										1	0.025	−0.006094	0.00193	0.0010
									1		0.0416	−0.009983	0.00305	0.0017
								1		2	0.050	−0.011875	0.00356	0.0020
										3	0.075	−0.017344	0.00491	0.0030
							1		2		0.0833	−0.019097	0.00530	0.0033
						1		2		4	0.100	−0.022500	0.00600	0.0039
					1				3	5	0.125	−0.027344	0.00684	0.0048
								3		6	0.150	−0.031875	0.00744	0.0057
				1			2		4		0.1666	−0.034722	0.00772	0.0062
										7	0.175	−0.036094	0.00782	0.0064
			1			2		4		8	0.200	−0.040000	0.00800	0.0072
									5		0.2083	−0.041233	0.00802	0.0074
										9	0.225	−0.043594	0.00799	0.0079
		1			2		3	5	6	10	0.250	−0.046875	0.00781	0.0085
										11	0.275	−0.049844	0.00748	0.0091
									7		0.2916	−0.051649	0.00717	0.0095
						3		6		12	0.300	−0.052500	0.00700	0.0097
										13	0.325	−0.054844	0.00640	0.0101
	1			2			4		8		0.3333	−0.055556	0.00617	0.0103
								7		14	0.350	−0.056875	0.00569	0.0106
					3				9	15	0.375	−0.058594	0.00488	0.0109
			2			4		8		16	0.400	−0.060000	0.00400	0.0112
							5		10		0.4166	−0.060764	0.00338	0.0114
										17	0.425	−0.061094	0.00305	0.0114
								9		18	0.450	−0.061875	0.00206	0.0116
									11		0.4583	−0.062066	0.00172	0.0116
										19	0.475	−0.062344	0.00104	0.0117
1		2		3	4	5	6	10	12	20	0.500	−0.062500	0.00000	0.0117
										21	0.525	−0.062344	−0.00104	0.0117
									13		0.5416	−0.062066	−0.00172	0.0116
								11		22	0.550	−0.061875	−0.00206	0.0116
										23	0.575	−0.061094	−0.00305	0.0114
							7		14		0.5833	−0.060764	−0.00338	0.0114
			3			6		12		24	0.600	−0.060000	−0.00400	0.0112
					5				15	25	0.625	−0.058594	−0.00488	0.0109
								13		26	0.650	−0.056875	−0.00569	0.0106
	2			4			8		16		0.6666	−0.055556	−0.00617	0.0103
										27	0.675	−0.054844	−0.00640	0.0101
						7		14		28	0.700	−0.052500	−0.00700	0.0097
									17		0.7083	−0.051649	−0.00717	0.0095
										29	0.725	−0.049844	−0.00748	0.0091
		3			6		9	15	18	30	0.750	−0.046875	−0.00781	0.0085
										31	0.775	−0.043594	−0.00799	0.0079
									19		0.7916	−0.041233	−0.00802	0.0074
			4			8		16		32	0.800	−0.040000	−0.00800	0.0072
										33	0.825	−0.036094	−0.00782	0.0064
				5			10		20		0.8333	−0.034722	−0.00772	0.0062
								17		34	0.850	−0.031875	−0.00744	0.0057
					7				21	35	0.875	−0.027344	−0.00684	0.0048
						9		18		36	0.900	−0.022500	−0.00600	0.0039
							11		22		0.9166	−0.019097	−0.00530	0.0033
										37	0.925	−0.017344	−0.00491	0.0030
								19		38	0.950	−0.011875	−0.00356	0.0020
									23		0.9583	−0.009983	−0.00305	0.0017
										39	0.975	−0.006094	−0.00193	0.0010

The following are some useful formulae involving vectors and matrices.

Position vectors

Positions or directions on the sky can be represented as column vectors in a specific celestial coordinate system with components that are Cartesian (rectangular) coordinates. The relationship between a position vector $\mathbf{r}$ its three components r_x, r_y, r_z, and its right ascension (α), declination (δ) and distance (d) from the specified origin have the general form

$$\mathbf{r} = \begin{bmatrix} r_x \\ r_y \\ r_z \end{bmatrix} = \begin{bmatrix} d \cos\alpha \cos\delta \\ d \sin\alpha \cos\delta \\ d \sin\delta \end{bmatrix} \quad \text{and} \quad \begin{aligned} \alpha &= \tan^{-1}\left(r_y/r_x\right) \\ \delta &= \tan^{-1} r_z/\sqrt{(r_x^2 + r_y^2)} \\ d &= |\mathbf{r}| = \sqrt{(r_x^2 + r_y^2 + r_z^2)} \end{aligned}$$

where α is measured counterclockwise as viewed from the positive side of the z-axis. A two-argument arctangent function (e.g., atan2) will return the correct quadrant for α if r_y and r_x are provided separately. The above is written in terms of equatorial coordinates (α, δ), however they are also valid, for example, for ecliptic longitude and latitude (λ, β) and geocentric (but not geodetic) longitude and latitude (λ, ϕ').

Unit vectors are often used; the unit vector $\hat{\mathbf{r}}$ is a vector with distance (magnitude) equal to one, and may be calculated thus;

$$\hat{\mathbf{r}} = \frac{\mathbf{r}}{|\mathbf{r}|}$$

For stars and other objects "at infinity" (beyond the solar system), d is often set to 1.

Vector dot and cross products

The dot or scalar product ($\mathbf{r}_1 \cdot \mathbf{r}_2$) of two vectors $\mathbf{r}_1$ and $\mathbf{r}_2$ is the sum of the products of their corresponding components in the same Cartesian coordinate system, thus

$$\mathbf{r}_1 \cdot \mathbf{r}_2 = x_1 x_2 + y_1 y_2 + z_1 z_2$$

The angle (θ) between two unit vectors $\hat{\mathbf{r}}_1$ and $\hat{\mathbf{r}}_2$ is given by

$$\hat{\mathbf{r}}_1 \cdot \hat{\mathbf{r}}_2 = \cos\theta$$

Note, also, that the magnitude (d) of $\mathbf{r}$ is given by

$$d = |\mathbf{r}| = \sqrt{(\mathbf{r} \cdot \mathbf{r})} = \sqrt{r_x^2 + r_y^2 + r_z^2}$$

The cross or vector product ($\mathbf{r}_1 \times \mathbf{r}_2$) of two vectors $\mathbf{r}_1$ and $\mathbf{r}_2$ is a vector that is perpendicular to the plane containing both $\mathbf{r}_1$ and $\mathbf{r}_2$ in the direction given by a right-handed screw, and

$$\mathbf{r}_1 \times \mathbf{r}_2 = \begin{bmatrix} y_1 z_2 - y_2 z_1 \\ x_2 z_1 - x_1 z_2 \\ x_1 y_2 - x_2 y_1 \end{bmatrix}$$

where $\mathbf{r}_1$ and $\mathbf{r}_2$ have column vectors (x_1, y_1, z_1) and (x_2, y_2, z_2), respectively. A cross product is not commutative since

$$\mathbf{r}_1 \times \mathbf{r}_2 = -\mathbf{r}_2 \times \mathbf{r}_1$$

The magnitude of the cross product of two unit vectors is the sine of the angle between them

$$|\hat{\mathbf{r}}_1 \times \hat{\mathbf{r}}_2| = \sin\theta \quad \text{and} \quad 0 \leq \theta \leq \pi$$

The vector triple product

$$(\mathbf{r}_1 \times \mathbf{r}_2) \times \mathbf{r}_3 = (\mathbf{r}_1 \cdot \mathbf{r}_3)\, \mathbf{r}_2 - (\mathbf{r}_2 \cdot \mathbf{r}_3)\, \mathbf{r}_1$$

is a vector in the same plane as $\mathbf{r}_1$ and $\mathbf{r}_2$. Note the position of the brackets. The latter is used on page B67 in step 3 where $\mathbf{r}_1 = \mathbf{q}$, $\mathbf{r}_2 = \mathbf{e}$ and $\mathbf{r}_3 = \mathbf{p}$.

Matrices and matrix multiplication

The general form of a 3×3 matrix $\mathbf{M}$ used with 3-vectors is usually specified

$$\mathbf{M} = \begin{bmatrix} m_{11} & m_{12} & m_{13} \\ m_{21} & m_{22} & m_{23} \\ m_{31} & m_{32} & m_{33} \end{bmatrix}$$

If each element of $\mathbf{M}$ (m_{ij}) is the result of multiplying matrices $\mathbf{A}$ and $\mathbf{B}$, i.e. $\mathbf{M} = \mathbf{A}\,\mathbf{B}$, then $\mathbf{M}$ is calculated from

$$m_{ij} = \sum_{k=1}^{3} a_{ik}\, b_{kj} \qquad \text{thus} \qquad \mathbf{M} = \begin{bmatrix} \sum a_{1k}\, b_{k1} & \sum a_{1k}\, b_{k2} & \sum a_{1k}\, b_{k3} \\ \sum a_{2k}\, b_{k1} & \sum a_{2k}\, b_{k2} & \sum a_{2k}\, b_{k3} \\ \sum a_{3k}\, b_{k1} & \sum a_{3k}\, b_{k2} & \sum a_{3k}\, b_{k3} \end{bmatrix}$$

where $i = 1, 2, 3$, $j = 1, 2, 3$ and k is summed from 1 to 3. Note that matrix multiplication is associative, i.e. $\mathbf{A}\,(\mathbf{B}\,\mathbf{C}) = (\mathbf{A}\,\mathbf{B})\,\mathbf{C}$, but it is **not** commutative i.e. $\mathbf{A}\,\mathbf{B} \neq \mathbf{B}\,\mathbf{A}$.

Rotation matrices

The rotation matrix $\mathbf{R}_n(\phi)$, for $n = 1, 2$ and 3 transforms column 3-vectors from one Cartesian coordinate system to another. The final system is formed by rotating the original system about its own n^{th}-axis (i.e. the x, y, or z-axis) by the angle ϕ, counterclockwise as viewed from the $+x$, $+y$ or $+z$ direction, respectively.

The two columns below give $\mathbf{R}_n(\phi)$ and its inverse $\mathbf{R}_n^{-1}(\phi)$ (see below), respectively,

$$\mathbf{R}_1(\phi) = \begin{bmatrix} 1 & 0 & 0 \\ 0 & \cos\phi & \sin\phi \\ 0 & -\sin\phi & \cos\phi \end{bmatrix} \qquad \mathbf{R}_1^{-1}(\phi) = \begin{bmatrix} 1 & 0 & 0 \\ 0 & \cos\phi & -\sin\phi \\ 0 & \sin\phi & \cos\phi \end{bmatrix}$$

$$\mathbf{R}_2(\phi) = \begin{bmatrix} \cos\phi & 0 & -\sin\phi \\ 0 & 1 & 0 \\ \sin\phi & 0 & \cos\phi \end{bmatrix} \qquad \mathbf{R}_2^{-1}(\phi) = \begin{bmatrix} \cos\phi & 0 & \sin\phi \\ 0 & 1 & 0 \\ -\sin\phi & 0 & \cos\phi \end{bmatrix}$$

$$\mathbf{R}_3(\phi) = \begin{bmatrix} \cos\phi & \sin\phi & 0 \\ -\sin\phi & \cos\phi & 0 \\ 0 & 0 & 1 \end{bmatrix} \qquad \mathbf{R}_3^{-1}(\phi) = \begin{bmatrix} \cos\phi & -\sin\phi & 0 \\ \sin\phi & \cos\phi & 0 \\ 0 & 0 & 1 \end{bmatrix}$$

Generally, a rotation matrix $\mathbf{R}$ is a matrix formed from products of the above rotational matrices $\mathbf{R}_n(\phi)$ that implements a transformation from one Cartesian coordinate system to another, the two systems sharing a common origin. Any such matrix is orthogonal; that is, the transpose $\mathbf{R}^T$ (where rows are replaced by columns) equals the inverse, $\mathbf{R}^{-1}$. Therefore

$$\mathbf{R}^T\,\mathbf{R} = \mathbf{R}^{-1}\,\mathbf{R} = \mathbf{I}$$

where $\mathbf{I}$ is the unit (identity) matrix. Sometimes $\mathbf{R}^T$ is denoted $\mathbf{R}'$. It is also worth noting the following relationships

$$\mathbf{R}_n^{-1}(\phi) = \mathbf{R}_n^T(\phi) = \mathbf{R}_n(-\phi)$$

which is shown in the right-hand column above. The initial and final Cartesian coordinate systems are right handed ($\hat{\mathbf{e}}_x \times \hat{\mathbf{e}}_y = \hat{\mathbf{e}}_z$), where $\hat{\mathbf{e}}_n$ are the unit vectors along the axes. Matrices interconnecting such systems have their determinant equal to $+1$ and are called *proper orthogonal matrices* or *proper rotation matrices*. Such a matrix can always be represented as a product of three matrices of the types $\mathbf{R}_n(\phi)$.

Example: The transformation between a geocentric position with respect to the Geocentric Celestial Reference System $\mathbf{r}_{\text{GCRS}}$ and a position with respect to the true equator and equinox of date $\mathbf{r}_t$, and vice versa, is given by:

$$\mathbf{r}_t = \mathbf{N}\,\mathbf{P}\,\mathbf{B}\,\mathbf{r}_{\text{GCRS}}$$

$$\mathbf{B}^{-1}\mathbf{P}^{-1}\mathbf{N}^{-1}\mathbf{r}_t = \mathbf{B}^{-1}\,[\mathbf{P}^{-1}\,(\mathbf{N}^{-1}\mathbf{N})\,\mathbf{P}]\,\mathbf{B}\,\mathbf{r}_{\text{GCRS}}$$

Rearranging gives $\qquad \mathbf{r}_{\text{GCRS}} = \mathbf{B}^{-1}\,\mathbf{P}^{-1}\,\mathbf{N}^{-1}\,\mathbf{r}_t = \mathbf{B}^T\,\mathbf{P}^T\,\mathbf{N}^T\,\mathbf{r}_t$

where $\mathbf{B}$, $\mathbf{P}$ and $\mathbf{N}$ are the frame bias, precession and nutation matrices, respectively, and are all proper rotation matrices. Note that the order the transformations are applied is crucial.

CONTENTS OF SECTION L

This section specifies the sources for the theories and data used to construct the ephemerides in this volume, explains the basic concepts required to use the ephemerides, and where appropriate states the precise meaning of tabulated quantities. Definitions of individual terms appear in the Glossary (Section M). The *Explanatory Supplement to the Astronomical Almanac* (Urban and Seidelmann, 2012) contains additional information about the theories and data used.

The companion website *The Astronomical Almanac Online* provides, in machine-readable form, some of the information printed in this volume as well as closely related data. Two mirrored sites are maintained. The URL [1] for the website in the United States is https://aa.usno.navy.mil/publications/asa.thml and in the United Kingdom is https://asa.hmnao.com. The symbol ^{www} is used throughout this edition to indicate that additional material can be found on *The Astronomical Almanac Online*.

To the greatest extent possible, *The Astronomical Almanac* is prepared using standard data sources and models recommended by the International Astronomical Union (IAU). The data prepared in the United States rely heavily on the US Naval Observatory's NOVAS software package [2]. Data prepared in the United Kingdom utilize the IAU Standards of Fundamental Astronomy (SOFA) library [3]. Although NOVAS and SOFA were written independently, the underlying scientific bases are the same. Resulting computations typically are in agreement at the microarcsecond level.

Fundamental Reference System

The fundamental reference system for astronomical applications is the International Celestial Reference System (ICRS), as adopted by the IAU General Assembly (GA) in 1997 (Resolution B2, IAU, 1999). At the same time, the IAU specified that the practical realization of the ICRS in the radio regime is the International Celestial Reference Frame (ICRF), a space-fixed frame based on high accuracy radio positions of extragalactic sources measured by Very Long Baseline Interferometry (VLBI); see Ma et al. (1998). Beginning in 2019, the ICRS is realized in the radio by the ICRF3 catalog (Gordon, 2018); also available at [4]. The ICRS is realized in the optical regime by the Hipparcos Celestial Reference Frame (HCRF), consisting of the *Hipparcos Catalogue* (ESA, 1997) with certain exclusions (Resolution B1.2, IAU, 2001). Although the directions of the ICRS coordinate axes are not defined by the kinematics of the Earth, the ICRS axes (as implemented by the ICRF and HCRF) closely approximate the axes that would be defined by the mean Earth equator and equinox of J2000.0 (to within 0.1 arcsecond).

In 2000, the IAU defined a system of space-time coordinates for the solar system, and the Earth, within the framework of General Relativity, by specifying the form of the metric tensors for each and the 4-dimensional space-time transformation between them. The former is called the Barycentric Celestial Reference System (BCRS), and the latter, the Geocentric Celestial Reference System (GCRS) (Resolution B1.3, *op.cit.*). The ICRS can be considered a specific implementation of the BCRS; the ICRS defines the spatial axis directions of the BCRS. The GCRS axis directions are derived from those of the BCRS (ICRS); the GCRS can be considered to be the "geocentric ICRS," and the coordinates of stars and planets in the GCRS are obtained from basic ICRS reference data by applying the algorithms for proper place (*e.g.*, for stars, correcting the ICRS-based catalog position for proper motion, parallax, gravitational deflection of light, and aberration).

Precession and Nutation Models

The IAU Resolution B1 adopts the IAU 2006 precession theory (Capitaine et al., 2003) recommended by the Working Group on Precession and the Ecliptic (Hilton et al., 2006) and the IAU 2000A nutation theory (IAU 2000 Resolution B1.6) based on the transfer functions of Matthews et al. (2002), MHB2000. However, at the highest precision (μas), implementing these precession and nutation theories will not agree with the combined precession-nutation approach using the X,Y of the CIP as implemented by the IERS Conventions (IERS, 2010, Chapter 5, and the updates at [5]). This is due to some very small adjustments that are needed in a few of the IAU 2000A nutation amplitudes in order to ensure compatibility with the IAU 2006 values for ϵ_0 and the J_2 rate (see IERS (2010), 5.6.3).

Sections C, E, F use IAU 2000A nutation without the adjustments (see USNO Circular 179, Kaplan (2005) available at [6]) and Sections A, B, D and G use IAU SOFA software, which includes the adjustments. Note that these adjustments are well below the precision printed. These IAU recommendations have been implemented into this almanac since the 2009 edition.

Section B describes the transformation (rotations for precession and nutation) from the GCRS to the "of date" system. This includes the offsets of the ICRS axes from the axes of the dynamical system (mean equator and equinox of J2000.0, termed frame bias). Users are reminded that both variants of formulation, with and without frame bias, are often given, and the difference matters.

Timescales

Two fundamentally different types of time scales are used in astronomy: coordinate timescales such as International Atomic Time (TAI), Terrestrial Time (TT), and Barycentric Dynamical Time (TDB), and those based on the rotation of the Earth such as Universal Time (UT) and sidereal time.

A coordinate timescale is one associated with a coordinate system. To be of use, a coordinate timescale must be related to the proper time of an actual clock. This connection is made from the proper times of an ensemble of atomic clocks on the geoid, through a relativistic transformation, to define the TAI coordinate timescale. The realization of TAI is the responsibility of the Bureau International de Poids et Mesures (BIPM).

The Earth is subject to external torques and changes to its internal structure. Thus, the Earth's rotation rate varies with time. And those timescales, such as UT, that are based on the Earth's rotation do not have a fixed relationship to coordinate timescales.

The fundamental unit of time in a coordinate time scale is the SI second defined as 9 192 631 770 cycles of the radiation corresponding to the ground state hyperfine transition of Cesium 133. As a simple count of cycles of an observable phenomenon, the SI second can be implemented, at least in principle, by an observer anywhere. According to relativity theory, clocks advancing by SI seconds according to a co-moving observer (*i.e.*, an observer moving with the clock) may not, in general, appear to advance by SI seconds to an observer on a different space-time trajectory from that of the clock. Thus, a coordinate time scale defined for use in a particular reference system is related to the coordinate time scale defined for a second reference system by a rather complex formula that depends on the relative space-time trajectories of the two reference systems. Simply stated, different astronomical reference systems use different time scales. However, the universal use of SI units allows the values of fundamental physical constants determined in one reference system to be used in another reference system without scaling.

The IAU has recommended relativistic coordinate time scales based on the SI second for theoretical developments using the Barycentric Celestial Reference System or the Geocentric Celestial Reference System. These time scales are, respectively, Barycentric Coordinate Time (TCB) and Geocentric Coordinate Time (TCG). Neither TCB nor TCG appear explicitly in this volume (except here and in the Glossary), but may underlie the physical theories that contribute to the data, and are likely to be more widely used in the future. International Atomic Time (TAI) is a commonly used time scale with a mean rate equal, to a high level of accuracy, to the mean rate of the proper time of an observer situated on the Earth's surface (the rotating geoid). TAI is the most precisely determined time scale that is now available for astronomical use. This scale results from analyses, by the BIPM in Sèvres, France, of data from atomic time standards of many countries. Although TAI was not officially introduced until 1972, atomic time scales have been available since 1956, and TAI may be extrapolated backwards to the period 1956–1971 (for a history of TAI, see Nelson et al. (2001)). TAI is readily available as an integral number of seconds offset from UTC, which is extensively disseminated. UTC is discussed at the end of this section.

The astronomical time scale called Terrestrial Time (TT), used widely in this volume, is an idealized form of TAI with an epoch offset. In practice it is TT = TAI + $32^s.184$. TT was so defined to preserve continuity with previously used (now obsolete) "dynamical" time scales, Terrestrial Dynamical Time (TDT) and Ephemeris Time (ET).

Barycentric Dynamical Time (TDB, defined by the IAU in 1976 and 1979 and modified in 2006 by Resolution B3) is defined such that it is linearly related to TCB and, at the geocenter, remains close to TT. Barycentric and heliocentric data are therefore often tabulated with TDB shown as the time argument. Values of parameters involving TDB (see pages K6–K7), which are not based on the SI second, will, in general, require scaling to convert them to SI-based values (dimensionless quantities such as mass ratios are unaffected).

The coordinate time scale TDB is used as the independent argument of various fundamental solar system ephemerides. In particular, it is the coordinate time scale of the Jet Propulsion Laboratory (JPL) ephemerides DE430/LE430. Previous JPL ephemerides, *e.g.* DE405/LE405 used the coordinate time scale T_{eph} (see Glossary). The DE430/LE430 ephemerides are the basis for many of the tabulations in this volume (see the Ephemerides Section on page L5). They were computed in the barycentric reference system. The linear drift between TDB and TCB (by about 10^{-8}) is such that the rates of TDB and TT are as close as possible for the time span covered by the particular ephemeris (Resolution B3, IAU, 2008).

The second group of time scales, which are also used in this volume, are based on the (variable) rotation of the Earth. In 2000, the IAU (Resolution B1.8, IAU, 2001) defined UT1 (Universal Time) to be linearly proportional to the Earth rotation angle (ERA) (see page B8), which is the geocentric angle between two directions in the equatorial plane called, respectively, the celestial intermediate origin (CIO) and the terrestrial intermediate origin (TIO). The TIO rotates with the Earth, while the motion of the CIO has no component of instantaneous motion along the celestial equator, thus ERA is a direct measure of the Earth's rotation.

Greenwich sidereal time is the hour angle of the equinox measured with respect to the Greenwich meridian. Local sidereal time is the local hour angle of the equinox, or the Greenwich sidereal time plus the longitude (east positive) of the observer, expressed in time units. Sidereal time appears in two forms, apparent and mean, the difference being the *equation of the equinoxes*; apparent sidereal time includes the effect of nutation on the location of the equinox. Greenwich (or local) sidereal time can be observationally obtained from the equinox-based right ascensions of celestial objects transiting the Greenwich (or local) meridian. The current form of the expression for Greenwich mean sidereal time (GMST) in terms of ERA (which is a function of UT1) and the accumulated precession in right ascension (which is a function of TDB or TT), was first adopted for the 2006 edition of the almanac. The current expression for GMST is given on page B8.

Universal Time (formerly Greenwich Mean Time) is widely used in astronomy, and in this volume always means UT1. Historically, prior to the 2006 edition of *The Astronomical Almanac*, which implemented the IAU resolutions adopted in 2000, UT1 as a function of GMST was specified by IAU Resolution C5 (IAU, 1983) adopted from Aoki et al. (1982). For the 2006-2008 editions of the almanac, consistent with IAU 2000A precession-nutation, the expression is given by Capitaine, Wallace, and McCarthy (2003). Beginning with the 2009 edition, which implemented the IAU resolutions from 2006, the expression for UT1 in terms of GMST (consistent with the IAU 2006 precession) is given in Capitaine et al. (2005). No discontinuities in any time scale resulted from any of the changes in the definition of UT1.

UT1 and sidereal time are affected by variations in the Earth's rate of rotation (length of day), which are unpredictable. The lengths of the sidereal and UT1 seconds are therefore not constant when expressed in a uniform time scale such as TT. The accumulated difference in time measured by a clock keeping SI seconds on the geoid from that measured by the rotation of the Earth is $\Delta T = $ TT $-$ UT1. In preparing this volume, an assumption had to be made about the value(s) of ΔT during the tabular year; a table of observed and extrapolated values of ΔT is given on page K9. Occasionally, the unpredictability of the variation in the Earth's rotation rate may lead to a difference between the value used to produce *The Astronomical Almanac* and the extrapolated values of ΔT on page K9. A value of 71 s was predicted at the time ΔT for the 2021 edition was chosen. A recent reduction in the rate of change of the Earth's rotation gives an extrapolated value of 70 s for ΔT out through at least 2024 however. Aside from the circumstances of solar eclipses, the error arising from this difference in the value of ΔT is minuscule here. Calculations of positions relative to the terrestrial frame, such as precise transit times and hour angles, are often referred to the *ephemeris meridian*, which is $1.002\,738\,\Delta T$ east of the Greenwich meridian, and thus independent of the Earth's actual rotation. Only when ΔT is specified can such predictions be referred to the Greenwich meridian. Essentially, the ephemeris meridian rotates at a uniform rate corresponding to the SI second on the geoid, rather than at the variable (and generally slower) rate of the real Earth.

The worldwide system of civil time is based on Coordinated Universal Time (UTC), which is now ubiquitous and tightly synchronized. UTC is a hybrid time scale, using the SI second on the geoid as its fundamental unit, but subject to occasional 1-second adjustments to keep it within $0\overset{s}{.}9$ of UT1. Such adjustments, called "leap seconds," are normally introduced at the end of June or December, when necessary, by international agreement. Tables of the differences UT1 $-$ UTC, called ΔUT made available by the International Earth Rotation and Reference System Service's *Bulletin B*. DUT1, an approximation to UT1 $-$ UTC, is transmitted in code with some radio time signals, such as those from WWV. As previously noted, UTC and TAI differ by an integral number of seconds, which increases by 1 whenever a positive leap second is introduced into UTC. Only positive leap seconds have ever been introduced. The TAI $-$ UTC difference is referred to as ΔAT, tabulated on page K9. Therefore TAI $=$ UTC $+ \Delta$AT and TT $=$ UTC $+ \Delta$AT $+ 32\overset{s}{.}184$.

From 2016, in order to provide UT1 directly via a time server rather than only UTC, the Time and Frequency Division of the US National Institute of Standards and Technology (NIST) transmits UT1 time in the Network Time Protocol format [7]. The time difference between UT1 and UTC is updated every day at 0^{h}UTC from IERS Bulletin A. The accuracy of UT1(NIST) at the server is approximately 4 ms, and is determined by the uncertainty in the prediction of the difference UT1-UTC. The accuracy of the time received by a user will usually be further limited by the stability of the network delay from the user's system to the time server.

In many astronomical applications multiple time scales must be used. In the astronomical system of units, the unit of time is the day of 86400 seconds. For long periods, however, the Julian century of 36525 days is used. With the increasing precision of various quantities it is now often necessary not only to specify the date but also the time scale. Thus the standard epoch for astrometric reference data designated J2000.0 is 2000 January 1, 12^{h} TT (JD 245 1545.0 TT). The use of time scales based on the tropical year and Besselian epochs was discontinued in 1984. Other information on time scales and the relationships between them may be found on pages B6–B12.

Ephemerides

The fundamental ephemerides of the Sun, Moon, and major planets were calculated by numerical integration at the Jet Propulsion Laboratory (JPL). These ephemerides, designated DE430/LE430, provide barycentric equatorial rectangular coordinates for the period JD2287184.5 (1549 Dec. 21.0) through JD2688976.5 (2650 Jan. 25.0) (Folkner et al., 2014). *The Astronomical Almanac* for 2015 was the first edition that used the DE430/LE430 ephemerides; the volumes for 2003 through 2014 used the ephemerides designated DE405/LE405 (Standish, 1998). Optical, radar, laser, and space-craft observations were analyzed to determine starting conditions for the numerical integration and values of fundamental constants such as the planetary masses and the length of the astronomical unit in meters. The reference frame for the basic ephemerides is the ICRF; the alignment onto this frame has an estimated accuracy of $1 - 2$ milliarcseconds. As described above, the JPL DE430/LE430 ephemerides have been developed in a barycentric reference system using a barycentric coordinate time scale TDB.

The geocentric ephemerides of the Sun, Moon, and planets tabulated in this volume have been computed from the basic JPL ephemerides in a manner consistent with the rigorous reductionmeth-ods presented in Section B. For each planet, the ephemerides represent the position of the center of mass, which includes any satellites, not the center of figure or center of light. The precession-nutation model used in the computation of geocentric positions follows the IAU resolutions adopted in 2000 and 2006; see the Precession and Nutation Models section above.

Section A: Summary of Principal Phenomena

In 2006, the IAU agreed on resolution 5B, which provides the definition for "planet" and also introduces the new class of "dwarf planets". Following those resolutions, only eight solar system objects – Mercury, Venus, Earth, Mars, Jupiter, Saturn, Uranus and Neptune – classify as planets. Along with Pluto, Ceres is now in the new class of dwarf planets.

The lunations given on page A1 are numbered in continuation of E.W. Brown's series, of which No. 1 commenced on 1923 January 16 (Brown, 1933).

The list of occultations of planets and bright stars by the Moon starting on page A2 gives the approximate times and areas of visibility for the planets, the dwarf planets Ceres and Pluto, the minor planets Pallas, Juno and Vesta, and the five bright stars *Aldebaran*, *Antares*, *Regulus*, *Pollux* and *Spica*. However, due primarily to precession, it is known that *Pollux* has not, nor will be, occulted by the Moon for hundreds of years. Maps of the area of visibility of these occultations and for the minor planets published in Section G are available on *The Astronomical Almanac Online*. IOTA, the International Occultation Timing Association [8], is responsible for the predictions and reductions of timings of lunar occultations of stars by the Moon.

Times tabulated on page A3 for the stationary points of the planets are the instants at which the planet is stationary in apparent geocentric right ascension; but for elongations of the planets from the Sun, the tabular times are for the geometric configurations. From inferior conjunction to superior conjunction for Mercury or Venus, or from conjunction to opposition for a superior planet, the elongation from the Sun is west; from superior to inferior conjunction, or from opposition to conjunction, the elongation is east. Because planetary orbits do not lie exactly in the ecliptic plane, elongation passages from west to east or from east to west do not in general coincide with oppositions and conjunctions. For the selected dwarf planets Pluto and Ceres and minor planets Pallas, Juno and Vesta conjunctions, oppositions and stationary points are tabulated at the bottom of page A4 while their magnitudes, every 40 days, are given on page A5.

Dates of heliocentric phenomena are given on page A3. Since they are determined from the actual perturbed motion, these dates generally differ from dates obtained by using the elements of the mean orbit. The date on which the radius vector is a minimum may differ considerably from the date on which the heliocentric longitude of a planet is equal to the longitude of perihelion of the mean orbit. Similarly, when the heliocentric latitude of a planet is zero, the heliocentric longitude may not equal the longitude of the mean node.

The magnitudes and elongations of the planets are tabulated on pages A4–A5. For Mercury and Venus (page A4) they are tabulated every 5 days and the expressions for the magnitudes are given by Mallama and Hilton (2018). Magnitudes are not tabulated for a few dates around inferior and superior conjunction. In terms of the phase angle (ϕ) magnitudes are given for Mercury when $2°1 < \phi < 169°5$, and for Venus when $2°2 < \phi < 179°0$. For the other planets (page A5), the elongations and magnitudes are given every 10 days. These magnitude expressions are due to Mallama and Hilton *op. cit.* Daily tabulations are given in Section E.

Configurations of the Sun, Moon and planets (pages A9–A11) are a chronological listing, with times to the nearest hour, of geocentric phenomena. Included are eclipses; lunar perigees, apogees and phases; phenomena in apparent geocentric longitude of the planets, dwarf planets Ceres and Pluto and the minor planets Pallas, Juno and Vesta; times when these planets are stationary in right ascension and when the geocentric distance to Mars is a minimum; and geocentric conjunctions in apparent right ascension of the planets with the Moon, with each other, and with the five bright stars *Aldebaran, Regulus, Spica, Pollux* and *Antares*, provided these conjunctions are considered to occur sufficiently far from the Sun to permit observation. Thus conjunctions in right ascension are excluded if they occur within 20° of the Sun for Uranus and Neptune; 15° for the Moon, Mars and Saturn; within 10° for Venus and Jupiter; and within approximately 10° for Mercury, depending on Mercury's brightness. For Venus the occasion of its greatest illuminated extent is included. The occurrence of occultations of planets and bright stars is indicated by "Occn."; the areas of visibility are given in the list on page A2 while the maps are available on *The Astronomical Almanac Online*. Geocentric phenomena differ from the actually observed configurations by the effects of the geocentric parallax at the place of observation, which for configurations with the Moon may be quite large.

The explanation for the tables of sunrise and sunset, twilight, moonrise and moonset is given on page A12; examples are given on page A13.

Eclipses

The elements and circumstances are computed according to Bessel's method from apparent right ascensions and declinations of the Sun and Moon based on the JPL ephemerides DE430/LE430. Semidiameters of the Sun and Moon used in the calculation of eclipses do not include irradiation. Given the uncertainty of the radius of the Sun and the need to use a value at an appropriate optical depth, the adopted semidiameter of the Sun at unit distance is $15' 59''64$ from the IAU (1976) Astronomical Constants (IAU, 1977). The apparent semidiameter of the Moon is equal to arcsin(k sin π), where π is the Moon's horizontal parallax and k is an adopted constant. In 1982, the IAU adopted $k = 0.272\,5076$ (IAU, 1983, pp. 51–53), corresponding to the mean radius of the Watts' datum (Watts, 1963) as determined by observations of occultations and to the adopted radius of the Earth. Corrections to the ephemerides, if any, are noted in the beginning of the eclipse section.

In calculating lunar eclipses the radius of the geocentric shadow of the Earth is increased by one-fiftieth part to allow for the effect of the atmosphere. Refraction is neglected in calculating solar and lunar eclipses. Because the circumstances of eclipses are calculated for the surface of the ellipsoid, refraction is not included in Besselian elements. For local predictions, corrections for refraction are unnecessary; they are required only in precise comparisons of theory with observation in which many other refinements are also necessary.

Descriptions of the maps and use of Besselian elements are given on pages A78–A83, while maps of the areas of visibility are available on *The Astronomical Almanac Online*.

Section B: Timescales and Coordinate Systems

Calendar

Over extended intervals civil time is ordinarily reckoned according to conventional calendar years and adopted historical eras; in constructing and regulating civil calendars and fixing ecclesiastical calendars, a number of auxiliary cycles and periods are used. In particular the Islamic calendar printed is determined from an algorithm that approximates the lunar cycle and is independent of location. In practice the dates of Islamic fasts and festivals are determined by an actual sighting of the appropriate new crescent moon.

To facilitate chronological reckoning, the system of Julian day (JD) numbers maintains a continuous count of astronomical days, beginning with JD 0 on 1 January 4713 B.C., Julian proleptic calendar. Julian day numbers for the current year are given on page B3 and in the Universal and Sidereal Times pages, B13–B20, and the Universal Time and Earth rotation angle table on pages B21–B24. To determine JD numbers for other years on the Gregorian calendar, consult the Julian Day Number tables on pages K2–K5.

Note that the Julian day begins at noon, whereas the calendar day begins at the preceding midnight. Thus the Julian day system is consistent with astronomical practice before 1925, with the astronomical day being reckoned from noon. The Julian date should include a specification as to the time scale being used, e.g., JD 245 1545.0 TT or JD 245 1545.5 UT1.

At the bottom of pages B4–B5, dates are given for various chronological cycles, eras, and religious calendars. Note that the beginning of a cycle or era is an instant in time; the date given is the Gregorian day on which the period begins. Religious holidays, unlike the beginning of eras, are not instants in time but typically run an entire day. The tabulated date of a religious festival is the Gregorian day on which it is celebrated. When converting to other calendars whose days begin at different times of day (*e.g.*, sunset rather than midnight), the convention utilized is to tabulate the day that contains noon in both calendars.

See page L3 of this section for a discussion on timescales for a discussion on timescales.

IAU XXVI General Assembly, 2006

The resolutions of the IAU 2006 GA that impacted on this section were a result of the IAU Division I Working Groups on Nomenclature for Fundamental Astronomy (WGNFA) and the Working Group on Precession and the Ecliptic (WGPE).

The 2006 edition of this almanac introduced the recommendations of the WGNFA adopted at the 2006 GA (Resolution B2, IAU, 2008). This included replacing the terms Celestial Ephemeris Origin and Terrestrial Ephemeris Origin, the "non-rotating" origins of the Celestial and Terrestrial Intermediate Reference Systems of the IAU 2000 resolution B1.8 (IAU, 2001), with the terms Celestial Intermediate Origin (CIO), and the Terrestrial Intermediate Origin (TIO), respectively.

Beginning with the 2009 edition, resolution B1, which relates to the report of the WGPE (Hilton et al., 2006) has been implemented. Table 1 of this report gives a useful list of "The polynomial coefficients for the precession angles". The WGPE adopted the precession theory designated P03 (Capitaine, Wallace, and Chapront, 2003). The papers of Capitaine and Wallace (2006) and Wallace and Capitaine (2006), have also been used. The updated Chapter 5 of the IERS (2010), which replaces IERS (2004), is available from their website [5] describes the ITRS to GCRS conversion. In addition to updated precession angles the WGPE report includes updates to Greenwich mean sidereal time and other related quantities.

The IAU SOFA library has been used in the software that has generated the data in this section. The code is available from the IAU Standards Of Fundamental Astronomy (SOFA) website [3] and contains code for all the fundamental quantities related to various systems (*e.g.* IAU, 2008, 2001).

A detailed explanation and implementation of the IAU Resolutions on Astronomical Reference Systems, Timescales, and Earth Rotation Models is given in *USNO Circular 179* (Kaplan, 2005).

Universal and Sidereal Times and Earth Rotation Angle

The tabulations of Greenwich mean sidereal time (GMST) at 0^h UT1 are calculated from the defining relation between the Earth rotation angle (ERA), which is a function of UT1, and the accumulated precession (P03, see reference above) in right ascension, which is a function of TDB or TT (see pages B8 and L3).

The tabulations of Greenwich apparent sidereal time (GAST, or GST as it is designated in the papers above), is calculated from ERA and the equation of the origins. The latter is a function of the CIO locator s and precession and nutation (see Capitaine and Wallace (2006) and Wallace and Capitaine (2006)). This formulation ensures that whichever paradigm is used, equinox or CIO based, the resulting hour angles will be identical. Greenwich mean and apparent sidereal times and the equation of the equinoxes are tabulated on pages B13–B20, while ERA and equation of the origins are tabulated on pages B21–B24.

Bias, Precession and Nutation

The WGPE stated that the choice of the precession parameters should be left to the user. It should be noted that the effect of the frame bias (see page B50), the offset of the ICRS from the J2000.0 system, is not related to precession. However, the Fukushima-Williams angles (see page B56), which are used by SOFA, and the series method (see page B46) of calculating the ICRS-to-date matrix, have the frame bias offset included.

The formulae given on page B54 using the precessional constants M, N, a, b, c and c' for the reduction of precession that transform positions and orbital elements from and to J2000.0 are approximate. For the position formulae (α, δ, λ, β) they are accurate to $0.''5$ within half a century of J2000.0 and to $1''$ within one century of J2000.0. These differences were found, in the case of transforming positions, by comparing values of right ascension such that $0° \le \alpha \le 360°$ in steps of $30°$ and declination such that $-75° \le \alpha \le +75°$ in steps of $5°$ every 10 days. In the case of transforming orbital elements the differences were found by comparing values for each of the planets every 10 days.

The formulae given at the bottom of the page B54 which are for the approximate reduction from the mean equinox and equator or ecliptic of the middle of the year (e.g. mean places of stars) to a date within the year (i.e. $-0.5 \le \tau \le +0.5$) were compared daily with a similar range of positions as above. These formulae use the annual rates m, n, p, π for the middle of the year, which are given at the top of the following page. The years analyzed were 1950 to 2050 and the formulae are accurate to $0.''002$ for right ascension and declination and accurate to $0.''006$ for ecliptic longitude and latitude. All these traditional approximate formulae break down near the poles.

Reduction of Celestial Coordinates

Formulae and methods are given showing the various stages of the reduction from an International Celestial Reference System (ICRS) position to an "of date" position consistent with the IAU 2012 resolution B2 (IAU, 2015). This reduction may be achieved either by using the long-standing equinox approach or the CIO-based method, thus generating apparent or intermediate places, respectively. The examples also show the calculation of Greenwich hour angle using GAST or ERA as appropriate. The matrices for the transformation from the GCRS to the "of date" position for each method are tabulated on pages B30–B45. The Earth's position and velocity components (tabulated on pages B76-B83) are extracted from the JPL ephemeris DE430/LE430, which is described on page L5.

The determination of latitude using the position of Polaris or σ Octantis may be performed using the methods and tables on pages B87-B92.

Section C: The Sun

The formulae for the Sun's orbital elements found on page C1 — the geometric mean longitude (λ), the mean longitude of perigee (ϖ), the mean anomaly (l') and the eccentricity (e) — are computed using the values from Simon et al. (1994): λ, the expression $\lambda = F + \Omega - D$ is used where F and D are the Delaunay arguments found in § 3.5b and Ω is the longitude of the Moon's node found in § 3.4 3.b; the expression $\varpi = \lambda - l'$ is used, where l' is taken from § 3.5b; e is taken directly from § 5.8.3. Mean obliquity, ε, is from Capitaine, Wallace, and Chapront (2003), Eq. 39 with ε_0 from Eq. 37. Rates for all of the mean orbital elements are the time derivatives of the above expressions.

The lengths of the principal years are computed using the rates of the orbital elements as describe in the previous paragraph. They are:

- Tropical year: the period of time for the ecliptic longitude of the Sun to increase 360 degrees. The tropical year is then $360°/\dot\lambda$.
- Sidereal year: the period of revolution of the Earth around the Sun in a fixed reference frame, computed as $360°/(\dot\lambda - \dot P)$ where $\dot P$ is the precession rate found in Simon et al. (1994), Eq. 5.
- Anomalistic year: the period between successive passages of the Earth through perihelion; it is computed as $360°/\dot{l'}$.
- Eclipse year: the period between successive passages of the Sun—as seen from the geocenter—through the same lunar node. The mean eclipse year is $360°/\dot\lambda - \dot\Omega)$.

The coefficients for the equation of time formula are computed using Smart (1956), § 90; in that formula the value for L is the same as λ (explained above) but corrected for aberration and rounded for ease of computation.

The rotation elements listed on page C3 are due to Carrington (1863). The synodic rotation numbers tabulated on page C4 are in continuation of Carrington's Greenwich photoheliographic series of which Number 1 commenced on November 9, 1853.

Low precision formulae for the Sun are given on page C5. The position are apparent places; that is, they are given with respect to the equator and equinox of date.

The JPL DE430/LE430 ephemeris, which is described on page L5, is the basis of the various tabular data for the Sun on pages C6–C25. Given the uncertainty of the radius of the Sun and the need to use a value at an appropriate optical depth, the value of the equatorial radius of the Sun used throughout this almanac is that taken from the *Report of the IAU Working Group on Cartographic Coordinates and Rotational Elements: 2009* (Archinal et al., 2018).

Daily geocentric coordinates of the Sun are given on the even pages of C6–C20; the tabular argument is Terrestrial Time (TT). The ecliptic longitudes and latitudes are referred to the mean equinox and ecliptic of date. These values are geometric, that is they are not antedated for light-time, aberration, etc. The apparent equatorial coordinates, right ascension and declination, are referred to the true equator and equinox of date and are antedated for light-time and have aberration applied. The true geocentric distance is given in astronomical units and is the value at the tabular time; that is, the values are not antedated.

Daily physical ephemeris data are found on the odd pages of C7–C21 and are computed using the techniques outlined in *The Explanatory Supplement to the Astronomical Almanac* (Urban and Seidelmann, 2012); the tabular argument is TT. The solar rotation parameters are from *Report of the IAU Group on Cartographic Coordinates and Rotational Elements: 2015* (Archinal et al., 2018); the data are based on Carrington (1863). Prior to *The Astronomical Almanac* for 2009, neither light-time correction nor aberration were applied to the solar rotation because they were presumably already in Carrington's meridian. Since the Earth-Sun distance is relatively constant, this is possible only for the Sun. At the 2006 IAU General Assembly, the Working Group on Cartographic Coordinates and Rotational Elements decided to make the physical ephemeris computations for the Sun consistent with the other major solar system bodies. The W_0 value for the Sun was "foredated" by about 499s;

using the new value, the computation must take into account the light travel time. To further unify the process with other solar system objects, aberration is now explicitly corrected. Differences between the pre-2009 technique and the current recommendation are negligible at the Earth; for *The Astronomical Almanac*, differences of one in the least significant digit are occasionally seen in P, B_0 and L_0 with no other values being affected. Further explanation is found on the *The Astronomical Almanac Online* in the Notes and References area.

The Sun's daily ephemeris transit times are given on the odd pages of C7–C21. An ephemeris transit is the passage of the Sun across the *ephemeris meridian*, defined as a fictitious meridian that rotates independently of the Earth at the uniform rate. The ephemeris meridian is $1.002738 \times \Delta T$ east of the Greenwich meridian.

Geocentric rectangular coordinates, in au, are given on pages C22–C25. These are referred to the ICRS axes, which are within a few tens of milliarcseconds of the mean equator and equinox of J2000.0. The time argument is TT and the coordinates are geometric, that is there is no correction for light-time, aberration, etc.

Section D: The Moon

The geocentric ephemerides of the Moon are based on the JPL DE430/LE430 numerical integration described on page L5, with the tabular argument being TT. Additional formulae and data pertaining to the Moon are given on pages D1–D5 and D22.

For high precision calculations, a polynomial ephemeris (ASCII or PDF) is available at *The Astronomical Almanac Online* along with the necessary procedures for its evaluation. Daily apparent ecliptic latitude and longitude (to nearest second of arc) and apparent geocentric right ascension and declination (to $0.''1$) are given on the even numbered pages D6–D20. Although the tabular apparent right ascension and declination are antedated for light-time, the true distance and the horizontal parallax are the geometric values for the tabular time. The horizontal parallax is derived from $\arcsin(a_E/r)$, where r is the true distance and $a_E = 6378.1366$ km is the Earth's equatorial radius (see page K6).

The semidiameter s is computed from $s = \arcsin(R_M/r)$, where r is the true distance and $R_M = 1737.4$ km is the mean radius of the Moon (see page K7). From the 2013 edition, the semidiameter is tabulated on odd pages D7–D21.

The values for the librations of the Moon are calculated using rigorous formulae. The optical librations are based on the mean lunar elements of Simon et al. (1994) while the total librations are computed from the LE430 rotation angles (LE403 was used for 2011 through 2014). The rotation angles have been transformed from the Principal Moment of Inertia system used in the JPL ephemeris to librations that are defined in the mean-Earth direction, mean pole of rotation system given in Section D, by means of specific rotations provided by Folkner et al. (2014) and Williams et al. (2013). The rotation ephemeris and hence the derived librations are more accurate than those of Eckhardt (1981) which have been used in the editions from 1985 to 2010, inclusive; (see also, Calame, 1982). The value of $1° \, 32' \, 32.''6$ for the inclination of the mean lunar equator to the ecliptic (also given on page D2) has been taken from Newhall and Williams (1996). Since apparent coordinates of the Sun and Moon are used in the calculations, aberration is fully included, except for the inappreciable difference between the light-time from the Sun to the Moon and from the Sun to the Earth. A detailed description of this process can found in *NAO Technical Note*, No. 74 (Taylor, D. B. and Bell, S. A. and Hilton, J. L. and Sinclair, A. T., 2010). From the 2013 edition the physical librations, the difference between the total and optical librations, are no longer tabulated.

The selenographic coordinates of the Earth and Sun specify the points on the lunar surface where the Earth and Sun, respectively, are in the selenographic zenith. The selenographic longitude and latitude of the Earth are the total geocentric (optical and physical) librations with respect to the coordinate system in which the x-axis is the mean direction towards the geocenter and the z-axis is the mean pole of lunar rotation. When the longitude is positive, the mean central point is displaced eastward on the celestial sphere, exposing to view a region on the west limb. When the latitude is positive, the mean central point is displaced toward the south, exposing to view the north limb.

The tabulated selenographic colongitude of the Sun is the east selenographic longitude of the morning terminator. It is calculated by subtracting the selenographic longitude of the Sun from $90°$ or $450°$. Colongitudes of $270°$, $0°$, $90°$ and $180°$ approximately correspond to New Moon, First Quarter, Full Moon and Last Quarter, respectively.

The position angles of the axis of rotation and the midpoint of the bright limb are measured counterclockwise around the disk from the north point. The position angle of the terminator may be obtained by adding $90°$ to the position angle of the bright limb before Full Moon and by subtracting $90°$ after Full Moon.

For precise reduction of observations, the tabular librations and position angle of the axis must be reduced to topocentric values via the formulae by Atkinson (1951) that are given on page D5.

Section E: Planets

Rotational elements on E5 and the mean equatorial radius, flattening and sidereal period of rotation, found on E6, are based on the Archinal et al. (2018), *Report of the IAU Working Group on Cartographic Coordinates and Rotational Elements: 2015*. This report contains tables giving the dimensions, directions of the north poles of rotation and the prime meridians of the planets, Pluto, some of the satellites, and asteroids.

The orientation of the pole of a planet is specified by the right ascension α_0 and declination δ_0 of the north pole, with respect to the ICRS. According to the IAU, the north pole is defined as the pole that lies on the north side of the invariable plane of the solar system. Because of precession and nutation of a planet's axis, α_0 and δ_0 may vary with time (see Table 1 of Archinal et al., 2018); values for the current year are given on page E5.

The apparent disk of an oblate planet is always elliptical, with an oblateness less than or equal to that of the planet itself, depending on the apparent tilt of the planet's axis. Archinal et al. (2018) gives two values for the polar radii of Mars because there is a difference along its axis between its center of figure and center of mass.

Except for the Earth, the period of rotation is the time required for a point on the equator of the planet to twice cross the XY-plane of the ICRS. The length of the sidereal day is given for the Earth, because its equator is nearly coincident with the XY-plane (see B9). A negative sign indicates that the rotation is retrograde with respect to the pole that lies north of the invariable plane of the solar system. The period is measured in days of 86 400 SI seconds.

For the four gas giant planets, the apparent rate of rotation is a function of both latitude and distance from the center of mass. The primary rotation rate is defined by the periodicity of radio emissions, which are presumably modulated by the planet's internal magnetic field; this is referred to as "System III" rotation. For Jupiter, "System I" and "System II" rotations have also been defined, which correspond to the apparent rotations of the equatorial and mid-latitude cloud tops, respectively, in the visual band. For Neptune, the rotation is defined as "System II" which refers to observed features in the Neptunian atmosphere. Cassini spacecraft observations provide evidence that the variation in the radio emissions of Saturn are not anchored in its bulk, and show variation in its period on the order of 1% over a time span of several years (Gurnett et al., 2007). This casts doubt on the reliability of the current methods to predict Saturn's rotation parameters. The influence of Saturn's moon Enceladus may also be affecting the results.

The rotation rates of Uranus and Neptune are determined from the Voyager mission encounters in 1986 and 1989. The uncertainty of those rotation rates are large enough that the uncertainties in their rotation angles are greater than a complete rotation.

The physical and photometric data for planets on E6 include the geometric flattening, which is the ratio of the difference of the mean equatorial and polar radii to the equatorial radius from Table 4 of Archinal et al. (2018). The flattening of Mars, is calculated using the average polar radius.

The planetary masses include their atmospheres but not the masses of their satellites. They are calculated using the values for GM_S and the masses of the planet-satellite systems, found on K6, and the planet-satellite mass ratios found on pages F3 and F5.

The tabulated maximum angular diameter of planets is based on the equatorial diameter when the planet is at the tabulated minimum geocentric distance during the interval 1950-2050.

Verma and Margot (2016) provides the coefficients of the potential for Mercury; Konopliv et al. (1999) provides those for Venus. The coefficients of the potential for the Earth and Moon are those used in constructing DE430 (Folkner et al., 2014), the planetary ephemeris used for this volume. Cheng et al. (2011) is the source for the Earth's J_2 and Pavlis et al. (2012) for its J_3 and J_4 values, and Williams et al. (2013) the values for the Moon. Konopliv et al. (2013) provides the coefficients of the potential for Mars; Iess et al. (2018) those for Jupiter; Iess et al. (2019) those for Saturn; Jacobson (2014) those for Uranus; and Jacobson (2009) those for Neptune.

Mallama et al. (2017) provides the geometric albedos of the planets. It is the ratio of the illumination of a planet at zero phase angle to the illumination produced by a plane, perfectly white Lambert surface of the same radius and position as the planet. The quantity $V(1,0)$ is the visual magnitude of a planet reduced to a distance of 1 au from both the Sun and Earth and with phase angle zero. The $V(1,0)$ values on page E6 are taken from Mallama and Hilton (2018). V_0 is the magnitude at mean opposition.

The heliocentric and geocentric ephemerides of the planets are based on the numerical integration DE430/LE430 described on page L5. These data are given in TDB. The values for heliocentric positions and elements, and the geocentric coordinates are for the planet-satellite barycenters. The longitude of perihelion for both Venus and Neptune is given to a lower degree of precision because they have nearly circular orbits and the longitude of perihelion is poorly defined.

The apparent right ascension and declination are antedated for light-time, but the true geocentric distance is the geometric distance at the tabular time.

The physical ephemerides of the planets are based on the fundamental solar system ephemerides DE430/LE430 described on page L5. The apparent equatorial and polar diameters are separately tabulated for planets with significant oblateness. The apparent visual magnitudes of the planets are calculated using the Mallama and Hilton (2018) algorithms.

- Mercury and Venus values are valid for a sub-range of possible phase angles (see page E3).
- The apparent magnitude of Mercury does not include variations from albedo markings which may cause variations up to approximately 0.08 magnitudes.
- The apparent magnitude of Mars includes a seasonal correction but does not include sub-longitude or dust storm corrections. These may cause variations up to approximately 0.10 magnitudes.
- The apparent magnitude of Saturn is for the combination of its disk and rings, but the surface brightness is for the disk only.

The tabulated latitudes and longitudes are planetographic.

All tabulated quantities in the physical ephemeris tables are corrected for light-time, so the given values apply to the disk that is visible at the tabular time. Except for planetographic longitudes, all tabulated quantities vary so slowly that they remain unchanged if the time argument is considered to be UT rather than TT. Conversion from TT to UT affects the tabulated planetographic longitudes by several tenths of a degree for all but Mercury and Venus.

Section F: Natural Satellites

The data given in Section F for the positions of the satellites at specific times in their orbits are intended only for search and identification, not for the exact comparison of theory with observation; they are calculated only to the accuracy sufficient for facilitating observations. The positions and reference planes for the satellite orbits are based on the individual theories cited below. They are corrected for light-time. The value of ΔT used to prepare the ephemerides is given on page F1.

Beginning with the 2013 edition of *The Astronomical Almanac*, the orbital data given for the planetary satellites of Mars, Jupiter (satellites I - XVI), Saturn (satellites I - IX), and Neptune (satellites I - VIII) in the table on pages F2 and F4 are given with respect to the local Laplace Plane. The Laplace Plane is an auxiliary concept convenient for describing the orbital plane evolution of a satellite in a nearly circular orbit within the "star - oblate planet - weightless satellite" setting, provided the orbit is not too close to polar. In an ideal situation where a planet is perfectly spherical and its satellite feels no influence from the Sun, the orbital plane of that satellite would be coplanar with the planet's equatorial plane with its normal vector parallel to the spin axis of the planet. In a real situation, however, planets are oblate and the gravitational influence of the Sun cannot be ignored. The oblateness of the planet and the gravitational influence of the Sun causes the satellite's orbital normal vector to precess in an elliptical pattern about another vector which serves as the normal vector to the Laplace Plane. For satellite orbits close to the planet, the Laplace Plane lies close to the planet's equatorial plane; for satellite orbits high above the planet, the Laplace Plane lies close the planet's equatorial to the planet's orbital plane.

Beginning with the 2006 edition of *The Astronomical Almanac*, a set of selection criteria has been instituted to determine which satellites are included in the table; those criteria appear on page F5. As a result, many newer satellites of Jupiter, Saturn, and Uranus have been included. However, some satellites that were included in previous editions have now been excluded. A more complete table containing all of the data from this edition as well as many of the previously included satellites is available on *The Astronomical Almanac Online*. The following sources were used to update the data presented in this table: Jacobson et al. (1989); the Jupiter Planet Satellite and Moon Page at [9]; the JPL Planetary Satellite Mean Orbital Parameters at [10], and references therein; Nicholson (2008); Jacobson (2000); Owen, Jr. et al. (1991).

Ephemerides, elongation times, and phenomena for planetary satellites are computed using data from a mixed function solution for twenty short-period planetary satellite orbits presented in Taylor (1995). The printed apparent satellite orbits are projections of their true orbits in three dimensions onto the two dimensional plane of the sky. The time of greatest eastern (or northern) elongation of an orbit is when the separation between satellite and planet is at a maximum on the eastern (or northern) side of the orbit. Starting with the 2007 edition, the offset data generated are used to produce satellite diagrams for Mars, Jupiter, Uranus, and Neptune. Beginning with the 2010 edition the paths of the satellites are computed at six minute intervals for Mars, eighty minute intervals for Jupiter, eighty-one minute intervals for Uranus, and thirty-five minute intervals for Neptune. As a consequence of these choices, the paths of the satellites for these planets appear as dotted lines in the satellite diagrams. The new diagrams give a scale (in arcseconds) of the orbit of the satellites as seen from Earth. Approximate formulae for calculating differential coordinates of satellites are given with the relevant tables.

The tables of apparent distance and position angle have been discontinued in *The Astronomical Almanac* starting with the 2005 edition. They are available on *The Astronomical Almanac Online* along with the offsets of the satellites from the planets.

Satellites of Mars

The Phobos and Deimos ephemerides are computed via the orbital elements from Sinclair (1989).

Satellites of Jupiter

The ephemerides of Satellites I–IV are based on the theory presented in Lieske (1977), with constants from Arlot (1982).

Elongations of Satellite V are computed from circular orbital elements given in Sudbury (1969). The differential coordinates of Satellites VI–XIII are computed by numerical integration, using starting coordinates and velocities calculated at the U.S. Naval Observatory (Rohde and Sinclair, 1992).

The use of ".. .. .." for the Terrestrial Time of Superior Geocentric Conjunction data for satellites I–IV indicates times of the year when Jupiter is too close to the Sun for any conjunctions to be observed, which occurs when the angular separation between Jupiter and the Sun is less than 20 degrees.

The actual geocentric phenomena of Satellites I–IV are not instantaneous. Since the tabulated times are for the middle of the phenomena, a satellite is usually observable after the tabulated time of eclipse disappearance (Ec D) and before the time of eclipse reappearance (Ec R). In the case of Satellite IV the difference is sometimes quite large. Light curves of eclipse phenomena are discussed in Harris (1961).

To facilitate identification, approximate configurations of Satellites I–IV are shown in graphical form on pages facing the tabular ephemerides of the geocentric phenomena. Time is shown by the vertical scale, with horizontal lines denoting 0^h UT. For any time the curves specify the relative positions of the satellites in the equatorial plane of Jupiter. The width of the central band, which represents the disk of Jupiter, is scaled to the planet's equatorial diameter.

For eclipses, the points d of immersion into the shadow and points r of emersion from the shadow are shown pictorially at the foot of the right-hand pages for the superior conjunctions nearest the middle of each month. At the foot of the left-hand pages, rectangular coordinates of these points are given in units of the equatorial radius of Jupiter. The x-axis lies in Jupiter's equatorial plane, positive toward the east; the y-axis is positive toward the north pole of Jupiter. The subscript 1 refers to the beginning of an eclipse, subscript 2 to the end of an eclipse.

Galilean Satellites

The configuration of Galilean satellites and the tables of geocentric phenomena are supplied by the Institut de Mécanique Céleste et de Calcul des Éphémérides (IMCCE).

About every six years the Earth's orbit crosses the orbital planes of the four Galilean satellites. This results in a significant number of observable occultations and eclipses involving these satellites. These phenomena are tabulated on *The Astronomical Almanac Online*. These data were provided by Dr. Kaare Aksnes of the Institute for Theoretical Astrophysics in Oslo, Norway.

Satellites and Rings of Saturn

The apparent dimensions of the outer edge of ring A and the factors for computing relative dimensions of rings B and C were originally from Esposito et al. (1984). Observations from the Cassini spacecraft have provided updated values [11]. The appearance of the rings depends upon the Saturnicentric positions of the Earth and Sun. The ephemeris of the rings is corrected for light-time.

The positions of Mimas, Enceladus, Tethys and Dione are based upon orbital theories presented in Kozai (1957), elements from Taylor and Shen (1988), with mean motions and secular rates from

Kozai (1957) and Garcia (1972). The positions of Rhea and Titan are based upon orbital theories given in Sinclair (1977) with elements from Taylor and Shen (1988), mean motions and secular rates by Garcia (1972). The theory and elements for Hyperion are from Taylor (1984). The theory for Iapetus is from Sinclair (1974) with additional terms from Harper et al. (1988) and elements from Taylor and Shen (1988). The orbital elements used for Phoebe are from Zadunaisky (1954).

For Satellites I–V times of eastern elongation are tabulated; for Satellites VI–VIII times of all elongations and conjunctions are tabulated. On the diagram of the orbits of Satellites I–VII, points of eastern elongation are marked "0^d". From the tabular times of these elongations the apparent position of a satellite at any other time can be marked on the diagram by setting off on the orbit the elapsed interval since last eastern elongation. For Hyperion, Iapetus, and Phoebe, ephemerides of differential coordinates are also included.

Solar perturbations are not included in calculating the tables of elongations and conjunctions, distances and position angles for Satellites I–VIII. For Satellites I–IV, the orbital eccentricity e is neglected.

Satellites and Rings of Uranus

Data for the Uranian rings are from NASA's Planetary Data System archive [12] and references presented there. Ephemerides of the satellites are calculated from orbital elements determined in Laskar and Jacobson (1987).

Satellites of Neptune

The ephemerides of Triton and Nereid are calculated from elements given in Jacobson (1990). The differential coordinates of Nereid are apparent positions with respect to the true equator and equinox of date.

Satellite of Pluto

The ephemeris of Charon is calculated from the elements given in Tholen (1985). The remaining satellites' mean opposition magnitudes (> 23.0) are deemed too faint for inclusion.

Section G: Dwarf Planets and Small Solar System Bodies

This section contains data on a selection of 5 dwarf planets, 92 minor planets and short period comets.

Astrometric positions for selected dwarf planets and minor planets are given daily at 0^h TT for 60 days on either side of an opposition occurring between January 1 of the current year and January 31 of the following year. Also given are the apparent visual magnitude and the time of ephemeris transit over the ephemeris meridian. The dates when the object is stationary in apparent right ascension are indicated by shading. It is occasionally possible for a stationary date to be outside the period tabulated. Linear interpolation is sufficient for the magnitude and ephemeris transit, but for the astrometric right ascension and declination second differences may be significant.

Astrometric ephemerides (right ascension and declination) of these objects are tabulated, so their position can be directly comparable with the catalogue positions of background stars in the same area of the sky, after the star positions are updated for proper motion and parallax.

Dwarf Planets

The dwarf planets are those acknowledged by the IAU in the year of production (see IAU website [13]). For the edition for 2021, these are the following objects: (1) Ceres, (134340) Pluto, (136108) Haumea, (136199) Eris and (136472) Makemake.

From those five, we currently provide more detailed information for Ceres, Pluto and Eris. Ceres and Pluto have been chosen due to their long observational history and the availability of high quality positions, which make the published ephemeris reliable. While Eris may be seen as the object which (historically) had a major influence on the process of reclassification within the solar system, it can also be targeted by amateur astronomers. In addition to these three objects, Makemake and Haumea are included in this list of dwarf planets, and their physical properties are tabulated.

Osculating elements are tabulated for ecliptic and equinox J2000.0 for Ceres, Pluto and Eris for three dates per year (100 day dates). For any of these three objects that are at opposition during the year, like the minor planets, an astrometric ephemeris is tabulated daily for a 120-day window centered on the opposition date, 60 days on either side of opposition. Two star charts are also provided, one showing the astrometric positions around opposition and the other the path during the year. The stars plotted with Ceres and any dwarf planet brighter than magnitude V=10.0 are from a hybrid catalogue (Urban, 2010 private communication) that was generated from the *Tycho 2 Catalogue* (Høg et al., 2000) and *Hipparcos Catalogue* (ESA, 1997). For other fainter dwarf planets (*i.e.*, trans-Neptunian objects), the stars that are plotted are taken from the NOMAD database [14]. This selection of stars is related to the opposition magnitude of the particular dwarf planet and includes all those stars whose magnitudes are at least brighter than the opposition magnitude. Depending on the density of the stars, other selection criteria may be used. The magnitude range has thus been chosen to fit with each object and is given at the bottom of each chart. All of the charts show astrometric J2000.0 positions.

The astrometric positions of Pluto are based on the JPL DE430 ephemeris while those of Ceres and Eris are based on data from JPL Horizons [15]. Astrometric positions of Pluto based on data from JPL Horizons may differ significantly from those based on the JPL DE430 ephemeris. A physical ephemeris is also included for those dwarf planets for which reliable data are available; currently (1) Ceres and (134340) Pluto. The data are taken from the 2015 IAU Working Group on Cartographic Coordinates and Rotational Elements report of Archinal et al. (2018). Basic physical properties are listed for all five dwarf planets. Due to the recent discovery of Eris, Makemake and Haumea data have been collected from several sources:

- Ceres: values as published in earlier editions of *The Astronomical Almanac*; mass as given in Konopliv et al. (2018)
- Pluto: values as published previously in Section E of the 2013 edition of *The Astronomical Almanac*; the minimum Earth distance has been taken from the JPL Small-Body Database [16]
- Eris: values as given in Brown et al. (2005); Brown (2008).
- Makemake: period of rotation from Heinze and de Lahunta (2009); see JPL Small-Body Database [16] and the IAU Minor Planet Center [17] for other parameters.
- Haumea: period of rotation from Lacerda et al. (2008); see JPL Small-Body Database [16] and the IAU Minor Planet Center [17] for other parameters.

The absolute visual magnitude at zero phase angle (H) and the slope parameter for magnitude (G) are taken from the Minor Planet Center database. For Ceres, the values are the same as used previously, and were taken from the Minor Planet Ephemerides produced by the Institute of Applied Astronomy, St. Petersburg.

For Pluto, the visual magnitude is that of the Pluto and Charon combined system as many photometric observations include a significant contribution from Charon. Predicting the apparent visual magnitude is difficult for several reasons. Pluto has significant, possibly dynamic, albedo markings. Its pole of rotation is close to the plane of the ecliptic. Finally, Pluto has been observed for less than half of its orbital period. Consequently, the values of H and G, taken from the Minor Planet Center database, may fluctuate from year to year.

Minor Planets

The 92 minor planets are divided into two sets. The main set of the fourteen largest minor planets are (2) Pallas, (3) Juno, (4) Vesta, (6) Hebe, (7) Iris, (8) Flora, (9) Metis, (10) Hygiea, (15) Eunomia, (16) Psyche, (52) Europa, (65) Cybele, (511) Davida, and (704) Interamnia. Their astrometric ephemerides are based on data from JPL Horizons [15]. These particular minor planets were chosen because they are large (> 300 km in diameter), have well observed histories, and/or are the largest member of their taxonomic class. The remaining 78 minor planets constitute the set with opposition magnitudes < 11, or < 12 if the diameter ≥ 200 km. Their positions are also based on data from JPL Horizons [15]. A table of the JPL Horizons solution reference numbers for each of the dwarf and minor planets is available on *The Astronomical Almanac Online*. The absolute visual magnitude at zero phase angle (H) and the slope parameter (G), which depends on the albedo, are from the Minor Planet Ephemerides produced by the Institute of Applied Astronomy, St. Petersburg. The purpose of the selection of objects is to encourage observation of the most massive, largest and brightest of the minor planets.

A chronological list of the opposition dates of all the objects is given together with their visual magnitude and apparent declination. Those oppositions printed in bold also have a sixty-day ephemeris around opposition. All phenomena (dates of opposition and dates of stationary points) are calculated to the nearest hour (UT1). It must be noted, as with phenomena for all objects, that opposition dates are determined from the apparent longitude of the Sun and the object, with respect to the mean ecliptic of date. Stationary points, on the other hand, are defined to occur when the rate of change of the apparent right ascension is zero.

Osculating orbital elements for all the minor planets are tabulated with respect to the ecliptic and equinox J2000.0 for, usually, a 400-day epoch. Also tabulated are the H and G parameters for magnitude and the diameters. The masses of most of the objects have been set to an arbitrary value of 1×10^{-12} M$_\odot$. The masses of 13 minor planets tabulated by Hilton (2002) have been used. However, the masses of Pallas and Vesta have been updated with the adopted IAU 2009 Best Estimates [18] which are taken from Pitjeva and Standish (2009). The values for the diameters of the minor planets were taken from a number of sources which are referenced on *The Astronomical Almanac Online*.

Periodic Comets

The osculating elements for periodic comets returning to perihelion in the year have been supplied by Daniel W. E. Green, Department of Earth and Planetary Sciences, Harvard University, with collaboration from S. Nakano, Sumoto, Japan.

The innate inaccuracy of some of the elements of the Periodic Comets tabulated on the last page of section G can be more of a problem, particularly for those comets that have been observed for no more than a few months in the past (*i.e.*, those without a number in front of the P). It is important to note that elements for numbered comets may be prone to uncertainty due to non-gravitational forces that affect their orbits. In some cases, these forces have a degree of predictability. However, calculations of these non-gravitational effects can never be absolute, and their effects, in common with short-arc uncertainties, mainly affect the perihelion time.

Up-to-date elements of the comets currently observable may be found at the web site of the IAU Minor Planet Center [34].

Section H: Stars and Stellar Systems

The positional data in Section H are mean places, *i.e.*, barycentric. Except for the tables of ICRF radio sources, radio flux calibrators, pulsars, gamma ray sources and X-ray sources, positions tabulated in Section H are referred to the mean equator and equinox of J2021.5 = 2021 July 2.375 = JD 245 9397.875 . The positions of the ICRF radio sources provide a practical realization of the ICRS. The positions of radio flux calibrators, pulsars, quasars, gamma ray sources and X-rays are referred to the mean equator and equinox of J2000.0 = JD 245 1545.0 .

Bright Stars

Included in the list of bright stars are 1469 stars chosen according to the following criteria:

a. all stars of visual magnitude 4.5 or brighter, as listed in the fifth revised edition of the *Yale Bright Star Catalogue* (BSC: Hoffleit and Warren, 1991);

b. all stars brighter than 5.5 listed in the *Basic Fifth Fundamental Catalogue* (FK5) (Fricke et al., 1988);

c. all MK atlas standards in the BSC (Morgan et al., 1978; Keenan and McNeil, 1976);

d. all stars selected according to the criteria in a, b, or c above and also listed in the *Hipparcos Catalogue* (ESA, 1997).

Flamsteed and Bayer designations are given with the constellation name and the BSC number.

Positions and proper motions are taken from the *Hipparcos Catalogue* and converted to epoch, equator, and equinox of the middle of the current year; radial velocities are included in the calculation where available. However, FK5 positions and proper motions are used for a few wide binary stars given the requirement for center of mass positions to generate their orbital positions. Orbital elements for these stars are taken from the *Sixth Catalog of Orbits of Visual Binary Stars* at [19]. See also the *Fifth Catalog of Orbits of Visual Binary Stars* (Hartkopf et al., 2001). Stars marked as spectroscopic binaries are those identified as such in the BSC.

The V magnitudes and color indices $B-V$ and $V-I$ are taken from the Hipparcos Catalogue. Spectral types were provided by W.P. Bidelman and updated by R.F. Garrison. Codes in the Notes column are explained at the end of the table (page H31). Stars marked as MK Standards are from either of the two spectral atlases listed above. Stars marked as anchor points to the MK System are a subset of standard stars that represent the most stable points in the system (Garrison, 1994). Further details about the stars marked as double stars may be found at [20].

Tables of bright star data for several years are available in both PDF and ASCII formats on *The Astronomical Almanac Online* as is a searchable database from current epochs.

Double Stars

The table of Selected Double Stars contains recent orbital data for 87 double star systems in the Bright Star table where the pair contains the primary star and the components have a separation $> 3''.0$ and differential visual magnitude < 3 magnitudes. A few other systems of interest are present. Data given are the most recent measures except for 21 systems, where predicted positions are given based on orbit or rectilinear motion calculations. The list was provided by B. Mason and taken from the *Washington Double Star Catalog* (WDS) (Mason et al., 2001); also available at [20].

The positions are for those of the primary stars and taken directly from the list of bright stars. The Discoverer Designation contains the reference for the measurement from the WDS and the Epoch column gives the year of the measurement. The column headed Δm_v gives the relative magnitude difference in the visual band between the two components.

The term "primary" used in this section is not necessarily the brighter object, but designates which object is the origin of measurements.

Tables of double star data for several years are available in both PDF and ASCII formats on *The Astronomical Almanac Online*.

Photometric Standards

The table of *UBVRI* Photometric Standards are selected from Table 2 in Landolt (2009). Finding charts for stars are given in the paper. These data are an update of and additions to Landolt (1992). They provide internally consistent homogeneous broadband standards for the Johnson-Kron-Cousins photometric system for telescopes of intermediate and large size in both hemispheres. The filter bands have the following effective wavelengths: *U*, 3600Å; *B*, 4400Å; *V*, 5500Å; *R*, 6400Å; *I*, 7900Å.

The positions are taken from the Naval Observatory Merged Astronomical Database (NOMAD, [14], Zacharias et al. (2004)) which provides the optimum ICRS positions and proper motions for stars taken from the following catalogs in the order given: *Hipparcos, Tycho-2, UCAC2,* or *USNO-B.* Positions are converted to the epoch, equator, and equinox of the middle of the current year; radial velocities are included in the calculation where available.

The list of bright Johnson standards which appeared in editions prior to 2003 is given for J2000 on *The Astronomical Almanac Online.* Also available is a searchable database of Landolt Standards for current epochs.

The selection and photometric data for standards on the Strömgren four-color and Hβ from Perry et al. (1987) have been discontinued in *The Astronomical Almanac* starting with the 2016 edition. These tables are available on *The Astronomical Almanac Online.*

The spectrophotometric standard stars are suitable for the reduction of astronomical spectroscopic observations in the optical and ultraviolet wavelengths. As recommended by the IAU Standard Stars Working Group, data for the spectrophotometric standard stars listed here are taken from the European Southern Observatory's (ESO) site at [21] except for the positions taken from the NOMAD database as described above. Finding charts for the sources and explanation are found on the website.

The standards on the ESO list are from four sources. The ultraviolet standards are from the Hubble Space Telescope (HST) ultraviolet spectrophotometric standards which are based on International Ultraviolet Explorer (IUE) and optical spectra and calibrated by the primary white dwarf standards (Turnshek et al., 1990; Bohlin et al., 1990). The optical standards are based on Hale 5m observations in the 7 to 16 magnitude range (Oke, 1990) and CTIO observations of southern hemisphere secondary and tertiary standard stars (Hamuy et al., 1992, 1994). Some of the Hamuy standards were misidentified in the original reference and have since been corrected. Data for four white dwarf primary spectrophotometric standards in the 11–13 magnitude range based on model atmospheres and HST Faint Object Spectrograph (FOS) observations in 10Å to 3 microns are also included (Bohlin et al., 1995).

Radial Velocity Standards

The radial velocity standards are taken from the pre-launch release of the catalogue of radial velocity standard stars for Gaia (Soubiran et al., 2013). The stars selected as standards by C. Soubiran are those with more than 10 radial velocity measurements over 10 years and a standard deviation, σv_r, less than 33 m/s. Positions are taken from the *Hipparcos Catalogue* processed by the procedures used for the table of bright stars.

Variable Stars

The list of variable stars was compiled by J.A. Mattei using as reference the fourth edition of the *General Catalogue of Variable Stars* (Kholopov et al., 1996), the *Sky Catalog 2000.0, Volume 2* (Hirshfeld and Sinnott, 1997), *A Catalog and Atlas of Cataclysmic Variables, 2nd Edition* (Downes et al., 1997), and the data files of the American Association of Variable Star Observers (AAVSO)

International Database (AID at [22]). It was updated for the 2018 edition by S. Otero using as reference the AAVSO International Variable Star Index (VSX, at [22]) and the AID.

The brightest stars for each class with amplitude of 0.5 magnitude or more have been selected. The following magnitude criteria at maximum brightness are used:

a. eclipsing variables brighter than magnitude 7.0;

b. pulsating variables:

> RR Lyrae stars brighter than magnitude 9.0;
> Cepheids brighter than 6.0;
> Mira variables brighter than 7.0;
> Semiregular variables brighter than 7.0;
> Irregular variables brighter than 8.0;

c. eruptive variables:

> U Geminorum, Z Camelopardalis, SS Cygni, SU Ursae Majoris,
> WZ Sagittae, recurrent novae, very slow novae, nova-like and
> DQ Herculis variables brighter than magnitude 11.0;

d. other types:

> RV Tauri variables brighter than magnitude 9.0;
> R Coronae Borealis variables brighter than 10.0;
> Symbiotic stars (Z Andromedae) brighter than 10.0;
> δ Scuti variables brighter than 9.0;
> S Doradus variables brighter than 6.0;
> SX Phoenicis variables brighter than 7.0.

The epoch for eclipsing variables and RV Tauri stars is for time of minimum. The epoch for pulsating, eruptive, and other types of variables is for time of maximum.

For UG variables, the period if the duration of the "outburst cycle", which is an approximate outburst recurrence time and may not represent the observed behavior.

Positions and proper motions are taken from NOMAD as described in the photometric standards section.

Several spectral types were too long to be listed in the table and are given here:

T Mon: F7Iab-K1Iab + A0V

R Leo: M6e–M8IIIe–M9.5e

TX CVn: B1–B9Veq + K0III–M4

VV Cep: M2epIa–Iab + B8:eV

Star Clusters

The list of open clusters comprises a selection of open clusters which have been studied in some detail so that a reasonable set of data is available for each. With the exception of the magnitude and Trumpler class data, all data are taken from the *New Catalog of Optically Visible Open Clusters and Candidates* (Dias et al., 2002) supplied by W. Dias and updated current to 2014 (version 3.4 of the catalog). The catalog is available at [23]. The "Trumpler Class" and "Mag. Mem." columns are taken from fifth (1987) edition of the Lund-Strasbourg catalog (original edition described by Lyngå (1981)), with updates and corrections to the data current to 1992.

For each cluster, two identifications are given. First is the designation adopted by the IAU, while the second is the traditional name. Alternate names for some clusters are given in the notes at the end of the table.

Positions are for the central coordinates of the clusters, referred to the mean equator and equinox of the middle of the Julian year. Cluster mean absolute proper motion and radial velocity are used in the calculation when available.

Apparent angular diameters of the clusters are given in arcminutes and distances between the clusters and the Sun are given in parsecs. The logarithm to the base 10 of the cluster age in years is determined from the turnoff point on the main sequence. Under the heading "Mag. Mem." is the visual magnitude of the brightest cluster member. $E_{(B-V)}$ is the color excess. Metallicity is mostly determined from photometric narrow band or intermediate band studies. Trumpler classification is defined by R.S. Trumpler (Trumpler, 1930).

The list of Milky Way globular clusters is compiled from the December 2010 revision of a *Catalog of Parameters for Milky Way Globular Clusters* supplied by W. E. Harris. The complete catalog containing basic parameters on distances, velocities, metallicities, luminosities, colors, and dynamical parameters, a list of source references, an explanation of the quantities, and calibration information is accessible at [24]. The catalog is also briefly described in Harris (1996).

The present catalog contains objects adopted as certain or highly probable Milky Way globular clusters. Objects with virtually no data entries in the catalog still have somewhat uncertain identities. The adoption of a final candidate list continues to be a matter of some arbitrary judgment for certain objects. The bibliographic references should be consulted for excellent discussions of these individually troublesome objects, as well as lists of other less likely candidates.

The adopted integrated V magnitudes of clusters, V_t, are the straight averages of the data from all sources. The integrated $B-V$ colors of clusters are on the standard Johnson system.

Measurements of the foreground reddening, $E_{(B-V)}$, are the averages of the given sources (up to 4 per cluster), with double weight given to the reddening from well calibrated (120 clusters) color-magnitude diagrams. The typical uncertainty in the reddening for any cluster is on the order of 10 percent, *i.e.*, $\Delta[E_{(B-V)}] = 0.1\, E_{(B-V)}$.

The primary distance indicator used in the calculation of the apparent visual distance modulus, $(m - M)_V$, is the mean V magnitude of the horizontal branch (or RR Lyrae stars), V_{HB}. The absolute calibration of V_{HB} adopted here uses a modest dependence of absolute V magnitude on metallicity, $M_V(HB) = 0.15\,[Fe/H] + 0.80$. The $V(HB)$ here denotes the mean magnitude of the HB stars, without further adjustments to any predicted zero age HB level. Wherever possible, it denotes the mean magnitude of the RR Lyrae stars directly. No adjustments are made to the mean V magnitude of the horizontal branch before using it to estimate the distance of the cluster. For a few clusters (mostly ones in the Galactic bulge region with very heavy reddening), no good [Fe/H] estimate is currently available; for these cases, a value $[Fe/H] = -1$ is assumed.

The heavy-element abundance scale, [Fe/H], adopted here is the one established by Zinn and West (1984). This scale has recently been reinvestigated as being nonlinear when calibrated against the best modern measurements of [Fe/H] from high-dispersion spectra (see Carretta and Gratton, 1997; Rutledge et al., 1997). In particular, these authors suggest that the Zinn-West scale overestimates the metallicities of the most metal-rich clusters. However, the present catalog maintains the older (Zinn-West) scale until a new consensus is reached in the primary literature.

The adopted heliocentric radial velocity, v_r, for each cluster is the average of the available measurements, each one weighted inversely as the published uncertainty.

A 'c' following the value for the central concentration index denotes a core-collapsed cluster. Trager et al. (1993) arbitrarily adopt $c = 2.50$ for such clusters, and these have been carried over to the present catalog. The 'c:' symbol denotes an uncertain identification of the cluster as being core-collapsed.

The central concentration $c = \log(r_t/r_c)$, where r_t is the tidal radius and r_c is the core radius, are taken primarily from the comprehensive discussion of Trager et al. (1995). The half light radius, r_h, is an observationally "secure" measured quantity and gives an idea of how big a cluster actually looks on the sky.

Bright Galaxies

This is a list of 198 galaxies brighter than $B_T^w = 11.50$ and larger than $D_{25} = 5'$, drawn primarily from *The Third Reference Catalogue of Bright Galaxies* (de Vaucouleurs et al., 1991), hereafter referred to as RC3. The data have been reviewed and corrected where necessary, or supplemented by H.G. Corwin, R.J. Buta, and G. de Vaucouleurs.

Two recently recognized dwarf spheroidal galaxies (in Sextans and Sagittarius) that are not included in RC3 are added to the list (Irwin and Hatzidimitriou, 1995; Ibata et al., 1997).

Catalog designations are from the *New General Catalog* (NGC) or from the *Index Catalog* (IC). A few galaxies with no NGC or IC number are identified by common names. The Small Magellanic Cloud is designated "SMC" rather than NGC 292. Cross-identifications for these common names are given in Appendix 8 of RC3 or at the end of the table.

In most cases, the RC3 position is replaced with a more accurate weighted mean position based on measurements from many different sources, some unpublished. Where positions for unresolved nuclear radio sources from high-resolution interferometry (usually at 6- or 20-cm) are known to coincide with the position of the optical nucleus, the radio positions are adopted. Similarly, positions have been adopted from the Two Micron All-Sky Survey (2MASS, Jarrett et al., 2000) where these coincide with the optical nucleus. Positions for Magellanic irregular galaxies without nuclei (*i.e.*, LMC, NGC 6822, IC 1613) are for the centers of the bars in these galaxies. Positions for the dwarf spheroidal galaxies (*i.e.*, Fornax, Sculptor, Carina) refer to the peaks of the luminosity distributions. The precision with which the position is listed reflects the accuracy with which it is known. The mean errors in the listed positions are 2–3 digits in the last place given.

Morphological types are based on the revised Hubble system (see de Vaucouleurs, 1959, 1963).

The mean numerical van den Bergh luminosity classification, L, refers to the numerical scale adopted in RC3 corresponding to van den Bergh classes as follows:

L	1	2	3	4	5	6	7	8	9	(10)	(11)
class	I	I–II	II	II–III	III	III–IV	IV	IV–V	V	(V–VI)	(VI)

Classes V–VI and VI (10 and 11 in the numerical scale) are an extension of van den Bergh's original system, which stopped at class V.

The column headed Log (D_{25}) gives the logarithm to base 10 of the diameter in tenths of arc-minute of the major axis at the 25.0 blue mag/arcsec^2 isophote. Diameters with larger than usual standard deviations are noted with a colon. With the exception of the Fornax and Sagittarius Systems, the diameters for the highly resolved Local Group dwarf spheroidal galaxies are core diameters from fitting of King models to radial profiles derived from star counts (Irwin and Hatzidimitriou, *op.cit.*). The relationship of these core diameters to the 25.0 blue mag/arcsec^2 isophote is unknown. The diameter for the Fornax System is a mean of measured values given by de Vaucouleurs and Ables (1968) and Hodge and Smith (1974), while that of Sagittarius is taken from Ibata *et al.* (*op.cit.*) and references therein.

The heading Log (R_{25}) gives the logarithm to base 10 of the ratio of the major to the minor axes (D/d) at the 25.0 blue mag/arcsec^2 isophote. For the dwarf spheroidal galaxies, the ratio is a mean value derived from isopleths.

The position angle of the major axis is for the equinox 1950.0, measured from north through east.

The heading B_T^w gives the total blue magnitude derived from surface or aperture photometry, or from photographic photometry reduced to the system of surface and aperture photometry, uncorrected for extinction or redshift. Because of very low surface brightnesses, the magnitudes for the dwarf spheroidal galaxies (see Irwin and Hatzidimitriou, *op.cit.*) are very uncertain. The total magnitude for NGC 6822 is from Hodge (1977). A colon indicates a larger than normal standard deviation associated with the magnitude.

The total colors, $B-V$ and $U-B$, are uncorrected for extinction or redshift. RC3 gives total colors only when there are aperture photometry data at apertures larger than the effective (half-light) aperture. However, a few of these galaxies have a considerable amount of data at smaller apertures, and also have small color gradients with aperture. Thus, total colors for these objects have been determined by further extrapolation along standard color curves. The colors for the Fornax System are taken from de Vaucouleurs and Ables (*op.cit.*), while those for the other dwarf spheroidal systems are from the recent literature, or from unpublished aperture photometry. The colors for NGC 6822 are from Hodge (*op.cit.*). A colon indicates a larger than normal standard deviation associated with the color.

Radio Sources

Beginning in 2019, the fundamental reference system in astronomy, ICRS, is actualized by the second realization of the International Celestial Reference Frame, ICRF2 (see Fundamental Reference System section on page L2; IAU (2018), Res. B2). The ICRF2 contains positions for 4536 extragalactic sources, measured at 8.4 GHz, 303 of which, uniformly distributed on the sky, are identified as defining sources, which define the axes of the frame. Positions at 8.4 GHz are supplemented with positions of 824 sources at 24 GHz and 678 sources at 32 GHz. In all, 600 sources have three-frequency positions available. The positions were estimated independently at each of the frequencies to preserve the underlying astrophysical content. The frame is aligned onto the International Celestial Reference System to within the accuracy of ICRF2. Positions are reported for epoch 2015.0. High accuracy applications must apply a galactocentric acceleration of 0.0058 mas yr^{-1} for observations at other epochs. Individual source coordinates have a noise floor of 0.030 mas. The 303 defining sources are presented in the table. Positions of all ICRF2 sources are available at [4].

Information on the known physical characteristics of the ICRF2 radio sources includes, where known, the object type, 8.4 Ghz and 2.3 Ghz flux, spectral index, V magnitude, redshift, a classification of spectrum and comments for each ICRF2 defining sources.

This table was compiled by A.-M. Gontier by sequentially assembling the data from the following primary sources:

a. *Large Quasar Astrometric Catalog (LQAC)*, a compilation of 12 largest quasar catalogues contains 113666 quasars, providing information when available on photometry, redshift, and radio fluxes (Souchay et al. (2009), available at [25] as catalogue J/A+A/494/799).This source was used to provide information on fluxes at 8.4 GHz and 2.3 GHz and initial information for the redshift and the magnitude.

b. *Optical Characteristics of Astrometric Radio Sources* which includes over 9000 radio sources with J2000.0 coordinates, redshift, V magnitude, object type and comments (Malkin (2016),[26]).

c. *Catalogue of Quasars and Active Galactic Nuclei, 12th Edition)* which includes 85221 quasars, 1122 BL Lac objects and 21737 active galaxies together with known lensed quasars and double quasars (Véron-Cetty and Véron (2006), available at [25] as catalogue VII/248).

d. *An all-sky survey of flat-spectrum radio sources* providing precise positions, subarcsecond structures, and spectral indices for some 11000 sources (Healey et al. (2007), available at [25] as catalogue J/ApJS/171/61).

e. *The Optical spectroscopy of 1Jy, S4 and S5 radio source identifications* which gives position, magnitude, type of the optical identification, flux at 5GHz and two-point spectral index between 2.7 GHz and 5 GHz (Stickel and Kuehr (1994); Stickel et al. (1989), available at at [25] as catalogue III/175).

Data for the list of radio flux standards are due to Baars et al. (1977), as updated by Kraus,

Krichbaum, Pauliny-Toth, and Witzel (private communication, current to 2009). Flux densities S, measured in Janskys, are given for twelve frequencies ranging from 400 to 43200 MHz. Positions are referred to the mean equinox and equator of J2000.0. Positions of 3C 48, 3C 147, 3C 274 and 3C 286 come from the ICRF database [4]. Positions of the other sources are due to Baars et al. (1977).

A table with polarization data for the most prominent sources is provided by A. Kraus, current to 2012. This table gives the polarization degree and angle for a number of frequencies.

X-Ray Sources

The primary criterion for the selection of X-ray sources is having an identified optical counterpart. However, well-studied sources lacking optical counterparts are also included. Positions are for those of the optical counterparts, except when none is listed in the column headed Identified Counterpart. Positions and proper motions are taken from NOMAD described on page L18. The X-ray flux in the 2–10 keV energy range is given in micro-Janskys (μJy) in the column headed Flux. In some cases, a range of flux values is presented, representing the variability of these sources. The identified optical counterpart (or companion in the case of an X-ray binary system) is listed in the column headed Identified Counterpart. The type of X-ray source is listed in the column headed Type. Neutron stars in binary systems that are known to exhibit many X-ray bursts are designated "B" for "Burster." X-ray sources that are suspected of being black holes have the "BHC" designation for "Black Hole Candidate." Supernova remnants have the "SNR" designation. Other neutron stars in binaries which do not burst and are not known as X-ray pulsars have been given the "NS" designation. All codes in the Type column are explained at the end of the table.

The data in this table are assembled by M. Stollberg. For the X-ray binary sources, the catalogs of van Paradijs (1995), Liu et al. (2000, 2001) are used. Other sources are selected from the *Fourth Uhuru Catalog* (Forman et al., 1978), hereafter referred to as 4U. Fluxes in μJy in the 2–10 keV range for X-ray binary sources were readily given by van Paradijs (1995) and Liu et al. (2000, 2001). These fluxes were converted back to Uhuru count rates using the conversion factor found in Bradt and McClintock (1983). For some sources Uhuru count rates were taken directly from the 4U catalog. Count rates for all the sources were divided by the 4U count rate for the Crab Nebula and then multiplied by 1000 to obtain the 2-10 keV flux in mCrabs.

The tabulated magnitudes are the optical magnitude of the counterpart in the V filter, unless marked by an asterisk, in which case the B magnitude is given. Variable magnitude objects are denoted by "V"; for these objects the tabulated magnitude pertains to maximum brightness. For a few cases where the optical counterpart of the X-ray source remains unidentified, the magnitude given is that for the X-ray source itself. An "X" indicates these magnitudes.

Tables of X-Ray source data for several years are available in both PDF and ASCII formats on *The Astronomical Almanac Online*.

Quasars

A set of quasars is selected from the fifth release of the *Large Quasar Astrometric Catalog (LQAC-5)* (Souchay et al., 2019) which is based upon the second release of the Gaia database catalog (DR2). The data for this sample are selected and compiled by by J. Souchay. Included in this list are a selection of optically bright quasars with a Gaia counterpart. As noted by the code contained in the column headed "Criteria" in the data table, these selection criteria that are not mutually exclusive, are used:

G (G-band magnitude)= $G < 14.1$;
z (redshift) = $z > 6.6$;
$M_B = M_B < -34.2$.

The photometric magnitudes given in the LQAC-5 are in the Gaia DR2 photometric system (see Jordi et al. (2010) and [27]) and are proxies for the visual, blue and red optical bandpasses.

Pulsars

Data for the pulsars presented in this table are compiled by S.G. Stewart. Data are taken from the *ATNF Pulsar Catalogue* described by Manchester et al. (2005), available at [28].

Pulsars chosen are either bright, with S_{400}, the mean flux density at 400 MHz, greater than 80 milli-Janskys; fast, with spin period less than 100 milliseconds; or have binary companions. Pulsars without measured spin-down rates and very weak pulsars (with measured 400 MHz flux density below 0.9 milli-Jansky) are excluded. A few other interesting systems suggested by D. Manchester are also included.

Positions are referred to the equator and equinox of J2000.0. For each pulsar the period P in seconds and the time rate of change $\dot{P}$ in $10^{-13}\,\mathrm{s\,s^{-1}}$ are given for the specified epoch. The group velocity of radio waves is reduced from the speed of light in a vacuum by the dispersive effect of the interstellar medium. The dispersion measure DM is the integrated column density of free electrons along the line of sight to the pulsar; it is expressed in units $\mathrm{cm^{-3}}$ pc. The epoch of the period is in Modified Julian Date (MJD), where MJD = JD − 2400000.5.

Gamma Ray Sources

The table of gamma ray sources is compiled by David J. Thompson (David.J.Thompson@nasa.gov) and contains a selection of historically important sources, well known sources, and bright sources. Because the gamma ray band covers such a broad energy range, the sources come primarily from three different catalogs:

a. Low-energy gamma rays (photon energies < 100 keV): *The Fourth IBIS/ISGRI Soft Gamma-Ray Survey Catalog* (Bird et al., 2010) available online at [29];

b. High-energy gamma rays (photon energies between 100 MeV and 100 GeV): *Fermi Large Area Telescope Fourth Source Catalog* (The Fermi-LAT Collaboration 2019) available at [30];

c. Very-high-energy gamma rays (photon energies above 100 GeV): *TeVCat Online Catalog for TeV Astronomy* available at [31].

Some sources are bright in two or all three energy ranges.

The observed flux of the source is given with the upper and lower limits on the energy range (in MeV) over which it has been observed. The flux, in photons $\mathrm{cm^{-2}s^{-1}}$ is an integrated flux over this energy range. In many cases, no upper limit energy is given. For those cases, the flux is the integral observed flux. Many gamma ray sources, particularly quasars, are highly variable. The flux values given are taken from the literature and may not represent the state at any given time. Gamma ray telescopes typically measure source locations with uncertainties of $1-10$ arcmin. The positions in the table often refer to the counterparts seen at longer wavelengths.

Tables of gamma ray source data for several years are available in both PDF and ASCII formats on *The Astronomical Almanac Online*.

Section J: Observatories

The list of observatories is intended to serve as a finder list for planning observations or other purposes not requiring precise coordinates. Members of the list are chosen on the basis of instrumentation, and being active in astronomical research, the results of which are published in the current scientific literature. Most of the observatories provided their own information, and the coordinates listed are for one of the instruments on their grounds. Thus the coordinates may be astronomical, geodetic, or other, and should not be used for rigorous reduction of observations. A searchable list of observatories is available on *The Astronomical Almanac Online*.

Since 2012, the list of observatories includes observatory codes from the IAU's Minor Planet Center website [32]. Codes are given for observatories where a reasonable match between *The Astronomical Almanac* and Minor Planet Center lists could be made based on coordinates and name.

Section K: Tables and Data

Astronomical constants are a topic that is in the purview of the IAU Working Group on Numerical Standards for Fundamental Astronomy [18]. At the 2009 XXVII GA, Resolution B2 on "Current Best Estimates of Astronomical Constants" was adopted. This list of constants (Luzum et al., 2011), modified by the re-definition of the astronomical unit, is tabulated in items 1 and 2 of pages K6–K7.

Resolution B2 passed at the IAU XXVIII General Assembly (2012), recommends

1. that the astronomical unit be redefined as a conventional unit of length equal to 149 597 870 700 m exactly, in agreement with the value adopted in the IAU 2009 Resolution B2,
2. that this definition of the astronomical unit be used with all time scales such as TCB, TDB, TCG, TT, etc.,
3. that the Gaussian gravitational constant k be deleted from the system of astronomical constants,
4. that the value of the solar mass parameter (previously known as the heliocentric gravitational constant), GM_S, be determined observationally in SI units, and
5. that the unique symbol "au" be used for the astronomical unit.

Both ASCII and PDF versions of pages K6–K7 may be downloaded from *The Astronomical Almanac Online*; the IAU 1976 and IAU 2009 constants are also available.

The NSFA, via their website at [18] will be keeping the list of "Current Best Estimates" up-to-date, together with detailed notes and references.

Given the uncertainty of the radius of the Sun and the need to use a value at an appropriate optical depth, the value of the equatorial radius of the Sun used throughout this almanac is that taken from the *Report of the IAU Working Group on Cartographic Coordinates and Rotational Elements: 2015* (Archinal et al., 2018).

The ΔT values provided on pages K8–K9 are not necessarily those used in the production of *The Astronomical Almanac* or its predecessors. They are tabulated primarily for those involved in historical research. Estimates of ΔT are derived from data published in Bulletins B and C of the International Earth Rotation and Reference Systems Service [33].

Since 2003, the pole is the Celestial Intermediate Pole. However, the coordinates of the celestial pole tabulated on page K10 are with respect to the celestial pole definition for the relevant year. The orientation of the ITRS is consistent with the former BIH system and the previous IPMS and ILS systems (1974-1987). Prior to 1988, values were taken from Circular D of the BIH, while since 1988 the values have been taken from the IERS Bulletin B.

Pages K11–K13, on "Reduction of Terrestrial Coordinates", which include information on the International Terrestrial Reference Frame (Altamimi et al., 2016), have been updated by G. Appleby, Head of the UK Space Geodesy Facility at Herstmonceux. At the 2018 IAU XXX GA, Resolution B1, "on Geocentric and International Terrestrial Reference Systems and Frames", was adopted. This resolution recommends that the ITRS be adopted as the preferred GTRS (Geocentric Terrestrial Reference System) for scientific and technical applications.

Section M: Glossary

The definitions in the glossary are composed by staff members of Her Majesty's Nautical Almanac Office and the US Naval Observatory's Astronomical Applications Department. Various astronomical dictionaries and encyclopedia are used to ensure correctness and to develop particular phrasing.

Definitions of some glossary entries contain terms that are defined elsewhere in the section. These are given in italics.

Entries marked (*obsolete*) are no longer in common use and will be dropped beginning with the glossary in the 2024 edition of *The Astronomical Almanac*.

The glossary is not intended to be a complete astronomical reference, but instead clarify terms used within *The Astronomical Almanac* and *The Astronomical Almanac Online*. A PDF version and an HTML version are found on *The Astronomical Almanac Online*.

References

[1]. The Astronomical Almanac Online
https://asa.usno.navy.mil or http://asa.hmnao.com.

[2]. USNO Vector Astrometry Software (NOVAS)
https://aa.usno.navy.mil/software/novas/novas_info.php.

[3]. IAU Standards of Fundamental Astronomy (SOFA)
http://www.iausofa.org.

[4]. ICRS Product Center
https://hpiers.obspm.fr/icrs-pc/newwww/.

[5]. IERS Earth Orientation Data
https://www.iers.org/IERS/EN/DataProducts/EarthOrientationData/eop.html.

[6]. USNO Publications
https://aa.usno.navy.mil/publications/.

[7]. NIST note on UT1 NTP Time Dissemination
https://www.nist.gov/time-and-frequency-services/ut1-ntp-time-dissemination/.

[8]. The International Occultation Timing Association (IOTA)
http://lunar-occultations.com/iota.

[9]. Scott Sheppard's Jupiter Satellite Page
https://sites.google.com/carnegiescience.edu/sheppard/moons.

[10]. JPL Planetary Satellite Mean Orbital Parameters
https://ssd.jpl.nasa.gov/?sat_elem.

[11]. Saturnian Rings Fact Sheet
https://nssdc.gsfc.nasa.gov/planetary/factsheet/satringfact.html.

[12]. NASA's Planetary Data System Uranian Rings Page
https://pds-rings.seti.org/uranus/.

[13]. IAU, Pluto and the Developing Landscape of Our Solar System
https://www.iau.org/public/pluto/.

[14]. NOMAD Database
https://www.usno.navy.mil/USNO/astrometry/optical-IR-prod/nomad.

[15]. JPL Horizons
https://ssd.jpl.nasa.gov/horizons.cgi.

[16]. JPL Small-Body Database
https://ssd.jpl.nasa.gov/sbdb.cgi.

[17]. IAU Minor Planet Center Dwarf Planets
https://www.minorplanetcenter.net/dwarf_planets/.

[18]. IAU Numerical Standards for Fundamental Astronomy (NSFA)
Please see http://asa.hmnao.com.

[19]. USNO Sixth Catalog of Orbits of Visual Binary Stars
https://www.usno.navy.mil/USNO/astrometry/optical-IR-prod/wds/orb6/.

[20]. USNO Washington Double Star Catalog
https://www.usno.navy.mil/USNO/astrometry/optical-IR-prod/wds/WDS.

[21]. ESO Optical and UV Spectrophotometric Standard Stars
https://www.eso.org/sci/observing/tools/standards/spectra/.

[22]. American Association of Variable Star Observers (AAVSO)
https://www.aavso.org/.

[23]. Open Clusters and Galactic Structure Database
https://wilton.unifei.edu.br/ocdb/.

[24]. William Harris' Globular Clusters Database
https://physwww.mcmaster.ca/~harris/mwgc.dat.

[25]. Centre de Données Astronomiques de Strasbourg (CDS)
https://cdsweb.u-strasbg.fr/.

[26]. Optical Characteristics of Astrometric Radio Sources
http://www.gaoran.ru/english/as/ac_vlbi/#OCARS.

[27]. Image of the Week. Gaia DR2 Passbands
https://www.cosmos.esa.int/web/gaia/iow_20180316.

[28]. ATNF Pulsar Catalog
https://www.atnf.csiro.au/research/pulsar/psrcat.

[29]. The Fourth IBIS/ISGRI Soft Gamma-Ray Survey Catalog
https://heasarc.gsfc.nasa.gov/W3Browse/integral/ibiscat4.html.

[30]. Fermi Large Area Telescope Fourth Source Catalog
https://fermi.gsfc.nasa.gov/ssc/data/access/lat/8yr_catalog/.

[31]. TeVCat online catalog for TeV Astronomy
http://tevcat.uchicago.edu/.

[32]. IAU Minor Planet Center List of Observatory Codes
https://www.minorplanetcenter.net/iau/lists/ObsCodesF.html.

[33]. IERS Conventions
http://iers-conventions.obspm.fr/.

[34]. IAU Minor Planet Center Elements of Periodic Comets
https://www.minorplanetcenter.net/iau/Ephemerides/Comets/.

Abdo, A. A. et al. (2010). *Fermi* Large Area Telescope First Source Catalog. *Astrophysical Journal Supplement* **188**, 405–436.

Altamimi, Z., P. Rebischung, L. Métivier, and X. Collilieux (2016). ITRF2014: A New Release of the International Terrestrial Reference Frame Modeling Non-Linear Station Motions. *Journal of Geophysical Research* **121**, 6109–6131.

Aoki, S., H. Kinoshita, B. Guinot, G. H. Kaplan, D. D. McCarthy, and P. K. Seidelmann (1982). The New Definition of Universal Time. *Astronomy & Astrophysics* **105**, 359–361.

Archinal, B. A., C. H. Acton, M. F. A'Hearn, A. Conrad, G. J. Consolmagno, T. Duxbury, D. Hestroffer, J. L. Hilton, R. L. Kirk, S. A. Klioner, D. McCarthy, K. Meech, J. Oberst, J. Ping, P. K. Seidelmann, D. J. Tholen, P. C. Thomas, and I. P. Williams (2018). Report of the IAU Working Group on Cartographic Coordinates and Rotational Elements: 2015. *Celestial Mechanics and Dynamical Astronomy* **130**, doi:10.1007/s10569–017–9805–5.

Arlot, J. E. (1982). New Constants for Sampson-Lieske Theory of the Galilean Satellites of Jupiter. *Astronomy & Astrophysics* **107**, 305–310.

Atkinson, R. d. (1951). The Computation of Topocentric Librations. *Monthly Notices of the Royal Astronomical Society* **111**, 448–454.

Baars, J. W. M., R. Genzel, I. I. K. Pauliny-Toth, and A. Witzel (1977). The Absolute Spectrum of CAS A; An Accurate Flux Density Scale and a Set of Secondary Calibrators. *Astronomy & Astrophysics* **61**, 99–106.

Bird, A. J., A. Bazzano, L. Bassani, F. Capitanio, M. Fiocchi, A. B. Hill, A. Malizia, V. A. McBride, S. Scaringi, V. Sguera, J. B. Stephen, P. Ubertini, A. J. Dean, F. Lebrun, R. Terrier, M. Renaud, F. Mattana, D. Götz, J. Rodriguez, G. Belanger, R. Walter, and C. Winkler (2010). The Fourth IBIS/ISGRI Soft Gamma-ray Survey Catalog. *The Astrophysical Journal Supplement Series* **186**, 1–9.

Bohlin, R. C., L. Colina, and D. S. Finley (1995). White Dwarf Standard Stars: G191-B2B, GD 71, GD 153, HZ 43. *Astronomical Journal* **110**, 1316–1325.

Bohlin, R. C., A. W. Harris, A. V. Holm, and C. Gry (1990). The Ultraviolet Calibration of the Hubble Space Telescope. IV. Absolute IUE Fluxes of Hubble Space Telescope Standard Stars. *Astrophysical Journal Supplement Series* **73**, 413–439.

Bradt, H. V. D. and J. E. McClintock (1983). The Optical Counterparts of Compact Galactic X-ray Sources. *Annual Review of Astronomy & Astrophysics* **21**, 13–66.

Brown, E. W. (1933). Theory and Tables of the Moon: The Motion of the Moon, 1923-31. *Monthly Notices of the'Royal Astronomical Society* **93**, 603–619.

Brown, M. E. (2008). The Largest Kuiper Belt Objects. In M. A. Barucci, H. Boehnhardt, D. P. Cruikshank, A. Morbidelli, and R. Dotson (Eds.), *The Solar System Beyond Neptune*, pp. 335–344.

Brown, M. E., C. A. Trujillo, and D. L. Rabinowitz (2005). Discovery of a Planetary-sized Object in the Scattered Kuiper Belt. *The Astrophysical Journal* **635**, L97–L100.

Calame, O. (Ed.) (1982). *Proceedings of the 63rd Colloquium of the International Astronomical Union*, Volume 94 of *IAU Colloquia*.

Capitaine, N. and P. T. Wallace (2006). High Precision Methods for Locating the Celestial Intermediate Pole and Origin. *Astronomy & Astrophysics* **450**, 855–872.

Capitaine, N., P. T. Wallace, and J. Chapront (2003). Expressions for IAU 2000 Precession Quantities. *Astronomy & Astrophysics* **412**, 567–586.

Capitaine, N., P. T. Wallace, and J. Chapront (2005). Improvement of the IAU 2000 Precession Model. *Astronomy & Astrophysics* **432**, 355–367.

Capitaine, N., P. T. Wallace, and D. D. McCarthy (2003). Expressions to Implement the IAU 2000 Definition of UT1. *Astronomy & Astrophysics* **406**, 1135–1149.

Carretta, E. and R. G. Gratton (1997). Abundances for Globular Cluster Giants. I. Homogeneous Metallicities for 24 Clusters. *Astronomy & Astrophysics Supplement* **121**, 95–112.

Carrington, R. C. (1863). *Observations of the Spots on the Sun: From November 9, 1853, to March 24, 1861, Made at Redhill*. London: Williams and Norgate.

Cheng, M. K., J. C. Ries, and B. D. Tapley (2011). Variations of the Earth's Figure Axis from Satellite Laser Ranging and GRACE. *Journal of Geophysical Research* **116**, doi:10.1029/2010JB000850.

de Vaucouleurs, G. (1959). Classification and Morphology of External Galaxies. *Handbuch der Physik* **53**, 275–310.

de Vaucouleurs, G. (1963). Revised Classification of 1500 Bright Galaxies. *Astrophysical Journal Supplement* **8**, 31–97.

de Vaucouleurs, G. and H. D. Ables (1968). Integrated Magnitudes and Color Indices of the Fornax Dwarf Galaxy. *Astrophysical Journal* **151**, 105–116.

de Vaucouleurs, G., A. de Vaucouleurs, H. Corwin, R. J. Buta, G. Paturel, and P. Fouque (1991). *Third Reference Catalogue of Bright Galaxies (RC3)*. New York: Springer-Verlag.

Dias, W. S., B. S. Alessi, A. Moitinho, and J. R. D. Lepine (2002). New Catalog of Optically Visible Open Clusters and Candidates. *Astronomy & Astrophysics* **389**, 871–873.

Downes, R., R. F. Webbink, and M. M. Shara (1997). A Catalog and Atlas of Cataclysmic Variables-Second Edition. *Publications of the Astronomical Society of the Pacific* **109**, 345–440.

Eckhardt, D. H. (1981). Theory of the Libration of the Moon. *Moon and Planets* **25**, 3–49.

ESA (1997). *The Hipparcos and Tycho Catalogues*. Noordwijk, Netherlands: European Space Agency. SP-1200 (17 volumes).

Esposito, L. W., J. N. Cuzzi, J. H. Holberg, E. A. Marouf, G. L. Tyler, and C. C. Porco (1984). *Saturn*, Chapter Saturn's Rings: Structure, Dynamics, and Particle Properties, pp. 463–545. Tucson, AZ: University of Arizona Press.

Folkner, W. M., J. G. Williams, D. H. Boggs, R. S. Park, and P. Kuchynka (2014). The Planetary and Lunar Ephemerides DE430 and DE431. *Interplanetary Network Progress Report* 42-196C.

Forman, W., C. Jones, L. Cominsky, P. Julien, S. Murray, G. Peters, H. Tananbaum, and R. Giacconi (1978). The Fourth Uhuru Catalog of X-ray Sources. *Astrophysical Journal Supplement Series* **38**, 357–412.

Fricke, W., H. Schwan, T. Lederle, U. Bastian, R. Bien, G. Burkhardt, B. Du Mont, R. Hering, R. Jährling, H. Jahreiß, S. Röser, H. M. Schwerdtfeger, and H. G. Walter (1988). *Fifth Fundamental Catalogue Part I.* Heidelberg: Veroeff. Astron. Rechen-Institut.

Garcia, H. A. (1972). The Mass and Figure of Saturn by Photographic Astrometry of Its Satellites. *Astronomical Journal* **77**, 684–691.

Garrison, R. F. (1994). A Hierarchy of Standards for the MK Process. *Astronomical Society of the Pacific Conference Series* **60**, 3–14.

Gordon, D. (2018). ICRF3: A New Realization of the International Celestial Reference Frame. *American Geophysical Union, Fall Meeting 2018*, G42A–01.

Gurnett, D. A., A. M. Persoon, W. S. Kurth, J. B. Groene, T. F. Averkamp, M. K. Dougherty, and D. J. Southwood (2007). The Variable Rotation Period of the Inner Region of Saturn's Plasma Disk. *Science* **316**, 442–445.

Hamuy, M., N. Suntzeff, S. R. Heathcote, A. R. Walker, P. Gigoux, and M. M. Phillips (1994). Southern Spectrophotometric Standards, 2. *Publications of the Astronomical Society of the Pacific* **106**, 566–589.

Hamuy, M., A. R. Walker, N. B. Suntzeff, P. Gigoux, S. R. Heathcote, and M. M. Phillips (1992). Southern Spectrophotometric Standards. *Publications of the Astronomical Society of the Pacific* **104**, 533–552.

Harper, D., D. B. Taylor, A. T. Sinclair, and K. X. Shen (1988). The Theory of the Motion of Iapetus. *Astronomy & Astrophysics* **191**, 381–384.

Harris, D. L. (1961). Photometry and Colorimetry of Planets and Satellites. In G. P. Kuiper and B. M. Middlehurst (Eds.), *Planets and Satellites*, pp. 327–340. Chicago, IL.

Harris, W. E. (1996). A Catalog of Parameters for Globular Clusters in the Milky Way. *Astronomical Journal* **112**, 1487–1488.

Hartkopf, W. I., B. D. Mason, and C. E. Worley (2001). The 2001 US Naval Observatory Double Star CD-ROM. II. The Fifth Catalog of Orbits of Visual Binary Stars. *Astronomical Journal* **122**, 3472–3479.

Healey, S. E., R. W. Romani, G. B. Taylor, E. M. Sadler, R. Ricci, T. Murphy, J. S. Ulvestad, and J. N. Winn (2007). CRATES: An All-Sky Survey of Flat-Spectrum Radio Sources. *The Astrophysical Journal Supplement Series* **171**, 61–71.

Heinze, A. N. and D. de Lahunta (2009). The Rotation Period and Light-Curve Amplitude of Kuiper Belt Dwarf Planet 136472 Makemake (2005 FY9). *Astronomical Journal* **138**, 428–438.

Hilton, J. L. (2002). Asteroid Masses and Densities. In W. F. Bottke Jr., A. Cellino, P. Paolicchi, and R. P. Binzel (Eds.), *Asteroids III*, pp. 103–112. Tucson: University of Arizona Press.

Hilton, J. L., N. Capitaine, J. Chapront, J. M. Ferrandiz, A. Fienga, T. Fukushima, J. Getino, P. Mathews, J. L. Simon, M. Soffel, J. Vondrak, P. T. Wallace, and J. Williams (2006). Report of the International Astronomical Union Division I Working Group on Precession and the Ecliptic. *Celestial Mechanics and Dynamical Astronomy* **94**, 351–367.

Hirshfeld, A. and R. W. Sinnott (1997). *Sky catalogue 2000.0. Volume 2: Double Stars, Variable Stars and Nonstellar Objects.* Cambridge, UK: Cambridge University Press.

Hodge, P. W. (1977). The Structure and Content of NGC 6822. *Astrophysical Journal Supplement* **33**, 69–82.

Hodge, P. W. and D. W. Smith (1974). The Structure of the Fornax Dwarf Galaxy. *Astrophysical Journal* **188**, 19–26.

Hoffleit, E. D. and W. Warren (1991). *The Bright Star Catalogue (5th edition).* New Haven: Yale University Observatory.

Høg, E., C. Fabricius, V. V. Makarov, S. Urban, T. Corbin, G. Wycoff, U. Bastian, P. Schwekendiek, and A. Wicenec (2000). The Tycho-2 Catalog of the 2.5 Million Brightest Stars. *Astronomy & Astrophysics* **355**, L27–L30.

IAU (1977). Report of Joint Meetings of Commissions 4, 8 and 31 on the New System of Astronomical Constants. In *Transactions of the International Astronomical Union*, Volume XVIB, Dordrecht, Holland. Reidel.

IAU (1983). In R. M. West (Ed.), *Transactions of the International Astronomical Union*, Volume XVIIIB, Dordrecht, Holland. Reidel. Proc. 18th General Assembly, Patras, 1982.

IAU (1999). In J. Andersen (Ed.), *Transactions of the International Astronomical Union*, Volume XXIIIB, Dordrecht. Kluwer. Proc. 23rd General Assembly, Kyoto, 1997.

IAU (2001). In H. Rickman (Ed.), *Transactions of the International Astronomical Union*, Volume XXIVB, San Francisco. Astronomical Society of the Pacific. Proc. 24th General Assembly, Manchester, 2000.

IAU (2008). In K. van der Hucht (Ed.), *Transactions of the International Astronomical Union*, Volume XXVIB, San Francisco. Astronomical Society of the Pacific. Proc. 26th General Assembly, Prague, 2006.

IAU (2015). In T. Montmerle (Ed.), *Transactions of the International Astronomical Union*, Volume XXVIIIB, Cambridge, UK. Cambridge University Press. Proc. 28th General Assembly, Beijing, China, 2012.

IAU (2018). In T. Lago (Ed.), *Transactions of the International Astronomical Union*, Volume XXXB. Proc. 30th General Assembly, Vienna, Austria, 2018.

Ibata, R. A., R. F. G. Wyse, G. Gilmore, M. J. Irwin, and N. B. Suntzeff (1997). The Kinematics, Orbit, and Survival of the Sagittarius Dwarf Spheroidal Galaxy. *Astrophysical Journal* **113**, 634–655.

IERS (2004). Conventions (2003). Technical Note 32, International Earth Rotation Service, Frankfurt am Main. Verlag des Bundesamts für Kartographie und Geodäsie, D. D. McCarthy and G. Petit (Eds.).

IERS (2010). Conventions (2010). Technical Note 36, International Earth Rotation Service, Frankfurt am Main. Verlag des Bundesamts für Kartographie und Geodäsie, G. Petit and B. Luzum (Eds.).

Iess, L., W. M. Folkner, D. Durante, M. Parisi, Y. Kaspi, E. Galanti, T. Guillot, W. B. Hubbard, D. J. Stevenson, J. D. Anderson, D. R. Buccino, L. G. Casajus, A. Milani, R. Park, P. Racioppa, D. Serra, P. Tortora, M. Zannoni, H. Cao, R. Helled, J. I. Lunine, Y. Miguel, B. Militzer, S. Wahl, J. E. P. Connerney, S. M. Levin, and S. J. Bolton (2018). Measurement of Jupiter's Asymmetric Gravity Field. *Nature* **555**, 220–222.

Iess, L., B. Militzer, Y. Kaspi, P. Nicholson, D. Durante, P. Racioppa, A. Anabtawi, E. Galanti, W. Hubbard, M. J. Mariani, P. Tortora, S. Wahl, and M. Zannoni (2019). Measurement and Implications of Saturn's Gravity Field and Ring Mass. *Science* **364**, 1046–1054.

Irwin, M. and D. Hatzidimitriou (1995). Structural Parameters for the Galactic Dwarf Spheroidals. *Monthly Notices of the Royal Astronomical Society* **277**, 1354–1378.

Jacobson, R. A. (1990). The Orbits of the Satellites of Neptune. *Astronomy & Astrophysics* **231**, 241–250.

Jacobson, R. A. (2000). The Orbits of the Outer Jovian Satellites. *Astronomical Journal* **120**, 2679–2686.

Jacobson, R. A. (2009). The Orbits of the Neptunian Satellites and the Orientation of the Pole of Neptune. *Astronomical Journal* **137**, 4322–4329.

Jacobson, R. A. (2014). The Orbits of the Uranian Satellites and Rings, the Gravity Field of the Urania System, and the Orientation of the Pole of Uranus. *Astronomical Journal* **148**, 76.

Jacobson, R. A., S. P. Synnott, and J. K. Campbell (1989). The Orbits of the Satellites of Mars from Spacecraft and Earthbased Observations. *Astronomy & Astrophysics* **225**, 548–554.

Jarrett, T. H., T. Chester, R. Cutri, S. Schneider, M. Skrutskie, and J. P. Huchra (2000). 2MASS Extended Source Catalog: Overview and Algorithms. *Astronomical Journal* **119**, 2498–2531.

Jordi, C., M. Gebran, J. M. Carrasco, J. de Bruijne, H. Voss, C. Fabricius, J. Knude, A. Vallenari, R. Kohley, and A. Mora (2010). *Gaia* Broad Band Photometry. *Astronomy & Astrophysics* **523**, A48.

Kaplan, G. H. (2005). The IAU Resolutions on Astronomical Reference Systems, Time Scales, and Earth Rotation Models : Explanation and Implementation. *U.S. Naval Observatory Circulars* **179**.

Keenan, P. C. and R. C. McNeil (1976). *Atlas of Spectra of the Cooler Stars: Types G, K, M, S, and C*. Ohio: Ohio State University Press.

Kholopov, P. N., N. N. Samus, M. S. Frolov, V. P. Goranskij, N. A. Gorynya, N. N. Kireeva, N. P. Kukarkina, N. E. Kurochkin, G. I. Medvedeva, and N. B. Perova (1996). *General Catalogue of Variable Stars, 4th edition*. Moscow: Nauka Publishing House.

Konopliv, A. S., W. B. Banerdt, and W. L. Sjogren (1999). Venus Gravity: 180th Degree and Order Model. *Icarus* **139**, 3–18.

Konopliv, A. S., R. S. Park, A. T. Vaughan, B. G. Bills, S. W. Asmar, A. T. Ermakov, N. Rambaux, C. A. Raymond, J. C. Castillo-Rogez, C. T. Russel, D. E. Smith, and M. T. Zuber (2018). The Ceres Gravity Field, Spin Pole, Rotation Period and Orbit from the Dawn Radiometric Tracking and Optical Data. *Icarus* **299**, 411–429.

Konopliv, A. S., R. S. Park, D. N. Yuan, S. W. Asmar, M. M. Watkins, J. G. Williams, E. Fahnestock, G. Kruizinga, M. Paik, D. Strekalov, N. Harvey, D. E. Smith, and M. T. Zuber (2013). The JPL Lunar Gravity Field to Spherical Harmonic Degree 660 from the GRAIL Primary Mission. *Journal of Geophysical Research* **118**, doi:10.1002/jgre.20097.

Kozai, Y. (1957). On the Astronomical Constants of Saturnian Satellites System. *Annals of the Tokyo Observatory, Series 2* **5**, 73–106.

Lacerda, P., D. Jewitt, and N. Peixinho (2008). High-Precision Photometry of Extreme KBO 2003 EL_{61}. *Astronomical Journal* **135**, 1749–1756.

Landolt, A. U. (1992). UBVRI Photometric Standard Stars in the Magnitude Range 11.5-16.0 Around the Celestial Equator. *Astronomical Journal* **104**, 340–371.

Landolt, A. U. (2009). UBVRI Photometric Standard Stars Around the Celestial Equator: Updates and Additions. *Astronomical Journal* **137**, 4186–4269.

Laskar, J. and R. A. Jacobson (1987). GUST 86. An Analytical Ephemeris of the Uranian Satellites. *Astronomy & Astrophysics* **188**, 212–224.

Lieske, J. H. (1977). Theory of Motion of Jupiter's Galilean Satellites. *Astronomy & Astrophysics* **56**, 333–352.

Liu, Q. Z., J. van Paradijs, and E. P. J. van den Heuvel (2000). A Catalogue of High-Mass X-ray Binaries. *Astronomy & Astrophysics Supplement* **147**, 25–49.

Liu, Q. Z., J. van Paradijs, and E. P. J. van den Heuvel (2001). A Catalog of Low-Mass X-ray Binaries. *Astronomy & Astrophysics* **368**, 1021–1054.

Lyngå, G. (1981). The Lund – Strasourg Catalogue of Open Cluster Data. *Astronomical Data Center Bulletin 1*(2), 90–93. NSSDC/WDC-A-R&S 81-09 T. A. Nagy, W. H. Warren, Jr. and J. M. Mead (Eds.).

Ma, C., E. F. Arias, T. M. Eubanks, A. L. Fey, A. M. Gontier, C. S. Jacobs, O. J. Sovers, B. A. Archinal, and P. Charlot (1998). The International Celestial Reference Frame as Realized by Very Long Baseline Interferometry. *Astronomical Journal* **116**, 516–546.

Malkin, Z. M. (2016). The Second Version of the OCARS Catalog of Optical Characteristics of Astrometric Radio Sources. *Astronomy Reports 60*(11), 996–1005.

Mallama, A. and J. L. Hilton (2018). Computing Apparent Planetary Magnitudes for *The Astronomical Almanac*. *Astronomy and Computing* **25**, 10–24.

Mallama, A., B. Krobusek, and H. Pavlov (2017). Comprehensive Wide-Band Magnitudes and Albedos for the Planets, with Applications to Exo-Planets and Planet Nine. *Icarus* **282**, 19–33.

Manchester, R. N., G. B. Hobbs, A. Teoh, and M. Hobbs (2005). The Australia Telescope National Facility Pulsar Catalogue. *Astronomical Journal* **129**, 1993–2006.

Mason, B. D., G. L. Wycoff, W. I. Hartkopf, G. Douglass, and C. E. Worley (2001). The Washington Double Star Catalog. *Astronomical Journal* **122**, 3466–3471.

Matthews, P. M., T. A. Herring, and B. Buffett (2002). Modeling of Nutation and Precession: New Nutation Series for Nonrigid Earth and Insights into the Earth's Interior. *Journal of Geophysical Research* **107(B4)**, doi:10.1029/2001JB000390.

Morgan, W. W., H. A. Abt, and J. W. Tapschott (1978). *Revised MK Spectral Atlas for Stars Earlier than the Sun*. Williams Bay, WI and Tucson, AZ: Yerkes Obs. and Kitt Peak Nat. Obs.

Nelson, R. A., D. D. McCarthy, S. Malys, J. Levine, B. Guinot, H. F. Fliegel, R. L. Beard, and T. R. Bartholomew (2001). The Leap Second: its History and Possible Future. *Metrologia* **38**, 509–529.

Newhall, X. X. and J. G. Williams (1996). Estimation of the Lunar Physical Librations. *Celestial Mechanics and Dynamical Astronomy* **66**, 21–30.

Nicholson, P. D. (2008). *Natural Satellites of the Planets*. Toronto, Ontario, Canada: University of Toronto Press.

Oke, J. B. (1990). Faint Spectrophotometric Standard Stars. *Astronomical Journal* **99**, 1621–1631.

Owen, Jr., W. M., R. M. Vaughan, and S. P. Synnott (1991). Orbits of the Six New Satellites of Neptune. *Astronomical Journal* **101**, 1511–1515.

Pavlis, N. K., S. A. Holmes, S. C. Kenyon, and J. K. Factor (2012). The Development and Evaluation of the Earth Gravitational Model 2008 (EGM2008). *Journal of Geophysical Research* **117**, doi:10.1002/2011JB008916.

Perry, C. L., E. H. Olsen, and D. L. Crawford (1987). A Catalog of Bright UVBY Beta Standard Stars. *Publications of the Astronomy Society of the Pacific* **99**, 1184–1200.

Pitjeva, E. V. and E. M. Standish (2009). Proposals for the Masses of the Three Largest Asteroids, the Moon-Earth Mass Ratio and the Astronomical Unit. *Celestial Mechanics and Dynamical Astronomy* **103**, 365–372.

Rohde, J. R. and A. T. Sinclair (1992). Orbital Ephemerides and Rings of Satellites. In P. K. Seidelmann (Ed.), *Explanatory Supplement to The Astronomical Almanac*, pp. 353. Mill Valley, CA: University Science Books.

Rutledge, G. A., J. E. Hesser, and P. B. Stetson (1997). Galactic Globular Cluster Metallicity Scale from the Ca II Triplet II. Rankings, Comparisons, and Puzzles. *Publications of the Astronomical Society of the Pacific* **109**, 907–919.

Simon, J. L., P. Bretagnon, J. Chapront, M. Chapront-Touzé, G. Francou, and J. Laskar (1994). Numerical Expressions for Precession Formulae and Mean Elements for the Moon and the Planets. *Astronomy & Astrophysics* **282**, 663–683.

Sinclair, A. T. (1974). A Theory of the Motion of Iapetus. *Monthly Notices of the Royal Astronomical Society* **169**, 591–605.

Sinclair, A. T. (1977). The Orbits of Tethys, Dione, Rhea, Titan and Iapetus. *Monthly Notices of the Royal Astronomical Society* **180**, 447–459.

Sinclair, A. T. (1989). The Orbits of the Satellites of Mars Determined from Earth-based and Spacecraft Observations. *Astronomy & Astrophysics* **220**, 321–328.

Smart, W. M. (1956). *Text-Book on Spherical Astronomy.* Cambridge, UK: Cambridge University Press.

Soubiran, C., G. Jasniewicz, L. Chemin, F. Crifo, S. Udry, D. Hestroffer, and D. Katz (2013). The Catalogue of Radial Velocity Standard Stars for Gaia. Pre-Launch Release. *Astronomy & Astrophysics* **552**, A64.

Souchay, J., A. H. Andrei, C. Barache, S. Bouquillon, A.-M. Gontier, S. B. Lambert, C. Le Poncin-Lafitte, F. Taris, E. F. Arias, D. Suchet, and M. Baudin (2009). The Construction of the Large Quasar Astrometric Catalogue (LQAC). *Astronomy & Astrophysics* **494**, 799–815.

Souchay, J., C. Gattano, A. Andrei, D. Souami, B. Coehlo, C. Barache, F. Taris, N. Secrest, and A. Berthereau (2019). LQAC-5: The fifth release of the Large Quasar Astrometric Catalogue. *Astronomy & Astrophysics* **624**, A145.

Standish, E. M. (1998). JPL Planetary and Lunar Ephemerides, DE405/LE405. Technical Report JPL IOM 312.F-98-048.

Stickel, M., J. W. Fried, and H. Kuehr (1989). Optical Spectroscopy of 1 Jy BL Lacertae Objects and Flat Spectrum Radio Sources. *Astronomy & Astrophysics Supplement* **80**, 103–114.

Stickel, M. and H. Kuehr (1994). An Update of the Optical Identification Status of the S4 Radio Source Catalogue. *Astronomy & Astrophysics Supplement* **103**, 349–363.

Sudbury, P. V. (1969). The Motion of Jupiter's Fifth Satellite. *Icarus* **10**, 116–143.

Taylor, D. B. (1984). A Comparison of the Theory of the Motion of Hyperion with Observations Made During 1967-1982. *Astronomy & Astrophysics* **141**, 151–158.

Taylor, D. B. (1995). Compact Ephemerides for Differential Tangent Plane Coordinates of Planetary Satellites. *NAO Technical Note* **No. 68**.

Taylor, D. B. and K. X. Shen (1988). Analysis of Astrometric Observations from 1967 to 1983 of the Major Satellites of Saturn. *Astronomy & Astrophysics* **200**, 269–278.

Taylor, D. B. and Bell, S. A. and Hilton, J. L. and Sinclair, A. T. (2010). Computation of the Quantities Describing the Lunar Librations in The Astronomical Almanac. Technical Report NAO Technical Note No. 74.

Tholen, D. J. (1985). The Orbit of Pluto's Satellite. *Astronomical Journal* **90**, 2353–2359.

Trager, S. C., S. Djorgovski, and I. R. King (1993). Structural Parameters of Galactic Globular Clusters. In S. G. Djorgovski and G. Meylan (Eds.), *Structure and Dynamics of Globular Clusters*, Volume 50 of *Astronomical Society of the Pacific Conference Series*, pp. 347–355.

Trager, S. C., I. R. King, and S. Djorgovski (1995). Catalogue of Galactic Globular-Cluster Surface-Brightness Profiles. *Astronomical Journal* **109**, 218–241.

Trumpler, R. J. (1930). Preliminary Results on the Distances, Dimensions and Space Distribution of Open Star Clusters. *Lick Observatory Bulletin* **XIV**, 154–188.

Turnshek, D. A., R. C. Bohlin, R. L. Williamson, O. L. Lupie, J. Koornneef, and D. H. Morgan (1990). An Atlas of Hubble Space Telescope Photometric, Spectrophotometric, and Polarimetric Calibration Objects. *Astronomical Journal* **99**, 1243–1261.

Urban, S. E. and P. K. Seidelmann (Eds.) (2012). *Explanatory Supplement to The Astronomical Almanac*, Mill Valley, CA. University Science Books.

van Paradijs, J. (1995). A Catalogue of X-Ray Binaries. In W. H. G. Lewin, J. van Paradijs, and E. P. J. van den Heuvel (Eds.), *X-ray Binaries*, pp. 536–577. University of Chicago Press. Volume IX of Stars and Stellar Systems.

Verma, A. and J.-L. Margot (2016). Mercury's Gravity, Tides, and Spin from MESSENGER Radio Science Data. *Journal of Geophysical Research* **121**, 1627–1640.

Véron-Cetty, M. P. and P. Véron (2006). A Catalogue of Quasars and Active Nuclei: 12th edition. *Astronomy & Astrophysics* **455**, 773–777.

Wallace, P. T. and N. Capitaine (2006). Precession-Nutation Procedures Consistent with IAU 2006 Resolutions. *Astronomy & Astrophysics* **459**, 981–985.

Watts, C. B. (1963). The Marginal Zone of the Moon. In *Astronomical Papers of the American Ephemeris and Nautical Almanac*, Volume 17. Washington, DC: U.S. Government Printing Office.

Williams, J. G., D. H. Boggs, and W. M. Folkner (2013). DE430 lunar orbit, physical librations, and surface coordinates. Technical Report JPL IOM 335-JW,DB,WF-20080314-001.

Zacharias, N., D. G. Monet, S. E. Levine, S. E. Urban, R. Gaume, and G. L. Wycoff (2004). The Naval Observatory Merged Astrometric Dataset (NOMAD). In *American Astronomical Society Meeting Abstracts*, Volume 36 of *Bulletin of the American Astronomical Society*, pp. 1418.

Zadunaisky, P. E. (1954). A Determination of New Elements of the Orbit of Phoebe, Ninth Satellite of Saturn. *Astronomical Journal* **59**, 1–6.

Zinn, R. and M. J. West (1984). The Globular Cluster System of the Galaxy. III - Measurements of Radial Velocity and Metallicity for 60 Clusters and a Compilation of Metallicities for 121 Clusters. *Astrophysical Journal Supplement Series* **55**, 45–66.

$\mathbf{\Delta T}$: the difference between *Terrestrial Time (TT)* and *Universal Time (UT)*: $\Delta T = TT - UT1$.

$\mathbf{\Delta UT1}$ **(or** $\mathbf{\Delta UT}$**):** the value of the difference between *Universal Time (UT)* and *Coordinated Universal Time (UTC)*: $\Delta UT1 = UT1 - UTC$.

aberration (of light): the relativistic apparent angular displacement of the observed position of a celestial object from its *geometric position*, caused by the motion of the observer in the reference system in which the trajectories of the observed object and the observer are described. (See *aberration, planetary.*)

    aberration, annual: the component of *stellar aberration* resulting from the motion of the Earth about the Sun. (See *aberration, stellar.*)

    aberration, diurnal: the component of *stellar aberration* resulting from the observer's *diurnal motion* about the center of the Earth due to Earth's rotation. (See *aberration, stellar.*)

    aberration, E-terms of: (*obsolete*) the terms of *annual aberration* which depend on the *eccentricity* and longitude of *perihelion* of the Earth. (See *aberration, annual; perihelion.*)

    aberration, elliptic: (*obsolete*) see *aberration, E-terms of.*

    aberration, galactic: the apparent angular displacement of the observed position of an extra-galactic celestial object from its *geometric position*, arising from the motion of the solar system about the galactic center.

    aberration, planetary: the apparent angular displacement of the observed position of a solar system body from its instantaneous geometric direction as would be seen by an observer at the geocenter. This displacement is produced by the combination of *aberration of light* and *light-time displacement.*

    aberration, secular: the component of *stellar aberration* resulting from the essentially uniform and almost rectilinear motion of the entire solar system in space. Secular *aberration* is usually disregarded. (See *aberration, stellar.*)

    aberration, stellar: the apparent angular displacement of the observed position of a celestial body resulting from the motion of the observer. Stellar *aberration* is divided into diurnal, annual, and secular components. (See *aberration, annual; aberration, diurnal; aberration, secular.*)

altitude: the angular distance of a celestial body above or below the *horizon*, measured along the great circle passing through the body and the *zenith*. Altitude is 90° minus the *zenith distance*.

annual parallax: see *parallax, heliocentric.*

anomaly: the angular separation of a body in its *orbit* from its *pericenter.*

    anomaly, eccentric: in undisturbed elliptic motion, the angle measured at the center of the *orbit* ellipse from *pericenter* to the point on the circumscribing auxiliary circle from which a perpendicular to the major axis would intersect the orbiting body. (See *anomaly, mean; anomaly, true.*)

    anomaly, mean: the product of the *mean motion* of an orbiting body and the interval of time since the body passed the *pericenter*. Thus, the mean *anomaly* is the angle from the pericenter of a hypothetical body moving with a constant angular speed that is equal to the mean motion. In realistic computations, with disturbances taken into account, the mean anomaly is equal to its initial value at an *epoch* plus an integral of the mean motion over the time elapsed since the epoch. (See *anomaly, eccentric; anomaly, mean at epoch; anomaly, true.*)

    anomaly, mean at epoch: the value of the *mean anomaly* at a specific *epoch*, i.e., at some fiducial moment of time. It is one of the six *Keplerian elements* that specify an *orbit*. (See *Keplerian elements; orbital elements.*)

anomaly, true: the angle, measured at the focus nearest the *pericenter* of an *elliptical orbit*, between the pericenter and the *radius vector* from the focus to the orbiting body; one of the standard *orbital elements*. (See *anomaly, eccentric; anomaly, mean; orbital elements*.)

aphelion: the point in an *orbit* that is the most distant from the Sun.

apocenter: the point in an *orbit* that is farthest from the origin of the reference system. (See *aphelion; apogee.*)

apogee: the point in an *orbit* that is the most distant from the Earth. Apogee is sometimes used with reference to the apparent orbit of the Sun around the Earth.

apparent place (or position): the *proper place* of an object expressed with respect to the *true (intermediate) equator and equinox* of date.

apparent solar time: see *solar time, apparent.*

appulse: the least apparent distance between two celestial objects from the observer's point of view. The time of appulse is close to that of *conjunction* in *ecliptic longitude* for objects moving on or near the *ecliptic*.

Aries, First point of: another name for the *vernal equinox*.

aspect: the position of any of the *planets* or the Moon relative to the Sun, as seen from the Earth.

asteroid: a *small solar system body* orbiting the Sun that is not massive enough to be a *dwarf planet*. Unlike a *comet*, asteroids rarely exhibit the ejection of volatile material. The term "asteroid" is sometimes restricted to bodies with orbital *semi-major axes* less than or approximately equal to that of Jupiter, and is often used interchangeably with the term *"minor planet"*.

astrometric ephemeris: an *ephemeris* of a solar system body in which the tabulated positions are *astrometric places*. Values in an astrometric ephemeris are essentially comparable to catalog *mean places* of stars after the star positions have been updated for *proper motion* and *parallax*.

astrometric place (or position): the position of a solar system body formed by applying corrections for *light-time displacement* to the *geometric position*. This position is directly comparable with the catalog positions of nearby background stars after those positions have been updated for *proper motion* and *parallax*. There is no correction for *aberration* or *deflection of light*. It is assumed that these correction are nearly identical for both the solar system body and background stars.

astronomical coordinates: the longitude and latitude of the point on Earth relative to the *geoid*. These coordinates are influenced by local gravity anomalies. (See *latitude, terrestrial; longitude, terrestrial; zenith.*)

astronomical refraction: see *refraction, astronomical.*

astronomical unit (au): a conventional unit of length equal to 149 597 870 700 m exactly. Prior to 2012, it was defined as the radius of a circular *orbit* in which a body of negligible mass, and free of *perturbations*, would revolve around the Sun in $2\pi/k$ *days*, k being the *Gaussian gravitational constant*. This is slightly less than the orbital *semi-major axis* of the Earth's orbit.

astronomical zenith: see *zenith, astronomical.*

atomic second: see *second, Système International (SI).*

augmentation: the increase in the *topocentric* apparent *semidiameter* of a celestial body compared to its apparent semidiameter when viewed from the geocenter.

autumnal equinox: see *equinox, autumnal.*

azimuth: the angular distance measured eastward along the *horizon* from a specified reference point (usually north). Azimuth is measured to the point where the great circle determining the *altitude* of an object meets the horizon.

barycenter: the center of mass of a system of bodies; *e.g.*, the center of mass of the solar system or the Earth-Moon system.

barycentric: with reference to, or pertaining to, the *barycenter* (usually of the solar system).

Barycentric Celestial Reference System (BCRS): a system of *barycentric* space-time coordinates for the solar system within the framework of General Relativity. The metric tensor to be used in the system is specified by the *IAU* 2000 resolution B1.3. For all practical applications, unless otherwise stated, the BCRS is assumed to be oriented according to the *ICRS* axes. (See *Barycentric Coordinate Time (TCB)*.)

Barycentric Coordinate Time (TCB): the coordinate time of the *Barycentric Celestial Reference System (BCRS)*, which advances by *SI seconds* within that system. TCB is related to *Geocentric Coordinate Time (TCG)* and *Terrestrial Time (TT)* by relativistic transformations that include a secular term. (See *second, Système International (SI)*.)

Barycentric Dynamical Time (TDB): a time scale defined by the *IAU* in 1976, named in 1979, and revised in 2006 for use as an independent argument of *barycentric ephemerides* and equations of motion. TDB is a linear function of *Barycentric Coordinate Time (TCB)* that on average tracks *TT* for an extended time period around the current standard *epoch*, JD 245 1545.0. The difference between TT and TDB remains less than 2 ms for several thousand *years* around the this *epoch*. (See *second, Système International (SI)*.)

Besselian elements: quantities tabulated for the calculation of accurate predictions of an *eclipse* or *occultation* for any point on or above the surface of the Earth.

calendar: a system of reckoning time in units of solar *days*. The days are enumerated according to their position in cyclic patterns usually involving the motions of the Sun and/or the Moon.

   calendar, Gregorian: The *calendar* introduced by Pope Gregory XIII in 1582 to replace the *Julian calendar*. This calendar is now used as the civil calendar in most countries. In the Gregorian calendar, every *year* that is exactly divisible by four is a leap year, except for centurial years, which must be exactly divisible by 400 to be leap years. Thus 2000 was a leap year, but 1900 and 2100 are not leap years.

   calendar, Julian: the *calendar* introduced by Julius Caesar in 46 B.C. to replace the Roman calendar. In the Julian calendar a common *year* is defined to comprise 365 *days*, and every fourth year is a leap year comprising 366 days. The Julian calendar was superseded by the *Gregorian calendar*.

   calendar, proleptic: the extrapolation of a *calendar* prior to its date of introduction.

catalog equinox: see *equinox, catalog*.

Celestial Ephemeris Origin (CEO): the original name for the *Celestial Intermediate Origin (CIO)* given in the *IAU* 2000 resolutions. Obsolete.

celestial equator: the plane perpendicular to the *Celestial Intermediate Pole (CIP)*. Colloquially, the projection onto the *celestial sphere* of the Earth's *equator*. (See *mean equator and equinox; true equator and equinox*.)

Celestial Intermediate Origin (CIO): the non-rotating origin of the *Celestial Intermediate Reference System*. Formerly referred to as the *Celestial Ephemeris Origin (CEO)*.

Celestial Intermediate Origin Locator (CIO Locator): denoted by s, is the difference between the *Geocentric Celestial Reference System (GCRS) right ascension* and the intermediate right ascension of the intersection of the GCRS and intermediate *equators*.

Celestial Intermediate Pole (CIP): the reference pole of the P03 *precession* and *IAU* 2000A *nutation* models. The motions of the CIP are those of the *Tisserand mean axis* of the Earth with *periods* longer than two *days*. (See *nutation; precession*.)

Celestial Intermediate Reference System: a *geocentric* reference system related to the *Geocentric Celestial Reference System (GCRS)* by time-dependent rotations for *precession* and *nutation*. It is defined by the intermediate *equator* of the *Celestial Intermediate Pole (CIP)* and the *Celestial Intermediate Origin (CIO)* at a specific *epoch*.

celestial pole: see *pole, celestial*.

celestial sphere: an imaginary sphere of arbitrary radius upon which celestial bodies may be considered to be located. As circumstances require, the celestial sphere may be centered at the observer, at the Earth's center, or at any other location.

Centaur: a *small solar system body* orbiting the Sun that is not massive enough to be a *dwarf planet* with a *perihelion* greater than Jupiter's orbital *semi-major axis* and an orbital *semi-major axis* less than Neptune's.

define **center of figure** that point so situated relative to the apparent figure of a body that any line drawn through it divides the figure into two parts having equal apparent areas. If the body is oddly shaped, the center of figure may lie outside the figure itself.

center of light: same as *center of figure* except referring only to the illuminated portion.

central meridian: see *meridian* central.

comet: a *small solar system body* that normally exhibits the ejection of volatile material for some part of its orbital *period*.

conjunction: the phenomenon in which two bodies have the same apparent *ecliptic longitude* or *right ascension* as viewed from a third body. Conjunctions are usually tabulated as *geocentric* phenomena. For Mercury and Venus, geocentric inferior conjunctions occur when the *planet* is between the Earth and Sun, and superior conjunctions occur when the Sun is between the planet and Earth. (See *longitude, ecliptic*.)

constellation: 1. A grouping of stars, usually with pictorial or mythical associations, that serves to identify an area of the *celestial sphere*. **2.** One of the precisely defined areas of the celestial sphere, associated with a grouping of stars, that the *International Astronomical Union (IAU)* has designated as a constellation.

Coordinated Universal Time (UTC): the time scale available from broadcast time signals. UTC differs from *International Atomic Time (TAI)* by an integral number of *seconds*; it is maintained within $\pm 0\overset{s}{.}9$ seconds of *UT1* by the introduction of *leap seconds*. (See *International Atomic Time (TAI); leap second; Universal Time (UT)*.)

culmination: the passage of a celestial object across the observer's *meridian*; also called "meridian passage".

> **culmination, lower:** (also called "*culmination* below pole" for circumpolar stars and the Moon) is the crossing farther from the observer's *zenith*.

> **culmination, upper:** (also called "*culmination* above pole" for circumpolar stars and the Moon) or *transit* is the crossing closer to the observer's *zenith*.

day: an interval of 86 400 *SI seconds*, unless otherwise indicated. (See *second, Système International (SI)*.)

declination: angular distance on the *celestial sphere* north or south of the *celestial equator*. It is measured along the *hour circle* passing through the celestial object. Declination is usually given in combination with *right ascension* or *hour angle*.

defect of illumination: (sometimes, greatest defect of illumination): the maximum angular width of the unilluminated portion of the apparent disk of a solar system body measured along a radius.

deflection of light: the angle by which the direction of a light ray is altered from a straight line by the gravitational field of the Sun or other massive object. As seen from the Earth, objects appear to be deflected radially away from the Sun by up to $1\overset{''}{.}75$ at the Sun's *limb*. Correction for this effect, which is independent of wavelength, is included in the transformation from *mean place* to *apparent place*.

deflection of the vertical: the angle between the astronomical *vertical* and the geodetic vertical. (See *astronomical coordinates; geodetic coordinates; zenith*.)

delta T: see ΔT.

delta UT1: see ΔUT1 *(or ΔUT)*.

direct motion: for orbital motion in the solar system, motion that is counterclockwise in the *orbit* as seen from the north pole of the *ecliptic*; for an object observed on the *celestial sphere*, motion that is from west to east, resulting from the relative motion of the object and the Earth.

diurnal motion: the apparent daily motion, caused by the Earth's rotation, of celestial bodies across the sky from east to west.

diurnal parallax: see *parallax, geocentric*.

dwarf planet: a celestial body that is in *orbit* around the Sun, has sufficient mass for its self-gravity to overcome rigid body forces so that it assumes a hydrostatic equilibrium (nearly round) shape, has not cleared the neighbourhood around its orbit, and is not a satellite. (See *planet*.)

dynamical equinox: the ascending *node* of the Earth's mean *orbit* on the Earth's *true equator*; i.e., the intersection of the *ecliptic* with the *celestial equator* at which the Sun's *declination* changes from south to north. (See *catalog equinox; equinox; true equator and equinox*.)

dynamical time: the family of time scales introduced in 1984 to replace *ephemeris time (ET)* as the independent argument of dynamical theories and *ephemerides*. (See *Barycentric Dynamical Time (TDB); Terrestrial Time (TT)*.)

Earth Rotation Angle (ERA): the angle, θ, measured along the *equator* of the *Celestial Intermediate Pole (CIP)* between the direction of the *Celestial Intermediate Origin (CIO)* and the *Terrestrial Intermediate Origin (TIO)*. It is a linear function of *UT1*; its time derivative is the Earth's angular velocity.

eccentricity: 1. A parameter that specifies the shape of a conic secton. **2.** One of the standard *orbital elements*, usually denoted by e, used to describe an elliptic or *hyperbolic orbit*. For an *elliptical orbit*, $e = \sqrt{1 - (b^2/a^2)}$, where a and b are the lengths of the *semi-major* and semi-minor axes, respectively; for an parabolic orbit $e = 1$; and for a hyperbolic orbit, the quantity $e = \sqrt{1 + (b^2/a^2)}$. (See *orbital elements*.)

eclipse: the obscuration of a celestial body caused by its passage through the shadow cast by another body.

    eclipse, annular: a *solar eclipse* in which the solar disk is not completely covered but is seen as an annulus or ring at maximum *eclipse*. An annular eclipse occurs when the apparent disk of the Moon is smaller than that of the Sun. (See *eclipse, solar*.)

    eclipse, lunar: an *eclipse* in which the Moon passes through the shadow cast by the Earth. The eclipse may be total (the Moon passing completely through the Earth's *umbra*), partial (the Moon passing partially through the Earth's umbra at maximum eclipse), or penumbral (the Moon passing only through the Earth's *penumbra*).

    eclipse, solar: actually an *occultation* of the Sun by the Moon in which the Earth passes through the shadow cast by the Moon. It may be total (observer in the Moon's *umbra*), partial (observer in the Moon's *penumbra*), annular, or annular-total. (See *eclipse, annular*.)

ecliptic: 1. The mean plane of the *orbit* of the Earth-Moon *barycenter* around the solar system barycenter. **2.** The apparent path of the Sun around the *celestial sphere*.

ecliptic latitude: see *latitude, ecliptic*.

ecliptic longitude: see *longitude, ecliptic*.

elements: a set of parameters used to describe the position and/or motion of an astronomical object.

> **elements, Besselian:** see *Besselian elements.*
>
> **elements, Keplerian:** see *Keplerian elements.*
>
> **elements, mean:** see *mean elements.*
>
> **elements, orbital:** see *orbital elements.*
>
> **elements, osculating:** see *osculating elements.*
>
> **elements, rotational:** see *rotational elements.*

ellipsoid: a quadratic surface defined by three mutually perpendicular semi-axes. If two of the semi-axes are equal then the figure is called a spheroid, and if all three are the same it is called a sphere.

elliptical orbit: see *orbit, elliptical.*

elongation: the *geocentric* angle between two celestial objects.

> **elongation, greatest: 1.** For satellites, the maximum value of a *satellite elongation* during an *orbit* about its primary. Often a general direction is given. For example, greatest eastern *elongation* is the maximum value of a satellite elongation that occurs on the eastern half of the apparent orbit. **2.** For bodies that orbit the Sun, the maximum value of elongation during an orbit about the Sun.
>
> **elongation, planetary:** the usually *geocentric* angle between a *planet* and the Sun. Planetary *elongations* are measured from 0° to 180°, east or west of the Sun.
>
> **elongation, satellite:** the *geocentric* angle between a satellite and its primary. The *elongation* is usually designated as being east or west of the primary, but on rare occasions could be designated north or south.

epact: 1. The age of the Moon. **2.** The number of *days* since new moon, diminished by one day, on January 1 in the Gregorian ecclesiastical lunar cycle. (See *calendar, Gregorian; lunar phases.*)

ephemeris: a tabulation of the positions of a celestial object in an orderly sequence for a number of dates.

ephemeris hour angle: an *hour angle* referred to the *ephemeris meridian.*

ephemeris longitude: longitude measured eastward from the *ephemeris meridian.* (See *longitude, terrestrial.*)

ephemeris meridian: see *meridian, ephemeris.*

ephemeris time (ET): the time scale used prior to 1984 as the independent variable in gravitational theories of the solar system. In 1984, ET was replaced by *dynamical time.*

ephemeris transit: the passage of a celestial body or point across the *ephemeris meridian.*

epoch: an arbitrary fixed instant of time or date used as a chronological reference datum for *calendars*, celestial reference systems, star catalogs, or orbital motions. (See *calendar; orbit.*)

equation of the equinoxes: the difference apparent *sidereal time* minus mean sidereal time, due to the effect of *nutation* in longitude on the location of the *equinox.* Equivalently, the difference between the *right ascensions* of the true and mean *equinoxes*, expressed in time units. (See *sidereal time.*)

equation of the origins: the arc length, measured positively eastward, from the *Celestial Intermediate Origin (CIO)* to the *equinox* along the intermediate *equator*; alternatively the difference between the *Earth Rotation Angle (ERA)* and *Greenwich Apparent Sidereal Time (GAST)*, namely, (*ERA* - GAST).

equation of time: the difference *apparent solar time* minus *mean solar time.*

equator: the great circle on the surface of a body formed by the intersection of the surface with the plane passing through the center of the body perpendicular to the axis of rotation. (See *celestial equator.*)

equinox: 1. Either of the two points on the *celestial sphere* at which the *ecliptic* intersects the *celestial equator*. **2.** The time at which the center of the Sun crosses the Earth's equator. At these times the apparent *ecliptic longitude* of the Sun is approximately either $0°$ or $180°$. **3.** The *vernal equinox*. (See *mean equator and equinox; true equator and equinox.*)

    equinox, autumnal: 1. The decending *node* of the *ecliptic* on the *celestial sphere*. **2.** The time which the apparent *ecliptic longitude* of the Sun is $180°$.

    equinox, catalog: the intersection of the *hour angle* of zero *right ascension* of a star catalog with the *celestial equator*. Obsolete.

    equinox, dynamical: the ascending *node* of the *ecliptic* on the Earth's *true equator*.

subdefine**equinox, vernal 1.** The ascending *node* of the *ecliptic* on the *celestial equator*. **2.** The time at which the apparent *ecliptic longitude* of the Sun is $0°$.

era: a system of chronological notation reckoned from a specific event.

ERA: see *Earth Rotation Angle (ERA)*.

flattening: a parameter that specifies the degree by which a *planet*'s figure differs from that of a sphere; the ratio $f = (a - b)/a$, where a is the equatorial radius and b is the polar radius.

frame bias: the orientation of the *mean equator and equinox* of J2000.0 with respect to the *Geocentric Celestial Reference System (GCRS)*. It is defined by three small and constant angles, two of which describe the offset of the mean pole at J2000.0 and the other is the GCRS *right ascension* of the mean inertial *equinox* of J2000.0.

frequency: the number of *periods* of a regular, cyclic phenomenon in a given measure of time, such as a *second* or a *year*. (See *period; second, Système International (SI); year.*)

frequency standard: a generator whose output is used as a precise *frequency* reference; a primary frequency standard is one whose frequency corresponds to the adopted definition of the *second*, with its specified accuracy achieved without calibration of the device. (See *second, Système International (SI).*)

GAST: see *Greenwich Apparent Sidereal Time (GAST)*.

Gaussian gravitational constant: (*obsolete*) (k = 0.017 202 098 95). The constant which by means of Kepler's third law defined the astronomical system of units of length [*astronomical unit (au)*], mass (solar mass) and time (*day*) prior to 2012. The dimensions of k^2 are those of Newton's constant of gravitation: $L^3M^{-1}T^{-2}$.

geocentric: with reference to, or pertaining to, the center of the Earth.

Geocentric Celestial Reference System (GCRS): a system of *geocentric* space-time coordinates within the framework of General Relativity. The metric tensor used in the system is specified by the *IAU* 2000 resolutions. The GCRS is defined such that its spatial coordinates are kinematically non-rotating with respect to those of the *Barycentric Celestial Reference System (BCRS)*. (See *Geocentric Coordinate Time (TCG).*)

Geocentric Coordinate Time (TCG): the coordinate time of the *Geocentric Celestial Reference System (GCRS)*, which advances by *SI seconds* within that system. TCG is related to *Barycentric Coordinate Time (TCB)* and *Terrestrial Time (TT)*, by relativistic transformations that include a secular term. (See *second, Système International (SI).*)

geocentric coordinates: 1. The latitude and longitude of a point on the Earth's surface relative to the center of the Earth. **2.** Celestial coordinates given with respect to the center of the Earth. (See *latitude, terrestrial; longitude, terrestrial; zenith.*)

geocentric zenith: see *zenith, geocentric*.

geodetic coordinates: the latitude and longitude of a point on the Earth's surface determined from the geodetic *vertical* (normal to the reference ellipsoid). (See *latitude, terrestrial; longitude, terrestrial; zenith.*)

geodetic zenith: see *zenith, geodetic.*

geoid: an equipotential surface that coincides with mean sea level in the open ocean. On land it is the level surface that would be assumed by water in an imaginary network of frictionless channels connected to the ocean.

geometric position: the position of an object defined by a straight line (vector) between the center of the Earth (or the observer) and the object at a given time, without any corrections for *light-time, aberration,* etc.

GHA: see *Greenwich Hour Angle (GHA).*

GMST: see *Greenwich Mean Sidereal Time (GMST).*

greatest defect of illumination: see *defect of illumination.*

Greenwich Apparent Sidereal Time (GAST): the *Greenwich hour angle* of the *true equinox* of date.

Greenwich Hour Angle (GHA): angular distance on the *celestial sphere* measured westward along the *celestial equator* from the *Greenwich meridian* to the *hour circle* that passes through a celestial object or point.

Greenwich Mean Sidereal Time (GMST): the *Greenwich hour angle* of the *mean equinox* of date.

Greenwich meridian: see *meridian, Greenwich.*

Greenwich sidereal date (GSD): the number of *sidereal days* elapsed at Greenwich since the beginning of the Greenwich sidereal *day* that was in progress at the *Julian date (JD)* 0.0.

Greenwich sidereal day number: the integral part of the *Greenwich sidereal date (GSD).*

Gregorian calendar: see *calendar, Gregorian.*

height: the distance above or below a reference surface such as mean sea level on the Earth or a planetographic reference surface on another solar system *planet.*

heliocentric: with reference to, or pertaining to, the center of the Sun.

heliocentric parallax: see *parallax, heliocentric.*

horizon: 1. A plane perpendicular to the line from an observer through the *zenith.* **2.** The observed border between Earth and the sky.

    horizon, astronomical: the plane perpendicular to the line from an observer to the *astronomical zenith* that passes through the point of observation.

    horizon, geocentric: the plane perpendicular to the line from an observer to the *geocentric zenith* that passes through the center of the Earth.

    horizon, natural: the border between the sky and the Earth as seen from an observation point.

horizontal parallax: see *parallax, horizontal.*

horizontal refraction: see *refraction, horizontal.*

hour angle: angular distance on the *celestial sphere* measured westward along the *celestial equator* from the *meridian* to the *hour circle* that passes through a celestial object.

hour circle: a great circle on the *celestial sphere* that passes through the *celestial poles* and is therefore perpendicular to the *celestial equator.*

hyperbolic orbit: see *orbit, hyperbolic.*

IAU: see *International Astronomical Union (IAU).*

illuminated extent: the illuminated area of an apparent planetary disk, expressed as a solid angle.

inclination: 1. The angle between two planes or their poles. **2.** Usually, the angle between an orbital plane and a reference plane. **3.** One of the standard *orbital elements* that specifies the orientation of the *orbit.* (See *orbital elements.*)

instantaneous orbit: see *orbit, instantaneous.*

intercalate: to insert an interval of time (e.g., a *day* or a *month*) within a *calendar*, usually so that it is synchronized with some natural phenomenon such as the seasons or *lunar phases*.

intermediate place (or position): the *proper place* of an object expressed with respect to the true (intermediate) *equator* and *CIO* of date.

International Astronomical Union (IAU): an international non-governmental organization that promotes the science of astronomy. The IAU is composed of both national and individual members. In the field of positional astronomy, the IAU, among other activities, recommends standards for data analysis and modeling, usually in the form of resolutions passed at General Assemblies held every three *years*.

International Atomic Time (TAI): the continuous time scale resulting from analysis by the Bureau International des Poids et Mesures of atomic time standards in many countries. The fundamental unit of TAI is the *SI second* on the *geoid*, and the *epoch* is 1958 January 1. (See *second, Système International (SI)*.)

International Celestial Reference Frame (ICRF): 1. A set of extragalactic objects whose adopted positions and uncertainties realize the *International Celestial Reference System (ICRS)* axes and give the uncertainties of those axes. **2.** The name of the radio catalog whose defining sources serve as fiducial points to fix the axes of the ICRS, recommended by the *International Astronomical Union (IAU)*. The first such catalog was adopted for use beginning in 1997. The second catalog, termed ICRF2, was adopted for use beginning in 2010.

International Celestial Reference System (ICRS): a time-independent, kinematically non-rotating *barycentric* reference system recommended by the *International Astronomical Union (IAU)* in 1997. Its axes are those of the *International Celestial Reference Frame (ICRF)*.

international meridian: see *meridian, Greenwich*.

International Terrestrial Reference Frame (ITRF): a set of reference points on the surface of the Earth whose adopted positions and velocities fix the rotating axes of the *International Terrestrial Reference System (ITRS)*.

International Terrestrial Reference System (ITRS): a time-dependent, non-inertial reference system co-moving with the geocenter and rotating with the Earth. The ITRS is the recommended system in which to express positions on the Earth.

invariable plane: the plane through the center of mass of the solar system perpendicular to the angular momentum vector of the solar system.

irradiation: an optical effect of contrast that makes bright objects viewed against a dark background appear to be larger than they really are.

Julian calendar: see *calendar, Julian*.

Julian date (JD): the interval of time in *days* and fractions of a day, since 4713 B.C. January 1, Greenwich noon, Julian *proleptic calendar*. In precise work, the timescale, e.g., *Terrestrial Time (TT)* or *Universal Time (UT)*, should be specified.

Julian date, modified (MJD): the *Julian date (JD)* minus 2400000.5.

Julian day number: the integral part of the *Julian date (JD)*.

Julian year: see *year, Julian*.

Keplerian elements: a certain set of six *orbital elements*, sometimes referred to as the Keplerian set. Historically, this set included the *mean anomaly* at the *epoch*, the orbital *semi-major axis*, the *eccentricity* and three Euler angles: the *longitude of the ascending node*, the *inclination*, and the *argument of pericenter*. The time of *pericenter* passage is often used as part of the Keplerian set instead of the mean *anomaly* at the epoch. Sometimes the longitude of pericenter (which is the sum of the longitude of the ascending *node* and the argument of pericenter) is used instead of the argument of pericenter.

Laplacian plane: 1. For *planets* see *invariable plane*. **2.** For a system of satellites, the fixed plane relative to which the vector sum of the disturbing forces has no orthogonal component.

latitude, celestial: see *latitude, ecliptic*.

latitude, ecliptic: angular distance on the *celestial sphere* measured north or south of the *ecliptic* along the great circle passing through the poles of the ecliptic and the celestial object. Also referred to as *celestial latitude*.

latitude, terrestrial: angular distance on the Earth measured north or south of the *equator* along the *meridian* of a geographic location.

leap second: a *second* inserted as the 61st second of a minute at announced times to keep *UTC* within $0\overset{s}{.}9$ of *UT1*. Generally, leap seconds are added at the end of June or December as necessary, but may be inserted at the end of any *month*. Although it has never been utilized, it is possible to have a negative leap second in which case the 60th second of a minute would be removed. (See *Coordinated Universal Time (UTC); second, Système International (SI); Universal Time (UT)*.)

librations: the real or apparent oscillations of a body around a reference point. When referring to the Moon, librations are variations in the orientation of the Moon's surface with respect to an observer on the Earth. Physical librations are due to variations in the orientation of the Moon's rotational axis in inertial space. The much larger optical librations are due to variations in the rate of the Moon's orbital motion, the *obliquity* of the Moon's *equator* to its orbital plane, and the diurnal changes of geometric perspective of an observer on the Earth's surface.

light, deflection of: see *deflection of light*.

light-time: the interval of time required for light to travel from a celestial body to the Earth.

light-time displacement: the difference between the geometric and *astrometric place* of a solar system body. It is caused by the motion of the body during the interval it takes light to travel from the body to Earth.

light-year: the distance that light traverses in a vacuum during one *year*. Since there are various ways to define a year, there is an ambiguity in the exact distance; the *IAU* recommends using the *Julian year* as the time basis. A light-year is approximately 9.46×10^{12} km, 5.88×10^{12} statute miles, 6.32×10^4 *au*, and 3.07×10^{-1} *parsecs*. Often distances beyond the solar system are given in parsecs. (See *parsec (pc)*.)

limb: the apparent edge of the Sun, Moon, or a *planet* or any other celestial body with a detectable disk.

limb correction: generally, a small angle (positive or negative) that is added to the tabulated apparent *semidiameter* of a body to compensate for local topography at a specific point along the *limb*. Specifically for the Moon, the angle taken from the Watts lunar limb data (Watts, C. B., APAE XVII, 1963) that is used to correct the semidiameter of the Watts mean limb. The correction is a function of position along the limb and the apparent *librations*. The Watts mean limb is a circle whose center is offset by about $0\overset{''}{.}6$ from the direction of the Moon's center of mass and whose radius is about $0\overset{''}{.}4$ greater than the semidiameter of the Moon that is computed based on its *IAU* adopted radius in kilometers.

local place: a *topocentric place* of an object expressed with respect to the *Geocentric Celestial Reference System (GCRS)* axes.

local sidereal time: the *hour angle* of the *vernal equinox* with respect to the local *meridian*.

longitude of the ascending node: given an *orbit* and a reference plane through the primary body (or center of mass): the angle, Ω, at the primary, between a fiducial direction in the reference plane and the point at which the orbit crosses the reference plane from south to north. Equivalently, Ω is one of the angles in the reference plane between the fiducial direction and the line of *nodes*. It is one of the six *Keplerian elements* that specify an orbit. For planetary orbits, the primary is the Sun, the reference plane is usually the *ecliptic*, and the fiducial direction is usually toward the *equinox*. (See *node; orbital elements*.)

longitude, celestial: see *longitude, ecliptic*.

longitude, ecliptic: angular distance on the *celestial sphere* measured eastward along the *ecliptic* from the *dynamical equinox* to the great circle passing through the poles of the ecliptic and the celestial object. Also referred to as *celestial longitude*.

longitude, terrestrial: angular distance measured along the Earth's *equator* from the *Greenwich meridian* to the *meridian* of a geographic location.

luminosity class: distinctions in intrinsic brightness among stars of the same *spectral type*, typically given as a Roman numeral. It denotes if a star is a supergiant (Ia or Ib), giant (II or III), subgiant (IV), or main sequence — also called dwarf (V). Sometimes subdwarfs (VI) and white dwarfs (VII) are regarded as luminosity classes. (See *spectral types or classes*.)

lunar phases: cyclically recurring apparent forms of the Moon. New moon, first quarter, full moon and last quarter are defined as the times at which the excess of the apparent *ecliptic longitude* of the Moon over that of the Sun is 0°, 90°, 180° and 270°, respectively. (See *longitude, ecliptic*.)

lunation: the *period* of time between two consecutive new moons.

magnitude of a lunar eclipse: the fraction of the lunar diameter obscured by the shadow of the Earth at the greatest *phase* of a *lunar eclipse*, measured along the common diameter. (See *eclipse, lunar*.)

magnitude of a solar eclipse: the fraction of the solar diameter obscured by the Moon at the greatest *phase* of a *solar eclipse*, measured along the common diameter. (See *eclipse, solar*.)

magnitude, stellar: a measure on a logarithmic scale of the brightness of a celestial object. Since brightness varies with wavelength, often a wavelength band is specified. A factor of 100 in brightness is equivalent to a change of 5 in stellar magnitude, and brighter sources have lower magnitudes. For example, the bright star Sirius has a visual-band magnitude of -1.46 whereas the faintest stars detectable with an unaided eye under ideal conditions have visual-band magnitudes of about 6.0.

mean distance: an average distance between the primary and the secondary gravitating body. The meaning of the mean distance depends upon the chosen method of averaging (i.e., averaging over the time, or over the *true anomaly*, or the *mean anomaly*. It is also important what power of the distance is subject to averaging.) In this volume the mean distance is defined as the inverse of the time-averaged reciprocal distance: $(\int r^{-1}\,\mathrm{dt})^{-1}$. In the two body setting, when the disturbances are neglected and the *orbit* is elliptic, this formula yields the orbital *semi-major axis*, a, which plays the role of mean distance.

mean elements: average values of the *orbital elements* over some section of the *orbit* or over some interval of time. They are interpreted as the *elements* of some reference (mean) orbit that approximates the actual one and, thus, may serve as the basis for calculating orbit *perturbations*. The values of mean elements depend upon the chosen method of averaging and upon the length of time over which the averaging is made.

mean equator and equinox: the celestial coordinate system defined by the orientation of the Earth's equatorial plane on some specified date together with the direction of the *dynamical equinox* on that date, neglecting *nutation*. Thus, the mean *equator* and *equinox* moves in response only to *precession*. Positions in a star catalog have traditionally been referred to a catalog *equator* and equinox that approximate the mean equator and equinox of a *standard epoch*. (See *catalog equinox; true equator and equinox*.)

mean motion: defined for bound *orbits* only. **1.** The rate of change of the *mean anomaly*. **2.** The value $\sqrt{Gm/a^3}$, where G is Newton's gravitational constant, m is the sum of the masses of the primary and secondary bodies, and a is the orbital *semi-major axis* of the relative orbit. For unperturbed elliptic or circular orbits, these definitions are equivalent; the mean motion is related to the *period* through $nT = 2\pi$ where n is the mean motion and T is the period. For perturbed bound orbits, the two definitions yield, in general, different values of n, both of which are time dependent.

mean place: coordinates of a star or other celestial object (outside the solar system) at a specific date, in the *Barycentric Celestial Reference System (BCRS)*. Conceptually, the coordinates represent the direction of the object as it would hypothetically be observed from the solar system *barycenter* at the specified date, with respect to a fixed coordinate system (e.g., the axes of the *International Celestial Reference Frame (ICRF)*), if the masses of the Sun and other solar system bodies were negligible.

mean solar time: see *solar time, mean.*

meridian: a great circle passing through the *celestial poles* and through the *zenith* of any location on Earth. For planetary observations a meridian is half the great circle passing through the *planet*'s poles and through any location on the planet.

>   **meridian, central (planetary):** half of the great circle passing through the *planet*'s poles and through the *sub-earth point)*. This is the same as the longitude of the sub-earth point. Do not confuse with planetary *prime meridian*. See diagram on page E4.

>   **meridian, ephemeris:** a fictitious *meridian* that rotates independently of the Earth at the uniform rate implicitly defined by *Terrestrial Time (TT)*. The *ephemeris* meridian is $1.002\,738\,\Delta T$ east of the *Greenwich meridian*, where $\Delta T = TT - UT1$.

>   **meridian, Greenwich:** (also called international or *prime meridian*) is a generic reference to one of several origins of the Earth's longitude coordinate (zero-longitude). In *The Astronomical Almanac*, it is the plane defining the astronomical zero *meridian*; it contains the geocenter, the *Celestial Intermediate Pole* and the *Terrestrial Intermediate Origin*. Other definitions are: the x-z plane of the *International Terrestrial Reference System (ITRS)*; the zero-longitude meridian of the World Geodetic System 1984 (WGS-84); and the meridian that passes through the *transit* circle at the Royal Observatory, Greenwich. Note that the latter meridian is about 100 m west of the others.

>   **meridian, international:** see *meridian, Greenwich.*

>   **meridian, prime:** on Earth, same as *Greenwich meridian*. On other solar system objects, the zero-longitude *meridian*, typically defined via international convention by an observable surface feature or *rotational elements*.

minor planet: a loosely defined term generally meaning a small solar system body that is orbiting the Sun, does not show a comet-like appearance, and is not massive enough to be a *dwarf planet*. The term is often used interchangeably with *"asteroid"*, although there is no implicit constraint that a minor *planet* be interior to Jupiter's *orbit*.

month: a calendrical unit that approximates the *period* of revolution of the Moon. Also, the period of time between the same dates in successive *calendar* months.

>   **month, sidereal:** the *period* of revolution of the Moon about the Earth (or Earth-Moon *barycenter*) in a fixed reference frame. It is the mean period of revolution with respect to the background stars. The mean length of the sidereal *month* is approximately 27.322 *days*.

>   **month, synodic:** the *period* between successive new moons (as seen from the geocenter). The mean length of the synodic *month* is approximately 29.531 *days*.

moonrise, moonset: the times at which the apparent upper *limb* of the Moon is on the *astronomical horizon*. In *The Astronomical Almanac*, they are computed as the times when the true *zenith distance*, referred to the center of the Earth, of the central point of the Moon's disk is

$90°\ 34' + s - \pi$, where s is the Moon's *semidiameter*, π is the *horizontal parallax*, and $34'$ is the adopted value of *horizontal refraction*.

nadir: the point on the *celestial sphere* diametrically opposite to the *zenith*.

Near Earth Object (NEO): any *small solar system body*, including *comets*, whose orbit brings it near the Earth. A small solar system body is conventionally considered an NEO if its *perihelion* is less than 1.3 au.

node: either of the points on the *celestial sphere* at which the plane of an *orbit* intersects a reference plane. The position of one of the nodes (the *longitude of the ascending node*) is traditionally used as one of the standard *orbital elements*.

nutation: oscillations in the motion of the rotation pole of a freely rotating body that is undergoing torque from external gravitational forces. Nutation of the Earth's pole is specified in terms of components in *obliquity* and longitude.

obliquity: in general, the angle between the equatorial and orbital planes of a body or, equivalently, between the rotational and orbital poles. For the Earth the obliquity of the *ecliptic* is the angle between the planes of the *equator* and the ecliptic; its value is approximately $23°.44$.

occultation: the obscuration of one celestial body by another of greater apparent diameter; especially the passage of the Moon in front of a star or *planet*, or the disappearance of a satellite behind the disk of its primary. If the primary source of illumination of a reflecting body is cut off by the occultation, the phenomenon is also called an *eclipse*. The occultation of the Sun by the Moon is a *solar eclipse*. (See *eclipse, solar.*)

opposition: the phenomenon whereby two bodies have apparent *ecliptic longitudes* or *right ascensions* that differ by $180°$ as viewed by a third body. Oppositions are usually tabulated as *geocentric* phenomena.

orbit: the path in space followed by a celestial body, as a function of time. (See *orbital elements.*)

> **orbit, elliptical:** a closed *orbit* with an *eccentricity* less than 1.

> **orbit, hyperbolic:** an open *orbit* with an *eccentricity* greater than 1.

> **orbit, instantaneous:** the unperturbed two-body *orbit* that a body would follow if *perturbations* were to cease instantaneously. Each orbit in the solar system (and, more generally, in any perturbed two-body setting) can be represented as a sequence of instantaneous ellipses or hyperbolae whose parameters are called *orbital elements*. If these *elements* are chosen to be osculating, each instantaneous orbit is tangential to the physical orbit. (See *orbital elements; osculating elements.*)

> **orbit, parabolic:** an open *orbit* with an *eccentricity* of 1.

orbital elements: a set of six independent parameters that specifies an *instantaneous orbit*. Every real *orbit* can be represented as a sequence of instantaneous ellipses or hyperbolae sharing one of their foci. At each instant of time, the position and velocity of the body is characterised by its place on one such instantaneous curve. The evolution of this representation is mathematically described by evolution of the values of orbital *elements*. Different sets of geometric parameters may be chosen to play the role of orbital elements. The set of *Keplerian elements* is one of many such sets. When the Lagrange constraint (the requirement that the instantaneous orbit is tangential to the actual orbit) is imposed upon the orbital elements, they are called *osculating elements*.

osculating elements: a set of parameters that specifies the instantaneous position and velocity of a celestial body in its perturbed *orbit*. Osculating *elements* describe the unperturbed (two-body) orbit that the body would follow if *perturbations* were to cease instantaneously. (See *orbit, instantaneous; orbital elements.*)

parallax: the difference in apparent direction of an object as seen from two different locations; conversely, the angle at the object that is subtended by the line joining two designated points.

  parallax, annual: see *parallax, heliocentric.*

  parallax, diurnal: see *parallax, geocentric.*

  parallax, geocentric: the angular difference between the *topocentric* and *geocentric* directions toward an object. Also called *diurnal parallax.*

  parallax, heliocentric: the angular difference between the *geocentric* and *heliocentric* directions toward an object; it is the angle subtended at the observed object. Also called *annual parallax.*

  parallax, horizontal: the angular difference between the *topocentric* and a *geocentric* direction toward an object when the object is on the *astronomical horizon.*

  parallax, solar: the angular width subtended by the Earth's equatorial radius when the Earth is at a distance of 1 *astronomical unit (au).* The value for the solar *parallax* is 8.794143 arcseconds.

parallax in altitude: the angular difference between the *topocentric* and *geocentric* direction toward an object when the object is at a given *altitude.*

parsec (pc): the distance at which one *astronomical unit (au)* subtends an angle of one arcsecond; equivalently the distance to an object having an *annual parallax* of one arcsecond. One parsec is $1/\sin(1'') = 206264.806$ au, or about 3.26 *light-years.*

penumbra: 1. The portion of a shadow in which light from an extended source is partially but not completely cut off by an intervening body. **2.** The area of partial shadow surrounding the *umbra.*

pericenter: the point in an *orbit* that is nearest to the origin of the reference system. (See *perigee; perihelion.*)

pericenter, argument of: one of the *Keplerian elements.* It is the angle measured in the *orbit* plane from the ascending *node* of a reference plane (usually the *ecliptic*) to the *pericenter.*

perigee: the point in an *orbit* that is nearest to the Earth. Perigee is sometimes used with reference to the apparent orbit of the Sun around the Earth.

perihelion: the point in an *orbit* that is nearest to the Sun.

period: the interval of time required to complete one revolution in an *orbit* or one cycle of a periodic phenomenon, such as a cycle of *phases.* (See *phase.*)

perturbations: 1. Deviations between the actual *orbit* of a celestial body and an assumed reference orbit. **2.** The forces that cause deviations between the actual and reference orbits. Perturbations, according to the first meaning, are usually calculated as quantities to be added to the coordinates of the reference orbit to obtain the precise coordinates.

phase: 1. The name applied to the apparent degree of illumination of the disk of the Moon or a *planet* as seen from Earth (crescent, gibbous, full, etc.). **2.** The ratio of the illuminated area of the apparent disk of a celestial body to the entire area of the apparent disk; i.e., the fraction illuminated. **3.** Used loosely to refer to one *aspect* of an *eclipse* (partial phase, annular phase, etc.). (See *lunar phases.*)

phase angle: the angle measured at the center of an illuminated body between the light source and the observer.

photometry: a measurement of the intensity of light, usually specified for a specific wavelength range.

planet: a celestial body that is in *orbit* around the Sun, has sufficient mass for its self-gravity to overcome rigid body forces so that it assumes a hydrostatic equilibrium (nearly round) shape, and has cleared the neighbourhood around its orbit. (See *dwarf planet.*)

planetocentric coordinates: coordinates for general use, where the z-axis is the mean axis of rotation, the x-axis is the intersection of the planetary *equator* (normal to the z-axis through the center of mass) and an arbitrary *prime meridian*, and the y-axis completes a right-hand coordinate system. Longitude of a point is measured positive to the prime *meridian* as defined by *rotational elements*. Latitude of a point is the angle between the planetary equator and a line to the center of mass. The radius is measured from the center of mass to the surface point.

planetographic coordinates: coordinates for cartographic purposes dependent on an equipotential surface as a reference surface. Longitude of a point is measured in the direction opposite to the rotation (positive to the west for direct rotation) from the cartographic position of the *prime meridian* defined by a clearly observable surface feature. Latitude of a point is the angle between the planetary *equator* (normal to the z-axis and through the center of mass) and normal to the reference surface at the point. The *height* of a point is specified as the distance above a point with the same longitude and latitude on the reference surface.

polar motion: the quasi-periodic motion of the Earth's pole of rotation with respect to the Earth's solid body. More precisely, the angular excursion of the *CIP* from the *ITRS* z-axis. (See *Celestial Intermediate Pole (CIP); International Terrestrial Reference System (ITRS).*)

polar wobble: see *wobble, polar.*

pole, celestial: either of the two points projected onto the *celestial sphere* by the Earth's axis. Usually, this is the axis of the *Celestial Intermediate Pole (CIP)*, but it may also refer to the instantaneous axis of rotation, or the angular momentum vector. All of these axes are within $0.''1$ of each other. If greater accuracy is desired, the specific axis should be designated.

pole, Tisserand mean: the angular momentum pole for the Earth about which the total internal angular momentum of the Earth is zero. The motions of the *Celestial Intermediate Pole (CIP)* (described by the conventional theories of *precession* and *nutation*) are those of the Tisserand mean pole with *periods* greater than two *days* in a celestial reference system (specifically, the *Geocentric Celestial Reference System (GCRS)*).

precession: the smoothly changing orientation (secular motion) of an orbital plane or the *equator* of a rotating body. Applied to rotational dynamics, precession may be excited by a singular event, such as a collision, a progenitor's disruption, or a tidal interaction at a close approach (free precession); or caused by continuous torques from other solar system bodies, or jetting, in the case of comets (forced precession). For the Earth's rotation, the main sources of forced precession are the torques caused by the attraction of the Sun and Moon on the Earth's equatorial bulge, called precession of the equator (formerly known as lunisolar precession). The slow change in the orientation of the Earth's orbital plane is called precession of the *ecliptic* (formerly known as planetary precession). The combination of both motions — that is, the motion of the equator with respect to the ecliptic — is called general precession.

prime meridian: see *meridian, prime.*

proleptic calendar: see *calendar, proleptic.*

proper motion: the projection onto the *celestial sphere* of the space motion of a star relative to the solar system; thus the transverse component of the space motion of a star with respect to the solar system. Proper motion is usually tabulated in star catalogs as changes in *right ascension* and *declination* per *year* or century.

proper place: direction of an object in the *Geocentric Celestial Reference System (GCRS)* that takes into account orbital or space motion and *light-time* (as applicable), light deflection, and *annual aberration.* Thus, the position (*geocentric right ascension* and *declination*) at which the object would actually be seen from the center of the Earth if the Earth were transparent, non-refracting, and massless. Unless otherwise stated, the coordinates are expressed with respect to the GCRS axes, which are derived from those of the *ICRS.*

quadrature: a configuration in which two celestial bodies have apparent longitudes that differ by 90° as viewed from a third body. Quadratures are usually tabulated with respect to the Sun as viewed from the center of the Earth. (See *longitude, ecliptic.*)

radial velocity: the rate of change of the distance to an object, usually corrected for the Earth's motion with respect to the solar system *barycenter.*

radius vector: an imaginary line from the center of one body to another, often from the heliocenter. Sometimes only the length of the vector is given.

refraction: the change in direction of travel (bending) of a light ray as it passes obliquely from a medium of lesser/greater density to a medium of greater/lesser density.

    refraction, astronomical: the change in direction of travel (bending) of a light ray as it passes obliquely through the atmosphere. As a result of *refraction* the observed *altitude* of a celestial object is greater than its geometric altitude. The amount of refraction depends on the altitude of the object and on atmospheric conditions.

    refraction, horizontal: the *astronomical refraction* at the *astronomical horizon*; often, an adopted value of 34′ is used in computations for sea level observations.

retrograde motion: for orbital motion in the solar system, motion that is clockwise in the *orbit* as seen from the north pole of the *ecliptic*; for an object observed on the *celestial sphere*, motion that is from east to west, resulting from the relative motion of the object and the Earth. (See *direct motion.*)

right ascension: angular distance on the *celestial sphere* measured eastward along the *celestial equator* from the *equinox* to the *hour circle* passing through the celestial object. Right ascension is usually given in combination with *declination.*

rotational elements: typically, a set of six time-dependent parameters used to describe the instantaneous orientation (attitude) and the instantaneous spin (angular velocity) of a celestial body. When the orientation and spin are described in inertial space, the set of rotational *elements* is often chosen to comprise the two angular coordinates of the direction of the north (or positive) pole and the location of the *prime meridian* at a *standard epoch*, and the time derivatives of each of those three angles. Additional parameters may be required when the object is a non-rigid body.

second, Système International (SI): the duration of 9 192 631 770 cycles of radiation corresponding to the transition between two hyperfine levels of the ground state of cesium 133.

selenocentric: with reference to, or pertaining to, the center of the Moon.

semidiameter: half a diameter, radius. Semidiameter is often used in place of radius when the object is mildly elliptical to refer to a semi-axis of interest (*e.g.* the vertical semidiameter of the Sun or the semidiameter of the greatest *defect of illumination* of Saturn).

semi-major axis: 1. Half the length of the major axis of an ellipse. **2.** A standard orbital element used to describe an *elliptical orbit* or a *hyperbolic orbit*. (The orbital semi-major axis is negative for a hyperbolic *orbit*.)) **3.** Half the length of the longest axis of an *ellipsoid.*

SI second: see *second, Système International (SI).*

sidereal day: the *period* between successive *transits* of the *equinox*. The mean sidereal *day* is approximately 23 hours, 56 minutes, 4 *seconds*. (See *sidereal time.*)

sidereal hour angle: angular distance on the *celestial sphere* measured westward along the *celestial equator* from the *equinox* to the *hour circle* passing through the celestial object. It is equal to 360° minus *right ascension* in degrees.

sidereal month: see *month, sidereal.*

sidereal time: the *hour angle* of the *equinox*. If the *mean equinox* is used, the result is mean sidereal time; if the *true equinox* is used, the result is apparent sidereal time. The hour angle can be measured with respect to the local *meridian* or the *Greenwich meridian*, yielding, respectively, local or Greenwich (mean or apparent) sidereal times.

small solar system body: a body orbiting the Sun that is not massive enough to be a *dwarf planet* and is not a *comet*.

solar parallax: see *parallax, solar.*

solar time: the measure of time based on the *diurnal motion* of the Sun.

> **solar time, apparent:** the measure of time based on the *diurnal motion* of the true Sun. The rate of diurnal motion undergoes seasonal variation caused by the *obliquity* of the *ecliptic* and by the *eccentricity* of the Earth's *orbit*. Additional small variations result from irregularities in the rotation of the Earth on its axis.

> **solar time, mean:** a measure of time based conceptually on the *diurnal motion* of a fiducial point, called the fictitious mean Sun, with uniform motion along the *celestial equator*.

solstice: either of the two points on the *ecliptic* at which the apparent longitude of the Sun is 90° or 270°; also the time at which the Sun is at either point. (See *longitude, ecliptic.*)

spectral types or classes: categorization of stars according to their spectra, primarily due to differing temperatures of the stellar atmosphere. From hottest to coolest, the commonly used Morgan-Keenan spectral types are O, B, A, F, G, K and M. Some other extended spectral types include W, L, T, S, D and C.

standard epoch: a date and time that specifies the reference system to which celestial coordinates are referred. (See *mean equator and equinox.*)

stationary point: the time or position at which the rate of change of the apparent *right ascension* of a *planet* is momentarily zero. (See *apparent place (or position).*)

sub-earth point: the point on a body's surface that lies directly beneath the Earth on the line (geodesic) connecting the body's center to the geocenter. For spherical bodies, the Earth would be at the zenith for an observer at the sub-earth point. As viewed from the Earth, a body's sub-earth point appears at the center of the body's disk. In *The Astronomical Almanac*, the sub-earth point is typically described by a planetographic longitude and latitude. See diagram on page E4.

sub-solar point: the point on a body's surface that lies directly beneath the Sun on the line (geodesic) connecting the body's center to the heliocenter. For spherical bodies, the Sun would be at the zenith for an observer at the sub-solar point. In *The Astronomical Almanac*, the sub-solar point of a *planet* is typically described by a planetographic longitude and latitude, its distance from the *sub-earth point* (center of disk), and its position angle (north through east). See diagram on page E4.

sunrise, sunset: the times at which the apparent upper *limb* of the Sun is on the *astronomical horizon*. In *The Astronomical Almanac* they are computed as the times when the true *zenith distance*, referred to the center of the Earth, of the central point of the disk is 90° 50′, based on adopted values of 34′ for *horizontal refraction* and 16′ for the Sun's *semidiameter*.

surface brightness: the visual *magnitude* of an average square arcsecond area of the illuminated portion of the apparent disk of the Moon or a *planet*.

synodic month: see *month, synodic.*

synodic period: the mean interval of time between successive *conjunctions* of a pair of *planets*, as observed from the Sun; or the mean interval between successive conjunctions of a satellite with the Sun, as observed from the satellite's primary.

synodic time: pertaining to successive *conjunctions*; successive returns of a *planet* to the same *aspect* as determined by Earth.

syzygy: 1. A configuration where three or more celestial bodies are positioned approximately in a straight line in space. Often the bodies involved are the Earth, Sun and either the Moon or a *planet*. **2.** The times of the new moon and full moon.

T$_{eph}$: the independent argument of the JPL planetary and lunar *ephemerides* DE405/LE405; in the terminology of General Relativity, a *barycentric* coordinate time scale. T$_{eph}$ is a linear function of *Barycentric Coordinate Time (TCB)* and has the same rate as *Terrestrial Time (TT)* over the time span of the ephemeris. T$_{eph}$ is regarded as functionally equivalent to *Barycentric Dynamical Time (TDB)*. (See *Barycentric Coordinate Time (TCB); Barycentric Dynamical Time (TDB); Terrestrial Time (TT)*.)

TAI: see *International Atomic Time (TAI)*.

TCB: see *Barycentric Coordinate Time (TCB)*.

TCG: see *Geocentric Coordinate Time (TCG)*.

TDB: see *Barycentric Dynamical Time (TDB)*.

TDT: see *Terrestrial Dynamical Time (TDT)*.

TNO: see *trans-Neptunian Object (TNO)*.

terminator: the boundary between the illuminated and dark areas of a celestial body.

Terrestrial Dynamical Time (TDT): the time scale for apparent *geocentric ephemerides* defined by a 1979 *IAU* resolution. In 1991, it was replaced by *Terrestrial Time (TT)*. Obsolete.

Terrestrial Ephemeris Origin (TEO): the original name for the *Terrestrial Intermediate Origin (TIO)*. Obsolete.

Terrestrial Intermediate Origin (TIO): the non-rotating origin of the *Terrestrial Intermediate Reference System (TIRS)*, established by the *International Astronomical Union (IAU)* in 2000. The TIO was originally set at the *International Terrestrial Reference Frame (ITRF)* origin of longitude and throughout 1900-2100 stays within 0.1 mas of the ITRF zero-*meridian*. Formerly referred to as the *Terrestrial Ephemeris Origin (TEO)*.

Terrestrial Intermediate Reference System (TIRS): a *geocentric* reference system defined by the intermediate *equator* of the *Celestial Intermediate Pole (CIP)* and the *Terrestrial Intermediate Origin (TIO)* on a specific date. It is related to the *Celestial Intermediate Reference System* by a rotation of the *Earth Rotation Angle*, θ, around the Celestial Intermediate Pole.

Terrestrial Time (TT): an idealized form of *International Atomic Time (TAI)* with an *epoch* offset; in practice TT = TAI + 32^s.184. TT thus advances by *SI seconds* on the *geoid*. Used as an independent argument for apparent *geocentric ephemerides*. (See *second, Système International (SI)*.)

Tisserand mean axis: the axis of a rotating deformable body chosen such that the contribution to angular momentum arising from its deformation integrated over its volume is 0.

topocentric: with reference to, or pertaining to, a point on the surface of the Earth.

topocentric place (or position): the *proper place* of an object computed for a specific location on or near the surface of the Earth (ignoring atmospheric *refraction*) and expressed with respect to either the *true (intermediate) equator and equinox* of date or the true *equator* and *CIO* of date. In other words, it is similar to an apparent or *intermediate place*, but with corrections for *geocentric parallax* and *diurnal aberration*. (See *aberration, diurnal; parallax, geocentric*.)

transit: 1. The passage of the apparent center of the disk of a celestial object across a *meridian*. **2.** The passage of one celestial body in front of another of greater apparent diameter (e.g., the passage of Mercury or Venus across the Sun or Jupiter's satellites across its disk); however, the passage of the Moon in front of the larger apparent Sun is called an *annular eclipse*. (See *eclipse, annular; eclipse, solar*.)

    transit, shadow: The passage of a body's shadow across another body; however, the passage of the Moon's shadow across the Earth is called a *solar eclipse*.

trans-Neptunian Object (TNO): a solar system body with a semi-major axis greater than Neptune's.

true equator and equinox: the celestial coordinate system defined by the orientation of the Earth's equatorial plane on some specified date together with the direction of the *dynamical equinox* on that date. The true *equator* and *equinox* are affected by both *precession* and *nutation*. (See *mean equator and equinox; nutation; precession*.)

TT: see *Terrestrial Time (TT)*.

twilight: the interval before *sunrise* and after sunset during which the scattering of sunlight by the Earth's atmosphere provides significant illumination. The qualitative descriptions of astronomical, civil and *nautical twilight* will match the computed beginning and ending times for an observer near sea level, with good weather conditions, and a level *horizon*. (See *sunrise, sunset*.)

   twilight, astronomical: the illumination level at which scattered light from the Sun exceeds that from starlight and other natural sources before *sunrise* and after sunset. Astronomical *twilight* is defined to begin or end when the geometric *zenith distance* of the central point of the Sun, referred to the center of the Earth, is 108°.

   twilight, civil: the illumination level sufficient that most ordinary outdoor activities can be done without artificial lighting before *sunrise* or after sunset. Civil *twilight* is defined to begin or end when the geometric *zenith distance* of the central point of the Sun, referred to the center of the Earth, is 96°.

   twilight, nautical: the illumination level at which the *horizon* is still visible even on a moonless night allowing mariners to take reliable star sights for navigational purposes before *sunrise* or after sunset. Nautical *twilight* is defined to begin or end when the geometric *zenith distance* of the central point of the Sun, referred to the center of the Earth, is 102°.

umbra: the portion of a shadow cone in which none of the light from an extended light source (ignoring *refraction*) can be observed.

Universal Time (UT): a generic reference to one of several time scales that approximate the mean *diurnal motion* of the Sun; loosely, *mean solar time* on the *Greenwich meridian* (previously referred to as Greenwich Mean Time). In current usage, UT refers either to a time scale called UT1 or to *Coordinated Universal Time (UTC)*; in this volume, UT always refers to UT1. UT1 is formally defined by a mathematical expression that relates it to *sidereal time*. Thus, UT1 is observationally determined by the apparent diurnal motions of celestial bodies, and is affected by irregularities in the Earth's rate of rotation. UTC is an atomic time scale but is maintained within 0^{s}9 of UT1 by the introduction of 1-*second* steps when necessary. (See *leap second*.)

UT0: a rarely used local approximation to *Universal Time*; not corrected for *polar motion*.

UT1: see *Universal Time (UT)*.

UTC: see *Coordinated Universal Time (UTC)*.

vernal equinox: see *equinox, vernal*.

vertical: the apparent direction of gravity at the point of observation (normal to the plane of a free level surface).

week: an arbitrary *period* of *days*, usually seven days; approximately equal to the number of days counted between the four *phases of the Moon*. (See *lunar phases*.)

wobble, polar: 1. In current practice including the phraseology used in *The Astronomical Almanac*, it is identical to *polar motion*. **2.** In certain contexts it can refer to specific components of polar motion, *e.g.* Chandler wobble or annual wobble. (See *polar motion*.)

year: a *period* of time based on the revolution of the Earth around the Sun, or the period of the Sun's apparent motion around the *celestial sphere*. The length of a given year depends on the choice of the reference point used to measure this motion.

year, anomalistic: the *period* between successive passages of the Earth through *perihelion*. The anomalistic *year* is approximately 25 minutes longer than the *tropical year*.

year, Besselian: the *period* of one complete revolution in *right ascension* of the fictitious mean Sun, as defined by Newcomb. Its length is shorter than a *tropical year* by $0.148 \times T$ *seconds*, where T is centuries since 1900.0. The beginning of the Besselian *year* occurs when the fictitious mean Sun is at mean right ascension 18h 40m. Now obsolete.

year, calendar: the *period* between two dates with the same name in a *calendar*, either 365 or 366 *days*. The *Gregorian calendar*, now universally used for civil purposes, is based on the *tropical year*.

year, eclipse: the *period* between successive passages of the Sun (as seen from the geocenter) through the same lunar *node* (one of two points where the Moon's *orbit* intersects the *ecliptic*). It is approximately 346.62 *days*.

year, Julian: a *period* of 365.25 *days*. It served as the basis for the *Julian calendar*.

year, sidereal: the *period* of revolution of the Earth around the Sun in a fixed reference frame. It is the mean period of the Earth's revolution with respect to the background stars. The sidereal *year* is approximately 20 minutes longer than the *tropical year*.

year, tropical: the *period* of time for the *ecliptic longitude* of the Sun to increase 360 degrees. Since the Sun's *ecliptic* longitude is measured with respect to the *equinox*, the tropical *year* comprises a complete cycle of seasons, and its length is approximated in the long term by the civil *(Gregorian) calendar*. The mean tropical year is approximately 365 *days*, 5 hours, 48 minutes, 45 *seconds*.

zenith: in general, the point directly overhead on the *celestial sphere*.

zenith, astronomical: the extension to infinity of a plumb line from an observer's location.

zenith, geocentric: The point projected onto the *celestial sphere* by a line that passes through the geocenter and an observer.

zenith, geodetic: the point projected onto the *celestial sphere* by the line normal to the Earth's geodetic ellipsoid at an observer's location.

zenith distance: angular distance on the *celestial sphere* measured along the great circle from the *zenith* to the celestial object. Zenith distance is 90° minus *altitude*.

Users may be interested to know that a hypertext linked version of the glossary is available on *The Astronomical Almanac Online* (see below).

WWW This symbol indicates that these data or auxiliary material may also be found on *The Astronomical Almanac Online* at **https://aa.usno.navy.mil/publications/asa.html** and **https://asa.hmnao.com**

Definitions of astronomical terms are provided in the Glossary, Section M. Entries in the Glossary are not cited in the Index.

Definitions of astronomical terms are provided in the Glossary, Section M. Entries in the Glossary are not cited in the Index.

Definitions of astronomical terms are provided in the Glossary, Section M. Entries in the Glossary are not cited in the Index.

Definitions of astronomical terms are provided in the Glossary, Section M. Entries in the Glossary are not cited in the Index.

Definitions of astronomical terms are provided in the Glossary, Section M. Entries in the Glossary are not cited in the Index.

Definitions of astronomical terms are provided in the Glossary, Section M. Entries in the Glossary are not cited in the Index.

Definitions of astronomical terms are provided in the Glossary, Section M. Entries in the Glossary are not cited in the Index.

Definitions of astronomical terms are provided in the Glossary, Section M. Entries in the Glossary are not cited in the Index.

Definitions of astronomical terms are provided in the Glossary, Section M. Entries in the Glossary are not cited in the Index.

Definitions of astronomical terms are provided in the Glossary, Section M. Entries in the Glossary are not cited in the Index.

Definitions of astronomical terms are provided in the Glossary, Section M. Entries in the Glossary are not cited in the Index.

Definitions of astronomical terms are provided in the Glossary, Section M. Entries in the Glossary are not cited in the Index.

Definitions of astronomical terms are provided in the Glossary, Section M. Entries in the Glossary are not cited in the Index.

Definitions of astronomical terms are provided in the Glossary, Section M. Entries in the Glossary are not cited in the Index.

Definitions of astronomical terms are provided in the Glossary, Section M. Entries in the Glossary are not cited in the Index.

Definitions of astronomical terms are provided in the Glossary, Section M. Entries in the Glossary are not cited in the Index.

Definitions of astronomical terms are provided in the Glossary, Section M. Entries in the Glossary are not cited in the Index.